ESV

Handbuch der Vermögensnachfolge

Bürgerlich-rechtliche und steuerliche Gestaltung
der Vermögensnachfolge
von Todes wegen und unter Lebenden

Begründet von

Dr. jur. Günter Esch
Rechtsanwalt und Fachanwalt
für Steuerrecht

Prof. Dr. jur. Dieter Schulze zur Wiesche
Steuerberater

fortgeführt von

Dr. jur. Wolfgang Baumann
Notar
Wuppertal

Prof. Dr. jur. Dieter Schulze zur Wiesche
Steuerberater
Nordkirchen

5., neubearbeitete und erweiterte Auflage

ERICH SCHMIDT VERLAG

Die Deutsche Bibliothek – CIP-Einheitsaufnahme

Esch, Günter:
Handbuch der Vermögensnachfolge : bürgerlich-rechtliche und steuerliche Gestaltung der Vermögensnachfolge von Todes wegen und unter Lebenden / begr. von Günter Esch ; Dieter Schulze zur Wiesche. Fortgef. von Wolfgang Baumann ; Dieter Schulze zur Wiesche. – 5., neubearb. und erw. Aufl. – Berlin : Erich Schmidt, 1997
  ISBN 3-503-04059-5

ISBN 3 503 04059 5

Alle Rechte vorbehalten
5., neubearbeitete und erweiterte Auflage 1997
4., neubearbeitete und erweiterte Auflage 1992
3., neubearbeitete und erweiterte Auflage 1989
2., neubearbeitete und erweiterte Auflage 1981

© Erich Schmidt Verlag GmbH & Co., Berlin 1976

Satz: multitext, Berlin
Druck: Oskar Zach GmbH & Co. KG, Berlin

Vorwort zur fünften Auflage

Mit der fünften Auflage dieses Handbuchs findet ein Generationenwechsel statt. Dr. Günter Esch, Mitbegründer und Autor von vier Auflagen, hat aus Altersgründen seine Autorenschaft niedergelegt. Ihm für seine Leistungen zu danken, ist uns ein aufrichtiges Anliegen.

Das Handbuch folgt dem bewährten Prinzip einer möglichst umfassenden Darstellung der rechtlichen Grundlagen der Vermögensnachfolge. Daher wurden im ersten Buch auch die gesellschaftsrechtlichen Darlegungen beibehalten, allerdings – insoweit neu – in ein eigenes Kapitel die Unternehmensnachfolge eingestellt. Vertieft wurden im Gesellschaftsrecht jeweils die Ausführungen zu den Rechtsfolgen beim Tod eines Gesellschafters. Die Änderungen des Aktienrechts, insbesondere durch Einführung der kleinen Aktiengesellschaft, die Neueinführung der EWIV und der Partnerschaft sind ebenso berücksichtigt wie das Nachhaftungsbegrenzungsgesetz und das neue Umwandlungsgesetz. Im Bereich der vorweggenommenen Erbfolge aber auch im Erbrecht sind die Gestaltungshinweise erheblich erweitert worden, wobei auf Textbausteine oder Gestaltungsmuster auch weiterhin verzichtet wird. Einige Teile des Bürgerlichen Rechts wurden völlig neu geschrieben, andere nur überarbeitet und im Hinblick auf neuere Rechtsprechung aktualisiert. Insgesamt wurde der Umfang der Darstellungen wie auch der weiterführenden Literatur erheblich erweitert.

Seit der Vorauflage sind sowohl im Hinblick auf die Erbschaftsteuer als auch auf die ertragsteuerliche Behandlung durch Gesetzesänderungen (Jahressteuergesetz 1996 und Ergänzungsgesetz), Urteile und Verwaltungserlasse Änderungen in einem solchem Umfange eingetreten, daß bereits die Vorauflage durch zwei Einleger aktualisiert werden mußte. Noch wesentlichere Rechtsänderungen hat das Jahressteuergesetz 1997 aufgrund der Auflagen des Bundesverfassungsgerichtes gebracht. Die Vermögensteuer wird nicht mehr erhoben. Für die Erbschaftsteuer wird eine Bedarfsbewertung durchgeführt. Die alten Einheitswerte beim Grundbesitz sind entfallen. An Stelle des Sachwertverfahrens ist das Ertragswertverfahren getreten. Die Grundbesitzwerte liegen etwa bei 50 v.H. des Verkehrswertes, während bei Kapitalvermögen weiterhin die Verkehrswerte zugrundezulegen sind. Eine große Entlastung hat dagegen das Betriebsvermögen und das sonstige Produktivvermögen erfahren. Neben einer sehr günstigen Bewertung mit den Bilanzansätzen ohne Berücksichtigung eines Firmenwertes sowie einem höheren Bewertungsabschlag beim Grundbesitz wird ein Freibetrag von 500.000 DM, darüber hinaus ein Bewertungsabschlag von 40 v.H. bei Besteuerung stets nach Steuerklasse I gewährt. Eine große Erbschaftsteuerentlastung bedeuten die Freibeträge und die Tarifreform.

Wuppertal/Nordkirchen, im Januar 1997

Dr. Wolfgang Baumann　　　　　　　　Prof. Dr. Dieter Schulze zur Wiesche

Vorwort zur ersten Auflage

Fleiß, Tatkraft und Energie der Bundesbürger haben in der Nachkriegszeit Vermögen geschaffen, das durchaus breit gestreut ist. Die geschaffenen Vermögen stellen die Grundlage für die Existenz vieler Bevölkerungsschichten dar. Jedem Vermögensinhaber wird daran liegen, das unter Entbehrungen und mit großem Fleiß geschaffene Vermögen seiner Familie zu erhalten. So ungern der Mensch an seinen Tod denkt, so wichtig ist es, rechtzeitig gerade für diesen Fall Vorsorge walten zu lassen. Erbstreitigkeiten können schneller Vermögen vernichten als Vermögen geschaffen werden kann.

Es gilt indessen nicht nur, möglichen Erbstreitigkeiten vorzubeugen; Vermögensverluste können auch bei geordneter Erbfolge durch deren Abwicklung eintreten, z.B. durch Erbauseinandersetzungen und die damit häufig geschehende Zerschlagung von Vermögenseinheiten. Der Gesichtspunkt der Erhaltung selbständiger Vermögenseinheiten hat ein besonderes Gewicht für wirtschaftliche Unternehmungen.

In zahlreichen Fällen erweist sich bei der Prüfung der Regelung der Vermögensnachfolge als zweckmäßig, schon durch lebzeitige Rechtsgeschäfte eine Vermögensnachfolge von Todes wegen vorzubereiten, nämlich Maßnahmen sog. vorweggenommener Erbfolge vorzunehmen.

Alle bürgerlich-rechtlichen Lösungen haben gleichzeitig erhebliche steuerliche Auswirkungen, und zwar auf den verschiedensten steuerlichen Gebieten, nicht nur auf dem Gebiete der Erbschaftsteuer.

Das vorliegende Handbuch stellt die bürgerlich-rechtlichen Grundlagen, Institute und Mittel der Regelung der Vermögensnachfolge und die steuerrechtlichen Probleme und Folgen systematisch dar. Es ist aus der Praxis erwachsen, stellt die täglichen Erfahrungen langjähriger Berufspraxis in den Dienst der Sache und soll der Praxis dienen. Insofern ist es kein wissenschaftliches Lehrbuch, jedoch beruht es auf dem gegenwärtigen wissenschaftlichen Stand und bemüht es sich, rechtswissenschaftliche Probleme aufzuzeigen und sich mit ihnen auseinanderzusetzen, soweit das nach den Bedürfnissen der Praxis erforderlich erscheint.

Das Buch wendet sich sowohl an Berater als auch an den Vermögensinhaber selbst, der seine Nachfolgeprobleme lösen und sich mit der Materie einigermaßen vertraut machen möchte, bevor er sich an seinen Berater wendet.

Das Werk macht die Beratung im konkreten Fall durch Anwalt, Notar oder Angehörige der wirtschafts- und steuerberatenden Berufe nicht entbehrlich. Die Vielfalt der möglichen Fälle läßt vor allem bei größeren Vermögen und komplizierten Familienverhältnissen schematische Lösungen nicht zu. Die Verfasser hoffen dessen ungeachtet, gerade auch durch die systematische Zusammenstellung der bürgerlich-rechtlichen wie steuerrechtlichen Grundlagen sowie der erb- und vermögensrechtlichen Lösungsinstrumente eine fühlbare Hilfe für jeden zu geben, der sich mit Fragen der Vermögensnachfolge befaßt und zu befassen hat. Dabei ist der neueste Rechtszustand sowohl der Gesetzgebung als auch der Rechtsprechung zugrunde gelegt. Die Reformgesetze, nicht zuletzt auf dem Gebiet des Steuerrechts sind berücksichtigt. Auch mit dieser Aktualität des Werkes glauben die Verfasser Vermögensinhabern wie Beratern einen fühlbaren Dienst zu erweisen.

Die Verfasser sind für das Werk wie folgt verantwortlich: Rechtsanwalt Dr. Esch für das Erste Buch, Oberregierungsrat Dr. Schulze zur Wiesche für das Zweite Buch.

München, im November 1975

Dr. Günter Esch   Dr. Dieter Schulze zur Wiesche

Inhaltsverzeichnis

	Seite
Vorwort zur fünften Auflage	5
Vorwort zur ersten Auflage	7
Abkürzungsverzeichnis	55

ERSTES BUCH
Bürgerlich-rechtliche Grundlagen einer Vermögensnachfolge

1. Kapitel: Einführung

2. Kapitel: Vermögensnachfolge von Todes wegen

1. Abschnitt: Der gesetzliche Gestaltungsrahmen	63
I. Grundlagen des deutschen Erbrechts	63
1. Gesamtrechtsnachfolge („Universalsukzession")	63
2. Erbschaft, Nachlaß	63
a) Zugehörigkeit zum Nachlaß	63
b) Ausnahmen	64
3. Erbe	64
4. Vermächtnis, Vermächtnisnehmer	64
5. Erbanfallprinzip, Vonselbsterwerb	64
6. Ausschlagung	65
7. Erbschaftsanspruch	66
8. Verwandten- und Ehegattenerbfolge	66
9. Testierfreiheit	67
10. Pflichtteilsrecht	67
11. Erbengemeinschaft	67
a) Mehrere Erben	67
b) Erbanteil	67
c) Auseinandersetzung	68
12. Erbenhaftung	68
II. Auslandsberührung	69
1. Grundsätzliches	69
2. Deutsches Kollisionsrecht	70
3. Rechtswahl	70
4. Wechsel der Staatsangehörigkeit	71
III. Übergangsrecht für die neuen Bundesländer	71
1. Grundsätzliche Geltung des Bürgerlichen Gesetzbuchs	71

Inhaltsverzeichnis

2. Familienrechtliche Vorschriften		72
IV. Erbschein, Testamentsvollstreckerzeugnis		73
1. Erbschein		73
2. Testamentsvollstreckerzeugnis		73
V. Gesetzliche Erbfolge		74
1. Allgemeines		74
2. Verwandtenerbfolge		74
a) Allgemeines		74
b) Verwandtschaft		74
aa) Eheliche Abkömmlinge		74
bb) Nichteheliche Abkömmlinge		75
cc) Adoptierte Abkömmlinge		76
3. Gesetzliches Erbenordnungssystem		77
a) Ordnungen		77
aa) Parentelsystem		77
bb) Erste Ordnung		77
cc) Weitere Ordnungen		77
dd) Rangfolge der Ordnungen		77
b) Einfluß von Gradual- und Repräsentationssystem		77
4. Ausgleichung unter Abkömmlingen		78
a) Ausgleichungspflicht		78
aa) Vorausempfänge		78
bb) Ausstattungen, Zuschüsse		79
cc) Andere Zuwendungen		79
dd) Besondere Mitarbeit oder Pflegetätigkeit eines Abkömmlings		79
b) Durchführung der Ausgleichung		80
5. Ehegattenerbrecht		80
a) Gesetzliches Erbrecht		80
b) Einfluß der Güterstände		82
aa) Entwicklung des Güterrechts		82
bb) Gesetzlicher Güterstand		83
cc) Gütertrennung		83
dd) DDR-Recht		83
c) Voraus		84
d) Ausschluß des Erbrechts		84
VI. Der Pflichtteil		84
1. Allgemeines		84
2. Pflichtteilsberechtigte		85
a) Verwandte		85

b) Ehegatte 85
 3. Pflichtteilsquote 85
    a) Grundsätzliche Quote 85
    b) Besonderheiten bei Zugewinngemeinschaft 86
 4. Anspruchsberechtigung 88
    a) Ausschluß von der Erbfolge 88
    b) Beschränkungen und Beschwerungen
       des pflichtteilsberechtigten Erben 88
    c) Mit einem Vermächtnis bedachter Pflichtteilsberechtigter .. 89
 5. Pflichtteilsberechnung 90
    a) Maßgebender Zeitpunkt 90
    b) Pflichtteilsberechnung vom Nettonachlaß 90
    c) Bewertung 90
       aa) Allgemeines 90
       bb) Bewertungsbestimmungen 91
          (1) Einzelunternehmen, Personen-
              gesellschaftsbeteiligung 91
          (2) Kapitalgesellschaftsbeteiligungen 94
          (3) Landgut 94
 6. Pflichtteilsvervollständigung 95
    a) Wegfall von Beschränkungen und Beschwerungen 95
    b) Zusatzpflichtteil 95
    c) Pflichtteilsergänzung 95
 7. Auskunftsansprüche 97
    a) Auskunftsanspruch des pflichtteilsberechtigten Nichterben 97
    b) Auskunftsanspruch des pflichtteilsberechtigten Miterben .. 97
 8. Träger der Pflichtteilslast 98
    a) Grundsatz 98
    b) Erblasseranordnung 98
    c) Pflichtteilslast des Bevorteilten 98
 9. Fälligkeit 99
10. Stundung 99
11. Verjährung 99

2. Abschnitt: Die Gestaltungsmöglichkeiten der gewillkürten Erbfolge . 100
  I. Voraussetzungen und Grenzen der Testierfreiheit 100
 1. Allgemeines 100
 2. Testierfähigkeit 100
 3. Persönliche Errichtung 101
 4. Inhaltliche Schranken der Testierfreiheit 102
    a) Typenzwang 102

	b) Beschränkungen	103
	aa) Güterrechtliche Beschränkungen	103
	bb) Erbrechtliche Beschränkungen	103
	cc) Schuldrechtliche Beschränkungen	103
	c) Allgemeine gesetzliche Schranken	103
	d) Beschränkungen bei Verfügungen von Heimbewohnern	104
	e) Sonderregeln in den neuen Bundesländern	104
II.	Arten letztwilliger Verfügungen	104
1.	Testament	104
2.	Gemeinschaftliches Ehegattentestament	105
	a) Allgemeines	105
	b) Doppelt einseitiges Testament	105
	c) Ehegattentestament mit gegenseitiger Erbeinsetzung	105
	aa) Nur gegenseitige Erbeinsetzung	105
	bb) „Berliner Testament"	105
	cc) Ehegattentestament ohne wechselbezügliche Verfügungen des Überlebenden	106
	dd) Ehegattentestament mit wechselbezüglichen Verfügungen des Überlebenden	106
3.	Erbvertrag	107
III.	Die Formen letztwilliger Verfügungen	107
1.	Formzwecke	107
2.	Ordentliche Testamente	108
	a) Zwei Grundformen	108
	b) Eigenhändiges Testament	108
	c) Öffentliches Testament	109
	aa) Beurkundungsperson	109
	bb) Formen	110
	cc) Niederschrift	112
	dd) Verschließung, Verwahrung	112
3.	Außerordentliche Testamentsformen	113
	a) Bürgermeister-Testament	113
	b) Drei-Zeugen-Testament	113
	c) Seetestament	114
	d) Gültigkeitsdauer	114
4.	Gemeinschaftliches Ehegattentestament	114
	a) Grundsätzliches	114
	b) Gemeinschaftliches eigenhändiges Testament	114
	c) Gemeinschaftliches öffentliches Testament	115
	d) Gemeinschaftliches Nottestament	115

Inhaltsverzeichnis

- 5. Erbvertrag 115
- IV. Die Wahl der richtigen Form 116
  - 1. Einseitige Testamente.................................. 116
    - a) Vor- und Nachteile der Testamentsformen 116
      - aa) Eigenhändiges Testament 116
        - (1) Vorteile 116
        - (2) Nachteile.................................... 116
      - bb) Notarielle Testamente 117
        - (1) Vorteile 117
        - (2) Nachteile.................................... 118
    - b) Abwägung der Testamentsformen 118
  - 2. Gemeinschaftliches Ehegattentestament 119
  - 3. Erbvertrag... 119
    - a) Vorteile 119
    - b) Nachteile 119
- V. Wirkungen letztwilliger Verfügungen 120
  - 1. Einseitiges Testament................................... 120
  - 2. Erbvertrag und gemeinschaftliches Ehegattentestament........ 120
    - a) Bindungswirkung des Erbvertrages 120
    - b) Bindungswirkung des gemeinschaftlichen Ehegattentestaments................................. 121
- VI. Auslegung letztwilliger Verfügungen........................ 122
  - 1. Allgemeine Auslegungsregeln 122
    - a) Wirklicher Wille des Erblassers....................... 122
    - b) Gebot der wohlwollenden Auslegung 123
    - c) Erbverträge 123
  - 2. Auslegungsregeln für einzelne Fälle 124
    - a) Bedenkung der gesetzlichen Erben oder der Verwandten .. 124
    - b) Bedenkung von Kindern und Abkömmlingen des Erblassers 124
    - c) Bedenkung von Abkömmlingen eines Dritten 124
    - d) Bedenkung von Gruppen............................. 124
    - e) Zuwendung unter einer Bedingung 125
  - 3. Auslegung bei Unwirksamkeit einzelner von mehreren Verfügungen................................. 125
  - 4. Umdeutung.. 125
- VII. Unwirksamkeit letztwilliger Verfügungen..................... 126
  - 1. Nachträgliche Unwirksamkeit 126
    - a) Grundsätzliches 126
    - b) Gemeinschaftliches Ehegattentestament 126
    - c) Erbvertrag... 127

| | | | | d) | Sonstige Unwirksamkeit bei wechselbezüglichen (vertragsmäßigen) Verfügungen | 127 |

	2.	Nichtigkeit	127
		a) Nichtigkeit aus allgemeinen rechtlichen Gründen	127
		aa) Mentalreservation, Scheingeschäft, mangelnde Ernstlichkeit	127
		bb) Nichtigkeit wegen Gesetzesverstoßes	128
		cc) Nichtigkeit wegen Sittenwidrigkeit	128
		b) Formnichtigkeit	128
	3.	Anfechtbarkeit letztwilliger Verfügungen	129
		a) Allgemeines	129
		b) Anfechtungsberechtigte	129
		c) Anfechtungstatbestände	129
		aa) Inhalts-, Erklärungsirrtum	130
		bb) Irrige Annahme oder Erwartung	130
		cc) Übergehen eines Pflichtteilsberechtigten	130
		dd) Drohung	130
		d) Anfechtungswirkung	131
		e) Form der Anfechtung	131
		f) Anfechtungsfrist	131
		g) Keine Schadensersatzpflicht des Anfechtenden	131
		h) Bestätigung eines anfechtbaren Erbvertrags	132

VIII. Widerruf, Aufhebung und Rücktritt von letztwilligen Verfügungen ... 132
    1. Einseitiges Testament ... 132
        a) Allgemeines ... 132
        b) Widerrufstestament ... 132
        c) Widerruf durch spätere Verfügung von Todes wegen ... 132
        d) Widerruf durch Vernichtung oder Veränderungshandlungen ... 133
        e) Widerruf durch Rücknahme aus der amtlichen Verwahrung ... 134
        f) Widerruf des Widerrufs ... 134
    2. Widerruf eines gemeinschaftlichen Testaments ... 134
        a) Gemeinsamer Widerruf ... 134
        b) Form ... 135
    3. Aufhebung und Rücktritt beim Erbvertrag ... 135
        a) Allgemeines ... 135
        b) Aufhebung durch Vertrag ... 136
        c) Rücktrittsvorbehalt ... 136
        d) Gesetzliches Rücktrittsrecht ... 137

	e) Rücktritt durch Testament	137
IX. Erbeinsetzung		138
1.	Vollerbeneinsetzung	138
	a) Bezeichnung des oder der Erben	138
	b) Auslegungsregeln bei ungenauer Erbeinsetzung	138
	aa) Zuwendung des ganzen Vermögens oder von Vermögensbruchteilen	138
	bb) Zuwendung einzelner Gegenstände	138
	cc) Nicht erschöpfende Erbeinsetzung	139
	dd) Den Nachlaß übersteigende Vergabe	139
	ee) Unbestimmte Erbteile	139
	ff) Teilweise Einsetzung auf Bruchteile	139
	gg) Gemeinschaftlicher Erbteil	139
	c) Wegfall eines Erben	139
2.	Ersatzerbenbestimmung	140
3.	Vor- und Nacherbeinsetzung	141
	a) Allgemeines	141
	b) Bedeutung der Vor- und Nacherbschaft	141
	c) Anordnung einer Vor- und Nacherbschaft	141
	d) Auslegungsregeln	142
	aa) Allgemeines	142
	bb) Nacherbe und Ersatzerbe	142
	cc) Fehlende Nacherbenbenennung	143
	dd) Fehlende Vorerbenbenennung	143
	ee) Fehlende Bestimmung des Eintritts des Nacherbfalls	143
	ff) Einsetzung einer nicht erzeugten Person	143
	gg) Kinderloser Vorerbe	143
	e) Vererblichkeit der Nacherbenanwartschaftsrechte	143
	f) Wirkung der Vor- und Nacherbschaft	144
	aa) Allgemeines	144
	bb) Surrogation	144
	cc) Kosten- und Lastentragung	145
	dd) Rechtsstellung des Vorerben	145
	(1) Grundsätzliches	145
	(2) Unentgeltliche Verfügungen des Vorerben	146
	(3) Weitere Verfügungsbeschränkungen	146
	(4) Sicherungspflichten des Vorerben	147
	(5) „Befreiung" des Vorerben	148
	(6) Pflicht des Vorerben zur Verwaltung des Nachlasses	148

	(7) Beseitigung der Nacherbschaft	148
	ee) Rechtsstellung des Nacherben	149
	(1) Nacherbenanwartschaft	149
	(2) Wirkung des Eintritts der Nacherbfolge	149
	g) Gestaltungsempfehlungen	150
X.	Vermächtnis	151
1.	Begriff und rechtliche Natur	151
2.	Die Beteiligten eines Vermächtnisses	152
	a) Der Vermächtnisnehmer	152
	aa) Allgemeines	152
	bb) Offengebliebene Bestimmung des Vermächtnisnehmers	153
	cc) Vorausvermächtnis	153
	dd) Ersatzvermächtnis	154
	ee) Nachvermächtnis	154
	b) Der Vermächtnisbewerte	155
	aa) Beschwerter Erbe	155
	bb) Beschwerter Vermächtnisnehmer, Untervermächtnis	155
3.	Gegenstand eines Vermächtnisses	155
	a) Allgemeines	155
	b) Vermächtnis von Nachlaßgegenständen	155
	aa) Stückvermächtnis	155
	bb) Gattungsvermächtnis	155
	cc) Wahlvermächtnis	156
	c) Verschaffungsvermächtnis	156
	d) Zweckvermächtnis	157
	e) Umfang des Vermächtnisses	157
	aa) Zubehör	157
	bb) Belastungen	157
	f) Sonderfälle	157
	aa) Allgemeines	157
	bb) Nießbrauchsvermächtnis	158
	(1) Allgemeines	158
	(2) Umfang des Nießbrauchs	158
	(3) Bestellung des Nießbrauchs	159
	(4) Mehrere Nießbraucher	159
	(5) Verbindung mit Testamentsvollstreckung	159
	(6) Erlöschen des Nießbrauchs	159
	cc) Wohnungsrechtsvermächtnis	160
	dd) Rentenvermächtnis	160
4.	Anfall, Annahme und Ausschlagung des Vermächtnisses	161

Inhaltsverzeichnis

	a) Anfall	161
	b) Annahme	161
	c) Ausschlagung	162
	aa) Form	162
	bb) Ausschlagungsgegner	162
	cc) Keine Ausschlagungsfrist	162
XI.	Auflage	162
	1. Begriff	162
	2. Inhalt einer Auflage	162
	3. Anzuwendende Vorschriften	163
	a) Beschwerung	163
	b) Bestimmung des Leistungsempfängers	163
	c) Keine zeitliche Begrenzung	163
	4. Vollziehungsberechtigter	163
	5. Bindungswirkung	164
	6. Gestaltungsempfehlung	164
XII.	Testamentsvollstreckung	164
	1. Anwendungsbereich der Testamentsvollstreckung	164
	2. Aufgaben und rechtliche Stellung des Testamentsvollstreckers	165
	a) Testamentsvollstreckeramt	165
	b) Aufgaben	165
	aa) Allgemeines	165
	bb) Abwicklungsvollstreckung	165
	cc) Verwaltungsvollstreckung	166
	dd) Beschränkungen durch den Erblasser	166
	ee) Beschränkungen durch das Nachlaßgericht	166
	c) Rechtliche Stellung des Testamentsvollstreckers	166
	aa) Allgemeines	166
	bb) Rechte des Testamentsvollstreckers	167
	(1) Verfügungsrecht	167
	(2) Eingehung von Verbindlichkeiten	167
	(3) Prozeßführungslegitimation	167
	(4) Befreiung vom Selbstkontrahierungsverbot	167
	cc) Pflichten des Testamentsvollstreckers	168
	(1) Nachlaßverzeichnis	168
	(2) Ordnungsmäßige Verwaltung	168
	(3) Anwendung von Auftragsrecht	168
	(4) Jährliche Rechnungslegung	168
	(5) Haftung für Verschulden	168
	(6) Freigabe von Nachlaßgegenständen	169

Inhaltsverzeichnis

    3. Auswahl des Testamentsvollstreckers. 169
        a) Grundsätzliches. 169
        b) Qualifikation 169
        c) Mehrere Testamentsvollstrecker 169
        d) Juristische Personen als Testamentsvollstrecker 170
        e) Miterbe als Testamentsvollstrecker. 170
    4. Ernennung des Testamentsvollstreckers. 170
        a) Durch Erblasser 170
        b) Durch Dritte 171
        c) Durch Testamentsvollstrecker. 171
        d) Unwirksamkeit der Ernennung. 172
    5. Annahme und Ablehnung des Amtes 172
        a) Annahme 172
        b) Ablehnung 172
    6. Mehrere Testamentsvollstrecker 173
        a) Gemeinschaftliche Amtsführung. 173
        b) Abweichende Anordnungen des Erblassers 173
    7. Beendigung des Amtes 173
        a) Tod, Wegfall der Ernennungsvoraussetzungen 173
        b) Kündigung. 174
        c) Entlassung 174
    8. Vergütung 175
        a) Allgemeines 175
        b) Höhe der Vergütung. 175
            aa) Festsetzung der Vergütung durch den Erblasser. 175
            bb) Gesetzliche Vergütung. 175
                (1) Allgemeines. 175
                (2) Vergütungsmaßstäbe 175
                (3) Abwicklungs-, Konstitutions, Verwaltungsgebühr. . 176
                (4) Richtlinien. 176
                (5) Mehrere Testamentsvollstrecker 178
        c) Fälligkeit der Testamentsvollstrecker-Vergütung 178
        d) Vorzeitige Beendigung des Testamentsvollstrecker-Amts . . 178
        e) Berufliche Sondertätigkeit des Testamentsvollstreckers 178
        f) Verjährung des Vergütungsanspruchs. 179
        g) Vergütungsvereinbarung 179
        h) Streitentscheidung durch Prozeßgericht. 179
        i) Steuerliche Fragen. 179
    9. Testamentsvollstreckung an einem Unternehmen
       und an Unternehmensbeteiligungen 179

Inhaltsverzeichnis

XIII. Sonstige Anordnungen.	180
1. Beschränkung und Ausschluß der Auseinandersetzung	180
a) Allgemeines	180
b) Ausschluß der Auseinandersetzung	180
c) Beschränkungen des Auseinandersetzungsausschlusses	181
aa) Gegenständliche Beschränkungen	181
bb) Zeitliche Beschränkung	181
cc) Abhängigkeit von Kündigung	181
d) Bindungswirkung	181
2. Teilungsanordnungen	182
a) Allgemeines	182
b) Gründe für Teilungsanordnungen	182
c) Wirkung von Teilungsanordnungen	183
d) Bestimmung durch Dritte	184
3. Verwirkungsklauseln	184
a) Allgemeines	184
b) Besondere Verwirkungsklauseln	185
c) Allgemeine Verwirkungsklauseln	185
d) Rechtsfolgen	185
e) Gestaltungsempfehlung	186
4. Strafklauseln, Sanktionen	186
5. Wiederverheiratungsklauseln	186
a) Interessenlage	186
b) Inhalt	186
c) Lösungsmöglichkeiten	187
aa) Vorerbschaftslösung	187
bb) Vermächtnis-Lösung	187
d) Gestaltungsempfehlung	187
6. Erbrechtliche Schiedsklauseln	188
7. Familienrechtliche Verfügungen	189
a) Testamentarische Benennung eines Vormunds oder Pflegers	189
b) Ausschluß der Vermögensverwaltung	189
XIV. Pflichtteilsentziehung, -beschränkung	189
1. Allgemeines	189
2. Pflichtteilsentziehung	190
3. Pflichtteilsbeschränkung in „guter Absicht"	190
XV. Sondergestaltungen	191
1. Letztwillige Verfügungen zugunsten geistig behinderter Pflichtteilsberechtigter	191
2. Patiententestament bzw. -verfügung	192

3. Kapitel Regelungen unter Lebenden

1. Abschnitt: Die Vermögensnachfolge vorbereitende Maßnahmen 193
   I. Allgemeines 193
   II. Trans- und postmortale Vollmachten 193
   III. Vorsorgevollmacht 194
   IV. Betreuungsverfügung 194
   V. Vorbereitende Vermögensbildung 195
      1. Sachverhalte, Interessenlagen 195
      2. Lösungen 195

2. Abschnitt: Familienrechtliche Maßnahmen 196
   I. Allgemeines 196
   II. Güterstandsvereinbarungen 196
      1. Begriff und Bedeutung des Güterstandes 196
      2. Die Güterstände 197
          a) Zugewinngemeinschaft 197
          b) Gütertrennung 198
          c) Gütergemeinschaft 198
          d) DDR-Recht 199
      3. Anwendungsbereich 199
   III. Adoption 199
      1. Grundsätzliches 199
      2. Minderjährigen-/Volljährigenadoption 200
      3. Rechtliche Wirkungen 201
          a) Familienrechtliche Stellung des Adoptierten 201
              aa) Minderjährigenadoption 201
              bb) Volljährigenadoption 201
          b) Familiennahme des Adoptierten 201
          c) Erbrechtliche Wirkungen 201
              aa) Erbrecht des Adoptierten 201
              bb) Erbrecht des Annehmenden 202
          d) Erstreckung der Adoptionswirkungen 202
              aa) Abkömmlinge des Adoptierten 202
              bb) Verwandte 202
      4. Bedeutung für die Erbfolgegestaltung 202
          a) In privatrechtlicher Hinsicht 202
          b) In steuerlicher Hinsicht 203
      5. Gesetzliche Voraussetzungen der Adoption 203
          a) Adoption durch vormundschaftsgerichtlichen Beschluß ... 203
          b) Antrag des Annehmenden 203
          c) Persönliche Erfordernisse des Annehmenden 203

6. Aufhebung des Adoptionsverhältnisses 204
3. Abschnitt: Maßnahmen vorweggenommener Erbfolge 204
   I. Allgemeines 204
      1. Begriff 204
      2. Gestaltungskriterien der vorweggenommenen Erbfolge 204
         a) Motive des Erblassers 204
         b) Motive der Erben 205
         c) Risiken 206
         d) Steuerliche Folgen 206
  II. Zulässigkeit und Grenzen von Verfügungen unter Lebenden 207
      1. Grundsätzliches 207
      2. Erbrechtlicher Schutz gegen beeinträchtigende Verfügungen
         unter Lebenden 207
      3. Schutz aus Gründen der Sittenwidrigkeit 208
      4. Schuldrechtliche Verpflichtung des Erblassers 209
  III. Ausstattungen 209
      1. Begriff 209
      2. Keine Schenkung 209
      3. Gegenstand der Ausstattung 209
      4. Korrespondierende Ausgleichungspflicht 210
  IV. Unentgeltliche Zuwendungen 210
      1. Schenkung 210
         a) Bedeutung 210
         b) Unentgeltlichkeit 210
         c) Vertretungsbeschränkungen 211
            aa) Vertragsschluß des gesetzlichen Vertreters mit sich selbst 211
            bb) Pflegerbestellung 211
            cc) Vormundschaftsgerichtliche Genehmigung 212
         d) Rückforderung, Widerruf der Schenkung 212
            aa) Rückforderung wegen Bedürftigkeit 212
            bb) Widerruf 212
         e) Anrechnung 213
         f) Ausgleichung 213
      2. Gemischte Schenkung 214
      3. Unterlassener Vermögenserwerb keine Schenkung 214
      4. Pflicht- und Anstandsschenkungen 215
      5. Vermeidung von Pflichtteilsergänzungsansprüchen 215
      6. Schenkungsversprechen 215
         a) Vertrag 215
         b) Formbedürftigkeit 215

      c) Schenkung unter Lebenden auf den Todesfall 216
          aa) Allgemeines 216
          bb) Vertrag 216
          cc) Überlebensbedingung 217
          dd) Unvollzogene Schenkung 217
   7. Ehegattenzuwendungen 218
   8. Schenkung unter einer Auflage 218
   9. Schenkung unter Nießbrauchsvorbehalt 219
  10. Vertrag zugunsten Dritter auf den Todesfall 220
  11. Erbschaftsvertrag 221
V. Entgeltliche Zuwendungen 221
   1. Interessenlagen 221
   2. Abfindungen zugunsten Dritter 222
   3. Schuldübernahmen 222
   4. Versorgungszahlungen 222
      a) Leibrente 222
      b) Dauernde Last 222
      c) Dingliche Absicherung 223
   5. Tatsächliche Versorgungsleistungen 223

4. Abschnitt: Erbrechtliche Maßnahmen unter Lebenden 224
    I. Vorzeitiger Erbausgleich bei Nichtehelichen 224
      1. Anspruchsberechtigter 224
      2. Anspruchsvoraussetzungen 224
   II. Ausgleichsanordnung 225
III. Anrechnungsanordnung 225
IV. Erbverzicht 225
      1. Allgemeines 225
      2. Gestaltungsmöglichkeiten 226
          a) Verzicht auf gesetzliches Erbrecht 226
          b) Verzicht auf Bruchteil der gesetzlichen Erbquote 226
          c) Verzicht auf Erbersatzanspruch 226
          d) Erbverzicht zugunsten eines anderen 226
          e) Zuwendungsverzicht 226
          f) Pflichtteilsverzicht 227
              aa) Allgemeiner Pflichtteilsverzicht 227
              bb) Teilweiser Pflichtteilsverzicht 227
              cc) Gegenständlich beschränkter Pflichtteilsverzicht 228
      3. Form 228
          a) Notarielle Beurkundung 228
          b) Persönlicher Abschluß durch den Erblasser 228

c) Vertretung des Verzichtenden 229
4. Rechtliche Wirkungen 229
   a) Verzicht auf gesetzliches Erbrecht 229
   b) Verzicht auf Erbersatzanspruch 230
   c) Erbverzicht zugunsten eines anderen 230
   d) Zuwendungsverzicht 230
   e) Pflichtteilsverzicht 231
5. Abfindungsvereinbarungen 231
   a) Abstrakte Natur des Verzichts 231
   b) Abhängigkeit von einer Gegenleistung 231
      aa) Allgemeines 231
      bb) Bedingter Verzicht 232
      cc) Nichtigkeit bei einheitlicher Beurkundung 232
      dd) Rückforderung wegen ungerechtfertigter Bereicherung 232
      ee) Gestaltungshinweis 233
6. Gestaltungsempfehlungen 233
   a) Erbverzicht 233
   b) Pflichtteilsverzicht 233

4. Kapitel: Unternehmensnachfolge

1. Abschnitt: Einführung 235
   I. Unternehmensnachfolge als Sonderfall der Vermögensnachfolge .. 235
   II. Ziele der Unternehmensnachfolge 236
      1. Erhaltung des Unternehmensvermögens durch Rechtsformwahl 236
      2. Unternehmernachfolge 237
      3. Versorgungsnotwendigkeiten 237
      4. Steuerliche Gesichtspunkte 238

2. Abschnitt: Einzelunternehmen 238
   I. Vollkaufmännisches Unternehmen 238
      1. Haftung der Vermögensnachfolger 238
      2. Mehrere Erben 239
   II. Nichtvollkaufmännisches Unternehmen 240

3. Abschnitt: Grundsätzliches zu den Gesellschaftsformen 241
   I. Allgemeines 241
   II. Personengesellschaften 241
      1. Normalfall: Außengesellschaften 241
      2. Sonderfall: Innengesellschaften 241
   III. Kapitalgesellschaften 242
   IV. Vor- und Nachteile der Gesellschaftsformen 243
      1. Personengesellschaften 243

	a) Vorteile der Personengesellschaften	243
	aa) Einfache Errichtung	243
	bb) Dispositionsfreiheit	243
	cc) Personale Bindung	243
	b) Nachteile der Personengesellschaften	243
	aa) Selbstorganschaft	243
	bb) Persönliche Haftung	244
2.	Kapitalgesellschaften	244
	a) Vorteile der Kapitalgesellschaften	244
	aa) Haftungsbeschränkung der Gesellschafter	244
	bb) Fremdorganschaft	245
	cc) Kapitalistische Struktur	245
	dd) Sachfirma	245
	b) Nachteile der Kapitalgesellschaften	245
	aa) Errichtungsaufwand	245
	bb) Publizitätspflichten	245
	cc) Beschränkte Mitgliedschaftsrechte	247
	dd) Betriebliche Mitbestimmung	247
V. Formvorschriften für die Gesellschaftsverträge		248
1. Personengesellschaften		248
	a) Formfreiheit	248
	b) Streitiger Formzwang bei schenkweiser Aufnahme eines Gesellschafters	248
	c) Formzwang bei Grundstückseinbringung	248
	d) Formzwang bei Einbringung eines GmbH-Geschäftsanteils	249
	e) Einbringung des gegenwärtigen Vermögens	249
2. Kapitalgesellschaften		249
	a) GmbH	249
	b) Aktiengesellschaft, KGaA	250

4. Abschnitt: Die Gesellschaftsformen im einzelnen ... 250

I. Personengesellschaften		250
1. Die (Außen-)Gesellschaft bürgerlichen Rechts		250
	a) Grundsätzliches	250
	b) Anwendungsbereiche	250
	aa) Kleingewerbe	250
	bb) Grundstücksgesellschaften	251
	cc) Freiberufliche Verbindungen	251
	dd) Land- und Forstwirte	251
	ee) Kapitalgesellschaftsbeteiligungen	252
	c) Vertragsfreiheit	252

d)	Keine Firma...................................	252
e)	Geschäftsführung und Vertretung	252
f)	Haftung der Gesellschafter	253
g)	Gesellschafterwechsel............................	254
h)	Kündigung......................................	254
i)	Tod eines Gesellschafters........................	254
	aa) Gesetzliche Folgen des Todes eines Personengesellschafters............................	254
	bb) Gesellschaftsvertraglich geregelte Folgen des Todes eines Gesellschafters.........................	255
	(1) Fortsetzungsklausel ohne Abfindung der Erben....	255
	(2) Fortsetzungsklausel mit Abfindung der Erben.....	256
	(3) Gesellschaftsvertragliche Nachfolgeklauseln.......	256
j)	Ausscheiden eines Gesellschafters.................	256
k)	Abfindung der Erben............................	257
l)	Abfindung eines ausscheidenden Gesellschafters	257

2. Offene Handelsgesellschaft 257

a)	Begriff, Gegenstand	257
b)	Anwendungsbereich.............................	258
c)	Gesellschafter	259
d)	Firma..	259
e)	Wettbewerbsverbot	260
f)	Geschäftsführung	260
g)	Vertretung	260
h)	Gesellschafterbeschlüsse	261
i)	Buchführung und Jahresabschluß..................	262
j)	Errichtung und Feststellung des Jahresabschlusses	263
k)	Verteilung von Gewinn und Verlust, Entnahmen.....	264
l)	Dauer der Gesellschaft, Kündigung	265
m)	Rechtsfolgen von Kündigung, Tod, Konkurs eines Gesellschafters............................	266
n)	Gesellschaftsvertragliche Nachfolgeklauseln bei Tod eines Gesellschafters............................	267
	aa) Allgemeines................................	267
	bb) Einfache Nachfolgeklauseln	268
	cc) Qualifizierte Nachfolgeklauseln................	269
	dd) Eintrittsklausel	270
	ee) Verhältnis zwischen Gesellschaftsrecht und Erbrecht..	271
o)	Abfindung ausscheidender Gesellschafter	272
	aa) Gesetzliche Regelung........................	272
	bb) Gesellschaftsvertragliche Regelungen	272

    (1) Allgemeines.................................... 272
    (2) Schwebende Geschäfte......................... 272
    (3) Ausschluß der Abfindung 272
    (4) Höhe einer vereinbarten Abfindung.............. 273
    (5) Fälligkeit 275
    (6) Verfallklausel................................. 275
    (7) Sicherheitsleistung 275
  p) Weitere Regelungen 275
 3. Kommanditgesellschaft 276
  a) Allgemeines....................................... 276
  b) Anwendungsbereich................................ 276
  c) Kommanditeinlage, Haftsumme, Haftung
    der Kommanditisten................................ 276
  d) Firma 279
  e) Geschäftsführung und Vertretung...................... 279
  f) Gesellschafterbeschlüsse............................. 279
  g) Informations- und Kontrollrechte der Kommanditisten ... 280
  h) Ergebnisverteilung 282
  i) Entnahmerechte 282
  j) Kein Wettbewerbsverbot für Kommanditisten 283
  k) Tod eines Kommanditisten 283
  l) Gesellschaftsdauer, Kündigung, Abfindung
    ausscheidender Gesellschafter 285
 4. Sonderfall GmbH & Co. KG 285
  a) Allgemeines....................................... 285
  b) Anwendungsbereich................................ 286
  c) Gesellschaftsverträge 287
  d) Gesellschafter 288
    aa) Grundform 288
    bb) Einheitsgesellschaft 289
  e) Firma 290
  f) Wettbewerbsverbot................................. 290
  g) Geschäftsführung und Vertretung...................... 291
  h) Verteilung von Gewinn und Verlust, Entnahmen......... 291
  i) Publizitätspflichten................................. 292
  j) Informationsrechte der Kommanditisten................ 292
 5. Stiftung & Co... 293
 6. Stille Gesellschaft 293
  a) Begriff.. 293
  b) Typische und atypische Stille Gesellschaft............... 294

Inhaltsverzeichnis

- c) Gesellschafter 295
- d) Anwendungsbereich................................. 295
- e) Vertragsschluß....................................... 296
- f) Geschäftsführung, Vertretung, Kontrollrechte 297
- g) Wettbewerbsverbot 297
- h) Verteilung von Gewinn und Verlust, Entnahmen......... 297
- i) Gesellschaftsdauer, Auflösungsgründe.................. 298
- j) Tod eines Gesellschafters............................. 298
- k) Konkurs des Geschäftsinhabers 299
- l) Auseinandersetzung, Abfindung....................... 299
- 7. GmbH & Still 300
- 8. Unterbeteiligung.. 300
  - a) Allgemeines... 300
  - b) Typische und atypische Unterbeteiligung 302
  - c) Anwendungsbereich................................. 303
  - d) Gesellschafter, Vertragsschluß........................ 304
- 9. Europäische Wirtschaftliche Interessenvereinigung (EWIV)... 305
- 10. Partnerschaft... 305
  - a) Allgemeines... 305
  - b) Errichtung einer Partnerschaft 306
  - c) Name der Partnerschaft 306
  - d) Geschäftsführung, Vertretung........................ 306
  - e) Kapital, Haftung..................................... 306
  - f) Tod eines Partners 307
- II. Kapitalgesellschaften 307
  - 1. Gesellschaft mit beschränkter Haftung 307
    - a) Allgemeines... 307
    - b) Anwendungsbereich................................. 307
    - c) Errichtung, Entstehung der GmbH 308
    - d) Gründer.. 309
    - e) Vorgründungsgesellschaft, Vorgesellschaft 309
    - f) Vertragsinhalt 310
      - aa) Firma... 310
      - bb) Sitz... 311
      - cc) Gegenstand des Unternehmens 311
      - dd) Stammkapital 311
      - ee) Stammeinlagen, Geschäftsanteile 312
        - (1) Allgemeines................................. 312
        - (2) Geldeinlagen................................ 312
        - (3) Sacheinlagen 312

		(4) Verdeckte Sacheinlagen	313
		(5) Mischeinlage	314
	g)	Übertragbarkeit und Vererblichkeit der Geschäftsanteile	314
		aa) Allgemeines	314
		bb) Übertragbarkeit	314
		cc) Nießbrauchsbestellung	317
		dd) Vererblichkeit	317
	h)	Gesellschaftsorgane	319
		aa) Geschäftsführung	319
		bb) Gesellschafterversammlung	321
		cc) Gesellschafterausschuß	321
		dd) Aufsichtsrat, Beirat	322
	i)	Jahresabschluß	322
	j)	Ergebnisverwendung	322
	k)	Haftungsfragen	323
		aa) Gesellschafter	323
		(1) Stammeinlagen	323
		(2) Kapitalersetzende Darlehen	324
		(3) Erweiterte Haftung im qualifiziert faktischen Konzern	324
		bb) Geschäftsführer	326
		(1) Haftung gegenüber der Gesellschaft	326
		(2) Haftung gegenüber Dritten	327
		(3) Verjährung	327
	l)	Gesellschafterrechte	327
	m)	Änderungen des Gesellschaftsvertrags, insbesondere Kapitalerhöhung	327
	n)	Ausscheiden, Kündigung, Ausschluß aus der GmbH	328
	o)	Auflösung der GmbH	330
2.	Aktiengesellschaft		330
	a)	Allgemeines	330
	b)	Anwendungsbereich	331
	c)	Errichtung, Entstehung der AG	331
	d)	Nachgründung	332
	e)	Aktien	332
	f)	Gesellschaftsorgane	333
		aa) Vorstand	333
		bb) Aufsichtsrat	333
		(1) Zusammensetzung	333
		(2) Mitbestimmung	333

	(3) Hauptversammlung	334
g)	Rechnungslegung	334
h)	Haftungsfragen	334
i)	Vererblichkeit der Aktien	335
3.	Kommanditgesellschaft auf Aktien	335
a)	Begriff	335
b)	Anwendungsbereich	336
c)	Anzuwendende Vorschriften	336
d)	Tod eines Gesellschafters	336
4.	Stiftung	336
a)	Allgemeines	336
b)	Stiftungsvorschriften	337
	aa) Entstehung	337
	bb) Stiftungsgeschäft	337
	cc) Stiftungsvermögen	338
	dd) Anzuwendendes Recht	338
	ee) Stiftungsverfassung	338
c)	Anwendungsbereich	338

5. Abschnitt: Unternehmensnachfolgeregelungen in Verfügungen von Todes wegen ... 339

I. Vor- und Nacherbschaft bei Unternehmen und Unternehmensbeteiligungen ... 339
1. Unternehmer- und Gesellschafterstellung ... 339
2. Verfügungsbeschränkungen des Vorerben ... 340
3. Gestaltungsempfehlung ... 341

II. Vermächtnisse zur Unternehmensnachfolge ... 342
1. Drittbestimmung des Unternehmensnachfolgers ... 342
   a) Problematik ... 342
   b) Lösung ... 342
2. Vermächtnis einer Unterbeteiligung ... 342
   a) Allgemeines ... 342
   b) Gestaltung ... 342

III. Auflagen zur Unternehmensfortführung oder -umgründung ... 343
1. Auflagen zur Fortführung eines Unternehmens ... 343
2. Auflagen zur Umgründung eines Unternehmens ... 343

IV. Testamentsvollstreckung an einem Unternehmen und an Unternehmensbeteiligungen ... 344
1. Testamentsvollstreckung an einem gewerblichen Unternehmen ... 344
   a) Allgemeines ... 344
   b) Treuhänderische Unternehmensführung im eigenen Namen ... 345

- c) Unternehmensfortführung als Bevollmächtigter der Erben . 345
- d) Umgründung 346
- 2. Testamentsvollstreckung an Personengesellschaftsanteilen 346
  - a) Zulässigkeit 346
  - b) Testamentsvollstreckung an Beteiligung eines unbeschränkt haftenden Gesellschafters 347
    - aa) Grundsätzliches 347
    - bb) Gestaltungsmöglichkeiten 348
      - (1) Testamentsvollstreckung 348
      - (2) Treuhandlösung 348
      - (3) Vollmachtlösung 349
      - (4) Weisungsgeberlösung 350
    - cc) Änderung der Rechtsform 350
  - c) Testamentsvollstreckung an Kommanditbeteiligung 350
  - d) Stille Gesellschaft 351
- 3. Testamentsvollstreckung an Kapitalgesellschaftsbeteiligungen . 351

6. Abschnitt: Unternehmensnachfolge durch Regelungen unter Lebenden 352

- I. Vorbereitende Maßnahmen 352
  - 1. Gütertrennung 352
  - 2. Errichtung einer „Ein-Mann-Gesellschaft" 353
    - a) Problematik 353
    - b) Kapitalgesellschaft 353
    - c) „Ein-Mann-GmbH & Co. (KG)" 354
  - 3. Betriebsaufspaltung 355
    - a) Definition 355
    - b) Formen 355
      - aa) „Echte" Betriebsaufspaltung 355
      - bb) „Unechte" Betriebsaufspaltung 355
    - c) Anwendungsbereich, Interessenlage 356
      - aa) Vor- und Nachteile 356
        - (1) Haftungsbeschränkung 356
        - (2) Sicherung von Einkünften 356
        - (3) Fremdorganschaft 357
        - (4) Steuern 357
        - (5) Verträge 357
      - bb) Bertriebsaufspaltung zur Vorbereitung der Erbfolge . . . 357
    - d) Vertragsgestaltung 358
      - aa) Gesellschaftsverträge 358
      - bb) Pachtvertrag 358

	e) Betriebsverfassungsrecht, Mitbestimmung.	358
4.	Organschaft.	359
	a) Begriff – handelsrechtlich.	359
	b) Anwendungsbereich.	360
	aa) Gewinnabführung bei Arbeitsteilung	360
	bb) Vorbereitende Erbfolge	360
II. Lebzeitige Einräumung einer Unternehmensbeteiligung		361
1. Allgemeines.		361
2. Schenkung einer Unternehmensbeteiligung.		361
	a) Schenkung oder Ausstattung.	361
	aa) Allgemeines.	361
	bb) Offene Handelsgesellschaft und Gesellschaft bürgerlichen Rechts	361
	cc) Kommanditgesellschaft, stille Gesellschaft, Unterbeteiligung	363
	dd) Ausstattung.	363
	b) Einzuhaltende Form.	363
	aa) Innengesellschaft	364
	bb) Außengesellschaft.	365
	c) Hinweis Schenkung- und Ertragsteuer.	365

7. Abschnitt: Gesellschaftsrechtliche Sonderlösungen im Rahmen der Unternehmensnachfolge ... 366

I. Nießbrauch an Gesellschaftsbeteiligungen		366
1. Allgemeines.		366
2. Nießbrauch an einer Personengesellschaftsbeteiligung.		366
	a) Zulässigkeit	366
	b) Vollnießbrauch	368
	c) Ertragsnießbrauch.	368
	d) Vermögensrechtliche Wirkungen	370
	aa) Problematik der Gewinnrücklagen und stillen Reserven	370
	bb) Vollnießbrauch.	370
	cc) Ertragsnießbrauch	372
	e) Gestaltungsempfehlung	372
3. Nießbrauch an einer Kapitalgesellschaftsbeteiligung		372
	a) Zulässigkeit	372
	b) Mitgliedschaftsrechte	373
	c) Vermögensrechtliche Wirkungen	374
	d) Gestaltungshinweis.	374
II. Versorgungsrenten		374
1. Allgemeines.		374

2.	Personengesellschaften	374
3.	Kapitalgesellschaften	375
4.	Wertsicherung	376

III. Umwandlung... 376
    1. Allgemeines... 376
    2. Umwandlungsgrundlagen... 377
    3. Verschmelzung... 378
        a) Verschmelzungsarten... 378
        b) Verschmelzungsfähige Rechtsträger... 379
        c) Zustimmungserfordernis... 379
        d) Personenidentität... 379
        e) Rechtsfolge... 380
        f) Anwendungsbereich... 380
    4. Spaltung... 380
        a) Allgemeines... 380
        b) Spaltungsformen... 381
            aa) Aufspaltung... 381
            bb) Abspaltung... 381
            cc) Ausgliederung... 382
            dd) Kombination der Spaltungsformen... 382
        c) Spaltungsfähige Rechtsträger, Vermögen, Haftung... 382
        d) Spaltungsvertrag, Spaltungsplan... 383
        e) Spaltungsbericht... 384
        f) Spaltungsprüfung... 385
        g) Zustimmungsbeschlüsse... 385
        h) Registeranmeldung... 386
        i) Wirksamwerden der Spaltung... 386
    5. Formwechsel... 386
        a) Allgemeines... 386
        b) Möglichkeiten des Formwechsels... 387
        c) Umwandlungsbericht... 387
        d) Umwandlungsbeschluß... 388
        e) Gründungsvorschriften des neuen Rechtsträgers... 389
        f) Registeranmeldung... 389

ZWEITES BUCH
Die Steuerfolgen der Erbfolgegestaltung

1. Kapitel: Die Steuerfolgen im Erbfall

1. Abschnitt: Erbschaftsteuer... 393
    I. Allgemeiner Überblick... 393

Inhaltsverzeichnis

- 1. Gegenstand der Erbschaftsteuer und ihre Einordnung in das Gesamtsteuersystem ... 393
- 2. Grundsatz der Maßgeblichkeit des bürgerlichen Rechts ... 394
- 3. Die Gesamtrechtsnachfolge ... 396
- II. Güterrechtliche Vereinbarungen ... 397
  - 1. Die Vereinbarung einer allgemeinen Gütergemeinschaft ... 397
  - 2. Schenkungen zwischen Ehepartnern innerhalb einer bestehenden Ehe ... 398
  - 3. Die güterrechtliche Auseinandersetzung bei Auflösung der Ehe durch Scheidung ... 399
  - 4. Die güterrechtliche Auseinandersetzung beim Tode eines Ehegatten ... 400
  - 5. Vereinbarungen über die Berechnung des fiktiven Zugewinnausgleichs ... 401
  - 6. Unzulässige rückwirkende Vereinbarung ... 402
  - 7. Der Verzicht auf Zugewinnausgleich ... 403
  - 8. Die fortgesetzte Gütergemeinschaft ... 403
- III. Erwerb von Todes wegen ... 403
  - 1. Der Erbanfall ... 403
  - 2. Der Erbersatzanspruch des unehelichen Kindes ... 406
  - 3. Das Vermächtnis ... 406
  - 4. Der Pflichtteilsanspruch ... 408
  - 5. Schenkung auf den Todesfall ... 408
  - 6. Erwerbe gemäß § 3 Abs. 1 Nr. ErbStG ... 409
  - 7. Erwerb von Todes wegen ... 409
  - 8. Anordnung einer Stiftung ... 410
  - 9. Zuwendung aufgrund einer Auflage ... 410
  - 10. Erwerbe, die von einer staatlichen Genehmigung abhängig sind ... 410
  - 11. Abfindung für Erbverzichte ... 411
  - 12. Entgelte für die Übertragung von Anwartschaften ... 411
  - 13. Abfindung für ein aufschiebend bedingtes, betagtes oder befristetes Vermächtnis ... 411
  - 14. Erwerb eines Vertragserben ... 412
- IV. Vor- und Nacherbschaft ... 412
  - 1. Die Vorerbschaft ... 412
  - 2. Die Nacherbschaft ... 413
  - 3. Zusammentreffen von Erbfall und Nacherbschaft ... 413
- V. Stiftung und Zweckzuwendung ... 414
  - 1. Stiftung ... 414

- a) Übergang von Vermögen auf eine vom Erblasser angeordnete Stiftung 414
- b) Vermögensübertragung auf einen Trust 415
- c) Stiftung unter Lebenden 415
- d) Stiftungszweck 416
- 2. Die Zweckzuwendung 416
- 3. Die Erbersatzsteuer der Stiftung 417
- 4. Erhebung der Erbersatzsteuer 419
- VI. Das Nießbrauchsvermächtnis 420
  - 1. Allgemeines 420
  - 2. Die Zuwendung des Nießbrauchs 420
  - 3. Die Behandlung der Nießbrauchslast 421
- VII. Die persönliche Steuerpflicht 422
  - 1. Die unbeschränkte Steuerpflicht 422
  - 2. Bedeutung der Doppelbesteuerungsabkommen 422
  - 3. Die beschränkte Steuerpflicht 423
  - 4. Das Erbschaftsteuerabkommen mit der Schweiz 423
    - a) Grundsätze 423
    - b) Zusätzliches Besteuerungsrecht in Wohnsitzfällen 424
    - c) Zusätzliches Besteuerungsrecht der Bundesrepublik Deutschland in Wegzugsfällen 424
    - d) Zuteilung der Besteuerungsrechte 425
      - aa) Unbewegliches Vermögen 425
      - bb) Betriebsvermögen 425
      - cc) Sonstiges Vermögen 425
      - dd) Schuldenabzug 425
    - e) Die Vermeidung der Doppelbesteuerung 426
  - 5. Einfluß des Außensteuergesetzes auf die Besteuerung des Erbfalles 426
  - 6. Anrechnung ausländischer Steuern 426
- VIII. Die Entstehung der Steuerschuld 427
  - 1. Die Entstehung der Steuerschuld bei Erwerben von Todes wegen 427
    - a) Erwerb durch Erbfall 427
    - b) Erwerb unter einer aufschiebenden Bedingung 427
    - c) Erwerb des Pflichtteils 428
    - d) Erwerb durch Stiftung 428
    - e) Erwerb infolge Auflage 428
    - f) Genehmigungspflichtige Erwerbe 428
    - g) Abfindungen für Erbverzicht 428
    - h) Veräußerung von Anwartschaftsrechten 428

i) Erwerb im Nacherbfall. 428
j) Abfindungsvereinbarungen bei Vermächtnissen 428
2. Die Schenkung unter Lebenden 429
3. Zweckzuwendungen 429
IX. Die Wertermittlung 429
1. Die Grundsätze für die Wertermittlung. 429
   a) Die Bereicherung als Bemessungsmaßstab. 430
   b) Zeitpunkt für die Wertermittlung. 431
   c) Anzuwendende Bewertungsvorschriften 431
2. Einzelfälle 432
   a) Allgemeines. 432
   b) Bewertung des Grundbesitzes. 432
      aa) Unbebaute Grundstücke. 432
      bb) Bebaute Grundstücke 433
      cc) Betriebsgrundstücke 434
   c) Land- und forstwirtschaftliches Vermögen 435
      aa) Begriff 435
      bb) Umfang des land- und forstwirtschaftlichen Vermögens 435
      cc) Wertermittlung. 435
   d) Das Betriebsvermögen (gewerbliches) 437
      aa) Bewertungsgrundsätze. 437
      bb) Ansatz dem Grunde nach 437
         (1) Betriebsgrundstück 437
         (2) Erbbauzinsansprüche. 437
         (3) Ausgleichsposten im Falle der Organschaft. 438
         (4) Sonderposten aus der DM-Eröffnungsbilanz 438
         (5) Rücklagen 438
         (6) Abzug bei einer beherrschenden Kapitalgesellschaft 438
         (7) Erbbauzinsverpflichtung. 438
      cc) Übernahme der Steuerbilanzwerte der Hohe nach. 438
   e) Anteile an einer Personengesellschaft. 439
   f) Bewertung von Kapitalanteilen 441
   g) Sonstige Vermögensrechte. 447
      aa) Sonstige Kapitalforderungen. 447
      bb) Renten und sonstige wiederkehrende Leistungen
          und Nutzungen 448
      cc) Der Nießbrauch 450
3. Nachlaßverbindlichkeiten 452
   a) Verbindlichkeiten des Erblassers. 453
   b) Erbanfallsverbindlichkeiten 453

Inhaltsverzeichnis

   c) Verbindlichkeiten des Erben 455
 4. Steuerbefreiung 456
 5. Ansatz von Betriebsvermögen von Betrieben der Land- und Forstwirtschaft und Anteilen von Kapitalgesellschaften 457
   a) Vorbemerkung 457
   b) Freibetrag von DM 500.000,– 457
   c) Bewertungsabschlag 458
   d) Erwerb von Todes wegen. 458
   e) Freibetrag bei mehreren Anspruchsberechtigten. 458
   f) Begünstigtes Vermögen 459
   g) Verwirkung des Freibetrages und des verminderten Wertansatzes 460
   h) Option zum Verzicht der Entlastungen ach § 13 a ErbStG . 460
X. Berechnung der Steuer 461
 1. Berücksichtigung früherer Erwerbe 461
 2. Steuerklassen 462
   a) Allgemeines 462
   b) Sonderregelung für die Stiftung. 463
   c) Berliner Testament 463
 3. Persönlicher Freibetrag 464
 4. Der besondere Versorgungsfreibetrag 464
 5. Tarif 464
 6. Tarifbegrenzung bei Erwerb von Betriebsvermögen 466
XI. Steuerfestsetzung und Erhebung. 467
 1. Der Steuerschuldner 467
 2. Die Haftungsschuld 468
 3. Mehrfacher Erwerb desselben Vermögens. 468
 4. Anmeldung des Erwerbs 469
 5. Die Steuerfestsetzung 470
 6. Die Rentenbesteuerung 470
 7. Die Aussetzung der Versteuerung. 470
 8. Die Fälligkeit der Erbschaftsteuer. 471
 9. Erlöschen der Steuer in besonderen Fällen. 471
XII. Sondervorschriften aus Anlaß der Deutschen Einheit 471
 1. Grundsätze 471
 2. Zeitpunkt der Entstehung der Steuerschuld. 471
 3. Bewertung des Grundbesitzes in der ehemaligen DDR für Zwecke der Erbschaftsteuer. 472
 4. Zusammenrechnung früherer Erwerbe. 472
 5. Mehrfacher Erwerb desselben Vermögens. 473

Inhaltsverzeichnis

    6. Steuerstundung 473
    7. Besteuerung von Renten 473
    8. Aussetzung der Versteuerung nach DDR-Recht 473
    9. Zivilrechtliche Besonderheiten und steuerliche Folgerungen .. 474

2. Abschnitt: Einkommensteuer 474
   I. Die Einkommensteuer des Erblassers 474
    1. Ermittlungsgrundsätze 474
    2. Veranlagung des Erblassers 475
  II. Die Einkommensteuer des Erben 476
    1. Allgemeine Grundsätze 476
      a) Der Grundsatz der Gesamtrechtsnachfolge 476
      b) Der Vermögenserwerb durch die Erben 476
      c) Die Einkommensteuerpflicht des Erwerbers
         von Todes wegen 477
    2. Die Einkünfte des Erben 477
      a) Einkünfte aus Land- und Forstwirtschaft 477
      b) Einkünfte aus Gewerbebetrieb 478
      c) Die Veräußerung einer wesentlichen Beteiligung 481
      d) Einkünfte aus freiberuflicher Tätigkeit 482
      e) Einkünfte aus nichtselbständiger Tätigkeit 486
      f) Einkünfte aus Kapitalvermögen 486
      g) Einkünfte aus Vermietung und Verpachtung 486
      h) Sonstige Einkünfte der Erben 487
         aa) Renten 487
         bb) Abfindungen 488
         cc) Spekulationsgeschäfte 488
    3. Sonderausgaben 488
      a) Der Verlustvortrag 488
      b) Weitere Sonderausgaben 489
    4. Steuerbegünstigung der zu eigenen Wohnzwecken
       genutzten Wohnung im eigenen Haus 490
    5. Die außergewöhnliche Belastung 491
    6. Der Tarif 491
  III. Behandlung von Vermächtnissen und Auflagen 492
    1. Grundsätze 492
      a) Behandlung beim Erben 492
      b) Behandlung beim Vermächtnisnehmer 493
    2. Geldvermächtnis 493
    3. Sachvermächtnis 493
      a) Grundsätze 493

    b) Vermächtnis im Bereich des Privatvermögens 494
        aa) Behandlung des Erben 494
        bb) Behandlung des Vermächtnisnehmers 494
    c) Erfüllung eines Vermächtnisses aus dem Betriebsvermögen 494
    d) Der Gewerbebetrieb oder eine Beteiligung an einer
       Personengesellschaft als Gegenstand eines Vermächtnisses . 495
4. Nießbrauchsvermächtnis 495
    a) Grundsätze 495
    b) Nießbrauch an der gesamten Erbschaft 496
    c) Nießbrauch am Betriebsvermögen 496
        aa) Nießbrauch am Einzelunternehmen 496
            (1) Grundsätze 496
            (2) Unternehmensnießbrauch 497
            (3) Zurechnung der Einkünfte 497
            (4) AfA-Berechtigung 497
            (5) Ertragsnießbrauch am Unternehmen 498
            (6) Quotennießbrauch an einem Unternehmen 498
        bb) Nießbrauch am Gesellschaftsanteil 499
            (1) Nießbraucher als Mitunternehmer 499
            (2) Nießbrauch am Gewinnstammrecht 500
    d) Nießbrauch am Kapitalvermögen 500
    e) Nießbrauch am Grundvermögen 502
        aa) Grundsätze 502
        bb) Entgeltlicher und unentgeltlicher Nießbrauch 502
        cc) Zuwendungsnießbrauch 502
            (1) Fremdvermietung 502
            (2) Selbstnutzung durch den Nießbraucher 504
            (3) AfA-Berechtigung 505
        dd) Steuerliche Behandlung des Vorbehaltsnießbrauchs.... 506
            (1) Grundsätze 506
            (2) Fremdvermietung 506
            (3) Vorbehaltsnießbraucher als AfA-Berechtigter 507
            (4) Behandlung des Erwerbers 507
            (5) Selbstnutzung durch den Vorbehaltsnießbraucher .. 507
        ee) Vermächtnisnießbrauch 508
        ff) Dingliche und obligatorische Nutzungsrechte 508
        gg) Nießbraucher als wirtschaftlicher Eigentümer 509
    f) Behandlung der Übernahme von Steuerschulden
       als dauernde Lasten 509
5. Rentenvermächtnis 510

a) Grundsätze	510
b) Rente, dauernde Last	511
c) Unterhaltsrente	512
d) Die private Versorgungsrente	513
e) Die private Veräußerungsrente	514
f) Die betriebliche Veräußerungsrente	515
g) Vermächtnisrenten	516
aa) Behandlung des Rentenvermächtnisses beim Berechtigten	516
bb) Der rentenverpflichtete Erbe oder Vermächtnisnehmer	517
6. Die stille Gesellschaft als Vermächtnis	519
a) Die typische stille Gesellschaft	519
b) Die atypische stille Gesellschaft	520
7. Die Unterbeteiligung	522
a) Die Unterbeteiligung nach Art einer stillen Gesellschaft	522
b) Die mitunternehmerische Unterbeteiligung	522
IV. Die Erbengemeinschaft	524
1. Die Erbengemeinschaft im Steuerrecht	524
2. Die Einkünfte der Erbengemeinschaft	525
V. Die Erbengemeinschaft als Mitunternehmerschaft	526
1. Grundsätzliches	526
2. Die Erbengemeinschaft als Mitunternehmerschaft	527
3. Betriebsvermögen	527
4. Laufende Einkünfte der Erbengemeinschaft	528
5. Einbringung des Betriebes in einer Personengesellschaft	529
6. Verpachtung des Gewerbebetriebes durch die Erben	530
7. Veräußerung und Aufgabe des Gewerbebetriebes durch die Erben	532
VI. Die Auseinandersetzung der Erbengemeinschaft	532
1. Grundsätzliches	532
2. Die Erbauseinandersetzung im Bereich des Privatvermögens	534
a) Grundsätze	534
b) Erwerb der Erbanteile der Miterben durch einen Erben	537
c) Ausscheiden der Miterben bis auf einen aus der Erbengemeinschaft	537
d) Realteilung des Nachlasses	537
e) Realteilung mit Spitzenausgleich	539
f) Behandlung von Schuldzinsen aus Darlehen im Zusammenhang mit der Erbauseinandersetzung	540
g) Verrentung von Abfindungsansprüchen im Rahmen einer Auseinandersetzung des Privatvermögens	540

	h) Sonstige Rechtsfolgen der privaten Erbauseinandersetzung.	541
	aa) Gebäude-AfA des Erwerbers	541
	bb) Übergangsregelung.	541
	cc) Grundförderung im Falle der Erbauseinandersetzung . .	542
	i) Gebäude-AfA des Erwerbers.	543
	j) Übergangsregelung.	544
	k) Grundförderung im Falle der Erbauseinandersetzung	545
	l) Wesentliche Beteiligung.	546
	m) Spekulationsgeschäfte.	547
3.	Die Auseinandersetzung eines nur aus Betriebsvermögen bestehenden Nachlasses	547
	a) Vorbemerkung	547
	b) Erwerb der Erbanteile der weichenden Miterben durch einen Miterben	548
	c) Ausscheiden von Miterben aus einer Erbengemeinschaft gegen Abfindung.	549
	d) Veräußerung des Betriebes an einen Miterben.	550
	e) Realteilung des Nachlasses.	551
	aa) Grundsätze	551
	bb) Wahlrecht der Miterben.	551
	cc) Besonderheiten bei der Realteilung	552
	dd) Realteilung eines in mehrere Teilbetriebe gegliederten Betriebs	552
	ee) Strukturwandel durch Realteilung	553
	ff) Realteilung mit Spitzenausgleich	554
	gg) Realteilung als Betriebsaufgabe.	555
	hh) Besonderheiten bei der Realteilung	556
	f) Die Teilauseinandersetzung.	557
4.	Auseinandersetzung eines gemischten Nachlasses	558
	a) Vorbemerkung	558
	b) Veräußerung bzw. Erwerb von Erbanteilen.	558
	c) Ausscheiden der übrigen Miterben bis auf einen aus der Erbengemeinschaft.	559
	d) Teilung des Nachlasses unter den Erben (Realteilung ohne Spitzenausgleich)	559
	e) Schaffung von Privatvermögen im engen zeitlichen Zusammenhang.	561
	f) Entnahme aus dem Betriebsvermögen zur Nachlaßteilung .	562
	g) Behandlung von Nachlaßverbindlichkeiten bei Mischnachlässen, insbesondere Schuldzinsen	562

Inhaltsverzeichnis

	h) Erbauseinandersetzung unter Zahlung eines Spitzenausgleichs	563
5.	Auseinandersetzung einer freiberuflichen Praxis	564
	a) Grundsätze	564
	b) Behandlung der laufenden Einnahmen	564
	c) Erbauseinandersetzung	565
6.	Kreditaufnahme und Begründung anderer Verbindlichkeiten	565
	a) Grundsätze	565
	b) Verwaltungsansicht	566
	c) Neue Rechtsprechung	566
	d) Schuldzinsen im Zusammenhang mit einer entgeltlichen Erbauseinandersetzung	567
	e) Übernahme von Verbindlichkeiten des Erblassers bzw. Darlehnsaufnahme zur Erfüllung dieser Verpflichtungen	567
	f) Abgeltung durch Einräumung von stillen Beteiligungen	568
7.	Erwerb eines Hofes nach der Höferordnung	568
VII.	Die Testamentsvollstreckung	569
VIII.	Steuermäßigung bei Belastung mit Erbschaftsteuer	570
IX.	Interessengemeinschaftsverträge	573

3. Abschnitt Gewerbesteuer ... 573

4. Abschnitt: Grunderwerbsteuer ... 574
- I. Der Anwendungsbereich der Grunderwerbsteuer ... 574
- II. Der Erbanfall im Grunderwerbsteuerrecht ... 574
  1. Die Behandlung des Erbanfalls ... 574
  2. Die Erbauseinandersetzung ... 575
     a) Erwerb durch einen Miterben ... 575
     b) Erwerb durch den überlebenden Ehegatten des Erblassers ... 577
     c) Erwerb durch Ehegatten des Miterben aus dem Nachlaß ... 577
  3. Die Auseinandersetzung im Rahmen einer bereits bestehenden Personengesellschaft ... 577
     a) Der Eintritt der Erben in eine bereits bestehende Personengesellschaft ... 577
     b) Das Ausscheiden des Erblassers aus einer bereits bestehenden oHG ... 577
     c) Die Auflösung der Gesellschaft bei Tod eines Gesellschafters ... 578
     d) Die Auflösung einer zweigliedrigen oHG ... 578

5. Abschnitt: Umsatzsteuer 579
  I. Allgemeiner Überblick 579
  II. Die Haftung des Erben für die Umsatzsteuer des Erblassers 580
  III. Die umsatzsteuerliche Behandlung von Veräußerungsgeschäften aus dem Nachlaß 580
    1. Die Veräußerung aus im Privatvermögen befindlichen Gegenständen 580
    2. Der Erwerb eines Unternehmens im Wege der Erbfolge 581
      a) Die Unternehmereigenschaft des Miterben 581
      b) Die Behandlung der laufenden Umsätze 581
      c) Die Liquidation des Unternehmens des Erblassers durch den Erben 581
      d) Die Veräußerung des Unternehmens durch den Erben 581
    3. Die Erbengemeinschaft als Unternehmer 582
      a) Die Unternehmereigenschaft des Miterben 582
      b) Die Erbengemeinschaft als Unternehmer 582
  IV. Die umsatzsteuerliche Behandlung eines im Nachlaß befindlichen Anteils an einer Personengesellschaft 583
    1. Die Auflösung der Gesellschaft mit dem Tode eines Gesellschafters 583
    2. Der verstorbene Gesellschafter scheidet mit dem Tode aus 583
    3. Die Fortführung der Gesellschaft mit den Erben 584
  V. Die Erbauseinandersetzung 584
    1. Ausscheiden von Miterben aus der Erbengemeinschaft 584
    2. Realteilung 585
    3. Eigenverbrauch 585
    4. Die Übertragung des Unternehmens auf eine mit den Erben gebildete oHG oder KG 585
  VI. Die Überführung des Unternehmens des Erblassers in einer andere Unternehmensform 585
    1. Aufnahme eines Gesellschafters 585
    2. Die Umwandlung eines Einzelunternehmens in eine GmbH & Co. KG 585
    3. Die Umwandlung einer Erbengemeinschaft in eine GmbH & Co. KG 586
    4. Die Umwandlung in eine Kapitalgesellschaft 586
  VII. Der Vorsteuerabzug 586

6. Abschnitt: Abgabenordnung 587
  I. Haftung des Erben 587
  II. Bekanntgabe von Bescheiden 587
  III. Rechtsbehelfsbefugnis 588

IV. Haftung des Testamentsvollstreckers 588
V. Haftung nach § 75 AO 589
VI. Das Steuergeheimnis 589
VII. Das Bankgeheimnis 589
VIII. Auskünfte und Zusagen des Finanzamtes 590
IX. Berichtigung der Steuerbescheide nach §§ 172ff. AO 591

2. Kapitel: Die gesellschaftsrechtliche Erbfolge

1. Abschnitt: Erbschaftsteuer 593
    I. Grundsätze 593
    II. Fortsetzungsklausel 593
        1. Grundsätze 593
        2. Der Erwerb durch die verbleibenden Gesellschafter 593
        3. Erwerb durch die Erben 594
        4. Sonderbetriebsvermögen 594
    III. Einfache Nachfolgeklausel 595
        1. Grundsätze 595
        2. Sonderbetriebsvermögen 595
    IV. Erwerb aufgrund einer qualifizierten Nachfolgeklasuel 596
        1. Gesellschaftsanteil 596
        2. Sonderbetriebsvermögen 596

2. Abschnitt: Die gesellschaftsrechtliche Auseinandersetzung bei einer Personengesellschaft im Ertragsteuerrecht 597
    I. Grundsätze 597
    II. Auflösung der Gesellschaft beim Tode eines Gesellschafters 597
        1. Die Liquidationsgesellschaft als Mitunternehmerschaft 598
            a) Die Erben als Gesellschafter der Liquidationsgesellschaft .. 598
            b) Veräußerung des Gewerbebetriebes 598
            c) Beendigung der Gesellschaft durch Liquidation 599
        2. Beendigung der Liquidation durch Fortführung der Gesellschaft mit den übrigen Gesellschaftern 599
        3. Beendigung der Liquidation durch Fortführung der Gesellschaft mit den Erben 600
    III. Die Fortsetzung der Gesellschaft ohne die Erben mit den überlebenden Gesellschaftern (Fortsetzungsklausel) 600
        1. Grundsätze 600
        2. Formen der Abfindung 601
            a) Barabfindung 601
            b) Ratenzahlung 602
            c) Rentenzahlung 602

Inhaltsverzeichnis

    d) Abfindung durch Einräumung einer stillen Beteiligung 602
IV. Fortsetzung der Gesellschaft mit den Erben (Nachfolgeklausel)... 603
    1. Grundsätze 603
    2. Nachträgliche Auseinandersetzung........................ 604
        a) Entgeltliche Veräußerungen von Anteilen 604
        b) Unentgeltlicher Erwerb 604
        c) Realteilung eines Gesellschaftsanteils 605
        d) Erwerb des Gesellschaftsanteils der Miterben mit Anrechnung auf die Quote und Spitzenausgleich 605
    3. Antrag der Erben auf Einräumung der Kommanditistenstellung.. 605
    4. Steuerliche Wirkung der Kündigung 606
V. Erbeneintritt bei qualifizierter Nachfolgeklausel 606
    1. Grundsätze 606
    2. Erwerb durch den qualifizierten Erben als unentgeltlicher Erwerb 607
VI. Teilnachfolgeklausel 608
VII. Erbeneintritt bei Eintrittsklausel............................. 609
    1. Handels- und bürgerlich-rechtliche Betrachtung 609
    2. Steuerliche Behandlung des Eintrittsrechts 609
    3. Qualifizierte Nachfolgeklausel 610
VIII. Das Übernahmerecht eines Gesellschafters 610
IX. Sonderformen der Abfindung 610
    1. Abfindung mit Sachwerten 610
    2. Abfindung in Form von Rentenvereinbarungen 611
    3. Abfindung durch Einräumung einer stillen Beteiligung bzw. Unterbeteiligung 612
X. Behandlung des Sonderbetriebsvermögens 614
    1. Grundsätze 614
    2. Fortsetzungsklausel 614
    3. Einfache Nachfolgeklausel............................... 614
    4. Qualifizierte Nachfolgeklausel 614
    5. Sonderbetriebsvermögen als wesentliche Betriebsgrundlage ... 615
    6. Gestaltungsmöglichkeiten zur Verhinderung der Aufdeckung stiller Reserven 615
XI. Einräumung eines Nießbrauchsvermächtnisses.................. 616

3. Abschnitt: Umsatzsteuer 616

4. Abschnitt: Grunderwerbsteuer 617

3. Kapitel: Vorweggenommene Erbfolge

1. **Abschnitt: Erbschaftsteuer** 619
   - I. Die Schenkung unter Lebenden 619
     1. Begriff der Schenkung 619
     2. Die übrigen Tatbestände, die als Schenkung unter Lebenden gelten 621
     3. Schenkungen unter Widerrufsvorbehalt................... 621
     4. Zuwendungen im Rahmen des Gewerbebetriebes 622
     5. Ausstattungen 623
     6. Schenkung unter Auflage 623
     7. Die gemischte Schenkung 623
   - II. Die steuerliche Anerkennung von Schenkungen................ 627
     1. Kettenschenkungen 627
     2. Schenkungen mit einer aufschiebend bedingten Verpflichtung . 627
   - III. Schenkungen unter Lebenden................................ 628
   - IV. Übertragung von Gegenständen des Privatvermögens 629
     1. Grundsätze 629
     2. Übertragung eines Grundstücks 630
        - a) Schenkung des Geldbetrages unter Auflage............. 630
        - b) Mittelbare Schenkung eines Grundstücks 630
        - c) Übernahme eines Teiles des Grundstückskaufpreises....... 631
        - d) Übernahme der Baukosten bei gleichzeitiger Schenkung eines unbebauten Grundstücks 632
        - e) Übernahme der Baukosten bei Bebauung eines dem Beschenkten bereits gehörenden Grundstücks 632
        - f) Übernahme von Renovierungskosten.................... 633
     3. Übertragung eines Grundstücks unter Übernahme von Verbindlichkeiten 633
     4. Übertragung eines Grundstücks gegen Rente bzw. dauernde Last 634
     5. Übertragung eines Grundstücks unter Nießbrauchsvorbehalt bzw. Einräumung eines Dauerwohnrechts 634
     6. Übertragung von Grundstücken als gemischte Schenkung 635
     7. Schenkung von Kapitalanteilen........................... 635
        - a) Schenkung von Anteilen bzw. Teilanteilen an einer GmbH 635
        - b) Einräumung von Unterbeteiligungen an Kapitalanteilen ... 636
   - V. Übertragung eines Einzelbetriebes............................ 636
     1. Abgrenzung entgeltliche/unentgeltliche Übertragung 636
     2. Übertragung eines Betriebes ohne Gegenleistung............ 637
     3. Übertragung eines Betriebes unter Übernahme der Verbindlichkeiten.. 637

4.	Übertragung eines Betriebes mit der Auflage, den Schenker bzw. dessen Ehefrau bis zum Lebensende zu versorgen........	638
5.	Übertragung eines Betriebes unter der Auflage, Ansprüche Dritter abzufinden	639
6.	Betriebsübertragungen unter Nießbrauchsvorbehalt	640
7.	Teilentgeltliche Übertragungen...........................	640
	a) Begriff...	640
	b) Veräußerung eines Betriebes unter Buchwert	641
	c) Veräußerung eines Betriebes zum Buchwert	641
	d) Veräußerung über dem Buchwert......................	642

VI. Übertragung eines Gesellschaftsanteils........................ 642
　1. Begriff 642
　2. Anteilsschenkung ohne Buchwertklausel................... 644
　3. Schenkungen mit Buchwertklausel 644
　4. Behandlung der Anteilsschenkung bei Ausschluß wesentlicher Gesellschaftsrechte 645
　5. Einräumung einer atypischen stillen Beteiligung.............. 646
　6. Einräumung einer Unterbeteiligung....................... 646
　7. Übertragung von Anteilen gegen Nießbrauchsvorbehalt....... 647
　8. Teilentgeltliche Übertragung eines Gesellschaftsanteils 647
　　a) Anteilsübertragung unter dem Buchwert................. 649
　　b) Übertragung des Anteils zum Buchwert 649
　　c) Übertragung des Anteils über dem Buchwert 650
　　d) Ausscheiden aus einer Personengesellschaft als Schenkung . 650
　9. Die überhöhte Gewinnbeteiligung 650

VII. Freibetrag im Falle der vorweggenommenen Erbfolge........... 653
　1. Künftiger Erbe 653
　2. Vorweggenommene Erbfolge 653
　3. Aufteilung des Freibetrags............................... 654
　4. Sperrfrist von 10 Jahren 654
　5. Wegfall der Steuerbefreiung bei Veräußerung............... 655

VIII. Übergang eines Anteils von Todes wegen 656
IX. Adoption... 656

2. Abschnitt: Einkommensteuer 657
　I. Verfügungen zur Regelung der vorweggenommenen Erbfolge im Bereich des Privatvermögens 657
　　1. Grundsätze 657
　　2. Vermögensübergabe im Rahmen der vorweggenommenen Erbfolge... 658
　　　a) Grundsätze 658

Inhaltsverzeichnis

b) Beteiligte Personen	659
aa) Empfänger des Vermögens	659
bb) Empfänger der Versorgungsleistungen	659
c) Existenzsichernde Wirtschaftseinheiten	659
d) Ausreichend ertragbringende Wirtschaftseinheit	660
e) Übertragung einer existenzsichernden Einheit ohne ausreichende Erträge	660
3. Schenkung unter Übernahme von Verbindlichkeiten	661
4. Übertragung von Vermögensgegenständen gegen eine Abstandszahlung	662
5. Übertragung von Vermögensgegenständen gegen Gleichstellungsgelder an weichende Erben	662
6. Vereinbarungen von Renten und dauernden Lasten im Zusammenhang mit Vermögensübergabeverträgen	663
a) Grundsätze	663
b) Rente als Leistungsaustausch	663
c) Übertragung von Vermögensgegenständen gegen eine Versorgungsrente	664
d) Übertragung eines Grundstücks gegen eine dauernde Last	665
e) Die steuerliche Behandlung von Gleichstellungsrenten	666
7. Schenkung mit der Auflage von Leistungen an Dritte	666
8. Schenkung unter Nießbrauchsvorbehalt und Rückbehaltung eines Wohnrechts	668
a) Nutzungsüberlassung als Auflage	668
b) Schenkung unter Nießbrauchsvorbehalt	668
aa) Behandlung des Nießbrauchers	668
bb) Behandlung des Eigentümers	668
9. Beteiligungsschenkung unter Nießbrauchsvorbehalt	669
10. Eigenheimzulage bei Grundstücksübertragungen im Wege der vorweggenommenen Erbfolge	669
II. Übertragung eines Gewerbebetriebes auf einen Abkömmling	669
1. Entgeltliche Übertragung	669
a) Abgrenzung	669
b) Übertragung gegen Barpreis	670
c) Übertragung gegen Ratenzahlung	671
d) Übertragung gegen Renten	671
aa) Sofortversteuerung	671
bb) Zuflußbesteuerung	672
2. Unentgeltliche Übertragung eines Betriebes	672
a) Behandlung beim Übertragenden	672
b) Behandlung beim Erwerber	673

3. Schenkung eines Betriebes unter Auflage 674
   a) Grundsätze 674
   b) Übertragung eines Betriebes gegen eine Versorgungsrente . 674
   c) Übertragung eines Betriebes unter Übernahme
      von Verbindlichkeiten 674
   d) Zahlung auf Abstandszahlungen und Gleichstellungsgelder 675
4. Übertragung eines Betriebes unter Nießbrauchsvorbehalt..... 676
   a) Unternehmensnießbrauch 676
   b) Ertragsnießbrauch.................................. 677
      aa) Behandlung beim Eigentümer.................... 677
      bb) Behandlung beim Nießbraucher................... 678
5. Teilunentgeltliche Übertragung eines Betriebes 678
III. Übertragung von Anteilen an Personengesellschaften 678
   1. Grundsätze 678
   2. Schenkung eines Bruchteils eines Anteils.................. 679
   3. Schenkung eines Anteils unter Zurückbehaltung
      von Sonderbetriebsvermögen 679
IV. Übertragung einer freiberuflichen Praxis...................... 680
   1. Vorbemerkungen 680
   2. Übertragung der freiberuflichen Einzelpraxis 680
   3. Übertragung eines Anteils an einer freiberuflichen Sozietät ... 680
      a) Übertragung des ganzen Anteils 680
      b) Übertragung auf einen Mitgesellschafter 680
      c) Übertragung einer Quote des Anteils
         auf einen künftigen Erben 681
   4. Übertragung des ganzen Anteils auf den künftigen Erben..... 682
V. Sonstige Maßnahmen der vorweggenommenen Erbfolge......... 682

3. Abschnitt: Grunderwerbsteuer 682
I. Unentgeltliche Grundstücksübertragung...................... 682
II. Grundstücksübertragungen an Angehörige und Ehegatten 683
   1. Grundstückserwerb durch den Ehegatten des Veräußerers 683
   2. Erwerb durch Personen, die mit dem Veräußerer
      in gerader Linie verwandt sind 683
   3. Grundstücksveräußerungen an Eltern 683
   4. Grundstücksübertragungen auf Geschwister............... 683
III. Entgeltliche Grundstücksübertragungen 684
   1. Schenkung unter Auflage im allgemeinen 684
   2. Schenkung unter Übernahme von Hypotheken
      und sonstigen Lasten 684
   3. Grundstücksübertragung gegen Rente................... 684

Inhaltsverzeichnis

4. Übertragung von Grundstücken unter Nießbrauchsvorbehalt .	685
5. Sonstige gemischte Schenkungen	685
6. Bemessungsgrundlage	685
IV. Beteiligung von Angehörigen an einer Personengesellschaft	686
1. Eintritt in eine bereits bestehende Personengesellschaft	686
2. Eintritt eines Gesellschafters in ein bisheriges Einzelunternehmen	686
V. Grunderwerbsteuer bei Einbringung eines Grundstücks in eine GmbH & Co. KG	686
VI. Beteiligung von Angehörigen an einer GmbH	686

4. Abschnitt: Umsatzsteuer ... 687
    I. Grundsätze ... 687
    II. Unentgeltliche Übertragung eines Betriebes ... 687
    III. Schenkung unter Übernahme von Verbindlichkeiten ... 688
    IV. Schenkung unter Auflage ... 688
    V. Gemischte Schenkung ... 688

4. Kapitel: Gründung und Umwandlung von Familiengesellschaften

1. Abschnitt: Familienpersonengesellschaft ... 689
    I. Ertragsteuer der Personengesellschaften ... 689
        1. Grundsätze ... 689
        2. Nichtanerkennung der vertraglichen Beziehungen überhaupt . 690
            a) Allgemeines ... 690
            b) Bürgerlich-rechtliche Wirksamkeit des Vertrages ... 691
            c) Ernsthaftigkeit der Vereinbarung ... 692
            d) Tatsächliche Durchführung des Gesellschaftsverhältnisses . 693
                aa) Gesellschafterkonten ... 693
                bb) Verwaltung des Anteils als Fremdvermögen ... 693
                cc) Kündigungsrecht der Gesellschafter ... 694
                dd) Entnahmen ... 695
            e) Vertragsabschluß zu Bedingungen wie unter Dritten ... 695
            f) Konsequenzen aus der Nichtanerkennung des Gesellschaftsverhältnisses ... 695
        3. Die steuerliche Anerkennung der Mitunternehmerschaft ... 696
            a) Voraussetzungen der Mitunternehmerschaft ... 696
            b) Mitwirkung ... 697
            c) Stimmrecht ... 698
            d) Leistung der Einlage aus künftigen Gewinnanteilen ... 698
            e) Buchwertklausel ... 699

Inhaltsverzeichnis

   f) Steuerliche Konsequenzen aus der Nichtanerkennung der Mitunternehmerschaft 699
  4. Angemessenheit der Gewinnbeteiligung und die Mitunternehmerschaft 700
   a) Kapitaleinsatz 701
   b) Risiko 701
   c) Arbeitseinsatz 701
   d) Angemessenheit der Gewinnbeteiligung bei geschenkten Beteiligungen 702
  5. Sonstige Entgelte 703
  6. Schlußbetrachtung 704
 II. Ertragsteuerliche Begünstigung und Steuerbefreiung aufgrund des Umwandlungssteuergesetzes 704
  1. Umwandlung einer Kapitalgesellschaft in eine Personengesellschaft 704
   a) Behandlung der übertragenden GmbH 705
   b) Behandlung bei der übernehmenden Personengesellschaft .. 705
   c) Besonderheiten bei Nichtzugehörigkeit der Anteile zum Gesellschaftsvermögen der übernehmenden Personengesellschaft 706
   d) Vermögensübertragung auf eine Personengesellschaft ohne Betriebsvermögen 707
   e) Übernahmeverlust 708
   f) Ermittlung des Gewinns bei Anteilen nicht wesentlich Beteiligter 708
  2. Einbringung eines Einzelunternehmens in eine Personengesellschaft 709
 III. Gewerbesteuer bei Umwandlung 713
 IV. Erbschaftsteuer 713
  1. Einbringung des Einzelunternehmens in eine Personengesellschaft 713
  2. Schenkung einer überhöhten Gewinnbeteiligung 714
  3. Schenkung mit Buchwertklausel 714
  4. Gemischte Schenkungen 715
 V. Grunderwerbsteuer 715
 VI. Umsatzsteuer 716

2. Abschnitt: GmbH & Co. KG 716
 I. Ertragsteuerliche Behandlung der GmbH & Co. KG 716
  1. Allgemeines 716
  2. Arten der GmbH & Co. KG 717
  3. Die Mitunternehmerschaft bei der GmbH & Co. KG 717

  a) Mitunternehmerschaft der GmbH 717
  b) Mitunternehmerschaft der Kommanditisten 717
  c) Erweiterung des Kreises der Mitunternehmer 718
 4. Beitragspflichten der Gesellschafter 718
  a) Beitragspflicht der GmbH 718
  b) Beitragspflicht der Kommanditisten 718
 5. Betriebsvermögen der GmbH & Co. KG 719
  a) Gesamthandsvermögen 719
  b) Betriebsvermögen der GmbH 719
  c) Sonderbetriebsvermögen der Kommanditisten 719
 6. Gewinnverteilung bei der GmbH & Co. KG 719
  a) Grundsätze 719
  b) Gewinnbeteiligung der GmbH 720
   aa) Beteiligung der GmbH am Gesellschaftsvermögen 720
   bb) Vergütung der GmbH bei nicht vermögensmäßiger
     Beteiligung 720
   cc) Verzicht auf Teilnahme an einer Kapitalerhöhung 721
   dd) Änderung der Gewinnverteilung zuungunsten
     der GmbH 721
   ee) Die Behandlung der Differenz zur angemessenen
     Gewinnbeteiligung als verdeckte Gewinn-
     ausschüttung an die Gesellschafter 721
  c) Besonderheiten bei Beteiligung von Familienangehörigen
   als Kommanditisten 722
 7. Gewinn der GmbH & Co. KG, gesonderte Gewinnfeststellung
  bei der GmbH & Co. KG 723
  a) Gewinn der Personengesellschaft 723
  b) Sondervergütungen 723
   aa) Auslagenersatz der GmbH durch die KG 723
   bb) Geschäftsführergehalt 723
  c) Gewinnausschüttung der Komplementär-GmbH 724
  d) Erträge des sonstigen Sonderbetriebsvermögens 724
  e) Sonderbetriebsausgaben 724
 8. Die Gewinnverteilung bei der GmbH & Co. KG 725
II. Die Einbringung eines Betriebes in eine GmbH & Co. KG 725
 1. Einführung 725
 2. Einbringung eines Einzelunternehmens
  in eine GmbH & Co. KG 726
 3. Eintritt einer GmbH in eine bereits
  bestehende Personengesellschaft 726
II. Gewerbesteuer der GmbH & Co. KG 727

51

Inhaltsverzeichnis

      1. Die GmbH & Co. KG als Gewerbebetrieb 727
      2. Unternehmenseinheit, Organschaft 727
      3. Gewerbekapital, Gewerbeetrag......................... 727
      4. Gewerbesteuerpflicht der Komplementär-GmbH 728
      5. Vorteile der GmbH & Co. KG bei der Gewerbesteuer 728
   IV. Erbschaft- und Schenkungsteuer........................... 728
   V. Grunderwerbsteuer 728

3. Abschnitt: Betriebsaufspaltung 729
   I. Die Betriebsaufspaltung im Einkommensteuerrecht............. 729
      1. Grundsätzliches 729
      2. Begriff der Betriebsaufspaltung........................ 729
      3. Voraussetzungen einer Betriebsaufspaltung................ 730
         a) Personelle Verflechtung 730
         b) Wesentliche Grundlagen 731
      4. Einkommensteuerrechtliche Behandlung der Übertragung von Betriebsvermögen auf die Betriebs-GmbH 732
      5. Steuerliche Behandlung der Betriebs-GmbH................ 732
      6. Anteile der Gesellschafter an der Betriebs-GmbH als notwendiges Betriebsvermögen der Besitzgesellschaft........... 734
   II. Begründung einer Betriebsaufspaltung....................... 735
   III. Beendigung der Betriebsaufspaltung......................... 736
   IV. Die Gewerbesteuer bei der Betriebsaufspaltung 736
   V. Schlußbetrachtung 737

4. Abschnitt: GmbH 737
   I. Vorbemerkungen 737
   II. Körperschaftsteuer der GmbH 738
      1. Gegenstand der Körperschaftsteuer 738
      2. Körperschaftsteuerrechtliches Anrechnungsverfahren........ 738
      3. Schütt-aus-/Hol-zurück-Verfahren 740
         a) Die Gesellschaft schüttet aus, sie erhöht aber gleichzeitig ihr Kapital und verrechnet die Gewinnansprüche der Gesellschafter mit den Einlageforderungen aus der Kapitalerhöhung 740
         b) Die Gewinnanteile werden zum Teil der Gesellschaft als Darlehen wieder zurückgewährt 740
         c) Die Rückgewähr der Gewinnansprüche durch Einräumung einer stillen Beteiligung 741
         d) Die Rückgewähr der Gewinne durch Begründung einer Betriebsaufspaltung........................... 741

Inhaltsverzeichnis

  4. Anerkennung von Verträgen der Gesellschaft mit ihren Gesellschaftern 741
  5. Behandlung von Entnahmen aus dem Betriebsvermögen. 741
  6. Gewinnverteilungsbeschlüsse 742
 III. Stille Beteiligung an einer GmbH 743
  1. Typische stille Beteiligung 743
  2. Atypische stille Beteiligung 744
   a) Voraussetzungen 744
   b) Einheitliche Gewinnermittlung 745
   c) Betriebsvermögen 745
   d) Geschäftsführergehalt und Pensionszusage 745
   e) Gewinnverteilung 745
 IV. Unterbeteiligung 746
 V. Einbringung eines Betriebes eines Einzelkaufmanns, einer Personengesellschaft usw. in eine Kapitalgesellschaft 746
  1. Voraussetzungen 746
  2. Umwandlungsbilanz und Umwandlungszeitpunkt 748
  3. Bilanzierung bei der übernehmenden GmbH 748
  4. Behandlung der Umwandlung bei den Einbringenden 749
 VI. Gewerbesteuer 749

5. Abschnitt: Stiftung 750
 I. Grundsätze 750
 II. Körperschaftsteuer der Stiftung 750
  1. Körperschaftsteuerpflicht der Stiftung 750
  2. Betriebsausgaben 750
   a) Leistungen aufgrund des Stiftungszweckes 750
   b) Sonstige Betriebsausgaben 751
  3. Gewinn der Stiftung 751
   a) Die Organschaft 751
   b) Der Steuertarif 752
   c) Die verdeckte Gewinnausschüttung 752
  4. Die gemeinnützige Stiftung 753
  5. Schlußbetrachtung 753
 III. Einkommen der Gesellschafter 753
 IV. Erbschaftsteuer 753

6. Abschnitt: Stiftung & Co. KG 753
 I. Erbschaftsteuer 753
  1. Errichtung der Komplementärstiftung 753
  2. Schenkung der Anteile an der Personengesellschaft 754
  3. Nachstiftungen 754

Inhaltsverzeichnis

    4. Erbersatzsteuer 754
  II. Einkommensteuer. 754
    1. Die Stiftung & Co. KG als Mitunternehmerschaft 754
    2. Gewinnermittlung der Stiftung & Co. KG 754
    3. Einkommen der Gesellschafter 755
        a) Gewinnanteil der Komplementärstiftung................ 755
        b) Gewinnanteile der Kommanditisten................... 755
  III. Einkommensteuer des Stifters bei Gründung 755
    1. Unentgeltliche Betriebsübertragung 755
    2. Übertragung eines Einzelbetriebes
       auf eine Stiftung & Co. KG........................... 755
    3. Eintritt einer Stiftung in eine bereits vorhandene
       Personengesellschaft................................. 755
    4. Übertragung einer GmbH auf eine Stiftung & Co. KG 755
  IV. Gewerbesteuer 756
  V. Grunderwerbsteuer 756
  VI. Die steuerlichen Vorteile der Stiftung & Co. KG gegenüber
    der GmbH & Co. KG 756

Literaturverzeichnis 757
Sachregister 765

Abkürzungsverzeichnis

AcP	Archiv für die zivilistische Praxis
AfA	Absetzungen für Abnutzung
AO	Abgabenordnung
AP	Arbeitsrechtliche Praxis, Hueck-Nipperdey-Dietz, Nachschlagewerk des Bundesarbeitsgerichts
AStG	Außensteuergesetz
BAG	Bundesarbeitsgericht
BayObLG	Entscheidungen des Bayerischen Obersten Landesgerichts
BB	Der Betriebs-Berater
BeurkG	Beurkundungsgesetz
BewG	Bewertungsgesetz
BFH	Bundesfinanzhof
BFH GS	BFH – Großer Senat
BFHE	Entscheidungen des Bundesfinanzhofs
BFH/NV	Sammlung amtlich nicht veröffentlicher Entscheidungen des Bundesfinanzhofes
BGB	Bürgerliches Gesetzbuch
BGBl.	Bundesgesetzblatt
BGH	Bundesgerichtshof
BGHZ	Entscheidungen des Bundesgerichtshofs in Zivilsachen
BMF	Bundesministerium der Finanzen
BNotK	Bundesnotarkammer
BNotO	Bundesnotarordnung
BR	Bundesrat
BStBl.	Bundessteuerblatt
BT	Bundestag
BV	Betriebsvermögen
BVerfG	Bundesverfassungsgericht
BWNotZ	Zeitschrift für das Notariat in Baden-Württemberg
DB	Der Betrieb
DBA	Doppelbesteuerungsabkommen
DJZ	Deutsche Juristenzeitung
DNotZ	Deutsche Notar-Zeitschrift
DR	Deutsches Recht
DStR	Deutsches Steuerrecht
DStZ	Deutsche Steuerzeitung

Abkürzungsverzeichnis

EG	Einführungsgesetz, Europäische Gemeinschaft
EFG	Entscheidungen der Finanzgerichte
EGBGB	Einführungsgesetz zum Bürgerlichen Gesetzbuch
EK	Eigenkapital
EntwLStG	Entwicklungsländer-Steuergesetz
ErbSt	Erbschaftsteuer
ErbStDV	Erbschaftsteuer-Durchführungsverordnung
ErbStG	Erbschaftsteuergesetz
ESt	Einkommensteuer
EStDV	Einkommensteuer-Durchführungsverordnung
EStG	Einkommensteuergesetz
EStR	Einkommensteuer-Richtlinien
EU	Europäische Union
EW	Einheitswert
FamRZ	Zeitschrift für das gesamte Familienrecht
FG	Finanzgericht
FGG	Gesetz über Angelegenheiten der freiwilligen Gerichtsbarkeit
FinMin (NW)	Finanzministerium Nordrhein-Westfalen
FR	Finanzrundschau
FS	Festschrift
GBO	Grundbuchordnung
GBR	Gesellschaft bürgerlichen Rechts
GewStG	Gewerbesteuergesetz
GG	Grundgesetz
GmbH	Gesellschaft mit beschränkter Haftung
GmbH-RdSch	GmbH-Rundschau
GrESt	Grunderwerbsteuer
GrEStG	Grunderwerbsteuergesetz
HB	Handelsbilanz
HFR	Höchstrichterliche Finanzrechtsprechung
HGB	Handelsgesetzbuch
HRR	Höchstrichterliche Rechtsprechung
i.L.	in Liquidation
Inf.	Die Information über Steuer und Wirtschaft
IWB	Internationale Wirtschafts-Briefe
JbRSoZTh	Jahrbuch für Rechtssoziologie und Rechtstheorie
JR	Juristische Rundschau
JW	Juristische Wochenschrift

Abkürzungsverzeichnis

JZ	Juristenzeitung
KapGes	Kapitalgesellschaft
KG	Kammergericht, Kommanditgesellschaft
KGJ	Jahrbuch für Entscheidungen des Kammergerichts
KiSt	Kirchensteuer
KöSDi	Kölner Steuerdialog
KSt	Körperschaftsteuer
KStG	Körperschaftsteuergesetz
KStR	Körperschaftsteuer-Richtlinien
KVStG	Kapitalverkehrssteuergesetz
LAG	Lastenausgleichsgesetz
LM	Lindemaier-Möhring, Nachschlagewerk des Bundesgerichtshofs
LuF	Land- und Forstwirtschaft
MDR	Monatsschrift für Deutsches Recht
MittBayNot	Mitteilungen des Bayerischen Notarvereins, der Notarkasse und der Landesnotarkammer Bayern
MittRhNotK	Mitteilungen der Rheinischen Notarkammer
NJW	Neue Juristische Wochenschrift
NSt	Neues Steuerrecht von A bis Z
NWB	Neue Wirtschaftsbriefe
OFD	Oberfinanzdirektion
OGHZ	Entscheidungen des Obersten Gerichtshofes für die britische Zone in Zivilsachen
OHG	Offene Handelsgesellschaft
OLGZ	Entscheidungen der Oberlandesgerichte in Zivilsachen
RFH	Reichsfinanzhof
RGBl.	Reichsgesetzblatt
RGZ	Entscheidungen des Reichsgerichts in Zivilsachen
Rpfleger	Der deutsche Rechtspfleger
Rspr.	Rechtsprechung
RStBl.	Reichssteuerblatt
Rz.	Randziffer
SchenkSt	Schenkungsteuer
StÄndG	Steueränderungsgesetz
StAnpG	Steueranpassungsgesetz
StbJB	Steuerberaterjahrbuch

StBp	Die steuerliche Betriebsprüfung
StEK	Steuererlasse in Karteiform
StKongrRep	Steuerberaterkongreß-Report
St. Lex.	Steuerlexikon
StMBG	Mißbrauchsbekämpfungs- und Steuerbereinigungsgesetz
Stpfl.	Steuerpflichtiger
StRK	Steurrechtskartei
StuW	Steuer und Wirtschaft
StVj	Steuerliche Vierteljahresschrift
StWa	Steuerwarte
UmwBerG	Umwandlungsbereinigungsgesetz
UmwG	Umwandlungsgesetz
UmwStG	Umwandlungssteuergesetz
UR	Umsatzsteuer-Rundschau
USt	Umsatzsteuer
UStG	Umsatzsteuergesetz
UStR	Umsatzsteuer-Richtlinien
UVR	Umsatzsteuer- und Verkehrsteuer-Recht
vEK	verwendbares Eigenkapital
VSt	Vermögensteuer
VStÄR	Vermögensteuer-Änderungsrichtlinien
VStG	Vermögensteuergesetz
VStR	Vermögensteuer-Richtlinien
WM	Wertpapiermitteilungen
Wpg	Die Wirtschaftsprüfung
ZEV	Zeitschrift für Erbrecht und Vermögensnachfolge
ZGR	Zeitschrift für Unternehmens- und Gesellschaftsrecht
ZHR	Zeitschrift für das gesamte Handels- und Wirtschaftsrecht
ZIP	Zeitschrift für Wirtschaftsrecht
ZPO	Zivilprozeßordnung

ERSTES BUCH

Bürgerlich-rechtliche Grundlagen einer Vermögensnachfolge

1. KAPITEL
Einführung

Jeder Mensch hat – sogar gegen seinen ausdrücklichen Willen – einen Vermögensnachfolger, da die Rechtsfähigkeit eines Menschen mit dem Tode erlischt. Die Vermögensnachfolge erfolgt daher spätestens mit dem Tod des bisherigen Rechtsträgers, mit dem Erbfall. Deshalb stehen die Regelungen des Erbrechts im Zentrum einer Gestaltung der Vermögensnachfolge[1], zumal auch lebzeitige Verfügungen zum Zwecke der Vermögensnachfolge erbrechtlichen Schranken unterliegen können. 1

Jede Gestaltung der Vermögensnachfolge hat als Ausgangspunkt die gesetzliche Erbfolge. Die wirtschaftlichen Zielvorstellungen des Erblassers im Vergleich zu den Rechtsfolgen der gesetzlichen Erbfolge ergeben den notwendigen Regelungs- und Gestaltungsbedarf. 2

Die Gestaltungsfreiheit des Erbrechts ist durch den gesetzlichen Gestaltungsrahmen begrenzt. Der Erblasser muß sich der erbrechtlichen Aktstypen bedienen. Die gesetzlichen Gestaltungsschranken der gewillkürten Erbfolge zeichnen die erbrechtlichen Gestaltungswege vor. 3

Vermögensnachfolge läßt sich auch zu Lebzeiten des Erblassers im Einvernehmen mit dem Vermögensnachfolger regeln. In Betracht kommen zunächst die Vermögensnachfolge bloß vorbereitende Maßnahmen. Weitergehend kann die Vermögensnachfolge durch Rechtsgeschäfte unter Lebenden erfolgen. Mit den Möglichkeiten der vorweggenommenen Erbfolge wird die Gestaltungsfreiheit des Schuldrechts ausgenutzt. Die sogenannte vorweggenommene Erbfolge ist keine Erbfolge, sondern – zumindest nach den Intentionen der Beteiligten – eine Vermögensnachfolge unter Umgehung erbrechtlicher Vorschriften[2]. Die Verlagerung der Rechtsnachfolge auf Rechtsgeschäfte unter Lebenden schafft regelmäßig vom Erblasser einseitig nicht mehr widerrufliche Verhältnisse. 4

Einen Sonderfall bildet die Vermögensnachfolge in Unternehmen oder Unternehmensbeteiligungen. In Einzelfällen lassen sich über gesellschaftsvertragliche Lösungen die Schranken des Erbrechts umgehen. Daher ist der Unternehmensnachfolge und den gesellschaftsrechtlichen Gestaltungsmöglichkeiten ein eigenes Kapitel gewidmet. 5

Legitim ist der Wunsch einer möglichst steuergünstigen Vermögensnachfolgegestaltung. Vernichtet die Steuer das zu vererbende oder ererbte Vermögen ganz oder im wesentlichen, so ist sie verfassungswidrig[3]. „Der Spielraum für den steuerlichen 6

---

[1] Zur Institutsgarantie des Erbrechts Staudinger/Otte [1994] Einl. 60 ff. zu §§ 1922 ff. BGB.
[2] Staudinger/Marotzke [1994] § 1922 BGB Rz. 10.
[3] Staudinger/Otte [1994] Einl. 73 zu §§ 1922 ff. BGB.

Einführung

Zugriff auf den Erwerb von Todes wegen findet seine Grenze dort, wo die Steuerpflicht den Erwerber übermäßig belastet und die ihm zugewachsenen Vermögenswerte grundlegend beeinträchtigt."[4] Die Gestaltung einer zivil- und steuerrechtlich vorteilhaften Vermögensnachfolge stellt regelmäßig hohe methodische Anforderungen an den Kautelarjuristen[5]. Sie erfordert insbesondere ein enges Zusammenarbeiten zwischen den zivil- und steuerrechtlichen Beratern.

7 Der Kautelarjurist arbeitet – wie unsere Rechtsordnung dies vorgibt – mit Gestaltungstypen. Eine zentrale Rolle bei der Auswahl der Gestaltungsmittel spielt die Methodik des komparativen Denkens[6], das dem Kautelarjuristen ermöglicht, von mehreren Gestaltungen die günstigste Gestaltungslösung zu wählen. Der Griff zum Formularbuch ohne methodische Kenntnisse verleitet dazu, den Gestaltungsrahmen nicht auszunutzen[7]. Das vorliegende Buch geht nicht den Weg des typologischen Ansatzes[8], sondern versteht sich als Gesamtdarstellung. Der Gestaltungsrahmen der Vermögensnachfolge soll möglichst umfassend beschrieben werden[9]. Zur Vertiefung rechtlicher Einzelprobleme sind Kommentare und Lehrbücher, zur Gestaltung der Vermögensnachfolge im Einzelfall Formularhandbücher[10] und Handbücher[11] zur notariellen Vertragsgestaltung unverzichtbar.

---

[4] BVerfG Urt. v. 22. 6. 1995 – 2 BvR 552/91 – Leitsatz 2, NJW 1995, 2624.
[5] Einzelheiten bei Langenfeld, Vertragsgestaltung (1991).
[6] Grundlegend Otte, Komparative Sätze im Recht, JbRSoZTh 1972, 301 ff.; ders., Zur Anwendung komparativer Sätze im Recht, Das bewegliche System im geltenden und künftigen Recht, 1986; darauf aufbauend in Bezug auf die notarielle Gestaltungspraxis Langenfeld, Vertragsgestaltung, Rz. 31 ff.
[7] Zur Methodik der Vertragsgestaltung Langenfeld, Vertragsgestaltung (1991); Keim, Das notarielle Beurkundungsverfahren (1990).
[8] Beispiele: Langenfeld, Das Ehegattentestament; Kössinger, Das Testament Alleinstehender; Wegmann, Ehegattentestament und Erbvertrag.
[9] Dies entsprach den Intentionen Eschs seit der ersten Auflage und soll künftig beibehalten und ausgebaut werden.
[10] Münchener Vertragshandbuch, Bd. 1 (4. Aufl.), (Hrsg: Heidenhain/Meister), Gesellschaftsrecht; und Bd. 4, Hbd. 2, (3. Aufl.) (Hrsg: Langenfeld), Erbrecht (Bearbeiter: Nieder); Hoffmann-Becking/Schippel (Hrsg.), Beck'sches Formularhandbuch zum Bürgerlichen Handels- und Wirtschaftsrecht (6. Aufl.); Kersten/Bühling, Formularbuch und Praxis der freiwilligen Gerichtsbarkeit (20. Aufl.).
[11] Besonders zu empfehlen: Nieder, Handbuch der Testamentsgestaltung. Weiterhin mit über die Vermögensnachfolge hinausgehendem Inhalt: Reithmann/Albrecht/Basty, Handbuch der notariellen Vertragsgestaltung (Teil B, Bearbeiter: Albrecht; Teil G bis O, Bearbeiter: Basty; Brambring/Jerschke (Hrsg.), Beck'sches Notarhandbuch (Teil C Erbrecht, Bearbeiter: Bengel/Reimann; Teil D Gesellschaftsrecht, Bearbeiter: Mayer, Waldner, Heckschen).

2. KAPITEL
Vermögensnachfolge von Todes wegen

1. Abschnitt
Der gesetzliche Gestaltungsrahmen

I. Grundlagen des deutschen Erbrechts

1. Gesamtrechtsnachfolge („Universalsukzession")

Im deutschen Erbrecht gilt der Grundsatz der Gesamtrechtsnachfolge („Universalsukzession"). Danach hat jeder Verstorbene einen oder mehrere Nachfolger, auf den oder die sein Vermögen als Ganzes von Rechts wegen übergeht, und zwar mit dem Zeitpunkt des Todes[1].

Der Vermögensübergang umfaßt alle Vermögensgegenstände, sowohl Aktiva als auch Passiva. Die Erbfolge im Sinne der Gesamtrechtsnachfolge vollzieht sich für das ganze Vermögen einheitlich. Die Gesamtrechtsnachfolger werden Inhaber des Vermögens des Verstorbenen, so wie es der Verstorbene war. Eine unmittelbare Vermögensnachfolge in nur einzelne Vermögensgegenstände ist grundsätzlich ausgeschlossen.

Eine Durchbrechung der Universalsukzession aufgrund gesetzlicher Sondererbfolge[2] gibt es im Höferecht[3].

Danach geht ein Hof samt Bestandteilen und Zubehör mit dem Erbfall im Wege der Einzelrechtsnachfolge (Singularsukzession) auf nur eine Person über, auch wenn mehrere Personen aufgrund gesetzlicher oder gewillkürter Erbfolge Erben werden. Diese Durchbrechung des Prinzips der Universalsukzession soll die Zerstückelung von landwirtschaftlichen Betrieben verhindern[4].

2. Erbschaft, Nachlaß

a) Zugehörigkeit zum Nachlaß

Den Gegenstand der Erbfolge bildet das Vermögen des Erblassers in seiner Gesamtheit.

---

[1] Ausführlich Staudinger/Marotzke [1994] § 1922 BGB Rz. 44 ff.
[2] Weitere Sondererbfolgen sind in §§ 331, 569a, b, 736, 1595a, 1596 Abs. 1 Nr. 1, 1600g Abs. 2 BGB, § 167 Abs. 2 VVG, § 22 KunstUrhG geregelt. Zur durch die Rechtsprechung entwickelten Sondererbfolge im Personengesellschaftsrecht vgl. unten 4. Kapitel Rz. 1034 ff.
[3] Staudinger/Werner [1994] Vorbem. 4 ff. zu §§ 1924–1936 BGB.
[4] Zum Anerben- und Höferecht vgl. Lange/Kuchinke, § 53 (S. 1266) m.w.N.; Faßbender/Hötzel/von Jeinsen/Pikalo, Höfeordnung; Lange/Wulff/Lüdtke-Handjery, Höfeordnung; Wöhrmann/Stöcker, Das Landwirtschaftserbrecht.

11 In den Nachlaß fallen alle vermögenswerten Gegenstände (Aktiva) und alle Verbindlichkeiten (Passiva) des Erblassers im Zeitpunkt seines Todes[5].

b) Ausnahmen

12 Von der Zugehörigkeit zum Nachlaß sind die unvererblichen Rechte ausgenommen. Bei solchen handelt es sich in der Regel um an die Person gebundene, höchstpersönliche Rechte. Als unvererbliche Rechte sind beispielhaft zu nennen die Mitgliedschaft in einem rechtsfähigen Verein (soweit nicht die Satzung ein Anderes bestimmt), der Nießbrauch aber auch bestimmte höchstpersönliche schuldrechtliche Ansprüche[6].

3. Erbe

13 Erbe kann jeder Mensch als natürliche Person sein, darüber hinaus aber auch juristische Personen (Körperschaften: Vereine, Aktiengesellschaft, GmbH)[7] oder eine Personengesellschaft[8].

14 Gemäß § 1923 Abs. 1 BGB kann eine natürliche Person nur Erbe werden, sofern sie zur Zeit des Erbfalls lebt. Dieser Grundsatz wird durchbrochen zugunsten des z.Z. des Erbfalls noch ungeborenen, aber bereits erzeugten Kindes (**"nasciturus"**), wenn es lebend zur Welt kommt (§ 1923 Abs. 2 BGB)[9].

4. Vermächtnis, Vermächtnisnehmer

15 Vom „Erben" als Gesamtrechtsnachfolger des Erblassers ist der „Vermächtnisnehmer" (**"Legatar"**) zu unterscheiden. Die Zuwendung eines Vermächtnisses gewährt lediglich einen schuldrechtlichen Anspruch des Vermächtnisnehmers gegen den oder die mit dem Vermächtnis Beschwerten. Dieser Anspruch muß durch Übertragung des Vermächtnisgegenstandes erfüllt werden. Der Vermächtnisnehmer ist nicht Teilhaber an der Gesamtrechtsnachfolge, sondern nur die Erben. Die Annahme und Ausschlagung eines Vermächtnisses ist gegenüber dem jeweils Beschwerten zu erklären.

5. Erbanfallprinzip, Vonselbsterwerb

16 Die Gesamtrechtsnachfolge vollzieht sich von selbst; es bedarf keiner Vermögensübertragungen oder Übernahme von Verpflichtungen. Das Vermögen des

---

5 Zur Zugehörigkeit von Restitutsionsansprüchen zum Nachlaß Limmer, ZEV 1994, 31.
6 Dazu Dietzel, Untergang statt Fortbestand. Zur Abgrenzung der unvererblichen Rechtsbeziehungen im Schuldrecht (1991).
7 Vgl. aber zu ausländischen juristischen Personen als Erben Staudinger/Otte [1994] § 1942 Rz. 6, 7.
8 BFH BStBl. 1989 II, 237; dazu (zur Vermeidung ratend) Ebeling, BB 1989, 1865 ff.
9 Ungelöst sind die Probleme, die sich aus den modernen medizinischen Fortpflanzungstechniken ergeben. Sind z.B. tiefgefrorene Embryonen erbberechtigt, wenn sie lebend zur Welt kommen? Die ungelösten erbrechtlichen Problematiken werden durch eine biologisch jetzt mögliche Verschiebung der Generationen verschärft.

Erblassers fällt dem oder den Erben – auch ohne und zunächst sogar gegen deren Willen – im Zeitpunkt des Todes des Erblassers an[10].

Den im Wege der Gesamtrechtsnachfolge an den Erben erfolgenden Vermögensübergang bezeichnet das Gesetz als „Erbanfall". Da sich dieser Erbanfall mit dem Tode des Erblassers ohne jede Übertragungshandlung, ohne Mitwirkung des Erben, selbst ohne sein Wissen vollzieht („Vonselbsterwerb"), steht dem Erben das Recht zu, die ihm angefallene Erbschaft auszuschlagen, um sich von einem ihm nicht erwünschten Vermögensübergang, insbesondere dem Übergang lästiger Verpflichtungen, zu befreien. 17

6. Ausschlagung

Solange der Erbe die Erbschaft nicht angenommen oder die Ausschlagungsfrist versäumt hat, hat er das Recht zur Ausschlagung. Die Wirkung der Ausschlagung bestimmt § 1953 BGB: Der Erbanfall an den Ausschlagenden gilt als nicht erfolgt. Die Erbschaft fällt demjenigen an, der berufen wäre, wenn der Ausschlagende zur Zeit des Erbfalls nicht gelebt hätte. 18

Die Ausschlagungsfrist beträgt grundsätzlich sechs Wochen. Ist die Ausschlagungsfrist versäumt, kommt unter den Voraussetzungen der §§ 1954ff. BGB eine Anfechtung der Versäumung der Ausschlagungsfrist in Betracht. Eine Anfechtung ist insbesondere dann möglich, wenn der Erbe sich über die Ausschlagungsfrist geirrt hat (§ 1956 BGB) oder nicht gewußt hat, daß der Nachlaß überschuldet ist oder er sonstige falsche Vorstellungen über die Zusammensetzung des Nachlasses oder die Höhe seiner Beteiligung hatte. Die Anfechtung kann mit der Ausschlagungserklärung verbunden werden. 19

Hatte der Erblasser seinen letzten Wohnsitz im Ausland oder hielt sich der Erbe beim Beginn der Frist im Ausland auf, so beträgt die Ausschlagungsfrist sechs Monate. 20

Die Ausschlagungsfrist beginnt mit dem Zeitpunkt, in welchem der Erbe von dem Erbanfall und dem Grund der Berufung zum Erben Kenntnis erlangt hat; ist der Erbe durch eine Verfügung von Todes wegen berufen, so beginnt die Ausschlagungsfrist nicht vor nachlaßgerichtlicher Eröffnung der letztwilligen Verfügung (§ 1944 BGB). Ist die Ausschlagungsfrist versäumt, so kommt unter Umständen eine Anfechtung nach §§ 1954ff. BGB in Betracht. 21

Die Erbausschlagung erfolgt durch Erklärung gegenüber dem Nachlaßgericht; sie ist zur Niederschrift des Nachlaßgerichts oder in notariell beglaubigter Form abzugeben (§ 1945 BGB)[11]. 22

Die Ausschlagung selbst kann ebenfalls angefochten werden. Anfechtungsgründe können z.B. sein die irrtümliche Vorstellung, daß der Nachlaß überschuldet 23

---

[10] Staudinger/Otte [1994] § 1942 BGB Rz. 4ff.
[11] Einzelheiten Staudinger/Otte [1994] § 1945 BGB Rz. 2ff.

ist[12], die Unkenntnis von vorhandenen Vermögensgegenständen[13] oder die Drohung von DDR-Behörden, eine Ausreisegenehmigung nur noch Ausschlagung einer Erbschaft zu erteilen[14].

24 Mit der Ausschlagung kann auch die Vermögensnachfolge gestaltet werden, indem der Erbe – z.B. gegen entgeltliche Abfindung oder unentgeltlich – durch die Ausschlagung den Erbanfall zugunsten eines Dritten bewirkt. Die Ausschlagung der Erbschaft ist gemäß § 517 BGB keine Schenkung i.S. d. § 516 BGB. Derjenige, dem aufgrund der Ausschlagung die Erbschaft anfällt, hat diese steuerrechtlich als vom Erblasser angefallen zu versteuern. Dies gilt auch, wenn die Ausschlagung aufgrund vertraglicher Vereinbarung gegen Abfindung erfolgt (§ 3 Abs. 1 Ziff. 4 ErbStG). Dann hat der Erbe den angefallenen Vermögensvorteil abzüglich der zu zahlenden Abfindung (sonst würde derselbe Vermögensgegenstand bei zwei Personen versteuert, obwohl nur eine ihn erhält), der Abfindungsempfänger nach § 3 Abs. 2 Ziff. 4 ErbStG die Abfindung als vom Erblasser zugewendet zu versteuern. Bei einer solchen Gestaltung ist aber sehr sorgfältig die gesetzliche Erbfolge bzw. die Ersatzerbfolge zu beachten, da vom Ausschlagenden selbst die Erbfolge nicht gesteuert werden kann.

7. Erbschaftsanspruch

25 Mit dem Erbanfall entsteht für den oder die Erben der „Erbschaftsanspruch". Der Erbschaftsanspruch besagt, daß der Erbe von jedem, der aufgrund eines vermeintlichen Erbrechts etwas aus der Erbschaft erlangt hat – dem sogenannten Erbschaftsbesitzer – Herausgabe des Erlangten verlangen kann (§§ 2018ff. BGB)[15].

26 Dem Erben stehen gegen den Erbschaftsbesitzer und andere Personen, vor allem solche, die zur Zeit des Erbfalls mit dem Erblasser in häuslicher Gemeinschaft gelebt haben, Auskunftsansprüche nach Maßgabe der §§ 2027, 2028 BGB zu. Diese Bestimmungen sollen sicherstellen, daß der Erbe alle Gegenstände der Erbschaft erlangt, die mit dem Erbanfall auf ihn übergegangen sind.

8. Verwandten- und Ehegattenerbfolge

27 Die gesetzliche Erbfolge beruht auf der Verwandten- und Ehegattenerbfolge[16]. Der gesetzlichen Erbfolge geht der Grundsatz der Testierfreiheit vor. Daher ist jeder Vermögensinhaber berechtigt, durch letztwillige Verfügung die Vermögensnachfolge aller gesetzlichen Erben ganz oder teilweise auszuschließen.

---

[12] BayObLGZ 1983, 9 m.w.N
[13] KG DNotZ 1993, 407.
[14] KG DNotZ 1993, 410. Zu den Möglichkeiten einer Anfechtung der Ausschlagung bei Irrtümern über die Entwicklung in der ehemaligen DDR vgl. Grunewald, NJW 1991, 1208; R. Meyer, ZEV 1994, 12; KG DtZ 1992, 187.
[15] Staudinger/Gursky [1996] § 2018 BGB Rz. 1ff.
[16] „Familiengebundenheit des Vermögens (Familienerbrecht)" s. Staudinger/Otte [1994] Einl. 50ff. zu §§ 1922 BGB.

9. Testierfreiheit

Der Vermögensinhaber hat das Recht, von Todes wegen über sein Vermögen zu verfügen, ohne an die gesetzliche Erbfolge gebunden zu sein. Diese erbrechtliche Verfügungsmacht wird durch die gesetzlich verankerte Testierfreiheit garantiert[17]. Die Testierfreiheit besteht – wie bei allen rechtsgeschäftlichen Erklärungen – im Rahmen der allgemeinen Schranken des § 134 BGB (Gesetzesverstoß) und des § 138 BGB (Verstoß gegen die guten Sitten).

Der Erblasser kann sich bezüglich seiner Testierfreiheit durch Erbvertrag oder gemeinschaftliches Testament binden. Gemäß § 2302 BGB kann der Erblasser seine Testierfreiheit nicht durch schuldrechtliche Verträge beschränken. Die Erben bleiben aber an vom Erblasser eingegangene schuldrechtliche Verpflichtungen gebunden.

10. Pflichtteilsrecht

Der Testierfreiheit sind durch das Pflichtteilsrecht keine rechtlichen, aber wirtschaftliche Schranken gesetzt. Der Pflichtteilsberechtigte ist weder am Nachlaß noch an einzelnen Nachlaßgegenständen beteiligt. Der Pflichtteilsberechtigte hat – wie ein Vermächtnisnehmer – nur einen schuldrechtlichen Anspruch. Dieser Anspruch ist immer ein Geldanspruch in Höhe des Wertes der Hälfte der gesetzlichen Erbquote. Pflichtteilsansprüche können nur Abkömmlingen, dem Ehegatten und in bestimmten Fällen den Eltern des Erblassers zustehen.

11. Erbengemeinschaft

a) Mehrere Erben

In den meisten Erbfällen wird der Erblasser durch mehrere Erben – Miterben – beerbt. Diese bilden eine „Erbengemeinschaft".

b) Erbanteil

§ 2032 BGB bestimmt, daß der Nachlaß „gemeinschaftliches Vermögen mehrerer Erben" wird. Gemäß § 2033 Abs. 2 BGB kann ein Miterbe über einen Anteil an den einzelnen Nachlaßgegenständen nicht verfügen. Über die einzelnen Nachlaßgegenstände könne die Miterben gem § 2040 BGB nur gemeinsam verfügen. Jeder Miterbe ist zwar Berechtigter an allen Nachlaßgegenständen, aber durch die Rechte der übrigen Miterben eingeschränkt, also gesamthänderisch gebunden. Die Erbengemeinschaft ist eine Gesamthandsgemeinschaft.[18] Im Gegensatz zu den anderen gesetzlichen Gesamthandsgemeinschaften (BGB-Gesellschaft und Gütergemeinschaft) ist jeder Miterbe zur Verfügung über seinen Erbanteil – seinen internen Anteil am Gesamthandsvermögen – berechtigt (§ 2033 Abs. 1 Satz 1 BGB). Er kann

---

[17] Einzelheiten Staudinger/Otte [1994] Einl. zu §§ 1922ff. BGB Rz. 54ff.
[18] Andere Gesamthandsgemeinschaften sind die Gesellschaft und die Gütergemeinschaft des BGB (vgl. §§ 719 Abs. 1 Satz 1 und 1419 Abs. 1 Satz 1 BGB).

z. B. den Erbanteil verkaufen. In diesem Falle haben die übrigen Miterben ein Vorkaufsrecht (§ 2034 BGB)[19].

c) Auseinandersetzung

33 Die Erbengemeinschaft kommt nicht durch freiwilligen Zusammenschluß der Erben zustande, sondern durch die letztwilligen Anordnungen des Erblassers oder aufgrund gesetzlicher Erbfolge. Die starke gesamthänderische Bindung des Erbengemeinschaftsvermögens läuft den Einzelinteressen der Miterben häufig zuwider. Deshalb ermöglicht das Gesetz nicht nur die Verfügung über den Erbanteil, sondern auch die Auflösung der unfreiwillig begründeten gesamthänderischen Bindung des Erbengemeinschaftsvermögens. Die gesetzlichen Bestimmungen sind auf Erbauseinandersetzung und nicht auf dauerhaften Zusammenhalt des Nachlasses gerichtet. Das kommt z. B. in § 2042 BGB zum Ausdruck, wonach jeder Miterbe jederzeit die Auseinandersetzung verlangen kann.

34 Erbanfall und Auseinandersetzung unter Erben sind sowohl zivil- als auch steuerrechtlich[20] zwei Rechtsvorgänge: Der Erbanfall erfolgt im Zeitpunkt des Todes des Erblassers; die Auseinandersetzung unter den Erben ist ein zeitlich nachfolgendes Rechtsgeschäft, in der Regel ein Auseinandersetzungsvertrag[21].

Für den Auseinandersetzungsvertrag gelten die gesetzlichen Formvorschriften, also für Grundstücke § 313 BGB, für GmbH-Geschäftsanteile § 15 GmbHG[22].

12. Erbenhaftung

35 Grundsätzlich haftet der Erbe gemäß § 1967 BGB unbeschränkt für die Nachlaßverbindlichkeiten. Jeder Erbe kann seine Haftung auf den Nachlaß beschränken, indem er eine Nachlaßverwaltung, den Nachlaßkonkurs oder das Nachlaßvergleichsverfahren beantragt (§§ 1975 BGB, 113 VerglO).

Der Erbe kann zur Feststellung des Umfanges des Nachlasses ein Nachlaßinventar errichten (§ 1993 BGB). Hat er das nicht innerhalb einer vom Nachlaßgericht gesetzten Frist getan oder das Inventar absichtlich unrichtig aufgenommen oder gegen bestimmte Auskunftspflichten verstoßen, so verliert er die Möglichkeiten der Beschränkung seiner Haftung auf den Nachlaß.

Im eigenen Interesse sollte sich jeder Erbe alsbald einen Überblick über Nachlaßbestände und -verbindlichkeiten verschaffen, um ggf. von den Haftungsbeschränkungsmöglichkeiten Gebrauch zu machen. Hat der Erbe von einer Überschuldung des Nachlasses Kenntnis erlangt, so ist er verpflichtet, unverzüglich –

---

[19] Kein Vorkaufsrecht im Falle Erbanteilsverkauf des Konkursverwalters, BGH MDR 1977, 211 (212).
[20] BFH, Beschluß des Großen Senats v. 5. 7. 1990 GrS 2/89, BStBl. 1990 II, 837 bis 847; dazu Söffing, DB 1991, 773 (776) und 828 ff.; Meincke, NJW 1991, 198 ff.; Märkle/Franz, Beilage 5 zu BB 1991, 1 (16 ff.); Groh, DB 1991, 724 ff.
[21] Staudinger/Werner [1996] 2042 BGB Rz. 22 ff.; Palandt/Edenhofer, § 2042 BGB Rz. 4.
[22] Zu vertraglichen Vereinbarungen im Rahmen einer Erbengemeinschaft vgl. Welter, MittRhNotK 1986, 140 ff.

d.h. ohne schuldhaftes Zögern (§ 121 BGB) – die Eröffnung des Konkursverfahrens, ggf. des Vergleichsverfahrens über den Nachlaß zu beantragen, andernfalls macht er sich schadensersatzpflichtig. Der Kenntnis der Überschuldung steht die auf Fahrlässigkeit beruhende Unkenntnis gleich (§ 1980 Abs. 1 und 2 BGB).

Ist der Nachlaß geringfügig, so daß Nachlaßverwaltung und Nachlaßkonkurs wegen der Kosten nicht tunlich sind, so kann der Erbe die Befriedigung eines Nachlaßgläubigers insoweit verweigern, als der Nachlaß nicht ausreicht. Der Erbe haftet bei solchen geringfügigen Nachlässen nur mit dem Nachlaß. Diese Beschränkung seiner Haftung setzt aber voraus, daß er seine Inventarpflicht nicht verletzt hat.

Vor Annahme der Erbschaft kann eine Nachlaßverbindlichkeit gegen den Erben nicht geltend gemacht werden (§ 1958 BGB). Nach Annahme der Erbschaft ist der Erbe berechtigt, noch die folgenden drei Monate lang die Erfüllung von Nachlaßverbindlichkeiten zu verweigern (§ 2014 BGB). 36

II. Auslandsberührung[23]

1. Grundsätzliches

Bei Auslandsberührung kann das Recht eines anderen Staates zur Anwendung kommen. Auslandsberührung liegt vor, wenn der Erblasser 37
– eine andere als die deutsche Staatsangehörigkeit besitzt oder staatenlos ist,
– Vermögensgegenstände im Ausland hat,
– im Ausland seinen letzten Wohnsitz hat,
– eine letztwillige Verfügung oder ein Rechtsgeschäft unter Lebenden auf den Todesfall im Ausland errichtet hat,
– die Anwendung einer ausländischen Rechtsordnung gewollt hat.

Weist der zu beurteilende Sachverhalt eine Anknüpfung zu ausländischem Recht auf, so stellt sich die Frage, welche Rechtsordnung anzuwenden ist. Diese Frage ist nach Staatsverträgen und dem Kollisionsrecht (Internationalem Privatrecht) der betroffenen Staaten zu beantworten. Vorrangig gelten immer Staatsverträge (z.B. die Haager Abkommen), nachrangig die Vorschriften des allgemeinen Internationalen Privatrechts. 38

Das Internationale Privatrecht ist immer nationales Recht. Jeder Staat hat sein eigenes Internationales Privatrecht. Dieses trifft in Kollisionsnormen bei Auslandsberührung eine Entscheidung darüber, welche materielle Rechtsordnung zur Anwendung kommt. 39

Erklären beide Rechtsordnungen denselben Anknüpfungspunkt (z.B. Staatsangehörigkeit des Erblassers) für maßgebend, so ist die Frage des für die Vermögensnachfolge geltenden Rechts beantwortet (ist die Staatsangehörigkeit Anknüpfungs- 40

---

[23] Schotten, Das Internationale Privatrecht in der notariellen Praxis, m.w.N.; Pünder, Internationales Erbrecht, MittRhNotK 1989, 1 ff.

punkt, so bedarf es bei Doppelstaatsangehörigkeit weiterer übereinstimmender Anknüpfungspunkte).

41 Die Kollisionsrechte der betroffenen Staaten können unterschiedliche Anknüpfungspunkte für maßgebend erklären (Beispiel: Staat A die Staatsangehörigkeit des Erblassers; Staat B den Ort der Belegenheit des Nachfolgegegenstandes).

42 Werden von den Kollisionsrechten zweier Staaten für denselben Lebenssachverhalt zwei unterschiedliche Anknüpfungspunkte für maßgebend erklärt, so sind folgende Lösungen für die Ermittlung des anwendbaren Rechts denkbar:

a) die deutsche Kollisionsnorm hat jedenfalls im Geltungsbereich des deutschen Rechts Vorrang und führt unmittelbar zur Anwendung des deutschen materiellen Rechts

b) die deutsche Kollisionsnorm führt unmittelbar zur Anwendung des ausländischen materiellen Rechts

c) die deutsche Kollisionsnorm führt zur Anwendung des ausländischen Kollisionsrechts. Dieses

– kann entweder die Verweisung des deutschen IPR annehmen, so daß das ausländische materielle Recht Anwendung findet,

– oder verweist auf das deutsche materielle Recht zurück (Zurückweisung),

– oder es wird auf eine dritte Rechtsordnung verwiesen (Weiterverweisung).

2. Deutsches Kollisionsrecht

43 Das Gesetz zur Neuregelung des Internationalen Privatrechts vom 25.7.1986 hat mit Wirkung vom 1.9.1986 auch das Deutsche Internationale Erbrecht in den Art. 25, 26 EGBGB neu geordnet. Grundsätzlich unterliegt gemäß Art. 25 Abs. 1 EGBGB die Rechtsnachfolge dem Recht des Staates, dem der Erblasser im Zeitpunkt seines Todes angehört[24]. Für das sog. „Erbstatut" gilt mithin das Staatsangehörigkeitsprinzip. Bei Doppelstaatsangehörigkeit geht die deutsche Staatsangehörigkeit vor (Art. 5 Abs. 1 Satz 2 EGBGB).

44 Das Erbstatut im Sinne des Art. 25 EGBGB gilt grundsätzlich auch für Zulässigkeit, Gültigkeit und Inhalt einer letztwilligen Verfügung. Hinsichtlich der Form letztwilliger Verfügungen finden die Regelungen des Haager Testamentsformübereinkommens vom 5.10.1961 und subsidiär Art. 26 Abs. 1 bis 3 EGBGB Anwendung[25].

3. Rechtswahl

45 Ein ausländischer Erblasser kann gemäß Art. 25 Abs. 2 EGBGB für im Inland belegenes unbewegliches Vermögen auch deutsches Erbrecht wählen[26]. Unbewegliches Vermögen umfaßt Grundbesitz, Wohnungseigentum, Erbbaurechte und alle

---

[24] Einzelheiten bei Staudinger/Dörner [1995] Art. 25 EGBGB.
[25] Dazu Staudinger/Baumann [1996] Vorbem. 105 zu §§ 2229ff. BGB m.w.N.
[26] Staudinger/Dörner [1995] Art. 25 EGBGB Rz. 461ff.

sonstigen beschränkten dinglichen Rechte an Grundstücken. Die Rechtswahl darf nur in der Form einer Verfügung von Todes wegen getroffen werden[27].

Streitig ist, ob die Rechtswahl nur einheitlich für das gesamte unbewegliche Inlandsvermögen oder auch für einzelne Grundstücke zulässig ist. Der Wortlaut des Art. 25 Abs. 2 EGBGB („kann für im Inland belegenes unbewegliches Vermögen"; nicht etwa: „kann für das im Inland bewegliche Vermögen") weist darauf hin, daß der Erblasser auch nur für einzelne Grundstücke deutsches Recht wählen kann[28]. Da die Rechtswahl ohnehin zur gewillkürten Nachlaßspaltung führt, ist nicht einzusehen, warum der Erblasser diese Rechtsfolge nicht auch auf einzelne Grundstücke beschränken können soll. Bis zur höchstrichterlichen Klärung dieser Frage sollte aus Gründen der Sicherheit – falls nach dem Parteiwillen vertretbar – die Rechtswahl auf das gesamte unbewegliche Inlandsvermögen erstreckt werden[29]. 46

4. Wechsel der Staatsangehörigkeit

Das deutsche Internationale Erbrecht geht von dem Grundsatz der Einheit des hinterlassenen Nachlasses aus (Prinzip der Nachlaßeinheit), der dem Grundsatz der Gesamtrechtsnachfolge entspricht. Da das Internationale Erbrecht nicht an das Recht des Ortes, an welchem sich Vermögen befindet oder an den Wohnsitz des Erblassers, sondern an die Staatsangehörigkeit des Erblassers (Art. 25 Abs. 1 EGBGB) anknüpft, kann – insbesondere bei größerem Vermögen im Ausland – eine Veränderung des Erbstatuts durch Wechsel der Staatsangehörigkeit eine für die Vermögensnachfolge, aus erbschaftsteuerlichen Gründen, günstige Gestaltungsmöglichkeit sein[30]. 47

III. Übergangsrecht für die neuen Bundesländer

1. Grundsätzliche Geltung des Bürgerlichen Gesetzbuchs[31]

Seit dem Wirksamwerden des Beitritts der auf dem Gebiet der ehemaligen DDR neu gebildeten Länder zur Bundesrepublik Deutschland (3. 10. 1990) gilt aufgrund des Einigungsvertrages vom 31. 8. 1990[32] grds. einheitlich das Bürgerliche Gesetzbuch[33]. Für die nach dem Recht der ehemaligen DDR errichteten Testamente gel- 48

---

[27] Nieder, Rz. 453 ff.
[28] LG Mainz DNotZ 1994, 564; Lichtenberger, DNotZ 1986, 665; a.A. Schotten DNotZ 1994, 566.
[29] Schotten DNotZ 1994, 566.
[30] Ebenroth, Rz. 1506 ff.
[31] Einzelheiten bei Schotten/Johnen, DtZ 1991, 225; Sandweg BWNotZ 1992, 45; Bestelmeyer, Rpfleger 1992, 321; ders. Rpfleger 1993, 381; ders. DtZ 1994, 99.
[32] BGBl. 1990 II, 889, 940.
[33] Zur Rolle des Zivilrechts im Prozeß der Wiedervereinigung Deutschlands Horn AcP 194, 177.

ten die gesetzlichen Regelungen der DDR jedoch teilweise fort[34]. Als Ausnahmevorschrift zu Art. 235 § 1 Abs. 1 EGBGB bestimmt Art. 235 § 2 EGBGB, daß – auch wenn der Erbfall nach der Vereinigung eintritt – die Errichtung und Aufhebung aller Verfügungen von Todes wegen vor dem Wirksamwerden des Beitritts nach bisherigem Recht zu beurteilen ist[35]. Art. 235 § 2 EGBGB bezieht sich jedoch nur auf die Form der Errichtung oder Aufhebung der Verfügungen von Todes wegen, die Testierfähigkeit des Erblassers sowie die verfahrensrechtlichen Vorschriften[36]. Inhalt, Auslegung und Wirkung der Verfügung von Todes wegen sind nach dem BGB zu beurteilen.

49   Ist der Erblasser vor dem 3. 10. 1990 gestorben, so gilt nach Art. 235 § 1 Abs. 1 EGBGB das DDR-Recht fort[37]. Das am 1. Januar 1976 in der ehemaligen DDR inkraft getretene ZGB beinhaltete die folgenden (wichtigsten) Abweichungen zum BGB:
– Der Ehegatte war Erbe erster Ordnung. Er und die Kinder erbten zu gleichen Teilen (§ 365 Abs. 1 ZGB). Der Ehegatte erbte mindestens 1/4. Bei kinderlosen Ehepaaren war der Ehegatte Alleinerbe (§ 365 ZGB).
– Der Voraus des Ehegatten war kein gesetzliches Vermächtnis, sondern hatte dingliche Wirkung.
– In der zweiten und dritten Erbordnung galt das Eintrittsrecht von Abkömmlingen erst, wenn beide Eltern bzw. beide väterlichen oder mütterlichen Großeltern verstorben waren.
– Es gab keine Vor- und Nacherbschaft.
– Es gab keinen Erbvertrag.
– Das gemeinschaftliche Ehegattentestament hatte immer eine Bindungswirkung.
– Das Pflichtteilsrecht von Ehegatten, Kindern, Enkeln und ggf. Eltern betrug 2/3 des gesetzlichen Erbanteils. Das Pflichtteilsrecht stand aber nur im Zeitpunkt des Erbfalls unterhaltsberechtigten Kindern, Enkeln und Eltern zu.

2. Familienrechtliche Vorschriften

50   Artikel 234 § 4 EGBGB regelt die güterrechtlichen Verhältnisse solcher Ehegatten, die am 3. 10. 1990 im gesetzlichen Güterstand der sog. Eigentums- und Vermögensgemeinschaft des Familiengesetzbuchs der früheren DDR gelebt haben[38].

Für Adoptionen gelten die Vorschriften des Artikels 234 § 13 EGBGB.

---

[34] Diese Vorschriften sind mit Erläuterungen abgedruckt bei Staudinger/Baumann [1996] Vorbem. 65ff. zu §§ 2229–2264 BGB.
[35] Vgl. OLG Jena FamRZ 1994, 786 (787).
[36] OLG Dresden DtZ 1993, 311; nur systemwidrige (MünchKomm/Leipold, Ergänzungsband Zivilrecht im Einigungsvertrag Rz. 668, 671) und gegen den ordre public verstoßende (Horn DWiR 1992, 45, (46) Verfahrensvorschriften sind nicht anzuwenden; Staudinger/Baumann [1996] Rz. 58ff. Vorbem. zu §§ 2229–2264 BGB.
[37] Zeitlicher Überblick über die Entwicklung des DDR-Erbrechts bei Staudinger/Baumann [1996] Vorbem. 63 zu §§ 2229–2264 BGB.
[38] Einzelheiten bei Palandt/Diederichsen Art. 234 EGBGB.

IV. Erbschein, Testamentsvollstreckerzeugnis

1. Erbschein

Zu seiner Legitimation erhält der Erbe auf Antrag vom Nachlaßgericht ein Zeugnis über sein Erbrecht, den Erbschein[39]. Mehrere Erben erhalten einen gemeinschaftlichen Erbschein. In einem gemeinschaftlichen Erbschein sind nicht nur die Erben, sondern auch ihre Erbteile anzugeben (§ 2357 Abs. 2 BGB). Die im Erbscheinsantrag abzugebende Versicherung an Eides statt bedarf der Beurkundung (§ 38 Abs. 1 BeurkG).

51

Der Erbschein stellt ein amtliches Zeugnis (öffentliche Urkunde) dar über
– die Gesamtrechtsnachfolge
– die quotale Größe des Erbteils
– das Bestehen oder Nichtbestehen einer Beschränkung des Erben, z.B. Nacherbfolge, die Voraussetzungen ihres Eintritts und die Person des Nacherben (§ 2363 BGB), oder die Anordnung einer Testamentsvollstreckung (§ 2364 BGB).

52

Vermächtnisse, Auflagen, Teilungsanordnungen, Pflichtteilsverpflichtungen werden in den Erbschein nicht aufgenommen[40].

Der erteilte Erbschein ist keine rechtsbegründende (konstitutive) Urkunde, sondern ein deklaratorisches Zeugnis, welches im Sinne einer Rechtsvermutung die Legitimation des ausgewiesenen Erben klarstellt.

53

Die Angaben im Erbschein können unrichtig sein. § 2366 BGB schützt aber den guten Glauben eines Geschäftspartners, der durch Rechtsgeschäft einen Erbschaftsgegenstand von dem durch Erbschein ausgewiesenen Erben erwirbt. Entsprechendes gilt zugunsten des Nachlaßschuldners, wenn er an den ausgewiesenen Erben leistet, oder zugunsten eines anderen, mit welchem der ausgewiesene Erbe durch Rechtsgeschäft eine Verfügung über ein zum Nachlaß gehörendes Geschäft vornimmt (§ 2367 BGB).

54

2. Testamentsvollstreckerzeugnis

Ein dem Erbschein ähnliches Zeugnis erhält auf Antrag der Testamentsvollstrecker (§ 2368 BGB)[41]. Dem Testamentsvollstreckerzeugnis kommt die Richtigkeitsvermutung analog § 2365 BGB mit der Maßgabe zu, daß nur die Entstehung des Testamentsvollstreckeramtes, nicht aber dessen Fortdauer bezeugt wird[42].

55

---

[39] Einzelheiten bei Firsching/Graf, Nachlaßrecht, S. 243 ff.
[40] Zu den Besonderheiten bei Erbscheinen im deutsch-deutschen Verhältnis Schotten/Johnnen DtZ 1991, 257; Lange/Kuchinke § 39 I 3 (S. 946 ff.); zu Erbnachweisen für Vermögen im Bereich der ehemaligen DDR vgl. Rau MittRhNotK 1991, 9.
[41] Firsching/Graf, Nachlaßrecht, S. 322 ff.
[42] RGZ 83, 348.

V. Gesetzliche Erbfolge

1. Allgemeines

56 Jede Gestaltung der Vermögensnachfolge setzt die genaue Kenntnis der jeweiligen gesetzlichen Erbfolge voraus. Die Abweichungen der gesetzlichen Erbfolge von den Zielvorstellungen des Erblassers ergeben das Maß und den Umfang der gewünschten Änderungen.

57 Die gesetzliche Erbfolge tritt ein, wenn der Erblasser eine letztwillige Verfügung nicht errichtet oder in einer solchen nur Anordnungen getroffen hat, die die Erbfolge nicht berühren, oder wenn er ausdrücklich die gesetzliche Erbfolge bestimmt hat.

2. Verwandtenerbfolge

a) Allgemeines

58 Die gesetzliche Erbfolge ist Ehegatten- und Verwandtenerbfolge[43]. Den Kreis der Verwandten bestimmt das Familienrecht (§ 1589 BGB). Verwandt sind Personen, die durch eheliche oder nichteheliche Geburt voneinander oder von einem gemeinsamen Eltern- oder Vorelternteil abstammen.

b) Verwandtschaft

aa) Eheliche Abkömmlinge

59 Das Erbrecht des BGB beruht auf der Verwandtschaft. Verwandt sind zunächst diejenigen Personen, die voneinander abstammen – „gerade" Verwandtschaft (Verwandte aufsteigender bzw. absteigender Linie: Eltern, Großeltern, Urgroßeltern – Kinder, Enkel, Urenkel). Ferner sind diejenigen verwandt, die von derselben dritten Person abstammen – Seitenverwandte (Geschwister [auch Stiefgeschwister untereinander], Onkel, Tanten, Nichten, Neffen, Cousinen [Basen], Vettern und deren Abkömmlinge).

60 Gemäß § 1589 Satz 3 BGB bestimmt sich der Grad der Verwandtschaft nach der Zahl der die Verwandtschaft vermittelnden Geburten (Gradualsystem).

61 Das Erbrecht des BGB hat sich grundsätzlich nicht für das Gradual- sondern für das Parentelsystem entschieden. Diese bevorzugt die direkte Abstammung vor dem Grad der Verwandschaft. Damit soll die Erbschaft möglichst der jüngeren Generation zukommen[44]. Das Gradualsystem gilt erst ab der vierten Ordnung. Statt von „Parentelen" spricht das Erbrecht von „Ordnungen".

Nach dem Gradualsystem würde z.B. der Vater des Erblassers als Verwandter ersten Grades vor dem Enkel des Erblassers als Verwandtem zweiten Grades erben. Gemäß §§ 1924 – 1926 BGB gehen in den ersten drei Erbenordnungen aber die Ab-

---

[43] Dazu Staudinger/Werner [1994] Vorbem. 12ff. zu § 1924–1936 BGB. Lassen sich keine Verwandten ermitteln oder schlagen diese aus, erbt der Staat (§ 1936 BGB).

[44] Staudinger/Werner [1994] Vorbem. 13 zu §§ 1924–1936 BGB.

kömmlinge vor. Erst ab der vierten Erbenordnung kann es auch auf den Verwandtschaftsgrad ankommen (§§ 1928 Abs. 3, 1929 Abs. 2 BGB).

Nicht verwandt und daher keine gesetzlichen Erben sind die durch Ehe familiär Verbundenen, also die Verschwägerten (Schwiegereltern/Schwiegerkinder, Schwager/Schwägerin, Stiefeltern/Stiefkinder, Stiefgeschwister [wohl Halbgeschwister im Verhältnis zum gemeinsamen Elternteil, jedoch nicht im Verhältnis zum anderen Elternteil]). 62

bb) Nichteheliche Abkömmlinge[45]

Das geltende Recht ist nur anwendbar, wenn der Erblasser nach dem 30. 6. 1970 gestorben und das nichteheliche Kind frühestens am 1. 7. 1949 geboren ist. 63

Bis zum Inkrafttreten des Gesetzes über die rechtliche Stellung der nichtehelichen Kinder am 1. 7. 1970 galt das bis dahin als „unehelich" bezeichnete Kind gemäß § 1589 Abs. 2 BGB als im Verhältnis zu seinem Vater und dessen Verwandten nicht verwandt. Daher haben nach geltendem Recht alle bis zum 30. 6. 1949 geborenen nichtehelichen Kinder weder gesetzliche Erb- noch Pflichtteilsansprüche nach ihrem nichtehelichen Vater. 64

Nach geltender Rechtslage wird das nichteheliche Kind grundsätzlich wie ein eheliches und der nichteheliche Vater wie ein ehelicher behandelt. Hinterläßt der unverheiratete Erblasser nur ein nichteheliches Kind, so wird dieses Alleinerbe (§ 1924 Abs. 1 BGB). 65

Von dem Grundsatz der erbrechtlichen Gleichstellung des nichtehelichen Kindes und des nichtehelichen Vaters macht das Gesetz bedeutende Ausnahmen. Würden das nichteheliche Kind oder seine Abkömmlinge beim Tode des nichtehelichen Vaters oder beim Tode väterlicher Verwandter aufgrund gesetzlicher Erbfolge mit den nächsten Angehörigen des Erblassers eine Erbengemeinschaft bilden, so wird dem nichtehelichen Kind anstelle seines gesetzlichen Erbteils ein Erbersatzanspruch in Höhe des Wertes des Erbteils (§ 1934a Abs. 1 BGB) gewährt[46]. 66

Entsprechendes gilt für den Fall des Todes eines nichtehelichen Kindes, wenn der nichteheliche Vater und seine Abkömmlinge mit der Mutter und ihren ehelichen Abkömmlingen oder wenn er und seine Verwandten mit dem überlebenden Ehegatten des nichtehelichen Kindes zusammentreffen (§ 1934a Abs. 2 und 8 BGB).

Der **Erbersatzanspruch** gewährt einen schuldrechtlichen Anspruch auf Zahlung einer Geldsumme, die dem Wert des gesetzlichen Erbteils entspricht[47]. Für die Berechnung und die anzuwendenden Vorschriften verweist § 1934b BGB auf die sinngemäß anzuwendenden Vorschriften für den Pflichtteil. 67

---

[45] Hierzu auch unter erbschaftsteuerlichen (altes Recht) Gesichtspunkten Mack/Olbing, ZEV 1994, 280.
[46] Zur Kritik am Erbersatzanspruch Staudinger/Werner [1994] § 1934 a Rz. 39.
[47] Staudinger/Werner [1994] § 1934b Rz. 2.

68 Umstritten ist, ob der Erbersatzanspruch nichtehelicher Kinder die gesetzliche Erbquote des Ehegatten verändert[48].

69 Der Erbersatzanspruch verjährt in drei Jahren von dem Zeitpunkt an, in dem der Berechtigte von dem Eintritt des Erbfalls und den Umständen, aus denen sich das Bestehen des Anspruchs ergibt, Kenntnis erlangt, spätestens in dreißig Jahren nach dem Erbfall (§ 1934b Abs. 2 Satz 2 BGB)[49].

70 Unter bestimmten Voraussetzungen kann das nichteheliche Kind von seinem Vater einen vorzeitigen Erbausgleich in Geld verlangen (§ 1934d BGB)[50]. Kommt es zu diesem Erbausgleich, so werden durch ihn die erbrechtlichen Verhältnisse zwischen dem nichtehelichen Kind (und seinen Abkömmlingen) und dem Vater (und seinen Verwandten) ersetzt (§ 1934e BGB)[51]. Die Vereinbarung über den vorzeitigen Erbausgleich bedarf der notariellen Beurkundung (§ 1934d Abs. 4 Satz 1 BGB). Durch diese Form soll aufgrund der Beratungs- und Belehrungspflichten des Notars[52] als unparteiischem Träger eines öffentlichen Amtes[53] gewährleistet werden, daß die Beteiligten über die Tragweite der Rechtsfolgen dieser Vereinbarung aufgeklärt werden.

71 In den neuen Bundesländern bleibt es bei den vor dem 3. 10. 1990 in der früheren DDR geltenden erbrechtlichen Verhältnissen, wenn der Erblasser vor dem 3. 10. 1990 gestorben ist (Art. 235 § 1 Abs. 2 EGBGB)[54].

Für vor dem 3. 10. 1990 geborene nichteheliche Kinder gelten in den neuen Bundesländern die §§ 1934a bis 1934e BGB über den Erbersatzanspruch bei nichtehelichen Kindern sowie § 2338a BGB über den Pflichtteilsanspruch (Art. 235 § 1 Abs. 2 EGBGB) nicht.

cc) Adoptierte Abkömmlinge

72 Dem Adoptivkind steht das gesetzliche Erb- und Pflichtteilsrecht gegenüber dem Annehmenden und dessen Verwandten wie einem leiblichen Kind zu. Die gesetzlichen Erbansprüche gelten auch zugunsten des Annehmenden bzw. seiner Verwandten gegenüber dem Kind.

73 Das Adoptivkind und seine Abkömmlinge verlieren das gesetzliche Erbrecht gegenüber den leiblichen Eltern und deren Verwandten. Ebenso verlieren die leiblichen Eltern und deren Verwandte das gesetzliche Erbrecht gegenüber dem Adoptivkind und dessen Abkömmlingen.

---

[48] Dagegen Ebenroth S. 84; dafür Erman/Schlüter § 1931 Rz. 43.
[49] Staudinger/Werner [1994] § 1934b, Rz. 34; MünchKomm/Leipold § 1934b BGB, Rz. 44.
[50] Damrau, FamRZ 1969, 579; Wirner, MittBayNot 1984, 13; Coing, NJW 1988, 1753; Staudinger/Werner [1994] § 1934d BGB, Rz. 8; MünchKomm/Leipold § 1934d BGB, Rz. 11ff; Erman/Schlüter § 1934d BGB, Rz. 12ff.
[51] Staudinger/Werner [1994] § 1934e BGB, Rz. 8ff.
[52] Reithmann, Vorsorgende Rechtspflege durch Notare und Gerichte, S. 126ff.
[53] Römer, Notariatsverfassung und Grundgesetz, S. 18ff.; Bohrer, Das Berufsrecht der Notare, S. 2ff.; Baumann, MitRhNotK 1996, 1ff.
[54] Hierzu Köster, Rpfleger 1992, 369, Eberhard/Lübchen, DtZ 1992, 206.

Für Adoptionen in den neuen Bundesländern gelten die Übergangsvorschriften 74
des Art. 234 § 13 EGBGB. Danach verbleibt es für Kindesannahmeverhältnisse, die
vor dem 3. 10. 1990 begründet wurden, bei den in der früheren DDR geltenden Regelungen, wobei auf die dadurch begründeten Kindesannahmeverhältnisse grds. die
§§ 1741 ff. BGB anzuwenden sind[55].

3. Gesetzliches Erbenordnungssystem

a) Ordnungen

aa) Parentelsystem

Das BGB baut die Erbenordnungen nach dem Parentelsystem auf: 75

bb) Erste Ordnung

Gesetzliche Erben der ersten Ordnung sind die Abkömmlinge des Erblassers, 76
seine Kinder, Enkel, Urenkel usf., wobei es gleichgültig ist, ob diese Abkömmlinge
aus derselben Ehe oder aus verschiedenen Ehen stammen (§ 1924 BGB).

cc) Weitere Ordnungen

Gesetzliche Erben der zweiten Ordnung sind die Eltern des Erblassers und deren 77
Abkömmlinge, der dritten Ordnung die Großeltern des Erblassers und deren Abkömmlinge, der vierten Ordnung die Urgroßeltern des Erblassers und deren Abkömmlinge usf. (§§ 1925 bis 1929 BGB).

dd) Rangfolge der Ordnungen

Verwandte näherer Ordnungen schließen die Erbfolge der Verwandten fernerer 78
Ordnung aus. Sind also Abkömmlinge vorhanden (erste Erbenordnung), so erben
Eltern oder Geschwister (Erben zweiter Ordnung) nichts. Erst recht sind in diesem
Falle Erben noch fernerer Ordnungen von der Erbfolge ausgeschlossen (§ 1930
BGB).

Entsprechend schließen bei Fehlen von Abkömmlingen vorhandene Eltern oder
Geschwister oder deren Abkömmlinge (Erben zweiter Ordnung) Großeltern, Vettern und Cousinen von der Erbfolge aus.

b) Einfluß von Gradual- und Repräsentationssystem

In der ersten Ordnung (Abkömmlinge) wird nach Erbstämmen vererbt. Jedes 79
Kind des Erblassers bildet mit seinen Nachkommen einen Stamm. Jeder Stamm erhält einen gleich hohen Erbanteil.

Beispiel:
Der Erblasser hat drei Kinder A, B, C. B ist unter Hinterlassung von zwei, C unter Hinterlassung von vier Kindern vor dem Erblasser verstorben. Es erhalten A einerseits sowie die Abkömmlinge von B und C andererseits je 1/3 des Nachlasses, die Kinder von B also je 1/6

---

[55] Palandt/Diederichsen Art. 243 § 13 EGBGB.

und die Kinder von C je 1/12. Sind erbberechtigte Enkelkinder unter Hinterlassung von Abkömmlingen verstorben, gilt entsprechendes.

80 In der zweiten Ordnung (Eltern und ihre Abkömmlinge) erfolgt die Bestimmung der Erben nach Linien. Jeder Elternteil bildet zusammen mit seinen Nachkommen eine Linie. Beide Linien erben zu gleichen Teilen. Innerhalb der Linien erfolgt die Verteilung der Erbquoten wieder nach Stämmen.

81 Daneben gilt das Eintrittsrecht. Ist ein Elternteil weggefallen, so treten seine Abkömmlinge an seine Stelle (1925 Abs. 3 BGB). Sind nur Verwandte der dritten Ordnung (Großeltern und ihre Abkömmling) vorhanden, so bildet jeder Großelternteil mit seinen Nachkommen eine Linie. Jede der vier Linien erbt zu gleichen Teilen. Innerhalb der Linien erfolgt die Verteilung nach Stämmen.

82 Innerhalb jedes Stammes oder jeder Linie gilt das Repräsentationsprinzip. Danach schließt jeder Erbe seine Nachkommen von der Erbfolge aus. Leben z.B. beide Eltern, so sind Geschwister und deren Abkömmlinge von der Erbfolge ausgeschlossen.

Auch in der dritten Erbenordnung gilt das Eintrittsrecht (§ 1926 Abs. 3 BGB).

83 Ab der vierten Erbenordnung (Urgroßeltern des Erblassers und deren Abkömmlinge) wird dagegen nach der Nähe des Verwandtschaftsgrades (Gradualsystem) beerbt, ausgenommen noch lebende Urgroßeltern selbst (§§ 1928 Abs. 2 und 3, 1929 BGB). Lebt zur Zeit des Erbfalls von einem Großelternpaar der Großvater oder die Großmutter nicht mehr, so treten seine Abkömmlinge an seine Stelle.

4. Ausgleichung unter Abkömmlingen

a) Ausgleichungspflicht

aa) Vorausempfänge

84 Bei gesetzlicher Erbfolge sind Abkömmlinge des Erblassers zur Ausgleichung von Vorempfängen und für besondere Leistungen eines Abkömmlings verpflichtet (§§ 2050, 2051, 2057a BGB).

Die Ausgleichungspflicht trifft nur Abkömmlinge des Erblassers. Erbt neben ihnen z.B. der überlebende Ehegatte, so wird dieser von der Ausgleichungspflicht nicht betroffen. Ausgleichungspflichtig sind nicht nur die Kinder, sondern auch die entfernteren Abkömmlinge. Fallen zur Ausgleichung verpflichtete Abkömmlinge vor oder nach dem Erbfall weg, so geht die Ausgleichungspflicht auf die an ihre Stelle tretenden Abkömmlinge über (§ 2051 BGB).

Der Grund für die Ausgleichungspflicht bei gesetzlicher Erbfolge liegt in der Vermutung, daß der Erblasser die grundsätzliche Gleichmäßigkeit der erbrechtlichen Bedenkung seiner Abkömmlinge nicht ändern will. Im Falle der gewillkürten Erbeinsetzung entbehrt eine solche Vermutung der Grundlage. Nur wenn der Erblasser seine Abkömmlinge entsprechend der gesetzlichen Erbfolge einsetzt, ist für die erwähnte Vermutung Raum. Sie ist in diesem Fall aber nur Auslegungsregel, die aus dem Inhalt der letztwilligen Verfügung widerlegbar ist (§ 2052 BGB).

Bei Erbfolgegestaltungen entsprechend der gesetzlichen Erbfolge der Abkömmlinge sollte demnach die Ausgleichungsfrage ausdrücklich geregelt sein, um Streit über die Anwendung der Auslegungsregel des § 2052 BGB zu vermeiden. 85

Der nachträgliche Ausschluß der Ausgleichungspflicht oder die nachträgliche Anordnung der Ausgleichung kann einseitig nur in einer letztwilligen Verfügung erfolgen und bedeutet ein Vermächtnis zugunsten der jeweils begünstigten Miterben. 86

bb) Ausstattungen, Zuschüsse

Ausstattungen sind im vollen Umfang auszugleichen (§ 2050 Abs. 1 BGB). Der Begriff der Ausstattung ist in § 1624 BGB definiert: Es handelt sich um diejenigen Zuwendungen, die einem Kind mit Rücksicht auf seine Verheiratung oder die Erlangung einer selbständigen Lebensstellung zur Begründung oder Erhaltung der Wirtschaft oder der Lebensstellung zugewendet werden. 87

Zuschüsse zu den Einkünften des Abkömmlings und Kosten für die Berufsausbildung sind insoweit ausgleichungspflichtig, als sie das den Vermögensverhältnissen des Erblassers entsprechende Maß überstiegen haben, also nicht in voller Höhe (§ 2050 Abs. 2 BGB). 88

Der Erblasser kann in den Fällen der Zuwendungen einer Ausstattung oder von Zuschüssen das Unterbleiben der Ausgleichung anordnen. Das muß aber spätestens zum Zeitpunkt der Zuwendung („bei" der Zuwendung, § 2050 Abs. 1 letzter Halbsatz BGB) geschehen, ggf. stillschweigend (aber dann Beweisfrage!). 89

cc) Andere Zuwendungen

Andere Zuwendungen, die der Erblasser Abkömmlingen macht, sind von den Begünstigten nur auszugleichen, wenn der Erblasser die Ausgleichung angeordnet hat. Diese Anordnung muß wiederum „bei" der Zuwendung erfolgen; der Erblasser kann sie auch schon vorher treffen. Die Anordnung kann auch stillschweigend geschehen. Die Anordnung muß aber mindestens gleichzeitig mit der Zuwendung so zur Kenntnis des Begünstigten gelangen, daß dieser die Zuwendung ablehnen kann[56]. 90

dd) Besondere Mitarbeit oder Pflegetätigkeit eines Abkömmlings

Mit dem Nichtehelichengesetz ist mit Wirkung vom 1.7.1970 in § 2057a BGB eine Ausgleichungspflicht für besondere Leistungen eines Abkömmlings durch seine Mitarbeit im Haushalt, Beruf oder Geschäft des Erblassers eingeführt worden. 91

Die Ausgleichungsvoraussetzungen sind gegeben, wenn ein Abkömmling durch die erwähnten besonderen Leistungen, auch durch erhebliche Geldleistungen oder in anderer Weise in besonderem Maße dazu beigetragen hat, das Vermögen des Erblassers zu erhalten oder zu vermehren[57]. Ein Ausgleichungsanspruch besteht nicht, wenn für die Leistungen ein angemessenes Entgelt gewährt oder vereinbart

---

[56] RGZ 67, 306 (308).
[57] Erman/Schlüter § 2057a BGB Rz. 4ff.

worden ist oder dem Abkömmling ein Anspruch aus einem anderen Rechtsgrund zusteht. Die Ausgleichung ist der Höhe nach unter Billigkeitsgesichtspunkten zu bemessen.

b) Durchführung der Ausgleichung

92 Die Ausgleichung wird nur rechnerisch vorgenommen (Grundsatz der sogenannten Idealkollation, § 2055 BGB).

In den Fällen der Ausgleichung gemäß § 2050 BGB wird der Wert der Zuwendung auf den Zuwendungszeitpunkt ermittelt und dem Nachlaß zugerechnet. Danach wird vom erhöhten Wert des Nachlasses der Anteil jedes Miterben berechnet und schließlich der Wert der Zuwendungen vom Wert des Anteils des ausgleichungspflichtigen Abkömmlings abgezogen.

93 Bei der Ausgleichung – der Wertberechnung der auszugleichenden Zuwendungen – ist der Kaufkraftschwund des Geldes zwischen dem Zeitpunkt der Zuwendung und dem des Erbfalls zu berücksichtigen. In der Regel hat eine Indexierung nach dem Lebenshaltungskostenindex stattzufinden. Andere Wertänderungen – Sachwertänderungen sind nicht auszugleichen[58].

94 Zur Durchführung der Ausgleichungspflicht für besondere Leistungen (§ 2057a BGB) wird der Ausgleichungsbetrag dem Erbteil des ausgleichungsberechtigten Miterben hinzugerechnet. Sämtliche Ausgleichungsbeträge werden vom Wert des Nachlasses abgezogen, soweit dieser den Miterben zukommt, unter denen die Ausgleichung stattfindet (§ 2057a Abs. 4 BGB).

5. Ehegattenerbrecht

a) Gesetzliches Erbrecht

95 Der Grundsatz der Verwandtenerbfolge wird durch das Ehegattenerbrecht (§ 1931 BGB) durchbrochen. Dieses besteht nur gegenüber dem vorversterbenden Ehegatten, nicht gegenüber dessen Verwandten. So beerbt z.B. die Ehefrau nicht ihre Schwiegereltern oder die Geschwister des Ehemannes.

96 Voraussetzung des Ehegattenerbrechts ist das Bestehen der Ehe im Zeitpunkt des Erbfalls. Ist die Ehe rechtskräftig geschieden, entfällt das Ehegattenerbrecht. Ist der Erblasser während des Scheidungsverfahrens gestorben, so entfällt das Ehegattenerbrecht gemäß § 1933 Satz 1 BGB dann, wenn die Voraussetzungen der Scheidung gegeben waren (§§ 1565–1568 BGB) und der Erblasser die Scheidung beantragt oder ihr zugestimmt hatte. Der Scheidungsantrag muß dem anderen Ehegatten noch vor dem Tod des Erblassers zugestellt, also rechtshängig geworden sein[59].

97 Die Erbquote des Ehegatten richtet sich sowohl nach der Ordnung der gesetzlichen Erben, als auch nach dem Güterstand, in dem die Eheleute gelebt haben.

---

[58] BGHZ 65, 75 (77); dazu Anm. v. Löbbecke, NJW 1975, 2292 (2293); BGH WM 1975, 1179 (1180); Ebenroth/Bacher, BB 1990, 2053 (2054 ff.).
[59] BGH NJW 1990, 2382; BayObLG FamRZ 1990, 666.

Neben Abkömmlingen des Erblassers, gleichgültig ob es sich auch um Abkömmlinge des überlebenden Ehegatten handelt, beruft das Gesetz den überlebenden Ehegatten (ohne Berücksichtigung des Güterstandes) zu einem Viertel zum Erben (§ 1931 Abs. 1 Satz 1 BGB, erster Fall). 98

Sind nur Erben der zweiten Ordnung (Eltern und deren Abkömmlinge) vorhanden, so erbt der überlebende Ehegatte (unbeschadet des Zugewinnausgleichs) die Hälfte des Nachlasses (§ 1931 Abs. 1 Satz 1 BGB, zweiter Fall). 99

Sind Erben der ersten oder zweiten Ordnung nicht vorhanden, so wird das Erbrecht des überlebenden Ehegatten nur noch durch die Großeltern des Erblassers beschränkt. 100

Einfach ist die Rechtslage, wenn entweder alle vier Großeltern des Erblassers leben – dann erhält der überlebende Ehegatte neben ihnen die Hälfte wie bei Konkurrenz mit Erben der zweiten Ordnung (§ 1931 Abs. 1 Satz 1 BGB, dritter Fall) – oder wenn kein Großelternteil mehr lebt – dann erbt der überlebende Ehegatte allein (§ 1931 Abs. 2 BGB). 101

Schwierig und sogar umstritten ist die Rechtslage, wenn nur einzelne Großeltern noch leben: 102

Sind Großeltern neben Abkömmlingen weggefallener Großeltern vorhanden, so fällt der Anteil der weggefallenen Großeltern zusätzlich an den überlebenden Ehegatten (§ 1931 Abs. 1 Satz 2 BGB). Sind dagegen Großeltern weggefallen, von denen keine Abkömmlinge vorhanden sind, so fällt der Anteil der weggefallenen Großeltern zunächst an den noch lebenden Großelternteil derselben Linie, und wenn auch dieser ohne Abkömmlinge weggefallen ist, an die lebenden Großeltern der anderen Linie nach denselben Grundsätzen (§§ 1931, Abs. 1 Satz 2 in Verbindung mit 1926 Abs. 3, 4 BGB). Das Ergebnis hängt vom Zufall ab, ob weggefallene Großelternteile Abkömmlinge haben oder nicht. Haben sie Abkömmlinge, erhält der noch lebende Großelternteil nichts zusätzlich, vielmehr fallen die entsprechenden Erbanteile dem überlebenden Ehegatten zu. Sind Abkömmlinge weggefallener Großelternteile nicht vorhanden, so erhält deren Erbteile der noch lebende Großelternteil.

Meinungsverschiedenheiten bestehen über die Höhe der Anteile, die an den überlebenden Ehegatten beim Wegfall von Großeltern übergehen. Die Meinungsverschiedenheiten ergeben sich daraus, daß die Vererbung zunächst in der einen Linie der Großeltern und danach in der anderen erfolgt. 103

Lebt von den väterlichen Großeltern ein Teil nicht mehr und hinterläßt er Abkömmlinge, so erhält der überlebende Ehegatte diesen Anteil, also zusätzlich 1/8. Sind keine Abkömmlinge vorhanden, so erhält dieses 1/8 der noch lebende Großelternteil. Sind beide väterlichen Großeltern vorverstorben so fallen die Anteile dieses Großelternpaares von 2/8 an den überlebenden Ehegatten. Hinterläßt dieses Großelternpaar keine Nachkommen, so erben die mütterlichen Großeltern die Hälfte der Erbschaft allein. Ist von ihnen ein Teil unter Hinterlassung von Abkömmlingen verstorben, so fällt sein Anteil von 1/4 an den überlebenden Ehegatten. Ist er gestorben, ohne Abkömmlinge zu hinterlassen, so fällt dieser Anteil wiederum an den anderen Großelternteil[60].

104 Kinderlose Großeltern werden privilegiert. Die gesetzliche Regelung widerspricht damit den Wertungen des Familienerbrechts, wonach das gesetzliche Erbrecht vorrangig der Versorgung nachfolgender Generationen dienen soll[61].

b) Einfluß der Güterstände
aa) Entwicklung des Güterrechts

105 Die Höhe des gesetzlichen Erbteils des überlebenden Ehegatten hängt außerdem von dem Güterstand ab, in welchem die Ehegatten leben.

106 Bis zum 31. 3. 1953[62] galt als gesetzlicher Güterstand die Verwaltung und Nutznießung des Ehemanns am eingebrachten Gut der Frau. Dieser hatte keinen Einfluß auf das gesetzliche Erbrecht.

107 Ab dem 1. 4. 1953 galt mangels gesetzlicher Regelung aufgrund richterlicher Rechtsfortbildung der Güterstand die Gütertrennung.

108 Am 1. 7. 1958 trat das Gleichberechtigungsgesetz vom 18. 6. 1957[63] in Kraft. Seitdem ist gesetzlicher Güterstand die sogenannte Zugewinngemeinschaft[64], während Gütertrennung und Gütergemeinschaft ehevertraglich vereinbart werden können.

109 Für vor dem 1. 4. 1953 geschlossene Ehen gilt jedoch die Gütertrennung fort, wenn ein Ehegatte bis spätestens 30. 6. 1958 dem zuständigen Amtsgericht gegenüber in notarieller oder gerichtlicher Urkunde erklärte, daß für seine Ehe auch ab 1. 7. 1958 Gütertrennung gelten solle. Eine entsprechende Erklärung konnte auch in Ehen abgegeben werden, die zwischen dem 1. 4. 1953 und dem 21. 6. 1957 (Zeitpunkt der Verkündung des Gleichberechtigungsgesetzes) geschlossen worden waren.

110 Für nach dem 21. 6. 1957 geschlossene Ehen konnte Gütertrennung nur durch Ehevertrag vereinbart werden.

111 Lebten Eheleute bereits vor dem 1. 7. 1958 aufgrund Ehevertrages in Gütertrennung, so wurde dieser Güterstand fortgesetzt (Art. 8 I Ziff. 3–5 Abs. 1 GleichBerG).

112 Die frühere allgemeine Gütergemeinschaft wurde in die nunmehrige Gütergemeinschaft nach dem Gleichberechtigungsgesetz übergeleitet. Lebten Ehegatten bei Inkrafttreten des GleichBerG im vertraglichen Güterstand der Errungen-

---

[60] Staudinger/Werner [1994] § 1931 BGB Rz. 24f.; MünchKomm/Leipold, § 1931 BGB Rz. 19; Schlüter, § 10 III (S. 65); Lange/Kuchinke, § 12 III 4a) (S. 242f); wohl auch Kipp/Coing, § 5 III (S. 42); Palandt/Edenhofer, § 1931 BGB Rz. 7; a.A. BGB-RGRK/Kregel, § 1931 BGB Rz. 8.
[61] Kritisch auch Staudinger/Werner [1994] § 1931 Rz. 26 m.w.N.
[62] Vgl. dazu Art. 117 Abs. 1 GG.
[63] BGBl. 1957 I, 609.
[64] Dazu Gernhuber/Coester-Waltjen S. 492 ff.

schafts- oder Fahrnisgemeinschaft des Bürgerlichen Gesetzbuches in der alten Fassung, so blieb dieser alte Güterstand bestehen (Art. 8 I Ziff. 7 GleichBerG).

Die vertragsmäßigen Güterstände der Gütergemeinschaft und der früheren Errungenschafts- und Fahrnisgemeinschaft sind selten und verlieren zunehmend an Bedeutung in der Praxis.

bb) Gesetzlicher Güterstand

Leben die Ehegatten im gesetzlichen Güterstand der sog. Zugewinngemeinschaft, so erhöht sich der gesetzliche Erbteil des überlebenden Ehegatten gemäß §§ 1931 Abs. 3, 1371 BGB um ein weiteres Viertel. Diese Erhöhung dient der – pauschalen – Verwirklichung des Zugewinnausgleichs. 113

Neben Erben der ersten Erbenordnung erhält danach der überlebende Ehegatte als gesetzlichen Erbteil 1/2 des Nachlasses, neben Erben der zweiten und dritten Erbenordnung 3/4 des Nachlasses.

Neben der erbrechtlichen Lösung des Zugewinnausgleichs durch eine pauschale Erhöhung der Ehegattenerbquote sieht das Gesetz die sogenannte güterrechtliche Lösung vor. 114

cc) Gütertrennung

Bestand beim Erbfall Gütertrennung und sind als gesetzliche Erben neben dem überlebenden Ehegatten ein oder zwei Kinder des Erblassers berufen, so erben der überlebende Ehegatte und jedes Kind zu gleichen Teilen (§ 1931 Abs. 4 BGB). Bei drei und mehr Kindern gilt als Mindesterbanteil das gesetzliche Viertel des überlebenden Ehegatten gemäß § 1931 Abs. 1 Satz 1 BGB. 115

Der überlebende Ehegatte erhält also bei einem vorhandenen Kind 1/2 der Erbschaft, bei zwei vorhandenen Kindern 1/3, bei drei und mehr vorhandenen Kindern 1/4 der Erbschaft.

Sind Kinder als Erben weggefallen, so treten deren Abkömmlinge an ihre Stelle (§ 1931 Abs. 4 letzter HS. i. V. m § 1924 Abs. 3 BGB).

dd) DDR-Recht

Für den Güterstand von Ehegatten, die am 3.10.1990 in der früheren DDR im dort seinerzeit geltenden Güterstand der Eigentums- und Vermögensgemeinschaft des Familiengesetzbuchs der DDR gelebt haben, ist die Übergangsvorschrift des Art. 234 § 4 EGBGB zu beachten. Haben die Ehegatten nichts vereinbart, und auch nicht bis zum 2.10.1992 dem zuständigen Kreisgericht gegenüber erklärt, daß der bisherige gesetzliche DDR-Güterstand fortgelten soll, gilt für sie die Zugewinngemeinschaft des BGB[65]. 116

---

[65] Palandt/Diederichsen Art. 234 § 4 EGBGB, Rz. 14ff.

c) Voraus

117   Dem überlebenden Ehegatten steht bei gesetzlicher Erbfolge zusätzlich zu seiner Erbquote der sogenannte „Voraus" zu (§ 1932 BGB)[66]. Der Voraus ist ein gesetzliches Vermächtnis.

118   Der Voraus umfaßt die zum ehelichen Haushalt gehörenden Gegenstände, soweit sie nicht Zubehör eines Grundstücks sind, und die Hochzeitsgeschenke[67].

119   Erbt gesetzlich der überlebende Ehegatte neben Verwandten der zweiten Erbenordnung oder neben Großeltern, so gebührt ihm der Voraus im Ganzen.

120   Ist der überlebende Ehegatte gesetzlicher Erbe neben Verwandten der ersten Ordnung, also Abkömmlingen, so stehen ihm die Gegenstände des Voraus zu, „soweit er sie zur Führung eines angemessenen Haushalts benötigt" (§ 1932 Abs. 1 Satz 2 BGB).

d) Ausschluß des Erbrechts

121   Das Erbrecht des überlebenden Ehegatten sowie sein Recht auf den Voraus sind ausgeschlossen, wenn z.Z. des Todes des Erblassers die Voraussetzungen für die Scheidung der Ehe gegeben waren[68] und der Erblasser die Scheidung beantragt oder ihr zugestimmt hatte[69]. Entsprechendes gilt, wenn der Erblasser auf Aufhebung der Ehe zu klagen berechtigt war und die Klage erhoben hat (§ 1933 BGB). In den vorbezeichneten Fällen des Ausschlusses des Erbrechts verbleiben aber dem betroffenen Ehegatten die Unterhaltsansprüche nach §§ 1569–1586b BGB.

VI. Der Pflichtteil[70]

1. Allgemeines

122   Die Gestaltung der Vermögensnachfolge kann in ihren wirtschaftlichen Folgen durch Pflichtteilsrechte (§ 2303–2338a BGB) begrenzt sein[71].

123   Der Pflichtteil verschafft dem Berechtigten keine Rechte an den Nachlaßgegenständen. Der Pflichtteilsberechtigte ist nicht, auch nicht zu einem Teil, Gesamtrechtsnachfolger des Erblassers. Er kann nicht bestimmte Gegenstände aus dem Nachlaß herausverlangen. Er hat bei der Verwaltung und Verteilung des Nachlas-

---

[66] Eigel, MittRhNotK 1983, 1 ff.
[67] Staudinger/Werner [1994] § 1932 BGB Rz. 13 ff.
[68] Bei einverständlicher Scheidung ist streitig, ob das Trennungsjahr ausreicht (so OLG Frankfurt NJW-RR 1990, 136) oder der Scheidungsantrag den Erfordernissen des § 630 ZPO genügen muß (so OLG Schleswig NJW 1993, 1082 m.w.N.).
[69] BGH MittBayNot 1990, 313.
[70] Zur auch künftigen rechtspolitischen Berechtigung des Pflichtteilsrechts Otte, ZEV 1994, 194 ff.
[71] Vgl. zu Pflichtteil, Vermächtnis und vertraglicher Unternehmensnachfolge Ebenroth/Fuhrmann, BB 1989, 2049 ff.; zum Pflichtteilsrecht an Vorteilen nach dem Vermögensgesetz Dieckmann, ZEV 1994, 198; zum Pflichtteilsrecht nach der Wiedervereinigung Faßbender, DNotZ 1994, 359.

ses kein Mitspracherecht. Der Pflichtteilsberechtigte hat lediglich einen schuldrechtlichen Zahlungsanspruch. Dieser Zahlungsanspruch richtet sich gegen den oder die Erben.

Da der Pflichtteilsanspruch immer ein Zahlungsanspruch ist, belastet er die Erben immer dann in besonderer Weise, wenn der Nachlaßwert hoch, seine Liquidität und Erträge aber niedrig sind. 124

2. Pflichtteilsberechtigte

a) Verwandte

Pflichtteilsberechtigt sind die Abkömmlinge des Erblassers, unabhängig von dem Grad ihres Verwandtschaftsverhältnisses zum Erblasser, also sowohl die Kinder, Enkel, Urenkel usf. und die Eltern des Erblassers (§§ 2303, 2309, 2338a BGB). 125

Pflichtteilsberechtigt ist auch ein nichtehelicher Abkömmling des Erblassers, wenn ihm der Erbersatzanspruch durch Verfügung von Todes wegen entzogen worden ist. Für die Pflichtteilsfrage steht der Erbersatzanspruch dem gesetzlichen Erbteil gleich (§ 2338a BGB).

Das Pflichtteilsrecht der Eltern oder entfernterer Abkömmlinge ist ausgeschlossen, wenn ein Abkömmling, der sie im Falle gesetzlicher Erbfolge ausschließen würde, den Pflichtteil verlangen kann oder das ihm Hinterlassene annimmt (§ 2309 BGB). Ob der die entfernteren Abkömmlinge oder Eltern des Erblassers ausschließende Abkömmling den Pflichtteil tatsächlich geltend macht oder auf den entstandenen Anspruch verzichtet, ist unerheblich. 126

Großeltern, noch entferntere Voreltern, Geschwister oder Geschwisterabkömmlinge sind nicht pflichtteilsberechtigt. 127

b) Ehegatte

Neben den genannten Verwandten ist der Ehegatte des Erblassers pflichtteilsberechtigt (§ 2303 Abs. 2 Satz 1 BGB). 128

3. Pflichtteilsquote

a) Grundsätzliche Quote

Die Pflichtteilsquote entspricht der Hälfte der gesetzlichen Erbquote des Pflichtteilsberechtigten (§ 2303 Abs. 1 Satz 2 BGB). 129

Bei der Feststellung der für die Berechnung der Pflichtteilsquote maßgebenden gesetzlichen Erbquote werden diejenigen gesetzlichen Erben mitgezählt, welche durch letztwillige Verfügung von der Erbfolge ausgeschlossen sind oder die Erbschaft ausgeschlagen haben oder für erbunwürdig erklärt worden sind. Durch Enterbung, Erbausschlagung oder Erbunwürdigkeitserklärung anderer gesetzlicher Erben erhöht sich also nicht die Pflichtteilsquote eines pflichtteilsberechtigten Erben. Nur diejenigen werden nicht mitgezählt, die durch Erbverzicht von der gesetzlichen Erbfolge ausgeschlossen sind (§ 2310 BGB). 130

b) Besonderheiten bei Zugewinngemeinschaft

131 Hat der Erblasser den überlebenden Ehegatten zum Erben eingesetzt oder mit einem Vermächtnis bedacht und dieser Erbschaft oder Vermächtnis angenommen, so erhöht sich gemäß § 1371 Abs. 1 BGB der gesetzliche Erbteil des überlebenden Ehegatten um ein Viertel[72].

Beispiel:

Der Erblasser und sein überlebender Ehegatte lebten im Güterstand der Zugewinngemeinschaft und haben zwei Kinder. Die Ehefrau ist gesetzliche Erbin zu 1/2 (§§ 1931 Abs. 1 und 3, 1371 BGB), die Kinder sind gesetzliche Erben zu je 1/4. Der Pflichtteil des überlebenden Ehegatten beträgt 1/4, der jedes Kindes 1/8.

132 Anders erfolgt die Pflichtteilsberechnung bei der Zugewinngemeinschaft, wenn der überlebende Ehegatte enterbt und ihm auch kein Vermächtnis zugewandt worden ist oder wenn er die Erbschaft ausschlägt.

Für den Pflichtteilsanspruch des überlebenden Ehegatten bestimmt § 2303 Abs. 2 Satz 2 BGB, daß die güterrechtlichen Vorschriften des § 1371 BGB unberührt bleiben.

§ 1371 Abs. 2 BGB bestimmt für den Fall des Todes eines Ehegatten, daß der überlebende Ehegatte den Anspruch auf Zugewinnausgleich hat, wenn er nicht zum Erben berufen und ihm auch kein Vermächtnis zugewandt worden ist. In diesem Fall hat der überlebende Ehegatte einen Pflichtteilsanspruch neben dem Zugewinnausgleichsanspruch, aber nur nach dem nicht gemäß § 1371 Abs. 1 BGB um ein Viertel erhöhten gesetzlichen Erbteil, also nur nach dem im Falle der Gütertrennung geltenden gesetzlichen Erbteil von einem Viertel (sogenannter kleiner Pflichtteil).

Der überlebende Ehegatte kann sich daher für die – ihm unter Umständen günstigere – güterrechtliche Lösung entscheiden, indem er die Erbschaft ausschlägt. Für diesen Fall bestimmt § 1371 Abs. 3 BGB, daß der überlebende Ehegatte neben dem Zugewinnausgleichsanspruch den Pflichtteil auch dann verlangen kann, wenn dieser ihm nach den erbrechtlichen Bestimmungen nicht zustände[73].

Beispiel:

Der überlebende Ehegatte ist zu einem höheren Erbteil als der Hälfte des gesetzlichen Erbteils berufen. Ihm sind aber keine Beschränkungen oder Beschwerungen i.S.d. § 2306 BGB auferlegt. § 1371 Abs. 3 BGB setzt in diesem Fall die Rechtsfolgen des § 2306 BGB außer Kraft.

133 Nach der herrschenden Meinung hat der überlebende Ehegatte, wenn er nicht Erbe ist und ihm auch kein Vermächtnis zusteht, nur den Anspruch auf den kleinen Pflichtteil und daneben den Anspruch auf Zugewinnausgleich. Ein Wahlrecht, statt des kleinen Pflichtteils und des Zugewinnausgleichs einen Pflichtteil nach dem ge-

---

[72] Vgl. Rz. 113.
[73] Ebenroth S. 87f. Rz. 156.

mäß § 1371 Abs. 1 BGB um ein Viertel erhöhten gesetzlichen Erbteil zu fordern (großer Pflichtteil) hat er nicht[74].

Wird der Ehegatte nicht Erbe und ist er auch nicht mit einem Vermächtnis bedacht, so erhöhen sich die Pflichtteilsansprüche anderer Pflichtteilsberechtigter, da der Ausgleich des Zugewinns über den Ausgleichsanspruch und nicht über den erhöhten Erbteil vorgenommen wird. Zu beachten ist, daß sich der Nachlaß um den Wert des Zugewinnausgleichsanspruchs mindert. Das kann bedeutungslos sein, wenn der Erblasser keinen Zugewinn erzielt hat oder der überlebende Ehegatte ausgleichspflichtig gewesen wäre. In diesen Fällen sind die Erben oder anderen Pflichtteilsberechtigten begünstigt. Macht der überlebende Ehegatte die güterrechtliche Lösung nach Ausschlagung geltend, so wird regelmäßig ein hoher Zugewinnausgleichsanspruch bestehen, der demgemäß den Nachlaßwert mindert. 134

Unstimmig ist die gesetzliche Regelung insofern, als dem überlebenden Ehegatten der große Pflichtteil dann zusteht, wenn er geringer als zur Hälfte seines (erhöhten) gesetzlichen Erbteils als Erbe eingesetzt oder mit einem Vermächtnis bedacht ist, welches die Hälfte des (erhöhten) gesetzlichen Erbteils nicht erreicht (Anspruch auf Vervollständigung des Pflichtteils, §§ 2305, 2306 Abs. 1 Satz 1 und 2307 Abs. 1 Satz 2 BGB). Dies führt bei niedrigem Zugewinn dazu, daß der überlebende Ehegatte bei höherer Erbeinsetzung einen niedrigeren Pflichtteil hat als bei einer Erbeinsetzung, die unter der Pflichtteilsquote liegt. Der erklärte Wille des Erblassers, seinem Ehegatten wenig zuzuwenden, führt also zu einem höheren Pflichtteil. 135

Lebt der Erblasser im Güterstand der Zugewinngemeinschaft, so hat er es in gewissem Umfang in der Hand, den Pflichtteilsanspruch des ihn überlebenden Ehegatten zugunsten seiner Abkömmlinge zu kürzen. Daran kann ein Interesse des Erblassers sowohl aus familiären wie auch aus unternehmerischen Gründen bestehen. 136

Beispiele:
Abkömmlinge aus erster Ehe sollen durch den erhöhten gesetzlichen Erbteil oder den großen Pflichtteil des überlebenden zweiten Ehegatten nicht benachteiligt werden. Zur Sicherung der Unternehmernachfolge soll der erhöhte gesetzliche Erbteil des Ehegatten und damit dessen Unternehmensbeteiligung verkleinert werden. Das Risiko des kleinen Pflichtteils kann dabei tragbar sein.

Bei derartigen Gestaltungen ist aber zu beachten, daß keine hohen Zugewinnausgleichsansprüche des überlebenden Ehegatten gegeben sein dürfen.

---

[74] BGHZ 42, 182 (185 ff.) = LM § 1371 BGB Nr. 2 mit Anm. Johannsen; Staudinger/Ferid/Cieslar, § 2303 BGB Rz. 50; BGB-RGRK/Finke, § 1371 BGB Rz. 35; BGB-RGRK/Johannsen, § 2303 BGB Rz. 8; MünchKomm/Frank, § 2303 BGB Rz. 21; Soergel/Dieckmann, § 2303 BGB Rz. 37; Palandt/Edenhofer, § 2303 BGB Rz. 8; Palandt/Diederichsen, § 1371 BGB Rz. 15; v. Lübtow, Band I, S. 614; Kipp/Coing, § 5 IV (S. 42) Fn. 15 u. § 9 II 1 d) (S. 60); Schlüter, § 48a I 2c) (S. 409).

4. Anspruchsberechtigung

a) Ausschluß von der Erbfolge

137 Zentrale Anspruchsgrundlage des Pflichtteilsrechts ist § 2303 BGB. Vom Gesetz vorgesehener Hauptfall des Pflichtteilsanspruchs ist der Ausschluß des pflichtteilsberechtigten gesetzlichen Erben von der Erbfolge.

Hat der Erblasser dem pflichtteilsberechtigten Erben durch letztwillige Verfügung lediglich den Pflichtteil zugewendet, so bedeutet das im Zweifel nicht Erb- sondern Vermächtniseinsetzung in Höhe des Pflichtteils (§ 2304 BGB).

138 Der Ausschluß des pflichtteilsberechtigten Erben von der Erbfolge kann ausdrücklich ausgesprochen sein – die letztwillige Verfügung kann sich sogar auf diesen Ausschluß beschränken (sogenanntes negatives Testament, § 1938 BGB „Enterbung"). Dieser Fall ist selten. In der Regel besteht der Ausschluß von der Erbfolge darin, daß der Erblasser den Pflichtteilsberechtigten als Erben übergangen hat. Hauptfall ist die gegenseitige Erbeinsetzung von Ehegatten in einem Erbvertrag oder gemeinschaftlichen Testament. Damit enterben die Ehegatten ihre Abkömmlinge für den ersten Erbfall. Die Abkömmlinge können in solchen Fällen beim Tod des erstversterbenden Ehegatten den Pflichtteil von dessen Nachlaß verlangen.

b) Beschränkungen und Beschwerungen des pflichtteilsberechtigten Erben

139 Der Pflichtteilsberechtigte soll mindestens den Wert der Hälfte seines gesetzlichen Erbteils erhalten. § 2306 Abs. 1 Satz 1 BGB regelt zunächst den Fall, daß der dem Pflichtteilsberechtigten zugewandte Erbteil kleiner als der oder gleich dem Pflichtteil ist und mit Beschränkungen oder Beschwerungen belastet ist. Diese Beschränkungen oder Beschwerungen gelten als nicht angeordnet.

140 Als maßgebliche Beschränkungen und Beschwerungen bezeichnet das Gesetz
– die Einsetzung eines Nacherben, die Ernennung eines Testamentsvollstreckers oder eine Teilungsanordnung,
– die Belastung mit einem Vermächtnis oder einer Auflage.

Die gesetzliche Aufzählung der vorgenannten Beschränkungen und Beschwerungen ist erschöpfend.

141 Das dem Pflichtteilsberechtigten Zugewandte wird, soweit es den Pflichtteil nicht erreicht, durch den Pflichtteilsrestanspruch ergänzt, so daß ihm wirtschaftlich der Pflichtteil ohne Beschränkungen oder Beschwerungen zusteht. Fehlerhaft wäre dem Pflichtteilsberechtigten hier zur Ausschlagung zu raten. Dann verbliebe ihm nämlich nur der Pflichtteilsrestanspruch[75].

142 Ist der dem Pflichtteilsberechtigten hinterlassene Erbteil **größer** als der Pflichtteil, aber mit Beschränkungen und Beschwerungen belastet, so **kann der Pflichtteilsberechtigte den Pflichtteil verlangen, falls er den Erbteil ausschlägt** (§ 2306 Abs. 1 Satz 2 BGB).

---

[75] BGH NJW 1993, 1005, 1007.

Fällt einem pflichtteilsberechtigten Miterben durch Erbeinsetzung in größerer Höhe, als seinem Pflichtteilsanspruch entspricht, eine wertvolle Unternehmensbeteiligung zu, wirft diese aber für den Pflichtteilsberechtigten keine befriedigenden Gewinne ab oder ist er in seinen gesellschaftsrechtlichen Mitgliedschaftsrechten eingeengt, so kann sich der Pflichtteilsberechtigte veranlaßt sehen, den ihm zugewandten Erbteil auszuschlagen. Die Befriedigung des Pflichtteilsanspruchs kann die Miterben häufig vor unlösbare Liquiditätsprobleme stellen.

Bei Erbfolgegestaltungen, die hohe, aber illiquide Vermögenswerte betreffen, muß an § 2306 Abs. 1 Satz 2 BGB gedacht werden, nämlich daran, daß die Anordnung von Beschränkungen oder Beschwerungen erhebliche Pflichtteilsansprüche auslösen und zum Zusammenbruch der gesamten vorgestellten Erbfolgelösung führen kann.

143 Die Ausschlagungsfrist beginnt gemäß § 2306 Abs. 1 Satz 2 BGB a.E. erst mit Kenntniserlangung des Pflichtteilsberechtigten von der Beschränkung oder der Beschwerung. Diese Erkenntnis erlangt der Pflichtteilsberechtigte erst mit Zugang des Testamentseröffnungsprotokolls[76].

c) Mit einem Vermächtnis bedachter Pflichtteilsberechtigter

144 Hat der Erblasser den Pflichtteilsberechtigten nur mit einem Vermächtnis bedacht, so können diesem ebenfalls Pflichtteilsansprüche zustehen. Der Pflichtteilsberechtigte kann in einem solchen Fall den vollen Pflichtteil geltend machen, wenn er das Vermächtnis ausschlägt (§ 2307 Abs. 1 Satz 1 BGB), unabhängig davon, ob das Vermächtnis größer oder kleiner als der Pflichtteil ist und ob es mit Beschränkungen oder Beschwerungen versehen ist.

Schlägt er nicht aus, so steht ihm ein Recht auf den Pflichtteil nicht zu, soweit der Wert des Vermächtnisses reicht. Bei der Bewertung des Vermächtnisses bleiben jedoch alle Beschränkungen und Beschwerungen außer Betracht (§ 2307 Abs. 1 Satz 2 BGB). Ein aufschiebend bedingtes Vermächtnis ist seinem vollen Wert nach und ohne Berücksichtigung der Bedingung anzurechnen[77].

145 Es liegt in der Hand des Pflichtteilsberechtigten, ob er sich von einem ihm lästigen Vermächtnis durch Ausschlagung befreien will. Die Ausschlagung eines Vermächtnisses ist formlos möglich, es besteht auch keine Ausschlagungsfrist (§ 2180 BGB). Die Ausschlagung erfolgt durch Erklärung gegenüber dem mit dem Vermächtnis Beschwerten.

146 Um die Unklarheit über Annahme oder Ausschlagung des Vermächtnisses zu beseitigen, kann der mit dem Vermächtnis Beschwerte den Pflichtteilsberechtigten unter Bestimmung einer angemessenen Frist zur Erklärung über die Annahme des Vermächtnisses auffordern. Mit dem Ablauf der Frist gilt das Vermächtnis als ausgeschlagen, wenn nicht vorher die Annahme erklärt wird (§ 2307 Abs. 2 BGB).

---

[76] BGH DB 1991, 39.
[77] OLG Oldenburg, NJW 1991, 988.

5. Pflichtteilsberechnung

a) Maßgebender Zeitpunkt

147 Der Berechnung des Pflichtteils wird der Bestand und der Wert des Nachlasses z.Z. des Erbfalls zugrunde gelegt. Dieser ergibt sich aus der Differenz zwischen Aktiv- und Passivbestand im Zeitpunkt des Todes des Erblassers.

Veränderungen, die in der Folgezeit eintreten, wirken sich auf die Pflichtteilsberechnung nicht aus. Gehören z.B. Wertpapiere zum Nachlaß, so ist ihr Kurswert im Zeitpunkt des Erbfalls festzustellen. Steigt oder fällt dieser Wert in der Folgezeit, so ist das für die Pflichtteilsberechnung gleichgültig.

148 Bei der Berechnung des Pflichtteils eines Abkömmlings oder der Eltern des Erblassers bleibt der dem überlebenden Ehegatten zustehende Voraus außer Ansatz (§ 2311 BGB), wenn der überlebende Ehegatte gesetzlicher Erbe geworden ist[78].

b) Pflichtteilsberechnung vom Nettonachlaß

149 Der Pflichtteilswert entspricht dem Saldo, der sich nach Abzug der Nachlaßpassiva von den Nachlaßaktiva ergibt.

Abzugsfähig sind alle Schulden des Erblassers, soweit sie nicht verjährt sind[79]. Weiter sind die Beerdigungskosten, Kosten für eine Nachlaßsicherung, Kosten der Inventarerrichtung, eines Aufgebotsverfahrens, eines Gläubiger-Aufgebots, einer Nachlaßveräußerung oder des Nachlaßkonkurses abzugsfähig. Nachlaßverbindlichkeiten sind auch die Kosten der Aufzeichnung und Bewertung des Nachlasses und die offenen Personensteuerschulden (auch noch nicht veranlagte) des Erblassers. Bei Ehegatten ist nach dem Innenverhältnis zwischen den Ehegatten zu klären, welchem Vermögen die Steuerschulden als Verbindlichkeiten zuzurechnen sind[80].

Der etwaige Anspruch des überlebenden Ehegatten auf Zugewinnausgleich ist für die Pflichtteilsberechnung als Nachlaßverbindlichkeit abzuziehen. Dagegen sind Vermächtnisse und Auflagen keine das Aktivvermögen mindernden Verbindlichkeiten.

c) Bewertung

aa) Allgemeines

150 Vom Erblasser getroffene Wertbestimmungen sind für die Pflichtteilsberechnung grds. nicht maßgebend (§ 2311 Abs. 2 Satz 2 BGB)[81]. Der Erblasser kann z.B. nicht anordnen, daß zur Unternehmensbewertung die Buchwerte für die Pflichtteilsberechnung maßgebend sein sollen. Ausnahmen gelten nach § 2312 BGB für Landgüter.

---

[78] BGH NJW 1979, 546.
[79] Lange/Kuchinke § 37 VI 7 a) (S. 859).
[80] BGH DB 1979, 1225.
[81] Erman/Schlüter, § 2311 BGB Rz. 5.

Maßgebend für die Wertermittlung aller Nachlaßgegenstände und Verbindlichkeiten ist der gemeine Wert[82]. Dieser entspricht grundsätzlich dem Verkehrswert, d.h. dem Wert des Erlöses, der bei einer Veräußerung am Markt zu erzielen ist[83]. Ist ein Marktpreis nicht zu ermitteln, so ist als Wert der Preis zugrunde zu legen, den ein wirtschaftlich denkender Erwerber bereit wäre zu zahlen[84]. Ein Liebhaberwert kommt unstreitig nie in Betracht[85]. 151

Bei der Bewertung von Sachgesamtheiten wie z.B. Gemäldesammlungen, Grundstücken, insbesondere kaufmännischen oder handwerklichen Unternehmen, Unternehmensbeteiligungen werden in der Regel Sachverständigengutachten einzuholen sein. 152

Enthält der Nachlaß bedingte, ungewisse, unsichere Rechte oder Verbindlichkeiten, so läßt § 2313 BGB eine gewisse Ausgleichung zu, die nachträglich nach Klärung vorzunehmen ist. 153

bb) Bewertungsbestimmungen

(1) Einzelunternehmen, Personengesellschaftsbeteiligung

Gehört ein Einzelunternehmen oder eine Beteiligung an einer Personengesellschaft (OHG, KG einschließlich GmbH & Co. KG, atypische stille Beteiligung oder Unterbeteiligung, Beteiligung an einer Gesellschaft bürgerlichen Rechts) zum Nachlaß und werden Unternehmen bzw. Gesellschaftsbeteiligung von den Erben fortgesetzt, so ist vom vollen Wert des Unternehmens bzw. der Unternehmensbeteiligung auszugehen, unter Berücksichtigung aller (anteiligen) stillen Reserven. Der Buchwert ist nicht maßgebend[86]. 154

Das kann für die den Pflichtteil schuldenden Erben zu schwerwiegenden Belastungen führen. Gehört zum Nachlaß ein Unternehmen, so brauchen in diesem Unternehmen nur stille Reserven in einer den Buchwerten gleichen Höhe zu liegen, um dem Pflichtteilsberechtigten einen fälligen Geldanspruch in einer solchen Höhe zu verschaffen, die einer buchmäßigen Erbbeteiligung (bezogen auf den Unternehmenswert) entspricht. 155

Bei echter (typischer) stiller Beteiligung oder Unterbeteiligung ist die Berücksichtigung (anteiliger) stiller Reserven nicht gerechtfertigt. In diesen Fällen handelt es sich um reine Ergebnisbeteiligung und nicht um eine Beteiligung an der Substanz. Wirft die stille Beteiligung nachhaltig eine den Normalzins erheblich übersteigende Rendite ab, sollte der höhere Ertragswert zugrunde zu legen sein. 156

---

[82] J. Mayer, ZEV 1994, 331.
[83] BGHZ 14, 368, 376 = NJW 1954, 1764 (1765); BayObLG OLGE 44, 105; Staudinger/Ferid/Cieslar, § 2311 BGB Rz. 42; MünchKomm/Frank, § 2311 BGB Rz. 16; Soergel/Dieckmann, § 2311 BGB Rz. 16; BGB-RGRK/Johannsen, § 2311 BGB Rz. 14.
[84] Lange/Kuchinke § 37 VI 3 b) (S. 847).
[85] BGHZ 13, 45 (47).
[86] BGHZ 14, 368 (376) = NJW 1954, 1764f.; BGH NJW 1973, 509f.; NJW 1982, 2497 (2498); BayObLG OLGE 44, 105; MünchKomm/Frank, § 2311 BGB Rz. 23; Soergel/Dieckmann, § 2311 BGB Rz. 20; Langenfeld/Gail, IV Rz. 174ff.

157 Umstritten ist, ob bei der Unternehmensbewertung Ertragsteuern auf stille Reserven des Unternehmens abgezogen werden dürfen. Dagegen spricht folgendes:
Die Auflösung stiller Reserven erfolgt zugunsten des laufenden steuerpflichtigen Ergebnisses, gleichgültig, ob sie im Anlage- oder Umlaufvermögen vorhanden waren. Auch werden ständig neue stille Reserven gebildet, sei es im Anlagevermögen durch gegenüber der betrieblichen Nutzungsdauer überhöhte Abschreibungen, sei es durch überhöhte Teilwertabschreibungen und Wertberichtigungen im Umlaufvermögen oder überhöhte Rückstellungen. Daher läßt sich die Steuerlast nicht quantifizieren, um so weniger, als sie bei einem Gesellschaftsunternehmen von den persönlichen Steuermerkmalen der Gesellschafter abhängig ist (subjektive Steuermerkmale nach Familienstand, Sonderausgaben, Verlustvorträge, Verlustausgleich, usw.).
Von Bedeutung wäre allenfalls die Steuerlast im Falle der Unternehmens- oder Beteiligungsveräußerung. In diesem Fall wäre einkommensteuerlich die Tarifvergünstigung der §§ 16, 34 EStG anzuwenden. Werden aber das Unternehmen oder die Gesellschaftsbeteiligung auf weitere Zukunft fortgeführt, so ist auch in diesem Falle eine Quantifizierung der Steuerlast weder möglich noch angemessen. Erst recht lassen sich in einem solchen Fall Veräußerungsgewinnhöhe und Steuerfolgen nicht ermitteln. Die im Erbfall vorhandenen stillen Reserven sind möglicherweise längst entschwunden; neue andersartige stille Reserven in anderen Positionen von Wirtschaftsgütern des Unternehmens sind entstanden; die persönlichen Steuerverhältnisse der Gesellschafter haben sich wesentlich geändert.
Eine Ausnahme könnte zu machen sein, wenn nach dem Erbfall eine Veräußerung des Unternehmens bzw. der Gesellschaftsbeteiligung erfolgt. In einem solchen Falle läßt sich nicht nur die latente Steuerlast auf stille Reserven quantifizieren, es läßt sich auch dem Grunde nach sagen, daß schon zum Erbfall die Möglichkeit der Veräußerung gegeben war, dieser Rechnung getragen werden muß und der Wert des Unternehmens um die Veräußerungsgewinnsteuer belastet war[87].

158 Umstritten ist weiter, ob Abfindungsklauseln in Gesellschaftsverträgen eine Auswirkung auf die Pflichtteilsberechnung haben.
In nahezu allen Personengesellschaftsverträgen sind Bestimmungen sowohl über die Bewertung des Auseinandersetzungsguthabens eines ausscheidenden Gesellschafters als auch über die Modalitäten der Zahlung getroffen. Zur Frage, wie weit sich die eine Vollwertabfindung einschränkenden gesellschaftsvertraglichen Abfindungsklauseln auswirken, haben sich vier Ansichten[88] gebildet:

---

[87] BGH NJW 1972, 1269; dem Urteil läßt sich entgegen a.A. nicht entnehmen, daß grundsätzlich Veräußerungsgewinnsteuern zu berücksichtigen sind. Vgl. BGH a.a.O., LS. b sowie Sp. 1269 rechts unten; so auch die Interpretation des Urteils durch Kapp, BB 1972, 829 (830); s. Coing, NJW 1983, 1298ff.
[88] Ulmer, ZGR 1972, 324 (339ff.).

- Die erste Meinung geht vom jeweiligen Vollwert der Gesellschaftsbeteiligung aus, unabhängig vom Verbleiben des Gesellschaftererben in der Gesellschaft[89];
- die zweite Meinung will von der Grundlage des gesellschaftsvertraglichen Abfindungsanspruchs ausgehen, ggf. erhöht um einen gewissen Ertragswert[90];
- die dritte Meinung geht vom Vollwert aus, will aber Risiken aus gesellschaftsvertraglichen Abfindungsklauseln durch Abschläge berücksichtigen[91], insbesondere Abschläge, je nach der Wahrscheinlichkeit der Beendigung der Beteiligung nach Antritt der Erbfolge[92];
- die vierte Meinung geht zwar grundsätzlich von der Bewertung der Gesellschaftsbeteiligung zum vollen Wert aus, hält aber eine nachträgliche Anpassung in den Fällen für möglich, in denen es aus anderen als willkürlich vom Gesellschafternachfolger gesetzten Gründen zu dessen späterer Abfindung kommt. Dabei wird u.a. auf die Bestimmung des § 2313 BGB Bezug genommen, wonach bei bedingten, ungewissen oder unsicheren Rechten u.U. eine nachträgliche Anpassung stattzufinden hat[93].

Die dritte Ansicht ist vorzugswürdig. Grundsätzlich muß vom Vollwert der Gesellschaftsbeteiligung ausgegangen werden. Alles andere widerspricht dem gesetzgeberischen Zweck des § 2311 Abs. 2 Satz 2 BGB. Die vierte Ansicht erscheint im Hinblick auf eine nachträgliche Anpassung kaum praktikabel. Besteht allerdings das Risiko einer gesellschaftsvertraglich niedrigeren Abfindung, wird man einen quantifizierenden Bewertungsabschlag machen können. 159

Beispiele:

Im Gesellschaftsvertrag ist Abfindung ausscheidender Gesellschafter zum Buchwert bestimmt. Es ist weiter vorgesehen, daß nur der Ehegatte und die Kinder eines Gesellschafters die Beteiligung eines versterbenden Gesellschafters fortsetzen können, entferntere Abkömmlinge aber ausscheiden (beispielsweise Enkel). Hinterläßt der Erblasser-Gesellschafter eine betagte Ehefrau sowie Kinder in höherem Alter und machen einzelne seiner Kinder Pflichtteilsansprüche geltend, so wird ein Abschlag vom Vollwert der Beteiligung vorgenommen werden können, weil abzusehen ist, daß den Erben bzw. ihren Rechtsnachfolgern nur der Buchwert bleibt.

Wird nach dem Gesellschaftsvertrag die Gesellschaft mit den Gesellschaftererben fortgesetzt, können die verbleibenden Altgesellschafter den Erben jedoch – ggf. mit längeren Fristen oder sukzessive in Teilen – kündigen, mit der Folge, daß die Erben (zum Buchwert) ausscheiden, so ist ebenfalls ein Abschlag vorzunehmen. 160

---

[89] Tiedau, MDR 1959, 253 (256); Zimmermann, BB 1969, 965 (969).
[90] Huber, Vermögensanteil, Kapitalanteil und Gesellschaftsanteil, § 14 Ziff. 5b) (S. 347); Sudhoff, Handbuch der Unternehmensnachfolge, § 25 Ziff. 2c) (S. 173).
[91] Goroncy, NJW 1962, 1895 (1898); Westermann, Handbuch der Personengesellschaften I, Rz. 512.
[92] Reimann ZEV 1994, 7 (10).
[93] Ulmer, ZGR 1972, S. 342; Rittner, FamRZ 1961, 505 (515) (bezüglich Zugewinn); Siebert, NJW 1960, 1033 (1035 f.); Stötter, DB 1970, 573 (574).

Der BGH hat in einem umstrittenen Urteil allerdings entschieden, daß in einem solchen Fall die Buchwertabfindungsklausel unwirksam sei und Vollwertabfindung gelte[94]. Dem kann nicht zugestimmt werden: Bei Unwirksamkeit der Buchwertabfindungsklausel läge eine durch ergänzende Vertragsauslegung zu schliessende Lücke vor[95].

(2) Kapitalgesellschaftsbeteiligungen

161 Bei Aktien ist der Börsenkurs z.Z. des Erbfalls maßgebend, sofern keine besonderen Bewertungsumstände vorliegen. Solche Umstände sind z.B. Paketbeteiligungen[96], die mitgliedschaftsrechtliche Einflüsse auf die Gesellschaft gestatten. In einem solchen Fall wird der Wert des Aktienpakets durch Gutachten zu ermitteln sein[97].

162 Bei Beteiligungen an anderen Kapitalgesellschaften, insbesondere einer GmbH, muß der gemeine Wert durch freie Bewertung festgestellt werden[98].

(3) Landgut

163 Um eine Zersplitterung landwirtschaftlicher Betriebe zu vermeiden, läßt das Gesetz ausnahmsweise eine Wertbestimmung des Erblassers zu, wenn es sich bei dem Nachlaßgegenstand um ein „Landgut" handelt[99]. Soll nach den Anordnungen des Erblassers ein Erbe, der selbst pflichtteilsberechtigt sein muß, das Landgut übernehmen, so kann der Erblasser bestimmen, daß die Übernahme zum Ertragswert oder zu einem Wert erfolgen soll, der zwischen Ertragswert und Schätzwert liegt (§ 2312 BGB). Der Ertragswert ergibt sich aus dem Reinertrag, den das Landgut nach seiner bisherigen wirtschaftlichen Bestimmung bei ordnungsgemäßer Bewirtschaftung nachhaltig gewähren kann (§ 2049 Abs. 2 BGB). Die Grundsätze, nach denen der Ertragswert festzusetzen ist, bestimmt das jeweilige Landesrecht[100].

164 Zu den „Landgütern" im Sinne dieser Bestimmung gehören nicht Forstgüter, auch nicht landwirtschaftliche Nebenerwerbsstellen oder landwirtschaftlich genutztes Gelände in Großstadtnähe mit gegenüber dem Ertragswert[101] vielfach höherem Verkehrswert[102].

---

[94] BGH NJW 1979, 104; zust. Ulmer, NJW 1979, 81 (83); Hirtz, BB 1981, 761 (765); a.A.: Flume, NJW 1979, 902 (904); Esch, NJW 1979, 1390 (1395); Rasner, NJW 1983, 2905 (2910).
[95] BGH WM 1984, 1506; DNotZ 1986, 31; MünchKomm/Ulmer, § 738 BGB Rz. 49.
[96] MünchKomm/Frank, § 2311 BGB Rz. 19.
[97] Nirk, NJW 1962, 2185 ff.; Staudinger/Ferid/Cieslar, § 2311 BGB Rz. 41; a.A. Veith, NJW 1963, 1521 (1525), der grundsätzlich den Börsenpreis z.Z. des Erbfalls für maßgebend hält.
[98] GmbHRdSch 1962, 263; MünchKomm/Frank, § 2311 BGB Rz. 20 Fn. 53.
[99] Zur Verfassungsmäßigkeit dieser Bestimmung BVerfGE 15, 337 (342) = NJW 1963, 947; BVerfGE 67, 348 = NJW 1985, 1329.
[100] Zum Ertragswertprinzip Weber BWNotZ 1992, 14.
[101] BVerfG NJW 1988, 2723.
[102] BGH NJW 1987, 1260 (1261); NJW 1987, 951 (952); OLG Stuttgart NJW 1967, 2410; OLG Hamm MDR 1965, 488.

6. Pflichtteilsvervollständigung

a) Wegfall von Beschränkungen und Beschwerungen

Nach § 2306 Abs. 1 Satz 1 BGB gelten Beschränkungen und Beschwerungen[103] des Erblassers zu Lasten des pflichtteilsberechtigten Erben als nicht angeordnet, wenn der dem pflichtteilsberechtigten Erben hinterlassene Erbteil die Hälfte seines gesetzlichen Erbteils, also den Wert seines Pflichtteils nicht übersteigt.

b) Zusatzpflichtteil

Ist der Pflichtteilsberechtigte zwar nicht enterbt, ist ihm aber ein Erbteil hinterlassen, der geringer ist als die Hälfte des gesetzlichen Erbteils, so hat er Anspruch auf den Zusatzpflichtteil. Der Zusatzpflichtteil beläuft sich auf die Höhe desjenigen Betrages, der ihm wertmäßig an der Hälfte des Erbteils fehlt. Bei Zugewinngemeinschaft wird der Zusatzpflichtteil des überlebenden Ehegatten nach dem erhöhten Erbteil des Ehegatten gemäß § 1371 Abs. 1 BGB berechnet, so daß hier der „große" Pflichtteil des Ehegatten zum Zuge kommt.

Maßgebend für die Ermittlung der Pflichtteilshöhe und damit des Zusatzpflichtteils ist der Wert, den der Pflichtteil unter Berücksichtigung von Anrechnungen und Ausgleichungen[104] darstellt.

c) Pflichtteilsergänzung

Um zu verhindern, daß der Erblasser seine nächsten Angehörigen in ihren Pflichtteilsansprüchen dadurch benachteiligt, daß er Vermögen zu seinen Lebzeiten verschenkt, gewährt das Gesetz dem Pflichtteilsberechtigten den Pflichtteilsergänzungsanspruch (§ 2325 BGB)[105].

Voraussetzung des Pflichtteilsergänzungsanspruchs sind „Schenkungen", auch belohnende und gemischte Schenkungen, jedoch scheiden sogenannte Anstandsschenkungen aus (§ 2330 BGB). Es ist nicht erforderlich, daß der Erblasser die Schenkungen in Benachteiligungsabsicht vorgenommen hat.

Der Pflichtteilsergänzungsanspruch richtet sich auf denjenigen Betrag, um den sich der Pflichtteil erhöht, wenn der verschenkte Gegenstand dem Nachlaß hinzugerechnet wird.

Ist der Ergänzungsberechtigte selbst beschenkt worden, so ist das ihm zugewandte Geschenk des Erblassers vom Pflichtteilsergänzungsanspruch abzuziehen (§ 2327 BGB).

Für den Pflichtteilsergänzungsanspruch sind nur diejenigen Schenkungen heranzuziehen, die der Erblasser in den letzten 10 Jahren vor dem Erbfall gemacht hat. Die 10-Jahresfrist beginnt mit der Vollendung des Rechtserwerbs, bei Schenkung von Grundbesitz soll dies die Eigentumsumschreibung im Grundbuch sein[106].

---

[103] Rz. 140.
[104] Rz. 775 ff., 823 f.
[105] N. Mayer, FamRZ 1994, 739; ders. FamRZ 1994, 1376.
[106] BGHZ 102, 289

Die Entscheidung ist problematisch, da die Frist danach abhängig wäre von der nicht beeinflußbaren, zufälligen Bearbeitungszeit der Grundbuchämter. Manche Amtsgerichte benötigen für eine einfache Eigentumsumschreibung mehrere Monate. Bleibt die BGH-Rechtsprechung unverändert, so müßte als Korrektiv dem mit Pflichtteilsergänzungsansprüchen Belasteten ein Regreßanspruch gegen zu langsam arbeitende Grundbuchämter eingeräumt werden. Außerdem wird vom BGH nicht berücksichtigt, daß die Eigentumsumschreibung erst nach Erteilung der Unbedenklichkeitsbescheinigung durch das Finanzamt vom Notar beantragt werden kann. Damit könnte das Finanzamt den Anfall der Steuer durch langsame Bearbeitung selbst herbeiführen. Ein solches Ergebnis ist rechtsstaatlich unerträglich. Allein richtig ist – wie bei anderen Steuertatbeständen – auf den Zeitpunkt der öffentlichen Beurkundung der Auflassung abzustellen. Dann haben die Vertragsbeteiligten alles zum Rechtserwerb erforderliche getan.

172 Bei Schenkungen unter Nutzungs-, insbesondere Nießbrauchsvorbehalt soll die Frist erst mit Erlöschen des Nießbrauchs beginnen[107]. Eine Leistung i.S.v. § 2325 Abs. 3 BGB liege solange nicht vor, wie der Eigentümer den Schenkungsgegenstand im wesentlichen weiterhin nutze.

Auch diese Entscheidung ist bedenklich, weil trotz Nutzungsvorbehalts dem Schenker die Vermögenssubstanz endgültig entzogen ist. Verlangt man – wie der BGH – eine wirtschaftliche Ausgliederung aus dem Vermögen des Erblassers, so wäre an eine entsprechende Bewertung des Schenkungsgegenstandes zu denken. Die 10-Jahresfrist würde dann nur für das geschenkte Vermögen (Substanzwert minus Nießbrauchswert) laufen.

173 Sind Schenkungen an den Ehegatten des Erblassers erfolgt, so beginnt die 10-Jahres-Frist nicht vor Auflösung der Ehe (§ 2325 Abs. 3 BGB)[108]. Als Schenkungen im Sinne des Pflichtteilsrechts gelten auch unbenannte Zuwendungen unter Ehegatten[109]. Nach Auffassung des BGH genügt in diesen Fällen zur Annahme einer Schenkung die objektive Unentgeltlichkeit der Zuwendung.

Ist die Ehe des Erblassers nicht aufgelöst gewesen, der Ehegatte auch nicht vorverstorben, sondern hat er den Erblasser überlebt, so sind demnach alle während der Ehedauer vorgenommenen Schenkungen zu berücksichtigen.

174 Der Pflichtteilsergänzungsanspruch richtet sich gegen den Erben. Dieser kann die Pflichtteilsergänzung verweigern, soweit sein eigener Pflichtteilsanspruch beeinträchtigt werden würde (§ 2328 BGB). Scheidet aus irgendeinem Grunde die Ergänzungspflicht des Erben aus, so haftet der Beschenkte selbst, dieser aber nur nach den Grundsätzen über die Herausgabe einer ungerechtfertigten Bereicherung (§ 2229 BGB).

---

[107] BGH ZEV 1994, 233; dazu Meyerding ZEV 1994, 201.
[108] Diese Vorschrift verstößt nicht gegen das Grundgesetz, BVerfG NJW 1991, 217ff.
[109] BGHZ 116, 167 (175) = NJW 1992, 664; Sandweg NJW 1989, 1965 (1972); Schmidt-Kessel, DNotZ 1989, Beil. S. 162; Arend, MittRhNotK 1990, 65 (70).

7. Auskunftsansprüche

a) Auskunftsanspruch des pflichtteilsberechtigten Nichterben

Der Erbe hat dem pflichtteilsberechtigten Nichterben auf dessen Verlangen über den Bestand des Nachlasses Auskunft zu erteilen[110]. Der Pflichtteilsberechtigte kann als Nachlaßgläubiger die Errichtung eines Inventars und die Versicherung über dessen Vollständigkeit durch Abgabe einer eidesstattlichen Versicherung verlangen (§§ 1994, 2006 BGB). Er kann weiter verlangen, daß er bei der Aufnahme des von dem Erben vorzulegenden Nachlaßverzeichnisses zugezogen und der Wert der Nachlaßgegenstände ermittelt wird. Der Pflichtteilsberechtigte kann beanspruchen, daß das Nachlaßverzeichnis durch einen Notar oder durch eine Behörde oder einen Beamten aufgenommen wird, deren Zuständigkeit sich nach Landesrecht bestimmt (§ 2314 Abs. 1 BGB). Die Kosten fallen dem Nachlaß zur Last (§ 2314 Abs. 2 BGB). 175

Der Auskunftsanspruch umfaßt nicht nur die beim Erbfall tatsächlich vorhandenen Nachlaßgegenstände, sondern auch alle Rechnungsfaktoren, die zur Berechnung des Pflichtteils zu berücksichtigen sind, nämlich die ausgleichungspflichtigen Zuwendungen (§§ 2316, 2057 BGB) und die Schenkungen (§ 2325 BGB), selbst die für die Pflichtteilsergänzung gemäß § 2330 BGB nicht zu berücksichtigenden Anstandsschenkungen[111]. Auch über frühere Veräußerungen des Erblassers, die den Verdacht einer verschleierten (gemischten) Schenkung erwecken, einschließlich der solchen Veräußerungen zugrundeliegenden wesentlichen Vertragsbedingungen ist Auskunft zu erteilen. Der auskunftspflichtige Erbe muß sich über sein eigenes Wissen hinaus die zur Auskunftserteilung notwendigen Kenntnisse soweit wie möglich verschaffen und dazu ggf. auch von einem Auskunftsrecht gegenüber dem Kreditinstitut des Erblassers Gebrauch machen. Das Interesse des Erben an der Erlangung der Auskunft des Kreditinstituts geht dem Interesse des Zuwendungsempfängers an der Wahrung des Bankgeheimnisses vor[112]. 176

b) Auskunftsanspruch des pflichtteilsberechtigten Miterben

Umstritten ist, ob ein pflichtteilsberechtigter Erbe (Miterbe), beispielsweise im Rahmen eines Pflichtteilsergänzungsanspruchs, Auskunftsansprüche gegen Miterben oder Dritte in entsprechender Anwendung des § 2314 BGB geltend machen kann. Der unmißverständliche Gesetzeswortlaut des § 2314 Abs. 1 Satz 1 HS. 1 BGB schließt jedenfalls eine unmittelbare Herleitung eines Auskunftsanspruchs 177

---

[110] Zum Auskunfts- und Wertermittlungsanspruch aus § 2314 BGB Dieckmann, NJW 1988, 1809; Pfauser, Diss. München (1992).
[111] BGHZ 33, 373 (374) u. FamRZ 1965, 135f.; bei zum Nachlaß gehörigen Unternehmen oder Unternehmensbeteiligungen sind die notwendigen Geschäftsunterlagen, insbesondere Bilanzen und Erfolgsrechnungen, für wenigstens 3–5 Jahre vorzulegen: BGH DB 1975, 1643 (1645) = BB 1975, 1083f.; BGH WM 1979, 1359 (1360).
[112] BGH BB 1989, 734.

des pflichtteilsberechtigten Erben aus § 2314 BGB aus. Der Miterbe ist grundsätzlich auf die Auskunftsansprüche des Erben nach §§ 2027, 2028 BGB angewiesen[113].

178 In der Regel ist ein pflichtteilsberechtigter (Mit-)Erbe auf Auskünfte anderer Miterben oder vom Erblasser begünstigter Dritter angewiesen, die er sich über §§ 2027, 2028 oder 666, 681 BGB nicht verschaffen kann. Vielfach sollen Zuwendungen des Erblassers an Miterben oder Dritte gerade nicht zur Kenntnis des anspruchsberechtigten Miterben gelangen. Daher haben sich Stimmen in der Literatur für die entsprechende Anwendung des Auskunftsanspruch aus § 2314 BGB eingesetzt[114]. Der BGH will den Auskunftsanspruch dem pflichtteilsberechtigten Erben allgemein aus Treu und Glauben gewähren, wenn der Berechtigte entschuldbar über das Bestehen und den Umfang seines Anspruchs im unklaren und deshalb auf die Auskunft des Verpflichteten angewiesen ist und dieser durch die Auskunft nicht unbillig belastet wird[115].

8. Träger der Pflichtteilslast

a) Grundsatz

179 Nach außen haften für die Pflichtteilslast lediglich die Erben. Im Innenverhältnis ist die Pflichtteilslast von den Erben, Vermächtnisnehmern und Auflagebegünstigten anteilig im Verhältnis ihrer Beteiligung am Nachlaß zu tragen (§§ 2318–2323 BGB)[116].

b) Erblasseranordnung

180 Der Erblasser kann durch Verfügung von Todes wegen die Pflichtteilslast im Verhältnis der Erben zueinander einzelnen Erben auferlegen (§ 2324 BGB).

c) Pflichtteilslast des Bevorteilten

181 Fehlt eine Anordnung des Erblassers, so hat im Innenverhältnis der Miterben zueinander derjenige, der anstelle eines Pflichtteilsberechtigten gesetzlicher Erbe geworden ist, die ganze Pflichtteilslast zu tragen (§ 2320 Abs. 1 BGB).
Beispiel:
Ist ein Kind enterbt oder hat es ausgeschlagen und ist dessen Abkömmling an seiner Stelle Erbe geworden, so hat dieser den entsprechenden Pflichtteil zu tragen.

182 Entsprechendes gilt zu Lasten desjenigen, welchem der Erblasser den Erbteil des Pflichtteilsberechtigten durch Verfügung von Todes wegen zugewendet hat (§ 2320 Abs. 2 BGB).

---

[113] KG OLGZ 1973, 214 (215); OLG Zweibrücken OLGZ 1973, 217 (220f.); BGH NJW 1973, 1876 (1877).
[114] Gudian, JZ 1967, 591 (594); Coing, NJW 1970, 729 (733); Lange/Kuchinke, § 37 XI 5 (S. 908); v. Lübtow, Band I, S. 584f.
[115] BGH NJW 1973, 1876 (1877); so auch KG OLGZ 1973, 214 (216); BGHZ 61, 180 (184); LM § 2314 BGB Nr. 8 mit Anm. Johannsen.
[116] BGH NJW 1985, 2828ff.; v. Olshausen, MDR 1986, 89ff.

9. Fälligkeit

Der Pflichtteilsanspruch entsteht mit dem Erbfall (§ 2317 Abs. 1 BGB) und ist sofort fällig. Vor dem Tod des Erblassers hat der Pflichtteilsberechtigte keine Ansprüche.

183

Allerdings kann das Pflichtteilsrecht schon zu Lebzeiten des Erblassers Gegenstand eines schuldrechtlichen Vertrages unter den künftigen gesetzlichen Erben sein (§ 312 Abs. 2 BGB). Auch kann der Erblasser selbst einen von ihm geschlossenen Erbvertrag oder ein eigenes gemeinschaftliches Testament gemäß § 2281 BGB wegen Übergehung eines Pflichtteilsberechtigten anfechten (§ 2079 BGB). Das mögliche Bestehen eines Pflichtteilsrechts kann auch zu Lebzeiten des Erblassers Gegenstand einer Feststellungsklage sein[117]. Schließlich kann der Berechtigte bereits zu Lebzeiten auf sein Pflichtteilsrecht durch Vertrag – mit oder ohne Gegenleistung – verzichten[118].

184

10. Stundung

Das Nichtehelichen-Gesetz hat mit Wirkung seit dem 1.7.1970 eine Stundungsmöglichkeit eingeräumt (§ 2331a BGB).

185

Die Stundung des Pflichtteilsanspruchs ist an bestimmte Tatbestandsvoraussetzungen gebunden:
- Nur ein selbst pflichtteilsberechtigter Erbe kann Stundung verlangen;
- die sofortige Erfüllung des gesamten Pflichtteilsanspruchs muß den Erben ungewöhnlich hart treffen;
- die Härte muß sich wegen der Art der Nachlaßgegenstände ergeben, nämlich deren Illiquidität (z.B. Zwang zur Aufgabe der Familienwohnung oder zur Veräußerung eines Wirtschaftsguts, welches für den Erben und seine Familie die wirtschaftliche Lebensgrundlage bildet);
- die Stundung muß dem Pflichtteilsberechtigten bei Abwägung der Interessen beider Teile zugemutet werden können.

Ist der Pflichtteilsanspruch selbst unstreitig, entscheidet über die Stundung das Nachlaßgericht (§ 2331a Abs. 2 BGB). Ist der Pflichtteilsanspruch noch streitig und wird über ihn ein Rechtsstreit anhängig, so kann der Stundungsantrag nur beim Prozeßgericht gestellt werden.

186

11. Verjährung

Pflichtteilsanspruch (§ 2303 BGB) und Pflichtteilsergänzungsanspruch (§§ 2325, 2326 BGB) verjähren in drei Jahren. Die Verjährungsfrist beginnt mit dem Zeitpunkt, in welchem der Pflichtteilsberechtigte von dem Eintritt des Erbfalls und von der ihn beeinträchtigenden Verfügung des Erblassers Kenntnis erlangt (§ 2332

187

---

[117] BGHZ 109, 306 (309).
[118] Dazu Rz. 825 ff.

BGB). Auch ohne Kenntnis des Pflichtteilsberechtigten verjähren diese Ansprüche 30 Jahre nach dem Erbfall[119].

188 Es ist positive Kenntnis von dem wesentlichen beeinträchtigenden Inhalt der letztwilligen Verfügung des Erblassers erforderlich. Auch ein Rechtsgeschäft unter Lebenden kann eine beeinträchtigende Verfügung des Erblassers sein. Erfährt der Pflichtteilsberechtigte zunächst von der ihn beeinträchtigenden Verfügung von Todes wegen, dann beginnt die Verjährung des Pflichtteilsanspruchs unabhängig von seiner Kenntnis über die ebenfalls beeinträchtigende Verfügung unter Lebenden; die Verjährung des Pflichtteilsergänzungsanspruchs beginnt dann aber erst mit der Kenntnis des Berechtigten von der ihn beeinträchtigenden Verfügung unter Lebenden[120].

189 Die Verjährung wird nicht dadurch gehemmt, daß die Ansprüche erst nach der Ausschlagung der Erbschaft oder eines Vermächtnisses geltend gemacht werden können. Im übrigen gelten die allgemeinen Vorschriften über Hemmung und Unterbrechung der Verjährungsfrist. Eine Klage auf Auskunftserteilung über den Nachlaß und seine Berechnungsgrundlagen aus § 2314 BGB unterbricht die Verjährung nicht.

Eine sogenannte Stufenklage, mit der neben Auskunft Verurteilung des Erben zur Zahlung des sich aus der Auskunft ergebenden Pflichtteilsbetrages gefordert wird, unterbricht die Verjährung, wenn sie klar formuliert ist[121].

2. Abschnitt
Die Gestaltungsmöglichkeiten der gewillkürten Erbfolge

I. Voraussetzungen und Grenzen der Testierfreiheit

1. Allgemeines

190 Nach dem Grundsatz der Testierfreiheit geht die gewillkürte Erbfolge der gesetzlichen vor. Der Testierfreiheit sind jedoch Schranken persönlicher und sachlicher Art gesetzt:

2. Testierfähigkeit

191 Von der gesetzlichen Erbfolge kann nur ein Testierfähiger abweichen. Testierfähig ist jeder voll Geschäftsfähige. Die Geschäftsfähigkeit muß im Zeitpunkt der Testamentserrichtung vorliegen[122].

---

[119] Dies gilt auch für Pflichtteilsansprüche, die sich gegen den Nacherben richten; BGH NJW 1973, 1690.
[120] BGH NJW 1988, 1667 (1668).
[121] BGH NJW 1975, 1409 (1410); OLG Düsseldorf MDR 1967, 675; Palandt/Edenhofer, § 2332 BGB Rz. 8.
[122] MünchKomm/Burkhart, § 2229 BGB Rz. 13ff.; Staudinger/Baumann, § 2229 BGB Rz. 34ff.

Ein Minderjähriger, der das 16. Lebensjahr vollendet hat, ist voll testierfähig. Er 192
bedarf zur Testamentserrichtung nicht der Zustimmung seines gesetzlichen Vertreters (§ 2229 Abs. 2 BGB). In der Auswahl der Errichtungsformen ist er aber beschränkt, da er kein eigenhändiges Testament errichten kann, sondern auf die Form des öffentlichen Testaments vor einem Notar angewiesen ist (§§ 2233 Abs. 1, 2247 Abs. 4 BGB).

Testierunfähig sind 193
– der Minderjährige, der das 16. Lebensjahr noch nicht vollendet hat, § 2229 Abs. 1 BGB,
– derjenige, der wegen krankhafter Störung der Geistestätigkeit, wegen Geistesschwäche oder Bewußtseinsstörung bei einer Testamentserrichtung nicht in der Lage ist, die Bedeutung seiner Erklärung einzusehen und nach dieser Einsicht zu handeln, § 2229 Abs. 4 BGB.

Unter Betreuung stehende Geisteskranke oder Geistesschwache[123] können ein 194
Testament errichten, wenn sie nur zum entsprechenden Zeitpunkt die zur Testamentserrichtung notwendige Einsicht und Fähigkeit haben[124].

Bei der Testamentserrichtung einer unter Betreuung stehenden Person ist immer 195
die Errichtung letztwilliger Verfügungen in notarieller Form zu empfehlen, weil der Notar sich über die Testierfähigkeit vergewissern und seine Wahrnehmungen in der Urkunde niederlegen muß (§ 28 BeurkG).

Auch der sonst geistig Gesunde, der nicht unter Betreuung steht, kann testierunfähig 196
sein, wenn er im Zeitpunkt der Testamentserrichtung vorübergehend, beispielsweise infolge von Trunkenheit, bewußtseinsgestört war (§ 2229 Abs. 4 BGB).

Aus tatsächlichen Gründen unfähig, ein Testament zu errichten, gelten solche 197
Personen, die ihren letzten Willen weder mündlich noch schriftlich ausdrücken können, z.B. stumme Schreibunkundige und -unfähige oder stumme Lesensunkundige und stumme Blinde, die die Blindenschrift nicht beherrschen. Diese können die zwingende Formvorschrift des § 31 Satz 1 BeurkG nicht einhalten (s. für den Erbvertrag § 33 BeurkG, für das eigenhändige Testament § 2247 Abs. 4 BGB)[125].

3. Persönliche Errichtung

Jede Verfügung von Todes wegen kann nur vom Erblasser persönlich errichtet 198
werden (§§ 2064, 2274 BGB). Eine Stellvertretung – gewillkürte oder gesetzliche – jedes Handeln unter fremden Namen wie jedes Auftreten kraft Amtes für einen anderen – sind unzulässig. Für einen Testierunfähigen kann weder dessen gesetzlicher Vertreter noch ein Betreuer ein Testament errichten.

---

[123] Zu den Auswirkungen des Betreuungsrechts auf das Erbrecht Hahn, FamRZ 1991, 27.
[124] Erman/M. Schmidt, 2229 BGB Rz. 7; Staudinger/Baumann, § 2229 BGB Rz. 31 f.
[125] Kritisch dazu Rossack, MittBayNot 1991, 193; ders. ZEV 1995, 236; Ertl, MittBayNot 1991, 196; P. Baumann Anm. zu OLG Hamm FamRZ 1994, 993; Staudinger/Baumann, § 2233 BGB Rz. 20.

199 Letztwillige Verfügungen sind höchstpersönliche Rechtsgeschäfte. Der Erblasser muß über den Inhalt seiner letztwilligen Verfügung selbst entscheiden. Er kann weder verfügen, daß ein anderer zu bestimmen hat, ob seine letztwillige Verfügung gelten soll, noch die Bestimmung der Person, die eine Zuwendung erhalten soll, sowie die Bestimmung des Gegenstandes der Zuwendung einem anderen überlassen (§ 2065 BGB).

200 Zulässig ist, Dritten die nähere Bezeichnung, nicht aber die Bestimmung des Zuwendungsempfängers zu überlassen. Die Grenzen sind streitig. Der Streit hat insbesondere Bedeutung für die Frage, ob und in welchem Umfang es Dritten überlassen werden darf, aus einem bestimmten, eng begrenzten Personenkreis den als Vermögensnachfolger Geeignetsten zu ermitteln. Das Reichsgericht[126] ließ es zu, daß ein Erblasser-Gutsbesitzer seiner Nichte die Entscheidung überließ, denjenigen von ihren Söhnen zum Erben des Gutsbesitzes zu bestimmen, der ihr für die Übernahme des Gutes am geeignetsten erschien.

Entscheidend ist, daß jede Willkür des Dritten ausgeschlossen ist; diesem darf nur die Bezeichnung, nicht aber die Bestimmung des Bedachten überlassen werden. Der ggf. durch Auslegung zu ermittelnde Testamentsinhalt muß genaue Hinweise und Auswahlkriterien enthalten, daß die Bezeichnung des Bedachten von jeder mit genügender Sachkunde ausgestatteten Person vorgenommen werden kann, ohne daß deren Ermessen bestimmend oder auch nur mitbestimmend ist[127]. Der dargelegte Streit zeigt, daß es problematisch ist, bei einer Erbfolgegestaltung die Bezeichnung z.B. des Unternehmer-Nachfolgers einem anderen zu überlassen. Eine klare Bestimmung in der letztwilligen Verfügung oder eine Vorsorgegestaltung zu Lebzeiten sind zu empfehlen.

4. Inhaltliche Schranken der Testierfreiheit

a) Typenzwang

201 Im Erbrecht herrscht Typenzwang. Als wichtigste Gestaltungstypen sind vom Gesetz zur Verfügung gestellt:
– Erbeinsetzung;
– Vermächtnis;
– Auflage;
– Anordnung der Testamentsvollstreckung;
– Anordnungen über den Ausschluß oder die Beschränkung der Auseinandersetzung;
– Teilungsanordnungen.

202 Die Gestaltungsfreiheit im Erbrecht besteht in der Möglichkeit der Kombination der verschiedenen zulässigen Gestaltungsmittel und in der Freiheit der Auswahl

---

[126] RGZ 159, 296 ff.
[127] BGHZ 15, 199 (202 f.) = NJW 1955, 100 = LM § 2106 BGB Nr. 1 mit Anm. Johannsen; vgl. zum Meinungsstreit Lange/Kuchinke, § 27 I 4–6 (S. 510 ff.); Kipp/Coing, § 18 III 4 (S. 123 f.); v. Lübtow, Band I, S. 138 ff.

der Zuwendungsempfänger. Darüber hinaus eröffnet das Vermächtnis als Schuldverhältnis auch für die Verfügung von Todes wegen das gesamte Spektrum schuldrechtlicher Gestaltungsfreiheit. In der Auswahl und Kombination der zulässigen Gestaltungsmittel liegen die Schwierigkeiten einer guten Vermögensnachfolgeregelung.

b) Beschränkungen

Die Verfügungsfreiheit des Erblassers kann güterrechtlich, erbrechtlich oder schuldrechtlich beschränkt sein. 203

aa) Güterrechtliche Beschränkungen

Ist kein vom gesetzlichen Güterstand abweichender Ehevertrag geschlossen, so steht dem überlebenden Ehegatten der Zugewinnausgleichsanspruch zu, wenn er nicht als Erbe eingesetzt und ihm auch kein Vermächtnis zugewendet ist oder wenn er Erbschaft oder Vermächtnis ausschlägt (§ 1371 Abs. 2 und 3 BGB). Im Regelfall wird der Erblasser den überlebenden Ehegatten angemessen bedenken. Das wirtschaftliche Risiko kann in der Möglichkeit der Erb- oder Vermächtnisausschlagung liegen und der damit verbundenen Geltendmachung hoher Zugewinnausgleichsansprüche. 204

bb) Erbrechtliche Beschränkungen

Beschränkungen der Verfügungsfreiheit des Erblassers können sich durch von dem Erblasser eingegangene erbrechtliche Bindungen in einem Erbvertrag oder gemeinschaftlichen wechselbezüglichen Ehegattentestament ergeben. 205

Außerdem können Pflichtteilsansprüche des Ehegatten und der Abkömmlinge (eventuell der Eltern) die erbrechtliche Gestaltungsfreiheit in ihren wirtschaftlichen Auswirkungen beschränken. 206

cc) Schuldrechtliche Beschränkungen

Schließlich sind schuldrechtliche Bindungen zu beachten, die der Erblasser eingegangen ist, vor allem in Gesellschaftsverträgen. Der Erblasser kann sich nicht durch eine letztwillige Verfügung über schuldrechtliche Verpflichtungen hinwegsetzen. 207

c) Allgemeine gesetzliche Schranken

Sittenwidrige (§ 138 Abs. 1 BGB), gesetzlich verbotene oder rechtlich unmögliche Bestimmungen von Todes wegen sind nichtig[128]. 208

Nach der heutigen Judikatur ist für die Sittenwidrigkeit einer letztwilligen Verfügung die unredliche Gesinnung des Erblassers maßgebend. Es kommt deshalb allein auf den sich aus Inhalt, Beweggrund und Zweck ergebenden Gesamtcharakter 209

---

[128] Otte, JA 1985, 192.

des Rechtsgeschäfts an[129]. Die Frage der Unsittlichkeit derartiger Zuwendungen ist streitig[130].

d) Beschränkungen bei Verfügungen von Heimbewohnern

210 Gem. § 14 Abs. 1 HeimG ist es dem Träger eines Heimes grds. untersagt, sich selbst von Heimbewohnern oder sich zu deren Gunsten Geld oder geldwerte Leistungen über das im Heimvertrag vereinbarte Entgelt hinaus versprechen oder gewähren zu lassen. Eine ähnliche Untersagung gilt nach § 14 Abs. 5 HeimG für den Leiter, die Beschäftigten oder sonstigen Mitarbeiter des Heimes[131]. Dieses öffentlich-rechtliche Verbot erfaßt auch letztwillige Verfügungen[132]. Das Verbot steht jedoch nicht der Gültigkeit solcher letztwilligen Verfügungen entgegen, die ohne Kenntnis der Bedachten errichtet wurden und ihnen auch nicht zu Lebzeiten des Erblassers zur Kenntnis gelangten[133].

e) Sonderregeln in den neuen Bundesländern

211 In den neuen Bundesländern wird gemäß Art. 235 § 2 EGBGB die Wirksamkeit der Errichtung oder Aufhebung einer vor dem 3. 10. 1990 – dem Zeitpunkt des Beitritts der auf dem Gebiet der ehemaligen DDR neu gebildeten Länder zur Bundesrepublik – errichteten letztwilligen Verfügung nach dem bisherigen Recht der DDR beurteilt, und zwar auch dann, wenn der Erblasser nach dem 3. 10. 1990 gestorben ist oder künftig stirbt[134].

II. Arten letztwilliger Verfügungen

1. Testament

212 Das Testament ist die einseitige Verfügung des Erblassers von Todes wegen. Die in der Willenserklärung „Testament" angeordneten Rechtsfolgen treten erst mit dem Tod des Erblassers ein. Ein Testament kann alle oder auch nur einzelne der im Erbrecht möglichen Verfügungen und Anordnungen enthalten: Erbeinsetzungen, Vermächtnisse, Auflagen, Anordnungen der Testamentsvollstreckung, Teilungs- sowie sonstige zulässige Anordnungen.

---

[129] BGHZ 53, 369 (375); BGH NJW 1968, 932 (934 ff.); 1973, 1645 ff.; BGH FamRZ 1971, 638 (639 ff.).
[130] Einzelheiten bei Lange/Kuchinke § 35 IV (S. 774 ff.) m.w.N.
[131] Dazu Rossak, ZEV 1996, 41 ff.
[132] Rossak, ZEV 1996, 43 ff. m.w.N.
[133] Staudinger/Otte [1994] Einl. 67 zu §§ 1922 ff. BGB m.w.N.
[134] Staudinger/Baumann, Vorbem. 58 ff. zu §§ 2229 ff. BGB.

2. Gemeinschaftliches Ehegattentestament

a) Allgemeines

Ehegatten können in einem gemeinschaftlichen Ehegattentestament, über ihr Vermögen verfügen (§ 2265 BGB)[135]. Allen anderen Personen wie Geschwistern, nichtehelichen Lebenspartnern oder Verlobten, ist diese Testamentsform nicht zugänglich. Das gemeinschaftliche Testament steht dem Erbvertrag nahe, unterscheidet sich von diesem aber nicht nur der Form (§ 2276 BGB), sondern auch dem Inhalt nach: Der Erbvertrag ist grundsätzlich eine vertragliche, das gemeinschaftliche Testament eine einseitige, wenn auch teilweise verknüpfte Verfügung von Todes wegen. 213

b) Doppelt einseitiges Testament

Das gemeinschaftliche Ehegattentestament kann wie zwei Einzeltestamente lauten, so daß die gemeinschaftliche Niederlegung inhaltlich ohne rechtliche Bedeutung ist. Ein solches gemeinschaftliches Testament ist in der Praxis die Ausnahme. 214

Beispiel:
Beruft in einem gemeinschaftlichen Ehegattentestament jeder Ehegatte seine Kinder aus erster Ehe zu seinen Erben, so ist ein solches Ehegattentestament nur doppelt einseitige Verfügung von Todes wegen und daher von jedem Ehepartner frei widerruflich, auch nach dem Tod des anderen.

c) Ehegattentestament mit gegenseitiger Erbeinsetzung

aa) Nur gegenseitige Erbeinsetzung

Das gemeinschaftliche Ehegattentestament hat in der Regel den Inhalt, daß die Ehegatten sich gegenseitig zu Erben einsetzen. Es kann sich auf diesen Inhalt beschränken. Die gegenseitige Erbeinsetzung ist im Zweifel – sofern nicht etwas anderes bestimmt ist – wechselbezüglich. Das bedeutet: Kein Ehegatte kann die Erbeinsetzung des anderen durch Einzeltestament widerrufen. Ein Widerruf kann durch beide Ehegatten in einem gemeinschaftlichen Testament erfolgen. 215

Einseitig können nach § 2271 Abs. 1 Satz 1 BGB wechselbezügliche Verfügungen nur entsprechend den für den Rücktritt vom Erbvertrag geltenden Vorschriften gemäß § 2296 BGB widerrufen werden. 216

bb) „Berliner Testament"

Der häufigste Fall des Ehegattentestaments ist das „Berliner Testament" (§ 2269 BGB): Ehegatten setzen sich gegenseitig zu Erben ein und bestimmen, daß nach dem Tode des Überlebenden von ihnen der beiderseitige Nachlaß an einen Dritten fallen soll. In diesem Fall wird gemäß § 2269 Abs. 1 BGB vermutet, daß der Dritte für den gesamten Nachlaß als Erbe des zuletzt verstorbenen Ehegatten eingesetzt ist. Der beiderseitige Nachlaß wird als Einheit behandelt. Der überlebende Ehegat- 217

---

[135] Staudinger/Kanzleiter, Vorbem. 10 zu §§ 2265 ff. BGB.

te ist unbeschränkter Vollerbe, nicht nur Vorerbe. Der oder die eingesetzten Dritten sind Erben des Überlebenden, sogenannte Schlußerben, und nicht Nacherben des Vorverstorbenen. § 2269 BGB enthält keine Auslegungsregel zur Wechselbezüglichkeit der Schlußerbeneinsetzung. Die gegenseitige Erbeinsetzung im Berliner Testament ist regelmäßig wechselbezüglich, sofern die Ehegatten nichts anderes bestimmt haben.

cc) Ehegattentestament ohne wechselbezügliche Verfügungen
    des Überlebenden

218   Ehegatten können denselben Dritten ohne inneres Beziehungsverhältnis und ohne innere Abhängigkeit der beiderseitigen Verfügungen voneinander nach dem Tode des Längstlebenden einsetzen.

Beispiele:

Berufen sich die Ehegatten gegenseitig zu Erben und bestimmen, daß der Überlebende über seinen Nachlaß von Todes wegen frei verfügen kann, oder ordnen sie nach gegenseitiger Erbeinsetzung an, daß der Überlebende einen Dritten zum Alleinerben einsetzt, aber das Recht hat, diese Anordnung jederzeit zu ändern und einen anderen Erben zu bestimmen, so liegt lediglich ein gegenseitiges gemeinschaftliches Testament ohne Bindungswirkung – ohne sogenannte Wechselbezüglichkeit – vor.

219   Derartige gemeinschaftliche, lediglich gegenseitige Testamente können von jedem Ehegatten bezüglich der Schlußerbenbestimmung allein widerrufen werden, und zwar auch nach dem Tode des überlebenden Ehegatten.

dd) Ehegattentestament mit wechselbezüglichen Verfügungen
    des Überlebenden

220   Das gemeinschaftliche Testament kann sogenannte wechselbezügliche Verfügungen nach dem Tode des Längstlebenden enthalten (§ 2270 BGB). Wechselbezügliche Verfügungen liegen vor, wenn die Verfügung des einen Ehegatten nicht ohne die Verfügung des anderen getroffen worden wäre, die beiderseitigen Verfügungen also in einem Abhängigkeitsverhältnis zueinander stehen.

Für diesen Fall spricht § 2270 Abs. 1 BGB aus, daß Nichtigkeit oder Widerruf der einen Verfügung die Unwirksamkeit der anderen zur Folge hat.

Gemäß § 2270 Abs. 2 BGB wird vermutet, daß nicht nur ein gegenseitiges Testament, sondern ein wechselbezügliches Testament vorliegt. Diese Auslegungsregel greift aber nur ein, wenn die Auslegung nach den allgemeinen Grundsätzen des § 133 BGB zu keinem anderen Ergebnis geführt hat[136]. Die gesetzliche Auslegungsregel des § 2270 Abs. 2 BGB ist darüber hinaus widerlegbar[137].

221   Als wechselbezügliche Verfügungen können nur Erbeinsetzungen, Vermächtnisse oder Auflagen angeordnet werden (§ 2270 Abs. 3 BGB). Sonstige Anordnun-

---

[136] BayObLG FamRZ 1988, 878; Erman/M.Schmidt § 2270 Rz. 5.
[137] Staudinger/Kanzleiter, § 2270 BGB Rz. 6ff.; BGB-RGRK/Johannsen, § 2270 BGB Rz. 8–11, 14; MünchKomm/Musielak, § 2270 BGB Rz. 9.

gen, selbst Teilungsanordnungen, oder die Anordnung der Testamentsvollstrekkung können nicht mit wechselbezüglicher Wirkung getroffen werden.

3. Erbvertrag

Der Erbvertrag ist ein Rechtsgeschäft, mit welchem der Erblasser vertragsmäßig zugunsten des Vertragspartners oder eines Dritten von Todes wegen verfügt[138]. Der Erbvertrag hat eine Doppelnatur als erbrechtlich bindender Vertrag und als Verfügung von Todes wegen. Er bedarf der notariellen Beurkundungsform. 222

Am Erbvertrag können auch mehr als zwei Personen beteiligt sein. Im Unterschied zum gemeinschaftlichen Testament müssen die Vertragspartner nicht Ehegatten sein. 223

Erbverträge können einseitig, zwei- und mehrseitig geschlossen werden. Bei einem einseitigen Erbvertrag trifft nur einer der Vertragspartner letztwillige Verfügungen. Von zwei- und mehrseitigen Erbverträgen spricht man, wenn zwei oder mehr Vertragspartner letztwillig verfügen. 224

Die Regelung entspricht der für gemeinschaftliche wechselbezügliche Ehegattentestamente geltenden (§ 2270 Abs. 3 BGB), wobei hier „vertragsmäßig" anstelle von wechselbezüglich steht. Für den Fall der erbvertraglichen gegenseitigen Erbeinsetzung (auch von Nichtehegatten) gilt ebenfalls die für das gemeinschaftliche Ehegattentestament bestehende Auslegungsregel des § 2269 BGB, wonach der zum Erben des Überlebenden eingesetzte Dritte sogenannter Schlußerbe ist. 225

Daß der Erbvertrag Erbeinsetzung, Vermächtnisse, Auflagen enthält, bedeutet allein noch nicht zwingend, daß diese Anordnungen schon vertragsmäßig gemeint sind. Ob und inwieweit gegenseitige Bindung oder freie Widerruflichkeit der Bestimmung beabsichtigt war, ist dem Inhalt des Erbvertrages zu entnehmen. 226

Verfügungen, die nicht vertragsmäßig getroffen werden können wie Teilungsanordnungen, Anordnung der Testamentsvollstreckung, können neben zulässigen vertragsmäßigen Verfügungen als einseitige Verfügungen Inhalt des Erbvertrages sein (§ 2299 BGB). 227

Möglich ist, Verfügungen, die nicht vertragsmäßig getroffen werden können, zum Gegenstand einer Auflage zu machen, die selbst wiederum mit erbvertraglicher Bindungswirkung vereinbart werden kann. 228

III. Die Formen letztwilliger Verfügungen

1. Formzwecke

Für die Errichtung letztwilliger Verfügungen (Testamente, Erbverträge) besteht Formzwang[139]. Letztwillige Verfügungen entfalten erst nach dem Tode des Erblassers rechtliche Wirkungen. Daher ist sicherzustellen, daß der letzte Wille unmiß- 229

---

[138] Staudinger/Otte [1994] § 1941 BGB Rz. 1 ff.
[139] Zu den Formzwecken letztwilliger Verfügungen Staudinger/Baumann, § 2231 BGB Rz. 16 f.

verständlich feststeht. Außerdem ist die letztwillige Verfügung ein höchstpersönliches Rechtsgeschäft. Es muß gewährleistet sein, daß die Erklärung des letzten Willens auch vom Erblasser selbst stammt. Darüber hinaus schützt jede Form vor leichtfertigen, unüberlegten Erklärungen. Dies gilt schon für die einfache Schriftform, weil sie ein zusätzliches Hemmnis zur Abgabe einer Willenserklärung darstellt, und in besonderer Weise für die notarielle Beurkundungsform. Bei der Beurkundungsform tritt die rechtliche Beratungs- und Belehrungsfunktion des Notars hinzu.

2. Ordentliche Testamente

a) Zwei Grundformen

230   Das Gesetz stellt zwei Formen des ordentlichen Testaments zur Verfügung: das private, eigenhändige Testament und das öffentliche, zur Niederschrift eines Notars abgegebene Testament.

b) Eigenhändiges Testament

231   Zur Wirksamkeit des privaten, eigenhändigen Testaments ist erforderlich, daß der Erblasser den Text seines Testaments eigenhändig schreibt und unterschreibt (§ 2247 Abs. 1 BGB)[140].

232   Ein maschinenschriftlich niedergelegtes und vom Erblasser nur unterschriebenes Testament ist ungültig; ebenso ungültig ist eine nach Diktat des Erblassers durch eine dritte Person errichtete Niederschrift, die der Erblasser unterzeichnet hat. Auch die Verweisung auf Urkunden, die nicht der Testamentsform genügen, ist unzulässig. Andererseits kann eine Durchschrift, die mittels Kohlepapier oder Blaupause errichtet ist, formgültig sein; es ist aber sorgfältige Prüfung auf Echtheit geboten[141].

233   Das „eigenhändige" Testament muß nicht unbedingt mit der Hand geschrieben sein. Versehrte können auch mit Prothese, Fuß, Mund schreiben. Gleichgültig sind Schreibmaterial, Sprache oder Schrift (Druckbuchstaben, Kurzschrift). Das Testament muß nur verständlich und eine ernstgemeinte Erklärung des letzten Willens sein[142].

234   Die Unterschrift soll den Vornamen und den Familiennamen des Erblassers enthalten. Der Erblasser kann aber auch in anderer Weise unterzeichnen wie „Euer Vater", „Dein Bruder"; es dürfen nur an der Urheberschaft des Erblassers und der Ernstlichkeit seiner Erklärung keine Zweifel bestehen (§ 2247 Abs. 3 BGB)[143].

---

[140] MünchKomm/Burkart, § 2247 BGB Rz. 13ff; Erman/M. Schmidt, § 2247 BGB Rz. 3 ff.; Staudinger/Baumann, § 2247 BGB Rz. 33ff., 80ff.
[141] BGHZ 47, 68 (69ff.); dazu LM § 2247 BGB Nr. 3 mit Anm. Johannsen.
[142] Staudinger/Baumann, § 2247 BGB Rz. 24ff.
[143] MünchKomm/Burkart, § 2247 BGB Rz. 26ff; Soergel/Harder, § 2247 BGB Rz. 26ff.; Erman/M.Schmidt, § 2247 BGB Rz. 5; Staudinger/Baumann, § 2247 BGB Rz. 81, 83, 101ff.

Die Unterschrift muß den Wortlaut des Testaments abschließen, also unter dem 235
Text stehen; sie muß bei vernünftiger Betrachtung den Text decken. Die häufige
Selbstbezeichnung im Eingang des Textes („ich – Albert Groß – erkläre hiermit
meinen letzten Willen wie folgt ...") genügt nicht. Bei mehrseitigem Text reicht die
Unterschrift auf dem letzten Blatt aus[144]. Das „letzte Blatt" kann auch der Testamentsumschlag sein.

Schließlich soll der Erblasser den Ort der Niederschrift und ihr Datum angeben 236
(§ 2247 Abs. 2 BGB). Fehlen die Angabe des Ortes und des Zeitpunktes der Errichtung des Testaments, und ergeben sich hieraus Zweifel hinsichtlich der Gültigkeit
der letztwilligen Verfügung, so ist diese nur dann wirksam, wenn sich die notwendigen Feststellungen anderweitig treffen lassen (§ 2247 Abs. 5 BGB)[145].

Um jedes Risiko auszuschließen, ist dringend anzuraten, jede eigenhändige letzt- 237
willige Verfügung mit der Angabe des Ortes und des Datums ihrer Errichtung zu
versehen und sie auch mit vollem Vor- und Familiennamen zu unterschreiben.

Wer minderjährig ist oder Geschriebenes nicht zu lesen vermag, kann ein eigen- 238
händiges Testament nicht errichten (§ 2247 Abs. 4 BGB)[146].

c) *Öffentliches Testament*

aa) Beurkundungsperson

Die wichtigste und nach den Willen der Entwurfsverfasser des BGB einzige 239
Form des ordentlichen Testaments ist das öffentliche Testament[147]. Für die Beurkundung von Testamenten ist der Notar zuständig (§ 2231 Nr. 1 BGB)[148].

Da ein deutscher Notar als Träger eines öffentlichen Amtes wirksame Beurkun- 240
dungen nur innerhalb des Hoheitsgebietes der Bundesrepublik Deutschland vornehmen kann[149], ist durch internationale Abkommen gewährleistet, daß deutsche
Staatsangehörige im Ausland öffentliche Testamente vor deutschen Konsularbeamten errichten können[150].

---

[144] MünchKomm/Burkart, § 2247 BGB Rz. 34; Soergel/Harder, § 2247 BGB Rz. 28; Staudinger/Baumann, § 2247 BGB Rz. 86ff.
[145] MünchKomm/Burkart, § 2247 BGB Rz. 47; Soergel/Harder, § 2247 BGB Rz. 32ff.; Staudinger/Baumann, § 2247 BGB Rz. 105ff.
[146] Erman/M.Schmidt, § 2247 Rz. 11; Staudinger/Baumann, § 2247 BGB Rz. 118ff.
[147] Die Gesetzentwürfe lehnten das eigenhändige Testament als ordentliche Testamentsform ab. Erst nach hartnäckigem Kampf vor Reichstagskommission und Reichstag wurde es in das BGB aufgenommen; vgl. Staudinger/Baumann § 2247 BGB Rz. 1 m.N.
[148] MünchKomm/Burkart § 2247 BGB Rz. 3ff; Staudinger/Baumann, § 2231 Rz. 24ff.
[149] Baumann, MittRhNotK 1996, 1 (15).
[150] Konsulargesetz v. 11.9.1974 (BGBl. 1974 I, 2317) §§ 10, 11; Einzelheiten dazu s. Staudinger/Baumann, Vorbem. 41ff. zu §§ 2229ff. BGB; zur grenzüberschreitenden Amtshilfe Schippel, DNotZ 1995, 334ff.

bb) Formen

241 Das öffentliche Testament kann in zwei Formen errichtet werden: Entweder erklärt der Erblasser dem beurkundenden Notar seinen letzten Willen mündlich, oder er übergibt ihm eine Schrift mit der mündlichen Erklärung, daß diese Schrift seinen letzten Willen enthalte (§ 2232 Satz 1 BGB)[151].

242 Erklärt der Erblasser seinen letzten Willen mündlich, so braucht das nicht in zusammenhängender Rede zu geschehen. Die Erklärung kann sich aus Frage und Antwort ergeben. Macht der Erblasser von der zweiten Form der Errichtung eines öffentlichen Testaments – Übergabe einer Schrift – Gebrauch, so kann der Erblasser die Schrift offen oder verschlossen übergeben. Die Schrift braucht nicht von dem Erblasser persönlich, sondern kann auch von einer anderen Person geschrieben, sogar maschinenschriftlich niedergelegt, und braucht nicht einmal unterschrieben zu sein (§ 2232 Satz 2 BGB; vgl. § 30 BeurkG)[152]. Wird die Schrift offen übergeben, so soll der Notar von dem Inhalt Kenntnis nehmen. Die Schrift soll der Niederschrift des Notars beigefügt werden; einer Verlesung der Schrift bedarf es nicht (§ 30 Satz 4 und 5 BeurkG).

243 Ein testierfähiger Minderjähriger kann das öffentliche Testament nur in den Formen der mündlichen Erklärung oder der Übergabe einer offenen Schrift errichten[153]. Ist der Erblasser nach der Überzeugung des Notars nicht imstande, Geschriebenes zu lesen, so kann er das Testament nur durch mündliche Erklärung, nicht aber durch Übergabe einer Schrift, weder einer offenen, noch einer verschlossenen, errichten (§ 2233 Abs. 2 BGB)[154].

244 Der am Sprechen Behinderte kann ein Testament nur durch Übergabe einer Schrift errichten. Er muß die Erklärung, daß die Schrift seinen letzten Willen enthalte, bei der Verhandlung eigenhändig in die Niederschrift oder auf ein besonderes Blatt schreiben, welches der Niederschrift als Anlage beigefügt werden muß (§ 2233 Abs. 3 BGB; § 31 BeurkG)[155].

245 Ist der Erblasser nach der Überzeugung des Notars taub, blind, stumm oder sonst am Sprechen verhindert ist, so soll der Notar einen zweiten Notar oder einen Zeugen zuziehen (§ 22 Abs. 1 Satz 1 BeurkG). Die Zuziehung eines zweiten Notars oder eines Zeugen gemäß § 22 BeurkG ist eine „Sollvorschrift". Die Beteiligten können auf die Zuziehung verzichten. Haben die Beteiligten auf die Zuziehung nicht verzichtet, so ist die gleichwohl erfolgte Beurkundung wirksam[156].

246 In zwei Fällen ist allerdings auch nach dem BeurkG die Zuziehung von Zeugen bzw. einer mitwirkenden Vertrauensperson zwingend erforderlich:

---

[151] MünchKomm/Burkart, § 2232 BGB Rz. 12ff.; Staudinger/Baumann, § 2232 BGB Rz. 13.
[152] MünchKomm/Burkart, § 2232 BGB Rz. 14; Staudinger/Baumann, § 2232 BGB Rz. 31ff.
[153] Soergel/Harder § 2247 BGB Rz. 14; Staudinger/Baumann, § 2247 Rz. 119ff.
[154] Erman/M. Schmidt, § 2233 BGB Rz. 3f; Staudinger/Baumann, § 2233 BGB Rz. 4ff.
[155] Huhn/v. Schuckmann § 31 BeurkG Rz. 7ff.; Staudinger/Baumann, § 2233 BGB Rz. 16ff.
[156] Huhn/v. Schuckmann § 23 BeurkG Rz. 10; Mecke/Lerch, § 22 BeurkG Rz. 5.

- Ist der Erblasser nach seinen eigenen Angaben oder nach der Überzeugung des Notars nicht fähig, seinen Namen zu schreiben, **so muß ein zweiter Notar oder ein Zeuge zugezogen werden** (§ 25 Satz 1 BeurkG);
- ist der Erblasser taub oder stumm und darüber hinaus nicht in der Lage, sich schriftlich zu verständigen, so soll der Notar dies zunächst in der Niederschrift feststellen. Der Notar ist verpflichtet, eine derartige Feststellung ggf. zu treffen; doch läßt ein Verstoß die Wirksamkeit der Beurkundung unberührt. **Ist in der Niederschrift** die erwähnte Feststellung getroffen worden, so muß neben dem Zeugen oder zweiten Notar zu der Beurkundung eine „Vertrauensperson" zugezogen werden, die sich mit dem behinderten Erblasser zu verständigen vermag (§ 24 Abs. 1 Satz 1 BeurkG)[157].

247 Das Gesetz schließt beurkundende oder mitwirkende Personen von der Teilnahme an der Testamentserrichtung aus, wenn bestimmte persönliche Umstände vorliegen (vor allem eine Beteiligung am Inhalt der Beurkundung und Beteiligung nächster Angehöriger, Begünstigung des Notars oder seiner Angehörigen (im einzelnen s. §§ 6, 7, 16 Abs. 3 Satz 2, 24 Abs. 2, 26, 27 BeurkG).

248 Auf Verlangen der Beteiligten soll der Notar bei der Beurkundung bis zu zwei Zeugen oder einen zweiten Notar zuziehen und dies in der Niederschrift vermerken (§ 29 BeurkG).

249 Das BeurkG enthält noch eine Reihe von Vorschriften, die sich an den beurkundenden Notar wenden: Er soll die Beurkundung ablehnen, wenn sie mit seinen Amtspflichten nicht vereinbar sind (§ 3 BeurkG), er soll Feststellungen über die Geschäftsfähigkeit treffen und diese Feststellungen in der Niederschrift vermerken (§§ 11, 28 BeurkG).

250 Von herausragender Bedeutung ist die amtliche Prüfungs- und Belehrungspflicht des Notars gemäß § 17 BeurkG[158]. Der Notar hat den Willen der Beteiligten zu erforschen, den Sachverhalt zu klären und die Beteiligten über die rechtliche Tragweite des Geschäfts zu belehren. Er soll darauf achten, daß Irrtümer und Zweifel vermieden und unerfahrene, ungewandte Beteiligte nicht benachteiligt werden.

251 Die Belehrungspflicht aus Urkundstätigkeit besteht insoweit, als eine Belehrung erforderlich ist, um den Willen der Beteiligten rechtswirksam, wahrheitsgemäß und vollständig niederzulegen. Es ist dagegen nicht Aufgabe des Notars, die Willensbildung der Beteiligten zu beeinflussen. Die Belehrungspflicht des Notars hat sich darauf zu erstrecken, ob der erstrebte rechtliche Erfolg überhaupt eintritt, und was außer den beurkundeten Willenserklärungen noch erforderlich ist, um den erwünschten Erfolg eintreten zu lassen. Für den Umfang der Belehrung kommt es auf die Umstände des Einzelfalles an, insbesondere darauf, ob die Beteiligten geschäftsgewandt oder unerfahren sind[159]. Eine besondere Belehrungspflicht erwächst dem

---

[157] Huhn/v. Schuckmann § 24 BeurkG Rz. 7 ff.
[158] Huhn/v. Schuckmann § 17 BeurkG Rz. 4 ff; zu den öffentlichen und sozialen Funktionen des Notars Baumann, MittRhNotK 1996, 1 ff.
[159] Huhn/v. Schuckmann § 17 BeurkG Rz. 88; Mecke/Lerch, § 17 BeurkG Rz. 2, 12, 13.

Notar aus der Betreuungsverpflichtung gegenüber unerfahrenen und ungewandten Beteiligten (§ 17 Abs. 1 Satz 2 BeurkG). Das gilt, wenn besondere Umstände die Vermutung nahe legen, daß ein Beteiligter aus seiner Erklärung Schaden erleiden kann, und sich nicht mit Sicherheit ergibt, daß er diese Gefahr erkannt hat oder das Risiko auch bei einer Belehrung auf sich nehmen würde[160].

cc) Niederschrift

252   Der Notar hat über die Verhandlung der Errichtung eines öffentlichen Testaments eine Niederschrift aufzunehmen. Für die Niederschrift gelten im einzelnen die §§ 9–16 BeurkG, darüber hinaus als Sondervorschriften für die Errichtung von Verfügungen von Todes wegen die §§ 28–35 BeurkG.

253   Die Niederschrift ist über die Verhandlung aufzunehmen. Verhandlung ist nicht das der eigentlichen Beurkundung vorausgehende Vorverfahren, in welchem vor allem der Wille der Beteiligten ermittelt und sodann in einem Urkundsentwurf niedergelegt wird. Verhandlung ist das Hauptverfahren des Urkundsaktes, in welchem die zu beurkundenden Willenserklärungen endgültig abgegeben werden; die Verhandlung fällt deshalb mit dem „Vorlesen, Genehmigen und Unterschreiben" der Niederschriften im Sinne des § 13 BeurkG zusammen[161].

254   Für die Errichtung eines öffentlichen Testaments ist insbesondere zu beachten:
– Die Feststellungen über die erforderliche Testierfähigkeit des Erblassers soll der Notar in der Niederschrift vermerken (§ 28 BeurkG);
– zugezogene Zeugen oder ein zweiter Notar sollen die Niederschrift auch unterschreiben (§§ 22, 24, 25, 29 BeurkG);
– wird ein Testament durch Übergabe einer Schrift errichtet, so muß die Niederschrift die Feststellung enthalten, daß die Schrift übergeben worden ist; weiter soll die Niederschrift vermerken, ob die Schrift offen oder verschlossen übergeben worden ist (§ 30 BeurkG);
– ist der Erblasser der Verhandlungssprache nicht hinreichend kundig und ist dies in der Niederschrift festgestellt, so soll eine schriftliche Übersetzung angefertigt und der Niederschrift beigefügt werden. Der Verzicht hierauf muß in der Niederschrift festgestellt werden.

dd) Verschließung, Verwahrung

255   Die Niederschrift über die Errichtung des Testaments wird von dem Notar in einen Umschlag genommen und mit einem Prägesiegel verschlossen. Auf dem Umschlag wird der Erblasser seiner Person nach näher bezeichnet und angegeben, wann das Testament errichtet worden ist. Diese Aufschrift unterschreibt der Notar.

256   Der Notar hat weiter zu veranlassen, daß das Testament unverzüglich in besondere amtliche Verwahrung gebracht wird (§ 34 BeurkG). Für die besondere amtli-

---

[160] Mecke/Lerch, § 17 BeurkG Rz. 16 ff.; BGH DB 1978, 486; NJW 1980, 2472.
[161] Mecke/Lerch, § 9 BeurkG Rz. 18.

che Verwahrung sind die Amtsgerichte sachlich zuständig (§ 2258a Abs. 1 BGB)[162]. Im Landesteil Württemberg von Baden-Württemberg sind die Bezirksnotare für die besondere amtliche Verwahrung zuständig[163].

Die Vorschrift des § 34 BeurkG über Verschließung und Verwahrung eines öffentlichen Testaments ist nicht zwingend, sondern „Sollvorschrift"; ein Verstoß gegen § 34 BeurkG beeinträchtigt die Wirksamkeit der Beurkundung nicht. 257

3. Außerordentliche Testamentsformen

a) Bürgermeister-Testament

In Notlagen, die befürchten lassen, daß ein Erblasser stirbt, ehe er ein notarielles Testament errichten kann, ist die Beurkundung eines sogenannten Nottestaments vor dem Bürgermeister der Gemeinde zulässig. Zuständig ist nur der Bürgermeister des Aufenthaltsorts. In den Gebieten der früheren Britischen Zone ist der zuständige Hauptgemeindebeamte und dessen Vertreter zuständig. 258

Der Bürgermeister muß zwei Zeugen zuziehen. Für die Errichtung des Nottestaments gelten grds dieselben Bestimmungen wie für das ordentliche öffentliche Testament, jedoch bestimmt das Gesetz, daß bei Formfehlern in der Niederschrift das Nottestament dennoch wirksam ist, wenn mit Sicherheit anzunehmen ist, daß das Testament eine zuverlässige Wiedergabe der Erklärung des Erblassers enthält[164]. 259

b) Drei-Zeugen-Testament

Ist die Notlage derart, daß voraussichtlich auch die Errichtung eines Bürgermeister-Testaments nicht mehr möglich ist, oder ist der Erblasser örtlich infolge außerordentlicher Umstände derart abgesperrt, daß die Errichtung eines öffentlichen Testaments nicht möglich oder erheblich erschwert ist, so kann ein Testament auch durch mündliche Erklärung vor drei Zeugen errichtet werden. Hierüber ist eine Niederschrift aufzunehmen (§ 2250 BGB)[165]. 260

Da das „Drei-Zeugen-Testament" nur durch mündliche Erklärung errichtet werden kann, ist es einem Stummen oder sonst am Sprechen Verhinderten oder einem der deutschen Sprache nicht Mächtigen nicht möglich, mittels „Drei-Zeugen-Testaments" zu testieren. Ein „Drei-Zeugen-Testament" kann in fremder Sprache niedergelegt werden, wenn sämtliche mitwirkenden Personen der fremden Sprache mächtig sind. 261

---

[162] MünchKomm/Burkart, § 2258a BGB Rz. 6; Staudinger/Baumann, § 2258a BGB Rz. 5 ff.
[163] Soergel/Harder § 2258a BGB Rz. 3; Staudinger/Baumann, § 2258a BGB Rz. 6.
[164] Einzelheiten siehe Erman/M. Schmidt, § 2249 BGB Rz. 5 f; Staudinger/Baumann, § 2249 BGB Rz. 26 ff.
[165] MünchKomm/Burkart, § 2250 BGB Rz. 13 f; Staudinger/Baumann, § 2250 BGB Rz. 9 ff.

c) Seetestament

262 Im Wege des Drei-Zeugen-Testaments kann testieren, wer sich während einer Seereise an Bord eines deutschen Schiffes außerhalb eines inländischen Hafens befindet (§ 2251 BGB)[166].

d) Gültigkeitsdauer

263 Die vorbezeichneten Nottestamente (Bürgermeister-Testament, Drei-Zeugen-Testament, Seetestament) gelten als nicht errichtet, wenn seit der Errichtung drei Monate verstrichen sind und der Erblasser noch lebt. Allerdings sind Beginn und Lauf der Frist so lange gehemmt, als der Erblasser nicht in der Lage ist, ein notarielles Testament zu errichten (§ 2252 BGB)[167].

4. Gemeinschaftliches Ehegattentestament

a) Grundsätzliches

264 Das gemeinschaftliche Ehegattentestament kann als eigenhändiges oder als öffentliches Testament errichtet werden[168].

265 Ein gemeinschaftliches eigenhändiges Testament können nur Ehegatten errichten, sofern beide volljährig sind und beide Geschriebenes zu lesen vermögen (vgl. §§ 2247 Abs. 4, 2233 Abs. 1 BGB). Ist einer der Ehegatten noch minderjährig, so kann das gemeinschaftliche Testament nur als öffentliches und auch lediglich durch mündliche Erklärung gegenüber der Urkundsperson oder durch Übergabe einer offenen Schrift, nicht dagegen durch Übergabe einer verschlossenen Schrift errichtet werden.

b) Gemeinschaftliches eigenhändiges Testament

266 Das Testament kann von Eheleuten in der Weise errichtet werden, daß ein Ehegatte den letzten Willen beider Erblasser eigenhändig niederschreibt und unterschreibt, und der andere nur mitunterzeichnet; dabei sollte der mitunterzeichnende Ehegatte möglichst Ort und Datum beifügen (§ 2267 BGB).

267 Wesentlich ist, daß ein gemeinsamer Entschluß der beiden Ehegatten vorliegt. Spätere Mitunterzeichnung ohne Vorwissen des anderen Ehegatten begründet kein gemeinschaftliches Testament. Wegen der Risiken, die beim eigenhändigen Testament bestehen (Fälschungsgefahr, unklarer Ausdruck) und der zusätzlichen Gefahren, die in anderen Formen des gemeinsamen Ehegattentestats liegen, muß dringend geraten werden, die Formen des gesetzlichen Musters des § 2267 BGB einzuhalten.

---

[166] Soergel/Harder, § 2251 BGB Rz. 1 ff.; Staudinger/Baumann, § 2251 BGB Rz. 3 ff.
[167] MünchKomm/Burkart, § 2252 Rz. 3 ff.; Staudinger/Baumann, § 2252 BGB Rz. 4 ff.
[168] Zum gemeinschaftlichem Testament und Erbvertrag Langenfeld, NJW 1987, 1577 ff.

c) Gemeinschaftliches öffentliches Testament

Zur Errichtung eines gemeinsamen öffentlichen Testaments müssen beide Ehegatten zusammen vor dem beurkundenden Notar erscheinen, ihre letztwilligen Verfügungen mündlich erklären oder eine Schrift überreichen und diese als ihr gemeinschaftliches Testament erklären. Sie können auch zwei gesonderte Schriftstücke als ihre Testamente übergeben oder der eine ein Schriftstück überreichen, der andere seinen letzten Willen vollständig mündlich erklären; die Gemeinschaftlichkeit wird durch die Einheit der Verhandlung und der Niederschrift hergestellt. 268

d) Gemeinschaftliches Nottestament

Auch in den Nottestamentsformen (Bürgermeister-Testament, Drei-Zeugen-Testament, Seetestament) können die Ehegatten testieren, in den beiden erstgenannten Nottestamentsformen auch schon dann, wenn die vorausgesetzten Notlagen nur bei einem der Ehegatten vorliegen (§ 2266 BGB). 269

5. Erbvertrag

Der Erbvertrag kann nur in notarieller Form abgeschlossen werden[169]. Im einzelnen gelten dieselben Formerfordernisse wie bei der Errichtung eines öffentlichen Testaments. 270

Die Vertragsparteien müssen während der gesamten Verhandlung und des Abschlusses des Erbvertrages gleichzeitig anwesend sein (§ 2276 Abs. 1 BGB). 271

Die Parteien des Erbvertrages müssen nicht unbedingt persönlich anwesend sein. Lediglich der Erblasser selbst – beim zweiseitigen oder mehrseitigen Erbvertrag jeder, der als Erblasser testiert – muß höchstpersönlich anwesend sein. Der Erblasser kann sich niemals vertreten lassen, weil das letztwillige Testat ein höchstpersönliches Rechtsgeschäft ist (§ 2274 BGB). Der selbst nicht testierende Vertragspartner kann sich vertreten lassen. 272

Ein Erbvertrag erfordert grundsätzlich unbeschränkte Geschäftsfähigkeit des Erblassers (§ 2275 Abs. 1 BGB). Mit seinem Ehegatten oder Verlobten kann ein Erblasser einen Erbvertrag aber auch dann schließen, wenn dieser in der Geschäftsfähigkeit beschränkt ist; er bedarf in diesem Fall der Zustimmung des gesetzlichen Vertreters, bei gesetzlicher Vertretung durch einen Vormund auch der Genehmigung des Vormundschaftsgerichts (§ 2275 Abs. 2 und 3 BGB). 273

Für einen Erbvertrag zwischen Ehegatten oder Verlobten, der mit einem Ehevertrag in derselben Urkunde verbunden wird, genügt die für den Ehevertrag vorgeschriebene Form (§ 2276 Abs. 2 BGB). Diese „Formerleichterung" ist praktisch bedeutungslos, weil § 1410 BGB ebenfalls notarielle Beurkundung bei gleichzeitiger Anwesenheit vorschreibt. 274

Der Erbvertrag soll wie das öffentliche Testament verschlossen, versiegelt und amtlich hinterlegt werden; das letztere soll aber nur geschehen, sofern die Vertragsschließenden die besondere amtliche Verwahrung nicht ausschließen. Ist der Erb- 275

---

[169] Ausnahme: Prozeßvergleich s. BGHZ 14, 381 (390); OLG Köln OLGZ 1970, 114 (115).

vertrag mit einem anderen Vertrag, z.B. einem Ehevertrag oder einem Erbverzichtsvertrag in derselben Urkunde verbunden, so ist sogar im Zweifel anzunehmen, daß er nicht amtlich verwahrt werden soll (§ 34 Abs. 2 BeurkG). Die Urkunde verbleibt in diesem Fall in der Verwahrung des Notars.

276 Zwingende Wirksamkeitsvoraussetzung eines Erbvertrages ist, daß mindestens eine Verfügung mit vertraglicher Bindungswirkung vereinbart wird. Ein einseitiges Abänderungsrecht ist insoweit ausgeschlossen: Zulässig ist aber die Vereinbarung eines Rücktrittsrechts, das jedoch nur zu Lebzeiten des Erbvertragspartners ausgeübt werden kann.

IV. Die Wahl der richtigen Form

1. Einseitige Testamente

a) Vor- und Nachteile der Testamentsformen

aa) Eigenhändiges Testament

(1) Vorteile

277 Die Vorteile des eigenhändigen (auch gemeinschaftlichen Ehegatten-) Testaments liegen in
- der Bequemlichkeit. Ein eigenhändiges Testament kann zu jeder Zeit und an jedem Ort verhältnismäßig schnell niedergelegt werden.
- der Vertraulichkeit. Kein Dritter wird eingeweiht.
- der leichteren Widerrufbarkeit. Es bedarf nicht einer Rücknahme aus der amtlichen Verwahrung. Allerdings ist der Unterschied zum Widerruf eines notariellen Testaments unerheblich, weil dessen Widerruf auch jederzeit durch eigenhändiges Testament erfolgen kann.
- der vorläufigen Kostenersparnis für den Erblasser.

(2) Nachteile

278 Nachteile und Risiken des eigenhändigen Testaments liegen in folgenden Umständen:
- Form- und Typenzwang des Erbrechts überfordern den rechtsunkundigen Erblasser. Oft entstehen beim eigenhändigen Testament Auslegungsschwierigkeiten[170];
- auch kann bei Errichtung eines eigenhändigen Testaments der Erblasser fremden Einflüssen ausgesetzt sein, insbesondere von seiten mit ihm in Haushaltsgemeinschaft lebender Angehöriger;

---

[170] Vgl. z.B. BayObLG FamRZ 1991, 370: Das Nachlaßgericht hörte vier Beteiligte persönlich an, drei Beteiligte äußerten sich schriftlich. Acht Zeugen wurden persönlich vernommen, einer äußerte sich schriftlich. Sechs Gutachten wurden eingeholt. Das Gutachten des Landeskriminalamtes wurde durch drei weitere Gutachten sowie ein urkundentechnisches Gutachten und ein medizinisches Gutachten ergänzt.

- eigenhändige Testamente betagter Erblasser sind oft Angriffen mit der Behauptung ausgesetzt, der Erblasser sei zum Zeitpunkt der Testamentserrichtung nicht testierfähig gewesen;
- beim eigenhändigen Testament sind die Fälschungsrisiken erhöht;
- die Gefahr der Testamentsunterdrückung durch Beseitigung oder Vernichtung ist groß. Eigenhändige Testamente werden selten in amtliche Verwahrung gegeben. Oft sind sie schwer aufzufinden. Werden sie nach dem Tode des Erblassers in seinem Haushalt aufgefunden – das geschieht meist durch Haushaltsangehörige – so besteht ein Risiko der Testamentsunterdrückung, wenn der Inhalt des Testaments den Wünschen des Finders nicht entspricht.

bb) Notarielle Testamente

(1) Vorteile

Die Vorteile des notariellen Testaments liegen darin, daß sie alle Nachteile und Risiken des eigenhändigen Testaments ausgleichen. Darüber hinaus gewähren notarielle Testamente zusätzliche Erleichterungen. Die Vorteile liegen 279

- in der Gewährleistung rechtlich klarer Testate;
- in der Feststellung des Notars über die Testierfähigkeit des Erblassers. Da der Notar als unparteiischer Träger eines öffentlichen Amtes mit richternahen Funktionen[171] sich von Geschäftsfähigkeit des Erschienenen zu überzeugen hat und seine Feststellungen zu protokollieren hat, findet eine Beweisverstärkung statt[172].
- in der Sicherheit gegen Fälschung und Unterdrückung.

Hinzu kommen Erbnachweiserleichterungen: 280

- Die Erbfolge wird regelmäßig durch einen Erbschein nachgewiesen. Das Erbscheinsverfahren ist aber umständlich, zeitraubend und verursacht Kosten, die meist höher sind als die der Beurkundung eines notariellen Testaments (allerdings fallen die Erbscheinskosten dem Nachlaß und nicht dem Erblasser zur Last).
- Beruht die Erbfolge auf einer beurkundeten Verfügung von Todes wegen (notarielles Testament oder Erbvertrag), so genügen gegenüber dem Grundbuchamt (§ 35 GBO), dem Handelsregister (§ 12 HGB) und dem Schiffsregister (§ 41 Abs. 1 Satz 2 SchiffsRegO) die Vorlage einer beglaubigten Ablichtung des Eröffnungsprotokolls, dem die Verfügung von Todes wegen beigefügt ist.
- Auch Dritte, vor allem Kreditinstitute, geben sich in der Regel, wenn die Erbfolge eindeutig ist, mit einer beglaubigten Abschrift des Eröffnungsprotokolls als Erbnachweis zufrieden.

---

[171] Pfeiffer DNotZ 1981, 13 ff; Odersky DNotZ 1994, 1 ff.
[172] Esch in der Vorauflage Rz. 418: „Der Beweis gegen die gegenteilige Feststellung im notariellen Testament ist praktisch kaum zu führen".

(2) Nachteile

281 Als Nachteile bleiben danach eigentlich nur die Kosten, wenn man von der Unbequemlichkeit des Gangs zum Notar absieht.

„Die Beurkundungskosten sind nicht so wesentlich, wie es Testatoren häufig scheint. Sie sollten gerade bei umfangreicherem Vermögen und komplizierteren Verhältnissen keinesfalls gescheut werden[173]."

b) Abwägung der Testamentsformen[174]

282 Die hohen Formansprüche, die an das öffentliche Testament gestellt werden, gewährleisten dem Erblasser eine sehr viel höhere Sicherheit als das private eigenhändige Testament. Das bezieht sich nicht nur auf die Sicherheit der Erforschung des wirklichen Willens und die Gewährleistung der rechtlichen Tragweite des Testats, sondern auch auf den klaren und unzweideutigen Ausdruck des Testierwillens (vgl. § 17 BeurkG).

Bedeutsam ist auch die Bezeugung der Testierfähigkeit (§ 28 BeurkG). Darüber hinaus gewährt das öffentliche Testament Beweiserleichterungen zum Nachweis des Erbrechts in Verbindung mit der Niederschrift über seine Eröffnung; ein Erbschein ist bei namentlicher Erbeinsetzung in einem notariell beurkundeten Testament dann entbehrlich, wenn nicht daneben noch eigenhändige Testamente vorliegen.

283 Das eigenhändige Testament birgt gegenüber dem öffentlichen Testament die Risiken, die sich aus dem Mangel der geschilderten Sicherheit ergeben, die das öffentliche Testament gewährt: Eigenhändige Testamente sind häufig unklar abgefaßt und führen zu Auslegungsschwierigkeiten; eine Fälschungsgefahr ist nicht auszuschließen; nicht in amtliche Verwahrung gegebene eigenhändige Testamente sind oft schwer oder gar nicht auffindbar; sie können leicht unterdrückt werden. Andererseits können auch eigenhändige Testamente in amtliche Verwahrung gegeben werden (§ 2248 BGB), was aber selten geschieht.

284 Die Vorteile des eigenhändigen Testaments liegen in seiner erleichterten Niederlegung. Ein eigenhändiges Testament kann leicht zu jeder Zeit an jedem Ort errichtet werden; es kostet den Erblasser nichts. Dafür treffen den Erben erhöhte Kosten für Erbscheinsantrag und Erbschein[175].

285 Handelt es sich nicht um einfache Testate bei klaren und einfachen wirtschaftlichen Verhältnissen (einfache Erbeinsetzungslagen), vor allem wenn es sich um größere Nachlässe, kompliziertere Vermögen und Vermögenszuweisungen, Teilungs- und Bewertungsfragen, eingehendere Testamentsvollstreckungsanordnungen handelt, sollte regelmäßig die Form des öffentlichen Testaments statt des eigenhändigen Testaments gewählt werden.

---

[173] Esch in der Vorauflage Rz. 420.
[174] Dazu auch Staudinger/Baumann, § 2231 BGB Rz. 9ff.
[175] Vgl. dazu die Beispielsrechnung bei Kössinger, S. 13.

Unter den dargelegten Umständen muß empfohlen werden, im Zweifel zur Form des notariellen Testaments zu greifen[176]. Es gewährleistet in inhaltlicher wie persönlicher Hinsicht wesentlich größere Sicherheit, als ein eigenhändiges Testament sie gewähren kann.

2. Gemeinschaftliches Ehegattentestament

Die Vor- und Nachteile des einseitigen Testaments gelten entsprechend. Hinzu kommt, daß die Frage der Wechselbezüglichkeit der beiderseitigen Ehegattenverfügungen inhaltlich klargestellt sein muß. Wegen der damit verbundenen Schwierigkeiten ist grds. zu empfehlen, wechselbezügliche gemeinschaftliche Ehegattentestamente notariell beurkunden zu lassen.

3. Erbvertrag

a) Vorteile

Da der Erbvertrag der notariellen Beurkundung bedarf, gelten die vorstehend dargelegten Vorteile des notariellen Testaments uneingeschränkt auch für den Erbvertrag.

Ein weiterer Vorteil kann in der Bindungswirkung des Erbvertrags liegen, wenn diese gewollt ist. Vorteilhaft kann die Bindungswirkung besonders dann sein, wenn es sich um einen zweiseitigen Erbvertrag handelt, bei welchem nicht nur eine Vertragspartei, sondern beide Vertragsparteien testieren und die beiderseitigen Verfügungen im Abhängigkeitsverhältnis zueinander stehen. Der Erbvertrag setzt nicht – wie das gemeinschaftliche Testament – voraus, daß die Vertragspartner Eheleute sind, sondern kann von beliebigen Personen geschlossen werden. Die vertragsmäßige Bindung kann auch für nur einen Vertragspartner herbeigeführt werden[177]. Sie kann inhaltlich auf einzelne Verfügungen beschränkt werden.

b) Nachteile

Die Bindungswirkung kann auch nachteilig sein. Mindestens eine Verfügung muß mit vertraglicher Bindungswirkung vereinbart sein. Dieser Nachteil läßt sich aber durch ein vertragliches Rücktrittsrecht abmildern. Ein gravierender Nachteil ist, daß nach gegenwärtiger Rechtslage ein Erbvertrag nicht an die Beteiligten herausgegeben werden kann (§ 25 Abs. 2 BNotO). Damit hat der Erblasser keine Möglichkeit zu verhindern, daß ein aufgehobener Erbvertrag seinen Erben und Vermächtnisnehmern bekannt wird[178].

---

[176] Der Gesetzgeber wollte ursprünglich das eigenhändige Testament nicht zulassen: Zur Geschichte und Form des eigenhändigen Testaments vgl. Beutgen, Diss. Köln (1991).
[177] Ausführlich zu den Vor- und Nachteilen Nieder, Rz. 585f.
[178] Dazu mit Recht kritisch Faßbender MittRhNotK 1989, 125; Staudinger/Baumann, § 2258b BGB Rz. 25.

V. Wirkungen letztwilliger Verfügungen

290 Die letztwilligen Verfügungen unterscheiden sich von allen Willenserklärungen und Rechtsgeschäften unter Lebenden dadurch, daß sie zu Lebzeiten des Erblassers für dessen Vermögen weder eine Verpflichtungs- noch eine Verfügungswirkung entfalten. Erst mit dem Tod des Erblassers treten die Rechtswirkungen der Verfügungen von Todes wegen ein. Solange der Erblasser lebt, hat keiner der Erbbeteiligten eine befristete Rechtsstellung oder auch nur eine Vermögensanwartschaft. Selbst der Erbvertragserbe hat zu Lebzeiten des Erblassers nur die Chance, später Erbe zu werden. Auch bei einem erbvertraglich ausgesetzten Vermächtnis besteht vor dem Erbfall nur eine tatsächliche Aussicht, kein schuldrechtlicher Anspruch[179].

1. Einseitiges Testament

291 Ein einseitiges Testament kann jederzeit widerrufen werden (§ 2253 BGB)[180].

2. Erbvertrag und gemeinschaftliches Ehegattentestament

292 Erbvertrag und gemeinschaftliches Ehegattentestament erzeugen zumindest teilweise Bindungswirkungen:

a) Bindungswirkung des Erbvertrages

293 Die Bindungswirkung des Erbvertrages ergibt sich aus seiner Vertragsnatur. Die Bindungswirkung schränkt die Testierfreiheit des Erblassers dahin ein, daß eine von ihm errichtete spätere Verfügung von Todes wegen unwirksam ist, soweit sie das Recht des vertragsmäßig Bedachten beeinträchtigen würde (§ 2289 BGB)[181]. Der Erblasser kann nicht mehr zum Nachteil des vertragsmäßig Bedachten testieren.

294 Die Bindungswirkung beschränkt sich auf die drei Verfügungen Erbeinsetzung, Vermächtnis und Auflage, die allein als vertragsmäßige getroffen werden können (§ 2278 Abs. 2 BGB). Alle anderen Verfügungen und Anordnungen des Vertragserblassers wie des Vertragsgegners sind einfache Verfügungen, die an der Bindungswirkung nicht teilhaben. Für sie gilt Testamentsrecht (§ 2299 BGB). Sie können von dem Erblasser einseitig gemäß § 2253 ff. BGB widerrufen werden.

295 Im Erbvertrag enthaltene Erbeinsetzungen, Vermächtnisse und Auflagen müssen nicht unbedingt vertragsmäßige sein und damit der Bindungswirkung unterliegen. Erforderlich ist für das Vorliegen eines Erbvertrages nur, daß wenigstens eine vertragsmäßige Verfügung getroffen worden ist. Es empfiehlt sich dringend, im

---

[179] BGHZ 12, 115 (118) = NJW 1954, 633 (634); BGH LM § 2288 BGB Nr. 2; BGHZ 37, 319 (321 f.).
[180] Staudinger/Baumann § 2253 BGB Rz. 6; zum Widerruf s. Rz. 358 ff.
[181] Zur Sicherung des Vertragserben vor lebzeitigen Verfügungen des Erblassers Hohmann ZEV 1994, 133.

Erbvertrag ausdrücklich klarzustellen, welche Verfügungen vertragsmäßige und welche einseitige sein sollen[182].

Die vertragsmäßigen Bindungen können im Erbvertrag gelockert werden. Der Erblasser kann sich vorbehalten, von dem Erbvertrag einseitig zurückzutreten und damit seine Bindung zu beseitigen. Weiterhin können die Parteien die erbvertragliche Bindung einschränken, indem sie dem Erblasser einseitige nachträgliche Verfügungen gestatten, die an sich die vertraglich zugewendete erbrechtliche Stellung des Vertragserben beeinträchtigen und gemäß § 2289 Abs. 1 BGB unwirksam wären, z.B. Vermächtnisse oder die Anordnung der Testamentsvollstreckung zu Lasten des Bedachten. Schließlich können die Vertragsparteien einen Abänderungsvorbehalt vereinbaren, in dessen Grenzen später noch einseitig Verfügungen getroffen werden dürfen[183]. Der Vorbehalt darf aber nicht so weit gehen, daß keine vertragsmäßige Verfügung mehr übrig bleibt[184].

Der Vertragspartner ist nicht verpflichtet, nach dem Tod des Erblassers die Erbschaft anzunehmen. Gehört der Vertragspartner zu den pflichtteilsberechtigten Erben und kann er nach Ausschlagung den Pflichtteil geltend machen, so kann die vorgestellte Rechtsnachfolgeregelung fehlschlagen, darüber hinaus durch die Pflichtteilsgeltendmachung zu hohen Liquiditätsbelastungen führen. In solchen Fällen ist zu empfehlen, den Erbvertrag mit einem Pflichtteilsverzicht zu verbinden, um der Gefahr zu begegnen, daß durch Ausschlagung und Pflichtteilsbeanspruchung die vorgesehene Vermögensnachfolgegestaltung ausgehebelt wird.

b) Bindungswirkung des gemeinschaftlichen Ehegattentestaments

Auch das gemeinschaftliche Ehegattentestament entfaltet bei bestimmtem Inhalt Bindungswirkungen[185]. Die Ehegatten können sogenannte wechselbezügliche Verfügungen treffen, die sich wie erbvertragsmäßige Verfügungen nur auf Erbeinsetzungen[186], Vermächtnisse und Auflagen erstrecken können (§ 2270 Abs. 3 BGB).

Bei Vorliegen wechselbezüglicher Verfügungen tritt eine Bindungswirkung wie folgt ein: Zu Lebzeiten des einen Ehegatten kann der andere Ehegatte seine getroffene Verfügung nicht einseitig durch eine neue Verfügung von Todes wegen aufheben; er kann seine Verfügung nur widerrufen nach den für den Rücktritt vom Erbvertrag geltenden Vorschriften, d.h. in notariell beurkundeter Form durch Erklärung gegenüber seinem Ehegatten (§§ 2271 Abs. 1, 2296 Abs. 2 BGB). Es ist

---

[182] Vgl. zur Auslegung bei unklarer Abfassung v. Lübtow, Band I, S. 401; Kipp/Coing, § 42 I (S. 256); BGHZ 26, 204 (208); Palandt/Edenhofer, § 2299 BGB Rz. 1.
[183] J. Mayer, DNotZ 1990, 755.
[184] Langenfeld, NJW 1987, 1577ff.; Weiler, DNotZ 1994, 427.
[185] Hierzu Pfeiffer, FamRZ 1993, 1266.
[186] Die Bindungswirkung erstreckt sich nicht automatisch auf die mit Hilfe der Auslegungsregel des § 2069 BGB ermittelten Ersatzerben. Dazu Baumann ZEV 1994, 351; Lange/Kuchinke § 24 V Fn. 142 (S. 425); a.A.: BayObLG ZEV 1994, 362; einschränkend Staudinger/Otte [1996] § 2069 BGB Rz. 19.

also nicht möglich, daß zu Lebzeiten beider Ehegatten ein Ehegatte insgeheim anderweitig wirksam testiert.

300 Nach dem Tod eines Ehegatten erlischt das Recht des Überlebenden zum freien Widerruf seiner wechselbezüglichen Verfügungen (§ 2271 Abs. 2 Satz 1 HS. 1 BGB). Der überlebende Ehegatte kann sich von der mit dem Tod des verstorbenen Ehegatten eingetretenen Bindung nur noch dadurch befreien, daß er das ihm im gemeinschaftlichen Testament Zugewendete ausschlägt (§ 2271 Abs. 2 Satz 2 HS. 2 BGB)[187].

301 Wie beim Erbvertrag hat der überlebende Ehegatte ausnahmsweise das Recht zur Aufhebung seiner eigenen Verfügung, wenn in der Person des Begünstigten Gründe für eine Pflichtteilsentziehung oder eine wohlwollende Beschränkung des Pflichtteils[188] vorliegen (§§ 2271 Abs. 2 Satz 2 und 3, 2294, 2336, 2289 Abs. 2, 2338 BGB).

VI. Auslegung letztwilliger Verfügungen

302 Ist der Wortlaut letztwilliger Verfügungen nicht eindeutig, so bedarf er der Auslegung. Zur Vermeidung späterer Auslegungsstreitigkeiten sollte sich jeder Erblasser bei eigenhändigen Testamenten bemühen, klar, unmißverständlich und möglichst einfach zu formulieren. Darüber hinaus sollten letztwillige Verfügungen periodisch dahingehend überprüft werden, ob sie mit den geänderten Verhältnissen noch übereinstimmen.

1. Allgemeine Auslegungsregeln

a) Wirklicher Wille des Erblassers

303 Gemäß § 133 BGB ist – wie bei Willenserklärungen im allgemeinen – bei letztwilligen Verfügungen der wirkliche Wille des Erblassers zu erforschen und nicht an dem buchstäblichen Sinn des Ausdrucks zu haften. Zu ermitteln ist, was der Erblasser mit seinen Worten sagen wollte[189].

304 Läßt sich der wirkliche Wille des Erblassers nicht mit Sicherheit ermitteln, so richtet sich die Auslegung danach, was der Erblasser vernünftigerweise gewollt haben kann, also nach seinem mutmaßlichen Willen. Keine Bedeutung hat bei der Testamentsauslegung der sogenannte Empfängerhorizont, da das Testament eine nicht empfangsbedürftige Willenserklärung ist[190].

305 Es kommt aber auch eine sogenannte **ergänzende** Auslegung in Betracht.
Vor allem bei alten letztwilligen Verfügungen können sich gegenüber der Lage zur Zeit ihrer Errichtung die sachlichen oder persönlichen Verhältnisse im Zeit-

---

[187] Hierzu Tiedke, FamRZ 1991, 1259.
[188] Baumann, ZEV 1996, 121 ff.
[189] BGH NJW 1993, 256.
[190] So zutreffend Staudinger/Otte [1996] Vorbem. 24 zu §§ 2064ff. BGB.

Die Gestaltungsmöglichkeiten der gewillkürten Erbfolge

punkt des Erbfalls so geändert haben, daß die Anordnungen des Erblassers sich nach ihrem erkennbar verfolgten Zweck nicht mehr verwirklichen lassen. Es handelt sich um die Fälle, in denen nach Errichtung der letztwilligen Verfügung Änderungen der Verhältnisse eingetreten sind, die der Erblasser nicht voraussehen konnte und nicht vorausgesehen hat. Die ergänzende Auslegung letztwilliger Verfügungen bemüht sich um die Feststellung, was der Erblasser verfügt hätte, wenn er die eingetretenen Veränderungen vorausgesehen hätte[191]. Bei eindeutigen Erklärungen ist eine ergänzende Auslegung ausgeschlossen[192].

Stets muß die Auslegung eine, wenn auch noch so geringe, Grundlage im Inhalt der letztwilligen Verfügung haben[193]. Erst dann ist die Heranziehung von außerhalb der letztwilligen Verfügung liegenden Umständen zulässig[194].

b) Gebot der wohlwollenden Auslegung

Die Auslegungsregel des § 2084 BGB bestimmt, daß in den Fällen, in denen sich 306
der wirkliche Wille des Erblassers nicht eindeutig ermitteln läßt und der Text der letztwilligen Verfügung mehrdeutig ist, diejenige Auslegung vorzuziehen ist, bei der die Verfügung des Erblassers Erfolg haben kann[195].

Sowohl unter dem Gesichtspunkt des mutmaßlichen Willens als auch unter dem 307
Erfolgsgesichtspunkt des § 2084 BGB kann unter mehreren Auslegungsmöglichkeiten die am wenigsten kostspielige, auch die steuergünstigste gewählt werden[196].

c) Erbverträge

Bei Erbverträgen greift die allgemeine Vorschrift des § 157 BGB über die Ausle- 308
gung von Verträgen ein. Erbverträge sind wie sonstige Verträge nach Treu und Glauben unter Berücksichtigung der Verkehrssitte auszulegen.

Bei Erbverträgen kann es nicht ausschließlich und einseitig nur auf den Willen des Erblassers ankommen, vielmehr muß für die Auslegung maßgebend sein, wie die Vertragsparteien den Vertrag und seinen Wortlaut bei Würdigung aller Umstände nach Treu und Glauben verstanden haben oder verstehen mußten.

---

[191] RGZ 99, 82 (85); 134, 277 (280); OGHZ 1, 156 (157); BGHZ 22, 357 (360) = LM § 2169 BGB Nr. 1 mit Anm. Johannsen; BGH LM Art. 7 ff. EGBGB Nr. 43; BGH FamRZ 1962, 256 (257); BayObLG 1954, 36; 1966, 394; vgl. Tappmeier, NJW 1988, 2714 ff.
[192] BGHZ 26, 204 (212).
[193] „Andeutungstheorie", dazu Staudinger/Otte [1996] Vorbem. 28 ff. zu §§ 2064 ff. BGB.
[194] BGH FamRZ 1962, 256 (257); BGH NJW 1957, 421 (422); BayObLG NJW 1988, 2744 f.; KG NJW 1963, 766 (768); OLGZ 1966, 503 (505); KG FamRZ 1968, 217.
[195] Einzelheiten bei Staudinger/Otte [1996] § 2084 BGB Rz. 4 ff.
[196] BayObLG NJW 1960, 1765 f.

2. Auslegungsregeln für einzelne Fälle[197]

309 Das BGB enthält zahlreiche erbrechtliche Auslegungsregeln. Die wichtigsten sind:

a) Bedenkung der gesetzlichen Erben oder der Verwandten

310 Hat der Erblasser seine gesetzlichen Erben oder seine Verwandten oder nächsten Verwandten ohne nähere Bestimmung bedacht, so sind im Zweifel diejenigen, die zur Zeit des Erbfalls seine gesetzlichen Erben wären, als nach dem Verhältnis ihrer gesetzlichen Erbteile bedacht anzusehen (§§ 2066, 2067 BGB).

b) Bedenkung von Kindern und Abkömmlingen des Erblassers

311 Sind die Kinder des Erblassers ohne nähere Bestimmung bedacht und ist ein Kind vor der Errichtung der letztwilligen Verfügung mit Hinterlassung von Abkömmlingen gestorben, so ist im Zweifel anzunehmen, daß die Abkömmlinge insoweit bedacht sind, als sie bei der gesetzlichen Erbfolge an die Stelle des Kindes treten würden (§ 2068 BGB).

312 Fällt ein bedachter Abkömmling nach Errichtung der letztwilligen Verfügung weg, so ist im Zweifel davon auszugehen, daß dessen Abkömmlinge insoweit bedacht sind, als sie bei gesetzlicher Erbfolge an dessen Stelle treten würden (§ 2069 BGB)[198].

c) Bedenkung von Abkömmlingen eines Dritten

313 Hat der Erblasser die Abkömmlinge eines Dritten – beispielsweise eines guten Freundes – ohne nähere Bestimmung bedacht, so ist im Zweifel anzunehmen, daß nur diejenigen Abkömmlinge gemeint sind, die im Zeitpunkt des Erbfalls leben oder wenigstens schon erzeugt sind (§ 2070 BGB).

d) Bedenkung von Gruppen

314 Hat der Erblasser ohne nähere Bestimmung eine Klasse von Personen bedacht – z.B. „meine Angestellten" -, so sind im Zweifel diejenigen bedacht, welche zur Zeit des Erbfalls zu der bezeichneten Klasse gehören (§ 2071 BGB).

315 Im Falle der Bedenkung der „Armen" ohne nähere Bestimmung ist im Zweifel die Fürsorgebehörde der Gemeinde als bedacht anzusehen, in deren Bezirk der Erblasser seinen letzten Wohnsitz gehabt hat, verbunden mit der Auflage, das Zugewendete unter Arme zu verteilen (§ 2072 BGB).

316 Paßt eine Bedenkung auf mehrere Personen und läßt sich nicht ermitteln, welche von ihnen bedacht sein soll, so gelten die Personen als zu gleichen Teilen bedacht (§ 2073 BGB).

---

[197] Eine vollständige Auflistung sämtlicher erbrechtlicher gesetzlichen Auslegungsregeln findet sich sich bei Staudinger/Otte [1996] Vorbem. zu §§ 2064ff. BGB Rz. 117.

[198] Diese Auslegungsregel erstreckt sich nicht auf die Bindungswirkung wechselbezüglicher Verfügungen; dazu Staudinger/Otte [1996] § 2069 BGB Rz. 19; Baumann ZEV 1994, 351.

e) Zuwendung unter einer Bedingung

Bei Zuwendung unter einer aufschiebenden Bedingung ist im Zweifel anzunehmen, daß die Zuwendung nur gelten soll, wenn der Bedachte den Eintritt der Bedingung erlebt (§ 2074 BGB).   317

Hat der Erblasser etwas unter der Bedingung zugewendet, daß der Bedachte während eines Zeitraums von unbestimmter Dauer etwas unterläßt oder fortgesetzt tut – z.B. eine Person pflegt –, so ist im Zweifel entgegengesetztes Verhalten des Bedachten als auflösende Bedingung anzusehen (§ 2075 BGB).   318

Ist eine Zuwendung unter einer Bedingung angeordnet, die den Vorteil eines Dritten bezweckt, so gilt sie im Zweifel als eingetreten, wenn der Dritte die zum Eintritt der Bedingung erforderliche Mitwirkung verweigert, z.B. die Annahme einer ihm zu leistenden Zahlung ablehnt (§ 2076 BGB). Dritter ist jeder, der nicht Erblasser oder Bedachter ist.   319

3. Auslegung bei Unwirksamkeit einzelner von mehreren Verfügungen

Ist eine einzelne von mehreren Verfügungen eines Testaments unwirksam, so wäre nach der allgemeinen Regelung des § 139 BGB im Zweifel das ganze Testament nichtig[199].   320

Dem beugt die Sondervorschrift des § 2085 BGB vor: Die Unwirksamkeit einer von mehreren in einem Testament enthaltenen Verfügungen hat die Unwirksamkeit der übrigen nur dann zur Folge, wenn anzunehmen ist, daß der Erblasser diese ohne die unwirksame Verfügung nicht getroffen hätte. Im Gegensatz zu § 139 BGB wird also angenommen, daß der Erblasser im Zweifel die Aufrechterhaltung der übrigen Verfügungen gewollt habe[200].

Dem Gesetzeszweck, letztwillige Verfügungen im Zweifel aufrechtzuerhalten, entspricht weiter die Auslegungsregel des § 2086 BGB: Ist einer letztwilligen Verfügung der Vorbehalt einer Ergänzung beigefügt, die Ergänzung aber unterblieben, so ist die Verfügung des Erblassers wirksam, sofern nicht anzunehmen ist, daß die Wirksamkeit von der Ergänzung abhängig sein sollte.   321

4. Umdeutung

Ist eine letztwillige Verfügung unwirksam, so ist deren Umdeutung nach § 140 BGB zulässig. Entspricht die unwirksame Verfügung den Erfordernissen einer anderen Art letztwilliger Verfügungen, so kann eine solche gelten. So kann z.B. die Zuwendung des Eigentums an einer Sache in ein Vermächtnis, eine Pflegschaftsanordnung in die Anordnung der Testamentsvollstreckung, umgedeutet werden.   322

---

[199] Für wechselbezügliche gemeinschaftliche Testamente und gegenseitige erbvertragsmäßige Verfügungen s. §§ 2270 bzw. 2298 BGB; Rz. 329.
[200] Staudinger/Otte [1996] § 2085 BGB Rz. 1.

VII. Unwirksamkeit letztwilliger Verfügungen

1. Nachträgliche Unwirksamkeit

a) Grundsätzliches

323 Die nachträgliche Unwirksamkeit einer letztwilligen Verfügung tritt im Falle der Bedenkung des Ehegatten ein, wenn die Ehe nichtig ist oder wenn sie vor dem Tod des Erblassers aufgelöst wird. Der Auflösung der Ehe steht es gleich, wenn zur Zeit des Todes des Erblassers die Voraussetzungen für die Scheidung der Ehe gegeben waren und der Erblasser Scheidung beantragt oder ihr zugestimmt hatte (§ 2077 Abs. 1 Satz 2 BGB). Das gleiche gilt, wenn der Erblasser auf Aufhebung der Ehe zu klagen berechtigt war und die Klage erhoben hatte (vgl. für die gesetzliche Ehegatten-Erbfolge § 1933 BGB[201]).

324 Hat der Erblasser seinen Verlobten bedacht, so ist seine letztwillige Verfügung unwirksam, wenn das Verlöbnis vor dem Tod des Erblassers aufgelöst worden ist (§ 2077 Abs. 2 BGB).

325 Die Unwirksamkeit der letztwilligen Verfügung tritt jedoch nicht ein, wenn anzunehmen ist, daß der Erblasser die letztwillige Verfügung auch für den Fall der Nichtigkeit oder Auflösung der Ehe oder des Verlöbnisses getroffen haben würde (§ 2077 Abs. 3 BGB).

326 Die in § 2077 BGB bestimmte Unwirksamkeit letztwilliger Verfügungen, die zugunsten eines Ehegatten oder Verlobten getroffen worden sind, gilt auch für die Fälle des gemeinschaftlichen Testaments (§ 2268 BGB) und des Erbvertrages (§ 2279 BGB), jedoch mit gewissen Änderungen:

b) Gemeinschaftliches Ehegattentestament

327 Ein gemeinschaftliches Ehegattentestament ist bei Auflösung der Ehe als gemeinschaftliches Testament stets seinem ganzen Inhalt nach unwirksam (§ 2268 Abs. 1 BGB).

Ob die Bestimmungen der Ehegatten in Einzeltestamente umgedeutet werden können, ist streitig[202]. Ist die Ehe nicht nichtig, wird sie vielmehr aufgehoben oder geschieden oder hatte der Erblasser z.Z. seines Todes Klage auf Aufhebung oder Antrag auf Scheidung der Ehe erhoben und wäre die Ehe geschieden worden, so bleiben die von dem Erblasser getroffenen letztwilligen Verfügungen insoweit wirksam, als anzunehmen ist, daß sie auch für diesen Fall getroffen sein würden (§ 2268 Abs. 2 BGB).

---

[201] Zur Wirksamkeit von Testamenten und Erbverträgen nach der Ehescheidung Battes, JZ 1978, 733 ff.
[202] Staudinger/Kanzleiter, § 2268 BGB Rz. 5; Palandt/Edenhofer, § 2268 BGB Rz. 1; für weitergehende Umdeutung Lange/Kuchinke, § 24 I 5 (S. 404); gegen jede Umdeutung Lutter, FamRZ 1959, 273 ff.

c) Erbvertrag

Für den Erbvertrag, und zwar für vertragsmäßige Zuwendungen und Auflagen in einem Erbvertrag zwischen Ehegatten und Verlobten, gelten die oben schon für das einfache Testament erörterten Bestimmungen des § 2077 BGB entsprechend mit der Erweiterung, daß die Unwirksamkeit sich auch auf vertragsmäßige Zuwendungen und Auflagen an Dritte erstreckt (§ 2279 Abs. 2 BGB). 328

d) Sonstige Unwirksamkeit bei wechselbezüglichen (vertragsmäßigen) Verfügungen

– Bei einem gemeinschaftlichen wechselbezüglichen Ehegattentestament hat die Nichtigkeit oder der Widerruf wechselbezüglicher Bestimmungen durch den einen Ehegatten die Unwirksamkeit der Verfügungen des anderen Ehegatten zur Folge (§ 2270 Abs. 1 BGB); 329
– im Falle des gegenseitigen Erbvertrages (auch unter Nichtehegatten) hat die Nichtigkeit einer vertragsmäßigen Verfügung die Unwirksamkeit des ganzen Vertrages zur Folge (§ 2298 Abs. 1 BGB).

2. Nichtigkeit

a) Nichtigkeit aus allgemeinen rechtlichen Gründen

Auch für letztwillige Verfügungen gelten die Vorschriften des allgemeinen Teils des BGB über die Nichtigkeit von Willenserklärungen (§§ 116–118 BGB). 330

Dabei muß unterschieden werden zwischen den nichtempfangsbedürftigen letztwilligen Verfügungen in Gestalt einseitiger Testamente und einseitiger, nicht wechselbezüglicher und nicht vertraglicher Verfügungen in gemeinschaftlichen Testamenten und Erbverträgen einerseits und empfangsbedürftigen letztwilligen Verfügungen – wechselbezüglichen Verfügungen in gemeinschaftlichen Testamenten und vertragsmäßigen Verfügungen in Erbverträgen – andererseits. 331

aa) Mentalreservation, Scheingeschäft, mangelnde Ernstlichkeit

Bei einseitigen Verfügungen führt der geheime Vorbehalt, das Erklärte nicht zu wollen (Mentalreservation) nicht zur Nichtigkeit[203]. Eine solche Nichtigkeit tritt aber ein bei empfangsbedürftigen letztwilligen Verfügungen, wenn der Erklärungsgegner den Vorbehalt kennt. 332

Nichtig sind auch letztwillige Erklärungen, die im Einverständnis mit dem Erklärungsgegner nur zum Schein abgegeben worden sind (§ 117 BGB). Da das Scheingeschäft einen Erklärungsgegner voraussetzt, kann Nichtigkeit wegen Scheingeschäfts nur bei empfangsbedürftigen Testaten eintreten[204]. 333

Gemäß § 118 BGB sind nicht ernstlich gemeinte Willenserklärungen nichtig, die in der Erwartung abgegeben werden, daß der Mangel der Ernstlichkeit nicht ver- 334

---

[203] Soergel/Harder, § 2247 BGB Rz. 7; Staudinger/Baumann, § 2247 BGB Rz. 21.
[204] OLG Frankfurt/M FamRZ 1993, 858 (860); Staudinger/Baumann, § 2247 BGB Rz. 22.

kannt werde. Diese Bestimmung findet auf alle letztwilligen Verfügungen Anwendung. Das nur zum Scherz niedergelegte Testament ist demnach nichtig[205].

bb) Nichtigkeit wegen Gesetzesverstoßes

335 Eine Nichtigkeit wegen Gesetzesverstoßes (§ 134 BGB) wird nur selten in Betracht kommen[206].

cc) Nichtigkeit wegen Sittenwidrigkeit

336 Nichtig sind sittenwidrige letztwillige Verfügungen[207]. Nach herrschender Meinung kommt es für die Beurteilung der Sittenwidrigkeit auf den Zeitpunkt der Errichtung der Verfügung von Todes wegen an[208]. Bei Änderung des sittlichen Maßstabs in der Zeit zwischen der Errichtung der letztwilligen Verfügung und der gerichtlichen Entscheidung über die Sittenwidrigkeit soll die Beurteilung im Zeitpunkt des Richterspruchs[209] oder – was überzeugender ist – die Beurteilung im Zeitpunkt des Erbfalls maßgebend sein[210].

b) Formnichtigkeit

337 Letztwillige Verfügungen sind nichtig, wenn sie nicht in den vorgeschriebenen Formen errichtet worden sind. Diese strenge Rechtsfolge stellt keine auf Formalismus beruhende Härte dar, denn es wäre für Rechtsfrieden und Rechtssicherheit unerträglich, wenn durch zweifelhafte Erklärungen in die gesetzliche oder formwirksam erklärte gewillkürte Erbfolge eingegriffen werden könnte[211].

338 Nichtig sind weiter diejenigen letztwilligen Verfügungen, die nicht vom Erblasser höchstpersönlich errichtet[212] oder bei denen die Grenzen der Testierfähigkeit überschritten worden sind[213].

Will der Erblasser ein nichtiges Testament bestätigen (vgl. § 141 BGB), so muß er ein neues Testament unter Vermeidung des früheren Nichtigkeitsgrundes errichten[214].

---

[205] Soergel/Harder, § 2247 BGB Rz. 7; Staudinger/Baumann § 2247 Rz. 20.
[206] Vgl. Lange/Kuchinke, § 35 II 3 a) (S. 771 ff.); Otte, JA 1985, 192.
[207] Smid, NJW 1990, 409.
[208] BGHZ 20, 71 (73) = NJW 1956, 865; BGHZ 53, 369 (375); Lange/Kuchinke, § 35 IV 6 b) (S. 783 f); Palandt/Edenhofer, § 1937 BGB Rz. 21.
[209] BGH LM § 138 BGB Cd 6 mit Anm. Johannsen; v. Lübtow, Band I, S. 313.
[210] BGB-RGRK/Johannsen, § 2078 BGB Rz. 14; Lange/Kuchinke, § 34 IV 6 (S. 784).
[211] Staudinger/Baumann § 2231 BGB Rz. 18 ff. und § 2247 BGB Rz. 10 ff.
[212] Vgl. Rz. 198 ff.
[213] Vgl. Rz. 191 ff.
[214] BGHZ 20, 71 (75); Staudinger/Otte, Vorbem. zu §§ 2064 ff. BGB Rz. 22; Staudinger/Baumann § 2231 Rz. 20; Palandt/Edenhofer, § 1937 BGB Rz. 27; a. A. Soergel/Harder § 2229 Rz. 12.

3. Anfechtbarkeit letztwilliger Verfügungen

a) Allgemeines

Die Anfechtung letztwilliger Verfügungen ist erbrechtlich in den §§ 2078 ff. BGB gesondert und abschließend geregelt. Es gelten demnach nicht die allgemeinen Vorschriften der §§ 119 ff. BGB. 339

Die erbrechtlichen Anfechtungstatbestände sind in zweierlei Hinsicht abweichend von den allgemeinen Anfechtungstatbeständen geregelt: Für eine Anfechtung einseitiger testamentarischer Verfügungen zu Lebzeiten des Erblassers besteht kein Bedürfnis, da der Erblasser solche einseitigen letztwilligen Verfügungen widerrufen kann; erst nach seinem Tod können die Erbbeteiligten anfechten. Außerdem sind die Irrtumstatbestände auf alle Fälle des Motivirrtums erweitert worden (§§ 2078 Abs. 2, 2079 BGB). 340

Eine Einschränkung erfährt die Anfechtung durch den Grundsatz, daß die Auslegung einer letztwilligen Verfügung nach dem mutmaßlichen Willen des Erblassers (§ 2084 BGB) der Anfechtung immer vorgeht[215]. 341

Bei gemeinschaftlichen, wechselbezüglichen Ehegattenverfügungen oder erbvertragsmäßigen Verfügungen, bei denen schon zu Lebzeiten des Erblassers die Bindungswirkungen eingetreten sind, besteht ein Bedürfnis zur Anfechtung schon zu Lebzeiten des Erblassers. Das sprechen die §§ 2281 ff. BGB zwar nur für den Erbvertrag aus, die Bestimmungen gelten aber entsprechend auch für das gemeinschaftliche wechselbezügliche Ehegattentestament[216]. 342

b) Anfechtungsberechtigte

Anfechtungsberechtigt ist derjenige, dem die Aufhebung der letztwilligen Verfügung unmittelbar zugutekommen würde (§ 2080 BGB). 343

So kann der gesetzliche Erbe die Erbeinsetzung anfechten, wenn bei Unwirksamkeit der Erbeinsetzung gesetzliche Erbfolge eintritt; liegt ein früheres Testament vor, so kann der in diesem eingesetzte Erbe die Erbeinsetzung aus dem jüngeren Testament anfechten. Der mit einem Vermächtnis Beschwerte kann das Vermächtnis anfechten.

§ 2080 Abs. 2 BGB schränkt in persönlicher Hinsicht die Anfechtungsberechtigung ein: Bezieht sich der die Anfechtung begründende Irrtum nur auf eine bestimmte Person und ist diese anfechtungsberechtigt oder wäre sie es, wenn sie zur Zeit des Erbfalls gelebt hätte, so ist ein anderer nicht zur Anfechtung berechtigt. Entsprechend ist bei irriger Übergehung eines Pflichtteilsberechtigten nur dieser zur Anfechtung befugt (§ 2080 Abs. 3 BGB). 344

c) Anfechtungstatbestände

Die Anfechtung ist zulässig in vier Fällen: 345

---

[215] RGZ 70, 391 (392f.); BGH LM § 2100 BGB Nr. 1; OGHZ 1, 156 (157); KG NJW 1963, 766 (767); NJW 1971, 1992.
[216] BGH FamRZ 1960, 145 ff.; BGHZ 37, 331 (333).

aa) Inhalts-, Erklärungsirrtum

346 Der Erblasser war über den Inhalt seiner Erklärung im Irrtum oder wollte eine Erklärung dieses Inhalts überhaupt nicht abgeben und es ist anzunehmen, daß er die Erklärung bei Kenntnis der Sachlage nicht abgegeben hätte (§ 2078 Abs. 1 BGB).

Beispiele:
Der Erblasser ordnet testamentarisch gesetzliche Erbfolge an in der irrigen Meinung, daß nach gesetzlicher Erbfolge vollbürtige Geschwister den halbbürtigen vorgingen[217].
Der Erblasser verschreibt sich im eigenhändigen Testament und beziffert den Betrag eines Vermächtnisses mit DM 10 000,- statt DM 1000,-.

bb) Irrige Annahme oder Erwartung

347 Der Erblasser ist zu seiner letztwilligen Verfügung durch die irrige Annahme oder Erwartung des Eintritts oder Nichteintritts eines Umstandes bestimmt worden (Motivirrtum). Der Irrtum kann sich auf in der Vergangenheit, Gegenwart oder Zukunft liegende Umstände beziehen, auch auf solche, die zeitlich erst nach dem Erbfall eingetreten sind[218].

Beispiel:
Die Erwartung, daß künftige Unstimmigkeiten zwischen Erblasser und Bedachtem ausbleiben[219].

cc) Übergehen eines Pflichtteilsberechtigten

348 Der Erblasser hat einen zur Zeit des Erbfalls vorhandenen Pflichtteilsberechtigten übergangen, dessen Vorhandensein ihm bei Errichtung der Verfügung nicht bekannt war oder der erst nach der Errichtung geboren oder pflichtteilsberechtigt geworden ist. Die Anfechtung ist aber ausgeschlossen, soweit anzunehmen ist, daß der Erblasser auch bei Kenntnis der Sachlage die Verfügung getroffen hätte (§ 2079 BGB).

Beispiel:
Der verwitwete Erblasser setzt seine Kinder zu Erben ein, heiratet aber später wieder; die Ehefrau ist als neue Pflichtteilsberechtigte übergangen.

dd) Drohung

349 Der Erblasser ist zur letztwilligen Verfügung widerrechtlich durch Drohung bestimmt worden.

---

[217] RGZ 70, 391 ff.
[218] BGH DB 1966, 379; Staudinger/Otte [1996] § 2078 BGB Rz. 16.
[219] BGH NJW 1963, 246 ff.

Beispiel:
Ein Neffe droht dem Erblasser mit einer Anzeige wegen einer von diesem begangenen strafbaren Handlung und bewegt diesen zu einer Vermächtnisanordnung.

d) Anfechtungswirkung

Nach § 142 Abs. 1 BGB gilt die angefochtene Verfügung als von Anfang an nichtig. Die von der Anfechtung nicht betroffenen Verfügungen bleiben im Zweifel wirksam (§ 2085 BGB).

Wird die gesamte Erbeinsetzung erfolgreich angefochten, so tritt entweder die gesetzliche Erbfolge ein oder es gilt die Erbregelung eines früheren, wieder auflebenden Testaments.

e) Form der Anfechung

Die Anfechtung bedarf keiner besonderen Form. Soweit sie eine Erbeinsetzung, den Ausschluß eines gesetzlichen Erben von der Erbfolge, die Ernennung eines Testamentsvollstreckers betrifft, hat die Anfechtung durch Erklärung gegenüber dem Nachlaßgericht zu erfolgen (§ 2081 Abs. 1 BGB). Dasselbe gilt, wenn eine Auflage oder eine solche Verfügung angefochten wird, durch die ein Recht für einen anderen nicht begründet wird (Teilungsverbot, familienrechtliche Anordnungen).

Die Anfechtung der Anordnung oder Aufhebung von Vermächtnissen, erfolgt gemäß § 143 BGB gegenüber dem Beschwerten.

Beim Erbvertrag und beim wechselbezüglichen gemeinschaftlichen Testament bedarf die Anfechtungserklärung der notariellen Beurkundung. Die Anfechtung muß durch den Erblasser höchstpersönlich erfolgen; der beschränkt geschäftsfähige Erblasser bedarf nicht der Zustimmung seines gesetzlichen Vertreters. Für einen geschäftsunfähigen Erblasser kann sein gesetzlicher Vertreter anfechten, bedarf dazu aber der Genehmigung des Vormundschaftsgerichts (§ 2282 BGB).

f) Anfechtungsfrist

Die Anfechtung kann nur innerhalb eines Jahres erfolgen, beginnend mit dem Zeitpunkt, in welchem der Anfechtungsberechtigte von dem Anfechtungsgrunde Kenntnis erlangt. Die Anfechtung ist ausgeschlossen, wenn seit dem Erbfall dreißig Jahre verstrichen sind (§ 2082 BGB).

Auch beim Erbvertrag und gemeinschaftlichem Testament gilt die Jahresfrist. Im Falle der Anfechtung wegen Drohung beginnt sie mit dem Zeitpunkt, zu welchem die Zwangslage für den Erblasser aufhört. War das Anfechtungsrecht des Erblassers zur Zeit des Erbfalls erloschen, können die sonst anfechtungsberechtigten Personen ihrerseits nicht mehr anfechten.

g) Keine Schadensersatzpflicht des Anfechtenden

Eine Schadensersatzpflicht des Anfechtenden (§ 122 BGB) schließt § 2078 Abs. 3 BGB ausdrücklich aus.

h) Bestätigung eines anfechtbaren Erbvertrags

357 Ein anfechtbarer Erbvertrag kann von dem Erblasser (höchstpersönlich) bestätigt werden. Eine Bestätigung ist ausgeschlossen, wenn der Erblasser in der Geschäftsfähigkeit beschränkt ist (§ 2284 BGB). Umstritten ist, ob die Bestätigung einer besonderen Form bedarf. Die herrschende Meinung hält formlose Bestätigung, sogar durch schlüssiges Handeln für zulässig (§ 144 Abs. 2 BGB)[220]. Dies ist deshalb berechtigt, weil die Anfechtbarkeit noch nicht zur Unwirksamkeit führt und auf die Anfechtung auch formlos verzichtet werden kann.

VIII. Widerruf, Aufhebung und Rücktritt von letztwilligen Verfügungen

1. Einseitiges Testament

a) Allgemeines

358 Jedes einseitige Testament sowie jede einzelne in einem solchen Testament enthaltene Verfügung kann vom Erblasser jederzeit widerrufen werden (§ 2253 Abs. 1 BGB)[221].

b) Widerrufstestament

359 Der Widerruf kann als sog. Widerrufstestament ausdrücklich die Erklärung des Widerrufs des früheren Testaments enthalten.

c) Widerruf durch spätere Verfügung von Todes wegen

360 Ein Testament wird aber auch durch ein späteres aufgehoben, das zu ihm in Widerspruch steht (§ 2258 Abs. 1 BGB)[222]. Der Wille des Erblassers, das frühere Testament aufzuheben, braucht dabei nicht vorzuliegen. Der Erblasser kann vergessen haben, daß er bereits früher testiert hatte. Es gilt demnach bei sich widersprechenden Testamenten immer das zeitlich spätere, soweit der Widerspruch im späteren Testament gegenüber dem Inhalt des früheren Testaments reicht[223]. Soweit mehrere Testamente einander nicht widersprechen, gelten sie nebeneinander.

361 Der Widerruf kann in jeder Testamentsform erfolgen, auch durch Nottestament, wenn dessen Voraussetzungen vorliegen. Verliert das Nottestament durch Zeitablauf seine Gültigkeit (§ 2252 Abs. 1 BGB), so tritt das widerrufene Testament wieder in Kraft[224].

---

[220] BayObLG NJW 1954, 1039; Staudinger/Kanzleiter, § 2284 BGB Rz. 7; BGB-RGRK/Kregel, § 2284 BGB Rz. 1; Soergel/Wolf, § 2284 BGB Rz. 2; MünchKomm/Musielak, § 2284 BGB Rz. 6; Palandt/Edenhofer, § 2284 BGB Rz. 2.
[221] Einzelheiten bei Soergel/Harder § 2253 BGB Rz. 2ff.; Staudinger/Baumann, § 2253 BGB Rz. 6ff.
[222] Erman/M. Schmidt, § 2258 BGB Rz. 1; Staudinger/Baumann, § 2258 BGB Rz. 6ff.
[223] Soergel/Harder § 2258 BGB Rz. 2ff.; Staudinger/Baumann, § 2258 BGB Rz. 14f.
[224] Soergel/Harder § 2254 BGB Rz. 3; Staudinger/Baumann, § 2254 BGB Rz. 5.

Ein Testament kann auch durch einen späteren Erbvertrag aufgehoben werden, soweit das frühere Testament das Recht des vertragsmäßig Bedachten beeinträchtigen würde (§ 2289 Abs. 1 Satz 1 BGB)[225]. Widerruf durch späteres widersprechendes Testament und Aufhebung durch späteren Erbvertrag sind jedoch nicht dasselbe: Der Widerruf durch späteres Testament beseitigt die Testate des früheren Testamentes nur im Umfang des Widerspruchs des späteren zum früheren Testament; dagegen entfällt beim Erbvertrag die frühere letztwillige Verfügung schon bei Beeinträchtigung des vertraglichen Rechtes des Bedachten. 362

Will der Erblasser gänzlich neu testieren, so ist zu empfehlen, in der neuen Verfügung von Todes wegen den ausdrücklichen Widerruf aller früheren Testamente vorauszuschicken. Damit werden die Schwierigkeiten vermieden, die sich z.B. ergeben können, wenn frühere und spätere Testamente sich nur teilweise widersprechende Verfügungen enthalten. 363

d) Widerruf durch Vernichtung oder Veränderungshandlungen

Hat der Erblasser selbst die Testamentsurkunde in der Absicht vernichtet, das Testament aufzuheben, so ist das Testament widerrufen (§ 2255 Satz 1 Alt. 1 BGB). 364

Hat der Erblasser in Aufhebungsabsicht an der Testamentsurkunde Veränderungen vorgenommen, durch die der Wille, eine schriftliche Willenserklärung aufzuheben, ausgedrückt zu werden pflegt (z.B. das Testament zerrissen, Teile durchstrichen, ausradiert, eingeklammert, geschwärzt, durchkreuzt), so ist es auch in dieser Weise widerrufen (§ 2255 Satz 1 Alt. 2 BGB)[226]. 365

Die Vernichtung oder Veränderungshandlungen müssen vom Erblasser selbst vorgenommen werden[227]. 366

Daß eine Vernichtung oder Veränderung eines Testaments vom Erblasser vorgenommen worden ist, wird nicht vermutet. Steht aber die Vornahme einer solchen Handlung durch den Erblasser fest, so wird wegen ihrer typischen Bedeutung die Widerrufsabsicht des Erblassers vermutet (§ 2255 Satz 2 BGB)[228]. 367

Durch unfreiwilligen Untergang der Testamentsurkunde vor oder nach dem Tod des Erblassers wird die Wirksamkeit des Testaments nicht berührt. Da der Erblasser bei der Vornahme seiner Handlungen die Absicht zum Widerruf gehabt haben muß, genügt es nicht, daß er etwa nachträglich ein vernichtendes Geschehen oder eine Veränderungshandlung eines anderen billigt[229]. 368

---

[225] Staudinger/Kanzleiter, § 2289 BGB Rz. 3ff.
[226] Soergel/Harder § 2255 BGB Rz. 8ff.; Staudinger/Baumann, § 2255 BGB Rz. 7ff.
[227] Staudinger/Baumann, § 2255 BGB Rz. 16ff.
[228] Erman/M. Schmidt § 2255 BGB Rz. 7; Staudinger/Baumann, § 2255 BGB Rz. 27.
[229] BGH JZ 1951, 591; BGB-RGRK/Kregel, § 2255 BGB Rz. 3; Soergel/Harder, § 2255 BGB Rz. 11; MünchKomm/Burkart, § 2255 BGB Rz. 12; Palandt/Edenhofer, § 2255 BGB Rz. 10; Lange/Kuchinke, § 23 II 2c) (S. 396); Kipp/Coing, § 31 II 2 (S. 210); Staudinger/Baumann, § 2255 BGB Rz. 18.

e) Widerruf durch Rücknahme aus der amtlichen Verwahrung

369 Die Rücknahme des öffentlichen Testaments aus der amtlichen Verwahrung gilt als Widerruf (§ 2256 BGB), nicht dagegen des hinterlegten eigenhändigen Testaments, das auch nach Rücknahme weiter wirksam bleibt.

370 Die Rückgabe der Testamentsurkunde kann der Erblasser jederzeit verlangen. Das Testament darf nur an den Erblasser persönlich zurückgegeben werden.

371 Beim Widerruf durch Rücknahme kommt es auf einen Widerrufswillen des Erblassers nicht an. Selbst ein entgegenstehender Wille des Erblassers kann die Widerrufswirkung nicht verhindern[230].

f) Widerruf des Widerrufs

372 Ein Widerrufstestament kann widerrufen werden (§ 2257 BGB). In diesem Fall gilt im Zweifel das frühere Testament, wie wenn es nicht aufgehoben worden wäre (§§ 2257, 2258 Abs. 2 BGB). Hat das das Widerrufstestament widerrufende Testament einen eigenen positiven Inhalt, so tritt das erste Testament insoweit nicht wieder in Kraft, als die positiven Bestimmungen des neuen (dritten) Testaments dem ersten widersprechen[231].

Beispiel:

Im ersten Testament ist A zum alleinigen Erben eingesetzt, in einem zweiten B und in einem dritten nunmehr C. Es gilt die Erbeinsetzung von C.

373 Ist ein Testament durch Vernichtung oder Veränderung der Urkunde oder durch Rücknahme aus amtlicher Verwahrung widerrufen worden, so kann dieser Widerruf nicht widerrufen werden, vielmehr muß das Testament neu errichtet werden.

2. Widerruf eines gemeinschaftlichen Testaments

a) Gemeinsamer Widerruf

374 Ein gemeinschaftliches Testament kann von den Ehegatten gemeinsam widerrufen werden, nämlich durch ein neues gemeinschaftliches Testament oder einen Erbvertrag, bei eigenhändigem gemeinschaftlichen Testament durch Zerstörung oder sonstiges Ungültigmachen der Erklärung auf gemeinsamen Beschluß, bei öffentlichen Testamenten auch durch gemeinsame Rücknahme aus der amtlichen Verwahrung. An einen einzelnen Ehegatten darf das verwahrte gemeinschaftliche Testament nicht herausgegeben werden (§ 2272 BGB).

375 Jeder Ehegatte kann seine Verfügungen, die nicht wechselbezüglich sind, durch ein neues Testament widerrufen. Bei wechselbezüglichen Verfügungen (§ 2270 BGB) unterliegt der Widerruf durch den einzelnen Ehegatten jedoch Beschränkungen.

---

[230] Soergel/Harder, § 2256 Rz. 5; Staudinger/Baumann, § 2256 BGB Rz. 3 ff.
[231] Staudinger/Baumann, § 2258 BGB Rz. 14 f., 18.

b) Form

376 Zu Lebzeiten des anderen Ehegatten muß der Widerruf wechselbezüglicher Verfügungen in der Form der gerichtlich oder notariell beurkundeten Erklärung gegenüber dem anderen Ehegatten erfolgen (§§ 2271 Abs. 1 Satz 1, 2296 Abs. 2 BGB). Außerdem muß die Erklärung gegenüber dem Nachlaßgericht höchstpersönlich, sie darf nicht durch einen Vertreter abgegeben werden.

377 Der in der Geschäftsfähigkeit beschränkte Erblasser bedarf nicht der Zustimmung seines gesetzlichen Vertreters (§ 2296 Abs. 1 BGB).

378 Da die Widerrufserklärung dem anderen Ehegatten gegenüber abzugeben ist, muß diesem eine Ausfertigung der Widerrufsurkunde zugestellt werden; Zustellung einer beglaubigten Abschrift genügt nicht[232].

Der Widerrufende kann nicht anordnen, daß die Widerrufserklärung dem anderen erst nach seinem Tode zugestellt werden soll – ein solcher Widerruf wäre unzulässig[233]. Widerruft ein Ehegatte bei wechselbezüglichen Verfügungen seine Verfügungen oder sind sie nichtig, so hat der Widerruf oder die Nichtigkeit auch die Unwirksamkeit der wechselbezüglichen Verfügungen des anderen Ehegatten zur Folge (§ 2270 Abs. 1 BGB). Nach dem Tode des anderen Ehegatten kann der Überlebende nicht mehr widerrufen. Er kann seine Verfügungen nur aufheben, wenn er das ihm Zugewendete ausschlägt (§ 2271 Abs. 2 BGB).

3. Aufhebung und Rücktritt beim Erbvertrag

a) Allgemeines

379 Einseitige Verfügungen in einem Erbvertrag können von jedem Erbvertragspartner jederzeit abgeändert werden. Im Erbvertrag kann ein Änderungsvorbehalt an das Vorliegen bestimmter Voraussetzungen geknüpft werden[234].

Beispiel:
Der Überlebende behält sich das Recht vor, die Schlußerbeneinsetzung abzuändern, falls einer der Abkömmlinge beim Tode des erstversterbenden Ehegatten den Pflichtteil geltend macht.

380 Von vertragsmäßig, d.h. mit bindender Wirkung getroffenen Verfügungen kann sich der Erblasser zu Lebzeiten des Vertragsgegners auf dreierlei Weise befreien:
– durch beiderseitige Aufhebung,
– durch Rücktritt aufgrund Rücktrittsvorbehalts,
– durch einseitigen Rücktritt kraft Gesetzes.

---

[232] BGHZ 31, 5 (7); 36, 201 (203); vgl. BGHZ 48, 374 (378) = JZ 1968, 185 (186).
[233] BGHZ 9, 233 (235) = NJW 1953, 938 = JZ 1953, 602 (603); Kipp/Coing, § 35 III 3a) (S. 227); Lange/Kuchinke, § 24 VI 2b) Fn. 151 (S. 427); BGB-RGRK/Johannsen, § 2271 BGB Rz. 6; Soergel/Wolf, § 2271 BGB Rz. 9; MünchKomm/Musielak, § 2271 BGB Rz. 9; Palandt/Edenhofer, § 2271 BGB Rz. 7.
[234] Zu Änderungsvorbehalt und Vertragsmäßigkeit der erbvertraglichen Verfügung Weiler, DNotZ 1994, 427; zu Abänderungs- und Rücktrittsvorbehalt in Erbverträgen Herlitz, MittRhNotK 1996, 153.

Nach dem Tode des Vertragsgegners tritt an die Stelle des Rücktritts die Aufhebung durch Testament.

b) Aufhebung durch Vertrag

381 Entsprechend den Regeln allgemeinen Vertragsrechts können die Wirkungen des Erbvertrags insgesamt oder auch einzelner Bestimmungen durch einen Aufhebungsvertrag beseitigt werden. Der Aufhebungsvertrag muß zwischen denselben Personen geschlossen werden, die den Erbvertrag errichtet haben (§ 2290 Abs. 1 BGB).

382 Wie beim Abschluß eines Erbvertrages ist es auch beim Aufhebungsvertrag erforderlich, daß der Erblasser persönlich mitwirkt; er kann sich also nicht vertreten lassen. Ist der Erblasser in der Geschäftsfähigkeit beschränkt, so bedarf er nicht der Zustimmung seines gesetzlichen Vertreters (§ 2290 Abs. 2 BGB).

383 Steht der nicht testierende Vertragspartner unter elterlicher Gewalt oder Vormundschaft, oder sind die Aufhebung des Erbvertrages vom Aufgabenkreis eines Betreuers erfaßt, so bedarf der Aufhebungsvertrag der Genehmigung des Vormundschaftsgerichts. Das gilt auch, wenn der Vertragsgegner unter elterlicher Gewalt steht, außer in dem Fall, in welchem der Vertrag unter Ehegatten oder unter Verlobten geschlossen wird (§ 2290 Abs. 3 BGB).

384 Der Aufhebungsvertrag muß regelmäßig in der Form des Erbvertrages geschlossen werden, bedarf also der notariellen Beurkundung (§ 2290 Abs. 4 BGB). Davon gibt es zwei Ausnahmen:

385 Der zwischen Ehegatten geschlossene Erbvertrag kann auch durch gemeinschaftliches Ehegattentestament aufgehoben werden. Steht der Ehegatte, der nicht Erblasser, sondern Vertragsgegner ist, unter Vormundschaft, so ist auch hier die vormundschaftsgerichtliche Genehmigung nötig[235].

386 Ein vertragsmäßiges Vermächtnis oder eine vertragsmäßige Auflage kann der Erblasser in jeder Testamentsform aufheben, wenn der Vertragsgegner zustimmt. In diesem Falle bedarf die Zustimmungserklärung des Vertragsgegners der gerichtlichen oder notariellen Form; die Zustimmungserklärung wird wirksam und unwiderruflich mit ihrem Erblasser (§ 2291 BGB).

387 Ein unter Vormundschaft, Betreuung oder elterlicher Gewalt stehender Vertragspartner benötigt die vormundschaftsgerichtliche Genehmigung im selben Umfang wie beim Aufhebungsvertrag.

c) Rücktrittsvorbehalt

388 Hat der Erblasser sich im Erbvertrag den Rücktritt vorbehalten, so kann er einseitig den Rücktritt erklären[236]. Der Rücktritt muß höchstpersönlich erklärt werden. Ist der Erblasser in der Geschäftsfähigkeit beschränkt, bedarf er nicht der Zustimmung seines gesetzlichen Vertreters.

---

[235] BGH NJW 1987, 901 f.
[236] Ausführlich dazu Herlitz, MittRhNotK 1996, 153.

Die Rücktrittserklärung bedarf der notariellen Beurkundungsform und muß 389
dem Vertragsgegner in Ausfertigung zugehen (§ 2296 BGB).

Ein Rücktrittsvorbehalt ist dringend zu empfehlen bei Erbverträgen zwischen 390
Nichtverheirateten. Zerbricht die Lebensgemeinschaft, Partnerschaft oder Freundschaft, so bleibt die erbvertragliche Bindung auch gegen den Willen eines der Erbvertragspartner bestehen, da die §§ 2279, 2077 BGB keine Anwendung finden.

Das vorbehaltene Recht zum Rücktritt erlischt beim zweiseitigen Erbvertrag mit 391
dem Tod des anderen Vertragsteils (§ 2298 Abs. 2 Satz 2 BGB).

Entsprechend der Widerrufsregelung für wechselbezügliche gemeinschaftliche 392
Ehegattentestamente in § 2271 Abs. 2 BGB kann jedoch der Überlebende seine vertraglichen Verfügungen dann einseitig aufheben, wenn er das ihm Zugewandte ausschlägt (§ 2298 Abs. 2 Satz 3 BGB). Ist nichts zugewandt, besitzt er diese Aufhebungsmöglichkeit nicht[237]. Zuwendungen aus nicht vertragsmäßigen, vielmehr einseitigen Verfügungen braucht der Überlebende nicht auszuschlagen[238].

d) Gesetzliches Rücktrittsrecht

In zwei Fällen kann der Erblasser zu Lebzeiten des Vertragsgegners auch ohne 393
Rücktrittsvorbehalt einseitig von einer vertragsmäßigen Verfügung zurücktreten:
– Wenn sich der Bedachte einer Verfehlung schuldig macht, die den Erblasser zur Pflichtteilsentziehung berechtigt, oder falls der Bedachte nicht zu den Pflichtteilsberechtigten gehört, zur Pflichtteilsentziehung berechtigen würde, wenn der Bedachte ein Abkömmling des Erblassers wäre (§ 2294 BGB);
– wenn Grund für die vertragsmäßige Verfügung des Erblassers eine rechtsgeschäftliche Verpflichtung des Bedachten war, an den Erblasser für dessen Lebenszeit wiederkehrende Leistungen zu entrichten, insbesondere Unterhalt zu gewähren, und die Verpflichtung des Bedachten vor dem Tode des Erblassers aufgehoben wird (§ 2295 BGB).

Auch der gesetzlich begründete Rücktritt muß durch notariell beurkundete Er- 394
klärung ausgeübt und dem Vertragspartner in Ausfertigung zugestellt werden.

e) Rücktritt durch Testament

Nach dem Tode des Vertragsgegners kann der Erblasser seine vertragsmäßigen 395
Verfügungen dann aufheben, wenn und soweit ihm zu Lebzeiten des Vertragsgegners ein Rücktrittsrecht zustand. Beruhte das Rücktrittsrecht auf einem Pflichtteilsentziehungsgrund, so müssen in dem Aufhebungstestament die Formen für die Pflichtteilsentziehung eingehalten werden (§ 2297 BGB; vgl. § 2336 BGB).

---

[237] Staudinger/Kanzleiter, § 2298 BGB Rz. 17; BGB-RGRK/Kregel, § 2298 BGB Rz. 5; Palandt/Edenhofer, § 2298 BGB Rz. 4.
[238] Lange/Kuchinke, § 25 VII 5, Fn. 261 (S. 480).

IX. Erbeinsetzung

1. Vollerbeneinsetzung

a) Bezeichnung des oder der Erben

396 Jeder Erblasser hat einen oder mehrere Erben als Gesamtrechtsnachfolger. Wichtigstes Gestaltungsmittel einer Verfügung von Todes wegen ist die Bestimmung des oder der Erben. Aus notariell beurkundeten letztwilligen Verfügungen sollte sich bei sachgerechter Gestaltung immer eindeutig entnehmen lassen, ob eine Erbeinsetzung gewollt ist. Bei eigenhändigen Testamenten bestehen häufig Auslegungsprobleme, da viele Erblasser nicht wissen, daß eine gegenständliche Erbeinsetzung mit dem Prinzip der Gesamtrechtsnachfolge nicht zu vereinbaren ist[239].

b) Auslegungsregeln bei ungenauer Erbeinsetzung[240]

aa) Zuwendung des ganzen Vermögens oder von Vermögensbruchteilen

397 Wendet der Erblasser sein ganzes Vermögen oder einen Vermögensbruchteil (Quote) und nicht bestimmte einzelne Gegenstände zu, so ist der Bedachte grds. als Erbe anzusehen, auch wenn er nicht als solcher bezeichnet ist (§ 2087 Abs. 1 BGB). Im Wege der Auslegung kann sich aber auch ergeben, daß der Erblasser dem Bedachten den Bruchteil nicht als Gesamtrechtsnachfolger, sondern über einen schuldrechtlichen Vermächtnisanspruch zuwenden wollte[241].

bb) Zuwendung einzelner Gegenstände

398 Hat der Erblasser nur einzelne Gegenstände zugewendet, so ist anzunehmen, daß der Bedachte nur Vermächtnisnehmer und nicht Erbe sein soll (§ 2087 Abs. 2 BGB)[242]. Als Vermächtnisnehmer hat der Bedachte nur einen Anspruch auf Herausgabe der ihm zugewandten Nachlaßgegenstände gegen den oder die Erben.

399 Wendet der Erblasser in seiner letztwilligen Verfügung zwar einzelne Vermögensgegenstände zu, machen diese aber nach seiner Vorstellung im Zeitpunkt der Testamentserrichtung praktisch sein gesamtes Vermögen aus, so liegt trotz Zuwendung einzelner Gegenstände Erbeinsetzung vor. Das gilt erst recht, wenn der Erblasser sein ganzes Vermögen nach Vermögensgruppen statt nach Bruchteilen verteilt hat. Die Bedachten sind dann nach dem Verhältnis der Werte der ihnen

---

[239] Dazu Otte, NJW 1987, 3164ff. Die Zweckmäßigkeit der Gesamtrechtsnachfolge kann in unserer Rechtsordnung nicht ernsthaft infrage gestellt werden, da die Zulassung einer gegenständlichen Erbeinsetzung die gesamte Erbrechtssystematik (z.B. Erbengemeinschaft, Haftung für Nachlaßverbindlichkeiten) verändern würde, ohne irgendwelche Vorteile für die Dogmatik, die Gestaltungspraxis oder die Rechtsanwendung zu bringen; daher völlig abwegig Schrader, NJW 1987, 117.

[240] Eine vollständige Zusammenstellung der gesetzlichen Auslegungsregeln für letztwillige Verfügungen von Todes wegen findet sich bei Staudinger/Otte [1996] Vorbem. zu §§ 2064ff. Rz. 117.

[241] Staudinger/Otte [1996] § 2087 BGB Rz. 2.

[242] Soergel/Loritz § 2087 BGB Rz. 17; Staudinger/Otte [1996] § 2087 BGB Rz. 18ff.

zugewandten Vermögensteile als Erben zu behandeln. Die Zuwendung einzelner Vermögensgegenstände oder Vermögensgruppen bedeutet dann Teilungsanordnung, evtl. auch Vorausvermächtnis.

cc) Nicht erschöpfende Erbeinsetzung

Hat der Erblasser Erben eingesetzt, die Erbeinsetzung aber auf Bruchteile der Erbschaft beschränkt, welche die ganze Erbschaft nicht erschöpfen, so tritt hinsichtlich des nicht vergebenen Restes gesetzliche Erbfolge ein (§ 2088 BGB). 400

Das geschieht nicht, wenn in Wirklichkeit erweislich der Erblasser die eingesetzten Erben zu seinen Alleinerben berufen wollte. Läßt sich das feststellen, so erhöhen sich die das Ganze nicht erschöpfenden Bruchteile verhältnismäßig (§ 2089 BGB).

dd) Den Nachlaß übersteigende Vergabe

Übersteigen die Bruchteile der eingesetzten Erben das Ganze, so vermindern sich die Bruchteile verhältnismäßig (§ 2090 BGB). 401

ee) Unbestimmte Erbteile

Hat der Erblasser mehrere Erben eingesetzt, ohne die Erbteile zu bestimmen, so ist davon auszugehen, daß die Erben zu gleichen Teilen eingesetzt sind, sofern sich nicht aus den Auslegungsregeln über die Berufung gesetzlicher Erben, Verwandter, Kinder oder Abkömmlinge des Erblassers (§§ 2066–2069 BGB) etwas anderes ergibt. 402

ff) Teilweise Einsetzung auf Bruchteile

Sind einige Erben auf Bruchteile, andere ohne Bruchteile eingesetzt, so erhalten die Letzteren den Teil, der nach Abzug der bestimmten Bruchteile übrig bleibt. Erschöpfen in einem solchen Fall die bestimmten Bruchteile die Erbschaft, so tritt eine verhältnismäßige Minderung der Bruchteile in der Weise ein, daß jeder der ohne Bruchteile eingesetzten Erben soviel erhält wie der mit dem geringsten Bruchteil bedachte Erbe (§ 2092 BGB). 403

gg) Gemeinschaftlicher Erbteil

Sind mehrere Erben zusammen auf einen und denselben Bruchteil der Erbschaft eingesetzt, so folgt die Verteilung dieses Erbteils unter sie denselben Grundsätzen wie für die Verteilung der Erbschaft unter mehrere Erben – die erörterten Vorschriften der §§ 2089-2092 BGB finden entsprechende Anwendung (§ 2093 BGB). 404

c) *Wegfall eines Erben*

Wollte der Erblasser seine gesamte Erbschaft nur an die von ihm eingesetzten Erben vergeben, so ist diesem Willen des Erblassers zu entnehmen, daß er bei Wegfall eines der eingesetzten Erben dessen Erbteil ebenfalls den übrigen zukommen lassen wollte. Dem trägt § 2094 BGB Rechnung, indem er bestimmt, daß der Erbteil des 405

Weggefallenen den übrigen eingesetzten Erben nach dem Verhältnis ihrer Erbteile anwächst. Sind mehrere Miterben auf einen gemeinschaftlichen Erbteil eingesetzt, so gilt das Anwachsungsprinzip auch unter ihnen, wenn einer von ihnen wegfällt. Hat der Erblasser nur einen Teil der Erbschaft vergeben, so tritt die Anwachsung beim Wegfall eines Miterben nur ein, wenn dieser mit den übrigen auf einen gemeinschaftlichen Erbteil eingesetzt ist (§ 2094 Abs. 2 BGB).

406 Der Erblasser kann die Anwachsung durch letztwillige Verfügung ausschließen (§ 2094 Abs. 3 BGB); der Ausschluß kann sich auch durch Auslegung der letztwilligen Verfügung ergeben. Ist ein Ersatzerbe nicht bestimmt, so tritt für den freigewordenen Teil des Weggefallenen die gesetzliche Erbfolge ein.

407 Für die Frage der Annahme und Ausschlagung gelten der ursprüngliche Erbteil und der angewachsene als ein Erbteil, für die Belastung mit Vermächtnissen und Auflagen und die Beschwerung mit Ausgleichspflichten werden sie dagegen als selbständige Erbteile behandelt (§ 2095 BGB; vgl. die entsprechende Regelung bei der gesetzlichen Erbfolge in § 1935 BGB).

408 Eine Anwachsung erfolgt nicht bei einer Ersatzerbenbestimmung, auch nicht soweit die Ersatzerben mit Auslegungsregeln (§§ 2068, 2069 BGB) ermittelt werden. Das Recht des Ersatzerben geht dem Anwachsungsrecht vor (§ 2099 BGB).

2. Ersatzerbenbestimmung

409 Ein eingesetzter Erbe kann vor oder nach dem Eintritt des Erbfalls wegfallen, z.B. durch Vorversterben oder durch Ausschlagung der Erbschaft. Nach § 2096 BGB kann der Erblasser für den Fall, daß ein Erbe vor oder nach dem Eintritt des Erbfalls wegfällt, einen anderen ersatzweise als Erben einsetzen (den „Ersatzerben"). Die Ersatzerbenbestimmung kann auch für Vor- oder Nacherben[243] erfolgen.

410 Ist jemand für den Fall, daß der zunächst berufene Erbe nicht Erbe sein kann (z.B. weil er vorverstorben ist) oder für den Fall, daß er nicht Erbe sein will (z.B. im Falle der Erbausschlagung), als Ersatzerbe eingesetzt, so ist anzunehmen, daß er für beide Fälle eingesetzt ist (§ 2097 BGB).

411 Sind mehrere Erben füreinander oder für einen Erben die anderen als Ersatzerben eingesetzt, so ist im Zweifel anzunehmen, daß die Ersatzerben als solche nach dem Verhältnis ihrer Erbteile eingesetzt sind (§ 2098 Abs. 1 BGB). Sind die Erben gegenseitig als Ersatzerben eingesetzt, so gehen Erben, die auf einen gemeinschaftlichen Erbteil eingesetzt sind, im Zweifel als Ersatzerben für diesen Erbteil den anderen vor (§ 2098 Abs. 2 BGB).

412 Hat der Erblasser Abkömmlinge zu Erben eingesetzt, so sind nach der gesetzlichen Auslegungsregel des § 2069 BGB deren Abkömmlinge im Zweifel Ersatzerben. Zumindest wenn der Erblasser keine Abkömmlinge zu Erben eingesetzt hat, sollte eine eindeutige Ersatzerbenbestimmung getroffen werden.

---

[243] Erman/Schlüter, § 2096 BGB Rz. 5; J. Mayer MittBayNot 1992, 111.

3. Vor- und Nacherbeinsetzung

a) Allgemeines

Die Vor- und Nacherbschaft wird als Instrument der Erbfolgegestaltung in seiner Kompliziertheit meist unterschätzt. Jede Gestaltung einer Vor- und Nacherbschaft setzt zumindest Kenntnisse über die gesetzlichen Regelungen zu den Verfügungsbefugnissen bzw. -beschränkungen und Befreiungsmöglichkeiten des Vorerben, der Lastenverteilung zwischen Vor- und Nacherben, der Nacherbenanwartschaften und der dinglichen Surrogation bei Verfügungen des Vorerben voraus. Damit sind nur die elementaren Grundfragen einer Vor- und Nacherbengestaltung angesprochen. 413

Häufig wird der mit dem zu trennenden Nachlaß verbundene Verwaltungsaufwand des Vorerben nicht erkannt. Der juristische Laie meint mit Nacherbeneinsetzungen nach seinem Ehegatten oft bloße Schlußerbenbestimmungen des Längstlebenden. 414

Für den sachkundigen Berater kann die Vor- und Nacherbschaft bei sorgfältiger Handhabung und entsprechender Interessenlage ein geeignetes Gestaltungsinstrument sein. 415

b) Bedeutung der Vor- und Nacherbschaft

„Der Erblasser kann einen Erben in der Weise einsetzen, daß dieser erst Erbe wird, nachdem zunächst ein anderer Erbe geworden ist (Nacherbe)" (so § 2100 BGB). Der zunächst berufene Erbe ist damit der „Vorerbe"; derjenige, der nach ihm Erbe desselben Nachlasses wird, ist der „Nacherbe". Beide – Vor- und Nacherbe – sind demnach (auflösend oder aufschiebend bedingte oder befristete) Erben des Erblassers[244]; der Nacherbe ist also nicht etwa Erbe des Vorerben. 416

Bei der Erbengemeinschaft stehen mehrere Erben (die „Miterben") nebeneinander; bei der Ersatzerbfolge ist entweder der eine oder der andere Erbe – der Ersatzerbe wird nur Erbe, wenn der zunächst Berufene nicht Erbe wird. Bei Vor- und Nacherbschaft sind beide Berufenen – Vorerbe und Nacherbe – Erben, sie folgen nur nacheinander. 417

Der Erblasser kann auch mehrere Vorerben oder mehrere Nacherben nebeneinander einsetzen[245]. 418

Es ist auch die Berufung mehrerer Nacherben nacheinander möglich derart, daß nach einem Nacherben wiederum ein Nacherbe bestimmt wird. 419

c) Anordnung einer Vor- und Nacherbschaft

Der Erblasser muß sowohl die Personen der Vor- und Nacherben als auch den Zeitpunkt des Nacherbfalls bestimmen. Die Bestimmung des Zeitpunkts des Nach- 420

---

[244] Zawar DNotZ 1986, 515.
[245] Vgl. dazu auch LG Köln MittRhNotK 1988, 21.

erbfalls kann der Erblasser ebensowenig wie die Erbeinsetzung Dritten überlassen[246].

421 Es ist nicht erforderlich, daß der berufene Nacherbe z.Z. des Erbfalls bereits lebt oder erzeugt ist (vgl. § 2101 BGB); der Nacherbe muß nur z.Z. des Nacherbfalls bereits erzeugt sein (§§ 2108 Abs. 1, 1923 BGB).

422 Das Gesetz beschränkt den Zeitraum, für welchen Nacherbfolge angeordnet werden kann, auf 30 Jahre. Ist 30 Jahre nach dem Erbfall der Nacherbfall nicht eingetreten, so wird die Nacherbeneinsetzung unwirksam (§ 2109 Abs. 1 Satz 1 BGB). Hierzu gelten zwei Ausnahmen:
– Die Nacherbfolge ist für den Fall angeordnet, daß bei einer natürlichen Person als Vorerben oder als Nacherben ein bestimmtes Ereignis eintritt und derjenige, in dessen Person das Ereignis eintreten soll, zur Zeit des Erbfalls lebt (**Beispiele:** Tod des Vorerben, Wiederverheiratung des Vorerben, Ergreifung eines bestimmten Berufs, Erreichung eines gewissen Alters des Nacherben);
– Dem Vorerben oder einem Nacherben wird ein Bruder oder eine Schwester geboren, der bzw. die als Nacherbe bestimmt ist (§ 2109 Abs. 1 Satz 2 BGB).

In beiden Ausnahmefällen gilt die 30-Jahresfrist nicht. Damit gilt die zeitliche Beschränkung insbesondere nicht in dem in der Praxis wichtigsten Fall, daß der Vorerbe auf Lebenszeit eingesetzt ist.

423 Der Eintritt des Nacherbfalls kann durch eine Befristung oder Bedingung bestimmt sein.

Bei einer Befristung hängt der Nacherbfall von einem Ereignis ab, dessen Eintritt sicher ist, auch wenn der Zeitpunkt noch unbekannt ist. Darunter fällt z.B. auch der Tod des Vorerben.

Bei einer Bedingung hängt der Nacherbfall von einem Ereignis ab, dessen Eintritt ungewiß ist (Beispiel: Einsetzung des überlebenden Ehegatten zum Vorerben mit der Bestimmung, daß der Nacherbfall bei seiner Wiederverheiratung eintreten soll).

424 Der Erblasser kann einen Ersatznacherben berufen für den Fall, daß der Nacherbe die Erbschaft nicht antreten kann oder will.

d) Auslegungsregeln

aa) Allgemeines

425 Auch für Vor- und Nacherbschaft bestimmt das Gesetz Auslegungsregeln für den Fall, daß die Anordnungen des Erblassers unvollständig sind und sich ein anderweitiger Wille nicht ermitteln läßt.

bb) Nacherbe und Ersatzerbe

426 Die Einsetzung als Nacherbe enthält im Zweifel auch die Einsetzung als Ersatzerbe, nicht aber umgekehrt. Ist zweifelhaft, ob jemand als Ersatzerbe oder als Nacherbe berufen ist, so gilt er nur als Ersatzerbe (§ 2102 BGB).

---

[246] BGHZ 15, 199 (200).

cc) Fehlende Nacherbenbenennung

Hat der Erblasser nicht bestimmt, wer die Erbschaft als Dritter erhalten soll, so wird angenommen, daß diejenigen als Nacherben eingesetzt sind, welche die gesetzlichen Erben des Erblassers wären, wenn der Erblasser im Herausgabezeitpunkt gestorben wäre (§ 2104 BGB)[247]. 427

dd) Fehlende Vorerbenbenennung

Die gesetzlichen Erben werden als Vorerben vermutet, wenn der Erblasser den Vorerben nicht benannt, sondern nur den Nacherben bestimmt hat (§ 2105 BGB). 428

ee) Fehlende Bestimmung des Eintritts des Nacherbfalls

Hat der Erblasser zwar einen Nacherben eingesetzt, aber nicht bestimmt, wann die Nacherbfolge eintreten soll, so gilt als Nacherbfall der Tod des Vorerben (§ 2106 Abs. 1 BGB). 429

ff) Einsetzung einer nicht erzeugten Person

Hat der Erblasser eine zur Zeit des Erbfalls noch nicht erzeugte Person als Erbe eingesetzt, so ist im Zweifel anzunehmen, daß sie als Nacherbe eingesetzt ist. Entspricht das nicht dem Willen des Erblassers, so ist die Erbeinsetzung unwirksam (§ 2101 BGB); entsprechendes gilt für die Einsetzung einer juristischen Person, die erst nach dem Erbfall zur Entstehung gelangt (§ 2101 Abs. 2 BGB). 430

Ist eine noch nicht erzeugte natürliche Person oder eine noch nicht entstandene juristische Person als Nacherbe anzusehen, so tritt der Nacherbfall ein, wenn die nicht erzeugte Person geboren wird bzw. die nicht entstandene juristische Person entsteht (§ 2106 Abs. 2 BGB).

gg) Kinderloser Vorerbe

Setzt der Erblasser einen Abkömmling, der z.Z. der Errichtung der letztwilligen Verfügung seinerseits keinen Abkömmling hat oder von dem der Erblasser zu dieser Zeit nicht weiß, daß er einen Abkömmling hat, zum Vorerben ein mit der Maßgabe, daß der Nacherbfall mit dem Tod des Vorerben eintreten soll, so ist anzunehmen, daß der vom Erblasser eingesetzte Nacherbe nur für den Fall eingesetzt ist, daß der Abkömmling ohne Nachkommenschaft stirbt (§ 2107 BGB). 431

e) *Vererblichkeit der Nacherbenanwartschaftsrechte*

Mit dem Erbfall erlangt der Nacherbe ein Anwartschaftsrecht. Dieses ist aber nicht immer vererblich[248]. Das Gesetz unterscheidet die Fälle der Abhängigkeit des Eintritts der Nacherbfolge von einer Befristung (Ereignis, dessen Eintritt gewiß ist) oder von einer Bedingung (Ereignis, dessen Eintritt ungewiß ist). 432

---

[247] Über das Verhältnis des § 2104 BGB zu § 2142 Abs. 2 BGB Coing, NJW 1975, 521 ff.; vgl. BGH JR 1986, 373 ff. mit Anm. Damrau.
[248] Dazu Musielak, ZEV 1995, 5.

433 Ist der Eintritt der Nacherbfolge befristet, so ist die Nacherbenanwartschaft vererblich, wenn der Nacherbe den Erbfall erlebt, aber vor Eintritt des Nacherbfalls verstirbt (§ 2108 Abs. 2 Satz 1 BGB). Die Übertragbarkeit und die Vererblichkeit kann testamentarisch ausgeschlossen werden.

434 Hängt der Nacherbfall vom Eintritt einer Bedingung ab (wie z. B. der Wiederverheiratung des überlebenden Ehegatten als Vorerben), so muß der Nacherbe auch den Eintritt des Nacherbfalls erleben; stirbt er vorher, so vererbt er seine Anwartschaft nicht; statt an seine Erben fällt sie evtl. Ersatznacherben zu (§§ 2108 Abs. 2 Satz 2, 2074 BGB). Auch hier kann der Erblasser Abweichendes bestimmen.

435 Die Vererblichkeit der Nacherbenanwartschaft sollte – um Auslegungsprobleme zu vermeiden, immer ausdrücklich geregelt werden. In der Verfügung von Todes wegen kann entweder angeordnet werden: „Die Nacherbenanwartschaft ist nicht vererblich", oder: „Die Nacherbenanwartschaft ist nur vererblich an..... (z.B. Abkömmlinge des Nacherben)"[249].

f) Wirkung der Vor- und Nacherbschaft

aa) Allgemeines

436 Grundgedanke des Instituts der Vor- und Nacherbschaft ist, daß der Vorerbe auf die Dauer der Zeit der Vorerbschaft zwar Herr des Nachlasses ist und die Nutzungen daraus zieht, aber die Substanz des Nachlasses bei Eintritt des Nacherbfalls herausgeben muß; die bis dahin gezogenen Nutzungen behält der Vorerbe.

Die Stellung des Vorerben ähnelt teilweise der eines Nießbrauchers[250]. Allerdings wird der Vorerbe Eigentümer, bzw. Rechtsinhaber der Nachlaßgegenstände.

bb) Surrogation

437 Zum Bestandschutz des Nachlasses gilt das Surrogationsprinzip: Zum Nachlaß gehört auch, was der Vorerbe aufgrund eines zum Nachlaß gehörenden Rechts oder als Ersatz für die Zerstörung, Beschädigung oder Entziehung eines Nachlaßgegenstandes erwirbt.

Weiterhin gehört zum Nachlaß, was der Vorerbe durch Rechtsgeschäft mit Mitteln des Nachlasses erwirbt (§ 2111 BGB). Erwirbt der Vorerbe Gegenstände teilweise mit Nachlaßmitteln, z. B. ein Hausgrundstück, dann gehört das Hausgrundstück anteilig zum Nachlaß[251].

438 Diese „dingliche Surrogation"[252] kann vom Erblasser nicht abbedungen werden. Sie gilt insbesondere auch bei befreiter Vorerbschaft.

439 Die Nutzungen des Nachlasses gehören dem Vorerben. Das mit Nutzungen Erworbene fällt also nicht unter die Surrogation.

---

[249] J. Mayer MittBayNot 1994, 111 (114).
[250] Ausführlich hierzu Schlieper, MittRhNotK 1995, 249ff.
[251] BGH NJW 1977, 1631f. = JZ 1977, 649f.; m. krit. Anm. Peters, NJW 1977, 2075.
[252] Dazu Roggendorf, MittRhNotK 1981, 29ff.

Mieteinkünfte, Zinsen, Gewinnanteile eines zum Nachlaß gehörenden Unternehmens oder einer Unternehmensbeteiligung, Dividenden gebühren demnach dem Vorerben. Dagegen gehören Bezugsrechte auf neue Aktien, auch die neuen Anteilsrechte eines Aktionärs aufgrund einer Kapitalerhöhung aus Gesellschaftsmitteln zum Nachlaß[253].

Für die zeitliche Verteilung der Nutzungen beim Ende der Vorerbschaft gelten die allgemeinen Vorschriften des § 101 BGB.

cc) Kosten- und Lastentragung

Da der Vorerbe die Nutzungen der Erbschaft zieht, fallen ihm auch die gewöhnlichen Kosten der Erhaltung der Nachlaßgegenstände zur Last (§ 2124 Abs. 1 BGB). Außergewöhnliche Erhaltungskosten, die der Vorerbe den Umständen nach für erforderlich halten durfte, darf er aus der Erbschaft bestreiten; hat er sie aus seinem Vermögen getragen, so hat er im Falle des Eintritts der Nacherbfolge einen Ersatzanspruch gegen den Nacherben (§ 2124 Abs. 2 BGB). 440

Der Ersatz von Verwendungen, die nicht Erhaltungskosten sind, richtet sich nach den Vorschriften über die Geschäftsführung ohne Auftrag (§ 2125 Abs. 1 BGB).

Auch die Lasten des Nachlasses trägt im allgemeinen der Vorerbe für die Dauer seines Rechts. Dagegen werden außerordentliche Lasten, die auf den Stammwert der Erbschaftsgegenstände gelegt sind, wie außerordentliche Erhaltungskosten der Erbschaft behandelt (§ 2126 BGB). 441

Beispiele:
Rückzahlung eines Hypothekendarlehns; Beiträge zum Straßenbau für Nachlaßgrundstücke.

Hat der Vorerbe zum Nachlaß gehörende Sachen mit einer Einrichtung versehen, so ist er berechtigt, die Einrichtung wegzunehmen (§ 2125 Abs. 2 BGB). 442

dd) Rechtsstellung des Vorerben

(1) Grundsätzliches

Grundsätzlich kann der Vorerbe über die Nachlaßgegenstände verfügen (§ 2112 BGB). Um sicherzustellen, daß der Vorerbe die Substanz des Nachlasses nicht beeinträchtigt, sieht das Gesetz eine Reihe von Beschränkungen der Verfügungsmacht des Vorerben wie auch eine Belastung mit bestimmten Sicherungspflichten vor. 443

Von dem überwiegenden Teil der Beschränkungen kann der Erblasser den Vorerben befreien („befreite Vorerbschaft"). Der Erblasser ist aber auch befugt, dem Vorerben noch weitergehende Verfügungsbeschränkungen und Verpflichtungen aufzuerlegen, als sie das Gesetz vorsieht. Insbesondere durch Anordnung der Te- 444

---

[253] OLG Bremen, DB 1970, 1436; BGB-RGRK/Johannsen, § 2111 BGB Rz. 12; Staudinger/Behrends [1996] § 2111 BGB Rz. 39; MünchKomm/Grunsky, § 2111 BGB Rz. 19; Soergel/Harder, § 2111 BGB Rz. 13; Palandt/Edenhofer, § 2111 BGB Rz. 7.

stamentsvollstreckung kann der Erblasser die Verwaltungs- und Verfügungsbasis des Erben beseitigen, so daß dem Vorerben im Ergebnis nur die Nutzungen wie einem Nießbraucher verbleiben.

445 Soweit gemäß den nachstehend erörterten Beschränkungen Verfügungen des Vorerben unwirksam sind, ist die Unwirksamkeit eine absolute, d.h., jedermann kann sich auf die Unwirksamkeit berufen (nicht nur der Nacherbe). Die Verfügungen des Vorerben sind andererseits wirksam, wenn der Nacherbe zustimmt.

(2) Unentgeltliche Verfügungen des Vorerben

446 Die wichtigste Verfügungsbeschränkung betrifft unentgeltliche Verfügungen[254]. Diese sind im Falle des Eintritts der Nacherbfolge unwirksam, soweit sie das Recht des Nacherben vereiteln oder beeinträchtigen würden (§ 2113 Abs. 2 Satz 1 BGB). Bezüglich unentgeltlicher Verfügungen kann der Erblasser den Vorerben nicht befreien.

Ausgenommen von dieser Verfügungsbeschränkung sind sogenannte Pflicht- und Anstandsschenkungen (§ 2113 Abs. 2 Satz 2 BGB).

Zu den dem Nacherben gegenüber unwirksamen Schenkungen gehören auch die sogenannten gemischten Schenkungen, bei denen zum Teil eine unentgeltliche zum Teil eine entgeltliche Zuwendung vorliegt.

Die Verfügungsbeschränkung des § 2113 Abs. 2 Satz 1 BGB hat eine hohe praktische Bedeutung. Kritischer Betrachtung unterliegen vor allem rechtsgeschäftliche Verfügungen des Vorerben, die gemischte Schenkungen darstellen können. Der BGH hat sich mit zwei Fällen befaßt:
– Veräußerung von Nachlaßgegenständen durch den Vorerben gegen eine Leibrente; der BGH hat die Zulässigkeit bejaht[255].
– Hat der Vorerbe als Gesellschafter einer Änderung des Gesellschaftsvertrages zugestimmt, so bedeutet die Mitwirkung an der Gesellschaftsvertragsänderung in der Regel keine unentgeltliche Verfügung, wenn die Vertragsänderung alle Gesellschafter gleichmäßig betrifft oder der Vorerbe zwar belastet wird, dies aber die Konzession für zusätzliche Leistungen der Mitgesellschafter im Sinne der Erhaltung oder Stärkung des Gesellschaftsunternehmens ist[256].

(3) Weitere Verfügungsbeschränkungen

447 Die Verfügungen des Vorerben über ein zum Nachlaß gehörendes Grundstück oder Recht an einem Grundstück oder über ein zum Nachlaß gehörendes eingetragenes Schiff oder Schiffsbauwerk sind im Fall des Eintritts der Nacherbfolge inso-

---

[254] Zur Befugnis des Vorerben unentgeltlich über Nachlaßgegenstände zu verfügen Heider, ZEV 1995, 1.
[255] BGH NJW 1977, 1540f. = BB 1977, 1015 = JZ 1977, 559f. = DB 1977, 1404f.
[256] BGH BB 1980, 1713 (1714) = DB 1980, 2384ff.; BGH NJW 1981, 1560ff.; Michalski, DB 1987 Beilage Nr. 16, 3ff.

weit unwirksam, als sie das Recht des Nacherben vereiteln oder beeinträchtigen würden (§ 2113 Abs. 1 BGB).

Kündigt der Vorerbe eine zum Nachlaß gehörende Hypothekenforderung oder Grundschuld und stimmt der Nacherbe einer Auszahlung des Kapitals an den Vorerben nicht zu, so kann der Vorerbe nur Hinterlegung für ihn und den Nacherben verlangen (§ 2114 BGB).

Zum Nachlaß gehörende Inhaberpapiere oder Schuldverschreibungen auf den Inhaber hat der Vorerbe auf Verlangen des Nacherben zu hinterlegen. Er kann über die hinterlegten Papiere nur mit Zustimmung des Nacherben verfügen (§ 2116 BGB). 448

Dauernd anzulegendes Geld darf der Vorerbe nur nach den für die Anlegung von Mündelgeld geltenden Vorschriften anlegen (§ 2119 BGB). 449

Bei Buchforderungen gegen die Bundesrepublik oder ein Bundesland muß der Vorerbe im Schuldbuch den Vermerk eintragen lassen, daß er über die Forderungen nur mit Zustimmung des Nacherben verfügen kann (§ 2118 BGB). 450

Auch Zwangsverfügungen von Eigengläubigern bzw. des Konkursverwalters gegen den Vorerben sind bei Eintritt der Nacherbfolge insoweit unwirksam, als sie das Recht des Nacherben vereiteln oder beeinträchtigen würden. 451

Unbeschränkt wirksam sind Verfügungen in der Zwangsvollstreckung, wenn der Anspruch eines Nachlaßgläubigers geltend gemacht wird. Dasselbe gilt, wenn ein Recht an einem Nachlaßgegenstand geltend gemacht wird, welches auch gegenüber dem Nacherben wirksam ist (§ 2115 BGB).

(4) Sicherungspflichten des Vorerben

Schließlich treffen den Vorerben bestimmte Sicherungspflichten. Auf Verlangen des Nacherben hat der Vorerbe ein Nachlaßverzeichnis vorzulegen, zu dessen Aufnahme der Nacherbe zugezogen werden muß, wenn er es begehrt (im einzelnen s. § 2121 BGB). 452

Sowohl der Vorerbe als auch der Nacherbe können jeweils auf ihre Kosten den Zustand der zum Nachlaß gehörenden Sachen durch Sachverständige feststellen lassen. 453

Bei gewissen Nachlaßgegenständen, bei denen die Gefahr einer unwirtschaftlichen Ausnutzung gegeben ist (Wälder, Bergwerke, andere auf Gewinnung von Bodenbestandteilen gerichtete Anlagen) ist auf Verlangen des Nacherben ein Wirtschaftsplan festzustellen (§ 2123 BGB). 454

Wenn Grund zur Annahme besteht, daß der Vorerbe durch seine Verwaltung die Rechte des Nacherben erheblich verletzt, hat der Vorerbe auf Verlangen des Nacherben Auskunft über den Bestand der Erbschaft zu erteilen (§ 2127 BGB). Gegebenenfalls ist durch den Vorerben Sicherheit zu leisten; dem Vorerben kann auch die Verwaltung des Nachlasses entzogen und diese Verwaltung einem vom Gericht zu bestellenden Verwalter übertragen werden (im einzelnen s. §§ 2128, 2129, 1052 BGB). 455

(5) „Befreiung" des Vorerben

456 Der Erblasser kann den Vorerben von den vorgenannten Beschränkungen und Verpflichtungen befreien („befreite Vorerbschaft", § 2136 BGB). Eine Befreiung ist nicht möglich
- vor allem in bezug auf unentgeltliche Verfügungen des Vorerben und
- in bezug auf die Verpflichtung zur Vorlage eines Nachlaßverzeichnisses.

Als Befreiung des Vorerben gilt, wenn der Erblasser in der letztwilligen Verfügung den Nacherben nur auf den Überrest des Nachlasses eingesetzt hat, der bei Eintritt des Nacherbfalls noch vorhanden ist (§ 2137 BGB).

457 Der befreite Vorerbe hat damit eine sehr weitgehende Verfügungsfreiheit, die rechtlich und wirtschaftlich die Nacherbenanwartschaft stark verunsichert. Befreite Vorerbschaft sollte nur angeordnet werden, wenn dem Vorerben das Vertrauen entgegengebracht werden kann, daß er die Rechte des Nacherben nicht beeinträchtigen werde, und der Erblasser bewußt die rechtliche und wirtschaftliche Stellung des Vorerben stärken will ohne Rücksicht auf die Möglichkeiten der Beeinträchtigung der Anwartschaft des Nacherben.

(6) Pflicht des Vorerben zur Verwaltung des Nachlasses

458 Der Vorerbe ist dem Nacherben gegenüber zur ordnungsgemäßen Verwaltung des Nachlasses verpflichtet. Andererseits ist der Vorerbe aber auch im Rahmen ordnungsgemäßer Verwaltung berechtigt, nach seinem Ermessen zu entscheiden. Der Nacherbe ist verpflichtet, in diesem Rahmen Verfügungen des Vorerben zuzustimmen und in die Eingehung von Verbindlichkeiten einzuwilligen (§ 2120 BGB).

459 Die Verwaltungsverpflichtung begründet ein gesetzliches Schuldverhältnis mit einigen Milderungen der Verantwortung des Vorerben: Dieser haftet nur für Sorgfalt in eigenen Angelegenheiten (§ 2131 BGB), seine Haftung kann nicht vor dem Nacherbfall geltend gemacht werden (§ 2130 BGB).

(7) Beseitigung der Nacherbschaft

460 Der Erblasser kann den Vorerben ermächtigen, durch letztwillige Verfügung die Nacherbschaft zu beseitigen und sich selbst zum Vollerben zu machen[257].

Inwieweit dies den Vorerben ermächtigt, vom Erblasser zur Auswahl gestellten Personen das Vermögen des Erblassers zuzuwenden oder die Erbquoten unter den Nacherben abzuändern, ist streitig[258]. Mangels gesicherter Rechtsprechung ist von derartigen Gestaltungen abzuraten.

Die von Grunsky vorgetragenen Bedenken, es verstoße gegen § 2065 Abs. 2 BGB, wenn dem Vorerben das Recht eingeräumt wird, die Person des Nacherben oder die Höhe seiner Erbanteile zu bestimmen, sind beachtlich. Rechtlich unbedenklich dürfte aber eine bedingte Vor- und Nacherbeinsetzung sein unter der Bedingung, daß der Vorerbe selbst keine Verfügung von Todes wegen hinterläßt.

---

[257] BGHZ 2, 35; 59, 220; BayObLG MittBayNot 1991, 262; J. Mayer, ZEV 1996, 104.
[258] Vgl. MünchKomm/Grunsky, § 2100 BGB Fn. 39 und Rz. 13.

ee) Rechtsstellung des Nacherben

(1) Nacherbenanwartschaft

In der Zeit zwischen dem Erb- und Nacherbfall besteht für den Nacherben eine Anwartschaft auf Erwerb des Nachlasses. Der Nacherbe hat darüber hinaus eine Reihe von Einzelbefugnissen, die den oben erörterten Beschränkungen des Vorerben entsprechen (Zustimmungserfordernisse). 461

Das Anwartschaftsrecht des Nacherben wird im Erbschein vermerkt (§ 2362 BGB). Es ist ein absolutes Recht, das den Deliktsschutz des § 823 Abs. 1 BGB genießt. Befinden sich Grundstücke im Nachlaß, so wird das Anwartschaftsrecht des Nacherben im Grundbuch eingetragen (§ 51 GBO). Dagegen kann der Nacherbenvermerk im Handelsregister nicht eingetragen werden. 462

Das Anwartschaftsrecht des Nacherben ist übertragbar, soweit der Erblasser nichts anderes bestimmt hat[259]. Die Übertragung des Anwartschaftsrechts erfolgt analog § 2033 BGB durch notariell beurkundeten Vertrag. 463

Das Anwartschaftsrecht ist im Zweifel vererblich[260], sofern der Eintritt der Nacherbschaft befristet ist (§ 2108 Abs. 2 Satz 1 BGB)[261]. Ist der Nacherbfall vom Eintritt einer Bedingung abhängig, so ist die Anwartschaft im Zweifel nicht vererblich (§ 2108 Abs. 2 Satz 2 BGB). Der Erblasser kann Abweichendes anordnen. 464

(2) Wirkung des Eintritts der Nacherbfolge

Mit dem Eintritt des Nacherbfalls wird der Nacherbe unmittelbarer Erbe des Erblassers; ihm fällt die Erbschaft an (§ 2139 BGB). Der Nacherbe hat damit alle Rechte, die ein Erbe auch sonst hat. 465

Der Rechtswechsel vom Vorerben zum Nacherben vollzieht sich von selbst; es bedarf mithin keiner Übertragung der Nachlaßgegenstände.

Damit der Nacherbe tatsächlich in den Besitz des Nachlasses gelangt, hat er den Anspruch auf Herausgabe des Nachlasses gegen den Vorerben, im Falle des Eintritts der Nacherbfolge durch den Tod des Vorerben gegen dessen Erben (§ 2130 BGB). 466

Neben dem Anspruch auf Herausgabe stehen dem Nacherben gegebenenfalls gegen den Vorerben bzw. dessen Erben die Ansprüche zu, die sich aus der Verletzung der Verpflichtung des Vorerben zur ordnungsgemäßen Verwaltung des Nachlasses ergeben. Der Vorerbe ist zum Ersatz verpflichtet, soweit der Wert des Nachlasses hinter dem Wert zurückbleibt, den der Nachlaß bei ordnungsgemäßer Verwaltung haben müßte. Die mit dem Erbfall durch Vereinigung von Rechten und Verbindlichkeiten oder von Rechten oder Belastungen erloschenen Rechtsverhältnisse gelten als nicht erloschen. Hatte der Vorerbe dem Erblasser gegenüber Schulden, 467

---

[259] BGHZ 37, 319 (326); RGZ 170, 163 (168); Staudinger/Behrends [1996] § 2100 BGB Rz. 57; Palandt/Edenhofer, § 2100 BGB Rz. 11; MünchKomm/Grunsky, § 2100 BGB Rz. 27.
[260] Zur Vererblichkeit Musielak, ZEV 1995, 5.
[261] Dazu oben Rz. 433.

schuldet er diese nunmehr dem Nacherben; umgekehrt leben Forderungen des Vorerben wieder auf, die der Vorerbe gegen den Erblasser hatte (§ 2143 BGB).

468 Der Herausgabeanspruch des Nacherben wird ergänzt durch seinen Anspruch auf Rechnungslegung durch den Vorerben (§ 2130 Abs. 2 BGB). Ohne Rechnungslegung durch den Vorerben wird sich der Nacherbe kein Bild darüber machen können, was ihm zusteht.

469 Der Vorerbe haftet für Nachlaßverbindlichkeiten weiter insoweit, als der Erbe nicht haftet. Die Haftung des Vorerben bleibt für diejenigen Nachlaßverbindlichkeiten bestehen, welche im Verhältnis zwischen dem Vorerben und dem Nacherben dem Vorerben zur Last fallen (§ 2145 Abs. 1 BGB).

470 Den Nachlaßgläubigern gegenüber ist der Vorerbe verpflichtet, den Eintritt der Nacherbfolge unverzüglich anzuzeigen, und zwar dem Nachlaßgericht. Die Anzeige des Vorerben wird durch die Anzeige des Nacherben ersetzt (§ 2146 BGB).

g) Gestaltungsempfehlungen

471 Die Anordnung einer Vor- und Nacherbschaft kann zu empfehlen sein, um die Versorgung eines Erben, z.B. der überlebenden Ehefrau, sicherzustellen, andererseits zu gewährleisten, daß das Vermögen des Erblassers in seiner Familie bleibt.

Wird der überlebende Ehegatte zum Vollerben eingesetzt, so wird die Erbschaft uneingeschränktes Vermögen des überlebenden Ehegatten, welches sich dann mit seinem schon vorhandenen Vermögen vermischt. Das kann insbesondere unerwünscht sein, wenn die Ehe kinderlos ist, der Erblasser aber Kinder aus früheren Ehen hat, denen er das Vermögen letztlich zuwenden will. Heiratet der überlebende Ehegatte wieder, so geht regelmäßig ein Teil des Vermögens des Erblassers auf den zweiten Ehepartner des überlebenden Ehegatten oder Abkömmlinge aus der neuen Ehe über. Ist diese Rechtsfolge nicht gewünscht, so kann sie mit der Anordnung von Vor- und Nacherbschaft (Wiederverheiratungsklausel)[262] ausgeschlossen werden.

472 Dadurch daß die Vorerbschaft ein Sondervermögen bildet, kann der Erblasser durch Vor- und Nacherbeneinsetzung verhindern, daß sein Nachlaß durch gesetzliche Erb- oder Pflichtteilsansprüche gegenüber dem Vorerben an Personen (z.B. nichteheliche Enkelkinder, unbeliebte Schwiegerkinder, Kinder des Ehegatten aus einer anderen Beziehung) fällt, denen nach seinem Willen nichts zufallen soll[263].

473 Ähnlich liegt die Interessenlage, wenn der Erblasser seine Kinder aus geschiedener Ehe zu Vorerben einsetzt und deren gesetzliche Erben – mit ausdrücklicher Ausnahme des geschiedenen Ehegatten – zu Nacherben. Auf diese Weise kann verhindert werden, daß beim Tode von Kindern, die selbst kinderlos versterben, der Nachlaß ganz oder teilweise dem geschiedenen Ehegatten zufällt.

---

[262] Dazu Rz. 649ff.
[263] Staudinger/Behrends [1996] § 2100 BGB Rz. 41; Nieder, Rz. 548.

Weitere Gestaltungsmöglichkeiten durch Vor- und Nacherbfolge bestehen beim sogenannten Behindertentestament[264], zur Beschränkung der Zugriffsmöglichkeit auf den Nachlaß durch Eigengläubiger des (Vor-) Erben[265] und bei der Pflichtteilsbeschränkung in guter Absicht[266]. 474

Die Vor- und Nacherbschaft kann auch ein Mittel sein, den Vorerben durch die auflösend bedingt angeordnete Nacherbschaft zu einem bestimmten Verhalten zu „zwingen". Erfüllt er die Verhaltenspflichten nicht, führt der Bedingungseintritt zum Anfall der Nacherbschaft. 475

Die Anordnung einer Vor- und Nacherbschaft kann schließlich ein Mittel zur Substanzerhaltung des Nachlasses bei (Vor-)Erben sein, denen man eine unbeschränkte Verfügungsmacht aufgrund ihrer Fähigkeiten oder Charaktereigenschaften nicht zutraut. In einem solchen Fall ist die Kombination mit einer Testamentsvollstreckung zu empfehlen. Damit kann sogar hinsichtlich der Nachlaßnutzungen der Gläubigerzugriff verwehrt werden[267]. 476

Trotz dieses breiten Anwendungsspektrums muß vor einer leichtfertigen Anwendung dieses Rechtsinstituts gewarnt werden. Sie ist nur in der Hand des sachkundigen Rechtsberaters ein geeignetes Gestaltungsmittel. 477

X. Vermächtnis

1. Begriff und rechtliche Natur[268]

Ein Vermächtnis liegt vor, wenn der Erblasser durch letztwillige Verfügung einem anderen einen Vermögensvorteil zuwendet, ohne ihn zum Erben einzusetzen (§ 1939 BGB). Da der Vermächtnisnehmer nicht Gesamtrechtsnachfolger des Erblassers ist, erlangt er mit dem Erbfall keine Herrschaftsrechte in Bezug auf den Nachlaß oder einzelne Nachlaßgegenstände. 478

Der Vermächtnisnehmer hat lediglich einen schuldrechtlichen Anspruch gegen den mit dem Vermächtnis Beschwerten (§ 2174 BGB). Dies gilt für in Deutschland belegenen Grundbesitz selbst dann, wenn ausländisches Recht Anwendung findet und dieses ausländische Recht einem Vermächtnis unmittelbar dingliche Wirkung beilegt[269]. Erst mit Erfüllung des Vermächtnisses erlangt der Bedachte das ihm Zugewandte. 479

Diese Rechtslage gilt nach dem Beschluß des Großen Senats des BFH vom 5. 7. 1990 zu den einkommensteuerlichen Rechtsfolgen von Erbfall und Erbauseinandersetzung[270] auch uneingeschränkt für die einkommensteuerliche Auswirkung 480

---

[264] Dazu Rz. 670.
[265] Kessel, MittRhNotK 1991, 137.
[266] Dazu Rz. 667 ff.
[267] Baumann ZEV 1996, 121 (124).
[268] Zawar, Das Vermächtnis in der Kautelarjurisprudenz (1983); Nieder, Rz 502 ff.
[269] BGH NJW 1995, 58.
[270] GrS 2/89, BStBl. 1990 II, 837 ff. = NJW 1991, 249 ff. = DB 1990, 2144 ff.

von Vermächtniszuwendung und -erfüllung[271]. Der Vermächtnisnehmer erwirbt einkommensteuerrechtlich nicht unmittelbar vom Erblasser, sondern entsprechend dem Bürgerlichen Recht von dem oder den Beschwerten. Er erwirbt regelmäßig unentgeltlich und hat keine Anschaffungskosten.

481 Die letztwillige Verfügung kann vorsehen, daß der Vermächtnisnehmer ein Entgelt für den Vermächtnisgegenstand zu zahlen hat.

Beispiel:
Der Vermächtnisnehmer hat als Gegenleistung für die Übertragung eines Grundstücks einen Betrag von x an den Beschwerten zu zahlen. Dann handelt es sich um eine Gegenleistung, die beim Vermächtnisnehmer einkommensteuerrechtlich relevante AfA und Werbungskosten auslösen kann.

482 Zu vermeiden sind Schuldübernahmen, auch wenn es sich um auf dem Grundbesitz ruhende Belastungen handelt. Diese werden nicht als entgeltliche Gegenleistungen angesehen[272]. Der Erbe sollte daher in dem auf Vermächtniserfüllung gerichteten Vertrag zur Freistellung verpflichtet werden. Der Vermächtnisnehmer zahlt dann in dieser Höhe eine Gegenleistung.

483 Ist Gegenstand des Vermächtnisses die Zuwendung eines Wirtschaftsguts des Betriebsvermögens des Erblassers, welches beim Vermächtnisnehmer in dessen Privatvermögen übergeht, liegt eine zu versteuernde Entnahme des oder der Erben aus dem Betriebsvermögen vor. Diese unter Umständen sehr mißliche steuerliche Folge muß bei Anordnung von Vermächtnissen über Gegenstände, die Wirtschaftsgüter eines Betriebsvermögens sind, beachtet werden. Vor Sachvermächtnissen aus Betriebsvermögen ist daher zu warnen[273].

2. Die Beteiligten eines Vermächtnisses

a) Der Vermächtnisnehmer

aa) Allgemeines

484 Mit einem Vermächtnis kann jede rechtsfähige Person bedacht sein. Der Vermächtnisnehmer muß aber den Erbfall erleben, sonst ist das Vermächtnis unwirksam (§ 2160 BGB).

Ein Vermächtnis kann zugunsten von Personen errichtet werden, die erst nach dem Erbfall zur Existenz kommen, z.B. zur Zeit des Erbfalls noch nicht erzeugt oder als juristische Person noch nicht entstanden sind (§ 2178 BGB), also anders als bei der Erbeinsetzung, die voraussetzt, daß der Erbe zur Zeit des Erbfalls lebt oder

---

[271] Piltz, Das Vermächtnis als Instrument der Nachfolgeplanung, DStR 1991, 1108.
[272] Zivilrechtlich ist dies nicht nachvollziehbar. Die steuerliche Wirkung zwingt dazu, Darlehn mit günstigen Konditionen zurückzuzahlen u. U. gegen Vorfälligkeitsentschädigung, um sodann zur Entgeltfinanzierung neue Darlehn mit schlechteren Konditionen aufzunehmen. Der Entgeltcharakter ist zivilrechtlich bei einer Schuldübernahme derselbe wie bei Zahlung. Die durch die Änderung der Rechtsprechung des BFH herbeigeführte Anpassung des Steuerrechts an das Zivilrecht ist insoweit auf halbem Wege stehen geblieben.
[273] Einzelheiten BStBl 1993 Teil I S. 62 ff.

jedenfalls bereits erzeugt war (§ 1923 BGB). Damit bietet das Vermächtnis auch bezüglich des bedachten Personenkreises weitergehende Gestaltungsmöglichkeiten. So kann der Erblasser z.B. auch im Zeitpunkt des Erbfalls noch nicht gezeugte Enkel bedenken. Insoweit sind aber die zeitlichen Schranken der 30-Jahresfrist (§§ 2162, 2163 BGB) zu beachten.

bb) Offengebliebene Bestimmung des Vermächtnisnehmers

485 Der Grundsatz, daß der Erblasser persönlich die Bestimmung des Bedachten vornehmen muß (§ 2065 BGB), ist bezüglich der Bestimmung der Person des Vermächtnisnehmers durch das Gesetz abgemildert. Der Erblasser kann die Auswahl des Vermächtnisnehmers dem mit dem Vermächtnis Beschwerten oder auch einem Dritten übertragen, wenn der Erblasser den Kreis der zur Auswahl stehenden Personen bestimmt hat (§ 2151 Abs. 1 BGB). Damit hat der Erblasser über eine Vermächtnisanordnung weitergehende Gestaltungsmöglichkeiten bezüglich der Auswahl eines Vermögensnachfolgers an Hand von Qualifikationsmerkmalen, wenn diese im Zeitpunkt seines Todes noch nicht feststehen.

Ist der Beschwerte bestimmungsberechtigt, so erfolgt die Erklärung gegenüber demjenigen, welcher das Vermächtnis erhalten soll; hat ein Dritter zu bestimmen, so hat dieser die Erklärung gegenüber dem Beschwerten abzugeben (§ 2151 Abs. 2 BGB).

Können die Bestimmungsberechtigten die Bestimmung nicht treffen oder hat das Nachlaßgericht ihnen fruchtlos eine Frist zur Bestimmung gesetzt, so sind die vom Erblasser als Bedachte zur Auswahl gestellten Personen Gesamtgläubiger (§ 2151 Abs. 3 BGB).

cc) Vorausvermächtnis

486 Ein Miterbe kann zugleich Vermächtnisnehmer sein (Vorausvermächtnis, § 2150 BGB), der Alleinerbe nur als Nach- oder Untervermächtnisnehmer.

487 Vom Vorausvermächtnis ist die Teilungsanordnung abzugrenzen[274]. Teilungsanordnung und Vorausvermächtnis unterscheiden sich dadurch, daß letzteres nicht auf den Erbteil angerechnet wird und unabhängig von der Erbeinsetzung gelten soll, während bei der Teilungsanordnung der zugeteilte Gegenstand auf den Erbteil des Begünstigten angerechnet wird.

488 Für die Abgrenzung zwischen Teilungsanordnung und Vorausvermächtnis kommt es auf den Willen des Erblassers an: Hat der Erblasser vollen Wertausgleich angeordnet, so ist im Zweifel eine Teilungsanordnung gegeben, selbst wenn sich die Zuweisung an den Begünstigten aus anderen Gründen, z.B. wegen höherer Wertbeständigkeit, als vorteilhaft erweist. Hat der Erblasser den Wertausgleich bewußt unter dem wahren Wert angesetzt, so liegt im Zweifel ein Vorausvermächtnis

---

[274] Dazu Benk, MittRhNotK 1979, 53 ff.

vor[275]. Daher kann ein Vorausvermächtnis auch vorliegen, wenn der Erblasser einem Miterben ein Recht zur Übernahme eines Nachlaßgegenstandes bewußt zu einem unter dem wahren Wert liegenden Preis einräumt, um den Miterben zu begünstigen.

489 Die Abgrenzung zwischen Teilungsanordnung und Vorausvermächtnis ist insbesondere für die Bindungswirkung im Erbvertrag oder gemeinschaftlichen Ehegattentestament von Bedeutung. Die Teilungsanordnung kann nicht Gegenstand erbvertragsgemäßer oder wechselbezüglicher Verfügungen mit Bindungswirkung sein (§§ 2278 Abs. 2, 2270 Abs. 3 BGB). Dagegen kann jedes Vermächtnis, auch das Vorausvermächtnis der Bindungswirkung unterliegen.

dd) Ersatzvermächtnis

490 Der Erblasser kann einen oder mehrere Ersatzvermächtnisnehmer bestimmen. Die Vorschriften über die Ersatzerbfolge finden entsprechende Anwendung (§ 2190 BGB).

ee) Nachvermächtnis

491 Der Erblasser kann denselben Gegenstand mehreren Personen zeitlich nacheinander vermachen (Nachvermächtnis)[276]. Dabei sind Gestaltungen möglich, wonach auf einen Vermächtnisnehmer mehrere Nachvermächtnisnehmer oder auf mehrere Vorvermächtnisnehmer nur ein – also für alle Vermächtnisnehmer derselbe – Nachvermächtnisnehmer folgt.

492 Einige Vorschriften über die Nacherbschaft finden auf das Nachvermächtnis entsprechende Anwendung (§ 2191 Abs. 2 BGB). Da der Nachvermächtnisnehmer anders als der Nacherbe – nur einen schuldrechtlichen Anspruch gegen den Vorvermächtnisnehmer erhält, ist der Schutz des Nachvermächtnisnehmers erheblich schwächer als der des Nacherben. So besteht weder ein Schutz gegen lebzeitige Verfügungen des Vorvermächtnisnehmers noch Vollstreckungsschutz gegen Eigengläubiger des Vorvermächtnisnehmers. Dieser Schutz kann durch gleichzeitige Anordnung einer Verwaltungstestamentsvollstreckung bezüglich des Vermächtnisgegenstandes hergestellt werden. Bei einem Grundstücksvermächtnis kann der Nachvermächtnisnehmer durch Anordnung der Bewilligung einer Vormerkung im Grundbuch gesichert werden.

---

[275] BGH NJW 1985, 51 (52); FamRZ 1987, 475 (476); BGHZ 36, 115 (118) = LM § 2048 BGB Nr. 4 mit Anm. v. Mattern; LM § 2048 BGB Nr. 5a; MünchKomm/Dütz, § 2048 BGB Rz. 16; Palandt/Edenhofer, § 2048 BGB Rz. 6; v. Lübtow, Band I, S. 379; Kipp/Coing, § 44 II 4 (S. 268); Lange/Kuchinke, § 44 III 4e) γ) (S. 1089); kritisch Staudinger/Otte [1996] § 2150 BGB Rz. 9ff.; Loritz, NJW 1988, 2698.

[276] Zum Vor- und Nachvermächtnis Bengel, NJW 1990, 1826ff.

b) Der Vermächtnisbeschwerte

aa) Beschwerter Erbe

Hat der Erblasser den Beschwerten nicht bestimmt, so gilt der Erbe als beschwert (§ 2147 Satz 2 BGB). 493

Beispiel:
Hat der Erblasser angeordnet „ich vermache dem XY einen Geldbetrag von DM 500,–"‚ so sind alle Erben des Erblassers mit diesem Vermächtnis beschwert, und zwar im Innenverhältnis nach dem Verhältnis ihrer Erbteile (§ 2148 BGB), dem Vermächtnisnehmer gegenüber haften sie als Gesamtschuldner (§ 2058 BGB).

Eine Beschwerung mit einem Vermächtnis kann jedem Erben, auch dem Nacherben und Ersatzerben (bedingtes Vermächtnis), auferlegt werden. Der Erblasser kann auch unter mehreren Miterben nur einen mit dem Vermächtnis belasten. 494

bb) Beschwerter Vermächtisnehmer, Untervermächtnis

Auch ein Vermächtnisnehmer kann mit einem Vermächtnis beschwert werden – „Untervermächtnis" (§ 2147 Satz 1 BGB). 495

Beispiel: A vermache ich meine gesamte Briefmarkensammlung, B meine blaue Mauritius.

Hat der Erblasser mehrere Vermächtnisnehmer mit demselben Untervermächtnis beschwert, so haben die Vermächtnisnehmer das Untervermächtnis nach dem Verhältnis des Wertes ihrer Vermächtnisse zu tragen (§ 2148 BGB). 496

3. Gegenstand eines Vermächtnisses

a) Allgemeines

Jeder Vermögensvorteil kann Gegenstand eines Vermächtnisses sein (§ 1939 BGB). Vermächtnisanordnungen bieten daher nicht nur personenbezogen, sondern auch gegenstandsbezogen umfassende Gestaltungsmöglichkeiten, so daß mit den erbrechtlich vorgegebenen Vermächtnistypen inhaltlich das gesamte Spektrum schuldrechtlicher Gestaltungsfreiheit genutzt werden kann. Gegenstand eines Vermächtnisses kann z.B. die Einräumung eines dinglichen Rechts, etwa eines Nießbrauchs, eines Wohnungsrechts, die Abtretung einer Forderung, der Erlaß einer Schuld oder die Einräumung schuldrechtlicher Ansprüche sein. 497

b) Vermächtnis von Nachlaßgegenständen

aa) Stückvermächtnis

Wird ein bestimmter Gegenstand vermacht, so handelt es sich um ein Stückvermächtnis. 498

bb) Gattungsvermächtnis

Hat der Erblasser den vermachten Gegenstand nur der Gattung nach bestimmt, so ist eine den Verhältnissen des Bedachten entsprechende Sache zu liefern (§ 2155 Abs. 1 BGB – Abweichung von § 243 Abs. 1 BGB). 499

cc) Wahlvermächtnis

500   Zwar muß der Erblasser den Gegenstand des Vermächtnisses selbst bestimmen (§ 2065 BGB), jedoch kann er mehrere Nachlaßgegenstände zur Wahl stellen, indem er anordnet, daß der Vermächtnisnehmer einen von mehreren Gegenständen erhalten soll, entweder nach seiner Wahl, nach Wahl des Beschwerten oder eines Dritten (§ 2154 BGB).

Die Vorschriften über das Wahlschuldverhältnis finden Anwendung (§§ 262 ff. BGB).

Steht die Wahl einem Dritten zu, so erfolgt sie durch dessen Erklärung gegenüber dem Beschwerten. Kann der Dritte die Wahl nicht treffen, so geht das Wahlrecht auf den Beschwerten über (§ 2154 Abs. 1 Satz 2 und Abs. 2 BGB).

c) *Verschaffungsvermächtnis*

501   Grundsätzlich ist gemäß § 2169 Abs. 1 BGB das Vermächtnis eines bestimmten Gegenstandes unwirksam, wenn dieser Gegenstand im Zeitpunkt des Erbfalls nicht zum Nachlaß gehört.

Ein Gegenstand gehört bereits dann nicht mehr zum Nachlaß, wenn der Erblasser verpflichtet war, ihn zu veräußern, z.B. weil er den Gegenstand verkauft, nur dem Käufer noch nicht übereignet hat (§ 2169 Abs. 4 BGB). In einem solchen Fall kann sich durch Testamentsauslegung ergeben, daß dem Vermächtnisnehmer statt des Gegenstandes der Erlös zufallen soll[277]. In einem notariellen Testament sollte ein solcher Erblasserwille durch eine Klausel, wonach Surrogate i.S.v. § 2041 BGB an die Stelle von Vermächtnisgegenständen treten, klargestellt werden.

502   Der Erblasser kann aber auch nicht zum Nachlaß gehörende Gegenstände vermachen. In einem solchen Fall liegt ein sogenanntes Verschaffungsvermächtnis vor (§§ 2169 Abs. 1 HS. 2, 2170 BGB). Ein derartiger Wille des Erblassers ist immer dann anzunehmen, wenn der Erblasser wußte, daß der vermachte Gegenstand ihm nicht gehört.

503   Hatte der Erblasser nur den Besitz, nicht aber das Eigentum an der vermachten Sache, so gilt im Zweifel der Besitz als vermacht (§ 2169 Abs. 2 BGB).

504   Liegt ein Verschaffungsvermächtnis vor, so muß der Beschwerte dem Bedachten den Gegenstand liefern, z.B. dem fremden Eigentümer die Sache abkaufen und sie dem Vermächtnisnehmer übereignen. Ist er dazu nicht in der Lage, so hat er den Wert des vermachten Gegenstandes an den Vermächtnisnehmer zu entrichten (§ 2170 Abs. 2 BGB).

505   War der Erblasser nur Miteigentümer des Vermächtnisgegenstandes, so gilt nur der Miteigentumsteil als vermacht. Gehörte der Vermächtnisgegenstand zu einem Gesamthandsvermögen, an welchem der Erblasser beteiligt war, so ist der vermachte Gegenstand als nicht zum Nachlaß gehörig zu betrachten[278]. Dabei ist zu

---

[277] BGHZ 22, 357 (360) = NJW 1957, 421; BGHZ 31, 13 (22); Mattern, BWNotZ 1961, 277 (282).
[278] RGZ 105, 246 (250); KG NJW 1964, 1808 (1809).

berücksichtigen, daß der Erblasserwille durch Auslegung zu ermitteln ist. Da dem Erblasser, der z.B. in ungeteilter Erbengemeinschaft an einem Mehrfamilienhaus beteiligt ist, oft nicht bewußt ist, daß er keinen Miteigentumsanteil übertragen kann, wird in einem solchen Fall zu prüfen sein, ob nicht der schuldrechtliche Anspruch auf Auseinandersetzung und Herausgabe vermacht ist.

d) Zweckvermächtnis

Der Erblasser kann sich darauf beschränken, den Zweck des Vermächtnisses zu bestimmen und die Bestimmung der Leistung, die diesem Zweck dienen soll, dem billigen Ermessen des Beschwerten oder eines Dritten (nicht aber des Bedachten) überlassen. Auf ein solches Vermächtnis finden die Vorschriften der §§ 315–319 BGB betreffend die Bestimmung der Leistung durch eine Partei bzw. einen Dritten entsprechende Anwendung (§ 2156 BGB). **506**

e) Umfang des Vermächtnisses

aa) Zubehör

Das Vermächtnis erstreckt sich im Zweifel auf das im Zeitpunkt des Erbfalls vorhandene Zubehör der vermachten Sache, ferner auf Wertersatzansprüche wegen einer nach der Anordnung des Vermächtnisses erfolgten Beschädigung der Sache (§ 2164 BGB). **507**

bb) Belastungen

Ist der vermachte Gegenstand mit dem Recht eines Dritten belastet, so kann der Vermächtnisnehmer im Zweifel nicht die Beseitigung dieses Rechts von dem Beschwerten verlangen. Hatte der Erblasser gegen den Dritten einen Anspruch auf Beseitigung des belastenden Rechts, so gilt dieser Anspruch im Zweifel als mitvermacht (§ 2165 Abs. 1 BGB). **508**

Für Hypotheken, Grund- und Rentenschulden gelten besondere Vorschriften (§§ 2166-2168 BGB). Im Zweifel ist der Vermächtnisnehmer verpflichtet, die zugrundeliegende persönliche Verbindlichkeit zu übernehmen und erfüllen[279]. Dies gilt bei Grundschulden dann nicht, wenn sie zur Absicherung mit dem Grundbesitz in keiner Weise verbundenen Verbindlichkeiten dienen[280]. **509**

Beispiel: Grundpfandrecht auf einem Privatgrundstück zur Absicherung eines Geschäftskontokorrents.

f) Sonderfälle

aa) Allgemeines

Der Erblasser hat häufig den Wunsch, die Substanz seines Vermögens über seine Nachfolgegeneration hinaus zu erhalten. Gleichzeitig sollen seine Kinder oder an- **510**

---

[279] BGH NJW 1963, 1612.
[280] BGHZ 37, 246.

dere Angehörige, z.B. sein Ehegatte, versorgt sein. In solchen Fällen besteht auch ein Interesse des Erblassers, dem zu versorgenden Angehörigen, der u.U. geschäftsungewandt und beeinflußbar ist, nicht die mit einer Erbeinsetzung verbundenen Herrschaftsrechte über den Nachlaß einzuräumen. Hier bietet sich die vermächtnisweise Einräumung eines Nießbrauchs an. Sie hat gegenüber der Vor- und Nacherbschaft den weiteren Vorteil, daß ein zweiter erbschaftsteuerpflichtiger Erbfall vermieden wird[281].

bb) Nießbrauchsvermächtnis[282]

(1) Allgemeines

511   Der Erblasser kann einer Person durch Vermächtnis den Nießbrauch auf Lebenszeit, aber auch auf kürzere Zeit (z.B. bis zur Erreichung eines bestimmten Alters oder bis zur Wiederverheiratung) einräumen.

512   Der Nießbraucher ist berechtigt, aus einem fremden Gegenstand die Nutzungen zu ziehen. Der Nießbrauch kann an Sachen, Rechten und einem Vermögen bestehen (§§ 1030 ff. BGB).

Der Nießbrauch an einem Vermögen kann allerdings nur in der Weise bestellt werden, daß der Nießbraucher den Nießbrauch an den einzelnen dem Vermögen gehörenden Gegenständen eingeräumt erhält (§ 1085 BGB)[283]. Der Nießbrauch an einer Erbschaft ist in § 1089 BGB ausdrücklich erwähnt.

513   In seinen rechtlichen Wirkungen ähnelt der Nießbrauch je nach Ausgestaltung weitgehend der Vorerbschaft[284], obwohl sich eine ausdrückliche Bezugnahme auf die Nießbrauchsvorschriften nur in den §§ 2128, 2129, 2135 BGB findet[285]. Im Unterschied zum Vorerben wird der Nießbraucher aber nicht Eigentümer der Nachlaßgegenstände[286].

514   Der Erblasser kann auch ein Nießbrauchsvermächtnis in der Weise zuwenden, daß er mit ihm den Erbteil nur eines einzelnen Erben oder die Erbteile mehrerer Erben beschwert.

(2) Umfang des Nießbrauchs

515   Soll der Nießbrauch am gesamten Nachlaß eingeräumt werden, so braucht er sich nicht auf alle Nutzungen zu erstrecken (§ 1030 Abs. 2 BGB). Einzelne Nut-

---

[281] Schlieper, MittRhNotK 1995, 251 ff. Allerdings ist gem. § 25 ErbStG im Verhältnis zwischen Erblasser und seinem überlebenden Partner die Abzugsmöglichkeit des kapitalisierten Nießbrauchs weggefallen; dazu Buch II Rz. 263.
[282] Zur richtigen Gestaltungswahl zwischen Vor- und Nacherbschaft und Nießbrauchsvermächtnis Schlieper, MittRhNotK 1995, 249 ff.
[283] Staudinger/Frank [1994] Vorbem. 3 zu §§ 1030 ff. BGB.
[284] Zur Abgrenzung Schlieper, MittRhNotK 1995, 249 ff.
[285] Dazu Staudinger/Behrends [1996] Vorbem. 18 f. zu §§ 2100 ff. BGB; Schön, Der Nießbrauch an Sachen (1992), S. 101 ff.
[286] Zur Abgrenzung und Testamentsauslegung Staudinger/Frank [1994] § 1089 BGB Rz. 3 ff.

Die Gestaltungsmöglichkeiten der gewillkürten Erbfolge

zungen können vom Nießbrauch ausgeschlossen werden. Dagegen kann der Nießbrauch nicht auf einzelne Nutzungsarten beschränkt werden; ebenso wenig soll der Ausschluß des Nießbrauchs an einem Mietgrundstück nur hinsichtlich einzelner Wohnungen möglich sein[287].

Vom Ausschluß einzelner Nutzungen sind Bruchteils- und Quotennießbrauch zu unterscheiden. Beim Bruchteilsnießbrauch ist der ideelle Bruchteil eines Gegenstandes (z.B. der 1/2 Anteil eines Grundstücks) mit dem Nießbrauch belastet. Beim Quotennießbrauch ist der gesamte Gegenstand belastet, der Berechtigte erhält aber aus den Nutzungen nur eine Quote[288]. 516

Der Nießbrauch braucht sich nicht auf den gesamten Nachlaß zu erstrecken; er kann auf einzelne Gegenstände beschränkt werden (auf Wertpapiere, Urheberrechte). 517

(3) Bestellung des Nießbrauchs

Der Nießbrauch entsteht noch nicht durch die vermächtnisweise Zuwendung, vielmehr muß der Nießbrauch aufgrund des Vermächtnisses von dem Beschwerten an den belasteten Gegenständen rechtsgeschäftlich bestellt werden. Dazu bedarf es der Einhaltung der für die Nießbrauchsbestellung vorgeschriebenen Formen. 518

(4) Mehrere Nießbraucher

Das Nießbrauchsvermächtnis kann zugunsten mehrerer Personen nach Bruchteilen angeordnet werden, z.B. zugunsten beider Eltern zu je 1/2, oder zugunsten des überlebenden Ehegatten und eines Abkömmlings nach festzusetzenden Bruchteilen. Es kann auch mehreren Personen als Gesamtberechtigten gemäß § 428 BGB eingeräumt werden[289]. 519

(5) Verbindung mit Testamentsvollstreckung

Die Benennung des Nießbrauchsvermächtnisnehmers zum Testamentsvollstrecker ist rechtlich zulässig und stärkt durch Einräumung von Verwaltungs- und Verfügungsbefugnissen seine Rechtsposition[290]. Diese Kombination kann insbesondere beim Versorgungsnießbrauch des überlebenden Ehegatten zu empfehlen sein. 520

(6) Erlöschen des Nießbrauchs

Der Nießbrauch erlischt als höchstpersönliches, unübertragbares Recht (§ 1059 BGB) – wenn er nicht befristet oder auflösend bedingt bestellt ist – mit dem Tod des Nießbrauchers (§ 1061 BGB). Der Nießbrauch ist immer unvererblich. 521

---

[287] BayObLG Rpfleger 1980, 17; das ist zumindest dann nicht überzeugend, wenn z.B. bei diesen Wohnungen vorrangig ein Wohnungsrecht zugunsten einer anderen Person eingetragen ist.
[288] Nieder, Rz. 565.
[289] Staudinger/Frank [1994] § 1030 BGB Rz. 44 ff.
[290] Dazu Staudinger/Frank [1994] § 1089 BGB Rz. 6 m.w.N.; Nieder, Rz. 567.

Ist ein Nießbrauch zu Bruchteilen bestellt worden, so erlischt beim Tod eines Bruchteilsnießbrauchers stets nur dessen Recht, während das Recht des oder der anderen Nießbraucher(s) bis zu dessen Ableben fortbesteht. Bei Gesamtberechtigten bleibt der auf Lebenszeit bestellte Nießbrauch in voller Höhe bis zum Tod des Längstlebenden bestehen[291].

cc) Wohnungsrechtsvermächtnis

522 Häufig besteht ein Interesse daran, vor allem dem überlebenden Ehegatten, gegebenenfalls aber auch einem Abkömmling, vermächtnisweise ein dingliches Wohnungsrecht an der bisherigen Ehewohnung oder anderen Wohnräumen auf dem Wohngrundstück des Erblassers einzuräumen.

523 Das Wohnungsrecht ist eine beschränkte persönliche Dienstbarkeit (§ 1093 BGB). Mit dem dinglichen Wohnungsrecht wird das betreffende Grundstück belastet.

524 Auch das vermächtnisweise zugewandte Wohnungsrecht entsteht nicht von selbst mit dem Erbfall, sondern muß in den gehörigen Formen von dem mit dem Vermächtnis Belasteten erfüllt werden. Das Wohnungsrecht ist grundsätzlich nicht übertragbar und nicht vererblich. Es erlischt mit dem Tod des Berechtigten. Während der Dauer des Wohnungsrechts kann seine Ausübung einem anderen nur überlassen werden, wenn die Überlassung nach dem Inhalt des Wohnungsrechts gestattet ist. Jedoch gehört es zum Inhalt des Wohnungsrechts, daß der Berechtigte befugt ist, seine Familien- und Hausstandsangehörigen mit in die Wohnung aufzunehmen (im einzelnen s. § 1093 BGB).

dd) Rentenvermächtnis

525 Durch ein Rentenvermächtnis kann die Versorgung des bedachten Angehörigen gesichert werden. Im Gegensatz zum Nießbrauchsvermächtnis hängt das Rentenvermächtnis nicht von der Erzielung bestimmter Nutzungen ab, es muß gegebenenfalls aus der Substanz geleistet werden.

526 Bei Renten handelt es sich um wiederkehrende geldwerte Bezüge. Sie beruhen auf einem schuldrechtlichen Anspruch, können aber dinglich am Grundbesitz gesichert werden (Eintragung einer Reallast, §§ 1105ff.; einer Grundschuld, §§ 1191ff.; einer Rentenschuld, §§ 1199ff. BGB).

527 Eine besondere Form ist die Leibrente (§§ 759-761 BGB). Ihr liegt ein einheitlich nutzbares sogenanntes Grund- oder Stammrecht zugrunde.

528 Bei allen Rentenverpflichtungen als langfristigen Dauerschuldverhältnissen sollten Wertsicherungsklauseln vorgesehen sein (Anpassung an Lebenshaltungskostenindex, Tarif- oder Beamtengehalt)[292].

529 Die Rente kann auf Lebenszeit oder bis zu einem bestimmten Zeitpunkt oder Eintritt einer Bedingung (z.B. Verheiratung des Rentenberechtigten) vermacht

---

[291] Staudinger/Frank [1994] § 1061 BGB Rz. 5.
[292] Dazu v. Oertzen, ZEV 1994, 160.

werden. Sie erlischt dann mit dem Tode bzw. dem Ablauf der Frist oder dem Eintritt der Bedingung.

4. Anfall, Annahme und Ausschlagung des Vermächtnisses[293]

a) Anfall

Die Forderung des Vermächtnisnehmers entsteht mit dem Erbfall (Anfall des Vermächtnisses; § 2176 BGB). 530

Verstirbt der Vermächtnisnehmer zwischen Erbfall und Vermächtniserfüllung, so geht der schuldrechtliche Vermächtnisanspruch auf die Erben des Vermächtnisnehmers über. Das gilt auch für bedingte oder von einem Terminbeginn abhängige Vermächtnisse. Eine solche Vermächtnisanwartschaft ist vererblich, wobei die Auslegungsregel des § 2074 BGB zu beachten ist, wonach eine letztwillige Zuwendung im Zweifel nur gelten soll, wenn der Bedachte den Eintritt der Bedingung erlebt. Auch ist zu prüfen, ob der Erblasser, für den Fall, daß der Bedachte vor Termin- oder Bedingungseintritt verstirbt, einen Ersatzvermächtnisnehmer benannt hat. Bei bedingten oder befristeten Vermächtnisanordnungen, sollten zur Vermeidung von Auslegungsproblemen entweder Ersatzvermächtnisnehmer benannt werden oder die Vererblichkeit geregelt sein[294]. 531

Der Erblasser kann das Vermächtnis unter einer aufschiebenden Bedingung oder unter Bestimmung eines Anfangstermins anordnen; dann tritt der Vermächtnisanfall erst mit dem Eintritt der Bedingung oder des Termins ein (§ 2177 BGB). 532

Ist der mit dem Vermächtnis Bedachte z.Z. des Erbfalls noch nicht erzeugt oder wird seine Persönlichkeit durch ein erst nach dem Erbfall eintretendes Ereignis bestimmt, so erfolgt der Anfall des Vermächtnisses im ersteren Fall mit der Geburt, im letzteren Fall mit dem Eintritt des Ereignisses (§ 2178 BGB).

Ist ein Vermächtnisnehmer mit einem Vermächtnis (Untervermächtnis) beschwert, so kann das Untervermächtnis erst erlangt werden, wenn das Hauptvermächtnis gefordert werden kann (§ 2186 BGB). 533

Wie im Fall der Nacherbschaft kann der Erblasser den Anfall eines Vermächtnisses nicht zeitlich unbegrenzt hinausschieben. Grundsätzlich muß das Vermächtnis binnen dreißig Jahren nach dem Tod des Erblassers oder binnen der Lebenszeit einer natürlichen Person, die beim Tod des Erblassers mindestens bereits erzeugt ist, anfallen, sonst wird es unwirksam (§§ 2162, 2163 BGB). 534

b) Annahme

Die Annahme des Vermächtnisses erfolgt durch Erklärung gegenüber dem Beschwerten. Das Vermächtnis kann erst nach Eintritt des Erbfalls und darf nicht unter einer Bedingung oder einer Zeitbestimmung angenommen werden (§ 2180 Abs. 2 BGB). 535

---

[293] Dazu van Venrooy, Annahme und Ausschlagung von Vermächtnissen (1990).
[294] Dieterle, BWNotZ 1970, 18; Nieder, Rz. 553.

c) Ausschlagung

536 Die Ausschlagung eines Vermächtnisses richtet sich nach den Vorschriften über die Ausschlagung einer Erbschaft mit folgenden Besonderheiten:

aa) Form

537 Die Ausschlagung bedarf keiner Form, sie kann sogar stillschweigend erfolgen.

bb) Ausschlagungsgegner

538 Die Ausschlagung wird gegenüber dem Beschwerten erklärt (§ 2180 Abs. 2 BGB). Sie kann aber auch gegenüber einem Nachlaßpfleger (§§ 1960 Abs. 2, 1961 BGB) oder dem Testamentsvollstrecker (§ 2213 Abs. 1 BGB) ausgesprochen werden.

cc) Keine Ausschlagungsfrist

539 Es besteht keine Ausschlagungsfrist; dem pflichtteilsberechtigten Vermächtnisnehmer kann aber der mit dem Vermächtnis beschwerte Erbe eine angemessene Frist zur Erklärung über die Annahme des Vermächtnisses setzen, nach deren fruchtlosem Ablauf das Vermächtnis als ausgeschlagen gilt (§ 2307 Abs. 2 BGB).

XI. Auflage

1. Begriff

540 Die Auflage ist im Gegensatz zu Erbeinsetzung und Vermächtnis keine Zuwendung, sondern die Auferlegung einer Verpflichtung, der kein Bedachter als Forderungsberechtigter gegenübersteht (§ 1940 BGB)[295]. Der Leistungsverpflichtung des Beschwerten steht kein Erfüllungsanspruch gegenüber; selbst der Auflagenbegünstigte hat keinen Anspruch auf Erfüllung.

2. Inhalt einer Auflage

541 Gegenstand einer Auflage können alle Zwecke sein, die dem Gesetz und den guten Sitten nicht widersprechen[296].
Beispiele:
Die Zwecke können höchstpersönlichen Interessen des Erblassers dienen (Gestaltung des Begräbnisses, der Grabstätte sowie deren Pflege), der Pflege von Nachlaßgegenständen (Pflege einer Kunstsammlung, Pflege von Tieren), der Förderung irgendwelcher Aufgaben (z.B. der wissenschaftlichen Forschung).

542 Die Auflage kann finanzielle Aufwendungen aus dem Nachlaß zum Gegenstand haben, aber auch persönliche Handlungen des Beschwerten. Sie braucht keinen

---

[295] Staudinger/Otte [1994] § 1940 Rz. 1 ff.
[296] Zum Inhalt Staudinger/Otte [1994] § 1940 Rz. 5 f. Zu den Gestaltungsmöglichkeiten mittels Auflage Nieder, Rz. 726 ff.

Vermögenswert zu haben. Auch Unterlassungspflichten können Gegenstand einer Auflage sein (z.B. ein Kündigungsverbot, Veräußerungsverbot).

3. Anzuwendende Vorschriften

Auf die Auflage sind die Vorschriften über das Vermächtnis entsprechend anwendbar (§ 2192 BGB). 543

a) Beschwerung

Mit einer Auflage können dieselben Personen beschwert werden, die auch mit einem Vermächtnis belastet werden können (§§ 2192, 2147, 2148 BGB). 544

b) Bestimmung des Leistungsempfängers

Weitergehend als beim Vermächtnis kann der Erblasser die Bestimmung der Person, an welche die Leistung erfolgen soll, dem Beschwerten oder einem Dritten, insbesondere dem Testamentsvollstrecker überlassen, wenn er nur den Zweck der Auflage bestimmt hat (§ 2193 BGB). 545

c) Keine zeitliche Begrenzung

Eine Auflage ist nicht an Zeitgrenzen gebunden, nach deren Erreichung sie unwirksam wird (keine Dreißig-Jahres-Frist). 546

4. Vollziehungsberechtigter

Da der mit der Auflage begründeten Verpflichtung kein Gläubiger gegenübersteht, hat das Gesetz Bestimmungen darüber getroffen, wer die Vollziehung der Auflage verlangen kann. Gemäß § 2194 BGB kann die Vollziehung der Auflage verlangt werden von dem Erben, einem Miterben oder demjenigen, welchem der Wegfall des mit der Auflage zunächst Beschwerten unmittelbar zustatten kommen würde. Liegt die Vollziehung der Auflage im öffentlichen Interesse, so kann auch die zuständige Behörde die Vollziehung verlangen. Ist z.B. ein Erbe mit der Auflage beschwert, kann der zunächst hinter ihm zur Erbschaft Berufene die Vollziehung der Auflage beanspruchen, bei Beschwerung eines Vermächtnisnehmers ein anwachsungsberechtigter Mitvermächtnisnehmer oder ein Ersatzvermächtnisnehmer. Darüber hinaus ist der Testamentsvollstrecker oder ein vom Erblasser ausdrücklich zum Vollziehungsberechtigten Benannter zum Vollzug der Auflage berechtigt[297]. 547

Wird die Erfüllung der Auflage durch Verschulden des mit ihr Beschwerten unmöglich oder verweigert er trotz Verurteilung die Erfüllung, so hat derjenige, welchem der Wegfall des zunächst Beschwerten unmittelbar zustatten käme, einen Bereicherungsanspruch gegen den Beschwerten (§ 2196 BGB). 548

---

[297] Nieder, Rz. 730 u. Hinw. a. Staudinger/Otte [1996] § 2194 BGB Rz. 5; Soergel/Dieckmann § 2194 BGB Rz. 6; MünchKomm/Skibbe (2. Aufl.) § 2194 Rz. 5.

5. Bindungswirkung

549   Ein wesentlicher Vorzug der Auflage gegenüber Anordnungen der Testamentsvollstreckung und Teilungsanordnungen liegt darin, daß die Auflage Gegenstand wechselbezüglicher Bestimmungen in einem gemeinschaftlichen Ehegattentestament und erbvertragsmäßiger Verfügung sein kann, und damit die getroffenen Bestimmungen der Bindungswirkung eines gemeinschaftlichen Ehegattentestaments bzw. eines Erbvertrages unterworfen werden können.

6. Gestaltungsempfehlung

550   Mit der Auflage kann der Erblasser wirtschaftliche und ideelle Ziele zeitlich unbegrenzt über seinen Tod hinaus verfolgen. Um die Durchführung der Auflage dauerhaft zu sichern, sollte sie mit einer Testamentsvollstreckung kombiniert werden.

Von einer zeitlich unbegrenzten Auflage sollte der Erblasser grds. gewarnt werden. Den sich – nach derzeitiger Lebenserfahrung – beschleunigenden Änderungen der rechtlichen, wirtschaftlichen und allgemeinen Lebensverhältnisse, ist auch bei Anordnung einer Auflage Rechnung zu tragen.

551   Die Auflage ist die einzige Gestaltungsmöglichkeit, um nicht rechtsfähigen Personenverbänden oder Tieren Zuwendungen zukommen zu lassen, da bei der Auflage kein rechtsfähiger Begünstigter vorhanden sein muß[298].

XII. Testamentsvollstreckung

1. Anwendungsbereich der Testamentsvollstreckung

552   Der Vollzug letztwilliger Verfügungen kann durch Anordnung der Testamentsvollstreckung sichergestellt werden. Mit der Testamentsvollstreckung kann der Erblasser seinem Willen auch noch weit über seinen Tod hinaus bei der Vermögensverwaltung bzw. -abwicklung Geltung verschaffen[299].

553   Die Testamentsvollsteckung ist uneingeschränkt zur Regelung folgender Interessenlagen zu empfehlen:
– bei schwierigen Nachlaßverhältnissen;
– zur Überwachung der Nachlaßbeteiligten insbesondere bei fehlender Eignung der Erben bzw. Vermächtnisnehmer zur Vermögensverwaltung[300];
– um besondere Vorstellungen des Erblassers zu vollziehen.

Darüber hinaus kann die Testamentsvollstreckung dem Schutz des Nachlasses vor Eigengläubigern des Erben dienen, da diese – wenn sie nicht zugleich Nachlaß-

---

[298] Dazu Nieder, Rz. 1031 m.w.N.
[299] Ausführlich Bengel/Reimann/Bengel, Testamentsvollstreckung Kap. 1, S. 2ff; Nieder, Rz. 678ff.
[300] Zu den Auswirkungen des Testamentsvollstreckeramtes auf elterliche Sorge, Vormundschaft und Betreuung Damrau, ZEV 1994, 1.

gläubiger sind – nicht in die der Verwaltung des Testamentsvollstreckers liegende Gegenstände vollstrecken können (§ 2214 BGB)[301].

Dem Testamentsvollstrecker wird eine sehr weitgehende Rechtsmacht übertragen, für andere und für deren Rechnung und Risiko zu handeln. Auswahl der Personen und Aufgabenkreis des Testamentsvollstreckers sollte daher sorgfältig überlegt sein.

554

2. Aufgaben und rechtliche Stellung des Testamentsvollstreckers

a) Testamentsvollstreckeramt

Der Testamentsvollstrecker leitet seine Rechte und Aufgaben aus der letztwilligen Verfügung des Erblassers ab. Er ist weder Vertreter des Erblassers noch der Erben, sondern Inhaber eines privatrechtlichen, ihm zugewiesenen Amts aus eigenem Recht[302]. Der Testamentsvollstrecker untersteht nicht der Aufsicht des Nachlaßgerichts. Er kann nur aus wichtigem Grund auf Antrag eines Beteiligten vom Nachlaßgericht aus seinem Amt entlassen werden (§ 2227 BGB).

555

b) Aufgaben

aa) Allgemeines

Aufgabe des Testamentsvollstreckers ist die Ausführung der letztwilligen Verfügungen des Erblassers (§ 2203 BGB). Sind mehrere Erben vorhanden, so hat der Testamentsvollstrecker die Auseinandersetzung unter ihnen zu bewirken (§ 2204 Abs. 1 BGB). Dem Testamentsvollstrecker kann die Verwaltung des Nachlasses obliegen (§ 2205 BGB).

556

Ob der Testamentsvollstrecker alle ihm vom Gesetz zugewiesenen Aufgaben und Befugnisse hat oder diese beschränkt sind, hängt vom Inhalt der Anordnungen des Erblassers ab (§ 2208 BGB). Um künftige Streitigkeiten zu vermeiden, sollten der Aufgabenkreis und Rechtsstellung des Testamentsvollstreckers in der letztwilligen Verfügung genau festgelegt werden.

bb) Abwicklungsvollstreckung

Hat der Testamentsvollstrecker lediglich die Aufgabe, den Nachlaß gemäß den Anordnungen des Erblassers abzuwickeln, so hat er vor allem die Auseinandersetzung des Nachlasses unter mehreren Erben vorzunehmen, sowie Vermächtnisse und Auflagen zu erfüllen. Hat der Erblasser keine besonderen Bestimmungen getroffen, so umfaßt der Aufgabenkreis die Durchführung der letztwilligen Anord-

557

---

[301] Nieder, Rz. 693; weitere Regelungszwecke der Testamentsvollstreckung bei Nieder, Rz. 678.
[302] Herrschende „Amtstheorie" BGHZ 13, 203 (205); Bengel/Reimann/Bengel, Testamentsvollstreckung, S. 4f.; MünchKomm/Brandner, vor § 2197 BGB Rz. 5; Staudinger/Reimann [1996] Vorbem. 14f. zu §§ 2197ff. BGB; BGB-RGRK/Kregel, vor § 2197 BGB Rz. 3; Lange/Kuchinke, § 31 III (S. 629ff.); v. Lübtow, Band II, S. 927f.; Kipp/Coing, § 66 III (S. 369).

nungen des Erblassers (§ 2203 BGB) und die Auseinandersetzung unter den Miterben (§ 2204 Abs. 1 BGB).

cc) Verwaltungsvollstreckung

558   Soll dem Testamentsvollstrecker die Verwaltung des Nachlasses übertragen werden, so bedarf es der Festlegung der Dauer der Verwaltung. Das Gesetz läßt eine Dauervollstreckung für längstens dreißig Jahre zu (§ 2210 BGB). Der Erblasser kann jedoch die Dauervollstreckung bis zum Tode des Beschwerten oder des Testamentsvollstreckers erstrecken. Er kann auch das Amt bis zum Eintritt eines anderen Ereignisses in der Person des einen oder anderen fortdauern lassen (Erreichung der Volljährigkeit, Vollendung des 25sten Lebensjahres, Eheschließung eines Erben, Vollendung des 65sten Lebensjahres des Testamentsvollstreckers; § 2210 BGB).

dd) Beschränkungen durch den Erblasser

559   Die Verfügungsbefugnis des Testamentsvollstreckers ist grds. unbeschränkt, mit Ausnahme unentgeltlicher Verfügungen (§ 2205 Satz 3 BGB). Durch Anordnungen des Erblassers kann die Verfügungsbefugnis weiter eingeschränkt werden (§ 2208 Abs. 1 Satz 1 BGB). Die Verwaltung durch den Testamentsvollstrecker kann auf einen Miterbenanteil oder auf einen ganz bestimmten Aufgabenkreis (z.B. die Führung des zum Nachlaß gehörenden Unternehmens, Verwaltung von Unternehmensbeteiligungen, von Wertpapieren oder Grundbesitz) beschränkt werden (§ 2208 Abs. 1 BGB)[303].

ee) Beschränkungen durch das Nachlaßgericht

560   Bei langdauernden Verwaltungsvollstreckungen können Verwaltungsanordnungen des Erblassers zeitlich überholt sein und sogar zu einer Gefährdung des Nachlasses führen. Gefährdet die Befolgung solcher Anordnungen des Erblassers den Nachlaß, so können die Anordnungen vom Nachlaßgericht außer Kraft gesetzt werden (§ 2216 Abs. 2 BGB).

c) *Rechtliche Stellung des Testamentsvollstreckers*

aa) Allgemeines

561   Durch die Testamentsvollstreckung ist dem Erben die Verfügungsmacht über den Nachlaß entzogen (§ 2211 BGB).
Ist der Aufgabenkreis des Testamentsvollstreckers beschränkt, so gilt die Entziehung der Verfügungsmacht des Erben im Rahmen dieses Aufgabenkreises. Die Verfügungsbeschränkungen des Erben bestehen bereits vom Erbfall an, treten also nicht etwa erst mit der Annahme des Testamentsvollstreckeramtes ein. So können

---

[303] Staudinger/Reimann [1996] § 2208 BGB Rz. 6ff.; MünchKomm/Brandner, § 2208 BGB Rz. 11; Soergel/Damrau, § 2208 BGB Rz. 5; Palandt/Edenhofer, § 2208 BGB Rz. 1; Palandt/Edenhofer, vor § 2197 BGB Rz. 4; Haegele/Winkler, Rz. 143 (S. 60).

die Befugnisse des Testamentsvollstreckers z.B. auf einzelne Nachlaßgegenstände beschränkt weren. Ein Mindestumfang ist für die Testamentsvollstreckung vom Gesetz nicht vorgeschrieben.

bb) Rechte des Testamentsvollstreckers

(1) Verfügungsrecht

Der Testamentsvollstrecker ist berechtigt, über die der Testamentsvollstreckung unterliegenden Nachlaßgegenstände zu verfügen und den Nachlaß in Besitz zu nehmen (§ 2205 BGB). 562

(2) Eingehung von Verbindlichkeiten

Der Testamentsvollstrecker ist befugt, Verbindlichkeiten für den Nachlaß einzugehen, soweit das zur ordnungsgemäßen Verwaltung erforderlich ist (§ 2206 BGB). 563

In vielen Fällen ist es zweckmäßig, vor allem bei größeren Nachlässen, deren Verwaltung selbständige Entscheidungen erfordert, dem Testamentsvollstrecker eine möglichst freie Stellung einzuräumen. Deshalb kann der Erblasser anordnen, daß der Testamentsvollstrecker in der Eingehung von Verbindlichkeiten für den Nachlaß nicht beschränkt sein soll (§ 2207 Satz 1 BGB).

Unentgeltliche Verfügungen darf der Testamentsvollstrecker jedoch nur vornehmen, soweit sie einer sittlichen Pflicht oder einer auf den Anstand zu nehmenden Rücksicht entsprechen (§§ 2205 Satz 3, 2207 Satz 2 BGB). Auch ein von dem Testamentsvollstrecker geschlossener Vergleich kann eine unentgeltliche Verfügung i.S.d. § 2205 Satz 3 BGB enthalten und daher unwirksam sein[304]. 564

(3) Prozeßführungslegitimation

Die Legitimation zur Prozeßführung ist für Nachlaßaktiva und -passiva unterschiedlich geregelt. 565

Ein der Verwaltung des Testamentsvollstreckers unterliegendes Recht kann nur der Testamentsvollstrecker selbst gerichtlich geltend machen (§ 2212 BGB).

Nachlaßverbindlichkeiten können dagegen sowohl gegen den Erben als gegen den Testamentsvollstrecker gerichtlich geltend gemacht werden. Ihre Geltendmachung ist nur gegen den Erben zulässig, wenn dem Testamentsvollstrecker die Verwaltung des Nachlasses nicht zusteht oder wenn es sich um einen Pflichtteilsanspruch handelt (§ 2213 BGB).

(4) Befreiung vom Selbstkontrahierungsverbot

Der Erblasser kann den Testamentsvollstrecker von den Beschränkungen des § 181 BGB befreien. Ist der Testamentsvollstrecker Miterbe, so liegt grds. eine stillschweigende Befreiung von § 181 BGB vor[305]. In notariellen Urkunden sollte dies gleichwohl klargestellt werden. 566

---

[304] BGH DB 1991, 751 = BB 1991, 237.
[305] BGHZ 30, 67 (69) = NJW 1959, 1429.

cc) Pflichten des Testamentsvollstreckers

(1) Nachlaßverzeichnis

567 Der Testamentsvollstrecker hat den Erben ein Verzeichnis aller der Testamentsvollstreckung unterliegenden Nachlaßgegenstände und ein Verzeichnis der bekannten Nachlaßverbindlichkeiten mitzuteilen. Dieser Pflicht muß der Testamentsvollstrecker unverzüglich nach der Annahme seines Amtes nachkommen (§ 2215 Abs. 1 BGB).

Der Testamentsvollstrecker muß das Verzeichnis mit der Angabe des Tages der Aufnahme versehen und unterzeichnen. Auf Verlangen hat der Testamentsvollstrecker die Unterzeichnung öffentlich beglaubigen zu lassen. Der Erbe kann verlangen, daß er bei der Aufnahme des Verzeichnisses zugezogen wird (§ 2215 Abs. 2 und 3 BGB).

(2) Ordnungsmäßige Verwaltung

568 Der Testamentsvollstrecker ist verpflichtet, den Nachlaß ordnungsgemäß zu verwalten und Verwaltungsanordnungen des Erblassers zu befolgen (§ 2216 Abs. 1 und Abs. 1 Satz 1 BGB). Hoffnungen, Wünsche, Bitten des Erblassers sind grundsätzlich keine von dem Testamentsvollstrecker verbindlich zu erfüllende Anordnungen[306].

(3) Anwendung von Auftragsrecht

569 Auf das Rechtsverhältnis zwischen Erben und Testamentsvollstrecker findet im wesentlichen Auftragsrecht Anwendung. Danach hat der Testamentsvollstrecker seine Aufgaben im Zweifel persönlich zu erfüllen, kann sie also nicht einem Dritten übertragen; er ist zur Auskunftserteilung verpflichtet.

(4) Jährliche Rechnungslegung

570 Bei einer länger andauernden Verwaltung ist der Testamentsvollstrecker zu jährlicher Rechnungslegung verpflichtet (§ 2218 Abs. 2 BGB).

(5) Haftung für Verschulden

571 Der Testamentsvollstrecker haftet für jedes Verschulden, also nicht nur für die Sorgfalt, die er in eigenen Angelegenheiten anwenden würde[307]. Bei schuldhafter Verletzung seiner Verpflichtungen ist der Testamentsvollstrecker uneingeschränkt zum Schadensersatz verpflichtet (§ 2219 BGB).

572 Von den Pflichten kann der Erblasser den Testamentsvollstrecker nicht befreien (§ 2220 BGB).

---

[306] BayObLG NJW 1976, 1692 (1694).
[307] Hierzu auch Klumpp, ZEV 1994, 65.

(6) Freigabe von Nachlaßgegenständen

573 Gemäß § 2217 BGB hat der Testamentsvollstrecker solche Nachlaßgegenstände, deren er zur Erfüllung seiner Aufgaben offenbar nicht bedarf, dem Erben auf Verlangen zur freien Verfügung zu überlassen. Die Freigabe kann von den Erben im Klageweg erzwungen werden, jedoch muß die Entbehrlichkeit des betreffenden Nachlaßgegenstandes offenbar sein. Der Testamentsvollstrecker kann aber auch unverlangt freigeben, vorbehaltlich seiner Haftung gegenüber Miterben oder Vermächtnisnehmern. Andererseits kann der Erblasser den Testamentsvollstrecker von der Freigabeverpflichtung befreien (vgl. § 2220 BGB).

3. Auswahl des Testamentsvollstreckers

a) Grundsätzliches

574 Der Testamentsvollstrecker verfügt über fremdes Vermögen. Sein Amt ist eine Vertrauensstellung. Auch im zwischenmenschlichen Bereich stellt das Amt besondere Anforderungen, da der Erbe die Bevormundung durch einen Testamentsvollstrecker in der Regel ablehnt. Bei einer Erbenmehrheit ergeben sich nicht nur divergierende Interessen der Erben, sondern häufig auch Spannungen zwischen den Erben.

575 Soll die Verwaltungstestamentsvollstreckung dem Schutz eines minderjährigen Kindes dienen, so kann es unzweckmäßig sein, Eltern oder Vormund zum Testamentsvollstrecker zu benennen. Diese können nämlich, insbesondere bei einer Erbauseinandersetzung u.U. daran gehindert sein, gleichzeitig als gesetzliche Vertreter des Kindes zu handeln, so daß zusätzlich ein Ergänzungspfleger zu bestellen wäre[308].

b) Qualifikation

576 Bei der Auswahl des Testamentsvollstreckers ist darauf zu achten, daß er vertrauenswürdig und zuverlässig ist und die zur Amtsführung erforderlichen Kenntnisse besitzt[309]; darüber hinaus sollte er eine Persönlichkeit sein, die auch mit menschlichen Schwierigkeiten fertig wird. Wünschenswert ist eine Person, die den Erben bekannt ist und von ihnen respektiert wird.

Bei einer länger dauernden Testamentsvollstreckung sollte auch das Alter des Testamentsvollstreckers angemessen berücksichtigt werden.

577 Vorsorglich sollte ein geeigneter Ersatztestamentsvollstrecker vorgesehen werden.

c) Mehrere Testamentsvollstrecker

578 Bei größeren Nachlässen ist meist zu raten, nicht nur einen, sondern mehrere Testamentsvollstrecker (zwei oder drei) zu ernennen[310].

---

[308] So OLG Hamm OLGZ 1993, 392; kritisch dazu Damrau ZEV 1994, 1 ff.
[309] Zur Verbesserung der Kontrolle des Testamentsvollstreckers durch Maßnahmen des Erblassers Reimann, FamRZ 1995, 588.
[310] Dazu Bengel/Reimann/Reimann, Kap. 2 Rz. 199 ff. (S. 78 ff.).

Die Gründe können in der besonderen Verantwortung liegen, die das Amt und die Aufgaben mit sich bringen. Auch wenn der Nachlaß aus verschiedenartigen Vermögensmassen besteht (gewerbliche Unternehmungen einerseits, Grundvermögen oder Geldvermögen andererseits) kann die Aufteilung der Verwaltungsvollstreckung unter mehrere Testamentsvollstrecker zweckmäßig sein. Es kann sich bei großen Nachlässen empfehlen, mehrere fachlich verschieden vorgebildete Testamentsvollstrecker zu bestimmen (Unternehmer, Bankkaufmann, Wirtschaftsprüfer, Jurist).

d) Juristische Personen als Testamentsvollstrecker

579 Auch eine juristische Person (Wirtschaftsprüfungs-GmbH oder -AG; Treuhand-GmbH oder -AG) kann zum Testamentsvollstrecker berufen werden[311]. Regelmäßig ist Berufung einer juristischen Person deswegen unzweckmäßig, weil die Testamentsvollstreckung ein persönliches Vertrauensverhältnis zwischen Erblasser und Testamentsvollstrecker voraussetzt und die Persönlichkeit des Amtsträgers entscheidend dafür ist, ob der letzte Wille des Erblassers verwirklicht wird. Der Vorzug einer solchen Lösung liegt darin, daß regelmäßig keine Ungewißheiten durch Wegfall der Person des Testamentsvollstreckers entstehen können.

e) Miterbe als Testamentsvollstrecker

580 Testamentsvollstrecker kann auch ein Miterbe sein. Die Berufung eines Miterben ist grds. nicht zu empfehlen, weil Interessenkollisionen mit anderen Erben zu befürchten sind, welche die Amtsführung belasten.

Der Alleinerbe kann nicht alleiniger Testamentsvollstrecker sein; er kann allenfalls zum Mittestamentsvollstrecker bei gemeinschaftlicher Amtsführung ernannt werden. Auch der alleinige Vorerbe ist während der Dauer der Vorerbschaft als alleiniger Testamentsvollstrecker ausgeschlossen. Der Vorerbe kann auch nicht zum Testamentsvollstrecker eingesetzt werden, bis zum Eintritt der Nacherbfolge die Rechte des Nacherben auszuüben und dessen Pflichten zu erfüllen (vgl. § 2222 BGB); die Stellungen des Vorerben und des Testamentsvollstreckers sind in einem solchen Fall nicht miteinander vereinbar. Sind mehrere Personen Vorerben, so kann einer von ihnen Testamentsvollstrecker sein, wenn mehrere Testamentsvollstrecker berufen sind und die Testamentsvollstreckung durch ein Kollegium ausgeübt wird[312].

4. Ernennung des Testamentsvollstreckers

a) Durch Erblasser

581 Der Testamentsvollstrecker wird durch einseitige letztwillige Verfügung ernannt (§ 2197 Abs. 1 BGB). Für den Fall, daß der ernannte Testamentsvollstrecker vor

---

[311] Zur Testamentsvollstreckung durch Banken Bork, WM 1995, 225; Schaub, FamRZ 1995, 845; Vortmann, WM 1995, 1745.
[312] BayObLG NJW 1976, 1692 (1693) (Leitsatz 4).

oder nach der Annahme des Amts wegfällt, kann der Erblasser einen anderen Testamentsvollstrecker ernennen (Ersatztestamentsvollstrecker); es können auch mehrere Ersatztestamentsvollstrecker nacheinander in unbeschränkter Zahl bestellt werden.

Die Ernennung eines Testamentsvollstreckers kann als einseitige Verfügung auch in einem Erbvertrag oder in einem gemeinschaftlichen Ehegattentestament enthalten sein. Die Anordnung der Testamentsvollstreckung gehört nicht zu den gesetzlich zugelassenen erbvertragsmäßigen (§ 2278 Abs. 2 BGB)[313] oder wechselbezüglichen (§ 2270 Abs. 3 BGB) Verfügungen eines gemeinschaftlichen Testaments.

582

Da die Anordnung der Testamentsvollstreckung nicht erbvertraglich oder wechselbezüglich getroffen werden kann, ist die Bestellung des Testamentsvollstreckers nach den allgemeinen Vorschriften über Testamentswiderruf stets widerruflich.

Eine andere Frage ist, ob der Erblasser, der sich erbvertraglich oder wechselbezüglich gebunden hat, nachträglich noch eine Testamentsvollstreckung anordnen kann. Bei der nachträglichen Anordnung einer Testamentsvollstreckung handelt es sich um eine beeinträchtigende Verfügung i. S. v. §§ 2271, 2289 BGB. Sie ist daher unwirksam, wenn sich nicht aus dem Erbvertrag oder dem gemeinschaftlichen Testament ein Abänderungsvorbehalt ergibt[314]. Kommt die Anordnung einer Testamentsvollstreckung mangels Abänderungsvorbehalts nicht in Betracht, so bietet sich als Ersatzlösung eine trans- oder postmortale Vollmacht an[315].

b) Durch Dritte

Der Erblasser kann die Bestimmung der Person des Testamentsvollstreckers einem Dritten überlassen (§ 2198 BGB)[316], nicht jedoch die Entscheidung, ob überhaupt Testamentsvollstreckung eintreten soll.

583

So kann die Ernennung des Testamentsvollstreckers einem Freund oder Berater der Familie, dem Präsidenten der zuständigen Wirtschaftsprüfer-, Steuerberater- oder Anwaltskammer oder dem Nachlaßgericht überlassen werden (§ 2200 BGB)[317].

c) Durch Testamentsvollstrecker

Der Erblasser kann den Testamentsvollstrecker ermächtigen, einen oder mehrere Mitvollstrecker oder den Nachfolger des Testamentsvollstreckers zu ernennen (§ 2199 Abs. 1 und 2 BGB).

584

---

[313] OLG Düsseldorf MDR 1994, 1016.
[314] Reithmann/Albrecht/Basty, Hdb. Vertragsgestaltung, Rz. 1229.
[315] Dazu unten Rz. 674 ff.
[316] Dazu Bengel/Reimann/Reimann, Kap. 2 Rz. 130 ff. (S. 69 ff.).
[317] Vor letzterer Lösung ist regelmäßig, insbesondere bei rechtlich oder wirtschaftlich schwierigen Nachlässen abzuraten, da kein Einfluß auf die Qualifikation des Testamentsvollstreckers genommen werden kann.

Der Erblasser kann den ernannten Testamentsvollstrecker nicht nur ermächtigen, sondern auch verpflichten, einen oder zwei Mitvollstrecker zu berufen. Hat der Erblasser sich nicht klar ausgedrückt, so ist es Auslegungsfrage, ob der ernannte Testamentsvollstrecker zur Berufung eines Mitvollstreckers zugleich auch verpflichtet sein soll.

Die Ermächtigung des Testamentsvollstreckers seinen Nachfolger zu bestimmen, ist häufig zweckmäßig, wenn die Kontinuität einer Dauervollstreckung gesichert werden soll.

d) Unwirksamkeit der Ernennung

585 Die Ernennung zum Testamentsvollstrecker ist unwirksam, wenn er zu der Zeit, zu welcher er das Amt angetreten hat, geschäftsunfähig (§ 104 BGB) oder in der Geschäftsfähigkeit beschränkt ist (§ 106 BGB) oder wegen psychischer Krankheit oder körperlicher, geistiger oder seelischer Behinderung einen Betreuer erhalten hat (§§ 2201, 1896 BGB).

5. Annahme und Ablehnung des Amtes

a) Annahme

586 Die Annahme des Amtes eines Testamentsvollstreckers ist freiwillig. Das gilt auch dann, wenn die Ernennung durch das Nachlaßgericht erfolgt ist. Eine öffentlich-rechtliche Verpflichtung zur Annahme besteht nicht. Dagegen ist es möglich, den Testamentsvollstrecker schuldrechtlich zur Annahme des Amtes zu verpflichten.

587 Die Annahme muß gegenüber dem Nachlaßgericht erklärt werden, und zwar unbedingt und unbefristet[318]. Die Annahme ist unwiderruflich. Die Interessen der beteiligten Dritten (Erben, Vermächtnisnehmer) verlangen, daß eine endgültige, klare Rechtslage geschaffen wird.

588 Die Rechtsstellung des Testamentsvollstreckers erlangt der Ernannte erst mit der Annahme. Auf Antrag erhält er das Testamentsvollstreckerzeugnis. Der Beginn der Amtsstellung ist von der Erteilung des Testamentsvollstreckerzeugnisses nicht abhängig.

b) Ablehnung

589 Für die Erklärung der Ablehnung des Amtes gilt das gleiche. Auch sie erfolgt gegenüber dem Nachlaßgericht unbedingt, unbefristet und unwiderruflich (§ 2202 BGB).

---

[318] Formulierungsvorschlag bei Bengel/Reimann/Reimann, Kap. 2 Rz. 233 (S. 83).

6. Mehrere Testamentsvollstrecker

a) Gemeinschaftliche Amtsführung

Hat der Erblasser mehrere Testamentsvollstrecker berufen, so führen diese das Amt grundsätzlich gemeinschaftlich (§ 2224 Abs. 1 Satz 1 BGB). Zu jeder Handlung ist die Übereinstimmung aller Testamentsvollstrecker erforderlich. Bei Meinungsverschiedenheiten entscheidet das Nachlaßgericht. 590

Die Testamentsvollstrecker können aber ihre Aufgabenbereiche aufteilen, unbeschadet ihrer gemeinschaftlichen Haftung. 591

Eine solche Aufteilung ist regelmäßig zur rationellen Nachlaßverwaltung empfehlenswert. Sind z.B. drei Testamentsvollstrecker ernannt, von denen der eine Kaufmann, der zweite Wirtschaftsprüfer, der dritte Rechtsanwalt ist, so ergibt sich mehr oder weniger von selbst, daß der Kaufmann Handelsentscheidungen und -dispositionen vorbereitet und bearbeitet, der Wirtschaftsprüfer Buchführung, Geldverwaltung und Steuerbearbeitung übernimmt und dem Rechtsanwalt die Besorgung der Rechtsangelegenheiten obliegt. Die Entscheidungen und erforderlichen Maßnahmen müssen jedoch gemeinschaftlich getroffen werden, es ist aber auch die Bevollmächtigung eines Testamentsvollstreckers durch die anderen möglich.

Jeder Testamentsvollstrecker ist im übrigen berechtigt, ohne Zustimmung der anderen Testamentsvollstrecker diejenigen Maßregeln zu treffen, welche zur Erhaltung eines der gemeinschaftlichen Verwaltung unterliegenden Nachlaßgegenstandes notwendig sind (§ 2224 Abs. 2 BGB). 592

Fällt einer der Testamentsvollstrecker weg oder ist er von der Mitwirkung ausgeschlossen, z.B. wegen Interessenwiderstreits (die §§ 181, 34 BGB sind entsprechend anwendbar), so führen die anderen Testamentsvollstrecker das Amt allein (§ 2224 Abs. 1 Satz 2 BGB). 593

b) Abweichende Anordnungen des Erblassers

Der Erblasser kann abweichende Anordnungen treffen (§ 2224 Abs. 1 Satz 3 BGB). 594

Er kann bestimmen, daß jeder Testamentsvollstrecker einen bestimmten Aufgabenbereich verwalten soll und insoweit allein zu handeln berechtigt ist.

Ebenso sind Anordnungen zulässig, wonach die Testamentsvollstrecker mit Mehrheit entscheiden. Auch hier wird die vom Erblasser mit der Einsetzung mehrerer Testamentsvollstrecker gewollte gegenseitige Kontrolle erreicht.

Von der Möglichkeit abweichender Anordnungen wird Gebrauch zu machen sein, wenn häufig schnelle Entscheidungen getroffen werden müssen, die durch Gesamtgeschäftsführung und -vertretung gehemmt oder erschwert würden. 595

7. Beendigung des Amtes

a) Tod, Wegfall der Ernennungsvoraussetzungen

Das Amt des Testamentsvollstreckers erlischt mit seinem Tod. Der Testamentsvollstrecker verliert sein Amt aber auch, wenn ein Fall eintritt, in welchem seine Er- 596 nennung unwirksam wäre (Eintritt der Geschäftsunfähigkeit, der beschränkten Geschäftsfähigkeit oder der Bestellung eines Betreuers für den Testamentsvollstrecker; §§ 2225, 2201 BGB).

b) Kündigung

597 Der Testamentsvollstrecker ist zur Kündigung seines Amts berechtigt. Die Kündigung ist durch Erklärung gegenüber dem Nachlaßgericht auszusprechen (§ 2226 Satz 1 und 2 BGB).

Die Kündigung darf nicht zur Unzeit erfolgen; andernfalls ist der Testamentsvollstrecker zum Schadenersatz verpflichtet (§§ 2226 Satz 3, 671 Abs. 2 BGB).

c) Entlassung

598 Eine Beendigung des Testamentsvollstreckeramts kann auch durch Entlassung des Testamentsvollstreckers herbeigeführt werden. Die Entlassung des Testamentsvollstreckers kann auf Antrag eines Beteiligten (Erben, Vermächtnisnehmers, Auflageberechtigten, Pflichtteilsberechtigten) ausgesprochen werden, wenn ein wichtiger Grund vorliegt (§ 2227 Abs. 1 BGB).

Als wichtige Gründe nennt das Gesetz insbesondere grobe Pflichtverletzung oder Unfähigkeit zur ordnungsgemäßen Geschäftsführung. Zu den wichtigen Gründen werden alle Umstände gehören, die objektiv die Fortsetzung des Testamentsvollstreckeramtes für die Beteiligten unzumutbar machen. Dazu genügen im allgemeinen nicht persönliche Spannungen zwischen dem Testamentsvollstrecker und einem der Miterben[319].

599 Für Fälle persönlicher Zerwürfnisse zwischen Testamentsvollstrecker und Erben ist bei der Annahme eines wichtigen Grundes für die Entlassung des Testamentsvollstreckers große Zurückhaltung geboten. Mit der Testamentsvollstreckung hat der Erblasser dem Erben die Verfügungsmacht über den Nachlaß entzogen. Das allein führt zu Interessengegensätzen. Es ist auch möglich, daß der Erbe die Gegensätze bewußt vertieft in dem Bestreben, einen wichtigen Grund für die Entlassung des Testamentsvollstreckers geltend machen zu können. Würde man dem stattgeben, so würde dem Willen des Erblassers zuwider gehandelt.

600 Andererseits liegt dann ein wichtiger Grund zur Entlassung des Testamentsvollstreckers vor, wenn die Rechte eines Erben oder eines Nachlaßbeteiligten erheblich gefährdet werden, oder der Testamentsvollstrecker einzelne Erben vor den anderen bevorzugt oder eigene Interessen vor die des Erben stellt[320].

---

[319] OLG Düsseldorf MittRhNotK 1995, 97.
[320] BGHZ 25, 275 (283); OLG Celle OLGZ 78, 442 ff.; OLG Köln OLGZ 88, 26 ff.; OLG Hamm OLGZ 86, 1 ff.

8. Vergütung[321]

a) Allgemeines

Der Testamentsvollstrecker hat Anspruch auf eine Vergütung, sofern der Erblasser nichts Anderes bestimmt hat (§ 2221 BGB). Außerdem steht dem Testamentsvollstrecker Anspruch auf Ersatz seiner Aufwendungen wie einem Beauftragten zu (§§ 2218 Abs. 1, 670 BGB)[322].

601

Hat der Erblasser eine Vergütung des Testamentsvollstreckers ausgeschlossen, so kann der Testamentsvollstrecker die Annahme des Amtes ablehnen oder kündigen.

b) Höhe der Vergütung

aa) Festsetzung der Vergütung durch den Erblasser

Der Erblasser kann die Höhe der Vergütung des Testamentsvollstreckers letztwillig festsetzen. Ist die festgesetzte Vergütung unangemessen hoch, so ist sie hinsichtlich der den angemessenen Betrag überschreitenden Summe als Vermächtnis zu behandeln.

602

bb) Gesetzliche Vergütung

(1) Allgemeines

Zur Höhe der Vergütung sagt das Gesetz lediglich, daß der Testamentsvollstrecker eine angemessene Vergütung beanspruchen kann (§ 2221 BGB). Hat der Erblasser die Vergütung in seiner letztwilligen Verfügung geregelt, so ist diese Anordnung selbst dann verbindlich, wenn sie nicht angemessen ist[323].

603

Eine gesetzliche Gebührenordnung für Testamentsvollstrecker gibt es nicht. Gesetzliche oder berufsübliche Gebührenordnungen sind nicht maßgebend (z.B. Bundesrechtsanwaltsgebührenordnung für einen Rechtsanwalt als Testamentsvollstrecker, Gebührenordnungen der Angehörigen der steuer- und wirtschaftsberatenden Berufe).

(2) Vergütungsmaßstäbe

Maßgebend für die Vergütung des Testamentsvollstreckers sind der ihm übertragene Pflichtenkreis, der Umfang der ihn treffenden Verantwortung und die von ihm geleistete Arbeit, wobei die Schwierigkeit der gelösten Aufgaben, die Dauer der Abwicklung oder der Verwaltung, die Verwertung besonderer Kenntnisse und Erfahrungen und auch Bewährung einer sich im Erfolg auswirkenden Geschick-

604

---

[321] Ausführlich Bengel/Reimann/Eckelskemper, Testamentsvollstreckung, Kap. 10 (S. 457 ff.); Haegele/Winkler, Der Testamentsvollstrecker, Rz. 570 ff. (S. 235 ff.); Glaser, DB 1979, 877 ff.; Möhring, BB 1979, 868.
[322] Dazu Bengel/Reimann/Eckelskemper, Kap. 10 Rz. 55 ff. (S. 471 f.).
[323] BayObLGZ 1980, 152.

lichkeit zu berücksichtigen sind[324]. Die Höhe der Vergütung des Testamentsvollstreckers hängt demnach von den Umständen des Einzelfalles ab[325].

(3) Abwicklungs-, Konstitutions-, Verwaltungsgebühr

605 Obliegt dem Testamentsvollstrecker nur die Abwicklung des Nachlasses, so erhält er dafür eine Gebühr (Abwicklungsgebühr). Ist dem Testamentsvollstrecker nicht nur die Abwicklung des Nachlasses, sondern nach Ordnung der Nachlaßverhältnisse eine Dauerverwaltung des Nachlasses übertragen, so kann er zweierlei Vergütungen in Anspruch nehmen: Eine Vergütung für die sogenannte Konstitution des Nachlasses (Konstitutionsgebühr) und danach eine laufende Vergütung für die Dauer seiner weiteren Verwaltung.

Gerade die Ordnung des Nachlasses unmittelbar nach dem Erbfall bringt für den Testamentsvollstrecker besondere Aufgaben, Arbeit und Verantwortung mit sich. Er hat den Nachlaß in Besitz zu nehmen, das Nachlaßverzeichnis aufzustellen und die damit verbundene Sichtung aller Vermögensbestände und Verbindlichkeiten vorzunehmen, er hat die Schulden des Erblassers zu begleichen, die Erbschaftsteuern zu regulieren, Vermächtnisse und Auflagen auszuführen usw. Erst diese Konstitution des Nachlasses und die mit ihr geschaffene Grundlage ermöglichen eine verantwortungsbewußte Dauerverwaltung[326].

(4) Richtlinien

606 Unbeschadet der Notwendigkeit der Würdigung der Verhältnisse des Einzelfalls haben sich in der Praxis für normale Nachlaßverhältnisse und glatte Nachlaßabwicklungen Richtlinien gebildet, deren Grundlage vor allem die Maßstäbe sind, die im Jahre 1925 der Verein für das Notariat in Rheinpreußen aufgestellt hat[327]. Es ist regelmäßig vom Bruttonachlaßwert auszugehen[328]. Die Richtlinien des Notariats in Rheinpreußen sahen für den Regelfall folgende Vergütungen vor:

Bei einem Nachlaß bis zu 20 000,- RM
4 %,
darüber hinaus bis 100 000,- RM
3 %,
darüber hinaus bis eine Million RM
2 %,
darüber hinaus
1 %.

---

[324] BGH WM 1972, 101 (102); DNotZ 1968, 355 (357); LM § 2221 BGB Nr. 2; Palandt/Edenhofer, § 2221 BGB Rz. 4.
[325] Weitere Bemessungskriterien bei Bengel/Reimann/Eckelskemper, Testamentsvollstreckung, Kap. 10 Rz. 5 (S. 459).
[326] RG JW 1936, 3388ff. mit zustimmender Anm. Plassmann; LG Hamburg MDR 1959, 761; Haegele/Winkler, Rz. 577ff. (238ff.).
[327] Plassmann, JW 1935, 1830 (1831); Glaser, NJW 1962, 1998 (1899); BGH NJW 1967, 2400; Staudinger/Reimann [1996] § 2221 BGB Rz. 37.
[328] Staudinger/Reimann [1996] § 2221 BGB Rz. 37; Palandt/Edenhofer, § 2221 BGB Rz. 5.

Diese Sätze werden den heutigen verwickelten rechtlichen und wirtschaftlichen Verhältnissen nicht mehr gerecht, so daß für den Regelfall ein Zuschlag von etwa 25 % zu den sich ergebenden Vergütungssätzen zugebilligt werden muß[329]. Dem kann nicht mit dem Einwand begegnet werden, die heutigen wesentlich höheren Nachlaßwerte führten allein schon zu höheren Gebühren. Denn die Degression der obigen Staffel führt absolut vergleichbar zu niedrigeren Gebühren. Es sind daher weitere Tabellen wie die „Möhring'sche"[330], die „Weirich'sche"[331] und die „Ekkelskemper'sche"[332] entwickelt worden, die den veränderten wirtschaftlichen Umständen Rechnung zu tragen versuchen.

Diese Richtgebühren gelten die Konstitution des Nachlasses ab, darüber hinaus aber auch die Tätigkeit des Testamentsvollstreckers im Rahmen einer auf baldige Abwicklung des Nachlasses gerichteten Verwaltung. Die Schwäche aller Tabellen liegt in der fehlenden Differenzierung der Art der Testamentsvollstreckung[333]. So muß z.B. eine Dauervollstreckung anders honoriert werden als eine Abwicklungsvollstreckung[334].

Für eine sich anschließende Dauervollstreckung sind laufende Vergütungen zu gewähren, deren Höhe und Berechnung sich wiederum nach den Verhältnissen des Einzelfalls richtet. Handelt es sich um reine Vermögensverwaltung, so kommt eine jährliche Vergütung vom Bruttonachlaßwert in Höhe von etwa 1/2 % in Betracht[335]. Beschränkt sich die Tätigkeit des Testamentsvollstreckers nicht auf reine Vermögensverwaltung, sondern hat er auch wirtschaftliche Unternehmungen zu verwalten und insoweit unternehmerische Entscheidungen zu treffen, so wird bezüglich der verwalteten Unternehmen von einem Prozentsatz des Jahresgewinns auszugehen sein. Das LG Hamburg[336] hat für unternehmerisch-verwaltende Tätigkeit dem Testamentsvollstrecker eine jährliche Vergütung von 10 % jährlichen Reingewinns zugestanden[337]. Der BGH[338] hat in solchen Fällen ebenfalls einen namhaften vom-Hundert-Satz für angemessen gehalten[339].

607

---

[329] Haegele/Winkler, Rz. 581 (Zuschlag „etwa 40 bis 50 %") (S. 241); Gerold/Schmidt/v. Eicken/Madert, § 1 BRAGO Rz. 25; Glaser, NJW 1962, 1998 (1999); DB 1979, 877 (878).
[330] Dazu Staudinger/Reimann [1996] § 2221 Rz. 41.
[331] Weirich, Erben und Vererben, Rz. 487.
[332] Bengel/Reimann/Eckelskemper, Testamentsvollstreckung, 10. Kap., Rz. 43 (S. 467).
[333] Staudinger/Reimann [1996] § 2221 Rz. 44.
[334] Reimann, ZEV 1995, 57f.
[335] Sachgerecht ist eine ertragsabhängige Verwaltungsvergütung. In jedem Fall ist den Veränderungen des Bruttonachlaßwertes Rechnung zu tragen. Gelingt es z.B. dem Testamentsvollstrecker den Nachlaßwert während seiner Amtsdauer zu verdoppeln, so muß dies auch in der Vergütung Niederschlag finden.
[336] LG Hamburg MDR 1959, 761 (762); Haegele/Winkler, Rz. 599 (S. 250).
[337] Vgl. auch Bengel/Reimann/Eckelskemper, Kap. 10, Rz. 16ff. (S. 461ff.).
[338] BGH DNotZ 1964, 171.
[339] Dazu auch Staudinger/Reimann [1996] § 2221 Rz. 53.

(5) Mehrere Testamentsvollstrecker

608 Sind mehrere Testamentsvollstrecker tätig, so steht jedem nach Maßgabe seiner Tätigkeit ein Anspruch auf Vergütung zu[340]. In der Regel kann nicht wegen des Vorhandenseins mehrerer Testamentsvollstrecker die Vergütung erhöht werden, vielmehr ist zunächst die Vergütung nach den Verhältnissen des einzelnen Falls unter den oben dargelegten Gesichtspunkten zu ermitteln und danach auf die Testamentsvollstrecker aufzuteilen, wobei sich aber für jeden Testamentsvollstrecker verschieden hohe Vergütungen ergeben können je nach dem Umfang seiner Tätigkeit und den von ihm geleisteten Arbeiten. Jeder Testamentsvollstrecker kann den ihm zustehenden Anspruch allein geltend machen[341].

c) Fälligkeit der Testamentsvollstrecker-Vergütung

609 Die Vergütung des Testamentsvollstreckers ist regelmäßig erst zum Schluß seiner Verwaltung fällig[342]. Ein Recht auf Vorschuß auf seine Vergütung und seine Aufwendungen hat der Testamentsvollstrecker nicht. Bei längerer Verwaltung, insbesondere einer Dauervollstreckung kann der Testamentsvollstrecker aber periodische Zahlungen, mindestens in jährlichen Abschnitten verlangen[343].

610 Bei Anordnung längerer Dauervollstreckung steht dem Testamentsvollstrecker der Anspruch auf Zahlung der Konstitutionsgebühr vorab nach Abschluß der Ordnung des Nachlasses zu[344]. Der Testamentsvollstrecker kann den zur Befriedigung seines Vergütungsanspruchs erforderlichen Betrag den von ihm vereinnahmten Nachlaßmitteln entnehmen[345].

d) Vorzeitige Beendigung des Testamentsvollstrecker-Amts

611 Bei vorzeitiger Beendigung durch Kündigung oder infolge Entlassung aus dem Amt, ist die Testamentsvollstreckungsvergütung entsprechend zu mindern, soweit die Konstitutionsgebühr nicht bereits verdient ist[346].

e) Berufliche Sondertätigkeit des Testamentsvollstreckers

612 Ist der Testamentsvollstrecker beruflich für den Nachlaß tätig, z.B. als Rechtsanwalt, Wirtschaftsprüfer, Steuerberater usw., so stehen ihm die beruflichen Gebühren gesondert zu[347].

---

[340] Bengel/Reimann/Eckelskemper, Kap. 10, Rz. 90 (S. 477).
[341] BGH NJW 1967, 2400 (2401); Staudinger/Reimann [1996] § 2221 BGB Rz. 15; Palandt/Edenhofer, § 2221 BGB Rz. 2.
[342] Bengel/Reimann/Eckelskemper, Kap. 10 Rz. 62 (S. 473).
[343] BGH WM 1964, 950 (952); BayObLG 72, 380; Staudinger/Reimann [1996] § 2221 BGB Rz. 17; Palandt/Edenhofer, § 2221 BGB Rz. 11; Haegele/Winkler, Rz. 615 (S. 256).
[344] RG JW 1936, 3388; Staudinger/Reimann [1996] § 2221 BGB Rz. 17.
[345] BGH DB 1976, 1862 (1863 a.E.); Bengel/Reimann/Eckelskemper, Kap. 10 Rz. 54 (S. 473).
[346] Staudinger/Reimann [1996] § 2221 BGB Rz. 4; Palandt/Edenhofer, § 2221 BGB Rz. 5.
[347] Vgl. auch Henssler, Geschäftsmäßige Rechtsberatung durch Testamentsvollstrecker?, ZEV 1994, 261.

f) Verjährung des Vergütungsanspruchs
Der Vergütungsanspruch des Testamentsvollstreckers verjährt nach der regelmäßigen Verjährungsfrist von dreißig Jahren (§ 195 BGB), auch wenn der Testamentsvollstrecker z.B. Notar[348], Rechtsanwalt oder Steuerberater ist[349].   613

g) Vergütungsvereinbarung
Den Erben und sonstigen Nachlaßbeteiligten bleibt unbenommen, mit dem Testamentsvollstrecker eine andere Vergütung zu vereinbaren. Es empfiehlt sich, alsbald mit dem Erben die Höhe der Testamentsvollstreckungsvergütung abzustimmen und eine klare Vereinbarung zu treffen.   614

h) Streitentscheidung durch Prozeßgericht
Können sich die Beteiligten über die Höhe der Testamentsvollstreckervergütung nicht einigen, so entscheidet über die Höhe der angemessenen Vergütung nicht das Nachlaßgericht, sondern das Prozeßgericht.   615

i) Steuerliche Fragen[350]
Die Konstitutionsgebühr des Testamentsvollstreckers ist für den Erben steuerlich nur bei der Erbschaftssteuer als Nachlaßverbindlichkeit abzugsfähig; sie stellt steuerlich keine Betriebsausgaben oder Werbungskosten dar[351]. Die Dauerverwaltungsgebühren des Testamentsvollstreckers sind dagegen Werbungskosten, ggf. Betriebsausgaben des Erben.   616

Der Testamentsvollstrecker selbst hat die angemessene Vergütung regelmäßig unter den Einkünften aus selbständiger Arbeit, § 18 Abs. 1 Nr. 3 EStG, zu versteuern[352].   617

9. Testamentsvollstreckung an einem Unternehmen und an Unternehmensbeteiligungen[353]

Im Vordergrund der Wünsche eines unternehmerisch tätigen Erblassers steht die Erhaltung des Unternehmens. Insbesondere bei geschäftsunerfahrenen oder noch minderjährigen Erben bietet sich die Testamentsvollstreckung an. Bei geschäftsunerfahrenen Erben kann auch der Schutz des Unternehmens vor Eigengläubigern des Erben durch Anordnung einer Testamentsvollstreckung (§ 2214 BGB) eine wichtige Rolle spielen. Testamentsvollstreckungen, die dem Zweck und der Aufgabe der Verwaltung von Unternehmen oder Unternehmensbeteiligungen dienen, werfen besondere Probleme auf[354].   618

---

[348] Dazu Moritz NJW 1992, 3215; Reimann DNotZ 1994, 659.
[349] Staudinger/Reimann [1996] § 2221 BGB Rz. 24; Palandt/Edenhofer, § 2221 BGB Rz. 15; Haegele/Winkler, Rz. 646 (S. 265).
[350] Einzelheiten bei Bengel/Reimann/Piltz, Testamentsvollstreckung, Kap. 8 (S. 347ff.).
[351] BFH BB 1980, 816 = DB 1980, 1473 = BStBl. 1980 II, 351.
[352] Einzelheiten bei Bengel/Reimann/Eckelskemper, Kap. 10, Rz. 104ff., (S. 480ff.).
[353] Ausführlich Lorz, Testamentsvollstreckung und Unternehmensrecht (1995).
[354] Einzelheiten s. unten 4. Kapitel Rz. 1419ff.

XIII. Sonstige Anordnungen

1. Beschränkung und Ausschluß der Auseinandersetzung

a) Allgemeines

619 Die Erbauseinandersetzung im Rahmen einer Erbengemeinschaft erfolgt grds. sachbezogen durch eine Realteilung des Nachlasses. Bei unteilbaren Nachlaßgegenständen, die nicht einzelnen Miterben zugewiesen werden sollen, kann eine Zuweisung von Bruchteilseigentum erfolgen:

Beispiel:

Grundbesitz der Erbengemeinschaft wird den drei Miterben entsprechend ihren Erbquoten durch Erbauseinandersetzung zu Bruchteilseigentum zugewiesen. Eine Auflassung ist notwendig.

620 Möglich ist auch, eine personelle Auseinandersetzung unter den Miterben. Diese kann durch einfache Ausscheidensvereinbarung erfolgen. Der Erbanteil des – mit oder ohne Abfindung – ausscheidenden Erben wächst dann den übrigen Erben im Verhältnis ihrer Erbbeteiligung an.

621 Weiterhin möglich ist eine personelle Auseinandersetzung durch eine entgeltliche oder unentgeltliche Erbanteilsübertragung des ausscheidenden Miterben auf einzelne oder mehrere Miterben oder auf Dritte[355] (§§ 2042, 749ff. BGB).

b) Ausschluß der Auseinandersetzung

622 Jeder Miterbe kann jederzeit die Erbauseinandersetzung verlangen (§ 2042 BGB), soweit sie nicht vom Erblasser nach den Bestimmungen der §§ 2042 Abs. 2, 2043–2045 BGB zeitlich ausgeschlossen ist. Sind alle Miterben einverstanden, können sie sich über das Auseinandersetzungsverbot hinwegsetzen[356], sofern nicht Verwaltungstestamentsvollstreckung angeordnet ist und der Testamentsvollstrecker widerspricht.

623 Da Nachlaßauseinandersetzungen häufig zu übereilten Veräußerungen von Nachlaßgegenständen führen, bei denen der wirkliche Wert nicht erzielt werden kann (z.B. weil nur ein beschränkter Markt für bestimmte Nachlaßgegenstände vorhanden ist oder konjunkturelle Gründe eine Rolle spielen), ist in solchen Fällen ein Auseinandersetzungsverbot zu empfehlen. Ein solches kann auch sinnvoll sein, um die Zerschlagung von wirtschaftlichen Einheiten zu verhindern.

Beispiele:

Für bestimmte Grundstücke des Nachlasses sind erhebliche Wertsteigerungen zu erwarten. Zum Nachlaß gehören verschiedene Unternehmen, die wirtschaftlich zusammenhängen, wie z.B. bei einer Betriebsaufspaltung (Besitzunternehmen/Betriebsunternehmen, Zuliefererunternehmen/Weiterverarbeitungsunternehmen).

---

[355] Zu den unterschiedlichen steuerrechtlichen Folgen Buch II Rz. 540.
[356] BGHZ 40, 115.

Die Gestaltungsmöglichkeiten der gewillkürten Erbfolge

In diesen Fällen kann der Erblasser die Zerschlagung der wirtschaftlichen Einheiten durch die Anordnung des Ausschlusses der Auseinandersetzung verhindern (§ 2044 Abs. 1 BGB). Will der Erblasser ein Zusammenwirken der Erben verhindern, so sollte er zusätzlich eine Verwaltungstestamentsvollstreckung anordnen.

c) Beschränkungen des Auseinandersetzungsausschlusses

aa) Gegenständliche Beschränkungen

Die Anordnung des Ausschlusses der Auseinandersetzung braucht sich nicht auf den gesamten Nachlaß zu erstrecken, sondern kann sich auf einzelne Nachlaßgegenstände, z.B. Grundbesitz beschränken. 624

bb) Zeitliche Beschränkung

Der Erblasser kann den Ausschluß der Auseinandersetzung befristen. Die Frist sollte nicht zu lang gewählt werden; die Veränderung der wirtschaftlichen Zeitverhältnisse läßt langdauernde Auseinandersetzungsbeschränkungen häufig zu einer Belastung für die Erben werden. 625

Unsere Rechtsordnung begrenzt in § 2044 Abs. 2 BGB die Wirkung einer Beschränkung oder Ausschließung der Auseinandersetzung auf dreißig Jahre. Allerdings kann der Erblasser anordnen, daß die Auseinandersetzungsbeschränkung oder das -verbot bis zum Eintritt eines bestimmten Ereignisses in der Person eines Miterben, bis zum Eintritt der Nacherbfolge oder bis zum Anfall eines Vermächtnisses gelten soll. 626

cc) Abhängigkeit von Kündigung

Die Beschränkung der Auseinandersetzung kann auch beinhalten, daß der Erblasser die Auseinandersetzung von einer Kündigung und der Einhaltung einer Kündigungsfrist abhängig macht, z.B. anordnet, daß die Auseinandersetzung erst dann vorgenommen werden darf, wenn ein Miterbe unter Innehaltung einer vom Erblasser festgelegten Kündigungsfrist die Erbengemeinschaft aufkündigt. 627

d) Bindungswirkung

Sollen Auseinandersetzungsausschluß oder -beschränkung der Bindungswirkung unterworfen werden, so müssen sie Vermächtnis- oder Auflagencharakter haben, da der erbvertraglichen Bindungswirkung bzw. der Bindungswirkung eines wechselbezüglichen Ehegattentestaments nur Erbeinsetzungen, Vermächtnisse und Auflagen unterliegen. 628

Vermächtnischarakter haben Auseinandersetzungsausschluß oder -beschränkung, wenn sie verhindern sollen, daß der einzelne Miterbe gegen den Willen der anderen Miterben Auseinandersetzung verlangt[357]. 629

---

[357] Staudinger/Werner [1996] § 2044 BGB Rz. 6; BGB-RGRK/Kregel, § 2044 BGB Rz. 2; Lange/Kuchinke, § 44 II 3a) Fn. 67 (S. 1081); Palandt/Edenhofer, § 2044 BGB Rz. 2.

630 Eine Auflage zu Lasten jeden Miterben[358] ist anzunehmen, wenn sich die Beschränkung oder das Auseinandersetzungsverbot gegen den Willen aller Miterben durchsetzen soll.

2. Teilungsanordnungen

a) Allgemeines

631 Gemäß § 2048 BGB kann der Erblasser durch letztwillige Verfügung „Anordnungen für die Auseinandersetzung" treffen und darin bestimmte Nachlaßgegenstände bestimmten Erben zuweisen. Solche „Teilungsanordnungen" sind ein wichtiges Instrument zur Vermeidung von Streitigkeiten zwischen Erben und zur gezielten Zuweisung von Vermögensgegenständen. Auch über Teilungsanordnungen können die Erben sich einvernehmlich hinwegsetzen, wenn der Erblasser die Erfüllung nicht durch Auflagen oder Testamentsvollstreckung absichert.

632 Von der Teilungsanordnung ist das Vorausvermächtnis abzugrenzen[359]. Um Teilungsanordnungen handelt es sich nur, wenn der betreffende Nachlaßgegenstand voll auf den Miterbenanteil angerechnet werden soll. Erhält der Erbe aufgrund Teilungsanordnung wertmäßig mehr als seiner Erbquote entspricht, so ist er im Unterschied zum Vorausvermächtnis zur Ausgleichung verpflichtet.

633 Teilungsanordnungen können nicht mit erbvertraglicher Bindung vereinbart werden. Möglich ist dies aber, indem eine Teilung zur Auflage gemacht wird, da die Auflage bindungsfähig ist.

634 Die Teilungsanordnung gehört zu den Beschränkungen und Beschwerungen im Sinne des § 2306 Abs. 1 BGB, die einen pflichtteilsberechtigten Erben zur Ausschlagung des Erbteils und zur Geltendmachung des Pflichtteils berechtigen[360].

b) Gründe für Teilungsanordnungen

635 Hauptmotiv für Teilungsanordnungen wird der Wunsch des Erblassers sein, Auseinandersetzungsstreit zu verhüten. Darüber hinaus bieten Teilungsanordnungen die Möglichkeit, die Zerschlagung langfristig gewachsener Vermögenswerte zu verhindern[361] und die Vermögensgegenstände denjenigen Erben zuzuweisen, die daran interessiert oder zur entsprechenden Vermögensverwaltung geeignet sind, ohne die anderen Miterben zu benachteiligen. Oft sprechen weitere persönliche wie wirtschaftliche Überlegungen für bestimmte Teilungsanordnungen.

Beispiel für persönliche Motive: Familienschmuck soll Töchtern zugewandt werden. Ist der Schmuck wertvoll und sollen die Töchter mit der Zuwendung nicht gegenüber den Söhnen begünstigt werden, was durch Vorausvermächtnis geschehen könnte, sondern sich den Wert auf ihr Erbteil anrechnen lassen, ist eine Teilungsanordnung angebracht.

---

[358] Staudinger/Werner, § 2044 BGB Rz. 8; BGB-RGRK/Kregel, § 2044 BGB Rz. 3.
[359] Einzelheiten bei Nieder Rz. 750 ff.
[360] Im einzelnen s. oben Rz. 139 ff.
[361] Ebenroth, Rz. 389.

Beispiele für wirtschaftliche Motive: Zuweisung von zum Nachlaß gehörigem Wertpapiervermögen an einen Bankkaufmann-Miterben. Zuweisung von Baugrundstücken an einen Erben, der Architekt oder Bauunternehmer ist.

c) Wirkung von Teilungsanordnungen

Teilungsanordnungen führen nicht den Erwerb des Eigentums durch den jeweils Begünstigten herbei – sie haben nur schuldrechtliche, keine dingliche Wirkung. Eigentümer der von einer Teilungsanordnung erfaßten Gegenstände wird zunächst die Erbengemeinschaft. Zur Ausführung der Teilungsanordnungen hat eine sachbezogene (Teil-) Erbauseinandersetzung stattzufinden. 636

In steuerrechtlicher Hinsicht sind die Rechtsfolgen von Teilungsanordnungen und Erbauseinandersetzung seit der neuen Rechtsprechung des BFH (Großer Senat)[362] grundlegend geändert: Während früher jede Erbauseinandersetzung steuerlich als ein mit dem Erbfall einheitlicher rechtlicher Vorgang angesehen wurde, können sich nunmehr bei Erbauseinandersetzungen, die häufig auf Teilungsanordnungen des Erblassers beruhen, erhebliche einkommensteuerliche Folgen ergeben[363]. 637

Erbfall und Erbauseinandersetzung sind zivilrechtlich zwei verschiedene Rechtsvorgänge, die auch steuerlich getrennt zu beurteilen sind. Die steuerlichen Auswirkungen lassen sich wie folgt zusammenfassen[364]:
– Die einkommensteuerlichen Probleme entstehen bei allen Nachlässen, die Vermögenswerte enthalten, die Einkunftsquellen darstellen, beispielsweise landwirtschaftliche oder gewerbliche Betriebe, Mietgrundstücke.
– Soweit die Erbauseinandersetzung (z.B. gemäß Teilungsanordnung) zu einer Realteilung ohne Spitzenausgleich führt, ergeben sich keine einkommensteuerlichen Folgen.
– Wenn und soweit Abfindungen oder Ausgleichszahlungen von Miterben geleistet werden, die gewerbliches Vermögen in einer Größenordnung über ihre eigene Erbquote hinaus behalten und weichende Miterben abfinden, haben die zahlungsverpflichteten Erben einkommensteuerlich relevante Anschaffungskosten, die weichenden Erben entsprechenden steuerpflichtigen Veräußerungsgewinn. Risiken bestehen also beim Betriebsvermögen. Im Privatvermögen kann durch unsachgemäße Gestaltung aber die Chance verpaßt werden, durch einkommensteuerlich relevante Anschaffungskosten die Einkommensteuer mindernde AfA geltend machen zu können.

---

[362] BFH Großer Senat, Beschluß v. 5.7. 1990 GrS 2/89, BStBl. 1990 II, 837 bis 847 = DB 1990, 2144 ff. = NJW 1991, 249 ff.; dazu Felix, BB 1990, 2058; Groh, DB 1990, 2135 ff.; Söffing, DB 1991, 773 (776 ff.) u. 828 (829 ff.); Meincke, NJW 1991, 198 ff.; Märkle/Franz, Beilage 5 zu BB 1991, 1 (16 ff.); Flume, DB 1990, 2390; Felix, BB 1990, 2085.
[363] Hierzu auch Esch, BB 1994, 1651.
[364] Einzelheiten Buch II Rz. 283 ff.

Die steuerlichen Wirkungen der geänderten BFH-Rechtsprechung sind daher auch bei der zivilrechtlichen Gestaltung zu beachten. Die Wirkungen der neuen BFH-Rechtsprechung erweitern den Kreis der Gestaltungsgesichtspunkte:
- Es kann ein Interesse daran bestehen, im Wege einer konsequenten Realteilung Anschaffungskosten bei Erben zu vermeiden, um steuerpflichtige Veräußerungsgewinne nicht entstehen zu lassen.
- Es kann aber auch umgekehrt ein Interesse am Entstehen von Anschaffungskosten mit der Folge steuerpflichtiger Veräußerungsgewinne gegeben sein.

Die einkommensteuerlich relevantes Vermögen übernehmenden Erben müssen für den Erwerb illiquider Vermögensteile flüssige Mittel aufwenden; der oder die weichenden Erben erhalten für illiquide Vermögensteile flüssige Mittel.

d) Bestimmung durch Dritte

638   Gemäß § 2048 Satz 2 BGB kann der Erblasser sich selbst konkreter Bestimmungen über die Teilung des Nachlasses enthalten, aber anordnen, daß die Auseinandersetzung durch einen Dritten nach dessen billigem Ermessen vorgenommen werden soll. Dieser „Dritte" kann auch einer der Miterben sein[365]. Ist der Dritte nicht zugleich Testamentsvollstrecker, kann er die Auseinandersetzung nicht selbst vornehmen, sondern einen Auseinandersetzungsplan aufstellen, an den die Erben grds. gebunden sind[366]. Die von dem Dritten getroffene Auseinandersetzungsbestimmung ist für die Erben nicht verbindlich, wenn sie offenbar unbillig ist; in diesem Fall erfolgt die Bestimmung durch gerichtliches Urteil.

639   In der Regel ist unzweckmäßig, die Auseinandersetzung dem billigen Ermessen eines Dritten, insbesondere eines Miterben zu überlassen. Lassen sich die Vermögensverhältnisse im Erbfall einigermaßen übersehen, so ist es besser, wenn der Erblasser die Teilungsanordnungen selbst trifft.

Anders ist es, wenn der Testator mit weiter zeitlicher Hinausschiebung des Erbfalles rechnet und erhebliche Veränderungen seines Vermögens zu erwarten sind. In einem solchen Fall erweisen sich Teilungsanordnungen vielfach als zeitlich überholt und nicht mehr durchführbar, wenn der Erbfall eintritt. Auch in einem solchen Fall sollte von der Möglichkeit, die Auseinandersetzung dem billigen Ermessen eines Dritten zu überlassen, möglichst zurückhaltend Gebrauch gemacht werden. Soll ein Dritter zur Streitvermeidung eingesetzt werden, ist es zweckmäßiger ihn zum Testamentsvollstrecker zu bestimmen.

3. Verwirkungsklauseln

a) Allgemeines

640   Der Erblasser kann durch die Anordnung, daß ein Bedachter, der sich in bestimmter Weise verhält oder nicht verhält, das ihm Zugewendete nicht erhalten

---
[365] RGZ 110, 270 (274).
[366] Staudinger/Werner [1996] § 2048 BGB Rz. 12; MünchKomm/Dietz (2. Aufl.), § 2048 BGB Rz. 18.

oder auf den Pflichtteil gesetzt sein soll. Derartige Verwirkungsklauseln können Sanktionen gegen genau festgelegte Verhaltensregeln anordnen (besondere Verwirkungsklauseln) oder Sanktionen für den Fall anordnen, daß der Bedachte sich in irgendeiner Weise den Anordnungen des Bedachten widersetzt[367].

b) Besondere Verwirkungsklauseln

Die gebräuchlichen besonderen Verwirkungsklauseln sind Pflichtteilsstrafklauseln (**Beispiel:** Abkömmling der nach dem Tod des Erstversterbenden den Pflichtteil geltend macht, soll nach dem Tod des Längstlebenden auch nur den Pflichtteil erhalten), Wiederverheiratungsklauseln und Klauseln zur Sicherung des Vollzugs von Auflagen (in beiden Fällen könnte z.B. eine bedingte Nacherbeinsetzung angeordnet werden; die Nacherbschaft würde mit Bedingungseintritt anfallen, dadurch hätte der zunächst Bedachte sein Erbrecht verwirkt).

641

c) Allgemeine Verwirkungsklauseln

Die üblichen Formulierungen lauten „wer mein Testament anficht, soll nur den Pflichtteil erhalten", oder „sollte einer meiner Erben meine Anordnungen nicht anerkennen ....".

642

Solche Formulierungen lassen offen, welche Handlungen im einzelnen von der Verwirkungsklausel getroffen werden. Unstreitig ist, daß bloße, sich gegen das Testament richtende Meinungs- und Willensäußerungen nicht genügen, die Verwirkung auszulösen; es bedarf rechtlich wirksamer Maßnahmen gegen die Ausführung des Testaments. Nur rechtliche Versuche, die letztwillige Verfügung oder einzelne ihrer Bestimmungen zu Fall zu bringen, vor allem ergebnislose Klagen, lösen den Verwirkungsfall aus[368].

Umstritten ist dagegen, ob die Anfechtung des Testaments wegen Irrtums, die Geltendmachung der Fälschung des Testaments oder Auslegungsstreitigkeiten unter die Verwirklichungsklausel fallen.

643

Die herrschende Meinung stellt auf den Einzelfall und damit die Auslegung der Klausel ab: Wollte der Erblasser jeden Streit verhindern, dann lösen auch die Angriffe gegen die letztwillige Verfügung die Verwirkung aus. Wollte der Erblasser nur leichtfertige Angriffe gegen seine letztwillige Verfügung unterbinden, dann sind Anfechtungen des Testaments wegen Irrtums, Fälschungsbehauptungen usw. nicht betroffen[369].

d) Rechtsfolgen

Jede Verwirkungsklausel beinhaltet eine Erbeinsetzung bzw. ein Vermächtnis unter einer auflösenden Bedingung. Wird der Verwirkungstatbestand erfüllt, ist

644

---

[367] Nieder, Rz. 743.
[368] Zur Verwirkung der Schlußerbfolge beim Berliner Testament durch Geltendmachung des Pflichtteils Lübbert, NJW 1988, 2706 ff.
[369] RG JW 1924, 1717 f.; 1937, 2201 ff.; OLG Stuttgart OLGZ 79, 52 ff.; Kipp/Coing, § 80 I 3 b) (S. 435); Palandt/Edenhofer, § 2074 BGB Rz. 6 m.w.N.

der Bedachte nicht mehr Erbe oder Vermächtnisnehmer. An seine Stelle tritt ein Ersatz- oder Nacherbe oder Ersatz- oder Nachvermächtnisnehmer.

645 Fraglich ist, ob sich die Verwirkung auch auf die Abkömmlinge des Bedachten auswirkt. Das wird regelmäßig angenommen werden müssen; die Vermutung des § 2069 BGB kann daher nicht gelten[370].

646 Eine erfolgreiche Anfechtung des Testaments oder die Feststellung seiner Nichtigkeit führt auch zur Unwirksamkeit der Verwirkungsklausel.

e) Gestaltungsempfehlung

647 Aus den dargelegten Gründen sind Verwirkungsklauseln so klar wie möglich zu fassen, die zur Verwirkung führenden Handlungen eines Erben genau zu bestimmen und die Rechtsfolgen der Verwirkung festzulegen.

4. Strafklauseln, Sanktionen

648 Will der Erblasser seine Erben oder Vermächtnisnehmer zu einem bestimmten Verhalten veranlassen, so kann er dies durch bedingte Auflagen erzwingen, deren Einhaltung ein Testamentsvollstrecker überwacht.

5. Wiederverheiratungsklauseln[371]

a) Interessenlage

649 Heiratet der zum Vollerben eingesetzte überlebende Ehegatte nach dem Tod des Erblassers erneut und verstirbt er sodann vor seinem zweiten Ehegatten, so geht das vom Erblasser stammende vererbte Vermögen ganz oder teilweise in eine fremde Familie über. Dies gilt insbesondere auch, wenn aus der zweiten Ehe Kinder hervorgehen. Um solche Rechtsfolgen auszuschließen, kann eine Wiederverheiratungsklausel zu empfehlen sein.

b) Inhalt

650 Der Inhalt einer Wiederverheiratungsklausel geht regelmäßig
- entweder dahin, daß im Falle der Wiederverheiratung des überlebenden Ehegatten der ihm zugefallene Nachlaß an andere Personen, Abkömmlinge oder sonstige Verwandte des Erblassers fallen soll,
- oder dahin, daß der überlebende Ehegatte sich im Wiederverheiratungsfall mit Verwandten des Erblassers, insbesondere mit den gemeinsamen Abkömmlingen in bestimmter Weise, evtl. nach den Regeln der gesetzlichen Erbfolge auseinandersetzen soll.

---

[370] MünchKomm/Leipold, § 2074 BGB Rz. 30; Palandt/Edenhofer, § 2074 BGB Rz. 7; Kipp/Coing, § 80 I 4 (S. 436).
[371] Dazu Buchholz, Erbfolge und Wiederverheiratung (1986); Otte AcP 187, 603; Leipold FamRZ 1988, 352; Wilhelm, NJW 1990, 2857.

c) Lösungsmöglichkeiten

aa) Vorerbschaftslösung

Regelmäßig liegt einer Wiederverheiratungsklausel eine Vor- und Nacherbenregelung zugrunde.

Die herrschende Meinung geht von einer auflösend bedingten Vollerbeneinsetzung aus, verbunden mit einer aufschiebend bedingten Einsetzung des Ehegatten als Vorerben[372]. Richtiger erscheint es, den unter Beifügung einer Wiederverheiratungsklausel zum Erben eingesetzten Ehegatten nur als Vorerben anzusehen. Dafür spricht insbesondere, daß die Wirkungen der Wiederverheiratungsklausel umgangen werden könnten, wenn der Ehegatte bis zur Wiederverheiratung als Vollerbe anzusehen wäre. Heiratet der überlebende Ehegatte nicht wieder, so tritt der Nacherbfall nicht ein und es stellt sich nachträglich heraus, daß der überlebende Ehegatte Vollerbe gewesen ist[373].

Enthält die letztwillige Verfügung keine abweichende Regelung, so ist als Erblasserwille anzusehen, daß der überlebende Ehegatte **befreiter** Vorerbe sein soll[374]. Der Erblasser kann den Vorerben nicht von der Beschränkung des § 2113 Abs. 2 Satz 1 BGB befreien (§ 2136 BGB). Unentgeltliche Verfügungen des überlebenden Ehegatten sind im Falle seiner Wiederverheiratung unwirksam; sie sind und bleiben nur wirksam, wenn er sich nicht wieder verheiratet und deshalb der Nacherbfall nicht eintritt[375].

bb) Vermächtnis-Lösung

Die Wiederverheiratungsklausel kann auch in der Weise vorgesehen sein, daß die letztwillige Verfügung für den Fall der Wiederverheiratung des überlebenden Ehegatten diesen verpflichtet, gemeinsamen Abkömmlingen bestimmte Vermächtnisse zu erfüllen. Dadurch können zumindest die Pflichtteilsansprüche der Abkömmlinge nach dem Tode des Erstversterbenden gesichert werden. Der Vorzug aber auch der Nachteil der Vermächtnislösung liegt darin, daß der überlebende Ehegatte in seiner Verfügungsbefugnis im Unterschied zur Vorerbschaftslösung nicht beschränkt ist.

d) Gestaltungsempfehlung

Um die lebzeitige Verfügungsfreiheit des überlebenden Ehegatten zu beschränken, sollte ausdrücklich Vor- und Nacherbschaft angeordnet und als Nacherbfall

---

[372] BGH NJW 1988, 59; dazu Zawar, NJW 1988, 16ff.; MünchKomm/Musielak, § 2269 BGB Rz. 52ff.; Staudinger/Kanzleiter, § 2269 BGB Rz. 41; Palandt/Edenhofer, § 2269 BGB Rz. 17; Kipp/Coing, § 79 IV 1 (S. 430).
[373] v. Lübtow, Band II, S. 918ff.; Lange/Kuchinke, § 24 IV 3 c (S. 418); Schlüter, § 26 VI 3 (S. 182).
[374] KG NJW 1957, 1073 (1074); FamRZ 1968, 331 (332); BayObLGZ 1961, 204f.; 1966, 232f.; OLG Hamm DNotZ 1972, 96 (97f.).
[375] Wilhelm, NJW 1990, 2857 (2863).

die Wiederverheiratung des überlebenden Ehegatten bestimmt werden[376]. Dabei sollte in der Regel eine befreite Vorerbschaft vorgesehen werden.

654 Ist die Wiederverheiratungsklausel in einem gemeinschaftlichen Testament[377] oder Erbvertrag enthalten, so sollten auch die Rechtsfolgen für die Verfügungen des überlebenden Ehegatten geregelt werden. Zwar wird nach herrschender Meinung der überlebende Ehegatte von der Bindung an seine eigenen letztwilligen Verfügungen im gemeinschaftlichen Testament frei. Diese Rechtsfolge ist aber umstritten[378]. Um Unsicherheiten zu vermeiden, sollte im gemeinschaftlichen Testament oder Erbvertrag klargestellt werden[379], daß der überlebende Ehegatte im Fall der Wiederverheiratung zu abweichenden Verfügungen berechtigt ist[380]. Da die Verfügungen nicht von selbst gegenstandslos werden, muß er formgerecht eine neue letztwillige Verfügung treffen[381].

655 Die Wiederverheiratungsklausel darf nicht durch einen pönalen Sanktionscharakter gegenüber dem überlebenden Ehegatten geprägt sein. Derartige Klauseln dürften als moderne „Keuschheitsgürtel" oder Eingriff in die Eheentschließungsfreiheit regelmäßig sittenwidrig sein[382]. Legitim ist aber das Interesse des Erblassers, die Vermögensnachfolge zugunsten seiner Abkömmlinge zu sichern. Daher sollten in der letztwilligen Verfügung diese Beweggründe angedeutet werden[383].

6. Erbrechtliche Schiedsklauseln

656 Eine häufig übersehene Möglichkeit des Erblassers ist die des § 1048 ZPO, durch letztwillige Verfügung[384] für die Entscheidung von erbrechtlichen Streitigkeiten ein Schiedsgericht einzusetzen. [385]

Erbstreitigkeiten sind meist Familienstreitigkeiten. Es besteht ein beachtenswertes Interesse, sie schnell durch Schiedsrichter beizulegen.

---

[376] Die Einstellung der Ehepartner zu möglichen Wiederverheiratungen des Überlebenden hat sich geändert. Der „Sanktionscharakter" einer Wiederverheiratungsklausel ist kaum noch zeitgemäß. Soweit die Sicherung des Nachlasses zugunsten der gemeinsamen Abkömmlinge gewollt ist, ist die Vor- und Nacherbschaft als Regelung vorzuziehen.
[377] Dazu Meier-Krant, NJW 1992, 143.
[378] Lange/Kuchinke, § 24 IV 3 d) (S. 421 mit dortigen Fußnoten); Kipp/Coing, § 79 IV 1 (S. 430); v. Lübtow, Band II, S. 918 ff.; Brox, Rz. 189 (S. 132); Staudinger/Kanzleiter, § 2269 BGB Rz. 38 ff.
[379] Ebenso Reithmann/Albrecht/Basty, Hdb. Vertragsgestaltungen, Rz. 1241.
[380] Langenfeld, NJW 1987, 1577 f.
[381] KG FamRZ 1968, 331 (332); einschränkend Staudinger/Kanzleiter, § 2271 BGB Rz. 33; weitergehend KG NJW 1957, 1073; Schlüter, § 26 VI 3 (S. 182).
[382] Otte, AcP 187 (1987), 603 f.; Staudinger/Otte, § 2047, Rz. 343.
[383] Ebenso Reithmann/Albrecht/Basty, Hdb. Vertragsgestaltung, Rz. 1239.
[384] Muster bei Dittmann/Reimann/Bengel, Anh. A, Rz. 60 m.
[385] Dazu Staudinger/Otte [1994] Vorbem. 6 ff. zu §§ 1937 ff. BGB; Walter MittRhNotK 1984, 69 ff; Schiffer BB 1995, Beil. 5, S. 2 ff.

Da jedes Schiedsgericht so gut ist, wie der oder die Schiedsrichter qualifiziert 657
sind, muß die Hauptsorge der Berufung neutraler, qualifizierter Schiedsrichter gelten.

Soweit eine Entscheidung sonst von den ordentlichen Gerichten zu treffen ist, 658
kann sie auf den Schiedsrichter übertragen werden. Das Schiedsgericht kann daher
insbesondere über Rechtsfragen entscheiden, da die schiedsrichterliche Entscheidung Rechtsanwendung ist[386].

7. Familienrechtliche Verfügungen

a) Testamentarische Benennung eines Vormunds oder Pflegers

Eltern haben regelmäßig das naheliegende Interesse, für den Fall ihres Todes die 659
gesetzliche Vertretung ihrer minderjährigen Kinder geklärt zu wissen. Steht ihnen
zur Zeit ihres Todes die elterliche Gewalt zu, können sie durch letztwillige Verfügung (§ 1777 Abs. 3 BGB) einen Vormund für ihre minderjährigen Kinder benennen (§ 1776 Abs. 1 BGB) oder jemanden als Vormund ausschließen (§ 1782 BGB).
Auch die Benennung eines Ersatzvormunds ist zulässig. Die Benennung kann nicht
einem Dritten überlassen werden, es muß eine bestimmte Person benannt sein.

Die Eltern können den Vormund von seinen regelmäßigen Beschränkungen be- 660
freien (§ 1856 BGB). Sie können besondere Anordnungen über die Führung der
Vormundschaft durch mehrere von ihnen benannte Vormünder treffen (§ 1797
Abs. 3 BGB). Gemäß § 1803 können für den Vormund Verwaltunsanordnungen
getroffen werden. Schließlich können die Eltern letztwillig einen Familienrat einsetzen (§ 1868 BGB).

b) Ausschluß der Vermögensverwaltung

Ein Erblasser kann bei Zuwendungen an ein unter gesetzlicher Vertretung ste- 661
hendes Kind oder Mündel die Vermögensverwaltung des Vertreters ausschließen
(§§ 1638, 1909 BGB). Das Kind oder Mündel erhält in diesem Fall einen Ergänzungspfleger, den der Erblasser durch letztwillige Verfügung benennen kann
(§ 1917 BGB). Gemäß §§ 1915, 1917 Abs. 3 BGB können auch für den Pfleger Verwaltungsanordnungen getroffen werden.

XIV. Pflichtteilsentziehung, -beschränkung

1. Allgemeines

Unter sehr engen Voraussetzungen kann der Erblasser dem Pflichtteilsberechtig- 662
ten den Pflichtteil entziehen oder den Pflichtteilsanspruch beschränken. Solche
Maßnahmen haben durch letztwillige Verfügung zu erfolgen; die Gründe müssen
z.Z. der Errichtung der letztwilligen Verfügung bestehen und in der letztwilligen
Verfügung angegeben werden (§ 2336 Abs. 1 und 2 BGB).

---

[386] Staudinger/Otte [1994] Vorbem. 7 zu §§ 1937 ff. BGB.

2. Pflichtteilsentziehung

663 Die Entziehung des Pflichtteils ist nur zulässig bei Vorliegen der im Gesetz erschöpfend aufgezählten Entziehungsgründe:
Die Entziehung des Pflichtteils eines Abkömmlings ist zulässig (§ 2333 BGB),
- wenn der Abkömmling dem Erblasser, dem Ehegatten oder einem anderen Abkömmling des Erblassers nach dem Leben trachtet (Ziffer 1),
- wenn der Abkömmling sich einer vorsätzlichen körperlichen Mißhandlung des Erblassers oder des Ehegatten des Erblassers schuldig macht (Ziffer 2),
- wenn der Abkömmling sich eines Verbrechens oder eines schweren vorsätzlichen Vergehens gegen den Erblasser oder dessen Ehegatten schuldig macht (Ziffer 3),
- wenn der Abkömmling die ihm dem Erblasser gegenüber gesetzlich obliegende Unterhaltspflicht böswillig verletzt (Ziffer 4),
- wenn der Abkömmling einen ehrlosen oder unsittlichen Lebenswandel wider den Willen des Erblassers führt (Ziffer 5).

664 Den Eltern kann der Pflichtteil entzogen werden in den vorbezeichneten Fällen Ziffer 1, 3 und 4 (§ 2334 BGB).

665 Dem Ehegatten kann der Erblasser den Pflichtteil in nachstehenden vier Fällen entziehen (§ 2335 Ziffer 1-4 BGB):
- Wenn der Ehegatte dem Erblasser oder einem Abkömmling des Erblassers nach dem Leben trachtet,
- wenn der Ehegatte sich einer vorsätzlichen körperlichen Mißhandlung des Erblassers schuldig macht,
- wenn der Ehegatte ein Verbrechen oder schweres vorsätzliches Vergehen gegen den Erblasser begeht,
- wenn der Ehegatte die ihm dem Erblasser gegenüber gesetzlich obliegende Unterhaltspflicht böswillig verletzt.

666 Das Recht zur Entziehung des Pflichtteils erlischt stets durch Verzeihung. Diese kann durch den Erblasser formlos, selbst durch schlüssige Handlung erfolgen (§ 2337 BGB).

3. Pflichtteilsbeschränkung in „guter Absicht"

667 Das Pflichtteilsrecht kann in „guter Absicht" beschränkt werden[387]. Nur das Pflichtteilsrecht eines Abkömmlings ist in diesem Sinne beschränkbar.
Die Beschränkung ist zulässig, wenn sich ein Abkömmling in einem solchen Maß der Verschwendung ergeben hat oder er in einem solchen Maß überschuldet ist, daß sein späterer Erwerb erheblich gefährdet wird. In diesem Fall kann der Erblasser anordnen:
- Daß der betreffende zum Erben berufene oder mit einem Vermächtnis bedachte Abkömmling nur Vorerbe bzw. Vorvermächtnisnehmer sein soll und nach dem

---
[387] Einzelheiten bei Baumann, ZEV 1996, 121.

Tod des Abkömmlings dessen gesetzlichen Erben Nacherben bzw. Nachvermächtnisnehmer sein sollen;
- daß im Fall der Enterbung des pflichtteilsberechtigten Abkömmlings auch hinsichtlich des Pflichtteilsanspruchs die gesetzlichen Erben des Abkömmlings Nachvermächtnisnehmer sein sollen;
- daß das dem Abkömmling als Erbteil, Vermächtnis oder Pflichtteil Zufallende der Verwaltung durch einen Testamentsvollstrecker unterliegen soll – (§ 2338 Abs. 1 BGB).

Bei der Nachberufung der gesetzlichen Erben darf der Erblasser keinen von diesen gesetzlichen Erben zurücksetzen – er muß die gesetzliche Erbfolge unverändert lassen. Im Falle der Anordnung der Testamentsvollstreckung hat der in seinem Pflichtteilsrecht beschränkte Abkömmling nur Anspruch auf den jährlichen Reinertrag. 668

Die Beschränkungsanordnungen werden unwirksam, wenn der betreffende Abkömmling sich zur Zeit des Erbfalls dauernd von dem verschwenderischen Leben abgewendet hat oder die den Grund der Beschränkungsanordnung bildende Überschuldung nicht mehr besteht (§ 2338 Abs. 2 BGB). 669

XV. Sondergestaltungen

1. Letztwillige Verfügungen zugunsten geistig behinderter Pflichtteilsberechtigter

Eine besondere Gestaltung erfordern Vermögensnachfolgeregelungen zugunsten geistig behinderter Pflichtteilsberechtigter um den sofortigen Zugriff des Sozialhilfeträgers auf das Vermögen des Pflichtteilsberechtigten zu verhindern[388]. Die Gestaltungsmöglichkeiten sind durch das Pflichtteilsrecht, insbesondere § 2306 BGB begrenzt. Daher sind zunächst, sofern der Gestaltungszeitraum reicht, pflichtteilsreduzierende Maßnahmen im Wege vorweggenommener Erbfolge auf die gewünschten Vermögensnachfolger zu empfehlen. Zum Schutz des geistig behinderten Pflichtteilsberechtigten ist in jedem Fall Verwaltungstestamentsvollstreckung anzuordnen, weil dieser seine wirtschaftlichen Interessen nicht selbst wahrzunehmen vermag. Daneben sollte eine quotale Erbeinsetzung über der Pflichtteilshöhe oder Vermächtnisanordnung in entsprechender Höhe erfolgen, damit die Rechtsfolgen des § 2306 BGB nicht eintreten. Der Testamentsvollstrecker ist anzuweisen, aus den Erträgnissen des Erbteils bzw. Vermächtnisses dem geistig Behinderten regelmäßige Zuwendungen in einem Umfang zukommen zu lassen, die nach § 88 BSHG von der Inanspruchnahme durch den Sozialhilfeträger ausgeschlossen sind. Um auch die Vermögensnachfolge nach dem geistig Behinder- 670

---

[388] Dittmann/Reimann/Bengel, S. 154ff. u. Muster Anh. A 63; Karpen MittRhNotK 1988, 131 (148ff.); van de Loo, Die Gestaltung der Verfügung von Todes wegen zugunsten des betroffenen Behinderten, MittRhNotK 1989, 233; ders. NJW 1990, 2852; Otte, JZ 1990, 1029; Pieroth, NJW 1993, 173; J. Mayer, DNotZ 1994, 347; Nieder, NJW 1994, 1264.

ten zu gestalten, sollte dieser zum Vorerben[389] bzw. Vorvermächtnisnehmer und etwaige weitere Abkömmlinge bzw. die gewünschten Vermögensnachfolger zu Nacherben bzw. Nachvermächtnisnehmern eingesetzt werden. Die Nacherben haften nicht nach § 92 c BSHG, da sie nicht Erben des Vorerben, sondern des Erblassers sind. Der Sozialhilfeträger kann bei dieser Konstruktion den Pflichtteil nicht geltend machen; dazu wäre eine Ausschlagung erforderlich. Das Ausschlagungsrecht ist aber als höchstpersönliches Gestaltungsrecht nicht nach § 90 BSHG überleitbar[390]. Eine solche Gestaltung ist nicht etwa deswegen sittenwidrig, weil sie zulasten des Sozialhilfeträgers und damit der Allgemeinheit geht. Unsere Rechtsordnung gebietet nicht, einem Hilfsbedürftigen über den Pflichtteil hinaus Vermögenssubstanz zu überlassen, um dem Sozialhilfeträger einen Zugriff darauf zu ermöglichen[391].

2. Patiententestament bzw. -verfügung

671   Das sog. „Patiententestament"[392] ist keine letztwillige Verfügung, sondern die an behandelnde Ärzte gerichtete Untersagung des Erklärenden, bestimmte lebensverlängernde Maßnahmen unter Einsatz moderner Medizintechniken zu unterlassen. Die rechtliche Befugnis, solche ärztlichen Handlungen zu untersagen, beruht auf dem allgemeinen Persönlichkeitsrecht (Art. 1, 2 GG), das ein Selbstbestimmungsrecht jedes Menschen gewährleisten soll. Die Aufnahme der Patientenverfügung in eine Verfügung von Todes wegen ist nicht zu empfehlen, weil diese erst nach dem Tode eröffnet – also Dritten mitgeteilt – wird[393]. Die Patientenverfügung bedarf keiner besonderen Form[394]. Der behandelnde Arzt ist an solche Erklärungen nicht gebunden, hat sie aber zu respektieren[395], wenn der Wille des Erklärenden auch im Zeitpunkt der Behandlung noch feststeht, da ein Arzt nicht um jeden Preis zur Vornahme lebensverlängernder Maßnahmen verpflichtet ist.

---

[389] Bengel ZEV 1994, 29; mit Vorbehalten J. Mayer DNotZ 1994, 347.
[390] So zutreffend Reithmann/Albrecht/Basty, Rz. 1243 Fn. 213; a.A. van de Loo MittRhNotK 1989, 233 (249).
[391] BGHZ 111, 36 (41) = JZ 1990, 1025 m. Anm. Otte = MittBayNot 1990, 245 m. Anm. Reimann = DNotZ 1992, m. Anm. Reimann; BGH NJW 1994, 248; Bengel ZEV 1994, 29.
[392] Besser: „Patientenverfügung", da es sich um kein erbrechtliches Testament handelt; dazu Uhlenbruck, NJW 1978, 566; ders. MedR 1983, 16; Sternberg/Lieben, NJW 1985, 2734; Schöllhammer, AcP 193, 487.
[393] Ebenso Reithmann/Albrecht/Basty, Hdb. Vertragsgestaltung, Rz. 1245.
[394] Uhlenbruck, AcP 193, 487 (491); Lange/Kuchinke, § 35 IV 4 (S. 782).
[395] Richtlinien der Bundesärztekammer für die Sterbehilfe in MedR 1985, 38.

3. KAPITEL
Regelungen unter Lebenden

1. Abschnitt
Die Vermögensnachfolge vorbereitende Maßnahmen

I. Allgemeines

Vermögensnachfolge erfordert regelmäßig vorbereitende Maßnahmen rechtlicher oder tatsächlicher Art, vornehmlich bei umfangreichem Vermögen oder komplizierten Familienverhältnissen.   672

In den Nachlaß fällt das Vermögen des Erblassers in derjenigen Gestalt, wie es zum Zeitpunkt des Todes des Erblassers besteht, also auch mit allen rechtlichen Bindungen, denen der Erblasser sein Vermögen zu Lebzeiten unterworfen hat.   673

II. Trans- und postmortale Vollmachten

Ein bedeutsames Hilfsmittel zum Vollzug der Vermögensnachfolge, ist die Erteilung einer über den Tod hinaus wirkenden („transmortalen") oder auf den Todesfall erteilten („postmortalen") Vollmacht. Mit dem Tod des Vollmachtgebers erlischt gemäß § 168 Satz 1 BGB weder die Vollmacht, noch gemäß §§ 672 Satz 1, 675 BGB das zugrundeliegende Kausalverhältnis, der Auftrag. Dennoch sollte, um Auslegungsprobleme zu vermeiden, das Fortbestehen der Vollmacht nach dem Tod ausdrücklich angeordnet werden.   674

Üblicherweise werden die trans- und postmortale Spezial- oder Generalvollmacht als Rechtsgeschäft unter Lebenden erteilt. Sie können aber auch in einer Verfügung von Todes wegen enthalten sein[1]. Zweckmäßig ist, wegen der formgebundenen Beweiswirkungen, aber auch für Grundbuch- und Registerzwecke sie als isolierte Vollmachten notariell beglaubigen oder beurkunden zu lassen[2].   675

Der Bevollmächtigte ist nach Eintritt des Todesfalles des Vollmachtgebers Vertreter der Erben. Die Vollmacht kann daher von jedem Erben, dem Testamentsvollstrecker oder vom Nachlaßverwalter widerrufen werden, selbst wenn sie unwiderruflich erteilt ist. Dennoch sind die trans- und postmortalen Vollmachten schon deshalb empfehlenswert, weil sie den Zeitraum bis zum Vorliegen von Erbnachweisen (Eröffnungsprotokoll notarieller Testamente und Erbverträge, Erbschein)   676

---
[1] RGZ 170, 380 (383).
[2] Bengel/Reimann/Bengel, Testamentsvollstreckung, Kap. 1 Rz. 47 (S. 11).

überbrücken können. In jedem Fall erlischt die Vollmacht mit dem Grundverhältnis (§ 168 BGB), regelmäßig einem Auftrag des Erblassers[3].

677　Um den Erben einen sofortigen Zugriff auf liquide Mittel zu geben, sollten Bank-, Safe- oder Kontovollmachten erteilt werden[4]. Deren Anwendbarkeit kann als postmortale Vollmacht von der Vorlage einer Sterbeurkunde abhängig gemacht werden. Dagegen haben die Banken bei Vorlage einer trans- oder postmortalen Vollmacht keine Sicherungspflichten gegenüber dem Nachlaß bzw. den der Erben[5].

III. Vorsorgevollmacht

678　Unter „Vorsorgevollmachten"[6] werden solche rechtsgeschäftlichen Vollmachten (§§ 164ff. BGB) verstanden, die insbesondere auch für den Fall einer dauerhaften Beeinträchtigung der Geschäftsfähigkeit gelten sollen[7]. Die mit den modernen Medizintechniken verbundenen lebensverlängernden Maßnahmen erhöhen das Risiko einer Altersgeschäftsunfähigkeit. Seit dem 1. Januar 1992 ist die Entmündigung (§ 6 BGB) abgeschafft und durch das Institut der Betreuung ersetzt[8]. Die Vollmacht kann den Vollmachtgeber jedoch nicht mit Sicherheit vor einer Betreuerbestellung bewahren. Nach § 1896 Abs. 3 BGB ist ein Betreuer zu bestellen, wenn der Vollmachtgeber den Bevollmächtigten nicht mehr ordnungsgemäß überwachen kann[9]. Aufgrund des Normzwecks „Schutz des Betreuten" dürfte die Überwachung des Bevollmächtigten zu Lebzeiten des Betreuten in der Vollmacht daher nicht abdingbar sein[10]. Gleichwohl kann eine Vorsorgevollmacht auch zur Regelung der Vermögensnachfolge sinnvoll sein, da die Funktionen des Betreuers auf die Überwachung des Bevollmächtigten reduziert sind.

679　Grundsätzlich bedarf eine Vollmacht auch als Generalvollmacht keiner besonderen Form (§ 167 Abs. 2 BGB), abweichendes kann sich jedoch aus besonderen Formvorschriften ergeben (vgl. z.B. §§ 1484 Abs. 2, 1945 Abs. 3 Satz 1, 1955 BGB, § 12 Abs. 2 HGB, § 2 Abs. 2 GmbHG, § 29 Abs. 1 Satz 1 GBO). Daher ist die notarielle Beurkundung einer Generalvollmacht dringend zu empfehlen.

IV. Betreuungsverfügung

680　Soll der Handlungsrahmen des Betreuers festgelegt werden, so kann dies in einer Betreuungsverfügung erfolgen[11]. Nach § 1901 BGB hat der Betreuer den Wün-

---

[3] Lange/Kuchinke § 33 III 3 b) (S. 713).
[4] Dazu Kuchinke, FamRZ 1984, 109.
[5] Dazu BGH ZEV 1995, 187.
[6] Perau, MittRhNot 1996, 285 (292ff.); Langenfeld/Langenfeld, ZEV 1996, 339.
[7] Vgl. Uhlenbruck, NJW 1996, mit kritischen Anmerkungen von Wolfsteiner, NJW 1996, 2417; Baumann NJW 1996, 2418; Weise NJW 1996, 2418.
[8] Zu den Auswirkungen des Betreuungsrechts auf das Erbrecht Hahn, FamRZ 1991, 27.
[9] Dazu Ritz-Mütz, MittBayNot 1991, 238.
[10] Weise NJW 1996, 2418.
[11] Perau, MittRhNotK 1996, 285ff., m.w.N.

schen des Betreuten zu entsprechen, auch wenn sie vor seiner Bestellung geäußert worden sind. Eine besondere Form für solche „Betreuungsverfügungen" schreibt unsere Rechtsordnung nicht vor. Gleichwohl ist nicht nur aus Beweissicherungsgründen, sondern auch wegen der umfassenden Prüfungs- und Belehrungspflichten des Notars und der durch ihn vorzunehmenden Überprüfung der Geschäftsfähigkeit die notarielle Beurkundung zu empfehlen. Inhalt der Betreuungsverfügung kann die Bestimmung der Person des Betreuers und seiner Vergütung sein. Daneben kann z.B. festgelegt werden, wie die Unterbringung des Betreuten, die Auflösung seiner Wohnung oder die Erledigung laufender Geschäfte zu erfolgen hat[12].

V. Vorbereitende Vermögensbildung

1. Sachverhalte, Interessenlagen

Die Vorstellungen jedes Vermögensinhabers über seine Vermögensnachfolge beziehen sich auf drei Fragen: Die Personen der Vermögensnachfolger, das nachzulassende Vermögen und die Art und Weise der Zuweisung dieses Vermögens. 681

Probleme bestehen nicht, wenn nur ein Vermögensnachfolger in Betracht kommt und keine (weiteren) Pflichtteilsberechtigten vorhanden sind. Probleme der Zuweisung entstehen bei einer Erbenmehrheit. Grundsätzlich ist jede Erbengemeinschaft auf Auseinandersetzung unter den Erben angelegt. Da Erbauseinandersetzungen häufig zu Streitigkeiten führen, wird der Erblasser versuchen, den Streit weitgehend auszuschließen. 682

Die erbrechtlichen Gestaltungsmittel sind ein befristetes Auseinandersetzungsverbot und danach Vorgaben für die Auseinandersetzung durch eine Teilungsanordnung. Teilungsanordnungen kommen dann nicht in Betracht, wenn der Nachlaß im wesentlichen aus einem nicht teilbaren Vermögensgegenstand besteht wie z.B. Grundbesitz, einem Unternehmen oder einer Unternehmensbeteiligung. 683

2. Lösungen

Der Erblasser kann auf tatsächlicher Ebene Vorsorge für eine reibungslose Erbauseinandersetzung treffen, indem er selbständige Vermögensmassen schafft, die aufgrund Teilungsanordnungen jeweils verschiedenen Erben zugewiesen werden. Das gilt insbesondere für den Unternehmer, der ausreichendes Privatvermögen zur Abfindung der weichenden Erben schaffen sollte[13]. Damit wird der Zerschlagung von wirtschaftlichen Einheiten durch eine Erbauseinandersetzung vorgebeugt. 684

Beispiel:
Der Erblasser ist Inhaber eines Handelsgeschäfts. Er hat zwei Kinder: einen kaufmännisch ausgebildeten Sohn A und einen als Arzt tätigen Sohn B.
Es liegt nahe, dem Sohn A das Handelsgeschäft des Erblassers zuzuweisen. Soll der Sohn A nicht mit die unternehmerische Liquidität belastenden und u.U. einkommensteuerrecht-

---

[12] Dazu Cypionka, DNotZ 1991, 587.
[13] Ebenroth/Lorz, WiB 1995, 609 (610).

lich relevanten Abfindungsverpflichtungen belastet werden, so muß der Erblasser im Blick auf die spätere Erbauseinandersetzung Privatvermögen bilden, um beide Kinder möglichst gleichmäßig bedenken zu können.

685 Bei der im Blick auf Teilungsanordnungen vorzunehmenden Vermögensgruppierung ist die Bildung von Wertvorstellungen unverzichtbar. Der naheliegende Rat geht dahin, zur Vorbereitung einer reibungslosen Erbauseinandersetzung, mindestens in einem gewissen Umfang Geldvermögen einschließlich Wertpapiervermögen zu bilden, welches im Auseinandersetzungsfall zum Wertspitzenausgleich verwendet werden kann, wenn mehreren Erben je gesonderte Vermögensgruppen als Erblose zugewiesen werden.

686 Weiter ist zu beachten, welche Vermögensarten zweckmäßigerweise den Erben zugewiesen werden.

Beispiele:

Ein Abkömmling, der einen freien Beruf anstrebt, braucht Geldvermögen zur Einrichtung einer Praxis. Einer verheirateten, in gesicherten Vermögensverhältnissen lebenden Tochter ist mit wertbeständigem Grundvermögen oder anderen Sachwerten gedient.

2. Abschnitt
Familienrechtliche Maßnahmen

I. Allgemeines

687 Auch durch familienrechtliche Rechtsgeschäfte läßt sich die Vermögensnachfolge beeinflussen. Das gilt namentlich für Güterstandsvereinbarungen.

688 Bei der nichtehelichen Lebensgemeinschaft kann auch für das Erbrecht – mit den Schranken des Pflichtteilsrechts – die Gestaltungsfreiheit des Schuldrechts ausgenutzt werden. An die schuldrechtlichen Vereinbarungen sind die Erben gebunden[14].

689 Ein ebenfalls wichtiges familienrechtliches Gestaltungsmittel der Vermögensnachfolge kann eine Adoption sein.

II. Güterstandsvereinbarungen[15]

1. Begriff und Bedeutung des Güterstandes

690 Das eheliche Güterrecht (§§ 1363–1563 BGB) regelt die Rechtsverhältnisse zwischen den Ehegatten bezüglich des Vermögens, welches die Ehegatten bei Eheschließung besitzen und/oder im Laufe der Ehe hinzuerwerben.

---

[14] Zur nichtehelichen Lebensgemeinschaft vgl. Grziwotz, Partnerschaftvertrag für die nichteheliche Lebensgemeinschaft.
[15] Weiterführend hierzu Brambring, Der Ehevertrag; Langenfeld, Handbuch der Eheverträge und Scheidungsvereinbarungen.

Familienrechtliche Maßnahmen

Das Gesetz stellt bestimmte Ordnungen des ehelichen Güterrechtsverhältnisses 691
zur Verfügung, die Güterstände. Der „gesetzliche" Güterstand gilt, wenn Ehegatten nicht durch Ehevertrag Abweichendes vereinbart haben.

Gesetzlicher Güterstand ist die sog. Zugewinngemeinschaft (§§ 1363–1390 692
BGB). Als vertragliche Güterstände stellt das BGB die Gütertrennung und die Gütergemeinschaft zur Verfügung (§§ 1414, 1415 ff. BGB).

Die Frage des Güterstandes, ist für die Vermögensnachfolge von erheblicher Be- 693
deutung, weil
- eheverträgliche Güterstandsvereinbarungen den Nachlaß wie andere rechtsgeschäftliche Vereinbarungen unter Lebenden binden,
- der gesetzliche Güterstand der Zugewinngemeinschaft mit der erbrechtlichen Lösung des Zugewinnausgleichs die Erbteils- und Pflichtteilsgröße unmittelbar beeinflußt.

Die Erbfolge läßt sich daher durch Güterstandsvereinbarungen und deren erb- 694
rechtliche Auswirkungen unmittelbar beeinflussen. Der Vertragsfreiheit sind Grenzen gesetzt (§§ 1408, 1409 BGB). Der Ehevertrag bedarf notarieller Beurkundung (§ 1410 BGB).

2. Die Güterstände

a) Zugewinngemeinschaft

Gesetzlicher Güterstand ist die sog. Zugewinngemeinschaft (besser: Zugewinn- 695
ausgleichsgemeinschaft)[16]. Die Bezeichnung „Zugewinngemeinschaft" ist irreführend, weil auch durch Zugewinn nicht automatisch gemeinsames Ehegattenvermögen entsteht.

Das spricht § 1363 Abs. 2 Satz 1 BGB ausdrücklich aus. Die Vermögen beider Ehegatten sind und bleiben getrennt. Kein Ehegatte haftet den Gläubigern aufgrund des gesetzlichen Güterstandes für die Schulden des anderen Ehegatten.

Bei Beendigung der Zugewinngemeinschaft wird der in der Ehe erzielte Zuge- 696
winn unter den Ehegatten wertmäßig ausgeglichen (§ 1363 Abs. 2 Satz 2 BGB).

Für die Vermögensnachfolge ist die erbrechtliche Folge des gesetzlichen Güter- 697
standes von Bedeutung: Wird die Ehe durch Tod aufgelöst, so erfolgt der Ausgleich des Zugewinns dadurch, daß sich der gesetzliche Erbteil des überlebenden Ehegatten um 1/4 der Erbschaft erhöht. Für diesen pauschalen gesetzlichen Zugewinnausgleich ist unerheblich, ob die Ehegatten tatsächlich einen Zugewinn erzielt haben (§ 1371 Abs. 1 BGB). Die Erhöhung des gesetzlichen Erbteils des Ehegatten hat zur mittelbaren Folge, daß sich die Erbquoten der anderen gesetzlichen Erben und auch die Pflichtteilsansprüche vermindern.

---

[16] Zur Entwicklung der Güterstände oben Rz. 106 ff.

b) Gütertrennung

698 Leben die Ehegatten im vertraglichen Güterstand der Gütertrennung, verbleibt es bei der gesetzlichen Ehegattenerbfolge. Der überlebende Ehegatte erbt gemäß § 1931 BGB neben Abkömmlingen grundsätzlich 1/4. Sind neben dem überlebenden Ehegatten nur ein oder zwei Kinder des Erblassers als Erben berufen, so erben der überlebende Ehegatte und jedes Kind zu gleichen Teilen.

Beispiel:

699 Haben Eheleute drei Kinder, so beträgt der Erbteil des überlebenden Ehegatten und jedes Kindes 1/4 (§§ 1931 Abs. 1 Satz 1, 1924 BGB). Bei Geltung des gesetzlichen Güterstandes der Zugewinngemeinschaft beträgt der Erbteil des überlebenden Ehegatten 1/2, während die drei Kinder zu je 1/6 Erben sind bzw. nur zu je 1/12 Pflichtteilsansprüche haben.

c) Gütergemeinschaft

700 Bei der Gütergemeinschaft (§§ 1415 ff. BGB) werden das Vermögen sowohl des Mannes als auch der Frau gemeinschaftliches Vermögen beider Ehegatten (Gesamtgut). Zum Gesamtgut gehört auch das während der Gütergemeinschaft erworbene Vermögen (§ 1416 BGB). Daneben gibt es Sondergut (§ 1417 BGB) und Vorbehaltsgut (§ 1418 BGB) der Ehegatten. Die Gütergemeinschaft ist Gesamthandsgemeinschaft. Sie begründet im Unterschied zur Zugewinngemeinschaft eine Haftungsgemeinschaft der Ehegatten. Jeder Gläubiger eines der Ehegatten kann in das Gesamtgut vollstrecken. Kein Ehegatte kann über seinen Anteil am Gesamtgut und an den einzelnen Gegenständen verfügen. Er ist auch nicht berechtigt, Teilung zu verlangen (§ 1419 BGB).

701 Die ehevertragliche Begründung des Güterstandes der Gütergemeinschaft ist keine Schenkung[17].

702 Für die Vermögensnachfolge interessieren in erster Linie die erbrechtlichen Konsequenzen: Ist die Fortsetzung der Gütergemeinschaft im Ehevertrag nicht vereinbart, so wird die Gütergemeinschaft mit dem Tode eines Ehegatten beendet und auseinandergesetzt (§ 1471 BGB). Der Anteil des verstorbenen Ehegatten am Gesamtgut gehört zum Nachlaß (§ 1482 BGB). Es gelten die allgemeinen erbrechtlichen Bestimmungen der §§ 1922 ff. BGB. Hat der verstorbene Ehegatte eine letztwillige Verfügung nicht hinterlassen und ist gesetzliche Erbfolge eingetreten, so erhält der überlebende Ehegatte seinen gesetzlichen Erbteil auch in Bezug auf den Anteil des verstorbenen Ehegatten am Gesamtgut.

703 Ist die Fortsetzung der Gütergemeinschaft im Ehevertrag vereinbart, so gehört der Anteil des verstorbenen Ehegatten nicht zu seinem Nachlaß; die Gütergemeinschaft wird zwischen dem überlebenden Ehegatten und den gemeinschaftlichen Abkömmlingen fortgesetzt (§ 1483 Abs. 1, insbesondere Satz 3 BGB).

---

[17] In schenkungsrechtlicher Hinsicht s. aber § 7 Abs. 1 Ziffer 4 ErbStG 1974; dazu Buch II Rz. 10.

d) DDR-Recht
Für jeden Ehegatten, als dessen Güterstand bis zum 3. 10. 1990 der DDR-Güter- 704
stand der Eigentums- und Vermögensgemeinschaft des Familiengesetzbuchs der
früheren DDR galt, bestand nach Art. 234 § 4 Abs. 2 EGBGB die Möglichkeit, innerhalb von zwei Jahren den Güterstand der Zugewinngemeinschaft des BGB einseitig abzuwählen.

3. Anwendungsbereich

Jede Änderung eines Güterstandes muß durch notariell beurkundeten Ehever- 705
trag erfolgen. Der Vertrag muß bei gleichzeitiger Anwesenheit beider Parteien geschlossen werden (§ 1410 BGB). Vereinbaren die Ehegatten ohne Einschränkung
den Ausschluß des Zugewinnausgleichs, so tritt Gütertrennung ein (§ 1414 Satz 2
BGB). Der Ausschluß des Zugewinnausgleichs kann in das Güterrechtsregister
eingetragen werden[18]. Die Eintragung ist keine Wirksamkeitsvoraussetzung.

Soll die Erbfolge beeinflußt werden, so kommt grds. nur die Wahl zwischen den 706
Güterständen der Zugewinngemeinschaft und der Gütertrennung in Betracht. Die
detaillierten Vorschriften über die Gütergemeinschaft, ihre Verwaltung und Auseinandersetzung, die Notwendigkeit des Auseinanderhaltens der verschiedenen
Vermögensmassen, bringen so viele praktische Erschwernisse mit sich, daß die Vereinbarung des Güterstandes der Gütergemeinschaft aus nur erbrechtlichen Gestaltungsmotiven unzweckmäßig ist.

Nachdem die ehebedingte Zuwendung im Erb- und Steuerrecht nicht anerkannt 707
wird, kann bei hohem Zugewinn eines Ehegatten, die Vereinbarung einer Gütertrennung mit dem gesetzlichen Ausgleichsanspruch des anderen Ehegatten, eine
sinnvolle Gestaltungsmöglichkeit sein[19].

Daneben können Güterstandsvereinbarungen auch zur Pflichtteilsreduzierung 708
eingesetzt werden. Soll der Pflichtteil des Ehegatten reduziert werden, so läßt sich
diese Rechtsfolge durch einen (ggf. teilweisen) Pflichtteilsverzichtsvertrag erreichen. In Einzelfällen kann der Ehevertrag aber zur Pflichtteilsreduzierung gegenüber Abkömmlingen eingesetzt werden[20].

III. Adoption

1. Grundsätzliches

Unsere Rechtsordnung spricht statt von „Adoption", von der „Annahme an 709
Kindes Statt" (§§ 1741 ff. BGB).

Mit der Adoption wird ein Eltern-Kindschafts-Verhältnis durch die Rechtsordnung hergestellt. Die Adoption ermöglicht, aufgrund der durch Gesetz hergestellten familienrechtlichen Verbindung Elternvermögen an das adoptierte Mitglied der

---

[18] BGH NJW 1976, 1741 (1742).
[19] Brambring, ZEV 1996, 248 (254).
[20] Einzelheiten bei Wegmann, ZEV 1996, 202 ff.

jüngeren Generation zu vererben und den Fortbestand des Namens im Generationsgang zu sichern.

710 Mit der Adoption wird das Adoptivkind rechtlich wie ein leibliches Kind des Annehmenden in dessen Familie aufgenommen. Die bisherigen Verwandtschaftsverhältnisse erlöschen (sog. Volladoption). Die Adoption erfolgt durch gerichtlichen Ausspruch (Dekretsystem).

711 Nach § 1741 BGB ist die Annahme als Kind zulässig,
– wenn sie dem Wohl des Kindes dient,
– und zu erwarten ist, daß zwischen dem Annehmenden und dem Kind ein Eltern-Kind-Verhältnis entsteht.

Nach § 1744 BGB soll die Annahme in der Regel erst ausgesprochen werden, wenn der Annehmende das Kind eine angemessene Zeit lang in Pflege gehabt hat. Die Probezeit soll die Beteiligten vor Fehlentscheidungen bewahren und dem Gericht eine Grundlage für die Feststellung der Adoptionsvoraussetzungen verschaffen.

712 Das Gesetz geht in § 1741 Abs. 2 Satz 1 BGB vom Regelfall der gemeinschaftlichen Annahme eines Kindes durch ein Ehepaar aus. Auch eine Einzelperson, die nicht verheiratet ist, kann ein Kind annehmen. Will ein einzelner, der verheiratet ist, ein Kind annehmen, so kann das nur unter besonderen erschwerten Voraussetzungen geschehen, nämlich, wenn es sich um sein eigenes nichteheliches Kind oder um ein Kind seines Ehegatten handelt oder wenn der andere Ehegatte nicht unbeschränkt geschäftsfähig und deshalb nicht in der Lage ist, ein Kind anzunehmen (§ 1741 Abs. 2 Satz 2 und 3 BGB).

2. Minderjährigen-/Volljährigenadoption

713 Das Gesetz geht grundsätzlich von der Adoption Minderjähriger aus (§§ 1741–1766 BGB).

714 Für die Gestaltung der Vermögensnachfolge kann aber die Annahme eines Volljährigen von besonderem Interesse sein. Voraussetzung für eine Volljährigenadoption ist gemäß § 1767 Abs. 1 BGB, daß die Annahme als Kind „sittlich gerechtfertigt ist". Das ist nach dem Gesetzeswortlaut „insbesondere anzunehmen, wenn zwischen dem Annehmenden und dem Anzunehmenden ein Eltern-Kind-Verhältnis bereits entstanden ist".

Gedacht ist dabei an zwischenzeitlich volljährig gewordene Pflegekinder, ferner an Geschwister, von denen ein Teil minderjährig, ein Teil volljährig ist (vgl. § 1772 BGB). Wichtig ist in unserem Zusammenhang, daß auch die familiäre Bindung eines Unternehmensnachfolgers anzuerkennen ist[21]. Der notariell zu beurkundende Adoptionsantrag hat das Eltern–Kind Verhältnis zu begründen.

---

[21] Palandt/Diederichsen, § 1767 BGB Rz. 2.

3. Rechtliche Wirkungen

a) Familienrechtliche Stellung des Adoptierten

aa) Minderjährigenadoption

Durch die Annahme als Kind erlangt der Adoptierte die rechtliche Stellung eines ehelichen Kindes des Annehmenden (§ 1754 BGB). Das angenommene Kind wird rechtlich aus seinem bisherigen Familienverband gelöst und in einen neuen Familienverband eingefügt. Gemäß § 1755 BGB erlöschen das Verwandtschaftsverhältnis des Kindes und seiner Abkömmlinge zu den bisherigen Verwandten und alle sich aus ihm ergebenden Rechte und Pflichten, also insbesondere Unterhalts- und erbrechtliche Ansprüche.

715

bb) Volljährigenadoption

Die Wirkungen der Adoption eines Volljährigen sind schwächer: Sie erstrecken sich nicht auf die Verwandten des Annehmenden; die Rechte und Pflichten aus dem Verwandtschaftsverhältnis des Angenommenen und seiner Abkömmlinge zu ihren Verwandten werden grundsätzlich durch die Adoption nicht berührt, § 1770 Abs. 1 und 2 BGB. Durch Anträge des Annehmenden und des Anzunehmenden kann auch die Volljährigenadoption mit starken Wirkungen erfolgen (§ 1772 BGB), nämlich bei Annahme des eigenen, nichtehelichen Kindes, der Stiefkindadoption, der Geschwisteradoption und der nachgeholten Minderjährigenadoption. Die sittliche Rechtfertigung der Volladoption ist zu begründen[22].

716

b) Familienname des Adoptierten

Das adoptierte Kind erhält als Geburtsnamen den Familiennamen des Annehmenden (§ 1757 Abs. 1 Satz 1 BGB). Das gilt auch für einen als Kind angenommenen Erwachsenen (§ 1767 Abs. 2 BGB). Der Namenswechsel darf nach gegenwärtigem Recht nicht Leitmotiv der Adoption sein. Gleichwohl sollte in unserer Rechtsordnung der Wunsch kinderloser Erblasser stärker respektiert werden, einem Vermögensnachfolger auch den Namen „vererben" zu können. Es ist zu erwarten, daß die fortschreitende Liberalisierung des Namensrechts künftig auch insoweit Nachfolgegestaltungen ermöglichen wird[23].

717

c) Erbrechtliche Wirkungen

aa) Erbrecht des Adoptierten

Der Adoptierte ist gesetzlicher Erbe und Pflichtteilsberechtigter des Annehmenden. Ein Ausschluß des gesetzlichen Erb- oder Pflichtteilsrechts des Adoptierten ist nur durch Erb- und Pflichtteilsverzichtsvertrag möglich.

718

---

[22] BayObLG NJW-RR 1995, 1287 (1288).
[23] Die zahlreichen Beispiele von Personen des öffentlichen – insbesondere auch politischen – Lebens, die ihren Namen gewechselt haben, sollen hier nicht als Beleg aufgeführt werden.

719 Alle Kinder des Adoptierten werden Enkel des Annehmenden, auch solche, die im Zeitpunkt der Annahme schon geboren waren.

720 Bei einer Volljährigenadoption ist als Einschränkung § 1770 BGB zu beachten, wonach sich die Wirkung der Adoption nicht auf die Verwandten des Annehmenden erstreckt.

bb) Erbrecht des Annehmenden

721 Der Annehmende ist beim Tod des Adoptierten gesetzlicher Erbe. Da das adoptierte Kind die rechtliche Stellung eines ehelichen Kindes des Annehmenden erhält, wird es nach den allgemeinen erbrechtlichen Regeln vom Annehmenden und seinen Verwandten beerbt.

722 Etwas anders gilt es im Fall der Volljährigenadoption: Wegen der Bestimmung des § 1770 BGB, wonach sich die Wirkungen der Annahme nicht auf die Verwandten des Annehmenden erstrecken und die Rechte und Pflichten aus dem Verwandtschaftsverhältnis des Angenommenen und seiner Abkömmlinge zu ihren Verwandten durch die Annahme grundsätzlich nicht berührt werden, erben die Verwandten des Annehmenden vom Angenommenen nicht. Verstirbt der Adoptierte kinderlos, so sind seine Erben der zweiten Ordnung seine Adoptiveltern und seine leiblichen Eltern nebeneinander.

d) Erstreckung der Adoptionswirkungen

aa) Abkömmlinge des Adoptierten

723 Die Adoptionswirkungen erstrecken sich uneingeschränkt auf die Abkömmlinge des Angenommenen, unabhängig davon, ob sie im Zeitpunkt der Annahme schon geboren sind.

bb) Verwandte

724 Da bei der Minderjährigenadoption das Kind voll in die Familie des Annehmenden eintritt, erstrecken sich die Wirkungen der Adoption grundsätzlich auf die Verwandten. Einschränkungen ergeben sich aus § 1756 BGB, falls die Annehmenden mit dem Kind im zweiten oder dritten Grad verwandt oder verschwägert sind oder ein Ehegatte das eheliche Kind seines Ehegatten annimmt, dessen frühere Ehe durch Tod aufgelöst ist.

725 Bei der Volljährigenadoption ergeben sich die schon erwähnten Beschränkungen des § 1770 BGB.

4. Bedeutung für die Erbfolgegestaltung

a) In privatrechtlicher Hinsicht

726 Ein erbrechtliches Interesse an einer Adoption besteht für einen Vermögensinhaber der kinderlos ist und der z.B. einen ihm besonders nahestehenden Neffen oder ein Patenkind durch Adoption als Kind – eventuell auch als Namensträger – zum Vermögensnachfolger einsetzen will.

Darüber hinaus kann die Vermögens- und Unternehmenssicherung ein Motiv für eine Adoption sein: Hat der kinderlose Erblasser zu einem nahen Verwandten der nächsten Generation oder zu einem bewährten Mitarbeiter besonderes Vertrauen gefaßt, so kann sich daraus der Wunsch ergeben, zu ihm ein Eltern-Kind-Verhältnis herzustellen und ihm als künftigen Erben über eine Adoption das zu hinterlassende Vermögen, insbesondere ein Unternehmen oder eine Unternehmensbeteiligung, anzuvertrauen. Dabei kann auch die mit der Adoption verbundene Fortführung des Familiennamens und dessen Erhalt eine wesentliche Rolle spielen. 727

In solchen Fällen geht es häufig gerade um die Annahme eines Volljährigen und nicht eines Minderjährigen. Die Annahme eines Volljährigen ist möglich, wenn ein wirkliches Eltern-Kind-Verhältnis besteht. Die Volljährigenadoption nach § 1767 Abs. 1 BGB setzt eine sittliche Rechtfertigung der Annahme des Volljährigen als Kind voraus. Die sittliche Rechtfertigung wird verneint, wenn die Adoption nur oder überwiegend wirtschaftlich begründet wird. 728

b) In steuerlicher Hinsicht

In erbschaftsteuerlicher Hinsicht bietet die Adoption beträchtliche Vorteile. Die Adoptionswirkungen erstrecken sich auf die Steuerklassen des Erbschaftsteuergesetzes (§ 15). Adoptierte und Annehmende fallen jeweils im Verhältnis zueinander in Steuerklasse I, wobei der Adoptierte als Kind des Annehmenden einen Freibetrag von DM 400.000,–, der Annehmende als Erbe des Adoptierten einen Freibetrag von DM 100.000,– hat. Entsprechend ist nach dem durch Adoption geschaffenen Verwandtschaftsverhältnis die Steuerklasseneinordnung zu den jeweiligen Verwandten vorzunehmen. 729

5. Gesetzliche Voraussetzungen der Adoption

a) Adoption durch vormundschaftsgerichtlichen Beschluß

Die Adoption wird durch Beschluß des Vormundschaftsgerichts ausgesprochen (Dekretsystem, § 1752 BGB). 730

b) Antrag des Annehmenden

Der Beschluß des Vormundschaftsgerichts setzt einen notariell beurkundeten Antrag des Annehmenden voraus. 731

c) Persönliche Erfordernisse der Annehmenden

Gesetzlicher Regelfall der Adoption ist die gemeinschaftliche Annahme eines minderjährigen Kindes durch ein Ehepaar. Die Annahme durch eine Einzelperson ist möglich, jedoch beschränkt, wenn der Annehmende verheiratet ist. Dann kann er ein Kind nur annehmen, wenn es sich um sein eigenes nichteheliches Kind oder um ein Kind seines Ehegatten handelt oder wenn der andere Ehegatte nicht unbeschränkt geschäftsfähig und deshalb nicht in der Lage ist, ein Kind anzunehmen (§ 1741 Abs. 2 Satz 2 und 3 BGB). 732

733 Bei der Annahme durch ein Ehepaar muß ein Ehegatte das 25. Lebensjahr, der andere Ehegatte das 21. Lebensjahr vollendet haben. Ein einzelner Annehmender muß das 25. Lebensjahr vollendet haben. Der Annehmende muß unbeschränkt geschäftsfähig sein (§ 1743 BGB).

734 Da das Gesetz grundsätzlich von der Minderjährigenadoption ausgeht, ist die Einwilligung des Kindes zur Annahme erforderlich (§ 1746 BGB), außerdem die Einwilligung seiner Eltern (§ 1747 BGB).

6. Aufhebung des Adoptionsverhältnisses

735 Die Aufhebung des Kindesannahmeverhältnisses ist nur in Ausnahmefällen durch gerichtliche Entscheidung mit der Wirkung für die Zukunft möglich.

3. Abschnitt
Maßnahmen vorweggenommener Erbfolge

I. Allgemeines

1. Begriff

736 Unter „vorweggenommener Erbfolge" werden Vermögensübertragungen zu Lebzeiten des Erblassers auf einen oder mehrere zukünftige Erben verstanden, die im Vorgriff auf die Erbfolge vorgenommen werden[24]. Es handelt sich um lebzeitige, nicht um Verfügungen von Todes wegen.

737 Die vorweggenommene Erfolge erweitert den Gestaltungsspielraum der Vermögensnachfolge. Sie ermöglicht dem Erblasser z.B., den Vermögensnachfolger durch schuldrechtliche Verpflichtungen in die gewünschten Bahnen zu lenken.

738 Da die vorweggenommene Erbfolge nicht einseitig angeordnet werden kann, setzt sie den Konsens zwischen Erblasser und Erben voraus.

2. Gestaltungskriterien der vorweggenommenen Erbfolge

a) Motive des Erblassers

739 Der wesentliche Vorteil für den Erblasser liegt in der von ihm kontrollierbaren Wirkung vorweggenommener Erbfolgeregelungen: Der bedachte Erbe erhält genau den Vermögensteil oder -gegenstand, den er im Falle der Beerbung kraft Teilungsanordnung oder (Voraus-) Vermächtnis erhalten soll. Das Risiko der Erbausschlagung wegen Beschränkungen und Beschwerungen und des Pflichtteilsverlan-

---

[24] BGH DNotZ 1992, 32 (33); Eccher, Antizipierte Erbfolge, 1980; Olzen, Die vorweggenommene Erbfolge, 1984; Weirich DNotZ 1986, 5; Kollhosser, AcP 194, 231; J. Mayer DNotZ 1996; der Urtyp dürfte der Hofübergabevertrag (vgl. §§ 7, 17 HöfeO NW) sein, der auf eine lange Tradition zurückblickt; so Kollhosser AcP 194, 231. Inzwischen wird die vorweggenommene Erbfolge in allen Lebensbereichen, insbesondere bei der Unternehmensnachfolge praktiziert.

gens ist ausgeschaltet. Die Übertragung des Vermögens in Etappen kann zu einer schrittweisen Einbindung der Nachfolgegeneration in die Verantwortung führen. Die Nachfolger werden besser als beim Erbfall auf ihre Vermögensverpflichtungen vorbereitet. Die vorweggenommene Erbfolge ist insofern ein in besonderer Weise geeignetes Planungs- und Gestaltungsinstrumentarium der Vermögensnachfolge[25].

Nimmt der Erblasser durch Rechtsgeschäft unter Lebenden z.B. seinen Sohn in sein Unternehmen auf oder errichtet er für seinen Grundbesitz mit seinen Kindern eine Grundstücksgesellschaft bürgerlichen Rechts, so kann er durch Gesellschaftsvertrag Verpflichtungen auferlegen. Er kann auf der Gesellschafterebene noch Einfluß auf den Vermögensnachfolger nehmen und so die Verantwortung stufenweise übertragen. Durch Schenkungen im Wege vorweggenommener Erbfolge können auch Pflichtteilsansprüche solcher Berechtigten gemindert werden, die möglichst gering oder gar nicht am Nachlaß beteiligt werden sollen. Allerdings stehen diesen gem. § 2325 BGB Pflichtteilsergänzungsansprüche zu, wenn zur Zeit des Erbfalls noch keine 10 Jahre seit der Leistung des geschenkten Gegenstandes verstrichen sind[26]. Damit bietet die 10-Jahresfrist die Möglichkeit mehrfacher Ausnutzung der Gestaltung zur Pflichtteilsminderung[27]. 740

Vorteile können auch im Interesse der Steuerersparnis der Familie liegen. Vor allem bei größeren Unternehmen und Unternehmensbeteiligungen stellen sowohl die laufenden Ertragsteuern als auch die Erbschaftsteuern eine beträchtliche Liquiditätsbelastung dar, zumal der Zeitpunkt ihres Entstehens ungewiß ist und in Zeiträume fallen kann, in denen die Liquiditätsbelastung besonders fühlbar ist, z.B. nach einer Phase größerer notwendiger Investitionen oder im Zeitpunkt schwacher Konjunktur. Auch steuerlich ist die 10-Jahresfrist für die mehrfache Ausnutzung der Schenkung- bzw. Erbschaftsteuerfreibeträge von Interesse[28]. 741

b) Motive der Erben

Die Erben können bereits vor dem Erbfall über Vermögen und Rechtsstellungen verfügen, die ihnen sonst erst nach dem Tode des Erblassers zukommen. 742

Erhalten die Erben auch die Nutzungen des ihnen zugewandten Vermögens, so sind sie in der Lage, selbst eigenes Vermögen aufzubauen. In aller Regel sind damit auch steuerliche Vorteile verbunden: Der Erblasser hat die Einkünfte zu versteuern. Was er vom versteuerten Rest nicht aufbraucht, fällt in sein erbschaftsteuerliches Vermögen. Meist kommt hinzu, daß die Einkünfte des Erblassers in einer höheren Progressionsstufe der Einkommensteuer besteuert werden, so daß sich bei Zuwachs des Vermögens in der Person der Erben nicht nur die Ersparung der Erbschaftsteuer, sondern auch ggf. ein nicht unerheblicher Ertragsteuervorteil ergibt.

---

[25] Dazu Kollhosser, AcP 194, 231 (235ff.)
[26] Zum Schutz der Pflichtteilsberechtigten gegen Aushöhlung seiner Ansprüche Kollhosser, AcP 194, 231 (258ff.).
[27] Daneben können auch die Schenkung- und Erbschaftsteuerfreibeträge, die ebenfalls an die 10-Jahresfrist gebunden sind, mehrfach ausgenutzt werden.
[28] Dazu Buch II Rz. 235ff.

Bei der Erbschaft- und Schenkungsteuer lassen sich im Zehn-Jahres-Turnus die Freibeträge ausschöpfen und bei hohen Vermögenswerten die Progressionen vermindern[29].

c) Risiken

743 Das Risiko vorweggenommener Erbfolgelösungen liegt beim Erblasser. Dieser gibt sein Vermögen endgültig aus der Hand, über das er ohne die Vermögensübertragung bis zu seinem Tode uneingeschränkt verfügen könnte. Entwickelt sich der Vermögensnachfolger in eine unerwünschte Richtung, so kann das überlassene Vermögen schon zu Lebzeiten des Erblassers verloren gehen.

744 Ohne Vorbehalte kann eine Vermögensübertragung im Wege vorweggenommener Erbfolge nur bei Grundbesitz empfohlen werden. Hier läßt sich durch entsprechende Gestaltung im Übertragungsvertrag sicherstellen, daß der übertragene Vermögensgegenstand zu Lebzeiten des Erblassers nicht verloren gehen kann. Für besondere Lebenslagen des Erwerbers (Konkurs, Zwangsvollstreckung in den Grundbesitz, Veräußerung und Belastung des Grundbesitzes oder Vorversterben des Erwerbers) wird ein Rücktrittsrecht vereinbart, das durch Eintragung einer Rückübertragungsvormerkung im Grundbuch dinglich gesichert werden kann[30].

d) Steuerliche Folgen[31]

745 Der Beschluß des Großen Senats des BFH vom 5. 7. 1990 hat für Regelungen vorweggenommener Erbfolge einkommensteuerlich neue Rechtswirkungen geschaffen[32]. Überträgt ein Vermögensinhaber der Einkünfteerzielung dienendes Vermögen im Wege vorweggenommener Erbfolge, so stellen vom Vermögensübernehmer zugesagte Versorgungsleistungen weder Veräußerungsentgelt des Übertragenden noch Anschaffungskosten des Übernehmenden dar. Die Leistung von Gleichstellungsgeldern des Übernehmers an Angehörige führt zu Veräußerungsentgelt des Übergebers und zu Anschaffungskosten des Übernehmers[33]. Neben den Gleichstellungsgeldern werden bei der vorweggenommenen Erbfolge – im Unterschied zur Erbauseinandersetzung – auch Schuldübernahmen im Privatvermögen als Gegenleistungen angesehen. Diese stellen daher Anschaffungskosten dar[34].

---

[29] Dazu Buch II Rz. 235, 239, 243.
[30] Dazu Rachuy, MittRhNotK 1993, 81.
[31] Im einzelnen Buch II Rz. 798 ff.
[32] BFH Großer Senat, Beschluß v. 5.7.1990 GrS 4 – 6/89, BStBl. 1990 II, 847 = DB 1990, 2196 ff. = NJW 1991, 254; Groh, DB 1990, 2187 ff.; Felix, Kölner Steuerdialog 1990, 8265 und BB 1990, 2085; Meincke, NJW 1991, 198; Söffing, DB 1991, 773 (776) u. 828 ff.; Märkle/Franz, Beilage 5 zu BB 1991, 1 (16 ff.); Priester, DNotZ 1991, 507 ff.
[33] Einzelheiten s. Erlaß des Bundesministers der Finanzen vom 11. Januar 1993, BStBl 1993, Teil 1, S. 62 ff.
[34] Dazu Buch II Rz. 902, 904.

Bei Übertragung von Betriebsvermögen stellt die Übernahme betrieblich verursachter Verbindlichkeiten kein Entgelt für das übernommene Betriebsvermögen dar, da dieses auf den Erwerber mit allen Aktiven und Passiven übergeht[35]. 746

II. Zulässigkeit und Grenzen von Verfügungen unter Lebenden

1. Grundsätzliches

Die Freiheit des Erblassers, über sein Vermögen unter Lebenden zu verfügen, ist 747 grundsätzlich unbeschränkt (§ 2286 BGB)[36].

Das gilt auch nach Testaten in den Formen des gemeinschaftlichen wechselbezüglichen Ehegattentestaments und des Erbvertrages. Für den Erbvertrag spricht dies § 2286 BGB ausdrücklich aus, der entsprechend auch für wechselbezügliche Verfügungen in einem gemeinschaftlichen Ehegattentestament gilt. Daher erlangen die mit Bindungswirkung Eingesetzten grundsätzlich keine gesicherte Rechtsposition bezüglich des Erblasservermögens, schon gar nicht bezüglich einzelner Vermögensgegenstände.

2. Erbrechtlicher Schutz gegen beeinträchtigende Verfügungen unter Lebenden

Den einzigen erbrechtlichen Schutz gegen Beeinträchtigungen von Vertragserben 748 oder Bedachten bieten die §§ 2287 und 2288 BGB. Sie stehen im BGB unter dem Abschnitt der Vorschriften über den Erbvertrag, gelten aber entsprechend auch für wechselbezügliche gemeinschaftliche Testamente[37].

Die Schutzvorschriften der §§ 2287, 2288 BGB setzen die „Absicht" des Erblas- 749 sers voraus, den Vertragserben bzw. Bedachten „zu beeinträchtigen". Direkter Vorsatz und erst recht bedingter Vorsatz des Erblassers genügen nicht, das Tatbestandsmerkmal der „Absicht" in §§ 2287 und 2288 BGB zu erfüllen – es ist der Nachweis erforderlich, daß die Beeinträchtigungsabsicht ein den Erblasser bestimmender, wenn auch nicht der leitende Beweggrund für die von dem Erblasser durch Rechtsgeschäfte unter Lebenden vorgenommene Benachteiligung des Vertragserben oder Bedachten gewesen ist[38]. Ein billigenswertes lebzeitiges Eigeninteresse

---

[35] Dazu Buch II Rz. 945.
[36] Dazu BGHZ 108, 73 (77); DB 1974, 523 (524).
[37] BGH DNotZ 1951, 344 (345); WM 1976, 320 (321); NJW 1976, 749 (751); WM 1977, 201 (202); OGHZ 1, 161 (163) = NJW 1947/48, 690; OGHZ 2, 160 (162) = NJW 1949, 581; Staudinger/Kanzleiter, § 2287 BGB Rz. 2, § 2288 BGB Rz. 6; § 2271 BGB Rz. 81–85; BGB-RGRK/Johannsen, § 2271 BGB Rz. 14; BGB-RGRK/Kregel, § 2287 BGB Rz. 3, § 2288 BGB Rz. 2; Palandt/Edenhofer, § 2287 BGB Rz. 3, § 2288 BGB Rz. 1; MünchKomm/Musielak, § 2287 BGB Rz. 2.
[38] BGHZ 59, 343 (LS. 2) (349) = NJW 1973, 240 (241) unter Aufgabe der früher einschränkenden Rechtsprechung; Palandt/Edenhofer, § 2287 BGB Rz. 6; Schlüter, § 25 V 3a)aa) (S. 158); zustimmend, aber kritisch Staudinger/Kanzleiter, § 2287 BGB Rz. 9–13; MünchKomm/Musielak, § 2287 BGB Rz. 9; vgl. weiter BGB-RGRK/Kregel, § 2287 BGB Rz. 4; v. Lübtow, Band I, S. 436; Brox, Rz. 158 (S. 112).

des Erblassers an der Schenkung kann die Beeinträchtigungsabsicht ausschließen[39]. Schon die Anforderungen, die danach an den Nachweis des subjektiven Tatbestandes der §§ 2287, 2288 BGB gestellt werden, relativieren den Schutz des Vertragserben bzw. Bedachten sehr.

750   Selbst wenn die Schutzbestimmungen der §§ 2287 Abs. 1 und 2288 BGB eingreifen, ergeben sich Ansprüche des Vertragserben bzw. Bedachten erst nach dem Tode des Erblassers. Zu Lebzeiten des Erblassers kann ein Anspruch des Benachteiligten nicht durch Arrest oder einstweilige Verfügung gesichert werden[40]. Der Beschenkte ist nicht einmal zur Auskunftserteilung verpflichtet[41].

751   Liegt der Tatbestand der böslichen Schenkung zum Nachteil des Vertragserben im Sinne des § 2287 BGB vor, so kann der Vertragserbe nach Erbanfall von dem Beschenkten die Herausgabe des Geschenkes nach den Vorschriften über die ungerechtfertigte Bereicherung fordern. Der Anspruch verjährt in drei Jahren vom Anfall der Erbschaft an (§ 2287 Abs. 2 BGB).

752   Der Schutz des Vermächtnisnehmers im Falle der Zerstörung, des Beiseiteschaffens oder Beschädigens des Vermächtnisgegenstandes im Sinne des § 2288 Abs. 1 BGB hat zum Inhalt den Anspruch gegen den oder die Erben auf Wiederherstellung oder Wiederbeschaffung, soweit der oder die Erben dazu imstande sind, andernfalls auf Ersatz des Verkehrswertes des Vermächtnisgegenstandes. In den Fällen der Benachteiligung des Bedachten durch Veräußerung oder Belastung des Vermächtnisgegenstandes (§ 2288 Abs. 2 BGB) ist der Erbe verpflichtet, dem Bedachten den Vermächtnisgegenstand zu verschaffen oder die Belastung zu beseitigen. Ist der Erbe hierzu außerstande, so besteht Anspruch auf Wertersatz. Bei schenkweiser Beeinträchtigung im Sinne des § 2288 Abs. 2 BGB haftet hilfsweise auch der Beschenkte aus ungerechtfertigter Bereicherung wie im Falle des § 2287 BGB.

3. Schutz aus Gründen der Sittenwidrigkeit

753   Die Anwendung der §§ 138, 826 BGB kommt nur in Betracht, wenn sittenwidriges Zusammenwirken beider Parteien des beanstandeten lebzeitigen Beeinträchtigungsgeschäfts vorliegt[42].

Die Nichtigkeit ist nicht schon deshalb gegeben, weil den Vertragserben oder Bedachten das erwartete Erbgut entzogen wird[43].

---

[39] BGHZ 66, 8 (15f.) = DB 1976, 667 (668); DB 1977, 1505; NJW 1980, 2307 (2308) = DB 1980, 2185 (2186); BGHZ 83, 44 (45); BGH NJW 1984, 731 (732); Palandt/Edenhofer, § 2287 BGB Rz. 6; Soergel/Wolf, § 2287 BGB Rz. 13.
[40] BayObLG 1952, 290; Lange/Kuchinke, § 25 V 11a) (S. 467); Staudinger/Kanzleiter, § 2287 BGB Rz. 18; BGB-RGRK/Kregel, § 2287 BGB Rz. 8; Palandt/Edenhofer, § 2287 BGB Rz. 17; Kipp/Coing, § 38 IV 2a), Fn. 28 (S. 245).
[41] BGHZ 18, 67 (69); Staudinger/Kanzleiter, § 2287 BGB Rz. 18; BGB-RGRK/Kregel, § 2287 BGB Rz. 10; Palandt/Edenhofer, § 2287 BGB Rz. 14.
[42] BGHZ 59, 343 (348); BGHZ 108, 73 (79).
[43] BGHZ 59, 343 (LS. 1).

4. Schuldrechtliche Verpflichtung des Erblassers

Der Erblasser kann sich durch schuldrechtlichen Vertrag mit dem Bedachten formlos und unter Umständen sogar stillschweigend wirksam verpflichten, eine Verfügung unter Lebenden zu unterlassen[44]. An den Nachweis einer solchen schuldrechtlichen Vereinbarung, insbesondere einer stillschweigenden, sind strenge Anforderungen zu stellen[45]. Die Vertragsverletzung führt zu Schadensersatzansprüchen gegen den Erblasser oder seine Erben[46].

754

Die Zulassung eines solchen Vertrages tangiert nicht die Testierfreiheit gemäß § 2302 BGB, da sie – wie jedes Schuldverhältnis – zwar wirtschaftliche Folgen hat, aber nicht in die erbrechtliche Gestaltungsfreiheit eingreift[47].

III. Ausstattungen

1. Begriff

Wird von den Eltern oder einem Elternteil einem Kind
- mit Rücksicht auf seine Verheiratung oder
- zur Erlangung einer selbständigen Lebensstellung zur Begründung oder Erhaltung seiner wirtschaftlichen Existenz eine Zuwendung gegeben, so handelt es sich um eine Ausstattung (§ 1624 BGB).

755

Unter den Begriff der Ausstattung fällt auch die „Aussteuer", auf die nach früherem Recht eine Tochter Anspruch hatte.

2. Keine Schenkung

Die Ausstattung gilt nicht als Schenkung. Eine Schenkung liegt nur dann vor, wenn die als Ausstattung bezeichnete oder gewollte Zuwendung das den Umständen, insbesondere den Vermögensverhältnissen der Eltern entsprechende Maß übersteigt (§ 1624 Abs. 1 letzter Halbsatz BGB)[48].

756

3. Gegenstand der Ausstattung

Gegenstand einer Ausstattung können alle übertragbaren Sachen und Rechte sein. So können Grundstücke als Ausstattung zugewendet werden, ferner Grundstücksnutzungsrechte, u. U. auch die Einräumung einer stillen Teilhaberschaft[49].

757

---

[44] BGHZ 31, 13 (18f.); BGH NJW 1963, 1602 (1603); BGH FamRZ 1964, 429 (430); BGH LM § 2288 BGB Nr. 2; BGH FamRZ 1967, 470 (471); DNotZ 1969, 759 (760); Staudinger/Kanzleiter, § 2286 BGB Rz. 16; BGB-RGRK/Kregel, § 2286 BGB Rz. 1; MünchKomm/Musielak, § 2286 BGB Rz. 10; Soergel/Wolf, § 2286 BGB Rz. 4; Palandt/Edenhofer, § 2286 BGB Rz. 2; v. Lübtow, Band I, S. 430; Kipp/Coing, § 38 IV 4 (S. 249); Lange/Kuchinke, § 25 V 2, Fn. 63 (S. 449).
[45] BGH DNotZ 69, 759 (760); Palandt/Edenhofer, § 2286 BGB Rz. 2.
[46] BGH NJW 1964, 547 (549).
[47] Dazu Nieder Rz. 970.
[48] Gernhuber/Coester-Waltjen, Familienrecht, § 56 I 6 (S. 852).
[49] RGZ 121, 11 (13); RG JW 1938, 2971.

4. Korrespondierende Ausgleichungspflicht

758 Der Charakter der Ausstattung als Maßnahme der vorweggenommenen Erbfolge hat in den Bestimmungen des Erbrechts über die Ausgleichungspflicht unter Abkömmlingen (§ 2050 Abs. 1 BGB) einen gesetzlichen Niederschlag gefunden.

IV. Unentgeltliche Zuwendungen

1. Schenkung

a) Bedeutung

759 Hauptgegenstand vorweggenommener Erbfolgeregelungen sind Schenkungen[50].

760 Die Schenkung beinhaltet zwei Merkmale:
– objektiv: die Bereicherung des Beschenkten durch den Schenker aus dessen Vermögen,
– subjektiv: die Einigung zwischen Schenker und Beschenktem über die Unentgeltlichkeit der Zuwendung (§ 516 Abs. 1 BGB). Für eine Schenkung genügt nicht, daß zwischen Leistung und Gegenleistung ein objektives Mißverhältnis besteht[51].

761 Schenkungen zu Lebzeiten ermöglichen die mehrfache Ausnutzung der Schenkung- und Erbschaftsteuerfreibeträge (10-Jahresfrist)[52]. Dabei kann auch eine mehrfache Zuwendung im Generationensprung ausgenutzt werden.

b) Unentgeltlichkeit

762 Objektiv wie subjektiv muß Unentgeltlichkeit vorliegen. Der Zuwendung darf keine Gegenleistung gegenüberstehen. Eine Gegenleistung liegt vor, wenn Entgeltlichkeit in einem Austauschvertrag versprochen ist und ebenfalls, wenn eine Gegenleistung Bedingung der Leistung ist oder wenn sie unmittelbar als Zweck der Leistung vereinbart wird[53]. Auch nachträgliche Belohnungen für geleistete Dienste werden als entgeltliche Leistungen, nicht als Schenkungen behandelt[54].

763 Für Zuwendungen innerhalb einer Familie ist auf den Begriff der verschleierten Schenkung hinzuweisen. Es handelt sich um Zuwendungen, die in Wirklichkeit Schenkungen sind, die aber nach außen hin in ein scheinbar entgeltliches Geschäft eingekleidet werden. Wird z.B. ein hoher Geldbetrag zugewandt zum Zwecke der Vergütung angeblich geleisteter Dienste, die in Wirklichkeit nicht geleistet worden

---

[50] Aus steuerlichen Gründen von besonderem Interesse können – auch nach Wegfall der Einheitswerte – Grundstücksschenkungen oder sog. mittelbare Grundstücksschenkungen sein. Dazu Buch II Rz. 815 ff.
[51] BGH NJW 1961, 604 (605).
[52] Dazu Buch II Rz. 235.
[53] RGZ 163, 348 (356); BGH NJW 1982, 436.
[54] RGZ 94, 321 (324).

sind, so liegt eine verschleierte Schenkung vor⁵⁵, auf die Schenkungsrecht Anwendung findet.

c) *Vertretungsbeschränkungen*

aa) Vertragsschluß des gesetzlichen Vertreters mit sich selbst

Bei Schenkungen von Eltern auf ihre Kinder sind die gesetzlichen Vertretungsbeschränkungen zu beachten. Handelt es sich um eine Schenkung an ein mindestens siebenjähriges, minderjähriges Kind, so erübrigt sich eine Vertretung durch die Eltern, da das Kind den Schenkungsvertrag selbst wirksam schließen kann (§ 107 BGB), wenn es durch den Schenkungsvertrag lediglich einen rechtlichen Vorteil erlangt. Für die Vorteilsbeurteilung kommt es nicht auf eine wirtschaftliche Bewertung, sondern allein auf die rechtlichen Folgen des Geschäfts an. Sind mit der Schenkung zusätzliche rechtliche Verpflichtungen verbunden, liegt ein rechtlicher Vorteil nicht vor, der die Vertretung durch die Eltern erübrigt. Die Rechtsprechung ist zunehmend kritischer geworden⁵⁶.

764

Hat das minderjährige Kind das siebente Lebensjahr noch nicht vollendet, oder ist das Rechtsgeschäft nicht lediglich vorteilhaft, so muß es von den Eltern vertreten werden. Unproblematisch ist die Vertretung, wenn das Rechtsgeschäft zwischen den Kindern und Dritten, die mit dem Kind nicht in gerader Linie verwandt sind, abgeschlossen wird.

765

Gemäß § 181 BGB kann ein Vertragsschließender nicht als Vertreter eines anderen ein Rechtsgeschäft mit sich selbst abschließen (es sei denn, das Rechtsgeschäft besteht ausschließlich in der Erfüllung einer Verbindlichkeit). Normalerweise sind beide Eltern gemeinschaftlich Inhaber der elterlichen Gewalt und gesetzliche Vertreter ihrer Kinder.

766

bb) Pflegerbestellung

Die Vertretung des Kindes durch die Eltern ist weiter eingeschränkt durch die §§ 1629 Abs. 2 Satz 1, 1795 BGB. Für vorweggenommene Erbfolgen wichtig ist vor allem der Ausschluß der Vertretung bei Rechtsgeschäften mit Verwandten gerader Linie. Auch bei gemeinschaftlicher Vertretungsmacht steht dem Abschluß eines Schenkungsvertrags die Bestimmung des § 181 BGB (§§ 1629, 1795 BGB) entgegen. Zur Durchführung des Schenkungsgeschäfts ist die Bestellung eines Pflegers für das Kind erforderlich (§ 1909 BGB). Sollen mehrere Kinder schenkweise in ein

767

---

55 RG JW 1936, 2919; s.w. RGZ 29, 265 (266); 87, 301 (304); 98, 124 (127); BGHZ 7, 174ff.; OLG Nürnberg BB 1960, 307; Staudinger/Cremer [1996] § 516 BGB Rz. 53; Münch-Komm/Kollhosser, § 516 BGB Rz. 25.
56 Nicht lediglich rechtlich vorteilhaft: Schenkung einer Kommanditeinlage, LG Köln Rpfleger 1970, 245 (vgl. dazu BGH NJW 1977, 1339 (1341); stille Beteiligung, BFH DB 1974, 365; eines Erbbaurechts, BGH NJW 1979, 102 (103); einer Eigentumswohnung, BGH DB 1980, 2234f.; Nießbrauch zugunsten minderjähriger Kinder, BFH DB 1980, 2268f. = BB 1980, 1562).

Erwerbsgeschäft als Gesellschafter aufgenommen werden, so muß aus wegen § 181 BGB für jedes einzelne Kind ein Pfleger bestellt werden.

cc) Vormundschaftsgerichtliche Genehmigung

768   In besonderen Fällen bedarf der Schenkungsvertrag auch noch der vormundschaftsgerichtlichen Genehmigung gemäß § 1643 Abs. 1 BGB. Es handelt sich um die Fälle der Schenkung unter einer Auflage, wenn die Auflage gemäß §§ 1821 Abs. 1 Ziff. 1–4 und Abs. 2, 1822 Ziff. 1, 3, 5, 8–11 BGB genehmigungspflichtige Rechtsgeschäfte betrifft; vor allem ist dabei der Fall der schenkweisen Aufnahme des Kindes in ein Erwerbsgeschäft als Gesellschafter wichtig (§§ 1643 Abs. 1, 1822 Ziff. 3 BGB).

d) Rückforderung, Widerruf der Schenkung

769   Grundsätzlich sind Schenkungen endgültige Vermögensverfügungen. In bestimmten Fällen kann der Schenker – auch ohne vertraglich vorbehaltenen Rücktritt – die Rückgabe des Schenkungsgegenstandes verlangen.

aa) Rückforderung wegen Bedürftigkeit

770   Gerät der Schenker nach Vollziehung der Schenkung in Not, so kann er von dem Beschenkten die Herausgabe des Geschenks nach den Vorschriften über die Herausgabe einer ungerechtfertigten Bereicherung fordern. Voraussetzung ist, daß der Schenker seinen eigenen angemessenen Unterhalt nicht mehr bestreiten und die ihm seinen Verwandten, seinem Ehegatten, auch dem früheren Ehegatten gegenüber gesetzlich obliegende Unterhaltspflicht nicht mehr erfüllen kann (§ 528 BGB). Dieser Herausgabeanspruch ist in drei Fällen ausgeschlossen:
– wenn der Schenker seine Bedürftigkeit selbst vorsätzlich oder grob fahrlässig verschuldet hat;
– wenn zur Zeit des Eintritts der Bedürftigkeit des Schenkers zehn Jahre seit der Leistung des geschenkten Gegenstandes verstrichen sind;
– bei Bedürftigkeit des Beschenkten (§ 529 Abs. 1 und 2 BGB).

771   Der Rückforderungsanspruch kann vom Sozialleistungsträger nach § 90 BSHG bzw. für Kriegsopferfürsorgeleistungen nach § 27 g BVG und für Arbeitslosenhilfe nach § 140 Abs. 1 AFG übergeleitet werden. Die Überleitung ist allerdings rechtswidrig, wenn es sich bei dem übertragenen Gegenstand in der Hand des Sozialhilfeempfängers um pfändungsfreies Vermögen oder Schonvermögen gehandelt hätte[57].

bb) Widerruf

772   Der Widerruf der Schenkung ist zulässig, wenn sich der Beschenkte durch eine schwere Verfehlung gegen den Schenker oder einen nahen Angehörigen des Schenkers groben Undanks schuldig macht (§ 530 BGB).

---

[57] Einzelheiten auch zu den Gestaltungsmöglichkeiten bei Krauß, MittBayNot 1992, 77 ff.

Im Falle des Widerrufs einer gemischten Grundstücksschenkung ist der Rückforderungsanspruch des Schenkers eingeschränkt. Er kann – auch ohne Erhebung einer Einrede – nur Zug um Zug gegen Wertausgleich des entgeltlichen Teils der gemischten Schenkung das Grundstück zurückfordern[58]. 773

Der Widerruf ist ausgeschlossen bei Verzeihung, nach Ablauf eines Jahres seit Kenntnis der Widerrufsvoraussetzungen und nach dem Tod des Beschenkten (§ 532 BGB). 774

e) Anrechnung

Der Pflichtteilsberechtigte hat sich anrechnen zu lassen, was ihm von dem Erblasser unter Lebenden zugewendet worden ist, wenn der Erblasser spätestens im Zeitpunkt der Zuwendung die Anrechnung bestimmt hat (§ 2315 Abs. 1 BGB)[59]. Anrechnung heißt: Berücksichtigung des Vorausempfangs zu Lasten des Pflichtteils. Dagegen kann eine „Anrechnungsbestimmung" auf den gesetzlichen Erbteil auch zu einem späteren Zeitpunkt erfolgen; nur wenn die Anrechnung dazu führt, daß der Pflichtteil unterschritten wird, bedarf es der Voraussetzungen einer Anrechnungsbestimmung gemäß § 2315 Abs. 1 BGB[60]. 775

Die Anrechnung erfolgt in der Weise, daß der Wert der Zuwendung z.Z. ihrer Vornahme dem Nachlaß zugerechnet, danach nach dem erhöhten Nachlaßwert der Pflichtteil berechnet und von ihm der Wert der Zuwendung wieder abgezogen wird (§ 2315 Abs. 2 BGB). 776

f) Ausgleichung

Abkömmlinge sind im Falle gesetzlicher Erbfolge auch bezüglich lebzeitiger Vorausempfänge untereinander ausgleichungspflichtig[61]. Da sich der Pflichtteil nach der Höhe des gesetzlichen Erbteils bestimmt, ist eine Ausgleichung rechnerisch auch bei der Ermittlung des Pflichtteils eines Abkömmlings vorzunehmen. Im Gegensatz zur Anrechnung erfolgt die Berücksichtigung des ausgleichungspflichtigen Vorausempfangs beim Erbteil, der dem Pflichtteil zugrunde liegt. Es werden dem Nachlaß die gesamten ausgleichungspflichtigen Zuwendungen zugerechnet und einzeln vom Erbteil des einzelnen Empfängers abgezogen[62]. Der Pflichtteil ergibt sich aus der Hälfte des so ermittelten Erbteils (§ 2316 Abs. 1 BGB). 777

Der Erblasser kann im Gegensatz zur Regelung der Ausgleichung unter Abkömmlingen für die Pflichtteilsberechnung Ausstattungen und nach herrschender 778

---

[58] BGH NJW 1989, 2122; zum Widerruf der Schenkung einer Kommanditbeteiligung, BGH DB 1990, 1656 = BB 1990, 1507.
[59] OLG Düsseldorf ZEV 1994, 173 m. Anm. Baumann.
[60] Zur Anrechnung auf Erb- und Pflichtteil Wolfsteiner, MittBayNot 1982, 61.
[61] Zur Unterscheidung zwischen Anrechnungs- und Ausgleichungspflicht Sostmann, MittRhNotK 1976, 479 (493); Peter, BWNotZ 1986, 28.
[62] Wegen des Sonderfalls der Ausgleichung wegen besonderer Leistungen eines Abkömmlings (§ 2057a BGB) s. oben Rz. 94.

Meinung auch ausgleichungspflichtige Einkunftszuschüsse und Berufsausbildungskosten nicht ausschließen[63] (§ 2316 Abs. 3 BGB). Treffen Anrechnungspflicht und Ausgleichungspflicht zusammen, so ist zur Vermeidung einer doppelten Berücksichtigung die Anrechnung nur zur Hälfte des Werts der Zuwendung vorzunehmen (§ 2316 Abs. 4 BGB).

2. Gemischte Schenkung

779   Zwischen den Vertragsparteien kann Einigkeit bestehen, daß ein Rechtsgeschäft teilweise entgeltlich und teilweise unentgeltlich ist (gemischte Schenkung[64]).

Die gemischte Schenkung hat eine erhebliche Bedeutung im Bereich familiärer Zuwendungen. Verkauft ein Vater seiner Tochter ein Grundstück zu einem wesentlich unter dem Verkehrswert liegenden Preis, so kann eine gemischte Schenkung vorliegen. Ein objektives Mißverhältnis zwischen Leistung und Gegenleistung genügt noch nicht zur Annahme einer Schenkung, vielmehr muß die Zuwendung mindestens teilweise unentgeltlich sein und über die Unentgeltlichkeit Einigkeit zwischen den Parteien bestehen.

780   Die Judikatur legt als Abgrenzungskriterium die vom Reichsgericht entwickelte Trennungstheorie zugrunde. Danach ist im Fall einer gemischten Schenkung das Rechtsgeschäft in zwei Bestandteile, den entgeltlichen und den unentgeltlichen Teil, zu zerlegen. Für jeden der beiden Teile sind die jeweils geltenden Vorschriften anzuwenden. Bei der Trennung der beiden Teile ist nicht das objektive Wert- und Gegenwertverhältnis maßgebend, sondern die erkennbare Vorstellung der Vertragsparteien[65]. Das wirft schwierige Probleme, insbesondere bei der Anwendung des Widerrufsrechts des Schenkers auf. Nach der Trennungstheorie kann sich das Widerrufsrecht nur auf den Schenkungsteil der gemischten Schenkung erstrecken. Ist Gegenstand der gemischten Schenkung ein einheitlicher Gegenstand, beispielsweise ein Grundstück, so kommt es darauf an, ob der Schenkungscharakter bei der gemischten Schenkung überwiegt[66].

3. Unterlassener Vermögenserwerb keine Schenkung

781   Das Unterlassen eines Vermögenserwerbs z.B. durch Erbverzicht, Ausschlagung einer Erbschaft oder eines Vermächtnisses zum Vorteil eines anderen ist keine Schenkung (§ 517 BGB). Dies kann auch für erbschaft- und schenkungsteuerliche Gestaltungen genutzt werden. Bei solchen Gestaltungen ist ein besonderes Augenmerk darauf zu legen, ob der Erblasser Ersatzerben oder -vermächtnisnehmer bestimmt hat. Anderenfalls sind die Rechtsfolgen des jeweils unterlassenen Vermögenserwerbs nach den Regeln der gesetzlichen Erbfolge zu beachten.

---

[63] Staudinger/Ferid/Cieslar, § 2316 BGB Rz. 12; BGB-RGRK/Johannsen, § 2316 BGB Rz. 16; Kipp/Coing, § 11 II 5 (S. 82); Lange/Kuchinke, § 37 VI 9b) α) (S. 865).

[64] BGH NJW-RR 1996, 754; Palandt/Putzo, § 516 BGB Rz. 13 ff.

[65] RGZ 163, 257 (259); 148, 236 (240); gemilderte Trennungstheorie oder Zweckwürdigungstheorie s. MünchKomm/Kollhosser, § 516 BGB Rz. 31.

[66] BGHZ 30, 120 (122).

4. Pflicht- und Anstandsschenkungen

Schenkungen, die einer sittlichen Pflicht (Unterstützung naher Verwandter) oder einer auf den Anstand zu nehmenden Rücksicht entspringen (Gelegenheitsgeschenke zu Geburts- oder Festtagen) sind von der Ergänzungspflicht gemäß §§ 2325, 2329 BGB ausgenommen. Für die sittliche Pflicht genügt es nicht, wenn die Schenkung bloß sittlich gerechtfertigt ist, sie muß vielmehr sittlich geboten sein. Dabei steht allein ein hoher Wert des Schenkungsgegenstandes einer Pflichtschenkung – anders bei der Anstandsschenkung – nicht entgegen[67]. 782

5. Vermeidung von Pflichtteilsergänzungsansprüchen

Da Pflichtteilsansprüche sich nach dem Wert des Nachlasses im Zeitpunkt des Erbfalls richten (§ 2311 BGB), soll der Pflichtteilsberechtigte nicht dadurch benachteiligt werden, daß der Erblasser das Vermögen bereits zu Lebzeiten schmälert. Nach §§ 2325 ff. BGB wird durch den Pflichtteilsergänzungsanspruch ein Ausgleich geschaffen[68]. Um Pflichtteilsergänzungsansprüche so weit wie möglich zu vermeiden, können im zulässigen Umfang die Gestaltungsmöglichkeiten von Ausstattungen, Pflicht- und Anstandsschenkungen und der freien Bewertbarkeit von Gegenleistungen ausgenutzt werden[69]. 783

6. Schenkungsversprechen

a) Vertrag

Von der Schenkung zu unterscheiden ist das Schenkungsversprechen (§ 518 BGB). Mit dem Schenkungsversprechen verpflichtet sich der Schenker eine unentgeltliche Zuwendung zu erbringen. Das Schenkungsversprechen ist ein Vertrag. 784

b) Formbedürftigkeit

Das Versprechen des Schenkers – nicht die Annahme des Empfängers – bedarf der notariellen Beurkundung (§ 518 Abs. 1 BGB). Auch ein schenkweise erteiltes Schuldversprechen oder Schuldanerkenntnis (§§ 780, 781 BGB) erfordert zu seiner Wirksamkeit notarieller Beurkundung (§ 518 Abs. 1 Satz 2 BGB)[70]. 785

Wird das formunwirksame Schenkungsversprechen vollzogen oder das formunwirksam erteilte schenkweise Schuldversprechen oder Schuldanerkenntnis erfüllt, so wird der Mangel der Form damit geheilt (§ 518 Abs. 2 BGB). 786

Vollzug der Schenkung liegt vor bei Übereignung beweglicher Sachen, aber auch bei der Abtretung einer Forderung. Für die Erfüllung des Begriffs des „Vollzuges" im Sinne der Bewirkung der Leistung ist andererseits nicht erforderlich, daß auch der Leistungserfolg schon eingetreten ist, wenn nur der Schenker alles getan hat, 787

---

[67] BGH WM 1981, 909; NJW 1984, 2939.
[68] Dazu oben Rz. 167 ff.
[69] Nieder, Rz. 325 mit weitergehenden Gestaltungshinweisen; zu den Grenzen Kollhosser AcP 194, 231 (258 ff.).
[70] Baumann, Das Schuldanerkenntnis, S. 214 ff.

was er für einen Vollzug tun muß, so daß ein bedingter oder befristeter Vollzug genügt[71].

c) *Schenkung unter Lebenden auf den Todesfall*

aa) Allgemeines

788 Wird ein Schenkungsversprechen unter der Bedingung erteilt, daß der Beschenkte den Schenker überlebt, so finden gemäß § 2301 Abs. 1 Satz 1 BGB die Vorschriften über Verfügungen von Todes wegen Anwendung. Gleiches gilt für unter dieser Bedingung erteilte schenkweise Schuldversprechen oder -anerkenntnisse (§ 2301 Abs. 1 Satz 2 BGB).

789 Nach herrschender Meinung muß zur Wirksamkeit eines nicht vollzogenen Schenkungsversprechens im Sinne des § 2301 Abs. 1 BGB die Form des Erbvertrages eingehalten werden[72]. Ist die Form des öffentlichen Testamentes gewahrt, so wird nach einer weitergehenden Meinung das Schenkungsversprechen als Testament aufrechterhalten[73]. Noch weiter geht die Ansicht, ein in der Form des privatschriftlichen Testaments niedergelegtes Schenkungsversprechen als eigenhändiges Testament aufrechtzuerhalten, nämlich im Wege der Umdeutung nach § 140 BGB[74]. Da nach der herrschenden Meinung auf das Schenkungsversprechen im Sinne des § 2301 Abs. 1 BGB Erbvertragsregeln Anwendung finden, kann das Schenkungsversprechen nicht nach Schenkungsrecht (§ 530 BGB) widerrufen werden, vielmehr sind wie beim Erbvertrag nur Anfechtung, Aufhebung und Rücktritt zulässig.

790 Die Schenkung darf zu Lebzeiten des Schenkers von diesem nicht vollzogen sein. Auf die zu Lebzeiten vollzogene Schenkung finden die Vorschriften über Schenkungen unter Lebenden Anwendung (§ 2301 Abs. 2 BGB).

Für Schenkungen auf den Todesfall sind die Vorschriften des Erbrechts maßgebend unter folgenden drei Voraussetzungen:

bb) Vertrag

791 Es muß ein Schenkungsversprechen im Sinne des Schuldrechts vorliegen. Jede Schenkung erfordert einen Vertrag zwischen Schenker und Beschenktem. Beim Schenkungsversprechen ist Inhalt dieses Vertrages sowohl die Einigung über Unentgeltlichkeit als auch die Einigung über die vom Schenker zugesagte Leistung. Eine einseitige, vom Beschenkten nicht angenommene Erklärung des Schenkers genügt nicht.

---

[71] BGH NJW 1970, 1638 (1639), Palandt/Putzo, § 518 BGB Rz. 9.
[72] v. Lübtow, Band II, S. 1225; Kipp/Coing, § 81 III 2a) (S. 448); Staudinger/Kanzleiter, § 2301 BGB Rz. 4; Schlüter, § 59 II 2 (S. 495).
[73] RGZ 83, 223 (227); v. Lübtow, Band II, S. 1225; Lange/Kuchinke, § 33 II 1a) Fn. 45 u. 46 (S. 701); MünchKomm/Musielack § 2301 Rz. 13.
[74] BGB-RGRK/Kregel, § 2301 BGB Rz. 7.

cc) Überlebensbedingung

Die Schenkung muß unter der Bedingung stehen, daß der Beschenkte den Schenker überlebt. Das wäre nicht der Fall, wenn der Schenker sich zur Leistung des Geschenks uneingeschränkt verpflichtet, unabhängig davon, ob der Beschenkte oder seine Erben es erhalten.

dd) Unvollzogene Schenkung

Die Frage, wann eine Schenkung vollzogen ist, hat die Rechtsprechung vielfach beschäftigt. Das liegt daran, daß das Vollziehungs-(Verfügungs-)Geschäft in vielen Fällen nur eine Einigung über den Rechtsübergang enthält, diese Einigung aber häufig nicht zweifelsfrei erkennbar ist. Kernfrage ist regelmäßig, ob der Schenker selbst schon ein Vermögensopfer bringt oder erbracht hat, oder ob ein solches Opfer erst dem Erben zur Last fällt, indem er die eingegangene Verpflichtung erfüllen soll. Hat der Schenker noch kein Opfer aus seinem Vermögen erbracht, sondern nur das Schenkungsversprechen erteilt, so bedeuten auch sonstige von ihm vorgenommene Maßnahmen wie Auftragserteilung oder Bevollmächtigung nur Vorbereitungshandlungen zur späteren Erfüllung. Es kommt darauf an, daß der Tatbestand des Verfügungs-(Vollzugs-)Geschäfts durch den Schenker vollendet ist[75]. Allerdings sind die Anforderungen an den Vollzug der Leistung herabgesetzt, da von der h. M. eine gesicherte Erwerbsanwartschaft als genügend angesehen wird[76].

Für die Gestaltungspraxis ist die Schenkung von Todes wegen nicht zu empfehlen, da sie zur entsprechenden Anwendung der Verfügungen von Todes wegen führt[77]. Entweder werden diese direkt gewählt oder es ist eine lebzeitige Zuwendung zu empfehlen.

Nicht unter die Vorschrift des § 2301 BGB fallen diejenigen Schenkungsversprechen, die ohne die Bedingung des Überlebens des Beschenkten erteilt worden sind, die also unbedingt sind, bei denen aber die Erfüllung des Schenkungsversprechens auf die Zeit des Todes des Schenkers hinausgeschoben ist. Bei ihnen handelt es sich um gewöhnliche Schenkungsversprechen unter Lebenden, die auch der gerichtlichen oder notariellen Beurkundung gemäß § 518 BGB bedürfen, bei denen andererseits aber der Mangel dieser Form durch die Bewirkung der versprochenen Leistung geheilt wird (§ 518 Abs. 2 BGB).

---

[75] Staudinger/Kanzleiter, § 2301 BGB Rz. 23; Kipp/Coing, § 81 III 1 c) (S. 447); BGB-RGRK/Kregel, § 2301 BGB Rz. 9–11; Schlüter, § 59 III 2 (S. 497 ff.); Palandt/Edenhofer, § 2301 BGB Rz. 9.
[76] Lange/Kuchinke § 33 II 1 b) α) (S. 702); zu den Grenzen der Ausdehnung des Vollzugsbegriffs Lange/Kuchinke § 33 IV 2 (S. 716 ff.).
[77] Ebenso Nieder, Rz. 431.

7. Ehegattenzuwendungen

796 Ein Sonderfall sind unentgeltliche Zuwendungen unter Ehegatten. Die Rechtspraxis und die Rechtsprechung haben die sog. „ehebedingte, unbenannte Zuwendung" zwischen Ehegatten geschaffen[78].

Für das Erbrecht hat der BGH[79] klargestellt, daß sog. „unbenannte Zuwendungen" unter Ehegatten als Schenkungen gelten und die Schutzvorschriften zugunsten benachteiligter Dritter durchgreifen (§§ 2113, 2205, 2325 und 2287, 2288 BGB)[80].

797 Im Erbschaftsteuerrecht werden unbenannte Zuwendungen selbst dann als Schenkungen qualifiziert, wenn sie bürgerlich-rechtlich nicht als Schenkungen anzusehen sind[81].

798 Auch für den gesetzlichen Güterstand der Zugewinngemeinschaft hat die ehebedingte Zuwendung keine Auswirkung, da der Schenkungsgegenstand nicht dem Anfangsvermögen zugerechnet wird. Daher wird der Schenkungsgegenstand bei der Berechnung des Zugewinns wertmäßig berücksichtigt, so daß er – je nach Zugewinnhöhe beider Ehegatten – die Ausgleichsansprüche oder Verpflichtungen des Zuwendungsempfängers mindert[82]. Bei hohem Zugewinn eines Ehegatten kann die Gütertrennung mit der Folge des gesetzlichen Zugewinnausgleichsanspruchs eine erwägenswerte Gestaltungsalternative sein[83].

8. Schenkung unter einer Auflage

799 Eine Schenkung kann auch unter einer Auflage an den Beschenkten vorgenommen werden (§ 525 BGB). Gegenstand der Auflage kann jedes Tun oder Unterlassen sein. Die Auflage kann im Interesse des Schenkers oder eines Dritten, aber auch des Beschenkten selbst liegen. Vom entgeltlichen Vertrag unterscheidet sich die Schenkung unter Auflage danach, ob nach dem Parteiwillen Leistung und Gegenleistung in einem solchen Verhältnis stehen sollen, daß die Auflage nur Einschränkung der Leistung ist, oder ob Leistung und Gegenleistung gleichstehen sollen. Bei der gemischten Schenkung wird, in einen entgeltlichen und einen unentgeltlichen Teil getrennt, während bei der Schenkung unter Auflage der Gegenstand insgesamt geschenkt ist.

---

[78] Kritisch zu ehebedingten, unbenannten Zuwendungen Sandweg, NJW 1989, 1965; Schotten, NJW 1990, 2841 f.

[79] BGHZ 116, 167 = NJW 1992, 564; dazu Draschke, DNotZ 1993, 100 ff; Kollhosser, NJW 1994, 2313; Langenfeld, ZEV 1994, 129; ders. NJW 1994, 2133; Brambring, ZEV 1996, 248.

[80] Kritisch dazu Lange/Kuchinke § 37 IX 2 a) β) (1) (S. 883) und § 25 V 5 a) (S. 453), der mit Recht darauf hinweist, daß auch unbenannte Zuwendungen entgeltliche Geschäfte sein können.

[81] BFH DStR 1994, 615 = NJW 1994, 2044; dazu Albrecht ZEV 1994, 149; Dötsch, DStR 1994, 638; Söffing/Dötsch, DStR 1994, 1185; vgl. auch den koordinierten Ländererlaß der Finanzverwaltung v. 26. 4. 1994 (BStBl. I, S. 297); dazu Buch II Rz. 11 f.

[82] BGHZ 115, 132 (137); = NJW 1989, 1986.

[83] Ebenso Brambring, ZEV 1996, 248 (254).

Die Schenkung beispielsweise eines Grundstücks unter Einräumung eines Wohnrechts an Angehörige des Schenkers, die Schenkung eines Handelsgeschäfts unter Verpflichtung des Beschenkten zur Abfindung seiner Geschwister sind im Zweifel Schenkungen unter einer Auflage[84].

Von der Schenkung unter einer Auflage zu unterscheiden ist die Schenkung unter Beifügung lediglich eines Rates, Wunsches oder einer Empfehlung, z.B. Schenkung von Geld zum Kauf eines Grundstücks, eines Kraftwagens oder für eine Erholungsreise. 800

Seit der Rechtsprechung des BFH zu den einkommensteuerlichen Folgen vorweggenommener Erbfolgeregelungen[85] ist für Schenkungen von Vermögensgegenständen, die der Einkunftserzielung dienen, auf folgendes hinzuweisen[86]: 801

– Bedingt sich der Schenker bei der gemischten Schenkung Versorgungsleistungen des Beschenkten aus oder behält er sich den Nießbrauch am geschenkten Gegenstand vor, so stellen Versorgungs- oder Nießbrauchsleistungen des Beschenkten bei diesem weder steuerliche Anschaffungskosten noch beim Schenker Veräußerungsentgelt dar (Leitsatz 1 des Beschlusses GrS 4 – 6/89).

– Erteilt der Schenker dem Beschenkten die Auflage, an andere Angehörige, z.B. Geschwister Ausgleichszahlungen oder sogenannte „Gleichstellungsgelder" zu leisten, so bedeuten die Leistungen Anschaffungskosten des Beschenkten und Veräußerungsentgelt – und das ist das Bedeutsame – des Schenkers (Leitsatz 2 des Beschlusses GrS 4 – 6/89).

Der Anspruch auf Vollziehung der Auflage steht in erster Linie dem Schenker oder seinen Rechtsnachfolgern zu, allerdings unter der aufschiebenden Bedingung, daß der Schenker geleistet hat (§ 525 Abs. 1 BGB). Im Zweifel erwirbt aber auch der Begünstigte ein eigenes Gläubigerrecht gemäß § 330 Satz 2 BGB. Insoweit besteht eine gewisse Entsprechung zum Vermächtnis. Zweckmäßigerweise wird im Schenkungsvertrag die Begründung eines eigenen Anspruchs des durch die Auflage Begünstigten klargestellt. 802

9. Schenkung unter Nießbrauchsvorbehalt

Mit der Schenkung unter Vorbehalt des Nießbrauchs gibt der Schenker im Wege vorweggenommener Erbfolge einerseits die entsprechenden Vermögenssubstanz weg, behält sich aber andererseits die Nutzungen in vertraglich festgelegtem Umfang vor[87]. Diese Gestaltung ist besonders bei Grundstücksübertragungen von In- 803

---

[84] OGH NJW 1949, 260 (261); OLG Bamberg NJW 1949, 788; BayObLG NJW 1974, 1142; Staudinger/Reuss, § 525 BGB Rz. 15; Soergel/Mühl, § 525 BGB Rz. 6; sehr weitgehend BGH NJW 1970, 941; kritisch dazu Reinicke, NJW 1970, 1447.
[85] Großer Senat des BFH, Beschluß v. 5. 7. 1990 GrS 4 – 6/89, BStBl. 1990 II, 847; dazu Hinweis auf Fußnote oben 1. Zur Abgrenzung von gemischter Schenkung und Auflagenschenkung in der höchstrichterlichen Rechtsprechung Ebeling, BB 1989, 2368.
[86] Im einzelnen Buch II Rz. 837ff., 904ff., 943ff.
[87] Zum Nießbrauch Rz. 511ff.; Buch II Rz. 826, 829, 841.

teresse, weil der Nießbraucher durch Eintragung im Grundbuch dinglich gesichert werden kann.

10. Vertrag zugunsten Dritter auf den Todesfall

804   Einer Abgrenzung bedarf es zwischen dem Schenkungsversprechen von Todes wegen (§ 2301 BGB) und den Verträgen zugunsten Dritter auf den Todesfall (§§ 330, 331 BGB), die eine erhebliche praktische Bedeutung haben[88].

805   Die in § 330 BGB erwähnten Lebensversicherungs-, Leibrenten-, Vermögens- und Gutsübernahmeverträge gelten als Schenkungen unter Lebenden, fallen also nicht unter § 2301 BGB. Für die Praxis wichtig sind vor allem Lebensversicherungsverträge. Ist im Lebensversicherungsvertrag kein Bezugsberechtigter angegeben, so fällt der Anspruch auf die Versicherungssumme in den Nachlaß[89]. Ist ein Dritter als Bezugsberechtigter bezeichnet, so fällt der Anspruch auf die Versicherungssumme, ohne in den Nachlaß zu gelangen, unmittelbar an ihn[90]. Die im Lebensversicherungsvertrag als Bezugsberechtigte benannte Ehefrau bleibt auch nach Scheidung der Ehe anspruchsberechtigt[91]. Da die Kapitallebensversicherungssumme bei Benennung eines Bezugsberechtigten nicht in den Nachlaß fällt, bleibt sie auch bei der Berechnung der gesetzlichen Erbquoten und bei Pflichtteilsansprüchen außer Ansatz.

806   Umstritten ist dagegen, ob und in welchem Umfang andere Geschäfte im Sinne der Verträge zugunsten Dritter auf den Todesfall gegenüber § 2301 BGB nichtige Umgehungsgeschäfte sind. Die herrschende Meinung nimmt an, daß § 331 BGB selbst ein zulässiges Mittel an die Hand gibt, die für letztwillige Verfügungen gegebene Form zu ersparen[92].

So hielt es der BGH[93] für zulässig, daß der Inhaber eines Wertpapierdepots auf den Zeitpunkt seines Todes durch Vertrag mit seiner Bank zugunsten eines Dritten für diesen einen schuldrechtlichen Anspruch gegen die Bank auf Übereignung der Wertpapiere begründete[94]. Ebenso hat der BGH eine rechtswirksame Zuwendung auf den Todesfall gemäß § 331 BGB für möglich gehalten, wenn eine Großmutter ein Sparbuch auf den Namen ihrer Enkelin anlegt, das Sparbuch aber behält – ein Vorgang, der in der Regel die Enkelin nicht schon mit der Anlegung zur Inhaberin

---

[88] BGH NJW 1987, 840; Liessem MittRhNotK 1988, 29; Muscheler, WM 1994, 921.
[89] BGH FamRZ 1993, 1059 = LM Nr. 9 zu § 331 m. Anm. Langenfeld.
[90] BGHZ 32, 47; Staudinger/Marotzke, § 1922 BGB Rz. 287; Schlüter, § 59 V (S. 502); v. Lübtow, Band II, S. 1236; Lange/Kuchinke, § 33 II 2a) (S. 705); BGB-RGRK/Kregel, § 2301 BGB Rz. 17; a.A. Kipp/Coing, § 81 IV, V (S. 449ff.).
[91] BGH DB 1975, 2274.
[92] BGHZ 46, 198 (203f.); 41, 95 (96) = NJW 1964, 1124f. = LM § 2301 BGB Nr. 2 mit Anm. Mattern; BGHZ 8, 23 (31f.); RGZ 106, 1 (2); BGH NJW 1975, 382 (384), NJW 1976, 749 (750); Staudinger/Kanzleiter, § 2301 BGB Rz. 42; v. Lübtow, Band II, S. 1230, 1234f.
[93] BGHZ 41, 95ff.
[94] BGHZ 46, 198ff.

des Guthabens macht[95]. Schließlich hat der BGH es als regelmäßig schenkweise Zuwendung angesehen, wenn in einem Bausparvertrag für den Todesfall des Bausparers ein Dritter unentgeltlich begünstigt wird[96]. Eine Schenkung durch Hingabe eines Schecks kann nach dem Tod des Ausstellers durch Einlösung des Schecks vollzogen und damit wirksam werden, auch wenn die Erben von der Begebung und Einlösung des Schecks keine Kenntnis haben[97]. Zu beachten ist aber, daß es in jedem Fall auch zum Schenkungsvertrag zwischen Zuwendendem und beschenktem, begünstigtem Dritten kommen muß[98], weil im Valutaverhältnis nur die Schenkung als Kausalverhältnis das Recht des Begünstigten begründet, den zugewandten Vermögensgegenstand behalten zu dürfen. Bis zum Vollzug kann die Schenkung widerrufen werden, wozu auch die Erben berechtigt sind[99]. Hat der Erblasser aber auf das Widerrufsrecht verzichtet, so sind an diesen Verzicht auch die Erben als Gesamtrechtsnachfolger gebunden. Der Erblasser verliert aber durch einen solchen Verzicht seine Verfügungsbefugnis zu Lebzeiten.

11. Erbschaftsvertrag

Nach § 312 Abs. 1 BGB ist ein Vertrag über den Nachlaß eines noch lebenden Dritten nichtig. Diese Rechtsfolge gilt gemäß § 312 Abs. 2 BGB nicht für einen Vertrag unter künftigen Erben über den gesetzlichen Erbteil oder über den Pflichtteil eines von ihnen.

Die Rechtsprechung hat den Anwendungsbereich dieser Vorschrift auch auf solche Erbteile ausgedehnt, die aufgrund letztwilliger Verfügung zugewandt werden[100]. Erbschaftsverträge haben nur schuldrechtliche Wirkung.

V. Entgeltliche Zuwendungen

1. Interessenlagen

Da die vorweggenommene Erbfolge das Vermögen des Erblassers bereits zu Lebzeiten mindert, hat er ein berechtigtes Sicherungsinteresse, daß seine Altersversorgung gewährleistet bleibt. Weiterhin können Gegenleistungen zur Abfindung nicht bedachter Erben, insbesondere Geschwister des Zuwendungsempfängers eingesetzt werden. Oft sollen vereinbarte Gegenleistungen, insbesondere Schuldübernahmen, den Erblasser an seinem Lebensabend nur von Restverbindlichkeiten freistellen.

---

[95] Zum Widerrufsrecht des Erben bei einem Konto oder Depot zugunsten Dritter auf den Todesfall Kümpel, WM 1993, 825.
[96] BGH NJW 1965, 1913f.; dazu v. Hippel, NJW 1966, 867f.; BGH NJW 1976, 749 (750f.).
[97] BGH NJW 1978, 2027 = BB 1978, 781 = DB 1978, 1927 (1928).
[98] Dazu BGH NJW 1975, 382 (383); Bühler, NJW 1976, 1727.
[99] Muscheler, WM 1994, 921.
[100] BGH JZ 1990, 599 m. Anm. Kuchinke.

2. Abfindungen zugunsten Dritter

809 Regelmäßig will der Erblasser seine Kinder wirtschaftlich gleich bedenken. Dies läßt sich verwirklichen, indem in der Zuwendungsvereinbarung mit einem seiner Kinder eine Verpflichtung zur Abfindungszahlung an die Geschwister aufgenommen wird. Eine solche Vereinbarung begründet als Vertrag zugunsten Dritter gemäß § 328 BGB einen unmittelbaren Anspruch der Geschwister. Der Anspruch kann sofort oder erst mit dem Tod des Erblassers fällig werden. Im letzteren Fall sollte eine angemessene Verzinsung vorgesehen sein. Der Anspruch kann durch Eintragung einer Sicherungshypothek für die Begünstigten im Grundbuch dinglich gesichert werden.

810 Bei Übertragung von Betriebsvermögen, ist zu beachten, daß die Vereinbarung von Abfindungszahlungen zugunsten Dritter einen steuerpflichtigen Veräußerungsvorgang darstellt, der regelmäßig unerwünschte Folgen hat[101].

811 Bei Übertragung eines vermieteten oder verpachteten Gebäudes entstehen dagegen Anschaffungskosten, die dem Erwerber steuerlich erwünschte Abschreibungsmöglichkeiten eröffnen[102].

3. Schuldübernahmen

812 Häufig will der Erblasser mit der Zuwendung, insbesondere bei Grundbesitzübertragungen, gleichzeitig von den Restschulden befreit werden.

4. Versorgungszahlungen[103]

a) Leibrente

813 Als Entgelt der lebzeitigen Vermögensübertragung kann eine Leibrente nach § 759 BGB vereinbart werden. Diese sollte – wenn sie über einen längeren Zeitraum, z.B. Lebenszeit des Veräußerers, vereinbart wird – wertgesichert sein. Üblicherweise werden regelmäßig wiederkehrende Zahlungsverpflichtungen an einen Lebenshaltungskostenindex gekoppelt. Derartige Wertsicherungsvereinbarungen bedürfen nach § 3 Währungsgesetz der Genehmigung der jeweiligen Landeszentralbank.

b) Dauernde Last

814 Aus steuerlichen Gründen wird zwischen den Beteiligten häufig eine dauernde Last vereinbart[104]. Auch die dauernde Last kann wertgesichert werden. Zur zivilrechtlichen Vereinbarung einer dauernden Last gehört zwingend die Abänderbar-

---

[101] Dazu Buch II Rz. 539.
[102] Dazu Buch II Rz. 522, 526, 529.
[103] Vgl. hierzu BMF-Erlaß IV B 3-52257-54/96, wonach Versorgungsleistungen für Schenkungen nach dem 1. Januar 1997 nur noch dann steuerlich wirksam sein sollen, wenn das übertragende Vermögen die zu zahlende Versorgungsleistung wenigstens teilweise erwirtschaften kann.
[104] Zu den steuerlichen Vorteilen Buch II Rz. 418ff.

keit der Leistungspflicht unter ausdrücklicher Bezugnahme auf § 323 ZPO. Damit birgt die dauernde Last zivilrechtlich für bei Beteiligten Unwägbarkeiten und Risiken, da die Höhe der Leistungspflicht sowohl von der Bedürftigkeit des Berechtigten als auch von der Leistungsfähigkeit des Verpflichteten abhängig bleibt. Ist die dauernde Last bei einem Mietobjekt im Grundbuch dinglich gesichert, so besteht das Risiko vornehmlich beim Erwerber, der jeden erhöhten Bedarf des Veräußerers, z.B. bei Krankheit, zu tragen hat.

c) Dingliche Absicherung
Leibrente und dauernde Last können durch Eintragung einer Reallast (§ 1105 BGB) im Grundbuch gesichert werden. Da die Höhe der Leistung nicht festgelegt, sondern nur bestimmbar sein muß, kann die Reallast auch eine automatische Anpassung (Wertsicherungsklausel) mitabsichern, selbst wenn die Erhöhung von einem Gläubigerverlangen abhängig ist[105]. Dagegen kann ein schuldrechtlicher Anpassungsanspruch nur durch Eintragung einer Vormerkung gesichert werden[106].   815

Die Abänderbarkeit der durch die Reallast gesicherten Leistung gem. § 323 ZPO kann gegen das Bestimmtheitserfordernis verstoßen[107]. Daher ist zu empfehlen, die Abänderbarkeit nur schuldrechtlich zu vereinbaren[108], was allerdings die Sicherheit des Berechtigten verringert.   816

5. Tatsächliche Versorgungsleistungen
Der Erwerber kann sich zur Erbringung tatsächlicher Versorgungsleistungen verpflichten, insbesondere zur Haushaltsführung, Verköstigung[109] oder zu Pflegediensten. Auch Naturalleistungen können als regelmäßig wiederkehrende Leistungspflichten durch Eintragung von Reallasten im Grundbuch dinglich gesichert werden.   817

---

[105] BGHZ 111, 324.
[106] Palandt/Bassenge § 1105 BGB Rz. 7
[107] BayObLG MittBayNot 1993, 290f.
[108] Reithmann/Albrecht/Basty, Hdb. Vertragsgestaltung, Rz. 644.
[109] Dazu Reithmann/Albrecht/Basty, Hdb. Vertragsgestaltung, Rz. 654.

4. Abschnitt
Erbrechtliche Maßnahmen unter Lebenden

I. Vorzeitiger Erbausgleich bei Nichtehelichen

1. Anspruchsberechtigter

818 Ein nichteheliches Kind kann von seinem Vater nach § 1934 d BGB den vorzeitigen Erbausgleich verlangen[110]. Dieser ist ein erbrechtlicher Anspruch[111] auf Geldzahlung. Der Anspruch kann nur von dem Kind geltend gemacht werden. Der Vater kann allenfalls durch wirtschaftlich verlockende Zahlungsversprechen die Geltendmachung des Anspruchs herausfordern (invitatio ad offerendum). Macht das Kind den Anspruch geltend, so ist der Vater zum Abschluß der notariellen Ausgleichsvereinbarung verpflichtet. Bis zur notariellen Beurkundung kann das Kind sein Ausgleichsverlangen formlos zurücknehmen.

2. Anspruchsvoraussetzungen

819 Der nichteheliche Vater muß deutscher Staatsangehöriger sein. Die Vaterschaft muß anerkannt oder gerichtlich festgestellt sein.

820 Das nichteheliche Kind muß das 21., darf aber noch nicht das 27. Lebensjahr vollendet haben. Bei Überschreitung des 27. Lebensjahres kann wirtschaftlich ein ähnliches Ergebnis mit einem Erbverzicht, der einen Pflichtteilsverzicht umfaßt, gegen Abfindung erreicht werden.

821 Die Rechtsfolgen des vorzeitigen Erbausgleichs sind gem. § 1934 e BGB weitergehend als die Rechtsfolgen des Erbverzichts. Der vorzeitige Erbausgleich beseitigt alle erbrechtlichen Beziehungen zwischen nichtehelichem Vater und dessen Verwandten einerseits und dem Kind und dessen Verwandten andererseits. Beim Tod des nichtehelichen Vaters oder seiner Verwandten sind das Kind und dessen Abkömmlinge weder gesetzliche Erben noch pflichtteilsberechtigt. Beim Tod des Kindes oder seiner Abkömmlinge (bei anderen Verwandten ohnehin nicht) sind der nichteheliche Vater und dessen Abkömmlinge weder gesetzliche Erben noch pflichtteilsberechtigt.

822 Die Höhe des Ausgleichsanspruchs ist frei vereinbar. Die Beteiligten können statt einer Geldzahlung auch anderweitige Leistungen (z.B. Sachleistungen wie Übertragung von Grundbesitz) vereinbaren. Dies kann zumindest dadurch erreicht werden, daß eine gegenständliche Leistung an Erfüllungs Statt vereinbart wird[112].

---

[110] Zur beabsichtigten Gleichstellung der nichtehelichen Kinder Barth/Wagenitz, ZEV 1994, 79.
[111] BGH NJW 1986, 2190.
[112] Reithmann/Albrecht/Basty, Hdb. Vertragsgestaltung, Rz. 1302.

II. Ausgleichsanordnung

Bei einer lebzeitigen Vermögenszuwendung gegenüber einem Abkömmling kann der Erblasser eine Ausgleichung[113] des Wertes des Vorausempfangs im Verhältnis zu seinen übrigen Abkömmlingen anordnen (§ 2050 Abs. 3 BGB)[114]. Die Anordnung muß spätestens mit der Zuwendung dem Bedachten zur Kenntnis gelangen, damit dieser durch die Annahme sein – zumindest – konkludentes Einverständnis erklären kann[115]. 823

III. Anrechnungsanordnung

Der Erblasser kann bei einer lebzeitigen Schenkung an einen Pflichtteilsberechtigten nach § 2315 Abs. 1 BGB auch bestimmen, daß dieser sich den Wert der Zuwendung auf seinen Pflichtteil anrechnen lassen muß[116]. 824

IV. Erbverzicht

1. Allgemeines

Gesetzliche Erben (ausgenommen der Fiskus) können zu Lebzeiten des Erblassers mit diesem einen Erbverzichtsvertrag schließen, wonach sie auf ihr – auch nur potentielles – gesetzliches Erbrecht verzichten (§ 2346 Abs. 1 BGB). Der Verzicht auf das gesetzliche Erbrecht umfaßt auch das Pflichtteilsrecht (§ 2346 Abs. 2 Satz 2 BGB). Der Verzicht kann auf das Pflichtteilsrecht beschränkt werden (§ 2346 Abs. 2 BGB). 825

Der Erbverzicht ist ein erbrechtliches abstraktes Verfügungsgeschäft[117], da er unmittelbar auf die Erbfolge einwirkt. Der Erbverzicht ist keine Verfügung von Todes wegen, da der Erblasser nicht letztwillig über sein Vermögen verfügt.

Rechtlich zulässig ist auch ein schuldrechtlicher Vertrag, in dem sich ein künftiger Erbe gegenüber dem Erblasser zur Ausschlagung verpflichtet. Da sich dieselben Rechtsfolgen durch eine entsprechende Gestaltung eines Erbverzichtsvertrages erzielen lassen, ist von einer solchen Gestaltung abzuraten[118]. 826

---

[113] Dazu oben Rz. 84 ff., 777 f.
[114] Nieder Rz. 114 ff; Wolfsteiner, MittBayNot 1982, 61; Sostmann, MittRhNotK 1976, 479 ff.
[115] Zur Durchführung und Berechnung der Ausgleichung Nieder Rz. 118; Thubauville, MittRhNotK 1992, 289, 298 ff.
[116] Formulierungsvorschlag bei Nieder Rz. 265; Sostmann, MittRhNotK 1976, 479 ff.; zur Anrechnung oben Rz. 775 f.
[117] BGHZ 37, 319 (327); Schlüter, § 5 II 2 (S. 21); zum dem Verfügungsgeschäft zugrundeliegenden Verpflichtungsgeschäft vgl. Lange/Kuchinke, § 7 I 4 a) (S. 157).
[118] Zu den Problemen Damrau, ZEV 1995, 425.

2. Gestaltungsmöglichkeiten

a) Verzicht auf gesetzliches Erbrecht

827 In Betracht kommt zunächst der Verzicht auf das gesetzliche Erbrecht der Verwandten sowie des Ehegatten des Erblassers (§ 2346 Abs. 1 Satz 1 BGB). Auch der Verlobte als künftiger Ehegatte kann verzichten (§ 2347 Abs. 1 HS. 2 BGB).

828 Der Verzicht auf das gesetzliche Erbrecht schließt grundsätzlich den Pflichtteilsanspruch aus (§ 2346 Abs. 1 Satz 2 letzter Halbsatz BGB). Möglich ist aber ein Verzicht auf das gesetzliche Erbrecht, ohne daß auf den Pflichtteil verzichtet wird.

b) Verzicht auf Bruchteil der gesetzlichen Erbquote

829 Der Erbverzicht kann auch auf einen Bruchteil des gesetzlichen Erbquote beschränkt werden. Der Erbverzicht in Bezug auf einen einzelnen Nachlaßgegenstand ist nicht möglich, da der Erbe Gesamtrechtsnachfolger und nicht Nachfolger in bestimmte einzelne Gegenstände ist (vgl. auch § 2033 Abs. 2 BGB).

c) Verzicht auf Erbersatzanspruch

830 Der Verzicht kann auf den Erbersatzanspruch des nichtehelichen Kindes beschränkt werden[119].

d) Erbverzicht zugunsten eines anderen

831 Grundlage eines Erbverzichtsvertrages kann sein, daß der Verzichtende zugunsten einer oder mehrerer bestimmter Personen (z.B. seiner Abkömmlinge) verzichtet[120].

e) Zuwendungsverzicht

832 Auch auf ein testamentarisches oder erbvertragliches Erbrecht oder Vermächtnis kann verzichtet werden (§ 2352 BGB).

833 Da Testamente frei widerrufen (§§ 2253 ff. BGB) und Erbverträge durch die Vertragschließenden jederzeit aufgehoben werden können (§ 2290 BGB), hat der Zuwendungsverzicht nur in drei Fällen Bedeutung:
- der Erblasser wird nachträglich testierunfähig,
- die wechselbezügliche Verfügung des Erblassers ist in einem gemeinschaftlichen Ehegattentestament oder die erbvertragliche Verfügung durch den Tod des anderen Teils ist unabänderlich geworden,
- der Vertragspartner stimmt der Aufhebung nicht zu. Der Erblasser kann dann mit dem Dritten einen Erbverzichtsvertrag abschließen, dem der Erbvertragspartner nicht zuzustimmen braucht. Erbvertragliche Bestimmungen, die nicht die Zuwendung an den Dritten berühren, bleiben dann bestehen.

---

[119] Staudinger/Ferid/Cieslar, § 2346 BGB Rz. 55; BGB-RGRK/Johannsen, § 2346 BGB Rz. 20.
[120] Dazu unter Rz. 852 f.

Umstritten ist, ob trotz der Aufhebungsmöglichkeit auch der bedachte Erbvertragspartner selbst mit dem Erblasser einen Erbverzichtsvertrag schließen kann[121]. Ist der Erbvertrag zwischen mehr als zwei Personen geschlossen worden, so kann auch ein bedachter Vertragsteil einen Erbverzichtsvertrag mit dem Erblasser abschließen[122]. 834

Ist der Erblasser nachträglich testierunfähig geworden, so kann sein Betreuer zwar nicht die letztwillige Verfügung aufheben, aber mit dem Bedachten einen Zuwendungsverzichtsvertrag schließen. 835

Soll der Zuwendungsverzichtsvertrag bestimmten Personen zugute kommen, sind bei der Gestaltung zuerst Ersatzerbenbestimmungen, wenn solche fehlen, die gesetzlichen Auslegungsregeln zur Ersatzerbfolge und falls diese keine Anwendung finden, die Regeln der gesetzlichen Erbfolge zu beachten. 836

f) Pflichtteilsverzicht

aa) Allgemeiner Pflichtteilsverzicht

Der Verzicht kann auf das Pflichtteilsrecht beschränkt werden (§ 2346 Abs. 2 BGB). 837

Ziel des bloßen Pflichtteilsverzichts ist regelmäßig die Sicherstellung einer bestimmten gewillkürten Erbfolge. Der Erblasser wird in seinen Gestaltungsmöglichkeiten frei, ohne befürchten zu müssen, daß seine Vermögensnachfolger mit Pflichtteilsansprüchen belastet werden. Der auf den Pflichtteil Verzichtende wird entweder durch lebzeitige oder letztwillige Zuwendungen entschädigt; der Pflichtteilsverzicht hindert den Erblasser nicht daran, den Verzichtenden letztwillig zum Erben oder Vermächtnisnehmer einzusetzen. Eine Sicherstellung letztwilliger Zuwendungen ist nur gegeben, wenn die Zuwendungen als Erbeinsetzung oder Vermächtnis der erbvertraglichen Bindungswirkung unterworfen werden. Daher sollte der Pflichtteilsverzicht entweder in derselben Urkunde wie der Erbvertrag oder als bedingter Pflichtteilsverzicht – abhängig von der Erb- oder Vermächtniseinsetzung des Verzichtenden – erklärt werden. 838

bb) Teilweiser Pflichtteilsverzicht

Der Pflichtteilsverzicht kann bruchteilsmäßig beschränkt werden oder sich allein auf Pflichtteilsergänzungsansprüche beziehen[123]. 839

---

[121] Verneinend BayObLG JW 1925, 2791; OLG Celle NJW 1959, 1923; Palandt/Edenhofer, § 2352 BGB Rz. 7; Kipp/Coing, § 82 II 2d) (S. 457); bejahend Staudinger/Ferid/Cieslar, § 2352 BGB RZ. 14; BGB-RGRK/Johannsen, § 2352 BGB Rz. 4; Schlüter, § 5 II 3c) (S. 22); MünchKomm/Strobel, § 2352 BGB Rz. 9; Lange/Kuchinke, § 7 II 4b) (S. 164).
[122] BayObLG NJW 1965, 1552; MünchKomm/Strobel, § 2352 BGB Rz. 9.
[123] Wieser, MittBayNot 1972, 106 (111).

cc) Gegenständlich beschränkter Pflichtteilsverzicht

840 Von der h. M. wird auch ein auf bestimmte Nachlaßgegenstände beschränkter Pflichtteilsverzicht für zulässig gehalten[124]. Im Unterschied zum Erbverzicht ist eine solche Beschränkung beim Pflichtteilsverzicht deshalb möglich, weil der Pflichtteilsberechtigte nicht Gesamtrechtsnachfolger wird und daher auch auf den anteiligen Wert einzelner Gegenstände verzichten kann. Der gegenständlich beschränkte Pflichtteilsverzicht ist im Rahmen vorweggenommener Erbfolge dann zu empfehlen, wenn dem Bedachten der lebzeitige Vermögenserwerb auch im Hinblick auf den späteren Erbfall gesichert werden soll[125]. Der gegenständlich beschränkte Pflichtteilsverzicht kann insbesondere zur Sicherung der Unternehmensnachfolge zu empfehlen sein, um durch auf das Unternehmen beschränkten gegenständlichen Pflichtteilsverzicht hohe Liquiditätsbelastungen vom Unternehmensnachfolger fernzuhalten. Da ein solcher Pflichtteilsverzicht in der Regel vom Verzichtenden nur gegen eine Abfindung[126] abgegeben wird, das Privatvermögen aber nur in seltenen Fällen ausreichende Liquiditätsreserven bietet, können Ausgleiche durch stille Beteiligungen an Einzelunternehmen[127] oder Unterbeteiligungen an Gesellschaftsanteilen[128], deren Erträge erst nach dem Tod des Erblassers fließen sollen, geschaffen werden.

3. Form

a) Notarielle Beurkundung

841 Der Erb- und/oder Pflichtteilsverzichtsvertrag bedarf der notariellen Beurkundung (§ 2348 BGB). Gleichzeitige Anwesenheit der Vertragspartner ist nicht erforderlich; Angebot und Annahme können auch getrennt beurkundet werden[129].

842 In einem von Ehegatten notariell beurkundeten gemeinschaftlichen Testament kann ein konkludenter Erb- oder Pflichtteilsverzicht des einen Ehegatten und die Annahme des Verzichts durch den anderen Ehegatten enthalten sein[130].

b) Persönlicher Abschluß durch den Erblasser

843 Der Erblasser muß den Erbverzichtsvertrag persönlich schließen. Eine rechtsgeschäftliche Vertretung des Erblassers ist unzulässig (§ 2347 Abs. 2 Satz 1 HS. 1 BGB).

---

[124] Staudinger/Ferid/Cieslar, § 2346 BGB Rz. 36; Dittmann/Reimann/Bengel, Anh. A Rz. 65; Soergel/Damrau § 2346 BGB Rz. 6; MünchKomm/Strobel, § 2346 BGB Rz. 20; Cremer, MittRhNotK 1978, 169; Weirich, DNotZ 1986, 5 (11).
[125] Ebenroth/Fuhrmann, BB 1989, 2409.
[126] Dazu Rz. 859 ff.
[127] Dazu Rz. 1144 ff.
[128] Dazu Rz. 1186 ff.
[129] Nieder Rz. 881.
[130] BGHZ 22, 364 ff.; BGH NJW 1977, 1728 f.; Schlüter, § 5 II 5 (S. 23); Palandt/Edenhofer, § 2348 BGB Rz. 3. Verzichtswirkung auf Abkömmlinge auch in diesem Fall Lange/Kuchinke, § 7 III 1 b) (S. 165 f); a. A. Esch in der Vorauflage Rz. 721.

Ist der Erblasser geschäftsunfähig, kann der Vertrag durch seinen gesetzlichen 844
Vertreter geschlossen werden. Es bedarf in diesen Fällen sowie dann, wenn für den
Erblasser Betreuung angeordnet ist, der vormundschaftsgerichtlichen Genehmigung, es sei denn, daß der Erblasser unter elterlicher Gewalt steht und der Erbverzichtsvertrag unter Ehegatten oder unter Verlobten geschlossen wird.

Ist der Erblasser in der Geschäftsfähigkeit beschränkt, so bedarf er nicht der Zu- 845
stimmung seines gesetzlichen Vertreters; er kann wie der voll Geschäftsfähige den
Erbverzichtsvertrag persönlich schließen (§ 2347 Abs. 2 Satz 1 HS. 2 BGB).

c) Vertretung des Verzichtenden

Der Verzichtende kann sich durch einen vollmachtlosen Vertreter oder Bevoll- 846
mächtigten vertreten lassen. Daher kann der Erblasser den Erbverzichtsvertrag als
vollmachtloser Vertreter für den Verzichtenden sogar allein beurkunden. Die Genehmigung des vollmachtlos vertretenden Verzichtenden muß bis zum Tod des
Erblassers[131] in notarieller Beglaubigungsform erfolgen.

Da der Erbverzicht für den Verzichtenden rechtlich nachteilig ist, bedarf dieser, 847
wenn er beschränkt geschäftsfähig ist, der Zustimmung seines gesetzlichen Vertreters. Außerdem ist die Genehmigung des Vormundschaftsgerichts erforderlich,
wenn der gesetzliche Vertreter ein Vormund ist. Sind die Eltern gesetzliche Vertreter, so ist die Genehmigung des Vormundschaftsgerichtes dann nicht erforderlich,
wenn der Verzichtsvertrag unter Ehegatten oder Verlobten geschlossen wird
(§ 2347 Abs. 1 BGB). Einer Genehmigung des Vormundschaftsgerichts bedarf es
auch, wenn für den Verzichtenden Betreuung angeordnet ist und der Betreuer den
Verzicht erklärt.

4. Rechtliche Wirkungen

a) Verzicht auf gesetzliches Erbrecht

Wer auf sein gesetzliches Erbrecht verzichtet hat, ist von der gesetzlichen Erb- 848
folge und grds. vom Pflichtteil ausgeschlossen, es sei denn, der Pflichtteilsanspruch
bleibt ausdrücklich aufrechterhalten. Er kann durch Verfügung von Todes wegen
Erbe oder Vermächtnisnehmer werden.

Verzichtet ein Abkömmling oder ein Seitenverwandter des Erblassers auf das ge- 849
setzliche Erbrecht, so erstreckt sich die Wirkung des Verzichts auch auf seine Abkömmlinge, sofern nicht ein Anderes bestimmt wird (§ 2349 BGB). Der Zustimmung der Abkömmlinge bedarf der Verzichtende nicht. Auf diese Rechtsfolge muß
bei Vereinbarung eines Erbverzichts hingewiesen werden.

Zu beachten ist, daß sich die Erbquoten der übrigen gesetzlichen Erben aufgrund 850
eines solchen Verzichts erhöhen, also auch deren Pflichtteilsansprüche. Will der
Erblasser mit mehreren pflichtteilsberechtigten Abkömmlingen über Erbverzichte
bestimmte Ergebnisse erzielen, so muß gewährleistet sein, daß alle betroffenen Ab-

---

[131] BGH NJW 1978, 1159 = LM § 1829 BGB Nr. 5.

kömmlinge den Erbverzicht oder zumindest den Pflichtteilsverzicht erklären. Eine gemeinsame Beurkundung ist aus der Sicht des Erblassers zu empfehlen.

b) Verzicht auf Erbersatzanspruch

851   Rechtsfolge eines Verzichts auf den Erbersatzanspruch ist, daß weder ein Erbersatz- noch ein Pflichtteilsanspruch entsteht[132], der Anspruch auf vorzeitigen Erbausgleich dagegen bestehen bleibt[133]. Dieser entfällt nur beim Erb- und/oder Pflichtteilsverzicht des nichtehelichen Kindes[134].

c) Erbverzicht zugunsten eines anderen

852   Der Erbverzicht zugunsten eines anderen ist im Zweifel unwirksam, wenn der Begünstigte nicht Erbe wird (§ 2350 Abs. 1 BGB), weil der Erblasser z.B. abweichend testiert hat.

853   Verzichtet ein Abkömmling des Erblassers auf sein gesetzliches Erbrecht, so wird vermutet, daß der Verzicht nur zugunsten der anderen Abkömmlinge und des Ehegatten des Erblassers gelten soll (§ 2350 Abs. 2 BGB). Eine unbeabsichtigte Begünstigung der Verwandten aufsteigender oder der Seitenlinie soll vermieden werden.

d) Zuwendungsverzicht

854   Beim Verzicht auf letztwillige Zuwendungen gemäß § 2352 BGB gelten die vorgenannten Regelungen nicht, da sich der Verzicht auf die Zuwendung selbst beschränkt. § 2352 Abs. 1 Satz 3 BGB erwähnt weder § 2346 BGB noch §§ 2349, 2350 BGB.

855   Der Verzicht auf letztwillige Zuwendungen nach § 2352 BGB enthält grundsätzlich nicht den Verzicht auf das gesetzliche Erbrecht. Der Verzicht auf Zuwendungen nach § 2352 BGB kann aber zugleich auf das gesetzliche Erbrecht erstreckt werden.

856   Im Gegensatz zum Erb- und Pflichtteilsverzicht soll sich die Wirkung des Zuwendungsverzichts grundsätzlich nicht auf die Abkömmlinge des Verzichtenden und nicht auf ausdrücklich zu Ersatzerben oder Ersatzvermächtnisnehmern Berufene erstrecken. Ist eine Änderung der letztwilligen Verfügung aufgrund Eintritts einer Bindungswirkung nicht mehr möglich, so muß daher der Zuwendungsverzicht mit allen vorhandenen Ersatzerben und/oder Ersatzvermächtnisnehmern geschlossen werden[135].

857   Aufgrund des Inhalts der letztwilligen Verfügung kann problematisch sein, ob sich ein Verzicht auf letztwillige Zuwendungen nach § 2352 BGB auf die Abkömmlinge des Verzichtenden erstreckt. Insoweit kommt es auf eine Auslegung

---

[132] Staudinger/Ferid/Cieslar, § 2346 BGB Rz. 55.
[133] Staudiger/Ferid/Cieslar, § 2346 BGB Rz. 58.
[134] Nieder, Rz. 876; Wirner MittBayNot 1984, 13.
[135] Nieder Rz. 889.

Erbrechtliche Maßnahmen unter Lebenden

der letztwilligen Verfügung an[136]. Die herrschende Meinung schließt die Erstreckung des Zuwendungsverzichts auf Abkömmlinge aus, wenn die Abkömmlinge des Verzichtenden ausdrücklich als Ersatzerben eingesetzt sind[137]. Die gesetzliche Ersatzberufung der Abkömmlinge nach § 2069 BGB soll im Fall des Verzichts auf gewillkürte Zuwendungen nur dann gelten, wenn zu ihren Gunsten verzichtet worden war. Die Begründungen heben im wesentlichen auf die Umstände des Falles ab, nämlich die Frage, ob – wie häufig – für den Erbverzicht eine vollentgeltliche Abfindung gewährt worden ist. In diesem Fall spricht vieles für die Erstreckung des Zuwendungsverzichts auch auf die Abkömmlinge.

e) Pflichtteilsverzicht

Für den Pflichtteilsverzicht gemäß § 2346 Abs. 2 BGB gilt wiederum auch § 2349 BGB: Er erstreckt sich auch auf Abkömmlinge des Verzichtenden[138]. Wird der Verzichtende aufgrund gesetzlicher oder gewillkürter Erbfolge zum (Mit-) Erben, so entfaltet der bloße Pflichtteilsverzicht keine Wirkungen. 858

5. Abfindungsvereinbarungen

a) Abstrakte Natur des Verzichts

In aller Regel wird für einen Erb- oder Pflichtteilsverzicht eine Gegenleistung gewährt, die in einer Abfindung, aber auch in erbvertraglichen Zuwendungen bestehen kann. Da der Erbverzicht ein abstraktes erbrechtliches Verfügungsgeschäft ist, ist seine Wirksamkeit von einer zugrundeliegenden Kausalvereinbarung, insbesondere der Vereinbarung einer Gegenleistung grundsätzlich unabhängig. 859

Der Erb- oder Pflichtteilsverzicht kann auch unentgeltlich erfolgen. Er ist in diesem Fall keine Schenkung und kann nicht von Gläubigern angefochten werden. 860

b) Abhängigkeit von einer Gegenleistung

aa) Allgemeines

Da der Erbverzichtsvertrag abstraktes Verfügungsgeschäft ist, steht dem Verzichtenden bei Nichterlangung der vereinbarten Abfindung weder die Einrede des nicht erfüllten Vertrages noch ein gesetzliches Rücktrittsrecht zu. Der Verzichtende kann lediglich auf Leistung der Abfindung oder Schadenersatz wegen Nichterfüllung klagen. Durch sachgerechte Gestaltung sollte gesichert werden, daß der Verzicht wirksam bleibt, obgleich der Verzichtende seine Gegenleistung nicht erlangt. 861

---

[136] Lange/Kuchinke § 7 III 2 b) (S. 167 ff.).
[137] OLG Stuttgart NJW 1958, 347 (348); Staudinger/Ferid/Cieslar, § 2349 BGB Rz. 11 und § 2352 BGB Rz. 26 f.; BGB-RGRK/Johannsen, § 2352 BGB Rz. 6; Palandt/Edenhofer, § 2352 BGB Rz. 6; MünchKomm/Strobel, § 2352 BGB Rz. 15; Schlüter § 5 II 6 b) (S. 25).
[138] Staudinger/Ferid/Cieslar, § 2349 BGB Rz. 12; BGB-RGRK/Johannsen, § 2949 BGB Rz. 2; Kipp/Coing, § 82 II 5 a. E. (S. 458); Schlüter, § 5 II 6 b) bb) (S. 25).

bb) Bedingter Verzicht

862   Verzicht und Gegenleistung können durch Bedingungen verknüpft werden. Die Verknüpfung kann durch eine aufschiebende Bedingung erfolgen, wonach der Erbverzicht erst mit Zahlung z.B. einer bestimmten Abfindung wirksam wird, oder durch eine auflösende Bedingung, wonach der Verzicht unwirksam wird, wenn die vereinbarte Gegenleistung bis zu einem bestimmten Termin nicht erbracht wird[139].

cc) Nichtigkeit bei einheitlicher Beurkundung

863   Werden Verzichts- und Abfindungsvertrag in einer Urkunde zusammengefaßt, kommt bei Unwirksamkeit des Abfindungsversprechens die Nichtigkeit des Erbverzichts gemäß § 139 BGB in Betracht[140].

864   Der Erbverzicht kann mit einem Vermächtnis zugunsten des Verzichtenden in einer notariellen Urkunde verbunden werden. Die Verbindung spricht für ein einheitliches Rechtsgeschäft i.S. v. § 139 BGB[141].

dd) Rückforderung wegen ungerechtfertigter Bereicherung

865   Zu erwägen ist schließlich ein Rückforderungsanspruch des Verzichtenden aus ungerechtfertigter Bereicherung wegen Zweckverfehlung, wenn die zugesagte Gegenleistung des Erblassers nicht erbracht wird[142]. Richtiger scheint eine sachgemäße Lösung über den Weg der §§ 320ff. BGB. [143] Zwar bilden das Abfindungsversprechen als schuldrechtlich-verpflichtende Vereinbarung und der Erbverzicht als abstraktes Verfügungsgeschäft miteinander keinen gegenseitigen Vertrag. Die zugrundeliegenden Verpflichtungen bilden aber regelmäßig ein einheitliches obligatorisches Gebilde, welches die Voraussetzungen des gegenseitigen Vertrags erfüllt. Dann sind die §§ 320ff. BGB anwendbar. Bei Nichterfüllung der Abfindungsverpflichtung kommt es über §§ 323–326 BGB ebenfalls zum Wegfall des Erbverzichts, sei es über den Schadensersatzanspruch, sei es über die Rückgewährungsverpflichtung nach Rücktritt[144].

---

[139] BGH NJW 1962, 1910 (1912); Staudinger/Ferid/Cieslar, Einl. zu §§ 2346ff. BGB Rz. 33; MünchKomm/Strobel, § 2346 BGB Rz. 25; v. Lübtow, Band I, S. 537 f.; Kipp/Coing, § 82 VI (S. 461 f.).

[140] Staudinger/Ferid/Cieslar, Einl. zu §§ 2346ff. BGB Rz. 91; MünchKomm/Strobel, § 2346 BGB Rz. 27; BGB-RGRK/Johannsen, § 2348 BGB Rz. 3; v. Lübtow, Band I, S. 535; Kipp/Coing, § 82 VI b) (S. 461); Schlüter, § 5 II 7 b) (S. 26).

[141] BGH, NJW 1989, 2885.

[142] Dafür MünchKomm/Strobel, § 2346 BGB Rz. 24; Schlüter, § 5 II 7 b)bb)(2) (S. 26); Kipp/Coing, § 82 VI d) (S. 462); Lange/Kuchinke, § 7 V 2b) (S. 174); BGB-RGRK/Johannsen, § 2346 BGB Rz. 6; dagegen Staudinger/Ferid/Cieslar, Einl. zu §§ 2346ff. BGB Rz. 94.

[143] Ebenso Spiegelberger Rz. 359 m.w.N.

[144] MünchKomm/Strobel, § 2346 BGB Rz. 23; Brox, Rz. 291 (S. 192 f.).

ee) Gestaltungshinweis

Wegen der geschilderten rechtlichen Unklarheiten ist zu empfehlen, Vereinbarungen eines Erbverzichts gegen Gegenleistung in ein Bedingungsverhältnis zu stellen.

6. Gestaltungsempfehlungen

a) Erbverzicht

Der Erbverzicht ist dem Erblasser zu empfehlen, wenn dieser seine erbrechtliche Handlungsfreiheit gewinnen, insbesondere das Risiko von Pflichtteilsansprüchen ausschließen will.

Beispiele:
Der Erblasser ist Unternehmer. Er hat zwei Söhne. Der eine ist schon im Unternehmen des Erblassers tätig und zur Unternehmensleitung qualifiziert. Der andere ist Arzt. Der Erblasser gewährt dem Arzt gegen Erbverzicht eine Abfindung zur Einrichtung seiner Praxis.

Unter mehreren Abkömmlingen des Erblassers befindet sich ein Außenseiter, der mit seinen Geschwistern in Streit lebt. Ein Erbverzicht gegen Abfindung ist das Mittel, künftige Erbauseinandersetzungsstreitigkeiten unter den Geschwistern auszuschließen.

Dem Verzichtenden ist der Erbverzicht nur gegen eine vollwertige Abfindung zu empfehlen.

b) Pflichtteilsverzicht

Der Pflichtteilsverzicht ist dem Erblasser immer dann zu empfehlen, wenn aufgrund der besonderen Gestaltung der letztwilligen Verfügung, der Zusammensetzung des Nachlasses oder der Person des Pflichtteilsberechtigten mit der Geltendmachung von Pflichtteilsansprüchen gerechnet werden kann. Beschränkungen und Beschwerungen im Sinne des § 2306 BGB (z.B. Testamentsvollstreckung, Vermächtnisse) bergen die Gefahr, daß ein als Erbe berufener Pflichtteilsberechtigter die Erbschaft ausschlägt und den Pflichtteil verlangt. Zwar beträgt der Wert des Pflichtteils nur die Hälfte des gesetzlichen Erbteils, jedoch ist er ein Geldanspruch. Besteht der Nachlaß überwiegend in illiquiden, wenn auch hohen Vermögenswerten, erbringen diese aber für den pflichtteilsberechtigten Erben keine interessante Rendite oder ist er von der Verfügung über Nachlaßgegenstände ausgeschlossen, so besteht die Gefahr, daß der zum Erben berufene Pflichtteilsberechtigte in der Geltendmachung seines Pflichtteilsanspruchs einen wesentlich größeren Vorteil sieht als in der Annahme der Erbschaft.

Bei großen Nachlässen, die in illiquiden Vermögenswerten bestehen wie Grundbesitz, Unternehmungen, Unternehmensbeteiligungen, können Pflichtteilsansprüche, ggf. mehrerer Pflichtteilsberechtigter, die Verwirklichung einer letztwilligen Erbfolgegestaltung wirtschaftlich unmöglich machen.

In diesem Zusammenhang ist auch an die sogenannten „Berliner Testamente" zwischen Ehegatten zu denken, nach denen diese sich gegenseitig zu Erben und Kinder zu Erben des Letztlebenden einsetzen (§ 2269 BGB).

Beispiele:

Besteht zwischen der überlebenden Mutter und den Kindern nicht volles Einvernehmen oder trauen die Kinder der Mutter eine ordnungsgemäße Nachlaßverwaltung, insbesondere eine erfolgreiche Unternehmensführung nicht zu, muß mit Pflichtteilsansprüchen gerechnet werden. Dies gilt erst recht, wenn bei einem Berliner Testament die zur Alleinerbin berufene Ehefrau, die zweite Ehefrau des Erblassers, möglicherweise sehr viel jünger als der Erblasser ist, die Schlußerben aber die Kinder des Erblassers aus seiner vorhergehenden Ehe sind.

871 Will der Erblasser bei umfangreicheren Nachlässen, die zum großen Teil aus Grundbesitz oder Unternehmenswerten bestehen, eine Erbfolgegestaltung sicherstellen, die Beschränkungen und Beschwerungen im Sinne des § 2306 BGB enthält, so muß er Pflichtteilsverzichte anstreben.

872 Dem Verzichtenden kann ein Pflichtteilsverzicht nur empfohlen werden, wenn er entweder zu Lebzeiten abgefunden oder mit erbvertraglicher Bindungswirkung ausreichend bedacht wird.

4. KAPITEL
Unternehmensnachfolge

1. Abschnitt
Einführung

I. Unternehmensnachfolge als Sonderfall der Vermögensnachfolge

Ist der Testator Unternehmer, sei es als Einzelunternehmer, Mitunternehmer oder aufgrund rein kapitalistischer Beteiligung an einem Unternehmen, so stellen sich für ihn die Fragen nach Maßnahmen der Vermögensnachfolge mit besonderer Dringlichkeit[1]. Der Erhalt des erarbeiteten, in dem Unternehmen oder der Unternehmensbeteiligung angelegten Vermögens zwingt zu Überlegungen nicht nur über die künftige Erbfolge und ihre Gestaltung, sondern auch über ihre vorbereitende Sicherung durch rechtsgeschäftliche Vereinbarungen unter Lebenden, vor allem durch Festlegung der Rechtsform, in der das Unternehmen künftig betrieben werden soll. Hinzu kommt die bedeutsame Frage der Sicherstellung qualifizierter Nachfolge in der Unternehmensleitung.

873

Soll das Risiko ausgeschaltet werden, welches in der Beschränkung einer Rechtsnachfolgegestaltung auf das Mittel der letztwilligen Verfügung liegt (Gefahr der Ausschlagung und des Pflichtteilsverlangens), will der Testator die Vorteile der präjudiziellen Wirkung vorweggenommener Erbfolgeregelungen wahrnehmen, so gibt es dafür das Mittel der lebzeitigen gesellschaftsvertraglichen Aufnahme der künftigen Erben oder der Unternehmernachfolger unter ihnen in das zum Vermögen des Testators gehörende Unternehmen. Mit der Errichtung einer Gesellschaft mit seinen Vermögensnachfolgern, regelmäßig einer Familiengesellschaft, unterwirft sich der Testator selbst seinerseits rechtlichen Bindungen und entäußert sich eines Teils seines Vermögens, seiner Verfügungsfreiheit und regelmäßig seiner unternehmerischen Entscheidungsfreiheit. Jedoch bedeutet die von ihm eingegangene Bindung zu Lasten seines Vermögens zugleich die Bindung, Vorbereitung und Einarbeitung des künftigen Unternehmensnachfolgers.

874

---

1 Dazu auch Spiegelberger, Rz. 680ff.; Hennerkes, Unternehmenshandbuch Familiengesellschaften; Müller/Ohland, Gestaltung der Erb- und Unternehmensnachfolge in der Praxis; Luckey, Unternehmensnachfolge; Claussen/Krüger, Optimale Unternehmensnachfolge; Fromm, Unternehmensnachfolge; Ehlers, Unternehmensnachfolge und Erbauseinandersetzung; Kirst/Bieler, Unternehmensnachfolge; Pietsch/Tehler, Betriebsaufgabe und Unternehmensnachfolge; Riedel, Unternehmensnachfolge regeln; Schoor, Unternehmensnachfolge in der Praxis; Sudhoff, Handbuch der Unternehmensnachfolge; Vogt/Jansen, Unternehmensnachfolge; Wollny, Unternehmens- und Praxisübertragungen.

875 Die vorbereitende Unternehmensnachfolge hat vier Ziele, die je nach Lage des Einzelfalls unterschiedliches Gewicht haben:
– Sicherung der Erhaltung des Unternehmensvermögens[2],
– Sicherung der Unternehmernachfolge,
– Befriedigung von Versorgungsnotwendigkeiten für Angehörige,
– steuergünstigste Gestaltung.

II. Ziele der Unternehmensnachfolge

1. Erhaltung des Unternehmensvermögens durch Rechtsformwahl

876 Die Sicherung des Unternehmensvermögens und damit die Zukunftssicherung des Unternehmens bedarf der geeigneten rechtlichen Rahmenbedingungen. Diese beginnen mit der Wahl der richtigen Rechtsform und der entsprechenden Ausgestaltung des Gesellschaftsvertrages. Dabei sind die Gestaltungsspielräume je nach Wahl der Rechtsform unterschiedlich begrenzt.

877 Die Unternehmensformen des Gesellschaftsrechts lassen sich in zwei Gruppen gliedern, die Personengesellschaften und die Körperschaften. Daneben gibt es noch Mischformen wie die GmbH & Co. KG, die der Form nach zwar Personengesellschaft, aufgrund ihrer materiell-rechtlichen Ausgestaltung aber oft als Kapitalgesellschaft organisiert ist.

878 In vielen Fällen der Vermögensnachfolge stellt sich das Problem der Wahl der richtigen Rechtsform mit Eintritt der Rechtsnachfolger neu. Insbesondere die gestiegenen Haftungsrisiken (Produkthaftung, Haftung für Umweltschäden, Sozialplanrisiko) werden die Wahl der Unternehmensform beeinflussen. Dabei kann es keine generellen Empfehlungen zur richtigen Rechtsformwahl geben. Vielmehr ist die Wahl der Rechsform schon eine unternehmerische Entscheidung.

879 Das gesetzliche Leitbild der Personengesellschaften geht von einer kleinen Zahl von Gesellschaftern aus. Daher nehmen die Gesellschafter die Geschäftsführung nach der gesetzlichen Regelung grds. selbst wahr (Prinzip der Selbstorganschaft). Da das Gesellschaftsvermögen Gesamthandsvermögen ist, das allen Gesellschaftern gemeinsam zugewiesen ist, kann kein Gesellschafter über seinen Anteil an einzelnen Gegenständen verfügen. Die Gesellschafter sind durch eine besondere Treuepflicht miteinander verbunden. Mindestens ein Gesellschafter muß den Gläubigern gegenüber unbeschränkt haften.

880 Die Körperschaften hingegen sind auf eine Vielzahl von Mitgliedern angelegt. Jede Körperschaft hat mindestens zwei Organe, nämlich die Gesellschafterversammlung und die Geschäftsführung (Vorstand). Die Geschäftsführung kann von

---

[2] Die sozialen Gesichtspunkte der Unternehmensnachfolge, wie z.B. Erhaltung der Arbeitsplätze, werden nach der Zielsetzung dieses Buches nicht angesprochen, obwohl sie in den Überlegungen jedes verantwortungsbewußten Unternehmers eine zentrale Rolle spielen.

Nichtgesellschaftern wahrgenommen werden (Prinzip der Drittorganschaft). Da die Gesellschafter nur kapitalmäßig miteinander verbunden sind, ist die Treuepflicht nicht so ausgeprägt wie bei der Personengesellschaft. Die Haftung der Körperschaften ist auf das einzuzahlende Haftungskapital beschränkt. Die Körperschaft erlangt ihre Rechtsfähigkeit mit Eintragung im Handelsregister.

2. Unternehmernachfolge

Der zentrale Gesichtspunkt ist die Sicherung und Gewährleistung *qualifizierter* Unternehmernachfolge. Insoweit hat die Erbfolgegestaltung außer der Vermögensseite eine bedeutsame personelle Rückseite. In der Vielzahl der Fälle steht bei Überlegungen der Rechtsnachfolge die personelle Unternehmernachfolge nicht ohne weiteres fest. Die Person des oder der geeigneten Unternehmernachfolger(s) läßt sich noch nicht überblicken, die notwendigen Qualifikationen sind nicht bekannt. Aber selbst wenn die Person des Unternehmernachfolgers und seine Qualifikation feststehen, bedarf die Sicherung der Unternehmernachfolge und der Reibungslosigkeit des Verhältnisses zu Miterben einer Lösung, die sich am besten durch einen lebzeitigen Gesellschaftsvertrag treffen läßt. 881

Läßt sich aus dem Kreis der Erben und nächsten Familienangehörigen kein qualifizierter Unternehmensnachfolger finden, so muß eine Unternehmensgestaltung gesucht werden, die eine qualifizierte Unternehmensführung durch familienfremde Dritte im Wege sogenannter „Fremdorganschaft" ermöglicht. Dabei taucht die Frage geeigneter Überwachungsorgane (Aufsichtsrat, Beirat) auf, um zu verhindern, daß familienfremde, am Unternehmen nicht beteiligte Unternehmensleiter leichtfertig mit dem ihnen anvertrauten Unternehmensvermögen wirtschaften. 882

In der Regel ist es für einen Unternehmer wie für eine Unternehmergemeinschaft (Gesellschaft) ein kaum zu verantwortendes Risiko, die Entscheidung über die Unternehmernachfolge ausschließlich einer letztwilligen Verfügung zu überlassen, die ihre Wirksamkeit erst zu einem zukünftigen ungewissen Zeitpunkt entfaltet und deren Verwirklichung in fremden Händen liegt. 883

Die Frage, wie die Unternehmernachfolge zweckmäßig gesellschaftsrechtlich gesichert wird, ist damit auch eine Frage der Gesellschaftsform. 884

3. Versorgungsnotwendigkeiten

Häufig ist das gesamte oder überwiegende Vermögen eines Unternehmers im Unternehmen gebunden. Die Rechtsnachfolgegestaltung muß sicherstellen, daß nicht nur das Vermögen wie vom Unternehmer gewünscht auf seine Rechtsnachfolger übergeht und in ihren Händen erhalten bleibt, sondern auch über die Gewinne des Unternehmens die Versorgungsbedürfnisse der Erben sichergestellt werden. 885

Dies führt zur Notwendigkeit, bei den in Betracht stehenden Gesellschaftsgestaltungen Mindest-Gewinnausschüttungen und -entnahmen sicherzustellen, ohne den Erben, die auf die Unternehmensleitung keinen Einfluß ausüben können, Haftungsrisiken aufzubürden.

4. Steuerliche Gesichtspunkte[3]

886 Bei der zu wählenden Gesellschaftsgestaltung muß jede vermeidbare Steuerbelastung ausgeschlossen werden[4]. Das gilt für Erbschaftsteuern ebenso wie für Vermögen- und insbesondere Ertragsteuern. Hauptfrage ist regelmäßig die Wahl zwischen Personengesellschaft oder Kapitalgesellschaft.

Bereits seit der KSt-Reform 1977 ist die Doppelbelastung von Gewinnen mit Einkommen-/Körperschaftsteuer beseitigt. Mit Wegfall der Vermögensteuer aufgrund des Jahressteuergesetzes 1997 ist auch insoweit die doppelte Belastung weggefallen.

887 Die Kapitalgesellschaft kann gewerbeertragsteuerlich erhebliche Vorteile haben, wenn mehrere Familiengesellschafter Geschäftsführer oder Angestellte der Gesellschaft sind; ihre Bezüge stellen steuerlich Betriebsausgaben der Kapitalgesellschaft dar, im Gegensatz zur Behandlung bei der Personengesellschaft. In jedem Fall sollte vom Steuerberater ein steuerlicher Belastungsvergleich vorgenommen werden.

2. Abschnitt
Einzelunternehmen

I. Vollkaufmännisches Unternehmen[5]

1. Haftung der Vermögensnachfolger

888 Bei Vererbung eines kaufmännischen Einzelunternehmens ist zu beachten, daß über die allgemeine Erbenhaftung hinaus die firmenrechtliche Vollhaftung der das Unternehmen fortführenden Erben eintritt, wenn die Erben nicht nur das Unternehmen als solches, sondern auch die bisherige Firma fortführen (§§ 27, 25 HGB). Die sich aus § 25 Abs. 1 HGB ergebende Haftung ist nicht auf den Nachlaß beschränkbar.

889 Die unbeschränkte Haftung tritt dann nicht ein, wenn die Erben die Fortführung des Geschäftes vor dem Ablauf von drei Monaten nach dem Zeitpunkt einstellen, in welchem sie von dem Erbanfall Kenntnis erlangt haben (§ 27 Abs. 2 Satz 1 HGB)[6]. Nach der Einstellung des Geschäfts haften die Erben nach den allgemeinen Regeln der §§ 1967ff. BGB unbeschränkt mit der Möglichkeit, die beschränkte Erbenhaftung geltend zu machen. Erforderlich für die Enthaftung ist die völlige Einstellung der unternehmerischen Tätigkeit[7].

---

[3] Einzelheiten Buch II Rz. 831ff., 933ff., 1003ff.
[4] Zu den einzelnen Planungsschritten unter steuerlichen Gesichtspunkten Flick, DStR 1993, 929.
[5] Zur beabsichtigten Reform des Kaufmannsbegriffs vgl. den Überblick über die vorgeschlagenen Neuregelungen im Referentenentwurf zum Handelsreformgesetz in ZIP 1996, 1401.
[6] Baumbach/Hopt, § 27 HGB, Rz. 5ff.
[7] Ebenroth, Rz. 850.

Umstritten ist, ob die Erben, die das ererbte Unternehmen mit der bisherigen Firma fortführen wollen, sich von der unbeschränkten firmenrechtlichen Haftung befreien können, indem sie in entsprechender Anwendung des § 25 Abs. 2 HGB bekannt machen oder in das Handelsregister eintragen lassen, nur nach erbrechtlichen Grundsätzen haften zu wollen[8]. Da § 27 Abs. 1 HGB uneingeschränkt auf die Vorschriften des § 25 HGB verweist, dürfte auch § 25 Abs. 2 HGB entsprechend anwendbar sein. Allerdings ist zu beachten, daß nach § 25 Abs. 2 HGB die Anmeldung der beschränkten Erbenhaftung unverzüglich zur Eintragung in das Handelsregister anzumelden ist. 890

2. Mehrere Erben

Nach ständiger Rechtsprechung kann ein kaufmännisches Einzelunternehmen von mehreren Erben in Erbengemeinschaft[9] fortgesetzt werden[10]. 891

Die Fortsetzung des Unternehmens durch eine Erbengemeinschaft als Unternehmensträger ist indessen wenig empfehlenswert[11]. Nach handelsrechtlichen Bestimmungen kann eine Erbengemeinschaft kein Einzelunternehmen errichten oder unter Lebenden erwerben. Dennoch bleibt die Erbengemeinschaft bis zur Erbauseinandersetzung Inhaberin des Handelsgeschäfts. Wird das vererbte kaufmännische Unternehmen von einer Erbengemeinschaft fortgeführt, so wird diese als Inhaberin im Handelsregister eingetragen. Die Erbengemeinschaft wird durch gemeinschaftliche Fortführung des Unternehmens nicht zur offenen Handelsgesellschaft, es werden aber auf die Rechtsbeziehungen der Miterben untereinander einzelne Bestimmungen des Rechts der offenen Handelsgesellschaft angewendet[12]. 892

Da die Erbengemeinschaft eine auf Auseinandersetzung angelegte Gesamthandsgemeinschaft ohne eigene Rechtsfähigkeit ist, ergeben sich daraus schwierge Folgeprobleme bezüglich der Vertretung, Verwaltung und Haftung beim in Erbengemeinschaft fortgeführten Einzelunternehmen.

Diese Probleme kulminieren, wenn Minderjährige an der Erbengemeinschaft beteiligt sind, da aufgrund des gesetzlich unzureichenden Minderjährigenschutzes die Eltern ihre minderjährigen Kinder kraft elterlicher Vertretungsmacht wirtschaftlich unbegrenzt verpflichten könnten. Das Bundesverfassungsgericht[13] hat darin zu Recht eine Verletzung des allgemeinen Persönlichkeitsrechts des Minderjährigen gesehen. Der Gesetzgeber hat bis heute nicht reagiert. Denkbar wäre eine Lösung, 893

---

[8] Dafür KG DR 1940, 2007 (2008f.); Großkomm. HGB/Hüffer, § 27 HGB Rz. 35ff.; Baumbach/Hopt, § 27 HGB Rz. 8; Heymann/Emmerich, § 27 HGB Rz. 14; Ebenroth, Rz. 851; dagegen Schlegelberger/Hildebrandt, § 27 HGB Rz. 14.
[9] Ausführlich hierzu Hahn, Mehrere Erben als Rechtsträger des einzelkaufmännischen Unternehmens, Diss. Würzburg (1992).
[10] BGHZ 92, 259 (262); 32, 60 (67); 30, 391 (394f.); 17, 299 (302); BFH BB 1988, 43 (44); BFHE 118, 304f.; Großkomm. HGB/Hüffer, vor § 22 HGB Rz. 71ff.
[11] Großkomm. HGB/Hüffer, vor § 22 HGB Rz. 73.
[12] BGHZ 17, 299 (302).
[13] BVerfGE 72, 155

welche die Haftung des Minderjährigen – entsprechend der Kommanditistenhaftung – auf den Erbanteil begrenzt.

894 Wegen der auftretenden Probleme bei Beteiligungen einer Erbengemeinschaft ist dringend die Umwandlung des auf die Erbengemeinschaft übergegangenen Einzelunternehmens zu empfehlen[14]. Zwar hat die Fortführung des Einzelunternehmens über die Dreimonatsfrist des § 27 Abs. 2 HGB hinaus keine zwangsweise Umwandlung[15] zur Folge[16]; jedoch besteht für die Mitglieder der Erbengemeinschaft die Gefahr, daß die Fortführung des Einzelunternehmens als konkludenter Gesellschaftsvertrag einer BGB-Gesellschaft oder OHG angesehen wird. Deswegen ist nach dem Erbfall eine zeitnahe Lösung zu suchen, bei der die Vor- und Nachteile der nachstehend dargelegten gesellschaftsrechtlichen Lösungen abzuwägen sind.

895 Wollen die Erben das Unternehmen in der Rechtsform der offenen Handelsgesellschaft fortführen, so setzt das den Abschluß eines Gesellschaftsvertrages voraus, der ggf. auch stillschweigend zustande kommen kann. Zu beachten ist, daß der Abschluß dieses Gesellschaftsvertrages der vormundschaftlichen Genehmigung bedarf, wenn Minderjährige unter den Erben sind (§§ 1643 Abs. 1, 1822 Nr. 3 BGB) und daß ein Pfleger für jedes Kind bestellt werden muß, wenn an Erbengemeinschaft und/oder Gesellschaft auch die Eltern oder der Vormund beteiligt sind (§§ 181, 1629 Abs. 2, 1795 Abs. 2 BGB).

II. Nichtvollkaufmännisches Unternehmen

896 Daß ein vollkaufmännisches Unternehmen vererblich ist, ergibt sich schon aus § 22 HGB. Auch nicht vollkaufmännische Unternehmen zum Beispiel Handwerksbetriebe, sind als lebende wirtschaftliche Organismen vererblich[17], unabhängig davon, ob sie als Einzelunternehmer oder als Verband organisiert sind[18].

897 Die Erben, die ein gewerbliches Unternehmen fortführen, welches nicht Handelsunternehmen ist, haften nicht nach handelsrechtlichen, sondern nur nach erbrechtlichen Vorschriften.

---

[14] Dazu Karsten Schmidt, NJW 1985, 2785.
[15] So aber Fischer, ZHR 144 (1981), 1 (13).
[16] BGHZ 92, 259 (263); Staudinger/Marotzke, § 2032 BGB Rz. 18; Karsten Schmidt, NJW 1985, 2785 (2787).
[17] BGH LM Nr. 1 und Nr. 7 zu § 1922 BGB; Kipp/Coing, § 91 IV 9d (S. 512); Palandt/Edenhofer, § 1922 BGB Rz. 14.
[18] Im letzteren Fall sind die Beteiligungen vererblich.

3. Abschnitt
Grundsätzliches zu den Gesellschaftsformen

I. Allgemeines

Die mit der Vermögensnachfolge verbundene Zukunftssicherung eines Familienunternehmens ist ohne geeignete rechtliche Unternehmensgestaltung nicht möglich. Hierzu gehört zunächst die richtige Wahl der Gesellschaftsform. Diese gibt den Rahmen vor, innerhalb dessen die konkreten Erfordernisse durch eine detaillierte Ausgestaltung des Gesellschaftsvertrages geregelt werden müssen. Die nachfolgenden Ausführungen können nach der Zielsetzung dieses Buches und dem zur Verfügung stehenden Raum keine vollständige Darstellung des Gesellschaftsrechts sein. Sie sollen lediglich eine Übersicht über die zur Verfügung stehenden Gestaltungsmittel verschaffen, um die Auswahl bei Gestaltungen zur Vermögensnachfolge zu erleichtern.

898

II. Personengesellschaften

1. Normalfall: Außengesellschaften

Alle Personengesellschaften beruhen auf den Grundtyp der Gesellschaft bürgerlichen Rechts (§§ 705 ff. BGB; vgl. §§ 105 Abs. 2, 161 Abs. 2 HGB)[19].
Die Grundprinzipien des Personengesellschaftsrechts sind
– Gesellschaftsgegenstand ist die Erreichung eines gemeinsamen Zwecks (§ 705 BGB);
– die unbeschränkte persönliche Haftung wenigstens eines Gesellschafters;
– die Selbstorganschaft, d.h. die zwingende Vertretung durch einen persönlich unbeschränkt haftenden Gesellschafter;
– die grundsätzliche Unübertragbarkeit der Gesellschaftsbeteiligung (§§ 717, 719 BGB).

899

Darüber hinaus sind die Außengesellschaften – BGB-Gesellschaft, OHG, KG – Gesamthandsgemeinschaften im Gegensatz zur Bruchteilsgemeinschaft. Das Gesellschaftsvermögen steht den Gesellschaftern in „gesamthänderischer" Bindung zu. Gemäß § 719 Abs. 1 BGB kann kein Gesellschafter über seinen Anteil am Gesellschaftsvermögen oder an Gesellschaftsgegenständen verfügen. Kein Gesellschafter ist berechtigt, Teilung der Gesellschaftsvermögensgegenstände zu verlangen.

900

2. Sonderfall: Innengesellschaften

Als Innengesellschaften werden Personengesellschaften bezeichnet, die im Rechtsverkehr nicht als solche auftreten. Die gesellschaftsrechtlichen Vereinbarungen gelten nicht gegenüber Dritten, sondern ausschließlich zwischen den Gesellschaftern. Nach außen tritt der eine Gesellschafter als Alleininhaber des dem Ge-

901

---

[19] Für die stille Gesellschaft s. Baumbach/Hopt, § 230 HGB Rz. 9; im übrigen s. unten Rz. 1144 ff.

sellschaftszweck dienenden Vermögens auf. Nur im Innenverhältnis ist der andere beteiligt.

902 Typische Fälle solcher Innengesellschaften sind die Stille Gesellschaft des Handelsrechts (§§ 230ff. HGB) und die Unterbeteiligung.

903 Da diese Gesellschaften nur im Innenverhältnis zwischen den Gesellschaftern bestehen, im Rechtsverkehr nur der Außengesellschafter auftritt, ist Träger aller Rechte und Pflichten und Inhaber aller Rechtspositionen nur der Außengesellschafter.

904 Da die Innengesellschaft Dritten gegenüber nicht in Erscheinung tritt, gibt es keine Außenvertretung im Namen der Gesellschaft und keine Außenhaftung des Innengesellschafters.

905 Zwischen den Gesellschaftern können die Rechtsbeziehungen wie bei einer Aussengesellschaft vereinbart werden, sofern dies nicht durch die Natur der Innengesellschaft ausgeschlossen ist (kein Gesamthandsvermögen, keine Außenvertretung). Der Gesellschaftsvertrag kann bestimmen, daß im Innenverhältnis das dinglich nur dem Außengesellschafter gehörende, der Gesellschaft gewidmete Vermögen obligatorisch den Gesellschaftern insgesamt zustehen soll, der stille Gesellschafter also auch an den stillen Reserven oder am Grundbesitz beteiligt ist, obwohl er nicht im Grundbuch eingetragen ist. Es kann weiter dem Stillen auf der Geschäftsführungsebene – also im Innenverhältnis – Einfluß auf die Geschäftsführung der Gesellschaft eingeräumt werden.

In solchen Fällen handelt es sich um sogenannte atypische Innengesellschaften. Auf dem Gebiete der Besteuerung sind sie als Mitunternehmerschaften im Sinne des § 15 Abs. 1 Ziff. 2 EStG zu behandeln.

III. Kapitalgesellschaften

906 Zu den Kapitalgesellschaften zählen die Gesellschaft mit beschränkter Haftung, die Aktiengesellschaft und die Kommanditgesellschaft auf Aktien. Die wesentlichen Merkmale der Kapitalgesellschaft sind:
- sie haben eigene Rechtspersönlichkeit und sind als „juristische Personen" selbst Rechtssubjekt (§§ 1 Abs. 1 Satz 1, 278 Abs. 1 AktG, 13 Abs. 1 GmbHG);
- für Gesellschaftsverbindlichkeiten haften die Gesellschafter selbst nicht; es haftet nur das Gesellschaftsvermögen (§§ 1 Abs. 1 Satz 2 AktG, 13 Abs. 2 GmbHG; nur Kommanditaktionäre § 278 Abs. 1 AktG – als persönlich haftende Gesellschafter der KGaA haften unbeschränkt, § 278 Abs. 1 AktG);
- für die Vertretung der Kapitalgesellschaft besteht die Möglichkeit der „Fremdorganschaft"; Organvertreter der Gesellschaften – Vorstand, Geschäftsführer – müssen nicht Gesellschafter sein (Ausnahme bei der KGaA s. §§ 282, 283 AktG);
- die Gesellschaftsbeteiligungen (Aktien, Geschäftsanteile) sind vererblich und übertragbar (§§ 10 Abs. 1, 68 AktG, § 15 GmbHG);
- es gilt der Grundsatz der Erhaltung des Gesellschaftskapitals (Grundkapitals, Stammkapitals) und des Verbots von Rückzahlungen an die Gesellschafter (§ 62 AktG, §§ 30, 31 GmbHG).

IV. Vor- und Nachteile der Gesellschaftsformen

1. Personengesellschaften

a) Vorteile der Personengesellschaften

aa) Einfache Errichtung

Die Errichtung einer Personengesellschaft ist einfach und kostengünstig, da der Personengesellschaftsvertrag keiner besonderen Form bedarf, also auch mündlich oder konkludent geschlossen werden kann. 907

bb) Dispositionsfreiheit

Die gesetzlichen Vorschriften über die Personengesellschaften enthalten zum überwiegenden Teil nachgiebiges Recht. Den Gesellschaftern steht eine Fülle von Gestaltungsmöglichkeiten ihrer Gesellschaftsverhältnisse offen. Sie können daher das Gesellschaftsverhältnis auch weitgehend kapitalistisch organisieren, z.B. für persönlich haftende Gesellschafter feste Vermögenseinlagen bestimmen, das Stimmrecht nach der Höhe von Kapitalkonten festlegen, Gesellschafterversammlungen wie bei Kapitalgesellschaften postulieren, ähnlich dem Aufsichtsrat einer AG ein Überwachungsorgan wie Verwaltungsrat oder Beirat schaffen. Weitergehend als bei der Kapitalgesellschaft kann ein Gesellschafter ohne Kapitalbeteiligung die volle Haftung übernehmen. Bei Familiengesellschaften bietet sich an, einen fähigen Manager als persönlich haftenden Gesellschafter ohne Kapital- aber gegen angemessene Gewinnbeteiligung mit Risikovergütung einzustellen. 908

cc) Personale Bindung

Die grundsätzliche Unübertragbarkeit der Gesellschaftsbeteiligungen, führt zu einer engen personalen Bindung der Gesellschafter. Dies kann gesellschaftsvertraglich gelockert oder beseitigt werden. 909

Bei großer personeller Aufsplitterung durch mehrere Erbgänge, kann die Übertragbarkeit der Gesellschaftsbeteiligungen zur Last werden. Zu empfehlen sind gesellschaftsvertragliche Regelungen, die eine Aufsplitterung und Vermehrung der Zahl der Gesellschafter verhindern, indem z.B. die regelmäßig notwendige Nachfolgeklausel auf Abkömmlinge, ggf. bestimmte Abkömmlinge, beschränkt wird. 910

b) Nachteile der Personengesellschaften

aa) Selbstorganschaft

Die Personengesellschaften können grundsätzlich nur durch einen Gesellschafter, nicht durch einen Dritten, gesetzlich vertreten werden (Selbstorganschaft)[20]. 911

---

[20] BGHZ 26, 330 (333); 33, 105 (108); 41, 367 (369); 51, 198 (200); BGH NJW 1982, 1817; Karsten Schmidt, Gesellschaftsrecht, § 14 II 2a) (S. 333f.); Kübler, Gesellschaftsrecht, § 3 I 2 (S. 19); Großkomm. HGB/Ulmer, § 109 HGB Rz. 34; Hueck, § 20 I (S. 277f.); Schlegelberger/Geßler, § 125 HGB Rz. 11; Baumbach/Hopt, § 125 HGB Rz. 5; s. aber Helm/Wagner, BB 1979, 225ff.

Daher muß stets ein Gesellschafter die Vertretungsmacht für die Gesellschaft haben. Ist ein unternehmerisch qualifizierter Gesellschafter nicht vorhanden, so ist die Gesellschaft auf Fremdorganschaft angewiesen, die sie als Personengesellschaft nicht herzustellen vermag.

912 Bei Personengesellschaften ist zwischen Innen- und Außenverhältnis, somit auch zwischen Geschäftsführung (Innenverhältnis) und Vertretung (Außenverhältnis) zu unterscheiden. Judikatur und Schrifttum lassen es zu, die Geschäftsführung (Innenverhältnis) auch einem Fremden zu übertragen, der aber nicht organschaftlicher, gesetzlicher Vertreter werden kann, sondern zur Vertretung der Gesellschaft einer rechtsgeschäftlichen Vollmacht (Prokura) bedarf. In diesem Fall muß aufgrund des Prinzips der Selbstorganschaft mindestens ein persönlich haftender Gesellschafter vorhanden sein und die Vertretungsmacht innehaben.

Da die Vertretungsmacht im Innenverhältnis durch unternehmerische Qualifikation ausgefüllt sein muß, kann das Unternehmen nicht dauerhaft nach Außen durch unqualifizierte persönlich haftende Gesellschafter, die sich bevollmächtigter „Geschäftsführer" bedienen, vertreten werden.

913 Den Ausweg hat die Praxis mit der GmbH & Co. KG gefunden. Firmenrechtlich zulässig ist die Bezeichnung „X-GmbH & Co.". Der KG-Zusatz ist nicht erforderlich. In dieser Gesellschaftsform verbleibt es beim Prinzip der Selbstorganschaft: Die persönlich haftende GmbH (selten AG) ist Organvertreterin der KG – sie übt allerdings die Vertretungsmacht durch ihre Organe (Geschäftsführer, Vorstand) aus.

bb) Persönliche Haftung

914 Bei der Personengesellschaft muß mindestens ein Gesellschafter die unbeschränkte persönliche Haftung für die Gesellschaftsverbindlichkeiten übernehmen. Alle Gesellschafter einer Gesellschaft bürgerlichen Rechts oder einer offenen Handelsgesellschaft haften unbeschränkt mit ihrem gesamten Vermögen, auch dem Privatvermögen. Bei der Gesellschaft bürgerlichen Rechts kann die Haftung der Gesellschafter durch den Vertragspartnern offenbarte Beschränkung auf das Vermögen der Gesellschaft begrenzt werden[21]. Die Kommanditgesellschaft erfordert mindestens einen unbeschränkt haftenden Gesellschafter.

2. **Kapitalgesellschaften**

a) *Vorteile der Kapitalgesellschaften*

aa) Haftungsbeschränkung der Gesellschafter

915 Die Gesellschafter einer Kapitalgesellschaft haften für die Gesellschaftsverbindlichkeiten nicht persönlich.

---

[21] Dazu im einzelnen unten Rz. 960f.

bb) Fremdorganschaft

Da die Vertretungsorgane nicht an der Gesellschaft beteiligt sein müssen, bedeutet dies die Unabhängigkeit der organschaftlichen, gesetzlichen Vertretung von den Gesellschaftern und ihrer unternehmerischen Eignung. Kann aus dem Kreis der Gesellschafter eine Unternehmerpersönlichkeit als Unternehmensleiter nicht zur Verfügung gestellt werden, so ist die Kapitalgesellschaftsform zu erwägen.

Gerade in Fällen langfristiger Fremdorganschaft wächst das Gewicht des Ausschlusses der persönlichen Haftung der Gesellschafter für Gesellschaftsverbindlichkeiten: Sie sind daran interessiert, nicht für fremdes Handeln persönlich mit ihrem Vermögen einzustehen.

cc) Kapitalistische Struktur

Das personale Band zwischen den Gesellschaftern, die gegenseitigen Gesellschaftertreueverpflichtungen, sind bei einer Kapitalgesellschaft gelockert. Allerdings kann auch eine Kapitalgesellschaft durch Gesellschaftsvertrag (Satzung) weitgehend personalistisch organisiert werden. Die kapitalistischen Strukturen der Kapitalgesellschaft (Kapitalstimmrecht, grundsätzliche Übertragbarkeit der Beteiligungen, Fremdorganschaft) bilden weitere Vorteile. Die Gesellschafter können sich grundsätzlich leichter von ihrer Beteiligung trennen, ohne der Gesellschaft Abfindungsverpflichtungen aufzunötigen. Die mögliche Anonymität ermöglicht leichter wirtschaftlich leistungsfähige neue Gesellschafter zu gewinnen.

dd) Sachfirma

Ein wesentlicher Vorteil der Kapitalgesellschaft liegt in der Ermöglichung der Bildung einer vom Unternehmenszweck abgeleiteten Sachfirma (§§ 4 AktG, 4 GmbHG). Auch „klangvolle" Namensformen lassen sich durch vorübergehende (z.B. treuhänderische) Beteiligung des Namensträgers bilden.

b) Nachteile der Kapitalgesellschaften

aa) Errichtungsaufwand

Die Errichtung von Kapitalgesellschaften erfordert bis zur Entstehung zusätzlichen Aufwand.

Dieser besteht nicht nur in Kosten (Beurkundungs- und Handelsregister-Eintragungsgebühren), sondern auch in der notwendigen Vorbereitungsarbeit und -zeit. Das gilt insbesondere für die Gründung einer AG oder KGaA, bei der Gründerbericht und Gründungsprüfung hinzukommen.

bb) Publizitätspflichten

Die Kapitalgesellschaften unterliegen den Publizitätsvorschriften der §§ 325 ff. HGB. Zwar gibt es größenabhängige Erleichterungen für kleine Kapitalgesellschaften und auch mittelgroße Kapitalgesellschaften (§§ 326, 327 HGB), jedoch ist die Publizitätspflicht gerade für Familiengesellschaften unangenehm, weil sie ei-

921 § 267 HGB teilt die Kapitalgesellschaften in drei Größenklassen ein:
Kleine, mittelgroße und große Kapitalgesellschaften. Kleine Kapitalgesellschaften sind solche, die zwei der nachstehenden Merkmale nicht überschreiten:
– 3,9 Mio. DM Bilanzsumme, 8 Mio. DM Jahresumsatz, 50 Arbeitnehmer.

Eine Kapitalgesellschaft ist mittelgroß, wenn sie mindestens zwei der vorstehend bezeichneten Merkmale überschreitet und jeweils mindestens zwei der nachstehenden Merkmale nicht überschreitet:
– 15,5 Mio. DM Bilanzsumme, 32 Mio. DM Jahresumsatz, 250 Arbeitnehmer.

Große Kapitalgesellschaften sind diejenigen, die mindestens zwei der vorgenannten Merkmale überschreiten.

Selbst kleine Kapitalgesellschaften müssen dem Registergericht Bilanz und Bilanzanhang einreichen, was in der Praxis selten erfolgt, da keine Sanktionen vorgesehen sind. Soweit sich das Jahresergebnis, der Vorschlag über dessen Verwendung und der Beschluß über die Verwendung des Jahresergebnisses aus Bilanz und Anhang nicht ergeben, müssen sogar Vorschlag und Beschluß über Ergebnisverwendung dem Registergericht mitgeteilt werden (§ 326 HGB).

922 Für kleine Kapitalgesellschaften entfällt die Pflicht zur Prüfung des Jahresabschlusses und des Lageberichts durch einen Abschlußprüfer, § 316 Abs. 1 HGB, und die Veröffentlichung im Bundesanzeiger (§ 326 HGB).

Für mittelgroße Kapitalgesellschaften gibt es die Erleichterung der Einreichung einer nur verkürzten Bilanz im Sinne des § 266 Abs. 1 Satz 3 HGB mit zusätzlichen gesonderten Angaben (§ 327 HGB).

923 Die mit dem Bilanzrichtliniengesetz vom 19. 12. 1985[22] eingeführten Vorschriften des HGB schreiben Fristen zur Errichtung, Prüfung und Offenlegung des Jahresabschlusses vor. Der Jahresabschluß ist in den ersten drei Monaten nach Ablauf des Geschäftsjahres aufzustellen. Kleine Kapitalgesellschaften dürfen Jahresabschluß und Lagebericht später aufstellen, sofern dies einem ordnungsgemäßen Geschäftsgang entspricht, jedoch muß die Frist von sechs Monaten eingehalten werden (§ 264 Abs. 1 HGB).

924 Die mittelgroßen und großen Kapitalgesellschaften müssen den Jahresabschluß durch einen Abschlußprüfer prüfen und mit einem Bestätigungsvermerk versehen lassen (§§ 316, 321, 322 HGB). Der geprüfte Jahresabschluß ist spätestens vor Ablauf des neunten Monats nach Abschlußstichtag zum Handelsregister einzureichen (§ 325 HGB). Kleine Kapitalgesellschaften haben Jahresbilanz und Anhang innerhalb von 12 Monaten seit Bilanzstichtag dem Registergericht einzureichen (§ 326 HGB).

925 Diese weitgehenden Prüfungs- und Publizitätspflichten geben Veranlassung, in den Fällen, in denen kein Gesellschafter als natürliche Person haften soll, in die Rechtsform der GmbH & Co. KG auszuweichen.

---

[22] BGBl. 1985 I, 2355.

Grundsätzliches zu den Gesellschaftsformen

Auf Dauer ist fraglich, ob die Ausklammerung der GmbH & Co. KG aus der für Kapitalgesellschaften geltenden Prüfungs- und Publizitätspflicht durchgehalten werden kann. Aufgrund des auf die deutsche Rechtsordnung ausgeübten Drucks des europäischen Gemeinschaftsrechts, ist damit zu rechnen, daß die Prüfungs- und Publizitätspflicht auch auf die GmbH & Co. KG erstreckt wird[23].

Die durch das Bilanzrichtliniengesetz eingeführten §§ 238ff. HGB, beruhen auf den 4., 7. und 8. EG-Richtlinien und ihrer Transformation in deutsches Recht. Inzwischen sind in den EG-Mitgliedsländern zahlreiche Stimmen laut geworden, die sich gegen die erörterten strengen Prüfungs- und Publizitätspflichten insbesondere für kleine und mittlere Gesellschaften wenden. Für kleine und mittlere Kapitalgesellschaften wären Ausnahmen sinnvoll. 926

cc) Beschränkte Mitgliedschaftsrechte

Bei den Kapitalgesellschaften nehmen die Gesellschafter ihre Rechte grundsätzlich (nur) in den Gesellschafterversammlungen wahr (§§ 46, 48 GmbHG; §§ 118–120 AktG). 927

Das Stimmrecht richtet sich grundsätzlich nach Kapitalmehrheiten, wobei in der Regel die einfache Mehrheit entscheidet und qualifizierte Mehrheit nur in Sonderfällen erforderlich ist (§ 47 Abs. 1 GmbHG; § 133 AktG). Die Minderheit ist auf diese Weise häufig ohne Einfluß.

dd) Betriebliche Mitbestimmung

Weitere Nachteile der Kapitalgesellschaftsform können bestehen, wenn die Vorschriften des Betriebsverfassungsgesetzes oder Mitbestimmungsgesetzes eingreifen. Das Montan-Mitbestimmungsgesetz vom 21. 5. 1951 kann hier außer Betracht bleiben. 928

Gemäß § 76 BetrVG muß der Aufsichtsrat einer AktG oder einer KGaA zu einem Drittel aus Vertretern der Arbeitnehmer bestehen. Nach § 76 Abs. 6 BetrVG besteht keine Mitbestimmungspflicht für alle seit dem 10. August 1994 eingetragenen Aktiengesellschaften, die weniger als fünfhundert Arbeitnehmer beschäftigen, darüber hinaus für ältere Aktiengesellschaften dann nicht, wenn sie das Merkmal der Familiengesellschft erfüllen. Nach der zwingenden Vorschrift des § 77 BetrVG muß auch eine GmbH, die regelmäßig mehr als 500 Arbeitnehmer beschäftigt, einen Aufsichtsrat haben, der zu einem Drittel aus Vertretern der Arbeitnehmer besteht. 929

Für Kapitalgesellschaften, die in der Regel mehr als 2000 Arbeitnehmer beschäftigen, gilt darüber hinaus das MitbestG. Es schreibt einen Aufsichtsrat vor, der in seiner Zusammensetzung zur Hälfte aus Arbeitnehmervertretern bestehen muß. 930

Das MitbestG gilt nicht nur für die Kapitalgesellschaften, sondern gem. § 4 MitbestG auch für die GmbH & Co. KG, sofern die Mehrheit der Kommanditisten zu- 931

---

[23] Ebenso Hennerkes/Binge, Unternehmenshandbuch Familiengesellschaften, S. 56; **a.A.** noch Barth, BB 1987, 2135ff.

gleich auch die Mehrheit in der persönlich haftenden GmbH inne hat und die persönlich haftende GmbH nicht einen eigenen Geschäftsbetrieb mit regelmäßig mehr als 500 Arbeitnehmern betreibt. Dagegen gilt das MitbestG nicht für die Stifung & Co[24].

V. Formvorschriften für die Gesellschaftsverträge

1. Personengesellschaften

a) Formfreiheit

932 Der Gesellschaftsvertrag einer Personengesellschaft bedarf keiner besonderen Form. Er kann, muß aber nicht notariell oder schriftlich geschlossen werden; ein mündlicher Abschluß, selbst ein Abschluß durch konkludentes Handeln genügt. Es muß sich nur ergeben, daß sich mehrere Personen willentlich zur Erreichung eines gemeinsamen Zwecks verbinden.

933 Der Abschluß eines Gesellschaftsvertrages in wenigstens schriftlicher Form ist dringend zu empfehlen, um die gesellschaftsrechtlichen Ansprüche und Verpflichtungen der Gesellschafter zu präzisieren.

934 Für das Entstehen einer Personengesellschaft ist ein Gesellschaftsvertrag unverzichtbar, in welcher Form er auch zustande gekommen sein mag. Auch die früher als „faktische" Gesellschaft bezeichnete Gesellschaft setzte einen, wenn auch fehlerhaften Vertrag voraus. Um das klarzustellen, hat der BGH die Bezeichnung „faktische Gesellschaft" fallengelassen, um die in dem Wort „faktisch" liegende Irreführung auszuschließen, und den zutreffenderen Begriff der „fehlerhaften Gesellschaft" geprägt[25].

b) Streitiger Formzwang bei schenkweiser Aufnahme eines Gesellschafters

935 Wird einem Mitgesellschafter eine Personengesellschaftsbeteiligung schenkweise eingeräumt, so ist streitig, ob insoweit Formzwang besteht[26].

c) Formzwang bei Grundstückseinbringung

936 Wird ein Grundstück eines Gesellschafters der Gesellschaft nicht nur zur Nutzung überlassen, sondern in das Gesellschaftsvermögen eingebracht, so ist die Formvorschrift des § 313 BGB zu beachten. In diesem Falle bedarf der Gesellschaftsvertrag insgesamt der notariellen Beurkundungsform, denn die Einbringung des Grundstücks in die Gesellschaft ist Gegenstand der gesellschaftsrechtlichen Beitragsleistung und damit des Gesellschaftsvertrages selbst.

---

[24] Dazu unten Rz. 1143
[25] BGHZ 11, 190 (191); Großkomm. HGB/Ulmer, § 105 HGB Rz. 327ff.; Heymann/Emmerich, § 105 HGB Rz. 69ff.; Baumbach/Hopt, § 105 HGB Rz. 77; Hueck, § 7 (S. 74, Fußnote 6); Westermann, Handbuch I, Rz. 5 und 76.
[26] Dazu Rz. 1499ff.

Auch wenn ein Unternehmen, zu welchem Grundbesitz gehört, zunächst von einer Erbengemeinschaft fortgesetzt, später aber in eine Personengesellschaft umgewandelt wird, gilt der Formzwang des § 313 BGB, ist also notarielle Beurkundung erforderlich[27].

Die Erfahrungen der Praxis lehren, daß in diesen Punkten viel gesündigt wird, weil die steuerliche Betrachtung und Behandlung die Überhand gewonnen hat. Da Betriebsgrundstücke als notwendiges Betriebsvermögen zwangsläufig in die Steuerbilanz eingebucht werden, häufig bei kleineren und mittleren Gesellschaften aber nur steuerlich bilanziert wird, glaubt man, mit der steuerbilanzmäßigen Erfassung genug getan zu haben. Vielfach stellt sich erst nach Jahren bei Auseinandersetzungsstreitigkeiten heraus, daß in den Gesellschaftsbilanzen verzeichnete Grundstücke in Wirklichkeit der Gesellschaft gar nicht gehören und zivilrechtlich nie in das Gesellschaftsvermögen eingebracht worden sind, gleichwohl steuerlich als zum Betriebsvermögen gehörend behandelt werden.

Der Formzwang gilt nach der Rechtsprechung und herrschenden Rechtsmeinung nicht bei Eintritt in eine Gesellschaft oder Ausscheiden aus einer Gesellschaft und dem damit verbundenen Abwachsen bzw. Anwachsen des Gesellschaftsvermögens[28].

d) Formzwang bei Einbringung eines GmbH-Geschäftsanteils

§ 15 Abs. 3, 4 GmbHG schreibt notarielle Beurkundungsform für die Veräußerung von Geschäftsanteilen vor. Ist Gegenstand der personengesellschaftsvertraglichen Beitragsleistung ein GmbH-Geschäftsanteil, so muß der Personengesellschaftsvertrag daher notariell beurkundet werden.

e) Einbringung des gegenwärtigen Vermögens

Bedeutet die Beitragsleistung eines Gesellschafters nach dem Vertragswillen der Vertragspartner die Einbringung des gegenwärtigen Vermögens des Gesellschafters oder eines Bruchteils davon, so ist nach § 311 BGB notarielle Beurkundung erforderlich. Es ist dabei darauf hinzuweisen, daß das BGB unter „Vermögen" nur die Aktiva versteht. Der Formzwang des § 311 BGB gilt andererseits nicht, wenn Einbringungsgegenstand ein Sondervermögen ist, z.B. ein Unternehmen.

2. Kapitalgesellschaften

a) GmbH

Der Gesellschaftsvertrag einer GmbH bedarf immer der notariellen Beurkundung. Er muß von sämtlichen Gesellschaftern unterzeichnet werden; Bevollmächtigte benötigen eine notariell beurkundete oder beglaubigte Vollmacht (§ 2 GmbHG).

---

[27] KG DR 1940, 977; Palandt/Heinrichs, § 313 BGB Rz. 4.
[28] RGZ 82, 160; BGH MDR 1957, 733; BGHZ 32, 307 (315); BGH NJW 1966, 827 (828); Palandt/Heinrichs, § 313 BGB Rz. 5.

943 Die Gesellschaft entsteht nicht schon mit Abschluß des Gesellschaftsvertrages, sondern erst mit Eintragung im Handelsregister (§ 11 GmbHG).

944 Die Eintragung der errichteten GmbH im Handelsregister erfolgt, nachdem die firmenrechtliche Unbedenklichkeitserklärung der zuständigen Industrie- und Handelskammer vorliegt. Bei einer GmbH mit handwerklichen Tätigkeiten ist zusätzlich die Stellungnahme der Handwerkskammer erforderlich, in den Fällen des § 34c GewO ferner die entsprechende gewerberechtliche Erlaubnis. Das Verfahren bis zum Entstehen einer GmbH kann langwierig sein.

b) Aktiengesellschaft, KGaA

945 Die Errichtung einer Aktiengesellschaft unterliegt ebenfalls besonderem Formzwang. Die Feststellung der Satzung bedarf der notariellen Beurkundung. Bevollmächtigte benötigen eine notariell beurkundete oder beglaubigte Vollmacht (§ 23 AktG). Der oder die Gründer haben einen schriftlichen Gründungsbericht zu erstatten (§ 32 AktG). Es hat eine Gründungsprüfung stattzufinden (§ 33 AktG). Auch die Aktiengesellschaft entsteht erst mit der Eintragung im Handelsregister (§ 41 Abs. 1 Satz 1 AktG).

4. Abschnitt
Die Gesellschaftsformen im einzelnen

I. Personengesellschaften

1. Die (Außen-)Gesellschaft bürgerlichen Rechts

a) Grundsätzliches

946 Die Gesellschaft bürgerlichen Rechts gemäß §§ 705ff. BGB ist der Grundtyp aller Personengesellschaften. In ihrer Grundform ist sie als Personenverband eine nach außen in Erscheinung tretende Gesamthandsgemeinschaft.

b) Anwendungsbereiche

aa) Kleingewerbe

947 Im Rahmen von Familienunternehmen liegt die Bedeutung der Gesellschaft bürgerlichen Rechts vor allem bei den kleingewerblichen Unternehmen, denen mangels vollkaufmännischen Geschäftsumfangs die Formen der Personenhandelsgesellschaften (OHG, KG) nicht zugänglich sind (sogenannte „minderkaufmännische" Unternehmen, Handwerksbetriebe, §§ 4, insbesondere Abs. 2, 105 Abs. 1, 161 Abs. 1 HGB).

Beispiele:
Betreiben zwei Maurermeister ein Baugeschäft, drei Friseure ein Haarstudio, und erfordern die Betriebe keine vollkaufmännische Einrichtung, so bleibt als Personengesellschaft nur die Rechtsform der Gesellschaft bürgerlichen Rechts („GbR" oder „BGB-Gesellschaft").

bb) Grundstücksgesellschaften

Eine erhebliche Bedeutung hat die Gesellschaft bürgerlichen Rechts für Personenvereinigungen, die Grundvermögen innehalten und verwalten. Die Rechtsform der reinen Bruchteilsgemeinschaft (§§ 741 ff. BGB) ist regelmäßig ungeeignet, schon wegen des grundsätzlichen Anspruchs jedes Teilhabers auf jederzeitige Aufhebung der Gemeinschaft (§ 749 Abs. 1 BGB) und ggf. Teilungsversteigerung (§ 180 ZVG). 948

Hat ein Erblasser Grundvermögen, dessen Erhalt in der Familie gesichert und dessen Veräußerung durch die Erben zum Zwecke von Auseinandersetzung oder dessen Teilungsversteigerung verhindert werden soll, so kann zu empfehlen sein, im Wege einer vorweggenommenen Erbfolgeregelung mit den zukünftigen Erben eine Gesellschaft bürgerlichen Rechts zu errichten, deren Gesellschaftsvertrag die Liquidation des Grundbesitzes weitgehend ausschließt. Die Errichtung des Gesellschaftsvertrages einer Grundstücksgesellschaft bedarf der notariellen Beurkundung (§ 313 BGB). Die Aufnahme von Abkömmlingen als Gesellschafter ist grunderwerbsteuerfrei (§ 3 Ziff. 7 GrEStG). 949

Wichtig ist bei solchen Gesellschaften, bei denen Eltern ihre Kinder stufenweise beteiligen können, die Regelung des Stimmrechts und der Geschäftsführung. So können die Vermögensnachfolger zunächst von der Geschäftsführung ausgeschlossen werden. Durch regelmäßige Anpassung der Vertragsgestaltung können die Kinder schrittweise in die wirtschaftliche Verantwortung geführt werden (sog. Familienpool). 950

Von besonderer Bedeutung kann diese Gestaltungsmöglichkeit auch bei größeren Unternehmensvermögen im Falle der sogenannten Betriebsaufspaltung in eine Grundstücks-Besitzgesellschaft und eine Unternehmensbetriebsgesellschaft sein[29]. 951

cc) Freiberufliche Verbindungen

Freiberuflern stehen die Personenhandelsgesellschaften nicht zur Verfügung, weil sie kein kaufmännisches oder anderweitiges Gewerbe betreiben (Architekten, Wirtschaftsprüfer, Steuerberater, Rechtsanwälte, Ärzte). Bei ihnen müssen außerdem die standesrechtlichen Beschränkungen beachtet werden, die Zusammenschlüsse mit Nichtberufsangehörigen ausschließen. 952

Ein Anwalt kann eine GbR (Sozietät) nur mit einem Anwalt, Wirtschaftsprüfer oder Steuerberater eingehen. Der Erblasser, der Anwalt ist, kann zum Erhalt seiner Praxis seinen Sohn oder seine Tochter als Gesellschafter aufnehmen, sofern diese Anwälte (oder Wirtschaftsprüfer, Steuerberater) sind. Er kann ihm nahestehende Personen dann nicht beteiligen, wenn diese nicht über die entsprechende berufliche Qualifikation verfügen.

dd) Land- und Forstwirte

Auch Land- und Forstwirten stehen die Personenhandelsgesellschaften nicht zur Verfügung, da sie kein kaufmännisches Gewerbe betreiben. 953

---

[29] S. unten Rz. 1461 ff.

ee) Kapitalgesellschaftsbeteiligungen

954 Gegenstand einer GbR kann auch die gemeinschaftliche Innehaltung und Verwaltung von Wertpapiervermögen, Geschäftsanteilen an einer GmbH oder Aktien einer AG sein. Mit der Errichtung einer solchen GbR kann der Beteiligungsbesitz an einer Kapitalgesellschaft im Familieninteresse gebunden werden, z.B. um im Interesse der Familie das Gewicht des Beteiligungspakets zu erhalten.

c) *Vertragsfreiheit*

955 Für gesellschaftsrechtliche Zusammenschlüsse nichtkaufmännischer Unternehmen bietet die Rechtsform der GbR ein hohes Maß an vertraglicher Gestaltungsfreiheit an. Da die gesetzlichen Bestimmungen der §§ 705 ff. BGB überwiegend nachgiebiges Recht enthalten[30], kann die Gestaltung weitgehend den individuellen Wünschen angepaßt werden.

d) *Keine Firma*

956 Gesellschaften bürgerlichen Rechts können keine Firma im Rechtssinne führen (§ 4 Abs. 1 HGB), sondern nur eine Etikettbezeichnung. Insbesondere können sie nicht wie die Personenhandelsgesellschaften unter gemeinsamer Firma Träger von Rechten und Pflichten sein (vgl. § 124 HGB).

In der Praxis wird von der GbR häufig eine gemeinsame, firmenartige Bezeichnung geführt. Diese ist als Geschäftsbezeichnung zulässig, jedoch handelt es sich nicht um eine „Firma" im Rechtssinne. Der Erwerb von Rechten und die Eingehung von Verpflichtungen müssen unter den bürgerlichen Namen der Gesellschafter erfolgen; auch im Grundbuch können als Eigentümer nur die Gesellschafter unter ihrem Namen im Beteiligungsverhältnis „in Gesellschaft bürgerlichen Rechts" eingetragen werden[31].

e) *Geschäftsführung und Vertretung*

957 Bei den Personengesellschaften ist das Innenverhältnis zwischen den Gesellschaftern und das Außenverhältnis zu Dritten zu unterscheiden. Die Geschäftsführung betrifft das Innenverhältnis der Gesellschafter zueinander (§ 709 BGB), die Vertretung das Außenverhältnis (§ 714 BGB).

958 Eine „gesetzliche" oder „organschaftliche" Vertretung der GbR sieht unsere Rechtsordnung nicht vor. Grundsätzlich steht die Führung der Geschäfte der Gesellschaft den Gesellschaftern gemeinschaftlich zu; für jedes Geschäft ist die Zustimmung aller Gesellschafter erforderlich (§ 709 Abs. 1 BGB). Jedoch kann der Gesellschaftsvertrag die Geschäftsführung einem oder mehreren Gesellschaftern übertragen (§ 710 BGB). Ist das geschehen, so sind die zur Geschäftsführung befugten Gesellschafter im Zweifel auch ermächtigt, die anderen Gesellschafter Drit-

---

[30] Oben Rz. 908.
[31] OLG Stuttgart NJW 1987, 1709; Karsten Schmidt, DB 1987, 1181 ff.; Bokelmann, NJW 1987, 1683 ff.

Die Gesellschaftsformen im einzelnen

ten gegenüber zu vertreten (§ 714 BGB). Es handelt sich bei dieser Vertretungsmacht aber um eine rechtsgeschäftliche, durch den Gesellschaftsvertrag geschaffene Vollmacht. Die Vertretungshandlung muß – mangels Zulässigkeit des Handelns unter gemeinsamer Firma – im Namen aller Gesellschafter erfolgen.

f) Haftung der Gesellschafter
Handelt der bevollmächtigte Geschäftsführer für die Gesellschaft, so wird zugleich eine unbeschränkte persönliche Haftung aller Gesellschafter begründet[32]. Aus § 714 BGB folgt, daß der geschäftsführende Gesellschafter im Zweifel ermächtigt ist, die anderen Gesellschafter zu verpflichten. 959

Die Haftung der Gesellschafter einer GbR kann gesellschaftsvertraglich unter bestimmten Bedingungen auf das Gesellschaftsvermögen beschränkt, demnach die unbeschränkte persönliche Haftung der Gesellschafter für Verbindlichkeiten der Gesellschaft ausgeschlossen werden. Voraussetzung ist zweierlei: 960
– Die Beschränkung der rechtsgeschäftlichen Vertretungsmacht der vertretungsberechtigten Gesellschafter auf Verpflichtung nur des Gesellschaftsvermögens;
– die Kundgabe dieser Beschränkung der Vertretungsmacht den Vertragspartnern gegenüber. Diese Offenbarung kann auch generell, z.B. auf den Geschäftsbögen der Gesellschaft erfolgen[33].

Eine solche Haftungsbeschränkung gilt nicht für Steuerforderungen, da diese auf Gesetz und nicht auf Rechtsgeschäften der geschäftsführenden, vertretungsberechtigten Gesellschafter beruhen[34]. 961

Scheidet ein Gesellschafter aus der Gesellschaft bürgerlichen Rechts aus, so gelten nach § 736 Abs. 2 BGB die für Personenhandelsgesellschaften geltenden Regelungen über die Begrenzung der Nachhaftung sinngemäß. Nach § 160 Abs. 1 HGB haftet ein Gesellschafter, der aus der Gesellschaft ausscheidet, für alle bis bis dahin begründeten Gesellschaftsschulden, wenn sie vor Ablauf von fünf Jahren nach dem Ausscheiden fällig geworden und die Ansprüche gegen ihn gerichtlich geltend gemacht worden sind. Da das Ausscheiden eines BGB-Gesellschafters in keinem Register veröffentlicht wird, kann man als Zeitpunkt nur auf die Kenntnis des einzelnen Gläubigers vom Ausscheiden des BGB-Gesellschafters abstellen[35]. Dies führt zu dem mißlichen Ergebnis, daß die Ausschlußfristen bei allen Gläubigern zu unterschiedlichen Zeiten beginnen[36]. 962

---

[32] Theorie der Doppelverpflichtung, vgl. MünchKomm/Ulmer § 714 Rz. 20ff.
[33] OLG Hamm NJW 1985, 1846; MünchKomm/Ulmer, § 714 BGB Rz. 34; Soergel/Hadding, § 714 BGB Rz. 25; Staudinger/Keßler, § 714 BGB Rz. 13.
[34] BFH BStBl. 1990 II, 939 = NJW 1990, 3294 (abweichend Vorinstanz FG Bremen EFG 1989, 153).
[35] BGH DB 1992, 982 = GmbHR 1992, 613.
[36] Dazu Seibert DB 1994, 461, 464.

g) Gesellschafterwechsel

963   Der BGB-Gesellschaftsanteil ist grds. nicht frei übertragbar. Ein Gesellschafterwechsel kann durch Abtretung von dem Altgesellschafter auf den Neugesellschafter dann erfolgen[37], wenn der Gesellschaftsvertrag dies zuläßt oder alle übrigen Gesellschafter der Übertragung zustimmen[38]. Der Eintretende haftet mit seinem privaten Vermögen grds. nicht für die bei Eintritt bestehenden Verbindlichkeiten, da in den §§ 705 ff. BGB eine dem § 130 HGB entsprechende Vorschrift fehlt[39].

h) Kündigung

964   Nach der (nachgiebigen) Regelung des § 723 BGB kann jeder Gesellschafter die GbR **jederzeit** kündigen. Die gesetzlichen Kündigungsrechte sind in der Regel untragbar. Vertragsdauer und Kündigungsfristen müssen gesellschaftsvertraglich bestimmt werden.

965   Zwingend ist die Vorschrift des § 723 Abs. 3 BGB, nach welcher das Kündigungsrecht nicht ausgeschlossen oder unzulässig beschränkt werden darf. Unzulässige Beschränkungen können in Belastungen mit Austritts-, Abfindungszahlungen, Vertragsstrafen, auch ungenügender Abfindung im Fall des Ausscheidens liegen[40].

966   Eine Personengesellschaft kann nicht auf Lebenszeit eines Gesellschafters eingegangen werden. Bei Vorliegen einer solchen Regelung gilt die Gesellschaft als für unbestimmte Zeit geschlossen (§ 724 BGB, § 134 HGB). Die Vorschrift des § 724 BGB ist zwingend.

i) Tod eines Gesellschafters

aa) Gesetzliche Folgen des Todes eines Personengesellschafters

967   Die gesetzlichen Bestimmungen des BGB und des HGB sehen vor, daß beim Tod eines persönlich haftenden Gesellschafters die Gesellschaft aufgelöst wird, sofern sich nicht aus dem Gesellschaftsvertrag etwas anderes ergibt (§ 727 BGB, §§ 131 Ziff. 4, 161 Abs. 1 HGB). Die Auflösung erfolgt automatisch mit dem Tode, ohne daß es irgendwelcher Erklärungen der Mitgesellschafter oder Erben bedarf. Mit der Auflösung wird die Gesellschaft zur Liquidationsgesellschaft. Da mit der Auflösung der Gesellschaft deren bisheriger werbender Zweck endet und nunmehr der Gesellschaftszweck nur noch auf Liquidation gerichtet ist, könnte es bei der erbrechtlichen Folge verbleiben, daß der Alleinerbe oder mehrere Erben in Erbengemeinschaft Teilhaber der Liquidationsgesellschaft werden[41]. Dafür spricht auch die Bestimmung des § 146 Abs. 1 Satz 2 HGB.

---

[37] RG DNotZ 1944, 195.
[38] MünchHdb. GesR I/Piehler § 13 Rz. 59 ff.
[39] MünchHdb. GesR I/Gummert § 12 Rz. 37.
[40] RGZ 162, 388 (393); BGH NJW 1973, 651 (652); WM 1984, 1506; OLG Hamburg DB 1993, 1667.
[41] RGZ 106, 63 (65); Großkommentar zum HGB/Ulmer, § 131 HGB Rz. 92 f.; Schlegelberger/Geßler, § 131 HGB Rz. 23; Westermann, Handbuch I Rz. 612; Heymann/Emmerich, § 131 HGB Rz. 19; Baumbach/Hopt, § 131 HGB Rz. 19; Hueck, § 23 II 4 (S. 345); Lange/Kuchinke, § 5 VI 2 (S. 119); Kipp/Coing, § 91 IV 8 a) (S. 507).

Da der Erbe in die Rechtsposition des Erblassers einrückt, muß er diese Rechts- 968
position so hinnehmen, wie er sie vorfindet, also mit allen Bindungen, Beschränkungen und Verpflichtungen, die der Gesellschaftsvertrag vorschreibt[42]. Es ist mithin für die Betrachtung der Vererblichkeit eines Personengesellschaftsanteils zunächst vom Gesellschaftsvertrag und vom Gesellschaftsrecht auszugehen.

Bei mehreren Erben ist die Erbengemeinschaft Liquidationsgesellschafter[43]. Der 969
Gesellschaftsanteil des verstorbenen Gesellschafters bleibt in der Liquidationsgesellschaft ungeteilt. Daher haben die Miterben zur Ausübung ihrer Rechte einen gemeinsamen Vertreter zu bestellen.

Die Erben wie der Erblasser haften für die Schulden der Gesellschaft. Sie können 970
aber ihre Haftung für alle Verbindlichekeiten nach den allgemeinen erbrechtlichen Regeln beschränken (§§ 1967, 1975 BGB).

bb) Gesellschaftsvertraglich geregelte Folgen des Todes eines Gesellschafters

Das gesetzliche Modell ist regelmäßig unpraktikabel, wenn der Gesellschafts- 971
zweck über den Tod eines Gesellschafters hinaus fortgesetzt werden soll oder umfangreiches Betriebsvermögen vorhanden ist. Als Lösungen sind in der Praxis eine Reihe von Vertragsklauseln entworfen worden, die wegen der jeweils notwendigen Abstimmung zwischen Erbrecht und Gesellschaftsrecht nur von beider Rechtsmaterien kundigen Beratern formuliert werden sollten.

(1) Fortsetzungsklausel ohne Abfindung der Erben

Im Gesellschaftsvertrag kann vereinbart werden, daß die Gesellschaft beim Tod 972
eines Gesellschafters nicht aufgelöst, sondern von den überlebenden Gesellschaftern unter Ausschluß und ohne Abfindung der Erben fortgeführt wird (einfache Fortsetzungsklausel)[44]. Eine solche Fortsetzungsklausel läßt das Gesetz (§ 736 BGB, § 138 HGB) ausdrücklich zu. Rechtsfolge einer einfachen Fortsetzungsklausel ist, daß der Gesellschaftsanteil des verstorbenen Gesellschafters den übrigen Gesellschaftern anwächst (§ 738 Abs. 1 Satz 1 BGB), aufgrund gesellschaftsvertraglicher Vereinbarung, nicht aufgrund einer Erbfolge. Die verbliebenen Gesellschafter werden – am Erbrecht vorbei – Rechtsnachfolger des Gesellschaftsanteils. Die Erben haben nach § 738 Abs. 1 Satz 2 BGB einen Anspruch auf Zahlung des Abfindungsguthabens und Befreiung von den Gesellschaftsverbindlichkeiten.

Fehlt eine entsprechende Fortsetzungsklausel, so können alle Gesellschafter der 973
Liquidationsgesellschaft – also alle Erben im Namen der Erbengemeinschaft – durch einstimmigen Beschluß die Gesellschaft fortsetzen, solange die Liquidation noch nicht abgeschlossen ist. Dadurch wird die Liquidationsgesellschaft wieder in eine werbende Gesellschaft umgewandelt. Die Erben werden dann jedoch jeweils

---

[42] Insofern ist die These Marotzkes zutreffend, daß die Mitgliedschaft in einer OHG vererblich ist; vgl. Staudinger/Marotzke [1994] § 1922 Rz. 169ff. m. w. N. auch der Gegenansichten.
[43] BGH NJW 1982, 170f.; MünchHdb. GesR I/Klein § 14 Rz. 6.
[44] BGHZ 22, 186, 194; 98, 48, 56.

einzeln, nicht als Erbengemeinschaft, Gesellschafter dieser werbenden Personengesellschaft[45].

974 Ist eine solche Vereinbarung zu Gunsten und zu Lasten aller Gesellschafter getroffen, so liegt grundsätzlich ein synallagmatisches Rechtsgeschäft, mit gegenseitiger Leistungsverpflichtung vor, dem ein aleatorisches Element innewohnt (es hängt vom Zufall ab, welcher Gesellschafter zuerst verstirbt). Die gegenseitige Leistungsverpflichtung wird nur bei besonderen Umständen abzulehnen sein (z.B. tödliche Krankheit eines Gesellschafters im Zeitpunkt des Vertragsabschlusses). Daß es sich um ein synallagmatisches entgeltliches Rechtsgeschäft handelt, hat zivilrechtliche Folgen. Zivilrechtlich ist die Entgeltlichkeit im Hinblick auf Pflichtteilsergänzungsansprüche von Bedeutung, die nur bei unentgeltlichen Verfügungen des Erblassers entstehen.

975 Eine Fortsetzungsklausel ohne Abfindung der Erben wird regelmäßig nur bei Gesellschaften mit geringer Eigenkapitalquote zu empfehlen sein. Diese Gestaltung hat ihre Berechtigung, wenn das „Gesellschaftskapital" in erster Linie im „Know-How", in den Kenntnissen und Fähigkeiten der Gesellschafter besteht. Der Nachteil der einfachen Fortsetzungsklausel liegt darin, daß sie die Fortführung der Gesellschaft nicht auf Dauer gewährleistet, sondern zum Gesellschafterschwund führt.

(2) Fortsetzungsklausel mit Abfindung der Erben

976 Der Gesellschaftsvertrag kann bestimmen, daß beim Tod eines Gesellschafters die Gesellschaft nur mit den verbleibenden Gesellschaftern fortgesetzt wird, den Erben aber ein Abfindungsanspruch zusteht. Dieser Abfindungsanspruch fällt in den Nachlaß und steht im Falle einer Erbenmehrheit der Erbengemeinschaft zu. Auch insoweit ergeben sich aus dem Gesellschaftsrecht gegenüber den erbrechtlichen Folgen keine Besonderheiten. Die Regelung der Höhe der Abfindung der weichenden Erben unterliegt nicht denselben gesellschaftsrechtlichen Schranken wie die Abfindungsregelungen bei Kündigung eines Gesellschafters[46], da es jedem Gesellschafter freistehen muß, im Falle seines Todes auf Abfindungsansprüche zu Lasten seiner Erben und zu Gunsten der Gesellschaft zu verzichten[47].

(3) Gesellschaftsvertragliche Nachfolgeklauseln

977 § 727 BGB läßt ausdrücklich zu, daß der Gesellschaftsvertrag Nachfolgeklauseln enthält, womit gesellschaftsrechtlich Einfluß auf die Auswahl der Nachfolger genommen werden kann[48].

j) *Ausscheiden eines Gesellschafters*

978 Folge der Kündigung und des Todes eines Gesellschafters, wie auch des Konkurses eines Gesellschafters (§ 728 BGB) ist grundsätzlich die Auflösung der Gesell-

---

[45] Großkomm. HGB/Ulmer § 131 Rz. 94.
[46] Vgl. dazu auch Reimann, DNotZ 1992, 472, 487.
[47] Ebenso Reimann, ZEV 1994, 7ff.
[48] Einzelheiten unten Rz. 1030ff.

schaft. § 736 BGB ermöglicht die Verhinderung der Auflösung durch die gesellschaftsvertragliche Vereinbarung, daß ein Gesellschafter, der kündigt oder stirbt oder in Konkurs fällt, aus der Gesellschaft ausscheidet, und die übrigen Gesellschafter die Gesellschaft fortsetzen (Fortsetzungsklausel im Gesellschaftsvertrag).

Die Fortsetzungsklausel ist auch möglich für eine aus nur zwei Gesellschaftern bestehende GbR. Die Gesellschaft wird dann zwar aufgelöst, da die Gesellschaft zwei Gesellschafter voraussetzt. Die gesellschaftsvertragliche Ausscheidensregelung bedeutet die Vereinbarung eines Übernahmerechts durch den verbleibenden Gesellschafter. Seine Ausübung beendet die Gesellschaft ohne Liquidation. Das Gesellschaftsvermögen wächst dem Übernehmenden gemäß § 738 BGB an[49]. 979

k) Abfindung der Erben

Scheiden die Erben aufgrund einer einfachen Fortsetzungsklausel mit dem Tod eines Gesellschafters aus der Gesellschaft aus, so haben sie einen Abfindungsanspruch in Höhe des wirklichen Wertes der Beteiligung unter Berücksichtigung aller stillen Reserven und eines eventuellen Firmenwertes. 980

l) Abfindung eines ausscheidenden Gesellschafters

Die Vorschriften der §§ 738–740 BGB sehen eine vollwertige Abfindung ausscheidender Gesellschafter vor, also unter Berücksichtigung aller stillen Reserven und unter Beteiligung am Ergebnis schwebender Geschäfte. Von gemeinschaftlichen Verpflichtungen ist der ausscheidende Gesellschafter zu befreien; soweit sie noch nicht fällig sind, kann statt Befreiung Sicherheit geleistet werden. 981

Diese Regelungen sind unpraktikabel. Im Gesellschaftsvertrag müssen genauere Abfindungsbestimmungen getroffen werden, sowohl was die Höhe der Abfindung, die Beteiligung am Ergebnis schwebender Geschäfte, die Schuldenbefreiung und Sicherheitsleistung als auch die Zahlungsmodalitäten angeht[50].

2. Offene Handelsgesellschaft

a) Begriff, Gegenstand

Die offene Handelsgesellschaft (OHG) setzt wie die GbR die Personenverbindung zur Verfolgung eines gemeinsamen Zwecks voraus. 982

Dieser gemeinsame Zweck muß der „Betrieb eines Handelsgewerbes" sein, also eines vollkaufmännischen Unternehmens im Sinne der Vornahme von Geschäften gleicher Art in planmäßig fortgesetztem Zusammenhang. 983

Die OHG ist niemals Gelegenheitsgesellschaft; das unterscheidet sie ebenfalls von der GbR[51].

---

[49] OLG Celle, MDR 1978, 846; vgl. BGH 32, 307 (317); NJW 1966, 827; MünchKomm/Ulmer, § 736 BGB Rz. 6; Palandt/Thomas, § 736 BGB Rz. 3.
[50] Dazu D. Mayer, MittBayNot 1992, 1ff., 3ff.
[51] Großkomm. HGB/Ulmer, § 105 HGB Rz. 46.

984 Zum Wesen der OHG gehört weiter, daß der Betrieb des Handelsgewerbes „unter gemeinschaftlicher Firma" erfolgt. Firma ist der Name, unter dem die Gesellschaft ihre Geschäfte betreibt und auftritt[52].

985 Ein weiteres zwingendes Merkmal der OHG ist, daß die Haftung gegenüber den Gesellschaftsgläubigern bei keinem der Gesellschafter beschränkt sein darf; alle Gesellschafter müssen also unbeschränkt mit ihrem gesamten – auch privaten – Vermögen haften (§ 105 Abs. 1 HGB).

986 Die OHG kann aus einer GbR entstehen und sich auch umgekehrt in eine GbR verwandeln, ohne daß die Identität der Gesellschaft verändert wird und ohne daß es einer Umwandlung der Gesellschaftsform bedarf. Es ist nicht einmal notwendig, daß die Gesellschafter die Gesellschaft als OHG bezeichnen. Die Personengesellschaft ist bereits dann OHG, wenn sie die gesetzlichen Merkmale der OHG erfüllt. Ist das betriebene Gewerbe nur ein minderkaufmännisches, so kann die Gesellschaft nur GbR sein. Erreicht der Geschäftsumfang den eines vollkaufmännischen Handelsgewerbes, so wird die Gesellschaft OHG. Sinkt der Geschäftsumfang der OHG vom vollkaufmännischen Handelsgewerbe wieder zu einem minderkaufmännischen Gewerbe herab, so wird aus der OHG erneut eine GbR.

b) Anwendungsbereich

987 Der Betrieb eines Handelsgewerbes unter gemeinsamer Firma im Rahmen einer auf Dauer angelegten Gesellschaft, bei der alle Gesellschafter unbeschränkt haften, setzt ein enges Vertrauen zwischen den Gesellschaftern voraus. In keiner Gesellschaftsform kommt es in einem solchen Maß auf die Vertrauensgrundlage zwischen den Gesellschaftern an wie bei der OHG[53]. Der BGH bezeichnet die OHG in ihrem gesetzlichen Typus als „Arbeits- und Haftungsgemeinschaft"[54]. Die enge personale Verknüpfung der Gesellschafter in Verbindung mit ihrer unbeschränkten persönlichen Haftung zieht dem Anwendungsbereich der OHG Grenzen. Sachgerecht ist die Anwendung der Rechtsform der OHG nur, wenn
– der Kreis der Gesellschaft klein ist und dementsprechend das personale Band zwischen den Gesellschaftern eng sein kann,
– alle Gesellschafter, wenn auch möglicherweise in unterschiedlichem Umfang, aktiv an der Verwirklichung des gemeinsamen Zwecks der Gesellschaft – dem Betrieb des Handelsgewerbes – mitwirken. Das bedeutet nicht, daß alle Gesellschafter Geschäftsführer und Vertreter der Gesellschaft sein müssen. Der nicht an Geschäftsführung und Vertretung der Gesellschaft beteiligte Gesellschafter sollte aber nicht nur Kapitalgeber sein, sondern, aktiv an der Förderung des Gesellschaftszwecks beteiligt sein, und sei es auch nur, indem er mit der unbeschränkten Haftung den Kredit der Gesellschaft erweitert.

---

[52] Im einzelnen Rz. 993f.
[53] BGHZ 4, 108 (113); Großkomm. HGB/Ulmer, § 105 HGB Rz. 39.
[54] BGHZ 38, 306 (312).

Soll ein Gesellschafter von Geschäftsführung und Vertretung ausgeschlossen 988
sein und nur eine Kapitaleinlage zur Verfügung stellen, ist es grds. unangemessen,
ihn unbeschränkt haften zu lassen. In einem solchen Fall ist nicht die OHG, sondern die Rechtsform der Kommanditgesellschaft zu empfehlen. Dasselbe gilt bei einem großem Kreis von Gesellschaftern, die nicht alle an der Geschäftsführung und
Vertretung der Gesellschaft beteiligt sein können.

c) Gesellschafter

Gesellschafter der OHG können sowohl natürliche als auch juristische Personen 989
(Kapitalgesellschaften) sein. Daher kann auch in einer OHG, die Haftung einer na-
türlichen Person ausgeschlossen sein.
Beispiel:
Zwei GmbH gründen eine OHG.

Auch Personenhandelsgesellschaften (OHG, KG) (vgl. § 130a HGB) sind als
Gesellschafter einer OHG zulässig[55].

Gesellschafter einer OHG können nicht sein eine GbR, eine Stille Gesellschaft 990
(da sie Innengesellschaft ist und nur der Außengesellschafter in Erscheinung tritt),
eine Erbengemeinschaft, ein nicht rechtsfähiger Verein, eine allgemeine oder fortgesetzte Gütergemeinschaft[56].

Andererseits kann ein Gesellschafter Treuhänder für einen oder mehrere Treu- 991
geber sein. Allein der Treuhänder ist in diesem Fall Gesellschafter und Träger aller
Rechte und Pflichten aus dem Gesellschaftsvertrag. Der Treuhänder handelt auch
nicht als Vertreter des Treugebers, also nicht in dessen Namen, sondern nur nach
seinen Weisungen auf seine Rechnung[57].

Ein Minderjähriger bedarf zum Abschluß eines Gesellschaftsvertrages der vor- 992
mundschaftsgerichtlichen Genehmigung (§ 1822 Ziff. 3 BGB), und zwar auch
dann, wenn er durch seine Eltern vertreten wird (§ 1643 Abs. 1 BGB)[58].

d) Firma

Die Firma einer neu errichteten OHG muß den Namen wenigstens eines der Ge- 993
sellschafter mit einem das Vorhandensein der Gesellschaft andeutenden Zusatz

---

[55] Großkomm. HGB/Ulmer, § 105 HGB Rz. 94; Hueck, § 2 3a) (S. 22); Schlegelberger/
Geßler, § 105 HGB Rz. 27; Heymann/Emmerich, § 105 HGB Rz. 45; Baumbach/Hopt,
§ 105 HGB Rz. 28; Westermann, Handbuch I, Rz. 118.
[56] Großkomm. HGB/Ulmer, § 105 HGB Rz. 96ff.; Heymann/Emmerich, § 105 HGB
Rz. 46; Hueck, a.a.O., § 2 3 b)-e) (S. 23f.); Westermann, Handbuch I, Rz. 119ff.; Baum-
bach/Hopt, § 105 HGB Rz. 29; für Erbengemeinschaft BGHZ 22, 186 (192); 58, 316 (317);
BGH NJW 1983, 2376 (2377).
[57] BGHZ 10, 44 (49); Großkomm. HGB/Ulmer, § 105 HGB Rz. 102ff.; Heymann/Emme-
rich, § 105 HGB Rz. 47ff.; Hueck a.a.O., § 2 4 (S. 25); Westermann, a.a.O., Rz. 113ff.;
Schlegelberger/Geßler, § 105 HGB Rz. 23; Baumbach/Hopt, § 105 HGB Rz. 31.
[58] Zur Vertretungsverhinderung der Eltern oder des Vormunds, wenn diese selbst Gesellschafter sind, s. oben Rz. 764ff.

oder die Namen aller Gesellschafter enthalten (§ 19 Abs. 1 HGB). Eine bestehende Personenfirma kann fortgeführt werden, insbesondere die Firma eines bisherigen Einzelunternehmens bei Aufnahme eines Gesellschafters (§ 24 Abs. 1 HGB).

994 Die OHG kann – ohne juristische Person zu sein – unter ihrer Firma selbst Rechte erwerben und Verbindlichkeiten eingehen (§ 124 HGB). Damit nähert sich die OHG der rechtlichen Stellung einer juristischen Person weitgehend an.

e) Wettbewerbsverbot

995 Die Gesellschafter der OHG unterliegen dem gesetzlichen Wettbewerbsverbot des § 112 HGB. Dieses Wettbewerbsverbot steht nicht im Widerspruch zur kartellrechtlichen zwingenden Vorschrift des § 1 GWB[59].

f) Geschäftsführung

996 Bei den Personengesellschaften ist das Innenverhältnis zwischen den Gesellschaftern und das Außenverhältnis zu Dritten zu unterscheiden.

Die Geschäftsführung betrifft das Innenverhältnis der Gesellschafter zueinander. Grundsätzlich sind gemäß § 114 HGB alle Gesellschafter zur Geschäftsführung berechtigt und verpflichtet. Einzelne Gesellschafter können von der Geschäftsführung ausgeschlossen sein (§ 114 Abs. 2 HGB).

997 Grundsätzlich besteht Einzelgeschäftsführungsbefugnis mit Widerspruchsrecht der anderen geschäftsführenden Gesellschafter (§ 115 Abs. 1 HGB). Jedoch kann Gesamtgeschäftsführung gesellschaftsvertraglich vereinbart werden (§ 115 Abs. 2 HGB).

998 Die Geschäftsführungsbefugnis deckt nur die gewöhnlichen Handelsgeschäfte der Gesellschaft; außergewöhnliche Geschäfte bedürfen eines Gesellschafterbeschlusses (§ 116 Abs. 1, 2 HGB)[60].

g) Vertretung

999 Zur Vertretung der Gesellschaft ist grundsätzlich jeder Gesellschafter berechtigt, sofern er nicht durch Gesellschaftsvertrag von der Vertretung ausgeschlossen ist. Die gesetzliche Regelung sieht Einzelvertretungsmacht vor (§ 125 Abs. 1 HGB). Gesamtvertretung kann gesellschaftsvertraglich vereinbart werden (§ 125 Abs. 2 HGB).

1000 Die Vertretungsmacht erstreckt sich auf alle gerichtlichen und außergerichtlichen Geschäfte und Rechtshandlungen. Diese gesetzliche Vertretungsmacht kann Dritten gegenüber nicht beschränkt werden (§ 126 Abs. 1, 2 HGB).

1001 Die gesetzliche Regelung entspricht der regelmäßigen Interessenlage. Da die OHG eine auf einem engen Vertrauensverhältnis der Gesellschafter beruhende Arbeits- und Haftungsgemeinschaft ist, sollte sie als Rechtsform nur verwandt werden, wenn alle Gesellschafter auch an Geschäftsführung und Vertretung mitwir-

---

[59] BGH WM 1978, 320 (321f.).
[60] Dazu unten Rz. 1002 ff.

ken. Die notwendige Beweglichkeit in Geschäftsführung und Vertretung läßt regelmäßig die Einzelgeschäftsführung und -vertretung als zweckmäßig erscheinen. Sollen einzelne Gesellschafter von Geschäftsführung und Vertretung ausgeschlossen sein und stellt ihre unbeschränkte persönliche Haftung nicht einen wesentlichen Beitrag zur Förderung des Gesellschaftszwecks dar, so ist für sie die Rechtsstellung eines Kommanditisten angemessener. Grundsätzlich ist es unzumutbar, einen an Geschäftsführung und Vertretung nicht beteiligten Gesellschafter für Geschäftsführungs- und Vertretungshandlungen der anderen unbeschränkt haften zu lassen.

h) Gesellschafterbeschlüsse

Grundsätzlich müssen an der Beschlußfassung alle Gesellschafter mitwirken. Die wirksame Beschlußfassung bedarf der Einstimmigkeit (§ 119 Abs. 1 HGB). An dieser gesetzlichen Bestimmung zeigt sich die enge personale Vertrauensgrundlage der OHG. 1002

Der Gesellschaftsvertrag kann aber in Abweichung von der gesetzlichen Regelung die Beschlußfassung durch Stimmenmehrheit zulassen. Die Mehrheit der Stimmen wird im Zweifel nicht nach Kapitalanteilen, sondern nach der Zahl der Gesellschafter berechnet (§ 119 Abs. 2 HGB). 1003

Werden gesellschaftsvertraglich Mehrheitsbeschlußfassungen zugelassen, so kann auch bestimmt werden, daß der Gesellschaftsvertrag mit Stimmenmehrheit geändert werden kann. Die Ermöglichung von Gesellschaftsvertragsänderungen hat Grenzen: 1004
– Es darf kein Eingriff in den „Kernbereich" der Gesellschafterpositionen, insbesondere kein rückwirkender Entzug erworbener Rechte erfolgen,
– bei Vertragsänderungen mit ungewöhnlichem Inhalt muß sich der Beschlußgegenstand unzweideutig aus dem Gesellschaftsvertrag ergeben (Bestimmtheitsgrundsatz)[61].

Die gesetzliche Regelung des § 119 HGB erweist sich in der Praxis als zu schwerfällig und unpraktikabel. Das gilt sowohl für das Prinzip der Einstimmigkeit als auch die Berechnung der Mehrheit der Stimmen nach Köpfen. Daher wird meist vom Einstimmigkeitsprinzip abgewichen und die Berechnung der Stimmenmehrheit nach Kapitalanteilen bestimmt, wobei die Kapitalanteile fixiert werden. Das Einstimmigkeitspostulat kann die Gesellschaft in notwendigen, wenn auch außergewöhnlichen Entscheidungen lähmen. Wie weit man bei der Auflockerung des Einstimmigkeitsprinzips gehen kann, ist eine Frage der Interessenlage des Einzelfalls und auch des vorhandenen Vertrauens. Wenn sich auch meist das Abgehen vom Einstimmigkeitsprinzip als notwendig und zweckmäßig erweist, so muß die Handhabung der Möglichkeit des Überstimmens einer Minderheit wegen des Erhalts des notwendigen Vertrauens doch sehr behutsam erfolgen. 1005

---

[61] BGH NJW 1985, 974; BGHZ 85, 350 (356); Baumbach/Hopt, § 119 HGB Rz. 37.

1006 Gesellschafterbeschlüsse innerhalb der OHG haben vor allem die Vornahme außergewöhnlicher Geschäfte zum Gegenstand (§ 116 Abs. 2 HGB). Der Beschlußfassung der Gesellschafter unterliegen aber auch Änderungen des Gesellschaftsvertrages sowie die Auflösung der Gesellschaft (§ 131 Ziff. 2 HGB).

i) Buchführung und Jahresabschluß

1007 Die Buchführungs- und Bilanzierungspflichten ergeben sich seit Inkrafttreten des Bilanzrichtliniengesetzes vom 19. 12. 1985[62] aus dem Dritten Buch des HGB „Handelsbücher", mit dem die §§ 238 bis 339 HGB neu eingefügt wurden.

1008 Für die OHG gelten die Bestimmungen des Ersten Abschnitts (§§ 238 bis 263 HGB), denen alle Kaufleute unterliegen. Diese enthalten genauere Vorschriften über Buchführung, Jahresabschluß, Bewertung und Aufbewahrung von Unterlagen.

1009 § 238 HGB schreibt für die OHG wie für jeden Kaufmann Buchführung derart vor, daß aus den Büchern die Handelsgeschäfte und die Vermögenslage ersichtlich sind. Dabei bezieht sich § 238 Abs. 1 HGB auf die „Grundsätze ordnungsmäßiger Buchführung" (GoB), denen damit zentrale Bedeutung zukommt. Über die GoB im einzelnen spricht sich das Gesetz nicht aus. Jedenfalls ist heute doppelte Buchführung erforderlich; einfache Buchführung kann für kaufmännische Unternehmen nicht genügen[63].

1010 § 242 HGB ordnet ausdrücklich die Aufstellung eines aus Bilanz und Erfolgsrechnung bestehenden Jahresabschlusses an. Das Postulat der Bilanzklarheit ist in § 243 Abs. 2 HGB gesetzlich verankert. Eine Frist zur Aufstellung des Jahresabschlusses schreibt das Gesetz für Personenunternehmen nicht vor. § 243 Abs. 3 HGB besagt nur, daß der Jahresabschluß innerhalb der einem ordnungsmäßigen Geschäftsgang entsprechenden Zeit aufzustellen sei. Es dürfte die für „kleine" Kapitalgesellschaften laut § 264 Abs. 1 Satz 3 HGB bestimmte Sechsmonatsfrist entsprechend gelten[64].

Für die Bilanzierung gilt nicht nur das schon erwähnte Postulat der Bilanzwahrheit und -klarheit, § 243 Abs. 2 HGB. § 246 HGB enthält das Gebot der Vollständigkeit der Bilanzansätze und das Verbot der Verrechnung von Posten der Aktivseite mit Posten der Passivseite der Bilanz, von Aufwendungen mit Erträgen in der Erfolgsrechnung und von Grundstücksrechten mit Grundstückslasten.

1011 Nach § 247 Abs. 3 HGB dürfen der steuerlich „für Zwecke der Steuern vom Einkommen und vom Ertrag" zulässige Passivposten auch in der Handelsbilanz gebildet werden; dort sind sie als „Sonderposten mit Rücklageanteil" auszuweisen. Es soll insoweit die Gleichheit mit der Steuerbilanz ermöglicht werden.

1012 Neben bestimmten Bilanzierungsverboten und Vorschriften über Rückstellungen und Rechnungsabgrenzungsposten ordnet § 251 HGB an, daß unter der Bilanz

---

[62] BGBl. 1985 I, 2355.
[63] Baumbach/Hopt, § 238 HGB Rz. 12.
[64] Baumbach/Hopt, § 243 HGB Rz. 10.

nicht bilanzierte Eventualverbindlichkeiten aus Wechseln, Bürgschaften, Gewährleistungsverträgen oder Sicherheitsleistungen zu vermerken sind.

§ 252 HGB legt allgemeine Bewertungsgrundsätze fest, die für ordnungsgemäße Bilanzierung gelten: 1013
- Bei der Bewertung ist von der Fortführung der Unternehmenstätigkeit auszugehen (sog. Going-concern-Prinzip, Abs. 1 Nr. 2).
- Es gilt das Prinzip der Bilanzkontinuität. Wertansätze zu Beginn des neuen Geschäftsjahres müssen mit denen der Schlußbilanz des vorangegangenen Geschäftsjahres übereinstimmen (Abs. 1 Nr. 1). Die Bewertungsmethoden sollen beibehalten werden (Abs. 1 Nr. 6).
- Es ist vorsichtig zu bewerten (Abs. 1 Nr. 4). Das bedeutet insbesondere die Anwendung des sog. Imparitätsprinzips[65], d.h.: Der Ausweis nichtrealisierter Gewinne ist nicht zulässig, dagegen muß der Ausweis nicht realisierter Verluste erfolgen.
- Schließlich gilt der Grundsatz der Einzelbewertung der Vermögensgegenstände und Schulden (Abs. 1 Nr. 3).

Gemäß § 255 HGB sind in der Bilanz die Vermögensgegenstände nach Anschaffungs- und Herstellungskosten zu bewerten. § 254 HGB ermöglicht es, Abschreibungen auf Vermögensgegenstände des Anlage- oder Umlaufvermögens auch vorzunehmen, wenn diese Abschreibungen nur steuerrechtlich zulässig sind. Auch insoweit soll die Gleichheit zwischen Handelsbilanz und Steuerbilanz gewährleistet werden.

Ein selbst geschaffener „originärer" Firmen- oder Geschäftswert darf nie aktiviert werden[66]. Nach § 255 Abs. 4 HGB darf ein erworbener „derivativer" Firmen- oder Geschäftswert aktiviert werden. Er ist innerhalb von fünf Jahren (in jedem folgenden Geschäftsjahr zu mindestens einem Viertel) abzuschreiben. Laut § 255 Abs. 4 Satz 3 HGB kann die Abschreibung aber auch planmäßig auf den voraussichtlichen Nutzungszeitraum verteilt werden. 1014

Steuerrechtlich beträgt die gewöhnliche Nutzungsdauer des Geschäfts- oder Firmenwerts 15 Jahre (§ 7 Abs. 1 Satz 3 EStG)[67].

j) Errichtung und Feststellung des Jahresabschlusses

Im Zusammenhang mit dem Jahresabschluß ist stets zwischen seiner „Errichtung" oder „Aufstellung" einerseits und seiner Feststellung andererseits zu unterscheiden. Die Aufstellung des Jahresabschlusses bedeutet seine Vorbereitung bis zur Feststellungsreife. Sie gehört in den Kreis der gewöhnlichen Geschäftsführer-Aufgaben[68]. Dagegen betrifft die Feststellung des Jahresabschlusses im Hinblick auf die unbeschränkte persönliche Haftung aller Gesellschafter in der OHG (an- 1015

---

[65] Baumbach/Hopt, § 252 HGB Rz. 11.
[66] H. L., s. Baumbach/Hopt, § 255 HGB Rz. 23.
[67] Dazu Buch II Rz. 490.
[68] Baumbach/Hopt, § 116 HGB Rz. 1.

ders in der normalen KG) das Gesellschaftsverhältnis („Grundlagengeschäft"), welches einen Beschluß sämtlicher Gesellschafter erfordert[69].

1016 Nach § 245 Satz 2 HGB haben alle persönlich haftenden Gesellschafter den Jahresabschluß zu unterzeichnen. Dies bedeutet aber nur eine öffentlich-rechtliche Pflicht. Die Unterschrift aller persönlich haftender Gesellschafter ist nicht Voraussetzung für die Wirksamkeit des festgestellten Jahresabschlusses.

1017 In vielen Personengesellschaftsverträgen wird bestimmt, daß die Handelsbilanz mit der Steuerbilanz übereinstimmen soll und daß Änderungen der Steuerbilanz, insbesondere aufgrund einer steuerlichen Außenprüfung, automatisch Berichtigungen der Handelsbilanz darstellen. Eine solche Kopplungsvorschrift ist nur im Einzelfall sinnvoll und häufig zweifelhaft: Es kann ein begründetes Interesse daran bestehen, grundsätzlich nur eine Handelsbilanz zu erstellen. Steuerlich vorgeschriebene Zurechnungen und Abrechnungen sind dann gesondert auszuweisen. Nur in der Steuerbilanz zugerechnetes notwendiges Betriebsvermögen einzelner Gesellschafter hat in der Handelsbilanz nichts zu suchen. Die steuerlichen Vorschriften lassen Sonderrechtsverhältnisse zwischen Gesellschaft und den einzelnen Gesellschaftern außer Acht: Geschäftsführungsvergütungen, von der Gesellschaft an Gesellschafter geschuldete Darlehenszinsen, Mieten, werden dem steuerlichen Gewinn zugerechnet und der Anspruch des berechtigten Gesellschafters nur bei der Gewinnverteilung berücksichtigt. Im handelsrechtlichen Jahresabschluß sollten die Vergütungen als Aufwand berücksichtigt sein. Auch aus betriebsverfassungsrechtlichen Gründen (vgl. §§ 106, 108 BetrVG) kann die Trennung der Handelsbilanz von der Steuerbilanz zweckmäßig und geboten sein, um nicht Jahresergebnisse ausweisen und erläutern zu müssen, deren Höhe sich nur aus steuerlichen Zurechnungsvorschriften ergibt, der wirklichen wirtschaftlichen Lage aber nicht Rechnung trägt.

Zwar führt die getrennte Bilanzierung zu gewissem Mehraufwand, der kleineren Unternehmen häufig lästig ist (steuerliche Ergänzungsbilanzen und ggf. Erfolgsrechnungen). Aus den dargelegten Gründen ist eine Erörterung dieser Frage und ihre Klärung mit dem Steuerberater der Gesellschaft aber für jeden Einzelfall geboten.

k) Verteilung von Gewinn und Verlust, Entnahmen

1018 Gemäß § 121 BGB stehen jedem Gesellschafter vorab vom Jahresgewinn, sofern dieser reicht, 4 % seines Kapitalanteils zu. Mit diesem Vorzugsgewinnanteil wird den Gesellschaftern eine besondere Vergütung für ihre Kapitalbeteiligung gewährt[70]. Der Restgewinn wird gemäß § 121 Abs. 3 HGB unter die Gesellschafter nach Köpfen verteilt. § 120 HGB schreibt vor, daß der den Gesellschaftern gebührende Gewinnanteil ihren jeweiligen Kapitalanteilen zugeschrieben wird.

---

[69] BGHZ 76, 338 (342); Baumbach/Hopt, § 116 HGB Rz. 3.
[70] Heymann/Emmerich, § 121 Rz. 2.

Die gesetzlichen Bestimmungen sind in der Regel unzweckmäßig. Es empfiehlt sich die Kapitalbeteiligung (Vermögenseinlagen) der Gesellschafter zu fixieren. Die Festsetzung sollte nach dem betriebswirtschaftlich benötigten Eigenkapital der Gesellschaft erfolgen. Gewinn- und Verlustanteile wie Entnahmen sollten auf Sonderkonten verbucht werden. Die Ergebnisverteilung sollte derart erfolgen, daß zu Lasten des Aufwandes der Gesellschaft Geschäftsführungsvergütungen und Sonderkonten-(Darlehenskonten-)Zinsen dotiert werden; der danach verbleibende eigentliche Gewinn oder Verlust sollte auf die Gesellschafter nach dem Verhältnis ihrer Vermögenseinlagen (Kapitalkonten) zueinander entfallen. 1019

Nach § 122 Abs. 1 HGB können die Gesellschafter der Gesellschaftskasse jeweils 4 % ihrer für das letzte Geschäftsjahr festgestellten Kapitalanteile entnehmen. Im übrigen sind sie zur Entnahme ihrer Gewinnanteile befugt, „soweit es nicht zum offenbaren Schaden der Gesellschaft gereicht". 1020

Auch diese Vorschrift ist unter heutigen Verhältnissen unzureichend. Kein Unternehmen kann es sich betriebswirtschaftlich leisten, die nach dem Jahresabschluß erwirtschafteten Gewinne voll auszuschütten. Über die Frage, was der Gesellschaft zu „offenbarem Schaden" gereicht, wird es regelmäßig Meinungsverschiedenheiten geben.

Aus diesem Grunde sollten die Bestimmungen über die Entnahmen der Gesellschafter im Gesellschaftsvertrag klar gefaßt sein. Auch sollte sichergestellt werden, daß ein bestimmter Anteil des Gewinns der Gesellschaft verbleibt.

l) Dauer der Gesellschaft, Kündigung

Eine Personenhandelsgesellschaft ist grds. auf Dauer angelegt. Das Gesetz (HGB und BGB) enthält keine besonderen Bestimmungen über die Gesellschaftsdauer. Den §§ 131 ff. HGB und §§ 723 ff. BGB ist nur zu entnehmen, daß die Gesellschaft auf bestimmte und auf unbestimmte Zeit vereinbart werden kann. 1021

Bei einer Personenhandelsgesellschaft empfiehlt es sich, eine gewisse bestimmte Gesellschaftsdauer durch Ausschluß vorheriger Kündigungen vorzusehen. Der Anlauf eines Gesellschaftsunternehmens muß in Ruhe erfolgen können. In der Anlaufzeit darf über der Gesellschaft nicht das Damokles-Schwert einer Gesellschafterkündigung hängen. Auch für die Folgezeit ist zu überlegen, ob nicht Vertragsperioden vereinbart werden sollten. 1022

Andererseits sollten die Vertragsperioden nicht zu sehr ausgedehnt werden. So erscheint eine zehnjährige Vertragsperiode – auch als Anfangszeit – zu lang, weil sich in zehn Jahren veränderte Situationen ergeben können, die eine Kündigung als geboten erscheinen lassen können.

Die Vorschriften des BGB über die GbR sehen „jederzeitige" Kündigung vor (§ 723 Abs. 1 Satz 1 BGB). Das ist für eine Personengesellschaft als Dauergesellschaft untragbar. Für die Personenhandelsgesellschaften bestimmt § 132 HGB, daß bei einer auf unbestimmte Zeit vereinbarten Gesellschaft zum Schluß eines jeden Geschäftsjahres unter Innehaltung einer Kündigungsfrist von sechs Monaten gekündigt werden kann. 1023

Ob zum Schluß eines jeden Geschäftsjahres gekündigt werden kann, ist eine Frage der Gesellschaftsdauer. Die Zulässigkeit einer Kündigung nur zum Schluß eines Geschäftsjahres ist zwar nicht zwingend, aber zweckmäßig. Zu regeln ist die Kündigungsfrist. In aller Regel ist die vom Gesetz vorgesehene sechsmonatige Kündigungsfrist zu kurz. Die unten noch zu erörternden Kündigungsfolgen zwingen die verbleibenden Gesellschafter und die Geschäftsführung der Gesellschaft zu überaus wichtigen Überlegungen und Entscheidungen, regelmäßig insbesondere bezüglich der Weiterfinanzierung des Gesellschaftsgeschäfts. In der Regel sollten Kündigungsfristen von einem Jahr, jedenfalls nicht unter neun Monaten vorgesehen werden.

1024 Über die Form der Kündigung spricht sich das HGB nicht aus. Eine Kündigung kann demnach formfrei, auch mündlich, erfolgen. Auch diese Regelung ist für die Praxis nicht tragbar, und zwar nicht nur aus Beweisgründen, sondern auch aus Gründen der Rechtssicherheit. Es kommt vor, daß bei der Diskussion von (gelegentlich unvermeidbaren) Meinungsverschiedenheiten Äußerungen fallen, die von den Erklärungsempfängern als Kündigung interpretiert werden, aber in diesem Sinne gar nicht gemeint sind.

Es sollte deshalb im Gesellschaftsvertrag stets mindestens schriftliche Kündigung vorgeschrieben werden. Die Schriftform schützt darüber hinaus den Erklärenden vor spontanen Äußerungen. Da es für den Zeitpunkt der Kündigung auf deren Zugang ankommt, ist die Bestimmung zweckmäßig, daß die Kündigung durch Einschreiben gegen Rückschein erfolgen muß.

1025 Die Kündigung ist an die anderen Gesellschafter, nicht an die Gesellschaft zu richten. Abweichendes kann allerdings vereinbart werden. Das ist insbesondere dann zweckmäßig, wenn die Gesellschaft aus einer großen Anzahl von Gesellschaftern besteht, denen allen einzeln zu kündigen unverhältnismäßigen Aufwand bedeutet und das Risiko höchst unterschiedlicher Zugangszeiten beinhaltet.

1026 Wie im Falle der GbR gilt eine auf Lebenszeit eines Gesellschafters eingegangene Gesellschaft als auf unbestimmte Zeit vereinbart (§ 134 HGB, § 724 BGB).

1027 Bei Auflösung der Gesellschaft ist § 159 HGB, bei Ausscheiden § 160 HGB zu beachten. Die Vorschriften regeln die Nachhaftung der Gesellschafter, die nach § 159 HGB fünf Jahre nach Eintragung im Handelsregister verjährt und nach § 160 HGB fünf Jahre nach Eintragung des Ausscheidens endet[71].

m) Rechtsfolgen von Kündigung, Tod, Konkurs eines Gesellschafters

1028 Kündigung, Tod oder Konkurs eines Gesellschafters führen gemäß § 131 Ziff. 4–6 HGB zur Auflösung der Gesellschaft[72].

---

[71] Dazu Seibert DB 1994, 481.
[72] Nach dem Referentenentwurf eines Handelsrechtsreformgesetzes soll dieser Grundsatz künftig bei allen bisherigen Auflösungsgründen, die in der Person eines Gesellschafters liegen, umgekehrt werden. Die Gesellschaft wird dann also festgesetzt, sofern der Gesellschaftsvertrag nichts Abweichendes regelt oder die Gesellschafter einen Auflösungsbeschluß fassen. ZIP 1996, 1485 (1488ff.).

Diese Folge soll und muß regelmäßig vermieden werden. Die Zerschlagung eines Gesellschaftsunternehmens durch Liquidation vernichtet Werte, an deren Erhalt ein allgemeines Interesse wie ein besonderes Interesse der Gesellschafter besteht.

Die gesetzliche Auflösungsfolge ist abdingbar (vgl. § 138 HGB). Davon ist regelmäßig Gebrauch zu machen[73].

Eine andere Frage ist, welchen Inhalt die vertraglichen Bestimmungen über die Abdingung der Auflösungsfolge haben sollen. Vielfach lautet die Bestimmung in Gesellschaftsverträgen einfach dahin, daß in den Fällen der Kündigung, des Todes oder des Konkurses eines Gesellschafters die Gesellschaft mit den anderen Gesellschaftern fortgesetzt wird[74]. 1029

Diese einfache Fortsetzungsklausel birgt Gefahren: Die Automatik der Ausscheidensfolge kann für die Gesellschafter und die Gesellschaft unüberwindliche Liquiditätsprobleme mit sich bringen, wenn Vollwertabfindungen vereinbart werden oder der ausscheidende Gesellschafter hoch beteiligt ist. Daher sollte im Gesellschaftsvertrag zwar grundsätzlich die Ausscheidensfolge vorgesehen, den verbleibenden Gesellschaftern aber ein befristetes Recht zur Ablehnung der Fortsetzung der Gesellschaft gewährt werden, mit der Folge, daß dann doch Auflösung der Gesellschaft und ihre Liquidation eintritt, wenn die verbleibenden Gesellschafter von dem Ablehnungsrecht Gebrauch machen.

n) *Gesellschaftsvertragliche Nachfolgeklauseln bei Tod eines Gesellschafters*[75]

aa) Allgemeines

§ 131 Ziff. 4 HGB läßt ausdrücklich zu, daß der Gesellschaftsvertrag Nachfolgeklauseln enthält[76]. Gesellschaftsvertragliche Nachfolgeklauseln sind im Zweifel dahin auszulegen, daß sie die gesellschaftsrechtliche Nachfolge mit Erben oder Vermächtnisnehmern ermöglichen[77]. Sie werden als „erbrechtliche" Nachfolgeklauseln bezeichnet[78]. Nachfolgeklauseln, mit denen die rechtsgeschäftliche Zuwendung des Gesellschaftsanteils an einen Dritten gewollt ist, sind, wenn der Dritte an der Vereinbarung nicht selbst beteiligt ist, unwirksam und ggf. in eine Eintrittsklausel umzudeuten. 1030

Die zwingende Vorschrift des § 139 HGB gewährt dem Erben eines verstorbenen persönlich haftenden Gesellschafters das Recht, sein Verbleiben in der Gesellschaft davon abhängig zu machen, daß ihm die Rechtsstellung eines Kommanditi- 1031

---

[73] Einzelheiten Rz. 971 ff.
[74] Siehe Rz. 972.
[75] Zu den einfachen Fortsetzungsklauseln oben Rz. 972 ff.
[76] BGHZ 68, 225 ff.; BGH NJW 1978, 264 ff.; Karsten Schmidt, Gesellschaftsrecht, § 45 V 3 (S. 1100 ff.); ders. BB 1989, 1702 ff.; Kübler, Gesellschaftsrecht, § 7 VII (S. 83 ff.); Ulmer, BB 1977, 805 ff.; Tiedau, MDR 1978, 353 ff.; Göbel, DNotZ 1979, 133 ff.; Michalski, Beilage 5 zu DB 1980, 1 ff.
[77] Siegmann NJW 1995, 481 (484).
[78] Zu den Pflichtteilsrechten bei gesellschaftsvertraglichen Nachfolgeregelungen Münch-Hdb. GesR I/Klein § 74 Rz. 26 ff.

sten eingeräumt wird. Nehmen die verbleibenden Gesellschafter einen dahingehenden Antrag des Erben nicht an, so kann dieser ohne Einhaltung einer Kündigungsfrist sein Ausscheiden aus der Gesellschaft erklären (§ 139 Abs. 2 HGB).

1032 Nehmen die verbleibenden Gesellschafter den Antrag des Erben an, so wandelt sich die OHG in eine KG um. Gleiches geschieht, wenn schon der Gesellschaftsvertrag vorsieht, daß die Erben eines persönlich haftenden Gesellschafters Kommanditisten werden. Um die Frage der Geltendmachung des Rechts der Erben zu § 139 HGB zu klären, ist eine dahingehende Bestimmung des Gesellschaftsvertrages in der Regel zweckmäßig[79]. Es muß dabei bedacht werden, daß aber auch eine Kommanditgesellschaft nur weiterbestehen kann, wenn wenigstens ein persönlich haftender Gesellschafter verbleibt. Besteht das Risiko, daß die Beerbung der Gesellschafter in engen Zeiträumen eintreten kann, z.B. weil nur wenige Gesellschafter vorhanden sind, die alle im gleichen Alter stehen, sollte eine Regelung vorgesehen werden, die die Zwangsauflösung einer entstehenden oder entstandenen KG wegen Fehlens eines persönlich haftenden Gesellschafters verhindert, z.B. durch rechtzeitige Gründung einer GmbH als persönlich haftende Gesellschafterin.

bb) Einfache Nachfolgeklauseln

1033 Die einfachste Nachfolgeklausel ist die Bestimmung im Gesellschaftsvertrag, daß die Gesellschaft im Falle des Todes eines Gesellschafters mit dem oder den, d.h. allen Erben eines Gesellschafters fortgesetzt wird. Eine solche Klausel entspricht der gesetzlichen Regelung beim Tode eines Kommanditisten (§ 177 HGB).

1034 Sind mehrere Erben vorhanden, so ergibt sich ein bedeutsamer Unterschied zum erbrechtlichen Prinzip des Erwerbs durch eine gesamthänderisch verbundene Erbengemeinschaft. Nach herrschender Lehre tritt bei Beerbung eines Personengesellschafters durch mehrere Erben an die Stelle des verstorbenen Gesellschafters nicht die gesamthänderisch verbundene Erbengemeinschaft, sondern jeder einzelne Erbe als Einzelrechtsnachfolger in Höhe seines Erbteils, sog. Sondererbfolge[80].

1035 Wegen der inzwischen unstreitigen Sondererbfolge im Personengesellschaftsrecht ist umstritten, ob vererbte Personengesellschaftsbeteiligungen überhaupt noch zum Nachlaß gehören. Die Frage ist zu bejahen[81]. Werden im Rahmen gesell-

---

[79] Dazu auch Karsten Schmidt, BB 1989, 1702.
[80] Ständige Rechtsprechung des BGH: BGHZ 22, 186 (191f.); 68, 225 (237); 91, 132, (135); BGH NJW 1986, 2431 (2432); NJW 1983, 2376 (2377); Großkomm. HGB/Schilling, § 177 HGB Anm. 15; Schlegelberger/Karsten Schmidt, § 177 HGB Rz. 12; Karsten Schmidt, Gesellschaftsrecht, § 45 V 3 a) (S. 1101f.); Kübler, Gesellschaftsrecht, § 7 VII 3a) (S. 85); Baumbach/Hopt, § 139 HGB Rz. 14; Behrens, OHG und erbrechtliche Nachfolge (1969); Säcker, Gesellschaftsrechtliche und erbrechtliche Nachfolge in Gesamthandsmitgliedschaften (1970); Ulmer, Gesellschafternachfolge und Erbrecht, ZGR 1972, 195 und 324.
[81] BGH NJW 1983, 2376 (2377) (IV. [Erbrechts-]Zivilsenat); NJW 1986, 2431 (2432); Karsten Schmidt, Gesellschaftsrecht, § 45 V 3 c) (S. 1104f.); Esch, NJW 1984, 339ff.; Damrau, NJW 1984, 2785 (2787); Siegmann, NJW 1995, 481 (484); **a.A.:** BGHZ 1987, 880 (II. [Gesellschaftsrechts-] Zivilsenat); Ulmer, NJW 1984, 1496 (1497ff.); Baumbach/Hopt, § 139 HGB Rz. 14.

schaftsvertraglicher Nachfolgeklauseln Personengesellschaftsbeteiligungen vererblich gestellt, wie sie es bei Kommanditbeteiligungen gemäß § 177 HGB ohnehin sind, so ist der Erwerb der Personengesellschaftsanteile ein erbrechtlicher und nicht ein gesellschaftsrechtlicher: Die Nachfolgeklauseln ermöglichen nur gesellschaftsrechtlich den Erwerb aufgrund Erbrechts. Dann kann kein Zweifel daran bestehen, daß die vererbten Personengesellschaftsanteile als Teil des Erblasservermögens zu seinem Nachlaß gehören[82].

cc) Qualifizierte Nachfolgeklauseln

Eine qualifizierte Nachfolgeklausel liegt vor, wenn die gesellschaftsvertragliche Regelung vorsieht, daß die Gesellschaftsbeteiligung des Erblassers nur auf einen oder einzelne von mehreren Miterben übergehen soll. **1036**

Nach der Rechtsprechung des BGH geht die Gesellschaftsbeteiligung unmittelbar auf den oder die begünstigten Erben über[83]. Die frühere Auffassung des BGH war vor allem in der Begründung vom Schrifttum kritisiert worden[84]. **1037**

Geht die Gesellschaftsbeteiligung unmittelbar auf den oder die begünstigten Erbe(n) über, so bleibt für eine gesellschaftsrechtliche Abfindung kein Raum. Die Gesellschaftsbeteiligung wechselt nur ihren Rechtsträger. Nur gegen diesen selbst können sich Ansprüche richten. Dies können nur erbrechtliche Ausgleichsansprüche sein[85]. **1038**

Solche erbrechtlichen Ausgleichsansprüche werden in Rechtsprechung und überwiegender Literatur bejaht[86]. Das ist in doppelter Hinsicht mißlich und für eine Erbfolgegestaltung sorgfältig zu beachten: Einerseits scheidet die Anwendung gesellschaftsvertraglicher Bewertungsregeln für die Abfindung (den Ausgleich) aus; zum anderen führt die Abfindungsnotwendigkeit als solche möglicherweise

---

[82] BGHZ 98, 48 (51) = NJW 1986, 2431 (2432); BGHZ 91, 132 (136); BGH NJW 1983, 2376 (2377); Karsten Schmidt, Gesellschaftsrecht, § 45 V 3c) (S. 1105); Esch, NJW 1984, 339ff.; Damrau, NJW 1984, 2785 (2787); wohl auch Kübler, Gesellschaftsrecht, § 7 VII 4 (S. 86); Ebenroth, Rz. 867; **a.A.:** Ulmer, NJW 1984, 1496 (1497ff.); Baumbach/Hopt, § 139 HGB Rz. 14.

[83] BGHZ 68, 225ff.; 22, 186ff.; BayObLG DB 1980, 2028 f; zustimmend die insoweit einhellige Literatur: z.B. Karsten Schmidt, Gesellschaftsrecht, § 45 V 4b) (S. 1106f.); Kübler, Gesellschaftsrecht, § 7 VII 3b) (S. 85); Schlegelberger/Karsten Schmidt § 177 HGB Rz. 12; Großkomm. HGB/Schilling, § 177 HGB Anm. 15; Baumbach/Hopt, § 139 HGB Rz. 14; Ulmer, BB 1977, 805ff.; Tiedau, MDR 1978, 353ff.

[84] Vgl. Anm. Hueck, JZ 1957, 220 (223); G. und D. Reinicke, NJW 1957, 561 (564); Siebert, BB 1957, 18ff.; Tiedau, MDR 1957, 641 (645).

[85] Einzelheiten in MünchHdb. GesR I/Klein § 74 Rz. 34ff.

[86] BGHZ 22, 186 (196f.); Karsten Schmidt, Gesellschaftsrecht, § 45 V 4c) (S. 1107f.); Kübler, Gesellschaftsrecht, § 7 VII b)cc) (S. 85); Ulmer, ZGR 1972, 195ff., 324ff.; Anm. Hueck, JZ 1957, 220 (223); Schlegelberger/Geßler, § 139 HGB Rz. 25 b; Westermann, Handbuch I Rz. 536, 538, insbesondere 539ff.; Heymann/Emmerich, § 139 HGB Rz. 33; Baumbach/Hopt, § 139 HGB Rz. 18.

für den oder die begünstigten Miterben zu einer nicht tragbaren Liquiditätsbelastung.

Will der Erblasser die Belastung seines Gesellschaftsnachfolgers mit Ausgleichsansprüchen vermeiden, so muß er diesen zum Alleinerben einsetzen oder wenigstens in Höhe einer Erbquote, die dem Wert der Gesellschaftsbeteiligung im Verhältnis zum Gesamtnachlaß entspricht[87].

1039 Der durch eine qualifizierte Nachfolgeklausel begünstigte Miterbe erwirbt die Gesellschaftsbeteiligung unmittelbar vom verstorbenen Gesellschafter-Erblasser mit dessen Tod. Eine rechtsgeschäftliche Erbauseinandersetzung über den Wert der ererbten Gesellschaftsauseinandersetzung findet nicht statt, wenn auch der begünstigte Miterbe den Erwerb im Rahmen einer Erbauseinandersetzung seinen Miterben gegenüber ausgleichen muß.

1040 Steuerlich ist der Beteiligungserwerb aufgrund qualifizierter Nachfolgeklausel genauso zu behandeln, als hätte der begünstigte Miterbe die Gesellschaftsbeteiligung nach Maßgabe einer Teilungsanordnung des Erblassers oder aufgrund sonstiger Auseinandersetzungsvereinbarungen mit seinen Miterben erworben[88]. Daher ist vor der unüberlegten Anwendung qualifizierter Nachfolgeklauseln zu warnen[89]. Sie können bei Sonderbetriebsvermögen zur Aufdeckung stiller Reserven führen und dann erhebliche Steuerbelastungen nach sich ziehen[90].

dd) Eintrittsklausel

1041 Der Gesellschaftsvertrag kann sich darauf beschränken, dem oder den Erben lediglich das Recht zum Eintritt in die Gesellschafterstellung des verstorbenen Gesellschafters einzuräumen, ohne einen automatischen Beteiligungsübergang vorzusehen. Auch einem Dritten kann im Gesellschaftsvertrag die Nachfolge eines verstorbenen Gesellschafters zugesagt werden. In diesen Fällen gesellschaftsvertraglicher Bestimmung der Nachfolge handelt es sich um sog. Eintrittsklauseln. Rechtlich unwirksame Nachfolgeklauseln mit dem Inhalt der Zuwendung des Gesellschaftsanteils eines verstorbenen Gesellschafters an einen Dritten können in Eintrittsklauseln umgedeutet werden[91]. Wird von dem Eintrittsrecht kein Gebrauch gemacht, so kommt es auf eine Auslegung der gesellschaftsvertraglichen Bestimmungen an, ob die Rechtsfolge des Todes des Gesellschafters die des § 131 Ziff. 4 HGB – Auflösung der Gesellschaft – sein soll oder die des § 138 HGB – Fortsetzung der Gesellschaft unter den übrigen Gesellschaftern mit Ausscheiden des verstorbenen Gesellschafters. Im Zweifel wird das Letztere anzunehmen sein.

---

[87] MünchHdb. GesR I/Klein § 73 Rz. 10.
[88] BFH Grs 2/89, Beschluß v. 5. 7. 1990, BStBl. 1990 II, 837 ff.
[89] Dazu Menges/Stähle, BB 1994, 2122.
[90] Einzelheiten Buch II Rz. 698 ff., 731 ff.
[91] BGHZ 68, 225 (233); BGH NJW 1978, 264 (265); OLG Frankfurt NJW-RR 1988, 1251 (1252).

Wird dagegen das Eintrittsrecht geltend gemacht, wie es die Regel sein dürfte, so wird die Gesellschaft mit dem Eingetretenen fortgesetzt[92].

ee) Verhältnis zwischen Gesellschaftsrecht und Erbrecht

Bei Vererbung einer Personengesellschaftsbeteiligung sind immer zunächst die gesellschaftsvertraglichen Vereinbarungen und die gesetzlichen Bestimmungen des Gesellschaftsrechts zu beachten. Die unter Lebenden eingegangenen gesellschaftsvertraglichen Bindungen und ihre Rechtsfolgen können mit erbrechtlichen Mitteln nicht beseitigt oder geändert werden. 1042

Sieht der Gesellschaftsvertrag nicht vor, daß im Falle des Todes eines Gesellschafters die Gesellschaft zwischen den übrigen Gesellschaftern oder mit den Erben des verstorbenen Gesellschafters fortgesetzt wird, so bleibt es bei den Rechtsfolgen der §§ 727 Abs. 1 BGB, 131 Ziff. 4 HGB (anders für Kommanditisten und stille Gesellschafter gemäß §§ 177, 234 Abs. 2 HGB). Der Erblasser kann nicht durch Testament anordnen, daß im Falle seines Todes die Gesellschaft fortgesetzt werden soll. Eine solche Fortsetzungsklausel muß gesellschaftsvertraglich vereinbart sein. 1043

Ebenso ist der Erblasser an den Inhalt einer gesellschaftsvertraglich bestimmten Fortsetzungsklausel gebunden. Wird die Gesellschaft danach nur von den übrigen Gesellschaftern fortgesetzt und scheiden die Erben eines verstorbenen Gesellschafters aus der Gesellschaft aus, so kann der Erblasser nicht durch letztwillige Verfügung die Fortsetzung der Gesellschaft mit seinen Erben oder einzelner seiner Erben anordnen. Ebensowenig wirkt eine von einer qualifizierten Nachfolgeklausel im Gesellschaftsvertrag abweichende letztwillige Verfügung zu Lasten der Mitgesellschafter. 1044

Erbrechtlichen Gestaltungsspielraum hat jeder Gesellschafter nur, soweit der Gesellschaftsvertrag ihm einen solchen läßt. Beschränkt sich die Fortsetzungsklausel des Gesellschaftsvertrages auf die einfache Nachfolgeklausel, so kann der Erblasser diese durch sein Testat, ggf. eine Teilungsanordnung ausfüllen. 1045

Wegen der Möglichkeit des Auseinanderfallens der gesellschafts- und der erbrechtlichen Nachfolgebestimmung sowie wegen des außergewöhnlichen Gewichts der Folgen einer fehlenden Übereinstimmung ist bei der Nachfolgegestaltung sorgfältig auf die Abstimmung zwischen gesellschafts- und erbrechtlicher Nachfolgeregelungen zu achten. Ist der Gesellschaftsvertrag geschlossen und nicht änderbar, so müssen bei Errichtung einer letztwilligen Verfügung die durch den Gesellschaftsvertrag gesetzten Gestaltungsgrenzen beachtet werden. 1046

---

[92] Im einzelnen zu Eintrittsklauseln Karsten Schmidt, Gesellschaftsrecht, § 45 V 5 (S. 1108 ff.); Kübler, Gesellschaftsrecht, § 7 VII 4 (S. 86); für einen Sonderfall BGH DB 1987, 2089 = BB 1987, 1555 (1556).

o) *Abfindung ausscheidender Gesellschafter*

aa) Gesetzliche Regelung

1047   Die gesetzlichen Bestimmungen des HGB regeln die Abfindung ausscheidender Gesellschafter nicht. Gemäß § 105 Abs. 2 HGB gelten insoweit die Vorschriften der §§ 738–740 BGB. Diese sehen eine mit dem Ausscheiden fällige vollwertige Abfindung des ausscheidenden Gesellschafters vor. Diese Vorschriften können aber durch Gesellschaftsvertrag abbedungen werden.

1048   Zur gesetzlich vorgesehenen Vollabfindung gehört die Berücksichtigung eines Geschäftswerts („good will") und von sonstigen Immaterialgüterrechten. Nicht nur die Ermittlung der diesbezüglichen Werte, auch die Werte selbst sind problematisch.

bb) Gesellschaftsvertragliche Regelungen

(1) Allgemeines

1049   Die notwendige gesellschaftsvertragliche Regelung[93] muß sowohl Bewertungs- als auch Fälligkeitsregelungen beinhalten.

Die Bewertung von Unternehmen und Unternehmensbeteiligungen ist außerordentlich schwierig und kann zu erheblichen Streitigkeiten führen. Hinzu kommt für die verbleibenden Gesellschafter und die Gesellschaft das Finanzierungs- und Liquiditätsproblem, mit welchem sie bei der Abfindung eines ausscheidenden Gesellschafters konfrontiert werden.

(2) Schwebende Geschäfte

1050   Nach § 740 BGB ist der ausscheidende Gesellschafter am Ergebnis von z.Z. seines Ausscheidens schwebenden Geschäften beteiligt. Diese Rechtsfolgen sollten regelmäßig abbedungen werden. § 740 Abs. 2 BGB sieht vor, daß dem Ausgeschiedenen am Schluß jedes folgenden Geschäftsjahres Rechenschaft über die zwischenzeitlich beendigten Geschäfte zu erteilen, ihm sein Anteil auszuzahlen und ihm schließlich Auskunft über den Stand der noch weiter schwebenden Geschäfte zu geben ist. Die Beteiligung an schwebenden Geschäften kann – insbesondere bei einer Vermögensnachfolge – zur Quelle von Meinungsverschiedenheiten werden, die sich aus dem Interessengegensatz der verbleibenden Gesellschafter einerseits und des ausscheidenden Gesellschafters andererseits ergeben.

(3) Ausschluß der Abfindung

1051   Die Abfindung kann für besondere Fälle, insbesondere den Tod eines Gesellschafters, ausgeschlossen werden. Voraussetzung für die Wirksamkeit ist aber, daß sie für den Fall des Eintritts der Abfindungsvoraussetzungen nicht nur einen einzelnen Gesellschafter, sondern jeden Gesellschafter trifft und durch sie das Kündi-

---

[93] Hierzu MünchHdb. GesR I/Piehler § 13 Rz. 46 ff.

gungsrecht der Gesellschafter nicht unzulässig beschränkt wird. Dann bedeutet der Ausschluß der Abfindung auch keine Schenkung[94].

(4) Höhe einer vereinbarten Abfindung

Die Höhe der Abfindung sollte im Gesellschaftsvertrag festgesetzt werden. Am gebräuchlichsten ist die Vereinbarung einer Abfindung zu Buchwerten oder zu Werten nach dem Stuttgarter Verfahren (bisheriger Vermögensteuerwert). In diesen Fällen ist die Beteiligung des Ausscheidenden an stillen Reserven und einem Geschäfts- und Firmenwert ausgeschlossen. 1052

Die Abfindung nach Buchwerten ist in der Regel rechtlich unbedenklich[95]. Unter drei rechtlichen Gesichtspunkten können sie unwirksam sein: 1053
– wenn sie die Kündigung eines Gesellschafters im Sinne des § 723 Abs. 3 BGB unzulässig beschränken[96];
– wenn ein krasses Mißverhältnis zwischen Buchwert und wirklichem Wert besteht und sich danach eine Sittenwidrigkeit gemäß § 138 BGB ergibt[97];
– wenn sie nur vereinbart werden, um Dritte zu benachteiligen[98].

Beispiel:
Einziehung nur bei Gesellschafterkonkurs oder Zwangsvollstreckung in das Vermögen eines Gesellschafters.

Unwirksam ist eine vertraglich vereinbarte beträchtliche Kürzung des Buchwertanteils. Auch der Umstand, daß dem ausscheidenden Gesellschafter die Einlage vom „herrschenden" Gesellschafter geschenkt worden ist, rechtfertigt eine derartige Abfindungskürzung nicht. Eine solche Abfindungskürzung ist auch nicht bei Ausschließung aus wichtigem Grunde hinzunehmen. 1054

Werden die Grenzen der unzulässigen Kündigungsbeschränkung oder der guten Sitten nicht überschritten und die Rechte Dritter nicht tangiert, so bleibt die Buchwertabfindungsklausel grds. zulässig, kann aber wegen Verstoßes gegen den Grundsatz von Treu und Glauben bei individuellen Ungerechtigkeiten einer Anpassung unterliegen[99]. 1055

---

[94] BGHZ 22, 186 (194); BGH LM Nr. 3 zu § 516 BGB; WM 1971, 1339; Karsten Schmidt, Gesellschaftsrecht, § 50 IV 2c) (S. 1223); Kübler, Gesellschaftsrecht, § 7 VIII 3c) (S. 88); Baumbach/Hopt, § 138 HGB Rz. 34.
[95] BGHZ 17, 130 (136); BGH NJW 1979, 104; NJW 1985, 192 (193); Karsten Schmidt, Gesellschaftsrecht, § 50 IV 2 (S. 1220ff.) mit eingehenden Literaturnachweisen; Kübler, Gesellschaftsrecht, § 7 VIII 3 (S. 88); D. Mayer, MittBayNot 1992, 3ff.
[96] So vor allem die Rechtsprechung: BGH NJW 1985, 192 (193); NJW 1983, 192ff.; NJW 1973, 651 (652); Bedenken gegen diese Lösung Karsten Schmidt, Gesellschaftsrecht, § 50 IV 2c)cc) (S. 1225); Kübler, Gesellschaftsrecht, § 7 VIII 4b) (S. 89); MünchHdb. GesR I/ Piehler § 13 Rz. 52.
[97] Vgl. BGH NJW 1985, 192 (193); Karsten Schmidt, Gesellschaftsrecht, § 50 IV 2c)aa) (S. 1223); Kübler, Gesellschaftsrecht, § 7 VIII 4c) (S. 89).
[98] BGHZ 65, 22 (28).
[99] BGH NJW 1992, 892; 1993, 2101; 1993, 3193; BB 1994, 807; dazu MünchHdb. GesR I/ Piehler § 13 Rz. 53ff.

1056 Es gibt gesellschaftsvertragliche Regelungen, die vorsehen, daß bestimmte Gesellschafter anderen Mitgesellschaftern mit der Folge kündigen können, daß diese aus der Gesellschaft ausscheiden, und zwar auch ohne Vorliegen eines wichtigen Grundes. Für solche Regelungen kann ein Bedürfnis bestehen.

Beispiele:
- In einer eng personenbezogenen Familiengesellschaft treten aufgrund Erbfolge Familienfremde als Kommanditisten ein. Die Familiengesellschafter sollen sich gegebenenfalls von diesen trennen können.
- Altgesellschafter wollen ihr Unternehmen leitenden Mitarbeitern überlassen, die den Kaufpreis nicht sofort bezahlen können. Die Neugesellschafter treten zunächst mit geringerer Einlage als Gesellschafter ein, mit dem Recht, die Altgesellschafter später „hinauskündigen" zu können.

Solchen Ausschließungsrechten hat der BGH enge Grenzen gezogen. Grundsätzlich ist die Ausschließungskündigung ohne wichtigen Grund unzulässig. Nur bei außergewöhnlichen Umständen läßt die Rechtsprechung eine Ausschließungskündigung ohne wichtigen Grund zu[100]. Über die Frage, welche außergewöhnlichen Umstände eine sachliche Rechtfertigung der Hinauskündigung zulassen, hat sich der BGH nicht ausgesprochen. Der Kautelarjurist befindet sich insoweit auf unsicherem Boden[101].

Selbst wenn eine Hinauskündigung ohne wichtigen Grund zulässig ist, stellt sich die Frage der Wirksamkeit einer gesellschaftsvertraglichen Abfindungsbestimmung, die den Vollwert der Beteiligung des „hinausgekündigten" Gesellschafters unterschreitet. Der BGH hat für den Fall der Ausschließungskündigung ohne wichtigen Grund Vollwertabfindung verlangt[102]. Die Entscheidung des BGH war offenbar von dem fallbezogenen Umstand beeinflußt, daß die Ausschließungskündigung ungerechtfertigt gewesen wäre, der Ausgeschlossene sie aber hingenommen hatte[103]. Ist die Ausschließungskündigung zulässig, kann gegen eine allgemein im Gesellschaftsvertrag vereinbarte Abfindungsbestimmung nichts eingewendet werden, die den sogenannten Vollwert unterschreitet.

1057 Bei höheren Werten kann es geboten sein, die Bewertungsmaßstäbe festzusetzen, ggf. nach betriebswirtschaftlich begründeten Bewertungsformeln. Das Risiko solcher Festlegungen liegt darin, daß sie nach langer Zeit den dann veränderten wirtschaftlichen Verhältnissen nicht mehr entsprechen.

1058 Für die Vertragsgestaltung ist zu empfehlen, bezüglich der Abfindung nach dem Grund des Ausscheidens zu differenzieren. Bei einem Ausscheiden durch Ausschließung ohne wichtigen Grund oder Eigenkündigung des Gesellschafters kann die Buchwertabfindung problematisch sein. Dagegen dürfte die Buchwertklausel

---

[100] BGH NJW 1985, 2421 (2422) = JZ 1985, 1105 (1107f.) m. Anm. Flume; BGHZ 81, 263 (269); 68, 212 (215).
[101] Karsten Schmidt, Gesellschaftsrecht, § 50 III 4 (S. 1211f.).
[102] BGH NJW 1979, 104; dazu kritisch Flume, NJW 1979, 902 (904); Esch, NJW 1979, 1390 (1392f.); Hirtz, BB 1981, 761 (764f.).
[103] Karsten Schmidt, Gesellschaftsrecht, § 50 IV 2c)bb) (S. 1224f.).

Die Gesellschaftsformen im einzelnen

bei einem Ausschluß des Gesellschafters aus wichtigem Grund immer zulässig sein, wobei der wichtige Grund als Unterfälle auch den Konkurs oder die Pfändung in den Geschäftsanteil umfassen kann.

(5) Fälligkeit

Eine sofortige Auszahlung der Abfindung ist für die verbleibenden Gesellschafter regelmäßig wirtschaftlich nicht tragbar. Daher sollten gesellschaftsvertraglich Ratenzahlungen vereinbart werden. Noch nicht fällige Raten müssen verzinst werden. 1059

Wird die Ratenzahlung über einen zu langen Zeitraum erstreckt (z.B. zwanzig Jahre) so ist eine solche Vereinbarung als unzulässige Kündigungserschwerung unwirksam[104]. Je nach den Verhältnissen des Einzelfalls dürften sich Auszahlungszeiträume zwischen drei bis sieben Jahren empfehlen.

(6) Verfallklausel

Bei Ratenzahlungsvereinbarungen sollte eine Verfallklausel vereinbart werden. Danach werden die restlichen Ratenzahlungsbeträge sofort fällig, wenn die verbleibenden Gesellschafter bzw. die Gesellschaft nicht fristgerecht zahlen. Dabei sollte eine Schonfrist vereinbart sein (z.B. ein Monat), nach deren fruchtlosem Ablauf die Fälligkeit des restlichen Abfindungsguthabens eintritt. 1060

(7) Sicherheitsleistung

Schließlich wird § 738 Abs. 1 Satz 3 BGB regelmäßig abbedungen werden müssen, wonach für noch nicht fällige Gesellschaftsverbindlichkeiten dem ausscheidenden Gesellschafter Sicherheit zu leisten ist, statt ihn von den Gesellschaftsverbindlichkeiten zu befreien. Diese Vertragsklausel wird so zu fassen sein, daß der Ausscheidende nur im Innenverhältnis der Gesellschafter zueinander von den Gesellschaftsverbindlichkeiten befreit ist und ihm Sicherheit nicht geleistet zu werden braucht. Der Sicherheitsanspruch belastet in aller Regel die Kreditmöglichkeiten der Gesellschaft unzumutbar. 1061

p) Weitere Regelungen

Insbesondere bei größeren Gesellschaften sind im Gesellschaftsvertrag weitere Regelungen geboten, die zwar auch Wirkungen auf die Vermögensnachfolge haben können, hier aber wegen der beschränkten Thematik nicht im einzelnen dargestellt werden können, nämlich z.B. Rücklagen, Kapitalsonderkonten, Darlehenskonten, Privatkonten der Gesellschafter; genauere Umschreibung des Gegenstandes des Gesellschaftsunternehmens; Substantiierung außergewöhnlicher Geschäfte; Festsetzung von Geschäftsführungsvergütungen und evtl. Versorgungsbezügen; Regelung der Kontrollrechte der von der Geschäftsführung ausgeschlossenen Gesell- 1062

---

[104] BGH NJW 1989, 2685; Baumbach/Hopt, § 138 HGB Rz. 40.

schafter; salvatorische Klauseln für den Fall der Nichtigkeit einzelner Vertragsbestimmungen, Vertragslücken usf.

3. Kommanditgesellschaft

a) Allgemeines

1063   Für die Kommanditgesellschaft gelten gemäß § 161 Abs. 2 HGB grundsätzlich die Bestimmungen über die OHG.

Die Kommanditgesellschaft unterscheidet sich von der OHG darin, daß bei einem oder mehreren Gesellschaftern die Haftung gegenüber den Gesellschaftsgläubigern auf den Betrag einer bestimmten Vermögenseinlage beschränkt ist (§ 161 Abs. 1 HGB).

b) Anwendungsbereich

1064   Die Personengesellschaftsform der KG ist als Personengesellschaft zu empfehlen, wenn einzelne Gesellschafter aus sachlichen oder persönlichen Gründen nicht in der Lage sind, aktiv an der Geschäftsführung der Gesellschaft mitzuwirken.

1065   Eine KG kann aus einer OHG beim Tode eines Gesellschafters und Vorliegen einer Fortsetzungsklausel entstehen, wenn die Erben eines persönlich haftenden Gesellschafters von ihrem Recht aus § 139 HGB Gebrauch machen oder der Gesellschaftsvertrag vorsieht, daß Erben eines persönlich haftenden Gesellschafters Kommanditisten werden.

1066   Aufgrund der Gestaltungsfreiheit, die im Personengesellschaftsrecht besteht, läßt sich die KG weitgehend kapitalistisch organisieren. Das Gesellschaftskapital kann ausschließlich von den Kommanditisten gestellt werden. Der persönlich haftende Gesellschafter muß keine eigene Vermögenseinlage leisten. In solchen Fällen sind die Kommanditisten die Inhaber des Gesellschaftsunternehmens, während der persönlich haftende Gesellschafter nur ausführendes Organ ist. Man spricht in solchen Fällen von der „kapitalistischen" Kommanditgesellschaft.

1067   Es können aber auch andere Sachgründe für eine kapitalistisch organisierte KG vorliegen. Wollen z.B. die wirtschaftlichen Inhaber aufgrund ihrer anderweitigen beruflichen Stellung nicht in der Geschäftsführung hervortreten, so können sie das Geschäft in der Form der kapitalistischen KG betreiben, indem sie einen Dritten oder (leitenden) Angestellten zum persönlich haftenden Gesellschafter einsetzen, der auch der Firma seinen Namen zur Verfügung stellen kann.

c) Kommanditeinlage, Haftsumme, Haftung der Kommanditisten

1068   Nach § 161 Abs. 1 HGB ist die Haftung des Kommanditisten auf den Betrag einer bestimmten Vermögenseinlage beschränkt. § 171 Abs. 1 HGB besagt, daß der Kommanditist den Gesellschaftsgläubigern bis zur Höhe seiner Einlage unmittelbar haftet.

1069   Es wird meist summarisch von „Kommanditeinlage" gesprochen, jedoch ist eine Differenzierung wichtig:

Es ist zwischen dem Außenverhältnis zu Gesellschaftsgläubigern und dem Innenverhältnis der Gesellschafter zueinander zu unterscheiden. Was die §§ 161 ff. HGB mit „Einlage" meinen, ist die sog. **Haftsumme**. Sie wird dem Sprachgebrauch entsprechend nachstehend mit „Kommanditeinlage" bezeichnet. Diese muß in einem Geldbetrag angegeben werden und ist im Handelsregister einzutragen (§ 162 Abs. 1 HGB). Sie allein bestimmt die Höhe der Haftung des Kommanditisten[105].

Von der Haftsumme/Kommanditeinlage zu unterscheiden ist die „Pflichteinlage". Sie braucht mit der Haftsumme nicht übereinzustimmen und ist sogar manchmal höher. Die Pflichteinlage bestimmt denjenigen Betrag, den im Innenverhältnis der Gesellschafter zueinander der Kommanditist in der Gesellschaft zu unterhalten hat. Dazu gehören auch kraft Gesellschaftsvertrag zu thesaurierende Gewinnanteile des Kommanditisten, soweit sie nicht einer Rücklage der Gesellschaft selbst zuzuführen sind. Die Pflichteinlage wird nur gesellschaftsvertraglich vereinbart; das Gesetz verpflichtet den Gesellschafter nicht zur Einbringung von Vermögensgegenständen, sondern nur zur Förderung des Gesellschaftszwecks. 1070

Zum Zeitpunkt der Gesellschaftserrichtung stimmen Kommanditeinlage und Pflichteinlage häufig überein. Im Laufe der Zeit, vor allem bei Gewinnthesaurierung, können sie voneinander abweichen. § 172 Abs. 2 HGB bestimmt, daß sich Gläubiger auf eine nicht eingetragene Hafteinlagenerhöhung nicht oder vielmehr nur dann berufen können, wenn die Erhöhung in handelsüblicher Weise kundgemacht oder ihnen von der Gesellschaft mitgeteilt worden sind. Letzteres ist regelmäßig nicht der Fall, so daß Gläubiger nicht auf den Mehrbetrag der Pflichteinlage über den Kommanditeinlagenbetrag hinaus zugreifen können. 1071

Buchungs- und bilanztechnisch sollte der die Haftsumme/Kommanditeinlage übersteigende Betrag der Pflichteinlage gesondert ausgewiesen werden, z.B. auf einem „Kapitalkonto II" oder „Einlagenkonto II", um jeweils gesondert haftendes Kapital und Einlagenkapital ersichtlich zu machen. Auf dem Kapitalkonto wird der jeweilige Stand des Kapitalanteils festgehalten. Sind aufgrund Gesellschaftsvertrags – in Abweichung vom Gesetz – feste Kapitalanteile vorgesehen, so muß neben dem Festkonto (Kapitalkonto I) ein weiteres, variables Konto für jeden Gesellschafter eingerichtet werden (Kapitalkonto II), auf dem die Gewinn- und Verlustanteile sowie seine Entnahmen gebucht werden.

Der Kommanditist haftet mithin den Gläubigern persönlich nicht über den Betrag seiner Haftsumme/Kommanditeinlage hinaus; hat er sie geleistet, so ist seine persönliche Haftung ausgeschlossen. 1072

Es sind aber folgende Einschränkungen zu beachten[106]: 1073

Nimmt die Gesellschaft mit Zustimmung des Kommanditisten ihre Geschäfte auf, bevor die Haftungsbeschränkung des Kommanditisten im Handelsregister ein-

---

[105] Zur Sacheinlage eines Kommanditisten Karsten Schmidt, DB 1977, 2313 zu BGH DB 1977, 1249; Karsten Schmidt, Gesellschaftsrecht, § 54 I 2 (S. 1301 ff.); Baumbach/Hopt, § 171 HGB Rz. 1.

[106] Zu den gesetzlich nicht geregelten Sonderproblemen der Durchgriffshaftung und der Haftung nach Rechtsscheingrundsätzen vgl. MünchHdb. KG/Neubauer, § 27 Rz. 108 ff.

getragen ist, so haftet der Kommanditist wie ein persönlich haftender Gesellschafter unbeschränkt, es sei denn, daß seine kommanditistische Beteiligung dem einzelnen Gläubiger bekannt war (§ 176 Abs. 1 HGB).

Rückzahlungen auf die Kommanditeinlage brauchen die Gläubiger sich nicht entgegenhalten zu lassen. Als Rückzahlung gelten auch Entnahmen des Kommanditisten in der Zeit, in der seine Kommanditeinlage durch Verlust unter den ausbedungenen Betrag herabgemindert ist (§ 172 Abs. 4 HGB). Wichtig ist darauf hinzuweisen, daß auch die Auszahlung des Auseinandersetzungsguthabens an den ausgeschiedenen Kommanditisten als Rückzahlung der Einlage gilt.

Eine vereinbarte Herabsetzung der Kommanditeinlage ist den Gesellschaftsgläubigern gegenüber unwirksam, solange sie nicht im Handelsregister eingetragen ist (§ 174 HGB).

Ein Erlaß oder die Stundung der Kommanditeinlage ist den Gesellschaftsgläubigern gegenüber ebenfalls unwirksam (§ 172 Abs. 3 HGB).

1074   Eine Haftung des Kommanditisten tritt nicht ein, wenn die Kommanditeinlage durch Verluste gemindert worden ist, nachdem sie voll geleistet worden war. Allerdings müssen neu anfallende Gewinnanteile dann zunächst zur Wiederauffüllung der Kommanditeinlage verwendet werden; sie dürfen also bei Vermeidung des Eintretens der Haftung insoweit nicht entnommen werden (§§ 171 Abs. 1, 172 Abs. 4 HGB).

Gerade in Familiengesellschaften ist der Fall nicht selten, daß ein Kommanditist (beispielsweise Ehefrau oder Sohn) den unbeschränkt persönlich haftenden Komplementär (Ehemann oder Vater) beerbt[107]. Wird das Unternehmen unter seiner bisherigen Firma von dem Kommanditistenerben fortgeführt, gilt § 27 HGB. Erfolgt keine Firmenfortführung gemäß § 27 HGB, ist die Haftung des Kommanditistenerben entsprechend § 419 Abs. 2 BGB auf den Bestand des auf ihn übergegangenen Vermögens beschränkt[108].

1075   Häufig wird in KG-Verträgen vereinbart, daß Verluste auf getrennten Darlehens- oder Sonderkonten der Kommanditisten verbucht werden. Eine solche Regelung ist unzweckmäßig, weil sie den Kommanditisten einer zusätzlichen Haftung unterwirft, die für ihn gesetzlich nicht besteht. Bei Guthaben auf dem Einlagenkonto (Kapitalkonto II) stellt er diese unnötig zur Haftung zur Verfügung. Werden die Sonderkonten durch Verlustbuchung debitorisch, so tritt eine unmittelbare Gläubigerhaftung des Kommanditisten ein. Bei der Abfassung des Gesellschaftsvertrages sollte darauf geachtet werden, daß es bei der gesetzlichen Regelung verbleibt, nach der Verlustanteile der Kommanditeinlage des Kommanditisten belastet werden, künftige Gewinnanteile aber zunächst zur Wiederauffüllung der Kommanditeinlage zu verwenden sind.

---

[107] Dazu Marotzke, ZHR 1992, 17ff.
[108] BGH NJW 1991, 844 (846) = BB 1991, 230 (232).

d) Firma

Wird nicht eine abgeleitete Firma fortgeführt[109], sondern wird die Gesellschaft neu errichtet, so muß die Firma der KG den Namen wenigstens eines persönlich haftenden Gesellschafters mit einem das Vorhandensein einer Gesellschaft andeutenden Zusatz erhalten („& Co.", „KG")[110]. Die Beifügung von Vornamen ist nicht erforderlich. Die Namen anderer Personen als persönlich haftender Gesellschafter dürfen nicht in die Firma aufgenommen werden (§ 19 Abs. 2–4 HGB). 1076

Sollte bisher eine OHG bestanden haben und ihre Firma den Gesellschaftszusatz „OHG" enthalten haben, so muß dieser Gesellschaftszusatz geändert werden (z. B. in „& Co." oder „KG"). 1077

e) Geschäftsführung und Vertretung

Gemäß § 164 Satz 1 HS. 1 HGB sind die Kommanditisten von der Geschäftsführung der Gesellschaft ausgeschlossen. Die Kommanditisten sind allein aufgrund ihrer Gesellschafterstellung nicht berechtigt, die Gesellschaft zu vertreten (§ 170 HGB). 1078

Der Ausschluß der Kommanditisten von der Geschäftsführung, die das Innenverhältnis der Gesellschaft zueinander betrifft, kann abbedungen werden. Den Kommanditisten kann also (im Innenverhältnis) Geschäftsführungsbefugnis, auch Einzelgeschäftsführungsbefugnis eingeräumt werden. Das geschieht insbesondere in den atypischen Fällen, in denen die eigentlichen Inhaber des Gesellschaftsunternehmens die Kommanditisten sind. 1079

Dagegen kann Kommanditisten keine organschaftliche Vertretungsmacht gewährt werden; die Vorschrift des § 170 HGB ist zwingend. 1080

Eine evtl. benötigte Vertretungsmacht kann nur rechtsgeschäftlich durch Generalvollmacht[111], Einzelvollmacht, Erteilung von Prokura oder (Handlungs)Vollmacht hergestellt werden. Die Vollmacht kann auch im Gesellschaftsvertrag eingeräumt werden[112].

Die Kommanditisten können einer Handlung der persönlich haftenden Gesellschafter nicht widersprechen, soweit die Handlung nicht über den gewöhnlichen Betrieb des Handelsgewerbes der Gesellschaft hinausgeht. Außergewöhnliche Geschäfte bedürfen eines Gesellschafterbeschlusses (§ 164 HGB, vgl. § 116 Abs. 2 HGB). Die Erteilung einer Prokura erfolgt nur durch die geschäftsführenden Gesellschafter ohne Mitwirkung der Kommanditisten (§§ 164 Satz 2, 116 Abs. 3 HGB). 1081

f) Gesellschafterbeschlüsse

Das Gesetz enthält keine Vorschriften über das Zustandekommen von Gesellschaftsbeschlüssen, mit Ausnahme des dispositiven § 119 HGB. Dieser regelt nur 1082

---

[109] Dazu MünchHdb. KG/Bezzenberger, § 1 Rz. 260 ff.
[110] MünchHdb. KG/Bezzenberger, § 1 Rz. 244 ff.
[111] BGH BB 1972, 726.
[112] MünchHdb. KG/Wirth, § 5 Rz. 31 ff.

die zur Beschlußfassung erforderliche Mehrheit. Beschlüsse bedürfen keiner besonderen Form, sofern der Gesellschaftsvertrag nicht Abweichendes vorschreibt.

1083 Die wichtigsten Gesellschafterbeschlüsse betreffen sog. außergewöhnliche Geschäftshandlungen (§§ 164, 116 Abs. 2 HGB). Auf die Ausführungen zur OHG kann verwiesen werden.

1084 Umstritten ist, ob bei der KG die Feststellung des Jahresabschlusses zu den außergewöhnlichen Geschäften gehört, bei denen die Kommanditisten im Wege der Beschlußfassung mitzuwirken haben[113]. Daher ist eine Regelung im Gesellschaftsvertrag zu empfehlen.

1085 Gerade in Fällen einer kapitalistischen KG, vornehmlich einer GmbH & Co. KG kann es zweckmäßig und notwendig sein, die Feststellung des Jahresabschlusses einem Beschluß aller Gesellschafter zu unterwerfen. In einem solchen Fall wird aber gesellschaftsvertraglich vom Grundsatz der Einstimmigkeit bei Beschlußfassungen (§ 119 Abs. 1 HGB) abgewichen werden und Mehrheitsbeschlußfassung vorgesehen werden müssen.

1086 Im Gesellschaftsvertrag sollte geregelt sein, welche Geschäfte als außergewöhnliche Geschäfte anzusehen sind. Jedenfalls bei größeren Kommanditgesellschaften oder bei einer Vielzahl von Gesellschaftern sollte grundsätzlich Mehrheitsbeschlußfassung vorgesehen werden, um die Durchführung notwendiger auch außergewöhnlicher Geschäfte nicht am Widerspruch eines einzelnen Kommanditisten scheitern zu lassen.

Kommanditisten sind leicht geneigt, höheren Sach- und Personalinvestitionen zu widersprechen. Sachinvestitionen führen in der Zukunft über Anlageabschreibungen zu höherem Aufwand, Personalinvestitionen stellen unmittelbar erhöhten Aufwand dar. Im Rahmen der Beschlußfassung über außergewöhnliche Geschäfte muß jedenfalls die Gesellschaftermehrheit in der Lage sein, notwendige Sach- und Personalinvestitionen, Produktionsumstellungen, Errichtung von Zweigniederlassungen oder Tochtergesellschaften u.a. m. durchsetzen zu können.

g) Informations- und Kontrollrechte der Kommanditisten

1087 Den gesetzlich an Geschäftsführung und Vertretung nicht beteiligten Kommanditisten steht das Kontrollrecht des § 166 HGB zu[114]. Die Kommanditisten sind danach berechtigt, die abschriftliche Mitteilung der Jahresbilanz zu verlangen und

---

[113] Für ein der Gesellschafterbeschlußfassung unterliegendes außergewöhnliches Geschäft: Ulmer, in: FS für Hefermehl 1976, S. 207ff.; Karsten Schmidt, Gesellschaftsrecht, § 53 III 2c) (S. 1278); Schlegelberger/Martens, § 167 HGB Rz. 6; Schulze-Osterloh, BB 1980, 1402 (1404); beiläufig wohl auch BGHZ 76, 338 (342) (diese Entscheidung betrifft die Bestellung eines Abschlußprüfers bei einer größeren, dem Publizitätsgesetz unterliegenden KG). Nach der Gegenmeinung kann der Jahresabschluß allein von den persönlich haftenden Gesellschaftern festgestellt werden; Westermann, Handbuch I. Rz. 870; Großkomm. zum HGB/Schilling, § 167 HGB Anm. 3; Huber, Vermögensanteil, § 144 4e) (S. 341).

[114] Zur persönlichen Wahrnehmung des Einsichtsrechts eines Kommanditisten nach § 166 HGB, wenn er Wettbewerber der Gesellschaft ist, s. BGH WM 1979, 1061f.

Die Gesellschaftsformen im einzelnen

deren Richtigkeit unter Einsicht der Bücher und Papiere der Gesellschaft zu überprüfen.

Das dem von der Geschäftsführung ausgeschlossenen persönlich haftenden Gesellschafter gemäß § 118 HGB gewährte weitere Überwachungsrecht, sich auch sonst von den Angelegenheiten der Gesellschaft persönlich zu unterrichten, steht dem Kommanditisten nicht zu (§ 166 Abs. 2 HGB). 1088

Die Bestimmungen des § 166 Abs. 1 und 2 HGB sind abdingbar. Von der Möglichkeit abweichender Vereinbarung wird in aller Regel Gebrauch zu machen sein. 1089

Haben Kommanditisten eine beherrschende Stellung, weil sie die eigentlichen Kapitalgeber sind oder die Gesellschaft wesentlich den Interessen der Kommanditisten dient, so wird das Kontrollrecht zu erweitern sein, z.B. im Sinne des § 118 HGB.

Im Normalfall oder bei untergeordneten Kommanditbeteiligungen kann aber schon das Kontrollrecht des § 166 HGB lästig sein und zu an die Grenze des Mißbrauchs reichender Ausnutzung führen. Das Kontrollrecht des § 166 HGB ist persönlich auszuüben, die Zuziehung von Sachverständigen ist aber grds zulässig.

Unter der Voraussetzung, daß der Gesellschaftsvertrag die Kommanditisten vor mißbräuchlichen außergewöhnlichen Geschäften der Geschäftsführer schützt und der Gesellschaftsvertrag präzise Vorschriften über den Jahresabschluß, insbesondere die Bewertung der Bilanzposten liefert, ist es vielfach zweckmäßig, gesellschaftsvertraglich die Prüfung des Jahresabschlusses durch einen Wirtschaftsprüfer vorzusehen und das Recht der Kommanditisten zur eigenen Einsicht der Bücher und Papiere der Gesellschaft auszuschließen, wenn der Wirtschaftsprüfer den Jahresabschluß mit einem uneingeschränkten Testat versieht.

Wird ein Gesellschafter durch mehrere Erben, die Kommanditisten werden, beerbt, und splittern sich dadurch Gesellschaftsbeteiligungen auf, so empfiehlt es sich in der Regel, im Gesellschaftsvertrag vorzuschreiben, daß die Kommanditisten-Erben sich in der Wahrnehmung ihrer Mitgliedschaftsrechte durch einen gemeinsamen Vertreter vertreten lassen müssen[115]. Eine solche Bestimmung beschränkt aber nicht das Recht eines jeden Kommanditisten zur Geltendmachung seiner Rechte im Prozeß; auch darf sie nicht zu einer unzulässigen Majorisierung einzelner Kommanditisten führen[116]. 1090

Zwingend ist die Vorschrift des § 166 Abs. 3 HGB: Auf Antrag eines Kommanditisten kann das (Register-)Gericht „die Mitteilung einer Bilanz oder sonstiger Aufklärungen sowie die Vorlegung der Bücher und Papiere jederzeit anordnen", wenn dafür „wichtige Gründe" vorliegen. Wichtiger Grund ist z.B. der begründete Verdacht nicht ordnungsmäßiger Geschäfts- oder Buchführung. 1091

---

[115] MünchHdb. KG/Klein, § 44 Rz. 72, 131, Weitere Gestaltungsvorschläge bei Michalski, Gesellschaftsrechtliche Gestaltungsmöglichkeiten zur Perpetuierung von Unternehmen (1980), S. 162 ff. (Stimmrechtsregelung), 171 ff. (Vertreterklausel), 182 ff. (Verwaltungstreuhand).

[116] BGHZ 46, 291 (294, 297, 300); BGH NJW 1973, 1602; Übersicht Karsten Schmidt, ZHR 146 (1982), 525 ff.

h) Ergebnisverteilung

1092 Die gesetzlichen Bestimmungen (vgl. § 168 HGB) zur Verteilung von Gewinn und Verlust sowie zu den Entnahmerechten sind unzureichend[117].

1093 Der einem Kommanditisten zufallende Gewinnanteil wird seinem Kapitalanteil (seiner Kommanditeinlage) nur so lange zugeschrieben, als die Kommanditeinlage nicht aufgefüllt ist (§ 167 Abs. 2 HGB). Gewinnanteile eines Kommanditisten müssen mithin, wenn die Kommanditeinlage voll geleistet ist, einem anderen Konto des Kommanditisten gutgeschrieben werden, wenn und soweit sie nicht einer Rücklage der Gesellschaft zugeführt werden.

Bei der Gewinnverteilung erhält nach der gesetzlichen Vorschrift des § 168 Abs. 1 HGB auch der Kommanditist zunächst 4 % seiner Kommanditeinlage, soweit der Gewinn dazu reicht. Im übrigen wird der Gewinn im Zweifel im „angemessenen Verhältnis" verteilt (§ 168 Abs. 2 HGB). Nach § 167 Abs. 3 HGB ist der Kommanditist am Verlust nur bis zum Betrag seines Kapitalanteils und seiner noch rückständigen Einlage beteiligt.

1094 Die gesellschaftsvertraglich notwendige Fixierung des Gewinn- und Verlustbeteiligungsschlüssels muß nicht nur die Verzinsung von Sonder- oder Darlehenskonten der Gesellschafter und die Geschäftsführungsvergütung berücksichtigen – beides sollte als Gesellschaftsaufwand vereinbart werden –, dem Haftungsrisiko des persönlich haftenden Gesellschafters muß ebenfalls Rechnung getragen werden. Den persönlich haftenden Gesellschaftern sollte eine Haftungsdividende eingeräumt werden. Die Höhe muß sich nach den Verhältnissen sowohl der Gesellschaft als auch der Gesellschafter richten.

i) Entnahmerechte

1095 Kommanditisten haben kein Recht zu teilweiser Vorausentnahme auf den laufenden Gewinn (§ 169 HGB). Sie haben nur Anspruch auf Auszahlung der ihnen zukommenden Gewinnanteile nach Feststellung des Jahresabschlusses. Insoweit können Kommanditisten den Gewinn grundsätzlich aber uneingeschränkt entnehmen; für sie gilt also nicht die Beschränkung, daß die Entnahme nicht zum „offenbaren Schaden der Gesellschaft gereichen" darf (§ 122 Abs. 1 HGB). Auch diese Entnahmeregeln bedürfen gesellschaftsvertraglicher Klarstellung[118].

1096 Einerseits ist es wirtschaftlich nicht tragbar, die Vollentnahme der Gewinnanteile uneingeschränkt zuzulassen. Daher ist im Gesellschaftsvertrag vorzuschreiben, daß ein gewisser Prozentsatz des verteilbaren Gewinns in der Gesellschaft thesauriert wird, sei es auf einem Rücklagekonto der Gesellschaft, sei es auf einem Sonderkonto der Gesellschafter (Kommanditisten) – häufig als „Kapitalreservekonto" oder „Kapitalkonto II" bezeichnet. Darüber hinaus sollte vereinbart werden, daß bei Erreichung einer gewissen Höhe der thesaurierten Gewinnanteile die Kom-

---

[117] BGH WM 1956, 1062; MünchHdb. KG/v. Falkenhausen, § 21 Rz. 18 ff.
[118] MünchHdb. KG/v. Falkenhausen, § 22 Rz. 48 ff.

manditeinlagen entsprechend erhöht werden, wobei auf Gleichbleiben des Verhältnisses der Kapitalkonten zu achten ist.

Die verbleibenden Gewinnanteile sollten dann aber auch entnommen oder nach Wahl der Gesellschafter auf einem gesonderten Darlehenskonto stehen bleiben können. Solche Darlehenskonten wären dann betriebswirtschaftlich und bilanzrechtlich als echtes Fremdkapital anzusehen.

Andererseits sind Kommanditisten häufig auf laufende Bezüge im Sinne der Vorwegentnahme laufenden Gewinns angewiesen, jedenfalls in Höhe der ihnen obliegenden Steuervorauszahlungen auf erwartete Gewinnanteile und auf ihr in der Gesellschaft angelegtes Vermögen. Daher ist die Regelung von Steuerentnahmerechten zu empfehlen[119]. Denkbar sind aber auch Lösungen, die laufende Entnahmen ausschließen, dafür den Kommanditisten den Anspruch zu geben, ihre Gewinnteile nach Abzug einer Thesaurierungsquote voll zu entnehmen. Die Kommanditisten müssen dann ihre laufenden Bedürfnisse einschließlich ihrer Steuerverpflichtungen aus den festgestellten Gewinnanteilen abzüglich der Thesaurierungsquote decken und hier notfalls private Rücklagen bilden. Bei einer solchen Regelung weiß die Geschäftsführung, über welche Mittel sie verfügen kann. 1097

Um außergewöhnliche Finanzierungsbedürfnisse der Gesellschaft aus dem weiteren Gewinn wenigstens teilweise befriedigen zu können, sollte vorgesehen werden, daß die Entnahmefreiheit von Fall zu Fall durch einen Gesellschafterbeschluß beschränkt werden kann. 1098

j) Kein Wettbewerbsverbot für Kommanditisten

Obwohl das Wettbewerbsverbot des § 112 HGB nicht für Kommanditisten gilt (§ 165 HGB), kann sich aus der allgemeinen Gesellschaftertreuepflicht[120] auch für Kommanditisten ein Wettbewerbsverbot ergeben. Das gilt besonders dann, wenn die Kommanditisten in atypischer Form die Gesellschaft beherrschen, insbesondere Geschäftsführungsbefugnisse innehaben, vornehmlich bei einer GmbH & Co. KG, bei der die betreffenden Kommanditisten zugleich Geschäftsführer der Komplementär-GmbH sind[121]. 1099

k) Tod eines Kommanditisten

Anders als beim Tod eines persönlich haftenden Gesellschafters[122] löst der Tod eines Kommanditisten die Gesellschaft nicht auf (§ 177 HGB)[123]. Die Kommanditbeteiligung ist unbeschränkt in vollem Umfang vererblich[124]. Die Rechtsnachfolge richtet sich ausschließlich nach den Vorschriften des Erbrechts und folgt entweder den Regeln der gesetzlichen oder der gewillkürten Erbfolge. Enthält der Gesell- 1100

---

[119] MünchHdb. KG/v. Falkenhausen, § 22 Rz. 59 ff.
[120] Zur gesellschaftsrechtlichen Treuepflicht MünchHdb. KG/Weipert, § 13 Rz. 1 ff.
[121] MünchHdb. KG/Mattfeld, § 12 Rz. 25 ff.
[122] Hier gelten dieselben Regeln wie bei der offenen Handelsgesellschaft.
[123] MünchHdb. KG/Klein, § 42 Rz. 1 ff und § 43 Rz. 19 ff.
[124] MünchHdb. KG/Klein § 43 Rz. 19.

schaftsvertrag keine abweichende Regelung, so geht der Kommanditanteil mit dem Tod des Kommanditisten unmittelbar auf dessen Erben über[125], ohne daß es irgendeiner weiteren Rechtshandlung, insbesondere einer Eintrittserklärung, bedarf. Die Gesellschafterstellung geht insgesamt mit allen Rechten und Pflichten auf den oder die Erben über, soweit es sich nicht um dem Erblasser als Kommanditisten eingeräumte Sonderrechte und -pflichten handelt[126].

1101 Geht die Kommanditbeteiligung auf mehrere Erben über, so findet nach h. M. [127] eine Sondererbfolge statt: Die Kommanditbeteiligung geht entsprechend den Erbquoten der Miterben im Wege der Singularsukzession unmittelbar geteilt auf die Kommanditistenmiterben über.

Beispiel:

E ist Kommanditist mit einer Kommanditeinlage von DM 100.000,-. Er hat 3 Erben: A (50 %), B (30 %), C (20 %). Kommanditisten werden A mit einer Kommanditeinlage von DM 50.000,-, B mit DM 30.000,-, C mit DM 20.000,-, ohne daß es einer Erbauseinandersetzung bedarf.

1102 Wird die Kommanditbeteiligung im Wege des Vermächtnisses zugewandt, so geht diese zunächst auf den oder die Erben über. Der Vermächtnisnehmer hat nur einen schuldrechtlichen Anspruch auf Herausgabe.

1103 Gerade bei Familiengesellschaften ist der Erbe oder Vermächtnisnehmer, dem eine Kommanditbeteiligung zufällt, oft bereits Mitgesellschafter. Ist der Vermögensnachfolger Komplementär, so verbleibt es im Außenverhältnis bei einer einheitlichen Stellung als unbeschränkt haftender Gesellschafter[128]. Die im Handelsregister eingetragene Haftsumme des Kommanditkapitals ist herabzusetzen[129]. Im Innenverhältnis kann der Kapitalanteil des Kommanditisten mangels abweichender gesellschaftsvertraglicher Vereinbarung dann mit allen auf ihn entfallenden Rechten und Pflichten bestehen bleiben, wenn für ihn besondere gesellschaftsvertraglich festgelegte Bestimmungen gelten, z.B. bezüglich Verzinsung oder Gewinn- oder Verlustbeteiligung[130].

1104 Die Rechtsnachfolger treten auch in die Verpflichtung zur Leistung der noch ausstehenden Haftsumme an die Gesellschaft ein. Diese Verpflichtung ist erbrechtlich nicht beschränkbar[131].

1105 Die Sonderrechtsnachfolge muß zum Handelsregister angemeldet werden (§§ 161 Abs. 2, 143 Abs. 2, 107 HGB). Anmeldepflichtig sind alle Gesellschafter

---

[125] Schlegelberger/Karsten Schmidt, § 177 HGB Rz. 9; MünchHdb. KG/Klein, § 43 Rz. 19.
[126] MünchHdb. KG/Klein, § 43 Rz. 30ff.
[127] BGH NJW 1983, 2376; 1986, 2431; 1989, 3152; Großkomm. HGB/Schilling § 177 Anm. 15ff. m.w.N.
[128] BGH BB 1963, 1076f.
[129] Münch Hdb KG/Klein § 43 Rz. 27 mwN.
[130] Großkomm. HGB/Schilling § 177 Anm. 19; Dittmann/Reimann/Bengel Rz. A 68; Münch Hdb. KG/Klein § 43 Rz. 27.
[131] OLG Hamburg DB 1994, 208 m.w.N.

und alle Erben, auch wenn sie nicht Gesellschafter geworden sind[132]. Gesetzliche Vertreter eines minderjährigen Kommanditistennachfolgers können die Anmeldung auch dann vornehmen, wenn sie Mitgesellschafter sind[133]. Ist Testamentsvollstreckung angeordnet, so muß der Testamentsvollstrecker ebenfalls die Handelsregisteranmeldung unterschreiben[134]. Die Testentsvollstreckung wird aber nicht zum Handelsregister angemeldet bzw. dort eingetragen[135].

l) Gesellschaftsdauer, Kündigung, Abfindung ausscheidender Gesellschafter

Es gelten die Ausführungen zur offenen Handelsgesellschaft entsprechend. Nach der Rechtsprechung des BGH ist bei einer KG eine gesellschaftsvertragliche Kündigungsklausel nichtig, die einem Gesellschafter das Recht einräumt, die Gesellschaft nach freiem Ermessen mit der Wirkung zu kündigen, daß die das gemeinsame Unternehmen mittragenden Gesellschafter ausscheiden und das Geschäft ohne Liquidation mit Aktiven und Passiven auf ihn übergeht[136]. 1106

4. Sonderfall GmbH & Co. KG

a) Allgemeines

Die GmbH & Co. KG ist eine Kommanditgesellschaft, mit einer GmbH als persönlich haftendem Gesellschafter. Diese GmbH (nachfolgend Komplementär-GmbH genannt) muß nicht der einzige persönlich haftende Gesellschafter der KG sein, ist es aber typischer Weise. 1107

Statt einer GmbH kann auch eine AG („AG & Co.") oder Stiftung („Stiftung & Co.") Komplementär sein. 1108

Bei der Personengesellschaft, in der eine GmbH persönlich haftender Gesellschafter ist, braucht es sich nicht unbedingt um eine KG zu handeln – es kann auch eine OHG sein; auch dann liegt eine „GmbH & Co.", wenn auch nicht ... „KG" vor. Die OHG in der Form der GmbH & Co. kann als Vorbereitungsstufe für eine KG durchaus von Interesse sein. 1109

Bei einer GmbH & Co. sind zwei Gesellschaften miteinander verbunden: Die Kapitalgesellschaft als persönlich haftende Gesellschafterin der weiteren Gesellschaft (OHG, KG). Daher sind zwei Gesellschaftsverhältnisse zu regeln. 1110

Unter bestimmten Voraussetzungen kann die GmbH & Co. KG auch der Mitbestimmung der Arbeitnehmer gemäß dem Gesetz vom 7.5.1976[137] unterliegen. Das gilt nach § 4 des Mitbestimmungsgesetzes dann, wenn die Mehrheit der Kommanditisten der GmbH & Co. KG auch die Mehrheit in der Komplementär-GmbH inne hat. Dann werden die bei der GmbH & Co. KG beschäftigten Arbeit- 1111

---

[132] BayObLG DB 1979, 86; 1993, 474.
[133] BGH BB 1970, 940.
[134] BGH NJW 1989, 3152 (3153).
[135] KG WM 1995, 1890.
[136] BGHZ 81, 263 ff.; BGH DNotZ 1986, 42 (43 ff.).
[137] BGBl. 1976 I, 1153; Hennerkes/Binz, Die GmbH & Co., I. Teil XVI 1 b) (S. 242).

nehmer den Arbeitnehmern der Komplementär-GmbH zugerechnet. Wird dann der Schwellenwert des § 1 Abs. 1 Nr. 2 des Mitbestimmungsgesetzes – Beschäftigung von in der Regel mehr als 2000 Arbeitnehmern – erreicht und hat die Komplementär-GmbH keinen eigenen Geschäftsbetrieb mit in der Regel mehr als 500 Arbeitnehmern, so ist die GmbH & Co. KG mitbestimmungspflichtig.

Dieser Fall wird im Bereich der hier erörterten Familiengesellschaften selten sein. Im übrigen läßt sich ihm durch Gestaltungen begegnen[138].

b) Anwendungsbereich

1112 Die entscheidenden Vorteile der GmbH & Co. KG sind
– die Ermöglichung der „Fremdorganschaft",
– die Beschränkung der Haftung,
– eine Komplementär-GmbH kann nicht durch Tod wegfallen und damit eine KG vor das Auflösungsproblem stellen.

1113 Die Wahrnehmung der Geschäftsführungsfunktionen durch einen angestellten, an der KG nicht beteiligten Geschäftsführer der GmbH stellt keine Durchbrechung des für eine KG als Personengesellschaft geltenden Prinzips der Selbstorganschaft dar. Die KG wird auch bei der GmbH & Co. KG durch einen Gesellschafter vertreten, nämlich die Komplementär-GmbH.

1114 Die Haftungsbeschränkung der Gesellschafter ist im übrigen eine kommanditistische, d. h. die unmittelbare persönliche Gesellschafterhaftung besteht wie bei jeder Kommanditgesellschaft.

1115 Nach §§ 129a, 172 Abs. 6, 172a HGB haften bei der GmbH & Co. KG die eigenkapitalersetzenden Kommanditistendarlehen wie die entsprechenden Gesellschaftsdarlehen von GmbH-Gesellschaftern nach §§ 32a, 32b GmbHG. In haftungsrechtlicher Hinsicht sind somit die Kapitalverhältnisse der GmbH & Co. denen bei der GmbH gleichgestellt.

1116 Die Vorteile der Fremdorganschaft und der Haftungsbeschränkung sind gerade für Familienunternehmen und deren Vermögensnachfolgegestaltungen von entscheidender Bedeutung: Ist ein qualifizierter Unternehmernachfolger nicht in Sicht oder bedarf das Unternehmen nicht nur eines, sondern mehrerer qualifizierter Unternehmensleiter, die aus der Unternehmerfamilie nicht gestellt werden können, so ist der oder sind die Unternehmer-Gesellschafter auf die Möglichkeit einer Fremdorganschaft angewiesen.

1117 Der Vorzug der Haftungsbeschränkung ist kein spezifischer der GmbH & Co. KG, sondern der KG allgemein. Für Vermögensnachfolgegestaltungen geht es darum, auch die nicht zu unternehmerischer Leitung befähigten Vermögensnachfolger am Unternehmen zu beteiligen. Da solche Vermögensnachfolger mangels Qualifikation von Geschäftsführung und Vertretung auszuschließen sind, ist ihnen eine unbeschränkte Haftung nicht zuzumuten.

---

[138] Hennerkes/Binz, Die GmbH & Co., I. Teil XVI 4b) (S. 254 ff).

Die Rechtsform der GmbH & Co. ermöglicht eine lebzeitige Vorsorgegestaltung auch derart, daß der Erblasser sein unternehmerisches Vermögen umorganisiert, ohne schon künftige Erben zu beteiligen: Er kann eine Komplementär-GmbH errichten, deren alleiniger Gesellschafter er wird („Ein-Mann-GmbH") und diese in sein bisheriges Einzelunternehmen als Gesellschafter aufnehmen. Die Aufnahme der Komplementär-GmbH kann als persönlich haftender Gesellschafter oder als Kommanditist erfolgen; der bisherige Einzelunternehmer kann persönlich haftender Gesellschafter bleiben oder in die Rechtsstellung eines Kommanditisten übertreten. 1118

Wird die aufzunehmende GmbH nur Kommanditistin, so liegt keine eigentliche GmbH & Co. vor. Wird sie neben dem bisherigen Einzelunternehmer persönlich haftende Gesellschafterin, so besteht eine GmbH & Co. OHG. Eine GmbH und Co. KG ist gegeben, wenn die GmbH alleinige persönlich haftende Gesellschafterin wird. Jedoch kann auch für die beiden vorerörterten Formen ein Interesse bestehen: Aus Kreditgründen kann der bisherige Einzelunternehmer Wert darauf legen, die persönliche Haftung zu behalten. Der Gesellschaftsvertrag sieht dann vor, daß im Falle seines Ablebens seine Erben Kommanditisten werden, die GmbH alleinige persönlich haftende Gesellschafterin bleibt oder wird, um durch ihre Organe im Wege der Fremdorganschaft Geschäftsführung und Vertretung der Gesellschaft ausüben zu können. 1119

c) Gesellschaftsverträge

Die Errichtung einer GmbH & Co. KG erfolgt durch Abschluß des Gesellschaftsvertrages der Kommanditgesellschaft. Da persönlich haftender Gesellschafter die GmbH ist, muß die GmbH rechtlich entstanden und handlungsfähig sein. 1120

Eine GmbH entsteht erst mit Eintragung im Handelsregister. Um die GmbH & Co. KG errichten zu können, muß also zunächst die Eintragung der errichteten GmbH im Handelsregister erfolgt sein. Eine gleichzeitige Anmeldung beider Gesellschaften zum Handelsregister ist gleichwohl möglich, wenn in den Anmeldungen zum A- und B- Register jeweils auf die andere Anmeldung verwiesen wird und als Zeitpunkt des Beginns der Geschäftstätigkeit der KG die Eintragung der GmbH angemeldet wird. 1121

Nehmen die Gründer einer GmbH & Co. KG deren Geschäfte schon vor Entstehung der Komplementär-GmbH und der GmbH & Co. KG vor, so tritt das Problem der unbeschränkten Haftung der Gesellschaftsgründer auf. Schließen die Gründer im Namen der noch nicht entstandenen GmbH & Co. KG einen Vertrag mit Dritten ab, so haften sie entsprechend § 179 Abs. 1 BGB unbeschränkt auf Erfüllung, wenn die Gesellschaft nicht existent wird oder den Vertrag nach ihrer Entstehung nicht genehmigt. Das gilt selbst dann, wenn der Dritte bei Vertragsabschluß weiß, daß die Gesellschaft noch nicht besteht[139]. Entsteht die Gesellschaft, 1122

---

[139] BGHZ 80, 129 (130ff.); BGH NJW 1974, 1905f.; Baumbach/Hopt, Anh. zu § 177a HGB Rz. 15.

so wird sie Schuldnerin der ursprünglich für die Vorgesellschaft und die Gründer begründeten Verbindlichkeiten[140], ohne daß die Haftung der Gründer erlischt.

1123 Da die GmbH ihrer Zweckbestimmung nach Gesellschafter der GmbH & Co. KG ist, muß ihr Gesellschaftsvertrag auf diese Funktion abgestimmt sein. Das Gesamtkonzept, d. h. auch der KG-Vertrag, muß mithin zum Zeitpunkt der Beurkundung des Gesellschaftsvertrages der GmbH vorliegen, und zwar mit solchem Inhalt, wie ihn alle Gesellschafter billigen. Die Abstimmung der Gesellschaftsverträge der Komplementär-GmbH und der GmbH & Co. KG ist einer der wichtigsten Regelungspunkte bei der Gründung einer GmbH & Co. KG.

1124 Zur notwendigen Abstimmung zählt auch die Festlegung des Unternehmensgegenstandes der GmbH. Es ist streitig, ob die Formulierung ausreichend ist „Gegenstand des Unternehmens ist die Übernahme der Stellung eines persönlich haftenden Gesellschafters in der Kommanditgesellschaft unter der Firma A". Die Rechtsprechung verlangt eine weitergehende Individualisierung, wonach auch die Angabe des Unternehmensgegenstandes der KG anzugeben sein soll[141]. Das Schrifttum hält dies mit Recht für unrichtig[142], weil Gegenstand der GmbH allein die Übernahme der Stellung des persönlich haftenden Gesellschafters der KG ist. Um lästige Auseinandersetzungen mit dem Registergericht zu vermeiden, ist zu empfehlen, der unrichtigen Rechtsprechung zu folgen und bei der Angabe des Unternehmensgegenstandes der Komplementär-GmbH auch den Unternehmensgegenstand der KG zu bezeichnen.

d) Gesellschafter

aa) Grundform

1125 Bei der typischen GmbH & Co. KG sind die Gesellschafter der Komplementär-GmbH gleichzeitig die Kommanditisten und zwar im selben Beteiligungsverhältnis. Diese Kongruenz der Beteiligungen sowohl an der GmbH & Co. KG als auch der Komplementär-GmbH ist wünschenswert, weil jede abweichende Beteiligung Interessengegensätze heraufbeschwört. Zu beachten ist, daß auf die Beteiligungen an GmbH und KG im Falle des Todes des Anteilsinhabers in wesentlichen Punkten unterschiedliche gesetzliche Regelungen und vertragliche Gestaltungsmöglichkeiten anwendbar sind. So zerfällt bei mehreren Erben die Kommanditbeteiligung in Einzelbeteiligungen, während der GmbH-Geschäftsanteil ungeteilt in das Gesamthandsvermögen der Erbengemeinschaft fällt. Nach § 18 Abs. 1 GmbHG können

---

[140] BGHZ 69, 95 (97f.); WM 1980, 524; im übrigen zur Gründerhaftung auch der Kommanditisten nach § 176 Abs. 1 HGB: BGH WM 1979, 1057 = GmbHRdsch 1979, 223f.; DB 1980, 74; NJW 1980, 1630 (1631); Karsten Schmidt, ZHR 144 (1980), 192 (202); Priester, BB 1980, 911 (913); Hennerkes/Binz, Die GmbH & Co., I. Teil III 3b) (S. 28ff.).

[141] BayObLG NJW 1976, 1694 = DB 1976, 287; GmbHRdsch 1968, 118f.; Sachs, DNotZ 1976, 355ff.

[142] Scholz/Emmerich, § 3 GmbHG Rz. 13; Baumbach/Hueck, § 3 GmbHG Rz. 11; Baumbach/Hopt, Anh. zu § 177a Rz. 13; Hennerkes/Binz, Die GmbH & Co., I. Teil IV 1b)bb) (S. 37).

die Miterben ihre Rechte aus dem Geschäftsanteil nur einheitlich ausüben, wenn jeder Miterbe seine eigenen Rechte aus der ihm zugefallenen (Teil-)Kommanditbeteiligung hat.

Ziel der Vertragsgestaltung sollte sein, die Kongruenz der Beteiligungen an Komplementär-GmbH einerseits und GmbH & Co. KG andererseits auf Dauer – also auch bei Vermögensnachfolge – sicherzustellen. Eine entsprechende Verklammerung der Gesellschaftsverträge muß in den jeweiligen Satzungen erfolgen. Im Gesellschaftsvertrag der GmbH ist zu regeln, daß im Falle der Verminderung der Kommanditeinlage eines Gesellschafters oder seines Ausscheidens aus der KG sein Geschäftsanteil an der Komplementär-GmbH (entsprechend teilweise) eingezogen oder von der GmbH die Zwangsabtretung verlangt werden kann. Im Gesellschaftsvertrag der KG ist zu vereinbaren, daß ein Kommanditist insoweit ausscheidet, wie er (ganz oder teilweise) einen Geschäftsanteil an der GmbH verliert. **1126**

Bei Vermögensnachfolge zu Lebzeiten kann beim Unternehmer ein Interesse bestehen, von der Kongruenz der Beteiligungen abzusehen. Der bisherige Einzelunternehmer, der seine unternehmerische Nachfolge durch vorweggenommene Erbfolge regeln will, kann wünschen, zunächst allein Gesellschafter der Komplementär-GmbH zu bleiben oder nur einen solchen Abkömmling oder Erben zum Mitgesellschafter der Komplementär-GmbH zu machen, der später auch als Unternehmensleiter die Geschäftsführung übernehmen soll. In einem solchen Fall reden in der Komplementär-GmbH nicht solche Gesellschafter mit, die zwar als Kommanditisten am Unternehmen der GmbH & Co. KG substanz- und ergebnismäßig beteiligt werden sollen, die aber keinen Einfluß auf die Komplementär-GmbH haben sollen. **1127**

Im Regelfall ist eine derartige Lösung nicht zu empfehlen. Sie beschwört Interessengegensätze und Meinungsverschiedenheiten in der Gesamtgesellschaft herauf, die vermieden werden sollten.

Eine weitere Frage ist, wie die Komplementär-GmbH an der GmbH & Co. KG beteiligt werden soll. Besteht die Aufgabe der Komplementär-GmbH nur darin, persönlich haftende Gesellschafterin der KG zu sein und deren Geschäftsführung und Vertretung zu übernehmen, so ist es nicht erforderlich, sie am Gesellschaftsvermögen der KG durch Leistung einer eigenen Einlage zu beteiligen. Der gesellschaftsrechtliche Beitrag der Komplementär-GmbH kann sich darauf beschränken, der KG als persönlich haftende, geschäftsführungs- und vertretungsberechtigte Gesellschafterin Dienst zu leisten. Diese Lösung ist regelmäßig zu empfehlen, zumal die Beteiligung der GmbH an der KG auch steuerliche Nachteile haben kann. **1128**

bb) Einheitsgesellschaft

Eine dauerhafte Verklammerung und somit eine einheitliche Vermögensnachfolge gewährleistet die sogenannte „Einheitsgesellschaft". Hier werden die Geschäftsanteile der Komplementär-GmbH an die Kommanditgesellschaft (GmbH & Co. KG) selbst abgetreten, so daß die Kommanditgesellschaft alleinige Gesellschafterin **1129** der GmbH ist. Diese Lösung ist gesetzlich aufgrund des mit der GmbH-Novelle vom 4. 7. 1980 in das Gesetz eingefügten § 172 Abs. 6 HGB mittelbar anerkannt[143].

Diese Rechtsform erfordert Sonderregelungen der Geschäftsführung und Vertretung: Ist die GmbH & Co. KG selbst die Gesellschafterin ihrer Komplementär-GmbH, so wird sie in der Gesellschafterversammlung der Komplementär-GmbH durch diese, nämlich deren Geschäftsführer, vertreten. Es wären die Geschäftsführer, die mithin fortgesetzt über sich und ihre Rechtsstellung verfügten; mindestens die Beschlußfassung über Bestellung und Abberufung von Geschäftsführern muß in die Hände der Kommanditisten selbst durch Einrichtung eines besonderen Gesellschaftsorgans (Aufsichtsrat, Beirat) mit entsprechenden satzungsmäßiger Kompetenzen gelegt werden[144]. Eine andere Lösung ist die Erteilung von Vollmachten zur Ausübung des Stimmrechts an die Kommanditisten[145].

Im Falle gewollter dauerhafter Gesellschafteridentität ist die Rechtsform der GmbH & Co. KG als „Einheitsgesellschaft"[146] zu empfehlen.

e) Firma

1130 Wird ein Unternehmen von Vermögensnachfolgern in der Rechtsform einer GmbH & Co. KG fortgeführt, so kann es grds. die bisherige Firma beibehalten („abgeleitete Firma").

Nach § 19 Abs. 5 HGB muß auch eine abgeleitete Firma einen die Haftungsbeschränkung kennzeichnenden Firmenzusatz wie „GmbH & Co." erhalten, wenn keine natürliche Person persönlich haftender Gesellschafter ist.

1131 Wird eine GmbH & Co. KG neu gegründet, so tritt das Problem der notwendigen Unterscheidbarkeit der Firma der Komplementär-GmbH von der Firma der GmbH & Co. KG auf (§ 30 Abs. 1 HGB). Gemäß § 19 Abs. 2 HGB hat die Firma einer KG den Namen wenigstens eines persönlich haftenden Gesellschafters zu enthalten. Ist einziger persönlich haftender Gesellschafter eine GmbH und diese am Ort des Sitzes der KG errichtet, müssen sich die Firmen der Komplementär-GmbH und der KG gemäß § 30 HGB voneinander unterscheiden[147]. Zur Unterscheidung reicht aus, wenn die GmbH als „XY-Verwaltungs-GmbH" oder „XY-Betriebs GmbH" bezeichnet wird.

f) Wettbewerbsverbot

1132 Gemäß § 112 HGB darf die Komplementär-GmbH ohne Einwilligung der anderen Gesellschafter nicht in Wettbewerb zur GmbH & Co. KG treten. Von größerer

---

[143] Hennerkes/Binz, Die GmbH & Co., I. Teil XIV 1 (S. 216); Baumbach/Hopt, Anh. zu § 177a HGB Rz. 8.
[144] Scholz/Karsten Schmidt, Anh. zu § 45 GmbHG Rz. 3 ff.; Hennerkes/Binz, Die GmbH & Co., I. Teil XIV 2 (S. 216); Übersicht: Bülow, DB 1982, 527 (528 ff.).
[145] Karsten Schmidt, Gesellschaftsrecht, § 56 II 3 e) m. w. N.
[146] Karsten Schmidt, Gesellschaftsrecht, § 56 II 3 e); Esch, BB 1991, 1129 ff.
[147] BGHZ 46, 7 (10); OLG Frankfurt BB 1963, 108; OLG Karlsruhe BB 1965, 806; BayObLG, NJW 1980, 129; BB 1990, 2065 = DB 1990, 2013.

praktischer Bedeutung ist ein mögliches Wettbewerbsverbot der Kommanditisten. Gesetzlich unterliegen Kommanditisten keinem Wettbewerbsverbot, da § 112 HGB auf sie keine Anwendung findet.

Ein Wettbewerbsverbot kann für Kommanditisten aber aus der Gesellschaftertreuepflicht entstehen, vor allem, wenn sie Geschäftsführungsbefugnisse haben.

Zwar soll die GmbH & Co. KG Fremdorganschaft ermöglichen, jedoch wird bei Familienunternehmen regelmäßig ein Kommanditist Geschäftsführer der Komplementär-GmbH sein, solange ein entsprechend befähigter Kommanditist vorhanden ist. Insbesondere wird der bisherige Einzelunternehmer bzw. werden die bisherigen Gesellschafter, die eine Umgründung in eine GmbH & Co. KG vornehmen, zunächst selbst Geschäftsführer der Komplementär-GmbH bleiben wollen. In einem solchen Fall wird aus der Gesellschaftertreuepflicht oder auch aus analoger Anwendung des § 112 HGB ein Wettbewerbsverbot für die Geschäftsführer-Kommanditisten anzunehmen sein[148]. Es ist zu empfehlen, die Wettbewerbsverbotsfrage gesellschaftsvertraglich zu regeln.

g) Geschäftsführung und Vertretung

Die Geschäftsführung und Vertretung der Gesellschaft hat nur die Komplementär-GmbH inne. Sind Gesellschafter als Kommanditisten zugleich Geschäftsführer der Komplementär-GmbH, tritt das Problem des gemäß § 181 BGB unzulässigen „Selbstkontrahierens" auf.

Das Problem ergibt sich schon bei der GmbH selbst: Der Gesellschafter-Geschäftsführer kommt in die Lage, mit sich selbst z.B. einen Dienstvertrag, einen Versorgungsvertrag oder sonstige Vereinbarungen abschließen zu müssen. Die GmbH ihrerseits muß mit der KG, an der sie beteiligt ist, kontrahieren, aber auch mit den einzelnen Gesellschaftern, z.B. beim Abschluß des Gesellschaftsvertrages oder späteren Vertragsänderungen.

Aus diesen Gründen ist es unentbehrlich, im Gesellschaftsvertrag der GmbH die Geschäftsführer, sofern sie Gesellschafter sind, von dem Verbot des Selbstkontrahierens aus § 181 BGB freizustellen, und im Gesellschaftsvertrag der Kommanditgesellschaft die Komplementär-GmbH.

Ob das generell und umfassend oder auf bestimmte Geschäfte oder Gruppen von Geschäften eingeschränkt zu geschehen hat, ist eine Frage des Einzelfalls.

h) Verteilung von Gewinn und Verlust, Entnahmen

Schon aus Gründen steuerlicher Anerkennung muß bei der Gewinnverteilung dem Umstand Rechnung getragen werden, daß die Komplementär-GmbH als (meist einzige) persönlich haftende Gesellschafterin für die Gesellschaftsverbindlichkeiten unbeschränkt haftet. Ihr muß deshalb eine Haftungsprämie zugebilligt werden.

---

[148] BGHZ 89, 162 (165f.); BGH NJW 1980, 231f.; Baumbach/Hopt, Anh. zu § 177a HGB Rz. 23; ders. § 165 HGB Rz. 1.

1137 Die Höhe der Haftungsprämie sollte sich nach der Haftungsgrundlage richten, die die GmbH zu bieten hat. In aller Regel wird ein angemessener Gewinnprozentsatz bestimmt, höchstens als Obergrenze eine prozentuale Verzinsung des Reinvermögens der GmbH (Stammkapital zuzüglich bilanzmäßiger offener Rücklagen und Gewinnvorträge abzüglich von Verlustvorträgen).

1138 Bei der Verlustverteilung muß beachtet werden, daß Überschuldung der GmbH für diese Konkursgrund ist (§ 64 Abs. 1 Satz 1 HS. 2 GmbHG). Deshalb sollte die Verlustbeteiligung der Komplementär-GmbH ausgeschlossen werden. Dagegen empfiehlt sich nicht, die Komplementär-GmbH gesellschaftsvertraglich von ihrer Haftung freizustellen, weil das zu einer unbegrenzten Haftung der Kommanditisten führen würde, die zu vermeiden auch ein Motiv für die Wahl der GmbH & Co. KG ist[149].

1139 Was die Kommanditistenhaftung für Entnahmen einschließlich der Entnahme kapitalersetzender Darlehen betrifft, muß auf §§ 172, 172a HGB (32a, 32b GmbHG) verwiesen werden[150].

i) Publizitätspflichten

1140 Nach §§ 125a, 177a HGB gelten für Personengesellschaften, bei denen kein Gesellschafter eine natürliche Person ist, also vor allem die GmbH & Co. KG, gewisse Publizitätspflichten.

Danach muß die GmbH & Co. KG auf ihren Geschäftsbriefen ihre Rechtsform, den Sitz der Gesellschaft, das Registergericht des Sitzes der Gesellschaft und die Handelsregisternummer angeben. Ferner müssen für die persönlich haftenden Kapitalgesellschafter die Angaben laut § 35a GmbHG bzw. § 80 AktG gemacht werden.

j) Informationsrechte der Kommanditisten

1141 Wenn auch die GmbH & Co. KG Kommanditgesellschaft bleibt, so ist sie doch aufgrund der Verzahnung mit einer Komplementär-GmbH dem Recht der Kapitalgesellschaft, im Falle der GmbH & Co. KG der GmbH, angenähert. Das hat rechtliche Folgen:

Die Kommanditisten haben, soweit sie gleichzeitig Gesellschafter der Komplementär-GmbH sind, weit über die kommanditistischen Informationsrechte des § 166 hinaus in der Komplementär-GmbH die Informationsrechte nach § 51a GmbHG[151].

Bei Abstimmungen in der GmbH & Co. KG gelten die Stimmverbote des § 47 Abs. 4 GmbHG[152].

---

[149] Verlustausschluß und Haftungsfreistellung von Kommanditisten sind streng zu unterscheiden. So richtig Hennerkes/Binz, Die GmbH & Co., I. Teil VII 2c) (S. 91).

[150] S. oben Rz. 1073.

[151] OLG Düsseldorf BB 1990, 1998; OLG Hamburg GmbHR 1985, 120f.; OLG Hamm WM 1986, 740f. = DB 1986, 580; Baumbach/Hueck/Zöllner, § 51a GmbHG Rz. 10b.

[152] Weinhardt, DB 1989, 2417.

Die Gesellschaftsformen im einzelnen

5. Stiftung & Co.

Als selbständiger Rechtsträger (juristische Person) kann eine Stiftung[153] persönlich haftender Gesellschafter einer Kommanditgesellschaft sein. Damit ist die unbeschränkte Haftung natürlicher Personen genauso ausgeschlossen wie bei der GmbH & Co. KG. Ein weiterer Vorzug ist, daß keine Gesellschafter vorhanden sind, die auf die Komplementärin Einfluß nehmen können. Die Stiftung wird allein durch ihren Vorstand vertreten, dessen Bestellung und Abberufung sich aus der Stiftungsverfassung ergeben. Die Mitgliedschaftsrechte der Kommanditisten bleiben unberührt. 1142

Der wesentliche Vorteil der „Stiftung & Co." liegt darin, daß ein solches Unternehmen unabhängig von der Zahl der beschäftigten Mitarbeiter nicht der Mitbestimmung nach dem Mitbestimmungsgesetz unterliegt. 1143

6. Stille Gesellschaft

a) Begriff

Unter „Stiller Gesellschaft" wird die Stille Gesellschaft des Handelsrechts (§§ 230ff. HGB) verstanden. 1144

§ 230 HGB definiert den Begriff der Stillen Gesellschaft nicht, sondern setzt ihn voraus. Der Tatbestand des § 230 Abs. 1 HGB besagt, daß derjenige, der sich als stiller Gesellschafter an einem Handelsgewerbe eines anderen mit einer Vermögenseinlage beteiligt, diese Einlage so zu leisten hat, daß sie in das Vermögen des Inhabers des Handelsgeschäfts übergeht. § 230 Abs. 2 HGB klärt, daß aus den in dem Handelsgewerbe geschlossenen Geschäften der Inhaber allein berechtigt und verpflichtet wird.

Die Stille Gesellschaft ist eine Innengesellschaft: Das bestehende Gesellschaftsverhältnis tritt nach außen – Dritten und Geschäftspartnern gegenüber – nicht hervor, vielmehr erscheint der Inhaber des Handelsgeschäfts nach außen als Alleininhaber. 1145

Nach § 230 HGB Abs. 1 und 2 muß die Einlage des stillen Gesellschafters in das Vermögen des nach außen als Alleininhaber auftretenden Gesellschafters übergehen. Nur dieser wird aus den Gesellschaftsgeschäften berechtigt und verpflichtet, weil er im Geschäftsverkehr der Alleininhaber des Geschäfts ist.

Die Stille Gesellschaft kann mithin kein dinglich-gemeinschaftliches Vermögen im Sinne des Gesamthandsvermögens einer Außengesellschaft haben[154]; eine Aussenvertretung im Namen der stillen Gesellschaft gibt es nicht. Der nach außen hin allein auftretende Gesellschafter handelt im eigenen Namen. 1146

Das Verhältnis zwischen den Parteien darf sich nicht auf ein Austauschverhältnis (Überlassung von Geld oder vertretbaren Sachen gegen Vergütung) beschränken, sondern muß sich auf die gewollte Förderung eines gemeinsamen Zwecks, des Be- 1147

---

[153] Dazu unten Rz. 1379ff.
[154] Schlegelberger/Karsten Schmidt § 230 HGB Anm. 9.

triebs des Handelsgewerbes, erstrecken. Die Stille Gesellschaft ist damit modifizierte Gesellschaft bürgerlichen Rechts im Sinne der Innengesellschaft ohne Gesamthandsvermögen[155].

1148   Die Stille Gesellschaft im Sinne der §§ 230 ff. HGB setzt ein „Handelsgewerbe" voraus, welches dem Geschäftsinhaber (Außengesellschafter) gehört. Der Außengesellschafter = Geschäftsinhaber muß Kaufmann, auch Minderkaufmann sein. Als Geschäftsinhaber kommen auch Handelsgesellschaften in Betracht (OHG, KG, GmbH, AG, KGaA).

1149   Dagegen fällt unter die Stille Gesellschaft im Sinne der §§ 230 ff. HGB nicht die stille Beteiligung an einem Nichthandelsgewerbe, z.B. einem landwirtschaftlichen Betrieb oder einem freien Beruf. Auf solche stillen Beteiligungen dürften aber die Vorschriften der §§ 230 ff. HGB in der Regel entsprechend anwendbar sein[156].

b) Typische und atypische Stille Gesellschaft

1150   Die gesetzlich in §§ 230 ff. HGB geregelte typische Stille Gesellschaft ist reine Ergebnisbeteiligung, d.h. der Stille ist nur am Gewinn und Verlust, nicht aber an der Substanz des Geschäfts beteiligt, welches den Gegenstand der Gesellschaft bildet.

Geschäftsführungsbefugnisse stehen dem Stillen nicht zu.

1151   Diese Merkmale der typischen Stillen Gesellschaft können vertraglich geändert werden, da die §§ 230 ff. HGB weitgehend dispositiv sind[157]. So kann vereinbart werden, daß der Stille im Innenverhältnis der Gesellschafter zueinander (also nur schuldrechtlich) am Geschäftsvermögen wie ein Gesellschafter einer OHG oder KG, insbesondere voll an den stillen Reserven beteiligt sein soll. Außerdem kann ihm im Innenverhältnis (volle) Geschäftsführungsbefugnis eingeräumt werden. Die Übertragung gesellschaftsrechtlicher Vertretungsmacht ist wegen der Natur der Stillen Gesellschaft als Innengesellschaft unmöglich; eine Vertretungsbefugnis läßt sich nur durch rechtsgeschäftliche Vollmacht (ggf. Prokura) herstellen, die der Geschäftsinhaber zu erteilen hat; eine Verpflichtung dazu kann aber im Gesellschaftsvertrag begründet werden.

1152   In derartigen Fällen liegt eine sogenannte atypische Stille Gesellschaft vor, die sich auch steuerlich, als Mitunternehmerschaft im Sinne des § 15 Abs. 1 Ziff. 2 EStG auswirkt[158].

1153   Für die Wahl einer atypischen Stillen Gesellschaft gibt es zahlreiche Motive: Kann oder will sich ein Unternehmen oder ein Unternehmer nicht offen an einem anderen Unternehmen beteiligen, andererseits aber finanziell und geschäftlich das betreffende Unternehmen entscheidend mittragen, sei es, daß es sich bei dem betreffenden Unternehmen um einen Abnehmer des still beteiligten Unternehmers oder Unternehmens handelt, und dieses Abnehmerunternehmen in Konkurrenz zu

---

[155] Karsten Schmidt, Gesellschaftsrecht § 62 I 1 c).
[156] Baumbach/Hopt, § 230 HGB Rz. 1.
[157] Zu den vielfältigen Gestaltungsmöglichkeiten MünchHdb. StG/Bezzenberger § 2 Rz. 1 ff.
[158] Zu den atypischen Gesellschaftsformen MünchHdb. StG/Bezzenberger § 2 Rz. 4 ff.

anderen Kunden des still beteiligten Unternehmers oder Unternehmens steht, sei es auch nur, daß der Stille wegen der Höhe seiner Beteiligung und seines Einflusses Wert auf wenn auch nur schuldrechtliche Sachwertbeteiligung legt[159].

c) Gesellschafter

Als Stille können sich alle natürlichen Personen, alle juristischen Personen des bürgerlichen und des Handelsrechts und die handelsrechtlichen Personengesellschaften beteiligen. Die Rechtsprechung hat selbst nichtrechtsfähigen Verbänden die Fähigkeit, stiller Gesellschafter zu sein, zuerkannt, z.B. nicht rechtsfähigen Vereinen, der GbR und der Erbengemeinschaft[160]. Wird nicht nur eine Person als stiller Gesellschafter aufgenommen, sondern mehrere, so liegen regelmäßig so viele einzelne Gesellschaftsverhältnisse vor wie stille Gesellschafter vorhanden sind. In diesen Fällen bestehen zwischen den stillen Gesellschaftern untereinander keine Rechtsbeziehungen[161]. Das muß aber nicht sein: Werden in einem einzigen Vertrage mehrere stille Gesellschafter gleichzeitig aufgenommen, so wird in der Regel ein mehrgliedriges stilles Gesellschaftsverhältnis vorliegen, bei dem auch die mehreren Stillen untereinander in gesellschaftsrechtlichen vertraglichen Beziehungen stehen[162]. Die Stillen können aber auch unter sich eine GbR bilden, die ihrerseits stiller Gesellschafter ist.

1154

d) Anwendungsbereich

Es wird behauptet, daß die Stille Gesellschaft sich für Familiengesellschaften und Regelungen vorweggenommener Erbfolge besonders eigne[163]. Die erscheint kaum begründet. Die Stille Gesellschaft ist dann die richtige Gesellschaftsform, wenn Gesellschaftsverhältnisse im Sinne einer reinen Ergebnisbeteiligung geschaffen werdem sollen. Ansonsten bietet sich für Familiengesellschaften und vorweggenommene Erbfolgen als Lösung eher eine Kommanditgesellschaft an.

1155

Die gesetzlichen Informationsrechte eines Kommanditisten und eines stillen Gesellschafters sind gleich (§§ 166, 233 HGB). Die nur schuldrechtliche Einlagenbeteiligung eines stillen Gesellschafters ist vermögensmäßig wesentlich schwächer als die eines Kommanditisten. Regelmäßig will ein Erblasser bei einer vorweggenom-

1156

---

[159] Paulick/Blaurock, Handbuch der Stillen Gesellschaft, § 2 (S. 14ff.).
[160] Paulick/Blaurock, Handbuch der Stillen Gesellschaft, § 5 II 1 (S. 69f.); Baumbach/Hopt, § 230 HGB Rz. 5; RGZ 126, 386 (390) für Erbengemeinschaft.
[161] Paulick/Blaurock, Handbuch der Stillen Gesellschaft, § 5 II 3 (S. 71); Langenfeld/Gail, I Rz. 50; Großkommentar zum HGB/Schilling, § 335 HGB a.F. Anm. 71f.; Schlegelberger/Karsten Schmidt, § 230 HGB n.F. Rz. 73; Heymann/Horn, § 230 HGB Rz. 8; vgl. Schmidt, DB 1976, 1705.
[162] Schlegelberger/Karsten Schmidt, § 230 HGB n.F. Rz. 73f.; vgl. BGH BB 1980, 958; NJW 1972, 338f.; Blaurock dazu NJW 1972, 1119; Großkommentar zum HGB/Schilling, § 335 HGB a.F. Anm. 72.
[163] Langenfeld/Gail, Handbuch der Familienunternehmen, I Rz. 54; Paulick/Blaurock, Handbuch der Stillen Gesellschaft, § 2 III (S. 19ff.).

menen Erbfolgelösung zwar das gesellschaftsrechtliche Verhältnis zwischen seinen künftigen Erben ordnen, insbesondere die Unternehmernachfolge klarstellen, nicht aber die zukünftigen Erben ungleich behandeln, indem er dem einen eine Geschäftsinhaberstellung einräumt, dem oder den anderen aber nur eine schuldrechtliche Einlagen- und Ergebnisbeteiligung.

1157 Bei nur stiller Aufnahme zukünftiger Erben, also nach außen und dinglich verbleibender Alleininhaberschaft des Erblassers bleibt die Rechtsnachfolge im Aussenverhältnis ungelöst. Sie kann zwar letztwillig oder im Gesellschaftsvertrag der Stillen Gesellschaft geregelt werden, eine vollkommene Lösung ist das aber nicht. Die letztwillige Regelung läßt die Risiken aus Ausschlagung der Erbschaft und Pflichtteilsbegehren bestehen. Eine gesellschaftsvertragliche Regelung konfrontiert die künftigen Erben mit unterschiedlichen gesellschaftsrechtlichen Rechtsstellungen.

1158 In manchen Fällen, wenn auch sehr selten im Rahmen vorweggenommener Erbfolge, soll die Beteiligung des Stillen atypisch gestaltet werden: Der Stille Gesellschafter oder einer von mehreren soll auch an der Substanz des Vermögens des Geschäfts beteiligt, und es soll ihm im Innenverhältnis Geschäftsführungsbefugnis eingeräumt werden. Solche Gestaltungen sind ohne weiteres möglich. Eine Vertretungsbefugnis kann allerdings nur eingeräumt werden auf rechtsgeschäftlichem Wege (Erteilung von Prokura, Handlungsvollmacht, Vollmacht). Will ein Testator und Einzelunternehmer seine Kinder in sein Geschäft aufnehmen und zieht er eine Stille Gesellschaft einer KG vor, so kann er z.B. den schon im Geschäft tätigen Sohn als atypischen, andere Kinder als typische Gesellschafter beteiligen.

1159 Von Interesse bleibt die Stille Gesellschaft dort, wo es sich nicht um Handelsgewerbe, sondern z.B. um landwirtschaftliche Betriebe oder freie Berufe handelt, die von einem Nichtberufsangehörigen nicht betrieben werden können, bei denen aber mangels kaufmännischen Unternehmensgegenständen auch die Errichtung einer KG nicht möglich ist[164].

e) Vertragsschluß

1160 Der Gesellschaftsvertrag der Stillen Gesellschaft bedarf keiner besonderen Form. Er kann selbst durch konkludentes Handeln geschlossen werden. Schriftform ist zu empfehlen, um die Bedingungen des Gesellschaftsverhältnisses klarzustellen und einem Streit zu entziehen.

1161 Soll der Stille seine Vermögenseinlage durch Übertragung eines Grundstücks oder eines Geschäftsanteils an einer GmbH leisten, so bedarf es der für das Übertragungsgeschäft gesetzlich vorgeschriebenen Formen der §§ 313 BGB, 15 GmbHG.

1162 Ein Minderjähriger bedarf zum Eintritt als stiller Gesellschafter zwar grundsätzlich der vormundschaftsgerichtlichen Genehmigung (§§ 1643 Abs. 1, 1822 Nr. 3

---

[164] Laut §§ 8, 12 Apothekengesetz ist z.B. die früher übliche stille Beteiligung an einer Apotheke nichtig.

BGB)[165]. Der vormundschaftlichen Genehmigung bedarf es aber nicht, wenn die Kapitalbeteiligung dem Minderjährigen unentgeltlich zugewandt wird, eine Nachschußpflicht nicht besteht und die Haftung vom Verlust ausgeschlossen ist[166].

f) Geschäftsführung, Vertretung, Kontrollrechte

Die Rechte des stillen Gesellschafters entsprechen weitgehend denen des Kommanditisten. Der Außengesellschafter (Geschäftsinhaber) ist allein zur Geschäftsführung und Vertretung berechtigt; dem Stillen steht nur das Kontrollrecht des § 233 HGB zu, welches dem des Kommanditisten aus § 166 HGB entspricht. 1163

Da die gesetzlichen Bestimmungen der Stillen Gesellschaft über Geschäftsführung und Vertretung schweigen, ist gerade über diese Punkte eine überlegte Vertragsgestaltung erforderlich. Die Vertretungsmacht des Außengesellschafters, der Alleininhaber des Geschäfts ist, kann nicht entzogen oder beschränkt werden. Bezüglich seiner Geschäftsführungsbefugnis sind aber klarstellende Vereinbarungen geboten, insbesondere was Zustimmungserfordernisse für außergewöhnliche Geschäfte angeht. 1164

Das Kontrollrecht des Stillen kann wie das Kontrollrecht eines Kommanditisten erweitert werden. 1165

g) Wettbewerbsverbot

Der stille Gesellschafter unterliegt grundsätzlich ebenso wenig einem Wettbewerbsverbot wie der Kommanditist. Hat er aber in atypischer Weise Geschäftsführungsbefugnis oder wesentlichen Einfluß auf die Geschäfte, so kann sich für ihn ein Wettbewerbsverbot in entsprechender Anwendung des § 112 HGB oder aufgrund der auch für ihn bestehenden Gesellschaftertreuepflicht ergeben. Im übrigen kann ein Wettbewerbsverbot vertraglich vereinbart werden. 1166

h) Verteilung von Gewinn und Verlust, Entnahmen

Die Beteiligung eines stillen Gesellschafter am Gewinn kann nicht ausgeschlossen werden (§ 231 Abs. 2 HS. 2 HGB). Dagegen kann gesellschaftsvertraglich bestimmt werden, daß der Stille nicht am Verlust beteiligt sein soll. Die Ermittlung von Gewinn und Verlust erfolgt auch für die Stille Gesellschaft zum Schluß eines jeden Geschäftsjahres (§ 232 Abs. 1 HGB) aufgrund eines Jahresabschlusses. 1167

---

[165] OLG Hamm BB 1974, 294; LG Bielefeld NJW 1969, 753 (754); Großkomm. zum HGB/Schilling, § 335 HGB a.F. Anm. 35 (Genehmigungspflicht in jedem Fall); Baumbach/Hopt, § 230 HGB Rz. 8; Palandt/Diederichsen, § 1822 BGB Rz. 14; differenzierend Schlegelberger/Karsten Schmidt, § 230 HGB n.F. Rz. 92; Heymann/Horn, § 230 HGB Rz. 23.
[166] BGH JZ 1957, 382; grundsätzlich keine Genehmigungspflicht Paulick/Blaurock, Handbuch der Stillen Gesellschaft, § 10 II 1b) (S. 143f.).

1168 Gemäß § 231 Abs. 1 HGB gilt mangels besonderer vertraglicher Bestimmung für die Beteiligung des Stillen „ein den Umständen nach angemessener Anteil" als bedungen.

Die Höhe der Ergebnisbeteiligung des Stillen wird in jedem Fall vertraglich festzulegen sein. Da die typische Stille Gesellschaft reine Ergebnisbeteiligung ist, ist der Stille bei der typischen Beteiligung an stillen Reserven des Geschäftsvermögens nicht beteiligt.

1169 Wie grundsätzlich gesetzlich der Kommanditist, so hat auch der Stille kein Recht zur Entnahme unabhängig vom Gewinn; er kann nur die Auszahlung seines Gewinnanteils fordern, soweit dieser nicht zur Deckung eines ihm früher belasteten Verlusts benötigt wird (§ 232 Abs. 1 und Abs. 2 Satz 2 HS. 2 HGB). Der nicht von dem Stillen entnommene Gewinn erhöht seine Einlage nicht (§ 232 Abs. 3 HGB, vgl. für den Kommanditisten § 167 Abs. 2 HGB).

i) Gesellschaftsdauer, Auflösungsgründe

1170 Die Gesellschaftsdauer wird durch den Gesellschaftsvertrag bestimmt. Ist die Gesellschaftsdauer nicht geregelt, so läuft das Gesellschaftsverhältnis auf unbestimmte Zeit.

1171 Das Gesellschaftsverhältnis kann durch Kündigung eines Gesellschafters oder durch Kündigung eines Gläubigers des stillen Gesellschafters aufgelöst werden. Die Vorschriften für die OHG (§§ 132, 134, 135 HGB) finden entsprechende Anwendung (§ 234 HGB). Für die Kündigung seitens des Gläubigers des Geschäftsinhabers besteht kein Bedürfnis, da der Gläubiger des Geschäftsinhabers ungehindert in das Geschäftsvermögen vollstrecken und dort seine Befriedigung suchen kann.

j) Tod eines Gesellschafters

1172 Der Tod des Geschäftsinhabers löst im Zweifel die Stille Gesellschaft auf (§ 727 Abs. 1 BGB). Die Fortsetzung kann durch eine vertragliche Regelung getroffen werden (§ 727 Abs. 1 BGB)[167]. Es können auch die im Personengesellschaftsrecht möglichen Nachfolgeklauseln vereinbart werden.

1173 Der Tod des Stillen löst die Gesellschaft nicht auf (§ 234 Abs. 2 HGB).

1174 Wird ein stiller Gesellschafter durch mehrere Erben beerbt (§ 234 Abs. 2 HGB), so soll nach der wohl herrschenden Meinung im Gegensatz zu den oben erörterten Außengesellschaftsformen eine Erbengemeinschaft als Gesamthandgemeinschaft die stille Beteiligung fortsetzen können[168]. Die Richtigkeit dieser Auffassung ist zu bezweifeln. Auch für die Gesellschaft bürgerlichen Rechts (GbR) gilt der Grundsatz, daß im Falle einer einfachen Nachfolgeklausel und der Beerbung eines Gesellschafters durch mehrere Erben jeder dieser Erben für sich allein und nicht eine Mit-

---

[167] Einzelheiten bei Schlegelberger/Karsten Schmidt § 234 HGB Rz. 22 ff.
[168] Schlegelberger/Karsten Schmidt, § 234 HGB Rz. 5; Großkomm. HGB/Schilling, § 339 HGB a.F. Anm. 34.

erbengemeinschaft Gesellschafter wird[169]. Zwar handelt es sich bei einer Innengesellschaft wie einer stillen Gesellschaft um schuldrechtliche Rechtsbeziehungen des stillen Gesellschafters zum Geschäftsinhaber. Die stille Gesellschaft ist aber eine Gesellschaft mit gesellschaftsrechtlichen Mitgliedschaftsrechten. Sie kann sogar atypisch mit weitreichenden Einflußmöglichkeiten des stillen Gesellschafters ausgestaltet sein kann. So kann vereinbart werden, daß das Geschäftsvermögen zwischen den Gesellschaftern wie gemeinschaftliches Gesamthandsvermögen behandelt werden soll, der Stille (schuldrechtlich) an Wertsteigerungen wie -minderungen des Geschäftsvermögens beteiligt ist. Dem Stillen können im Innenverhältnis Geschäftsführungs- und Mitgliedschaftsrechte wie einem Außengesellschafter eingeräumt werden. Nach den Vereinbarungen im Innenverhältnis kann der Stille der eigentlich maßgebliche Gesellschafter sein. Es kann vereinbart sein, daß er im Innenverhältnis wie ein Außengesellschafter haftet. Damit reduzieren sich die Unterschiede zur Außengesellschaft – dinglich fehlendes Gesamthandsvermögen, Außenhaftungsfragen – auf ein theoretisches Minimum. Es ist nicht einzusehen, weshalb bei der stillen Gesellschaft für die sich im Innenverhältnis zwischen den Gesellschaftern aufgrund Beerbung vollziehende Änderung der Gesellschaft etwas anderes gelten soll als bei der GbR.

Der Gesellschaftsvertrag kann festlegen, daß die stille Beteiligung nur mit bestimmten Erben fortgeführt wird[170]. 1175

Die Stille Beteiligung kann der Testamentsvollstreckung unterworfen werden, sofern gesellschaftsrechtliche Regelungen nicht entgegenstehen[171]. 1176

k) Konkurs des Geschäftsinhabers

Auch der Konkurs des Geschäftsinhabers ist Auflösungsgrund (§ 728 BGB). Im Falle des Konkurses des Geschäftsinhabers hat der Stille nur eine Konkursforderung, da seine Beteiligung eine lediglich schuldrechtliche ist (§ 236 HGB). 1177

l) Auseinandersetzung, Abfindung

Im Falle der Auflösung der Stillen Gesellschaft findet eine Auseinandersetzung mit dem stillen Gesellschafter dahin statt, daß dessen Guthaben auszuzahlen ist (§ 235 Abs. 1 HGB). Der stille Gesellschafter nimmt am Ergebnis noch schwebender Geschäfte teil und kann am Schluß jeden Geschäftsjahres Rechnungslegung und Auszahlung sowie Auskunft über den Stand noch weiter schwebender Geschäfte verlangen (§ 235 Abs. 2 und 3 HGB, vgl. § 740 BGB). 1178

Die Auseinandersetzungsbewertung erfolgt bei der typischen Stillen Gesellschaft als reiner Ergebnisbeteiligung aufgrund einer normalen Handelsbilanz und 1179

---

[169] MünchKomm/Ulmer, § 727 BGB Rz. 26; Karsten Schmidt, Gesellschaftsrecht, § 45 V 3a) (S. 1101f.); Staudinger/Keßler, § 727 BGB Rz. 22; Staudinger/Werner, Vorbem. 24 zu §§ 2032ff. BGB; Soergel/Hadding, § 727 BGB Rz. 20ff.; BGB-RGRK/v. Gamm, § 727 BGB Rz. 9.
[170] Paulick/Blaurock, Handbuch der Stillen Gesellschaft, § 16 II 9.
[171] Palandt/Edenhofer § 2205 BGB Rz. 23.

nicht einer besonderen Auseinandersetzungsbilanz, in welcher die vollen, wirklichen Werte des Geschäfts anzusetzen sind.

1180 Anders ist es in den Fällen der atypischen Stillen Gesellschaft, bei der im Innenverhältnis zwischen den Gesellschaftern vereinbart ist, daß der Stille wie ein Gesellschafter einer OHG oder KG auch an der Substanz des Geschäfts und ihren Reserven beteiligt sein soll[172]. In diesen Fällen ist eine besondere Auseinandersetzungsbilanz wie bei Außengesellschaften mit Gesamthandsvermögen aufzustellen. In solchen Fällen atypischer stiller Gesellschaften ist eine gesellschaftsvertragliche Regelung der Auseinandersetzungsbilanz unverzichtbar.

7. GmbH & Still

1181 Aus steuerlichen Gründen wurde die „GmbH & Still" entwickelt[173]. Es handelt sich um eine Stille Gesellschaft, bei der die stille Beteiligung an einer GmbH erfolgt.

1182 Die steuerlichen Gründe für eine „GmbH & Still" sind: Von der GmbH ausgeschüttete Gewinne werden im Wege stiller Einlagen (nach Abzug der Einkommensteuern der Gesellschafter unter Berücksichtigung der Körperschaftsteuergutschrift) der GmbH als der Unternehmerin wieder zur Verfügung gestellt. Zu beachten ist, daß eine Entnahme einer solchen stillen Beteiligung ohne Verstoß gegen die Kapitalerhaltungsbestimmungen der GmbH nur erfolgen darf, wenn sie keinen eigenkapitalersetzenden Charakter hat oder das Verfahren der Kapitalherabsetzung durchgeführt wird.

1183 Die gewünschten steuerlichen Ziele lassen sich genauso in den geläufigen Rechtsformen der GmbH & Co. KG oder der GmbH selbst – u. U. mit Treuhandlösungen – erzielen.

1184 Die „GmbH & Still" kann wie jede Stille Gesellschaft als typische oder atypische Stille Gesellschaft konstruiert werden.

1185 Die Nachfolge beurteilt sich bei der GmbH nach GmbH-Recht, bei der Stillen Gesellschaft nach § 234 Abs. 2 HGB, wonach die Gesellschaft beim Tod des Stillen nicht aufgelöst wird. Die stille Beteiligung geht auf den oder die Erben über[174].

8. Unterbeteiligung

a) Allgemeines

1186 Eine Unterbeteiligung (UB) liegt vor, wenn an einer Gesellschaftsbeteiligung eines Gesellschafters („Hauptbeteiligten") schuldrechtlich ein anderer im Innenverhältnis beteiligt ist („Unterbeteiligter")[175]. Die UB ist also „Beteiligung an einer

---

[172] BGHZ 7, 174 (178), 378 (379).
[173] Tillmann/Hesselmann, Handbuch der GmbH & Co., Rz. 90 (S. 41); Schulze zur Wiesche, GmbHRdsch. 1979, 33 ff., 62 ff.; ders., GmbH & Still, 3. Aufl. (1997).
[174] Dazu oben Rz. 1173 ff.
[175] Zur Abgrenzung zwischen Treuhand und Unterbeteiligung vgl. BGH BB 1994, 1597.

Die Gesellschaftsformen im einzelnen

Beteiligung". Die Unterbeteiligung ist in Rechtslehre und Rechtsprechung auch für den Bereich des Steuerrechts anerkannt[176].

Die UB kann an einer Personengesellschaftsbeteiligung, aber auch an einer Kapitalgesellschaftsbeteiligung bestehen. Das Bedürfnis ist für den Bereich der Personengesellschaften aber größer wegen des dort geltenden Prinzips der grundsätzlichen Unübertragbarkeit der Gesellschaftsbeteiligungen. 1187

Das Rechtsverhältnis einer Unterbeteiligung ist gesetzlich nicht geregelt, jedoch besteht über Begriff und Wesen Einigkeit: Da der Unterbeteiligte nur im Innenverhältnis zum Hauptbeteiligten an dessen Gesellschaftsbeteiligung schuldrechtlich beteiligt ist, handelt es sich bei der UB um eine Innengesellschaft, die als solche zwangsläufig kein Gesellschaftsvermögen im Sinne eines Gesamthandsvermögens haben kann. 1188

Im Unterbeteiligungsfall liegen zwei verschiedene Gesellschaftsverhältnisse vor: Die Hauptgesellschaft einerseits und die Unterbeteiligungsgesellschaft andererseits. Der Unterbeteiligte steht mit der Hauptgesellschaft und deren Gesellschaftern (außer dem Hauptbeteiligten) in keinerlei Rechtsbeziehung[177]. 1189

Die UB ist eine GbR in der Form der Innengesellschaft. Auf sie finden, wie für alle Personengesellschaften, die Vorschriften der §§ 705 ff. BGB Anwendung, soweit nicht speziellere Vorschriften vorgehen. 1190

Der Gesetzgeber hat eine Innengesellschaft gesetzlich geregelt: Die Stille Gesellschaft. Wie die Stille Gesellschaft ist die Unterbeteiligung regelmäßig Dauergesellschaft und nicht Gelegenheitsgesellschaft. Die Unterbeteiligung bezieht sich im übrigen praktisch nahezu ausschließlich auf Beteiligungen an Personengesellschaften des Handelsrechts. 1191

Stellt man die (dispositiven) Vorschriften über die GbR den spezielleren Vorschriften über die Stille Gesellschaft gegenüber, so ergibt sich, daß nur die Vorschriften über die Stille Gesellschaft für die UB eine angemessene Lösung bedeuten, soweit nicht ohnehin für beide Gesellschaftsformen die Bestimmungen über die GbR maßgeblich bleiben. Es sind danach auf die UB in erster Linie die Vorschriften über die Stille Gesellschaft und erst hilfsweise die Bestimmungen über die GbR anzuwenden[178]. 1192

Die Geschäftsführung der Unterbeteiligungsgesellschaft steht dem Hauptbeteiligten als dem alleinigen Inhaber des Gesellschaftsvermögens – der Gesellschaftsbeteiligung – zu. In der atypischen Form kann allerdings dem Unterbeteiligten Einfluß auf die Geschäftsführung, insbesondere können ihm erweiterte Mitglied- 1193

---

[176] BGHZ 50, 316 (319 ff.) = NJW 1968, 2003 ff. = BB 1968, 973 f.; Karsten Schmidt, Gesellschaftsrecht, § 63 (S. 1565 ff.); Schlegelberger/Karsten Schmidt, § 230 HGB n.F. Rz. 182 ff.; Wendelstein, BB 1970, 735 ff.; BFH (GrS) BFHE 112, 1 (3) = BStBl 1974 II, 414 (415).
[177] Esch, NJW 1964, 902 (903); Karsten Schmidt, Gesellschaftsrecht, § 63 IV 1 (S. 1570); Paulick, ZGR 1974, 253 (257).
[178] Esch, NJW 1964, 902 (904); Schneider, in: FS für Möhring 1965, 115 ff.; Karsten Schmidt, Gesellschaftsrecht, § 63 II 1 (S. 1567); Baumbach/Hopt, § 230 HGB Rz. 4.

schaftsrechte eingeräumt werden. Eine Vertretung der Unterbeteiligungsgesellschaft durch den Unterbeteiligten ist ausgeschlossen, eine Vertretungsbefugnis könnte hergestellt werden durch rechtsgeschäftliche Vollmachterteilung seitens des Hauptbeteiligten, ihre Ausübung innerhalb der Hauptgesellschaft hängt aber von der Zulässigkeit gemäß den Bestimmungen des Gesellschaftsvertrages der Hauptgesellschaft ab.

1194 Das Kontrollrecht des Unterbeteiligten bestimmt sich entsprechend § 233 HGB. Dabei ist darauf hinzuweisen, daß sich das Informations- und Kontrollrecht nur auf die Unterbeteiligungsgesellschaft bezieht und nicht beinhaltet Einblick in die Verhältnisse der Hauptgesellschaft, insbesondere nicht in ihre Jahresabschlüsse. Der Unterbeteiligte steht mit der Hauptgesellschaft und deren Gesellschaftern in keiner Rechtsbeziehung und schuldet den Hauptgesellschaftern keine Gesellschaftertreupflicht[179].

1195 Für die Kündigung der Gesellschaft gilt nicht § 723 Abs. 1 Satz 1 BGB, sondern § 234 Abs. 1 HGB. Eine Kündigung ist danach entsprechend den Vorschriften über die Personenhandelsgesellschaft zum Ende eines jeden Geschäftsjahres unter Einhaltung einer Kündigungsfrist von sechs Monaten zulässig. Eine auf Lebenszeit eingegangene Unterbeteiligung steht einer für unbestimmte Zeit eingegangenen Unterbeteiligung gleich[180]. Die vielfach vertretene These, daß eine Unterbeteiligung auf die Dauer der Hauptgesellschaft laufe, trifft nicht zu. Das Unterbeteiligungsverhältnis ist ein vom Hauptgesellschaftsverhältnis unabhängiges Gesellschaftsverhältnis, das gesondert beurteilt werden muß. Ist über eine Vertragsdauer nichts gesagt, so gilt das Unterbeteiligungsverhältnis als auf unbestimmte Zeit geschlossen[181].

1196 Für die Rechtsfolgen des Todes der Gesellschafter der Unterbeteiligungsgesellschaft gilt das gleiche wie für die Stille Gesellschaft, insbesondere § 234 Abs. 2 HGB entsprechend. Gleichwohl sollte – wegen der nicht unstreitigen dogmatischen Einordnung der im Gesetz nicht geregelten Unterbeteiligung – die Nachfolge der UB vertraglich ausdrücklich geregelt werden.

1197 Für die Auseinandersetzung der aufgelösten Unterbeteiligungsgesellschaft sind die Rechtsgrundsätze der Stillen Gesellschaft entsprechend anzuwenden.

b) Typische und atypische Unterbeteiligung

1198 Wie bei der Stillen Gesellschaft als Innengesellschaft gibt es auch bei der UB die Formen der typischen und der atypischen UB. Die Unterschiede sind dieselben wie bei typischer/atypischer Stiller Gesellschaft. Eine typische UB liegt vor, wenn es sich bei ihr um eine reine Ergebnisbeteiligung handelt; von einer atypischen UB spricht man, wenn der Unterbeteiligte auch an der Substanz der Hauptbeteiligung, also auch den stillen Reserven wertmäßig beteiligt ist und mitgliedschaftsrechtlich

---

[179] BGHZ 50, 316 (323f.); Esch, NJW 1964, 902 (905).
[180] BGHZ 50, 316 (321).
[181] BGHZ 50, 316 (321f.); Esch, NJW 1964, 902 (906).

Die Gesellschaftsformen im einzelnen

Einfluß auf die Ausübung der Mitgliedschaftsrechte des Hauptbeteiligten in der Hauptgesellschaft hat.

Steuerlich wirkt sich das wie bei der Stillen Gesellschaft dahin aus, daß der Unterbeteiligte im Falle typischer UB Einkünfte aus Kapitalvermögen bezieht (§ 20 Abs. 1 Ziff. 2 EStG), während er bei atypischer UB gewerbliche Einkünfte als Mitunternehmer im Sinne des § 15 Abs. 1 Ziff. 2 EStG hat[182]. 1199

c) Anwendungsbereich

Der Anwendungsbereich der UB ist gerade auf dem Gebiet der Erbfolgegestaltungen groß. Das gilt sowohl für letztwillige Verfügungen als auch für Vorsorgegestaltungen[183]. Ist der Erblasser Gesellschafter einer Personengesellschaft, so ist ihm regelmäßig eine nur teilweise Übertragung seiner Beteiligung nicht gestattet, weil Personengesellschaftsbeteiligungen grundsätzlich nicht übertragbar sind (§ 717 BGB). Ist die Personengesellschaftsbeteiligung vererblich, sei es bei der OHG auf Grund einer Nachfolgeklausel, sei es als kommanditistische Beteiligung gemäß § 177 HGB, so kommt es auf den Inhalt gesellschaftsvertraglicher Nachfolgeklauseln an: Häufig ist gesellschaftsvertraglich nur ein Erbe eines Gesellschafters (meist ein Abkömmling) zur Gesellschafternachfolge zugelassen. In diesem Fall müssen andere Miterben abgefunden werden. Ist die Liquidität dazu nicht vorhanden, bietet sich an, andere Miterben an der nur auf einen Erben übergehenden Hauptbeteiligung unterzubeteiligen. 1200

Beispiel[184]: 1201

Der Erblasser hatte testamentarisch seine Erben zur Rechtsnachfolge auch in seine Gesellschaftsbeteiligung berufen, während der Gesellschaftsvertrag nur einen bestimmten Erben zur Rechtsnachfolge zuließ. Berufungsgericht und BGH deuteten die Erbeinsetzung in die Verpflichtung des zur gesellschaftsrechtlichen Nachfolge berechtigten Miterben zur Unterbeteiligung der anderen Erben um.

Auch wenn gesellschaftsvertraglich alle Erben zur Rechtsnachfolge in die Gesellschaftsbeteiligung zugelassen sind oder die Gesellschaftsbeteiligung übertragbar gestaltet ist, besteht häufig ein Interesse an einer Unterbeteiligungslösung: Es kann der Wunsch und Wille des Gesellschafter-Testators sein, seine Beteiligung in der Person eines seiner Erben zusammengefaßt zu erhalten, z.B. in der Person desjenigen seiner Erben, der in der Gesellschaft auch geschäftsführend tätig sein kann und soll oder sonst als am qualifiziertesten erscheint, die Rechte aus einer Gesellschaftsbeteiligung wahrzunehmen. 1202

Diese Interessenlage kann auch bestehen, wenn es sich bei Gesellschaftsbeteiligung um eine Beteiligung an einer Kapitalgesellschaft handelt. 1203

---

[182] Esch, NJW 1964, 2044 (2045).
[183] Wendelstein, BB 1970, 735 ff.; Bilsdorfer, NJW 1980, 2785 ff.; Langenfeld/Gail, Handbuch der Familienunternehmen, I Rz. 152.
[184] BGHZ 50, 316 ff.

Bei GmbH-Beteiligungen wird die gesetzlich vorgesehene Übertragbarkeit oft weitgehend eingeschränkt. Dann besteht eine der Rechtslage bei Personengesellschaften ähnliche Situation. Selbst wenn keine Einschränkungen der Übertragbarkeit des Geschäftsanteils bestehen, kann es wichtig sein, den Geschäftsanteil des Erblassers einem einzigen Erben zuzuweisen und die anderen unterzubeteiligen, um dem betreffenden Erben eine starke Position in der Gesellschaft zu verschaffen, auf die er ggf., auch den anderen Mitgesellschaftern gegenüber, angewiesen ist.

1204 Auch für Vorwegnahmen von Erbfolgeregelungen hat die UB ihre Bedeutung: Wegen der regelmäßig gegebenen Unübertragbarkeit der Gesellschaftsbeteiligung unter Lebenden ist einerseits der Testator gehindert, seine künftigen Erben als Gesellschafter in die Hauptgesellschaft aufzunehmen; andererseits hat er vielfach das Interesse, sie schon zu seinen Lebzeiten wirtschaftlich für die Gesellschaft zu interessieren, ihnen anteilig einen Teil seines in der Gesellschaft gebundenen Vermögens zu übertragen, wobei er sich regelmäßig aber die alleinige mitgliedschaftsrechtliche Einflußnahme in der Hauptgesellschaft vorbehalten möchte. Derartige Interessenlagen lassen sich mit einer Unterbeteiligung befriedigen.

1205 Eine mitunternehmerisch ausgestaltete Unterbeteiligung eines Minderjährigen am Kommanditanteil seines Vaters ist auch dann anzuerkennen, wenn die Unterbeteiligung dem Kind vom Vater geschenkt worden ist. Dabei hindert auch ein dinglich gesicherter Rückübertragungsanspruch für den Fall, daß der Minderjährige ohne Hinterlassung von Abkömmlingen vor seinem Vater verstirbt, nicht die steuerliche Anerkennung[185].

d) Gesellschafter, Vertragsschluß

1206 Gesellschafter der UB-Gesellschaft sind der Hauptgesellschafter (Hauptbeteiligte) einerseits und der oder die Unterbeteiligten andererseits. An der Unterbeteiligungsgesellschaft sind die Mitgesellschafter des Hauptbeteiligten in der Hauptgesellschaft nicht beteiligt; ebensowenig stehen die Unterbeteiligten in irgendwelchen Rechtsbeziehungen zu den anderen Hauptgesellschaftern.

1207 Die Begründung einer Unterbeteiligung als Gesellschaft erfordert wie jede Errichtung von Gesellschaftsverhältnissen einen Vertrag. Dieser Vertrag kann formlos abgeschlossen werden. Im Falle der Begründung einer Unterbeteiligung ist die schriftliche Abfassung des Gesellschaftsvertrages von besonderer Wichtigkeit. Da es für die Unterbeteiligung keine gesetzliche Regelung gibt, müssen die Einzelheiten der Unterbeteiligungsregelung klar bestimmt werden.

1208 Im Fall vorweggenommener Erbfolgeregelungen wird die Unterbeteiligung künftigen Erben in der Weise eingeräumt, daß der Erblasser schenkweise im Innenverhältnis Teile seiner Hauptbeteiligung als Vermögenseinlage zuwendet[186]. Die

---

[185] BFH BB 1994, 1483.
[186] Der BFH verlangt in Anlehnung an die Rechtsprechung des BGH zur steuerlichen Anerkennung notarielle Beurkundung der schenkweisen Aufnahme: BFH DB 1979, 2160 (2161).

Unterbeteiligten erwerben einen schuldrechtlichen Anspruch gegenüber dem Erblasser.

Unterbeteiligungen ergeben sich häufig auch aus anderen Notwendigkeiten: Ist in einer Hauptgesellschaft eine Erhöhung der Gesellschaftereinlagen erforderlich und kann ein Gesellschafter die anteilige Kapitalerhöhung mangels Liquidität nicht erfüllen, kann er sich die benötigten Mittel dadurch verschaffen, daß er einen Geldgeber an der (erhöhten) Hauptbeteiligung unterbeteiligt. Der Geldgeber hat den Vorteil, anteilig an den Gewinnen beteiligt und nicht auf eine Verzinsung beschränkt zu sein. Er trägt allerdings das Risiko auf der Gesellschafterebene keinen unmittelbaren Einfluß auf die unternehmerischen Entscheidungen nehmen zu können. 1209

Das Eingehen eines Unterbeteiligungsverhältnisses durch einen Hauptgesellschafter bedarf der Zustimmung der anderen Hauptgesellschafter nicht. Die Unterbeteiligung kann geheim bleiben. 1210

9. Europäische Wirtschaftliche Interessenvereinigung (EWIV)

Zu den Personengesellschaften zählt auch die für den Bereich der Europäischen Union geschaffene EWIV[187]. Zweck der EWIV ist die grenzüberschreitende Zusammenarbeit von Unternehmen oder Angehörigen freier Berufe. Die EWIV gilt als Handelsgesellschaft. Zu ihrer Entstehung bedarf es außer dem Vertragsschluß auch der Eintragung im Handelsregister. 1211

Die inländische EWIV steht weitgehend der OHG gleich. Nach § 1 EWIV-AG[188] gelten, soweit die EG-VO Nr. 2137/85 nichts Abweichendes regelt, für die EWIV die Regelungen der OHG (§§ 105 ff. HGB) entsprechend. Auch bei ihr haften die Mitglieder unbeschränkt und gesamtschuldnerisch für die gemeinschaftlichen Schulden. Ein wesentlicher Unterschied besteht naturgemäß darin, daß die EWIV auch unter Mitgliedern freier Berufe geschlossen werden kann. Sie ist damit ein geeignetes Instrument für die europäisch-internationale Zusammenarbeit zwischen Anwälten, Wirtschaftsprüfern und Steuerberatern. Notare – auch solche, die hauptberuflich Rechtsanwälte sind – dürfen sich als Träger eines öffentlichen, privater Disposition entzogenen Amtes grds. nicht an einer EWIV mit wirtschaftlicher Zielsetzung beteiligen. Die EWIV führt eine eigene Firma, die auch reine Sachfirma sein kann[189].

10. Partnerschaft

a) Allgemeines

Die mit dem Partnerschaftsgesellschaftsgesetz[190] geschaffene Partnerschaft ist keine Handelsgesellschaft und betreibt kein kaufmännisches Unternehmen. Sie ist 1212

---

[187] VO v. 25. 7. 1985, Amtsblatt EG Nr. L 199 v. 31. 7. 1985, S. 1 ff., vgl. Großkomm. HGB/Ulmer, vor § 105 HGB Rz. 37f.
[188] BGBl. 1988 I 514.
[189] LG Frankfurt BB 1991, 496; Müller-Gugenberger, BB 1989, 1922 ff.
[190] BGBl. 1994 I, S. 1744.

eine besondere, auf die Bedürfnisse der freien Berufe zugeschnittene Organisationsform.[191] Die Partnerschaft steht allen freien Berufen als Rechtsform zur Verfügung, ohne daß ihnen die Wahl einer anderen Rechtsform verschlossen ist, soweit eine solche berufsrechtlich zulässig ist (z.B. Wirtschaftsprüfungs-, Aktiengesellschaft, Steuerberatungs-GmbH).

1213   Notaren steht die „Partnerschaft" als Rechtsform nicht zur Verfügung, da diese ein öffentliches Amt bekleiden, dessen Zugang und Ausübung von staatlichen Stellen gesteuert und überwacht wird. Das personengebundene öffentliche Amt des Notars ist nicht übertragbar und kann daher auch nicht in eine Gesellschaft eingebracht werden[192]. Insbesondere widersprechen auch die Vertretungs- und Haftungsregeln der Partnerschaft dem öffentlichen Amt des Notars.

1214   Die Partnerschaft ist eine Personengesellschaft. Als Gesamthandsgemeinschaft ist sie zwar keine juristische Person, hat aber nach § 7 Abs. 2 PartGG die Fähigkeit, im eigenen Namen Träger von Rechten und Pflichten zu sein. Insofern ist die Partnerschaft der offenen Handelsgesellschaft angenähert.

b) Errichtung einer Partnerschaft

1215   Die Errichtung einer Partnerschaft setzt einen Partnerschaftsvertrag und die Eintragung in das neu geschaffene Partnerschaftsregister voraus. Für den Partnerschaftsvertrag genügt die Schriftform. Die Eintragung im Partnerschaftsregister erfordert die Anmeldung durch alle Partner in notariell beglaubigter Form. Die Eintragung im Partnerschaftsregister hat konstitutive Wirkung.

c) Name der Partnerschaft

1216   Die Partnerschaft ist namensrechtsfähig. Der Name muß den Namen mindestens eines Partners, den Zusatz „Partnerschaft" oder „und Partner" sowie die Berufsbezeichnungen aller in der Partnerschaft vertretenen Berufe enthalten. Ist der Namensträger aus der Partnerschaft ausgeschieden, so kann der Name – sofern der Ausgeschiedene sich im Gesellschaftsvertrag damit einverstanden erklärt hat – zeitlich unbegrenzt fortgeführt werden.

d) Geschäftsführung, Vertretung

1217   Jeder Partner ist geschäftsführungsbefugt. Nach § 7 Abs. 3 PartGG ist das Vertretungsrecht der OHG entsprechend anwendbar. Daher ist jeder Partner befugt, die Partnerschaft allein zu vertreten. Die Erteilung einer Prokura ist nicht möglich.

e) Kapital, Haftung

1218   Ein bestimmtes Gründungskapital ist nicht erforderlich. Alle Partner haften nach § 8 Abs. 1 PartGG grundsätzlich gesamtschuldnerisch. Nach § 8 Abs. 2

---

[191] Lenz MDR 1994, 1741; Karsten Schmidt, NJW 1995, 1; Böhringer BWNotZ 1995, 1; Das Gesetz ist am 1. Juli 1995 in Kraft getreten.
[192] Römer, Notariatsverfassung und Grundgesetz, S. 13 ff.; Baumann, Das Amt des Notars, MittRhNotK 1996, 1 (13 f.).

PartGG besteht aber die Möglichkeit, die Haftung vertraglich auf denjenigen Partner zu beschränken, der die Dienstleistung erbringt.

f) Tod eines Partners

Beim Tod eines Partners wird die Partnerschaft nicht aufgelöst, sondern grundsätzlich fortgesetzt. Der Partnerschaftsanteil ist grds. nicht vererblich (§ 9 Abs. 4 Satz 1 PartGG). Er wächst kraft Gesetzes (§ 738 Abs. 1 Satz 1 BGB) mit dem Tode den verbleibenden Gesellschaftern zu[193]. Dem Erben steht nur der Abschichtungsanspruch zu (§ 9 Abs. 2 PartGG i.V.m. § 138 HGB, § 738 Abs. 2 Satz 2 BGB). 1219

Der Partnerschaftsvertrag kann die Vererblichkeit des Partnerschaftsanteils zulassen, wenn die Erben oder Vermächtnisnehmer[194] selbst partnerschaftsfähig sind. Der Kreis der Nachfolger kann durch eine qualifizierte Nachfolgeklausel beschränkt werden[195]. 1220

Geschäftsführungs- und Vertretungsbefugnis sind immer unvererblich. 1221

II. Kapitalgesellschaften

1. Gesellschaft mit beschränkter Haftung

a) Allgemeines

Die GmbH ist ein Personenverband mit eigener Rechtspersönlichkeit (juristische Person). Nach § 13 Abs. 1 GmbHG hat die Gesellschaft selbst Rechte und Pflichten; sie kann Rechte erwerben, vor Gericht klagen und verklagt werden[196]. Die GmbH gilt als Handelsgesellschaft im Sinne des HGB (§ 13 Abs. 3 GmbHG). 1222

Für die Gesellschaftsverbindlichkeiten haftet den Gläubigern grds. nur das Gesellschaftsvermögen (§ 13 Abs. 2 GmbHG). Die Gesellschafter selbst haften nicht persönlich für Gesellschaftsverbindlichkeiten[197]; ihre Haftung beschränkt sich auf die Erbringung ihrer Einlagen und ggf. vereinbarter Nachschüsse. 1223

b) Anwendungsbereich

Die Rechtsform der GmbH ist zu empfehlen, wenn die Vorteile der Kapitalgesellschaft genutzt werden sollen, nämlich Ausschluß der Haftung der Gesellschafter, Möglichkeit der Fremdorganschaft, kapitalistische Gesellschaftsstruktur, mögliche Wahl einer Sachfirma. 1224

---

[193] Lenz, MDR 1994, 744.
[194] Für Vermächtnisnehmer ist dies streitig. Vgl. dazu MünchHdb. GesR I/Salger § 38 Rz. 43, der die Vererblichkeit zu Recht auch auf Vermächtnisnehmer erstreckt, ohne daß entsprechend qualifizierte Erben vorhanden sind.
[195] Zu den steuerlichen Risiken Menges/Stähle BB 1994, 2122; und Buch II Rz. 698 ff., 731 ff.
[196] Lutter/Hommelhoff, § 13 GmbHG, Rz. 2.
[197] Ausnahme: Durchgriff s. Lutter/Hommelhoff, § 13 GmbHG, Rz. 11 m.w.N.

1225 Der Vorzug der GmbH gegenüber der AG ist, daß sie den Gesellschaftern bei der Gestaltung des Gesellschaftsverhältnisses mehr Dispositionsfreiheit läßt[198].

1226 Die in § 5 Abs. 1 GmbHG geforderte Mindesthöhe des Stammkapitals ist mit DM 50 000,- verhältnismäßig niedrig. Damit steht diese Gesellschaftsform auch kleineren und mittleren Unternehmen als rechtliche Organisationsform zur Verfügung. Die GmbH läßt sich gesellschaftsvertraglich sogar personalistisch organisieren.

1227 Über Treuhandverhältnisse kann im Rechtsverkehr die Anonymität der Gesellschafter gewahrt werden. Daher eignet sich die GmbH auch zur Verfolgung unternehmerischer Zwecke, die z.B. Mitbewerbern nicht bekannt werden sollen.

1228 Der Vorteil einer Sachfirma kann z.B. in der Werbewirksamkeit einer schlagwortartigen Bezeichnung des Unternehmensgegenstandes liegen[199].

1229 Ein weiterer Vorteil der GmbH ist, daß der Gegenstand des Unternehmens jedem gesetzlich zulässigen Zweck dienen kann. Die GmbH muß kein Handelsgewerbe betreiben. Gegenstand des Unternehmens kann eine Vermögensverwaltung, die Tätigkeit des Wirtschaftsprüfers oder Steuerberaters, die Erfüllung mildtätiger oder altruistischer Zwecke sein. Die GmbH gilt in jedem Fall als Handelsgesellschaft im Sinne des HGB (§ 13 Abs. 3 GmbHG).

1230 Vielfach dient die GmbH unternehmerischen Zwecken im Rahmen eines größeren Unternehmensverbandes, z.B. als Haftungsgesellschaft bei einer GmbH & Co. KG. Die GmbH kann darüber hinaus als Organgesellschaft eines Mutterunternehmens dienen oder im Rahmen einer Betriebsaufspaltung als Betriebs- oder Vertriebsunternehmen tätig sein.

c) Errichtung, Entstehung der GmbH

1231 Die GmbH wird durch Gesellschaftsvertrag errichtet. Dieser bedarf der notariellen Beurkundungsform (§ 2 GmbHG).

1232 Auch ein Vorvertrag, der allein oder in Verbindung mit anderem Inhalt zur Gründung einer GmbH verpflichtet, bedarf der Form des § 2 GmbHG[200].

1233 Mit der Beurkundung des Gesellschaftsvertrages und der Unterzeichnung durch alle Gesellschafter ist die GmbH noch nicht entstanden; sie entsteht erst mit ihrer Eintragung im Handelsregister (§ 11 Abs. 1 GmbHG).

Das Registergericht hat vor Eintragung der GmbH im Handelsregister zu prüfen, ob der Gesellschaftsvertrag den zwingenden gesetzlichen Vorschriften ent-

---

[198] Zur Bedeutung der Rechtsformwahl Beck GmbH-HB/Nonnenmacher § 1 Rz. 7ff. und 73ff.

[199] Die geplante Auflockerung des Firmenrechts wird noch weitergehende Möglichkeiten bieten; vgl. ZIP 1996, 1445, 1451f.

[200] Ständige Rspr. RGZ 66, 116 (120); 149, 385 (395); 156, 129 (138); BGH WM 1973, 67 (68); DB 1988, 223; OLG München GmbHRdsch 1958, 195; ausführlich Hachenburg/Ulmer, § 2 GmbHG Rz. 43ff.; Scholz/Emmerich, § 2 GmbHG Rz. 78; Rowedder/Rittner, § 2 GmbHG Rz. 74; Baumbach/Hueck, § 2 GmbHG Rz. 29; Lutter/Hommelhoff, § 2 GmbHG Rz. 21; Roth, § 2 GmbHG Anm. 7.1.

spricht. Dazu wird die Stellungnahme der örtlich zuständigen Industrie- und Handelskammer eingeholt (§ 126 FGG). Das gilt insbesondere für die Firmenwahl. Bei Handwerksbetrieben ist außerdem die Stellungnahme der Handwerkskammer einzuholen.

d) Gründer

Zulässig ist die Errichtung einer GmbH durch eine (§ 1 GmbHG) oder mehrere Personen.   1234

Die „Ein-Mann"-Gründung und die Alleingesellschafterstellung sind mit Erschwerungen versehen:
- Bei der „Ein-Mann"-Gründung muß der alleinige Gründergesellschafter für das nicht eingezahlte Stammkapital Sicherheit leisten (§ 7 Abs. 2 Satz 3 GmbHG).
- Faßt der Alleingesellschafter „Gesellschafter"-Beschlüsse, so muß er sie „unverzüglich" protokollieren (§ 48 Abs. 3 GmbHG).
- Gemäß § 35 Abs. 4 GmbHG gilt für Rechtsgeschäfte des Alleingesellschafters mit der GmbH § 181 BGB. Die satzungsrechtliche Befreiung vom Verbot des § 181 BGB ist damit unentbehrlich.

Als Gründer kann eine natürliche oder juristische Person auftreten, auch Personenhandelsgesellschaften wie OHG und KG, die gemäß §§ 124, 161 Abs. 2 HGB unter ihrer Firma Rechtsträger sein können. Streitig ist, ob Gesamthandsgemeinschaften als Gründer mitwirken können wie eine Erbengemeinschaft, eine GbR oder ein nicht rechtsfähiger Verein. Die heute wohl überwiegende Literatur hat die früheren Bedenken gegen Gesamthandsgemeinschaften zu Recht fallen lassen[201].   1235

Ein Minderjähriger bedarf zum Abschluß des Gesellschaftsvertrages einer GmbH der vormundschaftsgerichtlichen Genehmigung[202].   1236

e) Vorgründungsgesellschaft, Vorgesellschaft

Ist der Gesellschaftsvertrag der GmbH noch nicht beurkundet, haben sich aber die Gründer über die Errichtung der GmbH und ihren Betrieb bereits geeinigt, so spricht man von einer Vorgründungsgesellschaft[203].   1237

Nach Beurkundung des GmbH-Gesellschaftsvertrages und vor Eintragung der GmbH ins Handelsregister besteht unter den Gründern eine Vorgesellschaft[204].   1238

---

[201] BGHZ 78, 311 (312) (für GbR); OLG Hamm, DB 1975, 394 (f. Erbengemeinschaft); Scholz/Emmerich, § 2 GmbHG Rz. 51 ff.; Hachenburg/Ulmer, § 2 GmbHG Rz. 80 ff.; Rowedder/Rittner, § 2 GmbHG Rz. 20; Baumbach/Hueck, § 1 GmbHG Rz. 32 ff.; Lutter/Hommelhoff, § 2 GmbHG Rz. 5; Roth, § 1 GmbHG Anm. 4.2.4; Eder, Handbuch der GmbH I, Rz. 59; Beck GmbH-HB/Schwaiger § 2 Rz. 45.
[202] Scholz/Emmerich, § 2 GmbHG Rz. 43; Hachenburg/Ulmer, § 2 GmbHG Rz. 73; Rowedder/Rittner, § 2 GmbHG Rz. 13; Lutter/Hommelhoff, § 2 GmbHG Rz. 4; Eder, Handbuch der GmbH I, Rz. 58.
[203] Karsten Schmidt, Gesellschaftsrecht, § 34 III 2 (S. 843 ff.).
[204] BGH NJW 1983, 2822; Karsten Schmidt, Gesellschaftsrecht, § 34 III 3 (S. 848 ff.).

1239 Die Betreiber einer Vorgründungsgesellschaft sowie gemäß § 11 Abs. 2 GmbHG die Handelnden einer Vorgesellschaft haften aus im Namen der Gesellschaft abgeschlossenen Rechtsgeschäften persönlich, im Falle des Handelns für eine Vorgründungsgesellschaft unbeschränkt[205], im Falle des Handelns für eine Vorgesellschaft nach Maßgabe des § 11 Abs. 2 GmbHG[206].

Nehmen Gründer einer GmbH deren Geschäfte vor Entstehen der GmbH durch Eintragung ins Handelsregister auf oder sogar schon vor Errichtung der GmbH durch Beurkundung ihres Gesellschaftsvertrags und handelt dabei ein Gründer im eigenen oder mehrere Gründer in ihren eigenen Namen, so haften sie aus geschlossenem Geschäft nach allgemeinem Vertragsrecht unmittelbar.

f) Vertragsinhalt

1240 § 3 Abs. 1 GmbHG verlangt zwingend die Aufnahme folgender Angaben im Gesellschaftsvertrag:

aa) Firma

1241 Das deutsche Firmenrecht ist historisch bedingt sehr starr[207]. Die Firma kann gemäß § 4 GmbHG entweder nur als Sachfirma dem Gegenstand des Unternehmens entlehnt sein oder aber Personenfirma sein, nämlich aus den Namen der Gesellschafter oder dem Namen wenigstens eines der Gesellschafter gebildet werden. Bei reinen Branchenbezeichnungen ist nach der Rechtsprechung zusätzlich ein individualisierender Zusatz erforderlich[208]. Es ist auch möglich, Sach- und Personenfirma zu verbinden („gemischte Firma"). Die Firma darf insbesondere nicht irreführend oder den Rechtsverkehr täuschend sein[209].

1242 Die Firma muß stets auf die Gesellschaftsform „Gesellschaft mit beschränkter Haftung" („GmbH") hinweisen (§ 4 Abs. 2 GmbHG).

1243 Um Eintragungsverzögerungen zu vermeiden, sollte die Firma vor der Beurkundung mit der zuständigen Industrie- und Handelskammer abgestimmt werden.

---

[205] Beck GmbH-HB/Schwaiger § 2 Rz. 31.
[206] BGHZ 45, 338 (343, 347); 53, 210 (214, 216); 80, 129 (132 ff.) = NJW 1981, 1373 (1374) = GmbHRdsch 1981, 114 ff. (Aufgabe des früheren sog. Vorbelastungsverbots); BGHZ 91, 148 (152) = NJW 1984, 2164 f. = BB 1984, 1315 (1316) = GmbHRdsch 1984, 316 (317); WM 1985, 479; Scholz/Karsten Schmidt, § 11 GmbHG Rz. 78 ff.; Hachenburg/Ulmer, § 11 GmbH Rz. 96 ff.; Rowedder/Rittner, § 2 GmbHG Rz. 77, § 11 GmbHG Rz. 99 ff.; Baumbach/Hueck, § 11 GmbHG Rz. 22; Lutter/Hommelhoff, § 11 GmbHG Rz. 17 ff.
[207] Dies soll künftig aufgelockert werden; vgl. dazu die vorgeschlagenen Neuregelungen im Referentenentwurf eines Handelsrechtsreformgesetzes ZIP 1996, 1445 (1451 f.). Danach sollen künftig auch Phantasiefirmen zulässig sein.
[208] Einzelheiten bei Bokelmann, Das Recht der Firmen- und Geschäftsbezeichnungen, 3. Aufl. (1985).
[209] Vgl. z.B. OLG Frankfurt/M. BB 1996, 1681.

bb) Sitz

Die GmbH kann ihren Sitz frei wählen. In jedem Fall muß der Sitz in der Bundesrepublik Deutschland sein, da die GmbH in ein deutsches Handelsregister eingetragen werden muß; wobei die postalische Erreichbarkeit im Inland genügt[210]. Allerdings ist ein fiktiver Sitz rechtsmißbräuchlich und führt zur Nichtigkeit dieser Satzungsbestimmung[211]. 1244

cc) Gegenstand des Unternehmens

Der Gegenstand des Unternehmens ist nicht identisch mit dem Gesellschaftszweck. Gegenstand des Unternehmens ist die Beschreibung der Tätigkeit, welche die Gesellschaft entfalten soll. Sie ist die Haupterkenntnisquelle für den Gesellschaftszweck[212]. 1245

Der Gegenstand des Unternehmens muß so konkret gefaßt sein, daß für die beteiligten Wirtschaftskreise der Schwerpunkt der Geschäftstätigkeit hinreichend erkennbar wird. Die allgemeine Aussage „kaufmännische Geschäfte" oder „Handelsgeschäfte" genügt nicht. Sinn des gesetzlichen Zwangs, den Gegenstand des Unternehmens zu individualisieren, ist nicht nur, die Erlaubtheit des Zwecks der Gesellschaft nachzuprüfen, sondern auch, die Gesellschafter vor willkürlicher Änderung des Gegenstands des Unternehmens durch Geschäftsführer zu schützen[213].

Der Gegenstand beschränkt die Geschäftsführer nur im Innenverhältnis (§ 37 Abs. 1 GmbHG). Im Außenverhältnis wirken alle rechtsgeschäftlichen Erklärungen des Geschäftsführers für und gegen die GmbH, auch wenn sie über den Gegenstand des Unternehmens hinausgehen[214]. 1246

Soll die Gesellschaft zur Vorbereitung einer späteren Vermögensnachfolgeregelung – etwa für den Eintritt als persönlich haftender Gesellschafter – auf Vorrat gegründet werden, so darf kein fingierter Unternehmensgegenstand in die Satzung aufgenommen werden. Zulässig ist eine offene Vorratsgründung mit dem Gegenstand „Verwaltung eigenen Vermögens"[215]. 1247

dd) Stammkapital

Das Stammkapital ist die dem Rechtsverkehr und den Gläubigern offenbarte Kapitalbasis der Gesellschaft, da dieses nach § 42 Abs. 1 GmbHG in der Bilanz als „gezeichnetes Kapital" auszuweisen ist. 1248

Das Stammkapital muß mindestens DM 50 000,– betragen (§ 5 Abs. 1 GmbHG).

---

[210] BayObLG MittBayNot 1987, 262.
[211] OLG Stuttgart GmbHR 1991, 316.
[212] RGZ 164, 129 (140).
[213] BayObLG DNotZ 1994, 114f.
[214] Die im anglo-amerikanischen Rechtskreis verbreitete ultra-vires Lehre gilt in der deutschen Rechtsordnung nicht.
[215] Priester DB 1983, 2298; BGHZ 117, 323 (v. 16.3.1992); Ebenroth/Müller DNotZ 1994, 75.

ee) Stammeinlagen, Geschäftsanteile

(1) Allgemeines

1249 Der Gesellschaftsvertrag muß angeben, welchen Betrag jeder Gesellschafter auf das Stammkapital leistet (Stammeinlage). Jeder Gesellschafter muß und kann bei Errichtung der Gesellschaft nur eine Stammeinlage übernehmen (§ 5 Abs. 2 GmbHG). Die Stammeinlagen können für jeden Gesellschafter verschieden hoch sein, müssen aber mindestens DM 500,– betragen und auf volle 100,– DM-Beträge lauten.

1250 Gemäß § 7 Abs. 2 GmbHG darf die Anmeldung der Gesellschaft zur Eintragung in das Handelsregister erst erfolgen, wenn ein Viertel auf jede Stammeinlage, soweit nicht Sacheinlagen vereinbart sind, eingezahlt ist, mindestens muß ein Wert des Stammkapitals von DM 25000,– gedeckt sein. Erreicht der Wert einer Sacheinlage im Zeitpunkt der Anmeldung der Gesellschaft zur Eintragung in das Handelsregister nicht den Nominalbetrag, so tritt eine Differenzhaftung ein (§ 9 GmbHG; zur Gründerhaftung § 9a GmbHG).

1251 In der Höhe der übernommenen **Stammeinlage** steht jedem Gründer ein **Geschäftsanteil** an der GmbH zu (§ 14 GmbHG). Später können durch Geschäftsanteilsabtretungen weitere Geschäftsanteile dazuerworben werden.

(2) Geldeinlagen

1252 Gesetz und Judikatur bemühen sich, die vollwertige Einzahlung der Einlagen und die Verfügungsmacht der Gesellschaft über die Einlagen zu gewährleisten. Soll die Einzahlung auf ein debitorisches Bankkonto der Gesellschaft erfolgen, muß die Gesellschaft das Recht der Disposition haben, die Kreditlinie also unverändert zur Verfügung stehen[216].

Bei Einforderung der Stammeinlage kann jeder Gesellschafter mitstimmen, auch wenn er eine Sperrminorität innehält[217].

(3) Sacheinlagen

1253 Ein besonderer Fall ist die sog. Sachgründung. Will ein Erblasser im Wege vorweggenommener Erbfolge sein Unternehmen umgründen, so geschieht das häufig im Wege der Sachgründung.

Bei der Sachgründung leistet ein Gesellschafter seine Stammeinlage nicht in Geld, sondern in anderen Vermögenswerten (Einbringung eines Unternehmens, von Unternehmensbeteiligungen, von Erfinder-, Urheber-, Lizenzrechten, Herstellungsverfahren, Betriebs- oder Geschäftsgeheimnissen).

1254 Im Falle der Sachgründung müssen der Gegenstand der Sacheinlage und der Betrag der Stammeinlage, auf die sich die Sacheinlage bezieht, im Gesellschaftsvertrag festgesetzt werden. Außerdem haben die Gesellschafter einen Sachgründungsbericht zu erstatten, in welchem sie die wesentlichen Umstände für die Angemessen-

---

[216] BGH BB 1990, 2282 (2283); ergänzend BGH BB 1991, 436.
[217] BGH BB 1990, 1923f. = DB 1990, 1958f.

heit der Leistungen für Sacheinlagen darzulegen haben. Beim Übergang eines Unternehmens auf die neuerrichtete GmbH sind die Jahresergebnisse der beiden letzten Geschäftsjahre anzugeben (§ 5 Abs. 4 GmbHG).

Übersteigt der Wert der geleisteten Sacheinlage den Betrag der geschuldeten Stammeinlage, so spricht man von gemischter Sacheinlage. Der Wert der eingebrachten Gegenstände wird dann, soweit er den Betrag der Stammeinlage übersteigt, dem Sacheinleger gutgebracht[218], z.B. durch Einräumung eines Darlehnsanspruchs. 1255

(4) Verdeckte Sacheinlagen[219]

Die Sachgründungsvorschriften werden häufig als lästig empfunden. Daher werden von den Gesellschaften formal Bareinlagen vereinbart. Mit diesen Bareinlagen werden dann von den Gesellschaftern Vermögensgegenstände für die GmbH erworben. Vor einem solchen Verfahren („verdeckte" oder „verschleierte" Sacheinlage), das den Beteiligten in Einzelfällen sogar von ihren Beratern empfohlen wird, muß gewarnt werden. Bei der sog. „verschleierten Sachgründung" handelt es sich um die Konstruktion eines Kaufs von Wirtschaftsgütern durch die Gesellschaft vom Gesellschafter gegen Bezahlung mit den vom Gesellschafter geleisteten Geldeinlagen (Umgehung der Sachgründungsvorschriften und des Aufrechnungsverbots aus § 19 Abs. 2 GmbHG)[220]. Unerheblich ist, ob der Kaufpreis angemessen ist[221]. Ein zu hoher Kaufpreis kann zusätzlich zu einer verdeckten Gewinnausschüttung führen. Verdeckte Sacheinlagen setzen objektiv allein einen sachlichen und zeitlichen Zusammenhang zwischen der Erfüllung der Geldeinlagepflicht und dem Umsatzgeschäft voraus. Hierbei dürfte ein Zeitraum von sechs Monaten kritisch sein[222]. Subjektiv erfordert die verdeckte Sacheinlage eine Abrede des Einlageschuldners mit den Mitgesellschaftern bzw. den Geschäftsführern, die den wirtschaftlichen Erfolg der Sacheinlage umfaßt[223]. 1256

Rechtsfolge der verdeckten Sacheinlage ist, daß die Bareinlagepflicht in voller Höhe bestehen bleibt. Die Zahlungspflicht trifft sowohl den Einleger als auch einen späteren Erwerber des Geschäftsanteils[224]. Die eingebrachten Sachgegenstände können zwar vom Einleger als ungerechtfertigte Bereicherung herausverlangt werden, gehen aber im Insolvenzfall zusätzlich verloren. Darüber hinaus haften die 1257

---

[218] Hachenburg/Ulmer § 5 Anm. 105ff.
[219] Langenfeld GmbHR 1981, 53; Mayer NJW 1990, 2593.
[220] BGHZ 110, 47 = NJW 1990, 982; BGHZ 113, 335ff. = GmbHR 1991, 255 = NJW 1991, 1754; BGHZ 118, 83 = NJW 1992, 2222; BGH NJW 1996, 1473; Hachenburg/Ulmer, § 5 GmbHG Rz. 143ff.; Grunewald in Festschr.f. Rowedder (1994), S. 111; Volhard, ZGR 1995, 286; Lutter/Zöllner, ZGR 1996, 164.
[221] OLG Düsseldorf GmbHR 1996, 855.
[222] Lutter/Hommelhoff § 5 Anm. 34; Beck GmbH-HB/Schwaiger § 2 Rz. 110.
[223] BGH GmbHR 1996, 283 (284f.). Es bleibt abzuwarten, welche konkreten Anforderungen die Rechtsprechung künftig an diese aus der Literatur übernommene Voraussetzung der verdeckten Sacheinlage stellt.
[224] Scholz/Schneider § 19 Rz. 144.

Mitgesellschafter subsidiär und auch der Geschäftsführer, da er eine unrichtige Versicherung über die Einzahlung einer Bareinlage abgegeben hat. Schließlich hafften die rechtlichen Berater, denen eine solche Verfahrensweise bei der Einlagenbringung bekannt war.

1258   Um Vermögensnachfolger vor den Folgen verdeckter Sacheinlagen zu schützen, sollte die Einlageerbringung durch Umwidmung der Einlagendeckung geheilt werden[225]. Dies erfordert einen Umwidmungsbeschluß, einen Umwidmungsbericht, eine testierte Werthaltigkeitsprüfung und eine Handelsregisteranmeldung mit Einbringungsversicherung der Geschäftsführer[226].

1259   Ein anderer Lösungsweg sieht die Heilung in der Weise vor, daß der Gesellschafter seinen Bereicherungsanspruch gegen die Gesellschaft einbringt[227]. Dieser Weg kann aber nur beschritten werden, wenn der Bereicherungsanspruch noch vollwertig ist. Die Einbringung der Forderung erfolgt als Sacheinlage. Um Haftungsrisiken ganz auszuschließen wird die Kombination mit einer Kapitalherabsetzung nach § 58 GmbHG empfohlen, so daß nach Ablauf des Sperrjahres eine Herauszahlung an den Gesellschafter erfolgen kann[228].

(5) Mischeinlage

1260   Möglich ist auch die Stammeinlage zum Teil als Bar-, zum Teil als Sacheinlage einzubringen. Für jede der Teileinlagen müssen die entsprechenden gesetzlichen Voraussetzungen erfüllt sein.

g) *Übertragbarkeit und Vererblichkeit der Geschäftsanteile*

aa) Allgemeines

1261   Die Regelungen im Gesellschaftsvertrag bezüglich der Übertragbarkeit und Vererblichkeit von Gesellschaftsanteilen sind für die Unternehmensnachfolge von herausragender Bedeutung. Gemäß § 15 Abs. 1 GmbHG sind die Geschäftsanteile an einer GmbH immer vererblich und auch veräußerlich. Das ist ein wesentlicher Unterschied gegenüber den Personengesellschaften, bei denen die Gesellschaftsbeteiligungen grundsätzlich unübertragbar sind (§ 717 BGB, §§ 105 Abs. 2, 161 Abs. 2 HGB).

bb) Übertragbarkeit

1262   Die Übertragung und Abtretung von Geschäftsanteilen kann in jeder Weise beschränkt und sogar völlig ausgeschlossen werden[229]. Ist die Abtretbarkeit ausge-

---

[225] Dazu BGH GmbHR 1996, 351.
[226] Einzelheiten bei Groß GmbHR 1996, 721 ff.; D. Mayer, MittBayNot 1996, 164.
[227] Reithmann/Albrecht/Basty, Hdb. Vertragsgestaltung, Rz. 1345.
[228] Priester, DB 1990, 1753; Wegmann, BB 1991, 1008; Breiken MittRhNotK 1994, 269; Reithmann/Albrecht/Basty, Hdb. Vertragsgestaltung, Rz. 1345; umfassende Darstellung der Heilungsmöglichkeiten bei Lenz. Die Heilung verdeckter Sacheinlagen bei Kapitalgesellschaften (1996).
[229] Lutter/Hommelhoff, § 15 GmbHG, Rz. 38.

Die Gesellschaftsformen im einzelnen

schlossen, steht dem Gesellschafter als Notrecht ein Austrittsrecht zu, das durch die Satzung nicht ausgeschlossen oder beschränkt werden kann[230].

Die rechtsgeschäftliche Übertragung von Geschäftsanteilen bedarf zu ihrer Wirksamkeit der Beurkundung vor einem deutschen Notar, und zwar sowohl das Verpflichtungsgeschäft als auch das Erfüllungsgeschäft, die Abtretung. Vor der Beurkundung von Geschäftsanteilsabtretungen vor ausländischen Notaren muß eindringlich gewarnt werden. Zwar wurde in einzelnen Entscheidungen eine solche Auslandsbeurkundung unter bestimmten Voraussetzungen als wirksam angesehen[231]. Es ist aber kaum zu erwarten, daß diese Rechtsprechung bei sorgfältiger Bewertung der Rechtspflegefunktionen des Notars auf Dauer aufrechterhalten bleibt[232]. Der Notar nimmt als Träger eines öffentlichen Amtes hoheitliche, staatliche, von der Rechtsordnung festgelegte Aufgaben wahr[233]. Schreibt der deutsche Gesetzgeber notarielle Beurkundung vor, so kann diese Voraussetzung schon formal nur von einem deutschen Notar als Amtsträger erfüllt werden. Darüber hinaus sprechen die Prüfungs- und Belehrungsfunktionen des Notars in der deutschen Rechtsordnung gegen eine Auslandsbeurkundung, die solche Funktionen nicht gewährleisten kann. Welcher ausländische Notar kann über die Haftungsrisiken des Erwerbers eines Geschäftsanteils, der als verdeckte Sacheinlage eingebracht wurde, belehren? Schließlich ist zu beachten, daß die Abtretung von Geschäftsanteilen in keinem öffentlichen Register eingetragen wird, sondern sich der Nachweis der Gesellschafterstellung in einer deutschen GmbH allein durch eine lückenlose Kette von beglaubigten Abschriften beurkundeter Abtretungserklärungen erbringen läßt. Auch hat insbesondere die Amtshaftungsrechtsprechung des BGH immer wieder bestätigt, daß der Notar im gesamten Spektrum seiner beruflichen Tätigkeiten hoheitliche, aus der judikativen Staatsgewalt abgeleitete Funktionen wahrnimmt. Diese durch unsere Rechtsordnung zugewiesenen Funktionen können aber nur dann von ausländischen Hoheitsträgern wahrgenommen und in Deutschland als gleichwertig anerkannt werden, wenn und soweit zwischenstaatliche (bi- oder multilaterale) Abkommen zur gegenseitigen Anerkennung ausländischer Urkunden vorhanden sind[234]. Fehlen bi- oder multilaterale Abkommen zur Anerkennung fremdstaatlicher Urkunden, so kann eine öffentliche Urkunde außerhalb ihres staatlichen Geltungsbereichs keine Gültigkeit beanspruchen. Dementsprechend sind auch alle Beurkundungen eines deutschen Notars außerhalb der Bundesrepublik Deutschland nichtig. Somit erfüllen ausländische Urkunden nicht den Legitimationszweck des Nachweises einer lückenlosen Kette von Abtretungserklärungen.

1263

Der Mangel der Form des Verpflichtungsgeschäfts wird durch eine formgültige Abtretung geheilt (§ 15 Abs. 3, 4 GmbHG).

1264

Jeder einmal begründete Geschäftsanteil bleibt rechtlich selbständig, auch wenn sich durch Vererbung oder Übertragung unter Lebenden mehrere oder gar alle Ge-

1265

---

[230] Lutter/Hommelhoff, § 34 GmbHG, Rz. 44.
[231] BGH RiW 1989, 649; kritisch dazu Heckschen, DB 1990, 161 (163f.) m.w.N.; Scholz/Priester § 53 Anm. 69ff.
[232] A.A. Beck GmbH-HB/Schacht § 12 S. 690 Rz. 3.
[233] Römer, Notariatsverfassung und Grundgesetz, S. 13ff.; Baumann, MittRhNotK 1996, 1ff.
[234] So z.B. das Haager Übereinkommen vom 5. Oktober 1961 zur Befreiung ausländischer öffentlicher Urkunden von der Legalisation.

schäftsanteile in einer Hand vereinigen (§ 15 Abs. 2 GmbHG). Befinden sich voll eingezahlte Geschäftsanteile in einer Hand, so kann die Gesellschafterversammlung deren Zusammenlegung zu einem Geschäftsanteil beschließen.

1266   Gemäß § 15 Abs. 5 GmbHG kann die Abtretung von Geschäftsanteilen gesellschaftsvertraglich von weiteren Voraussetzungen abhängig gemacht werden, insbesondere von der Genehmigung der Gesellschaft. Von dieser gesetzlichen Möglichkeit wird bei der GmbH regelmäßig Gebrauch gemacht und zu machen sein. Die uneingeschränkte Übertragbarkeit entspricht selbst bei einer kapitalistisch organisierten GmbH selten den Vorstellungen der Gesellschafter. Die Gesellschafter müßten sich ihnen unbekannte Dritte als Mitgesellschafter aufdrängen lassen. Bei personenbezogenen Gesellschaften, insbesondere Familiengesellschaften, ist die unbeschränkte Verfügbarkeit über Geschäftsanteile regelmäßig unerwünscht. Die Übertragbarkeit der Geschäftsanteile kann im Gesellschaftsvertrag beschränkt werden. Insbesondere Vermögensnachfolger können auf diese Weise an die Gesellschaft gebunden werden bzw. kann die Beteiligung von Dritten, etwa Konkurrenzunternehmen verhindert werden.

1267   Für die Einschränkung der Übertragbarkeit gewährt das Gesetz Dispositionsfreiheit. Das Gesetz selbst erwähnt die Möglichkeit, die Übertragung von Geschäftsanteilen von der Genehmigung der Gesellschaft abhängig zu machen (§ 15 Abs. 5 GmbHG). Für Familiengesellschaften ist das unzureichend. Daher sollte in diesen Fällen die Übertragbarkeit an die Zustimmung der Gesellschafter, ggf. mit einfacher oder qualifizierter Mehrheit, gebunden werden.

1268   Ein Geschäftsanteil kann auch geteilt werden, um Teile von Geschäftsanteilen zu übertragen.

§ 17 GmbHG bestimmt zwingend, daß die Veräußerung von Teilen eines Geschäftsanteils nur mit Genehmigung der Gesellschaft zulässig ist; die Genehmigung bedarf der schriftlichen Form (Abs. 1 und 2). Der geteilte Geschäftsanteil darf nicht unter DM 500,- absinken und muß auf einen vollen 100,- DM-Betrag lauten (Abs. 4 i.V.m. § 5 Abs. 1 und 3 GmbHG). Die gleichzeitige Übertragung mehrerer Teile eines Geschäftsanteiles an denselben Erwerber ist unzulässig (Abs. 5).

1269   Eine Ausnahme von der zwingenden Vorschrift des § 17 Abs. 1 GmbHG kann gesellschaftsvertraglich dahingehend vereinbart werden, daß für die Veräußerung von Teilen eines Geschäftsanteils an andere Gesellschafter sowie für die Teilung von Geschäftsanteilen verstorbener Gesellschafter unter deren Erben eine Genehmigung der Gesellschaft nicht erforderlich ist (Abs. 3). Von dieser Möglichkeit sollte bei Familiengesellschaften regelmäßig Gebrauch gemacht werden.

Wird die Übertragung eines GmbH-Geschäftsanteils erfolgreich angefochten, z.B. wegen Irrtums oder arglistiger Täuschung, so führt dies zur Nichtigkeit des Übertragungsgeschäfts entsprechend den allgemeinen Regeln des BGB. Die Grundsätze der fehlerhaften Gesellschaft sind nicht anzuwenden[235].

---

[235] BGH BB 1990, 508 (510) (Abweichung von früherer Senatsrechtsprechung).

§ 15 GmbHG erwähnt nicht die Belastung von Geschäftsanteilen mit dinglichen **1270**
Rechten. Ist die Übertragbarkeit der Geschäftsanteile nach dem Gesellschaftsvertrag nicht beschränkt oder ausgeschlossen, so können sie auch verpfändet werden.
Dabei muß aber die notarielle Burkundungsform des § 15 Abs. 3 GmbHG eingehalten werden.

cc) Nießbrauchsbestellung

Sind Geschäftsanteile übertragbar, kann an ihnen auch ein Nießbrauch bestellt **1271**
werden (§§ 1068, 1069 BGB). Gemäß § 1069 Abs. 1 BGB gelten für die Bestellung
des Nießbrauchs die für die Übertragung des zu belastenden Rechts geltenden Vorschriften. Daher muß auch zur Bestellung eines Nießbrauchs die notarielle Beurkundungsform gemäß § 15 Abs. 3 GmbHG eingehalten werden.

dd) Vererblichkeit

Die Vererblichkeit von Geschäftsanteilen kann nicht durch die Satzung ausge- **1272**
schlossen werden[236]. Insbesondere ist eine automatische Einziehung unzulässig[237].
Daher sind häufig anzutreffende Satzungsregelungen, die GmbH werde beim Tod
des Gesellschafters fortgesetzt, unsinnig[238]. Zulässig ist das gesellschaftsvertragliche Recht zur Einziehung[239] (Amortisation) oder Zwangsabtretung beim Tod eines Gesellschafters.

Obwohl die Gesellschafter die Vererblichkeit der Geschäftsanteile nicht aus- **1273**
schließen können, besteht die Möglichkeit die Geschäftsanteile am Nachlaß vorbeizulenken und dadurch die Vererbung zu verhindern. Durch einen aufschiebend bedingten Übertragungsvertrag kann der Geschäftsanteil mit dem Tod des Erblassers
aus dessen Vermögen ausscheiden. Dadurch können bereits zu Lebzeiten des Erblassers die Weichen für die Unternehmensnachfolge gestellt werden.

Auch die gesellschaftsvertragliche Lenkung der Vermögensnachfolge ist mög- **1274**
lich[240]. So kann der Gesellschaftsvertrag bestimmen, daß eine Einziehung oder
Zwangsabtretung an Dritte dann stattzufinden hat, wenn nicht vorgesehene Personen oder Personengruppen Rechtsnachfolger werden. Eine weitere Gestaltungsmöglichkeit ist die gesellschaftsvertragliche Festlegung einer Andienungspflicht,
die solchen Vermögensnachfolgern auferlegt wird, die nicht Gesellschafter werden

---

[236] Lutter/Hommelhoff, § 15 GmbH, Rz. 2; Buchholz, MittRhNotK 1991, 37 (40 ff.) auch zu den Gestaltungsmöglichkeiten.
[237] Hachenburg/Zutt, § 15 GmbHG, Rz. 5 f.; streitig, zum Streitstand Staudinger/Marotzke [1994] § 1922 Rz. 58 m.w.N.
[238] Es handelt sich um eine aus dem Personengesellschaftsrecht übernommene „Fortsetzungsklausel", die künftig selbst bei Personengesellschaften überflüssig sein wird; dazu ZIP 1996, 1485 (1486 ff.).
[239] Zur unentgeltlichen Einziehung beim Tod eines GmbH-Gesellschafters vgl. Habersack, ZIP 1990, 625 ff.
[240] Zu Nachfolgeklauseln in GmbH-Verträgen Priester GmbHR 1981, 206.

sollen. Den übrigen Gesellschaftern steht aufgrund dieser Andienungspflicht ein Erwerbsrecht am Geschäftsanteil des verstorbenen Gesellschafters zu[241].

1275 Möglich ist auch eine Regelung im Gesellschaftsvertrag, wonach der Geschäftsanteil mit dem Tod des Gesellschafters auf den in der Satzung bestimmten Vermögensnachfolger übergehen soll. Eine solche Satzungsregelung setzt voraus, daß der Vermögensnachfolger bei der Beurkundung der Satzungsbestimmung mitwirkt[242]. Es handelt sich um eine aufschiebend auf den Tod des Gesellschafters bedingte Übertragung des Geschäftsanteils. Der Vorteil dieser Gestaltung ist, daß der Geschäftsanteil nicht in den Nachlaß fällt und die Nachlaßgläubiger daher grds. keinen Zugriff auf den Geschäftsanteil nehmen können[243].

1276 Ohne Mitwirkung des Vermögensnachfolgers kann die Satzung diesem ein Erwerbsrecht nach dem Tode des Erblassers an dem Geschäftsanteil einräumen[244]. Der in der Satzung bestimmte Nachfolger hat aufgrund dieser Satzungsklausel das Recht, als Gesellschafter in die GmbH einzutreten. Der GmbH-Geschäftsanteil fällt dann zunächst in den Nachlaß und ist aufgrund der gesellschaftsvertraglichen Verpflichtung auf den satzungsmäßig bestimmten Nachfolger zu übertragen[245]. Das Entgelt für die Übertragung des Geschäftsanteils kann entweder in der Satzung oder in der letztwilligen Verfügung festgelegt werden, wobei die Satzungsbestimmung aufgrund ihrer schuldrechtlichen Wirkung grundsätzlich Vorrang hat. Weicht die letztwillige Verfügung von Todes wegen hinsichtlich der Höhe des Entgelts von der Satzung ab, so kann eine solche Abweichung nur Wirkung entfalten, wenn der Geschäftsanteilsnachfolger Miterbe ist.

1277 Fällt ein Geschäftsanteil mehreren Erben an, so wird die Erbengemeinschaft, nicht jeder einzelne Erbe Gesellschafter. Nach § 18 Abs. 1 GmbHG können die Miterben ihre Rechte aus dem Geschäftsanteil nur gemeinschaftlich ausüben. Sie können hierzu nach § 18 Abs. 2 GmbHG einen gemeinsamen Vertreter bestellen. Innerhalb der Erbengemeinschaft können Verwaltungsmaßnahmen hinsichtlich des Geschäftsanteils mit einfacher Stimmenmehrheit (§§ 2038 Abs. 2, 745 BGB), Verfügungen über den Geschäftsanteil nur einstimmig beschlossen werden. Die Auseinandersetzung bezüglich des von der Erbengemeinschaft gehaltenen Geschäftsanteils kann durch Tilgung unter den Miterben und durch Übertragung auf einen Miterben oder auf einen Dritten erfolgen. Schränkt die Satzung die Übertragbarkeit von Geschäftsanteilen ein, so gelten diese Beschränkungen auch für die Veräußerung im Rahmen einer Erbauseinandersetzung. Daneben ist zur Teilung eines Geschäftsanteils die Genehmigung der Gesellschaft nach § 17 Abs. 1 GmbHG erforderlich, sofern der Gesellschaftsvertrag nichts Abweichendes bestimmt.

---

[241] Muster hierzu in Münchener Vertragshandbuch, Bd. 1 IV. 22 § 26 (Heidenhain/Meister). Die gesellschaftsvertraglich eingeräumte Möglichkeit einer Zwangseinziehung erscheint in der Durchführung einfacher und ist deshalb vorzugsweise zu empfehlen.
[242] Beck GmbH-HB/Schacht § 12 Rz. 193.
[243] Liessem, BB 1989, 862 (864).
[244] BGHZ 92.386.
[245] OLG Koblenz GmbHR 1995, 586.

h) Gesellschaftsorgane

aa) Geschäftsführung

1278 Notwendiges Organ der GmbH sind ein oder mehrere Geschäftsführer (§ 6 Abs. 1 GmbHG).

Der Begriff „Geschäftsführer" ist im GmbH-Recht ein weiterer als im Personengesellschaftsrecht: „Geschäftsführung" meint nicht nur das Innenverhältnis, die innergesellschaftliche Geschäftstätigkeit, sondern auch die Vertretung der GmbH nach außen. Der Geschäftsführer ist Vertretungsorgan der Gesellschaft.

1279 Zu Geschäftsführern können Gesellschafter oder andere Personen bestellt werden (§ 6 Abs. 2 Satz 1 GmbHG). § 6 Abs. 2 Satz 1 GmbHG läßt auch Nichtgesellschafter als Organvertreter der GmbH zu, räumt also den für die Vermögensnachfolge wichtigen Vorteil der „Fremdorganschaft" ein.

1280 Die Bestellung des oder der Geschäftsführer kann im Gesellschaftsvertrag oder durch gesonderten Mehrheitsbeschluß der Gesellschafter erfolgen (§§ 6 Abs. 2 Satz 2, 46 Ziff. 5 GmbHG). Ist der zu Bestellende Gesellschafter, so darf er mitstimmen[246].

1281 Gesellschaftern kann im Gesellschaftsvertrag das Recht auf Geschäftsführung eingeräumt werden, und zwar in verschiedener Form: Es kann sich um das Sonderrecht handeln zu verlangen, durch Gesellschafterbeschluß zum Geschäftsführer bestellt zu werden oder von ihm benannte Personen zu Geschäftsführern zu bestimmen. Es kann weitergehend aber auch im Gesellschaftsvertrag selbst das Sonderrecht an einen Gesellschafter verliehen werden, Geschäftsführer zu sein[247].

1282 Die Bestellung zum Geschäftsführer kann aus wichtigem Grund widerrufen werden (§ 38 Abs. 2 GmbHG), auch wenn sie durch Sonderrecht im Gesellschaftsvertrag eingeräumt ist.

1283 Von der Organstellung des Geschäftsführers ist sein Dienstverhältnis zur Gesellschaft zu unterscheiden[248], das durch Anstellungsvertrag geregelt wird. Gegenstand des Anstellungsvertrages ist auch die Vergütung des Geschäftsführers.

1284 Für Bestellung und Abberufung von Geschäftsführern sowie für den Abschluß von Geschäftsführerdienstverträgen ist die Gesellschafterversammlung der GmbH als deren oberstes Organ zuständig. Alle Änderungen der Geschäftsführerdienstverträge fallen ebenfalls in die Zuständigkeit der Gesellschafterversammlung[249].

Diese Zuständigkeiten können gesellschaftsvertraglich anderen zugewiesen werden, z.B. einem Aufsichtsrat oder Beirat, einem Gesellschafter oder einem Dritten (§ 45 Abs. 2 GmbHG).

---

[246] Einhellige Meinung seit KGJ 40, 73 (76).
[247] RGZ 170, 358 (368, 371); Scholz/Schneider, § 6 GmbHG Rz. 30; Baumbach/Hueck, § 6 GmbHG Rz. 15.
[248] Einhellige Meinung (Trennungstheorie): BGHZ 78, 82 (85); 79, 38 (41); Scholz/Schneider, § 35 GmbHG Rz. 150ff.; Hachenburg/Mertens, § 35 GmbHG Rz. 41; Baumbach/Hueck/Zöllner, § 35 GmbHG Rz. 9f., 92ff.; Roth, § 6 GmbHG Anm. 4.1.
[249] BGH DB 1991, 1065 (1066).

1285 Zur Regelung der Vermögensnachfolge können Sonderrechte in der Geschäftsführung für Gesellschafterabkömmlinge vorgesehen werden. Im Gesellschaftsvertrag sollte die Bestellung davon abhängig gemacht werden, daß sie über eine hinreichende Qualifikation verfügen (z.B. entsprechende kaufmännische Ausbildung, Diplom-Kaufmann usw.). Wird ohnehin ein Beirat oder Aufsichtsrat gesellschaftsvertraglich eingeführt, so kann es sich als zweckmäßig erweisen, diesem die Bestellung qualifizierter Geschäftsführer zu übertragen.

1286 Im **Innenverhältnis** kann die Geschäftsführung durch einen Katalog von (durch Beirat oder Gesellschafterversammlung) zustimmungsbedürftigen Handlungen und Rechtsgeschäften beschränkt werden. Den Gesellschaftern ist ein weitgehender Gestaltungsspielraum eröffnet, da die §§ 35–38 und 43 GmbHG nur den Kernbereich des Organisationsrechts der GmbH regeln. Unzweckmäßig ist, die Beschränkungen der Geschäftsführung in die Satzung aufzunehmen. Eine Wirkung der Vertretungsbeschränkung gegenüber Vertragspartnern der GmbH wird durch Aufnahme in die Satzung nicht erreicht. Der einzige Effekt einer solchen Satzungsregelung besteht darin, daß jede Änderung der Beschränkungen als Satzungsänderung einer erneuten notariellen Beurkundung bedarf. Statt dessen sollte der Gesellschaftsvertrag vorsehen, daß die Gesellschafter eine Geschäftsordnung zu beschließen haben. Diese Geschäftsordnung kann einen Katalog von Tätigkeiten und Aufgaben enthalten, die einer besonderen Zustimmung der Gesellschafterversammlung bedürfen. Derartige Geschäftsordnungen sind vor allem bei Fremdorganschaften wichtig. Auch ein Aufsichtsrat oder Beirat kann gesellschaftsvertraglich oder durch Gesellschafterbeschluß zu Weisungen berechtigt werden.

1287 Im **Außenverhältnis** kann die Vertretungsmacht nicht beschränkt werden. Soll auch im Außenverhältnis eine die Vertretungsmacht beschränkende Kontrolle jedes einzelnen Geschäftsführers stattfinden, so ist dies nur über die satzungsmäßige Festlegung einer Gesamtvertretung möglich. Die Satzung muß in diesem Fall vorschreiben, daß die Gesellschaft mindestens zwei Geschäftsführer hat.

1288 Einschränkungen der Geschäftsführungs- und Vertretungsmacht der Geschäftsführer wirken nur im Innenverhältnis zur Gesellschaft und zu den Gesellschaftern, nicht gegenüber Dritten. Nach außen ist jede Beschränkung der Vertretungsbefugnis des Geschäftsführers unwirksam (§ 37 GmbHG).

1289 Befreiungen der Geschäftsführer vom Vertretungshindernis des § 181 BGB bedürfen der Eintragung im Handelsregister[250]. Ist ein Geschäftsführer einer Mehrpersonen – GmbH von den Beschränkungen des § 181 BGB befreit, so erlischt diese Befreiung nicht dadurch, daß er durch Erwerb der Geschäftsanteile Alleingesellschafter wird[251].

1290 Gemäß § 6 Abs. 2 GmbHG können bestimmte Personen nicht zu Geschäftsführern bestellt werden, nämlich nach rechtskräftiger Verurteilung gemäß §§ 283–283d

---

[250] BGHZ 87, 59 (61 f.); BayObLG DB 1984, 1517; DB 1982, 689 (690); DB 1979, 1933; OLG Köln DB 1980, 1390.
[251] BGH DNotZ 1991, 614; a.A. BayObLG MittBayNot 1987, 208.

StGB und bei bestimmten Berufs- oder Gewerbeverboten. Das gilt auch für Liquidatoren, §§ 66 Abs. 4, 67 Abs. 3 GmbHG.

Die Geschäftsführung im ganzen kann wegen ihrer gesetzlichen Organstellung selbst bei Zustimmung aller Gesellschafter nicht im Wege einer Generalvollmacht an einen Dritten übertragen werden kann[252]. Zulässig ist aber eine umfassende (fast General-)Vollmacht, in der einzelne Tätigkeiten (z.B. Anmeldungen zum Handelsregister) von der Generalvollmacht ausgenommen sind, weil hier nicht die Organstellung als solche übertragen wird. 1291

bb) Gesellschafterversammlung

Oberstes und zweites notwendiges Organ der GmbH ist die Gesamtheit der Gesellschafter. Grundsätzlich fassen die Gesellschafter ihre Beschlüsse in einer Gesellschafterversammlung (§ 48 GmbHG). Die Satzung kann bestimmen, daß die Gesellschafter ihre Beschlüsse auch außerhalb einer Gesellschafterversammlung beschließen können, z.B. fernmündlich oder fernschriftlich. 1292

Die Rechte und Zuständigkeiten der Gesellschafterversammlung bestimmen sich nach §§ 46–51 GmbHG (§ 45 GmbHG). Abweichendes kann im Gesellschaftsvertrag geregelt werden. Dagegen sollte der Gesellschaftsvertrag keine Wiederholungen des Gesetzestextes enthalten, schon um Auslegungsprobleme zu vermeiden, die auftreten, wenn nur Teile des Gesetzes wiedergegeben werden (z.B. die Auslegungsfrage: Sollen die anderen disponiblen Vorschriften dann nicht gelten?). 1293

In die Zuständigkeit der Gesellschafterversammlung fallen gesetzlich insbesondere 1294

– die Feststellung des Jahresabschlusses der Gesellschaft,
– die Ergebnisausschüttung,
– die Bestellung und Abberufung von Geschäftsführern sowie deren Entlastung, Abschluß der Dienstverträge mit Geschäftsführern und deren Änderung,
– die Geltendmachung von Ersatzansprüchen gegen Geschäftsführer (vgl. § 46 GmbHG).

cc) Gesellschafterausschuß

Die Gesellschafter können – insbesondere wenn die Zahl der Gesllschafter sehr hoch ist – zur erleichterten Willensbildung einen oder mehrere Ausschüsse bilden und diesen in der Satzung oder durch ad-hoc-Beschluß Kompetenzen der Gesellschafterversammlung übertragen[253]. 1295

---

[252] BGH WM 1976, 1246; WM 1978, 1047 (1048); Scholz/Schneider, § 35 GmbHG Rz. 13; Hachenburg/Mertens, § 35 GmbHG Rz. 17, 211, 216, 270; Baumbach/Hueck/Zöllner, § 35 GmbHG Rz. 2; Roth, § 35 GmbHG Anm. 2.1.1; Lutter/Hommelhoff, § 35 GmbHG Rz. 1.
[253] Einzelheiten s. Beck GmbH-HB/Müller § 6 Rz. 23.

dd) Aufsichtsrat, Beirat

1296 Für die GmbH schreibt unsere Rechtsordnung nur in besonderen Fällen einen Aufsichtsrat vor[254]. Wird eine Familiengesellschaft von den Vermögensnachfolgern durch fremdes Management im Wege der Fremdorganschaft geführt, so erweist sich ein Aufsichtsrat als überwachendes und weisungsbefugtes Gesellschaftsorgan oft als unentbehrlich. Für die Vermögensnachfolge mit geschäftsunerfahrenen künftigen Gesellschaftern ist daher die rechtzeitige Einsetzung eines Aufsichtsrates als Lenkungsinstrument zu empfehlen. § 52 GmbHG läßt daher die Errichtung eines Aufsichtsrats fakultativ zu. Auf den fakultativen Aufsichtsrat sind die in § 52 Abs. 1 GmbHG genannten Vorschriften des AktG über den Aufsichtsrat entsprechend anzuwenden, soweit nicht im Gesellschaftsvertrag etwas anderes bestimmt ist[255]. Die Gestaltungsfreiheit ist begrenzt. Zwingende Kompetenzen der Gesellschafterversammlung (z.B. Satzungsänderung) oder Geschäftsführung (z.B. Passivvertretung, Buchführung, Aufstellung des Jahresabschlusses) können dem Aufsichtsrat nicht übertragen werden[256].

Der „Aufsichtsrat" kann auch als „Beirat" oder „Verwaltungsrat" bezeichnet werden.

i) Jahresabschluß

1297 Nach den § 264 Abs. 1 Satz 1 HGB i.V.m. § 35 Abs. 1 GmbHG ist der Jahresabschluß, bestehend aus Bilanz, GuV-Rechnung und Anhang sowie der Lagebericht innerhalb der gesetzlichen Fristen aufzustellen. Bei der großen und mittelgroßen GmbH beträgt die Frist drei Monate, bei der kleinen GmbH sechs Monate.

1298 Der Jahresabschluß beinhaltet als Geschäftsergebnis den Jahresüberschuß. Aus diesem sind vorab erforderliche Rücklagen zu bilden. Der danach verbleibende Gewinn unterliegt einem zu fassenden Ergebnisverwendungsbeschluß.

j) Ergebnisverwendung

1299 In der GmbH hat der einzelne Gesellschafter kein Entnahmerecht; ein solches entsteht erst aufgrund eines Ergebnisverwendungsbeschlusses.

1300 Gemäß § 29 Abs. 1 GmbH haben die Gesellschafter Anspruch auf den Jahresüberschuß zuzüglich eines Gewinnvortrags und abzüglich eines Verlustvortrags, soweit das Jahresergebnis nicht nach Gesetz, Gesellschaftsvertrag oder Gesell-

---

[254] Für Kapitalanlagegesellschaften vgl. § 3 KapitalanlagegesellschaftenG; für Wohnungsunternehmen vgl. § 1 Durchführungsverordnung zum Gesetz über die Gemeinnützigkeit im Wohnungswesen; ferner die Mitbestimmung nach §§ 76 Abs. 1, 77 BetrVG bei mehr als 500 Arbeitnehmern (ein Drittel der Aufsichtsratsmitglieder als Arbeitnehmervertreter); nach §§ 1, 6 Abs. 1, 7 MitbestG bei mehr als 2000 Arbeitnehmern (die Hälfte der Aufsichtsratsmitglieder als Arbeitnehmervertreter) und nach dem Montan-Mitbestimmungsgesetz wäre bei mehr als 1000 Arbeitnehmern ein Aufsichtsrat erforderlich.

[255] Zu den in der Praxis sinnvollen Regelungsmöglichkeiten Hennerkes/Kirchdörfer, Unternehmenshandbuch Familiengesellschaften, S. 68 ff.

[256] Beck GmbH-HB/Müller § 6 Rz. 8.

schafterbeschluß von der Gewinnverteilung ausgeschlossen ist. § 29 Abs. 2 GmbHG besagt ausdrücklich, daß die Gesellschafter, wenn der Gesellschaftsvertrag nichts anderes bestimmt, durch Gesellschafterbeschluß Beträge des Jahresüberschusses in Rücklagen einstellen oder als Gewinn vortragen können.

Bei den Beziehern der Ausschüttungen erfolgt eine Anrechnung der von der GmbH gezahlten Körperschaftsteuer auf die Einkommensteuer (§ 36 Abs. 2 Nr. 3 EStG) bzw. Körperschaftsteuer (§ 49 Abs. 1 KStG). Dadurch wird eine Doppelbesteuerung vermieden. Durch die Änderung im Rahmen des Standortsicherungsgesetzes ist bei der Ausschüttung grundsätzlich die Ausschüttungsbelastung von 30 % herzustellen. Nur die Ausschüttung von Einlagen seit 1977 (EK 04) und aus steuerfreien bzw. steuerbegünstigsten Auslandseinkünften gebildeten Eigenkapital (EK 01), die jeweils nicht mit Körperschaftsteuer belastet sind, bleiben steuerfrei. § 28 KStG beschreibt, in welcher Reihenfolge die Anrechnung jeweils auf das unterschiedlich tarifbelastete Eigenkapital erfolgt. 1301

Das Verfahren der Anrechnung der Körperschaftsteuer auf die Einkommensteuer der Gesellschafter bei Gewinnausschüttung regte früher mit der Minderung des Körperschaftsteuertarifs von 56 % auf 36 % (§ 27 KStG) gegenläufig zum Gewinnthesaurierungsinteresse zu hoher Gewinnausschüttung an. Sollte von dem geminderten Körperschaftsteuertarif Gebrauch gemacht werden, mußten regelmäßig vom ausgeschütteten Gewinn zur Selbstfinanzierung der Gesellschaft Teile „rückgeholt" werden. 1302

Bei den heutigen Körperschaftsteuern von 45 % und einer anrechenbaren Ausschüttungsbelastung von 30 % ist der „Schütt-aus/Holzurück-Verfahren" zumindest bei höherer Einkommensteuerprogression zur Kapitalausstattung der Gesellschaft nicht mehr notwendig. Vielmehr ist durch den verminderten Körperschaftsteuertarif zusätzlicher Anreiz geschaffen, Gewinne in der GmbH zu belassen.

Die Feststellung des Jahresabschlusses und die Verteilung des Ergebnisses obliegt grundsätzlich der Gesellschafterversammlung (§ 46 Ziff. 1 GmbHG), kann aber auch einem Aufsichtsrat, Beirat oder Verwaltungsrat zugewiesen werden (§ 45 GmbHG). 1303

k) Haftungsfragen

aa) Gesellschafter

(1) Stammeinlagen

Gemäß § 30 Abs. 1 GmbHG darf „das zur Erhaltung des Stammkapitals erforderliche Vermögen der Gesellschaft" an die Gesellschafter nicht ausgezahlt werden. 1304

Da § 30 GmbHG einen der wichtigsten Grundsätze des GmbH-Rechts enthält, ist die Vorschrift streng auszulegen; sie erfaßt auch alle Umgehungsversuche. Alle Leistungen an Gesellschafter oder an Dritte zugunsten von Gesellschaftern, die der Sache nach eine Auszahlung von Teilen des Stammkapitals bedeuten, sind unzuläs- 1305 sig. Unzulässig sind nicht nur Geldauszahlungen, sondern alle Rechtsgeschäfte, die wirtschaftlich eine Minderung des buchmäßigen Stammkapitals herbeiführen[257].

1306   Sind unter Verletzung des § 30 Abs. 1 GmbHG Zahlungen erfolgt, so sind sie der Gesellschaft zu erstatten (§ 31 Abs. 1 GmbHG). Ist die Erstattung von dem Empfänger nicht zu erlangen, so haften die Gesellschafter nach dem Verhältnis ihrer Geschäftsanteile (§ 31 Abs. 3 GmbHG).

1307   Der Umfang der Haftung ist verschieden: Der bösgläubige Zahlungsempfänger haftet voll; der gutgläubige Empfänger haftet nur insoweit, als die Rückzahlung zur Befriedigung der Gesellschaftsgläubiger erforderlich ist (§ 31 Abs. 2 GmbHG). Auch die gemeinschaftliche Haftung der Gesellschafter (§ 31 Abs. 3 GmbHG) beschränkt sich auf den erstattungspflichtigen Betrag, soweit dieser zur Befriedigung der Gesellschaftsgläubiger benötigt wird. Auch ein sog. „mittelbarer" Gesellschafter, der als Hintermann eines Gesellschafters die Gesellschaft beherrscht, haftet nach § 30 GmbHG[258].

1308   Die erörterten Ansprüche der Gesellschaft verjähren in fünf Jahren. Bei „böslicher Handlungsweise" des Zahlungsverpflichteten beträgt die Verjährungsfrist 30 Jahre (§ 31 Abs. 5 GmbHG).

(2) Kapitalersetzende Darlehen

1309   Eine besondere Haftung der Gesellschafter ergibt sich für die sog. „kapitalersetzenden" Darlehen. Gesellschafterdarlehen werden dann als kapitalersetzend angesehen, wenn die Gesellschafter als ordentliche Kaufleute anstelle der Darlehen Eigenkapital hätten zuführen müssen (§ 32a Abs. 1 Satz 1 GmbHG). Dem Darlehen eines Gesellschafters wird das durch einen Gesellschafter gesicherte Darlehen eines Dritten gleichgestellt (§ 32a Abs. 2 GmbHG).

§ 32a GmbHG bestimmt, daß der Darlehensrückzahlungsanspruch im Konkurs- oder Vergleichsverfahren der Gesellschaft nicht geltend gemacht werden kann. § 32b GmbHG begründet die Haftung des Gesellschafters, der Sicherheiten für das rückgezahlte kapitalersetzende Darlehen eines Dritten geleistet hatte[259].

1310   Andererseits bestimmt § 32 GmbHG, daß Gesellschafter in keinem Fall verpflichtet sind, gutgläubig erhaltene Gewinnanteile zurückzuzahlen, wenn die Voraussetzungen des § 31 Abs. 1 GmbHG (Verstoß gegen § 30 GmbHG) nicht vorliegen.

(3) Erweiterte Haftung im qualifiziert faktischen Konzern[260]

1311   Die jüngere, höchstrichterliche Judikatur hat durch richterliche Rechtsfortbildung eine Haftungserweiterung der Gesellschafter im sogenannten „qualifiziert

---

[257] BGHZ 31, 258 (276).
[258] BGH NJW 1991, 357 (358) = BB 1990, 2210 (2211).
[259] Vgl. Mayer, BB 1990, 1935 (1936f.).
[260] Unter Konzernrecht ist das Recht der Unternehmensverbindungen zu verstehen. Ein gesetzlich geregeltes Konzernrecht gibt es nur im Aktienrecht (§§ 15ff., 291ff. AktG). Allein die Rechnungslegung des Konzerns ist rechtsformübergreifend in §§ 290ff. HGB geregelt.

faktischen Konzern" entwickelt[261]. Der faktische Konzern unterscheidet sich vom Vertragskonzern dadurch, daß die einheitliche Leitung nicht durch einen Beherrschungsvertrag, sondern durch faktische Wirkungen bestimmt wird[262]. Damit ist eine unerwünschte Rechtsunsicherheit eingetreten, da eine allgemein anerkannte Definition der „faktischen Wirkungen" und damit des „qualifiziert faktischen Konzerns" bis heute nicht existiert[263]. Im qualifiziert faktischem Konzern haftet der eine GmbH beherrschende Unternehmer (juristische oder natürliche Person) entsprechend §§ 302, 303 AktG, wenn er im Konzerninteresse Leitungsmacht zum Nachteil der GmbH ausübt, ohne daß sich der zugefügte Nachteil durch Einzelausgleichsmaßnahmen kompensieren läßt[264].

Da es sich um einen bloß **faktischen** Konzern handelt, darf kein Unternehmensbeherrschungsvertrag geschlossen sein[265]. Im übrigen wird die Abhängigkeit von einem anderen Unternehmen und die Ausübung von Direktionsmacht verlangt. Abhängigkeit wird entsprechend § 17 Abs. 2 AktG vermutet, wenn das Unternehmen im Mehrheitsbesitz eines anderen Unternehmens ist. 1312

Die Ausübung von Direktionsmacht wird angenommen, wenn die rechtlich selbständigen Unternehmensträger unter einer einheitlichen Leitung stehen[266]. Innerhalb des qualifiziert faktischen Konzerns besteht eine Verlustausgleichspflicht entsprechend der Konzernhaftung gem. §§ 311–318 AktG. Die Haftung setzt aber voraus, daß

- die Direktionsmacht dauerhaft und umfassend ist,
- die Ausübung der Direktionsmacht einen objektiven Mißbrauch der beherrschenden Gesellschafterstellung darstellt,
- der Verlust sich nicht durch Einzelausgleichsmaßnahmen kompensieren läßt.

Der faktische Konzern begründet nach der bisherigen Rechtsprechung keine konzernspezifische Haftung, sondern führt nur dazu, daß bei schädigenden Eingriffen im Einzelfall von dem „Herrschenden" Schadensersatz zu leisten ist. Allerdings kann das herrschende Unternehmen analog § 302 AktG zu einem Verlustausgleich verpflichtet sein[267]. 1313

Eine Vermeidung der Haftung ist zunächst auf der Ebene des Verhaltens der Entscheidungsträger des herrschenden Unternehmens möglich[268], da der BGH die Haftung vom objektiven Mißbrauch des herrschenden Unternehmens abhängig ge- 1314

---

[261] BGHZ 95, 330ff. = NJW 1986, 188ff. (Autokran); BGHZ 107, 7ff. = NJW 1989, 1800ff. (Tiefbau); BGHZ 115, 187ff. = NJW 1991, 3142ff. (Video); DB 1993, 825 (TBB-Urteil); dazu Limmer MittBayNot 1992, 20ff.
[262] Deilmann, Die Entstehung des qualifizierten Konzern, 1990, S. 58.
[263] Ausführlich zur dogmatischen Einordnung Altmeppen, DB 1993, 1912.
[264] BGH DB 1993, 825 (TBB-Urteil).
[265] Sonst gilt unmittelbare Konzernhaftung.
[266] BGHZ 95, 330 (337f.) „Autokran".
[267] Hennerkes/Noack, Unternehmenshandbuch Familiengesellschaften, S. 374f.
[268] Goette, DStR 1993, 568.

macht hat[269]. Darüber hinaus sind als Lösungen in den Satzungen festgelegte Leitungsautonomien[270], die Einschaltung zusätzlicher Kontroll- und Überwachungsinstanzen (Aufsichtsrat, Beirat mit entsprechenden Kompetenzen)[271] oder die Einschaltung einer gesonderten Holding-Gesellschaft[272], die aufgrund der Beteiligungsverhältnisse nicht zur Anwendung des Konzernrechts führen darf, empfohlen worden.

bb) Geschäftsführer

(1) Haftung gegenüber der Gesellschaft

1315 Verletzen die Geschäftsführer ihre Pflichten, so haften sie der Gesellschaft gesamtschuldnerisch für den entstandenen Schaden (§ 43 Abs. 2 GmbHG).

1316 Die Haftung der Geschäftsführer bestimmt sich nach den Sorgfaltspflichten „eines ordentlichen Geschäftsmannes" (§ 43 Abs. 1 GmbHG). Dabei ist gleichgültig, ob ein Geschäftsführer gleichzeitig Gesellschafter ist. Ein Gesellschafter-Geschäftsführer kann sich nicht auf den Sorgfaltsmaßstab des § 708 BGB berufen, nach welchem ein Gesellschafter nur für diejenige Sorgfalt einzustehen hat, die er in eigenen Angelegenheiten anzuwenden pflegt.

1317 Umstritten ist, ob der Gesellschaftsvertrag den Haftungsmaßstab mildern, z.B. die Haftung für Fahrlässigkeit erlassen kann[273]. Vor einer solchen Satzungsbestimmung ist – wenn man sie für zulässig erachtet – zu warnen. Dem Geschäftsführer sollte die „Sorgfalt eines ordentlichen Geschäftsmannes" nach objektiven Maßstäben abverlangt werden. Im übrigen spricht das Interesse des Rechtsverkehrs gegen die Abdingbarkeit des gesetzlichen Haftungsmaßstabs.

1318 Die Geschäftsführer haften in zwei Fällen zum Schutz des Stammkapitals verschärft: Bei Zahlungen an die Gesellschafter entgegen § 30 GmbHG; sowie im Falle des Erwerbs von Geschäftsanteilen durch die Gesellschaft, wenn auf diese Geschäftsanteile die Stammeinlage noch nicht vollständig eingezahlt war (§ 33 GmbHG).

1319 Eine Haftung gegenüber den Gesellschaftern besteht dann, wenn entgegen der zwingenden Vorschrift des § 30 GmbHG unzulässige Zahlungen aus dem Stammkapital der Gesellschaft erfolgt sind, die Gesellschafter nach § 31 Abs. 3 GmbHG Erstattung leisten mußten, und den Geschäftsführern bei der unzulässigen Zahlung ein Verschulden zur Last fällt (§ 31 Abs. 6 GmbHG).

---

[269] BGH DB 1993, 825 (TBB-Urteil).
[270] Baader BB 1992, 1009, 1014; Hommelhoff in Hommelhoff/Stimpel/Ulmer, S. 257f.
[271] Kleindiek GmbHR 1992, 578.
[272] Priester in Hommelhoff/Stimpel/Ulmer S. 223, 229ff.
[273] Hachenburg/Mertens, § 43 GmbHG Rz. 12; Rowedder/Koppensteiner, § 43 GmbHG Rz. 4; Lutter/Hommelhoff, § 43 GmbHG Rz. 2; umstritten: Differenzierend Scholz/Schneider, § 43 GmbHG Rz. 184f.; Baumbach/Hueck/Zöllner, § 43 GmbHG Rz. 6.

Die Gesellschaftsformen im einzelnen

(2) Haftung gegenüber Dritten

Eine persönliche Haftung der Geschäftsführer gegenüber Dritten kann bereits vor Eintragung der Gesellschaft nach § 11 Abs. 2 GmbHG („Handelndenhaftung") entstehen. Daneben haftet der Geschäftsführer Dritten gegenüber, wenn er im Geschäftsverkehr besonderes Vertrauen des Dritten in Anspruch genommen hat[274] oder ein eigenes wirtschaftliches Interesse an dem Rechtsgeschäft hat[275]. **1320**

Außerhalb des GmbH-Rechts können Geschäftsführer Dritten, z.B. für Delikte nach §§ 823ff. BGB haften. **1321**

Im übrigen kann sich eine Haftung der Geschäftsführer aus der Verletzung weiterer Bestimmungen des GmbH-Rechts ergeben (vgl. § 9 Abs. 1 [Haftung für Handelsregisteranmeldungen], § 64 [Konkursantragspflicht] GmbHG). **1322**

(3) Verjährung

Die Ersatzansprüche gegen Geschäftsführer verjähren in fünf Jahren (§ 43 Abs. 4 GmbHG, mit Ausnahme des vorstehend erörterten Anspruchs aus § 31 Abs. 6 GmbHG); dieser Ersatzanspruch unterliegt keiner kurzen Verjährung. **1323**

l) Gesellschafterrechte

Gemäß §§ 51a und 51b GmbHG haben die Gesellschafter sehr weitgehende Informationsrechte, die sogar über die Kontrollrechte eines Kommanditisten hinausgehen. Die Geschäftsführer haben jedem Gesellschafter auf Verlangen unverzüglich Auskunft über die Angelegenheiten der Gesellschaft zu geben und ihm die Einsicht der Bücher und Schriften der Gesellschaft zu gestatten. Auskunft und Einsicht dürfen nur verweigert werden, wenn zu besorgen ist, daß der Gesellschafter sie zu gesellschaftsfremden Zwecken verwendet und dadurch der Gesellschaft ein nicht unerheblicher Nachteil zugefügt wird. Zur Verweigerung bedarf es eines Gesellschafterbeschlusses. **1324**

Die Informationsrechte der Gesellschafter werden manchen Unternehmer von der Wahl der Rechtsform der GmbH abhalten, weil in höherem Umfang als bei einer Personengesellschaft Informationsstreitigkeiten provoziert werden, die gerade in Familiengesellschaften vermieden werden müssen[276].

m) Änderungen des Gesellschaftsvertrags, insbesondere Kapitalerhöhung

Alle Änderungen des Gesellschaftsvertrags (der Satzung) der GmbH bedürfen zu ihrer Wirksamkeit notarieller Beurkundung und der Eintragung im Handelsregister (§ 53 GmbHG). Zu diesen Änderungen gehören auch Kapitalerhöhungen (§ 55 GmbHG) und -herabsetzungen (§ 58 GmbHG). **1325**

Bei Kapitalerhöhungen die nicht aus Gesellschaftsmitteln, sondern durch neue Einlagen erfolgen, gelten die Vorschriften über Sachgründungen und Sacheinlagen **1326**

---

[274] BGHZ 56, 81; 87, 27.
[275] BGH GmbHR 1986, 43; 1988, 257.
[276] Dazu Binz/Freudenberg/Sorg, BB 1991, 785ff.

entsprechend. Auch die Einbringung einer Forderung eines Gesellschafters gegen die Gesellschaft ist Sacheinlage, §§ 55, 56 Abs. 2 GmbHG. Bei Anwendung des Ausschüttungs-Rückhol-Verfahrens und Umwandlung der Sacheinlagen in neues Stammkapital handelt es sich um Sachgründung mit den Konsequenzen aus den gesetzlichen Bestimmungen[277].

n) Ausscheiden, Kündigung, Ausschluß aus der GmbH

1327   Für das Ausscheiden eines Gesellschafters kommen folgende Möglichkeiten in Betracht
– Ausscheiden durch Tod (§ 15 Abs. 1 GmbHG)
– freiwillige Abtretung an Gesellschafter (§§ 15 Abs. 2, 17 Abs. 3 GmbHG) Dritte oder die Gesellschaft
– Zwangsabtretung an Gesellschafter oder die Gesellschaft
– freiwillige Einziehung
– Zwangseinziehung
– Kündigung des Gesellschafters
– Ausschluß des Gesellschafters
– Zur Verfügungstellung eines Geschäftsanteils (§ 27 GmbHG).

1328   Bei der GmbH kollidiert die Möglichkeit einfachen Ausscheidens und der Rückzahlung der Einlage (des Auseinandersetzungsguthabens) mit dem grundlegenden Prinzip der Erhaltung des Gesellschaftskapitals.

1329   Andererseits besteht ein Ventil in Gestalt der grundsätzlichen Übertragbarkeit der GmbH-Geschäftsanteile (§ 15 Abs. 1 GmbHG). Der Gesellschafter ist auf die Möglichkeit des Ausscheidens aus der Gesellschaft durch Rückzahlung seiner Beteiligung nicht angewiesen, weil er sich grundsätzlich von seiner Gesellschaftsbeteiligung durch Veräußerung befreien kann.

1330   Wird – wie regelmäßig in der GmbH-Satzung – die Übertragbarkeit der Geschäftsanteile eingeschränkt, so stellt sich die Frage, ob und unter welchen Voraussetzungen ein Gesellschafter anderweitig aus der Gesellschaft ausscheiden kann. Zwei Fälle sind zu unterscheiden:
– Ausscheiden ohne wichtigen Grund;
– Ausscheiden aus wichtigem Grunde wegen Unzumutbarkeit der Beibehaltung der Gesellschafterstellung.

1331   Ob der erstere Fall einer gesellschaftsvertraglichen Lösung bedarf, muß nach den jeweiligen konkreten Gegebenheiten entschieden werden. Es kommt darauf an, welche Möglichkeiten der Abtretung des Geschäftsanteils nach dem Gesellschaftsvertrag dem Gesellschafter verbleiben und ob überhaupt eine Möglichkeit geschaffen werden soll, daß ein Gesellschafter aus der Gesellschaft ohne wichtigen Grund ausscheidet. Im allgemeinen ist das zu verneinen. Besteht aber eine Notwendigkeit, kann und muß der Gesellschafter auf die Übertragung des Geschäftsanteils verwiesen werden, ohne daß das Stammkapital vermindert werden darf. Den anderen Ge-

---

[277] BGH DB 1991, 1060 (1061); OLG Köln BB 1990, 1594ff.; Wegmann, BB 1991, 1006ff.

sellschaftern oder der Gesellschaft kann in der Satzung ein Vorkaufsrecht eingeräumt werden. Auch kann eine Anbietungspflicht eines ausscheidungswilligen Gesellschafters gegenüber den Mitgesellschaftern bzw. der Gesellschaft begründet werden.

Schließlich kann der Gesellschaftsvertrag ein Kündigungsrecht vorsehen. Mit einer Kündigungsklausel wird in den meisten Fällen nicht das Ziel verfolgt, die Gesellschaft aufzulösen. Vielmehr soll die Kündigungsklausel regelmäßig nur dazu dienen, dem kündigungsberechtigten Gesellschafter zu ermöglichen, sich von der Gesellschaftsbeteiligung zu befreien. 1332

Eine weitergehende Frage ist, ob und inwieweit es bei der GmbH ein Ausscheiden (einen Austritt) oder gar einen Ausschluß eines Gesellschafters aus wichtigem Grunde, etwa entsprechend den Regelungen bei der Personenhandelsgesellschaft (§§ 140, 142 HGB) gibt. 1333

Nach heute einhelliger Meinung[278], kann ein Gesellschafter einer GmbH bei Unzumutbarkeit der Beibehaltung seiner Gesellschafterstellung aus wichtigem Grund aus der Gesellschaft austreten oder ausgeschlossen werden[279]. Da über Einzelfragen keine allseitige Einigkeit besteht, sind im Gesellschaftsvertrag Regelungen für den Fall des Ausschlusses eines Gesellschafters zu empfehlen. 1334

Möglich ist die Bestimmung der Zwangseinziehung eines Geschäftsanteils; diese Lösung ist indessen regelmäßig wenig empfehlenswert, weil der eingezogene Geschäftsanteil untergeht und die Summe der Nominalwerte der verbleibenden Geschäftsanteile nicht mehr dem Betrag des Stammkapitals entspricht. Deshalb ist eine Regelung vorzugswürdig, wonach der ausscheidende Gesellschafter seinen Geschäftsanteil an die Gesellschaft, an Mitgesellschafter oder einen Dritten abzutreten hat (Zwangsabtretung). 1335

Eine gesellschaftsvertragliche Vereinbarung, die einem Gesellschafter das Recht einräumt, die Gesellschafterstellung eines Mitgesellschafters nach freiem Ermessen zu beenden, ist auch im GmbH-Recht nichtig, es sei denn, daß eine solche Regelung wegen der besonderen Umstände sachlich gerechtfertigt ist. Das Ausschliessungsrecht kann ausnahmsweise gerechtfertigt sein, wenn der Berechtigte wegen enger persönlicher Beziehungen zu seinem Mitgesellschafter die volle Finanzierung der Gesellschaft übernimmt und diesem eine Mehrheitsbeteiligung sowie die alleinige Geschäftsführungsbefugnis eingeräumt wird[280]. 1336

---

[278] Grundlegend Scholz, „Ausschließung und Austritt aus der GmbH", 3. Auflage 1950.
[279] Grundlegend BGHZ 9, 157 (162ff.); 16, 317 (322); 80, 346 (349); BGH BB 1990, 652f.; Scholz/Winter, § 15 GmbHG Rz. 114ff.; Hachenburg/Ulmer, Anh. zu § 34 GmbHG Rz. 8ff., 44ff., Rowedder, § 34 GmbHG Rz. 39ff.; Baumbach/Hueck, Anh. zu § 34 GmbHG Rz. 2ff., 15ff.; Lutter/Hommelhoff, § 34 GmbHG Rz. 26ff., 44ff.; Esch, GmbHRdsch 1981, 25ff.
[280] BGHZ 68, 212ff.; 81, 263 ff; BGH BB 1990, 1578ff.

o) Auflösung der GmbH

1337 Die GmbH wird aufgelöst in den in § 60 Abs. 1 GmbHG genannten Fällen (Zeitablauf, Gesellschafterbeschluß, Urteil oder Verwaltungsentscheidung, Gesellschaftskonkurs, Registergerichtsentscheidung wegen Satzungsmangels (§ 144a, b FGG), ferner bei Ablehnung der Eröffnung des Gesellschaftskonkurses mangels Masse.

1338 Gemäß § 60 Abs. 2 können im Gesellschaftsvertrag weitere Auflösungsgründe festgesetzt werden, deren Vorliegen ohne weitere Beschlußfassung zur automatischen Auflösung führt.

Ist eine Kündigung im Gesellschaftsvertrag vorgesehen, so soll nach Auffassung des Reichsgerichts die Kündigung die Auflösung der Gesellschaft zur Folge haben[281]. Die Auflösung dürfte indessen nur in den seltensten Fällen dem Willen der Gesellschafter entsprechen. In aller Regel soll das gesellschaftsvertragliche Kündigungsrecht nur die Möglichkeit geben, sich von der Gesellschaftsbeteiligung zu befreien. Dagegen wird es weder Absicht noch Vorstellung der Gesellschafter sein, die Gesellschaft zu zerschlagen. Daher sollte man eine in den Gesellschaftsvertrag aufgenommene Kündigungsklausel – sofern nichts Gegenteiliges geregelt ist – als Austrittsklausel auslegen[282].

1339 Wird eine Kündigungsklausel in den Gesellschaftsvertrag aufgenommen, so sind die Rechtswirkungen der Kündigung zu regeln. Ist ausnahmsweise die Auflösung der Gesellschaft gewollt, so muß das im Gesellschaftsvertrag bestimmt werden. Ist dagegen nur der Austritt gewollt, so sollte der Gesellschaftsvertrag regeln, was mit dem Geschäftsanteil des kündigenden Gesellschafters geschieht, ob der Geschäftsanteil von der Gesellschaft, den übrigen Gesellschaftern oder einem Dritten übernommen oder aber, mit oder ohne Kapitalherabsetzung, eingezogen wird.

2. Aktiengesellschaft

a) Allgemeines

1340 Die Aktiengesellschaft ist als reine Kapitalgesellschaft eine Gesellschaft mit eigener Rechtspersönlichkeit. Sie hat ein bestimmtes Gesellschaftskapital, das Grundkapital, welches in Aktien zerlegt ist. Für die Verbindlichkeiten der Gesellschaft haftet nur das Gesellschaftsvermögen (§ 1 AktG).

1341 Die Beziehungen der Aktionäre zur Gesellschaft oder gar untereinander sind nach der gesetzlichen Regelung im wesentlichen auf die Kapitalbeteiligung beschränkt. Der Einfluß der Aktionäre auf die Geschäftsleitung ist gering, es sei denn, es handelt sich um Großaktionäre.

1342 Wie die GmbH gilt die Aktiengesellschaft kraft Rechtsform als Handelsgesellschaft, selbst wenn sie kein Handelsgewerbe betreibt (§ 3 AktG).

---

[281] RGZ 93, 326 (327); 95, 39 (40); 113, 147 (149); Hachenburg/Ulmer, § 60 GmbHG Rz. 66; Baumbach/Hueck/Schulze-Osterloh, § 60 GmbHG Rz. 46.

[282] Heute überwiegende Meinung: Scholz/Karsten Schmidt, § 60 GmbHG Rz. 41; Rowedder/Rasner, § 60 GmbHG Rz. 37; Lutter/Hommelhoff, § 60 GmbHG Rz. 28.

Die Gesellschaftsformen im einzelnen

Am 10. August 1994 ist das Aktiengesetz durch das Gesetz für kleine Aktiengesellschaften und zur Deregulierung des Aktienrechts[283] geändert worden[284]. Damit ist zwar kein neuer Typus „kleine Aktiengesellschaft" geschaffen worden, aber die Rechtsform der Aktiengesellschaft für eine größere Zahl von Anwendern attraktiv geworden. Ziel des Gesetzes soll sein, auch mittelständische Unternehmen in die Rechtsform der AG umzulenken[285]. Möglich ist nach § 2 AktG nunmehr insbesondere auch die Einmann-Gründung einer Aktiengesellschaft. Im übrigen wird sich vielfach der Weg über die Umwandlung in eine Aktiengesellschaft anbieten[286]. **1343**

Für die Gestaltungen im Aktienrecht ist der gem. § 23 Abs. 5 AktG geltende Grundsatz der Satzungsstrenge zu beachten. Was durch das Gesetz nicht ausdrücklich erlaubt ist, ist verboten. Selbst ergänzende Bestimmungen der Satzung sind nur zulässig, soweit das Gesetz nicht eine abschließende Regelung enthält[287]. Damit sind die Gestaltungsmöglichkeiten bei der Aktiengesellschaft sehr eingeschränkt. **1344**

b) Anwendungsbereich

Die Aktiengesellschaft kann unabhängig von einem späteren Börsengang auch für Familienunternehmen und zur Regelung der Vermögensnachfolge eine sinnvolle Rechtsformalternative sein. Selbst die nicht börsennotierte AG bietet typische Vorteile gegenüber anderen Rechtsformen. Die Aktie ist leichter fungibel. Die Übertragung auf Vermögensnachfolger kann zu Lebzeiten in Raten erfolgen. Insofern ist die AG für vorweggenommene Erbfolgelösungen besonders geeignet. Darüber hinaus können die als geschäftsführende Unternehmensnachfolger ungeeigneten Familienmitglieder kapitalmäßig angemessen beteiligt werden. Ist das Wachstum des Unternehmens durch eine in ihren Möglichkeiten beengte Innenfinanzierung behindert, so öffnet der Börsengang zusätzliche Wege der Kapitalbeschaffung. Der Kapitalfluß zur börsennotierten Aktiengesellschaft ist größer als bei allen anderen Gesellschaftsformen, weil diese Gesellschaftsform insbesondere auch für Investoren interessant ist, die sich nur in geringem Umfang oder kurzfristig unternehmerisch beteiligen wollen. **1345**

Mit der Änderung von § 76 Abs. 6 BetrVG, wonach jetzt für Aktiengesellschaften mit weniger als 500 Arbeitnehmern keine Mitbestimmungspflicht mehr gilt, wird diese Rechtsform interessant für zahlreiche mittlere Gesellschaften (z. B. Steuerberater- und Wirtschaftsprüfungsgesellschaften). **1346**

c) Errichtung, Entstehung der AG

Das Grundkapital der AG beträgt mindestens DM 100 000,- (§ 7 AktG). **1347**

---

[283] BGBl. I, 1961.
[284] Dazu Hahn, DB 1994, 1659; Blanke, BB 1994, 1505; Seibert/Köster, Die kleine AG.
[285] Presseerklärung des Bundesjustizministeriums, Recht 7/94 v. 26. 1. 1994.
[286] Dazu unten Rz. 1544ff.
[287] Hüffer, § 23 AktG, Rz. 37.

1348 An der Errichtung einer AG durch Gesellschaftsvertrag (Satzung)[288] müssen sich eine oder mehrere Personen beteiligen, die Aktien gegen Einlagen übernehmen (§ 2 AktG). Der früher übliche Umweg über Strohmann-Gründungen, um eine „Einmann-AG" zu errichten, ist nicht mehr notwendig.

1349 Der Gesellschaftsvertrag – die Satzung – bedarf wie der Gesellschaftsvertrag der GmbH der notariellen Beurkundung (§ 23 Abs. 1 AktG). Die Satzung muß einen bestimmten Mindestinhalt haben, der dem Mindestinhalt des Gesellschaftsvertrages einer GmbH entspricht. Zusätzlich muß bestimmt sein, ob die Aktien auf den Inhaber oder auf den Namen lauten und wie viele Mitglieder der Vorstand hat (§ 23 Abs. 3 AktG).

1350 Die Gründer haben einen Gründungsbericht zu erstatten (§ 32 AktG). Es hat eine Gründungsprüfung stattzufinden (§§ 33–35 AktG).

1351 Wie die GmbH entsteht die AG erst mit ihrer Eintragung im Handelsregister (§ 41 Abs. 1 AktG).

d) Nachgründung

1352 Eine zentrale Vorschrift zur Kontrolle der Kapitalaufbringung und Verhinderung seiner Aushöhlung ist § 52 AktG. Danach unterliegen alle schuldrechtlichen Verträge, welche die Gesellschaft innerhalb von zwei Jahren nach ihrer Eintragung im Handelsregister abschließt, dann einer gesonderten Nachgründungsprüfung, wenn diese Verträge jeweils 10 % des Grundkapitals übersteigen[289]. Die Nachgründungsprüfung gilt insbesondere auch für Sachkapitalerhöhungen, die innerhalb von zwei Jahren nach Eintragung der Aktiengesellschaft beschlossen werden. Die Nachgründung ist mit den erforderlichen Unterlagen (Nachgründungsvertrag, Nachgründungsbericht des Aufsichtsrats, Bericht des Gründungsprüfers, Hauptversammlungsbeschluß, ggf. Unterlagen für Sachkapitalerhöhung) zum Handelsregister anzumelden.

e) Aktien

1353 Das Grundkapital ist eingeteilt in Aktien. Der Nennwert einer Aktie muß mindestens DM 5,– betragen. Höhere Aktiennennbeträge müssen auf volle DM 5,– lauten (§ 8 Abs. 1 Satz 1, Abs. 2 AktG).

1354 Die Aktien können als „Inhaber"- oder „Namens"-Aktien ausgegeben werden (§ 10 Abs. 1 AktG). In beiden Fällen stellen die Aktien Wertpapiere dar, d.h. die Geltendmachung der Mitgliedschaftsrechte ist an die Innehabung der Aktienurkunde gebunden. Die Inhaberaktie ist Inhaberpapier, die Namensaktie ist Orderpapier, d.h. sie kann durch Indossament übertragen werden.

1355 Die Verbriefung der Gesellschaftsbeteiligung in Aktien und deren leichte Übertragbarkeit, auch schon die weitgehende Stückelung des Grundkapitals in Aktien

---

[288] Mustersatzungen bei Happ/Brunkhorst/Zimmermann, Aktienrecht S. 3, 51, 56; Münchener Vertragshandbuch, Bd. 1, V. (Hölters).
[289] Zum Regelungszweck und den einzelnen Voraussetzungen Hüffer, § 52 AktG, Rz. 1 ff.

bedeuten einen Vorzug der Rechtsform der AG, wenn es auf die Möglichkeit der Streuung der Beteiligung ankommt, z.B. bei weit verzweigten Familienverbänden.

Die Aktien können leicht übertragen werden: die Inhaberaktie durch Einigung und Übergabe der Aktienurkunde, die Namensaktie durch Indossament (§ 68 Abs. 1 AktG). Die damit verbundene Anonymität des Inhabers bietet weitere Vorteile. 1356

Bei Namensaktien kann die Satzung die Übertragung an die Zustimmung der Gesellschaft binden (§ 68 Abs. 2 AktG). Bei Familiengesellschaften wird davon regelmäßig Gebrauch gemacht und Gebrauch zu machen sein, um einerseits eine Überfremdung zu verhindern, andererseits den Aktionärswechsel unter Kontrolle zu haben. 1357

f) Gesellschaftsorgane

aa) Vorstand

Die Geschäftsleitung der AG liegt in den Händen des Vorstands (§§ 76ff. AktG), dessen Stellung im Vergleich zur Geschäftsführung der GmbH deutlich ausgebaut ist. Der Vorstand wird nicht durch die Gesellschafterversammlung (Hauptversammlung) bestellt oder abberufen, sondern durch den Aufsichtsrat der Gesellschaft. Die Bestellung des Vorstands kann jeweils auf höchstens fünf Jahre erfolgen (§ 84 AktG). 1358

bb) Aufsichtsrat

(1) Zusammensetzung

Außer dem Vorstand hat die AG obligatorisch einen Aufsichtsrat. Dieser besteht aus mindestens drei Mitgliedern. Eine in der Satzung festgelegte höhere Zahl von Aufsichtsratsmitgliedern muß durch drei teilbar sein (§ 95 AktG). Die Mitglieder des Aufsichtsrats werden von der Hauptversammlung gewählt und abberufen, soweit sie nicht in den Aufsichtsrat zu entsenden oder als Aufsichtsratsmitglieder der Arbeitnehmer nach dem BetrVerfG oder den Mitbestimmungsgesetzen zu wählen sind (§§ 95, 96, 101, 103 AktG). 1359

Der Aufsichtsrat hat die Geschäftsführung zu überwachen (§ 111 AktG). Im deutschen Aktienrecht gilt das dualistische Prinzip der Trennung zwischen geschäftsleitendem Vorstand und überwachendem Aufsichtsrat. Deshalb ist die gleichzeitige Zugehörigkeit zum Vorstand und zum Aufsichtsrat unzulässig (§ 105 AktG). 1360

(2) Mitbestimmung

Für die Aktiengesellschaft gilt grundsätzlich das Betriebsverfassungsgesetz. Danach muß sich der Aufsichtsrat einer AG oder einer KGaA zu einem Drittel aus Vertretern der Arbeitnehmer zusammensetzen. 1361

Um die Attraktivität der Rechtsform Aktiengesellschaft auch für mittelständische Familienunternehmen zu steigern, befreite der Gesetzgeber durch Änderung 1362 des § 76 Abs. 6 BetrVG alle Familienunternehmen mit weniger als fünfhundert Arbeitnehmern von der Mitbestimmungspflicht im Aufsichtsrat[290]. Als Familiengesellschaften werden vom Gesetz solche definiert, deren Aktionäre untereinander im Sinne von § 15 Abs. 1 Nr. 2 bis 8, Abs. 2 AO verwandt oder verschwägert sind.

1363 Da sich die Beschränkung auf Familiengesellschaften als zu eng erwies, hat der Gesetzgeber inzwischen dieses Erfordernis fallen lassen. Daher besteht keine Mitbestimmungspflicht für alle seit dem 10. August 1994 eingetragenen Aktiengesellschaften, die weniger als fünfhundert Arbeitnehmer beschäftigen, darüber hinaus für ältere Aktiengesellschaften dann nicht, wenn sie das Merkmal der Familiengesellschaft erfüllen.

1364 Bei Beschäftigung von in der Regel mehr als 2000 Arbeitnehmern greift das Mitbestimmungsgesetz ein (vgl. § 96 AktG).

(3) Hauptversammlung

1365 Die Gesellschafterversammlung der AG („Hauptversammlung") entscheidet gemäß § 119 AktG vor allem über die Bestellung der Mitglieder des Aufsichtsrats, die Verwendung des Bilanzgewinns, die Entlastung von Vorstand und Aufsichtsrat, die Bestellung von Abschlußprüfern, Satzungsänderungen, die Auflösung der Gesellschaft (im einzelnen s. § 119 AktG).

g) *Rechnungslegung*

1366 Für Buchführung, Jahresabschluß und Rechnungslegung sowie Publizität gelten die allgemeinen Vorschriften des HGB (§§ 238 bis 339, insbesondere §§ 264ff.). Für Konzerne ist überdies auf die neuen Vorschriften der §§ 290ff. HGB hinzuweisen.

1367 Für Jahresabschluß und Lagebericht der AG besteht Prüfungspflicht (§§ 316, 317 HGB). Die Prüfung erfolgt durch Abschlußprüfer, der oder die von der Hauptversammlung bestellt oder abberufen werden (§ 318 HGB).

1368 Der Jahresabschluß der AG unterliegt den Publizitätsvorschriften der §§ 325ff. HGB, und zwar unter Berücksichtigung der verschiedenen Größenklassen mit Erleichterungen für mittelgroße und kleine Kapitalgesellschaften. Jahresabschluß, Lagebericht, Bericht des Aufsichtsrats, Ergebnisverwendungsvorschlag oder -beschluß sind dem Handelsregister einzureichen. Der Vorstand hat unverzüglich nach Einreichung im Bundesanzeiger bekanntzumachen, bei welchem Handelsregister unter welcher HRB-Nummer die Unterlagen eingereicht worden sind. Große Kapitalgesellschaften haben die Unterlagen zunächst im Bundesanzeiger bekanntzumachen (§ 325 HGB).

h) *Haftungsfragen*

1369 Für die AG gilt wie für alle Kapitalgesellschaften der Grundsatz der Erhaltung des Gesellschaftskapitals. Das AktG sichert von Gründung der AG an sowohl die

---

[290] Dazu Seibert/Köster, S. 124 ff.

Die Gesellschaftsformen im einzelnen

Aufbringung des Grundkapitals als auch die Erhaltung eines dem Grundkapital entsprechenden Gesellschaftsvermögens.

Daraus ergibt sich eine strenge Haftung sowohl des Vorstands als auch des Aufsichtsrats der AG: 1370

Gemäß § 93 Abs. 1 und 2 AktG haften die Mitglieder des Vorstands für die Sorgfalt eines ordentlichen und gewissenhaften Geschäftsleiters. Wichtig ist die gesetzliche Verteilung der Beweislast: Ist die Einhaltung der Sorgfaltspflicht streitig, müssen die Vorstandsmitglieder die Erfüllung ihrer Sorgfaltspflicht beweisen (§ 93 Abs. 2 Satz 2 AktG, zur Schadensersatzpflicht im übrigen insbesondere s. Abs. 3).

Auch die Mitglieder des Aufsichtsrats trifft eine hohe Verantwortlichkeit und Haftung. § 116 AktG schreibt vor, daß für die Sorgfaltspflicht und Verantwortlichkeit der Aufsichtsratsmitglieder § 93 AktG sinngemäß gilt. Auch die Aufsichtsratsmitglieder haben demnach die Beweislast für die Erfüllung ihrer Sorgfaltspflichten, wenn diese streitig ist. Arbeitnehmervertreter im Aufsichtsrat haften grundsätzlich in gleicher Weise wie andere Aufsichtsratsmitglieder.

i) Vererblichkeit der Aktien

Aktien sind ohne weiteres vererblich. Dies gilt selbst für vinkulierte Namensaktien. Die Satzung kann die Vererblichkeit nicht ausschließen, aber für den Fall des Todes die Zwangseinziehung nach § 237 AktG zulassen[291]. 1371

Fällt der Nachlaß an eine Erbengemeinschaft, wird jede Aktie gemeinschaftliches Vermögen aller Miterben. 1372

Mit der Aktie gehen die verbundenen Nebenrechte, soweit sie nicht höchstpersönlicher Natur sind, auf die Erben über. Dem Aktionär zugewiesene Bezugsrechte sind grds. vererblich, wenn sie nicht ausdrücklich auf die Person des gesellschaftsvertraglich festgelegten Berechtigten beschränkt sind[292]. 1373

3. Kommanditgesellschaft auf Aktien

a) Begriff

Zu den Kapitalgesellschaften, die mit eigener Rechtspersönlichkeit ausgestattet sind, gehört die Kommanditgesellschaft auf Aktien (KGaA)[293]. Die KGaA nähert sich in einem Punkt der KG: Sie hat mindestens einen Gesellschafter, der den Gesellschaftsgläubigern persönlich unbeschränkt haftet, während die übrigen Gesellschafter an dem in Aktien zerlegten Grundkapital als sog. Kommanditaktionäre beteiligt sind (§ 278 AktG). Da die KGaA juristische Person ist und nach den Vorschriften des Ersten Buchs über die Aktiengesellschaft errichtet wird, kann sie auch als Einmann-KGaA gegründet werden[294]. 1374

---

[291] Schaub, ZEV 1995, 84.
[292] RGZ 65, 21 ff.
[293] Mustersatzung bei Happ/Brunkhorst/Zimmermann, Aktienrecht, S. 69.
[294] Dazu auch Hüffer, § 278 AktG, Rz. 5.

335

1375 Die Annäherung an die KG hat in § 278 Abs. 2 AktG ihren Ausdruck gefunden, der bestimmt, daß sich das Rechtsverhältnis der persönlich haftenden Gesellschafter untereinander sowie gegenüber der Gesamtheit der Kommanditaktionäre wie schließlich gegenüber Dritten nach den Vorschriften des HGB über die KG richtet. Im übrigen gelten für die KGaA die Vorschriften des Ersten Buches des AktG entsprechend (§ 278 Abs. 3 AktG).

b) Anwendungsbereich

1376 Der Anwendungsbereich der KGaA auf Familiengesellschaften, insbesondere als Gestaltung für vorweggenommene Erbfolgeregelungen ist begrenzt. Die Rechtsform der KGaA kann interessant sein, wenn einerseits dem geschäftsführenden Gesellschafter eine starke Stellung eingeräumt werden soll, ihm aber andererseits derzeit oder in naher Zukunft eine hohe Zahl von Gesellschaftern gegenüberstehen, die nur kapitalistische Interessen haben und bei denen es darüber hinaus auf leichte Übertragbarkeit und Teilbarkeit der Gesellschaftsbeteiligung ankommt.

c) Anzuwendende Vorschriften

1377 Es gelten die Vorschriften über die AG mit der Maßgabe, daß für die persönlich haftenden Gesellschafter sinngemäß die für den Vorstand der AG geltenden Vorschriften anzuwenden sind (§§ 278 Abs. 3, 283 AktG). Die Organisationsform und die geringe Dispositionsfreiheit bei Gestaltung der Satzung gelten auch für die KGaA.

d) Tod eines Gesellschafters

1378 Die KGaA wird – sofern in der Satzung nichts Abweichendes bestimmt ist – beim Tode eines Komplementärs aufgelöst (§ 131 Nr. 4 HGB, § 289 Abs. 1 AktG), nicht aber beim Tod eines Kommanditaktionärs (§ 177 HGB, § 289 Abs. 1 AktG). Im übrigen wird die Stellung eines Komplementärs wie die eines persönlich haftenden Gesellschafters einer OHG, die Stellung der Kommanditaktionäre nach aktienrechtlichen Grundsätzen vererbt.

4. Stiftung

a) Allgemeines

1379 Das BGB behandelt die Stiftung in den §§ 80–88 BGB unter dem Titel der juristischen Personen. Im Gesetz sind nur die rechtsfähigen Stiftungen des Privatrechts, weder die Stiftung des öffentlichen Rechts noch die sog. unselbständigen Stiftungen ohne eigene Rechtspersönlichkeit geregelt.

1380 Für die Gestaltung der Vermögensnachfolge interessiert nur die rechtsfähige Stiftung des Privatrechts. Darunter versteht man ein rechtlich verselbständigtes Sondervermögen, welches einem bestimmten Zweck dient und diesem Zweck durch den Willen des Stifters gewidmet ist. Die Stiftung ist daher von natürlichen oder juristischen Personen als Träger gelöst. Sie ist eine reine Verwaltungsorgani-

Die Gesellschaftsformen im einzelnen

sation zur Verfolgung eines bestimmten Zwecks[295]. Stiftungszweck kann auch der Betrieb eines Unternehmens sein. Der Stiftungszweck kann nur durch den Stifter bestimmt werden[296].

Eine Unterart ist die Familienstiftung[297]. Das ihr gewidmete Sondervermögen dient den Interessen einer oder mehrerer Familien. Die Einflußnahme des Stifters und der Stifterfamilie kann in der Stiftungsverfassung gesichert bleiben. 1381

Bei der unselbständigen Stiftung ist Rechtsträger des Stiftungsvermögens eine andere Person, oft eine GmbH, die bei der Verwaltung des Stiftungsvermögens treuhänderisch an den Stiftungszweck gebunden ist. Die unselbständige Stiftung ist daher ein zweckgebundenes Treuhandvermögen, das einem Dritten übertragen wird. Daher entfallen staatliche Genehmigung und Stiftungsaufsicht[298]. 1382

b) Stiftungsvorschriften

Das Stiftungsrecht ist unvollkommen und unübersichtlich niedergelegt. Die Regelungen der §§ 80–88 BGB sind äußerst knapp gehalten. Einzelheiten regelt das jeweilige Landesrecht, das die Entstehung der Stiftung bestimmt[299]. 1383

aa) Entstehung

Zur Entstehung einer rechtsfähigen Stiftung ist die Genehmigung des jeweiligen Landes erforderlich. 1384

Die unselbständige Stiftung bedarf keiner Genehmigung. 1385

bb) Stiftungsgeschäft

Das Stiftungsgeschäft kann unter Lebenden (§ 81 BGB) oder durch letztwillige Verfügung (§ 83 BGB) vorgenommen werden[300]. Bei Errichtung einer Stiftung unter Lebenden ist Schriftform des Stiftungsgeschäfts vorgeschrieben (§ 81 Abs. 1 BGB)[301]. Die Stiftung von Todes wegen muß durch letztwillige Verfügung (Testament, Erbvertrag) erfolgen[302]. Das Stiftungsgeschäft kann Pflichtteilsergänzungsansprüche auslösen, da die Errichtung einer Stiftung als Schenkung gilt. 1386

Die unselbständige Stiftung kann unter Lebenden durch Treuhandvertrag, Auftrag, Geschäftsbesorgungsvertrag oder Schenkung unter Auflage vereinbart werden[303]. Von Todes wegen kann sie vom Erblasser als Auflage angeordnet werden. 1387

---

[295] BGHZ 99, 344 (350).
[296] Staudinger/Rawert § 80 BGB Rz. 13.
[297] Hierzu Hennerkes/Schiffer BB 1992, 1940; Turner, ZEV 1995, 206.
[298] Muster zur unselbständigen Stiftung in Münchener Vertragshandbuch Bd. 1 VII. 5.
[299] Zur zersplitterten landesrechtlichen Lage s. Palandt/Heinrichs, Vorbem. zu §§ 80ff. BGB Rz. 12.
[300] Hierzu ausführlich Wochner, MittRhNotK 1994, 89 (96ff.).
[301] Muster in Münchener Vertragshandbuch, Bd. 1 VII. 1. (Hof).
[302] Muster in Münchener Vertragshandbuch, Bd. 1 VII. 2. (Hof).
[303] Wochner MittRhNotK 1994, 89 (104ff).

Möglich ist auch eine Erbeinsetzung[304] oder Vermächtnisanordnung[305] zugunsten einer künftigen Stiftung.

cc) Stiftungsvermögen

1388 Begriffsnotwendige Voraussetzung der Stiftung ist das Stiftungsvermögen. Erfolgt das Stiftungsgeschäft durch Verfügung von Todes wegen, so muß es selbst die Zuwendung des Stiftungsvermögens enthalten. Beim Stiftungsgeschäft unter Lebenden ist ausreichend, daß der Stifter den Weg beschreibt, auf welchem die Stiftung die zur Durchführung ihrer Zwecke erforderlichen Mittel erlangt[306].

dd) Anzuwendendes Recht

1389 Für die Verfassung einer Stiftung gilt zwingendes Bundesrecht, vor allem die Verweisung auf Vereinsrecht in § 86 BGB, danach zwingendes Landesrecht[307], sodann die Stiftungsverfassung.

ee) Stiftungsverfassung

1390 Der Vermögensinhaber kann ein Sondervermögen bilden, mit ihm eine Stiftung errichten und den Stiftungszweck bestimmen. Die Stiftung kann jede Art von Vermögen umfassen: Geld-, Wertpapier-, Grund- und Unternehmensvermögen. Auch ein gewerbliches Unternehmen kann als Stiftung verselbständigt werden.

1391 Da die Stiftung selbst Rechtsträger des Stiftungsvermögens ist, gibt es keine Gesellschafter, Teilhaber oder Miteigentümer, die als solche über das Stiftungsvermögen bestimmen und verfügen könnten. Wer die Herrschaftsrechte über das Stiftungsvermögen hat, bestimmt die Stiftungsverfassung. Die Stiftungsverfassung hat die Organe der Stiftung zu bezeichnen, z.B. den Stiftungsvorstand, der die Geschäftsführung innehat, und den Stiftungsrat, der ähnlich einem Aufsichtsrat einer Aktiengesellschaft die Aufsicht führt.

1392 Die Stiftungsverfassung bestimmt auch darüber, ob und unter welchen Voraussetzungen die Genußberechtigten („Destinatäre") Leistungen erhalten, und ob sie einen Rechtsanspruch auf Leistungen bekommen sollen.

In der Regel ist es Inhalt eines Stiftungsgeschäfts und Gegenstand der Stiftungsverfassung, bestimmten Destinatären unter bestimmten Voraussetzungen Zuwendungen zu machen, insbesondere bei einer Familienstiftung Zahlungen an Familienmitglieder zu leisten, vor allem zu deren Versorgung.

c) *Anwendungsbereich*

1393 Die Errichtung einer Stiftung ist vor allem dann zu empfehlen, wenn es dem Stifter darum geht, ein bestimmtes Sondervermögen geschützt vor den Eingriffen be-

---

[304] Wochner MittRhNotK 1994, 89 (96).
[305] Wochner MittRhNotK 1994, 89 (97).
[306] Staudinger/Rawert Vorbem. 15 ff. zu §§ 80 ff BGB.
[307] Nachweise bei Wochner MittRhNotK 1994, 89 (99).

teiligter Interessenten für die Zukunft zu erhalten. Muß damit gerechnet werden, daß zahlreiche Erben vorhanden sind, die nach Wohnort, Alter, Beruf usw. sehr heterogen sind und unter denen sich mit hoher Wahrscheinlichkeit starke Interessengegensätze ergeben, soll andererseits das Sondervermögen als Versorgungsquelle dienen, kann eine Stiftung sinnvoll sein. Unter den angeführten Gesichtspunkten kann auch vieles für die Verselbständigung eines Unternehmens in der Rechtsform der Stiftung sprechen, vor allem, wenn es dem Stifter auch um die Erhaltung der Arbeitsplätze treuer Mitarbeiter geht.

Der Nachteil der Stiftung liegt darin, daß die Stiftungsvermögenssubstanz aus dem Familienvermögen ausscheidet und auf sie kein unmittelbarer Einfluß mehr besteht. Die Stiftung ist eine andere Rechtsperson als der Stifter und die Stifterfamilie. 1394

Es kommen erhebliche steuerliche Nachteile der Stiftungserrichtung, des Stiftungsbetriebs und der Bezüge aus Stiftungen hinzu. Die Zuwendungen an Stiftungen sind voll erbschaft- und schenkungsteuerpflichtig (§§ 3 Abs. 2 Ziff. 1, 7 Abs. 1 Ziff. 8 ErbStG), und zwar regelmäßig in der ungünstigsten Steuerklasse III – bei Familienstiftungen richtet sich die Steuerklasse nach dem Verwandtschaftsverhältnis des nach der Stiftungsurkunde entferntest Berechtigten zum Erblasser oder Schenker (§ 15 Abs. 2 ErbStG). Als selbständige Körperschaft ist die Stiftung mit ihren Gewinnen körperschaftsteuerpflichtig (§ 1 Abs. 1 Ziff. 4 KStG). Die Bezüge aus Stiftungen, also die Empfänger der Destinatäre sind bei diesen einkommensteuerpflichtig, wenn es sich um wiederkehrende Bezüge, insbesondere Renten, handelt, auf die ein Rechtsanspruch besteht (§ 22 Ziff. 1 EStG), sonst schenkungsteuerpflichtig. Außerdem ordnet § 1 Abs. 1 Ziff. 4 ErbStG an, daß Familienstiftungsvermögen in Zeitabständen von je 30 Jahren der Erbschaftsteuer (Schenkungsteuer) unterliegt[308]. 1395

Ein besonderer Anwendungsfall ist die Errichtung einer Stiftung als persönlich haftende Gesellschafterin einer Kommanditgesellschaft (Stiftung & Co. KG)[309]. 1396

5. Abschnitt
Unternehmensnachfolgeregelungen in Verfügungen von Todes wegen

I. Vor- und Nacherbschaft bei Unternehmen und Unternehmensbeteiligungen

1. Unternehmer- und Gesellschafterstellung

Der Vorerbe tritt für die Zeit seiner Vorerbschaft in die Rechtsstellung des Erblassers ein. Führt er ein zum Nachlaß gehörendes Unternehmen fort, so ist er der Kaufmann und der Unternehmer, der im Handelsregister eingetragen wird (ohne 1397

---
[308] Im einzelnen Buch II Rz. 77 und 1277.
[309] Dazu oben Rz. 1142f.

Nacherbenvermerk). Ihn treffen die sich aus dem Handelsrecht ergebenden Verpflichtungen. Er kann das Unternehmen in eine mit Dritten neu gegründete Gesellschaft einbringen.

1398 Gehören Beteiligungen an einem Unternehmen zum Nachlaß, so kann der Vorerbe in den Grenzen des Gesellschaftsvertrages die Beteiligungen kündigen, er kann Umgründungsverträge schließen, aus der Gesellschaft ausscheiden, den Gesellschaftsanteil veräußern, der Aufnahme eines neuen Gesellschafters zustimmen, die Auflösung der Gesellschaft mitbeschließen[310]. War der Erblasser persönlich haftender Gesellschafter einer Personengesellschaft, so steht dem Vorerben das Recht aus § 139 HGB zu, die Einräumung der Stellung eines Kommanditisten zu verlangen.

1399 Dagegen kann der Vorerbe keine, auch nicht teilweise unentgeltlichen Verfügungen vornehmen (§ 2113 Abs. 2 BGB). Die Notwendigkeit der Entgeltlichkeit bedeutet das Erfordernis vollwertiger Gegenleistung. Innergesellschaftsrechtliche Maßnahmen müssen ordnungsgemäßer Verwaltung entsprechen, Gesellschaftsvertragsänderungen für alle Gesellschafter gleichmäßig gelten[311].

1400 Die notwendigen Anmeldungen zum Handelsregister erfolgen durch den Vorerben und die übrigen Gesellschafter ohne Mitwirkung des Nacherben.

1401 Der Nacherbe haftet nach Eintritt des Nacherbfalls für die Verbindlichkeiten, die der Vorerbe eingegangen ist, nach § 27 HGB ohne Rücksicht darauf, ob der Vorerbe im Rahmen ordnungsgemäßer Verwaltung gehandelt hat.

2. Verfügungsbeschränkungen des Vorerben

1402 Diese weitgehenden Befugnisse hat der Vorerbe aber nur, soweit ihnen nicht die Anordnungen des Erblassers in seiner letztwilligen Verfügung und die erörterten gesetzlichen Verfügungsbeschränkungen[312] entgegenstehen. Unentgeltliche Verfügung über das Unternehmen oder Unternehmensbeteiligungen sind demnach unzulässig. Es gilt weiterhin das Surrogationsprinzip: Was der Vorerbe durch seine Verfügungen mit Mitteln des Nachlasses erwirbt, wird Nachlaßbestandteil.

1403 Dem Vorerben steht wie einem Nießbraucher der entnahmefähige, ausgeschüttete Gewinn zu, nicht dagegen die stillen Reserven[313]. Fraglich ist, wem nach Eintritt des Nacherbfalls die Gewinnanteile zustehen, wenn der Vorerbe diese in der Personengesellschaft stehen läßt, weil gesellschaftsvertraglich Entnahmebeschränkungen bestehen oder aber weil die wirtschaftlichen Verhältnisse dies gebieten. Die Frage verschärft sich, wenn die dem Vorerben zustehenden Gewinnanteile auf dem Kapitalkonto des Vorerben und nicht auf einem Darlehens-, Sonder- oder Privatkonto gebucht werden.

---

[310] Großkomm. HGB/Ulmer, § 139 HGB Anm. 40, 104, 106; Petzold, BB 1975 Beilage Nr. 6, 2 ff.
[311] BGH NJW 1984, 362 ff.; NJW 1981, 1560 ff.; BGHZ 69, 47 ff.; Hefermehl, Festschrift Westermann 1974, 223 ff.; Lutter, ZGR 1982, 108 ff.; Paschke, ZIP 1985, 129 (134 ff.).
[312] Vgl. oben Rz. 446 ff.
[313] BGH DNotZ 1981, 760 (765).

Man wird zu unterscheiden haben: Bestehen gesellschaftsvertragliche Entnahmebeschränkungen oder Kapitalthesaurierungspflichten, so liegen Bindungen der Erbschaft durch Rechtsgeschäfte unter Lebenden vor, welche die Erben – Vorerbe und Nacherbe – gegen sich gelten lassen müssen. Geht der Vorerbe solche Bindungen ein, so beeinträchtigt das nicht die Rechtsstellung des Nacherben, sondern die des Vorerben selbst. Nicht entnommene oder thesaurierte Gewinne sind dann keine Nutzungen, die dem Vorerben zufallen. Gleiches gilt, wenn Gewinne auf Darlehens-, Sonder- oder Rücklagekonten verbucht werden. Die entsprechenden gesellschaftsvertraglichen Vorschriften dienen der (wirtschaftlich notwendigen) Verstärkung der Eigenmittel des Unternehmens, gleichgültig, ob sie in der Außenhaftung (gegenüber den Gläubigern) Fremdkapital darstellen. Eine spätere Verwendung thesaurierter Gewinne zu Einlagenerhöhungen dokumentiert nur die Werterhöhung der Gesellschaftsbeteiligung. Es liegt eine gleichartige Sach- und Interessenlage vor wie im Falle der Kapitalerhöhung aus Gesellschaftsmitteln bei Kapitalgesellschaften und der Neuausgabe junger Aktien oder Geschäftsanteile.

Anders ist es, wenn der Vorerbe freiwillig, ohne gesellschaftsrechtliche Verpflichtung, sei es auch nur unter dem Druck wirtschaftlicher Verhältnisse, Gewinnanteile auf seinem Privatkonto stehen läßt, mögen diese auch später zu Einlagenerhöhungen verwendet werden. In diesem Falle stehen dem Vorerben gegen den Nacherben Ersatzansprüche nach §§ 2124, 2125 BGB zu[314]. 1404

Die Pflicht des Vorerben zur ordnungsgemäßen Verwaltung kann im übrigen bei einem Familienunternehmen beinhalten, daß der Vorerbe nicht einen familienfremden Dritten als Gesellschafter aufnehmen darf, außer wenn das zwingend zum Wohl des Unternehmens erforderlich ist. 1405

3. Gestaltungsempfehlung

Bei größeren Vermögen und wenn – aufgrund des Generationenabstands – kurzfristig mehrere Erbfolgen zu erwarten sind, ist die Vor- und Nacherbschaft aus steuerlichen Gründen nicht zu empfehlen. Sinnvoll kann ein Generationensprung sein, mit unmittelbarer Erbeinsetzung der „Nacherbengeneration". Eine derartige Gestaltung hat aber durch geeignete Mittel (Testamentsvollstreckung) zu verhindern, daß zur Unternehmensführung noch ungeeignete Vermögensnachfolger mangels Erfahrung Schaden anrichten. Die unmittelbare Nachfolgegeneration kann z.B. durch Nießbrauchsrechte gesichert werden. 1406

---

[314] Vgl. oben Rz. 440f.

II. Vermächtnisse zur Unternehmensnachfolge

1. Drittbestimmung des Unternehmensnachfolgers

a) Problematik

1407 Der Erblasser weiß bis zu seinem Tode häufig noch nicht, welcher von seinen Abkömmlingen der geeignetste Unternehmensnachfolger sein kann. Die Zeit zwischen Erbfall und Entscheidung über den Unternehmensnachfolger kann durch eine Verwaltungstestamentsvollstreckung überbrückt werden. Die Auswahl des Unternehmensnachfolgers kann unabhängigen Dritten (Beirat, Mitgesellschaftern, Testamentsvollstrecker) übertragen werden. Dabei sind jedoch die Gestaltungsgrenzen des § 2065 Abs. 2 BGB zu beachten, wonach die Bestimmung der Person, die eine Zuwendung durch Verfügung von Todes wegen erhalten soll, nicht einem Dritten überlassen werden darf.

b) Lösung

1408 Einen weiteren Gestaltungsspielraum bietet § 2151 BGB, wonach der Erblasser mehrere Personen als Vermächtnisnehmer benennen kann und es entweder dem Beschwerten oder einem Dritten überlassen kann, zu bestimmen, wer von den Benannten das Vermächtnis endgültig erhalten soll. § 2152 BGB ergänzt diese Gestaltungsmöglichkeit um die alternative Benennung mehrerer Vermächtnisnehmer. Die Gestaltungsschranken des § 2065 Abs. 2 BGB gelten hier also nicht.

2. Vermächtnis einer Unterbeteiligung

a) Allgemeines

1409 Besteht der wesentliche Teil des Nachlasses in einer unübertragbaren Personengesellschaftsbeteiligung, so stehen einer Versorgung durch Zuwendung eines Nießbrauchsvermächtnisses die unten dargelegten rechtlichen Schwierigkeiten entgegen[315]. Eine Rentenvermächtnislösung begegnet häufig dem Bedenken, daß die Aufbringung einer betragsmäßig fixierten, ggf. noch wertgesicherten Rente den Leistungsmöglichkeiten des Gesellschaftererben bei zurückgehenden Gewinnen nicht Rechnung trägt. Eine Ausweichlösung ist das Vermächtnis einer Unterbeteiligung[316]. Sinnvoll ist dies vor allem für Beteiligungen an Personengesellschaften, die grundsätzlich nicht übertragbar sind[317].

b) Gestaltung

1410 In der letztwilligen Verfügung des Erblassers, die das Vermächtnis einer Unterbeteiligung vorsieht, muß das Unterbeteiligungsverhältnis rechtlich eindeutig vor-

---

[315] Vgl. Rz. 1507ff.
[316] Wendelstein, BB 1970, 735ff.; zum Begriff und zur rechtlichen Natur der Unterbeteiligung unten Rz. 1186ff..
[317] Ausführlich Karsten Schmidt, Gesellschaftsrecht, § 63 (S. 1565ff.); Schlegelberger/Karsten Schmidt, § 230 HGB Rz. 182ff.; Paulick, ZGR 1974, 253ff.; Westermann, Handbuch I, Rz. 951ff.

geschrieben werden. Insbesondere muß festgelegt werden, ob es sich um eine typische oder atypische Unterbeteiligung handeln soll, wie die gegenseitigen Rechte und Pflichten zwischen den Beteiligten der Unterbeteiligungsgesellschaft geregelt werden sollen, wann, wie und mit welchen Rechtsfolgen das Unterbeteiligungsverhältnis aufgekündigt werden kann u. s. f. [318]

Weiterhin muß bedacht werden, daß die Unterbeteiligung nicht nur wie der Nießbrauch die Nutzungen, sondern auch einen Kapitalwert umfaßt, mag dieser auch je nach Einräumung einer typischen oder atypischen Unterbeteiligung unterschiedlich hoch sein. 　1411

III. Auflagen zur Unternehmensfortführung oder -umgründung

1. Auflagen zur Fortführung eines Unternehmens

Die testamentarische Auflage eignet sich, den Erben zur Fortführung des Unternehmens Anweisungen zu geben. 　1412

Beispiele:
Bestimmten Betriebsgrundbesitz nicht zu veräußern; benachbarten Grundbesitz bei nächster sich bietender Gelegenheit zu erwerben; eine Betriebsaufspaltung in Besitz- und Betriebsunternehmen vorzunehmen; bestimmte Beteiligungen, z.B. an einer Einkaufsgesellschaft oder an einer sonstigen Kooperationsgesellschaft nicht zu kündigen (außer aus wichtigem Grunde); einen technischen Betriebsleiter mit Berufserfahrung in einer bestimmten Sparte einzustellen; einen bestimmten Prozentsatz des Jahresgewinns regelmäßig für technische Entwicklung zu investieren; die Firma, ein Warenzeichen, eine bestimmte Ausstattung nicht zu ändern.

Derartige Anweisungen dürfen, wenn sie langfristige Wirkungen haben, nicht die unternehmerische Flexibilität behindern.

Ist der Testator an einer Personengesellschaft beteiligt, die nach dem Gesellschaftsvertrag mit seinen Erben fortgesetzt werden soll, so kann er den Erben oder einzelnen Erben die Verpflichtung auferlegen, die Gesellschaftsbeteiligung auf eine bestimmte Zeit oder auch auf Lebenszeit nicht zu kündigen. 　1413

Erteilt ein Erblasser-Gesellschafter seinen die Gesellschaft fortsetzenden Erben Auflagen zur Änderung des Gesellschaftsvertrages in bestimmten, ihm wünschenswert erscheinenden Punkten, so können die Änderungen – selbstverständlich – nur mit Zustimmung der Mitgesellschafter beschlossen werden[319]. 　1414

2. Auflagen zur Umgründung eines Unternehmens

Der Erblasser kann seinen Erben im Wege der Auflage ein bestimmtes Gesellschaftsverhältnis genau umrissenen Inhalts vorschreiben. Das ist deshalb wichtig, weil sich Miterben nach eingetretenem Erbfall häufig nicht über die Unternehmensform einigen können. 　1415

---

[318] Einzelheiten zu den Regelungsmöglichkeiten Rz. 1186ff.
[319] BGH DB 1990, 2314.

1416 Will der Erblasser Auflagen zur Umgründung seines Unternehmens erteilen, so ist dringend zu empfehlen, den notwendigen Gesellschaftsvertrag in seinen wesentlichen Teilen detailliert vorzuschreiben.

1417 Ist die unternehmerische Eignung der Erben nicht zu übersehen oder spielt die Haftungsbeschränkung eine entscheidende Rolle, so ist an die Auflage der Umgründung des Unternehmens in eine Kapitalgesellschaft oder eine GmbH & Co. KG zu denken. Im Falle der Auflage der Umgründung in eine GmbH & Co. KG ist zu beachten, daß die Verträge beider Gesellschaften (GmbH und KG) vorgeschrieben werden.

1418 Gegen die Auflage zur Umgründung des Nachlaßunternehmens in eine Handelsgesellschaft sind rechtliche Bedenken nicht zu erheben, wenn die angeordnete Gesellschaftsform die persönliche Inanspruchnahme der Erben mit ihrem Privatvermögen für Gesellschaftsverbindlichkeiten ausschließt. Die Rechtsprechung läßt aber auch Auflagen zur Umgründung in Personengesellschaftsformen zu, die eine persönliche Haftung des Erben zur Folge haben[320]. In der Rechtslehre sind Bedenken geäußert worden[321].

Die Bedenken sind jedenfalls für den Fall unbegründet, in welchem eine Rechtsform gewählt wird, die die Haftung des Erben mit seinem eigenen privaten Vermögen ausschließt.

IV. Testamentsvollstreckung an einem Unternehmen und an Unternehmensbeteiligungen[322]

1. Testamentsvollstreckung an einem gewerblichen Unternehmen[323]

a) Allgemeines

1419 Die Verwaltungstestamentsvollstreckung an einem gewerblichen Einzelunternehmen oder einer unbeschränkten Personengesellschaftsbeteiligung stößt auf den Widerspruch zwischen der auf den Nachlaß beschränkten Verpflichtungsmacht des Testamentsvollstreckers (§§ 2206, 2207 BGB) und der unbeschränkten Haftung des Einzelkaufmanns[324]. Der Testamentsvollstrecker kann die Erben nur mit dem Nachlaß verpflichten[325]. Könnte der Testamentsvollstrecker das zum Nachlaß

---

[320] BGHZ 12, 100 (103).
[321] Hueck, § 28 II 5, Fn. 51 (S. 417); Siebert, Festschrift für Hueck, 1959, 321 (333); Schilling, Festschrift für Walter Schmidt, 1959, 208 (215).
[322] Lorz, Testamentsvollstreckung und Unternehmensrecht (1995).
[323] Im einzelnen Bengel/Reimann/Mayer, Testamentsvollstreckung, S. 190 ff; Haegele/Winkler, Rz. 297ff. (S. 100ff.).
[324] Lorz, S. 33ff. Entsprechendes gilt für die unbeschränkte Haftung eines persönlich haftenden Gesellschafters.
[325] Die darauf basierende Lösung von Baur, Festschr. Dölle (1963), 249ff., den Testamentsvollstrecker das Einzelunternehmen als Sondervermögen mit erbrechtlichen Beschränkungen – ausschließlicher Eingehung von Nachlaßverbindlichkeiten – fortführen zu lassen, ist im Handelsverkehr unpraktikabel.

gehörende Einzelunternehmen weiterführen, so liefe das auf eine nach Handelsrecht unzulässige Einzelunternehmung mit beschränkter Haftung (auf den Nachlaß) hinaus. Daher ist die Verwaltungstestamentsvollstreckung an einem Einzelunternehmen wie auch an der persönlich haftenden Beteiligung an einer Personengesellschaft[326] grds. unzulässig[327].

Soll der Testamentsvollstrecker das zum Nachlaß gehörende Unternehmen weiterführen, so ist das nur mittels von Judikatur und Schrifttum entwickelten Ersatzkonstruktionen möglich und zwar entweder mit der unbeschränkten persönlichen Haftung des Testamentsvollstreckers (Treuhandlösung) oder der unbeschränkten persönlichen Haftung des oder der Erben (Vollmachtlösung). Letztere setzt das Einverständnis des oder der Erben voraus[328]. 1420

b) Treuhänderische Unternehmensführung im eigenen Namen

Der Testamentsvollstrecker kann ein zum Nachlaß gehörendes Unternehmen im eigenen Namen als Treuhänder für Rechnung der Erben führen[329]. In diesem Fall muß er selbst auch als Inhaber des Unternehmens im Handelsregister eingetragen werden[330]. Der Testamentsvollstrecker selbst haftet dann den Geschäftsgläubigern unbeschränkt mit seinem gesamten Vermögen. Er kann aber seine persönliche Haftung für Verbindlichkeiten des Erblassers durch eine Anmeldung nach § 25 Abs. 2 HBG ausschließen. Der Testamentsvollstrecker hat darüber hinaus im Rückgriff gegenüber den Erben den Anspruch auf Befreiung von seiner unbeschränkten Haftung sowohl für die vom Erblasser stammenden als auch für die neubegründeten Geschäftsverbindlichkeiten. 1421

c) Unternehmensfortführung als Bevollmächtigter der Erben

Der Testamentsvollstrecker kann das Unternehmen im Namen der Erben als deren Bevollmächtigter und unter deren persönlicher Haftung fortführen. In diesem Fall werden die Erben im Handelsregister als Inhaber eingetragen[331]. Zu einer solchen Lösung bedarf es des Einverständnisses der Erben, da diese persönlich unbeschränkt für das fremde Handeln des Testamentsvollstreckers unmittelbar haften. Der Testamentsvollstrecker benötigt in diesem Fall eine Vollmacht der Erben, die ihn nach außen hin legitimiert. Der Erblasser kann aber durch letztwillige Verfügung im Sinne einer Auflage den Erben zur Einräumung der Vertretungsmacht ver- 1422

---

[326] Dazu noch Rz. 1428 ff.
[327] RGZ 132, 138, 144; BGHZ 12, 100; 24, 106, 113; BGH NJW 1989, 3154.
[328] Staudinger/Reimann [1996] § 2205 Rz. 98.
[329] Lorz, S. 72 ff.
[330] RGZ 132, 138 (142 f); BGHZ 12, 100 (102); 24, 106 (112); 35, 13 (15 f.); KG NJW 1959, 1086 (1087); DB 1974, 2197 (2198) = NJW 1975, 54.
[331] Die Testamentsvollstreckung wird nicht im Handelsregister eingetragen, vgl. KG Rpfleger 1996, 30; a.A. LG Konstanz, DB 1990, 726.

pflichten³³². Da die Erben für das Handeln des Bevollmächtigten unbeschränkt – über den Nachlaß hinaus haften – kann eine Auflage den Erben dieses weitergehende Haftungsrisiko nicht auferlegen. Die Erben sind jederzeit berechtigt, selbst tätig zu werden. Eine unwiderrufliche³³³, die Erben verdrängende Vollmacht kann diesen nicht zur Auflage gemacht werden³³⁴.

d) Umgründung

1423   Schließlich kann der Testamentsvollstrecker das zum Nachlaß gehörende Unternehmen in eine geeignete Rechtsform umgründen, um es dann unter seiner Verantwortung leiten zu lassen oder selbst zu leiten. Diese Lösung kann der Erblasser durch letztwillige Anweisungen an den Testamentsvollstrecker sicherstellen.

1424   Die Umgründung sollte im Einverständnis mit den Erben als den wirtschaftlichen Inhabern erfolgen. Soll deren Einverständnis gesichert werden, so bedarf es einer entsprechenden Auflage des Erblassers in seiner letztwilligen Verfügung.

1425   Sind vom Erblasser Auflagen nicht erteilt worden, ist andererseits aber dem Testamentsvollstrecker gerade die Unternehmensfortführung unter seiner Verwaltung übertragen worden, so muß der Testamentsvollstrecker als legitimiert angesehen werden, das bisherige Einzelunternehmen auch in eine Gesellschaft mit beschränkter Haftung umzugründen. Wird das Einzelunternehmen in der Rechtsform der GmbH weitergeführt, so entstehen Haftungsprobleme weder zu Lasten der Erben noch des Testamentsvollstreckers, soweit es sich um deren privates Vermögen handelt. Die Umgründung des Einzelunternehmens kann durch Einbringung im Wege der Sacheinlage erfolgen.

2. Testamentsvollstreckung an Personengesellschaftsbeteiligungen

a) Zulässigkeit

1426   Erbrechtlich ergeben sich keine Einwendungen gegen die generelle Zulässigkeit der Testamentsvollstreckung an Personengesellschaftsbeteiligungen. Bedenken werden aus gesellschaftsrechtlichen Gründen erhoben, früher unter dem Hinweis auf die in Rechtsprechung und Rechtslehre anerkannte „Sondererbfolge" bei Personengesellschaftsbeteiligungen³³⁵. Geltend gemacht wurde insbesondere, aufgrund der „Sondererbfolge" in hinterlassene Personengesellschaftsbeteiligungen gehörten diese nicht zum Nachlaß; mangels Nachlaßzugehörigkeit sei demzufolge grundsätzlich eine Testamentsvollstreckung an Personengesellschaftsbeteiligungen ausgeschlossen³³⁶.

---

[332] BGHZ 12, 100 (103); BayObLG 69, 138.
[333] Lorz, S. 48 ff.
[334] Vgl. Ulmer ZHR 146, 555; Lorz S. 51 ff.
[335] Schmellenkamp, MittRhNotK 1986, 181 (183).
[336] So vor allem Ulmer, NJW 1984, 1496 (1498); MünchKomm/Ulmer, § 705 BGB Rz. 88; MünchKomm/Brandner, § 2205 BGB Rz. 28.

Diese Auffassung ist überholt. Sie verstößt gegen den erbrechtlichen Grundsatz, daß alles, was ein Erblasser hinterläßt, in seinem Nachlaß fällt[337]. Die aufgrund Personengesellschaftsrechts eintretende „Sondererbfolge" kann nicht dazu führen, daß die Personengesellschaftsbeteiligung nicht zum Nachlaß gehört[338]. Der BGH hat schon in seinem Beschluß des Gesellschaftsrechtssenats vom 3. Juli 1989[339] deutlich gemacht, daß die Testamentsvollstreckung nicht wegen der Sondererbfolge, sondern wegen der Besonderheiten der bei Personengesellschaften bestehenden Arbeits- und Haftungsgemeinschaft unzulässig sei[340].

Die personalistische Ausformung der Personengesellschaft, die auf der persönlichen Haftung der Gesellschafter und der grundsätzlichen Unübertragbarkeit der Gesellschaftsbeteiligungen (§ 717 BGB) beruht, läßt eine Testamentsvollstreckung an Personengesellschaftsbeteiligungen nur mit Einschränkungen zu.

1427

b) Testamentsvollstreckung an Beteiligung eines unbeschränkt haftenden Gesellschafters

aa) Grundsätzliches

Die Zulassung der Testamentsvollstreckung an der Beteiligung eines unbeschränkt haftenden Gesellschafters begegnet denselben Haftungsbedenken wie im Falle der Fortführung eines zum Nachlaß gehörenden Einzelunternehmens durch den Testamentsvollstrecker. Die Rechtsprechung und die herrschende Lehre halten es grds. für unzulässig, die Beteiligung eines unbeschränkt haftenden Gesellschafters mit Wirkungen auf der Gesellschaftsebene einer Verwaltungstestamentsvollstreckung zu unterstellen[341].

1428

Unproblematisch ist die Testamentsvollstreckung lediglich dann, wenn die Gesellschaft mit dem Tode des Gesellschafters aufgelöst wird. Der Testamentsvollstrecker kann sämtliche Liquidationsansprüche für die Erben geltend machen. Ebenso kann er Abschichtungsansprüche der weichenden Erben durchsetzen, falls die Gesellschaft nur mit den verbleibenden Gesellschaftern fortgesetzt wird.

1429

---

[337] Eingehend Esch, NJW 1981, 2222 ff.; ders., NJW 1984, 339 (340); Marotzke, JZ 1986, 457 (458 ff.).
[338] BGHZ 98, 48 (51) = NJW 1986, 2431 (2432); BGHZ 91, 132 (136); BGH NJW 1983, 2376 (2377); Karsten Schmidt, Gesellschaftsrecht, § 45 V 3 c) (S. 1105); Schlegelberger/Karsten Schmidt, § 177 HGB Rz. 29; Großkomm. HGB/Schilling, § 177 HGB Rz. 12; Esch, NJW 1984, 339 (342); Damrau, NJW 1984, 2785 (2787); Baumbach/Hopt, § 139 HGB HGB Rz. 14; Staudinger/Marotzke [1994] § 1922 Rz. 186 ff.
[339] BGHZ 108, 187.
[340] BGH BB 1996, 1128 (1129) = ZEV 1996, 110 m. Anm. Lorz.
[341] RGZ 170, 392 (394); 172, 199 (203); BGHZ 24, 106 (112 f.); BGHZ 68, 225 (239) = BB 1977, 809 (810) = DB 1977, 1129 (1132); BGH BB 1969, 773; DB 1981, 366; DNotZ 1985, 561; 1987, 116; 1990, 183; ZEV 1996, 110; Ulmer, BB 1977, 805 (808); Hueck, § 28 II 5 (S. 416); Westermann, Handbuch I, Rz. 506; Staudinger/Reimann, § 2205 [1996] BGB Rz. 90 f.

bb) Gestaltungsmöglichkeiten

(1) Testamentsvollstreckung

1430 Läßt der Gesellschaftsvertag eine Testamentsvollstreckung zu oder stimmen die übrigen Gesellschafter ausdrücklich der Testamentsvollstreckung zu, dann kann der Testamentsvollstrecker für die Erben in der Gesellschaft mitwirken[342]. Bedenken bestehen dann noch insoweit, als der Testamentsvollstrecker die Erben nur mit dem Nachlaß verpflichten kann, nicht aber unbeschränkt, wie dies die Beteiligung eines unbeschränkt haftenden Gesellschafters einer Personengesellschaft erfordert. Daher kann eine Testamentsvollstreckung an der Beteiligung eines persönlich haftenden Gesellschafters sich nur auf die (Außen-) Aufsicht des Erben beschränken. Der Testamentsvollstrecker kann den Erben nicht durch Beschlüsse auf Gesellschafterebene mit unbeschränkten Haftungsfolgen über den Nachlaß hinaus verpflichten.

1431 Diesen Grundsätzen entsprechend hat der BGH[343] in neuester Rechtsprechung die Testamentsvollstreckung an einem Anteil einer Gesellschaft bürgerlichen Rechts (Grundstücksgesellschaft) insoweit für zulässig gehalten, als die Geschäftsführung und alle zur Haftung der Gesellschaft führenden Handlungen unberührt bleiben. Dem Testamentsvollstrecker verbleibt damit die (Außen-)Aufsicht über den Erben. Insbesondere kann der Testamentsvollstrecker Verfügungen des Erben über den Gesellschaftsanteil verhindern und Handlungen vornehmen, die zur Wahrung und Erhaltung des Gesellschaftsanteils dienen[344]. Diese erbrechtliche Aufsichtsbefugnis des Testamentsvollstreckers kann durch gesellschaftsvertragliche Regelungen nicht ausgeschlossen werden[345].

(2) Treuhandlösung

1432 Die Mitgliedschaftsrechte werden nicht abgespalten, wenn dem Testamentsvollstrecker der Gesellschaftsanteil treuhänderisch übertragen wird[346]. Entsprechend der Möglichkeit der treuhänderischen Unternehmensfortführung durch den Testamentsvollstrecker wird die treuhänderische Übernahme der Personengesellschaftsbeteiligung durch den Testamentsvollstrecker zugelassen[347]. Der Testamentsvollstrecker hat die persönliche Haftung zu tragen. Umstritten ist, wie weit ihm Ersatzansprüche gegen den Erben zustehen können, insbesondere ob die Erben ihre Haftung auf den Nachlaß beschränken können. Es erscheint sachgerecht, den

---

[342] BGH DNotZ 1985, 561; 1987, 116; 1990, 183; Reimann, DNotZ 1990, 192; Lorz, ZEV 1996, 112.
[343] BGH BB 1996, 1128 = ZEV 1996, 110 m. Anm. Lorz.
[344] Vgl. dazu BGH BB 1996, 1128 (1129) = ZEV 1996, 110 m. Anm. Lorz.
[345] Darüber hinaus bietet die Testamentsvollstreckung des Schutz des § 2214 BGB. Eigengläubiger der Erben können nicht in die Beteiligung vollstrecken. Dazu Weidlich ZEV 1994, 208.
[346] Staudinger/Reimann [1996] § 2205 Rz. 108.
[347] Seit RGZ 132, 138 (142); BGHZ 12, 100 (102); 24, 106 (112); 35, 13 (15); Schmellenkamp, MittRhNotK 1986, 181 (187 f); Lorz, S 72ff. m.w.N.

Erben die Möglichkeit einzuräumen, den Ansprüchen des als Treuhänder handelnden Testamentsvollstreckers aus §§ 2218, 670 BGB, die Beschränkung der Haftung auf den Nachlaß entgegenzuhalten[348]. Die Treuhandlösung kann dem Testamentsvollstrecker wegen der Haftungsrisiken nur empfohlen werden, wenn dieser ein gesteigertes Interesse an der Verwaltung des Nachlasses hat.

Beispiel:
Der kinderlose A hat seine Neffen/Nichten zur Unternehmensnachfolgern eingesetzt. Testamentsvollstrecker ist der Vater der Erben.

Läßt der Gesellschaftsvertrag[349] einer Personengesellschaft die Übertragung der Mitgliedschaft der Gesellschafter nicht zu (wie es dem Grundsatz des § 717 BGB entspricht) und erteilen die Mitgesellschafter auch nachträglich nicht ihre Zustimmung, so ist die Verwaltungstestamentsvollstreckung mit Wahrnehmung von Geschäftsführungsaufgaben an der Gesellschaftsbeteiligung über eine Treuhandlösung nicht möglich[350]. 1433

Im Schrifttum wird teilweise die Auffassung vertreten, daß gesellschaftsvertragliche Nachfolgeklauseln schon die Zustimmung der Mitgesellschafter zu einer Übertragung auf den Testamentsvollstrecker beinhalten können. Dies soll insbesondere bei generellen (einfachen) Nachfolgeklauseln der Fall sein. In der generellen Zulassung der Fortsetzung der Beteiligung mit Erben sei auch das Einverständnis mit der Zulassung einer Übertragung auf den Testamentsvollstrecker zu sehen. In einem solchen Fall hätten sich die Mitgesellschafter mit jedem denkbaren Erben einverstanden erklärt und damit die personalistische Bindung so gelockert, daß kein vernünftiger Grund einzusehen sei, einen Testamentsvollstrecker als Treuhänder zurückzuweisen[351]. Eine Übertragung auf den Testamentsvollstrecker über eine Gesellschaftsbeteiligung ist aber mit deren Vererblichkeit nicht gleichzusetzen. Daher kann in einer Gesellschaftsvertragsklausel, die eine Vererblichkeit vorsieht, nicht die Zustimmung zu einer Übertragung auf den Testamentsvollstrecker gesehen werden[352]. 1434

(3) Vollmachtlösung

Der Testamentsvollstrecker soll entweder aufgrund einer postmortalen Vollmacht des Erblassers oder aufgrund einer Vollmacht des Erben handeln, zu deren 1435

---

[348] BGHZ 24, 106 (112); Soergel/Hadding, § 727 BGB Rz. 45; Schlegelberger/Karsten Schmidt, § 139 HGB Rz. 52; Staudinger/Reimann, § 2205 BGB Rz. 95; zweifelnd Hueck, § 28 II 5 (S. 418); Westermann, Handbuch I, Rz. 511.
[349] Ausführlich dazu Marotzke, JZ 1986, 457 ff.
[350] BGHZ 98, 48 (55); Soergel/Hadding, § 727 BGB Rz. 44; MünchKomm/Ulmer, § 705 BGB Rz. 87; BayObLG WM 1983, 1092 (1093); Hueck, § 28 II 5 (S. 416); Westermann, Handbuch I, Rz. 505; Schlegelberger/Karsten Schmidt, § 139 HGB Rz. 51a.
[351] Kipp/Coing, § 68 III 3b) (S. 382 f.); wohl auch Westermann, Handbuch I, Rz. 505; a.A.: Hueck, § 28 II 5 (S. 416); Schlegelberger/Karsten Schmidt, § 139 HGB Rz. 51a; Wiedemann, § 13 III 1 (S. 336).
[352] Bengel/Reimann/Mayer, Testamentsvollstreckung, Kap. 5 Rz. 167 (S. 202).

Erteilung der Erbe durch Auflage verpflichtet ist[353]. Die Vollmachtlösung kann nicht das eigene Tätigwerden des Erblassers verhindern, da unsere Rechtsordnung keine verdrängende Vollmacht kennt[354].

(4) Weisungsgeberlösung

1436 Der Erblasser kann den Testamentsvollstrecker ermächtigen, dem Erben auf der Grundlage von § 2208 Abs. 2 BGB Weisungen zu erteilen. Der Erbe ist Gesellschafter und nimmt alle Gesellschafterfunktionen selbst wahr. Er wird aber ggf. durch Auflagen des Erblassers „gezwungen", den Weisungen des Testamentsvollstreckers Folge zu leisten. Der Testamentsvollstrecker bleibt bei dieser Lösung außerhalb aller Gesellschafterfunktionen, kann aber durch seine erbrechtliche Aufsicht den Erben als Gesellschafter lenken. Die Weisungsgeberlösung ähnelt der neueren BGH-Rechtsprechung zur Testamentsvollstreckung an Personengesellschaftsanteilen, geht aber insoweit noch darüber hinaus, als mit Auflagen das Verhalten des Erben gesteuert werden kann.

cc) Änderung der Rechtsform

1437 Will der Erblasser zu einer unproblematischen Testamentsvollstreckungslösung kommen, so sollte er eine gesellschaftsvertragliche Regelung dahin anstreben, daß seine Beteiligung mit seinem Tod eine kommanditistische wird. Eine andere Lösung ist die formwechselnde Umwandlung, z.B. in eine GmbH, bei welcher der Testamentsvollstrecker Geschäftsführer werden könnte[355]. Diese Lösungen werden in der Regel an dem fehlenden Einverständnis der Mitgesellschafter scheitern.

c) *Testamentsvollstreckung an Kommanditbeteiligung*

1438 Die Verwaltungstestamentsvollstreckung an einem Kommanditanteil ist zulässig, sofern die übrigen Gesellschafter entweder generell im Gesellschaftsvertrag oder konkret der Testamentsvollstreckung zugestimmt haben[356]. Fehlt diese Zustimmung, so beschränkt sich die erbrechtliche Testamentsvollstreckung auf die Aufsichtsbefugnis über den Gesellschaftsanteil[357]. Der Testamentsvollstrecker kann dann verhindern, daß der Erbe über den Gesellschaftsanteil verfügt. Dagegen kann er nicht die gesellschaftsrechtlichen Pflichten des Erben erweitern.

1439 Denkbare Haftungsfälle, insbesondere aus § 172 Abs. 4 HGB (Rückzahlung der Einlage, Überentnahmen) hat der Testamentsvollstrecker zu vertreten.

---

[353] Lorz, S. 37ff.; Staudinger/Reimann [1996] § 2205 Rz. 109.
[354] Ulmer ZHR 146, 555; Staudinger/Reimann [1996] § 2205 Rz. 98.
[355] Reithmann/Albrecht/Basty, Hdb. Vertragsgestaltung, Rz. 1238.
[356] BGHZ 108, 187 = DNotZ 1990, 183 m. Anm. Reimann; Flume, NJW 1988, 161; Quack, BB 1989, 2271; Ulmer, NJW 1990, 73; D. Mayer, ZIP 1990, 976; ders. MittBayNot 1992, 5ff.
[357] Ebenso Reimann FamRZ 1992, 117; **a.A.** OLG Hamm FamRZ 1992, 113.

Der Testamentsvollstrecker ist nicht befugt, den Erben persönlich zu verpflichten[358]. Ebensowenig ist der Testamentsvollstrecker berechtigt, die Mitgliedschaftsrechte der Erben zu verändern[359]. 1440

Ist im Gesellschaftsvertrag bestimmt, daß die Erben eines Gesellschafters aus der Gesellschaft gegen Abfindung (Auseinandersetzungsguthaben) ausscheiden, so unterliegt die Liquidation des Auseinandersetzungsguthabens und dessen Verwaltung uneingeschränkt der Testamentsvollstreckung[360]. 1441

Den durch die Vererbung eines Kommanditanteils eintretenden Gesellschafterwechsel hat der Testamentsvollstrecker zum Handelsregister anzumelden[361]. 1442

Ist über den Nachlaß eines verstorbenen Personengesellschafters zwar Testamentsvollstreckung angeordnet, beschränkt sich diese aber auf die Erbauseinandersetzung, so ist der Testamentsvollstrecker nicht befugt, das Ausscheiden des verstorbenen Gesellschafters und die Fortsetzung der Gesellschaft mit den Erben zum Handelsregister anzumelden[362]. 1443

d) Stille Gesellschaft

Die Beteiligung eines stillen Gesellschafters kann uneingeschränkt der Verwaltungsvollstreckung unterworfen werden[363], weil die geschilderten Haftungsdivergenzen zwischen Erb- und Gesellschaftsrecht nicht bestehen. 1444

3. Testamentsvollstreckung an Kapitalgesellschaftsbeteiligungen

An einer Kapitalgesellschaftsbeteiligung[364] ist die Verwaltungstestamentsvollstreckung möglich. Die Testamentsvollstreckung bedarf nicht der Zustimmung der Mitgesellschafter. Der Testamentsvollstrecker nimmt die Rechte des Erben an dessen Geschäftsanteilen kraft eigenen Rechts in vollem Umfang wahr. Ausgeschlossen von den Befugnissen des Testamentsvollstreckers sind die sog. Kernrechte des Gesellschafters, insbesondere auf Erweiterung von Gesellschafterpflichten[365]. 1445

---

[358] BGHZ 108, 187 ff. = NJW 1989, 3152 (3154) = DB 1989, 1915 (1917) = BB 1989, 1840 (1842) = DNotZ 1990, 183; Karsten Schmidt, Gesellschaftsrecht, § 45 V 7 b) (S. 1114) m.w.N.
[359] Reithmann/Albrecht/Basty, Hdb. Vertragsgestaltung, Rz. 1235 m.w.N.
[360] BGH NJW 1985, 1953 (1954).
[361] BGH 108, 187 ff. = NJW 1989, 3152 (3154).
[362] KG DB 1991, 1066 (1067).
[363] BGH WM 1962, 1084 (1085); Schlegelberger/Karsten Schmidt, § 339 HGB § 234 HGB n.F. Rz. 7; MünchKomm/Brandner, § 2205 BGB Rz. 40; Staudinger/Reimann, § 2205 [1996] BGB Rz. 137; Paulick/Blaurock, § 16 II 9 (S. 298).
[364] BGHZ 24, 106; NJW 1959, 1820; BGHZ 51, 209.
[365] Reimann, DNotZ 1990, 190.

6. Abschnitt
Unternehmensnachfolge durch Regelungen unter Lebenden

I. Vorbereitende Maßnahmen

1446   Neben den allgemeinen Gestaltungsempfehlungen, die auf jeden Vermögensinhaber zutreffen, sind dem Unternehmer die nachfolgenden unternehmensspezifischen Gestaltungsvorschläge zu geben.

1. Gütertrennung

1447   Entgegen manchem gutgemeinten Rat[366] ist dem Unternehmer eine Gütertrennung nicht grundsätzlich zu empfehlen[367]. Durch eine Gütertrennung werden dem überlebenden Ehegatten die Vorteile des erbschaftsteuerfreien Zugewinnausgleichs genommen. Zahlreiche Ehepaare haben in Unkenntnis der rechtlichen Wirkungen des gesetzlichen Güterstandes aus der irrigen Vorstellung, die Haftung des nichtunternehmerischen Ehepartners müsse beschränkt werden, in der Vergangenheit Gütertrennung vereinbart. Diese fehlerhaften Gütertrennungsverträge können und sollten zivilrechtlich rückwirkend aufgehoben werden.

1448   Der vom Bundesfinanzhof[368] auch erbschaftsteuerlich anerkannten Rückwirkung einer Aufhebung der Gütertrennung hat der Gesetzgeber mit Wirkung seit dem 22. 12. 1993 durch Einfügung des Satzes 4 in § 5 Abs. 1 ErbStG einen Riegel vorgeschoben. Zu empfehlen ist in diesen Fällen als letzte Lösung nach Aufklärung durch den Rechtsberater eine sofortige notariell beurkundete Anfechtung des Gütertrennungsvertrages wegen Inhaltsirrtums nach § 119 Abs. 1 Fall 1 BGB, die immer dann zur rückwirkenden Nichtigkeit des Gütertrennungsvertrages führt, wenn die Beteiligten bei Vertragsabschluß falsche Vorstellungen über Inhalt und Bedeutung einer Gütertrennung hatten.

1449   Die vertragliche Gütertrennung kann auch deswegen ein Gestaltungsfehler sein, weil die Pflichtteilsansprüche der Abkömmlinge erhöht werden[369]. Zwar wird der Pflichtteilsanspruch des überlebenden Ehegatten gekürzt. Ist dieses Ergebnis gewünscht, so läßt es sich aber auch durch einen (teilweisen) Pflichtteilsverzicht des Ehegatten erreichen. Der verzichtende Ehegatte kann durch vertragsmäßige Erb- oder Vermächtniseinsetzung in das Privatvermögen gesichert werden.

---

[366] Hennerkes/Löffler/Löffler, Unternehmenshandbuch Familiengesellschaften, S. 470 u. Hinw. a. „Langenfeld Rn. 228": „Güterstand für aufgeklärte und wache Eheleute".
[367] Ebenso Brambring in „Handelsblatt" v. 13. 1. 1997 S. 21: Das richtige Testament spart Erbschaftssteuer. „Steuerfalle Gütertrennung".
[368] BFH BStBl. 1989 II 897; DStR 1993, 1064.
[369] Dazu Spiegelberger, Rz. 697 ff.

Der Güterstand des Unternehmers sollte daher grundsätzlich nur modifiziert werden[370]. 1450

Eine Modifizierung der Zugewinngemeinschaft für den Tod des Unternehmers kann sinnvoll sein, wenn der Gesellschaftsvertrag im Fall des Ausscheidens eines Gesellschafters auch für den Todesfall eine Bestimmung enthält, die den Abfindungsanspruch entweder beschränkt oder ausschließt. Sollen Beschränkungen oder Ausschluß auch gegenüber dem überlebenden Ehegatten gelten, so ist nach der Rechtsprechung des BGH für die Berechnung der Zugewinnausgleichsforderung gegen die Erben der wirkliche Wert der Gesellschaftsbeteiligung und nicht der Wert des Abfindungsanspruchs maßgebend[371]. Insoweit läßt sich die Erbfolge aber auch durch Erb- und Pflichtteilsverzicht des Ehegatten gestalten. 1451

Eine Modifizierung ist für den Unternehmer vor allem sinnvoll, um die Verfügungsbeschränkungen der §§ 1365–1369 BGB abzubedingen. Insbesondere die Verfügungsbeschränkung des § 1365 BGB, (wonach jeder Ehegatte, der im gesetzlichen Güterstand lebt, nicht über sein wesentliches Vermögen ohne Zustimmung des anderen Ehegatten verfügen kann) beschränkt die unternehmerische Freiheit. 1452

Auch eine Modifizierung der gesetzlichen Zugewinn(ausgleichs)-gemeinschaft im Hinblick auf eine etwaige Scheidung (notariell beurkundete Scheidungsfolgenvereinbarung) kann sinnvoll sein, um das Unternehmen – und damit nicht nur die Existenz des Unternehmers, sondern auch die seiner Mitarbeiter – von extremen Liquiditätsbelastungen freizuhalten, zu denen eine Zugewinnausgleichsforderung führen kann. 1453

2. Errichtung einer „Ein-Mann-Gesellschaft"

a) Problematik

Ist der Erblasser Einzelunternehmer, so stellt sich bei mehreren Erben die Frage, wie sein Einzelunternehmen vom Vermögensnachfolger fortgeführt werden kann[372]: Will der Erblasser zu Lebzeiten noch kein Opfer durch eine vorweggenommene Erbfolgeregelung bringen, bietet sich die Gründung einer „Ein-Mann-Gesellschaft" an. 1454

b) Kapitalgesellschaft

Das GmbHG und das AktG lassen ausdrücklich die Errichtung einer „Ein-Mann-Kapitalgesellschaft" zu. Unsere Rechtsordnung kommt insofern einer vorbereitenden Erbfolgeregelung entgegen. 1455

---

[370] Ebenso Ebenroth/Lorz WiB 1995, 609 (615 f.).
[371] BGH NJW 1980, 2229; NJW 1987, 321.
[372] Zur Problematik der Fortführung eines vererbten Einzelunternehmens durch eine Erbengemeinschaft vgl. Rz. 891 ff. Zur Frage der an den Erben zu erteilenden Auflagen zur Unternehmensfortführung oder -umgründung vgl. Rz. 1412 ff. Zur Testamentsvollstreckung an einem Unternehmen vgl. Rz. 1419 ff.

1456 Jedes Unternehmen läßt sich nach dem Tod eines Erblassers als GmbH oder AG ohne rechtliche Schwierigkeiten fortführen. Wegen der grundsätzlichen Übertragbarkeit und Teilbarkeit der Geschäftsanteile an einer GmbH und der noch leichteren Teilbarkeit des Aktienkapitals einer AG ist eine Teilungsanordnung unproblematisch. Mit der Umgründung werden die Vorteile der Kapitalgesellschaft ausgenutzt (Haftungsbeschränkung, Fremdorganschaft, Übertragbarkeit und Vererbbarkeit, Testamentsvollstreckung, Nießbrauchsbestellung an Kapitalgesellschaftsbeteiligungen).

1457 Mit einer Umgründung eines Einzelunternehmens in eine „Ein-Mann-Kapitalgesellschaft" können die Bindungswirkungen von Rechtsgeschäften unter Lebenden zu Lasten des Nachlasses genutzt werden. Die Erben finden den Nachlaß so vor, wie ihn der Erblasser vermögensmäßig und rechtlich zu Lebzeiten gestaltet hat, also auch mit den gesellschaftsvertraglichen Bindungen, die der Erblasser mit dem Gesellschaftsvertrag der Kapitalgesellschaft bestimmt hat. Im Hinblick auf die Vermögensnachfolge sollte der Gesellschaftsvertrag der Einmann-Kapitalgesellschaft alle Regelungen enthalten, die bei unterschiedlichen Gesellschafterinteressen der Nachfolger geboten sind; insbesondere ist auf die Auseinandersetzung des Geschäftsanteils innerhalb der Erbengemeinschaft und die danach folgende Gesellschaftermehrheit zu achten.

1458 Zwar können die Erben als Gesellschafter Satzungsänderungen beschließen, sofern nicht letztwillige Anordnungen des Erblassers (z.B. Auflagen, Auseinandersetzungsausschluß) entgegenstehen. Auch insoweit kann der Erblasser durch gesellschaftsvertragliche Einschränkungen die Vermögensnachfolge regeln, z.B. durch entsprechend hohe Mehrheiten für die Zulässigkeit von Satzungsanordnungen. Für die Mehrheitsfragen sind die Zahl der Erben und ihre jeweiligen Beteiligungsquoten von entscheidender Bedeutung.

c) *„Ein-Mann-GmbH & Co. (KG)"*

1459 Der Erblasser kann ein Interesse daran haben, den auch nur mittelbaren Einfluß solcher Erben auf Geschäftsführung und Vertretung seines Unternehmens auszuschalten, die nur kapitalistisch beteiligt werden sollen. Solche Erben sind als Kommanditisten – und bei regelmäßig zu empfehlender Verknüpfung der Gesellschaften – als GmbH-Gesellschafter zu beteiligen, während die geschäftserfahrenen Erben die Geschäftsführer der Komplementär-GmbH werden. Die Nachfolgeregelungen sind testamentarisch durch Teilungsanordnungen und Auflagen zu treffen.

1460 In diesen Fällen der Errichtung einer Ein-Mann-GmbH & Co. (KG) wird regelmäßig die GmbH mit dem geringstmöglichen Stammkapital auszustatten und möglichst nicht am Vermögen der Gesellschaft zu beteiligen sein.

3. Betriebsaufspaltung

a) Definition[373]

Bei der Betriebsaufspaltung[374] handelt es sich um die Teilung eines Unternehmens in zwei rechtlich („aufgespaltene") verselbständigte Unternehmensteile. Die Teilung findet regelmäßig in „vertikaler" Richtung nach Betriebsstufen statt. Als untere Stufe ist meist ein Personenunternehmen (Einzelunternehmen, GbR, Personenhandelsgesellschaft), als obere Stufe eine Kapitalgesellschaft beteiligt (meist GmbH). In diesem Sinne kann „aufgespalten" werden 1461
– in ein Besitzunternehmen in der unteren Stufe und eine Betriebs-Kapitalgesellschaft in der oberen Stufe,
– in ein Besitz- und Betriebsunternehmen in der unteren Stufe und eine Vertriebs-Kapitalgesellschaft in der oberen Stufe.

Entscheidendes Merkmal der Betriebsaufspaltung ist, daß alle haftungsträchtigen unternehmerischen Aktivitäten auf der Ebene der Kapitalgesellschaft durchgeführt werden, während die Personengesellschaft der mit dem notwendigen Mindestkapital ausgestatteten Kapitalgesellschaft die zum Betrieb notwendigen Produktionsmittel zur Verfügung stellt. 1462

b) Formen

aa) „Echte" Betriebsaufspaltung

Bei einer echten oder typischen Betriebsaufspaltung werden von einer Besitzpersonengesellschaft für die Betriebsgrundlage wesentliche Anlagegüter an eine Betriebskapitalgesellschaft vermietet oder verpachtet. Zweites notwendiges Merkmal der echten Betriebsaufspaltung ist ein einheitlicher geschäftlicher Betätigungswille bei Besitz- und Betriebsunternehmen. 1463

bb) „Unechte" Betriebsaufspaltung

Von einer unechten Betriebsaufspaltung spricht man, wenn die Betriebs-Kapitalgesellschaft wesentliche Anlagegüter, die im Eigentum mehrheitlich beteiligter Gesellschafter stehen, nutzt, ohne daß ein Pachtvertrag geschlossen ist[375]. Steuerlich werden nach der Rechtsprechung echte und unechte Betriebsaufspaltung gleich behandelt[376].

---

[373] Brandmüller, Die Betriebsaufspaltung nach Handels- und Steuerrecht; Bentler, Das Gesellschaftsrecht der Betriebsaufspaltung; Spiegelberger, Rz. 465 ff.
[374] Zu den verschiedenen Formen der Betriebsaufspaltung vgl. Schmidt § 15 EStG Anm. 141.
[375] Spiegelberger, Rz. 470 f.
[376] Brandmüller, S. 29.

c) Anwendungsbereich, Interessenlage

aa) Vor- und Nachteile

(1) Haftungsbeschränkung

1464   Die Betriebsaufspaltung ermöglicht die Beschränkung des Unternehmerrisikos, das in der oberen Betriebsteilungsstufe der Kapitalgesellschaft abgefangen wird.

Beispiel:
Ein Produktionsunternehmen wird geteilt („aufgespalten") in ein Besitz-Personenunternehmen, welches den Betriebsgrundbesitz mit Gebäuden und das bewegliche Anlagevermögen (Maschinen, Betriebseinrichtung, Betriebsausstattung) behält, und eine Betriebs-GmbH, die das Umlaufvermögen (Warenvorräte, Forderungen, Geldbestände) übernimmt. Die Betriebs-GmbH führt die Produktion und den Vertrieb fort. Zwischen ihr und dem Besitzunternehmen wird ein Pachtvertrag geschlossen, aufgrund dessen die Betriebs-GmbH an das Besitzunternehmen einen näher bestimmten Pachtpreis (monatlich, vierteljährlich oder jährlich) bezahlt.

1465   Die Betriebs-GmbH trägt allein das wirtschaftliche Unternehmensrisiko. Die Unternehmenshaftung schlägt nicht durch auf das Besitzunternehmen. Dieses bleibt dem Gläubigerzugriff entzogen.

1466   Problematisch kann die Haftungslage trotz Betriebsaufspaltung im Hinblick auf die neuere BGH-Rechtsprechung[377] zum qualifiziert faktischen Konzern werden[378].

1467   Auch für Investitionsdarlehn wird von den Kreditinstituten regelmäßig das Besitzunternehmen als Sicherungsgeber herangezogen. Doch bleibt es insofern bei einer Haftungsbeschränkung, weil das Besitzunternehmen nicht für alle Unternehmensverbindlichkeiten, insbesondere z.B. nicht für Produktfehler oder Umwelthaftungsrisiken, sondern nur für den Investitionskredit gegenüber dem Kreditinstitut haftet.

1468   Die Haftungsbeschränkung gilt nicht, wenn die Überlassung von Grundstücken eigenkapitalherabsetzenden Charakter hat. Zutreffend hat der BGH nur die Nutzungen für die Restlaufzeit der Gebrauchsüberlassung in die Haftung einbezogen[379].

(2) Sicherung von Einkünften

1469   Dem Inhaber oder den Gesellschaftern des Besitzunternehmens fließen laufend gleichmäßige Einkünfte zu, über die sie disponieren können. Das kann gerade in den Fällen normaler oder vorweggenommener Erbfolge von Bedeutung sein, weil auf diese Weise über die Einkünfte des Besitzunternehmens die Versorgungsbedürfnisse befriedigt werden können.

---

[377] BGHZ 95, 330 ff. = NJW 1986, 188 ff. (Autokran); BGHZ 107, 7 ff. = NJW 1989, 1800 ff. (Tiefbau); BGHZ 115, 187 ff. = NJW 1991, 3142 ff. (Video); DB 1993, 825 (TBB-Urteil).
[378] Dazu Rz. 1311 ff.
[379] BGH NJW 1994, 2349 ff. und 2760 ff.

(3) Fremdorganschaft

Mit der Betriebskapitalgesellschaft, in der Regel einer GmbH, kann der Vorteil der Fremdorganschaft genutzt werden. Gleichzeitig werden die typischen Risiken der Fremdorganschaft weitgehend abgeschirmt, weil die Geschäftshandlungen des familienfremden Managements nicht auf das Besitzunternehmen durchschlagen. Die Geschäftsführung und Vertretung des Besitzunternehmens kann in den Händen der Familienangehörigen verbleiben, die keine geschäftliche Qualifikation benötigen, sondern nur den Verwaltungsaufgaben gewachsen sein müssen. **1470**

(4) Steuern

Steuerlich hat die Betriebsaufspaltung Vorteile. Gegenüber der GmbH & Co. (KG) bestehen diese in der gewerbeertragsteuerlichen Abzugsfähigkeit von Gesellschafter-Geschäftsführervergütungen bei der Betriebs-GmbH. Ein weiterer Vorteil ist die Möglichkeit der Bildung körperschaftsteuermindernder Rückstellungen für Pensionsanwartschaften und laufende Pensionen für Gesellschafter-Geschäftsführer bei der Betriebs-GmbH[380]. **1471**

(5) Verträge

Die Betriebsaufspaltung erfordert den Abschluß von drei aufeinander abgestimmten Verträgen, **1472**
– Gesellschaftsvertrag des Besitzunternehmens (GbR, OHG, KG),
– Gesellschaftsvertrag der Betriebs-GmbH,
– Pachtvertrag zwischen Besitz- und Betriebsgesellschaft.

bb) Betriebsaufspaltung zur Vorbereitung der Erbfolge

Ist der Erblasser Einzelunternehmer, so kann er eine Betriebsaufspaltung zur Vorbereitung der Erbfolge ohne Vermögensopfer zu Lebzeiten vornehmen, indem er das Anlagevermögen seines Unternehmens als Besitzunternehmen zurückbehält und den Betrieb seines Unternehmens mittels einer von ihm errichteten „Ein-Mann-GmbH" ausgründet. **1473**

Will er eine vorweggenommene Erbfolgeregelung vornehmen, so kann er modifizieren: Er kann seine künftigen Erben sowohl nur entweder an der Betriebs-GmbH oder dem Besitzunternehmen beteiligen als auch in beide Unternehmen seine künftigen Erben als Gesellschafter aufnehmen. **1474**

Ist der Erblasser an einer Personengesellschaft beteiligt, so müssen grds. alle Gesellschafter der Betriebsaufspaltung zur Vorbereitung der Vermögensnachfolge zustimmen. **1475**

Die Betriebsaufspaltung kann auch durch die Spaltung des bisherigen Rechtsträgers nach §§ 123ff. UmwG herbeigeführt werden[381]. **1476**

---

[380] Vgl im einzelnen Buch II Rz. 1142ff., insbesondere 1171.
[381] Dazu unten Rz. 1565ff.

d) Vertragsgestaltung[382]

aa) Gesellschaftsverträge

1477   Die vertragliche Gestaltung einer Betriebsaufspaltung bedarf besonderer Sorgfalt. Insbesondere muß das Besitz-Personenunternehmen steuerlich gewerbliches Unternehmen verbleiben, wenn Entnahmefolgen verhindert werden sollen. In bürgerlich-rechtlicher Hinsicht muß überlegt werden, wie die Beteiligungsverhältnisse und die Mitgliedschaftsrechte der Gesellschafter gestaltet werden sollen. In der Regel wird gleichartige Beteiligung sowohl am Besitzunternehmen als auch an der Betriebsgesellschaft vorzusehen sein. Dagegen können die mitgliedschaftsrechtlichen Regelungen unterschiedlich erfolgen.

1478   Für das Besitzunternehmen muß überlegt werden, ob ihm ein vollkaufmännischer Zweck vorbehalten bleiben muß. Soll das Besitzunternehmen OHG oder KG sein, muß sein Zweck auf den Betrieb eines vollkaufmännischen Geschäfts gerichtet sein. Unterhält das Besitzunternehmen keinen vollkaufmännischen Geschäftsbetrieb, so wird es zu einer Gesellschaft bürgerlichen Rechts[383]. Bleibt es im Handelsregister als Personenhandelsgesellschaft eingetragen, gilt es für den Rechtsverkehr weiter als Personenhandelsgesellschaft[384].

1479   Bei Übertragung auf Vermögensnachfolger bzw. im Erbfall muß sichergestellt werden, daß die Anteile an beiden Gesellschaften auf dieselben Personen übergeben.

bb) Pachtvertrag

1480   Besonderer Sorgfalt bedarf die Ausgestaltung des Pachtvertrages zwischen den aufgespalteten Unternehmen. Dabei muß insbesondere geregelt werden, wem nicht nur der Erhaltungsaufwand, sondern auch der Erneuerungsaufwand hinsichtlich der verpachteten abnutzbaren Wirtschaftsgüter zur Last fallen soll. Diese Regelungen im Pachtvertrag sind gerade in Bezug auf die steuerlichen Folgen von erheblicher Bedeutung[385].

e) Betriebsverfassungsrecht, Mitbestimmung

1481   Die Betriebsaufspaltung ist keine Betriebsänderung im Sinne des § 111 BetrVerfG[386].

Eine Mitbestimmung nach dem Mitbestimmungsgesetz dürfte für den Kreis mittlerer Familiengesellschaften wegen Nichterreichens der Schwellenwerte (ins-

---
[382] Bentler, Das Gesellschaftsrecht der Betriebsaufspaltung.
[383] BAG BB 1988, 409 (410).
[384] OLG München DB 1988, 902 (903) = NJW 1988, 1036; Karsten Schmidt, DB 1988, 897; Gäbelein, BB 1989, 1420 (1421 ff.); Weilbach, BB 1990, 829 (832).
[385] Dazu Buch II Rz. 1161.
[386] BAG DB 1981, 1190 (1191); BB 1988, 2039; vgl. BB 1987, 1603 (1604); BB 1987, 972; Bork, BB 1989, 2181 (2186); a.A. LAG Baden-Württemberg DB 1979, 114.

besondere mehr als 2000 Arbeitnehmer) ausscheiden, so daß hier von einer Erörterung abgesehen werden kann.

4. Organschaft

a) Begriff – handelsrechtlich

Eine Organschaft setzt die Existenz von mindestens zwei Unternehmen voraus. Davon ist das eine eine Kapitalgesellschaft, die aber ihrerseits nach dem Gesamtbild der tatsächlichen Verhältnisse finanziell, wirtschaftlich und organisatorisch in das andere Unternehmen, den sog. Organträger oder das Mutterunternehmen, eingegliedert ist. Die eingegliederte Kapitalgesellschaft – sog. Organgesellschaft – ist gewissermaßen nur eine abhängige Betriebsabteilung des Mutterunternehmens. Sie gehört dem Mutterunternehmen, ist in dessen wirtschaftlichen Betätigungsbereich eingebunden und hat seinen Weisungen zu folgen. Regelmäßig ist mit dem Organverhältnis ein Ergebnisabführungsvertrag verbunden, nach welchem die Organgesellschaft ihren Gewinn an den Organträger abzuführen hat, der andererseits verpflichtet ist, den Verlust der Organgesellschaft zu übernehmen. 1482

Das Recht der Organschaft ist gesetzlich nur fragmentarisch geregelt. Das AktG regelt in § 291 den sog. Beherrschungsvertrag und den Gewinnabführungsvertrag. Der Beherrschungsvertrag setzt nicht voraus, daß das herrschende Unternehmen an der abhängigen Organgesellschaft beteiligt ist. Es muß aber eine organisatorische Eingliederung vorliegen. In §§ 319ff. AktG ist die sog. Eingliederung geregelt, die voraussetzt, daß sich das Gesellschaftskapital der einzugliedernden Gesellschaft in der Hand des Mutterunternehmens befindet. Für diese Unternehmensverträge sind bestimmte Formvorschriften vorgeschrieben, vornehmlich Gesellschafter- (Hauptversammlungs-) Beschlüsse und die Eintragung im Handelsregister, §§ 293, 294, 319 AktG. 1483

Für das Recht der GmbH fehlen handelsrechtliche Vorschriften. Gesetzliche Vorschriften bestehen nur für die körperschaftsteuerrechtliche Organschaft, §§ 14 bis 19 KStG. Danach wird eine organschaftliche Ergebnisabführung einer Kapitalgesellschaft bei einer GmbH anerkannt, wenn finanzielle, wirtschaftliche und organisatorische Eingliederung der Organ-Kapitalgesellschaft in den Organträger vorliegen, der Ergebnisabführungsvertrag auf mindestens 5 Jahre abgeschlossen und während dieser Zeit durchgeführt wird und im Falle der GmbH als Organgesellschaft 1484

– der Ergebnisabführungsvertrag in schriftlicher Form abgeschlossen wird,
– die Gesellschafter der Organgesellschaft dem Vertrag mit einer Mehrheit von 3/4 der abgegebenen Stimmen zustimmen,
– eine Verlustübernahme gemäß § 302 AktG vereinbart wird und
– die Abführung von Erträgen aus der Auflösung von freien vorvertraglichen Rücklagen ausgeschlossen wird.

Als Organträger oder Mutterunternehmen kann sowohl ein Einzelunternehmen als auch eine Personengesellschaft (beispielsweise auch eine GmbH & Co. KG) als auch eine Kapitalgesellschaft auftreten. 1485

Der Abschluß von Unternehmensverträgen (Organschaftsbegründungen) bedarf zustimmender Gesellschafterbeschlüsse sowohl der beherrschten als auch der herrschenden Gesellschaft[387].

Der Zustimmungsbeschluß der herrschenden Gesellschaft bedarf mindestens 3/4 der bei der Beschlußfassung abgegebenen Stimmen. Welche Stimmenmehrheit bei der beherrschten Gesellschaft erforderlich ist, hat der BGH offen gelassen. Da der Organschaftsvertrag bei der beherrschten Gesellschaft satzungsändernden Charakter hat, sollte die für eine Satzungsänderung erforderliche Mehrheit beachtet werden.

Der Zustimmungsbeschluß der Gesellschafter der beherrschten Gesellschaft muß notariell beurkundet werden. Für den Zustimmungsbeschluß der herrschenden Gesellschaft genügt einfache Schriftform.

1486 Der Unternehmensvertrag bedarf der Eintragung im Handelsregister der beherrschten Gesellschaft[388].

Diese in der Rechtsprechung des BGH bestimmten Formerfordernisse müssen beachtet werden, damit die Organschaft zivil- und steuerrechtlich anerkannt wird.

1487 Gewerbesteuerrechtlich gilt die Organgesellschaft als Betriebsstätte des Organträgers (§ 2 Abs. 2 Ziff. 2 Satz 2 GewStG). Ein Gewinnabführungsvertrag ist nicht erforderlich[389].

Für die Umsatzbesteuerung ist § 2 Abs. 2 Nr. 2 UStG maßgebend. Liegt die finanzielle, wirtschaftliche und organisatorische Eingliederung der Organ-Kapitalgesellschaft in das Trägerunternehmen vor, so ist die Organgesellschaft umsatzsteuerlich eine unselbständige Betriebsabteilung des übergeordneten Organträgers. Die Folge ist, daß Lieferungen und Leistungen zwischen Organträger und Organgesellschaft als sog. Innenumsätze keiner Umsatzbesteuerung unterliegen.

b) Anwendungsbereich

aa) Gewinnabführung bei Arbeitsteilung

1488 Die Organschaft eignet sich besonders für eine arbeitsteilige Organisation eines Unternehmens. Im Rahmen der Organgesellschaft wird eine Unternehmensabteilung rechtlich verselbständigt.

Beispiele:
Der Export (die Zulieferung, Forschung, Entwicklung) wird einer Organgesellschaft zugewiesen, die in rechtlich selbständiger Form diese Aufgaben wahrnimmt.

bb) Vorbereitende Erbfolge

1489 Die Organschaft kann für Unternehmensnachfolgegestaltungen insofern von Interesse sein, als die arbeitsteilige Ausgründung einer Organgesellschaft ermöglicht,

---
[387] BGHZ 105, 324 (332ff.).
[388] Lutter/Hommelhoff, Anh. zu § 13 GmbHG Rz. 41.
[389] Birkholz, BB 1974, 1341.

II. Lebzeitige Einräumung einer Unternehmensbeteiligung

1. Allgemeines

Unternehmensnachfolgeregelungen können durch Rechtsgeschäfte unter Lebenden getroffen werden. Der Vorzug solcher lebzeitigen Regelungen liegt darin, daß der Unternehmensnachfolger auf seine Aufgaben schrittweise vorbereitet werden kann und durch schuldrechtliche Regelungen auch die späteren Erben gebunden werden können. 1490

Beispiel:
Der Erblasser ist Einzelunternehmer. Der einzige Sohn, der bereits im Unternehmen tätig ist, soll Unternehmensnachfolger werden. Der Erblasser kann zu seinen Lebzeiten den Sohn als Gesellschafter in das Unternehmen aufnehmen. Die Bedingungen der Geschäftsführung und Vertretung sowie die Mitgliedschaftsrechte können durch Gesellschaftsvertrag vereinbart werden. Die Erben sind an die gesellschaftsvertraglichen Bestimmungen gebunden, weil in den Nachlaß beim Tod des Erblassers nur noch die Beteiligung mit allen gesellschaftsvertraglich unter Lebenden eingegangenen Verpflichtungen fällt.

2. Schenkung einer Unternehmensbeteiligung

a) Schenkung oder Ausstattung

aa) Allgemeines

Nach der Rechtsprechung des BGH liegt eine Schenkung grundsätzlich nicht vor, wenn ein Unternehmer einen Angehörigen an einer offenen Handelsgesellschaft beteiligt, ohne daß der Angehörige eine Vermögenseinlage zu leisten hat[390]. Die Unentgeltlichkeit wird abgelehnt, weil der Angehörige mit dem Eintritt in die offene Handelsgesellschaft Verpflichtungen übernehme, welche die Unentgeltlichkeit der Aufnahme in das Unternehmen ausschließen (Übernahme von Geschäftsführungsverpflichtungen und der Haftung für die Gesellschaftsverbindlichkeiten). Dieser Auffassung kann nicht uneingeschränkt beigetreten werden. Es ist im Einzelfall zu prüfen, ob und in welchem Umfang Unentgeltlichkeit oder Entgeltlichkeit bei der Aufnahme eines Angehörigen in ein Unternehmen als persönlich haftender Gesellschafter vorliegt, und weiterhin ob der subjektive Tatbestand der Schenkung, die Einigung über die Unentgeltlichkeit der Aufnahme in die Gesellschaft, gegeben ist. Zunächst ist nach der Gesellschaftsform zu differenzieren. 1491

bb) Offene Handelsgesellschaft und Gesellschaft bürgerlichen Rechts

Ein als persönlich haftender Gesellschafter Aufgenommener übernimmt, auch wenn er keine Einlage leistet, Verpflichtungen. Er haftet insbesondere für die Gesellschaftsverbindlichkeiten. 1492

---

[390] BGH LM § 516 BGB Nr. 3; BB 1965, 472; Hueck, § 27 I 1a) Fn. 2a (S. 389).

1493 Damit ist aber noch nicht gesagt, daß er sich bei der Übernahme solcher Verpflichtungen, wie sie mit der Aufnahme als persönlich haftender Gesellschafter verbunden sind, um eine Gegenleistung handelt, welche die Unentgeltlichkeit einer solchen Zuwendung ausschließt. Die Beantwortung der Frage hängt von objektiven wie subjektiven Umständen ab.

Beispiele:

Nimmt die Mutter ihre Tochter in ihr Unternehmen auf, welches ganz überwiegend von der persönlichen Arbeitsleistung der Gesellschafter abhängt, so wird man eine unentgeltliche Zuwendung regelmäßig verneinen können. Betreibt die Mutter z.B. ein Handelsvertreterunternehmen, dessen Existenz und Fortführung von aktiver Akquisitionstätigkeit abhängt, hat die Tochter neben der Mutter den entsprechenden Arbeitseinsatz zu leisten, so könnte eine unentgeltliche Zuwendung allenfalls in der der Tochter gebotenen Existenzchance liegen. Einer solchen Zuwendung steht das mitunternehmerische Risiko der Tochter gegenüber. Der Erfolg des Unternehmens hängt wesentlich von der Erfüllung der Gesellschaftsverpflichtungen ab.

Nimmt ein Anwalt seinen Anwaltssohn in seine Praxis auf, so wird das gleiche zu gelten haben.

Für solche Fälle trifft die erwähnte Auffassung des BGH und der ihm folgenden Literatur zu, wonach die Aufnahme in das Unternehmen bzw. die Praxis keine Schenkung ist. Das dürfte für alle Fälle gelten, in denen die Gesellschaft dem Typus einer „Arbeits- und Haftungsgemeinschaft" entspricht.

1494 Für die Vermögensnachfolge wesentlich, sind aber die Gesellschaften, bei denen auch der Kapitaleinsatz und das Gesellschaftsvermögen eine wesentliche Grundlage der Gesellschaft sind. Hier ist mit der Aufnahme eines Angehörigen in das Unternehmen des (zukünftigen) Erblassers eine Übertragung einer Vermögenseinlage vom Kapitalkonto des Erblassers verbunden. Zum Wert des Unternehmens gehören regelmäßig auch stille Reserven, die mit der Übertragung eines Teils des Buchkapitals auf den aufzunehmenden Angehörigen an diesen übergehen.

In diesen Fällen kann eine Zuwendung an den Aufzunehmenden nicht verneint werden. Es handelt sich auch um eine unentgeltliche Zuwendung. Soweit der Aufzunehmende seinerseits Verpflichtungen übernimmt, wie Geschäftsführungsverpflichtungen und persönliche Haftung, sind diese das Substrat der Gesellschafterstellung. Sie mindern nicht den Wert der Zuwendung auf den Aufnahmestichtag. Im übrigen wäre eine Bewertung vorzunehmen, die aber die Unentgeltlichkeit der Zuwendung nicht beseitigt: Es läge ggf. eine gemischte Schenkung vor[391].

1495 Allerdings erfordert die Schenkung das subjektive Tatbestandsmerkmal der Einigung zwischen Schenker und Beschenktem über die Unentgeltlichkeit der Zuwendung. Der Erblasser und der aufzunehmende Angehörige müssen sich bewußt und einig darüber sein, daß die Aufnahme in das Unternehmen (bei gemischter

---

[391] BGH WM 1981, 623 (624); auch BGH WM 1977, 862 (864); Staudinger/Reuss, § 516 BGB Rz. 47; Baumbach/Hopt, § 105 HGB Rz. 56.

Schenkung wenigstens teilweise) unentgeltlich erfolgt. Regelmäßig ist das bei Aufnahme von Kindern durch die Eltern in deren Unternehmen der Fall.
Beispiel:
Betreibt der Unternehmer ein Unternehmen mit einem buchmäßigen Kapital von DM 1 Mio., und nimmt er einen seiner Abkömmlinge als geschäftsführenden, persönlich haftenden Gesellschafter auf, indem er ihm gleichzeitig 1/2 seines buchmäßigen Kapitals = TDM 500 überträgt, so handelt es sch insoweit um eine unentgeltliche Zuwendung.

Wird ein Angehöriger in das Unternehmen des Erblassers im Wege der vorweggenommenen Erbfolge ohne eigene Einlagenleistungen aufgenommen, so sollte vertraglich der Schenkungscharakter ausdrücklich klargestellt werden. 1496

cc) Kommanditgesellschaft, stille Gesellschaft, Unterbeteiligung

Bei Aufnahme naher Angehöriger, insbesondere eines Abkömmlings, als Kommanditist, stiller Gesellschafter oder Unterbeteiligter ohne Einlageverpflichtung entfallen die Verpflichtungen, die den BGH zur Annahme einer Gegenleistung veranlaßt haben. In solchen Fällen müssen vom Unternehmer Vermögensübertragungen von seinem buchmäßigen Kapitalkonto erfolgen. Auch die Einigung über die Unentgeltlichkeit der Beteiligungsübertragung wird regelmäßig vorliegen. In diesen Fällen ist der Schenkungscharakter des Geschäfts eindeutig. 1497

Die unentgeltliche Zuwendung einer Kommanditbeteiligung ist daher grds. eine Schenkung[392]. Wird die Schenkung wirksam widerrufen, hat der Beschenkte den Kommanditanteil auf den Schenker zurückzuübertragen, sofern nicht gesellschaftsrechtliche Hindernisse (z.B. erforderliche, aber nicht zu erlangende Zustimmung etwaiger weiterer Gesellschafter) im Wege stehen[393].

dd) Ausstattung

Die Aufnahme eines Sohnes oder einer Tochter in das väterliche Geschäft kann Ausstattung sein[394], nämlich der Erlangung einer selbständigen Lebensstellung oder der Begründung einer wirtschaftlichen Existenz dienen. Das dürfte sogar bei der Aufnahme von Kindern, die in ihrer Ausbildung auf die Tätigkeit im väterlichen Geschäft vorbereitet worden sind, die Regel sein. Die Ausstattung ist nicht Schenkung; sie ist Schenkung nur in Bezug auf das Übermaß der Zuwendung[395]. 1498

b) Einzuhaltende Form

Die nicht sofort vollzogene Schenkung, die Verpflichtung zur Vornahme einer noch zu vollziehenden Zuwendung, ist Schenkungsversprechen. Dieses bedarf zur Wirksamkeit der notariellen Beurkundung; allerdings heilt der Vollzug den Mangel der Form (§ 518 BGB). 1499

---

[392] BGH DB 1990, 1656 = BB 1990, 1507 (Leitsatz a); Karsten Schmidt, BB 1990, 1992 (1993).
[393] BGH DB 1990, 1656 = BB 1990, 1507, Leitsatz b.
[394] Vgl. Rz. 755.
[395] Vgl. Rz. 756.

Beispiel:
Die Aufnahme eines Angehörigen, insbesondere eines Abkömmlings in das Unternehmen des (zukünftigen) Erblassers erfolgt durch Abschluß eines Gesellschaftsvertrages. Wird der Angehörige in eine Personengesellschaft aufgenommen, an der der Erblasser beteiligt ist, indem ihm ein Teil dieser Beteiligung übertragen wird, so bedarf die Übertragung auch der Zustimmung der Mitgesellschafter; allerdings kann deren Zustimmung im Gesellschaftsvertrag mit dem Erblasser schon vorweggenommen sein, indem diesem (bzw. allen Gesellschaftern) das Recht zur Aufnahme eines Angehörigen zu Lasten seines Kapitalkontos gestattet ist.

1500 Der BGH hat die Frage aufgeworfen, ob die gesellschaftsvertragliche Aufnahme des Angehörigen unter Zuwendung eines Teils der Kapitalbeteiligung des Erblassers schon den Vollzug einer Schenkung darstelle. Falls man diese Frage verneinen sollte, bedürfte der Gesellschaftsvertrag über die Aufnahme des Angehörigen der notariellen Form des § 518 Abs. 1 BGB.

aa) Innengesellschaft

1501 Der BGH hat in einem grundsätzlichen Urteil vom 29. 10. 1952 ausgesprochen, daß in Fällen der Begründung einer Innengesellschaft mit dem Aufzunehmenden als Innengesellschafter, das sind vornehmlich die Fälle der Aufnahme als Stiller Gesellschafter oder Unterbeteiligter, der Gesellschaftsvertrag der Innengesellschaft der notariellen Form des § 518 BGB bedürfe[396]. Der BGH hat ausdrücklich verneint, daß die Ab- oder Umbuchung des zugewandten Kapitalkontos schon eine Vollziehung der Zuwendung darstelle.

1502 Der Auffassung des BGH ist in der Literatur widersprochen worden[397].

Wird ein Innengesellschaftsvertrag abgeschlossen, so wird allein im Vertragsabschluß ein Vollzug der Zuwendung an den Innengesellschafter noch nicht vorliegen. Wird ihm aber gleichzeitig, wenn auch nur im Innenverhältnis, der zugewandte stille Gesellschaftsanteil abgetreten und ihm die Verfügungsmacht darüber eingeräumt, wie das in der Regel schon im Gesellschaftsvertrag geschieht, werden ihm Kontrollrechte, Entnahmerechte, Kündigungsrechte eingeräumt, so geht das wesentlich über ein obligatorisches Verpflichtungsverhältnis hinaus; es wird ein gesellschaftsrechtliches Verfügungsgeschäft vorgenommen. Das gilt erst recht, wenn in den Büchern der Gesellschaft wie im Falle der Stillen Gesellschaft oder der offenbarten Unterbeteiligung die Abtretung förmlich verbucht wird. Dann läßt sich eine Vollziehung der Zuwendung durch das Verfügungsgeschäft der Abtretung nicht leugnen.

---

[396] BGHZ 7, 378 (380) = NJW 1953, 138 (139) = BB 1952, 901; BGHZ 7, 174 (179) = NJW 1952, 1412 = BB 1952, 869 = MDR 1953, 34; BGH DB 1967, 1258.

[397] Hueck, Anm. NJW 1953, 138; Würdinger, Anm. JZ 1953, 225 (227); Schneider, BB 1954, 513; Hueck, DB 1966, 1043 ff.; Staudinger/Reuss, § 518 BGB Rz. 19; Paulick/Blaurock, Handbuch der Stillen Gesellschaft, § 6 II 2 b) bb) (S. 84); Klamroth, BB 1975, 525; Münch-Komm/Kollhosser, § 518 BGB Rz. 27, der Vollzug der Schenkung schon im Abschluß des Gesellschaftsvertrags mit dem Stillen sieht; jetzt auch Baumbach/Hopt, § 230 HGB Rz. 10.

Angesichts der Rechtsprechung des BGH wie auch des BFH[398] ist dringend zu empfehlen, unentgeltliche Zuwendungen von stillen Beteiligungen notariell beurkunden zu lassen. 1503

bb) Außengesellschaft
Handelt es sich um Außengesellschaften wie offene Handelsgesellschaft und Kommanditgesellschaft oder auch eine Gesellschaft bürgerlichen Rechts als Aussengesellschaft, so kann die für Innengesellschaften vertretene Meinung des BGH keine Geltung beanspruchen. Die schenkweise Einräumung einer Außengesellschaftsbeteiligung durch gesellschaftsvertragliche Vereinbarung und Umbuchung in den Büchern der Gesellschaft bedeutet eine unmittelbare Herstellung einer selbständigen Rechtsposition durch ein dingliches Verfügungsgeschäft, nämlich die Übertragung (Abtretung) der Gesellschaftsbeteiligung[399]. Der schenkweise in das Unternehmen als Gesellschafter oder in die Gesellschaft Aufgenommene übernimmt die Außenhaftung, und zwar auch im Falle seiner Kommanditbeteiligung, insoweit mit der ihm abgetretenen Kommanditeinlage. Bei Aufnahme als persönlich haftender Gesellschafter hat der BGH wegen der Übernahme von Außenhaftung und Geschäftsführungsverpflichtungen grundsätzlich sogar eine Schenkung verneint; erst recht kann nicht ein Schenkungsversprechen bejaht werden. 1504

Dabei kommt es auf die nur deklaratorisch wirkende Eintragung der schenkweise Aufgenommenen in das Handelsregister nicht an. Maßgebend ist der Vollzug der Schenkung, der in gesellschaftsvertraglicher Übertragung (Abtretung) der Beteiligung und Umbuchung liegt.

c) *Hinweis Schenkung- und Ertragsteuer*
Bei vorweggenommener Erbfolge durch Übertragung von Vermögensgegenständen des Betriebsvermögens sind die ertragsteuerlichen Risiken zu beachten, die sich aus der Anwendung der Rechtsprechung des Großen Senats des Bundesfinanzhofes[400] ergeben[401]. 1505

---

[398] BFH BB 1975, 166.
[399] MünchKomm/Kollhosser, § 518 BGB Rz. 27; Staudinger/Reuss, § 518 BGB Rz. 19.
[400] Beschluß v. 5. Juli 1990, BStBl II S. 847.
[401] Zur ertragsteuerlichen Behandlung der vorweggenommenen Erbfolge vgl. BMF-Schreiben v. 13. 1. 1993 (BStBl. I S. 80) und Buch II Rz. 887ff. Zur Schenkungssteuer bei Aufnahme in eine Personengesellschaft vgl Buch II Rz. 846ff., insbes. auch den Fall der Schenkung einer überhöhten Gewinnbeteiligung gemäß § 7 Abs. 6 ErbStG 1974; hierzu Schulze zur Wiesche, DStR 1974, 698f.

7. Abschnitt
Gesellschaftsrechtliche Sonderlösungen
im Rahmen der Unternehmensnachfolge

I. Nießbrauch an Gesellschaftsbeteiligungen

1. Allgemeines

1506 Der Nießbrauch[402] bietet im Rahmen vorweggenommener Erbfolgeregelungen für den Unternehmensinhaber weitgehende Dispositionsmöglichkeiten, insbesondere im Vorgriff auf eine Erbfolge schon unter Lebenden Gesellschaftsbeteiligungen an die zukünftigen Erben zu verschenken, sich aber die Nutzungen vorzubehalten. Darüber hinaus kann einem Familienangehörigen der Nießbrauch, z.B. aus Versorgungsgründen zugewandt werden. Eine solche Zuwendung kann sowohl im Wege der vorweggenommenen Erbfolge als auch durch Verfügung von Todes wegen (Vermächtnisnießbrauch) erfolgen[403].

2. Nießbrauch an einer Personengesellschaftsbeteiligung[404]

a) Zulässigkeit

1507 Die Bestellung eines Nießbrauchs an einer Personengesellschaftsbeteiligung setzt die gesellschaftsvertraglich eingeräumte Übertragbarkeit der Gesellschaftsbeteiligung bzw. die Zustimmung aller Mitgesellschafter voraus (§§ 1069 Abs. 2, 719 Abs. 1 BGB). Personengesellschaftsbeteiligungen sind grundsätzlich nicht übertragbar, ausgenommen die aus ihnen fließenden Gewinnansprüche, Ansprüche auf Ersatz von Geschäftsführungsauslagen sowie auf das Auseinandersetzungsguthaben (§§ 717 Satz 1, 719 Abs. 1 BGB). Nur wenn der Gesellschaftsvertrag die Übertragung der Gesellschaftsbeteiligung oder ihre Belastung durch Nießbrauch ausdrücklich zuläßt, ist die Bestellung eines Nießbrauchs an der Gesellschaftsbeteiligung möglich. Will ein Gesellschafter einem Dritten (z.B. einem Familienangehörigen) den Nießbrauch an seiner Gesellschaftsbeteiligung einräumen, so muß entweder gesellschaftsvertraglich seine Gesellschaftsbeteiligung übertragbar sein oder die Mitgesellschafter müssen gesellschaftsvertraglich einer Nießbraucheinräumung zugestimmt haben oder dem konkreten Nießbrauch zustimmen[405]. Die schenkweise Abtretung der Personengesellschaftsbeteiligung unter Nießbrauchsvorbehalt setzt ebenfalls das Einverständnis der Mitgesellschafter voraus.

1508 Ist die Personengesellschaftsbeteiligung nicht übertragbar, so bleibt die Einräumung eines Nießbrauchs möglich, der sich auf die laufenden Gewinnanteile und

---

[402] Zum Nießbrauch s.o. Rz. 511 ff., 803.
[403] Zum Vermächtnisnießbrauch oben Rz. 511 ff.
[404] Bunke, DNotZ 1968, 5 ff.; Schulze zur Wiesche, DB 1970, 171 ff.; Teichmann, ZGR 1972, 1 ff.; Grunsky, BB 1972, 585 ff.; Kreifels in Freundesgabe für Hans Hengeler 1972, S. 158 ff.; Nieder, Rz. 572 f.; Spiegelberger, Rz. 383 ff.; Petzoldt, DStR 1992, 1171.
[405] Dazu Staudinger/Frank [1994], Anh. 52 zu § 1068 ff. BGB.

das Auseinandersetzungsguthaben beschränkt. In einem solchen Fall bleiben die gesellschaftsrechtlichen Mitgliedschaftsrechte beim Gesellschafterben = Nießbrauchsbesteller[406].

Besteht der Nießbrauch lediglich an den aus der Gesellschaftsbeteiligung fließenden vermögensrechtlichen Bezügen, so hat der Nießbraucher Anspruch auf den Gewinnanteil, wie ihn der Gesellschafter hat, jedoch ist er wie auch der Gesellschafter an gesellschaftsvertragliche Entnahmebeschränkungen gebunden.

Enthält der Gesellschaftsvertrag eine Nachfolgeklausel für den Fall des Todes des Gesellschafters, so stellt sich die Frage, ob nicht aufgrund des damit gesellschaftsvertraglich erklärten Einverständnisses der Mitgesellschafter mit einer bestimmten Rechtsnachfolge von Todes wegen auch das Einverständnis einer vorweggenommenen Erbfolgeregelung zugunsten des oder der durch die Nachfolgeklausel Begünstigten erteilt ist. Es ist jedoch ein Unterschied, ob die Mitgesellschafter jederzeit – auch zu Lebzeiten des Gesellschafters – mit einem neuen Gesellschafter oder einem Nießbraucher konfrontiert werden oder erst mit dessen Ableben, weil sie sich z.B. mit der Nachfolgeklausel nur deshalb einverstanden erklärt haben, um Abfindungsnotwendigkeiten zu vermeiden. 1509

Die höchstrichterlich noch nicht entschiedene Frage ist daher differenziert zu beantworten: Die einfache Nachfolgeklausel regelt die Gesellschafternachfolge von Todes wegen. Sie deckt weder eine Abtretung (unter Nießbrauchsvorbehalt), noch die Bestellung des Nießbrauchs an der Gesellschaftsbeteiligung unter Lebenden. Sie deckt aber eine vermächtnisweise Nießbrauchszuwendung von Todes wegen.

Ausnahmsweise kann eine unter Lebenden erfolgende Abtretung unter Nießbrauchsvorbehalt oder eine Nießbrauchsbestellung durch eine qualifizierte Nachfolgeklausel gedeckt sein, deren Sinn darin besteht, bestimmte künftige Erben im Gesellschafterinteresse als Gesellschafter zuzulassen.

Beispiel:
Im Gesellschaftsvertrag ist vereinbart, daß die Gesellschaft im Todesfall eines Gesellschafters mit jeweils einem für die Geschäftsführung der Gesellschaft beruflich qualifizierten Abkömmling der Gesellschafter fortgesetzt wird. Aufgrund einer solchen Nachfolgeklausel wird es als zulässig und besonderer Zustimmung der Mitgesellschafter nicht bedürftig angesehen werden müssen, wenn der Gesellschafter seine Gesellschaftsbeteiligung im Wege vorweggenommener Erbfolge ganz oder teilweise unter Nießbrauchsvorbehalt an den zur Nachfolge berufenen Abkömmling abtritt oder dem Abkömmling einen (ggf. begrenzten) Nießbrauch an der eigenen Gesellschaftsbeteiligung einräumt.

Eine Ausnahme von der grundsätzlichen Unübertragbarkeit personengesellschaftsrechtlicher Ansprüche gilt gemäß § 717 Satz 2 BGB für die Gewinn- und Auseinandersetzungsansprüche. Daraus ist zu folgern, daß der Nießbrauch an einer Personengesellschaftsbeteiligung ohne Zustimmung der Mitgesellschafter ausschließlich an den vermögensrechtlichen Bezügen aus der Gesellschaftsbeteiligung 1510

---

[406] Bunke, DNotZ 1968, 5 ff.; Teichmann, ZGR 1972, 1 ff.; Grunsky, BB 1972, 585 ff.; Schulze zur Wiesche, DB 1970, 171 ff.; Palandt/Bassenge, § 1068 BGB Rz. 4.

bestellt werden kann⁴⁰⁷ (Ertragsnießbrauch). Ist eine Nießbrauchsbestellung ohne Zustimmung der Mitgesellschafter erfolgt, so kann sie ggf. umgedeutet werden in den der Zustimmung nicht bedürftigen Nießbrauch an den vermögensrechtlichen Bezügen des Gesellschafters.

1511 Die Bestellung des Nießbrauchs an einem Recht erfolgt gemäß § 1069 Abs. 1 BGB nach den für die Übertragung des Rechts geltenden Vorschriften. Ist eine Personengesellschaftsbeteiligung übertragbar, so erfolgt die Übertragung durch Abtretung. Demgemäß muß auch die Nießbrauchsbestellung durch Abtretung an den Nießbraucher vorgenommen werden⁴⁰⁸.

b) Vollnießbrauch

1512 Ist der Nießbrauch an einer Personengesellschaftsbeteiligung ohne Einschränkung begründet worden, so ist der **Nießbraucher als Gesellschafter im Handelsregister** einzutragen. Der Nießbraucher ist damit „Gesellschafter auf Zeit"⁴⁰⁹.

1513 Soll der Nießbrauch an einem Teil der Personengesellschaftsbeteiligung bestellt werden, so gilt das vorstehend Ausgeführte für diesen Teil: Mit dem dem Nießbrauch unterliegenden Teil der Personengesellschaftsbeteiligung tritt der Nießbraucher als „Gesellschafter auf Zeit" in die Gesellschaft ein. Ist er Vollnießbraucher an einem Teil der Kommanditbeteiligung, wird er mit dem entsprechenden Teil der Haftsumme des Kommanditisten-Nießbrauchsbestellers selbst als Kommanditist im Handelsregister eingetragen.

In den meisten praktischen Fällen ist ein derartiger Vollnießbrauch, sei es an der ganzen Gesellschaftsbeteiligung, sei es an einem Teil, nicht gewollt. Soll der Nießbrauch Versorgungszwecken dienen, so reicht ein eingeschränkter Ertragsnießbrauch.

c) Ertragsnießbrauch

1514 Der Nießbrauch kann ausschließlich an den vermögensrechtlichen Bezügen (Ertragsnießbrauch) bestellt werden. Dann stehen dem Nießbraucher die gesellschaftsrechtlichen Mitgliedschaftsrechte nicht zu. Diese, insbesondere das Stimm-

---

[407] Bunke, DNotZ 1968, 5 (6); Hueck, Das Recht der OHG, § 27 II 1 (S. 395) und 8 (S. 401); Soergel/Stürner, § 1068 BGB Rz. 7a, 7b; Teichmann, ZGR 1973, 24 (40); Palandt/Bassenge, § 1068 BGB Rz. 4; eingehend zum Ertragsnießbrauch und Nießbrauch an einem Gewinnstammrecht Staudinger/Frank, Anh. zu §§ 1068, 1069 BGB Rz. 75; ablehnend MünchKomm/Petzoldt mit u. E. unzutreffender Begründung, § 1068 BGB Rz. 24.

[408] Bei einer Grundbesitzgesellschaft bürgerlichen Rechts, kann der Nießbrauch an einer Gesellschaftsbeteiligung im Wege der Grundbuchberichtigung im Grundbuch eingetragen werden, OLG Hamm, DB 1977, 579 (580).

[409] Bunke, DNotZ 1968, 5 (7); MünchKomm/Petzoldt, § 1068 BGB Rz. 14, 17; Bökelmann, S. 203 ff.; Petzoldt, BB 1975, Beilage 6/1975, 2 ff.; Hueck, Das Recht der OHG, § 27 II 8 (S. 401); Großkomm. HGB/Ulmer, § 105 HGB Rz. 114 ff.; Westermann, Handbuch I, Rz. 335; Rohlff, NJW 1971, 1337 (1338 f.); Kreifels, S. 163; vgl. BGHZ 58, 316 (318); DNotZ 1975, 735 ff.; kritisch Staudinger/Frank, Anh. zu §§ 1068, 1069 BGB Rz. 70.

Gesellschaftsrechtliche Sonderlösungen im Rahmen der Unternehmensnachfolge

recht[410], die Informations- und Kontrollrechte, verbleiben beim Nießbrauchsbesteller. Der Gesellschafter als Nießbrauchsbesteller bleibt im Handelsregister eingetragen und nimmt die Gesellschafterrechte wahr[411].

Der Nießbraucher hat keinen Einfluß auf die Gesellschaftsbeteiligung, insbesondere wirkt er bei Jahresabschluß und Gewinnfeststellung nicht mit. Er hat Anspruch auf den Gewinn, der auf die Gesellschaftsbeteiligung des Nießbrauchsbestellers entfällt.

1515

Ob eine Nießbrauchs-Zwischenlösung möglich ist, die einerseits nicht Vollnießbrauch unter vorübergehendem Verlust der Gesellschafterstellung des Nießbrauchsbestellers, andererseits nicht auf die vermögensrechtlichen Bezüge beschränkten Nießbrauch ohne Mitgliedschaftsrechte des Nießbrauchers bedeutet, ist streitig. Sie hätte zum Inhalt, daß der Nießbrauchsbesteller Gesellschafter bleibt, dem Nießbraucher zwar nicht alle, aber einige Mitgliedschaftsrechte eingeräumt werden, z.B. das Recht auf Mitwirkung bei der Feststellung des Jahresabschlusses bzw. die Kontrollrechte der §§ 118, 166 HGB. Dem Nießbrauchsbesteller würde z.B. das Stimmrecht bei außergewöhnlichen Geschäften, das Recht der Kündigung der Gesellschaft das Stimmrecht bei Beschlußfassung über die Auflösung der Gesellschaft verbleiben.

1516

Solche Lösungen laufen auf eine Abspaltung oder Aufspaltung der Mitgliedschaftsrechte hinaus, die gesellschaftsrechtlich unzulässig ist[412].

In der Literatur ist eine Zwischenform für möglich gehalten worden: der „Nießbrauch am Gewinnstammrecht". Abgesehen davon, daß für einen solchen Nießbrauch ein Bedürfnis angesichts der Möglichkeit des Nießbrauchs ausschließlich an den vermögensrechtlichen Bezügen aus der Gesellschaftsbeteiligung nicht zu ersehen ist, bestehen gegen einen solchen Nießbrauch am Gewinnstammrecht grundsätzliche Bedenken, vor allem wegen der erörterten unzulässigen Abspaltung von Mitgliedschaftsrechten, sofern der Nießbrauch am Gewinnstammrecht Mitgliedschaftsrechte zum Inhalt haben soll[413].

1517

---

[410] Hachenburg/Zutt, Anh. zu § 15 GmbHG Rz. 61; Scholz/Winter, § 15 GmbHG Rz. 192; Rowedder, § 15 GmbHG Rz. 37; Baumbach/Hueck, § 15 GmbHG Rz. 52; Lutter/Hommelhoff, § 15 GmbHG Rz. 49; Roth, § 15 GmbHG Anm. 4.2; Erman/Michalski, § 1081 BGB Rz. 7; BGB-RGRK/Rothe, § 1069 BGB Rz. 11; – für Stimmrecht des Nießbrauchers betreffend Kapitalgesellschaftsbeteiligungen: MünchKomm/Petzoldt, § 1068 BGB Rz. 36; Palandt/Bassenge, § 1068 BGB Rz. 3; für gemeinschaftliche Stimmrechtsausübung Soergel/Stürner, § 1068 BGB Rz. 9a; Staudinger/Frank, Anh. zu §§ 1068, 1069 BGB Rz. 69ff.

[411] Palandt/Bassenge, § 1068 BGB Rz. 4.

[412] Bunke, DNotZ 1968, 5 (8); MünchKomm/Petzoldt, § 1068 BGB Rz. 14.

[413] BGH GmbHRdsch 1975, 59f.; Staudinger/Frank, Anh. 77 zu §§ 1068, 1069 BGB; MünchKomm/Petzoldt, § 1068 BGB Rz. 24; Teichmann, ZGR 1972, 1 (21); Petzoldt, BB 1975, Beilage 6/1975, 2ff.; Petzoldt, GmbHRdsch 1980, 197f.

Der BGH hat es für zulässig gehalten, einem gesellschaftsvertraglich zum Eintritt in die Gesellschaft vorgesehenen Berechtigten den Gesellschaftsanteil testamentarisch zu vermachen, während der Anspruch auf Gewinn aus dieser Beteiligung und der künftige Anspruch auf das Auseinandersetzungsguthaben dem Erben verbleibt[414]. Diese Entscheidung legt es nahe, daß nach Auffassung des BGH Gewinn- und Auseinandersetzungsanspruch vom Mitgliedschaftsrecht abspaltbar sind. Bei solcher Annahme können um so weniger Einwendungen gegen die Zulässigkeit eines Nießbrauchs ausschließlich an den vermögensrechtlichen Bezügen erhoben werden.

1518 Als Ergebnis ist festzuhalten: Neben dem oben erörterten Vollnießbrauch kommt als eingeschränkter Nießbrauch der Nießbrauch an den aus der Gesellschaftsbeteiligung fließenden vermögensrechtlichen Bezügen in Betracht (Ertragsnießbrauch). Er beläßt die Gesellschafterstellung beim Nießbrauchsbesteller, dem Nießbraucher stehen Mitgliedschaftsrechte nicht, ihm steht nur das Gewinnbezugsrecht zu. Zwischenlösungen sollten angesichts des Fehlens höchstrichterlicher Rechtsprechung und der zahlreichen Unklarheiten und Meinungsstreite im Schrifttum vermieden werden[415].

d) Vermögensrechtliche Wirkungen

aa) Problematik der Gewinnrücklagen und stillen Reserven

1519 Sowohl beim Vollnießbrauch als auch beim Ertragsnießbrauch stellt sich die Frage, was dem Nießbraucher vermögensrechtlich zusteht, insbesondere, ob der Nießbraucher an solchen Gewinnen der Gesellschaft zu beteiligen ist, die nicht an die Gesellschafter ausgeschüttet werden (nicht entnommen werden dürfen), z.B. an bei der Gesellschaft oder auf Gesellschafterkonten gebildeten offenen Rücklagen oder an in der Nießbrauchszeit gebildeten stillen Reserven.

bb) Vollnießbrauch

1520 Beim Vollnießbrauch rückt zwar der Nießbraucher in die Gesellschafterstellung des Nießbrauchsbestellers voll ein. Andererseits bleibt es aber Inhalt des Nießbrauchs, lediglich die Nutzungen des nießbrauchsbelasteten Gegenstandes zu ziehen. Nutzungen sind gemäß § 100 BGB die Früchte und Gebrauchsvorteile der Gesellschaftsbeteiligung. „Früchte" eines Rechts sind gemäß § 99 Abs. 2 BGB die „Erträge, welche das Recht seiner Bestimmung gemäß gewährt".

Daraus hat die ganz herrschende Meinung gefolgert, daß dem Nießbraucher nur diejenigen Gewinnanteile zustehen, „die der Gesellschafter im Rahmen von Gesetz, Gesellschaftsvertrag und festgestelltem Jahresabschluß zu entnehmen berechtigt ist"[416].

---

[414] BGH DB 1987, 2089f. = BB 1987, 1555f.
[415] Ebenso Nieder, Rz. 572.
[416] BGHZ 58, 316 (320); Bunke, DNotZ 1968, 5 (15); BGH DNotZ 1975, 735; Staudinger/Frank [1994] Anh. 81ff. zu §§ 1068f. BGB.

Dem Nießbraucher stehen also Gewinnanteile insoweit nicht zu, als sie zwar bilanzmäßig festgestellt sind, aber nach dem Gesellschaftsvertrag nicht zur Entnahme zur Verfügung stehen, also zur Verstärkung der Mittel der Gesellschaft zu thesaurieren sind, sei es auf einem Rücklagenkonto der Gesellschaft, sei es auf Kapital- oder Darlehenskonten der Gesellschafter.

Das ist deshalb mißlich, weil sich einerseits steuerliche Schwierigkeiten ergeben, andererseits eine getrennte Kontenführung notwendig ist: Steuerlich ist nicht nur der entnahmefähige, sondern der ganze Gewinn zu versteuern. Soll nun auch der Nießbraucher die Steuern tragen müssen auf solche Gewinnanteile, die ihm nicht zustehen, weil er sie nicht entnehmen darf?

Diese Frage ist zu verneinen. Sie wirft aber das Problem auf, aus welchen Mitteln der Nießbrauchsbesteller diejenigen Steuern aufbringen und bezahlen soll, die auf Gewinnanteile entfallen, die zu thesaurieren sind und nicht entnommen werden dürfen. Insoweit ist eine regelnde Vereinbarung oder Bestimmung im Nießbrauchsvertrag oder in der Nießbrauchsanordnung dringend geboten. Die anteiligen Personensteuern müssen ebenfalls vom Nießbrauch freigestellt werden, wobei weiter geregelt werden muß, ob das nach den persönlichen Besteuerungsmerkmalen des Nießbrauchsbestellers oder abstrakt zu geschehen hat.

Auch auf die gesellschaftsvertragliche Abstimmung ist zu achten: In aller Regel enthalten Gesellschaftsverträge eine Steuerentnahmeklausel dahin, daß die Gesellschafter die auf sie entfallenden, auf der Gesellschaftsbeteiligung beruhenden Personensteuern entnehmen dürfen. Dann bietet die Entnahme durch den Nießbrauchsbesteller keine grundsätzlichen Schwierigkeiten. Hängt die Entnahme von jeweils zu fassenden Gesellschafterbeschlüssen ab, so gilt dasselbe: Alle Gesellschafter werden ihre Steuern entnehmen wollen und müssen, auch soweit die Steuern auf zu thesaurierende Gewinnanteile entfallen. Auch der Nießbrauchsbesteller muß danach zur Entnahme berechtigt sein; das folgt aus dem das Gesellschaftsrecht beherrschenden Grundsatz der Gleichbehandlung aller Gesellschafter.

Das Problem reduziert sich danach in der Tat auf die notwendige Regelung des Verhältnisses Nießbrauchsbesteller – Nießbraucher dahin, daß die auf zu thesaurierende Gewinnanteile entfallenden Personensteuern vom Nießbrauch freigegeben werden.

In der Kontenführung wird aus den dargelegten Gründen bei der Beteiligung des Nießbrauchsbestellers getrennt werden müssen: Die nicht entnahmefähigen Gewinnanteile sind von den entnahmefähigen Gewinnanteilen getrennt zu buchen.

Da dem Nießbraucher nicht entnahmefähige Gewinnanteile und erst recht stille Reserven nicht zustehen, hat er auch nicht Anspruch auf Erhöhung der Beteiligungen, die aus thesaurierten Gewinnen vorgenommen werden, erst recht nicht auf solche Beteiligungserhöhungen, die durch Zuzahlung der Gesellschafter, darunter des Nießbrauchsbestellers, erfolgen. Kapitalkontenerhöhungen stehen dem Nießbrauchsbesteller zu[417]. Eine andere Frage ist, ob der Nießbrauch auch die erhöhte Beteiligung erfaßt. Das ist u. E. zu bejahen.

---

[417] BGHZ 58, 316 (319); BGH DNotZ 1975, 735ff. – h.M., vgl. Staudinger/Frank [1994] Anh. zu §§ 1068f. BGB Rz. 83.

1524 Andernfalls wäre die Konsequenz, daß mit dem Kapitalkonten-Erhöhungsbetrag der Nießbrauchsbesteller wieder als unbeschränkter Gesellschafter in die Gesellschaft einträte, nachdem er wegen des Vollnießbrauchs „auf Zeit" aus der Gesellschafterposition ausgeschieden ist. Außerdem und vor allem würde aber das Nutzungsrecht des Nießbrauchers quotenmäßig verkürzt. Dem Nießbraucher steht nur die Substanz der Kapitalkontenerhöhung nicht zu.

1525 Ist der Nießbrauch beendet, hat der Nießbraucher die nicht entnahmefähigen Gewinnanteile mit dem bisherigen Kapitalkonto an den Nießbrauchsbesteller herauszugeben.

cc) Ertragsnießbrauch

Dasselbe gilt beim Ertragsnießbrauch. Gerade bei diesem stehen dem Nießbraucher nur und lediglich die entnahmefähigen Gewinnanteile zu.

e) Gestaltungsempfehlung

1526 Die rechtlichen Auseinandersetzungen über den Nießbrauch an Personengesellschaftsbeteiligungen sind in Fluß[418].

Soll ein Nießbrauch an einer Personengesellschaftsbeteiligung eingeräumt werden, so wird auf die Gestaltung[419] ein besonders sorgfältiges Augenmerk auf folgende Punkte zu richten sein: Die Prüfung muß mit der Frage der gesellschaftsvertraglichen Zulässigkeit des Nießbrauchs beginnen. Nach dem erstrebten Zweck muß entschieden werden, welche Form des Nießbrauchs gewählt werden soll; dabei muß beachtet werden, welche rechtliche Stellung der Nießbraucher erhalten kann.

3. Nießbrauch an einer Kapitalgesellschaftsbeteiligung[420]

a) Zulässigkeit

1527 Im Gegensatz zur Beteiligung an einer Personengesellschaft ist die Beteiligung an einer Gesellschaft mit beschränkter Haftung grundsätzlich übertragbar (§ 15 Abs. 1 GmbHG). An GmbH-Geschäftsanteilen kann demnach ein Nießbrauch bestellt werden.

Die Satzung der GmbH kann aber Unübertragbarkeit der Geschäftsanteile vorschreiben. Dann ist die Bestellung eines Nießbrauchs am Geschäftsanteil ebenso wenig möglich wie im Fall einer Personengesellschaftsbeteiligung.

Regelmäßig enthalten GmbH-Satzungen die Bestimmung, daß zur Abtretung von Geschäftsanteilen eine Genehmigung der Gesellschaft oder der Gesellschafter erforderlich ist. In diesem Fall bedarf es dieser Genehmigung auch für eine Nießbrauchsbestellung.

---

[418] Einzelheiten bei Staudinger/Frank, Anh. zu §§ 1068, 1069 BGB Rz. 51 ff.
[419] Nieder, Rz. 572 f.; Spiegelberger, Rz. 383 ff.; Petzoldt, DStR 1992, 1171.
[420] Teichmann, ZGR 1972, 1 ff. und ZGR 1973, 24 ff.; Staudinger/Frank [1994] Anh. 93 ff., 105 ff. zu §§ 1068 f. BGB; MünchKomm/Petzoldt, § 1068 BGB Rz. 33 ff.; Nieder, Rz. 574; Spiegelberger, Rz. 394 ff.

Ein Nießbrauch kann auch an Aktien bestellt werden. Eine Einschränkung besteht bei Namensaktien, wenn die Satzung die Übertragbarkeit der Aktien gemäß § 68 Abs. 2 AktG an die Zustimmung der Gesellschaft gebunden hat. In diesem Fall bedarf auch die Nießbrauchsbestellung der Zustimmung. **1528**

Die Bestellung des Nießbrauchs an GmbH-Geschäftsanteilen oder an Aktien erfolgt nach den Vorschriften, die für die Übertragung eines GmbH-Geschäftsanteils bzw. von Aktien gelten (§ 1069 Abs. 1 BGB). Der Nießbrauch an GmbH-Geschäftsanteilen muß demnach in notarieller Beurkundungsform bestellt werden (§ 1069 Abs. 1 BGB, § 15 Abs. 3 und 4 GmbHG). Bei Inhaberaktien erfolgt die Bestellung des Nießbrauchs durch Einigung und Aktienübergabe (oder Übergabesurrogate, vgl. §§ 929 Satz 2, 930, 931 BGB) oder Mitbesitzeinräumung (§ 1081 Abs. 2 BGB), bei Namensaktien durch Indossament, Einigung über Nießbrauchsbestellung und Aktienübergabe (oder Übergabesurrogate). **1529**

b) Mitgliedschaftsrechte

Zweifelhaft und streitig ist, wem beim Vollnießbrauch an einer Kapitalgesellschaftsbeteiligung die Mitgliedschaftsrechte zustehen sollen. **1530**

Im Schrifttum werden hierzu sehr unterschiedliche Meinungen vertreten[421]. Als herrschende Meinung kann die Auffassung bezeichnet werden, daß die Mitgliedschaftsrechte beim Gesellschafter und Nießbrauchsbesteller verbleiben[422]. Begründet wird dies mit dem Abspaltungsverbot der Mitgliedschaftsrechte von der Person des Gesellschafters[423]. Bei der Einräumung eines Vollnießbrauchs handelt es sich aber – entsprechend dem Vollnießbrauch an Personengesellschaftsanteilen – um ein Folgeproblem der rechtlichen Zulässigkeit des Nießbrauchs an einer Gesellschaftsbeteiligung[424]. Ist der Vollnießbrauch an einem Kapitalgesellschaftsanteil zulässig, so wäre es eine bloße petitio principii darauf zu beharren, daß die Mitgliedschaftsrechte beim Nießbrauchsbesteller verbleiben müssen. Dies liefe im Ergebnis darauf hinaus, daß es bei Kapitalgesellschaftsanteilen nur einen Ertragsnießbrauch gäbe. Die bisherige Mindermeinung[425], die die Mitgliedschaftsrechte dem Vollnießbraucher einräumt, ist daher vorzugswürdig.

---

[421] Einzelheiten bei Staudinger/Frank [1994] Anh. 99 ff., 113 ff. zu §§ 1068 f. BGB; Teichmann, ZGR 1972, 1 (10).

[422] Staudinger/Frank, Anh. 100, 118 zu §§ 1068, 1069 BGB; Soergel/Stürner, § 1068 BGB Rz. 8; BGB-RGRK/Rothe, § 1069 BGB Rz. 11; Erman/Michalski, § 1081 BGB Rz. 7; Scholz/Winter, § 15 GmbHG Rz. 192; Hachenburg/Zutt, Anh. zu § 15 GmbHG Rz. 61; Rowedder, § 15 GmbHG Rz. 37; Baumbach/Hueck, § 15 GmbHG Rz. 52; Bökelmann, S. 239; Nieder, Rz. 574; **a.A.** MünchKomm/Petzoldt, § 1068 BGB Rz. 36; Palandt/Bassenge, § 1068 BGB Rz. 3; Spiegelberger, Rz. 394.

[423] Nieder, Rz. 574; ausführlich dazu Karsten Schmidt, Gesellschaftsrecht, § 19 III 4.

[424] Ebenso Karsten Schmidt, Gesellschaftsrecht, § 19 III 4 b).

[425] Palandt/Bassenge, § 1068 BGB Anm. 3 a bb; MünchKomm/Petzoldt, § 1068 BGB Rz. 36; Spiegelberger, Rz. 394.

c) Vermögensrechtliche Wirkungen

1531 Dem Nießbraucher stehen als Nutzungen die Gewinnanteile zu, die auf den nießbrauchsbelasteten Gesellschaftsanteil entfallen.

1532 Die Notwendigkeit der Abgrenzung zwischen entnahmefähigem und nicht entnahmefähigem Gewinn und die daraus erwachsenden Schwierigkeiten bestehen beim Nießbrauch an einer Kapitalgesellschaftsbeteiligung im Unterschied zur Personengesellschaft nicht. Der Bilanzgewinn der Kapitalgesellschaft entsteht bei dieser und nicht wie bei den Personengesellschaften zugunsten der Gesellschafter. Welcher Gewinn auf die Gesellschafter entfällt, richtet sich nach einem satzungsmäßig zu fassenden Gesellschafterbeschluß (§ 46 Ziff. 1 GmbHG, § 174 AktG). Dem Nießbraucher gebührt nur derjenige Gewinn, der auf die nießbrauchsbelastete Beteiligung ausgeschüttet wird. Was als Gewinn auf neue Rechnung vorgetragen oder in Rücklage eingestellt wird, verbleibt der Gesellschaft und erhöht lediglich den Substanzwert der Geschäftsanteile bzw. Aktien[426].

1533 Dem Nießbraucher an einer Kapitalgesellschaftsbeteiligung stehen nicht ausgeschüttete Gewinne, offene oder stille Reserven oder aus einer Kapitalerhöhung hervorgehende junge Geschäftsanteile oder Aktien nicht zu.

d) Gestaltungshinweis

1534 Der Nießbrauch an Kapitalgesellschaftsbeteiligungen ist unproblematischer als der Nießbrauch an Personengesellschaftsbeteiligungen. Gleichwohl muß bei der Bestellung eines Nießbrauchs an einer Kapitalgesellschaftsbeteiligung auf die inhaltliche Übereinstimmung der Regelung des Nießbrauchsverhältnisses mit den einschlägigen Satzungsbestimmungen geachtet werden.

II. Versorgungsrenten

1. Allgemeines

1535 Ist für den Gesellschafter das Problem der Versorgung seiner Angehörigen, insbesondere einer überlebenden Ehefrau, zu lösen, so bietet sich eine vertragliche Versorgungsrentenregelung an. Sie kann gesellschaftsvertraglicher oder dienstvertraglicher Natur sein. Sie kann mit der Geschäftsführungstätigkeit des Gesellschafters in Zusammenhang stehen, aber auch der Abfindung für das Ausscheiden aus der Gesellschaft dienen.

2. Personengesellschaften

1536 Bei der Personengesellschaft beruht die Geschäftsführungstätigkeit des Gesellschafters regelmäßig auf Gesellschaftsvertrag und nicht auf besonderem Dienst- oder Anstellungsvertrag. Das letztere ist indessen auch möglich.

---

[426] Scholz/Winter, § 15 GmbHG Rz. 190; Hachenburg/Zutt, Anh. zu § 15 GmbHG Rz. 63; Baumbach/Hueck, § 15 GmbHG Rz. 53; Bökelmann, S. 239; a.A. für Kapitalerhöhungen aus Gesellschaftsmitteln Rowedder, § 15 GmbHG Rz. 36.

Geschäftsführende Gesellschafter können sich für den Fall ihres Todes eine Versorgungsgrenze zugunsten ihrer Witwen und/oder unterhaltsbedürftiger Angehöriger ausbedingen. Auch kann einem geschäftsführenden Gesellschafter ein Restanspruch bei Erreichung einer bestimmten Altersgrenze und/oder Eintritt der Invalidität eingeräumt werden. Solche Regelungen erleichtern häufig den Rücktritt alt gewordener, nicht mehr voll arbeitsfähiger geschäftsführender Gesellschafter und das Nachrücken der nächsten Generation.

Versorgungsrentenlösungen haben nichts mit dem Nachlaß des versterbenden Gesellschafter-Geschäftsführers zu tun. Der Anspruch auf die Versorgungsbezüge besteht außerhalb des Nachlasses. Es handelt sich um Ansprüche aus einem Vertrag unter Lebenden zugunsten eines Dritten (§ 331 BGB). 1537

Steuerlich sind Versorgungsrenten zugunsten von Gesellschaftern oder Gesellschafterangehörigen kein Betriebsaufwand. Sie sind zu Lebzeiten des Gesellschafters auch nicht rückstellungsfähig. Sie gelten steuerlich als Modalität der Gewinnverteilung. Beim versorgungsberechtigten Nichtgesellschafter handelt es sich um nachträgliche Einkünfte aus Gewerbebetrieb. 1538

Soll nach der gesellschaftsvertraglichen Regelung ein Gesellschafter aus der Gesellschaft ausscheiden, so kann seine Abfindung auch dergestalt vereinbart werden, daß seine Angehörigen statt eines Auseinandersetzungsguthabens eine Rente erhalten. Auch eine solche Lösung kann zweckmäßig sein, wenn der Versorgungsgesichtspunkt im Vordergrund steht. 1539

Steuerlich muß bei einer solchen Lösung zwischen Veräußerungs- und (regelmäßig betrieblicher) Versorgungsrente unterschieden werden. Eine steuerliche Veräußerungsrente liegt vor, wenn die Abfindung (das Auseinandersetzungsguthaben) bewertet und verrentet wird; eine Versorgungsrente ist gegeben, wenn sich die Rente in ihrem Kapitalwert nicht nach der Höhe eines Auseinandersetzungsguthabens, sondern davon unabhängig nach dem Versorgungsbedürfnis der zu versorgenden Personen richtet[427]. 1540

3. Kapitalgesellschaften

Bei Kapitalgesellschaften sind Versorgungsrentenregelungen in der Praxis häufiger als bei Personengesellschaften, vornehmlich aus zwei Gründen: 1541
– Bei der Kapitalgesellschaft leistet der Geschäftsführer (Vorstand) seine Geschäftsführungstätigkeit regelmäßig aufgrund besonderen Dienstvertrages. Es liegt nahe, im Dienstvertrag auch eine Pensionsregelung zu vereinbaren, was bei größeren Unternehmen vielfach üblich ist. Häufig werden Pensionszusagen bei der GmbH auch durch Gesellschafterbeschluß getroffen. Auch in diesem Falle betreffen sie aber die dienstvertragliche Seite der Geschäftsführerstellung. Eine gesellschaftsvertragliche Regelung ist selten, bedeutet im Ergebnis aber auch nichts anderes als die Aufnahme dienstvertraglicher Rechtsbeziehungen in das Gesellschaftsverhältnis.

---

[427] Im einzelnen Buch II Rz. 416 ff., 525, 937 ff., 944.

– Versorgungsrentenregelungen haben bei der Kapitalgesellschaft den Vorzug, daß sie grundsätzlich zu Lasten des steuerpflichtigen Gewinns der Kapitalgesellschaft rückstellungsfähig und im Zahlungsfall Betriebsausgaben sind. Sie müssen allerdings angemessen sein, um nicht die Annahme steuerlicher verdeckter Gewinnausschüttungen auszulösen. Außerdem bestehen nach der Rechtsprechung Einschränkungen in den Fällen sog. beherrschender Gesellschafter-Geschäftsführer.

1542 Abfindungsverrentungen sind bei der Kapitalgesellschaft kaum praktikabel durchführbar. Wegen des Grundsatzes des Erhalts des Gesellschaftskapitals ist ein einfaches Ausscheiden aus der Kapitalgesellschaft wie bei einer Personengesellschaft nicht möglich. Der GmbH-Geschäftsanteil bzw. die Aktien des „ausscheidenden" Gesellschafters können wegen des Grundsatzes des Erhalts des Gesellschaftskapitals nicht einfach verschwinden.

4. Wertsicherung

1543 Bei allen Versorgungsrentenlösungen sollte an eine Wertsicherung gedacht werden. Regelmäßig werden Versorgungsrenten entweder an einen Lebenshaltungskostenindex, ein Beamtengehalt oder ein Tarifgehalt angepaßt. Es ist darauf zu achten, daß keine Kollisionen mit dem Wertsicherungsverbot des § 3 WährG entstehen. Das ist bei dienstvertraglichen Versorgungsrenten in der Regel unproblematisch. Die Genehmigung der zuständigen Landeszentralbank ist, insbesondere bei Abfindungsverrentungen, einzuholen.

III. Umwandlung

1. Allgemeines

1544 Das Umwandlungsrecht[428] bietet Gestaltungsmöglichkeiten zur rechtlichen Anpassung der Unternehmensform an die den jeweiligen Marktverhältnissen entsprechende betriebliche Organisationsform. Auch zur Regelung einer Unternehmensnachfolge kann eine Umwandlung zweckmäßig oder notwendig sein. Insbesondere kann die Unternehmensform vor oder mit dem Erbfall durch Umwandlung den Qualifikationen der Vermögensnachfolger angepaßt werden.

1545 Nach § 1 UmwG bestehen vier grundsätzliche Möglichkeiten der Umwandlung, nämlich Verschmelzung, Spaltung, Vermögensübertragung und Formwechsel. Nur diese im Gesetz genannten Umwandlungsformen sind möglich[429].

---

[428] Seit dem 1. Januar 1995 ist das Umwandlungsgesetz (UmwG) v. 28. 10. 1994 in Kraft, das als Art. 1 des Gesetzes zur Bereinigung des Umwandlungsrecht (UmwBerG) [BGBl. 1994 I, 3210], dessen wichtigsten Teil bildet; dazu Mayer/Vossius, MittBayNot 1994, 494; Neye, ZIP 1994, 465; ders. ZIP 1994, 917; ders. DB 1994, 2069; Kallmeyer, ZIP 1994, 1746; Schwarz, DStR 1994, 1694; Priester, DNotZ 1995, 427; Lüttge, NJW 1995, 417.

[429] Eine Zusammenstellung sämtlicher Umwandlungsmöglichkeiten in zivil- und steuerrechtlicher Hinsicht in alphabetischer Reihenfolge findet sich bei Schwedhelm, Die Unternehmensumwandlung (2. Aufl., 1996); tabellarische Übersicht bei Sagasser/Bula, Umwandlungen, S. 7 (B 17).

Von diesen vier Grundformen der Umwandlung ist die im Vierten Buch (§§ 174– **1546**
189 UmwG) geregelte Vermögensübertragung für die Vermögensnachfolge ohne
Interesse, da sie nur bei Beteiligung bestimmter Versicherungsunternehmen oder
der öffentlichen Hand als Rechtsträger vorgesehen ist.

Soll eine Umwandlung zur Vorbereitung oder Regelung einer Vermögensnach- **1547**
folge[430] durchgeführt werden, so sind aus erbschaft- und schenkungsteuerlicher
Sicht die seit Geltung des Standortsicherungsgesetzes unterschiedlichen Freibeträge für Beteiligungen an Kapitalgesellschaften einerseits und Personengesellschaften
und Einzelunternehmen andererseits zu beachten[431].

Durch das Gesetz zur zeitlichen Begrenzung der Nachhaftung von Gesellschaf- **1548**
tern (NachhBG) vom 18. 4. 1994[432] wurde für die Einzelfirma bei Veräußerung in
§ 26 HGB, die BGB-Gesellschaft in § 736 Abs. 2 BGB bzw. bei fortgesetzter Beteiligung als Kommanditist in § 28 Abs. 3 HGB sowie bei Ausscheiden bzw. bei
fortgesetzter Beteiligung als Kommandist einer früheren persönlich haftenden Beteiligung in § 160 HGB die Nachhaftung einheitlich zeitlich auf fünf Jahre begrenzt. Diese zeitliche Begrenzung der Haftung – keine Verjährung – gilt nach
§§ 45, 49 Abs. 4, 56, 56f Abs. 2, 65 a UmwG auch bei Umwandlung einer Personenhandelsgesellschaft oder eines einzelkaufmännischen Unternehmens in eine
Kapitalgesellschaft.

Internationale, grenzüberschreitende Umwandlungen von Unternehmen die ih- **1549**
ren Sitz außerhalb Deutschland haben, sind nach geltendem Recht nicht geregelt[433].
Läßt die ausländische Rechtsordnung deutsche Zweigniederlassungen zu, so ist
nach deutschem Recht eine Einbringung des ausländischen Unternehmens im
Wege der Kapitalerhöhung möglich. Auch können Tochtergesellschaften nach der
ausländischen Rechtsordnung mit – unter Beachtung der steuerlichen Wirkungen
– Ergebnisabführungsverträgen gegründet werden.

2. Umwandlungsgrundlagen

Das Umwandlungsgesetz zerlegt den Umwandlungsvorgang in drei Phasen. In **1550**
der Vorbereitungsphase ist durch Publizitäts-, Berichts- und Prüfungen der Schutz
aller Anteilseigner und der Arbeitnehmer gewährleistet. Die Beschlußphase sichert
durch das notarielle Beurkundungsverfahren die rechtliche Aufklärung der beteiligten Rechtsträger. Mit der Durchführung wird durch Handelsregisteranmeldung
und -eintragung die Umwandlung vollzogen.

Rechtsgeschäftliche Grundlage der Umwandlung ist bei der Verschmelzung und **1551**
der Vermögensübertragung ein notariell zu beurkundender Umwandlungsver-

---

[430] Dazu Lüdicke, ZEV 1995, 132; Kallmeyer DB 1996, 28.
[431] Zu den ertragsteuerlichen Begünstigungen und Steuerbefreiungen aufgrund des Umwandlungssteuergesetzes Buch II Rz. 1043 ff.
[432] BGBl 1994 I 560.
[433] Zu internationalen Umwandlungen Lutter, § 1 UmwG Rz. 6 ff.; Beck GmbH-HB/Orth § 14 Rz. 20 ff.

trag[434], bei der Spaltung durch Neugründung ein Spaltungsplan, beim Formwechsel ein Umwandlungsbeschluß. Diese rechtsgeschäftlichen Erklärungen enthalten die Angaben über die an der Umwandlung beteiligten Rechtsträger, die betroffenen Vermögenswerte, die Art der Umwandlung, eventuell vereinbarte Gegenleistungen – wie Mitgliederrechte, den Zeitpunkt der Umwandlung und des Gewinnbezugsrechtes, die Begründung von Sonderrechten und die Rechtsfolgen der Umwandlung für die Arbeitnehmer. Diese rechtsgeschäftlichen Erklärungen bedürfen immer der notariellen Beurkundung.

1552 Zweitens müssen Umwandlungsberichte und Umwandlungsprüfung vorliegen, soweit das Gesetz sie vorschreibt und auf sie nicht in notariell beurkundeter Form verzichtet wurde.

1553 Drittens müssen die Anteilsinhaber aller beteiligten Rechtsträger dem Umwandlungsvertrag, Spaltungsplan oder Umwandlungsbeschluß durch notariell beurkundeten Beschluß zustimmen.

1554 Viertens hat zum Vollzug der Umwandlung die Anmeldung in notarieller Beglaubigungsform zu den Registern der jeweiligen Rechtsträger zu erfolgen. Mit der Eintragung im Register ist die Umwandlung erfolgt.

3. Verschmelzung

a) Verschmelzungsarten

1555 § 2 UmwG definiert die Verschmelzung[435] als Übertragung des gesamten Vermögens eines Rechtsträgers oder mehrerer Rechtsträger auf einen anderen schon bestehenden Rechtsträger (Verschmelzung durch Aufnahme) oder einen mit der Umwandlung neu gegründeten Rechtsträger (Verschmelzung durch Neugründung)[436].

1556 Eine Verschmelzung durch Neugründung ist möglich von einer juristischen Person auf eine andere, mit der Verschmelzung neu gegründeten juristischen Person[437], von einer juristischen Person auf eine neu gegründete Personengesellschaft[438], nicht aber von einer Personenhandelsgesellschaft auf eine mit der Umwandlung neu gegründete juristische Person[439]. Im letzteren Fall kommt nur ein Formwechsel in Betracht.

---

[434] Zur notwendigen Beurkundungsform nach deutschem Recht vgl. Goette, DStR 1996, 709; LG Augsburg DB 1996, 1666; dazu auch oben Rz. 1263.
[435] Zu den Vor- und Nachteilen der Verschmelzung Sagasser/Bula, Umwandlungen, S. 56 ff. (F 3 ff.).
[436] Zur Durchführung der Verschmelzung vgl. Widmann/Mayer/Heckschen, Bd. 1, Verschmelzung, Rz. 93 ff.
[437] Widmann/Mayer/Heckschen, Bd. 1, Verschmelzung Rz. 269 ff.; Beispiel: GmbH auf AG; zur Verschmelzung auf eine GmbH vgl. Beck GmbH-HB/Orth § 14 Rz. 120 ff.
[438] Widmann/Mayer/Heckschen, Bd. 1, Verschmelzung Rz. 299 ff.; Beispiel: GmbH auf KG.
[439] Widmann/Mayer/Heckschen, Bd. 1, Verschmelzung Rz. 305.

b) Verschmelzungsfähige Rechtsträger

Die verschmelzungsfähigen Rechtsträger sind in den § 3 Abs. 1 und 2 UmwG abschließend aufgeführt. Danach können an einer Verschmelzung beteiligt sein: 1557
- Personenhandelsgesellschaften (OHG, KG), (§§ 39–45 UmwG),
- Kapitalgesellschaften GmbH (§§ 46–59 UmwG), AG (§§ 60–77), KGaA (§ 78 UmwG),
- eingetragene Genossenschaften (§§ 79–98 UmwG),
- eingetragene Vereine,
- genossenschaftliche Prüfungsverbände,
- Versicherungsvereine auf Gegenseitigkeit.

Nur als übertragende Rechtsträger können wirtschaftliche Vereine (§ 22 BGB), nur als übernehmende Rechtsträger natürliche Personen, wenn sie als Alleingesellschafter einer Kapitalgesellschaft deren Vermögen übernehmen, beteiligt sein. 1558

Somit kann eine Einmann-AG, -GmbH, oder -KGaA auf deren Alleingesellschafter verschmolzen werden[440]. Daneben liegen in der Praxis die Hauptanwendungsfälle der Verschmelzung bei Umwandlungen von Personen- in Kapitalgesellschaften und von Kapital- in Personengesellschaften. 1559

c) Zustimmungserfordernis

Sind Personengesellschaften beteiligt, so bedarf die Verschmelzung der Zustimmung aller Gesellschafter, sofern der Gesellschaftsvertrag nicht ausdrücklich abweichendes regelt[441]. 1560

Wird eine Personengesellschaft auf eine GmbH verschmolzen, so gelten neben dem allgemeinen Teil die §§ 39ff. UmwG für die übertragende Personengesellschaft und die §§ 46ff. UmwG für die aufnehmende GmbH. 1561

d) Personenidentität

Bei der Verschmelzung durch Aufnahme braucht keine Personenidentität der Gesellschafter, schon gar nicht eine Beteiligungsidentität an den beteiligten Rechtsträgern zu bestehen. Dies kann zur Regelung der Vermögensnachfolge unter den Erben genutzt werden. So kann z. B. eine Kapitalgesellschaft auf eine GmbH & Co. verschmolzen werden, mit der Folge, daß die (erhöhten) Kommanditeinlagen den Gesellschaftern der Kapitalgesellschaft zustehen. Umgekehrt kann eine Personengesellschaft auf eine Kapitalgesellschaft verschmolzen werden gegen Gewährung von Geschäftsanteilen oder Aktien. Von der Verschmelzung auf eine GmbH & Co., deren Komplementär-GmbH noch nicht im Handelsregister eingetragen ist, 1562

---

[440] Streitig ist, ob eine Verschmelzung auf einen Minderkaufmann möglich ist; ablehnend OLG Zweibrücken ZIP 1996, 460, weil dieser nicht im Handelsregister eingetragen werden kann; vgl. dazu aber Heckschen ZIP 1996, 450, der überzeugend darlegt, daß auch die Verschmelzung auf den Nichtkaufmann und den Minderkaufmann zulässig ist.
[441] Widmann/Mayer/Heckschen, Bd. 1, Verschmelzung, Rz. 38.

ist aus Haftungsgründen abzuraten. Die Eintragung der GmbH im B-Handelsregister sollte abgewartet werden.

e) Rechtsfolge

1563 Mit der Verschmelzung geht das Vermögen einschließlich der Verbindlichkeiten des übertragenden Rechtsträgers im Wege der Gesamtrechtsnachfolge auf den übernehmenden Rechtsträger über. Der Übergang der Verbindlichkeiten bedarf nicht der Zustimmung der Gläubiger. Den Anteilsinhabern des übertragenen Rechtsträgers werden im Wege des Anteilstausches Anteile an dem übernehmenden oder neuen Rechtsträger gewährt.

f) Anwendungsbereich

1564 Im Bereich der Vermögensnachfolge wird der Hauptanwendungsfall der Verschmelzung bei Umwandlungen von Personen- auf Kapitalgesellschaften liegen, um die persönliche Haftung der Vermögensnachfolger auszuschließen. Daneben eignet sich die Verschmelzung z.B. zur Verbesserung der betrieblichen Organsiation im Konzern, zur Umgehung einer Liquidation, zur Übernahme eines Unternehmens, zur Konzentration und Vorbereitung eines Börsengangs[442].

4. Spaltung

a) Allgemeines

1565 Als neue Umwandlungsform ist mit der Novellierung des Umwandlungsrechts in den §§ 123ff. UmwG die „Spaltung" eines Rechtsträgers in die deutsche Rechtsordnung neu eingeführt worden[443].

1566 Durch die Spaltung wird das Gesellschaftsvermögen vollständig oder teilweise auf eine oder mehrere andere Gesellschaften aufgeteilt[444]. Da aufgrund der Spaltung eine Sonderrechtsnachfolge eintritt[445], entfällt die Notwendigkeit von Einzelübertragungsakten[446].

1567 Die Spaltung kann sehr unterschiedlichen wirtschaftlichen Zielen dienen: z.B. Schaffung kleinerer, am Markt selbständig auftretender Einheiten; Vorbereitung der Veräußerung von Unternehmensteilen; Aufteilung von Haftungsrisiken; Vermeidung der Mitbestimmung durch kleinere Unternehmenseinheiten; Betriebsaufspaltungen[447]; Holding-Konstruktionen; Trennung von operativem und nicht betriebsnotwendigem Vermögen; Auseinandersetzung von Familienstämmen; Umgliederungen von Konzernen; Rückgängigmachung von fehlerhaften Ver-

---

[442] Weitere Bespiele bei Widmann/Mayer/Heckschen, Bd. 1, Verschmelzung, Rz. 74.
[443] Dazu Mayer, DB 1995, 861.
[444] Zur Spaltung auf eine GmbH vgl. Beck GmbH-HB/Orth § 14 Rz. 150ff.
[445] Heidenhain, ZIP 1995, 801.
[446] Lutter/Teichmann, § 123 UmwG Rz. 7.
[447] Limmer in Neye/Limmer/Frenz/Harnacke, Hdb. d. Unternehmensumwandlung, RZ. 982; Sagasser/Bula, Umwandlungen, S. 242ff. (K 110); Patt, DStR 1994, 1383.

schmelzungen; Entflechtungsmaßnahmen und insbesondere auch Erbauseinandersetzungen[448].

Für Regelungen der Vermögensnachfolge eröffnet der Spaltung von Rechtsträgern neue Gestaltungsmöglichkeiten. Ist der Erblasser Inhaber einer größeren Gesellschaft, die z.B. verschiedene Unternehmensgegenstände hat, unterschiedliche Produktionen betreibt oder neben der Produktion und dem Vertrieb der eigenen Erzeugnisse, den Handel mit Fremderzeugnissen unterhält, so kann die Spaltung als vorbereitendes Mittel der Vermögensnachfolge eingesetzt werden, um den Nachlaß später unter mehreren Erben real zu teilen. Jeder geeignete Erbe kann dann mit einem rechtlich selbständigen Unternehmen ausgestattet werden. 1568

Nach dem Erbfall kann die Spaltung gleichfalls zur Auseinandersetzung unter mehreren Erben vorgenommen werden. Zivilrechtlich nach dem Umwandlungsgesetz und umwandlungssteuerrechtlich (vgl. § 2 UmwStG) könnte die Spaltung bis zu acht Monaten rückwirkend vorgenommen werden, so daß die Erbengemeinschaft selbst auf dem vom Gesetzgeber im Umwandlungsrecht aufgezeigten Wege durch Neustrukturierung des Unternehmens ihre Auseinandersetzung – gem. § 128 UmwG sogar unter Verschiebung der Beteiligungsverhältnisse[449] – vorbereiten könnte, wobei der Gläubigerschutz gem. § 133 UmwG gewährleistet bleibt[450]. 1569

b) Spaltungsformen

§ 123 UmwG definiert drei verschiedene Arten der Spaltung, nämlich Aufspaltung, Abspaltung und Ausgliederung[451]. 1570

aa) Aufspaltung

Bei der Aufspaltung erlischt der übertragende Rechtsträger, ohne Liquidation. Der Gläubigerschutz ist durch eine gesamtschuldnerische Haftung der neuen Rechtsträger gewährleistet (zur Begrenzung durch die Fünfjahresfrist vgl. § 133 Abs. 3 UmwG). Das Vermögen geht auf die neuen Rechtsträger im Wege der partiellen Gesamtrechtsnachfolge gegen Gewährung von Anteilen an die Anteilsinhaber des übertragenden Rechtsträgers über. Möglich ist die Aufspaltung auf zwei und mehr Rechtsträger. Die Aufspaltung kann auf bereits bestehende Rechtsträger (Aufspaltung durch Aufnahme) oder auf neu gegründete Rechtsträger (Aufspaltung durch Neugründung) erfolgen. 1571

bb) Abspaltung

Bei der Abspaltung wird der übertragende Rechtsträger nicht aufgelöst, sondern spaltet lediglich einen Teil seines Vermögens auf einen oder andere erwerbende Rechtsträger ab. Auch hier ist eine Abspaltung zur Aufnahme und zur Neugrün- 1572

---

[448] BR-Drs 75/94 S. 74; Widmann/Mayer/Mayer, Bd. 1, Spaltung, Rz. 9.
[449] Dazu Lutter/Priester § 128 UmwG Rz. 8ff.
[450] Zu den erbschafts- und ertragssteuerlichen Folgen Buch II 520.
[451] Vgl. dazu die Schemata bei Sagasser/Bula, Umwandlungen, S. 201ff. (K 4ff.).

dung möglich. Die Anteilsinhaber sind dann grundsätzlich an beiden Rechtsträgern direkt beteiligt.

cc) Ausgliederung

1573   Bei der Ausgliederung kann der Rechtsträger Teile seines Vermögens auf eine Tochtergesellschaft oder mehrere ausgliedern. Auch die Ausgliederung kann zur Aufnahme und zur Neugründung erfolgen. Die Anteile an der Tochtergesellschaft werden nicht in das Vermögen der eigenen Anteilsinhaber übertragen, sondern bleiben im Vermögen des übertragenden Rechtsträgers. Hierdurch entsteht ein Mutter-Tochter-Konzernverhältnis. Daher eignet sich die Ausgliederung in besonderer Weise zur Schaffung von Holding-Strukturen.

dd) Kombination der Spaltungsformen

1574   Obwohl im Gesetz nicht geregelt, wird eine Kombination der Spaltungsformen Abspaltung und Ausgliederung, für die ein praktisches Bedürfnis spricht[452], für zulässig erachtet[453]. Als unzulässig ist aber eine Kombination zwischen Aufpaltung und Ausgliederung anzusehen, die zu einer Gewährung von Anteilen an dem übertragenden Rechtsträger führt, da dieser nach § 131 Abs. 1 Nr. 2 UmwG zwingend mit der Eintragung der Aufspaltung im Handelsregister erlischt[454].

c) Spaltungsfähige Rechtsträger, Vermögen, Haftung

1575   Alle drei Spaltungsformen können sowohl auf einen bestehenden Rechtsträger als auch auf einen neu zu gründenden Rechtsträger erfolgen[455].

1576   Das Gesetz sieht bezüglich der Vermögensgegenstände, die von der Spaltung betroffen werden, keine Einschränkungen vor, so daß auch ein einzelner Vermögensgegenstand, z.B. ein Betriebsgrundstück, im Wege einer Spaltung aus dem Unternehmensvermögen ausgegliedert werden kann. Die Grenze der Vertragsfreiheit dürfte dort überschritten sein, wo der Gläubigerschutz unterlaufen wird.

1577   Nach § 133 UmwG sollen für Verbindlichkeiten des übertragenden Rechtsträgers, die vor dem Wirksamwerden der Spaltung begründet worden sind, die an der Spaltung beteiligten Rechtsträger als Gesamtschuldner haften. Die gesamtschuldnerische Haftung wird für denjenigen Rechtsträger, der nach dem Spaltungsplan nicht der originäre Schuldner ist, auf einen Fünfjahreszeitraum begrenzt. Die gesamtschuldnerische Haftung tritt für alle Verbindlichkeiten ein, sofern sie vor dem Wirksamwerden der Spaltung begründet waren.

1578   An einer Spaltung können als übertragende, übernehmende oder neue Rechtsträger beteiligt sein: Personengesellschaften (OHG, KG), Kapitalgesellschaften (GmbH, AG, KGaA), eingetragene Genossenschaften, eingetragene Vereine, ge-

---
[452] Kallmeyer, DB 1995, 81.
[453] Widmann/Mayer/Mayer, Bd. 1, Spaltung, Rz. 14; Sagasser/Bula, Umwandlungen, S. 240 ff. (K 109).
[454] Ebenso Widmann/Mayer/Mayer, Bd. 1, Spaltung, Rz. 15; **a. A.:** Kallmeyer, DB 1995, 82 f.
[455] Peter/Crezelius/Limmer, Rz. 74, 75.

nossenschaftliche Prüfungsverbände, Versicherungsvereine auf Gegenseitigkeit. Nur als übertragende Rechtsträger können wirtschaftliche Vereine beteiligt sein. Darüberhinaus können als übertragende Rechtsträger an einer Ausgliederung beteiligt sein: Einzelkaufleute, Stiftungen, Gebietskörperschaften, Zusammenschlüsse von Gebietskörperschaften, die nicht Gebietskörperschaften sind.

Die praktischen Schwierigkeiten und letztlich kaufmännischen Entscheidungen bei der Spaltung können in der Zuordnung der Vermögensgegenstände liegen. Hierbei ist eine Zuordnung der sächlichen und personellen Betriebsmittel notwendig. Dabei können die Festlegung des Umtauschverhältnisses der Anteile bei der Auf- und Abspaltung in der Praxis Probleme bereiten und zu Streit führen. 1579

Will der Erblasser die Auf- oder Abspaltung zum Zwecke der Erbauseinandersetzung, so sind genaue Vorgaben in der letztwilligen Verfügung notwendig. Darüberhinaus sind aber die Erbfolge vorbereitenden Maßnahmen zu empfehlen. Insbesondere ist eine möglichst weitgehende Verselbständigung der zu trennenden Betriebseinheiten herbeizuführen. Dadurch können unnötige Streitigkeiten, die das Unternehmen belasten, vermieden werden. 1580

d) Spaltungsvertrag, Spaltungsplan[456]

Die Spaltung wird nach § 126 UmwG durch den Spaltungs- und Übernahmevertrag bei der Spaltung zur Neugründung durch den Spaltungsplan gem. § 136 UmwG geregelt. Danach ist den Beteiligten eine weitgehende Vertragsfreiheit für die Teilung des Aktiv- und Passiv-Vermögens eingeräumt. Auch die Aufteilung der Anteile oder Mitgliedschaften jedes der beteiligten Rechtsträger auf die Anteilsinhaber sowie der Maßstab der Aufteilung unterliegen privatautonomer Gestaltungsfreiheit. Da jedenfalls bei Kapitalgesellschaften die Spaltung durch Mehrheitsbeschluß herbeigeführt werden kann, ist nach § 128 UmwG die Zustimmungspflicht aller Anteilsinhaber des übertragenen Rechtsträgers und die der nicht Erschienenen (§ 13 Abs. 3 UmwG) geregelt. 1581

Sowohl der Spaltungsvertrag als auch der Spaltungsplan[457] bedürfen der notariellen Beurkundung. 1582

Der Mindestinhalt eines Spaltungs- und Übernahmevertrages wird durch § 126 Abs. 1 UmwG festgesetzt: 1583
– Name oder Firma und Sitz der an der Spaltung beteiligten Gesellschaften,
– Vereinbarung über die Übertragung der Teile des Vermögens des übertragenen Rechtsträgers jeweils als Gesamtheit gegen Gewährung von Anteilen oder Mitgliedschaften an die übernehmenden Rechtsträger,
– nur bei Aufspaltung und Abspaltung: das Umtauschverhältnis der Anteile und gegebenenfalls die Höhe der baren Zuzahlung oder Angaben über die Mitgliedschaft bei den übernehmenden Rechtsträgern,

---

[456] Heidenhain, NJW 1995, 2873.
[457] Lutter/Priester, § 136 UmwG, Rz. 6.

- nur bei Aufspaltung und Abspaltung: die Einzelheiten für die Übertragung der Anteile der übernehmenden Gesellschaft oder über den Erwerb der Mitgliedschaft bei den übernehmenden Gesellschaftern,
- Angabe des Zeitpunktes, von dem ab die Anteile oder die Mitgliedschaft einen Anspruch auf einen Anteil am Bilanzgewinn gewähren, sowie alle besonderen Regelungen bezüglich dieses Anspruchs,
- Festlegung des Zeitpunkts von dem an die Handlungen des übertragenden Rechtsträgers als für Rechnung jedes der übernehmenden Rechtsträger vorgenommen werden sollen (Spaltungsstichtag),
- Angabe der Rechte, welche die übernehmenden Gesellschaften einzelnen Gesellschaftern sowie den Inhabern besonderer Rechte wie Anteile ohne Stimmrecht, Vorzugsaktien, Mehrstimmrechtsaktien, Schuldverschreibungen, Genußrechte, gewähren, oder die für diese Personen vorgesehenen Maßnahmen,
- Angabe aller Vorteile, welche einem Mitglied eines Vertretungsorgangs oder eines Aufsichtsorgans an der Spaltung beteiligter Gesellschaften, einem geschäftsführenden Gesellschafter, einem Abschlußprüfer oder einem Spaltungsprüfer gewährt werden,
- genaue Bezeichnung der Aufstellung der Gegenstände des Aktiv- und Passivermögens, die an jeden der übernehmenden Rechtsträger übertragen werden sowie der übergehenden Betriebe und Betriebsteile unter Zuordnung zu den übernehmenden Rechtsträgern. Hierbei sind die sachenrechtlichen Bestimmtheitsgrundsätze einzuhalten. Auf Urkunden wie Bilanz und Inventarverzeichnisse kann Bezug genommen werden, sofern deren Inhalt eine Zuweisung des einzelnen Gegenstandes ermöglicht. Die Urkunden müssen im Spaltungs- und Übernahmevertrag als Anlagen beigefügt und mitbeurkundet werden.
- Nur bei Aufspaltung und Abspaltung muß die Aufteilung der Anteile oder Mitgliedschaften jedes der übernehmenden Rechtsträger auf die Anteilsinhaber des übertragenden Rechtsträgers sowie der Maßstab für die Aufteilung angegeben werden.
- Die Folgen der Spaltung für die Arbeitnehmer und ihre Vertretungen sowie die insoweit vorgesehenen Maßnahmen müssen enthalten sein.

1584 Erfolgt eine Spaltung zur Neugründung, so müssen die Gründungsvorschriften des jeweiligen Gesellschaftsrechts beachtet werden[458]. Der Spaltungs- und Übernahmevertrag werden bei Neugründung einer Kapitalgesellschaft durch den Spaltungsplan ersetzt, da mit den erst noch zu gründenden Kapitalgesellschaften ein Spaltungs- und Übernahmevertrag nicht abgeschlossen werden kann[459]. Für den Spaltungsplan gilt § 126 UmwG entsprechend.

e) Spaltungsbericht

1585 Nach § 127 UmwG haben die Vertretungsorgane der an der Spaltung beteiligten Gesellschaften für die Gesellschafter zur rechtlichen und wirtschaftlichen Erläute-

---
[458] Peter/Crezelius/Limmer Rz. 2490.
[459] Widmann/Mayer/Mayer, Bd. 1, Spaltung, Rz. 24.

rung einen umfassenden schriftlichen Spaltungsbericht zu erstellen[460]. Der Spaltungsbericht soll einer möglichst umfassenden Information der Gesellschafter dienen[461]. Nach § 8 Abs. 3 i.V.m. § 125 UmwG ist der Spaltungsbericht nicht erforderlich, wenn alle Gesellschafter der beteiligten Gesellschaften in notariell beurkundeten Verzichtserklärungen auf die Erstellung verzichten[462].

f) Spaltungsprüfung

Der Spaltungsvertrag bzw. der Spaltungsplan oder sein Entwurf müssen nach § 9 Abs. 1 i.V.m. § 125 UmwG durch einen oder mehrere sachverständige Prüfer geprüft werden[463]. Der Prüfungsbericht ist schriftlich zu erstatten und mit einem Prüfungsvermerk zu versehen (§ 12 i.V.m. § 125 UmwG). Auf die Spaltungsprüfung kann durch notarielle Zustimmungserklärung aller Anteilsinhaber aller beteiligten Rechtsträger einstimmig verzichtet werden[464].   1586

g) Zustimmungsbeschlüsse

Nach § 13 Abs. 1 i.V.m. § 125 UmwG müssen die Gesellschafter aller beteiligten Gesellschaften dem Spaltungs- und Übertragungsvertrag zustimmen[465]. Der Beschluß ist in einer Gesellschafter- oder Hauptversammlung zu fassen und bedarf der notariellen Beurkundung. Bei der GmbH bedarf der Beschluß einer Dreiviertelmehrheit der abgegebenen Stimmen, bei der Aktiengesellschaft einer Dreiviertelmehrheit des bei der Beschlußfassung vertretenen Grundkapitals. Eine übertragende Aktiengesellschaft darf die Spaltung nur beschließen, wenn Sie mindestens seit zwei Jahren im Handelsregister eingetragen ist.   1587

Damit Minderheitengesellschafter nicht übergangen werden können, bestimmt § 128 UmwG, daß bei der verhältniswahrenden Spaltung alle Gesellschafter der übertragenden Gesellschaft zustimmen müssen. Der Zustimmungsbeschluß bedarf nach § 13 Abs. 3 UmwG der notariellen Beurkundung. Nicht erschienene Gesellschafter können durch notariell beurkundete Zustimmungserklärung nachträglich zustimmen. Vor einer Auslandsbeurkundung, die von einzelnen Autoren im Schrifttum – wenn auch mit Einschränkungen[466] – empfohlen wird, ist wegen der damit verbundenen Unwirksamkeitsrisiken[467] zu warnen.   1588

Nach § 138 UmwG ist bei Beteiligung einer GmbH ein Sachgründungsbericht erforderlich[468].   1589

---

[460] Widmann/Mayer/Mayer, Bd. 1, Spaltung, Rz. 156 ff.; Lutter/Hommelhoff, § 127 UmwG, Rz. 16 ff.
[461] Lutter/Priester, § 127 UmwG, Rz. 4.
[462] Lutter, § 8 UmwG, Rz. 45 ff.
[463] Widmann/Mayer/Mayer, Bd. 1, Spaltung, Rz. 164 ff.
[464] Lutter, § 10 UmwG, Rz. 17.
[465] Widmann/Mayer/Mayer, Bd. 1, Spaltung, Rz. 177 ff.
[466] Lutter, § 13 UmwG, Rz. 13 m.w.N.
[467] Dazu oben Rz. 1263 und Rz. 1551 Fn. 434.
[468] Lutter/Priester § 138 Rz. 4 ff.

1590 Die Spaltung kann bei der übernehmenden Gesellschaft zu einer Kapitalerhöhung führen. Die übernehmende Gesellschaft ist jedoch nicht verpflichtet, eine Kapitalerhöhung durchzuführen. Wird eine Kapitalerhöhung durchgeführt, so handelt es sich um eine Kapitalerhöhung gegen Sacheinlage.

1591 Die Abspaltung kann eine Herabsetzung des Stammkapitals erfordern. Wird das Kapital herabgesetzt, so darf die Abspaltung oder Ausgliederung erst eingetragen werden, nachdem die Herabsetzung des Stammkapitals im Handelsregister eingetragen ist (§§ 139 Satz 2, 145 Satz 2 UmwG).

h) Registeranmeldung

1592 Die Spaltung ist durch die Vertretungsorgange jedes der an der Spaltung beteiligten Rechtsträger zur Eintragung in das jeweilige Handelsregister anzumelden. Mit der Handelsregisteranmeldung ist die Versicherung der Vertretungsorgange zu verbinden, daß eine Klage gegen die Wirksamkeit des Spaltungsbeschlusses nicht oder nicht fristgemäß erhoben oder eine solche Klage rechtskräftig abgewiesen oder zurückgenommen worden ist (§ 16 Abs. 2 UmwG).

1593 Der Anmeldung sind beizufügen
– notariell beglaubigte Abschrift des Spaltungsvertrages,
– notariell beglaubigte Abschrift der Niederschrift über die Gesellschafterversammlung, in denen die Zustimmungserklärungen beschlossen wurden,
– notariell beglaubigte Abschriften notwendiger Zustimmungserklärungen nicht erschienener Gesellschafter,
– Abschrift des Spaltungsberichtes,
– Abschrift des Prüfungsberichtes oder notariell beurkundete Verzichtserklärungen,
– Schlußbilanz des übertragenden Rechtsträgers (§ 17 Abs. 2 UmwG),
– Nachweis über die rechtzeitige Zuleitung des Spaltungsvertrages oder seines Entwurfes an den zuständigen Betriebsrat etwa durch Vorlage der Empfangsbestätigung des Vorsitzenden des jeweiligen Betriebsrats.

i) Wirksamwerden der Spaltung

1594 Die Spaltung wird mit der Eintragung in das Handelsregister der übertragenden Gesellschaft wirksam[469]. Da aufgrund der Spaltung die Vermögensgegenstände im Wege der partiellen Gesamtrechtsnachfolge auf die an der Spaltung beteiligten Rechtsträger übergehen, bedarf es keiner Einzelübertragung der Vermögensgegenstände.

5. Formwechsel

a) Allgemeines

1595 Nach § 190 Abs. 1 UmwG kann ein Rechtsträger durch Formwechsel eine andere Rechtsform erhalten. Die Identität des Rechtsträgers wird durch den Formwechsel nicht berührt, auch wenn eine Personengesellschaft in eine Kapitalgesellschaft

---

[469] Lutter/Teichmann, Anh. § 137, Rz. 12.

oder umgekehrt umgewandelt wird. Allerdings kann mit Zustimmung aller Anteilsinhaber von der Identität der Beteiligungsverhältnisse der Anteilseigner abgewichen werden (sog. nicht verhältniswahrender Formwechsel). Durch den Formwechsel wird die rechtliche Organisationsform eines Rechtsträgers geändert.[470] Nach § 202 Abs. 1 Ziff. 1 UmwG besteht der formwechselnde Rechtsträger in der den Umwandlungsbeschluß bestimmenden Rechtsform weiter.

Die formwechselnde Umwandlung bietet sich bei der Unternehmensnachfolge dann an, wenn z.B. die Erben das Unternehmen nicht in der Form einer Personengesellschaft fortführen wollen oder können. Hierbei können zur Auseinandersetzung einer Erbengemeinschaft auch die Möglichkeiten eines nicht verhältniswahrenden Formwechsels genutzt werden. Darüber hinaus eignet sich der Formwechsel auch zur Vorbereitung einer Vermögensnachfolge. Sind die Vermögensnachfolger selbst zur Leitung des Unternehmens nicht in der Lage, so empfiehlt sich bereits zu Lebzeiten, das Unternehmen durch Formwechsel rechtlich so umzustrukturieren, daß die späteren Erben als reine Kapitaleigner beteiligt werden können.

1596

b) Möglichkeiten des Formwechsels

Folgende formwechselnden Umwandlungen können vorgenommen werden[471]:
– Personenhandelsgesellschaft in Kapitalgesellschaft oder eingetragene Genossenschaft (§ 214 UmwG),
– Kapitalgesellschaft in BGB-Gesellschaft, Personenhandelsgesellschaft, eine andere Kapitalgesellschaft oder eingetragene Genossenschaft (§ 226 UmwG),
– eingetragene Genossenschaft in Kapitalgesellschaft (§ 258 UmwG),
– rechtsfähiger Verein in Kapitalgesellschaft oder eingetragene Genossenschaft (§ 272 UmwG),
– Körperschaft oder Anstalt des öffentlichen Rechts in Kapitalgesellschaft (§ 301 UmwG).

1597

c) Umwandlungsbericht

Grundsätzlich ist ein Umwandlungsbericht[472] erforderlich, der den Formwechsel und die künftige Beteiligung der Anteilsinhaber rechtlich und wirtschaftlich erläutert. Nach § 192 Abs. 3 UmwG ist ein Umwandlungsbericht dann nicht erforderlich, wenn es sich um eine Einmann-Gesellschaft handelt oder wenn alle Anteilsinhaber in notariell beurkundeter Verzichtserklärung auf die Berichterstattung verzichten[473]. Wird ein Umwandlungsbericht erstellt, so hat dieser nach § 192

1598

---

[470] Begründung zum Regierungsentwurf, BR-Drs. 75/94, S. 136; Karsten Schmidt ZIP 1995, 1385, 1387.
[471] Einzelheiten bei Widmann/Mayer/Vossius, Bd. 1, Formwechsel, Rz. 28 ff; tabellarische Übersicht bei Sagasser/Bula, Umwandlungen, S. 312 (O 13).
[472] Widmann/Mayer/Vossius, Bd. 1, Formwechsel, Rz. 46 ff.
[473] Lutter/Decher, § 192 UmwG, Rz. 35 ff.

Abs. 1 Satz 3 UmwG auch einen Entwurf des Umwandlungsbeschlusses zu enthalten.

1599   Eine Umwandlungsbilanz wie nach altem Recht ist nicht erforderlich. Erforderlich ist vielmehr eine Vermögensaufstellung, die eine detaillierte Prüfung der Vermögenslage ermöglicht[474]. Auf diese Vermögensaufstellung kann nach § 192 Abs. 3 UmwG ebenfalls verzichtet werden, da die Aufstellung nach § 192 Abs. 2 Satz 2 UmwG Bestandteil des Berichtes ist. Außerdem ist nach § 215 UmwG eine Vermögensaufstellung bei einer formwechselnden Umwandlung einer Personenhandelsgesellschaft in eine Kapitalgesellschaft dann nicht erforderlich, wenn alle Gesellschafter geschäftsführungsbefugt sind[475].

d) Umwandlungsbeschluß

1600   Die für den Umwandlungsbeschluß erforderlichen Unterrichtungspflichten sind je nach Gesellschaftsform des betroffenen Rechtsträgers unterschiedlich[476].

1601   Bei Personenhandelsgesellschaften hat nach § 216 UmwG das Vertretungsorgan allen von der Geschäftsführung ausgeschlossenen Gesellschaftern spätestens mit der Einberufung der Gesellschafterversammlung den Formwechsel als Gegenstand der Beschlußfassung schriftlich anzukündigen, den erforderlichen Umwandlungsbericht sowie ein Abfindungsgebot nach § 107 UmwG zu übersenden.

Der Umwandlungsbeschluß bedarf der Zustimmung aller anwesenden Gesellschafter zuzüglich der Zustimmung aller nicht erschienenen Gesellschafter, sofern der Gesellschaftsvertrag nicht eine Mehrheitsentscheidung vorsieht, mindestens jedoch einer Dreiviertelmehrheit aller Gesellschafter.

1602   Bei Kapitalgesellschaften haben nach §§ 230, 231 UmwG die Geschäftsführer der formwechselnden GmbH allen Gesellschaftern spätestens mit der Einberufung der Gesellschafterversammlung den Formwechsel als Gegenstand der Beschlußfassung schriftlich anzukündigen und den Umwandlungsbericht zu übersenden. Bei einer Aktiengesellschaft oder KGaA ist der Umwandlungsbericht von der Einberufung der Hauptversammlung an in den Geschäftsräumen der Gesellschaft zur Einsicht auszulegen. Jeder Aktionär hat das Recht, kostenlos eine Abschrift des Umwandlungsberichts zu verlangen. Darüberhinaus muß den Aktionären ein Abfindungsgebot nach § 207 UmwG übersandt werden oder im Bundesanzeiger oder den sonst bestimmten Gesellschaftsblättern bekannt gemacht werden.

1603   Der Umwandlungsbeschluß bedarf nach § 233 Abs. 1 UmwG der Zustimmung aller Gesellschafter bei Umwandlung in eine BGB-Gesellschaft oder OHG, einer Dreiviertelmehrheit bei Umwandlung in eine KG sowie nach § 240 UmwG einer Dreiviertelmehrheit bei Umwandlung in eine andere Kapitalgesellschaft.

1604   Nach § 194 UmwG muß der Umwandlungsbeschluß folgenden Inhalt haben:
– Angabe der Rechtsform, in die der Formwechsel erfolgen soll,

---

[474] Lutter/Decher, § 192 UmwG, Rz. 41 ff.
[475] Lutter/Joost, § 215 UmwG, Rz. 2 ff.
[476] Widmann/Mayer/Vossius, Bd. 1, Formwechsel, Rz. 70 ff.

- Name oder Firma des neuen formgewechselten Rechtsträgers, Beteiligung der bisherigen Anteilsinhaber an dem neuen formgewechselten Rechtsträger nach den für die neue Rechtsform geltenden Vorschriften. Eine Ausnahmeregelung gilt nur für Komplementäre einer formwechselnden Kommanditgesellschaft auf Aktien, für die im 5. Buch ein Ausscheiden vorgesehen ist, sowie für den ebenfalls vorgesehenen Ausschluß bestimmter Mitglieder eines formwechselnden Versicherungsvereins auf Gegenseitigkeit von der Beteiligung an der Aktiengesellschaft.
- Zahl, Art und Umfang der Anteile oder der Mitgliedschaften, welche die Anteilsinhaber durch den Formwechsel erlangen sollen oder die einen beitretenden persönlich haftenden Gesellschafter eingeräumt werden sollen. Angabe aller Sonderrechte, die einzelnen Anteilsinhabern sowie den Inhabern besonderer Rechte, wie Anteile ohne Stimmrecht, Vorzugsaktien, Mehrstimmrechtsaktien, Schuldverschreibungen und Genußrechte, gewährt werden sollen oder Maßnahmen, die für solche Personen vorgesehen sind.
- Abfindungsgebot nach § 207 UmwG, sofern der Umwandlungsbeschluß für seine Wirksamkeit nicht der Zustimmung aller Anteilsinhaber bedarf oder an den formwechselnden Rechtsträgern nur ein Anteilsinhaber beteiligt ist.
- Folgen des Formwechsels für die Arbeitnehmer und ihre Vertretungen sowie die insoweit vorgesehenen Maßnahmen.

e) Gründungsvorschriften des neuen Rechtsträgers

Nach § 197 UmwG sind auf den Formwechsel die für den neuen Rechtsträger geltenden Gründungsvorschriften anzuwenden, soweit sich nichts Abweichendes aus dem Umwandlungsgesetz ergibt. Hierdurch soll vermieden werden, daß die für den Rechtsträger neuer Rechtsform maßgebenden Gründungsvorschriften umgangen werden können. So ist insbesondere nach § 220 Abs. 2 UmwG beim Formwechsel in eine GmbH im Sachgründungsbericht und beim Formwechsel in eine Aktiengesellschaft im Gründungsbericht der bisherige Geschäftsverlauf und die Lage der formwechselnden Gesellschaft darzulegen. 1605

f) Registeranmeldung[477]

Die formwechselnde Umwandlung ist grundsätzlich zu dem Register anzumelden, in dem der formwechselnde Rechtsträger bisher eingetragen ist. Ändert sich die Art des Registers (Vereins-, Handels-, Genossenschaftsregister) durch den Formwechsel oder wird der Sitz des Rechtsträgers mit dem Formwechsel verlegt, so ist bei beiden Registern anzumelden. War der bisherige Rechtsträger in keinem Register eingetragen (§ 198 Abs. 2 Satz 1 UmwG), so ist beim künftig zuständigen Registergericht anzumelden[478]. Gegenstand der Anmeldung ist nicht der Umwandlungsbeschluß, sondern die neue Rechtsform des Rechtsträgers. Die Nieder- 1606

---

[477] Dazu Gustavus, Handelsregister-Anmeldungen (3. Aufl.), S. 130 ff.
[478] Einzelheiten zur Anmeldung Widmann/Mayer/Vossius, Bd. 1, Rz. 282 ff.

schrift des Umwandlungsbeschlusses ist der Anmeldung nur als Anlage beizufügen.

1607 Der Anmeldung sind im einzelnen beizufügen:
- beglaubigte Abschrift der notariellen Niederschrift des Umwandlungsbeschlusses,
- beglaubigte Abschrift der erforderlichen Zustimmungserklärung der Anteilsinhaber,
- Urschrift oder Abschrift des Umwandlungsberichtes bzw. beglaubigte Abschrift der notariellen Erklärungen über den Verzicht auf seine Erstellung,
- gegebenenfalls Nachweis über die Zuleitung des Umwandlungsberichtes an den Betriebsrat,
- Genehmigungsurkunden.

1608 Die Registeranmeldung ist zu unterzeichnen
- bei Formwechsel von einer Personenhandelsgesellschaft in eine Kapitalgesellschaft durch alle Mitglieder des künftigen Vertretungsorgans sowie eventueller Aufsichtsratsmitglieder,
- bei Umwandlung einer Kapitalgesellschaft in eine Personengesellschaft durch das Vertretungsorgan der formwechselnden Gesellschaft (§ 235 UmwG),
- bei Umwandlung einer Kapitalgesellschaft in eine andere Kapitalgesellschaft ebenfalls durch das Vertretungsorgan der formwechselnden Gesellschaft, wobei zugleich mit der neuen Rechtsform die Vertretungsorgane des Rechtsträgers neuer Rechtsform anzumelden sind.

ZWEITES BUCH
Die Steuerfolgen der Erbfolgegestaltung

1. KAPITEL
Die Steuerfolgen im Erbfall

1. Abschnitt
Erbschaftsteuer

I. Allgemeiner Überblick[1]

1. **Gegenstand der Erbschaftsteuer und ihre Einordnung in das Gesamtsteuersystem**

Gemäß § 1 Erbschaftsteuergesetz (ErbStG) unterliegen der Erbschaftsteuer 1
1. der Erwerb von Todes wegen,
2. die Schenkungen unter Lebenden,
3. die Zweckzuwendungen,
4. das Vermögen einer Stiftung im Zeitabstand von je 30 Jahren.

Die Erbschaftsteuer wird von dem Vermögen erhoben, das bei Tod einer natürlichen Person oder Aufhebung eines Zweckvermögens (Stiftung) auf einen Dritten übergeht. Es handelt sich hier um den Grundtatbestand. Der unentgeltliche Vermögensübergang unter Lebenden (Schenkung) ist ein Ersatztatbestand. Durch diese Ergänzung soll vermieden werden, daß die Erbschaftsteuer infolge einer Schenkung zu Lebzeiten des Erblassers umgangen wird. Als Schenkungsteuer ist sie eine Unterart der Erbschaftsteuer[2].

Die Belastung des Vermögens mit der Erbschaftsteuer bedeutet für den Bürger 2
einen der stärksten Eingriffe in seine Eigentumsrechte. Diese Steuer wird daher vielfach auch als die letzte Vermögensteuer des Erblassers bezeichnet. Der Staat wird auf diese Weise gleichsam zum Miterben.

Für die Höhe der Steuer ist der Verwandtschaftsgrad des Erblassers und die 3
Höhe des Erbanfalls maßgebend. Die 3 Steuerklassen sind am Verwandtschaftsgrad orientiert. Betriebsvermögen hingegen wird stets nach Steuerklasse I besteuert.

---

[1] Literaturhinweise: Haas-Schumacher, Erbschaftsteuer/Schenkungsteuer; Hofmann, Erbschaft- und Schenkungsteuer; Jahrmarkt, Vorteilhafte Unternehmensnachfolge; Kapp/Ebeling, Handbuch der Erbengemeinschaft; Kapp, Komm. zum Erbschaftsteuer- und Schenkungsteuergesetz; Meincke/Michel, Komm. zum Erbschaftsteuergesetz, 10. Aufl. 1994; Moench, Erbschaftsteuer und Schenkungsteuer, Loseblatt; Petzoldt, Erbschaftsteuer-/Schenkungsteuergesetz; Schulz, Erbschaftsteuer/Schenkungsteuer, 5. Aufl. 1995; Schulze zur Wiesche, Erbschaftsteuer, 3. Aufl. 1991; Troll, Erbschaftsteuer- und Schenkungsteuergesetz.

[2] Troll, ErbStG, Einl. 1; Kapp, ErbStG, Einl. Rz. 6; Meincke/Michel, § 1 ErbStG, RdNr. 6.

4   Die Erbschaftsteuer ist keine Nachlaßsteuer, wie im angelsächsischen Recht, sondern eine Erbanfallsteuer. Sie erfaßt die Bereicherung, die dem einzelnen Erwerber aufgrund der Erbschaft und der Schenkung zufließt[3].
Sie wird daher auch als Bereicherungsteuer bezeichnet. Eine Verteilung des Nachlasses auf möglichst viele Erben mindert daher die erbschaftsteuerliche Gesamtbelastung. Sie ist als Erbanfallsteuer eine Verkehrsteuer; denn sie besteuert den Vermögensübergang vom Erblasser bzw. Schenker auf den Erben bzw. den Beschenkten. Deshalb schließen sich Erbschaftsteuer und die übrigen Verkehrsteuern wie Grunderwerbsteuer und Umsatzsteuer in der Regel aus[4], nicht jedoch Erbschaftsteuer und die Besitzsteuern[5].

Beispiel:
Die unentgeltliche Bestellung eines Nießbrauchs unterliegt der Erbschaftsteuer mit ihrem Kapitalwert[6], die einzelnen Einkünfte jedoch aus dem Nießbrauch sind einkommensteuerpflichtig.

2. Grundsatz der Maßgeblichkeit des bürgerlichen Rechts

5   Die gesetzlichen Tatbestände, die die Erbschaftsteuer auslösen, sind Vorgänge des bürgerlichen Rechts[7]. Die erbschaftsteuerlichen Vorgänge sind daher grundsätzlich nach bürgerlichem Recht zu beurteilen[8].
Für die Anwendung der im Steuerrecht sonst gebotenen wirtschaftlichen Betrachtungsweise, die insbesondere für das Ertragsteuerrecht gilt, ist bei der Erbschaftsteuer als Verkehrsteuer wenig Raum[9]. Sie ist daher im Erbschaftsteuerrecht nur begrenzt anwendbar[10], wohl hingegen sind auch § 41 Abs. 2 AO (Scheingeschäft und verdecktes Geschäft) und § 42 AO (Mißbrauch von Formen und Gestaltungsmöglichkeiten) auch für die Erbschaftsteuer von Bedeutung.

---

[3] Vgl. § 10 Abs. 1 ErbStG; Meincke/Michel, Einführung 1, § 1 ErbStG, RdNr. 2; Troll, ErbStG, Einl. 1; Kapp, ErbStG, Einl. Rz. 4; vgl. auch BFH v. 29. 11. 1961, BStBl. II 1962, 323, allerdings BFH v. 22. 2. 1961, BStBl. III 1961, 234. Thiel, Die neue Erbschaft- und Schenkungsteuer, DB 1997, 64.
[4] Meincke/Michel, Einführung, RdNrn. 3, 4; anderer Ansicht Troll, § 3 ErbStG, 95ff.
[5] Vgl. Crezelius, Zusammentreffen von Einkommensteuer und Erbschaftsteuer, BB 1979, 1342. Hierzu auch Schulz, S. 26; Geck, Die Einkommensteuer und Erbschaftsteuer – die Crux der Doppelbelastung und ihre Milderung durch das EStG, ZEV 1996, 376.
[6] Kapp, ErbStG, Einl. Rz. 14ff.; Petzoldt, ErbStG, Einl. Rz. 6.
[7] Kapp, § 1 ErbStG, Anm. 6ff.; Meincke/Michel, § 3 ErbStG, RdNr. 4; Troll, § 1 ErbStG, Anm. 6 c; BFH v. 30. 6. 1960, BStBl. III 1960, 348; v. 15. 6. 1966, BStBl. III 1966, 507.
[8] BFH v. 13. 1. 1959, BStBl. III, 197; v. 17. 7. 1959, BStBl. III, 345; v. 19. 12. 1959, BStBl. III 1960, 68; v. 21. 8. 1962, BStBl. III 1963, 178; v. 24. 2. 1961, BStBl. III 1961, 188; v. 30. 6. 1966, BStBl. III 1966, 348; Troll, Nachlaß und Erbe, S. 120; Kapp, § 1 ErbStG, Rz. 6; Crezelius, Erbschaftsteuer und Schenkungsteuer in zivilrechtlicher Sicht, S. 37ff.; BFH v. 19. 10. 1977, BStBl. II 1978, 2217; Pawlowski, BB 1977, 253.
[9] BFH v. 21. 8. 1962, BStBl. III 1963, 178; Troll, § 1 ErbStG, Anm. 6ff., § 1 Abs. 2 und 3 StAnpG a. F.
[10] Vgl. Troll, § 1 ErbStG, Anm. 7; Meincke/Michel, Einführung, RdNrn. 7, 8.

Beispiel:
A schenkt seinem Sohn B einen Geldbetrag von DM 400.000,-, damit dieser an seinem Unternehmen A eine Beteiligung von nominal DM 400.000,- erwirbt, deren Verkehrswert aber DM 600.000,- beträgt. Bürgerlich-rechtlich sind hier zwei Rechtsgeschäfte anzunehmen, einmal die Schenkung des Geldbetrages von DM 400.000,- und der Erwerb der Beteiligung. Wirtschaftlich gesehen hingegen handelt es sich um eine einheitliche Schenkung des Anteils. Beide Vorgänge sind bei der Schenkungsteuer getrennt zu behandeln[11].

Diese formaljuristische Betrachtungsweise kann auch, was die anderen Steuerarten anbetrifft, zu einer unterschiedlichen Behandlung führen. So gilt bei der Einkommensteuer als Ertragsteuer wegen der Gleichmäßigkeit der Besteuerung der Grundsatz der wirtschaftlichen Betrachtungsweise. Insbesondere hat im Einkommensteuerrecht der Begriff „wirtschaftliches Eigentum" besondere Bedeutung gefunden. Trotz Fehlens des bürgerlich-rechtlichen Eigentums wird dieses angenommen, wenn ein formal-rechtlicher Nichteigentümer über Wirtschaftsgüter wie ein Eigentümer verfügen kann[12]. Bleibt der Schenker wirtschaftlicher Eigentümer, steht dies der Ausführung der Zuwendung nicht entgegen[13].

Beispiel:
A schenkt seinem minderjährigen Sohn Wertpapiere im Werte von DM 500.000,- und behält sich den Nießbrauch und die volle Verfügungsgewalt, insbesondere das Recht der Beleihung vor. In diesem Falle wird man weiterhin A als wirtschaftlichen Eigentümer ansehen müssen, obwohl er die Wertpapiere seinem Sohn geschenkt hat. Rein bürgerlich-rechtlich liegt eine Schenkung vor, somit unterliegt dieser Vorgang der Erbschaft- bzw. Schenkungsteuer. Einkommensteuerlich hingegen wird A weiterhin als Eigentümer betrachtet. Die Erträge aus diesen Wertpapieren werden ihm weiterhin als Einkünfte zugerechnet. Besondere Bedeutung hat dies für den Grundbesitz; A hätte weiterhin die Abschreibungsvergünstigung, da er als wirtschaftlicher Eigentümer auch den Wertverzehr zu tragen hat.

Für die Frage, ob Rückzahlungsansprüche aus zwischen dem Erblasser und seinen Kindern vereinbarten Darlehen erbschaftsteuerrechtlich als Nachlaßverbindlichkeiten geltend gemacht werden können, sind die einkommensteuerrechtlichen Grundsätze des sog. Fremdvergleichs bei Darlehensverträgen zwischen nahen Angehörigen nicht entsprechend anwendbar.[14]

Insbesondere bei Familiengesellschaften ist es nicht selten, daß die Mitunternehmerschaften einkommensteuerlich nicht anerkannt werden[15]. Dies ist z.B. dann der Fall, wenn Eltern ihren Kindern Anteile an einer Personengesellschaft geschenkt haben, weiterhin aber noch die volle Verfügungsgewalt über den Anteil an dem

---

[11] BFH v. 29.1.1959, BStBl. III 1959, 55.
[12] § 39 Abs. 2 AO.
[13] BFH v. 22.9.1982, BStBl. II 1983, 179.
[14] BFH v. 25.10.1995, DStR 1996, 60.
[15] Hier insbesondere BFH v. 13.12.1963, BStBl. III 1964, 155; v. 20.8.1964, DB 1964, 1796; v. 6.11.1964, BStBl. III 1965, 52; v. 22.1.1970, BStBl. II 1970, 413; v. 22.1.1970, BStBl. II 1970, 416; vgl. auch Schulze zur Wiesche, DB 1970, 1893 (1896ff.); derselbe in DB 1972, 1797.

Unternehmen haben. Die Schenkungsteuer jedoch wird in der Regel erhoben werden, allerdings unter der Voraussetzung, daß die Schenkung wirklich vollzogen wurde. Ist der Anteil jedoch den Abkömmlingen nur formal geschenkt worden, und bleibt es tatsächlich beim alten, so ist es fraglich, ob die Schenkung als vollzogen angesehen werden kann.

7   Testamente, die von einem Ausländer errichtet worden sind, sind grundsätzlich nach ausländischem Recht auszulegen[16]. Wenn jedoch Rechtsformen ausländischen Rechts, die vom deutschen Erbrecht abweichen, wie z.B. die Rechtsform eines britischen Trust, zu beurteilen sind, so sind der Sinn und Zweck der deutschen Besteuerungsvorschrift maßgebend[17]. Daher ist in einem solchen Falle anhand des deutschen ErbStG zu prüfen, ob und inwieweit jene ausländischen Rechtsformen als von der deutschen Besteuerung betroffen anzusehen sind[18].

Die Rechtsprechung zur Familiengesellschaft im Ertragsteuerrecht läßt es wegen der einheitlichen Beurteilung von bürgerlich-rechtlichen Sachverhalten im Steuerrecht als fraglich erscheinen, ob die schenkungsteuerlichen Folgen aufrechterhalten werden können, wenn im Einkommensteuerrecht die Anteilsschenkung lediglich als ein Schenkungsversprechen angesehen wird.

3. Die Gesamtrechtsnachfolge

8   Der Grundsatz der Gesamtrechtsnachfolge (vgl. Buch I Rz. 8) wird auch im Steuerrecht anerkannt[19]. Im Gegensatz zum bürgerlichen Recht geht das Vermögen bei einer Mehrheit von Erben nicht als ungeteiltes Ganzes (§ 2032 BGB) auf die Erben über, da das Steuerrecht Gesamthandsvermögen als Sondervermögen nicht kennt[20].

Steuerlich wird gemäß § 39 Abs. 2 Nr. 2 AO jeder Erbe so behandelt, als ob er an dem Vermögen nach Bruchteilen berechtigt sei[21]. Maßgebend für die Zurechnung des Vermögens ist das, was der einzelne Erbe erhalten würde, wenn am Stichtag die Gesamthandsgemeinschaft aufgelöst und die Auseinandersetzung vorgenommen worden wären. Die Höhe des Anteils richtet sich nach den bürgerlich-rechtlichen Bestimmungen.

Erben i.S. des Gesetzes können nicht nur natürliche Personen, sondern auch juristische Personen sein. Fällt jedoch einer Gesamthandsgemeinschaft durch Erbanfall oder Schenkung Vermögen zu, sind unabhängig von der Frage, ob zivilrechtlich ggf. die Gesamthand Erbin oder Beschenkte ist, für die Erbschaft- und Schenkungsteuer die Gesamthänder als vermögensmäßig bereichert anzusehen. Erwer-

---

[16] Meincke/Michel, § 2 ErbStG, RdNr. 3a; BFH v. 20.12.1957, BStBl. III 1958, 79.
[17] BFH v. 20.12.1957, BStBl. III 1958, 79; v. 19.10.1958, BStBl. III 1956, 363.
[18] BFH v. 20.12.1957, a.a.O.; ferner v. 31.5.1961, BStBl. III 1961, 312; v. 25.5.1964, BStBl. III 1964, 408; v. 21.2.1962, HFR 1962, 164; v. 20.7.1971, BStBl. II 1972, 170.
[19] Troll, § 3 ErbStG, Anm. 9; Schulz, S. 43 ff.
[20] Troll, § 3 ErbStG, Anm. 26; Kapp, § 3 ErbStG, Anm. 116, 117.
[21] Troll, § 3 ErbStG, Anm. 26.

ber und damit Steuerschuldner i.S. des § 20 ErbStG sind in einem solchen Falle nicht die Gesamthand, sondern die Gesamthänder[22].

II. Güterrechtliche Vereinbarungen

Bei den güterrechtlichen Vereinbarungen zwischen den Ehepartnern sind zu unterscheiden die Vereinbarungen hinsichtlich des Vermögens beider Ehepartner bei der Eingehung der Ehe, Rechtsgeschäfte während der Ehe und die güterrechtlichen Vereinbarungen bei Auflösung der Ehe infolge Scheidung oder Todes. Neben diese Vereinbarungen treten auch noch die Schenkungen an den anderen Ehepartner während des Bestehens der Ehe. Nach Ansicht des BFH können Eheleute nach Gütertrennung auch mit erbschaftsteuerlicher Wirkung rückwirkend ab dem Tag der Eheschließung, höchstens jedoch ab dem Inkrafttreten des Gleichberechtigungsgesetzes am 1.7.1950 die Zugewinngemeinschaft vereinbaren. Die Verwaltung wendet jedoch das Urteil über den entschiedenen Einzelfall hinaus nicht an. Hiernach können Eheleute ihre steuerlichen Verhältnisse nur für die Zukunft regeln[23].

1. Die Vereinbarung einer allgemeinen Gütergemeinschaft

Gemäß § 7 Abs. 1 Nr. 4 ErbStG fällt auch die Bereicherung, die ein Ehegatte bei Vereinbarung der Gütergemeinschaft (§ 1415 BGB) erfährt, unter die Schenkungsteuer. Diese Regelung wurde mit dem ErbStG 1974 eingeführt[24]. Nach altem Recht wurde in der Vereinbarung der Gütergemeinschaft (§ 1415 BGB) keine steuerpflichtige Zuwendung erblickt. Sie ist bürgerlich-rechtlich keine Schenkung (vgl. Buch I Rz. 700). Lediglich für den Fall, daß die Ehepartner mit der Vereinbarung der allgemeinen Gütergemeinschaft gleichzeitig eine erbrechtliche Regelung verfolgen, oder bei Vorliegen außergewöhnlicher Umstände, wurde nach herrschender Rechtsprechung eine steuerpflichtige Schenkung angenommen[25]. Außergewöhnliche Umstände nahm man z.B. an, wenn ein reicher Ehegatte den anderen Ehepartner, der nichts mit in die Ehe gebracht hatte, durch Vereinbarung der allgemeinen Gütergemeinschaft zum Miteigentümer seines ganzen Vermögens gemacht hat. Das gleiche galt für den Fall, daß die allgemeine Gütergemeinschaft kurz vor dem Ableben des vermögenden Ehepartners vereinbart wurde. Wurde jedoch die allgemeine Gütergemeinschaft gleich bei Eingehung der Ehe vereinbart, so wurde ein schenkungsteuerpflichtiger Vorgang nicht angenommen, weil die Vermutung dafür sprach, daß die Partner hierfür eine erbrechtliche Lösung noch nicht treffen wollten (vgl. auch Buch I Rz. 700).

---

[22] BFH v. 14.9.1994, BStBl. II 1995, 81.
[23] BFH v. 28.6.1989, BStBl. II 1989, 897; a.A. gleichlautender Ländererlaß v. 10.11.1989, BStBl. I 1989, 429.
[24] Vgl. hierzu Kapp, BB 1975, 738; Keuk, DB 1974, 982; vgl. auch Bopp, DB 1975, 1000; vgl. Petzoldt, § 7 ErbStG, Rz. 69ff.
[25] Vgl. Kapp, § 3 ErbStG, Anm. 265, 272 und die dort zitierte Rechtsprechung, insbesondere BFH v. 28.11.1967, BStBl. II 1968, 239.

2. Schenkungen zwischen Ehepartnern innerhalb einer bestehenden Ehe

11 Unentgeltliche Vermögensverschiebungen zwischen Ehegatten während der Ehe unterliegen grundsätzlich der Schenkungsteuer[26]. Allerdings ist hier zu beachten, daß der erhöhte Freibetrag zum Zuge kommt. Dieser kann jedesmal in Anspruch genommen werden, soweit die Schenkungen nicht innerhalb von 10 Jahren erfolgt sind und aus diesem Grunde zusammengerechnet werden müssen (§ 14 ErbStG).

Nach der Rechtsprechung der Zivilgerichte[27] sind unbenannte Zuwendungen nicht als Schenkungen i.S. von § 516ff. BGB anzusehen. Dem war auch der BFH[28] gefolgt. Nach dem Urteil des BFH[29] erfüllt auch die unbenannte Zuwendung unter Eheleuten objektiv den Tatbestand des § 7 Abs. 1 Nr. 1 ErbStG. Nach dieser Bestimmung gilt als Schenkung unter Lebenden, soweit der Bedachte durch sie auf Kosten des Zuwendenden bereichert ist. Der objektive Tatbestand der freigebigen Zuwendung verlangt daher, daß die Leistung zu einer Bereicherung des Bedachten auf Kosten des Zuwendenden führt. Sie muß objektiv unentgeltlich sein. Das Bewußtsein der Schenkung ist nicht erforderlich.

Eine Gegenleistung in diesem Sinne kann nicht mit der Erwägung begründet werden, daß der Ehepartner (Ehefrau) in Zukunft weiterhin unentgeltlich den gemeinsamen Haushalt führt, die gemeinsamen Kinder betreut und ihren Ehemann bei den geschäftlichen Aktivitäten unterstützt. Es kann eine Gegenleistung für eine Zuwendung auch nicht darin gesehen werden, daß der Ehepartner die unentgeltlichen Leistungen für die Vergangenheit erbracht hat.

12 Unbenannte Zuwendungen unter Eheleuten sind auch dann nicht als entgeltlich anzusehen, wenn sie einen vorzeitigen Zugewinnausgleich bewirken sollen. Dieser Anspruch entsteht erst mit der Beendigung des gesetzlichen Güterstandes (§ 1363 Abs. 2 BGB). Eine Entgeltlichkeit einer unbenannten Zuwendung kann auch nicht auf die Verpflichtung zum Vorsorgeunterhalt gestützt werden.

Ehebedingte Zuwendungen erfüllen grundsätzlich den Tatbestand des § 7 Abs. 1 ErbStG. Die Verwaltung hatte bisher unbenannte Zuwendungen, soweit sie den gemeinsamen Erwerb eines Familienheimes aus Mitteln eines Ehegatten betrafen, als nicht steuerbar angesehen. Der dem BFH-Urteil v. 2.3.1994 zugrunde liegende Sachverhalt betraf eine Schenkung von über 1 Mio. DM.

Die Verwaltung[30] hatte den Erlaß vom 10.11.1988[31] aufgehoben. Danach werden auch Zuwendungen, denen ehebezogene Motive zugrunde liegen, insbesondere Ausgleich für geleistete Mitarbeit, auch im bisherigen engen Rahmen nicht mehr als entgeltlich anerkannt.

---

[26] Schwedhelm/Olbing, Schenkungsteuerzugriff auf Vermögensverschiebungen in der Ehe, BB 1995, 1717.
[27] BGH v. 24.3.1993, BGHZ 87, 145; v. 5.10.1988, FamRZ 1989, 147.
[28] BFH v. 28.11.1984, BStBl. II 1985, 159.
[29] BFH v. 2.3.1994, DB 1994, 865.
[30] Gem. Ländererlaß v. 26.4.1994, BStBl. I 1994, 292.
[31] Ländererlaß v. 10.11.1988, BStBl. I 1988, 513.

Erbschaftsteuer

Nach § 13 Abs. 1 Nr. 4a ErbStG (Jahressteuer-Ergänzungsgesetz 1996) sind jedoch Zuwendungen unter Lebenden, mit denen ein Ehegatte dem anderen Ehegatten Eigentum oder Miteigentum an einem im Inland belegenen, zu eigenen Wohnzwecken genutzten Haus oder einer im Inland belegenen, zu eigenen Wohnzwecken genutzten Eigentumswohnung (Familienwohnheim) verschafft oder den anderen Ehegatten von eingegangenen Verpflichtungen im Zusammenhang mit der Anschaffung oder Herstellung des Familienwohnheims freistellt, erbschaft- oder schenkungsteuerbefreit. Entsprechendes gilt, wenn ein Ehegatte nachträglichen Herstellungs- oder Erhaltungsaufwand für ein Familienwohnheim trägt, das im gemeinsamen Eigentum der Ehegatten oder im Eigentum des anderen Ehegatten steht.

Es besteht hier keine wertmäßige Begrenzung nach oben. Gegenstand der Zuwendung kann jedoch nur ein Objekt sein, welches als gemeinsames Familienwohnheim dient oder dienen soll.

Beispiel
A erwirbt ein Familieneigentum zu DM 600.000,- und läßt es auf den Namen beider Eheleute im Grundbuch eintragen.
Die Zuwendung in Höhe von DM 300.000,- an die Ehefrau ist steuerfrei.

Beispiel
A erwirbt ein Mehrfamilienhaus und läßt die Ehefrau als Miteigentümerin eintragen.
Nicht steuerfrei

Beispiel
A erwirbt ein Grundstück für DM 100.000,- und läßt dieses auf den Namen der Ehefrau als Alleineigentümerin eintragen. Im Anschluß errichtet er aus eigenen Mitteln ein Einfamilienhaus (Herstellungskosten DM 400.000,-). Das Einfamilienhaus soll Familienwohnsitz werden.
Steuerfrei

Beispiel
A kauft an der Ostsee (Mecklenburg-Vorpommern) eine Ferienwohnung und läßt seine Ehefrau als Alleineigentümerin eintragen.
Nicht steuerbefreit, da die Ferienwohnung nicht als Familienwohnsitz dient.

Beispiel
A baut das Dachgeschoß in dem Einfamilienhaus, das im Alleineigentum der Ehefrau steht, aus. Baukosten DM 80.000,-. Die zusätzlichen Räume dienen als Kinderzimmer.
Steuerbefreit

3. Die güterrechtliche Auseinandersetzung bei Auflösung der Ehe durch Scheidung

Macht ein Ehegatte im Falle der Scheidung den Zugewinnausgleich geltend (§ 1373 BGB), so unterliegt dieser Zugewinnausgleich nicht der Schenkungsteuer. Aber auch bei sonstigen Vermögensübertragungen im Falle der Scheidung wird diese Leistung im Zweifel nicht unentgeltlich sein, weil hiermit unterhaltsrechtliche

13

und vermögensrechtliche Ansprüche abgegolten werden sollen[32]. Auch für den Fall, daß durch diese Zuwendung die Einwilligung zur Scheidung erst erreicht werden soll, wird man nicht von unentgeltlichen Zuwendungen sprechen können, da der Vermögen übertragende Ehepartner eine nach seiner Vorstellung gleichwertige Leistung, nämlich die Entlassung aus dieser Ehe, erhält. Das trifft insbesondere für den Unterhaltsvergleich zu.

4. Die güterrechtliche Auseinandersetzung beim Tode eines Ehegatten

14   Die güterrechtliche Auseinandersetzung im Falle des Todes eines Ehegatten wird nicht als eine unentgeltliche Zuwendung im Sinne des ErbStG angesehen[33].

Allerdings gilt die Vorschrift des § 5 ErbStG nur für den Fall des gesetzlichen Güterstandes der Zugewinngemeinschaft.

Hat der überlebende Ehegatte vor Beendigung des Güterstandes der gesetzlichen Zugewinngemeinschaft unentgeltlich Zuwendungen von dem anderen Ehegatten erhalten, so ist die hierfür entrichtete Steuer insoweit zu erstatten, als diese unentgeltlichen Zuwendungen auf die Ausgleichsforderungen angerechnet werden (§ 1380 BGB).

Nach der Entscheidung des BFH vom 28. 7. 1976[34] ist jedoch das der Erbschaftsteuer unterliegende Viertel nur auf den Wert des Nachlasses zu berechnen. Diese Entscheidung ist jedoch zum ErbStG 1959 ergangen[35].

Wird der Güterstand der Zugewinngemeinschaft dadurch beendet, daß der überlebende Ehegatte unter Ausschlagung der Erbschaft und Geltendmachung des kleinen Pflichtteils (vgl. Buch I Rz. 132 ff.) den Zugewinnausgleich gegenüber den Erben geltend macht, so unterliegt dieser Zugewinnausgleich nicht der Erbschaftsteuer, sondern nur der Pflichtteilanspruch.

Wird der Güterstand der Zugewinngemeinschaft (§ 1363 BGB) durch den Tod eines Ehegatten beendet und der Zugewinn nicht nach § 1371 Abs. 2 BGB ausgeglichen, so gilt beim überlebenden Ehegatten der Betrag, den er im Falle des § 1371 Abs. 2 BGB als Ausgleichsforderungen geltend machen könnte, nicht als Erwerb im Sinne des § 3 ErbStG[36]. Dieser fiktive Ausgleichsanspruch ist steuerfrei.

15   Haben also die Ehegatten im Güterstand der Zugewinngemeinschaft gelebt, so ist zu Erbschaftsteuerzwecken der Zugewinnausgleich zu errechnen und der Wert des Nachlasses um diesen Wert zu mindern. Als Ausgleichsforderung kann jedoch höchstens der dem Steuerwert des Nachlasses entsprechende Betrag steuerfrei sein. Das gilt insbesondere für die Fälle, in denen der Steuerwert des Nachlasses unter

---

[32] BFH v. 13. 1. 1970, BStBl. II 1970, 400.
[33] Vgl. Beschluß v. 26. 1. 1971, BStBl. II 1971, 184; BFH v. 3. 6. 1971, BStBl. II 1972, 43. Vgl. hierzu Schulz, S. 141 ff.
[34] BStBl. II 1976, 785.
[35] Vgl. auch Kapp, § 5 ErbStG, Rz. 59; Oswald, BB 1976, 1140; Ebeling, DStZ 1976, 404.
[36] Vgl. auch BFH v. 8. 2. 1984, BStBl. II 1984, 438.

dem Verkehrswert liegt, so wenn sich erhebliches Grundvermögen im Nachlaß befindet[37].

Zur Frage, inwieweit auch Ruhegehaltsbezüge in die Ausgleichsforderungen miteinzubeziehen sind, vgl. die Entscheidung des BFH vom 12.4.1978[38].

Beispiel:
A hinterließ seiner Ehefrau und seinem Sohn ein Vermögen von DM 1.000.000,-. Der für die Erbschaftsteuer maßgebliche Wert betrug DM 800.000,-. Der Zugewinn des Verstorbenen während der Ehe betrug DM 500.000,-. Somit hätte der überlebende Ehegatte einen Ausgleichsanspruch gem. § 1371 Abs. 2 BGB in Höhe von DM 250.000,-. Die fiktive Ausgleichsforderung kann jedoch lediglich im Verhältnis zum Steuerwert = 4/5 = DM 200.000,- von dem ihr zustehenden Anteil des Reinnachlasses abgezogen werden.

Ist kein Zugewinnausgleich vorhanden, so steht dem überlebenden Ehegatten kein Ausgleichsanspruch zu.

Nach der alten Fassung des § 6 ErbStG galt bei überlebenden Ehegatten der 4. Teil, der ihm, wenn er Alleinerbe wäre, ohne Berücksichtigung von Vermächtnissen, Auflagen und Pflichtteilsansprüchen als steuerpflichtiger Erwerb zufallen würde, nicht als Erwerb im Sinne des § 3 ErbStG. Bei der Berechnung dieses Betrages waren die Freibeträge nach §§ 16 bzw. 17 ErbStG a. F. nicht anzusetzen. Wohl hingegen waren die Freigrenzen bzw. Freibeträge des § 18 ErbStG für einzelne Nachlaßgegenstände zu berücksichtigen. Es war vom Reinnachlaß im Sinne des Erbschaftsteuerrechts auszugehen. Die sonstigen Erwerbsgründe, die der Erbschaftsteuer unterliegen, fielen nicht hierunter. So blieben die Ansprüche auf Auszahlung einer Lebensversicherung auf den Todesfall bei dem überlebenden Ehegatten bei der Errechnung des steuerfreien Teils außer Ansatz[39].

Im Falle der Zugewinngemeinschaft hatte der überlebende Ehegatte die Wahl, entweder die erbrechtliche oder die güterrechtliche Lösung zu beanspruchen. Wählte er die güterrechtliche Lösung, mußte er die Erbschaft aussschlagen.

Ist im Ehevertrag die Zugewinngemeinschaft ausgeschlossen oder Gütertrennung vereinbart, so steht dem überlebenden Ehegatten dieser Ausgleichsanspruch nicht zu. Es ist daher zweckmäßig, wenn ältere Ehegatten, bei denen eine Auflösung der Ehe durch Scheidung nicht mehr zu erwarten ist, den Ehevertrag ändern.

5. Vereinbarungen über die Berechnung des fiktiven Zugewinnausgleichs

§ 5 Abs. 1 Sätze 2 bis 4 ErbStG n. F. sieht vor, daß ehevertragliche Vereinbarungen über die Berechnungsgrößen des fiktiven Zugewinnausgleichs, die zivilrechtlich zulässig von den im BGB festgelegten Berechnungsgrößen abweichen und dadurch eine Erhöhung der nur für steuerliche Zwecke zu ermittelnden fiktiven steuerfreien Ausgleichsforderung bewirken, für erbschaftsteuerliche Zwecke nicht

---

[37] Vgl. FinMin. Baden-Württemberg v. 20.12.1974 S 3715 – 1/74, gemeinsamer Ländererlaß II; vgl. auch Bopp, DB 1975, 1 000; Petzoldt, § 5 ErbStG, Rz. 27ff.
[38] BStBl. II 1978, 400.
[39] Vgl. Kapp, § 6 ErbStG, Anm. 22; BFH v. 22.7.1964, BStBl. III 1964, 529.

berücksichtigt werden. Gleichfalls wird für die Ermittlung der fiktiven steuerfreien Ausgleichsforderung die Anwendung des § 1377 Abs. 3 BGB ausgeschlossen, wonach das Endvermögen, soweit kein Verzeichnis aufgenommen, als Zugewinn eines Ehegatten gilt. Für Erbschaftsteuerzwecke ist stets das Anfangsvermögen zu ermitteln[40].

Durch die Änderung wird klargestellt, daß der Gesetzgeber nur die Zugewinnausgleichsforderung erbschaftsteuerfrei stellen wollte, die entsprechend den bürgerlich-rechtlichen Vorschriften der §§ 1373 bis 1383 und 1390 BGB ermittelt wird. Davon abweichende ehevertragliche Vereinbarungen über die Berechnungsgrößen des fiktiven Zugewinnausgleichs, die zivilrechtlich zulässig sind, sind für die Erbschaftsteuer unbeachtlich (FinMin Baden-Württemberg[41]).

Ist zur Berechnung der fiktiven Ausgleichsforderung (§ 5 Abs. 1 Satz 1 ErbStG 1974) nach zivilrechtlichen Grundsätzen das zum Nachlaß gehörende Endvermögen des Erblassers mit höheren Werten angesetzt als bei der nach steuerlichen Vorschriften erfolgten Bewertung des Nachlasses, so ist zur Ermittlung des Abzugsbetrages die Ausgleichsforderung entsprechend dem Verhältnis des Steuerwerts des zum Nachlaß gehörenden Endvermögens zu dessen höherem Wert zu kürzen. Die in § 5 Abs. 1 ErbStG zur Ermittlung des Abzugsbetrags vorgegebene Verhältnisrechnung ist auch dann durchzuführen, wenn der Steuerwert des Nachlasses negativ ist und sich deshalb rechnerisch ein negativer Abzugsbetrag ergibt, der im Rahmen des § 5 Abs. 1 ErbStG mit 0 DM anzusetzen ist[42]. Gegenstände des Endvermögens, die von der Erbschaftsteuer befreit sind, sind dabei in die Berechnung miteinzubeziehen[43].

6. Unzulässige rückwirkende Vereinbarung

18 In dem Fall, in dem der Güterstand der Zugewinngemeinschaft durch Ehevertrag vereinbart wird, soll dieser Güterstand erst ab dem Tag des Vertragsabschlusses gelten. Dadurch wird sichergestellt, daß nur der Zugewinn, den die Eheleute während der tatsächlichen Dauer der Zugewinngemeinschaft erzielt haben, erbschaftsteuerfrei belassen wird.

Mit dieser Gesetzesänderung ist der Streit zwischen Rechtsprechung[44] und Verwaltung[45] durch den Gesetzgeber im Sinne der Verwaltung entschieden worden.

---

[40] Kuhlmann/Jebens, Mißbrauchsbekämpfungs- und Steuerbereinigungsgesetz, Die Behandlung des rückwirkend begründeten Zugewinnausgleichsanspruchs nach der Änderung des § 5 ErbStG, DB 1994, 1156.
[41] Erlaß v. 28.1.1994 S – 3730/5, BB 1994, 348.
[42] BFH v. 30.7.1996, BFH/NV 1997, 29.
[43] BFH v. 10.3.1993, BStBl. II, 510.
[44] BFH v. 28.6.1989, BStBl. II, 897; v. 12.5.1993, BStBl. II, 736.
[45] Nichtanwendungserlaß v. 10.11.1989, BStBl. I, 429.

Erbschaftsteuer

7. Der Verzicht auf Zugewinnausgleich

Verzichtet der Ehegatte bei Beendigung der Ehe durch Vertrag auf den Zugewinnausgleich, so ist in diesem Verzicht eine Schenkung zu erblicken[46]. 19

8. Die fortgesetzte Gütergemeinschaft

Wird die eheliche Gütergemeinschaft beim Tode eines Ehegatten fortgesetzt (§§ 1483 ff. BGB, Artikel 200 des Einführungsgesetzes zum BGB), so wird dessen Anteil am Gesamtgut so behandelt, wie wenn er ausschließlich den anteilsberechtigten Abkömmlingen zugefallen wäre. 20

Beim Tode eines anteilsberechtigten Abkömmlings gehört dessen Anteil am Gesamtgut zu seinem Nachlaß. Als Erwerber des Anteils gelten diejenigen, denen der Anteil nach § 1490 Satz 2 und 3 BGB zufällt.

III. Erwerb von Todes wegen

Der Erwerb von Todes wegen ist nach dem ErbStG nicht auf den Erbfall (§ 1922 BGB), nicht auf den Erbersatzanspruch (§§ 1934 a ff. BGB) noch auf das Vermächtnis (§§ 2147 ff. BGB) beschränkt. Bei den hier genannten Tatbeständen handelt es sich um die erbrechtlichen Vermögensübergänge des BGB. Die übrigen Tatbestände sind im wesentlichen Ersatztatbestände, die, wirtschaftlich gesehen, dem Erbfall gleichkommen und als Erwerb von Todes wegen die erbrechtlichen Bestimmungen ergänzen. 21

1. Der Erbanfall (§ 3 Abs. 1 Nr. 1 ErbStG)[47]

Unter Erbanfall ist der Vermögensübergang zu verstehen, der aufgrund gesetzlicher Erbfolge oder letztwilliger Verfügung erfolgt ist (näheres hierzu vgl. Buch I Rz. 16 ff.). 22

Erbanfall ist die infolge Erbgangs eingetretene Nachfolge in das Vermögen eines Verstorbenen[48]. 23

Die aufgrund der gesetzlichen Erbfolge (Buch I Rz. 56 ff.) eines Testaments (vgl. Buch I Rz. 28, 190 ff., 229 ff.) oder eines Erbvertrages (vgl. Buch I Rz. 288, 289, 293) erlangte Zuwendung gilt als steuerpflichtiger Erwerb von Todes wegen[49].

Auf eine Bereicherung und den Bereicherungswillen des Erblassers kommt es hierbei nicht an[50].

---

[46] A.A. Kapp, 4. Auflage, § 6 ErbStG, Anm. 26, 5. Auflage, § 5 ErbStG, Anm. 45.
[47] Literaturhinweise: Flume, DB 1983, 2271; Moench, DStR 1985, 551, 592.
[48] Troll, § ErbStG, Anm. 19.
[49] Kapp, § 3 ErbStG, Rz. 2.
[50] RFH v. 21. 5. 1931, RStBl. 1931, 560; BFH v. 22. 2. 1961, BStBl. III 1961, 243; Petzoldt, § 3 ErbStG, Rz. 4.

24   Ein Erwerb liegt aber nur insoweit bei den Erben oder Vermächtnisnehmern vor, als auch tatsächlich zum Nachlaß gehörende Vermögensgegenstände auf dieselben übergehen[51].

25   Beim Erwerb durch Erbanfall besteht grundsätzlich Identität zwischen dem, was der Erblasser im Todeszeitpunkt hatte und demjenigen, was auf den Erben im Wege der Gesamtrechtsnachfolge (§ 1922 BGB) übergeht.

Erwirbt deshalb der Erbe nach Eintritt des Erbfalls unter Verwendung von Mitteln, die er geerbt hat, ein Grundstück, so kann dieses nicht Gegenstand des Erwerbs von Todes wegen und somit Besteuerungsgegenstand sein, weil sich das Grundstück im Zeitpunkt des Erbfalls nicht im Vermögen des Erblassers befunden hatte. Das gilt auch, soweit es einem gemeinsamen Plan von Erblaser und Erbe entsprach, das Grundstück zu erwerben[52].

26   Ein Formmangel der letztwilligen Verfügung ist nicht beachtlich, wenn es das ernstliche Verlangen des Erblassers war, mit dem Nachlaß so zu verfahren, wie es die Erben tatsächlich getan haben[53].

27   Die Frage, wer und in welchem Umfange Erbe ist, wird im allgemeinen durch das Nachlaßgericht geprüft und im Erbschein festgestellt (§ 2353 BGB). Er begründet die widerlegbare Rechtsvermutung der Richtigkeit und der Vollständigkeit (vgl. Buch I Rz. 51). Der Erbschein ist für die Finanzbehörden grundsätzlich bindend[54].

28   Grundlage für die Zurechnung des Nachlasses ist die im Erbschein oder Testament ausgewiesene Quote. Gemäß § 39 Abs. 2 AO wird der Nachlaß entsprechend der Quote aufgeteilt.

Für die Berechnung der Erbschaftsteuer ist grundsätzlich die im Erbschein oder Testament ausgewiesene Quote maßgeblich. Die spätere Erbauseinandersetzung der Erben untereinander ist daher für die Berechnung der Erbschaftsteuer unbeachtlich[55].

29   Die nach dem Erbfall unter Miterben stattfindende Erbauseinandersetzung (vgl. §§ 2042ff., 732ff. BGB) ist für die Erbschaftsteuer i.d.R. ohne Bedeutung. Dies gilt nicht nur dann, wenn die Erben den Nachlaß „frei", d.h. ohne insoweit an letztwillige Verfügungen des Erblassers gebunden zu sein, unter sich aufteilen, sondern auch für den Fall, daß die Miterben bei der Auseinandersetzung lediglich den verbindlichen Teilungsanordnungen des Erblassers Rechnung tragen[56].

Erhält ein Erbe mehr, als ihm nach dem Testament zusteht, so kann evtl. eine weitere Schenkung der übrigen Erben an diesen vorliegen. Bestand jedoch Steit hinsichtlich der Erbeinsetzung, so ist ein im Anschluß an ein gerichtliches Verfah-

---

51   Megow, § 2 ErbstG, Anm. I; BFH v. 29.3.1957, BStBl. III 1957, 211.
52   BFH v. 10.7.1996, BFH/NV 1997, 28.
53   Troll, § 3 ErbStG, Anm. 34; BFH v. 2.12.1969, BStBl. II 1970, 119; vgl. auch BFH v. 30.1.1968, BStBl. II 1968, 371; Kapp, § 3 ErbStG, Rz. 119; vgl. Pezoldt, § 3 ErbStG, Rz. 24.
54   BFH v. 22.11.1995, BStBl. II 1996, 242.
55   Aber nach BFH v. 10.11.1982, BStBl. II 1983, 329, fraglich.
56   BFH v. 5.2.1992, BFH/NV 1993, 100.

ren abgeschlossener Vergleich für die steuerliche Aufteilung des Erbnachlasses maßgeblich[57].

Aber auch dann, wenn sich die Erben wegen einer Unklarheit hinsichtlich der Erbeinsetzung einigen, wird man diese Einigung zur Grundlage für die Erbschaftsteuer heranziehen müssen[58].

Einigen sich die Anspruchsberechtigten mit dem Hoferben (§ 18 Höfeordnung) über die Verteilung des zu erwartenden Verkaufserlöses, ist die Einigung für die Besteuerung nach § 3 Abs. 1 Nr. 1 ErbStG maßgebend[59]. Grundsätzlich sind jedoch Teilungsanordnungen des Erblassers für die Besteuerung des Erbanfalls des einzelnen Erben ohne Bedeutung, auch wenn zum Gesamtnachlaß ein Hof im Sinne der Höfeordnung gehört[60].

Hat der Erblasser besondere Teilungsanordnungen für die Erbauseinandersetzung getroffen, so berührt dies die steuerliche Aufteilung des Nachlasses in der Regel ebensowenig wie eine Auseinandersetzungsvereinbarung der Erben[61]. Weicht eine Erbauseinandersetzung von der Erbquote ab, kann darin eine gemischte freigebige Zuwendung liegen[62]. Das gilt jedoch nicht für Betriebsvermögen i.S. des § 13a Abs. 4 ErbStG, wenn der Erblasser durch Teilungsanordnung die Übernahme des Betriebes durch einen bestimmten Erben angeordnet hat.

30

Das Urteil des BFH vom 16.3.1977[63], wonach eine Teilungsanordnung des Erblassers (§ 2048 Satz 1 BGB), die einen Nachlaßgegenstand einem Miterben unmittelbar zuweist, für die erbschaftsteuerliche Bemessung des Vermögensanfalls an diesen Erben zu berücksichtigen ist, ist durch das Urteil vom 10.11.1982 gegenstandslos geworden.

Gehören zum Nachlaß Wirtschaftsgüter, für die bei den einzelnen Miterben aufgrund verschiedener Steuerklassen unterschiedliche sachliche Freibeträge (§ 13 ErbStG) gewährt werden – z.B. der Erblasser hat seinen Sohn (**Steuerklasse** 1) und seine **Schwester** (**Steuerklasse** 2) als Erben eingesetzt –, so bedarf es einer besonderen Ermittlung der steuerlich maßgebenden Quoten[64].

31

Beispiel:
Im Nachlaß des A befinden sich ein bebautes Grundstück (Wert nach § 12 Abs. 3 ErbStG DM 240.000,–), Wertpapiere Wert DM 400.000,–, Hausrat Wert DM 200.000,–, Sonstige bewegl. Wirtschaftsgüger Wert DM 400 000,–.

---

57 Meincke/Michel, § 3 ErbStG, RdNrn. 16ff.; Petzoldt, § 3 ErbStG, Rz. 36.
58 Vgl. Meincke/Michel, § 3 ErbStG, RdNrn. 16ff.; Petzoldt, § 3 ErbStG, Rz. 30; RFH v. 23.5.1939, RStBl. 1939, 835.
59 BFH v. 23.3.1977, BStBl. II 1977, 730. Siehe auch BFH v. 16.3.1977, BStBl. 1977, 640.
60 BFH v. 1.4.1992, BStBl. II 1992, 669; hierzu auch Esch, BB 1994, 1651.
61 Troll, § 3 ErbStG, Anm. 29; Petzoldt, § 3 ErbStG, Rz. 33; Meincke/Michel, § 3 ErbStG, Anm. 19; BFH v. 10.11.1982, BStBl. II 1983, 329; Erl. FinMin Niedersachsen, BB 1983, 1778.
62 BFH v. 14.7.1982, BStBl. II 1982, 714.
63 BStBl. II 1977, 640.
64 Troll, § 3 ErbStG, Anm. 30.

Erben sind die Ehefrau (E) und die Nichte (N) zu je 1/2.

a) Ehefrau (E)

1/2 Grundbesitz	120.000,–	= 120.000,–
1/2 Wertpapiere	200.000,–	= 200.000,–
1/2 Hausrat	100.000,–	
./. Freibetrag	80.000,–	= 20.000,–
sonst. beweg. WG	200.000,–	
1/2 Kunstgegenstände	./. 20.000,–	= 180.000,–
		= 520 000,–

b) Nichte (N)

1/2 Grundbesitz	120.000,–	= 120.000,–
1/2 Wertpapiere	200.000,–	= 200.000,–
1/2 Hausrat	100.000,–	
1/2 sonstige bew. Vermögen	200.000,–	
./. Freibetrag § 13 Abs. 1 Nr. 1 c ErbStG	./. 20.000,–	= 280.000,–
		= 600.000,–

32   Hat die testamentarische Anordnung ein Vorausvermächtnis (vgl. Buch I Rz. 486 ff.) zum Inhalt, so wird dieses Vermächtnis nicht auf die Quote angerechnet, sondern dem Erbteil hinzugerechnet.

33   Wird die Erbschaft innerhalb der gesetzlichen Frist ausgeschlagen, so liegt kein Erbfall vor. Das gleiche gilt, wenn in der Folgezeit Umstände eintreten, die den Erbfall unwirksam machen. Das wäre z.B. beim Auffinden eines zeitlich späteren Testaments, eines Testaments überhaupt, bei der Unwirksamkeit eines Testament oder Anfechtung eines solchen der Fall.

Ist jedoch bereits eine Erbschaftsteuerveranlagung erfolgt, so ist diese Veranlagung entweder aufzuheben oder zu berichtigen.

2. Der Erbersatzanspruch des unehelichen Kindes (§ 3 Abs. 1 Nr. 1 ErbStG)

34   Nachdem den unehelichen Abkömmlingen gemäß § 1934 aff. BGB ein Erbersatzanspruch eingeräumt worden ist (vgl. Buch I Rz. 67), unterliegt dieser nunmehr auch der Erbschaftsteuer. Für ihn gelten die gleichen Voraussetzungen und Regeln wie für den Erbanfall selbst.

3. Das Vermächtnis

35   Als Erwerb von Todes wegen gilt im Gegensatz zum bürgerlichen Recht (vgl. Buch I Rz. 478) erbschaftsteuerlich die Bereicherung aufgrund eines Vermächtnisses vom Erblasser als unmittelbar zugewandt. Maßgeblich ist nicht der Wert des Anspruchs, sondern der Wert des vermachten Gegenstandes selbst.

Hat z.B. das vermachte Haus einen Wert von DM 400.000,–, aber nur einen steuerlichen Wert von DM 200.000,– nach BewG, so ist dieser Wert maßgebend, obwohl nach dem Bewertungsrecht der Anspruch auf Auflassung nicht mit dem Grundbesitzwert, sondern mit dem gemeinen Wert zu bewerten ist[65].

---

[65] Troll, § 3 ErbStG, Anm. 44.

Wird jedoch ein dem Stpfl. vom Erblasser ausgesetztes Geldvermächtnis durch **36**
Übertragung von Grundstücken an Erfüllungs Statt erfüllt, so ist Besteuerungsgrundlage bei der Erbschaftsteuerfestsetzung der Nominalwert der Geldforderung und nicht der Steuerwert der übertragenen Grundstücke[66].

Ist dem Stpfl. vom Erblasser ein Geldvermächtnis ausgesetzt worden und erwirbt der Stpfl. von dem Erben ein zum Nachlaß gehörendes Grundstück, wobei er einen Teilbetrag einer Kaufpreisforderung durch Aufrechnung mit seiner Vermächtnisforderung tilgt, so ist Gegenstand des Vermächtniserwerbs nicht der anteilige Steuerwert des Kaufgrundstücks, sondern die durch Vermächtnis begründete Geldforderung[67].

Ein Vermächtnis zugunsten einer Kapitalgesellschaft, deren (mittelbarer) Allein- **37**
gesellschafter der Erblasser war, unterliegt der Erbschaftsteuer auch dann, wenn auf den mit dem Vermächtnis belasteten Alleinerben im Wege der Gesamtrechtsnachfolge auch die mittelbare Alleingesellschafterstellung des Erblassers übergegangen ist[68].

Beispiel:
Der Erblasser war alleiniger Gesellschafter der X-GmbH (Betriebs-Gesellschaft). Diese hielt 80 v.H. der Geschäftsanteile der Y-GmbH, die restlichen 20 v.H. hielt der Erblasser. Unmittelbar im Eigentum des Erblassers standen zahlreiche Grundstücke, die an die X-GmbH (Betriebsgesellschaft) verpachtet waren. Alleininhaber war eine vom Erblaser vorher errichtete Stiftung. Der Y-GmbH wurden die Grundstücke vermacht. Der Erwerb des Vermächtnisses unterliegt der ErbSt.

Beim sogenannten **Verschaffungsvermächtnis** (vgl. Buch I Rz. 501), bei dem **38**
der Vermächtnisgegenstand noch aus den Mitteln des Nachlasses erworben werden muß, kommt es darauf an, was der Erblasser vermachen wollte, den Geldbetrag oder das Grundstück. In letzterem Falle wäre der Steuerwert des Grundstückes als Wert des Vermächtnisses anzusetzen.

Wie bereits eingangs dargelegt wurde, richtet sich der Gegenstand des Vermächt- **39**
nisses nach bürgerlichem Recht. Demnach können Sachen und Rechte Gegenstand des Vermächtnisses sein. (Zur Abgrenzung Teilungsanordnung, Vorausvermächtnis vgl. Buch I Rz. 487 ff.). Die Bereicherung des Bedachten ist nicht notwendig, auch nicht die Unentgeltlichkeit[69]. Dies gilt nicht nur für das Vermächtnis unter einer Auflage, sondern auch für sogenannte Kaufrechtsvermächtnisse. Dies ist der Fall, wenn der Erblasser jemandem das Recht vermacht hat, einen Gegenstand zu einem bestimmten Preis zu erwerben[70]. Soweit der Steuerwert des Gegenstandes den festgesetzten Preis übersteigt, ist der Bedachte durch den Vermächtnisfall bereichert und deshalb erbschaftsteuerpflichtig. Vielfach sind auch der Nießbrauch und die Leibrente Gegenstand eines Vermächtnisses.

---

[66] BFH v. 25.10.1995, BStBl. II 1996, 97.
[67] BFH v. 21.6.1995, DStR 1995, 1674.
[68] BFH v. 17.4.1996, BB 1996, 1754.
[69] Troll, § 3 ErbStG, Anm. 44.
[70] Petzoldt, NWB Fach 10, 375.

40   Ein Rentenvermächtnis, das einer Person ausgesetzt worden ist, die dem Erblasser den Haushalt geführt und ihn versorgt hat, unterliegt dann nicht der Erbschaftsteuer, wenn die Haushaltsführung im Rahmen eines Dienstverhältnisses erfolgte und als Entgelt für die Haushaltsführung ein Ruhegehalt vereinbart worden ist, das durch die letztwillige Verfügung nur noch bestätigt wurde[71].

41   Der Erwerb eines Vermächtnisses durch Erbvertrag zwischen Ehegatten ist auch dann erbschaftsteuerpflichtig, wenn mit dem Vermächtnis die Scheidungsbereitschaft des bedachten Ehegatten abgegolten werden soll und die Ehe dann geschieden wird[72].

4. Der Pflichtteilsanspruch (§§ 2303 ff. BGB)

42   Der Pflichtteilsanspruch ist in jedem Falle als Kapitalforderung zu behandeln, auch wenn der Pflichtteilsberechtigte später von den Erben mit einem Nachlaßgegenstand abgefunden wird.

So kann z.B. bei der Abfindung des Pflichtteils mit einem Grundstück nicht der Steuerwert des Grundvermögens als Bemessungsgrundlage dienen. Es besteht auch keine Steuerfreiheit, wenn ihm z.B. anstelle des Geldanspruchs Haushaltsgegenstände im Rahmen der Freibeträge übereignet werden.

5. Schenkung auf den Todesfall (§ 3 Abs. 1 Nr. 2 ErbStG)

43   Als Schenkung auf den Todesfall wird die Schenkung bezeichnet, die nur unter der Bedingung wirksam werden soll, daß der Bedachte den Schenker überlebt (zum Begriff vgl. Buch I Rz. 788 ff.). Auf eine solche Schenkung finden die bürgerlichrechtlichen Vorschriften über letztwillige Verfügungen (Erbvertrag) Anwendung (§ 2301 BGB). Aber auch steuerlich wird eine Schenkung auf den Todesfall als ein Erwerb von Todes wegen behandelt.

44   Als Schenkung auf den Todesfall gilt auch der auf einem Gesellschaftsvertrag beruhende Übergang des Anteils oder des Teils eines Anteils eines Gesellschafters bei dessen Tod auf die anderen Gesellschafter oder die Gesellschaft, soweit der Wert, der sich für seinen Anteil zur Zeit seines Todes nach § 12 ErbStG ergibt, Abfindungsansprüche Dritter übersteigt

Die unentgeltliche Anwachsung eines Anteils wurde nach altem Recht nicht als eine unentgeltliche Vermögensübertragung angesehen. Da diese vertragliche Vereinbarung alle Gesellschafter gleichmäßig betraf, hatte man eine Schenkungsabsicht verneint. Das galt auch für den Fall, daß jede Abfindung ausgeschlossen war. Nunmehr soll die Bereicherung, die die überlebenden Gesellschafter dadurch erfahren, daß die an die Erben des verstorbenen Gesellschafters gezahlte Abfindung geringer ist als der Wert des Anspruchs, von der Erbschaftsteuer erfaßt werden.

---

[71] BFH v. 24.10.1984, BStBl. II 1985, 137.
[72] BFH v. 31.10.1984, BStBl. II 1985, 59.

Hinsichtlich weiterer Einzelheiten vgl. die Ausführungen zur betagten und bedingten Schenkung und zur Abfindung zum Buchwert beim Ausscheiden eines Gesellschafters (Rz. 851ff.).

6. Erwerbe gemäß § 3 Abs. 1 Nr. 3 ErbStG

Steuerpflichtig sind auch die sonstigen Erwerbe, auf die die für Vermächtnisse geltenden Vorschriften des bürgerlichen Rechts Anwendung finden. Diese Vorschrift ergänzt lediglich Nr. 1. **45**

7. Erwerb von Todes wegen

Als Erwerb von Todes wegen gilt auch der Erwerb von Vermögensvorteilen, der aufgrund eines vom Erblasser geschlossenen Vertrages unter Lebenden mit dem Tode des Erblassers von einem Dritten unmittelbar verfolgt wird (§ 3 Abs. 1 Nr. 4 ErbStG). Hierunter sind Verträge zugunsten Dritter (§ 328 BGB) zu verstehen, und zwar in den Fällen, in denen die Leistung an den Dritten mit der Wirkung bedungen wird, daß dieser das Recht, die Leistung zu fordern, erst mit dem Tode des Versprechensempfängers erwerben soll (§ 331 BGB). Hinsichtlich der Ausschlagung eines Versicherungsanspruchs und Benennung eines Dritten vgl. die Entscheidung des BFH vom 17.1.1990[73]. **46**

Hauptanwendungsfall dieser Vorschrift sind die Lebens- und Rentenversicherungsverträge zugunsten eines Dritten. Wenn durch den Tod eines Versicherten eine Lebensversicherung anfällt, so unterliegt dieser Erwerb in jedem Falle der Erbschaftsteuer. Gehört die Versicherungssumme zum Nachlaß, so liegt ein Erwerb durch Erbfall vor. Fällt im Falle des Todes die Versicherungssumme einem besonders benannten Begünstigten zu, dann erwirbt der Begünstigte[74] einen unmittelbaren Anspruch auf die Versicherungssumme. Dieser Vorgang fällt unter die Vorschriften des § 3 Abs. 1 Nr. 4 ErbStG. Nicht hierunter fallen jedoch die Renten, die aus der Sozialversicherung und einer sonstigen gesetzlichen Zwangsversicherung geleistet werden, z.B. die Witwenpension eines Beamten oder die Rente einer Witwe aus der Sozialversicherung des Ehemannes. **47**

Ruhegehälter und ähnliche Zuwendungen, die ohne rechtliche Verpflichtung früheren oder jetzigen Angestellten oder Bediensteten gewährt werden, sind nicht mehr steuerfrei. **48**

Von der Besteuerung sind nicht mehr ausgenommen Lebensversicherungen, die mit der Bestimmung abgeschlossen sind, daß die Versicherungssumme zur Bezahlung der Erbschaftsteuer und zur Ablösung von Lasten, Ausgleichsabgaben oder zu einer der beiden zu verwenden und nach dem Tode des Versicherungsnehmers an das Finanzamt abzuführen ist. (§ 19 ErbStG a.F. ist ersatzlos aufgehoben.)

Zu den Versicherungsverträgen sind auch die Pensionsverträge zu zählen, die zwischen Gesellschaftern einer Personengesellschaft oder einer freiberuflichen So- **49**

---

[73] BFH v. 17.1.1990, DB 1990, 1269.
[74] BFH v. 11.7.1952, BStBl. III 1952, 240; v. 12.6.1953, BStBl. III 1953, 247.

zietät für den Fall des Todes eines Gesellschafters geschlossen worden sind. Die vereinbarte Rente fällt im Zweifel nicht in den Nachlaß, sondern steht der Witwe als Begünstigten unmittelbar zu. Diese Leistungen unterliegen der Erbschaftsteuer, unabhängig davon, daß sie als wiederkehrende Leistungen bzw. Bezüge der Einkommensteuer zu unterwerfen sind.

Die Witwenrente eines Gesellschafter-Geschäftsführers einer GmbH unterliegt nur dann nicht der Erbschaftsteuer, wenn dieser wie ein Nichtgesellschafter als abhängiger Geschäftsführer anzusehen ist. Der Erbschaftsteuer unterliegt ebenfalls die Versorgungsrente, die von einer freiberuflichen Sozietät an die Witwe eines verstorbenen Partners gezahlt wird[75]. Die Rentenbezüge der Witwe eines persönlich haftenden Gesellschafters einer Personengesellschaft, die sie aufgrund Vertrages nach dessen Tod erhält, unterliegen nicht der Erbschaftsteuer, wenn die Würdigung des Vertrages ergibt, daß der persönlich haftende Gesellschafter im Innenverhältnis wie ein Angestellter gegenüber den die Gesellschaft beherrschenden anderen Gesellschaftern (Kommanditisten) gebunden war.

8. Anordnung einer Stiftung

50 Der Übergang vom Vermögen auf eine vom Erblasser angeordnete Stiftung wird in einem besonderen Abschnitt behandelt werden (vgl. Rz. 1252 ff.).

9. Zuwendung aufgrund einer Auflage

51 Es kann auch jemand infolge Vollziehung einer vom Erblasser angeordneten Auflage (§ 1940 BGB) oder infolge Erfüllung einer vom Erblasser gesetzten Bedingung erwerben (§ 3 Abs. 2 Nr. 2 ErbStG). Dieser Erwerb unterliegt keiner besonderen Behandlung, wenn eine einheitliche Zweckzuwendung vorliegt[76]. Der Erwerb infolge Auflage oder Bedingung unterscheidet sich dadurch vom Vermächtnis, daß der Begünstigte keinen schuldrechtlichen Anspruch auf die Leistung erhält (vgl. Buch I Rz. 540 ff.). Mit der Vollziehung der Auflage bzw. Erfüllung der Bedingung entsteht die Steuerpflicht des Begünstigten (§ 9 Abs. 1 Nr. 1 ErbStG).

10. Erwerbe, die von einer staatlichen Genehmigung abhängig sind

52 Der Erwerb von Todes wegen kann einer staatlichen Genehmigung bedürfen, wenn der Erwerber eine juristische Person ist und es sich um einen Gegenstand im Werte von mehr als DM 5.000,– handelt (EG BGB Artikel 86, 87).

Wird eine solche Genehmigung davon abhängig gemacht, daß bestimmte Leistungen an Dritte entrichtet werden, oder erfolgen zur Erlangung der Genehmigung freiwillig solche Leistungen, so ist dieser Anfall erbschaftsteuerpflichtig.

---

[75] BFH v. 13. 12. 1989, BStBl. II 1990, 323; v. 13. 12. 1989, BStBl. II 1990, 325; v. 13. 12. 1989, BStBl. II 1990, 332.
[76] Meincke/Michel, § 3 ErbStG, RdNr. 53.

11. Abfindung für Erbverzichte

Als vom Erblasser zugewendet gilt auch die Abfindung für einen Verzicht auf den entstandenen Pflichtteilsanspruch oder für die Ausschlagung einer Erbschaft oder eines Vermächtnisses, das von dritter Seite gewährt wird (§ 3 Abs. 2 Nr. 4 ErbStG).

Der Verzicht selbst ist für den hierdurch Begünstigten keine Schenkung (vgl. § 13 Abs. 1 Nr. 11 ErbStG). In der Abfindung ist eine Gegenleistung für den Verzicht zu erblicken. Ist aber der Pflichtteil bereits geltend gemacht worden, so ist die Steuerschuld bereits entstanden (§ 9 Abs. 1 Nr. 1 b ErbStG). In diesem Falle wäre der Verzicht gegen Entgelt erbschaftsteuerlich unbeachtlich.

12. Entgelte für die Übertragung von Anwartschaften (§ 3 Abs. 2 Nr. 5 ErbStG)

Als vom Erblasser zugewendet gilt auch das, was als Entgelt für die Übertragung der Anwartschaft eines Nacherben gewährt wird. Verzichtet also der Nacherbe nach Eintritt der Vorerbschaft gegen ein Entgelt gegenüber den Vorerben auf sein Nacherbenrecht, so unterliegt diese Abfindung des Nacherbenanspruchs der Erbschaftsteuer[77]. Zahlungen des Vorerben zur Ablösung des Nacherben des Nacherbenrechts sind nicht als Nachlaßverbindlichkeiten bei dem Erwerb des Vorerben abzugsfähig[78].

Als vom Erblasser zugewendet gilt auch, was als Entgelt für die Übertragung der Anwartschaft eines Nacherben gewährt wird (§ 3 Abs. 2 Nr. 6 ErbStG).

Gibt der Nachvermächtnisnehmer durch Zustimmung zu einem Grundstückskaufvertrag gegen Entgelt seine Aussicht auf das Nachvermächtnis zugunsten des Vermächtnisnehmers auf, gilt das Entgelt als vom Erblasser zugewendet. Besteuerungsgrundlage ist das Entgelt, nicht ein anteiliger Steuerwert am verkauften Grundstück[79].

13. Abfindung für ein aufschiebend bedingtes, betagtes oder befristetes Vermächtnis (§ 3 Abs. 2 Nr. 6 ErbStG)

Als vom Erblasser zugewendet gilt auch das, was als Abfindung für ein aufschiebend bedingtes, betagtes oder befristetes Vermächtnis, für das die Ausschlagungsfrist abgelaufen ist, vor dem Zeitpunkt des Eintritts der Bedingung oder des Ereignisses gewährt wird. Diese Bestimmung wurde mit dem ErbStG 1974 eingeführt. Sie stellt eine Ergänzung der Vorschrift des Abs. 2 Nr. 4 dar, nach der unter anderem auch das vom Erblasser als zugewendet gilt, was als Abfindung für die Ausschlagung eines Vermächtnisses gewährt wird. Diese Regelung erfaßt dem Wortlaut nach nicht die Fälle, in denen jemand auf ein aufschiebend bedingtes, betagtes oder befristetes Vermächtnis, das er nicht ausgeschlagen hat, vor dem Zeitpunkt des

---
[77] Vgl. auch BFH v. 30. 10. 1979, BStBl. II 1980, 46.
[78] BFH v. 23. 8. 1995, BStBl. II 1996, 137.
[79] BFH v. 19. 4. 1989, BB 1989, 154.

Eintritts der Bedingung oder des Ereignisses gegen eine Abfindung verzichtet. Zwar hat die Rechtsprechung solche Abfindungen im Wege der Gesetzesauslegung den erbschaftsteuerpflichtigen Tatbeständen zugeordnet[80]. Es erschien dem Gesetzgeber jedoch angebracht, diese Abfindungen nunmehr auch ausdrücklich als steuerpflichtigen Tatbestand in die Vorschrift über den Erwerb von Todes wegen aufzunehmen.

14. Erwerb eines Vertragserben (§ 3 Abs. 2 Nr. 7 ErbStG)

56   Als vom Erblasser zugewendet gilt auch, was ein Vertragserbe aufgrund beeinträchtigender Schenkungen des Erblassers (§ 2287 BGB) von dem Beschenkten nach den Vorschriften über die ungerechtfertigte Bereicherung (§ 812 BGB) erlangt. Nach der Rechtsprechung des BFH[81] stellte der Erwerb eines „Vertragserben" aufgrund eines Herausgabeanspruchs nach § 2287 BGB keinen steuerpflichtigen Erwerb von Todes wegen i.S. des § 3 Abs. 1 Nr. 1 ErbStG dar. Der Anspruch entsteht in dem Zeitpunkt, in dem der Anspruch geltend gemacht wird, § 9 Abs. 1 Nr. 1 Buchst. j ErbStG n.F.

IV. Vor- und Nacherbschaft (§ 6 ErbStG)

1. Die Vorerbschaft[82]

57   Der Vorerbe gilt als Erbe (vgl. Buch I Rz. 416). Er hat daher den Nachlaß voll zu versteuern, gleichgültig, ob der Nacherbfall im Zeitpunkt seines Todes oder zu einem anderen vom Erblasser bestimmten Zeitpunkt eintritt, z.B. bei Wiederverheiratung des überlebenden Ehegatten.

58   Es ist hinsichtlich der Besteuerung des Vorerben gleichgültig, ob er über den Nachlaß frei verfügen darf (befreite Vorerbschaft) (vgl. Buch I Rz. 456) oder ob er hinsichtlich seiner Verfügungsbefugnis beschränkt ist (nicht befreite Vorerbschaft) (vgl. Buch I Rz. 443ff.). In beiden Fällen ist der Vorerbe insoweit beschränkt, als er das Anwartschaftsrecht des Nacherben nicht beeinträchtigen darf. Dem nicht befreiten Vorerben stehen lediglich die Nutzungen zu. Wirtschaftlich gesehen, besteht zwischen ihm und dem Nießbraucher am Nachlaß kein Unterschied. Da es aber, wie eingangs ausgeführt wurde, allein auf die bürgerlich-rechtliche Gestaltung ankommt, ist der Vorerbe Gesamtrechtsnachfolger. Er wird daher dementsprechend behandelt, obwohl er, wirtschaftlich gesehen, lediglich Nießbraucher des Vermögens ist. Auch wird das Anwartschaftsrecht des Nacherben beim Vorerben nicht als Belastung behandelt. Der Vorerbe hat daher, gleichgültig, ob befreiter oder nicht befreiter Vorerbe ist, den gesamten Nachlaß zu versteuern. Er unterscheidet sich hierin nicht vom Vollerben.

---

[80] Hierzu Troll, DStZ 1979, 403 f.
[81] BFH v. 6.3.1991, BStBl. II, 412.
[82] Vgl. RFH v. 27.8.1935, RStBl. 1935, 1304. Vgl. auch Schulz, S. 151 ff.

2. Die Nacherbschaft

Mit dem Erbfall hat der Nacherbe bereits ein dingliches Anwartschaftsrecht erhalten, über das er, wenn keine Beschränkungen vorliegen, auch verfügen darf. Obwohl dieses Anwartschaftsrecht ein Wirtschaftsgut darstellt, unterliegt dieses nicht der Erbschaftsteuer. Verwertet jedoch der Nacherbe dieses Anwartschaftsrecht, indem er es einem Dritten überträgt, so gilt dieses Entgelt als vom Erblasser zugewendet (§ 3 Abs. 2 Nr. 5 ErbStG). Der Veräußerungspreis unterliegt daher der Erbschaftsteuer. Gibt der Vorerbe an den Nacherben mit Rücksicht auf die angeordnete Nacherbschaft vor ihrem Eintritt etwas heraus, so wird diese Zuwendung als Schenkung des Vorerben behandelt. 59

Auf Antrag kann allerdings bei der Besteuerung das Verhältnis des Nacherben zum Erblasser zugrundegelegt werden. Die vorzeitige Herausgabe der Erbschaft wird wirtschaftlich und auch steuerlich dem Eintritt der Erbschaft bzw. der Nacherbschaft gleichgestellt. Gegenstand der Schenkung ist nicht die zwischenzeitliche Nutzung bis zum Eintritt der Nacherbschaft, sondern die gesamte vorzeitig überlassene Erbschaft. 60

Beim Eintritt des Nacherbfalles haben diejenigen, auf die das Vermögen übergeht, den Erwerb als vom Vorerben stammend zu versteuern (§ 6 Abs. 2 ErbStG). Allerdings ist auf Antrag des Nacherben der Versteuerung das Verhältnis des Nacherben zum Erblasser zugrundezulegen, was zweckmäßig erscheint, wenn das verwandtschaftliche Verhältnis zum Erblasser günstiger ist als das zum Vorerben. Dies ist z.B. der Fall, wenn der Erblasser zunächst seine Geschwister zu Vorerben eingesetzt hat, zu Nacherben jedoch seine eigenen Abkömmlinge. 61

3. Zusammentreffen von Erbfall und Nacherbschaft

Geht in diesem Falle auch eigenes Vermögen des Vorerben auf den Nacherben über, so sind beide Vermögensanfälle hinsichtlich der Steuerklasse getrennt zu behandeln. Für das eigene Vermögen des Vorerben kann ein Freibetrag jedoch nur gewährt werden, soweit der Freibetrag für das der Nacherbfolge unterliegende Vermögen nicht verbraucht ist. Die Steuer ist für jeden Erwerb jeweils nach dem Steuersatz zu erheben, der für den gesamten Erwerb gelten würde. Nach dieser ergänzenden Vorschrift, die mit dem ErbStG 1974 eingefügt wurde, sind zunächst die beiden Vermögensmassen des Gesamterwerbs nach ihrer Herkunft zu trennen. Auf jede dieser Vermögensmassen ist dann die ihrer Herkunft entsprechende Steuerklasse anzuwenden. Damit sich hieraus für den Nacherben jedoch keine ungerechtfertigten Vorteile hinsichtlich des Freibetrages ergeben, wird weiter bestimmt, daß dem Nacherben nicht für jede Vermögensmasse des Gesamterwerbs gesondert ein Freibetrag zusteht, sondern ihm insgesamt nur der Freibetrag zu gewähren ist, der für sein günstigeres Verwandtschaftsverhältnis zum Erblasser maßgebend ist. Für das zusätzlich anfallende Vermögen des Vorerben soll der für diese Steuerklasse maßgebende Freibetrag nur noch gewährt werden, wenn bzw. soweit der höhere nach Verwandtschaftsverhältnis zum Erblasser maßgebende Freibetrag durch den Anfall des Nacherbschaftsvermögens nicht verbraucht ist. Damit die Aufgliede- 62 rung des Gesamtvermögens in zwei Vermögensteile für den Nacherben keinen Progressionsvorteil hat, wird weiter bestimmt, daß die Steuer für jeden Vermögensteil nach dem Steuersatz zu erheben ist, der für den gesamten Erwerb gelten würde.

63 Tritt der Fall der Nacherbfolge nicht durch den Tod des Vorerben ein, so gilt die Nacherbfolge als aufschiebend bedingter Anfall. In diesem Falle ist dem Nacherben die vom Vorerben entrichtete Steuer abzüglich desjenigen Steuerbetrages anzurechnen, welcher der tatsächlichen Bereicherung des Vorerben entspricht (§ 6 Abs. 3 ErbStG).

64 Eine Erstattung jedoch kommt nicht in Betracht, wenn die Steuer des Vorerben die des Nacherben übersteigt.

V. Stiftung und Zweckzuwendung

1. Stiftung

65 Stiftung im Sinne des ErbStG ist die rechtsfähige Stiftung im Sinne der §§ 80ff. BGB. Sie muß mit eigener Rechtsfähigkeit ausgestattet sein[83] (vgl. Buch I Rz. 1379ff.). Macht der Erblasser eine unselbständige Stiftung, so liegt eine Zweckzuwendung im Sinne des § 8 ErbStG vor[84]. Es kann sich bei der Anordnung der Stiftung durch den Stifter nur um eine Stiftung des privaten Rechts handeln. Voraussetzung für die steuerliche Anerkennung einer Stiftung ist, daß die vom Gesetz verlangten Voraussetzungen wie Schriftform (§ 81 BGB), die gültige testamentarische Anordnung (§ 83 BGB) und die behördliche Genehmigung vorliegen (vgl. Buch I Rz. 1386ff., insbesondere 1384).

a) Übergang von Vermögen auf eine vom Erblasser angeordnete Stiftung

66 Ein Formmangel kann hier nicht geheilt werden. Ist jedoch die Stiftung tatsächlich durchgeführt worden, ist sie evtl. in eine Zweckzuwendung im Sinne des § 8 ErbStG umzudeuten. Voraussetzung ist jedoch, daß sie einem unpersönlichen Zweck dient und einen unbestimmten Personenkreis begünstigt, was jedoch bei einer verunglückten Stiftung im Zweifel nicht der Fall ist.

67 Der Übergang von Vermögen auf eine vom Erblasser angeordnete Stiftung unterliegt der Erbschaftsteuer (§ 3 Abs. 2 Nr. 1 ErbStG). Sie gilt als ein Erwerb von Todes wegen. Die Stiftung muß vom Erblasser selbst testamentarisch angeordnet sein.

68 Möglich ist aber auch, daß der Erblasser den Erben mittels einer Bedingung oder Auflage bestimmt, die Stiftung zu errichten[85]. Es handelt sich hierbei um eine Erbeinsetzung unter Auflage im Sinne des § 3 Abs. 2 Nr. 2 ErbStG. In diesem Falle

---

[83] Troll, § 3 ErbStG, Anm. 78; Meincke/Michel, § 3 ErbStG, RdNr. 52; vgl. auch Turner/Poppstadt, Die Stiftung – eine Möglichkeit individueller Nachfolgegestaltung, DStR 1996, 1448.
[84] Troll, § 8 ErbStG, Anm. 2; Meincke/Michel, § 3 ErbStG, RdNr. 52.
[85] Troll, § 3 ErbStG, Anm. 80.

ist der Erblasser als Schenker, der Erbe als Stifter zu behandeln. Übertragung des Vermögens auf die Stiftung wird in diesem Falle erbschaftsteuerlich so behandelt, als habe die Stiftung das Vermögen vom Erblasser unmittelbar erworben, obwohl, bürgerlich-rechtlich gesehen, der Erbe Durchgangserwerber war.

Setzt der Erblasser eine von ihm angeordnete (rechtsfähige) Stiftung zur (Allein-)Erbin ein, so unterliegt gem. § 11 ErbStG i.V.m. § 9 Abs. 1 Nr. 1 Halbsatz 2 Buchstabe c und § 3 Abs. 2 Nr. 1 ErbStG der Erbschaftsteuer auch der Vermögenszuwachs, der sich im Nachlaß zwischen dem Tag des Todes des Erblassers und dem Tag der Genehmigung der Stiftung vollzogen hat. § 3 Abs. 2 Nr. 1 ErbStG erfaßt alle Fälle, in denen Vermögen auf eine vom Erblasser angeordnete Stiftung übergeht. Darunter fallen nicht nur die Sachverhalte, in denen der Erblasser einen Erben oder Vermächtnisnehmer mit der Auflage beschwert, seinerseits eine Stiftung durch Rechtsgeschäft (unter Lebenden) zu errichten, sondern auch die Fälle, in denen der Erblasser eine von ihm angeordnete Stiftung zur Erbin (oder Vermächtnisnehmerin) einsetzt[86]. **69**

Ordnet der Erblasser testamentarisch eine Vermögensübertragung entweder in der Form der Erbeinsetzung oder eines Vermächtnisses an eine bereits bestehende Stiftung an, so liegt ein Erbanfall bzw. eine Vermächtnisaussetzung im Sinne des § 3 Abs. 1 Nr. 1 ErbStG vor[87]. Im ersteren Falle wäre die Stiftung Erbe im Sinne des Erbrechts und erwürbe unmittelbar vom Erblasser aufgrund des Erbanfalls. Dieser Fall ist ebenso zu behandeln wie die Erbeinsetzung einer sonstigen juristischen Person. **70**

b) Vermögensübertragungen auf einen Trust

Keine Stiftung im Sinne des ErbStG ist die Vermögensübertragung im amerikanischen Recht auf einen Trust[88] oder im englischen Recht auf einen Trust[89]. Der Nachlaß ist hier zwar ein Sondervermögen, aber er hat keine eigene Rechtsfähigkeit. **71**

Als Schenkung gilt auch die Stiftungserrichtung unter Lebenden (§ 7 Abs. 1 Nr. 8 ErbStG). Die bloße Forderung auf Übertragung der zugewandten Vermögensgegenstände, die mit der staatlichen Genehmigung des Stiftungsgeschäfts entsteht, begründet selbst noch keine Steuerpflicht. Die Forderung entsteht erst mit der Ausführung der Zuwendung. **72**

c) Stiftung unter Lebenden

Spätere Zuwendungen des Stifters werden als gewöhnliche Schenkungen im Sinne des § 7 Abs. 1 Nr. 1 ErbStG behandelt. Satzungsmäßige Zuwendungen der Stiftungen selbst sind keine Schenkung. Es fehlt hier das Tatbestandsmerkmal der Frei- **73**

---

[86] BFH v. 25.10.1995, BStBl. II 1996, 99.
[87] Troll, § 3 ErbStG, Anm. 80.
[88] Meincke/Michel, § 3 ErbStG, RdNr. 25; Troll, § 3 ErbStG, Anm. 82; BFH v. 31.5.1961, BStBl. III 1961, 312; v. 2.2.1977, BStBl. II 1977, 425.
[89] Troll, § 3 ErbStG, Anm. 80; BFH v. 20.12.1957, BStBl. 1958, 79.

willigkeit[90]. Das Stiftungsgeschäft unter Lebenden wird nach § 7 Abs. 1 Nr. 8 ErbStG als Schenkung behandelt.

74 Gemäß § 7 Abs. 1 Nr. 9 ErbStG gilt auch das als Schenkung, was bei Aufhebung der Stiftung erworben wird. Die Stiftung muß vollständig aufgehoben werden[91].

Bei der Aufhebung der Stiftung ist Zuwendender die Stiftung, nicht der Stifter. Das auch dann, wenn zu Lebzeiten des Stifters das Stiftungsvermögen an diesen zurückfällt[92].

Bei Teilausschüttungen, sofern sie das Wesen der Stiftung nicht verändern und den Fortbestand nicht in Frage stellen[93], liegt keine Aufhebung im Sinne des § 7 Abs. 1 ErbStG vor. Unter Umständen jedoch kommt eine Schenkung in Betracht.

Gemäß § 15 Abs. 2 ErbStG gilt im Fall der Auflösung der Stiftung als Schenker der Stifter oder derjenige, der das Vermögen auf den Verein übertragen hat. Hinsichtlich der Höhe der Erbschaftsteuer kommt es daher auf das persönliche Verhältnis zum zuletzt Bezugsberechtigten an.

d) Stiftungszweck

75 Auf den Stiftungszweck selbst kommt es nicht an. Dient die vom Erblasser errichtete Stiftung ausschließlich gemeinnützigen oder kirchlichen Zwecken, so bleiben die Zuwendungen steuerfrei. Allerdings müssen der Zweck und die richtige Verwendung der Mittel sichergestellt sein (§ 13 Abs. 1 Nr. 16 ErbStG). Bei den übrigen Stiftungen tritt keine Steuerfreiheit ein. Bei den sogenannten Familienstiftungen gemäß § 15 Abs. 2 ErbStG ist für die Besteuerung das Verwandtschaftsverhältnis des in der Stiftungsurkunde entferntest Berechtigten zu dem Erblasser oder Schenker zugrunde zu legen.

2. Die Zweckzuwendung

76 Die Zweckzuwendung unterscheidet sich dadurch von der freiwilligen Zuwendung, daß bei der Zweckzuwendung ein Vermögen mit der Verpflichtung zugewandt wird, dieses nicht für eigene, sondern für einen dem Empfänger fremden Zweck oder einen unbestimmten Personenkreis zu verwenden[94]. Mit der Zweckzuwendung wird ein Sondervermögen zur Erfüllung eines bestimmten Zweckes geschaffen. Der Bedachte bzw. Beschenkte nimmt die Funktion eines Treuhänders wahr. Die Zweckzuwendung unterscheidet sich im wesentlichen dadurch von der Stiftung, daß das Sondervermögen nicht zu einer selbständigen juristischen Person wird. Während die Stiftung einen bestimmten Personenkreis begünstigen kann, z.B. Familienangehörige, ist das bei der Zweckzuwendung nicht möglich.

---

[90] Troll, § 7 ErbStG, Anm. 55.
[91] Troll, § 7 ErbStG, Anm. 56.
[92] BFH v. 25.11.1992, BStBl. II 1993, 238; auch Binz/Sorg, DStR 1994, 229.
[93] Troll, § 7 ErbStG, Anm. 56.
[94] Troll, § 8 ErbStG, Anm. 2; BFH v. 13.3.1953, BStBl. III 1953, 144.

Verfolgt die Zweckzuwendung einen gemeinnützigen Zweck, ist sie von der Erbschaftsteuer befreit (§ 13 Abs. 1 Nr. 16 ErbStG).

3. Die Erbersatzsteuer der Stiftung

Neben der Besteuerung des Erwerbs bei der Errichtung werden Stiftungen nunmehr alle 30 Jahre der Erbschaftsteuer unterworfen, sofern sie wesentlich im Interesse einer Familie oder bestimmter Familien errichtet sind (§ 1 Abs. 1 Nr. 4 ErbStG).

Das gleiche gilt für Vereine, deren Zweck wesentlich im Interesse einer Familie oder bestimmter Familien auf die Bindung von Vermögen gerichtet ist. Ausgenommen von dieser Vorschrift sind die gemeinnützigen Stiftungen.

Die Besteuerung der Stiftung gemäß § 1 Nr. 4 ErbStG erfolgte zum ersten Male zum 1.1.1984 für solche Stiftungen, deren Errichtung bis zu diesem Zeitpunkt 30 Jahre zurücklag (§ 9 Abs. 1 Nr. 4 ErbStG).

Nach Ansicht des Gesetzgebers soll durch diese Bestimmung verhindert werden, daß über die Bindung von Vermögen in Form einer Stiftung zugunsten von Familienangehörigen künftig eine Erbschaftsteuerbefreiung eintritt.

Diese Bestimmung verstößt u.E. gegen das Erbschaftsteuersystem[95]. Hier wird nicht der Vermögensübergang auf einen neuen Rechtsträger versteuert, sondern es handelt sich um eine zusätzliche Vermögensteuer, die ganz aus dem Rahmen fällt. Somit ist die Periodenbesteuerung der Stiftung systemwidrig. Es muß hierbei berücksichtigt werden, daß die Stiftung außerdem noch der Körperschaftsteuer und für den Fall, daß sie ein Gewerbe betreibt, der Gewerbesteuer unterliegt.

Bei der Berechnung der Steuer wird in den Fällen des § 1 Abs. 1 Nr. 4 ErbStG der doppelte Freibetrag nach § 16 Abs. 1 Nr. 2 ErbStG gewährt. Die Steuer ist nach dem Vomhundertsatz der Steuerklasse I zu berechnen, der für die Hälfte des stpfl. Vermögens gelten würde.

Beispiel:

Steuerpflichtiges Vermögen	DM	4.000.000,–
abzüglich Freibeträge nach § 16 Abs. 1 Nr. 2	DM	800.000,–
	DM	3.200.000,–
1/2 Ansatz	DM	1.600.000,–
19 v.H.	DM	304.000,–

Die Vorschrift gilt nur für die inländische Stiftung, also für die, welche Geschäftsleitung oder Sitz im Inland hat (§ 2 Abs. 1 Nr. 2 ErbStG)[96].

Ausländische Stiftungen werden nicht der unbeschränkten Steuerpflicht unterworfen, wenn der Begünstigte ein Inländer ist.

---

[95] Sie ist aber vom BVerfG als verfassungskonform anerkannt, vgl. BVerfG v. 8.3.1983, BStBl. II 1983, 779.

[96] Vgl. auch Petzoldt, § 1 ErbStG, Anm. 6. Sitzverlegung ins Ausland ist wegen § 15 AStG nicht anzuraten. BFH v. 6.12.1989, BStBl. II 1990, 221.

Fraglich ist jedoch, ob eine ausländische Stiftung mit ihrem inländischen Vermögen auch der Periodenbesteuerung unterliegt[97]. Nach dem Wortlaut des § 2 Abs. 1 Nr. 3 ErbStG dürften ausländische Stiftungen mit ihrem inländischen Vermögen nicht der beschränkten Steuerpflicht hinsichtlich der Steuer nach § 1 Abs. 1 Nr. 4 ErbStG unterliegen. Bei der beschränkten Steuerpflicht i.S. des § 2 Abs. 1 Nr. 3 ErbStG wird auf den Vermögensanfall abgestellt. Bei der Periodenbesteuerung wird kein Vermögensanfall besteuert.

Wegen der einkommensteuerlichen Wirkungen ist es jedoch nicht zweckmäßig, einen Betrieb auf eine Stiftung zu übertragen, soweit es sich um Betriebsvermögen und wesentliche Beteiligungen handelt.

79 Von der Periodenbesteuerung sind gemeinnützige Stiftungen ausgenommen. Es fragt sich jedoch, wie Stiftungen zu behandeln sind, die sowohl gemeinnützige Ziele als auch Familieninteressen verfolgen. Der Gesetzeswortlaut „wesentlich im Interesse einer Familie" ist dehnbar. Klar wäre die Rechtslage, wenn ein „überwiegendes Interesse" verlangt würde. „Wesentlich" wird aber vielfach auch wie „nicht unerheblich" verstanden. Bei einer Beteiligung von mehr als 25 v.H. spricht man von einer wesentlichen Beteiligung. Hiernach müßte man schon eine Verfolgung wesentlicher Familieninteressen annehmen, wenn mehr als 25 v.H. der Erträge der Stiftung Familienangehörigen des Stifters zugewandt würden. Nach überwiegender Literaturmeinung muß die Stiftung mehr als zu 50 v.H. den Angehörigen des Stifters zugute kommen[98].

80 Nach § 58 Nr. 5 AO wird die Steuervergünstigung der Gemeinnützigkeit nicht dadurch ausgeschlossen, daß eine Stiftung diesen Teil, jedoch höchstens ein Drittel ihres Einkommens dazu verwendet, um in angemessener Weise den Stifter und seine nächsten Angehörigen zu unterhalten, ihre Gräber zu pflegen und ihr Andenken zu ehren.

81 Nach dem Anwendungserlaß zur AO[99] enthält § 58 Nr. 5 AO eine Ausnahmeregelung zu § 55 Abs. 1 Nr. 1 AO für Stiftungen. Diese ist nur anzuwenden, wenn eine Stiftung Leistungen erbringt, die dem Grunde nach gegen § 55 Abs. 1 Nr. 1 AO verstoßen, also z.B. freiwillige Zuwendungen an den in § 58 Nr. 5 AO genannten Personenkreis leistet oder für die Erfüllung von Ansprüchen dieses Personenkreises aus der Übertragung von Vermögen **nicht** das belastete oder anderes zulässiges Vermögen, sondern Erträge einzieht. Im Unterschied zu anderen Körperschaften kann eine Stiftung unter den Voraussetzungen des § 58 Nr. 5 AO auch dann einen Teil ihres Einkommens für die Erfüllung solcher Ansprüche verwenden, wenn ihr dafür ausreichende flüssige Vermögensmittel zur Verfügung stehen. Der Grundsatz, daß der wesentliche Teil des Einkommens für die Verwirklichung der steuerbegünstigten Zwecke verbleiben muß, gilt aber auch für Stiftungen. Daraus folgt, daß eine Stiftung insgesamt höchstens ein Drittel ihres Einkommens für

---

[97] Vgl. Michel, DVR 1974, 50ff.
[98] Petzoldt, § 1 ErbStG, Rz. 78; Meincke/Michel, § 15 ErbStG, RdNr. 17; Kapp, § 1 ErbStG, Anm. 59.
[99] BdF v. 8.1.1996 IV B 7 – S 0170 – 118/95, BStBl. I 1996, 74.

unter § 58 Nr. 5 AO fallende Leistungen und für die Erfüllung von anderen durch die Übertragung[100] von belastetem Vermögen begründeten Ansprüche verwenden darf.

Nach § 15 Abs. 2 AStG sind Familienstiftungen solche Stiftungen, bei denen der Stifter, seine Angehörigen und deren Abkömmlinge zu mehr als der Hälfte bezugsberechtigt oder anfallsberechtigt sind[101]. 82

Wegen dieser Rechtsunsicherheit ist es zweckmäßig, wenn man das Ziel verfolgt, das Unternehmen in seiner wesentlichen Substanz zu erhalten und gleichzeitig seinen Familienangehörigen etwas zukommen zu lassen, zwei getrennte Vermögensübertragungen vorzunehmen, und zwar zum einen an die Stiftung und zum anderen an die Angehörigen. Hierzu eignet sich am besten die Gesellschaftsform der Kommanditgesellschaft. Die Stiftung wird Kommanditist, die Erben Komplementäre bzw. ebenfalls Kommanditisten. Allerdings ist hier zu beachten, daß die Gewinnverteilung zwischen Stiftung und den übrigen Gesellschaftern angemessen sein muß. 83

Möglich wäre jedoch auch, einen Teil des Stiftungsvermögens mit einem Nießbrauch zugunsten der Familienmitglieder zu belasten. Allerdings ist hier zu beachten, daß der Nießbrauch mit dem Tode einer Person endet und daher nur für eine Generation bestellt werden kann. Eine stille Beteiligung am Unternehmen der Stiftung wäre ebenfalls denkbar.

4. Erhebung der Erbersatzsteuer

Gem. § 24 ErbStG kann die steuerpflichtige Stiftung verlangen, daß die Erbersatzsteuer nach § 1 Abs. Nr. 4 ErbStG in 30 gleichen jährlichen Teilbeträgen (Jahresbeträgen) zu entrichten ist. Die Summe der Jahresbeträge umfaßt die Tilgung und die Verzinsung der Steuer; dabei ist von einem Zinssatz von 5,5 v.H. auszugehen. Es ist hierbei jedoch zu berücksichtigen, daß die Erbersatzsteuer als Erbschaftsteuer eine sonstige Personensteuer i.S. d. § 10 Nr. 2 KStG darstellt. Das gilt auch für die gemäß § 24 ErbStG in Jahresbeträgen erhobene Erbersatzsteuer. § 10 Nr. 2 KStG ist auch insoweit anzuwenden, als die Jahresbeträge einen Zinsanteil enthalten. § 35 EStG ist im Bereich der Körperschaftsteuer nicht anwendbar[102]. 84

---

[100] Hierzu Schauhoff, Die gemeinnützige Stiftung und Versorgung des Stifters und seiner Nachkommen, DB 1996, 1693.
[101] Vgl. hierzu auch Troll, § 15 ErbStG, Anm. 28, FinMin BW v. 28.10.1983, StEK § 1 ErbStG, Nr. 5, wenn sie zu mehr als 25 v.H. Angehörigen des Stifters zugute kommt und zusätzliche Merkmale für ein weiteres Familieninteresse sprechen. Vgl. auch Moench, § 1 ErbStG, RdNr. 10.
[102] BFH v. 14.9.1994, DStR 1995, 370.

VI. Das Nießbrauchsvermächtnis

1. Allgemeines

Der Nießbrauch kann nur in Form eines Vermächtnisses ausgesetzt werden. Er entsteht erst mit der Bestellung durch den Erben (hinsichtlich der bürgerlichen Auswirkungen vgl. Buch I Rz. 511ff.).

85 Vielfach wird jedoch der Nießbrauch auch im Zusammenhang mit der vorweggenommenen Regelung der Erbfolge bestellt, indem sich der Schenker an dem übertragenen Vermögen den Nießbrauch vorbehält (vgl. Rz. 826 f.). Möglich wäre auch eine Nießbraucheinräumung im Zusammenhang mit der Erbauseinandersetzung unter den Miterben.

Im Falle einer Schenkung unter Nießbrauchvorbehalt ist der zurückbehaltene Nießbrauch nicht als Bereicherung des Schenkers zu bewerten. Es ist lediglich zu untersuchen, inwieweit der Nießbrauch den steuerpflichtigen Erwerb als Belastung mindert. Hier wurde im § 25 ErbStG eine Neuregelung geschaffen, auf die noch eingegangen wird.

Wenn ein Nießbrauchsrecht durch die Erben aufgrund einer testamentarischen Anordnung bestellt wird, so unterliegt die Bereicherung des Nießbrauchers der Erbschaftsteuer. Hinsichtlich der Belastung der Erben mit dem Nießbrauch gilt die Regelung des § 25 ErbStG[103].

2. Die Zuwendung des Nießbrauchs

86 Bei der Zuwendung dieses Vermächtnisses handelt es sich ebenfalls um einen erbschaftsteuerpflichtigen Erwerb (§ 3 Abs. 1 Nr. 3 ErbStG).

Das Nießbrauchsvermächtnis ist für die Bemessung der Erbschaftsteuer mit dem Kapitalwert des Nießbrauchs (§§ 14, 16 BewG) zu bewerten.

87 Gemäß §§ 15 und 16 BewG ist der Nießbrauch mit dem Kapitalwert anzusetzen. Nähere Einzelheiten s. Rz. 184ff.

Der Nießbraucher kann aber, da er die Zuwendung nicht auf einmal erhält, sondern ihm die Einnahmen laufend zufließen, entweder die Steuer in einem Betrag vom Kapitalwert entrichten oder aber jährlich im voraus vom Jahreswert des Nießbrauchs. Die Steuer wird jedoch im letzteren Falle nach dem Steuersatz erhoben, der sich nach § 19 ErbStG für den gesamten Erwerb einschließlich des Kapitalwertes der Nutzungen (Nießbrauch) ergibt. Hat der Erwerber außer dem Nießbrauchsvermächtnis weitere Nachlaßgegenstände als Vermächtnis oder auch als Erbe erhalten, sind diese Werte in die Bemessungsgrundlage mit einzubeziehen.

88 Es ist jedoch bei einem Ehegatten zu beachten, daß ihm gemäß § 16 ErbStG ein Freibetrag von DM 600.000,– und unter gewissen Voraussetzungen gemäß § 17 ErbStG ein weiterer Versorgungsfreibetrag von DM 500.000,– zusteht. Haben die Eheleute im Güterstand der Zugewinngemeinschaft gelebt, so erhält der überleben-

---

[103] Vgl. Petzoldt, § 25 ErbStG, Rz. 26ff.; Troll, DB 1974, 1785; Petzoldt, BB 1975, 41ff.; Kapp, BB 1975, 1589; Mayr-Sigloch, BB 1975, 919.

Erbschaftsteuer

de Ehegatte auch das steuerfrei, was ihm zustehen würde, wenn er die Erbschaft ausschlagen würde und den Zugewinnausgleich verlangen würde. Da diese Beträge vielfach den Wert des kapitalisierten Nießbrauchs übersteigen werden, ist der überlebende Ehegatte, soweit er mit einem Nießbrauchsvermächtnis bedacht worden ist, steuerfrei. Der Wegfall des Nießbrauchs unterliegt nicht gemäß § 3 ErbStG der Erbschaftsteuer.

Der Erwerber hat das Recht, die Jahressteuer zum jeweils nächsten Fälligkeitstermin mit ihrem Kapitalwert abzulösen. Der Kapitalwert des Nießbrauchs im Zeitpunkt der Ablösung ist nach den Vorschriften des BewG (§§ 13, 14 BewG) zu ermitteln. 89

Der Antrag auf Ablösung der Jahressteuer ist spätestens bis zum Beginn des Monats zu stellen, der dem Monat vorausgeht, in dem die nächste Jahressteuer fällig wird.

Diese Erfassung des Nießbrauchs auch bei dem Vermächtnisnehmer führt dazu, daß der Erwerb zweimal erfaßt wird. Einmal bei dem mit dem Nießbrauch belasteten Erwerber, zum anderen beim Vermächtnisnehmer. Doppelt wird jedoch nur der Kapitalwert des Nießbrauchs erfaßt, im Gegensatz zur Vor- und Nacherbfolge, bei der grundsätzlich der volle Nachlaß zweimal erfaßt wird (§ 6 ErbStG).

3. Die Behandlung der Nießbrauchslast

Nach der ab dem 30. 8. 1980 geltenden Fassung des § 25 ErbStG erfolgt beim Erwerb von Vermögen, dessen Nutzungen dem Schenker oder dem Ehegatten des Erblassers (Schenker) zustehen oder das mit einer Rentenverpflichtung oder mit der Verpflichtung zu sonstigen wiederkehrenden Leistungen zugunsten dieser Personen belastet ist, eine Besteuerung ohne Berücksichtigung dieser Belastungen. Die Steuer, die auf den Kapitalwert dieser Belastungen entfällt, ist jedoch bis zu deren Erlöschen zinslos zu stunden. Die gestundete Steuer kann auf Antrag des Erwerbers jederzeit mit ihrem Barwert nach § 12 Abs. 3 BewG abgelöst werden. 90

Die Neufassung gilt nur für Erwerbe, die mit einem Nießbrauch, einem Dauerwohnrecht oder einer Rentenverpflichtung zugunsten des überlebenden Ehegatten belastet sind.

Ist der Erwerb zugunsten anderer Personen belastet, ist der Kapitalwert dieser Belastung als Nachlaßverbindlichkeit beim Wert des Erwerbs zu berücksichtigen.

§ 25 ErbStG gilt nicht mehr für Schenkungen, seit der Steuerwert der an sich unter die Vorschriften fallenden Schenkungen nach einer besonderen, die Anwendung des § 25 ErbStG ausschließenden Wertermittlungsmethode zu ermitteln ist[104].

---

[104] Meincke/Michel, § 25 ErbStG, RdNr. 3; Erl. v. 10. 2. 1983, BStBl. I 1983, 238; BFH, BStBl. II 1980, 260, BStBl. II 1982, 83, BStBl. II 1982, 714.

VII. Die persönliche Steuerpflicht

1. Die unbeschränkte Steuerpflicht[105]

91   Ist der Erblasser zur Zeit des Todes oder der Erwerber zur Zeit der Entstehung der Steuerpflicht Inländer, tritt die Steuerpflicht für den gesamten Erbfall ein (§ 18 ErbStG).

Ist der Erblasser Inländer, so unterliegt der gesamte Nachlaß der deutschen Erbschaftsteuer. Ist das der Fall, so ist es gleichgültig, ob auch der Erbe Inländer ist. Die Staatsangehörigkeit des Erblassers und auch des Erben kann außer Betracht bleiben. Lediglich bei Doppelbesteuerungsabkommen kann es hier auch unter Umständen darauf ankommen. Ist der Erblasser nicht als Inländer im Sinne dieser Vorschrift anzusehen, jedoch der Erbe, so unterliegt das von ihm im Wege der Erbschaft erworbene Vermögen der deutschen Versteuerung. In diesem Falle umfaßt die Erbschaftsteuer nicht das ganze Vermögen des Erblassers, sondern nur das, was der inländische Erbe erworben hat. Als Inländer gelten:

a) Natürliche Personen, die im Inland einen Wohnsitz oder gewöhnlichen Aufenthaltsort haben.

b) Deutsche Staatsangehörige, die sich nicht länger als fünf Jahre im Ausland aufgehalten haben, ohne im Inland einen Wohnsitz zu haben.

92   c) Unabhängig von der Fünfjahresfrist deutsche Staatsangehörige, die

(1) weder einen Wohnsitz noch ihren gewöhnlichen Aufenthalt im Inland haben,

(2) zu einer inländischen juristischen Person des öffentlichen Rechts in einem Dienstverhältnis stehen und dafür Arbeitslohn aus einer inländischen öffentlichen Kasse beziehen (Auslandsbeamter, Botschaftsangehöriger usw.)

Die unbeschränkte Steuerpflicht erstreckt sich auch auf die zu deren Haushalt gehörenden Angehörigen, soweit sie die deutsche Staatsangehörigkeit besitzen. Voraussetzung ist, daß deren Nachlaß oder Erwerb in dem Staat, in dem sie ihren Wohnsitz oder ihren gewöhnlichen Aufenthalt haben, lediglich mit dem dortigen Vermögen zu einer Nachlaßsteuer oder Erbanfallsteuer herangezogen werden.

93   d) Körperschaften, Personenvereinigungen und Vermögensmassen, die ihre Geschäftsleitung oder ihren Sitz im Inland haben.

2. Bedeutung der Doppelbesteuerungsabkommen[106]

94   Die Vorschrift des § 2 Abs. 1 Nr. 1 Buchst. b ErbStG findet im Verhältnis zu Staaten, mit denen ein Doppelbesteuerungsabkommen besteht, keine Anwendung.

---

[105] Hierzu Hartmann, FR 1975, 565.
[106] Lethaus, Die internationale Besteuerung bei Erbschaften und Schenkungen, IWB Fach 3, Deutschland Gruppe 9, S. 62.

Das ist z.Zt. gegenüber Griechenland[107], Schweden[108], Österreich[109], der Schweiz[110], den USA[111] und Israel[112] der Fall.

3. Die beschränkte Steuerpflicht

Im übrigen beschränkt sich die Erbschaftsteuer auf den Vermögensanfall der in Inlandsvermögen i.S. des § 121 BewG besteht. 95

Es handelt sich hier um im Inland belegenes land- und forstwirtschaftliches Vermögen (Nr. 1), Grundvermögen (Nr. 2), Betriebsvermögen (Nr. 4), Beteiligung am Grund und Stammkapital von Kapitalgesellschaften von mind. 10 v.H. Erfindungen, die nicht zu einem inländischen Betriebsvermögen, soweit sie in ein inländisches Buch oder Register eingetragen sind (Nr. 5) (z.B. Deutsches Patentamt) oder einem inländischen Gewerbebetrieb überlassen sind (Nr. 6), an inländischem Grundbesitz gesicherte Rechte (Nr. 7), stille Beteiligung an einem inländischen Handelsgewerbe (Nr. 8) und Nutzungsrechte (Nr. 9).

Bei Beteiligungen an inländischen Kapitalgesellschaften ist es ausreichend, wenn der Erblasser zur Zeit seines Todes oder der Schenker zur Zeit der Ausführung der Schenkung mit mindestens 10 v.H. beteiligt ist. Wird nur ein Teil einer solchen Beteiligungsschenkung zugewendet, so gelten die weiteren Erwerbe aus der Beteiligung, soweit die Voraussetzungen des § 14 ErbStG erfüllt sind, auch dann als Erwerb von Inlandsvermögen, wenn im Zeitpunkt ihres Erwerbs die Beteiligung des Erblassers oder Schenkers weniger als ein Zehntel des Grund- oder Stammkapitals der Gesellschaft beträgt.

4. Das Erbschaftsteuerabkommen mit der Schweiz

a) Grundsätze

Das Abkommen vom 30.11.1978 zwischen der Bundesrepublik Deutschland und der Schweizerischen Eidgenossenschaft zur Vermeidung der Doppelbesteuerung auf dem Gebiet der Nachlaß- und Erbschaftsteuern[113] hat die Besteuerung des Nachlasses neu geregelt. Das Abkommen regelt die Nachlaßbesteuerung für Personen, die entweder in der Schweiz oder in der Bundesrepublik bzw. in beiden Staaten ihren Wohnsitz haben. Gegenstand des Abkommens ist die Erbschaft- und Schenkungsteuer in der Bundesrepublik Deutschland und in der Schweiz die von den Kantonen, Bezirken und Kreisen und Gemeinden erhobenen Erbschaftsteuern (Erbanfall- und Nachlaßsteuern). Das Abkommen stellt im wesentlichen auf den Wohnsitz, nicht auf die Staatsangehörigkeit ab. 96

---

[107] RGBl. 1912, 173, BGBl. II 1953, 525.
[108] RGBl. II 1935, 860, BGBl. II 1951, 151.
[109] BGBl. II 1955, 756, 891.
[110] BGBl. II 1980, 594.
[111] BGBl. II 1982, 846; II 1986, 860.
[112] BGBl. II 1985, 394; II 1985, 1117.
[113] Kempermann, FR 1979, 450; Michel, Inf. 1979, 515, DStR 1981, 73.

97 Das Abkommen räumt vom Grundsatz her dem Wohnsitzstaat, also dem Staat, in dem der Erblasser seinen Wohnsitz hatte, das Besteuerungsrecht ein. Unabhängig hiervon kann jedoch die Bundesrepublik Deutschland das Nachlaßvermögen versteuern, wenn der Erwerber im Zeitpunkt des Todes des Erblassers in der Bundesrepublik Deutschland über eine ständige Wohnstätte verfügte oder dort seinen gewöhnlichen Aufenthalt hatte.

98 Der Wohnsitzbegriff ist in Art. 4 DBA Schweiz definiert. Hat der Erblasser in beiden Staaten einen Wohnsitz, wird ein Wohnsitz fingiert. Hiernach hat der Staat das Besteuerungsrecht, in welchem der Erblasser den Mittelpunkt seiner Lebensinteressen hatte. Läßt sich der Mittelpunkt der Lebensinteressen nicht ermitteln, ist entscheidend, wessen Staatsangehöriger der Erblasser war. Sollte jedoch der Erblasser die Staatsangehörigkeit beider Staaten oder keiner der beiden Staaten besitzen, findet ein sogenanntes Verständigungsverfahren statt.

b) Zusätzliches Besteuerungsrecht in Wohnsitzfällen
  (Art. 4 Abs. 3 DBA Schweiz)

99 Im Gegensatz zum früheren Abkommen läßt das neue DBA unter bestimmten Voraussetzungen auch bei Doppelwohnsitzfällen ein subsidiäres Besteuerungsrecht der Bundesrepublik zu. Hatte der Erblasser neben seinem Wohnsitz in der Schweiz im Zeitpunkt seines Todes seit mindestens 5 Jahren ebenfalls eine ständige Wohnstätte in der Bundesrepublik, so kann das Nachlaßvermögen ungeachtet der Art. 5 bis 8 Abs. 1 DBA Schweiz auch nach deutschem Recht besteuert werden. Allerdings ist nach Art. 10 Abs. 1 DBA Schweiz die schweizerische Steuer auf die deutsche Steuer anzurechnen, sofern es sich nicht um die Besteuerung von Grundvermögen in der Schweiz handelt und der Erblasser schweizerischer Staatsangehöriger ist. Im letztgenannten Falle wird das in der Schweiz gelegene unbewegliche Vermögen unter Progressionsvorbehalt von der deutschen Besteuerung ausgenommen.

c) Zusätzliches Besteuerungsrecht der Bundesrepublik Deutschland
  in Wegzugsfällen

100 Die Bundesrepublik Deutschland hat ein subsidiäres Besteuerungsrecht, wenn der Erblasser in den letzten Jahren vor seinem Tod in die Schweiz verzogen ist, ohne in Deutschland eine ständige Wohnstätte behalten zu haben (Art. 4 Abs. 4 DBA Schweiz). Jedoch müssen folgende Voraussetzungen erfüllt sein:
Der Erblasser mit Wohnsitz in der Schweiz muß
– vor seinem Tod über eine ständige Wohnstätte in der Bundesrepublik verfügt haben,
– im Todesjahr oder in den vorangegangenen fünf Jahren,
– während mindestens fünf Jahren, nicht notwendigerweise zusammenhängend, aber in den letzten 10 Jahren vor Aufgabe der letzten deutschen Wohnstätte.

Trotz Vorliegen dieser Voraussetzungen greift jedoch Art. 4 Abs. 1 DBA Schweiz nicht ein, wenn

- der Wohnsitz in der Schweiz zum Zwecke der Aufnahme einer unselbständigen Tätigkeit bei einem dem Erblasser nicht nahestehenden Arbeitgeber oder der Heirat mit einer schweizerischen Staatsangehörigen begründet war oder
- der Erblasser im Zeitpunkt der Aufgabe der letzten Wohnstätte in der Bundesrepublik die schweizerische Staatsangehörigkeit besaß.

d) Zuteilung der Besteuerungsrechte
aa) Unbewegliches Vermögen

Unbewegliches Vermögen, das ein Erblasser, der im Zeitpunkt des Todes seinen Wohnsitz in einem der Vertragstaaten hatte, im anderen Staat besaß, kann in dem anderen Staat besteuert werden. Der Begriff unbewegliches Vermögen ist in Art. 5 Abs. 2 und 3 DBA Schweiz näher definiert. 101

Hiernach haben sowohl der Wohnsitzstaat als auch der Belegenheitsstaat das Besteuerungsrecht.

bb) Betriebsvermögen

Vermögen, das Betriebsvermögen einer Betriebsstätte ist, kann mit Ausnahme von Schiffen und Flugzeugen sowie des Grundvermögens im Betriebsstättenstaat besteuert werden. Der Wohnsitzstaat behält sein Besteuerungsrecht und vermeidet die Doppelbesteuerung in der in Art. 10 DBA Schweiz vorgesehenen Weise. Ist die Schweiz Wohnsitzstaat, nimmt sie das von der Bundesrepublik besteuerte Betriebsvermögen unter Progressionsvorbehalt von ihrer Besteuerung aus. Ist die Bundesrepublik Deutschland Wohnsitzstaat, rechnet sie die auf das schweizerische Betriebsvermögen entfallende schweizerische Steuer auf ihre Steuer an. Der Begriff der Betriebsstätte ist in Art. 6 Abs. 2 und 3 und 4 DBA Schweiz geregelt. 102

cc) Sonstiges Vermögen

Das sonstige Vermögen kann grundsätzlich nur im Wohnsitzstaat besteuert werden (Art. 8 Abs. 1 DBA Schweiz). 103

dd) Schuldenabzug

Schulden, die mit einem bestimmten Vermögensgegenstand in wirtschaftlichem Zusammenhang stehen, werden vom Wert dieses Vermögens abgezogen (Art. 9 Abs. 1 DBA Schweiz). Der wirtschaftliche Zusammenhang ist immer dann gegeben, wenn die Schulden durch den Erwerb oder die Erhaltung des betreffenden Wirtschaftsgutes veranlaßt sind. 104

Unabhängig davon, ob die Schulden durch Erwerb oder Instandhaltung des Vermögens bedingt sind, sind Schulden, die grundpfandlich gesichert sind, immer vom Wert des haftenden Grundstücks abzuziehen.

Soweit ein wirtschaftlicher Zusammenhang zwischen Schulden und Aktivwerten nicht besteht, hat der Wohnsitzstaat den Schuldenabzug vorzunehmen (Art. 9 Abs. 2 Satz 1 DBA Schweiz). Übersteigt eine Schuld den Wert des Vermögens, von dem sie nach dem o. a. abzuziehen ist, muß der Staat, der das Besteuerungsrecht für die entsprechenden Vermögensteile hat, die Restschuld zunächst vom Wert der anderen von ihm besteuerten Vermögensgegenstände abziehen (Art. 9 Abs. 3 DBA Schweiz). Erst wenn diesem Staat keine aktiven Vermögensteile mehr zur Besteuerung verbleiben, muß der andere Staat die Restschulden zum Abzug von den seiner Besteuerung unterworfenen Vermögensteilen zulassen.

e) Die Vermeidung der Doppelbesteuerung

105   Hatte der Erblasser im Zeitpunkt des Todes seinen Wohnsitz in der Bundesrepublik Deutschland, nimmt diese in der Schweiz belegenes unbewegliches Vermögen i.S. des Art. 5 Abs. 2 DBA Schweiz von der Besteuerung aus, wenn der Erblasser im Zeitpunkt seines Todes schweizerischer Staatsangehöriger war. Sie kann aber bei der Festsetzung der Steuer für das Vermögen, für das sie das Besteuerungsrecht behält, den Steuersatz anwenden, der anzuwenden wäre, wenn das unbewegliche Vermögen nicht von der Besteuerung ausgenommen wäre. In anderen Fällen rechnet die Bundesrepublik Deutschland nach Maßgabe der Vorschriften des deutschen Rechts für die Anrechnung ausländischer Steuern auf die nach ihrem Recht festgesetzte Steuer die Steuer an, die in der Schweiz für das Vermögen gezahlt wird, das nach dem Abkommen in der Schweiz besteuert werden kann. Der anzurechnende Betrag darf jedoch den Teil der vor der Anrechnung ermittelten Steuer nicht übersteigen, der auf das Vermögen entfällt, das in der Schweiz besteuert werden kann.

5. Einfluß des Außensteuergesetzes auf die Besteuerung des Erbfalles

Verlegt der Erblasser seinen Wohnsitz in ein sog. Steueroasenland, so besteht nach Ablauf des Fünfjahreszeitraums für die unbeschränkte Steuerpflicht für weitere fünf Jahre eine erweiterte beschränkte Erbschaftsteuerpflicht (§ 4 AStG).

106   Im Zusammenhang mit der Erbschaftsteuerreform ist auch § 5 Abs. 1 AStG geändert worden. Es ist nunmehr klargestellt, daß das von einer Zwischengesellschaft gehaltene Vermögen des Erblassers im Falle der unbeschränkten Steuerpflicht der erweiterten beschränkten Erbschaft- bzw. Schenkungsteuerpflicht unterliegt. Es handelt sich hier um Zwischengesellschaften i.S. des § 8 AStG.

Nach der Neufassung des § 4 Abs. 1 AStG ist die erweiterte beschränkte Steuerpflicht gegeben, wenn bei einem Erblasser oder Schenker zur Zeit der Entstehung der Erbschaftsteuer § 2 Abs. 1 Satz 1 AStG anzuwenden war. Die inländische Besteuerung ist nicht mehr davon abhängig, ob der Erblasser gleichzeitig Einkünfte hatte, die der erweiterten beschränkten Steuerpflicht unterlagen[114].

6. Anrechnung ausländischer Steuern

107   Gemäß § 21 ErbStG ist die ausländische Steuer bei Erwerbern, die in einem ausländischen Staat mit ihrem Auslandsvermögen zu einer der deutschen Erbschaft-

---

[114] Vgl. Michel, DVR 1974, 50ff. Hinsichtlich der Doppelbesteuerungsabkommen vgl. Troll, § 2 ErbStG, Anm. 2. Zur Schweiz: Wingert, DB 1974, 2124 ders., Das deutsch-schweizerische Erbschaftsteuerabkommen v. 30.11.1978, IWB Fach 5, Schweiz Gruppe 2, S. 225.

steuer entsprechenden Steuer herangezogen werden, sofern zwischen den Staaten kein Doppelbesteuerungsabkommen besteht, anzurechnen. Der Erwerber muß jedoch einen Antrag stellen. Hinsichtlich weiterer Einzelheiten wird auf § 21 ErbStG Bezug genommen. Die Anrechenbarkeit bezieht sich nicht nur auf Erbanfallsteuern. Eine ausländische Steuer entspricht der deutschen Erbschaftsteuer, wenn sie auf den Übergang des Nachlasses gelegt ist, sei es als Erbanfallsteuer, sei es als Nachlaßsteuer. Die Nachsteuer ist, soweit sie anteilig auf die von dem Erbbegünstigten erworbene Rechtsposition entfällt, auf die deutsche Steuer anzurechnen[115].

VIII. Die Entstehung der Steuerschuld

Die Vorschrift des § 9 ErbStG bestimmt den jeweiligen Zeitpunkt, an dem bei Erwerben von Todes wegen, bei Schenkungen und Zweckzuwendungen unter Lebenden die Steuerschuld im Einzelfall als entstanden gilt. Dieser Zeitpunkt ist einmal maßgebend für den Wert der Bereicherung. Spätere Wertsteigerungen sind unerheblich. Ferner sind auch die persönlichen Verhältnisse des Erben bzw. Erblassers während dieses Zeitpunktes maßgebend. Hat der Erbe z.B. im Zeitpunkt der Entstehung der Steuerschuld seinen Wohnsitz oder gewöhnlichen Aufenthaltsort mehr als fünf Jahre nicht im Inland, so gilt er als beschränkt steuerpflichtig. 108

1. Die Entstehung der Steuerschuld bei Erwerben von Todes wegen
a) Erwerb durch Erbfall

Beim Erwerb durch Erbanfall oder Vermächtnis entsteht die Steuerschuld mit dem Tode des Erblassers. 109

b) Erwerb unter einer aufschiebenden Bedingung

Hängt der Erwerb von einer aufschiebenden Bedingung ab oder von einer Betagung oder Befristung, so entsteht die Steuerschuld erst mit dem Zeitpunkt des Eintritts der Bedingung oder des Ereignisses. 110

Das gleiche gilt für zu einem Erwerb gehörende aufschiebend bedingte, betagte oder befristete Ansprüche.

Ist der Nachlaß im Falle der Anwendung englischen oder amerikanischen Rechts auf einen Trust oder einen Trustee übergegangen, so ist der Treuhänder nach deutschem Recht nicht als Erwerber anzusehen[116]. Erwerber sind die Bedachten, also diejenigen, auf die der Nachlaß zuletzt übergehen soll. Da die Begünstigten die Bereicherung aufgrund des Erbanfalls erst nach Abwicklung des Treuhandverhältnisses erwerben, wird der Übergang auf dieses Rechtsinstitut nach deutschem Recht wie eine Erbschaft unter einer aufschiebenden Bedingung behandelt[117]. Bei Bestel- 111

---

[115] BFH v. 6.3.1990, BB 1990, 1471; hierzu auch Jülicher, Die anrechenbare Steuer im Sinne des § 21 ErbStG, ZEV 1996, 295.
[116] Vgl. Troll, § 9 ErbStG, Anm. 5.
[117] Vgl. Troll, § 9 ErbStG, Anm. 5; BFH v. 15.5.1964, BStBl. III 1964, 408.

c) Erwerb des Pflichtteils

112   Beim Pflichtteilsanspruch entsteht die Steuerschuld nicht bereits im Zeitpunkt der Entstehung dieses Anspruchs, sondern erst im Zeitpunkt der Geltendmachung des Pflichtteilsanspruchs durch den Berechtigten.

d) Erwerb durch Stiftung

113   Ordnet der Erblasser testamentarisch eine Stiftung an, auf die Vermögen übertragen werden soll, so entsteht die Erbschaftsteuerschuld zum Zeitpunkt der Genehmigung der Stiftung.

e) Erwerb infolge Auflage

114   Erhält ein Begünstigter etwas infolge Vollziehung einer vom Erblasser angeordneten Auflage oder infolge Erfüllung einer vom Erblasser gesetzten Bedingung, so entsteht die Steuerschuld mit dem Zeitpunkt der Vollziehung der Auflage oder Erfüllung der Bedingung.

f) Genehmigungspflichtige Erwerbe

115   Ist der Erwerb von einer Genehmigung abhängig, so entsteht die Steuerschuld erst mit dem Zeitpunkt der Genehmigung.

g) Abfindungen für Erbverzicht

116   Für Abfindungen, die ein Erbe aufgrund eines Erbverzichtes oder einer Erbausschlagung erhält, gilt als Zeitpunkt für die Entstehung der Steuerschuld der Zeitpunkt des Verzichtes oder der Ausschlagung.

h) Veräußerung von Anwartschaftsrechten

117   Veräußert der Nacherbe sein Anwartsrecht, so entsteht die Steuerschuld für die Gegenleistung mit dem Zeitpunkt der Übertragung der Anwartschaft.

i) Erwerb im Nacherbfall

118   Die Steuerschuld entsteht für den Erwerb des Nacherben mit dem Zeitpunkt des Eintritts des Nacherbfalles.

j) Abfindungsvereinbarungen bei Vermächtnissen

119   Im Falle einer Abfindung für ein aufschiebend bedingtes, betagtes oder befristetes Vermächtnis, für das die Ausschlagungsfrist abgelaufen ist und die vor dem Zeitpunkt des Eintritts der Bedingung oder des Ereignisses gewährt wird, entsteht die Steuer mit dem Zeitpunkt der Vereinbarung über die Abfindung.

---

[118] BFH v. 2.2.1977, BStBl. II 1977, 425.

2. Die Schenkung unter Lebenden

Bei Schenkungen unter Lebenden kommt es nicht auf den Vertragszeitpunkt an, sondern auf den Zeitpunkt der Ausführung der Zuwendung. Bei der Schenkung eines Kapitalanteils an einer Personengesellschaft ist der Vertragsabschluß[119] der Zeitpunkt für die Entstehung der Steuerschuld.

Die Schenkung eines Grundstücks ist ausgeführt, wenn die Vertragspartner des notariell beurkundeten Grundstücksvertrags die Auflassung des Grundstücks erklärt haben, eine Auflassungsvormerkung im Grundbuch eingetragen ist und die Anträge zur Eintragung des Eigentumswechsels im Grundbuch notariell beurkundet ist, nicht jedoch schon mit der Erteilung von Auflassungsvollmachten durch den Bürovorsteher des Notars. Dies gilt auch dann, wenn der Notar die Umschreibung des Grundstücks im Grundbuch erst beim Tode des Veräußerers oder vorher auf dessen besondere Anweisung veranlassen darf[120]. Wird eine Schenkung erst nach dem Tod des Schenkers ausgeführt, so bleibt für die Festsetzung der Schenkungsteuer gleichwohl das Verhältnis des Schenkers zum Beschenkten maßgebend[121].

Handelt es sich hierbei jedoch um eine stille Einlage, so kommt es u. E. nicht auf den Zeitpunkt des Vertrages, sondern auf den Zeitpunkt seiner Durchführung an, also auf die Verbuchung der stillen Einlage auf ein Konto.

Ist Gegenstand der Schenkung die Übertragung einer Forderung, ist diese mit Übertragung ausgeführt, d.h. mit Abschluß des Vertrages und mit der Unterwerfung unter die sofortige Zwangsvollstreckung[122].

3. Zweckzuwendungen

Bei Zweckzuwendungen kommt es auf den Zeitpunkt des Eintritts der Verpflichtung des Beschwerten an.

In den Fällen der Aussetzung der Versteuerung nach § 25 ErbStG gilt die Steuer für den Erwerb des belasteten Vermögens zu dem Zeitpunkt des Erlöschens des Nutzungsrechts als entstanden.

IX. Die Wertermittlung

1. Die Grundsätze für die Wertermittlung

Das Bundesverfassungsgericht hat mit den beiden am 18. 8. 1995 veröffentlichten Beschlüssen vom 22. 6. 1995[123] mit dem Gleichheitsgrundsatz für unvereinbar erklärt, daß ein einheitswertgebundener Grundbesitz und nicht einheitswertgebundenes Vermögen bei der Vermögen- und Erbschaftsteuer unterschiedlich belastet

---

[119] BFH v. 22. 8. 1962, BStBl. III 1962, 502; v. 24. 7. 1963, BStBl. III 1963, 442.
[120] BFH v. 20. 2. 1980, BStBl. II 1980, 307.
[121] BFH v. 14. 7. 1982, BStBl. II 1983, 19.
[122] BFH v. 22. 12. 1980, BB 1981, 169.
[123] 2 BvL 37/91 u. 2 BvR 552/91, DB 1995, 1740, 1745.

werden. Hinsichtlich der Erbschaftsteuer war der Gesetzgeber verpflichtet, bis spätestens zum 31.12.1996 eine Neuregelung zu treffen. Das bisherige Erbschaftsteuerrecht war bis zum 31.12.1995 anwendbar. Ab diesem Zeitpunkt war vorläufig zu veranlagen (§ 165 Abs. 1 Satz 2 Nr. 2 AO).

Das neue Erbschaft- und Schenkungsteuergesetz vom 20.12.1996 gilt rückwirkend ab 1.1.1996.

125 Das neue Erbschaftsteuergesetz geht bei der Bewertung des Grundvermögens nicht mehr von Einheitswerten aus, sondern sieht für den Vermögensanfall durch Erbschaft oder Schenkung eine Bedarfsbewertung vor. Vorgabe des Bundesverfassungsgerichts war, daß sich die Werte nach dem Verkehrswert orientieren. Dennoch hat man für die Bewertung nicht das Sachwertverfahren zugrunde gelegt, sondern das Ertragswertverfahren vorgeschrieben (§ 146 BewG). Ausgangswert ist die Nettokaltmiete. Diese unterscheidet sich von der Jahresrohmiete dadurch, daß neben den Heizungskosten die anderen Betriebskosten (z.B. Grundsteuer, Wasserversorgung, Müllabfuhr, Lift, Hausmeister) außer Ansatz bleiben.

Der Jahresrohmietwert, der den Durchschnitt der letzten 3 Jahre darstellt, ist mit dem Faktor 12,5 zu multiplizieren. Vom Kapitalwert ist ein Bewertungsabschlag von 0,5 pro Jahr, höchstens 25 v.H. vorzunehmen. Dieser ermittelte Wert wird in der Regel knapp über 50 v.H. der Verkehrswerte betragen. Ob das den Vorgaben des BVerfG entspricht, dürfte bezweifelt werden.

a) Die Bereicherung als Bemessungsmaßstab

126 Als steuerpflichtiger Erwerb gilt die Bereicherung des Erwerbers, soweit sie nicht steuerfrei ist, § 10 Abs. 1 Satz 1 ErbStG. Die Steuerbefreiungen ergeben sich aus den Vorschriften §§ 5, 13, 13a, 16, 17 und 18 ErbStG. In den Fällen einer Verfügung von Todes wegen (§ 3 ErbStG) gilt als Bereicherung der Betrag, der sich ergibt, wenn von dem nach § 12 ErbStG zu ermittelnden Wert des gesamten Vermögensanfalls, soweit er der Besteuerung nach diesem Gesetz unterliegt, die nach den Absätzen 3 und 9 abzugsfähigen Nachlaß-Verbindlichkeiten mit ihrem nach § 12 ErbStG zu ermittelnden Wert abgezogen werden. Ist Gegenstand des Erwerbes der Anteil einer Personengesellschaft, ist Gegenstand des Erwerbs nicht der Anteil, sondern der Bruchteil an den einzelnen Wirtschaftsgütern, § 10 Abs. 1 Satz 4 ErbStG. Bei der Zweckzuwendung tritt an die Stelle des Vermögensanfalls die Verpflichtung des Beschwerten. Der steuerpflichtige Erwerb wird auf volle DM 100,- nach unten abgerundet.

Hat der Erblasser die Entrichtung der von dem Erwerber geschuldeten Steuer einem anderen auferlegt oder hat der Schenker die Entrichtung der vom Beschenkten geschuldeten Steuern selbst übernommen oder einem anderen auferlegt, so gilt als Erwerb der Betrag, der sich bei einer Zusammenrechnung des steuerpflichtigen Erwerbs mit der aus ihm errechneten Steuer ergibt.

Es wird also zunächst einmal der Wert des aktiven Vermögens ermittelt, und von diesem werden die Nachlaßverbindlichkeiten, soweit sie abzugsfähig sind, abgezo-

b) Zeitpunkt für die Wertermittlung

Für die Wertermittlung ist, soweit in diesem Gesetz nichts anderes bestimmt ist, der Zeitpunkt der Entstehung der Steuerschuld maßgebend (§ 11 ErbStG). Beim Erbfall ist das der Tod des Erblassers, bei der Schenkung der Zeitpunkt der Ausführung der Schenkung. Im einzelnen wird hier auf die Ausführungen zu § 9 ErbStG verwiesen (Rz. 108).

127

Grundsätzlich hat daher bei Erwerb von Todes wegen und auch im Falle der Schenkung eine Bewertung des Erwerbes zum Zeitpunkt des Todes bzw. der Schenkung bzw. der anderen Entstehungszeitpunkte zu erfolgen (vgl. § 9 ErbStG) (vgl. Rz. 108–123).

128

c) Anzuwendende Bewertungsvorschriften

Gemäß § 12 Abs. 1 ErbStG richtet sich die Bewertung, soweit sich aus den Absätzen 2 bis 6 nicht etwas anderes ergibt, nach den Vorschriften des ersten Teils des BewG (allgemeine Bewertungsvorschriften). Es handelt sich hierbei um die §§ 1 bis 16 BewG.

129

Diese Vorschriften sind hier uneingeschränkt anwendbar[124].

Allerdings muß bei der Anwendung der Vorschriften §§ 4 bis 8 BewG beachtet werden, daß bei einem aufschiebenden bedingten Erwerb die Steuerschuld erst mit dem Eintritt der Bedingung entsteht (§ 9 Abs. 1 Nr. 1a ErbStG).

Sonderregelungen enthalten § 12 Abs. 2 bis 6 ErbStG.

Nach § 12 Abs. 2 ErbStG ist bei Anteilen an einer Kapitalgesellschaft der gemeine Wert unter Berücksichtigung des Vermögens (Substanzwert und Ertragsaussichten) zu schätzen, § 11 Abs. 2 Satz 2 BewG. Hierbei ist das Vermögen mit dem Wert im Zeitpunkt der Entstehung der Steuer (§ 9 ErbStG) anzusetzen. In die Wertermittlung sind der Geschäfts- und Firmenwert und die Werte von firmenwertähnlichen Wirtschaftsgütern nicht einzubeziehen.

130

Grundbesitz (§ 19 BewG) ist mit dem Grundbesitzwert nach den Vorschriften des § 138 ff. BewG anzusetzen (§ 12 Abs. 3 ErbStG). Es erfolgt keine neue Hauptfeststellung für die Einheitswerte des Grundbesitzes. Eine neue Wertfestsetzung von Grundbesitzwerten wird nur für den Fall angeordnet, daß der Grundstückswert für den einzelnen Steuerwert benötigt wird (Bedarfsbewertung).

131

§ 138 BewG enthält die allgemeinen Verfahrensvorschriften für die Feststellung der Grundbesitzwerte. Hiernach sind die neuen Grundstückswerte in einen selbständigen Feststellungsbescheid durch die örtlichen Finanzämter (Lage-FA) festzustellen. Für diese Feststellungen gelten die Vorschriften der AO über die Feststellung von Einheitswerten des Grundbesitzes sinngemäß. Die Feststellungsbescheide sind Grundlagenbescheide, die gesondert angefochten werden müssen. Sie

132

---

[124] Vgl. Troll, § 12 ErbStG, Anm. 2.

können nicht mehr im Veranlagungsverfahren zur ErbSt durch Einspruch gegen den Erbschaftsteuerbescheid angefochten werden.

Grundlage für die Feststellungen sind die Wertverhältnisse zum 1.1.1996. Diese behalten bis zum 31.12.2001 Gültigkeit. Die Festlegung der Wertverhältnisse auf den 1.1.1996 betrifft jedoch nur die Richtwerte der unbebauten Grundstücke. Für bebaute Grundstücke erfolgt eine Bedarfsbewertung zum Zeitpunkt des Erwerbes nach dem Sachwertverfahren.

Für das land- und forstwirtschaftliche Vermögen gelten die §§ 140–144 BewG. Die Festlegung der Wertverhältnisse auf den 1.1.1996 betrifft die Ertragswerte.

133 Bodenschätze, die nicht zum Betriebsvermögen gehören, werden angesetzt, wenn für sie Absetzungen für Substanzverringerung bei der Einkunftsermittlung vorzunehmen sind. Sie werden mit ihren ertragsteuerlichen Werten angesetzt.

134 Für Bewertung des Betriebsvermögens, mit Ausnahme der Bewertung der Betriebsgrundstücke (§ 12 Abs. 3 ErbStG), sind die Verhältnisse zur Zeit der Entstehung der Steuer maßgebend. Die Vorschriften der §§ 95 bis 99, 103 und 104 sowie 109 Abs. 1 und 2 und 137 BewG sind entsprechend anzuwenden.

135 Ausländischer Grundbesitz und ausländisches Betriebsvermögen werden nach § 31 BewG bewertet.

Es sind die gemeinen Werte (sowie die Verkehrswerte) mit dem Zeitpunkt des Todes anzusetzen. Da bisher wenige Doppelbesteuerungsabkommen hinsichtlich der Erbschaft- und Schenkungsteuer bestehen, kommt diese Vorschrift in der Regel zur Anwendung.

2. Einzelfälle

a) Allgemeines

136 Für die Bewertung des Grundbesitzes für Erbschaft- und Schenkungsteuerzwecke enthält das BewG 1996 in den §§ 138 ff. BewG eigene Regelungen. Die Bewertung unbebauter inländischer Grundstücke richtet sich nach § 145 BewG, die bebauter Grundstücke nach §§ 146–150 BewG.

b) Bewertung des Grundbesitzes[125]

aa) Unbebaute Grundstücke, § 145 BewG

137 Der Wert unbebauter Grundstücke bestimmt sich nach ihrer Fläche und den um 20 v.H. ermäßigten Bodenrichtwerten (§ 196 Bundesbaugesetz). Diese sind von den Gutachterausschüssen nach dem Baugesetzbuch auf den 1.1.1996 zu ermitteln und den Finanzämtern mitzuteilen. Weist der Stpfl. jedoch nach, daß der gemeine Wert des unbebauten Grundstücks niedriger als der um 20 v.H. geminderte Richtwert ist, ist der gemeine Wert festzustellen.

---

[125] Hierzu Thiel, Die neue Erbschaft- und Schenkungsteuer, DB 1997, 64; Halaczinsky, Änderungen des Erbschaftsteuerrechts durch das Jahressteuergesetz 1997, NWB Fach 10.

Erbschaftsteuer

Beispiel:

E hat dem A ein Grundstück von 1000 qm geschenkt. Der Bodenrichtwert beträgt 80 DM/qm.

Der für die Schenkung anzusetzende Wert ermittelt sich wie folgt:

1000 qm x 80 DM	DM 80 000,–
./. 20 v.H. =	DM 16 000,–
anzusetzender Wert	DM 64 000,–

bb) Bebaute Grundstücke, § 146 BewG

Die bebauten Grundstücke werden, abgesehen von Ausnahmefällen, wie Fabrikgrundstücke, Grundstücke im Zustand der Bebauung, im Ertragswertverfahren ermittelt, § 146 Abs. 2 BewG. Ausgangspunkt ist die jährliche Nettokaltmiete. Die Nettokaltmiete unterscheidet sich von der Jahresrohmiete dadurch, daß neben den Mietkosten die anderen Betriebskosten (z.B. Grundsteuer, Wasserversorgung, Müllabfuhr, u.U. Hausmeister) außer Ansatz bleiben.

138

Die Kaltmiete, die aus dem Durchschnitt der letzten 3 Jahre zu ermitteln ist, ist mit dem 12,5fachen anzusetzen.

Hierbei ist eine Wertminderung wegen Alters des Gebäudes von 0,5 v.H. pro Jahr seit Bezugsfertigkeit des Gebäudes vorzunehmen, höchstens jedoch 25 v.H.

Eine getrennte Wertermittlung von Grund und Boden und Gebäude erfolgt nicht. Der nach § 146 BewG ermittelte Ertragswert umfaßt den Grund und Boden mit.

Enthält ein bebautes Grundstück, das ausschließlich Wohnzwecken dient, nicht mehr als 2 Wohnungen, ist der ermittelte Wert um 20 v.H. zu erhöhen.

Ertragswertverfahren

Jahresmiete = Nettokaltmiete

x

Vervielfältiger 12,5

./.

Alterswertminderung = 0,5 v.H. pro Jahr, max. 25 v.H.

+ Zuschläge 20 v.H. für Ein- und Zweifamilienhaus

= **Grundstückswert**

Beispiel 1

E schenkt seinem Sohn A ein Mehrfamilienhaus mit 4 Mietwohnungen (Verkehrswert DM 800.000,–), durchschnittliche Nettokaltmiete DM 36.000,–. Nutzungsdauer bis zum Zeitpunkt der Schenkung 20 Jahre.

Jahresnettomiete 36 000 x 12,5 =	DM 450 000,–
Alterswertminderungen 20 x 0,5 =	DM 45.000,–
Grundstückswert	DM 405 000,–

Beispiel 2

E schenkt seinem Sohn A ein Zweifamilienhaus.

Jahresnettomietwert 24.000 DM, Alter 20 Jahre.

Jahresnettokaltmiete 24.000 x 12,5	DM 300.000,–
Alterswertminderung 20 x 0,5	./. DM 30.000,–
	DM 270.000,–
Zuschlag für Ein- oder Zweifamilienhaus 20 v.H.	DM 54.000,–
	DM 324.000,–

Bei unentgeltlicher Nutzung durch den Schenker oder anderer Personen ist der Mietwert zu schätzen, § 146 Abs. 3 BewG.

Mindestwert ist der Wertansatz für das unbebaute Grundstück (§§ 146 Abs. 6 i.V.m. § 145 Abs. 1 BewG).

Dieses Verfahren gilt grds. auch für Eigentumswohnungen, Geschäftsgrundstücke und andere Grundstücke.

cc) Betriebsgrundstücke[126]

139 **Beispiel:**

E überträgt auf seinen Sohn das Betriebsgrundstück. Buchwert Grund und Boden DM 40.000,–, Buchwert des Gebäudes (Bilanzwert) DM 360.000,–. Für das Grundstück (2.000 qm) ist der Bodenrichtwert auf DM 50/qm festgestellt.

Es handelt sich um ein Betriebsgrundstück, für das eine übliche Miete nicht zu ermitteln ist (§ 147 Abs. 1 BewG).

Aus diesem Grunde ist der Wert des Grund und Bodens gem. § 145 BewG mit der Maßgabe zu ermitteln, daß an die Stelle des in § 145 Abs. 3 BewG vorgesehenen Abschlags von 20 v.H. ein solcher von 30 v.H. tritt. Der Wert der Gebäude bestimmt sich nach den ertragsteuerlichen Bewertungsvorschriften, maßgeblich ist der Wert im Besteuerungszeitpunkt.

2000 qm x 50 =	DM 100.000,–
Abschlag 30 v.H. =	DM 30.000,–
Wert Grund u. Boden =	DM 70.000,–
Wert Gebäude (Bilanzwert) =	DM 360.000,–
Wert des Grundstücks	DM 430.000,–

Der Wert des Fabrikgrundstücks ist grundsätzlich nach dem Ertragswertverfahren nach § 146 BewG zu ermitteln. Läßt sich ein Mietwert nicht ermitteln, was bei der individuellen Gestaltung der Fabrikhallen regelmäßig der Fall ist, erfolgt nach § 147 Abs. 2 BewG eine getrennte Ermittlung für den Grund und Boden und das Gebäude. Beim Grund und Boden sind die Richtwerte (§ 145 BewG) zugrunde zu legen mit einem Wertabschlag von 30 v.H. Betriebsgrundstücke erfahren also auch hier eine Besserstellung.

Gebäude sind grundsätzlich mit den Bilanzwerten anzusetzen.

---

[126] Halaczinsky, a.a.O., S. 737.

c) Land- und forstwirtschaftliches Vermögen[127]
aa) Begriff

Der Begriff der wirtschaftlichen Einheit und der Umfang des land- und forstwirtschaftlichen Vermögens richten sich nach §§ 140, 33 BewG. § 140 Abs. 1 Satz 2 BewG stellt klar, daß auch immaterielle Wirtschaftsgüter wie Braurechte, Milchlieferungsrechte, Jagdrechte und Zuckerrübenrechte, soweit sie einem Betrieb der Land- und Forstwirtschaft dauernd zu dienen bestimmt sind, Bestandteil des land- und forstwirtschaftlichen Vermögens sind.

140

Zu den Geldschulden i.S. des § 33 Abs. 3 Nr. 2 BewG gehören auch Pensionsverpflichtungen, § 140 Abs. 2 BewG. Diese Klarstellung bewirkt, daß anders als bisher die Pensionsverpflichtungen mit ihrem Kapitalwert vom Wert des Betriebsteils der Land- und Forstwirtschaft abgezogen werden können[128].

bb) Umfang des land- und forstwirtschaftlichen Vermögens

Zum land- und forstwirtschaftlichen Vermögen gehören alle Wirtschaftsgüter, die einem Betrieb der Land- und Forstwirtschaft dauernd zu dienen bestimmt sind. Der Betrieb der Land- und Forstwirtschaft ist die wirtschaftliche Einheit des land- und forstwirtschaftlichen Vermögens (§ 33 Abs. 1 BewG). Der Umfang ergibt sich aus § 33 Abs. 2 und 3 und § 140 BewG.

141

Der Betrieb der Land- und Forstwirtschaft umfaßt
1. den Betriebsteil
2. die Betriebswohnungen
2. den Wohnteil
Diese 3 Teilgliederungen sind getrennt zu bewerten.

Der Betriebsteil umfaßt den Wirtschaftsteil eines Betriebs der Land- und Forstwirtschaft (§ 34 Abs. 2 BewG), jedoch ohne die Betriebswohnungen.

Betriebswohnungen sind Wohnungen einschl. des dazu gehörigen Grund und Bodens, die einem Betrieb der Land- und Forstwirtschaft zu dienen bestimmt sind, aber nicht dem Wohnteil zuzurechnen sind.

Der Wohnteil umfaßt die Gebäude und Gebäudeteile i.S. des § 34 Abs. 3 BewG und des dazugehörigen Grund und Bodens. Der Wohnteil betrifft die Wohnungen des Land- und Forstwirtes und der zum Haushalt gehörenden Familienangehörigen sowie die Altenteilswohnung.

cc) Wertermittlung

Die Ermittlung des Ertragswerts des Betriebsteils erfolgt nach dem Ertragswertverfahren. Grundlage ist der Reinertrag, der unter sinngemäßer Anwendung der

142

---

[127] Thiel ebenda; Halaczinsky, Änderungen des Erbschaftsteuerrechts durch das Jahressteuergesetz 1997, NWB Fach 10, 371.
[128] Halaczinsky, Änderungen des Erbschaftsteuerrechts durch das Jahressteuergesetz 1997, NWB Fach 10, 371.

Die Steuerfolgen im Erbfall

§§ 35 und 36 Abs. 1 und 2, der §§ 42, 43 und 44 Abs. 1 und der §§ 45, 48a, 49, 51, 51a, 53, 54, 56, 59 und 62 Abs. 1 BewG zu ermitteln ist.

Dieser Reinertrag ist mit dem 18,6fachen zu multiplizieren.

Der Betriebswert setzt sich zusammen aus den Einzelertragswerten für die Nebenbetriebe (§ 42), dem Abbauland (§ 45), der gemeinschaftlichen Tierhaltung (§ 51a) und den sonstigen land- und forstwirtschaftlichen Nutzungen und den in § 2 Nrn. 1 bis 6 BewG genannten Ertragswerten.

143 Der Reinertrag berechnet sich nach dem gesetzlich vorgegebenen Ertragswertverfahren (§ 142 Abs. 2 BewG). Der Ertragswert für die allgemeine landwirtschaftliche Nutzung beträgt DM 0,68 je Ertragsmeßzahl.

Beispiel:
A bewirtschaftet einen Hof mit 40 ha Ackerland bei einer Ertragsmeßzahl von 45/ar.
Der Ertragswert des Betriebsteils errechnet sich wie folgt:
50 x 5000 x 0,68 = DM 170 000,–.

Für besondere Nutzungen, Hopfenanbau, Weizenanbau und Gartenbau sind Ertragswerte in § 142 Abs. 2 Nr. 1 Buchstabe b und c bis Nr. 6 BewG gesetzlich vorgegeben.

Die Ertragswerte der landwirtschaftlichen Nutzung, der forstwirtschaftlichen und der weinbaulichen Nutzung ergeben zusammen den Betriebswert des land- und forstwirtschaftlichen Betriebs.

Den Betriebswerten werden hinzugerechnet: der Wert der Betriebswohnungen und der Wohnteil des Betriebsinhabers/Altenteilers.

144 Der Wert der Betriebswohnungen und der Wert des Wohnteils sind nach den Vorschriften zu ermitteln, die beim Grundvermögen für die Bewertung von Wohngrundstücken gelten (§ 143 BewG). Bei der Ermittlung des Mindestwerts bebauter Betriebs- oder Wohngrundstücke ist bei räumlicher Nähe zum Betrieb um 15 v.H. zu ermäßigen.

Bei der Ermittlung des Mindestwerts bebauter Betriebs- oder Wohngrundstücke ist bei räumlicher Nähe zum Betrieb der Bodenwert auf das 5fache der bebauten Fläche begrenzt.

Beispiel:
A betreibt eine Gärtnerei (Gemüseanbau). Die landwirtschaftlich genutzte Fläche beträgt 2 ha Freiland und 1000 qm unter Glas. Der Nutzungswert der Wohnung beträgt DM 9.000,–. Das Gebäude ist 30 Jahre alt.

Betriebsteil

Freiland 2 ha (20 000 qm) = 200 ar x 110 =	DM 22.000,-
Glas 1000 qm = 10 ar x 1000 =	DM 10.000,-
Betriebsteil	DM 32.000,-
Wohnteil	
9000 x 18,5 =	DM 166.500,-
Wertminderung 30 x 0,5 =	DM 24.975,-
	DM 141.525,-
Bewertungsabschlag nach § 143 Abs. 3 15 v.H.	DM 21.229,-
Wohnteil	DM 120.296,-
land- und forstwirtschaftlicher Grundbesitzwert	DM 152.296,-

Der Betriebswert, der Wert der Betriebswohnungen und der Wert des Wohnteils 145
sind dann zu einem einheitlichen land- und forstwirtschaftlichen Grundbesitzwert
zusammenzurechnen.

d) Das Betriebsvermögen (gewerbliches), § 12 Abs. 5 ErbStG

Was als Betriebsvermögen zu erfassen und welcher Wert dem einzelnen Wirt- 146
schaftsgut zuzuweisen ist, richtet sich weitestgehend nach dem BewG. Dies bedeutet, daß das Betriebsvermögen vom Bilanzierenden für die ErbSt und SchenkSt mit
den Steuerbilanzwerten anzusetzen ist. Dies hat i.d.R. einen erheblichen Entla-
stungseffekt zur Folge.

aa) Bewertungsgrundsätze

Für die Wertansätze der aktiven Wirtschaftsgüter und Schulden kommt es auf 147
die Verhältnisse des Erwerbszeitpunkts an. In der Regel sind diese durch Inventur
zu ermitteln. Der Bestand an Aktiven und Passiven bildet die Grundlage für die im
Erwerbszeitpunkt aufzustellende Bilanz.

bb) Ansatz dem Grunde nach

Die Wertansätze der Steuerbilanz sind mit Ausnahme des Eigenkapitals dem 148
Grunde nach für die Ermittlung der ErbSt und SchenkSt zu übernehmen, jedoch
mit folgenden Ausnahmen:

(1) Betriebsgrundstück

§ 99 BewG (§ 12 Abs. 5 Satz 1 ErbStG) bestimmt, welcher Grundbesitz bei der 149
Ermittlung des Betriebsvermögens zu berücksichtigen ist. Ein Grundstück ist dem
Betriebsvermögen zuzurechnen, wenn es zu mehr als der Hälfte seines Wertes dem
Gewerbebetrieb dient. Grundstücke einer Personengesellschaft sind – unabhängig
von deren Nutzung – stets als Betriebsgrundstücke zu behandeln. Der Einheitswert eines Betriebsgrundstücks umfaßt den Grund und Boden, das Gebäude, das
Zubehör und die Außenanlagen. Soweit diese Grundstücksbestandteile in der Steuerbilanz gesondert ausgewiesen werden, sind sie durch den Ansatz des Steuerwerts
dem Grunde und der Höhe nach abgegolten. Das gilt grds. auch für Betriebsvor-
richtungen. Sie sind nicht im Steuerwert des Betriebsgrundstücks berücksichtigt
(§ 68 Abs. 2 BewG). Nicht zum Betriebsvermögen gehören solche Grundstücke,
die sich im Miteigentum Dritter befinden.

(2) Erbbauzinsansprüche

Der Erbbauzinsanspruch wird nicht in der Steuerbilanz ausgewiesen. Bei der 150
erbschaft- und schenkungsteuerlichen Ermittlung des Betriebsvermögens sind die
Erbbauzinsansprüche zusätzlich zu den Steuerbilanzposten anzusetzen (§ 12
Abs. 5 Satz 2 i. V. mit § 95 Abs. 1 Satz 1 zweiter Halbs., 92 Abs. 5 BewG).

Soweit jedoch in der Steuerbilanz Erbbauzinsen passiv abgegrenzt und sie für einen bestimmten Zeitraum vorausgezahlt sind, kann der Rechnungsabgrenzungsposten nicht in die Bemessungsgrundlage „Betriebsvermögen" einbezogen werden.

(3) Ausgleichsposten im Falle der Organschaft

151   Ausgleichsposten, die in der Bilanz des Organträgers gebildet werden, können nach § 12 Abs. 5 Satz 2 ErbStG i.V. mit § 95 Abs. 1 Satz 2 BewG nicht bei der Wertermittlung des Betriebsvermögens berücksichtigt werden.

(4) Sonderposten aus der DM-Eröffnungsbilanz

152   Bestimmte Sonderposten aus der DM-Eröffnungsbilanz zum 1.7.1990 in den neuen Bundesländern sind bei der Wertermittlung des Betriebsvermögens für erbschaft- und schenkungsteuerliche Zwecke auszuscheiden.

153   Die auf der Passivseite ausgewiesenen Steuerbilanzausgleichsposten, soweit sie nicht dem Eigenkapital zuzurechnen sind, sind dem Grunde nach für die Ermittlung des Einheitswertes zu übernehmen, insbes. Rückstellungen.

154   Für den Schuldzinsenabzug ab 1993 kommt es darauf an, daß die Schulden in der Steuerbilanz ausgewiesen sind, ein Zusammenhang zwischen der Schuld und dem Gewerbebetrieb oder einzelnen Wirtschaftsgütern des Gewerbebetriebs besteht und kein Zusammenhang mit steuerfreien Wirtschaftsgütern oder sonstigen bei der Wertermittlung des Betriebsvermögens außer Ansatz bleibenden Wirtschaftsgütern gegeben ist.

(5) Rücklagen

155   Nach § 12 Abs. 5 Satz 2 ERbStG i. V. mit § 103 Abs. 3 BewG dürfen Rücklagen grds. nicht vom Roh-Betriebsvermögen abgezogen werden; das gilt insbesondere für die Rücklage nach § 6b EStG und die Rücklage für Ersatzbeschaffungen.
Ausnahmen gelten für Rücklagen nach dem EntwLStG.

(6) Abzug bei einer beherrschenden Kapitalgesellschaft

156   Die beherrschende Kapitalgesellschaft kann im Falle von Gewinnabführungsverträgen nach § 103 Abs. 2 BewG in Höhe der in der Steuerbilanz des beherrschenden Gesellschafters ausgewiesenen Gewinnansprüche eine Schuld von ihrem Rohvermögen abziehen.

(7) Erbbauzinsverpflichtung

Der Kapitalwert einer Erbbauzinsverpflichtung ist ab dem 1.1.1993 zusätzlich zu den Passivposten der Steuerbilanz als Schuldposten bei der Ermittlung des Betriebsvermögens zu berücksichtigen.

cc) Übernahme der Steuerbilanzwerte der Höhe nach

157   Grundsätze Steuerbilanzwerte
Die aus der Steuerbilanz zu übernehmenden Wirtschaftsgüter, sonstigen aktiven Ansätze, Schulden und sonstigen passiven Ansätze sind bei der Ermittlung des Betriebsvermögens grds. mit ihren Steuerbilanzwerten anzusetzen (§ 12 Abs. 5 Satz 2 ErbStG i.V. mit § 109 Abs. 1 BewG). Er ist auch maßgebend, wenn für einzelne Wirtschaftsgüter Absetzungen und Sonderabschreibungen in Anspruch genom-

men worden sind. Das gilt auch bei geringwertigen Wirtschaftsgütern, die nach § 6 Abs. 2 EStG im Jahr der Anschaffung oder Herstellung sofort abgesetzt werden. Verluste und Vorratsvermögen sind mit den Steuerbilanzwerten anzusetzen.

Ausnahmen gelten für Betriebsgrundstücke (§ 12 Abs. 2 ErbStG), diese sind in der Regel nach § 147 BewG zu bewerten.

Für Beteiligungen an Gesellschaften im Betriebsvermögen gilt der anteilige Steuerwert. Das aufzuteilende Betriebsvermögen ist nach der Sonderregelung zu ermitteln, § 97 Abs. 1a BewG.

Für Wertpapiere im Betriebsvermögen gelten die Ausführungen zum Erbbauzinsanspruch und Erbbauzinsverpflichtungen, die in der Steuerbilanz nicht berücksichtigt werden, sind bei der Ermittlung des Betriebsvermögens mit ihrem kapitalisierten Jahreswert nach §§ 13 bis 15 BewG zu erfassen (§ 12 Abs. 5 Satz 2 i. V. mit § 109 Abs. 4 Satz 2 BewG).

e) Anteile an einer Personengesellschaft

Eine besondere Bewertung des Anteils an einer Personengesellschaft ist dem Bewertungsgesetz unbekannt. Vielmehr wird der Steuerwert des Betriebsvermögens einer Personengesellschaft gemäß § 180 AO gesondert festgestellt. Diese gesonderten Feststellungen werden einheitlich getroffen[129], wenn an dem Gegenstand mehrere beteiligt sind (§ 180 AO). Gemäß § 97 Abs. 1 BewG ist das Vermögen einer Personengesellschaft stets und in vollem Umfang Betriebsvermögen, und zwar auch insoweit, als die Wirtschaftsgüter dem eigentlichen Gewerbebetrieb nicht dienen[130]. Das Betriebsvermögen selbst wird durch Einzelbewertung aller das Betriebsvermögen bildenden Wirtschaftsgüter ermittelt (§ 109 Abs. 4 BewG).

158

aa) Werden für einzelne Gesellschafter **Ergänzungsbilanzen** zur Einkommensteuerbilanz geführt, so können diese Grundlage für die Wertermittlung der einzelnen Wirtschaftsgüter sein[131]. Allerdings muß der betreffende Gesellschafter den Anteil zu marktgerechten Bedingungen erworben haben. Auch für den Ansatz eines Firmenwertes bei der Bewertung des Betriebsvermögens kann die Ergänzungsbilanz von Bedeutung sein[132]. Ist nämlich in einer solchen ein Firmenwert angesetzt, so ist er nicht nur in Höhe der tatsächlichen Leistung durch den betreffenden Gesellschafter, sondern in voller Höhe bezogen auf die Gesamtheit der Anteile auszuweisen, vorausgesetzt jedoch, daß für die Höhe des Entgelts nicht besondere Umstände maßgebend waren.

159

---

[129] Fichtelmann, DStR 1969, 225 ff.; Schulze zur Wiesche, DStR 1971, 362 ff.; Rössler-Troll, § 97 BewG, Anm. 14; BFH v. 14. 3. 1969, BStBl. II 1961, 480; Hübner, DStR 1995, 1.
[130] Vgl. aber BFH v. 6. 6. 1973, BStBl. II 1973, 705, allerdings zum Ertragsteuerrecht ergangen.
[131] Vgl. Schulze zur Wiesche, DStR 1971, 362 ff.
[132] Abschnitt 53 VStR; vgl. auch BFH v. 26. 3. 1965, BStBl. III 1965, 344; OFD Düsseldorf, Verf. v. 14. 4. 1970 S 3230 A St 213.

160 bb) In der Handelsbilanz ist das Vermögen der Personengesellschaft auszuweisen. Einen Gewerbebetrieb bilden alle Wirtschaftsgüter der Gesellschaften i.S. des § 15 Abs. 1 Satz 1 Nr. 2 und Abs. 3 EStG. Dabei ist die für die Einkommensteuer getroffene Entscheidung, ob eine Gesllschaft i.S. des § 15 Abs. 1 Satz 1 Nr. 2 und Abs. 3 EStG vorliegt, zu übernehmen (Abschnitt 30 VStÄR 1995).

Befinden sich Grundstücke im Sonderbetriebsvermögen, sind im Zweifel für das Gebäude nicht die Bilanzwerte anzusetzen, sondern ist der Ertragswert nach § 146 BewG anzusetzen, der sich aus den vereinbarten Miet- und Pachtzahlungen ergibt, sofern diese angemessen sind. Es gilt insofern das Ertragsteuerrecht. Bei der sogenannten qualifizierten Nachfolgeklausel ist zu beachten, daß der Anteil vom Sonderbetriebsvermögen, soweit es auf die nicht qualifizierten entfällt, vom Erblasser entnommen worden ist und dabei als Privatvermögen auf die Erben übergegangen ist. Was u. E. dazu führt, daß sie als unbebaute Grundstücke zu bewerten sind und somit im Falle unbebauter Grundstücke nur ein Bewertungsabschlag von 20 v.H. zu gewähren ist.

Ausstehende Einlagen werden bei der Ermittlung des Betriebsvermögens ab 1.1.1993 nur dann berücksichtigt, wenn sie im Erwerbszeitpunkt bereits angefordert sind; unerheblich ist die bilanzielle Behandlung.

Hinsichtlich der Abgrenzung vom Eigenkapital und Darlehen von Sonderbetriebsvermögen vgl. BFH vom 3.11.1993[133].

Bei der Beteiligung an der Personengesellschaft folgt das Erbschaft- und Schenkungsteuerrecht in bezug auf das Sonderbetriebsvermögen der ertragsteuerlichen Beurteilung (§ 97 Abs. 1 Nr. 5 Satz 2 BewG).

161 Dies gilt auch für Forderungen des Gesellschafters gegenüber der Personengesellschaft, wobei sich dann allerdings die im Gesamthandsvermögen ausgewiesene Schuld und die im Sonderbetriebsvermögen ausgewiesene Forderung ausgleichen und somit weder bei dem Gesellschafter noch bei der Personengesellschaft zu einem Wertansatz führen (§ 97 Abs. 1 Nr. 5 Satz 3 BewG). Nach § 97 Abs. 1 Nr. 5 Satz 3 BewG sind Forderungen und Schulden zwischen der Personengesellschaft und ihren Gesellschaftern – abgesehen vom regelmäßigen Geschäftsverkehr und von der kurzfristigen Überlassung von Geldbeträgen – bei der Ermitlung des Betriebsvermögens nicht angesetzt worden (ab 1.1.1993 rückwirkend).

Hinsichtlich der Feststellung siehe im einzelnen Abschn. 31 VStÄR 1995.

cc) Aufteilung des Betriebsvermögens

162 Neu hingegen sind die Vorschriften über die Aufteilung des Betriebsvermögens auf die Gesellschafter. Die Aufteilung hat in § 97 Abs. 1a BewG eine gesetzliche Regelung enthalten.

Hiernach ist der Wert des Betriebsvermögens, der jeweils für den Bedarfsfall (Erbfall, Schenkung) zu ermitteln ist, wie folgt aufzuteilen:

---

[133] BStBl. II 1994, 88.

Erbschaftsteuer

1. Das Sonderbetriebsvermögen und die Schulden sind dem jeweiligen Gesellschafter vorab mit dem Wert, mit dem diese im Steuerwert enthalten sind, zuzurechnen.

   Das Kapitalkonto des Gesellschafters aus der Steuerbilanz (Gesamtbilanz) ist um das auf die ihm vorweg zuzurechnenden Wirtschaftsgüter (Sonderbetriebsvermögen) entfallende Kapital aus der Sonderbilanz zu bereinigen.
2. Das um die Sonderbilanz bereinigte Kapital ist dem jeweiligen Gesellschafter vorweg zuzurechnen.
3. Der hiernach verbleibende Wert des Betriebsvermögens ist nach dem für die Gesellschaft maßgebenden Gewinnverteilungsschlüssel auf die Gesellschafter aufzuteilen.
4. Die Summe aus den Vorwegzurechnungen (Nr. 1 und 2) und dem anteiligen Unterschiedsbetrag (Nr. 3) ergibt für jeden Gesellschafter den Anteil am Wert des Betriebsvermögens.

Beispiel:

E ist verstorben. Erbe ist sein Sohn A. Im Nachlaß befindet sich ein KG-Anteil, der auf A übergeht.

A ist mit 33 1/3 v.H. an der Gesellschaft beteiligt (Gewinnbeteiligung und Beteiligung am Auseinandersetzungsguthaben).

Der Wert des Betriebsvermögens beträgt DM 1.100.000,–. Das HB-Kapitalkonto beträgt DM 250.000,–. A hat der Gesellschaft ein Grundstück überlassen, Buchwert DM 100.000,–, Steuerwert DM 200.000,–.

Der Wert des Anteils ermittelt sich wie folgt:

		C	D	E
Wert des BV	1.100.000			
SonderBV	./. 200.000	–	–	200.000
Kapital	./. 750.000	250.000	250.000	250.000
Rest	./. 150.000	50.000	50.000	50.000
	./. 1.100.000	300.000	300.000	500.000

Der Wert der Beteiligung (anteiliger Wert) ist für Erbschaftsteuerzwecke mit DM 500.000,– anzusetzen.

f) Bewertung von Kapitalanteilen

Ab 1.1.1996 ist auch für Kapitalanteile für Zwecke Erbschaft- und Schenkungsteuer eine Bedarfsbewertung durchzuführen (§ 12 Abs. 2 ErbStG)[134].

Die Bewertung nicht notierter Anteile an KapGes, insbesondere von GmbH-Anteilen, hat sich ab 1993 nicht nur durch § 11 Abs. 2 BewG, sondern auch durch die VStR 1994 geändert. Soweit sich der Anteilswert nicht aus Verkäufen ableiten läßt, die weniger als ein Jahr vor dem Erwerbszeitpunkt liegen, ist er unter Ansatz des Vermögenswerts und der Ertragsaussichten zu schätzen.

---

[134] Halaczinsky, NWB Fach 10, 731.

Das Vermögen der Kapitalgesellschaft entspricht ab 1.1.1993 dem Einheitswert des Betriebsvermögens. Somit fließen die niedrigen Steuerbilanzwerte aus der Einheitsbewertung in die Ermittlung des Anteilserwerbs ein und mindern somit künftig die Bemessungsgrundlage für die ErbSt und SchenkSt.

Bis zum StMBG wurde das Vermögen mit dem Einheitswert (EW) des Betriebsvermögens, der für den Feststellungszeitpunkt maßgebend ist, angesetzt.

Beispiel:
A hat aufgrund einer Schenkung vom 1.8. einen GmbH-Anteil erhalten. Maßgebend für die Bewertung war der 1.1.1996.

Veränderungen zwischen dem Bewertungsstichtag 1.1. und dem Zeitpunkt der Schenkung bzw. Erbschaft bleiben hierbei nicht berücksichtigt.

Beispiel:
A war mit 100 v.H. an der X-GmbH beteiligt. Stammkapital DM 500.000,–, EW DM 100.000,– zum 1.1. Am 1.4. übertrug er im Wege der Einlage Anteile an der Y-GmbH in das Betriebsvermögen der X-GmbH.

Am 1.8 übertrug A Anteile der X-GmbH von jeweils 25 v.H. an seine 3 Kinder.

Wirtschaftlich gesehen wurden die Anteile an der Y-GmbH durch ihre Einlage in die X-GmbH steuerfrei mitübertragen.

Dem hat der Gesetzgeber im StMBG einen Riegel vorgeschoben; für Erwerbe nach dem 11.11.1993 (§ 37 Abs. 11 ErbStG) gilt für Vermögensübertragungen im Wege der Erbschaft durch Schenkung eine eigenständige, stichtagsbezogene Ermittlung des Vermögenswertes. Aus Vereinfachungsgründen soll der stichtagsbezogene Wert i.d.R. aus dem auf den Jahresbeginn ermittelten Vermögenswert abgeleitet werden. Ab dem 1.1.1997 dürfen in der Regel Einheitswerte nicht mehr vorliegen, so daß auf solche nicht mehr zurückgegriffen werden kann. Es muß daher jeweils auf den Zeitpunkt des Erwerbs eine Anteilsbewertung durchgeführt werden.

Die bisherige Ausgangsgröße „zuletzt festgestellter EW" ist nur um die gesetzlich vorgeschriebenen Korrekturen zu bereinigen. Hierzu gerechnet werden
– Beteiligungen an anderen Kapitalgesellschaften, denen die Schachtelvergünstigung zu gewähren ist (§ 102 BewG);
– steuerfreies Auslandsvermögen.

Abgezogen werden die Schulden und sonstigen Abzüge, die mit Vermögensgegenständen im Zusammenhang stehen, sowie der entgeltlich erworbene Geschäftswert und ähnliche Wirtschaftsgüter.

Ab 11.11.1993 (StMBG) sind alle nach §§ 101, 102 und 136 BewG steuerfreien Wirtschaftsgüter bei der Ermittlung des Vermögenswertes zu berücksichtigen. Der Geschäftswert und die Werte von firmenwertähnlichen Wirtschaftsgütern bleiben allerdings weiterhin außer Ansatz. Das auf diese Weise ermittelte Vermögen der Kapitalgesellschaft ist ab 1993 nicht mehr um einen Sicherheitsabschlag von 15 v.H. zu kürzen. Das Vermögen ist ungekürzt dem Nennkapital gegenüberzustellen. Für die neuen Bundesländer sieht § 12 Abs. 1a ErbStG vor, daß bei der Ermittlung der Vermögenswerte für erbschaft- und schenkungsteuerliche Zwecke Betriebsvermögen in den neuen Bundesländern im Vermögenswert und damit im Anteilswert erfaßt wird, obwohl bis Ende 1995 dort kein Einheitswert des Betriebsvermögens festgestellt wird.

Der Wert eines Kapitalanteils wird nicht durch die Bewertung der einzelnen Wirtschaftsgüter, die der Kapitalgesellschaft gehören, ermittelt[135]. Hier kommt es auf den Wert des Anteils selbst an. Maßgebend ist hier der gemeine Wert. Gemäß § 9 Abs. 2 BewG wird der gemeine Wert durch den Preis bestimmt, der im gewöhnlichen Geschäftsverkehr nach der Beschaffenheit des Wirtschaftsguts bei einer Veräußerung zu erzielen wäre.

Dabei sind alle Umstände, die den Preis beeinflussen, zu berücksichtigen. Ungewöhnliche oder persönliche Verhältnisse sind unbeachtet zu lassen. Wie die folgenden Ausführungen zeigen, ergeben sich gegenüber der Bewertung eines Anteils an einer Personengesellschaft erhebliche Unterschiede. Würde der Anteil an einer Personengesellschaft unter den gleichen Bedingungen bewertet wie der Anteil einer Kapitalgesellschaft, so läge der steuerliche Wert erheblich höher. So werden bei der Kapitalgesellschaft im Gegensatz zur Personengesellschaft auch die Ertragsaussichten berücksichtigt. **164**

aa) Kapitalanteile, die am Stichtag an einer deutschen Börse zum Handel zugelassen sind, werden mit den niedrigsten am Stichtag für sie im amtlichen Handel notierten Kursen angesetzt[136]. Befinden sich also im Nachlaß Wertpapiere, insbesondere Aktien, so ist der amtliche Tageskurs zum Zeitpunkt des Todes bzw. der Schenkung für den Wert maßgebend. Das gleiche gilt für Wertpapiere, die nur in den geregelten Freiverkehr einbezogen sind. **165**

Wertpapiere, die Rechte der Einleger (Anteilinhaber) gegen eine Kapitalanlagegesellschaft oder einen sonstigen Fonds verbriefen (Anteilscheine), sind mit dem Rücknahmepreis anzusetzen[137]. **166**

Ist der gemeine Wert einer Anzahl von Anteilen an einer Kapitalgesellschaft, die einer Person gehören, infolge besonderer Umstände, weil die Höhe der Beteiligung die Beherrschung der Kapitalgesellschaft ermöglicht, höher als der Wert, der sich aufgrund der Kurswerte für die einzelnen Anteile insgesamt ergibt, so ist der gemeine Wert der Beteiligung maßgebend[138]. Nach der Verwaltungspraxis (Abschnitt 3 Abs. 4 VStR) ist zum Kurswert ein Paketzuschlag dann zu machen, wenn ein Steuerpflichtiger mehr als 25 v.H. des Nennkapitals einer Aktiengesellschaft besitzt. Als Paketzuschlag soll je nach Umfang der zu bewertenden Beteiligung im allgemeinen ein Zuschlag bis zu 25 v.H. zum Kurswert in Betracht kommen. **167**

bb) Handelt es sich nicht um an der Börse gehandelte Wertpapiere, insbesondere um GmbH-Anteile, ist der gemeine Wert aus zeitnahen Verkäufen zu ermitteln[139]. **168**

---

[135] Hier Christoffel, GmbHR 1994, 850.
[136] § 11 Abs. 1 BewG.
[137] § 11 Abs. 4 BewG.
[138] § 11 Abs. 3 BewG; BFH v. 12.3.1971, BStBl. II 1971, 419; vgl. auch BFH v. 7.12.1979, BStBl. II 1980, 234.
[139] BFH v. 20.12.1968, BStBl. II 1969, 373; vgl. Änderung § 11 BewG.

Die Verkäufe müssen allerdings zu marktgerechten Bedingungen erfolgt sein. Die Werte können also nur übernommen werden, wenn nicht besondere Gründe zum Verkauf des Anteils führten, z.B. ein Notverkauf im Wege eines Kaduzierungsverfahrens oder im Rahmen einer Gesellschaftsauseinandersetzung. Handelt es sich bei der Kapitalgesellschaft um eine Familiengesellschaft mit einem kleinen Kreis von Anteilseignern, so sind evtl. Anteilsverkäufe kein Wertmaßstab für den tatsächlichen Verkehrswert[140].

169 cc) Kann der gemeine Wert eines Anteils aus Verkäufen nicht ermittelt werden, so erfolgt die Wertermittlung aufgrund eines besonderen Verfahrens. Zur Wertermittlung wird seit 1953 das sogenannte Stuttgarter Verfahren angewandt[141]. Nach der nunmehrigen ständigen Rechtsprechung des BFH[142] ist dieses Verfahren für die Bewertung geeignet. Das gilt nicht nur für die Vermögensteuer, sondern auch für die Erbschaftsteuer[143]. Dieses Stuttgarter Verfahren geht zwar von dem Vermögensverhältnis der Gesellschaft (Einheitswert zuzüglich Zuschläge) aus, berücksichtigt aber auch die Ertragslage und Ertragsaussichten (vgl. Abschnitt 5 Abs. 2 VStÄR 1995).

170 Es handelt sich hierbei um ein gemischtes Substanzwertverfahren, das auch die Ertragsaussichten der Gesellschaft berücksichtigt.

Zunächst wird der Substanzwert des Unternehmens ermittelt. Ausgangslage ist auch hier der Einheitswert des Betriebsvermögens. Jedoch sind hier einige Korrekturen vorzunehmen. So sind dem Betriebsvermögen beim Einheitswert nicht berücksichtigte Vermögenswerte wieder hinzuzurechnen, wie steuerbefreite Schachtelbeteiligungen und aufgrund von Doppelbesteuerungsabkommen befreites Auslandsvermögen.

171 Verbindlichkeiten, die mit steuerbefreitem Vermögen in Zusammenhang stehen, sind abzusetzen. Ist ein Firmenwert aktiviert, so ist er aus dem Einheitswert herauszunehmen, weil die Grundlage für einen Firmenwert, nämlich die Ertragsaussichten, hier besonders berücksichtigt werden.

Der Sicherheitsabschlag von 15 v.H. wird nicht mehr vorgenommen. Dieser ist in das Verhältnis zum Nominalkapital zu setzen und in einem Vomhundertsatz auszudrücken.

172 Die Ertragsaussichten sind möglichst aus dem Jahresdurchschnitt der Jahreserträge der letzten drei Jahre herzuleiten. Auszugehen ist dabei vom jeweiligen zu versteuernden Einkommen nach §§ 7, 8 KStG.

Hierbei sind folgende Hinzurechnungen zu berücksichtigen:

---

[140] BFH v. 5.7.1968, BStBl. II 1968, 734; v. 14.2.1969, BStBl. II 1969, 395; v. 23.7.1971, BStBl. II 1972, 4; v. 16.12.1971, BStBl. II 1972, 313.
[141] Vgl. Abschnitt 76ff. VStR.
[142] BFH v. 20.12.1968, BStBl. II 1969, 373.
[143] BFH v. 3.9.1964, HFR 1965, 218.

a) Sonderabschreibungen oder erhöhte Absetzungen, Bewertungsabschläge, Zuführungen zu steuerfreien Rücklagen sowie Teilwertabschreibungen. Es sind nur die normalen Abschreibungen zu berücksichtigen
b) Absetzungen auf den Geschäfts- oder Firmenwert oder auf firmenwertähnliche Wirtschaftsgüter
c) ein Verlustabzug (Verlustrücktrag oder -vortrag) auch wenn er in einem Jahr außerhalb der für die Ermittlung des Durchschnittsertrags maßgebenden Zeit entstanden ist,
e) einmaliger Veräußerungsverlust
e) steuerfreie Vermögensmehrungen
f) Investitionszulagen.

Abzuziehen sind
a) einmalige Veräußerungsgewinne sowie gewinnerhöhende Auflösungsbeträge steuerfreier Rücklagen.
b) Vermögensteuer mit dem veranlagten Jahresbetrag
c) die übrigen nichtabziehbaren Ausgaben – ausschließlich des Solidaritätszuschlages – mit Ausnahme der Körperschaftsteuer, Aufsichtsratsvergütungen sind zur Hälfte aufzuteilen.
d) Die Tarifbelastung auf die nichtabziehbaren Ausgaben i.S. des Buchstaben b und c in Höhe der Tarifbelastung bestimmt sich nach der Gleichung

$$\frac{\text{Steuersatz in vH}}{100-\text{Steuersatz in vH}} \times 100 \text{ vH}$$

Ist der Ertrag von der persönlichen Tätigkeit des Geschäftsführers abhängig, kann ein Abschlag von 30 v.H. als Betriebsergebnis erfolgen.

In Abgeltung aller Unwägbarkeiten ist der Durchschnittsertrag um einen Abschlag von 15 v.H. zu mindern.

Der ausschüttungsfähige Jahresertrag ist mit dem Nennkapital der Gesellschaft zu vergleichen. Der sich ergebende Hundertsatz ist der Ertragshundertsatz, der für die weiteren Berechnungen maßgeblich ist. Für die Ermittlung des gemeinen Wertes wird ein durchschnittlicher Ertrag von 10 v.H. zugrundegelegt (im einzelnen Abschnitt 8 VStÄR).

Der gemeine Wert des Anteils wird nach folgender Formel ermittelt (im einzelnen Abschnitt 8 VStÄR).

173

$$x = \frac{68}{100} \times (V + [5\ 10])$$

Beispiel A der Richtlinien
Stammkapital 90.000,–
Vermögen (EW + Korrektur) 120.000,–
Vermögenswert $\frac{120.000}{90.000}$ 133,33 v.H.

bezogen auf das Stammkapital
Jahresertrag 9.000,–

ErtragsvH-Satz $\dfrac{9.000}{90.000}$ 10 v.H.

Gemeiner Wert $\dfrac{68}{100}$ x (133,33 + [5 10]) =

$\dfrac{68}{100}$ x 183,33 = 124,66 v.H.

abgerundet 124 v.H.

174 dd) Anhand eines Beispiels wird nunmehr die unterschiedliche Bewertung hinsichtlich eines Kapitalanteils und eines Anteils am Betriebsvermögen demonstriert:

Ein Unternehmen mit gleichen Beteiligungs- und Vermögensverhältnissen wird 1. als Personengesellschaft und 2. als GmbH vorgestellt.

1. Die Ermittlung des Steuerwertes der Personengesellschaft und die anschließende Aufteilung auf die Gesellschafter:

	DM	DM
Grundvermögen	100.000,–	A 100.000,–
ber. Anlagevermögen	100.000,–	B 100.000,–
Umlaufvermögen	100.000,–	C 100.000,–
	300.000,–	300.000,-

Gewinn- und Verlustbeteiligung in gleichen Teilen. Steuerwert des Grundvermögens beträgt DM 40.000,–. Im Anlagevermögen sind stille Reserven von DM 30.000,– enthalten.

Der jahresdurchschnittliche Gewinn betrug DM 120.000,–. Firmenwert ist nicht aktiviert.

Steuerwert des Betriebsvermögens:
Grundvermögen   DM   56.000,–
Anlagevermögen   DM 130.000,–
Umlaufvermögen   DM 100.000,–
                             DM 286.000,–

Gesellschafter	Kapitalkonten der HB	aufzuteilender Unterschiedsbetrag	Steuerwert
A	100.000,–	./. 4.667,–	95.333,–
B	100.000,–	./. 4.667,–	95.333,–
C	100.000,–	./. 4.666,–	95.334,–
	DM 300.000–	./.14.000,–	286.000,–

2. Die Ermittlung des Kapitalanteils einer GmbH:

Erbschaftsteuer

Es wird zunächst einmal vom Steuerwert DM 270.000,- ausgegangen.

		270.000,-
	Vermögen DM 270.000,-	
Stammkapital		300.000,-
Vermögen		286.000,-
		286.000,-
Vermögenswert		95,33 %
Jahresertrag		120.000,-
./. 15 % Abschlag		102.000,-
Ertragshundertsatz		34 %

Gemeiner Wert:

$$\frac{68}{100} \times (95{,}33 + [5 \times 34]) =$$

$$\frac{68}{100} \times 265{,}33 = 180{,}42 \text{ v.H.}$$

Der einzelne Anteil in Höhe von DM 100.000,- würde einen Wert von DM 180.420,- aufweisen.

Somit besteht zwischen beiden Rechtsformen folgende Differenz:

Anteil Personengesellschaft	95.330,-
GmbH	180.420,-
Unterschied je Anteil	+ 85.090,-

Aus Vereinfachungsgründen ist die Körperschaftsteuer herausgelassen worden.

g) Sonstige Vermögensrechte

aa) Sonstige Kapitalforderungen

Darlehen werden mit dem Nominalwert angesetzt (§ 12 BewG). Allerdings ist Voraussetzung, daß sie zum üblichen Zinssatz verzinst werden. Über den Nennwert ist eine Forderung anzusetzen, wenn die Verzinsung über 9 % liegt und die Rückzahlung noch für mind. 4 Jahre ausgeschlossen ist (Abschn. 18 Abs. 3 VStÄR 1995). Entsprechendes gilt, wenn der Zinssatz unter 3 % liegt (Abschn. 18 Abs. 3 VStÄR 1995). Der Wert unverzinslicher befristeter Forderungen oder Schulden ist der Betrag, der vom Nennwert nach Abzug von Zwischenzinsen unter Berücksichtigung von Zinseszinsen verbleibt (§ 12 Abs. 3 BewG).

Dabei ist von einem Zinssatz von 5,5 v.H. auszugehen.

Unter die **Kapitalforderungen** fallen insbesondere die Abfindungsansprüche eines ausscheidenden Gesellschafters. Ist im Gesellschaftsvertrag vereinbart, daß die Gesellschaft nicht mit den Erben fortgeführt wird, so ist der verstorbene Gesellschafter mit seinem Tode aus der Gesellschaft ausgeschieden. Die Erben haben lediglich einen Auseinandersetzungsanspruch. Dieser Abfindungsanspruch wird be-

Die Steuerfolgen im Erbfall

wertungsrechtlich als eine Kapitalforderung behandelt. Forderungen, die uneinbringlich sind, bleiben außer Ansatz.

177 Eine **stille Beteiligung** wird nach den allgemeinen Grundsätzen wie eine Forderung bewertet, hierbei ist vom Durchschnittsgewinn der letzten Jahre auszugehen[144].

178 Die Einlage des stillen Gesellschafters ist wie eine Kapitalforderung i.S. des § 110 Abs. 1 Nr. 1 BewG zu behandeln (Abschn. 61 Abs. 1 VStR). Sie ist grundsätzlich mit dem Nennwert anzusetzen.

Ist die Kündigung der Einlage am Bewertungsstichtag für längere Zeit ausgeschlossen und liegt der Durchschnittsertrag über 9 v.H., ist der Nennwert der Vermögenseinlage um den fünffachen Unterschiedsbetrag zwischen Durchschnittsertrag und der Verzinsung von 9 v.H. zu erhöhen.

Entsprechendes gilt bei einem Durchschnittsertrag von unter 3 v.H. bzw. ist der Nennbetrag entsprechend zu mindern

Beispiel (Richtl.)

Nennwert Einlage	DM 40.000,–
Durchschnittsertrag	DM 7.000,–
Verzinsung der Einlage $\frac{7.000}{40.000}$	17,5 v.H.
Wert der stillen Beteiligung 100 v.H. + 5 x (17,5 v.H. – 9 v.H.) =	142,5 v.H.
Bezogen auf den Wert der Einlage von DM 40.000,–	DM 57.000,–

Eine höhere Bewertung erfolgt jedoch nicht nach Hilfstafel 1a VStR. Nach Abschnitt 56 Abs. 7 VStR wird jedoch der Wert der Einlage eines stillen Gesellschafters, deren Kündbarkeit am Bewertungsstichtag für längere Zeit ausgeschlossen ist, unter sinngemäßer Anwendung der Anweisungen des Abschnitts 79 Abs. 2 VStR ermittelt. Als längerer Zeitraum gilt hier für die Bewertung nicht notierter Aktien und Anteile ein solcher von fünf Jahren. Nach dem Urteil des BFH[145] wird die stille Beteiligung grundsätzlich wie eine Kapitalforderung behandelt. Voraussetzung für eine höhere Bewertung als den Nennwert ist hiernach, daß die stille Gesellschaft nach dem Verhältnis des Veranlagungszeitraums für die Dauer von noch wenigstens 4 Jahren besteht.

bb) Renten und sonstige wiederkehrende Leistungen und Nutzungen

179 Das Bewertungsrecht unterscheidet nicht zwischen Renten und dauernden Lasten wie das Einkommensteuerrecht[146]. Renten, Nutzungen und Leistungen werden, soweit es den Vervielfältiger betrifft, grundsätzlich gleich behandelt. Lediglich hinsichtlich der Ermittlung des Jahreswertes bestehen Unterschiede.

---

[144] Vgl. auch BFH v. 7.5.1971, BStBl. II 1971, 642, Abschnitt 61 Abs. 1.
[145] BFH v. 7.5.1971, BStBl. II 1971, 42.
[146] Vgl. auch BFH v. 28.11.1969, BStBl. II 1970, 171.

Erbschaftsteuer

Renten sind laufende Bezüge an Geld oder Geldeswert aufgrund eines Stammrechts, auf die der Empfänger für eine gewisse Zeitdauer einen Anspruch hat[147]. Ob eine Rentenzahlung oder Ratenzahlung vorliegt, ist nicht immer einfach zu beurteilen, insbesondere dann nicht, wenn eine Rente auf Zeit zur Diskussion steht. Man wird hier immer auf den Einzelfall abstellen müssen. Ist bei der Ratenzahlung keine Verzinsung vereinbart, wird auch hier, vgl. § 12 BewG, eine Verzinsung von 5,5 % zugrunde gelegt, so daß der kapitalisierte Wert der Ratenforderung für Stammrecht nicht abweichen dürfte. Im übrigen handelt es sich um Nutzungen und Leistungen, wenn der Jahresbetrag nicht gleich ist. Allerdings ist die Vereinbarung einer Preisindexklausel, wie die Bindung an eine Gehaltsgruppe, einer Rente nicht abträglich[148]. Der Jahresbetrag der Nutzung einer Geldsumme ist, wenn kein anderer Wert feststeht, mit 5,5 v.H. anzunehmen. **180**

Nutzungen oder Leistungen, die nicht in Geld bestehen (Wohnung, Kost, Waren und sonstige Sachbezüge), sind mit den üblichen Mittelpreisen des Verbrauchsortes einzusetzen[149]. **181**

Bei Nutzungen oder Leistungen, die in ihrem Betrag ungewiß sind oder schwanken, ist als Jahreswert der Betrag zugrunde zu legen, der in Zukunft im Durchschnitt der Jahre voraussichtlich erreicht werden wird (§ 15 BewG).

Auf die vergangenen Jahre darf daher nicht allein abgestellt werden[150].

Nicht gleichbleibende wiederkehrende Leistungen liegen vor, wenn diese ertrags- oder umsatzabhängig sind oder die Höhe an sonstige Voraussetzungen geknüpft ist, wie der Eigenverdienst des Berechtigten usw. [151].

Hängt die Laufzeit einer Rente vom Tode des Berechtigten oder des Verpflichteten ab, bestimmt sich der Wert der Rente nach dem Lebensalter dieser Person, vgl. Tabelle Anlage 9 zu § 14 BewG. Diese und Tabelle Anlage 9a haben sich geändert. Anlage 9a zu § 13 BewG geht nur von Laufzeiten aus, die auf volle Jahre lauten. Es wird auch nicht mehr zwischen vorschüssigen und nachschüssigen Leistungen unterschieden. **182**

Hat eine nach Abs. 2 bewertete Nutzung oder Leistung nicht mehr als die dort angegebenen Jahre (vgl. § 14 Abs. 3 BewG) bestanden und beruht der Wegfall auf dem Tod des Berechtigten oder Verpflichteten, so ist die Festsetzung der nicht laufend veranlagten Steuern auf Antrag nach der wirklichen Dauer der Nutzung oder Leistung zu berichten.

Bei Renten, Nutzungen und Leistungen, die auf eine bestimmte Zeit beschränkt sind, ist deren Gesamtwert die Summe der einzelnen Jahreswerte abzüglich Zwischenzinsen (§ 13 BewG). Dabei ist, wie bereits erwähnt, von einem Zinssatz von 5,5 v.H. auszugehen. Allerdings darf der Gesamtwert das Achtzehnfache des Jah- **183**

---

[147] BFH v. 21.11.1969, BStBl. II 1970, 368; s. Wertkauf, § 13, 14 BewG; RFH v. 30.1.1929, RStBl. 1929, 326; Troll, BewG, § 13 Anm. 2.
[148] Vgl. Rz. 420.
[149] BFH v. 5.11.1955, BStBl. III 1955, 199; v. 12.9.1969, BStBl. II 1969, 727.
[150] Vgl. auch BFH v. 26.1.1972, BStBl. II 1972, 467; v. 5.6.1970, BStBl. II 1970, 594.
[151] BFH v. 28.11.1969, BStBl. II 1969, 171.

reswertes nicht übersteigen. Die Begrenzung liegt somit bei einer Dauer von 53 Jahren.

Der Kapitalwert dieser Nutzungen und Leistungen läßt sich aus der Tabelle zu § 13 Abs. 1 BewG ablesen, bei der die Zwischenzinsen und Zinseszinsen mit 5,5 v.H. angesetzt worden sind (vgl. Hilfstafel 2 VStR zu § 13 Abs. 1 BewG).

cc) Der Nießbrauch

184 Der Nießbrauch unterscheidet sich von den sonstigen wiederkehrenden Leistungen insbesondere dadurch, daß dem Nießbraucher ein eigenes dingliches Recht auf Nutzung bzw. Fruchtziehung eingeräumt wird[152]. Die sonstigen Leistungen werden immer aus dem Vermögen des Verpflichteten erworben, auch wenn die Leistung vom Ertrag oder vom Umsatz eines Gewerbebetriebes abhängig ist. Für den Nießbrauch gilt grundsätzlich auch die Vorschrift des § 15 BewG. Der durchschnittliche Jahreswert ist maßgebend[153].

185 Allerdings ist dieser Nutzungswert durch die Vorschrift des § 16 BewG erheblich begrenzt. So ist bei der Ermittlung des Kapitalwertes der Nutzungen eines Wirtschaftsgutes der Jahreswert dieser Nutzungen nicht mit mehr als dem achtzehnten Teil des Wertes anzusetzen, der sich nach den Vorschriften des BewG für das genutzte Wirtschaftsgut ergibt. Hat der Nießbraucher eines Grundstücks gemäß § 1047 BGB Zinsen auf Grundpfandrechte zu tragen, so führt das nicht zu einer Ermäßigung dieses Höchstwertes[154].

186 Zwar hat der BFH im Urteil vom 24.4.1970[155] den Standpunkt vertreten, daß sich bei obligatorischen Nutzungsrechten Einschränkungen ergeben können. Es dürfe sich nicht um darüber hinausgehende Ansprüche auf Leistung handeln, die der Nutzungsberechtigte gegen den Verpflichteten auch persönlich geltend machen könnte, wenn das Wirtschaftsgut z.B. nicht die erwartete oder keine Nutzung gebracht hat. Der Anspruch müsse sich also auf die Nutzungen des Wirtschaftsgutes beschränken. Sudhoff[156] folgert aus diesem Urteil, daß bei sogenanntem leistungsbezogenen Nießbrauch (Nießbrauch an einem Unternehmen oder an einer Beteiligung, wo der Nießbraucher alle Gesellschaftsrechte wahrnimmt) § 16 BewG keine Anwendung findet. In der Literatur wird jedoch überwiegend die Ansicht vertreten, daß § 16 BewG auch auf den sog. leistungsbezogenen Nießbrauch, wo es sich nicht lediglich um eine kapitalmäßig sachbezogene Nutzung handelt, Anwendung findet[157].

---

[152] Vgl. Rz. 360.
[153] BFH v. 12.9.1969, BStBl. II 1969, 727; v. 21.11.1969, BStBl. II 1970, 368 (ertragslose Teile sind auszusondern). BFH v. 11.8.1976, BStBl. II 1977, 2.
[154] BFH v. 23.7.1980, BStBl. II 1980, 748.
[155] BStBl. II 1970, 591.
[156] DB 1971, 1930.
[157] Rössler-Troll, Anm. 4 zu § 15, Anm. 2 und 4 zu § 16 BewG; Fichtelmann, DStR 1974, 304; Petzoldt, § 12 ErbStG, Rz. 138; BFH v. 20.1.1978 III R 120/75, BStBl. II 1978, 257; Meincke/Michel, § 12 ErbStG, RdNr. 106.

Erbschaftsteuer

187 Die Vorschrift des § 16 BewG gilt sowohl für die Nutzungsberechtigten als auch für den Nutzungsverpflichteten[158]. Hiernach ist § 16 Abs. 1 BewG bei der Bewertung der Belastung auch dann, wenn ein nichtgeschäftsführender Gesellschafter bei Übertragung seines Gesellschaftsanteils auf einen Mitgesellschafter sich den Nießbrauch vorbehält, anzuwenden. Dies gilt auch dann, wenn der vorbehaltene Nießbrauch nur schuldrechtlich wirksam sein sollte. Es ist hierbei gleichgültig, ob es sich um ein obligatorisches oder dingliches Nutzungsrecht handelt[159].

188 Allerdings muß bei der Feststellung des Jahreswerts des Nießbrauchs der Gewinnanteil des Nießbrauchs, der voraussichtlich auf Grund der eigenen Arbeitsleistung erzielt werden wird, außer Ansatz bleiben. Bei der Einräumung eines Nießbrauchs an einem Unternehmen oder an der Beteiligung muß also das Ergebnis auf Grund eigener Arbeitsleistung bewertet werden und darf nicht in die Bewertung des Nießbrauchs mit einbezogen werden[160].

Hinsichtlich der Bewertung des Nießbrauchs beim Gesellschaftsanteil vgl. BFH v. 11. 8. 1976[161].

189 Ein auf Lebenszeit eingeräumtes Nießbrauchsrecht an einem Gesellschaftsanteil ist nicht deshalb schon mit 0 DM zu bewerten, weil die Gesellschaft mehrere Jahre keinen Gewinn erwirtschaftet hat[162].

Beispiel:

A hat seinem Sohn B ein Haus vererbt. Steuerwert DM 40.000,–, die jährlichen Mieteinnahmen DM 12.000,–. Seiner Witwe C (61 Jahre) hat er ein Nießbrauchsverhältnis ausgesetzt.

Jahresnutzungswert beträgt nicht DM 12.000,–, sondern

$$\frac{150.000}{18,6} = DM\ 8.064,-.$$

Gemäß Anlage 9 zu § 14 Abs. 2 BewG beträgt der Vervielfältiger 11,763. Damit ist der Nießbrauch an dem Haus mit DM 94.856,– zu bewerten.

190 Ist bei der Übertragung oder Vererbung eines gewerblichen Unternehmens die Ertragskraft sehr groß, so ist es nicht zweckmäßig, dem überlebenden Ehegatten ein Nießbrauchsvermächtnis auszusetzen.

Es ist zweckmäßiger, die Unterhaltsverpflichtung der Erben in eine Rente oder sonstige wiederkehrende Leistung zu kleiden.

Die Auswirkung soll an folgendem Beispiel gezeigt werden:

---

[158] BFH v. 20. 1. 1978, a.a.O.; vgl. auch BFH v. 4. 6. 1980, BStBl. II 1980, 608; v. 27. 7. 1983, BStBl. II 1983, 740.
[159] Vgl. auch BFH v. 24. 4. 1970 III R 36/47, BStBl. II 1970, 591.
[160] Vgl. hierzu Rössler-Troll, Anm. 2 zu § 16 BewG, Fichtelmann, a.a.O. (Fußnote 157), S. 304.
[161] BStBl. II 1977, 2.
[162] BFH v. 3. 11. 1976 II R 65/67, BStBl. II 1977, 397. Hierzu auch Sigloch, DStZ A 1977, 179ff.

A hinterläßt einen Gewerbebetrieb: Steuerwert DM 450.000,–. Der jährliche Ertrag beträgt DM 100.000,–. DM 50.000,– sind entnahmefähig. Sohn A, der den Betrieb geerbt hat, erhält nur ein Geschäftsführergehalt, seine Mutter C (61 Jahre) den vollen Nießbrauch.

Der Wert des Nießbrauchs beträgt $\dfrac{DM\ 450.000,-}{18,6}$

= DM 24.194,– x 11,763 = DM 284.594,–.

Würde der Sohn Rente von DM 50.000,– jährlich leisten, betrüge der Kapitalwert der Rente DM 588.150,–.

Welche Form des Vermächtnisses günstiger ist, hängt u. U. auch vom Verwandtschaftsverhältnis ab[163].

191 Bei der ErbSt und SchenkSt haben sich durch die neuen Anlagen 9 und 9a zum BewG die Kapitalwertermittlung von Forderungen und Schulden sowie von Ansprüchen und Verpflichtungen auf wiederkehrende Nutzungen und Leistungen als auch die Beteuerung lebenslänglicher Nutzungen und Lasten nach § 23 ErbStG geändert.

192 Für Erwerbe nach dem 31. 12. 1992 gilt auch für § 12 Abs. 1 ErbStG i. V. mit § 13 BewG für die Bewertung unverzinslicher Kapitalforderungen und Schulden, die in laufenden Raten getilgt werden, die neue Anlage 9a zum BewG. Bei dem ausgewiesenen Kapitalwert ist ein Zinssatz von 5,5 v.H. zugrunde gelegt worden. Die Hauptänderung besteht jedoch darin, daß der Mittelwert zwischen dem Kapitalwert für jährlich vorschüssige Zahlungen und jährlich nachschüssige Zahlungen zugrunde gelegt worden ist. Es macht also keinen Unterschied mehr, ob die Leistungen vorschüssig oder nachschüssig gezahlt werden.

193 Die Begrenzung des Vervielfältigers für zeitlich befristete Renten und andere wiederkehrende Nutzungen und Leistungen auf 18,6 gilt nicht für in Raten fällige unverzinsliche Kapitalforderungen und Schulden.

194 Für die Bewertung von wiederkehrenden Nutzungen und Leistungen, die auf bestimmte Zeit beschränkt sind (Zeitrenten, Erbbauzins und zeitlich befristete Nutzungsrechte), gilt ebenfalls Anlage 9a zu § 13 BewG. Hier ergibt sich eine nachteilige Auswirkung, Anlage 9a geht nur von Laufzeiten aus, die über volle Jahre lauten. Endet die Laufzeit im Laufe eines Kalenderjahres, so ist der Vervielfältiger durch Interpolation zu ermitteln.

3. Nachlaßverbindlichkeiten

195 Die Abzugsfähigkeit der Nachlaßverbindlichkeiten ergibt sich aus § 10 ErbStG.

Man unterscheidet zwischen Verbindlichkeiten des Erblassers, die auf die Erben als Gesamtrechtsnachfolger übergehen, den Anfallschulden und den Schulden der Erben.

---

[163] Hinsichtlich des Nießbrauches an GmbH-Anteilen vgl. BFH v. 19. 6. 1980, BB 1980, 1510. Auch hier ist § 16 Abs. 1 BewG anwendbar.

Erbschaftsteuer

a) Verbindlichkeiten des Erblassers

Verbindlichkeiten des Erblassers sind diejenigen, die zu Lebzeiten des Erblassers entstanden sind. Hierunter zählen alle Verbindlichkeiten, die nicht mit dem Tode des Erblassers erlöschen. Es handelt sich hierbei um alle persönlichen Verpflichtungen des Erblassers und auch um die Verpflichtungen, die auf dem Vermögen des Erblassers lasten, wie z.B. Hypothekenschulden auf dem Grundvermögen des Erblassers. Aber auch noch nicht gezahlte Steuerschulden sind Verbindlichkeiten des Erblassers, jedoch nur die persönlichen Steuerschulden wie Einkommensteuer. Es muß hierbei berücksichtigt werden, daß die Steuerpflicht des Erblassers mit seinem Tode endet. Die späteren Einkünfte aus dem Vermögen des Erblassers werden den Erben zugerechnet. Die hierauf entfallende Einkommensteuer ist eine Verbindlichkeit der Erben. 196

Hatte sich der Erblasser zu seinen Lebzeiten zur Bestellung von Erbbaurechten gegen Zahlung von Erbbauzinsen verpflichtet und waren im Zeitpunkt seines Todes die Erbbaurechte noch nicht entstanden und auch die Voraussetzungen für den Beginn der Zahlung von Erbbauzinsen noch nicht erfüllt, so sind die aus diesen Verträgen herrührenden Ansprüche und Verpflichtungen als gleichwertig bei der Festsetzung der Erbschaftsteuer nicht zu berücksichtigen. Die Verpflichtung zum Grundstücksübergang bzw. der Bestellung des Erbbaurechts ist nicht anders zu bewerten als der Kaufpreisanspruch bzw. der Anspruch auf Erbbauzinsen. Der Anspruch auf Bestellung des Erbbaurechts ist nicht mit dem Einheitswert zu bewerten[164]. 197

Pflegedienste aufgrund einer nichtehelichen Lebensgemeinschaft begründen keine Erblasserschuld, die die Bereicherung des Erwerbs mindert[165]. 198

b) Erbanfallsverbindlichkeiten

Unter Erbanfallsverbindlichkeiten versteht man die Verbindlichkeiten, die unmittelbar durch den Tod des Erblassers ausgelöst werden. 199

Hierbei handelt es sich hauptsächlich um die testamentarischen Anordnungen.

aa) Die vom Erblasser ausgesetzten Vermächtnisse sind Verbindlichkeiten der Erben. Der Wert des Vermächtnisses richtet sich nach dem des vermachten Gegenstandes. Hat der Vermächtnisnehmer einen obligatorischen Anspruch auf Übereignung eines Grundstückes, wird dem Vermächtnis nicht der Wert dieses obligatorischen Anspruches zugrundegelegt, sondern der niedrigere Einheitswert des Grundstücks[166]. Vielfach werden auch Nießbrauch und Rentenvermächtnisse ausgesetzt. Der Wertansatz bei der Verbindlichkeit entspricht dem beim Recht selbst. Es wird daher auf die Ausführungen zur Bewertung eines Nießbrauch- und Rentenrechts verwiesen (Rz. 179ff.). 200

---

[164] BFH v. 6.12.1989, BB 1990, 1050.
[165] BFH v. 15.6.1988, DB 1988, 2546.
[166] BFH v. 30.6.1960, BStBl. III 1960, 348; v. 23.8.1961, BStBl. III 1961, 504.

201 bb) **Pflichtteile** können als Verbindlichkeiten nur in Ansatz gebracht werden, wenn der Pflichtteilsanspruch tatsächlich vom Pflichtteilsberechtigten geltend gemacht worden ist[167]. Der Pflichtteilsanspruch ist auf einen Geldbetrag gerichtet. Er wird daher auch steuerlich als eine Kapitalforderung behandelt und auch dementsprechend bewertet. Das gilt auch dann, wenn der Pflichtteilsberechtigte Gegenstände aus dem Nachlaß erhält, z. B. ein Grundstück oder Hausratsgegenstände, die bis zu einem gewissen Betrag steuerfrei sind. Diese Steuerbefreiung kann der Pflichtteilsberechtigte nicht in Anspruch nehmen.

202 cc) **Als Nachlaßverbindlichkeiten** gelten ebenfalls die vom Erblasser angeordneten Auflagen und Bedingungen. Voraussetzung ist allerdings, daß die Auflage in Geld veranschlagt werden kann[168]. Die Zuwendung selbst, die unter einer Auflage erfolgt, ist nur insoweit steuerpflichtig, als sie den Wert der Leistung des Beschwerten übersteigt, es sei denn, daß die Leistung dem Zweck der Zuwendung dient.

203 dd) Keine Belastungen sind jedoch die vom Erblasser angeordneten **Beschränkungen**. So gehört das Anwartschaftsrecht des Nacherben nicht zum Nachlaß (§ 10 Abs. 4 ErbStG). Die angeordnete Nacherbschaft kann somit den Wert der Erbschaft beim Vorerben nicht mindern, obwohl dieser in seiner Verfügungsmacht erheblich eingeengt ist.

204 Auch alle übrigen testamentarisch angeordneten Verfügungsbeschränkungen sind nach herrschender Ansicht[169] keine wertmindernde Belastung der Erbschaft. Das betrifft insbesondere die Testamentsvollstreckung, auch dann, wenn diese sich über einen langen Zeitraum, z. B. 30 Jahre, erstreckt mit der Folge, daß die Erben über den Nachlaß, also die Bereicherung, nicht verfügen können. Desgleichen wirken sich auch Entnahmebeschränkungen bei einem ererbten Unternehmen nicht wertmindernd aus.

205 ee) Abzugsfähig sind ferner gemäß § 10 Abs. 5 ErbStG:

1. die vom Erblasser herrührenden Schulden, soweit sie nicht mit einem zum Erwerb gehörenden gewerblichen Betrieb (Anteil an einem Betrieb) in wirtschaftlichem Zusammenhang stehen und bereits nach § 12 Abs. 5 und 6 ErbStG berücksichtigt worden sind;

2. Verbindlichkeiten aus Vermächtnissen, Auflagen und geltend gemachten Pflichtteilen und Erbersatzansprüchen;

3. die Kosten der Bestattung des Erblassers, die Kosten für ein angemessenes Grabdenkmal, die Kosten für die übliche Grabpflege mit ihrem Kapitalwert für eine unbestimmte Dauer sowie die Kosten, die dem Erwerber unmittelbar im Zusammenhang mit der Abwicklung, Regelung oder Verteilung des Nachlasses oder mit der Erlangung des Erwerbs entstehen. Für diese Kosten wird insgesamt ein Betrag von DM 20.000,– ohne Nachweis abgezogen. Kosten für die Verwaltung des Nachlasses sind nicht abzugsfähig.

---

[167] BFH v. 24.1.1958, BStBl. III 1958, 134.
[168] Vgl. BFH v. 18.11.1963, HFR 1964, 83.
[169] Troll, § 12 ErbStG, Anm. 20; BFH v. 25.10.1951, BStBl. III 1951, 229.

ff) **Erlöschen infolge Erbanfalls** durch **Vereinigung von Recht und Verbindlichkeit** oder von Recht und Belastung Rechtsverhältnisse, so gelten sie erbschaftsteuerlich als nicht erloschen. 206

gg) **Schulden und Lasten**, die in wirtschaftlicher Beziehung zu nicht steuerbaren Teilen des Erwerbs stehen, sind nicht abzuziehen. Beschränkt sich die Besteuerung auf einzelne Vermögensgegenstände (§ 10 Abs. 6 ErbStG), so sind nur die in einer wirtschaftlichen Beziehung zu diesem Teil des Erwerbes stehenden Schulden und Lasten abzugsfähig. Bei beschränkt steuerpflichtigen Miterben hat die Rechtsprechung den vollen Abzug der Nachlaßverbindlichkeiten beim Inlandsnachlaß abgelehnt[170]. 207

So betreffen Beerdigungskosten, Vermächtnisse, Pflichtteilsansprüche nur den Nachlaß allgemein und nicht den einzelnen Nachlaßgegenstand. Der beschränkt Steuerpflichtige kann daher diese Verbindlichkeiten nicht von dem im Inland liegenden Vermögen des Erbanfalls abziehen, denn sie stehen nicht im wirtschaftlichen Zusammenhang mit dem steuerbaren Erwerb. Unmittelbar im Zusammenhang stehen z.B. bei Grundvermögen die Hypotheken und Grundschulden. Das Verbot des Schuldenabzugs gilt unabhängig davon, ob noch weiteres Nachlaßvermögen im Ausland vorhanden ist. 208

Kosten, die dem Erben im Zusammenhang mit der Erfüllung eines vom Erblasser angeordneten Vermächtnisses entstehen, sind als Nachlaßverbindlichkeiten abzugsfähig[171].

hh) Keine Nachlaßverbindlichkeit ist die Erbschaftsteuerschuld. Diese betrifft die Bereicherung beim Erben. Sie ist daher eine Verbindlichkeit des einzelnen Erben selbst und nicht abziehbar (vgl. § 10 Abs. 8 ErbStG). 209

Keine Nachlaßverbindlichkeit ist eine drohende Einkommensteuerbelastung durch Auflösung eventueller stiller Reserven[172].

c) *Verbindlichkeiten des Erben*

Kosten, die im Zusammenhang mit der späteren Verwaltung des Nachlasses anfallen, sind keine Nachlaßverbindlichkeiten. Sie sind evtl. Werbungskosten, die im Zusammenhang mit den Einkünften aus dem Nachlaß bei den einzelnen Miterben abzugsfähig sind. Sie mindern nicht den Wert des Nachlasses. Das gilt nicht nur für die Kosten der Testamentsvollstreckung, sondern auch für Rechtsstreitigkeiten im Zusammenhang mit einzelnen Nachlaßgegenständen. 210

Auch die bei den einzelnen Erben anfallenden Steuern infolge des Erbanfalls, z.B. die Einkommensteuer für die Erträgnisse aus dem Nachlaß, sind keine Nachlaßverbindlichkeiten[173].

---

[170] BFH v. 10. 8. 1961, HFR 1961, 248; v. 9. 5. 1958, BStBl. III 1959, 271.
[171] BFH v. 28. 6. 1995, DStR 1995, 1673.
[172] BFH v. 5. 7. 1978, BStBl. II 1979, 23.
[173] BFH v. 5. 7. 1978, BStBl. II 1979, 23.

Ebenfalls Zahlungen des Vorerben an den Nacherben nicht als Nachlaßverbindlichkeiten abzugsfähig[174].

4. Steuerbefreiung

211 Freibetrag für Hausrat und sonstiges bewegliches Vermögen
Für Erwerber der Steuerklasse I ist der Freibetrag für Hausrat auf DM 80.000,–, der für andere bewegliche körperliche Gegenstände ist bis zu einem Betrag von DM 20.000,– aufgestockt worden. Der Freibetrag steht jedem Erwerber der Steuerklasse I zu.

Erwerbern der Steuerklasse II und III steht insgesamt nur eine Befreiung bis zu DM 20.000,– zu.

Die Befreiung gilt nur für Gegenstände des Privatvermögens, nicht jedoch für Zahlungsmittel, Wertpapiere, Münzen, Edelmetalle, Edelsteine, Perlen.

212 Grundbesitz und Teile vom Grundbesitz, Kunstgegenstände, Kunstsammlungen, wissenschaftliche Sammlungen, Bibliotheken und Archive sind mit 60 v. H. ihres Wertes steuerfrei, wenn die Erhaltung dieser Gegenstände wegen ihrer Bedeutung für Kunst, Geschichte oder Wissenschaft im öffentlichen Interesse liegt und die jährlichen Kosten die in der Regel erzielten Einnahmen übersteigen. Die genannten Gegenstände sind sogar im vollen Umfange steuerfrei, wenn die in § 13 Abs. 1 Nr. 2 a–b ErbStG genannten Voraussetzungen erfüllt sind.

213 Grundbesitz und Teile von Grundbesitz sind ebenfalls steuerbefreit, wenn sie für Zwecke der Volkswohlfahrt der Allgemeinheit zur Benutzung zugänglich gemacht sind und wenn deren Erhaltung im öffentlichen Interesse liegt und die jährlichen Kosten in der Regel die erzielten Einnahmen übersteigen.

214 Befreit ist ferner der Erwerb nach § 1969 BGB.

215 Die Befreiung von einer Schuld gegenüber dem Erblasser ist ebenfalls steuerfrei, und zwar dann, wenn die Schuld durch Gewährung von Mitteln zum Zwecke des angemessenen Lebensunterhalts oder zur Ausbildung des Bedachten begründet ist, oder aber wenn der Erblasser die Befreiung mit Rücksicht auf die Notlage des Schuldners angeordnet hat und diese trotzdem weiterhin besteht.

Die Steuerbefreiung entfällt jedoch, soweit die Steuer aus der Hälfte einer neben der erlassenen Schuld bedachten anfallenden Zuwendung gedeckt werden kann.

216 Steuerbefreit ist ein Erwerb der Eltern, Adoptiveltern oder Großeltern des Erblassers, sofern der Erwerb zusammen mit dem übrigen Vermögen des Erwerbers DM 80.000,– nicht übersteigt und der Erwerber infolge körperlicher oder geistiger Gebrechen und unter Berücksichtigung seiner bisherigen Lebensstellung als erwerbsunfähig anzusehen ist oder durch die Führung eines gemeinsamen Hausstands mit Erwerbsunfähigen oder in der Ausbildung befindlichen Abkömmlingen an der Ausübung einer Erwerbstätigkeit gehindert ist. Übersteigt der Wert des Erwerbs zusammen mit dem übrigen Vermögen des Erwerbers den Betrag von

---

[174] BFH v. 25.10.1995, BStBl. II 1996, 97.

Erbschaftsteuer

DM 80.000,–, so wird die Steuer nur insoweit erhoben, als sie aus der Hälfte des die Wertgrenze übersteigenden Betrags gedeckt werden kann.

Die übrigen Befreiungen betreffen Lastenausgleichsansprüche, Ansprüche nach dem allgemeinen Kriegsfolgengesetz, Kriegsgefangenenentschädigungen, Wiedergutmachungsansprüche. Steuerbefreit sind ferner Vermögensgegenstände, die Eltern oder Voreltern ihren Abkömmlingen durch Schenkung oder Übergabevertrag zugewandt haben und die an diese Person von Todes wegen zurückfallen. Nicht steuerbefreit sind jedoch aus Entschädigungen angesparte Guthaben[175]. 217

Auch Zuwendungen unter Lebenden zum Zwecke des angemessenen Unterhalts oder zur Ausbildung sind steuerfrei. Unter diesen Voraussetzungen sind auch Zuwendungen an Religionsgesellschaften, inländische Körperschaften und politische Parteien steuerbefreit. Hinsichtlich näherer Einzelheiten wird auf § 13 Abs. 1 Nr. 7 bis 17 ErbStG verwiesen. 218

Die Steuerbefreiung nach § 13 Abs. 1 Nr. 10 ErbStG (Rückfall) setzt die Identität des zugewandten mit dem rückgefallenen Gegenstand voraus[176].

Vermächtnisse und Auflagen zugunsten von Personen, die dem Erblasser unentgeltlich oder gegen unzureichendes Entgelt Pflege und Unterhalt gewährt haben, sind bis zur Höhe von DM 10.000,– ebenfalls nicht als stpfl. Erwerb anzusehen. 219

5. Ansatz von Betriebsvermögen von Betrieben der Land- und Forstwirtschaft und Anteilen von Kapitalgesellschaften, § 13a ErbStG

a) Vorbemerkung

Mit der Entlastung des Betriebsvermögens bei der Erbschaft- und Schenkungsteuer trägt der Gesetzgeber der Rechtsprechung des Bundesverfassungsgerichtes Rechnung. Die Erbschaftsteuer wird für Betriebsvermögen, land- und forstwirtschaftliche Vermögen, Beteiligungen an Kapitalgesellschaften praktisch teilweise durch den Freibetrag von DM 500.000,– und den Bewertungsabschlag von 40 v.H. erlassen. 220

b) Freibetrag von DM 500.000,– [177]

Für Vermögen i.S. des § 13a Abs. 4 ErbStG wird ein Freibetrag von DM 500.000,– gewährt. 221

Der Freibetrag unterscheidet sich von den übrigen Freibeträgen des § 13 ErbStG dadurch, daß er nicht auf den Erwerber bezogen ist. Er ist nachlaßbezogen bzw. schenkungsvermögensbezogen. Während die Erbschaftsteuer im übrigen eine Bereicherungssteuer ist, paßt der Betriebsvermögensfreibetrag nicht in das System der Nachlaßsteuer.

---

[175] BFH v. 17.4.1996, DB 1996, 1707.
[176] BFH v. 22.6.1994, BB 1994, 1691; BFH v. 22.6.1994, BB 1994, 1992.
[177] Schulze zur Wiesche, WPg 1994, 574; Söffing, BB 1994, 1686; Hübner, DStR 1995, 197; Felix, KöSDi 7/94, 98 78; Stephan, DB 1995, 293; gleichlautender Ländererlaß v. 9.11.1994, BStBl. I 1994, 905.

Die Steuerfolgen im Erbfall

Beispiel:
E ist verstorben. Im Nachlaß befindet sich ein Gewerbebetrieb. Steuerwert 1 Mio. DM, übriger Nachlaß 1 Mio. DM. Erben sind dessen Ehefrau und seine beiden Söhne. Der Betriebsvermögensfreibetrag wird nur einmal in Höhe von DM 500.000,- gewährt. Er ist auf die einzelnen Erben, sofern der Erblasser schriftlich keine andere Aufteilung verfügt hat, entsprechend der Erbquote aufzuteilen.

c) Bewertungsabschlag

222 Soweit das Vermögen i.S. des § 13a Abs. 4 ErbStG den Freibetrag übersteigt, ist es mit 60 v.H. anzusetzen. Das bedeutet, daß ein Bewertungsabschlag vorzunehmen ist. Gegenstand der Übertragung muß inländisches Betriebsvermögen sein (§ 12 Abs. 5 ErbStG), nicht ausländisches (§ 12 Abs. 6 ErbStG).

Beispiel:
E ist verstorben. Seine Erben sind seine Enkel A und B zu je 1/2 (deren Eltern leben noch). Der Nachlaß besteht aus Betriebsvermögen, Verkehrswert 1 Mio. DM, Steuerwert DM 800.000,- und Grundvermögen im Wert von 1 Mio. DM (Steuerwert DM 300.000,-). Aufgrund einer Teilungsanordnung des Erblassers soll A den Betrieb, B das Wertpapiervermögen übernehmen:

Steuerwert des Nachlasses	DM 1.100.000,-
abzüglich Freibetrag (§ 13 Abs. 2a)	./. DM 500.000,-
Bewertungsabschlag 40 v.H.	./. DM 240.000,-
steuerpflichtiger Erwerb	DM 360.000,-
A und B jeweils	DM 180.000,-
abzüglich Freibetrag § 16 Nr. 3	./. DM 100.000,-
Bemessungsgrundlage für Erbschaftsteuer für A und B jeweils	DM 80.000,-

d) Erwerb von Todes wegen

223 Der Freibetrag beschränkte sich ursprünglich nur auf den Erben, was zur Folge hatte, daß er Vermächtnisnehmer, der Pflichtteilsberechtigte, das nichteheliche Kind als Erbersatzberechtigter und derjenige, der aufgrund einer vom Erblasser angeordneten Auflage erworben hatte, nicht Berechtigter war.

Seit dem 1.1.1996 wird der Freibetrag generell beim Erwerb von Todes wegen gewährt, d.h. es kann auch der Vermächtnisnehmer und auch der aufgrund einer vom Erblasser verfügten Auflage Erwerbende den Freibetrag beanspruchen. Er gilt für alle Erwerbe von Todes wegen i.S. von § 3 ErbStG, soweit sie Vermögen i.S. des § 13a Abs. 4 ErbStG zum Gegenstand haben. Erwerber in diesem Sinne kann auch eine vom Erblasser eingesetzte Stiftung sein. Besteht das Stiftungsvermögen ganz oder teilweise aus Betriebsvermögen, wesentlichen Beteiligungen i.S. von Abs. 4 Nr. 3, ist auch bei der Erbersatzsteuer nach § 1 Abs. 1 Nr. 4 ErbStG der Freibetrag zu gewähren. Allerdings kann die Stiftung auf den Freibetrag verzichten.

e) Freibetrag bei mehreren Anspruchsberechtigten

224 Bei Erwerb durch mehrere Erwerber ist für jeden Erwerber ein Teilbetrag von DM 500.000,- entsprechend einer vom Erblasser schriftlich verfügten Aufteilung

Erbschaftsteuer

des Freibetrages maßgebend. Hat der Erblasser keine Aufteilung verfügt, steht der Freibetrag, wenn nur Erben Vermögen im Sinne des Abs. 4 erwerben, jedem Erben seinem Erbanteil und sonst den Erwerbern zu gleichen Teilen zu.

Ein Erwerber kann den Freibetrag und auch den Bewertungsabschlag nicht in Anspruch nehmen, soweit er erworbenes Vermögen i.S. des Abs. 4 aufgrund einer letztwilligen Verfügung des Erblassers oder einer rechtsgeschäftlichen Verfügung des Erblassers oder Schenkers auf einen Dritten überträgt. Der bei ihm anfallende Freibetrag oder Freibetragsanteil geht auf den Dritten über, bei mehreren Dritten zu gleichen Teilen. 225

Nach dem Gesetzeswortlaut geht nur der Freibetrag auf den Dritten über, nicht der Wertabschlag, was jedoch nicht die gewollte Absicht des Gesetzgebers sein kann.

Wird ein Freibetrag bei einer Schenkung unter Lebenden im Wege der vorweggenommenen Erbfolge gewährt, kann für weiteres, innerhalb von 10 Jahren nach dem Erwerb von derselben Person anfallendes begünstigtes Vermögen ein Freibetrag weder vom Bedachten noch von anderen Erwerbern in Anspruch genommen werden. 226

Beispiel

E hat im Jahre 01 A einen Teilbetrieb übertragen. Für diesen Erwerb wurde der Freibetrag von DM 500.000,- in Anspruch genommen. Im Jahre 04 schenkt er B ebenfalls einen Teilbetrag.

Für den Erwerb im Jahre 04 kann ein Freibetrag nicht in Anspruch genommen werden.

f) Begünstigtes Vermögen

Der Freibetrag und der verminderte Wertansatz gilt für 227
1. inländisches gewerbliches und selbständiges (freiberufliches) Betriebsvermögen, wenn Gegenstand des Erwerbes
   - ein ganzer Betrieb
   - ein Teilbetrieb
   - ein Mitunternehmeranteil i.S. des § 15 Abs. 1 Nr. 2 und Abs. 3 oder Abs. 4 EStG ist,
   - ein Anteil eines persönlich haftenden Gesellschafters einer KG a.A. ist.
2. inländisches land- und forstwirtschaftliches Vermögen i.S. des § 141 Abs. 1 Nr. 1 und 2 BewG
   bei Erwerb eines ganzen Betriebs, Teilbetriebs oder Anteils daran allerdings unter der Voraussetzung, daß das Vermögen ertragsteuerlich zum Betriebsvermögen eines Betriebs der Land- und Forstwirtschaft gehört.
3. Anteile an einer inländischen Kapitalgesellschaft, wenn der Erblasser oder Schenker zu mehr als 25 v.H. unmittelbar beteiligt war.
   Hier ist zu beachten, daß bis einschl. 31.12.1996 eine Beteiligung von mindestens 25 v.H. ausreicht., die Regelung mehr als 25 v.H. erst ab 1.1.1997 gilt.

Die Steuerfolgen im Erbfall

g) Verwirkung des Freibetrags und des verminderten Wertansatzes

228 Der Freibetrag (Abs. 1) und der verminderte Freibetrag fallen mit Wirkung für die Vergangenheit weg, soweit der Erwerber innerhalb von 5 Jahren nach dem Erwerb das entlastete Vermögen insgesamt oder Teile davon veräußert. Die Veräußerung der wesentlichen Grundlagen steht der Veräußerung des Betriebs, Teilbetriebs oder Mitunternehmeranteils gleich.

Der Veräußerung steht die Überführung der wesentlichen Grundlagen in das Privatvermögen oder der Zufluß zu anderen Zwecken gleich.

§ 13a Abs. 5 ErbStG ist u. E. auch dann anwendbar, wenn einer der Miterben, der den Freibetrag ganz oder teilweise in Anspruch genommen hat, bei der Erbauseinandersetzung auf einen Anteil am Vermögen i.S. des § 13a Abs. 4 ErbStG im Rahmen einer Realteilung oder gegen Zahlung eines Spitzenausgleichs verzichtet. Die Unternehmensnachfolge sollte daher stets durch Teilungsanordnung oder Vermächtnis testamentarisch geregelt werden.

229 Hat der Erwerber oder der Rechtsnachfolger Vermögen im Sinne des Abs. 4 in eine Kapitalgesellschaft (§ 20 UmwStG) oder eine Personengesellschaft (§ 24 UmwStG) eingebracht, und veräußert er die Anteile an dieser Gesellschaft innerhalb von 5 Jahren nach dem Erbfall oder Erwerb, so treten die gleichen Folgen ein.

Dies gilt nicht nur für gewerbliches Betriebsvermögen, sondern auch für land- und forstwirtschaftliches Vermögen entsprechend.

230 Ein besonderer Pferdefuß sind die Entnahmebeschränkungen. Die Entnahmen des Erwerbers dürfen bis zum letzten Ende der 5-Jahresfrist die Summe der Einlagen und der ihm zuzurechnenden Gewinne nicht um mehr als DM 100.000,– übersteigen.

Das gilt u. E. auch für sogenannte verdeckte Entnahmen. Ist ein vereinbartes Geschäftsführergehalt unangemessen hoch, so wird der unangemessene Teil den Entnahmen zugerechnet.

231 Sind Gegenstand des Erwerbs Anteile an Kapitalgesellschaften, steht auch eine verdeckte Einlage der Anteile in eine Kapitalgesellschaft einer Veräußerung gleich. Gleiches gilt, wenn eine Kapitalgesellschaft innerhalb der Fünfjahresfrist aufgestockt oder ihr Nennkapital herabgesetzt wird oder wenn diese wesentliche Grundlagen veräußern oder das Vermögen an die Gesellschafter verteilt wird oder das Vermögen der Kapitalgesellschaft durch Umwandlungsvorgänge übertragen wird. Vermögensminderungen durch verdeckte Gewinnausschüttungen werden ebenfalls schädlich sein.

Es ist an dieser Stelle schon darauf hinzuweisen, daß die rückwirkende Verwirkung des Freibetrages von DM 500.000,– und des Bewertungsabschlages ebenfalls die Verwirkung der Steuerklasse I nach sich zieht, mit der Folge, daß die Erbschaftsteuer für die Steuerklasse II bzw. III nachzuerheben ist.

h) Option zum Verzicht der Entlastungen nach § 13a ErbStG

232 § 13a Abs. 6 ErbStG enthält für Erwerber von land- und forstwirtschaftlichem Vermögen oder Beteiligungen eine Option, auf die vorgenannten Entlastungen zu

verzichten. Diese Option steht im Zusammenhang mit einer Schuldenbegrenzung nach § 10 Abs. 6 ErbStG. Danach sind insbesondere, soweit land- und forstwirtschaftliche Vermögen und Anteile an Kapitalgesellschaften aufgrund des § 13a ErbStG steuerfrei bleiben, Schulden, die in wirtschaftlichem Zusammenhang mit steuerfreien oder teilweise steuerfreien Vermögen stehen, ganz oder teilweise vom Abzug ausgeschlossen.

Ist jedoch der Steuerwert der Schulden und Lasten höher als der Steuerwert des befreiten Vermögens, würde sich der Vorteil der Steuerbefreiung durch völligen oder teilweisen Ausschluß des Schuldenabzugs vermindern bzw. ganz aufheben. **233**

Nach § 10 Abs. 6 ErbStG sind lediglich Schulden und Lasten, die mit dem nach § 13a ErbStG befreiten Betriebsvermögen in wirtschaftlichem Zusammenhang stehen, in vollem Umfange abzugsfähig. Das gilt jedoch nicht für Schulden und Lasten, die mit dem nach § 13a ErbStG befreiten Vermögen eines Betriebs der Land- und Forstwirtschaft oder mit den nach § 13a ErbStG befreiten Anteilen an Kapitalgesellschaften in wirtschaftlichem Zusammenhang stehen. Diese Schulden und Lasten sind nur mit dem Betrag abzugsfähig, der dem Verhältnis des nach Anwendung des § 13a ErbStG anzusetzenden Werts dieses Vermögens zu dem Wert vor Anwendung des § 13a ErbStG entspricht. **234**

Steuerwert des LuF Betriebs	1.000.000
Schulden	2.000.000
Berechnung	1.000.000
abzügl. Freibetrag § 13a Abs. 1 ErbStG	500.000
Zwischenwert	500.000
Bewertungsabschlag 40 v.H.	200.000
Wert	300.000

Verhältn. 300.000 zu 1.000.000 3:10
Schulden sind nur mit 3/10 = 600.000 DM zu berücksichtigen.
Bei Verzicht ergäbe sich ein

Steuerwert	1.000.000
Schulden	2.000.000
negativer Wert	1.000.000

X. Berechnung der Steuer

1. Berücksichtigung früherer Erwerbe (§ 14 ErbStG)[178]

Mehrere innerhalb von 10 Jahren von derselben Person anfallende Vermögensvorteile werden in der Weise zusammengerechnet, daß dem letzten Erwerb die früheren Erwerbe nach ihrem früheren Wert zugerechnet werden und von der Steuer für den Gesamtbetrag die Steuer abgezogen wird, welche für die früheren Erwerbe zur Zeit des letzten Erwerbs zu erheben gewesen wäre. **235**

---

[178] Vgl. auch BFH v. 30.10.1979, BStBl. II 1980, 46; v. 17.11.1977, BStBl. II 1978, 220; vgl. Brodesser, BB 1978, 356; Petzoldt, BB 1976, 928.

Wie bisher werden mehrere innerhalb von zehn Jahren von derselben Person anfallende Vermögensübertragungen in der Weise zusammengerechnet, daß dem letzten Erwerb die früheren Erwerbe nach ihrem früheren Wert zugerechnet werden. Von der Steuer für den Gesamtbetrag wird die Steuer abgezogen, die für die früheren Erwerbe nach den persönlichen Verhältnissen des Erwerbers und auf der Grundlage der geltenden Vorschriften zur Zeit des letzten Erwerbs zu erheben gewesen wäre. Anstelle der fiktiven Steuer ist die tatsächlich für die in die Zusammenrechnung einbezogenen Erwerbe zu entrichtende Steuer abzuziehen, wenn diese höher ist.

Beispiel

E hat seinem Sohn A in 01 Vermögen zum damaligen Steuerwert von DM 300.000,– geschenkt. In 05 hat er diesem Vermögen von DM 400.000,– geschenkt. Die Steuer für den Erwerb in 01 betrug DM 12.600,–.

Für den letzten Erwerb sind zugrunde zu legen:

Schenkung 01	DM 300.000,–
Schenkung 05	DM 400.000,–
	DM 700.000,–
Freibetrag	DM 400.000,–
stpfl. Erwerb	DM 300.000,–
11 v.H.	DM 33.000,–
abzüglich Steuer	DM 12.600,–
für Erwerb 01	DM 20.400,–
Steuer für Erwerb 05	

Die Steuer für den Erwerb 01 wäre unter den Voraussetzungen 05 = Freibetrag v. DM 400.000,– = 0. Es ist aber mindestens die für 01 tatsächlich erhobene Steuer abzuziehen.

Erwerbe für die sich nach den steuerlichen Bewertungsgrundsätzen kein positiver Wert ergeben hat, bleiben unberücksichtigt.

2. Steuerklassen

a) Allgemeines

236   Die Steuerklassen sind von 4 auf 3 vermindert worden. Nach dem persönlichen Verhältnis des Erwerbers, Erblassers oder Schenkers werden 3 Steuerklassen unterschieden:

Steuerklasse I	1. der Ehegatte
	2. die Kinder und Stiefkinder
	3. die Enkel und Stiefenkel
	4. Eltern und Voreltern (jedoch nur bei Erwerben von Todes wegen)
Steuerklasse II	1. Eltern, Stiefeltern, bei Erwerben unter Lebenden
	2. die Geschwister
	3. Kinder von Geschwistern

4. Stiefeltern
5. Schwiegerkinder
6. Schwiegereltern
7. der geschiedene Ehegatte

Steuerklasse III   Alle übrigen Erwerbe

b) Sonderregelung für die Stiftung (vgl. Rz. 65ff.)

Beim Übergang von Vermögen auf eine vom Erblasser angeordnete Stiftung (§ 3 Abs. 2 Nr. 1 ErbStG) und auch im Falle des Übergangs von Vermögen aufgrund eines Stiftungsgeschäfts unter Lebenden (§ 7 Abs. 1 Nr. 8 ErbStG) ist der Besteuerung das Verwandtschaftsverhältnis des nach der Stiftungsurkunde entferntesten Berechtigten zu dem Erblasser oder Schenker zugrunde zu legen, sofern die Stiftung wesentlich im Interesse einer Familie oder bestimmter Familien im Inland errichtet ist. Steuerklasse I kommt nur in Betracht, wenn neben dem Stifter lediglich die Kinder sowie die Abkömmlinge von Kindern bezugsberechtigt sind[179]. Im Fall der Aufhebung einer Stiftung oder Auflösung eines Vereins gilt als Schenker der Stifter oder derjenige, der das Vermögen auf den Verein übertragen hat. Nach dem BFH[180] ist bei der Aufhebung einer Stiftung (§ 7 Abs. 1 Nr. 9 ErbStG) Zuwendender die Stiftung, nicht der Stifter. § 15 Abs. 2 Satz 2 1. Halbsatz ErbStG trifft keine andere Bestimmung des Zuwendenden. Aus dieser Vorschrift ergibt sich lediglich, daß abweichend von der Grundregel des § 15 Abs. 1 ErbStG für die Bestimmung der Steuerklasse und damit für die Berechnung der Schenkungsteuer nicht das Verhältnis des Erwerbs (des Anfallsberechtigten) zum Zuwendenden (zur Hälfte) sondern desjenigen zum Stifter gilt.

237

In den Fällen der Erbersatzsteuer wird der doppelte Freibetrag nach § 16 Abs. 1 Nr. 2 ErbStG = 2 x DM 400.000,– = DM 800.000,– gewährt.

Die Steuer ist nach dem v.H.-Satz der Steuerklasse I zu berechnen, der für die Hälfte des stpfl. Vermögens gelten würde.

c) Berliner Testament (vgl. Buch I Rz. 217)

Im Falle des Berliner Testaments ist § 2269 BGB anzuwenden, und, soweit der überlebende Ehegatte an die Verfügung gebunden ist, sind die mit dem verstorbenen Ehegatten näher verwandten Erben und Vermächtnisnehmer als seine Erben anzusehen, soweit sein Vermögen beim Tode des überlebenden Ehegatten noch vorhanden ist.

238

§ 15 Abs. 3 ErbStG findet jedoch keine Anwendung, wenn der zuletzt verstorbene Ehegatte testamentarisch berechtigt war, über den Nachlaß frei zu verfügen und durch letztwillige Verfügung die Erbfolge teilweise neu regelt[181].

---

[179] FinMin NRW, Erl. v. 31.12.1992, DB 1992, 451; Kritisch Binz/Sorg, DStR 1994, 289.
[180] BFH v. 25.11.1992, BStBl. II 1993, 238.
[181] BFH v. 26.9.1990, BB 1990, 2394.

3. Persönlicher Freibetrag

239 Die Freibeträge betragen bei

Steuerklasse I	1. Ehegatten	DM 600.000,–
	2. Kinder und Kinder verstorbener Kinder	DM 400.000,–
	3. alle übrigen Erwerbe der Steuerklasse I	DM 100.000,–
Steuerklasse II		DM 20.000,–
Steuerklasse III		DM 10.000,–

Bei beschränkter Steuerpflicht beträgt der Freibetrag DM 2.000,–.

240 § 19 Abs. 3 ErbStG enthält eine Billigkeitsregelung für Erwerbe, die eine Wertgrenze überstiegen haben. Hiernach wird der Unterschied zwischen der Steuer, die sich bei Anwendungen des Abs. 1 (nämlich der Tabelle) ergibt, und der Steuer, die sich berechnen würde, wenn der Erwerb die letztvorhergehende Wertgrenze nicht überstiegen hätte, nur insoweit erhoben, als er

a) bei einem Steuersatz bis zu 30 v. H. aus der Hälfte,

b) bei einem Steuersatz über 30 v. H. aus 3/4

des die Wertgrenze übersteigenden Betrages gedeckt werden kann.

4. Der besondere Versorgungsfreibetrag (§ 17 ErbStG)

241 Dem überlebenden Ehegatten wird neben dem Freibetrag nach § 16 Abs. 1 Nr. 2 ErbStG ein besonderer Versorgungsfreibetrag von DM 500.000,– gewährt. Allerdings steht dieser Freibetrag dem Ehegatten nur dann voll zu, wenn er nicht der Erbschaftsteuer unterliegende Versorgungsbezüge hat. Der Freibetrag ist nämlich für den Fall, daß ihm steuerfreie Versorgungsbezüge zustehen, um den nach § 14 BewG zu ermittelnden Kapitalwert dieser Versorgungsbezüge zu kürzen.

Neben diesem Freibetrag wird ebenfalls für jedes Kind ein besonderer Versorgungsfreibetrag gewährt, und zwar in folgender Höhe:

1. Bei einem Alter bis zu 5 Jahren in Höhe von DM 100.000,–;
2. bei einem Alter von mehr als 5 bis zu 10 Jahren in Höhe von DM 80.000,–;
3. bei einem Alter von mehr als 10 bis zu 15 Jahren in Höhe von DM 60.000,–;
4. bei einem Alter von mehr als 15 bis zu 20 Jahren in Höhe von DM 40.000,–;
5. bei einem Alter von mehr als 20 Jahren bis zur Vollendung des 27. Lebensjahres in Höhe von DM 20.000,–.

242 Stehen dem Kind aus Anlaß des Todes des Erblassers nicht der Erbschaftsteuer unterliegende Versorgungsbezüge zu, so wird der Freibetrag um den nach § 13 Abs. 1 BewG zu ermittelnden Kapitalwert dieser Versorgungsbezüge gekürzt.

Bei der Berechnung des Kapitalwerts ist von der nach den Verhältnissen am Stichtag (§ 11 ErbStG) voraussichtlichen Dauer der Bezüge auszugehen.

5. Tarif (§ 19 ErbStG)

243 Abgesehen von der Reduzierung der Steuerklassen enthält der Tarif nur noch 7 Stufen:

Erbschaftsteuer

Wert des steuerpflichtigen Erwerbs (§ 10 ErbStG) bis einschließlich DM	v.H.-Satz		
	I	II	III
100.000	7	12	17
500.000	11	17	23
1.000.000	15	22	29
10.000.000	19	27	35
25.000.000	23	32	41
50.000.000	27	37	47
darüber	30	40	50

Beispiel

A ist verstorben, der Steuerwert des Nachlasses ohne Berücksichtigung der persönlichen Freibeträge beträgt DM 1.000.000,–. Erbe ist
a) die Ehefrau, der aus Anlaß des Todes keine Versorgungsrente zusteht
b) ein Abkömmling
c) ein Enkel, dessen Eltern nicht verstorben sind
d) ein Angehöriger der Steuerklasse II
e) ein Angehöriger der Steuerklasse III

Lösung

	a	b	c	d	e
Erwerb	1.000.000	1.000.000	1.000.000	1.000.000	1.000.000
Freibetrag	600.000	400.000	100.000	20.000	10.000
Versorgungsfreibetrag	400 00	–	–	–	–
stpfl. Erwerb	0	600.000	900.000	980.000	990.000
Steuersatz	–	15 v.H.	15 v.H.	22 v.H.	29 v.H.
Steuer	–	90.000	135.000	215.600	287.100

244 Ist im Falle des § 2 Abs. 1 Nr. 1 ErbStG ein Teil des Vermögens der inländischen Besteuerung aufgrund eines Abkommens zur Vermeidung der Doppelbesteuerung entzogen, so ist die Steuer nach dem Steuersatz zu erheben, der für den gesamten Erwerb gelten würde.

245 Der Unterschiedsbetrag zwischen der Steuer, die sich bei Anwendung des Abs. 1 ergibt, und der Steuer, die sich berechnen würde, wenn der Erwerb die letztvorhergehende Wertgrenze nicht überstiegen hätte, wird nur insoweit erhoben, als er
a) bei einem Steuersatz bis zu 30 v.H. aus der Hälfte,
b) bei einem Steuersatz über 30 v.H. aus 3/4
des die Wertgrenze übersteigenden Betrages gedeckt werden kann.

Beispiel

Der stpfl. Erwerb beträgt in der Steuerklasse I DM 1.010.000,-

1.010.000 Steuer = 15 v.H. =	151.500
1.000.000 Steuer = 11 v.H. =	110.000
Unterschied	41.500
Steuer bei 1.000.000 = 11 v.H.	110.000
Mehrbetrag 10.000 50 v.H.	5.000
Steuer	115 000

6. Tarifbegrenzung bei Erwerb von Betriebsvermögen

246 Betriebsvermögen ist unabhängig von der Steuerklasse der Erwerber stets nach Steuerklasse I zu versteuern.

Der Begriff des Betriebsvermögens i.S. des § 19a Abs. 2 ErbStG ist identisch mit § 13a Abs. 4 ErbStG. Auch die Verfallbestimmungen wegen Mißbrauchs (Veräußerungen innerhalb von 5 Jahren, § 19a Abs. 5 ErbStG) sind identisch mit § 13a Abs. 5 ErbStG.

247 Die Tarifbegrenzung erfolgt in der Weise, daß von der tariflichen Erbschaftsteuer ein Entlastungsbetrag abgezogen wird.

Der auf das Betriebsvermögen entfallende Anteil an der tariflichen Erbschaftsteuer bemißt sich nach dem Verhältnis des Werts dieses Vermögens nach Anwendung des § 13a ErbStG zum Wert des gesamten Vermögensanfalls.

Zur Ermittlung des Entlastungsbetrages ist für den stpfl. Erwerb zunächst die Steuer nach der tatsächlichen Steuerklasse des Erwerbes zu berechnen und im Verhältnis des begünstigten Vermögens zum gesamten Vermögensanfall aufzuteilen. Für den steuerpflichtigen Erwerb ist dann die Steuer nach der Steuerklasse I zu berechnen und im Verhältnis des begünstigten Vermögens zum Gesamtvermögensanfall aufzuteilen. Der Entlastungsbetrag ergibt sich aus dem Unterschiedsbetrag zwischen der auf das begünstigte Vermögen entfallenden Steuer nach tatsächlicher Steuerklasse und der Steuerklasse I.

Beispiel

E ist verstorben. Im Nachlaß befindet sich ein Gewerbebetrieb. Steuerwert DM 2.000.000,–, Steuerwert des übrigen Nachlasses DM 2.700.000,–. Alleinerbe ist der Neffe A (Steuerklasse II).

Wertansatz des Betriebsvermögens	2.000.000
Freibetrag nach § 13a ErbStG	500.000
	1.500.000
Bewertungsabschlag 40 v.H.	./. 600.000
	900.000
übriger Nachlaß	2.700.000
gesamter Vermögensanfall	3.600.000
BV = 25 v.H. vom gesamten Erwerb.	
Gesamtnachlaß	3.600.000
Freibetrag Steuerklasse I	20.000
Steuer 27 v.H.	966.600
davon 25 v.H auf Betriebsvermögen	241.650
3.580.000 x 17 (Steuerklasse I)	680.200
davon 25 v.H.	170.050
Anteile BV Steuerklasse II	241.650
Anteile BV Steuerklasse I	170.950
Unterschiedsbetrag = Entlastungsbetrag	71.600

Liegt ein Tatbestand des § 19a Abs. 5 ErbStG vor, z.B. Veräußerung des begünstigten Betriebsvermögens innerhalb von 5 Jahren, ist die Erbschaftsteuer, die anstelle der Steuerklasse I zu erheben gewesen wäre, nachzuerheben.

Erbschaftsteuer

XI. Steuerfestsetzung und Erhebung

Es kann, um die Progression zu mildern, zweckmäßig sein, möglichst viele zu **248** Erben einzusetzen oder in Form von Vermächtnissen zu bedenken.

Der Erblasser sollte daher auch seine Enkel bedenken, zumindest in Höhe des für die Steuerklasse I gültigen Freibetrages von DM 100.000,–. Ist das Vermögen sehr umfangreich, kann auch eine Steuerersparnis eintreten, wenn die Enkelkinder über den Freibetrag hinaus bedacht werden. Oft können durch die Zuwendung an die Enkel gewisse Spitzen gekappt werden.

Zwei Beispiele:

1. Erblasser A hinterläßt ein Vermögen: Steuerwert DM 1.100 000,–. Er setzt lediglich seinen Sohn zum Erben ein: Die Erbschaftsteuer errechnet sich wie folgt:

Gesamtwert	DM 1.100.000,–
– Freibetrag	DM 400.000,–
steuerpflichtiger Erwerb	DM 700.000,–
Erbschaftsteuer 15 v.H.	DM 105.000,–

2. Erblasser A hinterläßt ein Vermögen: Steuerwert DM 1.100.000,–.

Er hinterläßt seinem Sohn	DM 1.000.000,–
seinem Enkel	DM 100.000,–

Die Zuwendung an den Enkel ist steuerfrei, weil sie sich im Rahmen der Freibeträge hält.
Der Sohn hat folgenden Vermögenszuwachs zu versteuern:

Erwerb	DM 1.000.000,–
– Freibetrag	DM 400.000,–
steuerpflichtiger Erwerb	DM 600.000,–
Erbschaftsteuer 10 v.H.	DM 90.000,–
Steuerersparnis	DM 15.000,–

1. Der Steuerschuldner

Steuerschuldner ist grundsätzlich der Erwerber. Im Erbfall ist es jeder, der etwas **249** von Todes wegen erhalten hat, z.B. der Vermächtnisnehmer, Pflichtteilsberechtigte usw.

Bei der Schenkung schuldet neben dem Beschenkten auch der Schenker die Steuer. Nach der Rechtsprechung des BFH[182] hat sich die Verwaltung jedoch zunächst an den Erwerber zu halten.

Bei der Zweckzuwendung ist Steuerschuldner der mit der Ausführung der Zuwendung Beschwerte.

Es schuldet jeder Erwerber die Steuer, die sich nach dem Wert des Empfangenen bemißt. Hinsichtlich weiterer Einzelheiten vgl. § 20 ErbStG.

---

[182] BFH v. 29.11.1961, BStBl. III 1962, 323.

2. Die Haftungsschuld

250 Neben den Erwerbern haften auch noch die gesetzlichen Vertreter, bevollmächtigte Erben, Erbschaftsbesitzer, Testamentsvollstrecker, Nachlaßpfleger und Nachlaßverwalter für die Entrichtung der Steuer. Ist Nachlaßverwaltung angeordnet, so hat der Nachlaßverwalter vor der Verteilung des Nachlasses an die Berechtigten dafür zu sorgen, daß die anfallende Erbschaftsteuer abzuführen ist. Kommt er dieser Verpflichtung nicht nach, so haftet er in Höhe der abzuführenden Steuer auch mit seinem Privatvermögen (vgl. Rz. 664 ff.).

3. Mehrfacher Erwerb desselben Vermögens

251 Fällt bei Personen der Steuerklasse I von Todes wegen Vermögen an, das in den letzten Jahren vor dem Erwerb bereits von Personen dieser Steuerklassen erworben worden ist und für das nach dem ErbStG eine Steuer zu erheben war, so ermäßigt sich die Steuer zwischen 10 v. H. und 50 v. H. (vgl. im einzelnen Tabelle § 27 Abs. 1 ErbStG).

252 Die Vergünstigung trifft nur auf Personen der Steuerklassen I zu. Das bedeutet eine Einschränkung gegenüber früher. Allerdings darf die Ermäßigung nicht den Betrag überschreiten, der sich bei Anwendung des in Abs. 1 genannten Vomhundertsatzes auf die Steuer ergibt, die der Vorerwerber für den Erwerb desselben Vermögens entrichtet hat.

Beispiel:

B hat von ihrem Ehemann ein Vermögen von DM 500.000,– (Steuerwert) ererbt. Daneben erhält sie eine Pension, Kapitalwert DM 250.000,–. In dem ererbten Vermögen befanden sich Wertpapiere im Werte von DM 300.000,–, die der Verstorbene von seinem Vater vor 8 Jahren geerbt hatte.

253 Die Steuerermäßigung tritt nur noch ein, wenn Personen der Steuerklasse I Vermögen von Todes wegen anfällt, das in den letzten 10 Jahren vor dem Erwerb bereits von Personen dieser Steuerklasse erworben worden ist und für das eine Erbschaft- bzw. Schenkungsteuer zu erheben war.

Die Berechnung der Steuerermäßigung bei mehrfachem Erwerb desselben Vermögens wurde insofern grundlegend vereinfacht, als auf die bisherige Berücksichtigung des Erwerbsfreibetrags bei der Ermittlung des begünstigten Vermögens verzichtet wird[183].

Beispiel

A hat von seiner Mutter, die am 1.10.04 verstorben war, als Alleinerbe den Nachlaß zum Steuerwert von DM 1.000.000,– geerbt. In dem Nachlaß sind Nachlaßgegenstände Steuerwert DM 500.000,– enthalten, die A wiederum am 1.8.01 von ihrem Vater geerbt hat, hierfür hatte sie DM 16.000,– Erbschaftsteuer entrichtet.

---

[183] BT-Drucksache B/5359 zu Nr. 10 S. 30.

Erbschaftsteuer

Begünstigtes Vermögen 50 v.H. des Gesamterwerbs	
Wert des erworbenen Vermögens	DM 1.000.000,-
Freibetrag § 16 Abs. 1 Nr. 2 ErbStG	DM 400.000,-
Wert des stpfl. Erwerbs	DM 600.000,-
Steuer 15 v.H.	DM 90.000,-
auf das begünstigte Vermögen entfallende Steuer 45.000 DM Erm. 35 v.H.	DM 15.750,-
Ermäßigungsbetrag nicht höher als die Steuer des Vorerwerbs	DM 74.250,-

4. Anmeldung des Erwerbs (§ 30 ErbStG)

Der Erwerber hat den der Erbschaftsteuer unterliegenden Erwerb binnen drei Monaten nach erlangter Kenntnis von dem Anfall oder von dem Eintritt der Verpflichtung beim zuständigen Finanzamt anzumelden. 254

Erfolgt der steuerpflichtige Erwerb durch ein Rechtsgeschäft unter Lebenden, so ist zur Anmeldung auch derjenige verpflichtet, aus dessen Vermögen der Erwerb stammt. Zur Anmeldung verpflichtet sich also stets der Erwerber, bei Erwerb unter Lebenden auch der Schenker. 255

Einer Anmeldung bedarf es jedoch nicht, wenn der Erwerb auf einer von einem deutschen Gericht oder einem deutschen Notar eröffneten Verfügung von Todes wegen beruht und sich aus der Verfügung das Verhältnis des Erwerbers zum Erblasser unzweifelhaft ergibt. Das gleiche gilt, wenn eine Schenkung unter Lebenden oder eine Zweckzuwendung gerichtlich oder notariell beurkundet wird. 256

Ist Nachlaßverwaltung des Testaments angeordnet worden oder sind die Erben in ihrer Verfügungsbeschränkung beengt, so sind die Testamentsvollstrecker, die gesetzlichen Vertreter und Nachlaßverwalter sowie Vorstände und Geschäftsführer anmeldepflichtig. 257

Neben den Erwerbern sind noch folgende Personen und Behörden anzeigepflichtig (§§ 33, 34 ErbStG): 258

1. Vermögensverwahrer und Vermögensverwalter (§ 5 ErbStDV), insbesondere Banken,
2. Gesellschaften, die auf den Namen lautende Aktien oder Schuldverschreibungen ausgegeben haben (§ 6 ErbStDV),
3. Versicherungsunternehmen (§ 7 ErbStDV),
4. die Standesämter (§ 9 ErbStDV),
5. die Auslandsstellen, insbesondere diplomatische Vertretungen und Konsulate (§ 10 ErbStDV),
6. Gerichte, Notare und sonstige Urkundspersonen (§ 11-13 ErbStDV),
7. die Genehmigungsbehörden bei Stiftungen und Zuwendungen von Todes wegen und unter Lebenden an juristische Personen und dergl. (§ 14 ErbStDV).

Die Standesämter haben für jeden Kalendermonat eine Totenliste nach einem bestimmten Muster aufzustellen. Diese Totenliste hat das Standesamt binnen 10 Tagen nach dem Ablauf des Zeitraums, für den sie aufgestellt ist, an das für die Verwaltung der Erbschaftsteuer zuständige Finanzamt einzureichen. 259

260 Die Zuständigkeit der Finanzämter für die Erbschaftsteuer ergibt sich aus §§ 18, 19 AO. Hiernach ist zunächst der Wohnsitz oder der gewöhnliche Aufenthalt des Erblassers oder Schenkers maßgebend. Dann werden der Wohnsitz oder der gewöhnliche Aufenthalt des Erwerbers und erst zuletzt die Lage des Vermögens maßgebend. Die Erbschaftsteuer wird jedoch nicht bei allen Finanzämtern verwaltet, sondern in bestimmten Finanzämtern innerhalb der einzelnen Oberfinanzbezirke.

Das Finanzamt kann von den zur Anmeldung Verpflichteten innerhalb einer von ihm zu bestimmenden Frist die Abgabe einer Steuererklärung verlangen. Die Frist muß mindestens einen Monat betragen.

Die Erklärung hat ein Verzeichnis der zum Nachlaß gehörenden Gegenstände und die sonstigen für die Feststellung des Gegenstands und des Werts des Erwerbes erforderlichen Angaben zu enthalten.

5. Die Steuerfestsetzung

261 Aufgrund der Steuererklärung (§ 31 ErbStG) ist der ihr entsprechende Betrag der Steuer als vorläufige Zahlung zu entrichten. Das Finanzamt setzt die vorläufige Zahlung fest: Sie ist binnen eines Monats nach der Zustellung des Steuerbescheides fällig. Kann nämlich die Steuer nicht sofort endgültig festgesetzt werden, so soll das Finanzamt aufgrund der Angaben in der Steuererklärung die Steuer vorläufig festsetzen. Das Steuerermittlungsverfahren selbst ist in den §§ 85 ff. AO geregelt. Für den endgültigen Steuerbescheid gelten §§ 155 ff. AO.

6. Die Rentenbesteuerung (§ 23 ErbStG)

262 Steuern, die von dem Kapitalwert von Renten oder anderen wiederkehrenden Nutzungen und Leistungen zu entrichten sind, können nach Wahl des Steuerpflichtigen statt vom Kapitalwert jährlich im voraus von dem Jahreswert entrichtet werden. Die Steuer wird in diesem Fall nach dem Hundertsatz erhoben, der sich nach § 11 ErbStG für den gesamten Kapitalbetrag ergibt. Die einzelnen Raten werden somit nach dem Steuersatz des gesamten Erbanfalls besteuert.

7. Die Aussetzung der Versteuerung (§ 25 ErbStG)

263 Beim Erwerb von Vermögen, dessen Nutzung einem anderen als dem Steuerpflichtigen zusteht, kann der Steuerpflichtige nicht mehr zwischen Aussetzung und Sofortversteuerung wählen. Der Erwerb von Vermögen, dessen Nutzungen dem Ehegatten des Erblassers zustehen oder das mit einer Rentenverpflichtung oder mit der Verpflichtung zu sonstigen wiederkehrenden Leistungen zugunsten dieser Personen belastet ist, wird ohne Berücksichtigung dieser Belastung besteuert. Jedoch kann die Steuer, die auf den Kapitalwert dieser Belastungen entfällt, gestundet werden (vgl. Nießbrauch Rz. 85 ff.). Für die Berechnung der nach § 25 Abs. 1 Satz 2 ErbStG zinslos gestundeten Steuer kann der unter Beachtung des § 16 BewG ermittelte Kapitalwert einer Nutzungs- oder Duldungsauflage nur in Höhe des auf

den freigebigen Teil der Zuwendung entfallenden Anteils als Last vom Erwerb abgezogen werden[184].

8. Die Fälligkeit der Erbschaftsteuer

Die Erbschaftsteuer ist grundsätzlich einen Monat nach der Zustellung des Steuerbescheides fällig, und zwar in Höhe des ganzen Betrages. 264

Gehört zum Erwerb Betriebsvermögen oder land- und forstwirtschaftliches Vermögen, so ist dem Erwerber die darauf entfallende Erbschaftsteuer auf Antrag bis zu 7 Jahren insoweit zu stunden, als dies zur Erhaltung des Betriebes notwendig ist (§ 26 ErbStG).

9. Erlöschen der Steuer in besonderen Fällen

Die Steuer erlischt mit Wirkung für die Vergangenheit (vgl. § 29 ErbStG), 265
- soweit ein Geschenk wegen eines Rückforderungsrechtes herausgegeben werden mußte,
- soweit die Herausgabe gemäß § 528 Abs. 1 Satz 2 BGB abgewiesen worden ist und
- soweit in den Fällen des § 5 Abs. 2 ErbStG unentgeltliche Zuwendungen auf die Ausgleichsforderung angerechnet worden sind, § 1380 Abs. 1 BGB.

Der Erwerber ist für den Zeitraum, für den ihm die Nutzungen des zugewendeten Vermögens zugestanden haben, wie ein Nießbraucher zu behandeln.

Hinsichtlich der Unwirksamkeit von testamentarischen Verfügungen vgl. Rz. 33.

XII. Sondervorschriften aus Anlaß der Deutschen Einheit (§ 37 a ErbStG)

1. Grundsätze

§ 37 a ErbStG gilt für Erwerbe im Gebiet der ehemaligen DDR. Hiernach ist das 266
Erbschaftsteuergesetz auf Erwerbe im Gebiet der ehemaligen DDR, für die die Steuer nach dem 31. 12. 1990 entstanden ist oder entsteht, anzuwenden. Auf Tatbestände, die dort vor dem 1. 1. 1991 verwirklicht worden sind, ist weiterhin das Recht der DDR nach Maßgabe des Art. 31 des Staatsvertrags vom 18. 5. 1990[185] anzuwenden. Weitere Einzelheiten regelt der gemeinsame Ländererlaß vom 22. 1. 1991[186].

2. Zeitpunkt der Entstehung der Steuerschuld

Für den Zeitpunkt der Entstehung der Steuerschuld ist § 9 Abs. 1 Nr. 1 ErbStG 267
auch dann maßgebend, wenn der Erblasser im Gebiet der ehemaligen DDR vor dem 1. 1. 1991 verstorben ist. Es sei denn, daß die Steuer nach dem Erbschaftsteuergesetz der Deutschen Demokratischen Republik vor dem 1. 1. 1991 entstanden

---

[184] BFH v. 14. 12. 1995, BB 1996, 1423.
[185] BGBl. II 1990, 518.
[186] BStBl. I 1991, 142.

ist. Es ist dasjenige Erbschaftsteuergesetz anzuwenden, das zum Zeitpunkt der Entstehung der Steuerschuld für diesen Erwerb gilt. Entsteht die Steuerschuld nach dem 31. 12. 1990, ist dies einheitlich das ErbStG. Andererseits ist das Erbschaftsteuerrecht der DDR weiter anzuwenden, wenn es nach dem 31. 12. 1990 zu einer erstmaligen Steuerfestsetzung oder Änderung/Berichtigung einer Steuerfestsetzung für einen Erwerb kommt, für den die Steuer nach diesem Recht vor dem 1. 1. 1991 entstanden ist.

3. Bewertung des Grundbesitzes in der ehemaligen DDR für Zwecke der Erbschaftsteuer

268 § 37a Abs. 3 ErbStG trug der Tatsache Rechnung, daß es in der DDR keine Einheitswerte gab, die der Besteuerung zugrunde gelegt werden können. Bei der Bewertung nach § 12 ErbStG ist daher der Grundbesitz mit dem Wert anzusetzen, der nach dem vierten Teil des BewG auf den Zeitpunkt festgestellt oder zu ermitteln ist, der der Entstehung der Steuer vorangegangen ist oder mit ihr zusammenfällt.

Nach Tz. 1.2. des Erlasses[187] sind während der Geltungsdauer der nach den Wertverhältnissen am 1. 1. 1935 festgestellten Einheitswerte für im Gebiet der bisherigen DDR belegenen Grundstücke und Betriebsgrundstücke i.S. des § 99 Abs. 1 Nr. 1 BewG diese Einheitswerte bei der Erbschaftsteuer und Schenkungsteuer in allen Steuerfällen, in denen die Steuer nach dem 31. 12. 1990 entsteht, nach Maßgabe des § 133 BewG wie folgt anzusetzen:
– Mietwohngrundstücke mit 100 v. H.
– Geschäftsgrundstücke mit 400 v. H.
– gemischtgenutzte Grundstücke, Einfamilienhäuser und sonstige bebaute Grundstücke mit 250 v. H.
– unbebaute Grundstücke mit 600 v. H.
des Einheitswertes 1935.
Hinsichtlich weiterer Einzelheiten vgl. Tz. 1.2 und 1.3 des Erlasses[188].

4. Zusammenrechnung früherer Erwerbe[189]

269 In die Zusammenrechnung mehrerer innerhalb von 10 Jahren von derselben Person anfallender Erwerbe nach § 14 ErbStG sind auch Erwerbe einzubeziehen, die dem Erbschaftsteuerrecht der DDR unterlagen.

Diese Vorerwerbe sind mit ihrem nach dem Erbschaftsteuerrecht der DDR ermittelten früheren Wert anzusetzen. Sachliche Steuerbefreiungen bleiben dabei erhalten. Erwerbe aus der Zeit vor dem 1. 7. 1990 sind im Verhältnis 1:1 in DM umzustellen.

Die anzurechnende Steuer für den Vorerwerb ist nach den Vorschriften des Erbschaftsteuerrechts der DDR zu ermitteln, soweit es sich um eine ungünstige Steu-

---
[187] A.a.O. (Fußnote 186).
[188] A.a.O. (Fußnote 186).
[189] Tz. 1.4 des Erlasses, a.a.O. (Fußnote 186).

Erbschaftsteuer

erklasse oder niedrigere persönliche Freibeträge handelt. Auch ist zugunsten der Steuerpflichtigen der jeweils höhere Steuersatz nach dem ErbStG oder dem Erbschaftsteuerrecht der DDR anzuwenden.

Beispiel (Erlaß)[190]:
1. Schenkung in 1988 an ein Kind in der DDR
   Wert des Erwerbs   DM 50.000,-
   Schenkungsteuer nach ErbStG DDR 9 v.H. von DM 40.000,-
   (DM 50.000,- DM 10.000,- Freibetrag) =   DM 3.600,-

2. Schenkung 1991
   Wert des Erwerbs   DM 50.000,-
   Wert des Vorerwerbs   DM 50.000,-
   Wert des Gesamterwerbs   DM 100.000,-
   Steuer auf Gesamterwerb 3 v.H. von DM 10.000,- (DM 100.000,-   DM   300,-
   DM 90.000,- Freibetrag) =
   Anzurechnende Steuer 9 v.H. von DM 40.000,- (DM 50.000,-
   DM 10.000,- Freibetrag) =   DM 3.600,-
   zu erhebende Steuer   DM   0,-

Ist die anzurechnende Steuer für den Vorerwerb höher als die Steuer für den Gesamterwerb, ist eine Steuererstattung ausgeschlossen.

5. Mehrfacher Erwerb desselben Vermögens (§ 27 ErbStG)

Im Rahmen des § 27 ErbStG sollen auch Vorerwerbe, die nach dem Erbschaftsteuerrecht der DDR tatsächlich besteuert werden, zu einer Ermäßigung der Erbschaftsteuer führen. Solche Vorerwerbe sind jedoch nur dann zu berücksichtigen, wenn der jeweilige Erwerber zu dem in § 15 Abs. 1 Steuerklasse I und II ErbStG genannten Personenkreis gehört.

6. Steuerstundung (§ 27 ErbStG)

Die Steuerstundung des § 28 ErbStG gilt auch für Erwerbe, die nach DDR-Steuerrecht besteuert wurden bzw. werden.

7. Besteuerung von Renten

Werden Renten, Nutzungen oder Leistungen nach DDR-Steuerrecht besteuert, so besteht nach § 37 a Abs. 7 ErbStG die Möglichkeit, die Jahressteuer zum jeweils nächsten Fälligkeitstermin mit ihrem Kapitalwert entsprechend § 23 Abs. 2 ErbStG abzulösen.

8. Aussetzung der Versteuerung nach DDR-Recht

War die Steuer nach § 34 ErbStG DDR ausgesetzt, gilt dies über den 31.12.1990 hinaus.

---

[190] A.a.O. (Fußnote 186).

9. Zivilrechtliche Besonderheiten und steuerliche Folgerungen

274 Der Erlaß vom 22.1.1991[191] behandelt in den Tz. 2.1 ff. die zivilrechtlichen Besonderheiten und die steuerlichen Folgerungen, so den DDR-Güterstand der Eigentums- und Vermögensgemeinschaft gem. § 13 des Familiengesetzbuchs der DDR (FGB), auf den ab 1.1.1991 die Vorschriften über die Zugewinngemeinschaft und die volle Erbberechtigung des nichtehelichen Kindes anzuwenden sind.

2. Abschnitt
Einkommensteuer

I. Die Einkommensteuer des Erblassers

275 Die Einkommensteuerpflicht des Erblassers erlischt grundsätzlich mit dessen Tod. Alle Einkünfte des Erblassers, die bis zu diesem Zeitpunkt angefallen sind, werden ihm zugerechnet.

1. Ermittlungsgrundsätze

276 Die Gewinnermittlungseinkünfte (aus Land- und Forstwirtschaft, Gewerbebetrieb und selbständiger [freiberuflicher] Tätigkeit), die grundsätzlich für ein Wirtschaftsjahr (Kalenderjahr) festgestellt sind, sind entsprechend aufzuteilen. Hat der Erblasser Einkünfte aus Gewerbebetrieb, ist grundsätzlich eine Zwischenbilanz zu erstellen. Es wird jedoch nicht beanstandet, wenn der Erbe einen anderen Aufteilungsmaßstab findet. Es besteht die Möglichkeit, im Schätzungsweg den Gewinn entweder zeitanteilig oder im Verhältnis zu den Umsätzen aufzuteilen. Eine fehlende Zwischenbilanz hat jedoch nicht zur Folge, daß die Buchführung des Erblassers nicht ordnungsgemäß ist[192].

277 Befindet sich im Nachlaß ein landwirtschaftlicher Betrieb, so muß grundsätzlich für den Erblasser bis zum Zeitpunkt des Todes ein Endrumpfwirtschaftsjahr und für den erbenden Landwirt von demselben Zeitpunkt an ein Anfangsrumpfwirtschaftsjahr gebildet werden. Für jedes der beiden Rumpfwirtschaftsjahre ist der Gewinn, ohne Rücksicht auf die Art der Gewinnermittlung, getrennt zu ermitteln[193].

Auch bei der Gewinnermittlung nach § 4 Abs. 3 EStG ist grundsätzlich zeitanteilig aufzuteilen. Bei den Überschußeinkünften kommt es im wesentlichen für die Frage, wem die Einkünfte zuzurechnen sind, darauf an, ob die Einkünfte noch zu Lebzeiten des Erblassers oder erst nach dessen Tode zugeflossen sind. Der Zeitraum der wirtschaftlichen Zugehörigkeit ist hierbei gleichgültig[194]. Für die Be-

---

[191] A.a.O. (Fußnote 186).
[192] Vgl. BFH v. 9.12.1976, BStBl. II 1977, 241.
[193] Vgl. BFH v. 23.8.1979, DB 1979, 2462.
[194] BFH v. 11.8.1971, BStBl. II 1972, 55.

triebsausgaben, Werbungskosten, Sonderausgaben, außergewöhnlichen Belastungen kommt es entsprechend auf den Abfluß an.

2. Veranlagung des Erblassers

War der Erblasser im Zeitpunkt des Todes verheiratet und lebte er auch von seinem Ehegatten nicht dauernd getrennt und lagen auch die sonstigen Voraussetzungen der Ehegattenveranlagung wie unbeschränkte Steuerpflicht beider Ehegatten im Veranlagungsjahr vor, so hat der überlebende Ehegatte die Wahl zwischen Zusammenveranlagung oder getrennter Veranlagung (§ 26 EStG). Eine Einzelveranlagung kommt also nicht in Betracht, es sei denn, der überlebende Ehegatte hat im Veranlagungszeitraum wieder geheiratet und erfüllt mit dem neuen Ehegatten die Voraussetzungen der Ehegatten-Veranlagung. Eine Zusammenveranlagung ist im letzteren Falle nicht möglich. Eine Zusammenveranlagung mit dem Verstorbenen ist jedoch dann möglich, wenn der überlebende Ehegatte die besondere Veranlagung im Jahr der Eheschließung wählt, § 26 c EStG.

Trotz der Einzelveranlagung steht dem verstorbenen Ehegatten bei Wiederverheiratung des überlebenden Ehegatten der Splitting-Tarif zu (§ 32a Abs. 5 Nr. 2 EStG). Voraussetzung ist, daß in irgendeinem Zeitpunkt des Kalenderjahres die Voraussetzungen für eine Ehegattenveranlagung gegeben waren.

Schlägt ein Ehegatte die Erbschaft nach dem verstorbenen anderen Ehegatten aus, so ist zur Zusammenveranlagung im Todesjahr die Zustimmung der Erben erforderlich[195]. Das gleiche gilt, wenn der überlebende Ehegatte nicht der Erbe ist.

Der überlebende Ehegatte wird im Jahr des Todes grundsätzlich je nach Wahl mit dem Verstorbenen zusammenveranlagt oder getrennt veranlagt. Bei Wiederverheiratung wird er grundsätzlich mit dem neuen Ehegatten, wenn die Ehegatten die Voraussetzungen der Ehegattenveranlagung erfüllen, veranlagt.

Ist der überlebende Ehegatte in dem Kalenderjahr, das dem Tode folgt, noch verwitwet, so wird ihm in diesem Jahr trotz Einzelveranlagung noch der Splitting-Tarif gewährt (§ 32 a Abs. 6 Nr. 1 EStG). Leben im Haushalt des Überlebenden noch Personen, für die er einen Kinderfreibetrag erhält, kann neben dem Splitting nicht noch der Haushaltsfreibetrag von z.Z. DM 5616,- gewährt werden, § 32 Abs. 7 EStG.

Erst in den folgenden Jahren steht dem überlebenden Ehegatten, wenn er einen Kinderfreibetrag für mindestens ein Kind erhält, das in seiner Wohnung gemeldet ist, der Haushaltsfreibetrag zu.

---

[195] BFH v. 13. 11. 1979, BStBl. II 1980, 188.

II. Die Einkommensteuer des Erben

1. Allgemeine Grundsätze

a) Der Grundsatz der Gesamtrechtsnachfolge

282 Zivilrechtlich ist der Erbe Gesamtrechtsnachfolger des Erblassers (vgl. Buch I Rz. 8). Dieser bürgerlich-rechtliche Grundsatz ist, da steuerlich nichts Abweichendes bestimmt ist, auch auf das Einkommensteuerrecht anzuwenden[196].

Der Erbe setzt somit nicht nur zivilrechtlich, sondern auch einkommensteuerlich die Person des Erblassers fort. Er tritt in jeder Beziehung in dessen Rechtsstellung ein und ist wie der Rechtsvorgänger zu behandeln[197].

b) Der Vermögenserwerb durch die Erben

283 Mit dem Tode geht der Nachlaß unmittelbar auf den Erben bzw. die Erben über. Sind mehrere Erben vorhanden, geht der Nachlaß auf diese zur gesamten Hand über. Nach § 39 Abs. 2 AO sind die Nachlaßgegenstände den einzelnen Erben entsprechend ihrer Erbquote zuzurechnen. Der BFH hat mit dem Beschluß des Großen Senates endgültig die These von der Einheitlichkeit des Erbanfalls und der Erbauseinandersetzung sowohl im Bereich des Betriebsvermögens als auch im Bereich des Privatvermögens aufgegeben. Somit sind der Erbanfall und die Erbauseinandersetzung als zwei steuerlich voneinander unabhängige Rechtsvorgänge zu behandeln. Damit ist auch die These von dem unmittelbaren Erwerb der Erben vom Erblasser im Rahmen einer Erbauseinandersetzung aufgegeben worden. Bei mehreren Erben erwirbt die Erbengemeinschaft unmittelbar. Der Erwerb im Rahmen der Erbauseinandersetzung erfolgt von der Erbengemeinschaft. Der Erwerb von der Erbengemeinschaft kann entgeltlich erfolgen, wenn Erbanteile veräußert werden, beim Ausscheiden aus der Erbengemeinschaft gegen Abfindung und bei einer Realteilung gegen Zahlung von Spitzenausgleichen. Der Erwerb von der Erbengemeinschaft ist unentgeltlich, wenn und soweit der Nachlaß real geteilt worden ist. Werden im Zusammenhang mit der Erbauseinandersetzung Wirtschaftsgüter eines Betriebsvermögens in das Privatvermögen überführt, ist der Entnahmegewinn dem Erben zuzurechnen, der den Entnahmetatbestand verwirklicht hat[198]. Der Entnahmegewinn ist nach §§ 16 Abs. 4, 34 Abs. 1 EStG steuerbegünstigt, wenn damit die Beendigung der gewerblichen Tätigkeit für den Erben verbunden ist.

284 Ein Entnahmegewinn kann grundsätzlich dadurch vermieden werden, daß die Wirtschaftsgüter, die ein Erbe erhalten hat, einem anderen Betriebsvermögen des Erben zugeführt werden[199].

---

[196] Söffing, DB 1991, 773.
[197] Söffing, DB 1991, 773.
[198] Anders wohl die herrschende Meinung, die annimmt, daß alle Miterben den Entnahmetatbestand verwirklichen; vgl. Söffing, DB 1990, 828.
[199] BFH v. 5.7.1990 GrS 2/89, BStBl. II 1990, 837.

Einkommensteuer

Auf die Erben gehen grundsätzlich die Verbindlichkeiten des Erblassers und die durch den Erbfall begründeten Verbindlichkeiten über. Zu letzten gehören grundsätzlich der Erbersatzanspruch des nichtehelichen Kindes, der Pflichtteilsanspruch und auch vom Erblasser angeordnete Auflagen und Vermächtnisse. Es handelt sich hierbei auch ertragsteuerlich um Verbindlichkeiten der Erben. Nach der bisherigen Rechtsprechung waren der Erbe und der Vermächtnisnehmer gleichgestellt[200]. Derjenige, der aufgrund eines Vermächtnisses erworben hatte, hatte diesen Gegenstand vom Erblasser erworben. Hatte der Erblasser einen Gegenstand des Betriebsvermögens vermacht, so war die Entnahme dem Vermächtnisnehmer zuzurechnen. Nach dem Beschluß des Großen Senates[201] erfüllen die Erben das Vermächtnis als Nachlaßverbindlichkeit und hat der Vermächtnisnehmer die Gegenstände des Vermächtnisses nicht vom Erblasser, sondern von den Erben erworben.

285

c) Die Einkommensteuerpflicht des Erwerbers von Todes wegen
Der Erbanfall selbst ist bei den Miterben nicht einkommensteuerpflichtig.

Dieser Vorgang ist grundsätzlich keiner der sieben Einkunftsarten zuzurechnen. Die hierdurch eingetretene Vermögensmehrung fällt in der Regel nur unter die Erbschaftsteuer.

286

Trotzdem können jedoch einzelne Anordnungen einkommensteuerliche Folgen auslösen. Zum Beispiel die Anordnung, daß ein Betriebsgrundstück an einen Erben übergehen soll, der nicht Mitunternehmer ist[202], oder die Vereinbarung in einem Gesellschaftsvertrag, daß die Gesellschaft nach dem Tode eines Gesellschafters fortbestehen, aber nicht mit dem Erben des Gesellschafters fortgesetzt werden soll; hier scheidet der Erblasser mit seinem Tode aus der Gesellschaft aus[203].

2. Die Einkünfte des Erben

Die bei den Erben anfallenden Einkünfte ändern ihren Charakter nicht, sofern die Erben die Voraussetzungen, die an eine Einkunftsart geknüpft sind, erfüllen[204]. Daher können die Erben nur freiberufliche Einkünfte haben, wenn sie selbst die Voraussetzungen des § 18 EStG erfüllen. Nachträgliche Einkünfte in der Einkunftsart des Erblassers sind nur gegeben, soweit die Erben lediglich vom Erblasser bezogene Erträge vereinnahmen.

287

a) Einkünfte aus Land- und Forstwirtschaft
Der Erbe hat als Rechtsnachfolger auch bei einem land- und forstwirtschaftlichen Betrieb die Buchwerte bzw. die Anschaffungswerte fortzuführen. Das gilt seit

288

---
[200] BFH v. 18. 7. 1972, BStBl. II 1972, 877, und v. 5. 8. 1971, BStBl. II 1971, 114.
[201] BFH v. 5. 7. 1990 GrS 2/89, BStBl. II 1990, 837.
[202] BFH v. 29. 5. 1969, BStBl. II 1969, 614; nunmehr BFH v. 5. 7. 1990 GrS 2/89, BStBl. II 1990, 837.
[203] Vgl. Herrmann-Heuer-Raupach, § 16 EStG, Anm. 19 E; L. Schmidt, § 16, RdNr. 129.
[204] BFH v. 5. 7. 1990 GrS 2/89, BStBl. II 1990, 837.

dem 2. Steueränderungsgesetz 1971 vom 10. 8. 1971[205] auch für den Grund und Boden, der nach der bis dahin gültigen gesetzlichen Regelung außer Ansatz blieb. Diese Regelung gilt erst vom 1. 7. 1971 an.

Als Anschaffungskosten für die Berechnung des Veräußerungsgewinnes sind daher die Werte dieses Stichtages anzusetzen. Hinsichtlich der Einzelheiten der Ermittlung der Anschaffung wird auf die §§ 52, 55 EStG und auf das Schreiben des BdF vom 29. 2. 1972[206] verwiesen.

Der Erbe hat grundsätzlich wie der Erblasser Einkünfte aus Land- und Forstwirtschaft. Parzelliert jedoch der Erbe den Hof und veräußert das Grundvermögen, kann evtl. eine gewerbliche Tätigkeit vorliegen[207].

b) Einkünfte aus Gewerbebetrieb

289   Der Erbe hat Einkünfte aus Gewerbebetrieb, soweit diese Einkünfte noch aus der Tätigkeit des Erblassers herrühren. Z.B.: Der Erblasser hat ein Unternehmen gegen Zeitrente oder Mindestleibrente veräußert, diese ist aber im Zeitpunkt des Erbfalles noch nicht ausgelaufen. Bei diesen weiteren Rentenzahlungen handelt es sich um nachträgliche Einkünfte aus Gewerbebetrieb.

Dem Erben als Gesamtrechtsnachfolger werden selbst dann die Einkünfte zugerechnet, wenn er diese aufgrund eines Vermächtnisses einem Dritten überlassen hat[208].

290   Befindet sich im Nachlaß ein Gewerbebetrieb, so sind die Einkünfte hieraus nach dem Erbfall Einkünfte des Erben. Hinsichtlich der gewerblichen Tätigkeit von Miterben ist zu beachten: Die Einkünfte sind dem Erben nicht als Rechtsnachfolger (§ 24 Nr. 2 EStG), sondern als eigene Einkünfte zuzurechnen, denn ab dem Erbfall führt er den Betrieb auf eigene Rechnung und Gefahr. Auch Aufgabe des Betriebs und Veräußerung sind eigene unternehmerische Entscheidungen.

Der Erwerb des Gewerbebetriebs durch Erbfall ist ein unentgeltlicher Vorgang[209]. Der Erbe hat somit als Erwerber die Buchwerte des Erblassers fortzuführen[210].

291   Ermittelt der Erbe den Gewinn aus einem im Erbgang auf ihn übergegangenen Gewerbebetrieb wie sein Rechtsvorgänger nach § 4 Abs. 3 EStG, so sind bei einem Wechsel der Gewinnermittlungsart für die notwendige Gewinnkorrektur die Verhältnisse während der Besitzzeit seines Rechtsvorgängers maßgebend zu berücksichtigen[211].

---

[205] BGBl. I 1971, 1266; BStBl. I 1971, 373.
[206] F-IV S 2000 V-72, BStBl. I 1972, 102.
[207] Vgl. BFH v. 14. 11. 1972, BStBl. II 1973, 239; v. 7. 2. 1973, BStBl. II 1973, 642; v. 29. 3. 1973, BStBl. II 1973, 682; v. 29. 8. 1973, BStBl. II 1974, 6.
[208] BFH v. 24. 1. 1996, BStBl. II 1996, 287.
[209] Vgl. Littmann/Bitz/Meincke, § 6 EStG, RdNr. 201 f.; vgl. auch BFH v. 18. 7. 1972, BStBl. II 1972, 876.
[210] Littmann, Inf. 1966, 342; BFH v. 9. 6. 1964, BStBl. III 1965, 48.
[211] BFH v. 1. 4. 1971, BStBl. II 1971, 526.

Einkommensteuer

Mit dem Erbfall ist der Erbe Unternehmer, auch wenn er nicht die Absicht hat, den Betrieb fortzuführen[212].

Selbst der Gewinn oder Verlust aus dem sofortigen Verkauf eines ererbten Gewerbebetriebes ist beim Erben Gewinn oder Verlust aus Gewerbebetrieb. 292

Verpachtet der Erbe den Gewerbebetrieb an einen Dritten, so liegt hierin nicht ohne weiteres eine Betriebsaufgabe. Nach der neueren Rechtsprechung[213] muß eine Betriebsaufgabe eindeutig gegenüber dem Finanzamt erklärt werden. Solange diese Erklärung nicht abgegeben ist, gilt der Gewerbebetrieb trotz der Verpachtung als weiter bestehend. Die verpachteten Wirtschaftsgüter bleiben somit weiterhin Betriebsvermögen, die stillen Reserven brauchen daher nicht aufgelöst zu werden. Voraussetzung ist allerdings, daß ein geschlossener Betrieb verpachtet wird und nicht lediglich einzelne Wirtschaftsgüter[214]. Die Pachteinnahmen werden als Betriebseinnahmen behandelt. 293

Das trifft auch in dem Falle zu, in dem der Erbe gar nicht die Absicht hat, den Betrieb selber weiterzuführen, sondern ihn sofort an einen Dritten verpachtet. Er bleibt, so lange er die Betriebsaufgabe nicht erklärt hat, Unternehmer.

Veräußert der Erbe den Betrieb, hat er den Veräußerungsgewinn zu versteuern[215]. Es ist hierbei gleichgültig, ob der Erbe den Betrieb zunächst weiterführt oder ob er ihn sofort nach dem Erbanfall veräußert. Unter die Betriebsveräußerung fällt nicht nur die Veräußerung des lebenden gewerblichen Betriebs, sondern auch die Versilberung der einzelnen Wirtschaftsgüter. 294

Werden jedoch nur einzelne Wirtschaftsgüter unter Fortführung des Restbetriebes veräußert, so handelt es sich um **laufenden Gewinn**. 295

Lediglich wenn der Erbe einen **Teilbetrieb**[216] veräußert, d.h. einen Organismus, der allein lebensfähig ist und auch bisher getrennt geführt wurde, liegt eine Veräußerung eines Teilgewerbebetriebes im Sinne des § 16 EStG vor. 296

Auch die **Entnahme einzelner Wirtschaftsgüter** in das Privatvermögen fällt nicht unter die Betriebsveräußerung. Das gilt insbesondere für die Fälle, in denen der Erblasser eine Entnahme von Wirtschaftsgütern durch Vermächtnisse angeordnet hat. Die Entnahme und daher der Entnahmegewinn sind ihm zuzurechnen[217]. Der Vermächtnisnehmer hat unentgeltlich von dem Erben erworben. 297

---

[212] A. A. Theiß, Der Erbe im Einkommensteuerrecht, S. 22.
[213] Hierzu BFH v. 3.12.1964, HFR 1965, 214; v. 13.11.1963, BStBl. III 1964, 124; v. 4.11.1965, BStBl. III 1966, 49; v. 17.2.1971, BStBl. II 1971, 484.
[214] BFH v. 16.11.1967, BStBl. II 1968, 78; v. 12.12.1973, BStBl. II 1974, 208; v. 26.6.1973, BStBl. II 1973, 885.
[215] BFH v. 21.12.1965, BStBl. III 1966, 195; Littmann, Inf. 1966, 341.
[216] Hinsichtlich der Voraussetzungen eines Teilbetriebes vgl. insbes. BFH v. 4.7.1973, BStBl. II 1973, 838; v. 5.6.1976, BStBl. II 1977, 42; v. 2.8.1978, BB 1979, 47; v. 26.6.1978, BB 1978, 1503.
[217] BFH GrS v. 5.7.1990, BStBl. II 1990, 837; v. 7.12.1990, BB 1991, 529.

Veräußert der Erbe den Betrieb als lebendigen Organismus, so liegt die Veräußerung eines Gewerbebetriebes vor. Gemäß § 16 Abs. 1 EStG handelt es sich auch hier um Einkünfte aus Gewerbebetrieb.

Dieser Veräußerungsgewinn ist jedoch bis zu DM 60.000,– befreit (§ 16 Abs. 4 EStG), wenn der Veräußerer das 55. Lebensjahr vollendet hat.

Der Freibetrag ermäßigt sich jedoch um den Betrag, um den der Veräußerungsgewinn bei der Veräußerung des ganzen Betriebes DM 300.000,– übersteigt.

Beispiel:
Der Erbe A (40 Jahre alt) veräußert den Betrieb des Erblassers an B. Der Veräußerungsgewinn beträgt DM 120.000,–. Kein Freibetrag, nur halber Steuersatz nach § 34 EStG.

Soweit der Veräußerungsgewinn nicht steuerfrei ist, ist er nach § 34 Abs. 1 EStG tarifbegünstigt, d.h. die auf diesen Betrag entfallende Steuer wird nur zur Hälfte erhoben. Es muß allerdings ein Antrag gestellt werden.

298 Ebenso wie die Veräußerung eines Gewerbebetriebes wird auch die Betriebsaufgabe behandelt. Von einer Betriebsaufgabe spricht man dann, wenn die Wirtschaftsgüter eines Betriebsvermögens im wesentlichen in einem wirtschaftlich einheitlichen Vorgang veräußert werden und der Betrieb hierdurch völlig oder Teilbetriebe völlig zum Erliegen kommen. Die Rechtsprechung hat einen wirtschaftlich einheitlichen Vorgang bei einer Abwicklungsdauer von einem halben Jahr noch angenommen[218].

Der Aufgabegewinn wird in gleicher Weise begünstigt wie der Veräußerungsgewinn. Nur hinsichtlich der Gewinnermittlung bestehen Unterschiede. Während bei der Entnahme die Teilwerte zugrundegelegt werden, ist hier der gemeine Wert Bemessungsgrundlage.

299 Bei der Veräußerung sind Maßstab für die Berechnung des Veräußerungsgewinnes die vom Erblasser übernommenen Buchwerte. Es ist hierbei unerheblich, ob der Betrieb gegen eine Rente[219], Kaufpreisraten oder einen einmaligen Barbetrag veräußert wird.

300 Bringt der Erbe das Unternehmen in eine Personengesellschaft (oHG oder KG) ein, indem er einen Fachmann als Teilhaber aufnimmt, so liegt in diesem Vorgang keine Veräußerung (§§ 24 UmwStG), sofern die Buchwerte fortgeführt werden[220].

Verluste bei beschränkter Haftung (§ 15a EStG)[221]:

301 Bei Kommanditgesellschaften darf der einem Kommanditisten zuzurechnende Anteil am Verlust der Kommanditgesellschaft weder mit anderen Einkünften aus Gewerbebetrieb noch mit Einkünften aus anderen Einkunftsarten ausgeglichen

---

[218] BFH v. 25.6.1970, BStBl. II 1970, 719. In Einzelfällen wird man einen wirtschaftlich einheitlichen Vorgang bis zu einem Jahr annehmen können.
[219] Vgl. Rz. 432 ff.
[220] Vgl. Rz. 1062 ff.
[221] Bordewin, FR 1980, 612; Mittelsteiner, DStR 1980, 610; Wallenhorst, NSt von A–Z, Nr. 21/1980, S. 35; Rautenberg, DB 1980, 1959; Danckmeyer, DB 1980, 1910, Jakob, DB 1980, 2554; Bordewin, DB 1980, 1033; Knobbe-Keuk, NJW 1980, 2557.

werden, soweit ein negatives Kapitalkonto des Kommanditisten entsteht oder sich erhöht. Das gilt nicht für Verluste im Bereich des Sonderbetriebsvermögens. Das negative Kapitalkonto ergibt sich aus der Gesellschaftsbilanz, einschließlich der Ergänzungsbilanzen, nicht jedoch für das Sonderbetriebsvermögen, sowohl für das negative als auch für das positive Sonderbetriebsvermögen. Darlehnsaufnahmen mindern das Kapitalkonto nicht, ebenso ist ein negatives Kapitalkonto nicht mit positivem Sonderbetriebsvermögen auszugleichen. Gesellschafterdarlehen gelten als Sonderbetriebsvermögen[222]. Es darf insoweit auch nicht nach § 10 d EStG abgezogen werden.

Das gilt jedoch nicht, soweit der Kommanditist seine Einlage noch nicht geleistet hat oder diese wegen Rückzahlung als nicht geleistet gilt und er daher den Gläubigern der Gesellschaft insoweit persönlich haftet.

Soweit der Verlust nicht ausgeglichen werden bzw. abgezogen werden darf, mindert er die Gewinne, die dem Kommanditisten in späteren Wirtschaftsjahren aus seiner Beteiligung an der Kommanditgesellschaft zuzurechnen sind. Eine Verrechnung mit Sonderbetriebseinnahmen erfolgt nicht.

Der nicht ausgleichsfähige oder abzugsfähige Verlust ist jährlich fortzuschreiben und gesondert festzustellen.

302 Der nicht ausgleichsfähige Verlust geht auch auf die Erben über. Der nicht ausgeglichene, vom Erblasser übernommene Verlust mindert den Gewinn des Erben aus der geerbten Beteiligung.

Bei einer Mehrheit von Erben geht der nach § 15a EStG nicht ausgeglichene Verlust grundsätzlich auf die Erben entsprechend der Erbquote über.

Setzen sich jedoch die Erben dahingehend auseinander, daß nur einer der Erben oder einzelne Erben den Anteil des Verstorbenen übernehmen, so geht der nicht verrechenbare Verlust auf diesen oder auf diese im Verhältnis der übernommenen Beteiligung über. Abweichende Vereinbarungen unter den Erben sind m. E. nicht möglich.

c) Die Veräußerung einer wesentlichen Beteiligung

303 Gemäß § 17 EStG wird die Veräußerung einer wesentlichen Beteiligung der eines Gewerbebetriebes gleichbehandelt. Obwohl es sich hierbei um Kapitaleinkünfte handelt, werden bei der Veräußerung einer wesentlichen Beteiligung an einer Kapitalgesellschaft gewerbliche Einkünfte fingiert[223].

Eine Beteiligung wird als wesentlich angesehen, wenn der Anteilseigner mehr als 25 % des Grund- bzw. Stammkapitals der Gesellschaft hält. Die Beteiligung gilt

---

[222] BFH v. 8.9.1992, DB 1993, 207; v. 30.3.1993, BB 1993, 1699; v. 28.5.1993, DB 1993, 1607; BdF v. 15.12.1993, IV B 2 – SZ 241a – S 7/93, BStBl. I 1993, 976; v. 24.11.1993 IV B 2 – S 2241a – 51/93, BStBl. I 1993, 934; Brandenburg, DB 1993, 2301.
[223] Schulze zur Wiesche, BB 1984, 1612; Zenthöfer/Schulze zur Wiesche, ESt-Lehrbuch, S. 592.

noch als wesentliche, wenn der Anteilseigner innerhalb von 5 Jahren mehr als 25 % des Gesellschaftskapitals besetzt hat.

Da der Erbe Rechtsnachfolger des Erblassers ist und somit dessen rechtliche Stellung einnimmt, gilt für ihn auch die Fünfjahresfrist des § 17 EStG. Während der Besitzzeit des Erblassers und des Erben darf die Beteiligung fünf Jahre lang keine wesentliche Beteiligung mehr im Sinne des EStG gewesen sein.

304 Veräußert der Erbe die Beteiligung innerhalb dieser Fünfjahresfrist, so ist der Mehrgewinn gegenüber den Anschaffungskosten zu versteuern.

War zum Beispiel der Erblasser zwei Jahre vor seinem Tode an einer Kapitalgesellschaft noch wesentlich beteiligt, so kann der Erbe erst nach weiteren drei Jahren die Beteiligung einkommensteuerfrei veräußern.

305 Befindet sich im Nachlaß eine wesentliche Beteiligung und wird diese Beteiligung auf mehrere Erben aufgeteilt mit der Folge, daß die Beteiligung eines jeden einzelnen unter 25 v. H. Stammkapital der Gesellschaft sinkt, so wird die Beteiligung eines jeden Erben noch fünf Jahre lang als eine wesentliche behandelt. Die Veräußerung dieser Beteiligung durch den jeweiligen Erben ist also in diesem Falle noch 5 Jahre lang steuerschädlich. Die Bagatellgrenze ist jedoch ab 1. 1. 1996 entfallen.

306 Der Veräußerungsgewinn ist der Verkaufserlös abzüglich der Anschaffungskosten und der Werbungskosten. Den Erben sind die Anschaffungskosten des Erblassers zugrundezulegen. Der Veräußerungsgewinn ist gemäß §§ 17 Abs. 3, 34 Abs. 1 EStG begünstigt[224]. Allerdings ist zu beachten, daß die volle Tarifbegünstigung (halber Steuersatz) ab 1990 nur noch für Veräußerungsgewinne bis zu 30 Mio. DM gewährt wird.

d) Einkünfte aus freiberuflicher Tätigkeit

307 Das Ableben eines Freiberuflers führt weder zu einer Betriebsaufgabe[225] noch geht das der freiberuflichen Tätigkeit dienende Betriebsvermögen durch den Erbfall in das Privatvermögen der Erben über.

Die Erben beziehen, sofern nicht lediglich Entgelte für im Rahmen der ehemaligen freiberuflichen Tätigkeit erbrachte Leistungen bezogen werden, keine Einkünfte aus einer ehemaligen Tätigkeit des Erblassers i. S. von § 24 Nr. 2 EStG, sondern kraft vollständiger eigenen Verwirklichung des Einkünftetatbestandes.

308 Für die Einordnung der Einkünfte unter eine Einkunftsart kommt es jedoch darauf an, ob die Erben die Tätigkeit als solche fortsetzen oder lediglich die freiberufliche Tätigkeit abwickeln. Wird die freiberufliche Tätigkeit von berufsfremden Erben durch einen qualifizierten Angestellten oder einen Vertreter kraft Auftrags

---

[224] Vgl. Rz. 537, 539 ff.
[225] BFH v. 12. 3. 1992, BStBl. II 1993, 36; v. 29. 4. 1993, BStBl. II 1993, 716; v. 14. 12. 1993, BStBl. II 1994, 922.

oder kraft Geschäftsbesorgung fortgeführt, haben die Erben Einkünfte aus Gewerbebetrieb[226].

Erzielen die Erben lediglich Einkünfte aus der Abwicklung der freiberuflichen Tätigkeit des Erblassers, liegt weiterhin eine freiberufliche Tätigkeit vor. [227]. 309

Die Erbin eines verstorbenen Kunstmalers erzielt durch Veräußerung der zum Nachlaß gehörenden Bilder nachträgliche Einkünfte aus künstlerischer Tätigkeit[228].

In vielen Fällen ist der Erbe nicht in der Lage, die freiberufliche Tätigkeit des Erblassers fortzuführen. Übte der Erblasser eine freiberufliche Tätigkeit als Arzt oder Rechtsanwalt aus, so kann der Erbe diese Tätigkeit nicht fortführen, wenn er nicht seine Abschlußexamen als Arzt oder Volljurist abgelegt hat. Jedoch sind die vom Erben eingezogenen Honorare aus der Tätigkeit des Erblassers als Arzt oder Rechtsanwalt für den Erben Einkünfte aus freiberuflicher Tätigkeit (§ 24 Nr. 2 EStG)[229]. Gleiches gilt, wenn der Erbe oder die Erben die freiberufliche Tätigkeit abwickeln, indem die Praxiseinrichtung einzeln veräußert oder die Praxis an einen Berufsträger als ganzes einschließlich Praxiswert veräußert wird[230]. 310

Hier kommt es nicht darauf an, ob der Erbe die Voraussetzungen für eine freiberufliche Tätigkeit mitbringt. Alle Einkünfte, die mit der Abwicklung der freiberuflichen Tätigkeit in Zusammenhang stehen, sind beim Erben ebenfalls freiberufliche Einkünfte.

Mit dem Tode geht der Betrieb des Erblassers auf die Erben als Rechtsnachfolger über, d.h. die Wirtschaftsgüter des der freien Berufstätigkeit dienenden Vermögens[231]. Solange diese den Betrieb nicht aufgeben oder veräußern (§ 18 Abs. 3 i.V.m. § 16 Abs. 1 Nr. 3 EStG) kann sich noch eine mit dem bisherigen Beruf des verstorbenen Stpfl. zusammenhängende, allerdings zeitlich begrenzte Abwicklungstätigkeit ergeben. Aufwendungen hierfür können betrieblich veranlaßt sein (§ 4 Abs. 4 EStG)[232]. 311

Beauftragt z.B. der überlebende Ehegatte oder ein anderer Erbe einen Arztvertreter gegen eine Vergütung mit der Ausübung der Tätigkeit, so sind die Einkünfte hieraus nicht der freiberuflichen sondern der gewerblichen zuzurechnen, auch wenn das Ziel die Abwicklung ist. 312

Hat der Erblasser z.B. ein wissenschaftliches Werk nicht vollendet und führt der Erbe dieses fort, so hat der Erbe eigene freiberufliche Einkünfte, auch soweit es die nicht abgeschlossene Arbeit des Erblassers betrifft, sofern die Honorareingänge nach dem Tode erfolgen. Aber auch für den Fall, daß der Erblasser das Werk voll- 313

---

[226] BFH v. 14. 12. 1993, BStBl. II 1994, 922.
[227] BFH v. 29. 4. 1993, BStBl. II 1993, 716.
[228] Vgl. Fußnote 227.
[229] Littmann, § 18 EStG, Rd. 390; BFH v. 22. 1. 1963, BStBl. III 1963, 189.
[230] BFH v. 14. 12. 1993, BStBl. II 1994, 922; v. 29. 4. 1993, BStBl II 1993, 716; v. 30. 3. 1989, BStBl. II 1989, 509.
[231] BFH v. 19. 5. 1981, BStBl. II 1981 II, 665.
[232] BFH v. 30. 3. 1989, DB 1989, 1267.

endet hat, sind die noch eingehenden Honorare Einkünfte aus freiberuflicher Tätigkeit des Erben, sofern der Honoraranspruch erst nach dem Tode des Erblassers entstanden ist.

314   War der Erblasser Inhaber von Urheberrechten und Patenten, so sind die nachträglich eingehenden Lizenzzahlungen Einkünfte aus freiberuflicher Tätigkeit bei den Erben. Für die Frage, ob freiberufliche Einkünfte vorliegen, kommt es nicht auf die persönlichen Voraussetzungen der Erben, sondern auf die des Erblassers an. Hatte der Erblasser Einkünfte aus selbständiger freiberuflicher Tätigkeit oder war seine Tätigkeit, von der die nachträglichen Einkünfte herrühren, eine freiberufliche, so sind die Einkünfte auch bei den Erben freiberuflicher Art.

315   Gehört ein Urheberrecht zum Betriebsvermögen eines Freiberuflers und wird der Betrieb durch Tod des Freiberuflers nicht aufgegeben, so bleibt die Betriebsvermögenseigenschaft auch bei den Erben bestehen. Allerdings wird allgemein angenommen, daß die zeitlich begrenzte Überlassung von Rechten, etwa von künstlerischen und gewerblichen Urheberrechten, durch den Erben des Urhebers den Hauptanwendungsfall des § 21 Abs. 1 Nr. 3 EStG bilden[233]. Das gilt jedoch nur, wenn das Urheberrecht zum Privatvermögen des Erben gehört. Auch beim Erben gehört das Urheberrecht nur dann zum Privatvermögen, wenn es entnommen worden ist[234].

316   Verpachten nichtqualifizierte Erben die freiberufliche Praxis des Erblassers, so wird das im Erbwege übergegangene freiberufliche Betriebsvermögen in gewerbliches Betriebsvermögen umgewandelt[235]. Die von den Erben erzielten Einkünfte stellen solche aus gewerblicher Tätigkeit dar. Ein etwa vorhandener Praxiswert besteht als solcher nicht fort, sondern wandelt sich ebenfalls in einen Geschäftswert um[236].

317   Die Umqualifizierung von der freiberuflichen zur gewerblichen Tätigkeit führt nicht zur Aufdeckung der stillen Reserven. Der erbbedingte Übergang von einer freiberuflichen zur gewerblichen Tätigkeit führt nicht zu einer zwangsweisen Betriebsaufgabe[237].

Eine Betriebsaufgabe erfolgt erst, wenn der Verpächter bzw. die Verpächter die Betriebsaufgabe gegenüber dem Finanzamt erklären oder wenn auf den Pächter nicht alle wesentlichen Grundlagen des bisherigen Betriebes übergegangen sind oder freiberufliche Betriebe derart in der Struktur ändert, daß er von dem Verpächter nicht mehr fortgeführt werden kann. Haben die Erben hinsichtlich des verpach-

---

[233] Stephan in Littmann/Bitz/Meincke, EStG § 21 RdNr. 82; Blümich-Stuhrmann, EStG § 21 RdNr. 63; Bordewin in Lademann/Söffing/Brockhoff, EStG § 21 RdNr. 169; Schmidt-Seeger, EStG § 24 Anm. 8d; Herrmann/Heuer/Raupach, EStG und KStG Komm. § 21 EStG Anm. 14.
[234] BFH v. 27.11.1992, BFH/NV 1993, 471.
[235] BFH v. 29.4.1993, BStBl. II 1993, 76; v. 14.12.1993, BStBl. II 1994, 922.
[236] BFH v. 28.9.1993, BStBl. II 1994, 449; v. 13.3.1991, BStBl. II 1991, 595; v. 14.12.1993, BStBl. II 1994, 922.
[237] BFH v. 12.3.1992, BStBl. II 1993, 36.

teten freiberuflichen Betriebs die Betriebsaufgabe erklärt, haben sie das Betriebsvermögen in das Privatvermögen überführt. Der Aufgabegewinn ist bei ihnen zu erfassen. Der Freibetrag von DM 60.000,– nach § 16 Abs. 4 EStG ist bei ihnen nur zu gewähren, wenn der Erbe die besonderen Voraussetzungen erfüllt. Die Verpachtung nur für einen zeitlich überschaubaren begrenzten Zeitraum führt nicht zur Umqualifizierung der Einkünfte in solche aus Gewerbebetrieb, wenn dies dazu dienen soll, einem Erben nach Erlangung der beruflichen Voraussetzungen die Fortführung der Praxis des Erblassers zu ermöglichen[238].

Bringt der Erbe die fachlichen Voraussetzungen für die freiberufliche Tätigkeit mit, so hat er auch freiberufliche Einkünfte. Läßt jedoch der Erbe die freiberufliche Tätigkeit, sofern es standesrechtlich möglich ist, durch einen Dritten ausüben, so hat er keine freiberuflichen Einkünfte. Die freiberufliche Tätigkeit setzt nämlich begrifflich voraus, daß der Freiberufler selbst die Voraussetzungen mitbringt[239]. Ein Freiberufler kann zwar mehrere Angestellte beschäftigen, aber er muß selbst in der Lage sein, die Tätigkeit auszuüben. Außerdem müssen die entscheidenden Anregungen von ihm ausgehen. Das ist nicht der Fall, wenn der Erbe den Betrieb durch einen Dritten auf seine Rechnung fortführen läßt. Läßt zum Beispiel der überlebende Ehegatte als Erbe eine Arztpraxis durch einen Vertreter für einen längeren Zeitraum fortführen, bis der Sohn die fachlichen Voraussetzungen für die Arzttätigkeit erlangt hat, so liegt für den Zwischenzeitraum bei der Witwe keine freiberufliche Tätigkeit vor. Unabhängig von der standesrechtlichen Frage, ob die Fortführung über einen längeren Zeitraum zulässig ist, ist u. E. eine gewerbliche Tätigkeit anzunehmen[240]. 318

Eine Ausnahme nimmt die Rechtsprechung dann an, wenn die Ausübung des Berufs nur vorübergehend durch einen Dritten erfolgt, um einem Erben der zur Zeit des Erbfalls die notwendige Ausbildung noch nicht abgeschlossen hat, die spätere Übernahme zu ermöglichen[241]. 319

Wird ein freiberuflicher Betrieb gegen einen Kapitalbetrag, Ratenzahlungen oder eine Leibrente veräußert, so liegen, soweit der Veräußerungspreis die Buchwerte (Anschaffungskosten abzüglich AfA) übersteigt, Einkünfte aus einer freiberuflichen Tätigkeit vor[242], und zwar in der Form der Veräußerung eines freiberuflichen Betriebes. Auch die gewährte Leibrente ist als eine betriebliche Veräußerungsrente anzusehen. Anders liegt der Fall, wenn der Versorgungscharakter im Vordergrund steht, z.B. wenn die Arztpraxis an einen jüngeren Neffen, der gerade sein Studium beendet hat, übertragen wird, wobei die Rente mehr auf die Bedürfnisse des Überlebenden abgestellt wird als auf den Wert der Praxis. Das gleiche trifft zu, wenn einer Witwe aufgrund eines Pensionsvertrages von den übrigen Partnern einer Sozie- 320

---

[238] BFH v. 12. 3. 1992, BStBl. II 1993, 36.
[239] Theis, Der Erbe im Einkommensteuerrecht, S. 65; BFH v. 11. 9. 1968, BStBl. II 1968, 820; v. 15. 4. 1975, BStBl. II 1977, 539.
[240] BFH v. 19. 5. 1981, BStBl. II 1981, 665.
[241] BFH v. 12. 3. 1992, BStBl. II 1993, 36.
[242] BFH v. 7. 10. 1965, BStBl. III 1965, 666.

tät eine Rente bezahlt wird aufgrund des Sozietätsvertrages. Die Rente bedeutet kein Entgelt für das Ausscheiden des verstorbenen Partners, sondern sie hat reinen Versorgungscharakter.

Es liegt im letzteren Fall eine private Versorgungsrente vor, die nach § 22 Abs. 1 EStG zu versteuern ist (vgl. im einzelnen Rz. 427ff.). Im Falle einer Kapitalabfindung ist der Veräußerungsgewinn unter bestimmten Voraussetzungen begünstigt: § 18 Abs. 3 i.V.m. § 16 Abs. 4 EStG.

e) Einkünfte aus nichtselbständiger Tätigkeit

321   Ein Anstellungsverhältnis endet grundsätzlich mit dem Tode. Man kann daher grundsätzlich ein Arbeitsverhältnis nicht fortführen. Einkünfte aus unselbständiger Tätigkeit des Erben aus dem Nachlaß können sich daher nur auf nachträgliche Bezüge aus dem Arbeitsverhältnis des Erblassers beziehen. Z.B. das Restgehalt oder die noch nicht abgerechnete Tantieme. Gemäß § 24 Nr. 2 EStG sind Einkünfte, die der Erbe als Rechtsnachfolger des Erblassers bezieht, der gleichen Einkunftsart beim Erblasser zuzurechnen. Danach kann ein Erbe, der sonst nur Einkünfte aus unselbständiger Tätigkeit hat, durch den Erbfall Einkünfte aus selbständiger Tätigkeit erhalten und auch umgekehrt[243].

f) Einkünfte aus Kapitalvermögen

322   Zinszahlungen und Dividenden, die nach dem Erbfall zufließen, sind Einkünfte des Erben, auch wenn sie einen Zeitraum betreffen, zu welchem der Erblasser noch lebte[244]. Diese Einkünfte sind grundsätzlich auch beim Erben Einkünfte aus Kapitalvermögen. Eine Ausnahme jedoch liegt dann vor, wenn die Beteiligung an der Kapitalgesellschaft beim Erben zum notwendigen, aber nicht gewillkürten Betriebsvermögen gehört. Z. B.: Der Erbe ist Einzelkaufmann, im Betriebsvermögen befindet sich ein Anteil an einer GmbH, an der der Erblasser ebenfalls beteiligt war. Ist die Beteiligung an der GmbH für den Erben notwendiges Betriebsvermögen, so fällt die weitere Beteiligung durch den Erbfall auch in das Betriebsvermögen, denn der Erbe wird im Zweifel auch diese Beteiligung nicht außerhalb seines Betriebes halten können. Allerdings ist der Erbe nicht an die Anschaffungswerte des Erblassers gebunden, wenn dieser die Beteiligung bereits drei Jahre im Privatvermögen gehalten hat.

g) Einkünfte aus Vermietung und Verpachtung

323   Mieten, die nach dem Tode des Erblassers gezahlt werden, werden dem Erben zugerechnet.

324   Der Erbe hat die Anschaffungs- bzw. Herstellungskosten des Erblassers zu übernehmen. Da er unentgeltlich erwirbt, hat er die Werte des Erblassers fortzuführen[245].

---

[243] BFH v. 29.7.1960, BStBl. III 1960, 404.
[244] BFH v. 11.8.1971, BStBl. II 1972, 55.
[245] Anschaffungsnaher Aufwand; Littmann, Inf. 1966, 341ff.; Beschluß BFH v. 18.3.1966, BStBl. III 1966, 218; v. 2.3.1961, BStBl. III 1961, 458.

Hat das Grundvermögen dem Erblasser bereits im Zeitpunkt der Währungsreform gehört (21. 6. 1948), so kann der Erbe nur vom Einheitswert (Wert 1. 1. 1935) seine AfA vornehmen, auch wenn er mit dem Grundstück eine höhere Hypothek übernommen hat, anders bei der vorweggenommenen Erbfolge. Die Übernahme der Last erfolgt aufgrund Erbfalls und ist daher unentgeltlich. 325

Der Erbe kann, da er die Person des Erblassers als Rechtsnachfolger fortsetzt, alle seine Reparaturaufwendungen im Jahr der Aufwendung als Werbungskosten absetzen. 326

Er ist nicht verpflichtet, die Reparaturaufwendungen, wenn diese ein gewisses Übermaß übersteigen, als anschaffungsnahen Aufwand zu aktivieren[246]. Dies wäre aber der Fall, wenn der Erblasser viele Jahre vor dem Tode nicht mehr investiert hatte und der Erbe alle Reparaturen nachholen müßte.

Hypothekenzinsen sind nur als Werbungskosten abziehbar, wenn die Hypothekendarlehen mit dem Hausbau in einem wirtschaftlichen Zusammenhang stehen. Hat der Erblasser später eine Hypothek später auf das Grundstück aufgenommen aus Gründen, die nicht mit den Einkünften aus Vermietung und Verpachtung in Zusammenhang stehen, sind die Zinsen nicht bei den Einkünften aus Vermietung und Verpachtung als Werbungskosten zu berücksichtigen. Das gleiche gilt auch für den Erben, der die Hypothek übernommen hat. Soweit die Hypothekenzinsen nicht mit den Herstellungs- und Anschaffungskosten beim Erblasser in Zusammenhang gestanden haben, sind sie auch beim Erben als Sonderausgaben zu berücksichtigen. 327

h) Sonstige Einkünfte der Erben

aa) Renten

Geht eine Versorgungsrente auf den Erben über, so kommt es auf die persönlichen Verhältnisse des Erben an. Erhält der überlebende Ehegatte z.B. eine Rente bis zum Tode weiter, so wird der Ertragsanteil der Rente, der der Einkommensteuer unterliegt, neu nach dem Lebensalter des überlebenden Ehegatten berechnet, soweit nicht auch der überlebende Ehegatte von Anbeginn Rentenberechtigter war. 328

Im Falle einer Veräußerungsrente kommt es darauf an, ob es sich um eine betriebliche oder private Rente handelt (vgl. hierzu Rz. 429). Wird eine betriebliche Veräußerungsrente, die dem Erblasser zustand, im Wege des Erbfalles auf den Erben übertragen, so tritt der Erbe in die Rechtsstellung des Erblassers ein. Hat der Erblasser bereits die kapitalisierte Rente gemäß § 16 EStG versteuert, so hat der Erbe lediglich den Zinsanteil zu versteuern. Hat jedoch der Erblasser bei der betrieblichen Veräußerungsrente nicht die Sofortversteuerung der Rente gewählt, so wird die Rente nur insoweit versteuert, als sie den Buchwert der gewerblichen Betätigung des Erblassers übersteigt. Hat also der Erblasser im Zeitpunkt des Todes bereits den Buchwert seiner Beteiligung bzw. seines Gewerbebetriebes erhalten, so hat der Erbe die Rente voll zu versteuern. Soweit jedoch der Erblasser sein Buch- 329

---

[246] BFH v. 2. 3. 1961, BStBl. III 1961, 458; Littmann, § 6 EStG, Rd. 110 ff.

kapital noch nicht erhalten hat, tritt eine Versteuerung der Rente bei dem Erben erst ein, wenn die Rente den Buchwert des Kapitals erreicht hat. Von dem Zeitpunkt an sind die einzelnen Rentenzahlungen voll zu versteuern. Und zwar handelt es sich hier um nachträgliche Einkünfte aus Gewerbebetrieb gemäß § 24 Nr. 2 EStG. Bei der privaten Veräußerungsrente jedoch wird der Ertragsanteil dieser Rente nach dem Lebensalter des überlebenden Ehegatten berechnet. Hinsichtlich weiterer Einzelheiten wird auf Rz. 429 ff. verwiesen.

bb) Abfindungen

330 Abfindungen, die der Erblasser für eine Tätigkeit zu beanspruchen hat, sind beim Erben ebenfalls Einkünfte aus der ehemaligen Tätigkeit im Sinne des § 2 Abs. 3 Nr. 1–4 EStG oder aus einem früheren Rechtsverhältnis im Sinne des § 2 Abs. 3 Nr. 5–7 EStG, und zwar auch dann, wenn sie dem Steuerpflichtigen als Rechtsnachfolger zufließen.

cc) Spekulationsgeschäfte

331 Bei den Spekulationsgeschäften kommt es auf den Anschaffungszeitpunkt des Erblassers an. Die Spekulationsfrist beginnt mit der Anschaffung des veräußerten Gegenstandes durch den Erblasser. Veräußert der Erbe innerhalb dieser Frist den Gegenstand, so liegt ein Spekulationsgeschäft vor[247].

332 Bei Grundstücken beträgt die Frist zwei Jahre. Hat der Erblasser z.B. 6 Monate vor seinem Tod ein Grundstück angeschafft, so ist eine Veräußerung seitens des Erben innerhalb von 18 Monaten nach dem Erbfall als Spekulationsgeschäft steuerpflichtig.

333 Bei Wertpapieren und sonstigen beweglichen Vermögen beträgt die Frist 6 Monate. Erblasser und Erbe müssen die Wertpapiere zusammen 6 Monate besessen haben. Sollte das nicht der Fall sein, so wird die Veräußerung der Wertpapiere als Spekulationsgeschäft behandelt.

3. Sonderausgaben

a) Der Verlustvortrag

334 Werden Verluste des Erblassers im Jahre des Todes bei dessen Veranlagung nicht ausgeglichen, so findet nach der Rechtsprechung des BFH[248] im Rahmen der Veranlagung des Erben ein Verlustausgleich statt. Soweit der Verlust in dem Veranlagungsjahr des Erbfalls nicht ausgeglichen werden kann, muß er beim Erben vorgetragen werden. Voraussetzung für die Übernahme des Verlustabzugs ist jedoch, daß der Erbe den Verlust auch tatsächlich trägt. Absprachen über die Aufteilung des Verlustvortrags bei mehreren Erben sind nicht möglich. Der Verlustvortrag geht auf den einzelnen Erben entsprechend seiner Quote am Nachlaß über. Haftet jedoch der Erbe infolge Nachlaßverwaltung oder Nachlaßkonkurses nur be-

---

[247] BFH v. 18.9.1964, BStBl. III 1964, 647; Littmann, Inf. 1966, 340.
[248] BFH v. 17.5.1972, BStBl. II 1970, 621.

schränkt, kann der Verlust beim Erben nicht berücksichtigt werden[249]. Hat der Erblasser im Jahr seines Todes den Verlust erlitten, ist dieser zunächst einmal bei seinen übrigen Einkünften auszugleichen. Soweit ein Ausgleich nicht möglich ist, wird er in das Vorjahr vorgetragen. Soweit der Verlust durch Ausgleich und Rücktrag beim Erblasser nicht ausgeglichen werden konnte, übernimmt ihn der Erbe. Der sich hieraus ergebende Steuererstattungsanspruch fällt in den Nachlaß. Die dem Zeitpunkt des Verlusts vorangegangene Veranlagung des Erblassers ist zu berichtigen und im Rahmen dieser Berichtigung der Verlust wie Sonderausgaben vom Gesamtbetrag der Einkünfte abzuziehen. Der Erstattungsanspruch fällt dann in den Nachlaß.

Soweit ein Verlustausgleich beim Erblasser nicht möglich ist, geht er auf den Erben als Rechtsnachfolger über. Der Verlust ist zunächst im Rahmen der Einkommensermittlung des Erben für das Jahr des Todes des Erblassers auszugleichen. Soweit ein Ausgleich nicht erfolgt, ist er beim Erben auf das vorangegangene Jahr rückzutragen. Nur soweit ein Ausgleich dann noch nicht erfolgt ist, ist der Verlust vorzutragen. **335**

Ist der Verlust bereits beim Erblasser in den Vorjahren entstanden, so hat der Erbe den Verlust, soweit er durch Abzug beim Erblasser noch nicht verbraucht ist, zu übernehmen. **336**

Ist dem Erben ein mit einem Nießbrauch belastetes Unternehmen vererbt worden, steht der Abzug eines während des Nießbrauchs eintretenden Verlustes nach § 10d EStG diesem nur zu, wenn er selbst den Verlust als Unternehmer erlitten hat[250].

Verluste des einen Ehegatten in den Vorjahren können in den Folgejahren nicht zum Abzug zugelassen werden, soweit im Falle der Zusammenveranlagung der Eheleute ein Ausgleich oder Abzug der Verluste möglich war[251]. **337**

b) Weitere Sonderausgaben

Inwieweit der Erbe weitere Sonderausgaben anläßlich des Erbfalls geltend machen kann, hängt vom Einzelfall ab.

Hat der Erbe eine Hypothek übernommen, die nicht mit den Einkünften aus Vermietung und Verpachtung im Zusammenhang steht, so kann er die Hypothekenzinsen nicht als Sonderausgaben voll absetzen. Hat der Erbe mit der Übernahme der Erbschaft Auflagen und Verbindlichkeiten übernommen (s. Buch I Rz. 540ff.), so kann er die Leistungen hieraus nicht als Sonderausgaben geltend machen. Diese Leistungen berühren lediglich die Vermögenssphäre. Soweit im Zusammenhang mit der Erbauseinandersetzung Zinsen anfallen, sind diese nicht mehr als Sonderausgaben zu behandeln. Wenn z.B. ein Erbe an eine Schwester eine Ka- **338**

---

[249] BFH v. 17.5.1972, BStBl. II 1970, 621.
[250] BFH v. 10.4.1973, BStBl. II 1973, 679.
[251] BFH v. 13.11.1979, BStBl. II 1980, 188.

pitalabfindung zu leisten hat in Höhe von DM 50.000,–, zahlbar in 10 Jahren, Verzinsung 5 %, so können diese Zinsen nicht als Sonderausgaben abgesetzt werden.

Es können aber im Zusammenhang mit einer Rentenlast oder einer dauernden Last Sonderausgaben entstehen. Die Rentenvermächtnisse und Vereinbarungen werden aber an gesonderter Stelle behandelt werden (Rz. 416ff.).

4. Steuerbegünstigung der zu eigenen Wohnzwecken genutzten Wohnung im eigenen Haus

339   Es soll hier nicht auf den Anwendungsbereich des § 10e EStG im einzelnen eingegangen werden[252].

340   Das Gesetz zur Neuregelung der steuerlichen Wohnungseigentumsförderung[253] hat auf den Erbfall und die Erbauseinandersetzung keinen Einfluß, soweit der Erwerb unentgeltlich erfolgt (hier wird der Erbe als Gesamtrechtsnachfolger u. U. die Grundförderung, soweit sie noch nicht verbraucht ist, fortführen); soweit jedoch durch Erwerb eines Erbanteils oder Zahlung eines Spitzenausgleiches der Erwerb entgeltlich erfolgt, tritt an die Stelle des Sonderausgabenabzugs gem. § 10 e EStG die Eigenheimzulage.

341   Der Sonderausgabenabzug nach § 10e EStG ist grundsätzlich nicht auf Dritte übertragbar. Jedoch ist in der Rechtsprechung anerkannt, daß der Sonderausgabenabzug nach § 10d EStG auf den Erben als Gesamtrechtsnachfolger übergeht. Gleiches wird in der Literatur auch für den Übergang der Grundförderung auf den Gesamtrechtsnachfolger vertreten[254]. Jedoch ist die Grundförderung nicht auf den Einzelrechtsnachfolger übertragbar. Hierzu zählt auch der Vermächtnisnehmer. Der Vermächtnisnehmer, der vom Erblasser ein Einfamilienhaus erhält, kann für dieses Objekt nicht die Grundförderung nach § 10e EStG beanspruchen, einmal weil er selbst das Objekt nicht entgeltlich erworben hat, zum anderen, weil er nicht Gesamtrechtsnachfolger, sondern nur Einzelrechtsnachfolger ist. Der Erbe kann jedoch die Grundförderung des Erblassers nur fortsetzen, wenn bei ihm kein Objektverbrauch eingetreten ist und er die Voraussetzung der Selbstnutzung erfüllt. Ist beim Erblasser Objektverbrauch eingetreten und nutzt der einzige Erbe das Objekt während des Abzugszeitraums selbst, kann er die Grundförderung nach § 10e in Ansporuch nehmen[255].

342   Im Jahre des Todes können sowohl der Erblasser als auch der Erbe die Grundförderung geltend machen. Sind im Jahre des Todes die Voraussetzungen der Grundförderung für den Erblasser erstmals eingetreten, kann der Erbe für den Erblasser den Antrag auf Grundförderung stellen.

---

[252] Literaturhinweis: Stephan, Neuregelung der Besteuerung des selbstgenutzten Wohnungseigentums; vgl. auch Stephan, DB 1990, 1038, 1090.
[253] BGBl. I 1996, 113.
[254] BFH v. 4.12.1991, BStBl. II 1992, 295.
[255] BFH v. 4.9.1990, BStBl. II 1992, 69; Wackers, BB 1994, 977; BFH v. 22.10.1993, BStBl. I 1993, 827.

Erwirbt ein Ehegatte infolge Erbfalls einen Miteigentumsanteil des anderen Ehegatten an der Wohnung hinzu, so kann er die auf diesen Anteil entfallenden Abzugsbeträge nach § 10e Abs. 1 und 2 EStG neben den ihm bereits zuvor zustehenden bis zum Ende des Abzugszeitraums in der bisherigen Höhe abziehen (§ 10 e Abs. 5 Satz 3 EStG). Jedoch ist für die Fortführung des Sonderausgabenabzugs nach § 10e Abs. 5 Satz 3 EStG erforderlich, daß bis zum Tod des Ehegatten die Voraussetzungen des § 26 Abs. 1 EStG vorgelegen haben. Es genügt, daß der überlebende Ehegatte „einen" Miteigentumsanteil an der Wohnung hinzuerwirbt. Es ist also nicht notwendig, daß der Ehegatte infolge Erbfalls Alleineigentümer wird.   343

5. Die außergewöhnliche Belastung

Die Anerkennung einer außergewöhnlichen Belastung setzt voraus, daß das laufende Einkommen durch eine unvorhergesehene, zwangsläufige außergewöhnliche Ausgabe belastet ist. Die mit dem Erbfall zusammenhängenden Lasten sind grundsätzlich aus der Erbmasse zu zahlen[256]. Das trifft insbesondere auf Beerdigungskosten zu. Auch die Bewirtung von Trauergästen ist nicht zwangsläufig[257].   344

Können diese Auslagen aus der Erbmasse nicht gedeckt werden, so kann der Erbe diese Lasten lediglich in Höhe der zumutbaren Eigenbelastung geltend machen (§ 33 Abs. 3 EStG). Jedoch sind Leistungen aus einer Lebensversicherung, die dem Stpfl. anläßlich des Todes eines nahen Angehörigen außerhalb des Nachlasses zufließen, auf die als außergewöhnlich anzuerkennenden Bestattungskosten anzurechnen[258].   345

Zahlungen, die ein Vater in Erfüllung eines auf vorzeitigen Erbausgleich gerichteten Verlangens seines nichtehelichen Kindes leistet, sind jedenfalls dann keine aus rechtlichen Gründen zwangsläufigen Aufwendungen i.S. des § 33 Abs. 2 Satz 1 EStG, wenn weder die nach § 1934 d Abs. 4 Satz 1 BGB vorgesehene notariell beurkundete Vereinbarung durchgeführt wird noch eine gerichtliche Entscheidung über den Anspruch ergeht[259].   346

Die Übernahme der Verbindlichkeiten der Mutter kann eine außergewöhnliche Belastung darstellen[260].

6. Der Tarif

Wickelt der Erbe ein Unternehmen des Erblassers ab, so steht ihm ebenso hinsichtlich des Veräußerungsgewinns der begünstigte Tarif des § 34 EStG zu. Der den Buchwert übersteigende Gewinn ist soweit mit dem halben Steuersatz zu versteuern. Das setzt allerdings voraus, daß der Gewerbebetrieb innerhalb einer wirtschaftlich angemessenen Frist abgewickelt wird. Erstreckt sich die Liquidation über einen großen Zeitraum von Jahren, so ist die Vorschrift des § 34 EStG nicht   347

---

[256] BFH v. 24. 7. 1987, BStBl. II 1987, 715.
[257] BFH v. 17. 9. 1987, BStBl. II 1988, 130.
[258] BFH v. 22. 2. 1996, BStBl. II 1996, 413.
[259] BFH v. 23. 10. 1987, DB 1988, 631.
[260] BFH v. 24. 7. 1987, DB 1987, 2549.

anwendbar; denn durch den längeren Abwicklungszeitraum wird durch die Verteilung des Gewinns auf mehrere Jahre die Steuerbelastung vermindert.

Der Erhöhungsbetrag steht ihm jedoch nicht zu, wenn er selbst die Voraussetzungen nicht erfüllt.

348 Diese Frage ist entscheidend für die Erfindervergütung (Verordnung § 4 Abs. 3), da sich die Lizenzzahlungen für Patente in der Regel über einen längeren Zeitraum erstrecken. Beim Erfinder sind diese Lizenzzahlungen steuerbegünstigt, wenn die Voraussetzungen der Erfinderverordnung vorliegen. Nach Ansicht des BFH[261] handelt es sich bei dieser Vergünstigung um eine höchstpersönliche, die nicht übertragen werden kann. Es ist somit davon auszugehen, daß der Erbe die Lizenzzahlungen voll zu versteuern hat.

III. Behandlung von Vermächtnissen und Auflagen

1. Grundsätze

349 Das Vermächtnis stellt eine vom Erblasser angeordnete Verbindlichkeit dar (hinsichtlich der bürgerlich-rechtlichen Behandlung vgl. Buch I Rz. 478 ff.).

a) Behandlung beim Erben

350 Derjenige Erbe, der einen Nachlaßgegenstand belastet mit einem Vermächtnis erworben hat, hat diesen unentgeltlich erworben. Die Erfüllung des Vermächtnisses stellt kein Entgelt für den Erwerb des Nachlaßgegenstandes dar. Das gilt auch dann, wenn der Erbe das Vermächtnis nicht aus Mitteln des Nachlasses, sondern aus eigenen Mitteln erfüllt. Nimmt der Erbe einen Kredit auf, um das Vermächtnis zu erfüllen und dient die Erfüllung des Vermächtnisses dazu, dem Erben eine Einkunftsquelle zu sichern, so stellen die Kreditzinsen seit Änderung der Rechtsprechung weder Betriebsausgaben oder Werbungskosten dar[262].

351 Erhält ein Erbe neben seinem Erbteil ein **Vorausvermächtnis**, so erhält er gegen die Erbengemeinschaft und damit, soweit er an der Erbengemeinschaft beteiligt ist, einen schuldrechtlichen Anspruch gegen sich selbst. Werden Wirtschaftsgüter zur Erfüllung des Vorausvermächtnisses aus dem Betriebsvermögen entnommen, ist auch ihm der Entnahmegewinn im Verhältnis zur Erbquote zuzurechnen. Da er jedoch Miterbe und damit Mitunternehmer geworden ist, liegt keine Entnahme vor, wenn er das Wirtschaftsgut einem anderen Betriebsvermögen mit dem Buchwert zuführt. Er hat in dem Falle ein Wahlrecht zwischen Übernahme zum Buchwert und Entnahme zum Teilwert (Erlaß Fußnote 262).

---

[261] BFH v. 26. 7. 1970, BStBl. II 1970, 824.
[262] Bisher bejaht Kreditzinsenabzug: BFH v. 23. 4. 1985, BB 1985, 2655; v. 19. 5. 1983, BStBl. II 1983, 390; nach Beschl. v. 5. 7. 1990 GrS 2/89, BStBl. II 1990, 837, nunmehr BFH v. 14. 4. 1992, DB 1993, 565; Schreiben BdF v. 11. 1. 1993, BStBl. I 1993, 61.

b) Behandlung beim Vermächtnisnehmer

Der Vermächtnisnehmer ist ertragsteuerlich seit dem Beschluß des Großen Senates[263] nicht mehr einem Erben gleich zu behandeln. Er erhält das vom Erblasser angeordnete Vermächtnis nicht mehr als vom Erblasser, sondern als vom Erben zugewandt. Er tritt als Einzelrechtsnachfolger in die Rechtsposition des Erben ein. 352

2. Geldvermächtnis

Hat der Erblasser ein Geldvermächtnis ausgesetzt, so hat der Erbe grundsätzlich den Nachlaß belastet mit diesem Vermächtnis erworben. 353

Beispiel:

E hat mit Testament angeordnet, daß der Erbe A den Betrieb übernehmen soll, mit der Maßgabe, daß er an den Nichterben B eine Abfindung von DM 100.000,- zahlen soll.

A hat den Betrieb unentgeltlich vom Erblasser erworben mit der Belastung, an einen Dritten DM 100.000,- zu zahlen. Es handelt sich hier um eine durch den Erbfall begründete Verbindlichkeit. Die Erfüllung des Vermächtnisses stellt kein Entgelt für die Anschaffung des Betriebes dar. Nimmt jedoch der Erbe einen Kredit auf, um die Verbindlichkeit zu erfüllen, so stellt dieses Darlehen eine betriebliche Verbindlichkeit dar, die erfolgsneutral vom Kapitalkonto abzubuchen ist. Die Kreditzinsen stellen Betriebsausgaben dar. Gleiches muß u.E. auch dann gelten, wenn das Geldvermächtnis in ein Darlehen, eine Rentenverpflichtung oder eine stille Beteiligung umgewandelt wird. Es handelt sich hier um betriebliche Verbindlichkeiten.

Entsprechendes muß gelten, wenn der Erbe Privatvermögen (als nichtbetrieblich) erwirbt, jedoch belastet mit einem Vermächtnis oder einer Auflage des Erblassers.

Der Vermächtnisnehmer hat den aufgrund des Vermächtnisses ausgesetzten Barbetrag vom Erben erworben.

3. Sachvermächtnis

a) Grundsätze

Hat der Erblasser ein Sachvermächtnis angeordnet, hat der Erbe als Gesamtrechtsnachfolger grundsätzlich auch diesen Gegenstand erworben. Durch die Anordnung des Sachvermächtnisses ist eine Nachlaßverbindlichkeit begründet worden, die der Erbe zu erfüllen hat. Der Vermächtnisnehmer erwirbt daher vom Erben und nicht vom Erblasser. Durch das Vermächtnis ist daher zweimal ein unentgeltlicher Erwerb erfolgt. Bis zum Beschluß des Großen Senats ging die Rechtsprechung von einem unmittelbaren Erwerb vom Erblasser aus. Der Vermächtnisnehmer ist daher im Unterschied zum Erben nicht Gesamtrechtsnachfolger, sondern lediglich Einzelrechtsnachfolger[264]. 354

---

[263] BFH v. 5. 7. 1990 GrS 2/89, BStBl. II 1990, 837; vgl. auch BFH v. 7. 12. 1990, BB 1991, 529.
[264] BFH v. 7. 12. 1990, BB 1991, 529.

b) Vermächtnis im Bereich des Privatvermögens

aa) Behandlung des Erben

355 Steuerlich wird der Erbe grundsätzlich bis zu Erfüllung des Vermächtnisses als Eigentümer des Vermächtnisgegenstandes angesehen. Dient der Vermächtnisgegenstand Einkünften (Vermietung und Verpachtung, § 21 EStG, oder Kapitalvermögen), sind die Einkünfte bis zur Erfüllung des Vermächtnisses grundsätzlich den Erben zuzurechnen. Unterliegt der Gegenstand des Vermächtnisses der Abnutzung z.B. bei Gebäude, kann der Erbe als Rechtsnachfolger nach § 11d EStDV für seine Besitzzeit die AfA beanspruchen[265].

bb) Behandlung des Vermächtnisnehmers

356 Der Vermächtnisnehmer hat wiederum den Gegenstand des Vermächtnisses unentgeltlich vom Erben erworben[266]. Als unentgeltlicher Erwerber kann er die AfA des **Erben** fortsetzen (§ 11d EStDV). Er kann daher grundsätzlich eine vom Erblasser und Erben in Anspruch genommene degressive AfA fortsetzen. Er ist jedoch nicht Gesamtrechtsnachfolger und kann daher nicht eine vom Erblasser beanspruchte Grundförderung fortsetzen, auch nicht die Übergangsregelung nach § 52 Abs. 21 EStG bei Selbstnutzung in Anspruch nehmen. Besteht das Vermächtnis in einem Anteil an eine Kapitalgesellschaft, so hat der Vermächtnisnehmer im Falle einer wesentlichen Beteiligung die Anschaffungskosten desjenigen Rechtsvorgängers zu übernehmen, der die Beteiligung entgeltlich erworben hat. Hinsichtlich der 5-Jahresfrist wird dem Vermächtnisnehmer die Besitzzeit des Erblassers und des Erben (§ 17 Abs. 1 EStG) angerechnet.

c) Erfüllung eines Vermächtnisses aus dem Betriebsvermögen

357 Nachlaßverbindlichkeiten sind in der Regel private Verbindlichkeiten. Eine betriebliche Verbindlichkeit liegt nicht vor. Hat der Erblasser ein Vermächtnis angeordnet, das aus dem Betriebsvermögen zu erbringen ist, liegt eine private Verbindlichkeit vor. Wird ein Vermächtnis aus einem Betriebsvermögen erfüllt, liegt eine Entnahme des Erben vor[267]. Der Entnahmegewinn ist den Erben entsprechend der Erbquote zuzurechnen. Das gilt auch dann, wenn der Vermächtnisnehmer den Gegenstand in ein Betriebsvermögen überführt (§ 7 Abs. 1 EStDV ist insoweit nicht anwendbar). (Tz. 67).

Anders bei einem sog. Vorausvermächtnis.

358 Besteht das Vermächtnis in einer Sache, die sich in einem Betriebsvermögen befindet, so tätigt grundsätzlich der Erbe eine Entnahme, wenn er einen Gegenstand des Betriebsvermögen dazu verwendet, um eine Nachlaßverbindlichkeit, hier in Form eines Vermächtnisses, zu erfüllen[268].

---

[265] BFH v. 7.12.1990, BB 1991, 529.
[266] BFH v. 7.12.1990, BB 1991, 529; vgl. Märkle/Franz, BB Beilage 5 zu Heft 5/1991, S. 10.
[267] BFH v. 5.7.1990, BStBl. II 1990, 837.
[268] BFH v. 5.7.1990, BStBl. II 1990, 837.

Beispiel:
A ist Alleinerbe des E. Im Nachlaß befindet sich ein Betrieb, Buchwert DM 400.000,–, Vekehrswert DM 700.000,–. E hat an seinem Betriebsgrundstück, Wert DM 200.000,- (Buchwert DM 120.000,–), ein Vermächtnis zugunsten des B erstellt. A erfüllt dieses Vermächtnis an B.

A hat das Grundstück zum Teilwert von DM 200.000,- entnommen. Den Unterschiedsbetrag zwischen dem Teilwert und dem Buchwert (DM 200.000,- – DM 120.000,- = DM 80.000,-) hat er als Entnahmegewinn (laufenden Gewinn) zu versteuern.

Das gilt auch dann, wenn der Vermächtnisnehmer den Vermächtnisgegenstand in einem Betriebsvermögen verwendet.

d) Der Gewerbebetrieb oder eine Beteiligung an einer Personengesellschaft als Gegenstand eines Vermächtnisses.

Hat der Erblasser hinsichtlich des von ihm geführten Gewerbebetriebes bzw. hinsichtlich einer Beteiligung an einer Personengesellschaft ein Vermächtnis angeordnet, so ist der Erbe bzw. sind die Erben als Gesamtrechtsnachfolger Unternehmer bzw. Mitunternehmer geworden (Durchgangserwerb der Erbengemeinschaft)[269]. Sie haben grundsätzlich die Buchwerte des Erblassers zu übernehmen. Ihnen steht daher die AfA hinsichtlich des abnutzbaren Anlagevermögens vom Erbfall bis zur Erfüllung des Vermächtnisses zu. Die Erfüllung des Vermächtnisses ist grundsätzlich als unentgeltliche Betriebs- oder Anteilsübertragung zu qualifizieren, die beim Übertragenden nicht zu einer Auflösung der stillen Reserven führt. Der Vermächtnisnehmer ist verpflichtet, die Buchwerte der mit dem Vermächtnis belasteten Erben fortzuführen, nicht jedoch die des Erblassers.

359

Da als Zeitpunkt der Übertragung aufgrund des Vermächtnisses der Tag der Erfüllung gilt, also der Zeitpunkt des wirtschaftlichen Übergangs, wird den Erben bzw. der Erbengemeinschaft der Gewinn bis zur Übergabe an den Vermächtnisnehmer zeitanteilig zugerechnet. Abweichend von diesem Grundsatz sind jedoch den Vermächtnisnehmer die Einkünfte zwischen Erbfall und Vollziehung des Vermächtnisses zuzurechnen, wenn dieser schon vor Erfüllung des Vermächtnisses als Inhaber des Gewerbebetriebes anzusehen ist.

4. Nießbrauchsvermächtnis
a) Grundsätze

Hat der Erblasser ein Nießbrauchsvermächtnis angeordnet, geht der Nachlaß belastet mit diesem Vermächtnis auf den Erben über. Die Erben haben belastetes Eigentum erworben. Die Erfüllung des Nießbrauchsvermächtnisses ist insoweit als Begleichung einer vom Erblasser begründeten Schuld zu behandeln. Erfüllt ein Erbe im Zusammenhang mit dem Erwerb von Einkunftsquellen aus dem Nachlaß ein Nießbrauchsvermächtnis, so ist insoweit kein entgeltlicher Vorgang (Leistungsaustausch) gegeben.

360

---
[269] BFH v. 7. 12. 1990, BB 1991, 529.

361 Der Erbe hat den Nachlaßgegenstand belastet mit dem Nießbrauchvermächtnis erworben. Der Erbe erwirbt den Nachlaß mit der Verpflichtung (Vermächtnis), aus den Mitteln des Nachlasses eine Leistung zu erbringen. Besteht das Vermächtnis in der Einräumung eines Nießbrauchs, so ist der Erbe verpflichtet, den Nießbrauch zu bestellen. Dem Nießbraucher wird daher das Vermächtnis unmittelbar vom Erben zugewandt. Der vom Erben zugewandte Nießbrauch ist daher seit dem Beschluß des Großen Senates als Zuwendungsvermächtnis zu behandeln.

b) Nießbrauch an der gesamten Erbschaft

362 Ist der Nießbrauch am gesamten Nachlaß bestellt, so fallen dem Nießbraucher alle Einkünfte, die der Nachlaß erbringt, zu. Der Nießbraucher tritt insoweit an die Stelle des Erblassers und hat die Einkünfte, wie sie beim Erblasser angefallen wären, zu versteuern. Der Erbe selbst hat in der Regel keinerlei Einkünfte aus dem Nachlaß. Er kann Einkünfte nur insoweit haben, soweit ihm die Früchte[270] zufallen. Einkünfte können beim Erben nur vorliegen, wenn Nachlaßgegenstände durch andere ersetzt werden und hierdurch Veräußerungsgewinne entstehen. Da das ersetzte Gut dem Nießbrauchbesteller zufällt, hat er den evtl. Veräußerungsgewinn zu versteuern. Das ist der Fall, wenn sich der Gegenstand des Nießbrauchs in einem Betriebsvermögen befand oder wenn der veräußerte Gegenstand innerhalb der Spekulationsfrist veräußert worden ist. Der Erbe muß sich aber hierüber im klaren sein, daß er den Veräußerungsgewinn aus seinem Privatvermögen zu zahlen hat. Der reine Vermögensnießbrauch ist durch den BFH[271] in Frage gestellt.

c) Nießbrauch am Betriebsvermögen

aa) Nießbrauch am Einzelunternehmen

(1) Grundsätze

363 Der Nießbraucher hat nur dann Einkünfte aus Gewerbebetrieb, wenn er selbst die Voraussetzungen, die an eine gewerbliche Tätigkeit geknüpft sind, erfüllt. Ist der Nießbrauch an einem Einzelunternehmen bestellt worden, hat der Nießbraucher nur dann gewerbliche Einkünfte, wenn er selbst als Unternehmer bzw. beim quotenmäßigen Nießbrauch als Mitunternehmer anzusehen ist.

Man unterscheidet hier zwischen einem Unternehmensnießbrauch und einem Ertragsnießbrauch. Während beim Unternehmensnießbrauch der Nießbraucher das Unternehmen selbst führt, stehen beim Ertragsnießbrauch dem Nießbraucher lediglich die Erträge in vollem Umfange oder quotenmäßig zu, ohne daß er selbst zur Einkommenserzielung etwas beigetragen hat.

---

[270] BFH v. 21.11.1969, BStBl. II 1970, 368.
[271] BFH v. 21.11.1969, BStBl. II 1970, 368.

(2) Unternehmensnießbrauch

Ein Unternehmensnießbrauch liegt vor, wenn der Nießbraucher das Unternehmen selbst auf eigene Rechnung und Gefahr führt. Ihm sind daher grundsätzlich alle Einkünfte aus dem Unternehmen zuzurechnen[272]. 364

Nach dem Urteil des BFH vom 26. 2. 1987[273] liegen im Falle der Nießbrauchsbestellung zwei Betriebe vor, ein ruhender in der Hand des Eigentümers und Nießbrauchsverpflichteten und ein wirtschaftender in der Hand des Nießbrauchsberechtigten. Solange der Eigentümer und Nießbrauchsverpflichtete die Betriebsaufgabe nicht ausdrücklich erklärt, ist er Inhaber eines Gewerbebetriebes.

Wird der Nießbrauch an einem verpachteten Betrieb bestellt[274], sind dem Nießbraucher als Unternehmer die Einkünfte zuzurechnen, wenn der Nießbraucher dem Pächter gegenüber als der Überlassende auftritt, nicht jedoch wenn die Verpachtung weiterhin durch den Eigentümer erfolgt, der Nießbraucher lediglich Anspruch auf die Pachterträge hat. Der Nießbraucher muß Berechtigter und Verpflichteter des Pachtverhältnisses geworden sein, zumindest die Stellung eines Mitverpächters haben. 365

(3) Zurechnung der Einkünfte

Hat der Nießbraucher die Einkünfte erzielt, sind diesem grundsätzlich die Einkünfte zuzurechnen. Ihm steht grundsätzlich der gesamte Gewinn zu, den er aufgrund einer ordnungsgemäßen Wirtschaftsführung erzielt hat. Es handelt sich hier um den laufenden Gewinn. Nicht jedoch steht dem Nießbraucher der Gewinn zu, den er aus Anlageabgängen erzielt hat. Dieser Gewinn steht ihm nicht zur freien Verfügung, sondern er muß diesen wieder reinvestieren, weil für ihn die Substanzerhaltungsverpflichtung besteht. Soweit gegenüber dem Nießbrauchsverpflichteten Verbindlichkeiten bestehen, liegen Betriebsausgaben vor. 366

(4) AfA-Berechtigung

Der Nießbraucher ist grundsätzlich nicht AfA-berechtigt, da er nicht als Eigentümer und in der Regel auch nicht als wirtschaftlicher Eigentümer des Betriebsvermögens anzusehen ist. Er ist nicht berechtigt, AfA auf Anschaffungs- oder Herstellungskosten des Erblassers in Anspruch zu nehmen[275]. 367

Der Nießbrauchsbesteller und Eigentümer des Betriebsvermögens ist zwar AfA-berechtigt, er ist aber mangels Einkunftserzielungsabsicht nicht zum Betriebsausgabenabzug berechtigt, es sei denn, die Nießbrauchsbestellung war entgeltlich, was bei einem Nießbrauchsvermächtnis in der Regel nicht der Fall ist. 368

---

[272] Vgl. Biergans, DStR 1985, 329; Schulze zur Wiesche, RWP S 65.2, S. 1045/1055; Paus, BB 1990, 1675; Walter, BB 1983, 1151; Scholz, FR 1983, 573; L. Schmidt, § 15 EStG, RdNr. 31b.
[273] BStBl. II 1987, 772.
[274] BFH v. 14. 11. 1979.
[275] BFH v. 28. 9. 1995, BStBl. II 1996, 440.

(5) Ertragsnießbrauch am Unternehmen

369 Ein Ertragsnießbrauch an einem Unternehmen liegt dann vor, wenn der Nießbraucher nicht berechtigt ist, das Unternehmen selbst zu führen, sondern lediglich berechtigt, die Gewinne zu beanspruchen. Der Ertragsnießbraucher betreibt daher kein Gewerbe und hat somit keine Einkünfte aus Gewerbebetrieb. Auch der Vermächtnisnehmer übt selbst keine gewerbliche Tätigkeit aus. Der Vermächtnisnehmer tritt jedoch als Rechtsnachfolger in die Rechtsstellung des Erblassers ein. Hat der bisherige Betriebsinhaber einen Betrieb unter Nießbrauchsvorbehalt übertragen, stellt die Nießbrauchsbestellung kein Entgelt für die Betriebsübertragung dar. Vielmehr hat dieser einen Betrieb übertragen mit dem Rückbehalt des Nutzungsrechtes. Werden dem bisherigen Eigentümer Einkünfte aufgrund des Nießbrauchs überlassen, sind die Gewinnanteile Früchte der früheren gewerblichen Tätigkeit mit der Folge, daß der Gewinn, den er aufgrund des rückbehaltenen Nießbrauchs beanspruchen kann, bei ihm als nachträgliche Einkünfte aus Gewerbebetrieb zu behandeln sind[276].

370 Die Einkünfte, soweit sie dem früheren Ehegatten zustehen, scheiden daher beim Erwerber des Betriebes aus. Da der Vermächtnisnehmer in die Stellung des Erblassers eintritt und als Vorbehaltsnießbraucher zu behandeln ist, hätte der Vermächtnisnehmer für den Fall, daß ihm lediglich ein Ertragsnießbrauch eingeräumt worden ist, nachträgliche Einkünfte aus Gewerbebetrieb als Rechtsnachfolger. Selbst wenn man beim Vermächtnisnießbraucher nicht zu nachträglichen Einkünften aus Gewerbebetrieb gelangen sollte, wäre die Gewinnüberlassungsverpflichtung beim Betriebsinhaber zwar keine Betriebsausgabe, weil diese Verpflichtung nicht im innerbetrieblichen Bereich entstanden ist, sie wäre jedoch als dauernde Last als Sonderausgaben § 10 Abs. 1 Nr. 1a EStG voll abzugsfähig, da es sich hier nicht um eine freiwillig begründete Rechtspflicht handelt, und insoweit beim Empfänger als sonstige Einkünfte i.S. des § 22 Nr. 1 EStG in voller Höhe anzusetzen.

371 Liegt dem Ertragsnießbrauch kein Vermächtnis, sondern eine unentgeltliche Zuwendung zugrunde, wäre sie beim Überlassenden weder als Betriebsausgabe noch als Sonderausgabe abzugsfähig, da es sich hier um eine nichtabzugsfähige Einkommensverwendung handeln.

(6) Quotennießbrauch an einem Unternehmen

372 Der Nießbrauch am Unternehmen kann auch quotenmäßig begrenzt werden, was zweckmäßig ist, insbesondere dann, wenn der Erbe und nicht der Nießbraucher das Unternehmen führt. Ist der Quotennießbrauch durch ein Vermächtnis des Erblassers bestellt worden, hat der Nießbraucher als Rechtsnachfolger gewerbliche Einkünfte i.S. des § 15 EStG, obwohl er die Voraussetzungen einer Mitunternehmerschaft nicht erfüllt.

---

[276] Vgl. BFH v. 26.2.1987, BStBl. II 1987, 772, allerdings zur Land- und Forstwirtschaft ergangen.

Ist jedoch der Quotennießbraucher an der Unternehmensführung beteiligt, so ist 373
durch die Einräumung des Nießbrauches zumindest ein einer Gesellschaft ähnliches Gemeinschaftsverhältnis begründet worden, das als Mitunternehmerschaft i.S. des § 15 Abs. 1 Nr. 2 EStG zu behandeln ist[277]. In diesem Falle sind die Einkünfte für beide gemeinsam gesondert zu ermitteln.

bb) Nießbrauch am Gesellschaftsanteil[278]

Grundsätzlich kann nach Ansicht der Rechtsprechung des BFH[279] nur derjenige 374
Einkünfte aus Gewerbebetrieb haben, der selbst ein Gewerbe betreibt. Daher kann der Nießbraucher nur Einkünfte nach dieser Rechtsprechung haben, wenn er selbst Gewerbetreibender ist bzw. im Falle einer Mitunternehmerschaft selbst Mitunternehmer ist.

(1) Nießbraucher als Mitunternehmer

Für die Frage, ob der Nießbraucher als Mitunternehmer anzusehen ist, ist es 375
gleichgültig, ob der Nießbrauch am Gesellschaftsanteil selbst, am Gewinnstammrecht oder an einzelnen Gewinnansprüchen bestellt worden ist. Der Nießbraucher ist grundsätzlich als Mitunternehmer anzusehen, wenn er während der Zeit des Nießbrauchs alle Rechte des Gesellschafters wahrnimmt. Das betrifft nicht nur das Stimmrecht in der Gesellschafterversammlung, auch die Zustimmungsrechte und Kontrollrechte müssen von ihm wahrgenommen werden. Gleichgültig hierbei ist es, ob er am Gewinn und Verlust oder lediglich am Gewinn beteiligt ist. Als Gewerbetreibendem ist ihm daher der gesamte Gewinn aus der Beteiligung zuzurechnen, unabhängig davon, ob er ihm bürgerlich-rechtlich verbleibt oder nicht. Das Betriebsvermögen ist ihm insoweit in vollem Umfang zuzurechnen. Die Rückgabeverpflichtung an den ursprünglichen Eigentümer hat er zu passivieren. Die jeweiligen Erhöhungen der Verpflichtung, weil das Betriebsvermögen sich durch die nicht entnahmefähigen Gewinnanteile erhöht hat, stellen bei ihm Betriebsausgaben dar[280].

Neben dem Nießbraucher ist weiterhin der Anteilseigner als Mitunternehmer 376
anzusehen[281]. Dieser behält einen hinreichenden Bestand an vermögensrechtlicher Substanz des nießbrauchsbelasteten Gesellschaftsanteils und einen hinreichenden Bestand an gesellschaftsrechtlichen Mitwirkungsrechten zurück, die seine bisherige

---

[277] Vgl. BFH v. 26. 6. 1984, BStBl. II 1984, 751.
[278] Bender, DB 1979, 1445; Hoyer, BB 1978, 1459; Biergans, DStR 1985, 379; Schulze zur Wiesche, DStR 1980, 222, DB 1983, 2538, RWP S. 65.2, S. 1047ff.; L. Schmidt, § 15 EStG, RdNr. 53; Balke, FR 1987, 129; Bitz, DB 1987, 1506; Petzoldt, GmbHR 1987, 381; Lohr, Der Nießbrauch an Unternehmen und Unternehmensanteilen, 1989; Petzoldt, DStR 1992, 117; Haas, FS L. Schmidt, S. 316ff.
[279] BFH v. 5. 7. 1978, BStBl. II 1979, 45; v. 13. 10. 1972, BStBl. II 1973, 209; v. 26. 1. 1978, BStBl. II, 299; v. 1. 3. 1994, DB 1994, 2423; v. 9. 4. 1991, BB 19991, 1690.
[280] Vgl. Schulze zur Wiesche, DStR 1980, 222.
[281] BFH v. 1. 3. 1994, DB 1994, 2423.

Stellung als Gesellschafter und Mitunternehmer aufrechterhalten. Er trägt auch nach Bestellung des Nießbrauchs weiterhin ein Unternehmerrisiko und er kann auch weiterhin Unternehmerinitiative ausüben[282].

377 Wird gleichzeitig am Sonderbetriebsvermögen der Nießbrauch bestellt, behält dieses den Charakter als Sonderbetriebsvermögen. Gleiches gilt, wenn die Gesellschaft den Nießbrauch auf den Gesellschaftsanteil beschränkt, weil er Mitunternehmer geblieben ist[283].

(2) Nießbrauch am Gewinnstammrecht

378 Ist der Nießbrauch lediglich am Gewinnstammrecht bestellt worden, so ist nach Ansicht des BFH[284] die Nießbrauchbestellung wirtschaftlich gesehen einer Abtretung der Gewinnansprüche gleichzusetzen. Im Falle einer Forderungsabtretung wird der ursprüngliche Forderungsinhaber weiterhin als der Einkommensbezieher behandelt, mit der Folge, daß er auch künftig diese Einkünfte bezieht. Inwieweit auch der Nießbraucher Einkünfte hat, richtet sich jedoch nach dem Innenverhältnis. Der Gewinn ist mit dem Zufluß dem Nießbraucher zuzurechnen als sonstige Einkünfte i.S. des § 22 Nr. 1 EStG, soweit er bei dem Nießbrauchbesteller abzugsfähig ist, daher nicht unter das Abzugsverbot des § 12 Nr. 2 EStG fällt. Hiernach dürfen Zuwendungen (unentgeltliche Übertragungen aufgrund einer freiwillig begründeten Rechtspflicht) das Einkommen nicht mindern. Ist jedoch der Nießbrauchbesteller aufgrund einer testamentarischen Anordnung verpflichtet, den Nießbrauch zu bestellen, handelt es sich bei ihm nicht um eine freiwillig begründete Rechtspflicht, mit der Folge, daß der Nießbraucher sonstige Einkünfte i.S. des § 22 Nr. 1a EStG hat und beim Nießbrauchbesteller die überlassenen Einkünfte als dauernde Last i.S. des § 10 Abs. 1 Nr. 1a EStG in voller Höhe abzugsfähig sind. Das gleiche dürfte zutreffen, wenn der Nießbrauch im Rahmen einer Erbauseinandersetzung zur Abfindung weichender Erben eingeräumt worden ist.

d) Nießbrauch am Kapitalvermögen

379 Nach dem Urteil des BFH vom 17. 12. 1976[285] wird die unentgeltliche Bestellung eines Nießbrauchs an Wertpapieren mit steuerlicher Wirkung nicht anerkannt. Nach Ansicht des BFH handelt es sich auch hier um die Abtretung einzelner Gewinnansprüche, die als Einkünfte dem Wertpapierinhaber zuzurechnen sind. Nach dem Nießbraucherlaß vom 23. 11. 1983[286] ist beim Nießbrauch zwischen Vorbehaltsnießbrauch, Vermächtnisnießbrauch und Zuwendungsnießbrauch zu unterscheiden.

---

[282] Hinsichtlich weiterer Einzelheiten BFH v. 1.3.1994 a.a.O.
[283] Hierzu BFH v. 1.3.1994, DB 1994, 2423.
[284] BFH v. 13.5.1976, BStBl. II 1976, 592; hierzu auch L. Schmidt, § 15 EStG, RdNr. 55; BFH v. 22.8.1990, DB 1991, 312; v. 9.4.1991, BB 1991, 1690.
[285] BStBl. II 1977, 115.
[286] BStBl. I 1983, 508, Rz. 55ff.

Einkommensteuer

Ein Vorbehaltsnießbrauch liegt vor, wenn bei der Übertragung einer Beteiligung **380**
gleichzeitig ein Nießbrauchsrecht für den bisherigen Eigentümer an dieser bestellt
wird. Die Bestellung des Nießbrauchs ist keine Gegenleistung des Erwerbers[287].
Von einem Zuwendungsnießbrauch spricht man nach Rz. 6 des Nießbraucherlasses dann, wenn dieser vom Eigentümer dem Berechtigten bestellt worden ist. Ein
Vermächtnisnießbrauch liegt vor, wenn aufgrund einer letztwilligen Verfügung des
Eigentümers durch dessen Erben einem Dritten der Nießbrauch an dem Gegenstand eingeräumt worden ist. Nach Rz. 51 des Nießbraucherlasses wird der Vermächtnisnießbrauch dem Vorbehaltsnießbrauch gleich behandelt.

Im Falle des Vorbehalts- und Vermächtnisnießbrauches sind die Einnahmen **381**
dem Nießbraucher zuzurechnen. Ein Anspruch auf Anrechnung der Körperschaftsteuer steht dem Nießbraucher zu (vgl. § 20 Abs. 2 Nr. 2 Satz 3 EStG). Der Anrechnungsbetrag ist daher nach Rz. 55 des Nießbraucherlasses von diesem zu versteuern (§ 20 Abs. 1 Nr. 3 EStG).

Beim Zuwendungsnießbrauch ist zwischen einem entgeltlichen und einem unentgeltlichen Nießbrauch zu unterscheiden.

Liegt ein entgeltlicher Nießbrauch vor, hat der Nießbrauchbesteller das hierfür **382**
erhaltene Entgelt als Einkünfte aus Kapitalvermögen nach § 20 Abs. 2 Nr. 2 EStG
zu versteuern. Entsprechend zieht der Nießbraucher lediglich eine Forderung ein,
so daß die Kapitalerträge bei ihm nicht zu besteuern sind[288].

Die Anrechnung von Körperschaftsteuer kommt nur bei dem Nießbrauchbesteller **383**
in Betracht. Anzurechnen sind 3/7 des Entgelts für die Nießbrauchsbestellung,
höchstens jedoch 3/7 des Betrags, der auf die nießbrauchsbelasteten Ansprüche
ausgeschüttet wird. Die Anrechnung wird nur gewährt, soweit die in § 20 Abs. 1
Nr. 1 und 2 EStG bezeichneten nießbrauchsbelasteten Ansprüche spätestens in
dem Kalenderjahr fällig werden, das auf das Jahr des Zuflusses des Entgelts für die
Nießbrauchbestellung folgt. Für die weitere Laufzeit des Nießbrauchs ist die Körperschaftsteuer nicht anzurechnen (§ 36 Abs. 2 Nr. 3 Buchstabe d EStG).

Bei unentgeltlicher Bestellung eines Nießbrauchs sind die Einnahmen dem **384**
Nießbrauchbesteller zuzurechnen, auch wenn sie dem Nießbraucher zufließen[289].
Ein Anspruch auf Anrechnung der Körperschaftsteuer steht dem Nießbrauchbesteller zu. Der Anrechnungsbetrag ist daher von diesem zu versteuern (§ 20 Abs. 1
Nr. 3 EStG).

---

[287] BFH v. 28. 7. 1981, BStBl. II 1982, 378; Erlaß, Rz. 36.
[288] Vgl. BFH v. 12. 12. 1969, BStBl. II 1970, 212.
[289] BFH v. 14. 12. 1976, BStBl. II 1977, 115.

e) Nießbrauch am Grundvermögen[290]
aa) Grundsätze

385 Die steuerliche Behandlung des Nießbrauchs am Grundvermögen hängt davon ab, ob es sich um einen Vorbehaltsnießbrauch, einen Zuwendungsnießbrauch oder einen Vermächtnisnießbrauch handelt. Unabhängig von dieser Unterscheidung sind dem Nießbraucher die Einkünfte zuzurechnen, wenn er selbst in seiner Person die Voraussetzungen des § 21 Abs. 1 Nr. 1 EStG erfüllt. Er erfüllt die Voraussetzungen, wenn er im Verhältnis zum Mieter die Stellung eines Vermieters einnimmt.

bb) Entgeltlicher und unentgeltlicher Nießbrauch

386 Nach Rz. 6 des Nießbraucherlasses kann ein Nießbrauch, der vom Eigentümer bestellt ist, steuerrechtlich in vollem Umfange entgeltlich oder nur in vollem Umfange unentgeltlich sein. Ein entgeltlich bestellter Nießbrauch liegt vor, wenn der Wert der Nutzungsüberlassung und der Wert der Gegenleistung nach wirtschaftlichen Gesichtspunkten gegeneinander abgewogen sind. Beim Vergleich von Leistung und Gegenleistung sind die von den Vertragsparteien jeweils zu erbringenden Leistungen gegenüberzustellen. Es ist davon auszugehen, daß ein zwischen Fremden vereinbarter Nießbrauch entgeltlich bestellt worden ist, wenn Leistung und Gegenleistung nicht in einem deutlichen Mißverhältnis zueinander stehen. Hierbei ist u. E. nicht von dem kapitalisierten Nießbrauch auszugehen, weil auf den Nießbraucher auch gewisse Risiken zukommen, er in der Regel auch Erträge erzielen will, insbesondere dann, wenn es sich um ein Miethaus handelt.

cc) Zuwendungsnießbrauch

387 Der Zuwendungsnießbrauch kann grundsätzlich entgeltlich, aber auch unentgeltlich sein. Ein Zuwendungsnießbrauch liegt vor, wenn der Eigentümer eines Grundstücks an diesem einen Nießbrauch in der Weise bestellt, daß er einem anderen die Nutzungen hieraus ganz oder teilweise überläßt. Überläßt er die Nutzungen teilweise, spricht man von einem Quotennießbrauch. Aufgrund des Nießbrauchs ist der Nießbraucher berechtigt, das Objekt entweder durch Vermietung zu nutzen oder selbst zu nutzen.

(1) Fremdvermietung

388 Wie bereits ausgeführt werden die Einkünfte dem Nießbraucher bei Fremdvermietung zugerechnet, wenn er im Verhältnis zum Mieter als der Vermieter anzusehen ist. Der Nießbraucher ist als Vermieter anzusehen, wenn er berechtigt ist, selbständig Mietverträge abzuschließen, und den Mietern gegenüber aus dem Mietvertrag als der Überlassende verpflichtet ist. Es ist hierbei unerheblich, ob ein

---

[290] Literaturhinweise: Ley, Besteuerung des Nießbrauchs an Betriebsgrundstücken, Privatgrundstücken und Wertpapieren, 1986; vgl. Mittelbach/Richter/Boveleth, Nießbrauch – Zivilrecht, Steuerrecht, 8. Aufl.; Petzoldt, Grundstücksübertragung unter Nießbrauchsvorbehalt, 4. Aufl.

Brutto- oder ein Nettonießbrauch bestellt worden ist. Ein Bruttonießbrauch liegt dann vor, wenn dem Nießbraucher die vollen Einnahmen ungemindert um die Werbungskosten und sonstigen Aufwendungen zustehen. Ein Nettonießbrauch ist gegeben, wenn dem Nießbraucher nur die Einkünfte nach Abzug der Erhaltungsaufwendungen usw. zustehen. Ein Bruttonießbrauch ist dann unschädlich, wenn den Mietern gegenüber der Nießbraucher für die Instandhaltung verantwortlich ist, der Nießbrauchbesteller sich jedoch im Innenverhältnis verpflichtet hat, die Aufwendungen zu tragen. Bei der Durchführung des Erhaltungsaufwandes insbesondere der Reparaturarbeiten ist in diesem Falle der Nießbrauchbesteller lediglich Erfüllungsgehilfe des Nießbrauchers den Mietern gegenüber[291]. Insbesondere müssen nach der Bestellung des Nießbrauchs neue Mietverträge durch den Nießbraucher abgeschlossen werden. Der Eintritt in bestehende Mietverträge ist den Mietern anzuzeigen[292]. Unbare Mietzahlungen sind auf Konten des Nießbrauchers zu leisten. Vertreten Eltern ihre minderjährigen Kinder, müssen die Willenserklärungen im Namen der Kinder abgegeben werden[293]. Zum Werbungskostenabzug ist der Nießbraucher berechtigt, soweit er den Erhaltungsaufwand und die normalen Grundstücksaufwendungen zu tragen hat. Trägt der Nießbraucher mehr als den normalen Erhaltungsaufwand, so sind diese nur durch die Einkünfte aus Vermietung und Verpachtung veranlaßt, wenn eine klare vertragliche Vereinbarung hierüber vorliegt.

Ist der Nießbrauch an dem fremdvermieteten Objekt in vollem Umfang bestellt worden, hat der Nießbrauchbesteller und Eigentümer keine Einkünfte aus Vermietung und Verpachtung, soweit der Nießbrauch unentgeltlich bestellt ist. Ist der Nießbrauch jedoch entgeltlich bestellt, muß der Nießbrauchbesteller und Eigentümer das Entgelt als Einkünfte aus Vermietung und Verpachtung versteuern. Grundsätzlich ist das Entgelt bei Zufluß zu versteuern. Besteht das Entgelt in laufenden Zahlungen, so hat der Nießbraucher diese laufenden Zahlungen bei Eingang zu erfassen. Besteht jedoch das Entgelt für die Überlassung des Nießbrauchs in einer einmaligen Zahlung, kann dieses Entgelt nach Rz. 32 des Nießbraucherlasses auf Antrag aus Billigkeitsgründen auf 10 Jahre verteilt werden. 389

Zahlungen zur Ablösung des Nießbrauchs sind beim Eigentümer im Jahr der Zahlung als negative Einnahmen bei den Einkünften aus Vermietung und Verpachtung zu erfassen. Ist das für die Bestellung des Nießbrauchs gezahlte Entgelt auf mehrere Jahre verteilt worden, ist der noch nicht versteuerte Restbetrag beim Eigentümer als Einnahme aus Vermietung und Verpachtung zu erfassen. Bei Abfindung in wiederkehrenden Leistungen sind diese jeweils im Jahr der Zahlung als negative Einnahmen anzusetzen. Der Nießbraucher hat die Ablösungszahlungen als Einkünfte nach § 22 Nr. 3 EStG zu versteuern, soweit die Ablösungszahlungen die noch nicht durch die AfA berücksichtigten Anschaffungskosten des Nießbrauchsrechts im Zeitpunkt der Ablösung übersteigen. Hat der Eigentümer gewisse Ver- 390

---

[291] Vgl. BFH v. 13. 5. 1980, BStBl. II 1981, 299.
[292] BFH v. 26. 4. 1983, BStBl. II 1983, 502.
[293] BFH v. 13. 5. 1980, BStBl. II 1981, 295.

pflichtungen gegenüber dem Nießbraucher übernommen, so kann er die Aufwendungen hierfür im Falle des entgeltlichen Nießbrauchs als Werbungskosten absetzen.

391 Ist jedoch der Nießbrauch unentgeltlich bestellt worden, hat der Eigentümer keine Einkünfte aus Vermietung und Verpachtung; mangels Einkünfte kann der Nießbrauchbesteller auch keine Werbungskosten geltend machen, auch dann nicht, wenn er sich zu Aufwendungen gegenüber dem Nießbraucher verpflichtet hat[294]. Zahlungen zur Ablösung eines unentgeltlich eingeräumten Zuwendungsnießbrauchs sind als Zuwendungen i.S. des § 12 Nr. 2 EStG zu beurteilen. Sie gehören daher beim Nießbraucher nicht zu den Einkünften aus Vermietung und Verpachtung. Der Eigentümer kann sie nicht als Werbungskosten abziehen.

392 Die Ablösung eines Vorbehaltsnießbrauchs kann eine unentgeltliche Vermögensübergabe sein mit der Folge, daß im sachlichen Zusammenhang hiermit vereinbarte – auf die Lebenszeit des Berechtigten gezahlte – abänderbare Versorgungsleistungen als sonstige Bezüge aus wiederkehrenden Leistungen (§ 22 Nr. 1 Satz 1 EStG) steuerbar sind.

393 Sind ebensolche Leistungen – weil „nach kaufmännischen Gesichtspunkten bemessen" Gegenleistung für den Verzicht auf den Nießbrauch, so ist dieser nur mit dem Zinsanteil steuerbar. Der Zinsanteil ist grundsätzlich finanzmathematisch unter Verwendung eines Rechnungszinsfußes von 5,5 v.H. zu berechnen. Die voraussichtliche Laufzeit der wiederkehrenden Bezüge ist nach biometrischen Durchschnittswerten der allgemeinen Deutschen Sterbetafel (VStR Anhang 3) anzusetzen[295]. Allerdings wendet die jüngste BFH-Rechtsprechung bei im Rahmen eines Entgeltes gewährten sonstigen wiederkehrenden Leistungen/dauernden Lasten die Tabelle zu § 22 EStG an[296].

394 Überläßt der Nießbrauchsberechtigte die Ausübung des Nießbrauchs dem Eigentümer gegen wiederkehrende Leistungen in Höhe der vereinnahmten Miete, sind diese „Aufwendungen" weder als Werbungskosten noch als Sonderausgaben abziehbar[297].

(2) Selbstnutzung durch den Nießbraucher

395 Benutzt der Nießbraucher ein Einfamilienhaus oder in einem Miethaus eine Wohnung selbst, richtet sich die steuerliche Behandlung danach, ob der Nießbrauch entgeltlich oder unentgeltlich bestellt worden ist.

Entgeltliche Selbstnutzung:

396 Soweit der Nießbraucher aufgrund des Nießbrauchs ein Haus oder eine Wohnung selbst nutzt, ist bei ihm kein Nutzungswert der Wohnung anzusetzen[298]. Ein

---

[294] Vgl. BFH v. 13.5.1980, BStBl. II 1981, 299.
[295] BFH v. 25.11.1992, DB 1993, 816.
[296] BFH v. 9.2.1994, DB 1994, 2321.
[297] BFH v. 3.6.1992, BFH/NV 1992, 807.
[298] BFH v. 27.6.1978, BStBl. II 1979, 332.

Mietwert ist beim Nießbraucher auch insoweit nicht zu erfassen, als er das Gebäude einer unterhaltsberechtigten Person oder freiwillig oder aufgrund freiwillig begründeter Rechtspflicht einer nicht unterhaltsberechtigten Person zur Nutzung entgeltlich überläßt. Mangels Einnahmen ist der Nießbraucher im Falle der Selbstnutzung auch nicht zum Werbungskostenabzug berechtigt. Hat der Nießbraucher im Falle der Selbstnutzung ein einmaliges Entgelt geleistet, kann er die Anschaffungskosten für dieses Recht auch nicht wegen der AfA als Werbungskosten geltend machen.

Im Falle der entgeltlichen Bestellung des Nießbrauchs hat der Eigentümer das gezahlte Entgelt als Einkünfte aus Vermietung und Verpachtung zu versteuern (siehe Fremdvermietung) und ist insoweit auch zum Werbungskostenabzug berechtigt. 397

Selbstnutzung bei unentgeltlicher Bestellung:

Ist ein Nießbrauch unentgeltlich bestellt worden, so hat sowohl der Nießbraucher als auch der Nießbrauchsbesteller den Mietwert der Wohnung nicht mehr als Einkünfte aus Vermietung und Verpachtung anzusetzen. 398

Haben im Falle der Selbstnutzung einer Wohnung bis zum 31.12.1986 die Voraussetzungen des § 21a EStG nicht vorgelegen (Selbstnutzung eines unechten Zweifamilienhauses oder einer Wohnung in einem Mietshaus), kann der Steuerpflichtige bis zum 31.12.1998 die Nutzungswertbesteuerung beibehalten.

Es fragt sich, inwieweit im Falle von Nießbrauchsbestellungen an derartigen Objekten die Nutzungswertbesteuerung für den Übergangszeitraum in Betracht kommt. Die Übergangsregelung gilt nur für solche Personen, die bisher den Nutzungswert nach § 21 Abs. 2 1. Alt. EStG versteuert haben. Das sind

1. der Grundstückseigentümer
2. dinglicher Vorbehaltsnießbraucher/-Wohnberechtigter
3. dinglicher Vermächtnisnießbraucher/-Wohnberechtigter
4. aufgrund eigener Baumaßnahmen Nutzungsberechtigter[299],

nicht jedoch diejenigen, die aufgrund eines unentgeltlichen Zuwendungsnießbrauchs nutzen. Ist im Jahre 1986 noch ein Vorbehalts- oder Vermächtnisnießbrauch begründet worden, fällt dieser noch unter die Übergangsregelung.

U.E. gilt die Übergangsregelung nur für den Gesamtrechtsnachfolger, nicht jedoch für den Einzelrechtsnachfolger.

(3) AfA-Berechtigung

AfA-berechtigt ist grundsätzlich nur der Eigentümer, also derjenige, der den wirtschaftlichen Verzehr des Objektes zu tragen hat. Es kommt hierbei auf das wirtschaftliche Eigentum an. In der Regel ist der Nießbraucher nicht als der wirtschaftliche Eigentümer anzusehen. Daher ist grundsätzlich der Nießbraucher hinsichtlich des Nießbrauchsobjektes nicht selbst AfA-berechtigt. 399

---

[299] Erl. FinMin NRW v. 19.9.1986, BStBl. I 1986, 480.

400 Soweit jedoch der Nießbraucher das Nutzungsrecht entgeltlich erworben hat, kann er diese Anschaffungskosten im Wege der AfA auf die Dauer des Nutzungsrechtes verteilen. Ist der Nießbrauch lebenslänglich bestellt worden, ist als Nutzungsdauer die mittlere Lebenserwartung zugrunde zu legen[300]. Leistet jedoch der Nießbraucher als Gegenleistung für die Einräumung des Nießbrauchs ausschließlich gleichmäßig laufende Zahlungen, ist es nach Rz. 28 des Nießbraucherlasses aus Vereinfachungsgründen nicht zu beanstanden, wenn nur die laufend gezahlten Beträge als Werbungskosten abgesetzt werden.

401 Hinsichtlich des Nießbrauchobjektes bleibt grundsätzlich der Eigentümer AfA-berechtigt. Er kann jedoch nur die AfA als Werbungskosten geltend machen, wenn er auch Einkünfte hat. Ist der Nießbrauch entgeltlich bestellt worden, hat er Einkünfte und kann daher die Gebäude-AfA im Rahmen der Werbungskosten geltend machen. Ist hingegen der Nießbrauch unentgeltlich bestellt worden, ist weder der Nießbraucher mangels Eigentum noch der Eigentümer mangels Einnahmen AfA-berechtigt.

dd) Steuerliche Behandlung des Vorbehaltsnießbrauchs

(1) Grundsätze

402 Ein Vorbehaltsnießbrauch ist dann gegeben, wenn der Schenker sich im Rahmen der Schenkung den Nießbrauch an dem geschenkten Gegenstand vorbehält. Der Schenker schenkt somit die Substanz, aber hält die Nutzungen zurück.

Beispiel:
A ist Eigentümer eines Einfamilienhauses. Er überträgt dieses auf seinen Sohn durch Schenkung. Gleichzeitig bestellt der Sohn jedoch seinem Vater den Nießbrauch, der auch im Grundbuch eingetragen wird.

403 Behält sich der Vater im Rahmen einer Schenkung den Nießbrauch vor, so ist er in der Regel nicht als wirtschaftlicher Eigentümer anzusehen. Die Bestellung des Nießbrauchs ist in diesem Falle keine Gegenleistung des Erwerbers[301]. Das Grundstück wird mit dieser Beschränkung übertragen.

(2) Fremdvermietung

404 Ist das mit dem Vorbehaltsnießbrauch belastete Grundstück vermietet, hat der Vorbehaltsnießbraucher Einkünfte aus Vermietung und Verpachtung. Hatte der Nießbraucher das Grundstück für eigene Wohnzwecke genutzt, hat er den Nutzungswert nach § 21 Abs. 2 1. Alternative EStG bis zum 31. 12. 1986[302] zu versteuern, kann er weiterhin bis zum Jahre 1998 den Nutzungswert versteuern.

Der Vorbehaltsnießbraucher kann die von ihm getragenen Aufwendungen auf das Grundstück als Werbungskosten abziehen, soweit er sie vertraglich übernommen hat.

---

[300] Vgl. BFH v. 25. 1. 1979, BStBl. II 1979, 369.
[301] BFH v. 28. 7. 1981, BStBl. II 1982, 378.
[302] Vgl. BFH v. 7. 12. 1982, BStBl. II 1983, 627.

(3) Vorbehaltsnießbraucher als AfA-Berechtigter

Der Vorbehaltsnießbraucher kann weiterhin die AfA von den von ihm getragenen Anschaffungs- und Herstellungskosten für das Gebäude in Anspruch nehmen[303], denn AfA kann grundsätzlich derjenige geltend machen, der Anschaffungs- oder Herstellungskosten gehabt hat, um Einkünfte zu erzielen. Das trifft beim Vorbehaltsnießbraucher zu. Ist das Grundstück unter Vorbehalt des Nießbrauchs entgeltlich übertragen worden, ist die Bemessungsgrundlage für die AfA nicht um die Gegenleistung des Erwerbers zu kürzen.

405

(4) Behandlung des Erwerbers

Der Erwerber des mit dem Nießbrauch belasteten Grundstücks hat i.d.R. keine Einnahmen. Er kann daher auch nicht die Aufwendungen auf das Grundstück, die er aufgrund des Nießbrauchsvertrages zu tragen hat, als Werbungskosten abziehen. Er kann diese Aufwendungen auch nicht als dauernde Lasten geltend machen. Dem Eigentümer steht für die Zeit des Nießbrauchs grundsätzlich die AfA auf das Gebäude nicht zu. Das gilt auch dann, wenn er eigene zusätzliche Herstellungskosten aufgewandt hat. Eine Ausnahme gilt nur dann, wenn der Eigentümer sich durch einen Erweiterungsbau oder Ausbau eine eigene Wohnung geschaffen hat, dessen Nutzungswert er zu versteuern hat. In diesem Falle ist er auch hinsichtlich seiner Herstellungskosten zur AfA berechtigt.

406

Nach Erlöschen des Nießbrauchs stehen dem Eigentümer die AfA auf das Gebäude zu. Ist das Gebäude entgeltlich unter Vorbehalt des Nießbrauchs übertragen worden, bemessen sich die AfA nach den Anschaffungskosten des Eigentümers. Der Kapitalwert des Nießbrauchs gehört nicht zu den Anschaffungskosten. Die AfA-Bemessungsgrundlage erhöht sich um die zusätzlichen Herstellungskosten, die der Eigentümer zu tragen hat. Das AfA-Volumen ist um die AfA-Beträge zu kürzen, die von den Anschaffungskosten des Eigentümers auf den Zeitraum zwischen Anschaffung des Grundstücks und dem Erlöschen des Nießbrauchs entfallen.

407

Ist das Grundstück unentgeltlich unter Vorbehalt des Nießbrauchs übertragen worden, ist das AfA-Volumen um die AfA zu kürzen, die der Vorbehaltsnießbraucher während des Bestehens des Vorbehaltsnießbrauchs in Anspruch genommen hat. Für die Ermittlung der Bemessungsgrundlage für die AfA ist § 11 d EStDV maßgebend.

408

(5) Selbstnutzung durch den Vorbehaltsnießbraucher

Nutzt der Vorbehaltsnießbraucher die Wohnung selbst, hat er ab 1.1.1987 den Nutzungswert der Wohnung nicht mehr zu versteuern. Hat der Vorbehaltsnießbrauch vor dem 1.1.1987 schon bestanden und lagen die Voraussetzungen des

409

---

[303] BFH v. 28.7.1981, BStBl. II 1982, 380; v. 27.7.1982, BStBl. II 1983, 6; vgl. auch BFH v. 15.5.1990, DB 1991, 22.

§ 21a EStG nicht vor, kann auch der Vorbehaltsnießbraucher bis zum 31.12.1998 die Überschußrechnung weiter beibehalten[304].

410 War der Vorbehaltsnießbraucher AfA-berechtigt nach § 7b EStG und wurde der Nutzungswert nach § 21a EStG ermittelt, kann er in entsprechender Anwendung des § 10e EStG die Grundförderung in Höhe der bisherigen § 7b-AfA wie Sonderausgaben abziehen.

411 Hat der bisherige Eigentümer, der seine Wohnung selbst nutzte und seine Einkünfte durch Überschußrechnung ermittelte, sein Haus übertragen unter Vorbehalt des Nießbrauchs und nutzt er aufgrund des vorbehaltenen Nießbrauchs die Wohnung seither selbst, fällt er m.E. weiterhin unter die Übergangsregelung.

ee) Vermächtnisnießbrauch

412 Nach dem Nießbraucherlaß vom 15.11.1984[305] ist der Vermächtnisnießbrauch wie ein Vorbehaltsnießbrauch zu behandeln. Diese von der Verwaltung vertretene Rechtsauffassung hatte ihre Grundlage in der damaligen vom BFH vertretenen Rechtsauffassung, daß der Vermächtnisnehmer einem Erben gleich zu behandeln sei, er also das Vermächtnis vom Erblasser unmittelbar erworben habe. Nach den Beschlüssen des Großen Senates erwirbt jedoch der Vermächtnisnehmer nicht mehr vom Erblasser, sondern erst vom Erben als Einzelrechtsnachfolger. Somit erhält der Vermächtnisnehmer den Nießbrauch vom Erben zugewendet. Somit liegt im Falle des Vermächtnisnießbrauchs m.E. nach der neuen Rechtsauffassung des BFH[306] ein Zuwendungsnießbrauch vor. Somit ist der Vermächtnisnießbraucher als unentgeltlicher Einzelrechtsnachfolger des Erben anzusehen. Er kann also nicht die AfA des Erblassers fortsetzen[307]. Als Nichteigentümer ist er daher nicht AfA-berechtigt. Da er Einzelrechtsnachfolger ist, kann er auch nicht die Übergangsregelung in Anspruch nehmen, wenn er das Gebäude aufgrund des Nießbrauchs selbst nutzt. Als Einzelrechtsnachfolger kann er auch nicht eine vom Erblasser in Anspruch genommene Grundförderung nach § 10e EStG in Anspruch nehmen, auch dann nicht, wenn er die Wohnung aufgrund des Nießbrauches selbst nutzt.

ff) Dingliche und obligatorische Nutzungsrechte

413 Für dingliche und obligatorische Nutzungsrechte kann auf die vorangegangenen Ausführungen verwiesen werden. Sowohl der dingliche als auch der obligatorische Nutzungsberechtigte hat den Nutzungswert der von ihm genutzten Wohnung nicht mehr zu versteuern. Beruht das Nutzungsrecht auf einem Vorbehalt oder Vermächtnis, kann ebenfalls auf die vorangegangenen Ausführungen zum Vorbehalts- und Vermächtnisnießbrauch verwiesen werden.

---

[304] Erl. FinMin NW v. 19.9.1986, BStBl. I 1986, 480.
[305] BMF, BStBl. I 1984, 561; BFH v. 5.7.1990, BStBl. II 1990, 837.
[306] Vgl. BFH v. 7.12.1990, BB 1991, 529.
[307] BFH v. 28.9.1993, BB 1994, 340.

gg) Nießbraucher als wirtschaftlicher Eigentümer

Der Nießbraucher ist als wirtschaftlicher Eigentümer anzusehen, wenn er nicht nur die Nutznießung, sondern auch das Verfügungsrecht über das Grundstück hat. Er ist als wirtschaftlicher Eigentümer anzusehen, wenn er sich bei der Schenkung unter Nießbrauchvorbehalt vorbehalten hat, das Grundstück jederzeit wieder zurückzunehmen, also die Schenkung zu widerrufen. Ebenfalls ist er als wirtschaftlicher Eigentümer anzusehen, wenn er das Recht hat, während des Nießbrauchs auch das Grundstück zu belasten. Wird das Grundstück wirtschaftlich unverändert von dem früheren Eigentümer aufgrund des Nießbrauchs genutzt, trägt er weiterhin Tilgung und Verzinsung der auf dem Grundstück ruhenden Verbindlichkeiten, so sind dem Nießbraucher die Einkünfte aus der Nutzung des nießbrauchbelasteten Grundstücks zuzurechnen. In diesem Falle ist der Nießbraucher regelmäßig als wirtschaftlicher Eigentümer des nießbrauchbelasteten Grundstücks anzusehen[308]. Als wirtschaftlicher Eigentümer ist der Nießbraucher ebenfalls AfA-berechtigt. Ist der Nießbrauch an einem unbebauten Grundstück bestellt worden und baut der Nießbraucher aufgrund des Nießbrauchs auf diesem Grundstück ein Gebäude, das er selbst nutzt, ist er nach § 95 BGB sogar als rechtlicher Eigentümer des Gebäudes anzusehen.

414

f) Behandlung der Übernahme von Steuerschulden als dauernde Lasten

Wie bereits ausgeführt, erkennt die Rechtsprechung die Übernahme insbesondere der Vermögensteuer des Nießbrauchbestellers, soweit sie auf den Gegenstand des Nießbrauchs entfällt, durch den Nießbraucher entgegen der überwiegenden Literaturmeinung nicht an.

415

Als Sonderausgaben sind sie beim Nießbraucher als dauernde Last nur abziehbar, wenn die Voraussetzungen hierfür vorliegen. Der BFH[309] hat diese Frage jedoch offengelassen, weil die Voraussetzungen in dem vorliegenden Sachverhalt offensichtlich nicht gegeben waren.

U.E. bestehen keine Bedenken, bei der Übernahmeverpflichtung von Steuern durch den Nießbraucher bei diesem eine dauernde Last anzunehmen.

Es handelt sich hier um Aufwendungen, die der Nießbraucher dem Nießbrauchbesteller aufgrund einer vertraglichen Verpflichtung in Geld zu entrichten hat[310].

Ebenfalls dürfte das Merkmal „für längere Zeit" hier gegeben sein. Soweit es sich hier um eine Zuwendung, was bei der Übernahme von Steuern ohne Zweifel gegeben ist, an Unterhaltsberechtigte handelt, wird § 12 Nr. 2 EStG, § 10 Abs. 1 Nr. 1 EStG im Wege stehen. Der Zuwendung wird in der Regel keine gleichwertige Gegenleistung gegenüberstehen.

Ob hier die Vereinbarung einer Steuerklausel Abhilfe schafft, ist zweifelhaft.

---
[308] Vgl. BFH v. 8. 3. 1977, BStBl. II 1977, 629; v. 21. 6. 1977, BStBl. II 1978, 303.
[309] BFH v. 11. 7. 1969, BStBl. II, 650.
[310] Böger-Jech, DStR 1970, 755 mit weiteren Hinweisen.

5. Rentenvermächtnis[311]

a) Grundsätze

416 Renten können auch Gegenstand eines Vermächtnisses sein. Hat der Erblasser eine Rente durch Vermächtnis angeordnet, wird die Rente in Erfüllung einer Nachlaßverbindlichkeit vom Erben bestellt. Der Erwerb des Rentenstammrechts durch den Vermächtnisnehmer erfolgt daher im Rahmen eines Vermächtnisses stets unentgeltlich. Für den Verpflichteten stellt sie eine Nachlaßverbindlichkeit dar, die nicht durch einen Leistungsaustausch begründet ist. In der Regel ist jedoch davon auszugehen, daß sie aus dem von Todes wegen erworbenen Vermögen erbracht werden kann.

417 Renten werden steuerlich nicht einheitlich behandelt, sie werden bei dem Rentenempfänger als sonstige Bezüge i.S. des § 22 Nr. 1 EStG erfaßt, falls die Zahlungen nicht unter eine andere Einkunftsart fallen. Der Verpflichtete (Erbe) kann die Rentenzahlungen als Sonderausgaben absetzen, sofern diese nicht mit einer Einkunftsart im Zusammenhang stehen (§ 10 Abs. 1 Nr. 1a EStG) und nicht unter das Abzugsverbot des § 12 Nr. 2 EStG fallen.

418 Man unterscheidet bei den wiederkehrenden Bezügen zwischen Renten und dauernden Lasten. Die Unterscheidung ist insofern von Bedeutung, als dauernde Lasten beim Empfänger und Verpflichteten voll angesetzt bzw. voll abgesetzt werden, Leibrenten jedoch sowohl beim Berechtigten als auch beim Verpflichteten lediglich mit dem Ertragsanteil (Tabelle § 22 Nr. 1 EStG) angesetzt werden.

419 Vom Inhalt her unterscheidet man zwischen einer Unterhaltsrente, Versorgungsrente und einer Veräußerungsrente.

Für die Besteuerung ist ebenfalls von Bedeutung, ob sich die Rentenverpflichtung im betrieblichen oder im privaten Bereich vollzieht.

Der Veräußerungsrente liegt immer ein Leistungsaustausch zugrunde, wobei nach der neuesten Rechtsprechung[312] der Austausch nicht mehr ausgewogen zu sein braucht. Bei den Vermächtnisrenten handelt es sich nicht um Veräußerungsrenten, da ihnen kein Leistungsaustausch zugrunde liegt, es handelt sich hier um private Renten, die auf einer freiwillig begründeten Rechtspflicht beruhen und daher nach § 12 Nr. 2 EStG nicht abzugsfähig sind (vgl. auch Buch I Rz. 1540).

---

[311] Literaturhinweise: Schulze zur Wiesche, Renten, Raten, dauernde Lasten im Steuerrecht, RWP S. 65.2, S. 1169; Jansen/Wrede, Renten, Raten, Dauernde Lasten, 11. Aufl. 1994; Richter, Handbuch der Rentenbesteuerung; Sauerland/Wendt/Schmidt/Schulz, Rentenbesteuerung; Biergans/von Stotzingen, Raten, Renten, andere wiederkehrende Zahlungen, 4. Aufl. 1993; Bader/Lammsfuß/Rinne, Die Besteuerung der Renten, 2. Aufl.; Fischer in Kirchhof/Söhn, § 22 EStG; Ehlers, Besteuerung wiederkehrender Bezüge, 1990; Fischer, Wiederkehrende Bezüge und Leistungen, 1994; Stephan, DB 1996, 2149.

[312] BFH v. 7.10.1980, BStBl. II 1981, 157.

b) Rente, dauernde Last

420 Die Rente ist eine Unterart der wiederkehrenden Bezüge[313]. Unter ihr versteht man eine über einen längeren Zeitraum sich erstreckende gleichbleibende wiederkehrende, auf einem Stammrecht beruhende Zahlungsverpflichtung[314].

Die Verpflichtung muß auf eine Geldleistung oder auf vertretbare Sachen lauten. Sie ist entweder zeitlich begrenzt (Mindestlaufzeit 10 Jahre) oder sind vom Ableben entweder des Verpflichteten oder Berechtigten abhängig (Leibrenten). Die Vereinbarung einer Indexklausel oder Sachwertklausel ist für die Annahme einer Rente nicht schädlich. Eine Währungsklausel hat der BFH[315] ausdrücklich zugelassen. So ist es vielfach üblich, die Höhe der Rentenzahlungen an ein Beamtengehalt zu koppeln.

Bei Vermögensübertragungen gegen Versorgungsleistungen ist auch ohne Verweisung auf § 323 ZPO in der Regel von einer Abänderbarkeit auszugehen[316].

Ist jedoch eine Abänderungsklage gemäß § 323 ZPO zulässig wegen veränderter Umstände, so kann in der Regel keine Rente angenommen werden[317]. Es handelt sich in diesem Falle um eine dauernde Last. Ist eine wiederkehrende Leistung ertrags- oder umsatzabhängig, so liegt ebenfalls eine dauernde Last vor[318].

421 Ist die Leistung jedoch nicht der Höhe nach bestimmt oder liegen keine gleichmäßigen Leistungen vor und beruht die Leistung nicht auf einem Stammrecht, so liegt keine Rente, sondern eine dauernde Last vor. Vielfach beruht auch die dauernde Last auf einem Stammrecht. Insbesondere ist dann eine dauernde Last anzunehmen, wenn die Leistungen schwankend sind.

Ein gleicher Zeitabschnitt braucht auch nicht vorzuliegen.

Wie bereits erwähnt, liegt eine dauernde Last vor, wenn die Leistungen gewinn- oder umsatzabhängig sind[319].

---

[313] Theis, Die einkommensteuerliche Behandlung der Renten, DB, Beilage Nr. 1/1973 zu Heft Nr. 3, S. 5; BFH v. 29.3.1962, BStBl. III 1962, 304; Stephan in Littmann/Bitz/Meincke, § 22 EStG, RdNr. 14ff.

[314] Theis, a.a.O. (Fußnote 313), S. 5; Stephan in Littmann/Bitz/Meincke, § 22 EStG, RdNr. 50ff.; BFH v. 24.4.1970, BStBl. II 1970, 541.

[315] BFH v. 2.12.1966, BStBl. III 1967, 179; v. 11.8.1967, BStBl. III 1967, 699; v. 29.11.1983, BB 1984, 320; v. 5.12.1980, BB 1981, 282.

[316] BFH v. 15.7.1992, BB 1992, 2134; v. 3.6.1992, BB 1992, 2485; v. 7.4.1992, FR 1992, 624; v. 17.12.1991; v. 25.3.1992, DB 1992, 2422; v. 25.3.1992, BB 1992, 1657; v. 11.3.1992, FR 1992, 333; v. 15.7.1991 GrS, BB 1991, 2281.

[317] BFH v. 7.12.1966, BStBl. III 1967, 245; v. 3.12.1964, BStBl. III 1965, 166; v. 27.9.1973, BStBl. II 1974, 103; v. 20.5.1980, BStBl. II 1980, 573; v. 19.9.1980, BStBl. II 1981, 26; v. 22.9.1982, BStBl. II 1983, 99; v. 30.10.1984, BB 1985, 2289; v. 28.1.1986, BStBl. II 1986, 348; v. 15.7.1991 GrS 1/90, BStBl. II 1992, 76.

[318] BFH v. 27.9.1973, BStBl. II 1974, 103; v. 30.5.1980, BStBl. II 1980, 575; v. 18.3.1980, BStBl. II 1980, 501.

[319] BFH v. 10.10.1963, BStBl. III 1963, 592.

Besteht eine Leistung aus einer Rente und einer Gewinnbeteiligung, so ist aufzuteilen[320].

422 Im Unterschied zum Nießbrauch hat der Berechtigte keinen Anspruch auf die Früchte und auf das Nutzungsrecht. Er hat lediglich gegen den Verpflichteten einen Anspruch auf Geld oder Geldeswert, der sich allerdings nach der Höhe des Gewinns oder des Umsatzes bemißt. Der Umsatz bzw. der Gewinn, soweit er auf die dauernde Last entfällt, ist daher immer dem Verpflichteten zuzurechnen. Ob er die Leistungen gewinn- oder einkommensmindernd absetzen kann, hängt von dem Innenverhältnis ab, je nachdem, ob der betriebliche oder der private Bereich berührt wird oder es sich um eine Unterhaltsverpflichtung handelt.

423 Liegt eine Rente vor, so kann der Verpflichtete lediglich den auf die Rentenverpflichtung entfallenden Ertragsanteil entweder gewinnmindernd bzw. einkunftsmindernd (§ 9 EStG) oder einkommensmindernd (§ 10 Abs. 1 Nr. 1a EStG) absetzen. Steht die Rente mit einer Einkunftsart im Zusammenhang, handelt es sich um Betriebsausgaben bzw. Werbungskosten. Z.B.: A erwirbt ein Haus gegen Rente.

Der Empfänger der Zahlung hat lediglich den Ertragsanteil zu versteuern.

424 Liegt eine dauernde Last vor, so kann der Verpflichtete diese entweder als Sonderausgabe oder als Werbungs- bzw. Betriebsausgaben voll von seinen Einkünften bzw. Einkommen absetzen. Wenn man ferner berücksichtigt, daß Schuldzinsen nicht mehr als Sonderausgaben abzugsfähig sind, der Ertragsanteil der Rente dennoch, obwohl der Ertragsanteil den Charakter von Schuldzinsen besitzt, wird man künftig der Rentenvereinbarung gegenüber der Kreditaufnahme, wenn kein betrieblicher Zusammenhang gegeben ist, den Vorzug geben. Bei dauernden Lasten, die im Zusammenhang mit einem Leistungsaustausch begründet worden sind und im Zusammenhang mit Einkünften stehen, ist nach der neuesten Rechtsprechung jede Leistung in Leistungen auf das Stammrecht und in einen Zinsanteil aufzuteilen[321].

c) Unterhaltsrente

425 Als Unterhaltsrenten bezeichnet man solche Renten, die unterhaltsberechtigten Angehörigen ohne Gegenleistung gewährt werden[322]. Gegenleistung ist hier nicht gleichzusetzen mit entgeltlich. Von einem entgeltlichen Geschäft spricht man, wenn Leistung und Gegenleistung in einem ausgewogenen Verhältnis zueinander stehen.

Unterhaltsrenten unterliegen jedoch dem steuerlichen Abzugsverbot (§ 12 Nr. 2 EStG). Ein abgewogenes Verhältnis läge vor, wenn die Höhe der Rentenzahlung nach dem Wert des hingegebenen Gegenstandes bemessen wird. Das ist aber bei einem Rechtsgeschäft mit unterhaltsberechtigten Angehörigen nicht erforderlich,

---

[320] BFH v. 2.12.1966, BStBl. III 1966, 243; v. 1.8.1975, BStBl. II 1975, 881; v. 2.12.1980, BStBl. II 1981, 263; v. 28.7.1983, DB 1984, 808; v. 30.5.1980, BStBl. II 1980, 575; v. 18.3.1980, BStBl. II 1980, 501.
[321] BFH v. 9.2.1994, DB 1994, 2321.
[322] BFH v. 28.7.1983, DB 1984, 808.

um die Unentgeltlichkeit hier zu verneinen. Es ist für die Abzugsfähigkeit der Renten lediglich erforderlich, daß die Rente nicht ohne Gegenleistung gewährt wird.

Eine Gegenleistung wird verneint, wenn der gemeine Wert des hingegebenen Gegenstandes bei großzügiger und überschlägiger Berechnung weniger als 50 v. H. des Rentenbarwertes (kapitalisierte Rente) beträgt[323].

Beispiel:
A überträgt auf B ein Grundstück im Werte von DM 100.000,- und erhält dafür eine Rente, deren Barwert DM 160.000,- beträgt. Hier handelt es sich um eine Versorgungsrente im Gegensatz zur Unterhaltsrente.

Es fragt sich jedoch, wie die testamentarisch angeordneten Renten zu behandeln sind, wenn diese an eine für den Erblasser oder dem Rentenverpflichteten gegenüber unterhaltsberechtigten Person gewährt werden. **426**

Soweit die Erben eine Rentenverpflichtung des Erblassers übernehmen, die bei diesem unter das Abzugsverbot des § 12 Nr. 2 EStG fallen würde, können sie diese ebenfalls als Rechtsnachfolger nicht als unbeschränkte Sonderausgaben einkommensmindernd mit dem Ertragsteil ansetzen.

Gehört jedoch umgekehrt der Berechtigte nur gegenüber dem Erben zu den in § 12 Nr. 2 EStG genannten Personen, leistet der Erbe aber aufgrund einer ererbten Verpflichtung des Erblassers, so steht einer etwaigen Abzugsfähigkeit der Zahlungen in § 12 Nr. 2 EStG nichts entgegen[324].

d) Die private Versorgungsrente

Eine Versorgungsrente liegt dann vor, wenn für die Höhe der Rente nicht der Wert der Gegenleistung, sondern andere Maßstäbe wie der Versorgungsgedanke im Vordergrund stand[325]. Werden Renten oder Versorgungszusagen in einem Leistungsaustausch begründet, nimmt die Rechtsprechung einen Leistungsaustausch an, auch wenn die gegenseitigen Leistungen nicht ausgeglichen sind, somit liegt zumindest soweit sich beide Leistungen wertmäßig decken, ein Leistungsaustausch vor[326]. **427**

Ausgenommen hiervon sind Renten und Versorgungszusagen, die im Zusammenhang mit einer vorweggenommenen Erbregelung begründet worden sind[327]. Das setzt voraus, daß existenzsicherndes Vermögen auf einen künftigen Erben übertragen worden ist, aus dem der Vermögensübernehmer die Versorgungsleistungen zu erbringen hat. Der Übertragende hat hier gewissermaßen die zur Versorgung **428**

---

[323] BFH v. 7.4.1992, BStBl. II 1992, 809; BFH v. 25.4.1990, BStBl. II 1990, 625.
[324] Hermann-Heuer-Raupach, § 12 EStG, RdNrn. 9–10.
[325] Sauerland u.a., a.a.O. (Fußnote 311), S. 46ff.; Theis, a.a.O. (Fußnote 313), S. 6; Bader/Lammsfuß/Rinne, a.a.O. (Fußnote 311), Rz. 109ff.; vgl. auch Stephan, DB 1996, 2149.
[326] BFH v. 27.2.1992, BB 1992, 1331.
[327] BFH v. 15.7.1991 GrS 1/90, BStBl. II 1992, 78.

notwendigen Erträge zurückbehalten[328]. Renten, die im Zusammenhang mit einer Erbauseinandersetzung vereinbart werden, sind im Zweifel Veräußerungsrenten.

Der Rentenverpflichtete hat die Gegenstände unentgeltlich erworben. Er ist verpflichtet, die Buchwerte bzw. bei privatem Grundvermögen und wesentlichen Beteiligungen im Privatvermögen die Anschaffungskosten des Erblassers fortzuführen (nähere Einzelheiten siehe Erbauseinandersetzung Rz. 503ff., 510). Die Rentenzahlungen stellen daher für den Verpflichteten keine Anschaffungskosten dar. Der Ertragsanteil der Rente ist nicht als Werbungskosten bzw. Betriebsausgaben zu behandeln. Er ist lediglich als Sonderausgabe abzugsfähig. In der Regel wird von einer dauernden Last auszugehen sein. Diese wäre im vollen Umfang abzugsfähig. Beim Empfänger handelt es sich hinsichtlich des Ertragsanteils um sonstige Bezüge (vgl. auch Buch I Rz. 1538, 1540).

e) Die private Veräußerungsrente

429   Eine private Veräußerungsrente ist dann gegeben, wenn Leistung und Gegenleistung wertmäßig in einem ausgewogenen Verhältnis zueinander stehen[329]. Das ist der Fall, wenn die Rente den Kaufpreis für den empfangenen Gegenstand darstellt. Wie bereits ausgeführt, wird die Erbauseinandersetzung nicht als Veräußerungsgeschäft angesehen. Eine Ausnahme liegt lediglich dann vor, wenn die Erbauseinandersetzung wirtschaftlich betrachtet nicht mehr als eine solche, sondern als Veräußerung eines Miteigentumsanteils an einem Gegenstand angesehen wird (vgl. Ausführungen zur Erbauseinandersetzung Rz. 510, 533). Ist das der Fall, so liegt eine Veräußerungsrente vor. Handelt es sich bei dem Erwerb um einen Gegenstand des Privatvermögens, so ist eine private Veräußerungsrente gegeben.

430   Der Rentenbarwert stellt für den Rentenverpflichteten Anschaffungskosten für den Erwerb des Miteigentumsanteils dar.

Beispiel:

In der Erbengemeinschaft befindet sich ein Grundstück, das den Erben A und B je zur Hälfte gehört. Anschaffungskosten des Erblassers DM 100.000,–. 3 Jahre nach dem Erbfall vereinbaren A und B, daß A den Miteigentumsanteil des A für eine monatliche Rente von DM 900,– übernimmt (Rentenbarwert DM 100.000,–). Der Rentenbarwert stellt sich für A als Anschaffungskosten dar. Er kann daher von einem Wert DM 50.000,– + DM 100.000,– = DM 150.000,– bei der Berechnung der jährlichen AfA ausgehen. Die Zahlungen auf den Ertragsanteil sind bei ihm Werbungskosten aus Vermietung und Verpachtung.

431   Der Rentenempfänger hat hinsichtlich des Ertragsanteils sonstige Einkünfte.

---

[328] BFH v. 11.3.1992, BB 1992, 1115; v. 23.1.1992, BB 1992, 1120; v. 25.3.1992, DB 1992, 2422, v. 23.3.1993, BFH/NV 1993, 717; v. 18.2.1993, BFH/NV 1994, 14; v. 20.5.1992, BFH/NV 1992, 805; v. 15.7.1992, BFH/NV 1992, 816; v. 15.1.1992, BFH/NV 1992, 817; Seithel, BB 1993, 473; Stephan, DB 1993, 194; Stephan, DB 1994, 2307.

[329] Bader/Lammsfuß/Rinne, a.a.O. (Fußnote 311), S. 158; vgl. BFH v. 16.7.1969, BStBl. II 1970, 56; v. 6.3.1975, BStBl. II 1975, 600; v. 23.1.1964, BStBl. II 1964, 422; v. 24.10.1978, BStBl. II 1973, 135; v. 28.7.1983, BStBl. II 1984, 97; v. 22.9.1982, BStBl. II 1983, 99; v. 12.11.1985.

Einkommensteuer

Werden anläßlich einer auf die Lebenszeit einer Bezugsperson zeitlich gestreckken entgeltlichen privaten Vermögensumschichtung gleichbleibende wiederkehrende Leistungen vereinbart, ist deren Ertragsanteil (Zinsanteil), da dieser Entgelt für die Überlassung von Kapital ist und private Schuldzinsen nicht abgezogen werden dürfen, bei verfassungskonformer Auslegung **nicht** als Sonderausgaben abziehbar[330].

f) Die betriebliche Veräußerungsrente

Eine betriebliche Veräußerungsrente liegt dann vor, wenn ein Unternehmen, ein Teilbetrieb oder ein Anteil an einem Unternehmen gegen eine Rente veräußert wird. Das ist aber unter Erben nur der Fall, wenn neben der Erbauseinandersetzung gleichzeitig eine mitunternehmerische vollzogen wird (vgl. hierzu aber Rz. 539ff.). Voraussetzung für die Annahme einer betrieblichen Veräußerungsrente ist, daß Leistung und Gegenleistung wertmäßig aufeinander abgestimmt sind und somit die Rente ein Entgelt für die Übertragung des Betriebes darstellt. Es muß daher die Rente wertmäßig dem Wert des Betriebes entsprechen. Entscheidend ist hier das Verhältnis der Verkehrswerte[331]. 432

In diesem Falle haben die weichenden Erben die Abfindung, soweit sie den Buchwert der Beteiligung übersteigt, abzüglich der Kosten und des laufenden Gewinns, als Veräußerungsgewinn zu versteuern. Bei der Vereinbarung einer Rente ergeben sich aber gegenüber der Bar- bzw. Ratenzahlung folgende Abweichungen. 433

Der Veräußerer kann wählen, ob er den Veräußerungsgewinn erst nach Zufluß versteuern will oder sofort[332].

Wählt der Veräußerer die **Sofortversteuerung**, so gilt der nach versicherungsmathematischen Grundsätzen errechnete **Rentenbarwert** als der **Veräußerungspreis**. 434

Von diesem ist der Buchwert der Beteiligung, der laufende Gewinn und die Kosten mindernd abzusetzen. Der laufende Gewinn unterliegt der Tarifbesteuerung.

Hinsichtlich des auf diese Weise festgestellten Veräußerungsgewinns gilt folgendes: 435

Der Freibetrag von DM 30.000,- nach § 16 Abs. 4 EStG a.F. entfällt für Veräußerungen nach dem 31.12.1995. Für Stpfl., die das 55. Lebensjahr vollendet oder im sozialversicherungsrechtlichen Sinne dauernd erwerbsunfähig sind, wird ein personenbezogener Freibetrag von DM 60.000,- nur einmalig gewährt. Er ermäßigt sich jedoch um den Betrag, um den der Veräußerungsgewinn DM 300.000,- übersteigt.

---

[330] BFH v. 27.2.1992, BStBl. II 1992, 609; v. 25.11.1992, FR 1993, 268.
[331] Vgl. hierzu BFH v. 26.1.1978, BStBl. II 1978, 301; v. 24.12.1978, BStBl. II 1979, 135; v. 12.11.1985, BB 1986, 176; v. 22.9.1982, BStBl. II 1983, 99; hierzu auch Richter, DStR 1988, 148; Bader/Lammsfuß/Rinne, a.a.O. (Fußnote 311) RdNr. 197ff.; BFH v. 29.1.1992, BB 1992, 1117.
[332] Sauerland, a.a.O. (Fußnote 311), S. 82ff.; Theis, a.a.O. (Fußnote 313), S. 8ff.

Beispiel:
A (60 Jahre alt) veräußert seinen Anteil (50 v.H.) an einer Personengesellschaft für DM 180.000,–. Der Buchwert des Anteils beträgt DM 100.000,–. Der Veräußerungsgewinn beträgt DM 80.000,–, der jedoch in Höhe von DM 60.000,– steuerfrei ist.
Der verbleibende Veräußerungsgewinn ist nach § 34 Abs. 1 EStG begünstigt, und zwar zum halben Tarif. Mit der Sofortversteuerung fällt der Rentenanspruch in das Privatvermögen. Der Ertragsanteil der Rente ist als sonstige Bezüge zu versteuern.

436 Wählt der Rentenempfänger die **Versteuerung bei Zufluß,** so hat er die einzelnen Rentenzahlungen erst bei Zufluß zu versteuern, aber erst, soweit sie den Buchwert seiner Beteiligung übersteigen. Die Rentenzahlungen werden also erst mit dem Buchwert seiner Beteiligung verrechnet, wenn das Kapitalkonto ausgeglichen ist. Er hat nachträgliche Einkünfte aus Gewerbebetrieb (§ 24 Nr. 2 EStG). Es handelt sich hier jedoch um laufende nachträgliche Einkünfte, die nicht begünstigt sind. Es wird daher in den meisten Fällen zweckmäßig sein, die Sofortversteuerung zu wählen, insbesondere dann, wenn der Veräußerer noch den **Freibetrag** beanspruchen kann.

437 Bei dem Erwerber des Anteils und Rentenverpflichteten handelt es sich bei dem nach versicherungsmathematischen Grundsätzen ermittelten Rentenbarwert um Anschaffungskosten[333]. Die Rentenverpflichtung hat er mit dem **Barwert** als Verbindlichkeit auszuweisen. Dieser ist zu jedem Bilanzstichtag neu zu ermitteln. Die Minderung des Barwertes ist Ertrag. Die laufenden Rentenzahlungen sind für ihn Betriebsausgaben.

g) Vermächtnisrenten

438 Ist eine Rente im Rahmen eines Vermächtnisses an einen Dritten angeordnet, so liegt in der Erfüllung der Rentenverpflichtung kein Entgelt für den Erwerb des Nachlasses. Vielmehr hat der Erbe den Nachlaß mit dieser Belastung erworben. Soweit es sich bei dem erworbenen Nachlaß um Einkunftsquellen handelt, stellen die Rentenzahlungen aus dieser Rentenlast keine Aufwendungen dar, die im Zusammenhang mit einer Einkunftsart stehen, soweit sind die Zahlungen weder als Betriebsausgaben noch als Werbungskosten abzugsfähig. Leistungen aufgrund einer Vermächtnisrente sind beim Erben als Sonderausgaben abzugsfähig, beim Vermächtnisnehmer als sonstige Einkünfte i.S. des § 22 Nr. 1a EStG abzugsfähig, sofern die Zahlungen nicht unter das Abzugsverbot des § 12 Nr. 2 EStG fallen[334].

aa) Behandlung des Rentenvermächtnisses beim Berechtigten

439 Der Berechtigte hat grundsätzlich wiederkehrende Bezüge im Sinne des § 22 Nr. 1 EStG. Besteht das Rentenvermächtnis in einer Leibrente, so unterliegt die

---
[333] BFH v. 5.2.1969, BStBl. II 1969, 334; v. 20.11.1969, BStBl. II 1970, 309; v. 31.1.1980, BStBl. II 1980, 491.
[334] Hierzu Schulze zur Wiesche, BB 1986, 1134.

Rente einer in Höhe des Ertragsanteils der sich aus der Tabelle in § 22 EStG ergibt, der Einkommensteuer.

Besteht die Rente in einer abänderbaren Versorgungszusage, ist grundsätzlich der sonstige wiederkehrende Bezug in voller Höhe zu erfassen. Das gilt jedoch nicht, wenn das Rentenvermächtnis Abgeltungscharakter hat.

440

Erhält ein pflichtteilsberechtigter Erbe aufgrund letztwilliger Verfügung des Erblassers vom Erben unter Anrechnung auf seinen Pflichtteil für die Dauer von 15 Jahren wiederkehrende Leistungen in schwankender Höhe, sind diese nicht mit ihrem vollen Betrag als Einkünfte der wiederkehrenden Bezüge des § 22 Nr. 1 Satz 1 EStG, sondern nur mit ihrem Zinsanteil nach § 20 Abs. 1 Nr. 7 EStG steuerbar[335].

441

bb) Der rentenverpflichtete Erbe oder Vermächtnisnehmer

Wiederkehrende Leistungen (Renten, dauernde Lasten), die der Erbe auf Grund eines Vermächtnisses an einen Dritten zu zahlen hat, sind mit dem Wert des empfangenen Vermögens zu verrechnen. Sie sind mangels wirtschaftlicher Belastung des Erben nicht als Sonderausgaben nach § 10 Abs. 1 Nr. 1a EStG abziehbar[336].

442

Beispiel:
A ist Erbe des E. A hat zugunsten seiner Hausangestellten ein Rentenvermächtnis ausgesetzt.

A kann die Rentenzahlungen nicht als Sonderausgaben abziehen, da er nicht belastet ist.

Als Sonderausgaben abziehbar sind in der Regel nur Versorgungsleistungen zugunsten des Vermögensübergebers, dessen Ehegatten und neben dem Übernehmer vorhandene erbberechtigte Abkömmlinge.

Wiederkehrende Leistungen an nicht erbberechtigte Personen sind dagegen nicht abziehbar. Als Sonderausgaben abziehbare Versorgungsleistungen können ihren Entstehungsgrund statt in einer Vereinbarung zu Lebzeiten auch in einer letztwilligen Verfügung (z.B. Vermächtnis) haben. Das trifft dann zu, wenn ein überlebender Ehegatte oder ein neben dem Übernehmer des gesamten Vermögens erbberechtigter Abkömmling des Erblassers, statt des Erblassers statt seines gesetzlichen Erbteils lediglich Versorgungslasten aus dem ihm an sich zustehenden Vermögen erhält.

443

Wird dafür Vermögen unter Vorbehalt eines Teils der Erträge in Form von Versorgungsleistungen übertragen, ist der Entstehungsgrund (vorweggenommene Erbfolge oder Erbeinsetzung und Vermächtnis) unbeachtlich. Dabei ist vorausgesetzt, daß die Erträge solchen Wirtschaftseinheiten vorbehalten werden, die dem mit Versorgungsleistungen bedachten Berechtigten auf Grund gesetzlicher Erbfolge zumindest anteilig zustehen würde. Berechtigter in diesem Sinne ist insbesondere der überlebende Ehegatte, nicht aber auch neben dem Übernehmer (Erben) des gesamten Vermögens erbberechtigte Geschwister[337].

444

---

[335] BFH v. 26. 11. 1992, DB 1993, 763.
[336] BFH v. 27. 2. 1992, BB 1992, 1474.
[337] BFH v. 5. 7. 1990 BStBl. II 1995, 842.

445 Insbesondere können, wenn der Erbe oder Vermächtnisnehmer von Todes wegen existenzsicherndes Vermögen erhalten hat, die Leistungen, die er an die Witwe des Erblassers zu erbringen hat, Sonderausgaben sein[338]. Geht das nach dem gesetzlichen Erbrecht „an sich" dem überlebenden Ehegatten zustehende Vermögen auf Kinder über, sind die im sachlichen Zusammenhang hiermit letztwillig angeordneten wiederkehrenden Leistungen „eine besondere Art von Versorgungsleistungen", die durch die Vermögensübergabe an die Kinder notwendig geworden sind. Diese Leistungen sind den bei einer Vermögensabgabe zur vorweggenommenen Erbfolge vereinbarten Versorgungsleistung vergleichbare Leistungen aus einem Versorgungsvermächtnis an erbberechtigte Ehegatten, der kein existenzsicherndes Vermögen erhalten hat, sondern lediglich vom Erwerber des Vermögens aus den Vermögenserträgen versorgt werden soll, sind als beim verpflichteten Erben als Sonderausgaben abziehbar.

Wird ein Vorbehaltsnießbrauch an einem Grundstück durch eine Rente abgelöst, um das Grundstück zu veräußern, sind die Rentenzahlungen nicht als Rente oder dauernde Last abziehbar.

Voraussetzung für die Abziehbarkeit ist, daß der Vermögensübernehmer dieses selbst nutzt[339].

Schlagen sowohl der Erbe als auch ein nach ihm zum Alleinerben berufener Abkömmling jeweils die Erbschaft aus, um existenzsicherndes Vermögen den Kindern bzw. Enkeln zukommen zu lassen, und verpflichten sich letztere, den zuerst berufenen Erben lebenslängliche Versorgungsleistungen zu zahlen, können diese Leistungen als Sonderausgaben (Leibrente oder dauernde Last) abziehbar sein[340].

446 Handelt es sich lediglich um eine aufgrund letztwilliger Verfügung auferlegte Leistung des Erben, so liegt in der Erfüllung der Auflage oder des Vermächtnisses keine Zuwendung seitens der Erben im Sinne des § 12 Nr. 2 EStG vor, sondern eine des Erblassers. Die testamentarisch angeordnete Rente galt bisher unmittelbar als vom Erblasser zugewendet. Dieses Rentenvermächtnis ist für den Erben eine Nachlaßverbindlichkeit. Denn auch wenn die Vermächtnisnehmer zu den unterhaltsberechtigen Personen des Erblassers gehören sollten, so ist die testamentarische Zuwendung keine im Sinne des § 12 Nr. 2 EStG, die als Unterhaltszahlung ausgelegt werden könnte, da die gesetzliche Unterhaltsverpflichtung mit dem Tode endet.

447 Nach Ansicht des BFH[341] fallen Renten, die im Zusammenhang mit einer testamentarischen Anordnung in Form eines Vermächtnisses oder im Rahmen einer Erbauseinandersetzung gewährt werden, nicht unter das Abzugsverbot des § 12 Nr. 2 EStG. Nach Ansicht des FG Münster[342] ist eine Zuwendung i.S. des § 12 Nr. 2

---

[338] BFH v. 26. 1. 1994, DB 1994, 115.
[339] BFH v. 14. 2. 1996, BFH/NV 1996, 172.
[340] BFH v. 17. 4. 1996, DB 1996, 1958.
[341] BFH v. 7. 12. 1977, FR 1978, 172; v. 21. 12. 1977, BStBl. II 1978, 332.
[342] Urteil v. 25. 3. 1980, EFG 1980, 441.

EStG bei Erfüllung von testamentarischen Auflagen oder Nachlaßverbindlichkeiten nicht ausgeschlossen.

Wenn nun der Sohn einer Witwe des Erblassers dafür, daß er den gesamten Nachlaß übernommen hat, eine Rente aufgrund eines Vermächtnisses zahlt, ist diese bei ihm mit dem Ertragsanteil als Sonderausgabe abzugsfähig. Dieser ist entsprechend bei der Witwe als sonstige Einkunft im Sinne des § 22 EStG anzusetzen.

Es ist jedoch zu beachten, daß neben den freiwilligen Zuwendungen Leistungen aufgrund einer freiwillig begründeten Rechtspflicht nicht abzugsfähig sind.

Hierdurch sollen die freiwillig eingegangenen Verpflichtungen den freiwilligen Leistungen gleichgestellt werden. Ist jedoch eine Rentenzahlung testamentarisch angeordnet worden, so hat der Rentenverpflichtete selbst keine vertragliche Verpflichtung übernommen. Es fehlt somit ein Merkmal der freiwillig übernommenen Rechtspflicht. Eine vom Erblasser angeordnete Rente ist daher, soweit sie nicht an eine unterhaltsberechtigte Person erfolgt, trotz der Neufassung des § 12 Nr. 2 EStG weiterhin abzugsfähig. **448**

6. Die stille Gesellschaft als Vermächtnis[343]

Die stille Gesellschaft wird auch steuerlich anerkannt. Sie kann steuerlich wirksam an einem Einzelunternehmen, einer Personengesellschaft und auch an einer Kapitalgesellschaft begründet werden. **449**

Man unterscheidet auch im Steuerrecht zwischen einer typischen stillen Gesellschaft und einer atypischen stillen Gesellschaft (vgl. hierzu Buch I Rz. 1144 ff., insbesondere 1150 ff.).

Während der echte stille Gesellschafter im Ertragsteuerrecht wie ein Kapitalgeber behandelt wird, ist der atypische stille Gesellschafter Mitunternehmer.

Stille Gesellschaften können im Wege eines **Vermächtnisses** angeordnet werden. Sie können aber auch im Wege der **Erbauseinandersetzung** vereinbart werden.

Nicht selten wird die stille Gesellschaft als Vorstufe zu einer späteren echten Beteiligung mit den Familienangehörigen als **vorweggenommene Erbregelung** vereinbart.

Hinsichtlich der Problematik im Hinblick auf die tatsächliche Durchführung und die Angemessenheit der Gewinnverteilung wird auf die Ausführungen zur Familiengesellschaft (Rz. 1031 ff.) verwiesen.

a) Die typische stille Gesellschaft

Eine typische stille Beteiligung liegt steuerlich vor, wenn der stille Gesellschafter lediglich seine Einlage in die Gesellschaft eingebracht hat und nicht am Gesamthandsvermögen beteiligt ist. Der stille Gesellschafter hat lediglich einen obligatori- **450**

---

[343] Literaturhinweise: Fleischer/Thierfeld, Stille Gesellschaft im Steuerrecht; Hense, Die stille Gesellschaft im handelsrechtlichen Jahresabschluß, 1990; Kandler, Stille Gesellschaft und Unterbeteiligung, 4. Aufl., Paulick, Handbuch der stillen Gesellschaft, 1988; Werner, Die stille Beteiligung als Kapitalanlageform, 1990.

schen Anspruch aus Rückerstattung seiner Einlage im Falle der Auflösung der Gesellschaft. Eine Verlustbeteiligung ist unerheblich.

Steuerlich handelt es sich hier nicht um eine Mitunternehmerschaft. Unternehmer bleibt derjenige, der das Unternehmen nach außen hin führt.

Der stille Gesellschafter hat **Einkünfte aus Kapitalvermögen**. Ist der stille Gesellschafter auch am Verlust des Unternehmens beteiligt, so stellen die ihm zugeschriebenen Verluste Werbungskosten dar. Der gutgeschriebene Gewinnanteil ist bei dem Unternehmer bzw. im Falle einer stillen Einlage an einer Personengesellschaft als **Betriebsausgabe** zu behandeln.

451 Gemäß § 43a Abs. 1 Nr. 1 EStG hat die Gesellschaft von den Einkünften aus der stillen Einlage 25 v.H. zuzüglich Solidaritätszuschlag von 7,5 v.H. der Steuer Kapitalertragsteuer einzubehalten. Die einbehaltene Kapitalertragsteuer wird jedoch bei der Einkommensteuer des stillen Gesellschafters angerechnet werden.

452 Bei einer **stillen Einlage an einer Kapitalgesellschaft** ist darauf zu achten, daß der Gewinnanteil des stillen Gesellschafters nicht unangemessen hoch ist, da u.U. eine verdeckte Gewinnausschüttung vorliegen könnte, für den Fall, daß der stille Gesellschafter selbst gleichzeitig Gesellschafter bzw. Angehöriger eines Gesellschafters ist. Vgl. Rz. 1035 ff.

b) Die atypische stille Gesellschaft

453 Im Gegensatz zur typischen stillen Gesellschaft wird bei der atypischen stillen Gesellschaft der atypische stille Gesellschafter als Mitunternehmer behandelt (vgl. auch Buch I Rz. 1152). Das ergibt sich aus § 15 Abs. 1 Nr. 2 EStG, wonach die Gewinnanteile aus einer anderen Gesellschaft, bei der der Gesellschafter als Unternehmer (Mitunternehmer) anzusehen ist, Einkünfte aus Gewerbebetrieb sind. Ist der stille Gesellschafter an dem Unternehmen eines Einzelkaufmannes beteiligt, so wird dieses Unternehmen steuerlich als Personengesellschaft behandelt. Besteht eine stille Beteiligung an einer Personengesellschaft, so erhält der stille Gesellschafter die Stellung eines Gesellschafters. Auch für den Fall, daß der atypische stille Gesellschafter an einer Kapitalgesellschaft beteiligt ist, gilt er neben der Kapitalgesellschaft als Mitunternehmer.

454 Eine atypische stille Beteiligung ist dann anzunehmen, wenn nach Würdigung der Gesamtumstände auf den stillen Gesellschafter die wesentlichen Merkmale eines Unternehmers zutreffen. Neben der Beteiligung am Gewinn und Risiko ist das die Beteiligung am wirtschaftlichen Verkehr, am Vermögen und die Unternehmerinitiative. Dem stillen Beteiligten kommt insbesondere dann Unternehmerinitiative zu, wenn er im Innenverhältnis die Rechtsstellung eines Kommanditisten hat. Das wäre der Fall, wenn alle Handlungen des Unternehmers, die über den Rahmen der laufenden Geschäftsführung hinausgehen, der Zustimmung des stillen Gesellschafters bedürfen[344]. Das gilt insbesondere für die Rechte aus § 716 BGB. Gibt ihm der stille Beteiligungsvertrag in starkem Maße die Möglichkeit, auf die Geschicke des

---

[344] Vgl. hierzu im einzelnen BFH v. 29.1.1976, BStBl. II 1976, 332.

Unternehmens Einfluß zu nehmen, kommt dieser Einflußmöglichkeit das Gewicht einer Unternehmerinitiative zu[345].

Liegen die Voraussetzungen für eine Mitunternehmerschaft vor, so hat der stille Gesellschafter Einkünfte aus Gewerbebetrieb.   455

Der Gewinn einer Mitunternehmerschaft wird einheitlich und gesondert nach § 180 AO festgestellt. Das gilt sowohl für das Unternehmen des Einzelkaufmanns als auch für die Personengesellschaft als auch für die Kapitalgesellschaft[346].

Es tritt hier also eine ähnliche Behandlung ein wie bei der GmbH & Co. KG (vgl. hierzu Rz. 1093 ff.).

Der Gewinn, soweit er auf den stillen Gesellschafter entfällt, ist somit nicht als Betriebsausgabe gewinnmindernd zu behandeln.

Eine atypische stille Gesellschaft ist dann anzunehmen, wenn nach Würdigung der Gesamtumstände auf den stillen Gesellschafter die wesentlichen Merkmale eines Unternehmers zutreffen. Nach der Rechtsprechung des BFH (vgl. auch Rz. 477 ff.; Mitunternehmerschaft, Erbengemeinschaft) sind das die Beteiligungen am wirtschaftlichen Verkehr, Beteiligung am Vermögen und das persönliche Engagement.   456

Es reicht für die Annahme einer Mitunternehmerschaft nicht aus, daß der stille Gesellschafter im Betrieb mit tätig ist, er muß eine leitende Tätigkeit ausüben bzw. Mitbestimmungsrechte besitzen, die über die ihm in § 233 HGB eingeräumten Rechte weit hinausgehen. Eine vermögensmäßige Beteiligung im rechtlichen Sinne ist zwar nicht möglich, da der stille Gesellschafter begrifflich nicht Gesamthänder sein kann, er kann aber wirtschaftlich so gestellt werden, als sei er an dem Vermögen beteiligt, indem er nämlich am Wertzuwachs des Unternehmens und an den im Unternehmen ruhenden stillen Reserven Anteil hat. Das wäre gegeben, wenn der stille Gesellschafter im Falle seines Ausscheidens nicht nur den Buchwert seiner Beteiligung ausgezahlt erhielte, sondern auch den Gegenwert der stillen Reserven, der im Verhältnis seiner buchmäßigen Beteiligung entspricht.   457

Es wird im allgemeinen als ausreichend angesehen, wenn neben der Beteiligung am Gewinn eine der hier genannten Voraussetzungen zutrifft, also entweder weitgehende Mitbestimmung oder wirtschaftliche Beteiligung am Vermögen der Gesellschaft durch Teilhabe an den stillen Reserven gegeben ist[347].

Es wird hier auch keine Kapitalertragsteuer einbehalten. Die Feststellung, ob eine atypische stille Gesellschaft und damit Mitunternehmerschaft vorliegt, trifft das Betriebsfinanzamt.

---

[345] BFH v. 5.7.1978, BStBl. II 1978, 644; vgl. auch BFH v. 22.1.1981, BB 1981, 1013; vgl. insbesondere BFH v. 11.12.1990, DB 1991, 1052; v. 20.11.1990, DB 1991, 1054.
[346] BFH v. 18.3.1966, BStBl. III 1966, 197.
[347] BFH v. 20.11.1990, DB 1991, 1052; v. 11.12.1990, DB 1991, 1054; v. 27.1.1994, BStBl. II 194, 635.

7. Die Unterbeteiligung

458 Die Unterbeteiligung kann sich in Form eines Vermächtnisses oder auch aus der Erbauseinandersetzung selbst ergeben. Hinsichtlich der bürgerlich-rechtlichen Ausgestaltung und Folgen wird auf Buch I Rz. 1186ff. verwiesen.

459 Auch die Unterbeteiligung kann steuerlich in zwei Formen vorkommen. In der Regel wird der Unterbeteiligte lediglich als Kapitalgeber am Anteil des Hauptbeteiligten nach Art eines stillen Gesellschafters unterbeteiligt sein. In diesem Falle hat der Unterbeteiligte Einkünfte aus Kapitalvermögen.

460 Es ist aber auch möglich, daß der Unterbeteiligte als Mitunternehmer anzusehen ist. In diesem Falle hat auch er Einkünfte aus Gewerbebetrieb.

a) Die Unterbeteiligung nach Art einer stillen Gesellschaft

461 Wie bereits ausgeführt, ist der Unterbeteiligte in der Regel nicht am Vermögen des Hauptbeteiligten beteiligt. Er wird steuerlich wie ein stiller Gesellschafter zu behandeln sein oder wie ein partiarischer Darlehensgeber. Er hat Einkünfte nach § 20 Nr. 4 EStG. Es ist vom Hauptgesellschafter Kapitalertragsteuer einzubehalten (vgl. § 43 Abs. 1 Nr. 2 EStG)[348].

462 Der Gewinnanspruch des Unterbeteiligten ist beim Hauptgesellschafter Betriebsausgabe. Er ist somit ebenso zu behandeln wie die Darlehenszinsen, die ein Gesellschafter für die Aufnahme eines Kredites zur Finanzierung des Anteils aufgenommen hat. Es handelt sich hier um Sonderbetriebsausgaben eines Gesellschafters, die nicht im Handelsbilanzergebnis der Gesellschaft ihren Niederschlag gefunden haben.

463 Nach der ständigen Rechtsprechung des BFH sind diese nicht bei der Einkommensteuererklärung, sondern bei der einheitlichen und gesonderten Gewinnfeststellung der Gesellschaft geltend zu machen. Das gilt auch für den Fall, daß die Unterbeteiligung der Gesellschaft nicht bekannt ist.

b) Die mitunternehmerische Unterbeteiligung[349]

464 Es ist vom BFH[350] in mehreren Urteilen anerkannt worden, daß eine Unterbeteiligung eine mitunternehmerische sein kann. Sie kann von vornherein als solche vereinbart werden oder sich aus den tatsächlichen Verhältnissen ergeben.

465 Die Ausgestaltung der Unterbeteiligung als mitunternehmerische wird von dem BFH[351] grundsätzlich bejaht. Allerdings hat der BFH die Frage, inwieweit ein Un-

---

[348] BFH v. 10.11.1987, BStBl. II 1988, 188; v. 28.11.1990, BB 1991, 1105.
[349] BFH v. 18.3.1982, BB 1982, 1183; v. 1.7.1982, BB 1982, 12; Schulze zur Wiesche in Hartmann/Böttcher/Nissen/Bordewin, Komm. EStG, Bd. 5, RdNr. 445ff.; Schulze zur Wiesche, Die Unterbeteiligung in der steuerlichen Rechtsprechung, NJW 1983, 2362; derselbe, die Unterbeteiligung als Mitunternehmerschaft, DB 1987, 551; BFH v. 3.12.1991, BStBl. II 1989, 758.
[350] BFH v. 1.2.1973, BStBl. II 1973, 221.
[351] v. Wallis, NWB Fach 2, 2619; BFH v. 4.4.1968, BStBl. II 1968, 669; v. 18.3.1982, BStBl. II 1982, 546; v. 24.7.1986, BStBl. II 1987, 54; v. 21.2.1991, FR 1991, 525.

terbeteiligter überhaupt Unternehmerinitiative entfalten kann, offengelassen. Bei der Unterbeteiligung wird es daher im wesentlichen darauf ankommen, inwieweit der Unterbeteiligte am Vermögen der Gesellschaft beteiligt ist, wobei nach dem Wesen der Unterbeteiligung diese vermögensmäßig nur eine mittelbare sein kann[352].

Es war jedoch lange Zeit streitig[353], wie der Unterbeteiligte zu behandeln ist, als Mitunternehmer der Hauptgesellschaft oder als Mitunternehmer der Innengesellschaft zwischen dem Haupt- und Unterbeteiligten. Die Verwaltung war geneigt, den Unterbeteiligten als Mitunternehmer der Hauptgesellschaft anzunehmen, wenn die Unterbeteiligung der Hauptgesellschaft bekannt war, nicht jedoch für den Fall, daß die Unterbeteiligung der Gesellschaft gegenüber geheimgehalten wurde. Der BFH hatte sich jedoch in einem älteren Urteil dafür ausgesprochen, daß der Unterbeteiligte, gleichgültig, ob die Unterbeteiligung der Gesellschaft bekannt war oder nicht, in die einheitliche und gesonderte Gewinnfeststellung der Hauptgesellschaft mit einbezogen werden sollte. Dieses Urteil wurde jedoch, soweit es die nicht bekannte Unterbeteiligung betraf, von der Verwaltung nicht angewandt[354]. **466**

Nunmehr hat der große Senat im Beschluß vom 5. 11. 1973[355] die Ansicht vertreten, daß die Unterbeteiligung eine Innengesellschaft zwischen dem Hauptbeteiligten und dem Unterbeteiligten begründe, die im Falle der Mitunternehmerschaft die Rechtsform einer Gesellschaft des bürgerlichen Rechts habe. Auf diese Gesellschaft sei daher auch § 179 AO anzuwenden. In dem Gewinnfeststellungsbescheid der Hauptgesellschaft würde nur über die Zurechnung des Gewinns der Hauptgesellschaft entschieden. Für den Fall, daß an einer Personengesellschaft eine andere beteiligt ist, müssen zwei einheitliche und gesonderte Gewinnfeststellungen erfolgen[356]. Dasselbe muß auch für die Innengesellschaft gelten, bei der die Gesellschafter als Mitunternehmer anzusehen sind. Über die Fragen, ob eine atypische stille Unterbeteiligung (Innengesellschaft) an dem Anteil des Gesellschafters vorliegt und wie hoch der Anteil des Unterbeteiligten ist, muß daher nach Ansicht des BFH in einem besonderen Feststellungsverfahren entschieden werden. Es kommt hierbei nicht darauf an, ob die Unterbeteiligung der Hauptgesellschaft bekannt ist oder nicht. **467**

Der Große Senat hat jedoch in seinem Beschluß offengelassen, ob nicht unter gewissen Umständen eine einheitliche Gewinnfeststellung erfolgen könne. Das wäre der Fall, wenn der Unterbeteiligte gleichzeitig als Mitunternehmer der Hauptgesellschaft angesehen werden könnte. Nach Ansicht des BFH[357] ist eine Mitunternehmerschaft des Unterbeteiligten an der Hauptgesellschaft nur anzunehmen, **468**

---

[352] Zu den einzelnen Voraussetzungen siehe BFH v. 21. 2. 1991, FR 1991, 525.
[353] BFH v. 3. 5. 1979, BStBl. II 1974, 414.
[354] BB 1974, 726.
[355] BFH v. 23. 2. 1972, BStBl. II 1972, 530.
[356] BFH v. 23. 1. 1974, BStBl. II 1974, 480; v. 21. 4. 1988, BStBl. II 1989, 722.
[357] BFH v. 23. 1. 1974, BStBl. II 1974, 480.

wenn der Unterbeteiligte als leitender Angestellter Einfluß auf die Geschäftsführung hat.

Hinsichtlich der Gewinnermittlung, insbesondere der Sondervergütungen, ist zu beachten, daß der Unterbeteiligte nicht Gesellschafter der Personengesellschaft ist.

Die Grundsätze der Angemessenheit der Gewinnbeteiligung von Familienangehörigen gelten auch für die Unterbeteiligung[358].

IV. Die Erbengemeinschaft

1. Die Erbengemeinschaft im Steuerrecht[359]

469 Sind mehrere Erben vorhanden, so geht bürgerlich-rechtlich das Vermögen unabhängig von einer Teilungsanordnung auf die Miterben als Gesamthandsgemeinschaft über (vgl. Buch I Rz. 16). Das Vermögen steht also allen Erben zur gesamten Hand zu (vgl. Buch I Rz. 32). Bei der Erbauseinandersetzung findet daher eine weitere Übertragung der Nachlaßgegenstände statt.

470 Das Steuerrecht hat mit dem Beschluß des Großen Senates[360] von der These Abschied genommen, daß Erbanfall und Erbauseinandersetzung einen einheitlichen Vorgang darstellen und daß derjenige, der aus einem Nachlaß, sei es als Erbe oder Vermächtnisnehmer, erwirbt, diesen Gegenstand unmittelbar vom Erblasser unentgeltlich erworben hat. Das Steuerrecht folgt nunmehr der zivilrechtlichen Rechtslage, daß Erbanfall und Erbauseinandersetzung zwei selbständige rechtliche Erwerbsvorgänge darstellen.

471 Nach § 1922 BGB gehen die Nachlaßgegenstände mit dem Erbfall unbeschadet der Erfüllung von Auflagen und Vermächtnissen und unabhängig von testamentarisch verfügten Teilungsanordnungen auf die Erben über. Das gilt auch dann, wenn Vermächtnisse sofort erfüllt werden und Teilungsanordnungen sofort befolgt werden. Erben sind zunächst einmal Eigentümer des gesamten ungeteilten und mit Vermächtnissen und Auflagen belasteten Nachlasses geworden. Da es sich bei dem Nachlaßvermögen zivilrechtlich um Gesamthandsvermögen handelt, werden nach § 39 Abs. 2 Nr. 2 AO den Erben die einzelnen Nachlaßgegenstände, sofern es für die Besteuerung von Bedeutung ist, nach Bruchteilen zugerechnet, d.h. bei der Erbengemeinschaft entsprechend der Quote, mit der der einzelne Erbe am Nachlaß beteiligt ist.

472 Einen Sondernachlaß bilden jedoch Beteiligungen an Personengesellschaften. Bei der einfachen Nachfolge geht der Gesellschaftsanteil unmittelbar auf die Erben über. Im Falle der qualifizierten Nachfolge geht der Anteil auf eine durch Gesellschaftsvertrag oder Testament bestimmte Person, die nicht notwendigerweise Erbe zu sein braucht, über (u.U. Vermächtnisnehmer). Es handelt sich um eine aus dem

---

[358] BFH v. 24.7.1986, BStBl. II 1987, 54.
[359] Hierzu Schulze zur Wiesche in Hartmann/Böttcher/Nissen/Bordewin, § 15 EStG, RdNr. 494ff.; L. Schmidt, § 15 EStG, RdNr. 64a und b.
[360] BFH v. 5.7.1990, BStBl. II 1990, 837.

Gesellschaftsverhältnis begründete Teilungsanordnung. Der Gesellschaftsanteil wird jedoch in den Wertausgleich mit einbezogen, es sei denn, diesem liegt ein Vermächtnis zugrunde.

2. Die Einkünfte der Erbengemeinschaft

Da die Erbengemeinschaft, wie bereits ausgeführt, keine eigene Rechtspersönlichkeit besitzt, werden die Einkünfte aus dieser Erbengemeinschaft auf die einzelnen Erben aufgeteilt. Sind mehrere Personen an einer Einkunftsquelle beteiligt, werden die Einkünfte aus dieser Quelle grundsätzlich gesondert für alle Beteiligten festgestellt (§ 180 AO). Die Einkünfte einer Erbengemeinschaft werden grundsätzlich entsprechend der Quote der einzelnen Erben am Nachlaß aufgeteilt[361]. Es können aber auch in dieser Hinsicht andere Abreden unter den Erben getroffen werden, insbesondere im Hinblick auf die künftige Erbteilung. 473

Das gilt insbesondere dann, wenn einzelne Nachlaßgegenstände im Vorgriff auf die endgültige Erbauseinandersetzung von jeweils einem Erben verwaltet werden. 474

Beispiel:

Im Nachlaß befindet sich ein Gewerbebetrieb; Erbe A übernimmt unabhängig von der künftigen Ausgleichsregelung bereits mit dem Erbfall den Gewerbebetrieb und führt ihn auf eigene Rechnung und Gefahr.

Die Einkünfte aus Gewerbebetrieb sind ihm zuzurechnen, denn er erfüllt die Voraussetzungen des § 15 Abs. 2 EStG. Es kommt nicht darauf an, daß er Eigentümer des Betriebsvermögens ist oder daß er aufgrund eines Pachtvertrages den Betrieb führt. Er kann den Betrieb auch aufgrund einer unentgeltlichen Überlassung führen.

Gleiches gilt, wenn ein Erbe als Berufsträger unabhängig von der wertmäßigen Auseinandersetzungsvereinbarung eine freiberufliche Praxis übernimmt, die endgültige Übertragung der Praxis aber der Nachlaßauseinandersetzung vorbehalten bleibt. Allerdings reicht es nicht aus, wenn die Miterben innerhalb dieser 6-Monatsfrist lediglich den Entschluß fassen, sich auseinanderzusetzen. Vielmehr muß innerhalb der Frist von 6 Monaten eine klare und rechtlich bindende Vereinbarung über Auseinandersetzung und ihre Modalitäten vorliegen (Tz. 9). Die Verwaltung[362] erkennt eine steuerliche Rückwirkung der Zurechnung der Einkünfte auf den Erbfall in engen Grenzen an. bei der Auseinandersetzungsvereinbarung wird in der Regel eine rückwirkende Zurechnung laufender Einkünfte für 6 Monate anerkannt. Die Frist beginnt mit dem Erbfall. In diesen Fällen können die laufenden Einkünfte daher ohne Zwischenzurechnung ab dem Erbfall ungeschmälert dem die Einkunftsquelle übernehmenden Miterben zugerechnet werden. Dies gilt auch bei Teilauseinandersetzungen. Soweit laufende Einkünfte rückwirkend zugerechnet werden, ist die Auseinandersetzung steuerlich so zu behandeln, als ob sich die Erbengemeinschaft unmittelbar nach dem Erbfall auseinandergesetzt hätte[363]. 475

---

[361] Herrmann-Heuer-Raupach, § 16 EStG II, S. 271; Schulze zur Wiesche, RWP S. 65.2, S. 1999.
[362] IV B 2-S 2242 – 86/92, BStBl. I 1993, 62.
[363] Durchgangserwerb der Erbengemeinschaft, Schr. BMF v. 11. 1. 1993, a.a.O., Tz. 8.

476 Hinsichtlich der Verteilung von Mieteinkünften bei Erbengemeinschaften siehe BFH vom 31. 3. 1992[364].

Eine willkürliche Aufteilung der Einkünfte unabhängig von der Erbquote wird nicht möglich sein, wohl hingegen können den einzelnen Erben im Vorgriff auf die spätere Auseinandersetzung Einkunftsquellen zur Nutzung überlassen werden, mit der Folge, daß sie die Einkünfte erzielen.

Werden nicht vorab einzelnen Erben Einkunftsquellen des Erblassers zur Nutzung überlassen, sind grundsätzlich die Einkünfte der Erbengemeinschaft bis zum Zeitpunkt der **Auseinandersetzung** auf die Gesellschafter entsprechend der Erbquote aufzuteilen.

V. Die Erbengemeinschaft als Mitunternehmerschaft

1. Grundsätzliches

477 Befindet sich im Nachlaß ein Gewerbebetrieb, so werden die Erben mit dem Erbfall unbeschadet der späteren Auseinandersetzung des Nachlasses Miteigentümer des Gewerbebetriebes[365]. Das gilt auch dann, wenn der Erblasser aufgrund einer Teilungsanordnung den Betrieb einem bestimmten Erben zugeordnet hat. Die Teilungsanordnung hat keine dingliche Wirkung. Somit ist die Übernahme des Betriebes durch den testamentarisch bestimmten Erben vom Entschluß aller Miterben abhängig. Hat der Erblasser die Fortführung des Betriebes durch Vermächtnis bzw. Vorausvermächtnis geregelt, so obliegt die Erfüllung des Vorausvermächtnisses grundsätzlich den Erben, so daß diese bis zu diesem Zeitpunkt als Miteigentümer des Betriebes anzusehen sind.

478 Der Betrieb der Erbengemeinschaft wird grundsätzlich auf Rechnung und Gefahr aller Miterben bis zum Zeitpunkt der Auseinandersetzung geführt. Sie können bis zur Erbauseinandersetzung einen Erben oder auch einen Dritten mit der Geschäftsführung oder Betriebsführung betrauen. Die Erben nehmen daher grundsätzlich bis zum Zeitpunkt der Auseinandersetzung entsprechend der Quote am Gewinn teil.

479 Da der Gewerbebetrieb für Rechnung und Gefahr der Erbengemeinschaft geführt wird, also alle Erben das Unternehmerrisiko tragen und ihnen die Verwaltung des Nachlasses und damit auch Unternehmerinitiative zustehen, sind alle Miterben grundsätzlich als Mitunternehmer anzusehen, wenn sich im Nachlaß ein Gewerbebetrieb befindet. Der Gewinn steht ihnen daher grundsätzlich im Verhältnis zur Erbquote zu, wobei es den Erben unbenommen ist, einem Erben, der tatsächlich die Geschäfte führt, einen Vorabgewinn oder eine feste Vergütung zukommen zu lassen. Nach dem Beschluß des Großen Senates haben die Erben nicht als Rechts-

---

[364] DB 1992, 2118.
[365] BFH v. 5. 7. 1990, BStBl. II 1990, 837; hierzu auch Groh, DB 1990, 2135; Söffing, DB 1991, 773, 823, DStR 1991, 65; Flume, DB 1990, 2390; Schulze zur Wiesche, RWP S. 65.2, S. 1989ff. Nach Knobbe-Keuk entsteht durch Teilungsanordnungen bereits wirtschaftliches Eigentum (Bilanzrecht, 9. Aufl.); Erlaß, a.a.O., Tz. 3.

nachfolger Einkünfte nach § 24 Nr. 2 EStG, sondern weil sie selbst den Betrieb gemeinsam betreiben, nach § 15 Abs. 1 Nr. 2 EStG Einkünfte aus Gewerbebetrieb.

Voraussetzung ist jedoch, daß der Betrieb im Namen und auf Rechnung und Gefahr aller Erben geführt wird. Überlassen es jedoch die Erben im Vorgriff auf die spätere Auseinandersetzung einem Erben, den Betrieb auf dessen Rechnung und Gefahr zu führen, so ist nur dieser als Mitunternehmer anzusehen. U.U. kann eine entgeltliche Überlassung des Betriebes in Form der Verpachtung eine eigene gewerbliche Tätigkeit der Erbengemeinschaft begründen. Überlassen die Miterben den Betrieb mit den wesentlichen Grundlagen unentgeltlich, so haben zwar die Miterben mangels ausdrücklicher Aufgabeerklärung nicht aufgegeben, sie können jedoch mangels Einkunftserzielungsabsicht keine Betriebsausgaben geltend machen, das gilt insbesondere hinsichtlich der AfA. 480

2. Die Erbengemeinschaft als Mitunternehmerschaft

Befindet sich im Nachlaß ein Gewerbebetrieb, erstreckt sich die Mitunternehmerschaft lediglich auf den Betrieb des Erblassers[366]. Hat eine Erbengemeinschaft neben dem Gewinn aus Gewerbebetrieb weitere Einkünfte (aus Kapitalvermögen, aus Vermietung und Verpachtung), so werden diese nicht automatisch als solche aus Gewerbebetrieb umqualifiziert, die sogenannte Abfärberegelung des § 15 Abs. 3 Nr. 1 EStG findet auf die Erbengemeinshcaft keine Anwendung[367]. Im Gegensatz zu den Personengesellschaften, insbesondere Personenhandelsgesellschaften, kann eine Erbengemeinschaft neben dem Betriebsvermögen Privatvermögen haben. 481

§ 15 Abs. 3 Nr. 1 EStG, wonach die Tätigkeit einer Personengesellschaft insgesamt eine gewerbliche ist, wenn diese ein Gewerbe betreibt, gilt nicht für die Erbengemeinschaft. Somit kann eine Erbengemeinschaft neben einem gewerblichen Gewinn auch noch Überschußeinkünfte erzielen, d.h. Einkünfte aus Kapitalvermögen (§ 20 EStG) und solche aus Vermietung und Verpachtung (§ 21 EStG) haben. 482

Das bisherige Privatvermögen kann nur durch Einlage Betriebsvermögen werden, das wäre der Fall, wenn dieses nunmehr betrieblich genutzt wird. Bisheriges Privatvermögen wird auch dann zum Betriebsvermögen, wenn die Erbengemeinschaft ihr ganzes bisheriges Vermögen auf eine mit den Miterben gebildete OHG oder KG überträgt. 483

3. Betriebsvermögen

Zum Betriebsvermögen der Erbengemeinschaft gehören grundsätzlich alle Wirtschaftsgüter, die zum Betriebsvermögen des Erblassers gehören[368]. Weiteres Nachlaßvermögen wird nur dadurch zum Betriebsvermögen, daß es von der Erbengemeinschaft nicht nur vorübergehend betrieblich genutzt wird. 484

---

[366] BFH v. 5. 7. 1990, BStBl. II 1990, 837.
[367] Erlaß, a.a.O., Tz. 4.
[368] BFH v. 5. 7. 1990, BStBl. II 1990, 837.

4. Laufende Einkünfte der Erbengemeinschaft

485 Erzielt eine Erbengemeinschaft nur Einkünfte aus Gewerbebetrieb, so ist der Gewinn nach §§ 179, 180 AO gemeinschaftlich für die Miterben in ihrer gesamthänderischen Gebundenheit zu ermitteln[369]. U.U. ist in die Gewinnermittlung Sonderbetriebsvermögen mit einzubeziehen, wenn ein Erbe dem Erblasser Wirtschaftsgüter für dessen Betrieb überlassen hatte und der Überlassende durch den Erbfall Mitunternehmer geworden ist. In diesem Falle ist das Wirtschaftsgut mit dem Erbfall Sonderbetriebsvermögen geworden. Der Gewinn der Erbengemeinschaft ist auf die Miterben unbeschadet einer späteren Auseinandersetzung entsprechend der Quote aufzuteilen. Das gilt auch für den Fall, daß die Erben vereinbart haben, daß die Betriebsübernahme durch einen Erben auf den Erbfall zurückwirken soll. Da der Gewinn bei der Auseinandersetzung bereits mit jedem Geschäftsvorfall bei den Erben angefallen ist und somit der Steuertatbestand verwirklicht ist, können nachträglich keine Vereinbarungen über den Gewinn getroffen werden. Die Verwaltung erkennt jedoch rückwirkende Vereinbarungen innerhalb von 6 Monaten nach Erbfall über die Zurechnung von Einkünften an (s. Rz. 475). Hat die Erbengemeinschaft neben den Gewinneinkünften auch noch Überschußeinkünfte, sind diese ebenfalls entsprechend der Quote aufzuteilen. Eine steuerliche Berücksichtigung entsprechend der vorgesehenen Aufteilung ist mit Rückwirkung innerhalb von 6 Monaten möglich (Tz. 8, 9).

486 Zum Gewinn zählen nicht nur der laufende Gewinn, sondern auch die Erlöse, die die Erbengemeinschaft aus der Veräußerung von zum Betriebsvermögen gehörenden Nachlaßgegenständen erzielt und auch der Gewinn aus der Veräußerung des zum Nachlaß gehörenden Betriebes. Die Gewinne hieraus stehen den Erben entsprechend der Quote zu. Unter den Voraussetzungen des § 16 Abs. 1 Nr. 1 und 2 EStG sind die Gewinne hieraus jedoch nach §§ 16 Abs. 4, 34 Abs. 1 EStG begünstigt.

487 Betriebsausgaben sind nur solche Aufwendungen, die im Zusammenhang mit den Betriebseinnahmen der Erbengemeinschaft stehen, also durch den Gewerbebetrieb des Erblassers veranlaßt sind bzw. durch die eigene gewerbliche Tätigkeit der Erben. Nicht zu den Betriebsausgaben gehört daher die Erfüllung von Nachlaßverbindlichkeiten, auch dann nicht, wenn die Verbindlichkeiten aus dem Betriebsvermögen oder aus den Einkünften gezahlt werden. Das gilt insbesondere hinsichtlich der Erfüllung von Vermächtnissen und Pflichtteilsansprüchen. Nehmen die Erben ein Darlehen auf, um einen Vermächtnisanspruch zu erfüllen, gehört die Darlehensaufnahme nicht zum Betriebsvermögen, auch dann nicht, wenn das Betriebsvermögen des Nachlasses belastet worden ist oder wenn das betriebliche Bankkonto beansprucht worden ist. Die für das Darlehen gezahlten Schuldzinsen stellen insoweit keine Betriebsausgaben dar. Nehmen jedoch die Erben einen Kredit auf, um einen Pflichtteilsberechtigten abzufinden, würde nach der bisherigen Rechtsprechung eine betriebliche Verbindlichkeit insoweit begründet, als der Pflicht-

---

[369] BFH v. 5. 7. 1990, BStBl. II 1990, 837.

teilsanspruch auf dem Betriebsvermögen gründet[370], mit der Begründung, daß die Kreditaufnahme die künftigen Einnahmen aus dem Betrieb sichere. Wird ein Pflichtteilsanspruch aufgrund Vereinbarung mit den Erben eines Betriebs verzinslich gestundet, sind die Schuldzinsen mangels Vorliegens einer Betriebsschuld nicht als Betriebsausgaben abziehbar[371]. Werden aus dem Unternehmen des Erblassers vom Erblasser angeordnete Versorgungsrenten als Vermächtnisrenten gezahlt, so handelt es sich hier nicht um eine Betriebsausgabe.

Nach dem Urteil des BFH vom 23. 10. 1986[372] beschränkt sich die gewerbliche Tätigkeit der Miterben auf den zum Nachlaß gehörenden Betrieb[373].

5. Einbringung des Betriebes in eine Personengesellschaft

Die fortgeführte Erbengemeinschaft ist nicht als offene Handelsgesellschaft zu behandeln. Eine Erbengemeinschaft läßt sich nicht unter Identitätswahrung wie eine GbR in eine OHG oder KG umwandeln und umgekehrt. Ein identitätswahrender Formwechsel ist nicht möglich[374]. Möglich ist jedoch, daß die Miterben eine OHG oder KG gründen und als Einlageverpflichtung das Betriebsvermögen der Erbengemeinschaft auf diese übertragen (Einzelübertragung). Auch wenn ein Gesellschaftsvertrag zur Fortführung des Handelsunternehmens von den Erben abgeschlossen ist, bedarf es einer Vermögensübertragung, da Erbengemeinschaft und Personengesellschaft, obzwar aus denselben Mitgliedern bestehend, keine identische Gesamthandsgemeinschaft sind[375].

Erben des Unternehmens können dieses auch auf eine zwischen ihnen gegründete OHG übertragen. Doch bedarf es dazu des Abschlusses eines gesonderten Gesellschaftsvertrages und insbesondere der Übertragung der Unternehmensgüter von der Erbengemeinschaft auf die Personengesellschaft. Bei der Erbengemeinschaft und der Personengesellschaft würde es sich jeweils um ein gesondertes Gesamthandsvermögen und einen eigenständigen Unternehmensträger handeln[376]. Haben sich die Erben allerdings hinsichtlich des Privatvermögens auseinandergesetzt, können sie ihre Erbteile nach § 2033 BGB in die neu gegründete Handelsgesellschaft einlegen, so daß die Erbengemeinschaft durch Konfusion aller Erbteile erlischt. Dagegen kann die Erbengemeinschaft nicht ohne eine derartige Vermögensübertragung im Wege der formwechselnden Umwandlung in eine Personengesellschaft übergehen[377].

---

[370] BFH v. 21. 5. 1987, BStBl. II 1987, 628; für die Abfindung von Erben BFH v. 19. 5. 1983, BStBl. II 1983, 380.
[371] BFH v. 2. 3. 1993, DB 1993, 1268; BdF v. 11. 8. 1994, BStBl. I 1994, 603.
[372] DB 1987, 137.
[373] Schulze zur Wiesche, FR 1986, 554; Herzig/Kessler, DStR 1986, 451 ff.; L. Schmidt, § 15, Rd-Nr. 42b.
[374] Ulmer in Großkommentar HGB, § 105, RdNr. 57, NF 109/111.
[375] BFH v. 9. 7. 1987, BStBl. II 1988, 245 f.
[376] BGHZ 92, 259.
[377] Karsten Schmidt, NJW 1985, 2785, 2786; derselbe, Gesellschaftsrecht, S. 292; BFH v. 9. 7. 1987, FR 1987, 623.

490 Bringen die Erben das Betriebsvermögen bzw. ihre Anteile an der bis auf das Betriebsvermögen abgewickelten Erbengemeinschaft in Erfüllung ihrer Einlageverpflichtung in die von ihnen neu gegründete Personengesellschaft ein, so sind die Voraussetzungen des § 24 UmwStG gegeben. Die Personengesellschaft hat ein Wahlrecht, ob sie das Betriebsvermögen mit dem letzten Buchansatz der Erbengemeinschaft oder einem höheren Wert übernimmt, höchstens jedoch zum Teilwert. Eine Teilwertübernahme liegt nur vor, wenn ein eventuell vorhandener Firmenwert aufgedeckt wird. Dieser kann in 15 Jahren linear abgesetzt werden. Der Wertansatz bei der Personengesellschaft gilt in diesem Falle als der Veräußerungspreis für die Übertragung der Anteile an der Erbengemeinschaft, § 24 Abs. 3 UmwStG. Der Veräußerungsgewinn ist jedoch nur dann tarifbegünstigt, wenn im Zusammenhang mit der Einbringung eine Vollaufdeckung aller stillen Reserven erfolgt.

491 Allerdings dürfte bei einer Einbringung eines Betriebs der Erbengemeinschaft in eine Personengesellschaft, bei der alle Erben Mitunternehmer sind, ein steuerbegünstigter Veräußerungsgewinn in vollem Umfang nicht in Betracht kommen, § 24 Abs. 3 Satz 3 UmwStG.

6. Verpachtung des Gewerbebetriebes durch die Erben

492 Wird der Gewerbebetrieb an einen Erben oder einen Dritten verpachtet, so sind die Pachteinnahmen der Erbengemeinschaft im Zweifel Einkünfte aus Gewerbebetrieb. Wie bereits bei der Tätigkeit eines Freiberuflers ausgeführt, wird die gewerbliche Tätigkeit solange vermutet, bis dem Finanzamt die Betriebsaufgabe erklärt worden ist[378] und eine tatsächliche Fortführung des Betriebes noch möglich ist[379].

493 Die Verpachtung einer freiberuflichen Praxis führt zu Einkünften aus Gewerbebetrieb, wenn nicht alle Erben Berufsträger sind[380].

494 Die Erben sind auch Unternehmer, wenn sie das Unternehmen an einen Miterben verpachten[381]. Das gilt auch für den Fall, daß die Erbengemeinschaft den Gewerbebetrieb des Erblassers in seiner Gesamtheit verpachtet hat. Der Gewerbebetrieb wird daher als von der ungeteilten Erbengemeinschaft fortgeführt behandelt. Somit sind die Erben, unabhängig davon, ob sie selbst tätig werden, Unternehmer. Durch die Weiterführung des Betriebes in Form der Verpachtung sind die Erben Mitunternehmer. Es liegt also eine Mitunternehmerschaft aller Erben vor mit den steuerlichen Folgen, so daß die Pachteinkünfte als Einkünfte aus Gewerbebetrieb gelten.

495 Auch eine Veräußerung des Betriebsvermögens fällt nicht in die Privatsphäre. Der Veräußerungsgewinn wäre als gewerblicher Gewinn zu versteuern.

496 Erklären die Erben bei der Verpachtung die Betriebsaufgabe, so liegt hierin steuerlich die Beendigung der gewerblichen Tätigkeit. Das verpachtete Betriebsvermö-

---

[378] BFH v. 13. 11. 1963, BStBl. III 1964, 124; v. 3. 12. 1964, HFR 1965, 214. Hierzu auch BFH v. 17. 10. 1991, DB 1992, 452; v. 14. 12. 1993, FR 1994, 673.
[379] BFH v. 17. 2. 1971, BStBl. II 1971, 484; v. 12. 12. 1973, BStBl. II 1974, 208.
[380] BFH v. 14. 12. 1993, FR 1994, 673.
[381] BFH v. 17. 2. 1965, BStBl. III 1965, 354.

gen gilt daher als in das Privatvermögen überführt. Die stillen Reserven, die in dem Unternehmen vorhanden sind, gelten mit diesem Zeitpunkt als realisiert. Die in das Privatvermögen überführten Wirtschaftsgüter sind mit dem gemeinen Wert (Verkehrswert) anzusetzen. Soweit dieser Wert den Buchwert übersteigt, ist ein Aufgabegewinn entstanden (§ 16 Abs. 4 i.V. m. § 34 EStG). Hinsichtlich der Tarifbegünstigung sind ab 1990 die Änderungen durch das Steuerreformgesetz zu beachten.

Hatte der Erblasser bereits das Unternehmen verpachtet und die Betriebsaufgabe erklärt, ist das Unternehmen auch bei den Erben als Privatvermögen und die Einkünfte hieraus als solche aus Vermietung und Verpachtung anzusehen. Hat jedoch der Erblasser bei der Verpachtung die Betriebsaufgabe nicht erklärt, führen die Erben grundsätzlich das Unternehmen als gewerblichen Betrieb fort. Bei späterer Aufgabeerklärung durch die Erben fällt der Aufgabegewinn nach § 16 Abs. 3 EStG bei ihnen an. Das gilt auch dann, wenn sich die Erben später dahingehend auseinandersetzen, daß einer von ihnen den bisher verpachteten Betrieb fortführt. Hatte nämlich der Erblasser seinen Betrieb verpachtet, ohne die Aufgabe des Betriebes erklärt zu haben, und führen seine Erben die Verpachtung fort, so ist die erst nach Jahren vollzogene Übernahme des Betriebes durch einen Erben oder Miterben unter Abfindung der übrigen ein betrieblicher Vorgang[382]. 497

Fraglich ist jedoch die steuerliche Behandlung für den Fall, daß der Betrieb von der Erbengemeinschaft an einen Miterben verpachtet wird[383]. Soweit der pachtende Miterbe am Nachlaß beteiligt ist und somit dem Pachtbetrieb Miteigentumsanteile überlassen hat, gehören die Miteigentumsanteile der dem Pächterbetrieb überlassenen Wirtschaftsgüter bereits zu seinem Betriebsvermögen. Das hat zur Folge, daß die übrigen Miterben nicht das Wirtschaftsgut selbst überlassen, sondern lediglich Miteigentumsanteile. Nach der Rechtsprechung muß jedoch der Verpachtungsbetrieb mit seinen wesentlichen Grundlagen erhalten bleiben, was bei Miteigentumsanteilen nicht der Fall ist. Nach Ansicht des BFH stellen Miteigentumsanteile keine wesentliche Grundlage für den Verpächterbetrieb dar, so daß in diesem Falle eine gewerbliche Betriebsverpachtung nicht möglich wäre. Der BFH hat jedoch in seiner Entscheidung offengelassen, ob dieses auch für die Erbengemeinschaft gilt. U.E. sind diese Grundsätze auf eine noch nicht auseinandergesetzte Erbengemeinschaft nicht anzuwenden, dieses würde eine Realteilung des Nachlasses unmöglich machen. 498

Beispiel:
Die Erbengemeinschaft A, B und C verpachtet zunächst einmal den Gewerbebetrieb an den Miterben A, der im Rahmen der Erbauseinandersetzung übernimmt.

U.E. ist das o.a. Urteil nicht auf die Erbengemeinschaft anzuwenden, solange die Erbauseinandersetzung noch nicht erfolgt ist. Eine vorübergehende Verpachtung des Betriebes an einen Erben kann nur als Betriebsunterbrechung gewertet werden und hat m.E. nicht die Betriebsaufgabe durch die Erbengemeinschaft zur Folge.

---
[382] BFH v. 10.12.1975, BStBl. II 1976, 368.
[383] BFH v. 22.5.1990, BStBl. II 1990, 780.

7. Veräußerung und Aufgabe des Gewerbebetriebes durch die Erben

499 Wird der Gewerbebetrieb des Erblassers von seinen Erben an einen Dritten veräußert, so liegt grundsätzlich eine Veräußerung eines Gewerbebetriebes vor, der gemäß § 16 EStG steuerpflichtig ist. Soweit der Veräußerungspreis den Buchwert des Kapitals des Erblassers übersteigt, ist er als gewerblicher Gewinn bei den Erben zu versteuern. Das gilt auch für den Fall, daß der Erblasser die Veräußerung des Unternehmens testamentarisch angeordnet hat. Haben die Erben zunächst den Gewerbebetrieb fortgeführt, so ist ihnen der laufende Gewinn bis zum Tage der Betriebsaufgabe zuzurechnen. Auch für den Fall, daß die Erben zunächst den Betrieb des Erblassers nicht fortgeführt, sondern ihn sofort an einen Dritten veräußert haben, sind sie durch die Veräußerung Unternehmer geworden und haben den Veräußerungsgewinn zu versteuern. Der Gewerbebetrieb ist auch in diesem Fall nicht vom Erblasser veräußert worden[384].

500 Wird der Betrieb an einen Erben veräußert, liegt keine Veräußerung des ganzen Betriebes, sondern eine entgeltliche Übertragung von Miteigentumsanteilen vor. Kein Erwerb ist gegeben, soweit der übernehmende Miterbe entsprechend seiner Quote selbst am Betrieb beteiligt war.

501 Unter den Voraussetzungen des § 16 Abs. 4 EStG n. F. steht den Erben auf Antrag ein Freibetrag bis zu DM 60.000,- zu. Auf jeden Fall steht ihnen der begünstigte Tarif des § 34 EStG zu, soweit der Veräußerungsgewinn ab 1990 für jeden Steuerpflichtigen 30 Mio. DM nicht übersteigt.

502 Beschließen die Erben, den Betrieb nicht fortzuführen, sondern zu liquidieren, so liegt eine Betriebsaufgabe vor, wenn der Betrieb innerhalb eines angemessenen Zeitraumes abgewickelt ist[385]. Die Rechtsprechung[386] hat hier einen Zeitraum von einem halben Jahr als angemessen angesehen. Nach Ansicht des BFH ist bei der Veräußerung der wesentlichen Grundlagen eines Produktionsunternehmens innerhalb von 6 Monaten der für die Annahme einer Betriebsaufgabe erforderliche zeitliche Zusammenhang gewahrt. Ob ein Zeitraum von einem halben Jahr in jedem Falle ausreicht, einen Betrieb abzuwickeln, ist fraglich. Ist der zeitliche Zusammenhang gewahrt, so ist die Betriebsaufgabe gemäß §§ 16 Abs. 4, 34 EStG begünstigt. Andernfalls werden die Wirtschaftsgüter im Rahmen eines laufenden Geschäftsbetriebes veräußert, und es entfällt somit jede Steuervergünstigung.

VI. Die Auseinandersetzung der Erbengemeinschaft

1. Grundsätzliches

503 Die Erbauseinandersetzung ist ein selbständiger rechtlicher Vorgang, der die Übertragung des Nachlaßvermögens auf die einzelnen Erben zum Gegenstand hat. Ertragsteuerlich ist von Bedeutung, ob es sich bei der Auseinandersetzung des Ver-

---

[384] BFH v. 27. 7. 1963, BStBl. III 1963, 480; a. A. Theis, a. a. O. (Fußnote 313), S. 22.
[385] BFH v. 16. 9. 1966, BStBl. III 1967, 70.
[386] BFH v. 25. 6. 1970, BStBl. II 1970, 719.

mögens um einen entgeltlichen oder um einen unentgeltlichen Vorgang handelt. Ursprünglich ging die Rechtsprechung[387] davon aus, daß derjenige, der im Rahmen einer Erbauseinandersetzung einen Gegenstand erwarb, diesen unentgeltlich vom Erblasser selbst erworben hat. Im privaten Bereich hatte bereits die Rechtsprechung insoweit[388] einen entgeltlichen Erwerb angenommen, als Spitzenausgleiche gezahlt wurden; sie hat jedoch an dem alten Grundsatz festgehalten, daß Erbauseinandersetzung und Erbanfall einen einheitlichen rechtlichen Vorgang darstellen. Von dieser These ist der Große Senat[389] jetzt abgewichen. Gleichgültig, ob die Erbauseinandersetzung entgeltlich oder unentgeltlich ist, hat der Erbe, wenn er einen Nachlaßgegenstand erhält, die Anteile der weichenden Erben an diesem Gegenstand zu dem bereits durch Erbanfall in Höhe der Quote erworbenen Anteil hinzuerworben, so daß in Höhe seiner Quote ein Erwerb durch Erbfall und darüber hinaus Erwerb durch Auseinandersetzung gegeben ist.

Diese steuerlichen Grundsätze zur Erbauseinandersetzung sind auch auf Abfindungszahlungen infolge eines gerichtlichen Vergleichs an angebliche Erben anzuwenden[390].

Eine Erbauseinandersetzung vollzieht sich im Rahmen eines Leistungsaustausches, wenn ein Miterbe die Erbanteile der übrigen Erben hinzuerwirbt und er somit Alleineigentümer des Nachlaßvermögens wird[391]. Eine entgeltliche Auseinandersetzung ist auch dann gegeben, wenn der Anteilserwerber die weichenden Erben aus dem Nachlaßvermögen abfindet[392]. 504

Ein entgeltlicher Erwerb der übrigen Anteile liegt auch dann vor, wenn ein Miterbe den ganzen Nachlaß durch Anwachsung erwirbt, indem die übrigen Miterben aus der Erbengemeinschaft gegen Abfindung ausscheiden. Auch hier kann die Abfindung des Miterben aus Mitteln des Nachlasses erfolgen. Auch hier ist zu beachten, daß sich der entgeltliche Erwerb nur auf den Bruchteil des Nachlasses erstreckt, der über seine Erbquote hinausgeht. 505

---

[387] BFH v. 26.7.1963, BStBl. II 1963, 480, BB 1963, 1246 m. Anm. v. Grieger; v. 17.2.1965, BStBl. III 1965, 354, BB 1965, 657 m. Anm. v. Grieger; v. 20.1.1966, BStBl. III 1966, 312; v. 17.9.1970, BStBl. II 1971, 87, BB 1971, 466; v. 18.7.1972, BStBl. II 1972, 876, BB 1972, 1309; v. 21.2.1973, BStBl. II 1973, 317, BB 1973, 599; v. 9.8.1973, BStBl. II 1974, 84, BB 1974, 26; v. 7.3.1974, BStBl. II 1974 II, 483, BB 1974, 1054; v. 4.12.1974, BStBl. II 1975, 295, BB 1975, 211; v. 15.10.1975, BStBl II 1976, 191, BB 1976, 74; v. 10.12.1975, BStBl. II 1976, 368, BB 1976, 729; v. 2.12.1976, BStBl. II 1977, 209, BB 1977, 230; v. 7.2.1980, BStBl. II 1980, 383, BB 1980, 1729 (Leitsatz); v. 23.7.1980, BStBl. II 1981, 19, BB 1980, 1674; v. 26.3.1981, BStBl. II 1981, 614, BB 1981, 1378; v. 19.5.1983, BStBl. II 1983, 380, BB 1983, 1194.
[388] BFH v. 9.7.1985, BStBl. II 1985, 722; v. 6.2.1987, BStBl. II 1987, 616; v. 22.9.1987, BB 1988, 188.
[389] BFH v. 5.7.1990, BStBl. II 1990, 837.
[390] BFH v. 14.3.1996, BStBl. II 1996, 310.
[391] Märkle/Franz, S. 5.
[392] Märkle/Franz, S. 8f.

506 Eine Auseinandersetzung kann auch in der Weise erfolgen, daß der Nachlaß real geteilt wird. Die Realteilung vollzieht sich nicht im Rahmen eines Leistungsaustausches. Der Erbe, der im Rahmen der Erbteilung einen Gegenstand erworben hat, hat diesen unentgeltlich von den übrigen Miterben erworben, nicht vom Erblasser. Soweit jedoch Zuzahlungen erfolgen, um einen Mehrwertüberhang auszugleichen, liegt ein entgeltlicher Erwerb vor.

507 Ausgleiche können u.a. sogar aus dem Nachlaß selbst erfolgen, indem im Falle des Mehrerwerbs mehr Schulden übernommen werden als es der Erbquote entspricht[393]. Es braucht sich hier nicht um Schulden des Erblassers zu handeln, die übernommen werden.

508 Es können auch solche Schulden sein, die die Erbengemeinschaft aufgenommen hat. Auf diese Weise können Spitzenausgleiche einzelner Erben vermieden werden, um einen unentgeltlichen Erwerb zu ermöglichen. Seit der Kehrtwendung des BFH haben die Erben praktisch ein Wahlrecht zwischen entgeltlicher und unentgeltlicher Auseinandersetzung. Das Wahlrecht wird jedoch nicht durch eine Erklärung gegenüber dem Finanzamt ausgeübt, sondern durch freie Gestaltungsmöglichkeiten hinsichtlich der Form der Auseinandersetzung. Das äußere Gewand des Erbteilkaufs und auch des Ausscheidens aus der Erbengemeinschaft führt stets zur entgeltlichen Erbauseinandersetzung, auch wenn über die Sachabfindungen aus dem Nachlaß die weichenden Erben so gestellt werden können wie bei einer Realteilung.

509 Wählen die Erben die Realteilung und schaffen sie durch Schuldauf- und -übernahme Spitzenausgleiche, ist der Erwerb in vollem Umfange unentgeltlich i.S. des Ertragsteuerrechts.

2. Die Erbauseinandersetzung im Bereich des Privatvermögens
a) Grundsätze

510 Die Frage, inwieweit eine Erbauseinandersetzung entgeltlich oder unentgeltlich ist, kann auch für den Bereich des Privatvermögens Bedeutung haben[394]. So hat der Miterbe, der einen Gegenstand entgeltlich aus dem Nachlaß erwirbt, in Höhe des Entgelts Anschaffungskosten, die die Bemessungsgrundlage für die künftige AfA sind, wenn der erworbene Gegenstand der Abnutzung unterliegt und der Einkünfteerzielung dient. Ist Gegenstand der Auseinandersetzung eine wesentliche Beteiligung, so ist das gezahlte Entgelt als Anschaffungskosten Grundlage für die Ermittlung des Veräußerungsgewinnes nach § 17 EStG. Wird ein Nachlaßgegenstand innerhalb der Spekulationsfrist veräußert, ist das Entgelt Grundlage für die Ermittlung des Spekulationsgewinnes.

511 Für die abgefundenen Erben ist der Veräußerungspreis nur im Falle der §§ 17, 23 EStG von Bedeutung[395].

---

[393] BFH v. 5.7.1990, a.a.O. (Fußnote 389); vgl. auch Märkle/Franz, S. 8.
[394] Hierzu Märkle/Franz, S. 3.
[395] Vgl. Söffing, DB 1991, 829.

Einkommensteuer

Beispiel 1:
Der Erblasser hat am 1.4.01 ein Grundstück für DM 60.000,– erworben. Er ist am 1.2.02 verstorben. Ab 10.1.03 setzen sich A und B (Erben zu je 1/2) dahingehend auseinander, daß A das Grundstück gegen Zahlung von DM 80.000,– an B allein übernimmt.

A hat die Miteigentumshälfte des B für DM 80.000,– hinzuerworben. Hinsichtlich dieses erworbenen Teils läuft eine neue Spekulationsfrist von 2 Jahren. B hat seine Miteigentumshälfte an A veräußert, mit der Folge, daß insoweit ein Spekulationsgeschäft vorliegt, weil der Erblasser das Grundstück innerhalb von 2 Jahren angeschafft hat.

Der Spekulationsgewinn ermittelt sich wie folgt:

Anteilige AK B	DM 30.000,–
Kaufpreis	DM 80.000,–
Spekulationsgewinn	DM 50.000,–

Kein entgeltlicher Erwerb wäre jedoch gegeben, wenn A das Grundstück übernommen und im Gegenzug dem B Wertpapiere aus dem Nachlaß allein überlassen hätte. Ausgleiche aus dem Nachlaß selbst stellen kein Entgelt dar[396] und aus dem Grunde auch kein Spekulationsgeschäft.

Beispiel 2:
E ist verstorben. Im Nachlaß befindet sich u.a. eine wesentliche Beteiligung. Anschaffungskosten des Erblassers DM 100.000,–. Wert im Zeitpunkt der Auseinandersetzung DM 200.000,–. Weiteres Nachlaßvermögen DM 200.000,– (Grundstück).

a) A erwirbt den Erbanteil des B hinzu. Er findet B in der Weise ab, daß er diesem aus dem Nachlaß das Grundstück im Werte von DM 200.000,– überläßt (entgeltlicher erwerb).

b) A und B teilen den Nachlaß in der Weise, daß A die Beteiligung und B das Grundstück übernimmt (Realteilung).

Im Fall a) liegt ein entgeltliches Rechtsgeschäft vor. A hat den Erbanteil des B gegen Abfindung übernommen. Hierbei ist es gleichgültig, ob die Abfindungen aus Mitteln des Nachlasses erbracht werden oder aus dem Vermögen des A.

A hat den Bruchteil des B (50 v.H.) an der Beteiligung hinzuerworben. Von der Abfindung entfallen 50 v.H. = **DM 100.000,–** auf den Miteigentumsanteil an der Beteiligung, Bemessungsgrundlage für eine spätere Veräußerung nach § 17 EStG.

B hat hingegen seinen Anteil an der Beteiligung veräußert und daher den Tatbestand der Veräußerung einer wesentlichen Beteiligung verwirklicht (§ 17 EStG). Er hat daher den Veräußerungsgewinn zu versteuern. Dieser errechnet sich wie folgt:

Veräußerungspreis	DM 100.000,–
anteilige Anschaffungskosten des Rechtsvorgängers	DM 50.000,–
Veräußerungsgewinn nach § 17 EStG	DM 50.000,–

B hat hingegen das Grundstück (50 v.H. Miteigentumsanteil des A) entgeltlich erworben.

Im Fall b) liegt eine Realteilung vor. Sowohl A als auch B haben unentgeltlich erworben, und zwar von der Erbengemeinschaft. Die zwischenzeitliche AfA zwischen Erbanfall und Erbauseinandersetzung wäre zu berücksichtigen.

---

[396] BFH v. 5.7.1990, a.a.O. (Fußnote 389).

512 Die Erben haben es somit in der Regel in der Hand, die Auseinandersetzung als eine entgeltliche oder unentgeltliche zu gestalten.

Beispiel 3:

E ist verstorben. Erben sind A und B. Im Nachlaß befindet sich ein Zweifamilienhaus (Wert DM 600.000,–, Grund und Bodenanteil DM 100.000,–, ursprüngliche HK des Erblassers DM 300.000,–). Im Nachlaß befinden sich außerdem Geldwerte von DM 600.000,–. A vermietet eine Wohnung, eine bezieht er selbst.

Fall 1: A erwirbt den Erbanteil von B gegen Zahlung von DM 600.000,–, die er sich durch Verwertung von DM 600.000,– Geldanlagen beschafft.

Fall 2: Realteilung. A übernimmt das Grundstück, B die übrigen Werte.

Im Fall 1 liegt hinsichtlich des Miteigentumsanteils des B ein entgeltlicher Erwerb vor.

unentgeltlicher Erwerb AfA 2 v.H. v. DM 150.000,–	DM 3.000,–
entgeltlicher Erwerb AfA 2 v.H. v. DM 250.000,–	DM 5.000,–
	DM 8.000,–
da zur Hälfte vermietet AfA=	DM 4.000,–
Allerdings Grundförderung wegen Selbstnutzung nach § 10e EStG	
50 v.H. Kaufpreis Gebäude	DM 125.000,–
25 v.H. Grund und Boden	DM 12.500,–
	DM 137.500,–
6 v.H. Sonderausgaben nach § 10e EStG	DM 8.250,–

Allerdings sind folgende Einschränkungen zu beachten. Stpfl. mit einem Gesamtbetrag der Einkünfte von DM 120.000,– bzw. bei Verheirateten können § 10e Abs. 1 EStG nicht in Anspruch nehmen (§ 10e Abs. 5a EStG). Bei Erwerb, was bei Erwerb im Rahmen der Erbauseinandersetzung hinsichtlich des Hinzuerwerbs stets gegeben ist, ist der Höchstbetrag auf DM 9.000,– und DM 7.500,– beschränkt, § 10e Abs. 1 Satz 4 EStG.

Im Fall 2 hat A das Zweifamilienhaus in vollem Umfang unentgeltlich erworben. Nach § 11 d EStDV hätte er die AfA des Rechtsvorgängers zu übernehmen.

2 v.H. v. DM 300 000,– =	DM 6.000,–
50 v.H. wegen Selbstnutzung einer Wohnung, daher AfA =	DM 3.000,–

Hinsichtlich des vom Erblasser unmittelbar erworbenen Anteils am Grundstück könnte A als Gesamtrechtsnachfolger eine vom Erblasser in Anspruch genommene Grundförderung übernehmen[397], d.h. nur während des Abzugszeitraums von 8 Jahren. Dies gilt jedoch nicht hinsichtlich des von der Erbengemeinschaft erworbenen Anteils, weil er insoweit nur Einzelrechtsnachfolger ist[398]. Hier liegt nicht ein selbständiger entgeltlicher Erwerb vor. Für Erwerbe nach dem 31.12.1995 wird anstelle des Sonderausgabenabzugs eine Eigenheimzulage gewährt[399].

---

[397] Vgl. hierzu Stephan, DB 1991, 1038, Wacker, BB 1994, 977; vgl. auch BMF-Schr. v. 22.10.1993, BStBl. II 1993, 827, Tz. 4–5.

[398] So Stuhrman, FR 1992, 287, a.A. u. E. richtiger Ansicht Stephan, Die Besteuerung des selbstgenutzten Wohneigentums, 5. Aufl. 1995.

[399] Vgl. Eigenheimzulagengesetz, BGBl. I 1996, 113.

Einkommensteuer

b) Erwerb der Erbanteile der Miterben durch einen Erben

Wird eine Erbauseinandersetzung dadurch beendet, daß ein Erbe die Erbanteile der übrigen Miterben hinzuerwirbt, ist er durch Anwachsen Volleigentümer des ganzen Nachlasses geworden[400]. Die an die weichenden Erben gezahlten Abfindungen stellen Anschaffungskosten der Miteigentumsanteile dar, die dem Erwerber bisher nicht gehört haben. Das führt dazu, daß er die Anschaffungskosten des Rechtsvorgängers, soweit sie auf seine Quote entfallen, fortführen muß, hingegen die Abfindungen auf die hinzuerworbenen Miteigentumsanteile, soweit sie auf die einzelnen Gegenstände entfallen, auf diese aufzuteilen sind.   513

Beispiel:

A, B, C sind Miterben. Im Nachlaß befinden sich ein unbebautes Grundstück (AK des Erblassers DM 60.000,–, Verkehrswert DM 180.000,–) und Wertpapiere (AK des Erblassers DM 60.000,–, Verkehrswert DM 120.000,–). B und C verkaufen ihre Miteigentumsanteile jeweils an A für DM 100.000,–.

Von den insgesamt DM 200.000,– Abfindung entfallen

– DM 120.000,– auf Grundstückseigentumsanteile

– DM 80.000,– auf Miteigentumsanteile an Wertpapiervermögen.

Soweit es für die Besteuerung von Bedeutung ist, hat A hinsichtlich seines Bruchteils (Quote) die Werte des Erblassers fortzuführen:

– Grundstück DM 20.000,–
– Wertpapiere DM 20.000,–.

Die Abfindung kann auch aus Mitteln des Nachlasses erbracht werden, indem der Erwerber Nachlaßgegenstände veräußert, diese durch Kreditaufnahme belastet oder Nachlaßgegenstände unmittelbar in Erfüllung der Ausgleichsverpflichtung überträgt[401].   514

c) Ausscheiden der Miterben bis auf einen aus der Erbengemeinschaft

Scheiden alle Miterben aus der Erbengemeinschaft aus, so wird der verbleibende Erbe durch Anwachsung Volleigentümer. Die gezahlte Abfindung stellt für den verbleibenden Erben Anschaffungskosten, für die ausgeschiedenen Erben den Veräußerungspreis dar, was in der Regel für die Besteuerung unerheblich sein dürfte. Die Rechtsfolgen entsprechen denen des Erbteilserwerbes.   515

d) Realteilung des Nachlasses

Wird ein Nachlaß real unter die Erben ohne Spitzenausgleich aufgeteilt, so hat jeder Erbe die aus dem Nachlaß erworbenen Gegenstände unentgeltlich aus der Erbengemeinschaft erworben[402].   516

---

[400] BFH v. 5. 7. 1990, a.a.O. (Fußnote 389); Schulze zur Wiesche, RWP S. 6.52, S. 2005.
[401] BFH v. 5. 7. 1990, a.a.O. (Fußnote 389).
[402] BFH v. 5. 7. 1990, a.a.O. (Fußnote 389).

Die Steuerfolgen im Erbfall

Die Realteilung betrifft nicht nur das Aktivvermögen, sondern auch die Schulden. Die Schulden können daher zum Wertausgleich unabhängig von der Quote auf die Erben aufgeteilt werden.

Beispiel:
Erben des E sind A und B. Wert des Nachlasses DM 1 Mio (Miethaus DM 600.000,–, Wertpapiere DM 400.000,–).
a) Auf dem Miethaus lasten DM 200.000,– Schulden.
b) Das Miethaus ist schuldenfrei. Im Zusammenhang mit dem Wertpapierkauf bestehen DM 200.000,– Schulden.

A übernimmt das Miethaus, B die Wertpapiere.

Im Fall a) erfolgt der Ausgleich dadurch, daß A die auf dem Gebäude lastenden Hypotheken mit übernimmt.

Im Fall b) kann der Ausgleich dadurch erzielt werden, daß A neben dem Miethaus die Wertpapierschulden übernimmt.

517 Hinsichtlich des § 11 d EStDV ist zu berücksichtigen, daß der Übernehmende nicht Rechtsnachfolger des Erblassers, sondern der Erbengemeinschaft ist. Die zwischenzeitliche AfA der Erbengemeinschaft ist zu berücksichtigen.

518 Eine Realteilung eines Nachlasses kann auch dadurch erreicht werden, daß einem Erben als Wertausgleich ein Nutzungsrecht in Form eines dinglichen Wohnrechts eingeräumt wird. Hier erfolgt der Ausgleich aus Anteilen des Nachlasses selbst.

Beispiel:
Erben des E sind A und B. Der Nachlaß besteht aus einem Miethaus. Wert DM 1 Mio, und Wertpapieren in Höhe von DM 600.000,–. A und B setzen sich in der Weise auseinander, daß A das Miethaus und B das Wertpapiervermögen erhält und zum Ausgleich zugunsten des B ein Dauerwohnrecht am Miethaus (Wert DM 200.000,–) bestellt wird[403].

Die Ablösung des dinglichen Wohnrechts durch den Gebäudeeigentümer führt hingegen zu Anschaffungskosten[404].

Abfindungen für eine wegen Erb- und Pflichtteilsverzichts geleistete Rentenzahlung sind regelmäßig wiederkehrende Bezüge i.S. von § 22 EStG[405].

519 Befindet sich im Nachlaß eine 100 %ige Beteiligung an einer GmbH, läßt sich die GmbH in der Weise teilen, daß der Anteil auf die einzelnen Erben aufgeteilt wird. Die GmbH bleibt als solche bestehen.

520 Die Spaltung kann in der Form der Aufspaltung, d.h. der Übertragung des Vermögens auf mindestens zwei Kapitalgesellschaften erfolgen, wobei die übertragende Gesellschaft untergeht, oder durch Abspaltung erfolgen, wobei ein Teil des Vermögens auf die neugegründete Kapitalgesellschaft übertragen wird, die übertragende Kapitalgesellschaft jedoch bestehen bleibt. Es muß sich bei den übernehmenden Gesellschaften um Neugründungen handeln. Der Kreis der Gesellschafter darf sich insgesamt nicht verändern. Die übertragende Kapitalgesellschaft muß in Teilbetrie-

---
[403] Rz. 24; vgl. auch BFH v. 28.11.1991, BStBl. II 1992, 381.
[404] Ebenda.
[405] Vgl. insbesondere BFH v. 21.7.1992, DB 1993, 307, 308; v. 5.12.1992, DB 1993, 309.

be gegliedert sein. Bei dem übertragenen Betriebsvermögen muß es sich um Teilbetriebe handeln. Es muß sichergestellt sein, daß die spätere Versteuerung der stillen Reserven sowohl auf der Gesellschafts- als auch auf der Gesellschafterebene sichergestellt ist. Die Anteile müssen sich daher entweder in einem Betriebsvermögen befinden oder es muß sich um wesentliche Beteiligungen im Sinne des § 17 EStG handeln. Die Spaltung ist nur begünstigt, wenn das bisherige Engagement in anderer Form fortgeführt wird. Dies ist insbesondere der Fall, wenn die Spaltung dazu dient, die Unternehmensstruktur innerhalb eines Konzerns nachhaltig zu verbessern oder die Trennung vom Gesellschafterstamm zu erleichtern. Eine Fortführung des bisherigen Engagements des Erblassers kann auch in der Weise erfolgen, daß Erben eine in Teilbetriebe aufgegliederte Kapitalgesellschaft spalten. Allerdings müssen der Erblasser und die Erbengemeinschaft im Zeitpunkt der Spaltung mindestens 5 Jahre die Anteile gehalten haben. Darüber hinaus darf eine Veräußerung der Anteile auch innerhalb von 5 Jahren nach Spaltung erfolgen, so daß eine Verbleibensbindung von mindestens 10 Jahren besteht.

Es muß sich um eine reine Realteilung handeln. Spitzenausgleiche dürfen nicht gezahlt werden. Allerdings läßt das BMF-Schreiben es zu, daß ein Wertausgleich über die liquiden Mittel und Verteilung der Schulden erfolgt. Sind die vorgenannten Voraussetzungen erfüllt, kann die Spaltung erfolgsneutral erfolgen. Allerdings ist zu beachten, daß nicht ausgeglichene Verluste nicht übertragen werden können.

521

e) *Realteilung mit Spitzenausgleich*

Erhält ein Erbe im Rahmen einer Erbauseinandersetzung mehr, als ihm entsprechend seiner Quote zustehen würde, und leistet er für den Mehrerwerb an die übrigen Erben einen Wertausgleich, liegt insoweit ein entgeltlicher Erwerb, bei den abgefundenen Erben insoweit eine Veräußerung vor[406]. Der entgeltliche Erwerb umfaßt daher nur den Unterschiedsbetrag zwischen dem, was seiner Quote entsprechen würde, und dem, was er tatsächlich erhalten hat.

522

Beispiel:
A und B sind Erben des E. Im Nachlaß befinden sich ein Miethaus (Wert DM 600.000,-) und Wertpapiervermögen (Wert DM 400.000,-).

A übernimmt das Miethaus, B die Wertpapiere. Zum Ausgleich zahlt A dem B DM 100.000,-. A hat das Haus zu

$$\frac{500.000}{600.000} = 5/6$$

unentgeltlich erworben (Wert nach Erbquote) und zu

$$\frac{100.000}{600.000} = 1/6$$

entgeltlich erworben. Er hat daher 5/6 der AfA-Bemessungsgrundlage der Erbengemeinschaft fortzuführen, hinsichtlich 1/6 hat er Anschaffungskosten von DM 100.000,-.

---

[406] BFH v. 5.7.1990, a.a.O. (Fußnote 389).

Erfolgt die Ausgleichszahlung durch Einräumung eines Nutzungsrechts (Wohnrecht), so ist dieses Wohnrecht nicht gegen Entgelt bestellt worden. Die Ablösung des Wohnrechts hingegen führt zu nachträglichen Anschaffungskosten[407].

f) Behandlung von Schuldzinsen aus Darlehen im Zusammenhang mit der Erbauseinandersetzung

523   Werden im Zusammenhang mit einer Erbauseinandersetzung Darlehen aufgenommen, um weichende Erben abzufinden, so sind die Schuldzinsen nur soweit sie mit dem entgeltlichen Erwerb im Zusammenhang stehen, als Werbungskosten anzusehen[408].

524   Nach dem Urteil des BFH[409] sind im Falle einer Übertragung eines land- und forstwirtschaftlichen Betriebes im Wege der vorweggenommenen Erbfolge die auf übernommenen, privat veranlaßten Verbindlichkeiten des Übergebers gezahlten Schuldzinsen als Betriebsausgaben abzugsfähig, wenn der Übernehmer die Verbindlichkeiten übernehmen mußte, um überhaupt Einkünfte erzielen zu können. Dieses Urteil ist nach der Entscheidung des Großen Senates[410] ergangen. Damit hat der BFH seine bisherige Rechtsprechung, wonach diese auch im Rahmen eines unentgeltlichen Erwerbs begründeten oder übernommenen Verbindlichkeiten, durch die Einkunftsart veranlaßt sind, aufgegeben. Nach dem BMF-Schreiben vom 11. 8. 1994[411] sind die Tz. 37 letzter Satz, 70 und 89 Satz 4 des BMF-Schreibens vom 11. 1. 1993[412] überholt.

g) Verrentung von Abfindungsansprüchen im Rahmen einer Auseinandersetzung des Privatvermögens

525   Werden Erbanteile auf Rentenbasis übernommen oder scheiden Erben bis auf einen aus der Erbengemeinschaft gegen Zahlung einer Rente aus, so stellt die Rente ein Entgelt dar. Gleiches gilt, wenn im Rahmen einer Realteilung des Nachlasses Spitzenausgleiche durch eine Rente ausgeglichen werden[413]. Es handelt sich also bei diesen Renten um private Veräußerungsrenten, die im Falle von Leibrenten mit dem Ertragsanteil anzusetzen sind. Dieser Ertragsanteil der Rente ist beim Rentenverpflichteten, soweit die Rentenzahlungen mit Einkünften im Zusammenhang stehen, als Werbungskosten bei der entsprechenden Einkunftsart anzusetzen. Soweit jedoch die Rente mit ertragslosen Nachlaßvermögen im Zusammenhang steht, z.B. beim Erwerb von Antiquitäten, Gemälden und Schmuck, kann der Rentenver-

---

[407] BFH v. 28. 11. 1991, DB 1992, 612.
[408] BFH v. 9. 7. 1985, BStBl. II 1985, 722; v. 23. 4. 1985, BStBl. II 1985, 720; v. 19. 5. 1983, BStBl. II 1983, 390; v. 2. 3. 1993, DB 1993, 1399.
[409] BFH v. 8. 11. 1990, FR 1991, 335.
[410] BFH v. 5. 7. 1990, BStBl. II 1990, 837.
[411] BStBl. I 1994, 603.
[412] BStBl. I 1993, 62 ff.
[413] Vgl. Schulze zur Wiesche, RWP S. 6.52, S. 2025.

pflichtete diese als Sonderausgaben abziehen. Die Rente ist daher im Verhältnis der Verkehrswerte zueinander auf die Nachlaßvermögensteile aufzuteilen.

Der abgefundene Erbe bzw. die abgefundenen Erben haben in Höhe des Ertragsanteils der Rente sonstige Einkünfte i.S. des § 22 Nr. 1 EStG.

h) Sonstige Rechtsfolgen der privaten Erbauseinandersetzung
aa) Gebäude-AfA des Erwerbers

Erwirbt der Erbe ein Gebäude im Rahmen der Realteilung ohne Spitzenausgleich, hat er das Gebäude unentgeltlich von der Erbengemeinschaft erworben. Er hat daher grundsätzlich nicht die AfA des Erblassers, sondern die der Erbengemeinschaft als dem Rechtsvorgänger fortzusetzen. Das bedeutet i.d.R., daß er die Anschaffungs- oder Herstellungskosten des Erblassers als Bemessungsgrundlage für seine AfA zu übernehmen hat. Haben der Erblasser und auch die Erbengemeinschaft degressive AfA nach § 7 Abs. 5 EStG in Anspruch genommen, kann auch der unentgeltliche Erwerber diese degressive AfA fortsetzen. Das gilt auch hinsichtlich der erhöhten AfA, sofern die Voraussetzungen, insbesondere die Übergangsregelung, gegeben sind. 526

Zahlt der Übernehmer eines Mietgrundstückes im Rahmen der Nachlaßteilung einen Wertausgleich an die übrigen Miterben, so liegt insoweit ein entgeltlicher Erwerb vor mit der Folge, daß der Erwerb des Mietgrundstücks in einen entgeltlichen und einen unentgeltlichen Teil aufzuteilen ist. Soweit er das Gebäude unentgeltlich erworben hat, gilt das bisher Gesagte, hinsichtlich des entgeltlichen Teiles hat er eigene Anschaffungskosten und kann daher insoweit eine degressive AfA nicht mehr fortführen. Ist ihm das Mietgrundstück im Rahmen eines Erbteilskaufes oder im Rahmen einer Anwachsung durch Ausscheiden der übrigen Erben gegen Abfindung zugewachsen, liegt im vollen Umfange entgeltlicher Erwerb vor, mit der Folge, daß er nicht in die Rechtsstellung des Rechtsvorgängers eintritt, sondern eigene Anschaffungskosten hat mit der Folge, daß diese die Bemessungsgrundlage für seine Abschreibung sind. 527

bb) Übergangsregelung (§ 52 Abs. 21 EStG)

War der Erblasser Eigentümer eines Objektes, das unter die Übergangsregelung (§ 52 Abs. 21 EStG) fällt (Fortführung der Überschußrechnung trotz Selbstnutzung), so kann grundsätzlich der Erbe als Gesamtrechtsnachfolger auch die Übergangsregelung in Anspruch nehmen. Wie weit jedoch die Übergangsregelung auf den Erben, der das selbstbewohnte Grundstück von der Erbengemeinschaft übernommen hat, übertragen werden kann, ist fraglich. Betrachtet man den unentgeltlichen oder entgeltlichen Erwerb im Wege der Erbauseinandersetzung als Erwerb von dem oder den übrigen Miterben, so liegt ein nicht nach § 21a Abs. 7 Satz 1 Nr. 2 EStG begünstigter Erwerb vor. Folgt man jedoch der Ansicht von Stephan[414], ist die Übernahme der Übergangsregelung möglich, wenn der übernehmende Erbe des Zweifamilienhauses eine Wohnung bereits vor dem Erbfall selbst 528

---

[414] DB 1991, 1038 ff.

bewohnt hat, während die andere Wohnung durch die Erbengemeinschaft vermietet wurde. In diesem Fall kann der Erwerber nach Stephan die vermietete Wohnung als die entgeltlich erworbene behandeln mit der Folge, daß er für das Gebäude insgesamt eine Überschußrechnung vornehmen kann.

cc) Grundförderung im Falle der Erbauseinandersetzung[415]

529 Wie bereits ausgeführt, kann die Grundförderung nach § 10 e EStG auf den Gesamtrechtsnachfolger übergehen. Nicht Gesamtrechtsnachfolger ist der Vermächtnisnehmer. Der Vermächtnisnehmer kann daher nicht die Grundförderung des Erblassers fortsetzen[416]. Sind mehrere Erben Rechtsnachfolger, fragt sich, inwieweit der Sonderausgabenabzug nach § 10e EStG (Grundförderung) auf die einzelnen Erben übergehen kann. Die Übernahme der Grundförderung durch einen Erben bei Vorhandensein mehrerer Erben ist insofern nach dem Beschluß des Großen Senates vom 5.7.1990 strittig geworden, als der Erwerb aus der Erbengemeinschaft im Rahmen einer Realteilung des Nachlasses als ein unentgeltlicher Erwerb von der Erbengemeinschaft und nicht als ein solcher vom Erblasser angesehen wird mit der Folge, daß es sich hier um eine Einzelrechtsnachfolge handelt, die grundsätzlich die Übernahme des § 10e EStG des Rechtsvorgängers nach herrschender Rechtsansicht ausschließt[417]. Stephan[418] sieht die Übernahme der Grundförderung durch einen Erben, der die bisher vom Erblasser selbst genutzte Wohnung selbst nutzt, solange die Erbengemeinschaft noch ungeteilt ist, als rechtlich zulässig an. In dem Beispiel von Stephan hatten sich die Erben einer zweigliedrigen Erbengemeinschaft dahingehend geeinigt, daß jeder Miterbe das Verwaltungs- und Nutzungsrecht hinsichtlich einer Wohnung erhalten hat. Einigen sich die beiden Erben später dahin, daß das Zweifamilienhaus in zwei Eigentumswohnungen aufgeteilt wird, wobei jeder Erbe eine übernimmt, soll der selbstnutzende Erbe die Grundförderung fortsetzen können und zwar im vollen Umfange. Hinsichtlich weiterer Fallgestaltungen siehe Stephan[419].

530 Bei der Übernahme der Grundförderung durch einen Erben als Gesamtrechtsnachfolger ist jedoch zu beachten, daß der Erwerber die Grundförderung nur noch insoweit und in der Höhe in Anspruch nehmen kann, als sie der Rechtsvorgänger noch nicht in Anspruch genommen hat. Hat der Rechtsvorgänger bereits vier Jahre Grundförderung in Anspruch genommen, so kann der Erbe als Gesamtrechtsnachfolger lediglich noch vier Jahre ausnutzen.

531 Hat jedoch der Erbe, der eine Wohnung im Hause des Erblassers selbst nutzt, dieses entgeltlich von der Erbengemeinschaft erworben, so erfüllt er hinsichtlich des entgeltlich erworbenen Bruchteils selbst die Voraussetzungen für die Grund-

---

[415] Hinsichtlich der Erwerbe nach dem 31.12.1995 ist Gesetz zur Neuregelung der steuerlichen Wohnungseigentumsförderung zu beachten.
[416] Vgl. Stephan, Die Besteuerung des selbstgenutzten Wohnungseigentums, 4. Aufl., S. 103.
[417] Vgl. BFH v. 4.12.1991, DB 1992, 716.
[418] DB 1991, 1038; derselbe; Die Besteuerung selbstgenutzten Wohneigentums, 5. Aufl. 1995.
[419] DB 1991, 1038.

Einkommensteuer

förderung, mit der Folge, daß er insoweit selbst die vollen acht Jahre für sich in Anspruch nehmen kann mit einer eigenen Bemessungsgrundlage. In diesem Falle empfiehlt sich eine Realteilung mit Spitzenausgleich nicht. Nicht immer bietet sich hier ein Erbanteilskauf oder ein Ausscheiden aus der Erbengemeinschaft an. U.U. läßt sich die gleiche Wirkung dadurch erzielen, daß der weichende Erbe bei Vorhandensein von Schulden diese übernimmt und der das Gebäude übernehmende Erbe die Schuldübernahme mit eigenen Mitteln ausgleicht.

Beispiel:
E ist verstorben. Erben sind A und B. Im Nachlaß befindet sich ein Gebäude im Werte von DM 600.000,–, Wertpapiere im Werte von DM 200.000,–. Außerdem hatte der Erblasser Schulden in Höhe von DM 200.000,–. A und B einigen sich dahingehend, daß A das Gebäude, B die Wertpapiere und die Schulden übernimmt, so daß er wertmäßig nichts erhalten hat. A verpflichtet sich, dem B einen Wertausgleich in Höhe von DM 300.000,– zu zahlen. Er hat somit das Grundstück aus dem Nachlaß für DM 300.000,– erworben. Es ist auch hier zu beachten, daß er im Falle der Realteilung das gesamte Gebäude von dem Nachlaß erwirbt.

Das gleiche gilt für das Ausscheiden von Miterben aus der Erbengemeinschaft **532** nicht, denn die Anteile der weichenden Erben werden vom übernehmenden Erben entgeltlich übernommen. Hinsichtlich der eigenen Quote liegt ein unentgeltlicher Erwerb vor, mit der Folge, daß der Übernehmer die volle Grundförderung nicht in Anspruch nehmen kann. Aus diesem Grunde ist das Modell der Realteilung zweckmäßiger.

Beispiel:
A, B, C sind Mitglieder einer Erbengemeinschaft. Der Nachlaß besteht im wesentlichen aus einem Einfamilienhaus (Wert DM 600.000,–). A erwirbt die Erbanteile von B und C für jeweils DM 200.000,– = DM 400.000,–.

In diesem Fall erstreckt sich der entgeltliche Erwerb lediglich auf 2/3 Miteigentumsanteile. A kann daher im Falle der Selbstnutzung nur 2/3 der Grundförderung = maximal DM 10.000,– in Anspruch nehmen. Im Falle des entgeltlichen Erwerbs besteht ab 1994 ohnehin eine Beschränkung.

Erwirbt er jedoch das Einfamilienhaus im Rahmen der Realteilung ohne Spitzenausgleich aus der Erbengemeinschaft, liegt ein unentgeltliches Rechtsgeschäft hinsichtlich des ganzen grundförderungswürdigen Objektes vor, mit der Folge, daß ihm als Höchstbetrag DM 16.500,– zur Verfügung stehen, sofern der Erblasser ihn noch nicht in Anspruch genommen hat.

Hatte der Erblasser bereits die Eigenheimzulage beansprucht, so kann der Erbe diese fortsetzen, soweit er einen Spitzenausgleich geleistet hat, kann der Erbe bei Erwerben nach dem 31.12.1995 die Investitionszulage in Anspruch nehmen.[420]

i) Gebäude-AfA des Erwerbers

Soweit der Erbe das Gebäude unentgeltlich erworben hat, muß er grundsätzlich **533** die AfA des Rechtsvorgängers fortsetzen. Die Anschaffungs- oder Herstellungsko-

---

[420] Vgl. Zenthöfer/Schulze zur Wiesche, Lehrbuch ESt, 4. Aufl., S. 895.

sten des Rechtsvorgängers bilden auch für ihn die Bemessungsgrundlage. Hat der Rechtsvorgänger degressive AfA nach § 7 Abs. 5 EStG in Anspruch genommen, kann der unentgeltliche Erwerber die degressive AfA fortsetzen. Das gilt grundsätzlich auch hinsichtlich der erhöhten AfA, sofern die Voraussetzungen (insbesondere Übergangsregelung) gegeben sind. Das gilt grundsätzlich auch für den unentgeltlichen Erwerb von der Erbengemeinschaft als Gesamtrechtsnachfolger.

534 Wird im Rahmen der Erbauseinandersetzung der Miteigentumsanteil der Miterben entgeltlich zum eigenen hinzuerworben, bleibt der entgeltliche hinzuerworbene Miteigentumsanteil ein selbständiges Objekt i.S. des § 7 Abs. 4 und 5, § 7 EStG. Dieses unterliegt grundsätzlich der AfA nach § 7 Abs. 4 EStG. Soweit das Entgelt auf den Gebäudemiteigentumsanteil entfällt, ist dieses Bemessungsgrundlage für die AfA dieses Teils.

Beispiel:

E ist verstorben. Erben sind A und B. Der Nachlaß besteht aus einem Miethaus, Herstellungskosten des Erblassers DM 800.000,–. Das Haus ist mit einer Hypothek in Höhe von DM 400.000,– belastet. Wert des Hauses DM 1.200.000,–. A zahlt an B neben der Übernahme der anteiligen Hypotheken DM 400.000,–, einschließlich Grund und Boden (Wert des Grund und Bodens DM 200.000,–). Der Erblasser hat AfA nach § 7 Abs. 5 EStG in Anspruch genommen.

A hat das Haus zur Hälfte unentgeltlich unmittelbar vom Erblasser erworben, die andere Hälfte entgeltlich. Die Anschaffungskosten (Gebäudeteil) betragen DM 500.000,–.

AfA nach § 7 Abs. 5 EStG = 5 v.H. v. DM 400.000,– =	DM 20.000,–
AfA nach § 7 Abs. 4 EStG = 2 v.H. v. DM 500.000,– =	DM 10.000,–
AfA insgesamt	DM 30.000,–

j) Übergangsregelung (§ 52 Abs. 21 EStG)

535 War der Erblasser Eigentümer eines Objektes, das unter die Übergangsregelung fällt (Fortführung der Überschußrechnung trotz Selbstnutzung), so kann grundsätzlich der Erbe als Rechtsnachfolger auch die Übergangsregelung in Anspruch nehmen.

Das gilt uneingeschränkt für den Erben, der das Objekt ohne Ausgleichszahlung unentgeltlich aus dem Nachlaß erworben hat. Das gilt weiter grundsätzlich auch insoweit, als der Erbe infolge Erwerbs von der Erbengemeinschaft unentgeltlich Einzelrechtsnachfolger ist.

Hat der Erbe einen Teil des Objektes durch Zahlung eines Spitzenausgleichs entgeltlich erworben, ist er insoweit nicht Rechtsnachfolger des Erblassers und kann daher hinsichtlich des hinzuerworbenen Miteigentumsanteils die Übergangsregelung nicht beanspruchen. Im Rahmen der Übergangsregelung kann er bei Überschußrechnung auch die § 7 b-AfA des Rechtsvorgängers fortsetzen, soweit er die Voraussetzungen (kein Objektverbrauch) erfüllt (läuft 1993 aus).

Einkommensteuer

k) Grundförderung im Falle der Erbauseinandersetzung

Wie bereits ausgeführt, kann die Grundförderung nach § 10e EStG auf den Gesamtrechtsnachfolger übergehen.   536

Sind mehrere Erben Rechtsnachfolger, fragt sich, wie weit der Sonderausgabenabzug nach § 10e EStG (Grundförderung) auf die einzelnen Erben übergeht. Der Sonderausgabenabzug geht grundsätzlich entsprechend der Quote auf die Gesamtrechtsnachfolger über. Daher kann der Erbe grundsätzlich, soweit er die Voraussetzungen der Selbstnutzung erfüllt und Eigentümer ist, bis zur Höhe seiner Quote die Grundförderung beanspruchen. Fraglich ist jedoch, inwieweit ein Miterbe, der im Rahmen der Erbauseinandersetzung durch Realteilung als Einzelrechtsnachfolger die übrigen Miteigentumsanteile hinzuerwirbt, die Grundförderung beanspruchen kann.

Fall 1:
E ist verstorben. Der Nachlaß wird real auf die Erben A, B und C ohne Spitzenausgleich aufgeteilt. Im Rahmen der Erbauseinandersetzung übernimmt A das vom Erblasser bisher bewohnte Einfamilienhaus und bewohnt es selbst.

A ist Gesamtrechtsnachfolger und tritt somit in die Rechtsstellung des Erblassers ein. Da der Sonderausgabenabzug, zumindest soweit der Nutzende die Voraussetzungen erfüllt, objektbezogen ist, geht der Sonderausgabenabzug auf den Gesamtrechtsnachfolger über, der das Objekt übernimmt, weil § 10e EStG insoweit sachbezogen ist[421].

Fall 2:
Wie zuvor, die Erben A, B, C übernehmen das Einfamilienhaus als schlichtes Bruchteilseigentum. A bewohnt das Einfamilienhaus selbst.

Jeder Miteigentumsanteil gilt als selbständiges Objekt. Somit kann A höchstens DM 5.000,– Grundförderung in Anspruch nehmen.

Gleiches gilt, wenn es sich um ein Miethaus handelt, in dem der Erblasser eine Wohnung bewohnt hat.

Fall 3:
Der Erblasser war Eigentümer eines Zweifamilienhauses. Eine Wohnung bewohnte er selbst und nahm die Grundförderung nach § 10e EStG in Anspruch. Die andere Wohnung bewohnte einer der beiden Erben. In die vom Erblasser bewohnte Wohnung zog der Erbe ein. Die beiden Erben setzten sich dahin auseinander, daß sie das Haus zu schlichtem Miteigentum übernahmen.

Als Gesamtrechtsnachfolger können beide Erben grundsätzlich die Grundförderung des Erblassers fortsetzen, jedoch zusammen höchstens in der Höhe, wie der Erblasser sie hätte beanspruchen können, die Grundförderung bezieht sich jedoch auf eine Wohnung, nicht auf eine beliebige Wohnung in dem gleichen Objekt. Die Grundförderung ist an die Wohnung des Erblassers gebunden, die beiden Erben zu Bruchteilen zusteht. Somit kann nur derjenige Erbe, der die Wohnung des Erblassers bewohnt, in Höhe seines Bruchteils die Grundförderung fortsetzen.

---

[421] So auch Stephan, a.a.O., S. 57; Wacker, BB 1994, 982, Schr. BdF v. 31.12.1994, BStBl. I 1994, 887, Tz 65.

Fall 4:
E ist verstorben. Im Nachlaß befindet sich ein Einfamilienhaus, das der wesentliche Nachlaßgegenstand ist. Erben sind A und B. Die Erben setzen sich dahin auseinander, daß A das Einfamilienhaus übernimmt und an B eine Abfindung zahlt. A bezieht die Wohnung des Erblassers. Der Erblasser hatte die Grundförderung (§ 10e EStG) in Anspruch genommen.

A kann als Rechtsnachfolger hinsichtlich des vom Erblasser erworbenen Gebäudeanteils die Grundförderung fortsetzen. Diese bezieht sich jedoch nur auf den von diesem unentgeltlich erworbenen Miteigentumsanteil (= 50 v.H.). Hat der Erblasser eine Grundförderung von DM 15.000,– in Anspruch genommen, beträgt sie beim Erben nur noch 50 v.H. = DM 7.500,–. Die im Wege der Erbauseinandersetzung entgeltlich hinzuerworbene Miteigentumshälfte gilt als ein selbständiges Objekt im Sinne des § 10e EStG. Eheleute, die die Voraussetzungen für die Zusammenveranlagung erfüllen, können zwei Objekte beanspruchen.

Ist einer der Erben der Ehegatte des Verstorbenen und erwirbt dieser im Rahmen der Erbauseinandersetzung zu seinem Anteil an der Wohnung den Anteil des Verstorbenen hinzu, kann er insgesamt insoweit die Grundförderung fortsetzen. Er hat insgesamt nur einen Anteil (vgl. Rz. 339ff. [343]).

Hatte der Erblasser bereits die Eigenheimzulage in Anspruch genommen, so kann der Ehegatte diese fortsetzen[422].

l) Wesentliche Beteiligung

537 Setzen sich die Erben hinsichtlich einer wesentlichen Beteiligung des Erblassers real auseinander, so behalten diese selbständigen Anteile noch 5 Jahre vom Erbanfall an ihre Eigenschaft als wesentliche Beteiligung.

Beispiel:
E ist verstorben. Er ist an der X-GmbH mit 40 v.H. beteiligt. AK DM 800.000,–. Erben sind seine 4 Kinder A, B, C und D. Sie setzen sich dahin auseinander, daß jedes der 4 Kinder 10 v.H. des Anteils an der X-GmbH übernimmt.

Die Auseinandersetzung ist unentgeltlich. Ein Veräußerungsgewinn wird daher nicht realisiert. Da der Erblasser jedoch bis zu seinem Tode wesentlich beteiligt war, behalten die Anteile, berechnet vom Todestag an, noch 5 Jahre den Charakter einer wesentlichen Beteiligung.

Beispiel (wie zuvor):
C verkauft später seine Beteiligung für DM 300.000,– an B.
C hat einen Veräußerungsgewinn nach § 17 EStG.

Veräußerungspreis	DM 300.000,–
anteilige Anschaffungskosten des Rechtsvorgängers	DM 200.000,–
Veräußerungsgewinn	DM 100.000,–

---

[422] Eigenheimzulagengesetz, BGBl. I 1996, 113. Vgl. Zenthöfer/Schulze zur Wiesche, Lehrbuch ESt, 4. Aufl., S. 895.

Ist jedoch die Erbauseinandersetzung hinsichtlich einer wesentlichen Beteiligung entgeltlich, weil Spitzenausgleiche gezahlt werden, liegt eine Veräußerung im Falle des § 17 EStG vor.

Beispiel:
E (Erblasser) ist mit 30 v.H. an der X-GmbH beteiligt. Erben sind A und B, AK des Erblassers DM 300.000,–; A übernimmt den Anteil gegen Zahlung an B in Höhe von DM 200.000,–.
A hat die Beteiligung zur Hälfte entgeltlich erworben, die Anschaffungskosten betragen DM 200.000,. B hat seinen Anteil an A veräußert. Veräußerungsgewinn nach § 17 Abs. 1 Nr. 2 EStG DM 200.000,– – DM 150.000,– = DM 50.000,–.

m) Spekulationsgeschäfte

Der Erwerb im Rahmen einer Erbauseinandersetzung gilt weder als Anschaffung noch als Veräußerung i.S. des § 23 EStG.

Soweit aber im Rahmen einer Erbauseinandersetzung ein Miteigentumsanteil entgeltlich erworben worden ist, liegt für den Erwerber ein Anschaffungsgeschäft und für den weichenden Erben ein Veräußerungsgeschäft i.S. des § 23 EStG vor[423].

Beispiel:
Der Erblasser ist am 1.4.03 gestorben. Im Nachlaß befindet sich ein unbebautes Grundstück, das er am 1.5.02 für DM 60.000,– angeschafft hat. Erben sind A und B. Weiterer Nachlaß ist nicht vorhanden. Am 20.7.03 kommen A und B überein, daß A das Grundstück übernimmt gegen Zahlung von DM 40.000,– an B. In diesem Fall hat B ein Spekulationsgeschäft verwirklicht, da er als Rechtsnachfolger des Erblassers seinen Grundstücksanteil an B innerhalb der Spekulationsfrist veräußert hat.

Sollte A innerhalb der nächsten 2 Jahre das Grundstück veräußern, liegt hinsichtlich beider Anteile ein Spekulationsgeschäft vor, soweit die Veräußerung bis zum 1.5.04 erfolgt, anschließend nur noch hinsichtlich des hinzuerworbenen Anteils.

3. Die Auseinandersetzung eines nur aus Betriebsvermögen bestehenden Nachlasses

a) Vorbemerkung

Die Auseinandersetzung des Betriebsvermögens kann wie bei der Auseinandersetzung des Privatvermögens entgeltlich, aber auch unentgeltlich erfolgen[424]. Beim Erwerb von Erbanteilen und beim Ausscheiden aus der Erbengemeinschaft ist der Vorgang in vollem Umfange entgeltlich, auch soweit die weichenden Erben Gegenstände aus dem Nachlaß erhalten. Allerdings ist hierbei zu beachten, daß gleichzeitig ein Entnahmegewinn bei den Erben anfällt, wenn der Gegenstand der Abfin-

---

[423] BFH v. 22.9.1987, DB 1988, 159.
[424] So BFH v. 5.7.1990, a.a.O. (Fußnote 389). Literatur: Märkle/Franz, S. 55 ff.; Felix, KöSDi 3/91, S. 8436; L. Schmidt, § 16, RdNr. 120 ff.; Ruban, DStR 1991, 65; Groh, DB 1990, 2135; List, NWB Fach 3, 7579; Flume, DB 1990, 2390; Märkle, Wpg 1990, 674; Schulze zur Wiesche, RWP S. 6.52, S. 1989; Söffing, DB 1991, 773, 828; ders., DStR 1991, 201; Knobbe-Keuk, Bilanzrecht, 9. Aufl.

dung dem Betriebsvermögen entnommen wird. Gleiches gilt, wenn der Betrieb des Erblassers auf einen Erben gegen Abfindung übertragen wird. Wird der Nachlaß real geteilt und werden zwischen den Erben keine Spitzenausgleiche gezahlt, liegt ein unentgeltlicher Erwerb vor. Hierbei ist jedoch zu beachten, daß die Erben gleichzeitig eine Entnahme bewirken, wenn der Gegenstand des Erwerbes aus dem Nachlaß den betrieblichen Bereich verläßt. Stellt die Erbengemeinschaft insgesamt die gewerbliche Tätigkeit ein, liegt gleichzeitig eine steuerbegünstigte Betriebsaufgabe i.S. des § 16 Abs. 3 EStG vor. Hat jedoch im Rahmen der Nachlaßbesteuerung ein Miterbe mehr erhalten, als ihm wertmäßig entsprechend seiner Quote zustehen würde, liegt insoweit ein entgeltlicher Erwerb vor, bei dem Ausgleichsempfänger insoweit eine Veräußerung.

b) Erwerb der Erbanteile der weichenden Miterben durch einen Miterben

540   Besteht der Nachlaß im wesentlichen aus einem Gewerbebetrieb, so liegt die Veräußerung eines Mitunternehmeranteils vor, wenn ein Miterbe seinen Erbanteil einem Miterben veräußert (§ 16 Abs. 1 Nr. 2 EStG)[425]. Die Veräußerung eines Erbanteils steht der Veräußerung eines Anteils an einer Personengesellschaft gleich, soweit der Nachlaß sich aus Betriebsvermögen zusammensetzt. Der Veräußerungsgewinn errechnet sich in diesem Falle aus dem Unterschiedsbetrag zwischen der Abfindungssumme und dem anteiligen Buchkapital, das der anteiligen Quote im Zeitpunkt seines Ausscheidens entspricht.

Beispiel:
Miterben sind A, B und C. Im Nachlaß befindet sich ein Gewerbebetrieb.

Das Buchkapital beträgt im Zeitpunkt des Erbfalls DM 150.000,–, im Zeitpunkt der Auseinandersetzung DM 180.000,–. A erwirbt die Erbanteile von B und C gegen Abfindung von jeweils DM 100.000,– = DM 200.000,– (Verkehrswert) hinzu.

Veräußerungsgewinn B und C		
Abfindung	DM 100.000,–	DM 100.000,–
anteiliges Buchkapital	DM 60.000,–	DM 60.000,–
Veräußerungsgewinn	DM 40.000,–	DM 40.000,–

A hat Anschaffungskosten in Höhe von DM 200.000,–.

Unerheblich ist, aus welchen Mitteln A B und C abfindet, ob aus dem übernommenen Nachlaß (= Betrieb) oder aus seinem Privatvermögen oder durch Kreditaufnahme, indem er das übernommene Betriebsvermögen belastet[426].

541   Erfolgt eine Sachabfindung aus dem Betriebsvermögen, ist ein Entnahmegewinn beim übernehmenden Gesellschafter, soweit die stillen Reserven des entnommenen Gegenstandes auf ihn entsprechend der Erbquote entfallen, zu erfassen, der jedoch bei diesem nicht tarifbegünstigt ist.

---

[425] BFH v. 5.7.1990, a.a.O. (Fußnote 389).
[426] BFH v. 5.7.1990, a.a.O. (Fußnote 389).

Beispiel:

E ist verstorben. Im Nachlaß befindet sich ein Gewerbebetrieb. Erben sind A und B. Buchwert des Betriebsvermögens DM 120.000,–. Teilwert DM 180.000,–. B veräußert seinen Miterbteil an A. Als Abfindung überträgt A B das Betriebsgrundstück, das mit DM 42.000,– zu Buche stand. Teilwert DM 90.000,–.

Die Grundsätze des Urteils v. 24. 5. 1973[427] sind hier anzuwenden.

Veräußerungsgewinn B	
Abfindung	DM 90.000,–
Buchkapital	DM 60.000,–
Veräußerungsgewinn	DM 30.000,–
Höhere Anschaffungskosten A	DM 30.000,–
davon entfallen auf das Grundstück	DM 24.000,–
Entnahmegewinn	
Buchwert Grundstück	DM 42.000,–
nachträgliche AK	DM 24.000,–
	DM 66.000,–
Entnahmewert	DM 90.000,–
Entnahmegewinn A	DM 24.000,–

Dieser Entnahmegewinn ist nicht tarifbegünstigt.

Ein Entnahmegewinn kann jedoch dadurch vermieden werden, daß B das erhaltene Betriebsgrundstück in ein anderes Betriebsvermögen zum Buchwert einbringt[428].

In diesem Falle ist B verpflichtet, den Buchwert des Grundstücks in seinem Betriebsvermögen nach § 7 Abs. 1 EStDV fortzuführen. Es entsteht insoweit weder ein Veräußerungsgewinn noch ein Entnahmegewinn.

c) *Ausscheiden von Miterben aus einer Erbengemeinschaft gegen Abfindung*

Die Erbengemeinschaft kann auch dadurch beendet werden, daß einzelne Mitglieder gegen Abfindung aus der Erbengemeinschaft ausscheiden, wobei die Erbengemeinschaft die Abfindung schuldet[429]. Die Anteile der Ausgeschiedenen wachsen in diesem Falle dem verbleibenden Miterben an. Befindet sich im Nachlaß Betriebsvermögen, ist insoweit das Ausscheiden aus einer Mitunternehmerschaft gegeben (Anteilsveräußerung i.S. des § 16 Abs. 1 Nr. 2 EStG). Der Veräußerungsgewinn ergibt sich aus dem Unterschiedsbetrag zwischen Abfindungssumme (Veräußerungspreis) und dem anteiligen Buchkapital im Zeitpunkt des Ausscheidens. Wird der Ausgeschiedene mit einem Sachwert abgefunden, so liegt eine Entnahme des verbleibenden Gesellschafters bzw. der verbleibenden Gesellschafter vor[430]. Gelangt die Sachwertabfindung in ein Betriebsvermögen des ausgeschiedenen Er-

542

---

[427] BStBl. II 1973, 615.
[428] BFH v. 5. 7. 1990, a.a.O. (Fußnote 389).
[429] BFH v. 5. 7. 1990, a.a.O. (Fußnote 389).
[430] Schr. BdF v. 11. 1. 1993, BStBl. I 1994, S. 62, Tz. 54.

ben, so können die Buchwerte der Erbengemeinschaft fortgeführt werden, sofern der Ausgeschiedene das erhaltene Wirtschaftsgut mit dem Buchwert einlegt.

Beispiel:

E ist verstorben. Erben sind A, B und C zu je 1/3. Im Nachlaß befindet sich ein Gewerbebetrieb (Buchwert DM 240.000,–, Verkehrswert DM 600.000,–). A, B und C einigen sich dahingehend, daß B und C gegen Abfindung aus der Erbengemeinschaft ausscheiden gegen Barzahlung von jeweils DM 100.000,– und Übertragung eines Grundstücks aus dem Betriebsvermögen (Buchwert DM 80.000,–, Teilwert DM 200.000,–).

Ein Miterbe kann gegen eine Barabfindung aus der Erbengemeinschaft ausscheiden, sein Anteil am Gemeinschaftsvermögen wächst dann den verbleibenden Miterben zu[431]. Wie beim Ausscheiden eines Gesellschafters aus einer Personengesellschaft können sich für den ausscheidenden Erben aus der Erbengemeinschaft ein Veräußerungsgewinn und für die verbleibenden Miterben Anschaffungskosten ergeben. Wird die Abfindung nicht in Geld, sondern in Sachwerten erbracht, kann sich auch für die verbliebenen Miterben, soweit diese entsprechend ihrer Quote an den stillen Reserven der Sachabfindung beteiligt sind, ein Entnahmegewinn ergeben (Erl. a.a.O. Tz. 54).

Die Aufdeckung der stillen Reserven kann jedoch bei Sachabfindung dadurch vermieden werden, daß der abgefundene Miterbe das Wirtschaftsgut in ein Betriebsvermögen überführt und die Buchwerte der Miterbengemeinschaft fortführt[432].

	B	C
Barabfindung	DM 100.000,–	DM 100.000,–
Sachabfindung	DM 100.000,–	DM 100.000,–
Abfindung insgesamt	DM 200.000,–	DM 200.000,–
abzügl. anteiliger Buchwert	DM 80.000,–	DM 80.000,–
Veräußerungsgewinn	DM 120.000,–	DM 120.000,–

A hat in Höhe von DM 400.000,– Anschaffungskosten.
Allerdings ergibt sich bei ihm ein Entnahmegewinn:

Teilwert	DM 200.000,–
abzügl. ursprünglicher Buchwert	DM 80.000,–
nachträgliche Anschaffungskosten	DM 80.000,–
Entnahmegewinn	DM 40.000,–

d) Veräußerung des Betriebes an einen Miterben

543   Die Auseinandersetzung kann auch in der Weise erfolgen, daß die Erbengemeinschaft den Betrieb auf einen Erben überträgt und dieser die übrigen Miterben abfindet. Eine solche Vereinbarung führt steuerrechtlich zu demselben Ergebnis wie der Erwerb der Anteile der Miterben oder ihr Ausscheiden aus der Erbengemeinschaft gegen Abfindung. Für die verbleibenden Erben stellt die Abfindung An-

---

[431] BFH v. 5.7.1990, a.a.O. (Fußnote 389).
[432] BFH v. 5.7.1990, a.a.O. (Fußnote 389).

schaffungskosten dar, während sich für die abgefundenen Erben in Höhe des Unterschiedsbetrages zwischen Abfindung und anteiligem Kapitalkonto ein Veräußerungsgewinn ergibt[433].

e) *Realteilung des Nachlasses*
aa) Grundsätze

Auch Betriebsvermögen kann grundsätzlich real auf die Erben aufgeteilt werden. Die Realteilung führt jedoch zu einer Auflösung aller stillen Reserven, wenn gleichzeitig der Betrieb aufgegeben wird. Eine Betriebsaufgabe ist stets gegeben, wenn bereits eine wesentliche Grundlage ins Privatvermögen überführt wird. Nicht notwendig ist es, daß das Betriebsvermögen in Teilbetriebe gegliedert ist, die sich ohne Zerschlagung der Organisation auf die Erben aufteilen lassen. 544

Gegenstand der Realteilung können die einzelnen Wirtschaftsgüter des Betriebsvermögens sein, soweit diese mit dem Buchwert in ein anderes Betriebsvermögen überführt werden. 545

Unschädlich ist, wenn Wirtschaftsgüter, die nicht zu den wesentlichen Grundlagen gehören, in das Privatvermögen überführt werden. In diesem Fall ist der Entnahmegewinn allen Miterben zuzurechnen. Dieser Gewinn ist nicht tarifbegünstigt.

Wird ein Nachlaß real zwischen den Erben ohne Spitzenausgleich geteilt, liegt grundsätzlich ein unentgeltlicher Erwerb vor. Besteht der Nachlaß ausschließlich bzw. im wesentlichen aus Betriebsvermögen und führt eine Realteilung zu einer Beendigung der gewerblichen Tätigkeit der Erben, liegt eine Betriebsaufgabe vor, die zu einem Aufgabegewinn führt, soweit wesentliche Grundlagen des Betriebsvermögens an Dritte veräußert oder ins Privatvermögen überführt worden ist. Keine Betriebsaufgabe ist jedoch gegeben, wenn ein in mehrere Teilbetriebe gegliederter Betrieb von den Miterben weitergeführt wird bzw. das Betriebsvermögen des Nachlasses in anderen Betrieben der Erben zum Buchwert übernommen wird. Unabhängig davon, ob das Betriebsvermögen Privatvermögen wird oder nicht, entsteht jedoch insoweit ein Veräußerungsgewinn, als Spitzenausgleiche zwischen den Erben gezahlt werden. 546

bb) Wahlrecht der Miterben

Besteht der Nachlaß aus mehreren selbständigen Betrieben des Erblassers und übernehmen die Erben im Rahmen der Auseinandersetzung jeweils einen Betrieb, haben die Erben hinsichtlich der übernommenen Betriebe die Buchwerte fortzuführen. 547

Ist der Nachlaß in selbständige Teilbetriebe gegliedert, besteht entsprechend den Grundsätzen der Realteilung ein Wahlrecht, ob die Erben die Betriebe mit dem Buchwert oder dem Teilwert fortführen. Dieses Wahlrecht kann von der Erbengemeinschaft für alle Betriebe nur einheitlich ausgeübt werden. Haben die Erben die 548

---
[433] BFH v. 5. 7. 1990, a.a.O. (Fußnote 389).

Betriebe mit dem Teilwert übernommen, haben sie den Betrieb des Erblassers aufgegeben und beginnen eine neue gewerbliche Tätigkeit.

In diesem Falle ist nach den Regeln der Betriebsaufgabe ein Aufgabegewinn zu ermitteln, der nach §§ 16 Abs. 4, 34 Abs. 1 EStG steuerbegünstigt ist. Dieser Wertansatz gilt für die Übernahme als Anschaffungskosten bzw. Einlagewert der übernommenen Wirtschaftsgüter. Im Falle der Buchwertübernahme haben die Übernehmer die steuerlichen Wertansätze der Erbengemeinschaft fortzuführen.

549 Wird ein nicht in Teilbetriebe gegliederter Betrieb geteilt, gelten die gleichen Grundsätze. Sofern die wesentlichen Grundlagen in andere Betriebe überführt werden, kann das Wahlrecht nur einheitlich ausgeübt werden. Bei Teilwertübernahme liegt für alle Erben eine steuerbegünstigte Betriebsaufgabe vor.

cc) Besonderheiten bei der Realteilung

550 Wie bereits ausgeführt, kann die Realteilung hinsichtlich aller wesentlichen Grundlagen entweder zu einer Betriebsaufgabe oder zu einer Betriebsfortführung führen, wobei für die Betriebsfortführung ausreicht, daß die Wirtschaftsgüter des Betriebsvermögens des Erblassers in ein anderes Betriebsvermögen des Erben überführt werden. Neben der Betriebsfortführung können nur Wirtschaftsgüter, die keine wesentliche Grundlage des bisherigen Betriebs darstellen, ins Privatvermögen überführt werden. Die Entnahme tätigen in diesem Falle alle Erben und nicht nur der Erbe, der mit diesem Wirtschaftsgut abgefunden wird. Dieser Entnahmegewinn ist nicht tarifbegünstigt.

dd) Realteilung eines in mehrere Teilbetriebe gegliederten Betriebe[434]

551 Ist ein Betrieb in mehrere Teilbetriebe gegliedert, kann die Erbauseinandersetzung in der Weise geschehen, daß jeder Erbe einen Teilbetrieb übernimmt und diesen selbständig weiterführt. In diesem Fall sind alle Erben mit dem Erbfall als Unternehmer anzusehen.

Eine Realteilung ist nach der Rechtsprechung jedoch grundsätzlich nur möglich, wenn ein Unternehmen in mehrere Teilbetriebe gegliedert ist. Unter einem Teilbetrieb wird von der Rechtsprechung[435] ein mit einer gewissen Selbständigkeit ausgestatteter, organisatorisch geschlossener Teil des Gesamtbetriebes verstanden, der für sich alleinlebensfähig ist. Ob ein Betriebsteil die erforderliche Selbständigkeit besitzt, hängt vom Gesamtbild der Verhältnisse ab. Hier sind folgende Abgrenzungsmerkmale zu berücksichtigen:

a) örtliche Trennung,
b) gesonderte Buchführung,
c) Einsatz verschiedenen Personals,

---

[434] Schulze zur Wiesche, DStR 1975, 147; Moench, DStR 1985, 554; BFH v. 2. 10. 1962, BStBl. III 1962, 513; v. 21. 12. 1977, BStBl. II 1978, 305; v. 19. 1. 1982, BStBl. II 1982, 450.
[435] Vgl. BFH v. 4. 7. 1973, BStBl. II 1973, 838; v. 5. 6. 1976, BStBl. II 1977, 42; v. 2. 8. 1979, BB 1979, 47; v. 27. 6. 1978, BB 1978, 1503.

d) selbständiger Einkauf,
e) selbständiger Verkauf.

Eine Realteilung liegt vor, wenn die wesentlichen Grundlagen dieses Teilbetriebs auf einen Gesellschafter übertragen werden.

Ist ein Betrieb in mehrere Teilbetriebe gegliedert und setzen sich die Gesellschafter einer Personengesellschaft in der Weise auseinander, daß die einzelnen Teilbetriebe auf die Gesellschafter aufgeteilt und diese jeweils von den einzelnen Gesellschaftern als Einzelbetriebe fortgeführt werden, so kann eine Versteuerung der stillen Reserven unterbleiben, wenn die Buchwerte der bisherigen Personengesellschaft fortgeführt werden. Die Übernehmer haben ein Wahlrecht zwischen Buchwertübernahme und Teilwertübernahme, wobei im letzteren Falle ein Veräußerungsgewinn in Höhe des Unterschiedsbetrages zwischen Buchwert und Kapitalkontos und dem Teilwert der übernommenen Wirtschaftsgüter entsteht. Diese Grundsätze sind auch auf die Erbengemeinschaft anwendbar, wenn sich im Nachlaß u. a. ein in mehrere Teilbetriebe gegliederter Betrieb befindet. Es ist hierbei zu berücksichtigen, daß ein im Aufbau befindlicher Teilbetrieb einem Teilbetrieb gleichgestellt ist[436]. Hat der Erblasser einen einheitlichen Betrieb geführt, so können die Erben vor der Realteilung Vorkehrungen treffen, um die Fortführung selbständiger Betriebe zu ermöglichen, d. h. das Betriebsvermögen des Erblassers muß jeweils die wesentliche Grundlage für die fortgeführten neuen Betriebe darstellen. 552

Die Erben haben ein Wahlrecht, ob sie den ihnen zugefallenen Betrieb mit dem Buchwert, Teilwert oder einem Zwischenwert übernehmen[437]. 553

Beispiel:

E ist verstorben. Erben sind A und B. Im Nachlaß befindet sich ein Betrieb, der aus einer Tankstelle und einer Kfz-Reparaturwerkstatt besteht. A und B kommen überein, daß A die Tankstelle und B die Reparaturwerkstätte übernimmt. Das Kapitalkonto des Erblassers beträgt DM 100.000,– (Wert des Betriebes DM 200.000,–), die Betriebe sind gleichwertig.

In diesem Falle entsteht bei Buchwertfortführung kein Veräußerungsgewinn bei den einzelnen Miterben.

ee) Strukturwandel durch Realteilung

Eine Realteilung liegt auch dann vor, wenn die Einkünfte infolge der Teilung einer anderen Einkunftsart als bisher zugerechnet werden müssen[438]. Das wäre der Fall, wenn sich im Nachlaß eine Großgärtnerei befindet, die in einem landwirtschaftlichen und einen Gewerbebetrieb gegliedert ist, die jedoch wegen erheblichen Zukaufs und der ihr angeschlossenen Verkaufsläden als gewerblicher Betrieb einzustufen ist, und der Nachlaß in der Weise geteilt wird, daß der eine Erbe die Verkaufsläden und der andere die Gärtnerei übernimmt. Der Erbe, der die Gärtnerei fortführt und daher nunmehr land- und forstwirtschaftliche Einkünfte hat, braucht 554

---

[436] BFH v. 1. 2. 1989, BStBl. II 1989, 458.
[437] L. Schmidt, § 16, Rdnr. 124 e.
[438] BFH v. 26. 4. 1979, BStBl. II 1979, 732.

Die Steuerfolgen im Erbfall

stille Reserven erst aufzulösen, wenn er die Gärtnerei veräußert bzw. aufgibt. Im Falle der Realteilung haben die Gesellschafter die Wahl, ob jeder den übernommenen Betrieb mit dem Teilwert oder mit dem Buchwert übernimmt. Bei Übernahme der Teilbetriebe zum Buchwert werden keine stillen Reserven aufgedeckt, sofern eine spätere Versteuerung dieser sichergestellt ist. Sofern sich infolge unterschiedlicher stiller Reserven doch Buchgewinne ergeben sollten, sind diese durch Ausgleichsposten in der Bilanz zu neutralisieren[439].

Strukturwandel führt nicht zu einer Betriebsaufgabe[440].

ff) Realteilung mit Spitzenausgleich

555 Erhält im Rahmen einer Erbauseinandersetzung ein Erbe mehr, als ihm nach seiner Quote zustehen würde, und zahlt er den übrigen Erben hierfür einen Ausgleich, so ist insoweit der Erwerb für den ausgleichenden Erben entgeltlich, bei den abgefundenen Erben ist insoweit eine Anteilsveräußerung gegeben[441].

Beispiel 1:

E ist verstorben. Im Nachlaß befindet sich ein Gewerbebetrieb. Kapitalkonten des Erblassers DM 600.000,–. Wert des Betriebes DM 1 Mio. Erben sind A und B. A soll den Betrieb gegen Abfindung an B in Höhe von DM 500.000,– übernehmen.

A hat das Betriebsvermögen zu 50 v.H. unentgeltlich, zu 50 v.H. entgeltlich erworben.

Kapitalkonto unentgeltlicher Teil	DM 300.000,–
Anschaffungskosten Anteil A	DM 500.000,–
Kapitalkonto	DM 800.000,–
B hat einen Veräußerungsgewinn erzielt	
Veräußerungspreis	DM 500.000,–
./. anteiliges Kapitalkonto	DM 300.000,–
Veräußerungsgewinn	DM 200.000,–

Kein Wahlrecht

Beispiel 2:

E ist verstorben. Im Nachlaß befindet sich ein Betrieb, der in 2 Teilbetriebe gegliedert ist.

Teilwert Betrieb I	DM 1.000.000,–
Teilwert Betrieb II	DM 800.000,–
Kapitalkonto des Erblassers	DM 900.000,–

Es wird vereinbart, daß A den Betrieb I, B den Betrieb II übernimmt und A dem B einen Ausgleich von DM 100.000,– zahlt.

B hat den Teilbetrieb II unentgeltlich erworben. Seinen Anteil von 1/10 am Teilbetrieb I hat er veräußert und hierbei einen Veräußerungsgewinn von DM 100.000,– ./. DM 50.000,– = DM 50.000,– erzielt.

---

[439] Vgl. im einzelnen BFH v. 10.2.1972, BStBl. II 1972, 419.
[440] BFH v. 9.2.1972, BStBl. II 1972, 455; v. 7.10.1974 GrS, BStBl. II 1975, 168.
[441] L. Schmidt, § 16 Rdnr. 124d.

A hat den Teilbetrieb I zu 9/10 unentgeltlich erworben und zu 1/10 entgeltlich.

Kapitalkonto	DM 450.000,–
+ Anschaffung 1/10	DM 100.000,–
	DM 550.000,–

Die Realteilung führt jedoch insgesamt zu einer Betriebsaufgabe, insgesamt die Teilwertübernahme gewählt wird.

§§ 16, 34 EStG sind auf den Veräußerungsgewinn, der sich aufgrund der Abfindung ergibt, anzuwenden, wenn bei der Realteilung eines Nachlasses Betriebe oder Teilbetriebe eine Abfindungszahlung zugeteilt werden oder wenn z.B. bei einem Mischnachlaß nur ein Betrieb vorhanden ist, der unter Ausscheiden der übrigen Miterben mit Abfindung allein auf einen bestimmten Miterben übertragen wird (Erlaß a.a.O. Tz. 21).

§§ 16, 34 EStG sind dagegen auf den Veräußerungsgewinn, der sich auf Grund der Abfindung ergibt, nicht anzuwenden, wenn durch die Realteilung lediglich einzelne betrieblich genutzte Wirtschaftsgüter zugeteilt werden (Erlaß Tz. 22).

gg) Realteilung als Betriebsaufgabe

Führt die Realteilung des Nachlasses dazu, daß die gewerbliche Tätigkeit des Erblassers und damit auch die der Erben beendet wird und wird in diesem Zusammenhang das bisherige Betriebsvermögen des Erblassers in das Privatvermögen überführt, entsteht ein Aufgabegewinn. Der Aufgabegewinn ist für jeden einzelnen Erben gesondert zu ermitteln. Er richtet sich nach dem gemeinen Wert der auf den jeweiligen Erben übergegangenen Wirtschaftsgüter abzüglich dessen anteiligen Kapitalkonto (Erbquote).

Beispiel:
E ist verstorben. Im Nachlaß befindet sich u.a. ein Gewerbebetrieb. Die Erben A und B beschließen, den Betrieb zu liquidieren und den Nachlaß zu teilen.

Das Kapitalkonto des Erblassers betrug im Zeitpunkt des Todes DM 800.000,–. Der Wert des Betriebsgrundstücks betrug DM 1.200.000,–. Bei Begleichung der Verbindlichkeiten und Versilberung beträgt das übrige Betriebsvermögen DM 400.000,–, das Privatvermögen DM 400.000,–. A und B kamen überein, daß A das Betriebsgrundstück, B das übrige Vermögen einschließlich des Privatvermögens übernimmt und A an B einen Ausgleich von DM 200.000,– zahlt.

Der Aufgabegewinn ist in der Weise zu ermitteln, daß die Wirtschaftsgüter aus dem Betriebsvermögen der Erbengemeinschaft bei jedem Miterben mit dem gemeinen Wert anzusetzen sind. Werden in diesem Zusammenhang Spitzenausgleiche gezahlt, so stellen diese beim Ausgleichsverpflichteten Anschaffungskosten dar, hinsichtlich des Erwerbs, soweit er wertmäßig die Quote übersteigt; beim Abgefundenen ist die Abfindung dem Aufgabegewinn hinzuzurechnen.

Der Aufgabegewinn ermittelt sich somit für A und B wie folgt:

	A	B
Erwerb		
Ansatz gemeiner Wert	DM 1.200.000,-	DM 400.000,-
Abfindung	./. DM 200.000,-	+ DM 200.000,-
	DM 1.000.000,-	DM 600.000,-
anteiliges Kapitalkonto	DM 400.000,-	DM 400.000,-
Aufgabegewinn	DM 600.000,-	DM 200.000,-

hh) Besonderheiten bei der Realteilung

557 Die Realteilung des im Nachlaß befindlichen Betriebsvermögens führt auch dann nicht zu einer Betriebsaufgabe, wenn zwar die Voraussetzungen für die Fortführung von Teilbetrieben zwar nicht gegeben sind, die Miterben jedoch die aus dem Nachlaß übernommenen Wirtschaftsgüter in andere Betriebsvermögen einlegen[442]. Die Fortführung der Buchwerte sichert die spätere Versteuerung der stillen Reserven.

Das gilt auch für den Fall, daß ein Erbe einen verkleinerten Restbetrieb fortführt, die übrigen Erben die erworbenen Wirtschaftsgüter in anderen Betrieben als Betriebsvermögen fortführen.

Beispiel:
E ist verstorben. Im Nachlaß befindet sich ein Gewerbebetrieb. A, B und C sind Erben. Der Betrieb wird real geteilt. B und C überführen die ihnen zugeteilten Wirtschaftsgüter in eigene bisher bestehende Betriebe. A führt den verkleinerten Betrieb des Erblassers weiter.

Eine Buchwertfortführung ist auch in diesem Fall möglich. Daher werden keine stillen Reserven realisiert. Ein Aufgabegewinn entsteht nicht.

558 Wird ein Nachlaß real geteilt, erfolgt der Erwerb der einzelnen Erben aus dem Nachlaß grundsätzlich unentgeltlich. Die Realteilung löst daher grundsätzlich keine Aufdeckung von stillen Reserven aus, es sei denn, es werden in diesem Zusammenhang Wirtschaftsgüter vom Betriebsvermögen in das Privatvermögen überführt. Werden hierbei Wirtschaftsgüter, die zu den nicht wesentlichen Grundlagen des Betriebsvermögens gehören, in das Privatvermögen überführt, so ist der Entnahmegewinn allen Miterben zuzurechnen[443].

Beispiel:
Im Nachlaß des E befindet sich eine Baufirma. Die Erben A, B und C einigen sich dahingehend, daß A das Betriebsgrundstück übernimmt, B einen Baukran, den er in sein Baugeschäft überführt, und C den Restbetrieb auf dem von A gepachteten Grundstück fortführt.

A hat das Betriebsgrundstück entnommen. Als unentgeltlicher Erwerber ist auf ihn das Wirtschaftsgut mit dem Buchwert übergegangen. Mit der gleichzeitigen Überführung in das Privatvermögen ist bei ihm der Entnahmegewinn realisiert worden. Da A jedoch mit dem Erbfall Mitunternehmer geworden ist und mit der Realteilung die Mitunternehmerschaft beendet worden ist, hat er gleichzeitig seine

---
[442] BFH v. 5. 7. 1990, a.a.O. (Fußnote 389).
[443] Schr. BdF v. 11. 1. 1993, BStBl. II 1993, 62.

Einkommensteuer

Mitunternehmerschaft aufgegeben. Aufgabegewinne sind in entsprechender Anwendung des § 16 Abs. 3 EStG steuerbegünstigt, §§ 16 Abs. 4, 34 Abs. 1 EStG[444].

Unter den Voraussetzungen des § 6b EStG kann ein eventueller Aufgabegewinn vermieden werden.

Bei B ist das im Rahmen der Realteilung erworbene Wirtschaftsgut nicht Privatvermögen geworden, weil er es in einem anderen Betrieb verwendet. Er ist grundsätzlich verpflichtet, die Buchwerte fortzuführen.

C hat den lebenden Organismus des bisherigen Betriebes der Erbengemeinschaft übernommen. Er hat nach § 7 Abs. 1 EStDV die Buchwerte fortzuführen.

f) Die Teilauseinandersetzung

Die Erbauseinandersetzung kann sich auch in Teilabschnitten vollziehen. **559**

Soweit hierbei ein Wirtschaftsgut einem Miterben zu Lasten seiner Beteiligung am Restnachlaß zugewiesen wird, das er in sein Privatvermögen überführt, entsteht ein Entnahmegewinn.

Werden im Zusammenhang mit einer Teilauseinandersetzung Ausgleichszahlungen geleistet, so liegt insoweit auf seiten des Erwerbers ein Anschaffungsvorgang bzw. auf seiten der weichenden Erben ein Veräußerungsgeschäft vor.

Beispiel:

E ist verstorben. Erben sind A, B, C zu gleichen Teilen. Wert des Nachlasses DM 9 Mio. Im Nachlaß befindet sich ein Gewerbebetrieb, Wert DM 4,8 Mio., Buchwert DM 1.500.000,–.

A übernimmt im Wege einer Teilauseinandersetzung den Gewerbebetrieb und zahlt an B und C jeweils DM 1.600.000,–. Es liegt in vollem Umfange ein Anschaffungsgeschäft für den Erwerber des Betriebs vor. B und C haben einen Veräußerungsgewinn zu versteuern.

	Erwerb	Veräußerung	
	A	B	C
Buchwert	DM 500.000,– ./.	DM 500.000,– ./.	DM 500.000,–
Anschaffungskosten	+ DM 3.200.000,–	DM 1.600.000,–	DM 1.600.000,–
Buchwert der Beteiligung	DM 3.700.000,–	Veräußerungsgewinn	

Hinsichtlich der Teilauseinandersetzung gelten die vorgenannten Grundsätze. Abfindungen in umgekehrter Richtung vermindern grundsätzlich die bei einer Teilauseinandersetzung angenommenen Anschaffungskosten und Verkaufserlöse, wenn die Miterben eine weitere Auseinandersetzung im Auge hatten, bei der es zu umgekehrten Abfindungen kommt. Davon ist auszugehen, wenn seit der vorausgegangenen Teilauseinandersetzung nicht mehr als 5 Jahre vergangen sind (Erlaß Tz. 63).

Eine spätere Teilauseinandersetzung oder Erbauseinandersetzung ist nicht mehr mit vorangegangenen Teilauseinandersetzungen als Einheit zu betrachten, sondern wie eine selbständige Auseinandersetzung zu behandeln (Erlaß Tz. 63).

---

[444] Nach BdF Erlaß, a.a.O., Tz 22 nicht.

Die Steuerfolgen im Erbfall

Hinsichtlich weiterer Einzelheiten s. Tz. 64 bis 66 des Erlasses.

4. Auseinandersetzung eines gemischten Nachlasses

a) Vorbemerkung

560 Besteht ein Nachlaß sowohl aus Betriebsvermögen als auch aus Privatvermögen, so setzen sich die Erbanteile aus Betriebs- und Privatvermögen zusammen. Der Erbanteil ist nur insoweit einem Mitunternehmeranteil gleichzusetzen, als er das Betriebsvermögen betrifft. Werden im Zusammenhang mit der Nachlaßteilung Entgelte und Abfindungen gezahlt, so ist grundsätzlich im Verhältnis zum Betriebs- und Privatvermögen aufzuteilen. Die Grundsätze über die Realteilung sind auch beim gemischten Nachlaß anzuwenden.

b) Veräußerung bzw. Erwerb von Erbanteilen

561 Veräußern die Miterben ihren Erbanteil an einen der Miterben mit der Folge, daß dieser den ganzen Nachlaß erwirbt, ist bei einem gemischten Nachlaß der Erwerb in beide Vermögensbereicheim Verhältnis der Verkehrswerte, nämlich in die Veräußerung von Mitunternehmeranteilen und in die Veräußerung von Anteilen am gemeinsamen Privatvermögen aufzuteilen.

Beispiel:
E ist verstorben. Erben sind A, B und C. Der Nachlaß hat einen Wert von DM 6.000.000,-. Hiervon entfallen DM 4.800.000,- auf das Betriebsvermögen. Das Buchkapital betrug im Zeitpunkt der Auseinandersetzung DM 2.400.000,-. B und C verkaufen an A ihren Erbanteil für jeweils DM 2.000.000,-. Von dem Kaufpreis entfallen jeweils DM 1.600.000,- auf den Mitunternehmeranteil, DM 400.000,- auf das Privatvermögen.

A hat Anschaffungskosten in Höhe von DM 3.200.000,- hinsichtlich der Anteile des weichenden Erben am Betriebsvermögen.

Eigener Anteil (Buchwert)		DM 800.000,-
übernommene Anteile		DM 3.200.000,-
Besitzposten	DM 2.400.000,-	
+ Nachaktivierung	DM 1.600.000,-	
Bilanz	DM 4.000.000,-	DM 4.000.000,-

Soweit es für die Besteuerung von Bedeutung ist, hat er hinsichtlich der erworbenen Anteile am Privatvermögen Anschaffungskosten.

Hinsichtlich der veräußernden A und B ergibt sich folgendes:

Veräußerungsgewinn	B	C
anteiliger Kaufpreis	DM 600.000,-	DM 1.600.000,-
anteiliger Buchwert	./. DM 800.000,-	./. DM 800.000,-
Veräußerungsgewinn	DM 800.000,-	DM 800.000,-

562 Gleichgültig ist, woher die Mittel für die Abfindungen stammen. Der Übernehmer kann die Abfindungen auch aus dem Nachlaß erbringen. Leistet er Sachabfindungen aus dem Nachlaß, so ist es für die steuerliche Behandlung erheblich, ob diese Mittel aus dem Betriebsvermögen oder dem privaten Bereich des Nachlasses

entstammen. Entnimmt jedoch der Übernehmer die Sachabfindung aus dem privaten Bereich des Nachlasses, ist dies für die Besteuerung in der Regel ohne Bedeutung; entnimmt er jedoch die Sachabfindung dem übernommenen Betriebsvermögen, hat er den Entnahmegewinn zu versteuern.

c) Ausscheiden der übrigen Miterben bis auf einen aus der Erbengemeinschaft

Scheiden die Miterben aus einer Erbengemeinschaft mit gemischtem Nachlaß aus, so liegt hinsichtlich des Anteils am betrieblichen Nachlaß die Veräußerung eines Mitunternehmeranteils vor. Die Abfindung, die die Ausscheidenden erhalten, ist wertmäßig im Verhältnis der Verkehrswerte des Betriebsvermögens zum Privatvermögen aufzuteilen. Nur der Teil der Abfindung, der auf das Betriebsvermögen entfällt, ist, soweit er das anteilige Buchkapital übersteigt, als Veräußerungsgewinn bei dem ausscheidenden Erben zu erfassen. Der übernehmende Erbe, dem die Anteile der Ausgeschiedenen angewachsen sind, hat Anschaffungskosten.

d) Teilung des Nachlasses unter den Erben (Realteilung ohne Spitzenausgleich)

Ein unentgeltlicher Erwerb ist gegeben, wenn der Nachlaß real unter den Erben aufgeteilt wird. Erforderlich ist, daß die Aufteilung wertmäßig der Quote entspricht. Soweit es sich um Betriebsvermögen handelt, kommt es darauf an, ob das Wirtschaftsgut, das durch Realteilung auf einen Miterben übergeht, Betriebsvermögen bleibt oder nicht. Unerheblich ist, ob das Wirtschaftsgut in dem ursprünglichen Betrieb verbleibt oder in einen anderen Betrieb des Miterben überführt wird. Bei der Realteilung kommt es hinsichtlich des Miteigentums grundsätzlich nicht zu Anschaffungs- und Veräußerungsvorgängen (Erlaß Tz. 34). Die Erbquote des Miterben kann sowohl mit Betriebsvermögen als auch mit Privatvermögen aufgefüllt werden. Der Miterbe führt grundsätzlich die Buchwerte im erhaltenen Gewerbebetrieb und die Steuerwerte im erhaltenen Privatvermögen entsprechend § 7 Abs. 1, § 11d Abs. 1 EStDV fort. Ein Ausgleich zwischen den Erben kann durch Übernahme von Nachlaßverbindlichkeiten geschaffen werden. U.U. ist es sogar zweckmäßig, Gegenstände des gewillkürten Betriebsvermögens vor Teilung in das Privatvermögen der Erbengemeinschaft zu überführen, um leichter eine Teilung zu ermöglichen. In diesem Falle haben alle Erben entnommen.

Beispiel:

E ist verstorben. Erben sind A, B, C. Im Nachlaß, dessen Wert DM 3 Mio. beträgt, befinden sich ein Gewerbebetrieb (Wert DM 1.400.000,–), ein bebautes Grundstück (Wert DM 1.600.000,–) und Wertpapiere (Wert DM 1.600.000,–). Abgesehen von den betrieblichen Verbindlichkeiten hat der Erblasser DM 400.000,– Schulden. Die Erben kommen überein, daß A den Betrieb, B das bebaute Grundstück und C die Wertpapiere übernimmt. Zum Ausgleich des Mehrbetrags soll A die privaten Schulden des Erblassers insgesamt übernehmen.

Es liegt eine Realteilung des Nachlasses vor.

A hat das Betriebsvermögen mit den Buchwerten im Zeitpunkt der Auseinandersetzung zu übernehmen. Die Übernahme der Schulden steht im Zusammenhang

Die Steuerfolgen im Erbfall

mit der Übernahme des ganzen Betriebes und sichert die Einnahmen aus dem ganzen Betrieb. Die private Schuld wird somit zu einer betrieblichen Verbindlichkeit.

Voraussetzung für eine gewinneutrale Aufteilung ist jedoch auch hier, daß Betriebsvermögen auch nach der Realteilung Betriebsvermögen bleibt.

565 Wird der Nachlaß in der Weise real aufgeteilt, daß ein Erbe zwar den Betrieb übernimmt, der andere Erbe jedoch neben dem Privatvermögen einige Wirtschaftsgüter des Betriebsvermögens erhält, die keinem anderen Betriebsvermögen zugeführt werden, so haben alle Miterben das Wirtschaftsgut entnommen.

Beispiel:

E ist verstorben. A und B sind Erben. Wert des Nachlasses DM 1 Mio. Hiervon entfallen DM 600.000,- auf den Betrieb und DM 400.000,- auf das Privatvermögen des Erblassers. A übernimmt den Betrieb mit Ausnahme eines unbebauten Grundstücks, das mit DM 40.000,- zu Buche steht und einen Teilwert von DM 100.000,- hat. Dieses übernimmt B zusammen mit dem übrigen Privatvermögen.

A und B haben den Entnahmegewinn verwirklicht, um die Realteilung zu ermöglichen. Dieser ist nicht tarifbegünstigt. Es liegt hier keine Realteilung mit Spitzenausgleich vor.

566 Ein Wertausgleich kann auch in der Weise erfolgen, daß ein Erbe mehr Nachlaßschulden übernimmt, als es seiner Quote entspricht, u. U. sogar alle Schulden. Es steht einer Realteilung nicht entgegen, daß der Nachlaß Schulden aufnimmt, um eine Erbteilung zu erleichtern.

Dies kann grundsätzlich auch im betrieblichen Bereich erfolgen. Es ist hierbei jedoch zu beachten, daß die aufgenommenen Schulden betrieblich veranlaßt sein müssen. Dies kann unter Berücksichtigung des Beschlusses des BFH zum gemischten Kontokorrentkonto in der Weise geschehen, daß die Erben das betriebliche Konto aufteilen in der Weise, daß auf dem einen Konto alle Zuflüsse verbucht werden und dieses daher stets Guthaben enthält, und von dem anderen Konto alle Betriebsausgaben getilgt werden, dieses Konto also in der Regel einen Schuldsaldo aufweist. Die Guthaben können also solange entnommen werden, bis das Betriebsvermögen der Quote eines einzelnen Erben entspricht mit der Folge, daß der Nachlaß ohne Realisierung von stillen Reserven aufgeteilt werden kann[445].

Beispiel:

Im Nachlaß des E befindet sich ein Betrieb (Buchkapital DM 1 Mio., Verkehrswert DM 3 Mio.), der Verkehrswert des übrigen Nachlasses beträgt DM 1 Mio.

Erben sind A und B. A soll den Betrieb, B das übrige Vermögen erhalten.

A hätte bei den vorliegenden Wertverhältnissen DM 1 Mio. dem B gegenüber auszugleichen mit der Folge, daß stille Reserven von DM 666.667,- realisiert würden.

---

[445] So Söffing, DStR 1991, 201 ff. Nach L. Schmidt, § 16, Rdnr. 126d liegt kein Mißbrauch vor; aber Erlaß Tz. 35.

Einkommensteuer

Behandlung des B
Die Beteiligung am Nachlaß errechnet sich wie folgt:

50 v. H. Quote	DM 2.000.000,–
Privatvermögen	DM 1.000.000,–
anteiliges BV = 1/3 von DM 300.000,–	DM 1.000.000,–
anteiliges Buchkapital = 1/3 von DM 1.000.000,–	DM 333.333,–
Veräußerungsgewinn	
Abfindung	DM 1.000.000,–
anteiliges Buchkapital	DM 333.333,–
	DM 666.667,–

Behandlung des A

Übernommenes BV	DM 3.000.000,–	= 100 v. H.
Der Erbquote entsprechend		
50 v. H. von DM 4.000.000,–	DM 2.000.000,–	= 66 2/3 v. H.
Mehrbetrag	DM 1.000.000,–	= 33 1/3 v. H.

In Höhe von 66,67 v. H. liegt ein unentgeltlicher Erwerb vor. Der Übernehmer hat insoweit die Buchwerte fortzuführen (§ 7 Ab. 1 EStDV).

Buchkapital (DM 1.000.000,–, davon 66 2/3 v. H.)	DM 666.667,–
entgeltlicher Erwerb 33 1/3 v. H.	DM 1.000.000,–
Kapitalkonto	DM 1.666.667,–

A hätte die Buchwerte seines Betriebsvermögens um DM 666.667,– aufzustocken.

Dies kann durch Entnahme liquider Mittel von DM 1 Mio. und entsprechender Kreditaufnahme im Betriebsvermögen umgangen werden.

Betriebsvermögen:	DM 3.000.000,–	Privatvermögen:	DM 1.000.000,–
	./. DM 1.000.000,–		+ DM 1.000.000,–
	DM 2.000.000,–		DM 2.000.000,–

Dies hat zur Folge, daß eine Realteilung des Nachlasses ohne Wertausgleich möglich ist. Siehe aber Tz. 35 des Erlasses.

e) Schaffung von Privatvermögen im engen zeitlichen Zusammenhang

Die Realteilung eines Mischnachlasses ohne Abfindungszahlung führt nicht zur Entstehung von Anschaffungskosten einerseits sowie eines Veräußerungs- bzw. Aufgabegewinns andererseits. Es kommt hierbei nicht darauf an, daß im Zeitpunkt des Erbfall sein Mischnachlaß bereits bestanden hat. Er kann später durch Entnahme aus dem Betriebsvermögen geschaffen werden.

Beispiel:

E ist verstorben. Im Nachlaß befindet sich ein Betrieb, Verkehrswert DM 1 Mio., und Privatvermögen von DM 800.000,– Erben sind A und B. A und B entnehmen aus dem Betriebsvermögen ein unbebautes Grundstück, Buchwert DM 40.000,–, zum Teilwert von DM 100.000,–. A und B haben den Entnahmegewinn von DM 60.000,– entsprechend ihrer Erbquote als laufenden Gewinn zu versteuern.

Die Steuerfolgen im Erbfall

BV	DM 1.000.000,–	PV	DM 800.000,–
./. DM	100.000,–	+ DM	100.000,–
	DM 900.000,–		DM 900.000,–

Es fragt sich jedoch, ob in diesem Falle eine Auseinandersetzung mit Spitzenausgleich steuerlich günstiger ist, indem A den Betrieb gegen Ausgleichszahlung an B in Höhe von DM 100.000,– übernimmt und B das Privatvermögen mit 1/10 der Beteiligung, die er an A veräußert.

In diesem Falle wäre der Unterschiedsbetrag zwischen der Abfindung und dem auf seinen Anteil entfallenden 1/10 des Buchwertes tarifbegünstigt.

Gewinneutral war die Übertragung von liquiden Mitteln ins Privatvermögen. Die Verwaltung sieht darin eine Gestaltung nach § 42 AO. Das dürfte beim sog. Söffing-Modell der Fall sei. Hiernach können liquide Barmittel mittels des 2-Konten-Modells (Begleichung der Betriebsausgaben durch Kredit und Ansammlung der Betriebseinnahme als Guthaben) geschaffen werden (Erlaß Tz. 35). Allerdings ist dieses Modell durch die Vorlage an den Großen Senat des BFH wieder streitig.

f) Entnahmen aus dem Betriebsvermögen zur Nachlaßteilung

568 Werden Wirtschaftsgüter aus dem Betriebsvermögen entnommen, um eine Nachlaßteilung zu ermöglichen, so entnimmt nicht der den Betrieb entnehmende Erbe, sondern überführen die Erben den Gegenstand in das Privatvermögen des Nachlasses.

Beispiel:

E ist verstorben. A und B sind Erben. Wert des Nachlasses DM 1 Mio. Hiervon entfallen DM 600.000,– auf den Betrieb und DM 400.000,– auf das Privatvermögen des Erblassers. A übernimmt den Betrieb mit Ausnahme des unbebauten Grundstücks, das mit DM 40.000,– zu Buche steht und einen Teilwert von DM 100.000,– hat. Dieses übernimmt B im Zusammenhang mit dem übrigen Privatvermögen.

Im vorliegenden Fall haben beide Erben zwecks Nachlaßteilung das unbebaute Grundstück in das Privatvermögen überführt. Der Entnahmegewinn ist beiden Erben je zur Hälfte zuzurechnen. Er ist bei B nicht begünstigt, da er nicht im Zusammenhang mit einer Betriebsaufgabe steht.

Möglich ist auch, daß A und B vereinbaren, daß A den Betrieb mit Ausgleichszahlung von DM 100.000,– erhält und A die Ausgleichszahlung in der Form der Entnahme des Grundstücks erbringt.

In diesem Falle hat A den Betrieb übernommen zu 5/6 unentgeltlich, zu 1/6 entgeltlich von B. B hat das Privatvermögen übernommen und 1/6 des Betriebes und diesen Anteil gleichzeitig wieder an A veräußert. In diesem Falle wäre der Veräußerungsgewinn bei B tarifbegünstigt.

g) Behandlung von Nachlaßverbindlichkeiten bei Mischnachlässen, insbesondere Schuldzinsen

569 Ebenfalls kann bei einem sogenannten Mischnachlaß die Abstimmung mit dem Auseinandersetzungsguthaben des Erben dadurch erreicht werden, daß der Miterbe Verbindlichkeiten der Erbengemeinschaft übernimmt. Die steuerliche Behandlung der Verbindlichkeiten hängt davon ab, mit welchem aus dem Nachlaß übernommenen Vermögen sie im Zusammenhang stehen. So kann eine ursprüngliche betriebliche Verbindlichkeit zu einer privaten werden, eine private zu einer betrieblichen.

Beispiel:
E ist verstorben. Der Nachlaß besteht aus einem Betrieb, Wert DM 1 Mio. und Privatvermögen, Wert DM 600.000,–. Private Verbindlichkeiten des Erblassers DM 400.000,–. Erben sind A und B.

Es ist vereinbart, daß A den Betrieb mit den privaten Verbindlichkeiten und B das Privatvermögen übernimmt.

Die Übernahme der Schulden führt nicht zu zusätzlichen Anschaffungskosten. Die Schulden sind jedoch als betriebliche Verbindlichkeit zu behandeln. Das vom Erblasser übernommene Kapitalkonto mindert sich entsprechend.

Ob diese von der Verwaltung[446] vertretene Ansicht nach der neuen Rechtsprechung[447] zur Begründung von Verbindlichkeiten zur Ablösung von Pflichtteils-, Erbersatzansprüchen, Vermächtnis- noch aufrechtzuerhalten sind, ist fraglich.

h) Erbauseinandersetzung unter Zahlung eines Spitzenausgleichs

Erhält ein Miterbe mehr, als es seinem Erbanteil entspricht, und gleicht er den Mehrempfang aus seinem Vermögen aus, mag es sich dabei auch um vormaliges Nachlaßvermögen handeln, so hat er somit Anschaffungskosten, der abgefundene Erbe hat insoweit einen Veräußerungsgewinn realisiert, der im privaten Bereich steuerlich in der Regel nicht relevant ist. 570

Beispiel:
E ist verstorben. Im Nachlaß befindet sich ein Betrieb (Buchkapital) DM 800.000,–, Verkehrswert DM 1.600.000,–. Das übrige Nachlaßvermögen hat einen Wert von DM 800.000,–.

A und B kommen überein, daß A den Betrieb und B das übrige Vermögen übernimmt und A zum Ausgleich seines Mehrwerts DM 400.000,– an B zahlt.

Übernommenes BV	= DM 1.600.000,–	= 100 v.H.
der Erbquote entspr. 50 v.H. von DM 2.400.000,–	= DM 1.200.000,–	= 75 v.H.
Mehrbetrag	= DM 400.000,–	= 25 v.H.

In Höhe von 75 v.H. liegt ein unentgeltlicher Erwerb vor. Der Übernehmer hat insoweit die Buchwerte fortzuführen, § 7 Abs. 2 EStDV.

Buchkapital (DM 800.000,–), davon 75 v.H.	= DM 600.000,–
entgeltlicher Erwerb 25 v.H.	= DM 400.000,–
Kapitalkonto	= DM 1.000.000,–

Die Buchwerte des Betriebsvermögens sind um DM 200.000,– aufzustocken.

---
[446] Schr. BdF v. 11.8.1994, BStBl. I 1994, 603.
[447] BFH v. 2.3.1993, BStBl. II 1994, 619.

Behandlung bei B

Die Beteiligung am Nachlaß errechnet sich wie folgt:

50 v.H. Quote	= DM 1.200.000,-	
Privatvermögen	= DM 800.000,-	
Anteiliger Anteil am BV	= DM 400.000,-	= 25 v.H. des BV v. DM 800.000,-
25 v.H. DM 800.000,-	= DM 200.000,-	(Kapitalkonto)

Ermittlung des Veräußerungsgewinns

Abfindung	DM 400.000,-
anteiliges Kapitalkonto	DM 200.000,-
Veräußerungsgewinn	DM 200.000,-

5. Auseinandersetzung einer freiberuflichen Praxis

a) Grundsätze

571   Befindet sich im Nachlaß eine freiberufliche Praxis, so kann diese nur von dem Erben fortgeführt werden, der die beruflichen Voraussetzungen mit sich bringt[448]. Die Erbengemeinschaft kann daher keine Einkünfte aus freiberuflicher Tätigkeit haben. Sind die Erben gezwungen, diese an einen Dritten zu veräußern oder diese zu liquidieren, haben diese Einkünfte aus der Veräußerung eines Betriebes, § 18 Abs. 3 i.V.m. § 16 Abs. 1 EStG. Für einen Überbrückungszeitraum besteht auch die Möglichkeit der Fortführung durch einen angestellten Vertreter (Arztvertreter, Praxisverweser). In diesem Falle haben die Erben Einkünfte aus Gewerbebetrieb[449].

b) Behandlung der laufenden Einnahmen

572   Die Erben können nur Einkünfte i.S. des § 18 Abs. 1 Nr. 1 EStG haben, soweit sie Ausfluß der Tätigkeit des Erblassers sind[450]. Wegen der besonderen Qualifikationsvoraussetzungen des § 18 Abs. 1 Nr. 1 EStG sind der Einstufung als nachträgliche Einkünfte enge Grenzen gesetzt, so daß in der Regel davon auszugehen ist, daß die Erben Einkünfte aus Gewerbebetrieb haben[451].

573   § 24 Nr. 2 EStG bezieht sich nur auf solche Einkünfte, die wirtschaftlich noch vom Erblasser erzielt worden sind, nicht jedoch auf Einkünfte, die aufgrund einer Tätigkeit der Erben erzielt worden sind. Der Erbe, der nicht die Voraussetzungen eines Freiberuflers erfüllt, kann also grundsätzlich freiberufliche Einkünfte nur insoweit haben, als diese noch vom Erblasser verursacht worden sind bzw. insoweit, als er die Tätigkeit des Erblassers verwertet (Veräußerung der freiberuflichen Praxis).

---

[448] Schulze zur Wiesche, BB 1984, 1612; ders. BB 1995, 593; Streck, DStR 1985, 2554 (2559); BFH v. 5.7.1990, a.a.O. (Fußnote 389).
[449] L. Schmidt, § 16, Rdnr. 123e; Märkle/Franz, BB Beilage 5/91; a.A. Felix, DStZ 1990, 620.
[450] BFH v. 29.4.1993, BStBl. II 1993, 716.
[451] BFH v. 14.12.1993, FR 1994, 674.

Soweit die Erben eines Freiberuflers dessen Praxis durch einen fachlich vorgebildeten angestellten Vertreter fortführen lassen und hierdurch Einkünfte erzielen, verwerten sie nicht mehr die Arbeit des Rechtsvorgängers, sondern erzielen durch eigene Tätigkeit Einkünfte[452] und haben Einkünfte aus Gewerbebetrieb, § 15 Abs. 1 Nr. 2 EStG. 574

Wickeln die Erben eines verstorbenen Arztes die Arztpraxis in der Weise ab, daß die laufenden Behandlungen einem Arztvertreter übertragen werden und das Praxisinventar einzeln veräußert wird, so liegt eine Betriebsaufgabe i.S. des § 16 Abs. 3 EStG vor, wenn die Aufgabe innerhalb eines zeitlichen Zusammenhangs erfolgt und daher als ein einheitlicher wirtschaftlicher Vorgang anzusehen ist. 575

c) Erbauseinandersetzung

Die Grundsätze des BFH hinsichtlich der Erbauseinandersetzung gelten auch für die Übertragung einer Arztpraxis. 576

Übernimmt ein Erbe im Rahmen der Auseinandersetzung die Praxis mit Anrechnung auf die Quote, liegt ein unentgeltlicher Erwerb vor. Zahlt er dem Miterben einen Wertausgleich, liegt insoweit ein entgeltlicher Erwerb, für die übrigen Miterben insoweit eine Veräußerung vor.

6. Kreditaufnahme und Begründung anderer Verbindlichkeiten
a) Grundsätze

Kredite und sonstige Verbindlichkeiten sind nur bei der Ermittlung der Einkünfte zu berücksichtigen, wenn sie durch die Einkunftsart veranlaßt sind. Sie sind durch die Einkunftsart veranlaßt, wenn die Darlehensaufnahme der Anschaffung einer Einkunftsquelle diente, d.h. wenn sie nur der Anschaffung von Wirtschaftsgütern dient. Im Verlauf hatte die Rechtsprechung[453] die Abzugsfähigkeit von Kreditzinsen als Betriebsausgaben oder Werbungskosten anerkannt, wenn die Kreditaufnahme oder die Umwandlung der Verbindlichkeit in ein Darlehn anerkannt, wenn das Darlehn dazu dienen sollte, Ansprüche zu erfüllen, um die Einkünfte zu erhalten, auch wenn die Ansprüche außerhalb einer Einkunftsart begründet waren., z.B. ein Erbe begründet eine Verbindlichkeit, um einen Pflichtteilsanspruch zu erfüllen, um sich so die Einkünfte des Nachlasses zu erhalten. 577

Die Rechtsprechung hatte Darlehnsaufnahme zur Erfüllung von Pflichtteilsansprüchen und Erbersatzansprüchen, soweit deren Höhe im Betriebsvermögen begründet war, als Betriebsausgaben anerkannt[454].

---

[452] BFH v. 19.5.1981, BStBl. II 1981, 655.
[453] BFH v. 19.5.1983. BStBl. II 1983, 380.
[454] BFH v. 19.5.1983, BStBl. II 1983, 380.

b) Verwaltungsansicht

578 Unter Zugrundelegung dieser Rechtsprechung[455] erkannte die Verwaltung die Übernahme von Verbindlichkeiten im Rahmen einer Erbauseinandersetzung an.

Auch bei einem Mischnachlaß kann die Abstimmung nach dem Auseinandersetzungsguthaben des Miterben dadurch erreicht werden, daß der Miterbe Verbindlichkeiten der Erbengemeinschaft übernimmt. Wie sich derartige Schulden in der Folge bei den Miterben auswirken, hängt davon ab, mit welchem Vermögen sie im Zusammenhang stehen und wie dieses Vermögen der Erben verwendet wird. So kann Privatvermögen der Erbengemeinschaft bei Miterben Betriebsvermögen und die damit zusammenhängenden Verbindlichkeiten Betriebsschulden werden (Tz. 36 Erbfolgeerlaß)[456].

Die Übernahme von Schulden über die Erbquote hinaus kann trotz fehlender Anschaffungskosten zu Betriebsvermögen führen, das den Schuldzinsenabzug ermöglicht (Tz. 37 Erbfolgeerlaß).

c) Neue Rechtsprechung

579 Der BFH[457] hat in Fortentwicklung des Beschlusses des Großen Senates seine bisherige Rechtsansicht geändert, als im Falle der verzinslichen Stundung eines Pflichtteilsanspruchs auf Grund Vereinbarung mit den Erben die Schuldzinsen mangels Vorliegens einer Betriebsschuld nicht als Betriebsausgaben abziehbar sind.

580 Schulden des Erblassers, die in den Nachlaß fallen, behalten im Abschluß grundsätzlich ihre Zuordnung als private oder betriebliche Schuld bei. Schulden des Erblassers, die privat begründet worden sind, bleiben grundsätzlich auch bei den Erben Privatschulden. Sie ändern ihren Charakter grundsätzlich nur dadurch, daß sie im Rahmen einer entgeltlichen Erbauseinandersetzung Teil eines Entgelts sind. Die Übernahme durch den Miterben muß Abgeltungscharakter haben. Im Rahmen einer unentgeltlichen Erbauseinandersetzung (Realteilung) können Schulden zum Spitzenausgleich übernommen werden, aber sie ändern ihren Charakter nicht.

581 Gleiches gilt für Verbindlichkeiten die durch den Erbfall ausgelöst sind, wie z.B. die Pflichtteilsansprüche, der Erbersatzanspruch oder der Vermächtnisanspruch aufgrund eines vom Erblasser ausgesetzten Vermächtnisses. Diese Ansprüche haben ihre Ursache im privaten Bereich. Sie können auch durch Novation nicht zu einer Betriebsschuld werden. Hinsichtlich der Behandlung von Vermächtnissen siehe Rz. 357.

---

[455] BFH v. 19.5.1983, BStBl. II 1983, 380; v. 2.4.1987, BStBl. II 1987, 621; v. 28.4.1989, BStBl. II 1989, 618; v. 17.4.1985, BStBl. II 1985, 510.
[456] BdF Schr. v. 15.1.1994, BStBl. I 1994, 62ff.
[457] BFH v. 17.10.1991, BStBl. II 1992, 392; v. 8.12.1992, BStBl. II 1992, 434; v. 25.11.1993, BStBl. II 1994, 623; v. 27.7.1993, BStBl. II 1994, 625; v. 2.3.1993, BStBl. II 1994, 619; kritisch L. Schmidt, FR 1993, 683.
Das gilt auch, wenn die Verbindlichkeiten aus den laufenden Betriebseinnahmen getilgt werden sollen, BFH v. 2.3.1995, FR 1995, 500.

Es ist daher zweifelhaft, ob die von der Verwaltung vertretene Ansicht, daß eine im Rahmen einer Realteilung vom Betriebsübernehmer mitübernommene private Schuld so in eine Betriebsschuld umgewandelt wird, wenn man die Fiktion der Unentgeltlichkeit der Auseinandersetzung auch bei Übernahme von privaten nicht mit Einkünften im Zusammenhang stehenden Schulden aufrechterhält.

Eine Abzugsfähigkeit privat begründeter Schuld läßt sich jedoch mittelbar durch Umschichtung von Betriebsvermögen in Privatvermögen bei gleichzeitiger Begründung von betrieblichen Verbindlichkeiten erreichen, indem die privaten Verbindlichkeiten aus den in das Privatvermögen umgeschuldeten freigewordenen Mitteln begleicht. Die Verwaltung hat sich nunmehr dieser Rechtsprechung angeschlossen[458].

d) Schuldzinsen im Zusammenhang mit einer entgeltlichen Erbauseinandersetzung

Schuldzinsen, die begründet wurde, um den Erwerb von Erbanteilen durch Miterben, eine Abfindung eines aus der Erbengemeinschaft ausgeschiedenen Erben zu finanzieren, sind, soweit diese im Zusammenhang mit dem Erwerb von Einkunftsquellen (Betrieb, Miethaus, Kapitalbeteiligung usw.) stehen, als Betriebsausgaben oder Werbungskosten zu berücksichtigen. Das gilt auch für die Übernahme bereits bestehender Schulden des Erblassers, wenn sie im Zusammenhang mit dem Erwerb von Nachlaßanteilen übernommen wurden. Das gilt auch für die Darlehensaufnahme von Finanzierungen von Ausgleichszahlungen bei einer Realteilung mit Spitzenausgleich, soweit diese auf den Erwerb von Einkunftsquellen entfällt.

582

e) Übernahme von Verbindlichkeiten des Erblassers bzw. Darlehnsaufnahme zur Erfüllung dieser Verpflichtungen

Werden Pflichtteilsansprüche, Erbersatzansprüche verzinslich gestundet, sind die Schuldzinsen weder als Betriebsausgaben, Sonderbetriebsausgaben noch als Werbungskosten abziehbar. Ein Sonderausgabenabzug kommt bei Schuldzinsen nicht in Betracht. Das gilt auch dann, wenn der verpflichtete Erbe ein verzinsliches Darlehn aufnimmt. Auch eine Umwandlung eines derartigen Schuldverhältnisses in eine Rente und Versorgungsverhältnis begründet grundsätzlich keine Abzugsfähigkeit. Das derartige Rentenversprechen hat zwar insofern Abgeltungscharakter, als das ursprüngliche Schuldverhältnis abgelöst wird durch eine neues. Es ist jedoch der Zusammenhang mit einer Einkunftsart nicht erkennbar. Der Sonderausgabenabzug kommt nach Ansicht des BFH nicht in Betracht, weil der Begriff der „Sonderausgabe" eine Aufwendung voraussetzt, die nicht gegeben ist, soweit die Aufwendungen durch den übernommenen Nachlaß gedeckt sind. Eine abweichende Bewertung gibt sich nur bei Versorgungsrenten an Personen, deren existenzsicherndes Vermögen zugunsten der Rentenverpflichtung vorenthalten worden ist.

583

---

[458] BdF Schr. v. 11. 8. 1994, BStBl. I 1994, 603.

f) Abgeltung durch Einräumung von stillen Beteiligungen

584 Indirekt läßt sich eine Abzugsfähigkeit dadurch zumindest im betrieblichen Bereich erreichen, daß dem Anspruchsberechtigten eine stille Beteiligung am übernommenen Betriebsvermögen eingeräumt wird. Die Vereinbarung einer stillen Beteiligung begründet einen eigenständigen Besteuerungstatbestand, der bei Erfüllung der erforderlichen Voraussetzungen von Entscheidung ist[459].

585 Werden im Rahmen einer Realteilung Wirtschaftsgüter aus dem Betriebsvermögen entnommen, um eine Realteilung zu ermöglichen, haben alle Miterben entnommen. Werden im Rahmen eines entgeltlichen Erwerbs, Ausscheiden aus einer Erbengemeinschaft oder Erwerb eines Erbanteils Wirtschaftsgüter von dem Erwerber der Anteile entnommen, um weichende Erben abzufinden, hat hingegen nur der Übernehmer entnommen. Es ist hierbei zu berücksichtigen, daß die Anschaffungskosten der Erbanteile durch Hinzuerwerb oder Anwachsung bei Ausscheiden zu einer Auflösung der stillen Reserven geführt hat und, soweit die Entnahmen nur noch zur Auflösung der auf den Altanteil des Erwerbs ruhenden stillen Reserven führt[460].

7. Erwerb eines Hofes nach der Höfeordnung

586 Eine nach der Höfeordnung erfolgte Hoferbfolge begründet weder eine Erbengemeinschaft noch eine Mitunternehmerschaft zwischen den übrigen Erben. Da der Hof durch Sondererbfolge auf einen Erben übergeht, tritt an dessen Stelle im Verhältnis der Miterben untereinander der Hoferbe. Die Abfindungsansprüche in Geld gegen den Hoferben sind als auf Gesetz beruhendes Vermächtnis anzusehen. Infolge des gesetzlichen Übergangs auf den Hoferben scheidet eine Mitunternehmerschaft unter den Beteiligten auch dann aus, wenn diese über die Person des Hoferben uneinig sind und für eine Übergangszeit beschließen, den land- und forstwirtschaftlichen Betrieb gemeinsam fortzuführen. Wird der Nießbrauch an dem Hof zunächst einem anderen (Mutter) überlassen, so besteht zwischen dem Hoferben und der Mutter keine Mitunternehmerschaft. Wird später ein Grundstück des land- und forstwirtschaftlichen Betriebs veräußert und ist der Hoferbe verpflichtet, den weichenden Erben eine Abfindung nach der Höfeordnung zu zahlen, so erhöht diese weder die Anschaffungskosten des Grundstücks noch stellt sie Veräußerungskosten dar[461].

587 Veräußert ein Landwirt nach dem 31. 12. 1979, jedoch vor dem 1. 1. 1992 Teile des zu einem land- und forstwirtschaftlichen Betrieb gehörenden Grund und Bodens, so wird der bei der Veräußerung oder Entnahme entstehende Gewinn auf Antrag nur insoweit zur Einkommensteuer herangezogen, als er den Betrag von DM 120.000,– übersteigt. Voraussetzung ist jedoch, daß der Steuerpflichtige den Veräußerungspreis nach Abzug der Veräußerungskosten oder den entnommenen

---

[459] BFH v. 26. 6. 1990, DB 1990, 2354; v. 14. 2. 1973, BStBl. II 1973, 375; vgl. auch L. Schmidt, FR 1993, 683.
[460] BFH v. 24. 5. 1973, BStBl. II 1973, 658.
[461] BFH v. 26. 3. 1987, DB 1987, 1716.

Grund und Boden innerhalb von 12 Monaten nach Veräußerung oder Entnahme in sachlichem Zusammenhang mit der Hoferbfolge oder Hofübernahme zur Abfindung weichender Erben verwendet oder Grund und Boden, den er zur Abfindung als weichender Erbe erhalten hat, entnimmt. Das Einkommen des Abfindenden darf jedoch DM 27.000,– bzw. bei Verheirateten nicht DM 54.000,– überstiegen haben (§ 14a Abs. 4 EStG). Diese Regelung gilt nur für Bezieher niedriger Einkommen[462].

Hat der Erblasser angeordnet, daß die nicht den Hof übernehmenden Erben mit Grundstücken abgefunden werden sollen, so haben die auf diese Weise abgefundenen Erben das Grundstück aus dem Betriebsvermögen entnommen[463]. Der Entnahmegewinn ist daher bei den abfindenden Miterben entstanden. **588**

VII. Die Testamentsvollstreckung

Ist Testamentsvollstreckung angeordnet, so sind die Erben zwar in ihrer Verfügungsbefugnis beschränkt, sind aber dennoch gesamthänderische Eigentümer (vgl. im einzelnen zu den bürgerlich-rechtlichen Auswirkungen Buch I Rz. 552 ff.). **589**

Die Einkünfte aus dem Nachlaß werden daher grundsätzlich dem Erben zugerechnet, auch wenn der einzelne Erbe über die Erträge nicht verfügen kann, weil der Testamentsvollstrecker diese Erträge in bestimmter Weise wieder anlegt. Eine steuerlich andere Würdigung könnte sich nur dann ergeben, wenn der Testamentsvollstrecker als wirtschaftlicher Eigentümer anzusehen ist. **590**

Zweifelhaft könnte jedoch sein, wem die gewerblichen Einkünfte zuzurechnen sind, wenn sich im Nachlaß ein Gewerbebetrieb befindet. Hier bieten sich zwei Möglichkeiten an: Die Erben sind Unternehmer, der Testamentsvollstrecker ist Unternehmer.

Wer von beiden als Unternehmer anzusehen ist, hängt im wesentlichen von der Gestaltung der tatsächlichen Verhältnisse ab.

Führt der Testamentsvollstrecker das Unternehmen des Erblassers im Namen der Erben und tragen die Erben das Risiko des Unternehmens, sind die Erben als Mitunternehmer anzusehen, wenn es sich um mehrere Erben handelt (vgl. im einzelnen Rz. 477 ff.), oder ist der Alleinerbe Unternehmer. Vielfach wird man auch nur den als Unternehmer ansprechen können, der in der Erbauseinandersetzung das Unternehmen erhält. Voraussetzung jedoch ist, daß die Erbauseinandersetzung nicht zu lange hinausgeschoben wird. Das wird der Regelfall sein. **591**

Möglich ist jedoch auch, daß das Unternehmen in das Treuhandeigentum des Testamentsvollstreckers übergeht (vgl. Buch I Rz. 1421, 1432). In diesem Falle führt der Testamentsvollstrecker das Unternehmen zumindest nach außen hin im eige- **592**

---
[462] Hierzu BFH v. 26.11.1987, FR 1988, 196. Vgl. Kempermann, FR 1991, 585; BFH v. 28.7.1994, BFH/NV 1995, 110.
[463] BFH v. 29.5.1969, BStBl. II 1969, 614; v. 21.5.1970, BStBl. II 1970, 747.

Die Steuerfolgen im Erbfall

nen Namen. Er ist der auch steuerlich in diesem Falle als Unternehmer Anzusehende. Die Einkünfte des Unternehmens sind daher ihm zuzurechnen.

593 Testamentsvollstreckerkosten sind nach Ansicht des BFH keine Betriebsausgaben[464]. Hiernach ist die Einsetzung einer Testamentsvollstreckung regelmäßig ein privater Vorgang. Das gleiche gilt für die Verwaltung des Nachlasses. Die private Ursache einer Testamentsvollstreckung tritt in den Hintergrund, wenn die Aufgabe, die der Testamentsvollstrecker als Verwalter eines Handelsgeschäftes oder eines Anteils einer Personengesellschaft ausübt, in einem engen wirtschaftlichen Zusammenhang mit dem jeweiligen Betrieb steht. Eine betriebliche Veranlassung ist hiernach gegeben, wenn der Gesellschafter einer Personengesellschaft jemanden zur Verwaltung seines Anteils bestellt. Soweit sich die Testamentsvollstreckung auf die Verwaltung eines Anteils einer Personengesellschaft erstreckt, sind die Kosten der Testamentsvollstreckung Betriebsausgaben, wenn hiermit eine dem Verwalter oder Treuhänder ähnliche Tätigkeit eines Testamentsvollstreckers abgegolten werden soll. Testamentsvollstreckerkosten, die auf die Auseinandersetzungs- und Abwicklungsvollstreckung entfallen, sind jedoch nicht als Werbungskosten abziehbar[465].

594 Die Auseinandersetzung umfaßt insbesondere die Konstituierung und die Verteilung des Nachlasses. Unter Konstituierung ist insbesondere die Ermittlung des Nachlasses, seine Inbesitznahme, die Aufstellung des Verzeichnisses der Nachlaßgegenstände und der Schulden, die Schuldenregelung und die Abgabe der Erbschaftsteuererklärung einschließlich deren Zahlungen zu verstehen.

VIII. Steuerermäßigung bei Belastung mit Erbschaftsteuer[466]

595 Sind bei der Ermittlung des Einkommens Einkünfte berücksichtigt worden, die im Veranlagungszeitraum oder in den vorangegangenen vier Veranlagungszeiträumen als Erwerb von Todes wegen der Erbschaftsteuer unterlegen haben, so wird auf Antrag die um die sonstigen Steuerermäßigungen gekürzte tarifliche Einkommensteuer, die auf diese Einkünfte anteilig entfällt, um den in Satz 2 bestimmten Hundertsatz ermäßigt. Der Hundertsatz bemißt sich nach dem Verhältnis, in dem die festgesetzte Erbschaftsteuer zu dem Betrag steht, der sich ergibt, wenn dem erbschaftsteuerpflichtigen Erwerb (§ 10 Abs. 1 ErbStG) die Freibeträge nach §§ 16 und 17 EStG und der steuerfreie Betrag nach § 5 ErbStG hinzugerechnet werden. Dies ist bei Grundvermögen die Differenz zwischen dem erbschaftsteuerlichen Wert und dem Buchwert des Grundstücks auf den Todestag des Erblassers[467]. Das gilt nicht für Abzüge nach § 10 ErbStG. Diese Vorschrift gilt für Einkünfte, die im Veranlagungszeitraum und den vier vorangegangenen Veranlagungszeiträumen mit Erbschaftsteuer belastet worden sind. § 35 EStG ist nur insoweit anwendbar,

---

[464] BFH v. 1.6.1978, DB 1978, 1044.
[465] Vgl. BFH v. 22.1.1980, BStBl. II 1980, 351.
[466] Hierzu FG Köln v. 8.10.1987, EFG 1988, 179. Maßbaum, Die Doppelbelastung mit Erbschaftsteuer und Einkommensteuer, BB 1992, 606; Ley, KöSDi 7/94, 9866ff.
[467] BFH v. 7.12.1990, BStBl. II 1991, 350; vgl. auch BFH v. 10.3.1988, BStBl. II 1988, 832.

als Einkünfte mit Erbschaftsteuer belastet sind. Man wird davon ausgehen müssen, daß nur die deutsche Erbschaftsteuer, nicht ausländische Erbschaftsteuer, anzurechnen ist[468].

Inwieweit die Vorschrift des § 35 EStG auch auf Fälle anzuwenden ist, in denen der Einkommensteuerpflichtige nicht mit von ihm als Steuerschuldner entrichteter Erbschaftsteuer belastet ist, ist umstritten[469]. **596**

Die Steuerermäßigung des § 35 EStG steht einem Erben, Vermächtnisnehmer, Pflichtteilsberechtigten nur insoweit für Einkünfte zu, die noch nicht bei dem Erblasser als Einkünfte erfaßt worden sind und dennoch als Wertbestandteil der erbschaftsteuerlichen Bereicherung der Erbschaftsteuer unterlegen haben[470].

Scheidet der Erblasser aufgrund einer Fortsetzungsklausel aus einer Gesellschaft aus und ist bei ihm der Veräußerungsgewinn zu erfassen, können die Erben nicht den § 35 EStG beanspruchen[471].

Ermäßigung nach § 35 EStG wird nicht von Amts wegen, sondern nur auf Antrag gewährt. Es muß sich hier um Einkünfte handeln, die aus den der Erbschaftsteuer unterlegenen Vermögenswerten stammen und nicht als Früchte dieser Vermögenswerte anzusehen sind.

Beispiel:
A hat von seiner Tante ein Haus geerbt und aus diesem Haus Einnahmen erzielt. Diese Mieteinnahmen stellen Früchte des Hauses dar und können daher nicht nach § 35 EStG begünstigt werden. Voraussetzung ist, daß die Einkünfte bereits als Vermögen der Erbschaftsteuer unterlegen haben. Das gilt insbesondere für Veräußerungsgewinne (stille Reserven) i.S. der §§ 14, 16, 17 und 18 Abs. 3 EStG sowie für Forderungen aus einer betrieblichen Tätigkeit des Erblassers im Falle der Gewinnermittlung nach § 4 Abs. 3 EStG, die als nachträgliche Betriebseinnahmen dem Erben zufließen, aber auch für Einnahmen aus rückständigen Mietforderungen und für Spekulationsgewinne i.S. des § 23 EStG. Diese vorgenannten Vermögenszuflüsse können sowohl mit Erbschaftsteuer als auch mit Einkommensteuer belastet sein. Um die Doppelbelastung zu mildern, sieht § 35 EStG für Fälle, in denen bei der Ermittlung des Einkommens Einkünfte berücksichtigt worden sind, soweit sie im Kalenderjahr oder in den vorangegangenen vier Kalenderjahren als Erwerb von Todes wegen der Erbschaftsteuer unterlegen haben, eine Härteregelung vor.

Nach der Regelung des § 35 EStG wird die auf diese Einkünfte anteilig entfallende, um sonstige Steuerermäßigungen gekürzte tarifliche Einkommensteuer um den Hundertsatz ermäßigt, der sich aus dem Verhältnis der festgesetzten Erbschaftsteu- **597**

---

[468] Jedoch umstritten, vgl. Herrmann-Heuer-Raupach, § 35 EStG; aber auch BFH v. 29. 10. 1974, BStBl. II 1975, 110; Wendt, Steuerermäßigung bei Belastung mit Erbschaftsteuer, Steuerlexikon, Sachgebiet 3, EStG § 35, S. 1.
[469] Vgl. Wendt, a.a.O. (Fußnote 468); von Littmann, Herrmann-Heuer-Raupach und Plotz wird die Ansicht vertreten, daß § 35 EStG nur dann Anwendung findet, falls es sich um den letzten Erwerb von Todes wegen und die daraufhin festgesetzte Erbschaftsteuer handelt.
[470] BFH v. 7. 12. 1990, BStBl. II 1991, 350; BFH v. 15. 4. 1993.
[471] BFHE 171, 440.

Die Steuerfolgen im Erbfall

er zum Gesamterwerb ergibt. Dabei ist die auf die begünstigten Einkünfte anteilig entfallende Einkommensteuer nach dem Verhältnis der begünstigten Einkünfte zur Summe der Einkünfte (§ 2 Abs. 3 EStG) zu ermitteln, soweit die auf die begünstigten Einkünfte entfallende Einkommensteuer bei der Veranlagung nicht bereits gesondert ermittelt worden ist (vgl. Abschnitt 113e EStR).

Beispiel:

Ein im Kalenderjahr 1994 verstorbener Arzt vererbt Honorarforderungen in Höhe von DM 100.000,–, die seiner Witwe als Alleinerbin im Kalenderjahr 1995 zufließen. Die Honorarforderungen sind Teil des erbschaftsteuerpflichtigen Erwerbs (§ 10 Abs. 1 ErbStG) von DM 500.000,–. Bei der Veranlagung der Witwe zur Einkommensteuer für das Kalenderjahr 1978 beträgt die Summe der Einkünfte DM 150.000,–, in der die Honorarforderungen enthalten sind. Das zu versteuernde Einkommen beträgt DM 140.000,–.

1. Belastung mit Erbschaftsteuer:

Erbschaftsteuerpflichtiger Erwerb	DM 500.000,–
zuzüglich:	
Freibetrag nach § 16 Abs. 1 Nr. 1 ErbStG	DM 250.000,–
Freibetrag nach § 17 Abs. 1 ErbStG	DM 250.000,–
Gesamterwerb	DM 1.000.000,–
Erbschaftsteuer nach Steuerklasse I 7,5 v.H. von DM 500.000,–	DM 37.500,–

Verhältnis der Erbschaftsteuer zum Gesamterwerb: $\frac{37.500}{1.000.000} = 3{,}75$ v.H.

2. Belastung mit Einkommensteuer:

Summe der Einkünfte	DM 150.000,–
zu versteuerndes Einkommen	DM 140.000,–
tarifliche Einkommensteuer nach § 32 a Abs. 6 Nr. 1 EStG (Splittingtabelle)	DM 36.096,–
Von diesem Betrag entfallen auf die zugeflossenen	

Honorarforderungen anteilig $\frac{100.000 \times 36.096}{150.000}$ = (aberundet) DM 24.064,–

3. Minderung der Einkommensteuer von
   um 3,75 v.H. von DM 24 064,– = (aufgerundet)
   ergibt eine festzusetzende Einkommensteuer von

	DM 36.096,–
	– DM 902,–
	DM 35.194,–

598 Die Steuerermäßigung nach § 35 EStG wird nur insoweit gewährt, als der Einkommensteuer unterliegende Vermögenszuflüsse aus der Veräußerung tatsächlich mit Erbschaftsteuer belastet worden sind. Eine Erbschaftsteuerbelastung der der Einkommensteuer unterliegenden aufgelösten stillen Reserven ist insbesondere dann nicht gegeben, wenn bei Grundstücken der Steuerwert der Bemessungsgrundlage für die Erbschaftsteuer ist, nicht höher ist als der Buchwert bzw. die Anschaffungskosten des Wirtschaftsgutes. In diesem Falle haben die aufgelösten stillen Reserven, die der Einkommensteuer unterliegen, nicht der Erbschaftsteuer unterlegen.

Die nach § 23 ErbStG laufend vom Jahreswert erhobene ErbSt darf nach der spezialgesetzlichen Regelung des § 35 Satz 3 EStG i.V.m. § 10 Abs. 1 Nr. 1a EStG als dauernde Last abgezogen werden, soweit dem Zugriff der ErbSt eine Bereicherung unterlegen hat, die wertgleich in die Bemessungsgrundlage eingeht[472].

IX. Interessengemeinschaftsverträge

Interessengemeinschaftsverträge werden sich im allgemeinen auf die gemeinsame Geltendmachung von Gesellschaftsrechten bei einer Kapitalgesellschaft beschränken, sie können jedoch eine interne abweichende Gewinnverteilungsvereinbarung zum Gegenstand haben. Sie haben in der Regel die Form einer BGB-Gesellschaft. Die Durchsetzung gemeinsamer Interessen in Form einer GBR kann jedoch steuerlich nicht als Mitunternehmerschaft angesehen werden, da es an einer gewerblichen Tätigkeit hier fehlt.

599

Poolverträge sind steuerlich jedoch nur dann anzuerkennen, wenn wirtschaftlich vernünftige Gründe für eine andere Gewinnverteilung vorliegen. Das wäre z.B. der Fall, wenn im Innenverhältnis einer der Gesellschafter Verpflichtungen für einen anderen gegenüber der Gesellschaft erfüllt hat, z.B. eine Einzahlungsverpflichtung oder Nachschußpflicht für einen Gesellschafter ohne Kenntnis der Gesellschaft übernommen hat.

Der BFH[473] hat Interessengemeinschaftsverträge nur anerkannt, soweit wirtschaftlich ein vernünftiger Zweck vorhanden und die Steuerumgehungsabsicht ausgeschlossen war[474].

3. Abschnitt
Gewerbesteuer

Gemäß § 45 AO haften die Erben auch für die rückständige Gewerbesteuer des Erblassers. Ob sie selbst gewerbesteuerpflichtig sind, hängt davon ab, ob sie ein Gewerbe i.S. des § 2 GewStG betreiben. Nicht unter die gewerbliche Betätigung fällt grundsätzlich die Vermögensverwaltung. Haben die Erben lediglich Einkünfte aus Vermietung und Verpachtung, unterliegen diese Einkünfte nicht der Gewerbesteuer. Das wäre der Fall, wenn die Erben den Gewerbebetrieb des Erblassers an einen Dritten oder einen Miterben verpachten würden. Hinsichtlich der Betriebsaufspaltung siehe Rz. 1180 ff. Veräußern die Erben den Gewerbebetrieb, unterliegt der Veräußerungsgewinn nicht der Gewerbesteuer.

600

---

[472] BFH v. 23.2.1994, DB 1994, 1334.
[473] Urteil v. 24.6.1966, BStBl. III 1966, 58.
[474] Einzelheiten vgl. auch Schulze zur Wiesche, DB 1974, 2363, 2417, 2480.

4. Abschnitt
Grunderwerbsteuer

I. Der Anwendungsbereich der Grunderwerbsteuer

601 Der Grunderwerbsteuer[475] unterliegen grundsätzlich alle entgeltlichen Grundstücksübertragungen (§ 1 GrEStG), nicht hingegen die unentgeltlichen, der Erbschaftsteuer unterliegenden Grundstücksübertragungen.

602 Die Grunderwerbsteuer beträgt 3,5 v. H. des Wertes der Gegenleistung (§§ 8, 9 GrEStG). Ist eine solche Gegenleistung nicht vorhanden, ist vom Steuerwert des Grundstücks auszugehen (§ 10 GrEStG).

II. Der Erbanfall im Grunderwerbsteuerrecht

1. Die Behandlung des Erbanfalls

603 Der Grundstückserwerb von Todes wegen ist grundsätzlich von der Grunderwerbsteuer befreit (§ 3 Nr. 2 GrEStG).

604 Unter § 3 Nr. 2 GrEStG fallen alle Vorgänge des § 3 ErbStG. Das Verwandtschaftsverhältnis ist hierbei gleichgültig. Erbanfall ist der Übergang der Erbschaft auf den berufenen Erben (§§ 1922, 1942 BGB). Der Erbe ist entweder durch Gesetz oder durch eine Verfügung von Todes wegen berufen.

605 Kein Grundstückserwerb liegt vor, wenn der Pflichtteilsberechtigte von dem Erben mit einem Grundstück abgefunden wird.

606 Ist Gegenstand des Vermächtnisses ein Grundstück, so tritt Steuerfreiheit auch dann ein, wenn das Grundstück belastet ist und der Vermächtnisnehmer die Belastungen übernimmt.

Ebenso ist eine Grunderwerbsteuerfreiheit für den Vermächtnisnehmer (nicht jedoch für den Erben) gegeben, wenn der Vermächtnisnehmer den Anspruch auf Erwerb eines Grundstücks erhalten hat, das sich noch nicht im Nachlaß befindet, also noch mit Mitteln des Nachlasses erworben werden muß[476].

607 Die Grunderwerbsteuerfreiheit tritt unabhängig davon ein, ob der Erbe Lasten wie eine Hypothek, eine Auflage oder in Form eines Nießbrauchs oder Rentenvermächtnisse übernommen hat.

Obschon in § 3 ErbStG nicht aufgeführt, ist Erwerb von Todes wegen bei der fortgesetzten Gütergemeinschaft (§§ 1483 ff. BGB) auch der Anfall an die anteilsberechtigten Abkömmlinge (§ 4 Abs. 1 ErbStG).

---

[475] Literaturhinweise: Boruttau-Egly-Sigloch, Grunderwerbsteuergesetz, 13. Aufl.; Förger-Hofmann, Grunderwerbsteuergesetz; Padberg, Grunderwerbsteuerrecht, Loseblatt-Komm.; Kunz/Hennemann, Grunderwerbsteuer, Loseblatt; Hofmann, Komm. zum GrEStG, 6. Aufl.

[476] Vgl. hierzu Förger-Hofmann, § 3 GrEStG, Rz. 7.

2. Die Erbauseinandersetzung (§ 3 Nr. 3 ErbStG)

a) Erwerb durch einen Miterben

608 Erwirbt ein Miterbe im Rahmen der Erbauseinandersetzung ein zum Nachlaß gehörendes Grundstück, so ist er von der Grunderwerbsteuer befreit. Es kommt hierbei nicht darauf an, ob der Wert des Grundstücks dem Wert seines Erbanteils entspricht oder nicht.

Auch soweit der Erbe nicht aus Mitteln der Erbschaft, sondern aus seinem Privatvermögen den Gesellschaftern einen Ausgleich zahlt, fällt die Grunderwerbsteuer nicht an[477].

609 Ebenso dürfte die Rechtslage zu beurteilen sein, wenn ein Miterbe nicht die einzelnen Miteigentumsanteile am Grundstück, sondern die Erbanteile hierzu erwirbt und auf diese Weise Volleigentümer des zum Nachlaß gehörenden Grundstückes wird[478].

Übertragen im Rahmen eines als Erbteilsübertragungsvertrag bezeichneten Gesamtvertrages die anderen Miterben ihre Erbanteile auf einen Miterben und überträgt dieser Miterbe dafür einem der anderen Miterben ein noch zu vermessendes Teilgrundstück aus zum Nachlaß gehörigen Grundstücken, so ist dieser Grundstückserwerb gemäß § 3 Nr. 3 GrEStG steuerbefreit[479]. Übereignet eine KG, deren Komplementär der Erblasser war, in Erfüllung einer letztwilligen Anordnung (Verschaffungsvermächtnis oder Teilungsanordnung über einen nachlaßfremden Gegenstand) ein Grundstück an einen Miterben, so ist dieser Vorgang von der Grunderwerbsteuer befreit, wenn an der KG nur der Erblasser, dessen Ehefrau und die gemeinsamen Kinder beteiligt waren, die den Erblasser beerbt haben[480].

610 Voraussetzung für den steuerfreien Erwerb ist jedoch, daß der Nachlaß im Zeitpunkt der Grundstücksveräußerung noch bestand[481]. Ferner muß die Grundstücksveräußerung zur Nachlaßteilung führen und auch der Zweck der Grundstücksveräußerung die Nachlaßteilung sein. Erwirbt jedoch der Miterbe das Grundstück vom Nachlaß wie ein Dritter, dann tritt die Grunderwerbsteuerfreiheit nicht ein. Das gleiche dürfte zutreffen, wenn ein Miterbe bereits nach der Auseinandersetzung des Nachlasses das Grundstück auf einen anderen Miterben überträgt.

611 Wird jedoch der Nachlaß derart auseinandergesetzt, daß die Miterben ein Grundstück in eine von ihnen gegründete oHG einbringen, die den Gewerbebetrieb des Erblassers fortführt, so ist das Grundstück formalrechtlich an eine andere Personengesellschaft übertragen worden[482]. Es ist daher fraglich, ob § 3 Nr. 3

---

[477] BFH v. 15. 12. 1972, BStBl. II 1973, 363; Boruttau-Egly-Sigloch, § 3 GrEStG, Anm. 65.
[478] BFH v. 15. 12. 1972, a.a.O. (Fußnote 477); Boruttau-Egly-Sigloch, § 3 GrEStG, Anm. 55.
[479] BFH v. 15. 12. 1972, a.a.O. (Fußnote 477).
[480] BFH v. 12. 12. 1979, BStBl. II 1980, 220.
[481] Boruttau-Egly-Sigloch, § 3 GrEStG, Anm. 55. Jedoch ist zu beachten, daß der Erwerb eines Grundstücks von einem Miterben nach durchgeführter Erbauseinandersetzung grundsätzlich keinen Ersterwerb darstellt (BFH v. 26. 2. 1975, BStBl. II 1975, 457).
[482] BFH v. 27. 10. 1970, BStBl. II 1971, 278.

GrEStG hier Anwendung finden kann. Der BFH hat jedoch[483] zuletzt die Ansicht vertreten, daß die persönlichen Eigenschaften einer Person auch auf die Anteile mit übergehen, und hat daher bei Übertragung eines Anteils an einer Gesellschaft vom Vater auf den Sohn mit der Folge, daß die Gesellschaft durch Anwachsung aufgelöst wird, die Grunderwerbsteuerfreiheit gemäß § 3 Nr. 6 GrEStG anerkannt. Überträgt man die hier angesprochenen Grundsätze auch auf den Fall, daß Miterben ein Nachlaßgrundstück auf eine von ihnen gebildete Personengesellschaft übertragen, so dürfte Grunderwerbsteuerfreiheit eintreten, sofern diese oHG von ihnen alleine gebildet wird.

612 Ist jedoch im Rahmen einer Erbauseinandersetzung Grundvermögen auf eine mit einigen Erben gebildete Gemeinschaft übertragen worden, so ist die Erbauseinandersetzung vollzogen und die Steuerfreiheit des § 3 Nr. 3 GrEStG verbraucht[484].

Nach dem Urteil des BFH[485] ist die Übertragung eines Grundstücks von einer Erbengemeinschaft auf eine Personengesellschaft bei Teilung des Nachlasses zu dem Anteil von der Grunderwerbsteuer befreit, zu dem ein Miterbe an der erwerbenden Personengesellschaft beteiligt ist.

613 Sind jedoch Dritte an der neugegründeten oHG beteiligt, ist die Befreiungsvorschrift des § 3 Nr. 3 GrEStG nicht anwendbar.

614 Es kommt im Rahmen der Erbauseinandersetzung nicht darauf an, daß der Anteil am Grundstück dem Anteil an der Personengesellschaft entspricht. Die Vorschrift des § 6 Nr. 3 GrEStG findet hier insoweit keine Anwendung. Sind auch Dritte an der Personengesellschaft beteiligt, so sind die einbringenden Miterben hier insoweit von der Grunderwerbsteuer befreit, als der Anteil an der Personengesellschaft dem Anteil an dem eingebrachten Grundstück entspricht.

615 Wird ein Grundstück zwischen den Erben real geteilt, ist der Vorgang als Erbauseinandersetzung steuerbefreit, darüber hinaus auch nach § 7 GrEStG insoweit steuerbefreit, als der Wert, den jeder Erbe erhält, seiner Beteiligung an der Gesamthand entspricht[486].

616 Wird jedoch Grundvermögen von einer Erbengemeinschaft durch Werte aller Erbteile auf eine GBR übertragen, so wird Grunderwerbsteuerpflicht ausgelöst (§ 1 Abs. 1 Nr. 3 GrEStG)[487]. Nicht als Erbauseinandersetzung wird angesehen, wenn eine Erbengemeinschaft ein Grundstück an Dritte veräußert. Die Erbengemeinschaft ist im Sinne des Grunderwerbsteuerrechts ein selbständiger Rechtsträger[488].

---

[483] BFH v. 21.3.1968, BStBl. II 1968, 619, v. 25.2.1969, BStBl. II 1969, 400; v. 24.6.1969, BFHE 96, S. 370.
[484] BFH v. 21.11.1974, BStBl. II 1975, 271.
[485] Urteil v. 27.10.1970, BStBl. II 1975, 278.
[486] BFH v. 27.4.1977, BStBl. II 1977, 677.
[487] BFH v. 13.11.1974, BStBl. II 1975, 249.
[488] BFH v. 29.11.1972, BStBl. II 1973, 372.

b) Erwerb durch den überlebenden Ehegatten des Erblassers

Ist der überlebende Ehegatte Miterbe, greift für den Erwerb eines zum Nachlaß 617
gehörenden Grundstücks durch den Ehegatten die Befreiungsvorschrift des § 3
Nr. 3 Satz 1 GrEStG ohne Besonderheiten ein[489].

Gehört jedoch der überlebende Ehegatte nicht zu den Miterben, so ist der Er- 618
werb eines Grundstücks aus dem Nachlaß steuerfrei, wenn er mit den Erben des
verstorbenen Ehegatten gütergemeinschaftlich zu teilen hat oder wenn ihm in Anrechnung auf eine Ausgleichsforderung am Zugewinn des verstorbenen Ehegatten
ein zum Nachlaß gehörendes Grundstück übertragen wird.

c) Erwerb durch Ehegatten des Miterben aus dem Nachlaß

Nach § 3 Nr. 3 GrEStG stehen den Miterben außerdem ihre Ehegatten gleich. 619
Das bedeutet, daß der Erwerb eines Grundstücks durch den Ehegatten eines Miterben aus dem Nachlaß zwecks Nachlaßteilung ebenfalls steuerbefreit ist.

Es ist hierbei unerheblich, ob der Ehegatte des Miterben das Grundstück aus
dem Nachlaß entgeltlich erwirbt oder ob der Miterbe das Grundstück, das er aus
dem Nachlaß erhält, auf seinen Ehegatten übertragen läßt.

3. Die Auseinandersetzung im Rahmen einer bereits bestehenden Personengesellschaft

a) Der Eintritt der Erben in eine bereits bestehende Personengesellschaft

Die Personengesellschaft wird im Grunderwerbsteuerrecht als eigene Rechtsper- 620
sönlichkeit behandelt[490]. Unter den Begriff der Personengesellschaft fallen nur die
Gesamthandsgemeinschaften (oHG, KG, GBR), nicht jedoch Innengesellschaften,
insbesondere die atypisch stille Gesellschaft. Der Wechsel der Gesellschafter ist daher für die Frage der Grunderwerbsteuer insoweit ohne Bedeutung, als die Personengesellschaft bestehen bleibt.

Aus diesem Grunde löst auch der Eintritt der Erben anstelle des Erblassers in
eine bereits bestehende oHG keine Grunderwerbsteuer aus.

b) Das Ausscheiden des Erblassers aus einer bereits bestehenden oHG

Scheidet der Erblasser aus einer mehrgliedrigen oHG aus, so ist sein Ausschei- 621
den, soweit die oHG erhalten bleibt, für die Grunderwerbsteuer unbeachtlich, da,
wie bereits ausgeführt, die Personengesellschaft selbst als Rechtsträger angesehen
wird. Soweit die Erben in Geld abgefunden werden, liegt ein grunderwerbsteuerpflichtiger Vorgang nicht vor.

Werden sie hingegen mit Sachwerten, z.B. einem Grundstück, aus dem Gesell- 622
schaftsvermögen abgefunden, so tritt lediglich in Höhe des Anteils des Erblassers
am Gesellschaftsvermögen für die Erben Grunderwerbsteuerbefreiung gem. § 6
Abs. 2 GrEStG ein. Die Höhe des Anteils richtet sich nach seiner Beteiligung am

---

[489] Boruttau-Egly-Sigloch, § 3 GrEStG, Anm. 301.
[490] BFH v. 27.7.1962, BStBl. III 1962, 478; vgl. BFH v. 27.10.1970, BStBl. II 1971, 278.

Gesamthandsvermögen. Sonderbetriebsvermögen, atypische stille Beteiligung, Darlehen bleiben unberücksichtigt[491].

623   Allerdings gilt die Vorschrift des § 6 Abs. 2 GrEStG insoweit nicht, als der Gesamthänder, im Falle der Rechtsnachfolge sein Rechtsnachfolger, innerhalb von 5 Jahren vor dem Erwerbsvorgang seinen Anteil an der Gesamthand durch Rechtsgeschäft unter Lebenden erworben hat. Das gleiche gilt, wenn die vom Beteiligungsverhältnis abweichende Auseinandersetzungsquote innerhalb der letzten 5 Jahre vor Auflösung der Gesamthand vereinbart worden ist (s. § 6 Abs. 4 GrEStG).

c) Die Auflösung der Gesellschaft bei Tod eines Gesellschafters

624   Wird die Gesellschaft mit dem Tode eines Gesellschafters aufgelöst und wird das Grundvermögen entsprechend dem Beteiligungsverhältnis auf die Gesellschafter übertragen (§ 6 Abs. 1 GrEStG), so fällt insoweit keine Grunderwerbsteuer an. Haben die Beteiligten für den Fall der Auflösung der Gesamthand eine vom Beteiligungsverhältnis abweichende Auseinandersetzungsquote vereinbart, so ist diese maßgebend.

625   Übernimmt ein Gesellschafter das Grundvermögen von einer Gesamthand in Alleineigentum, so wird die Steuer in Höhe des Anteils des Übernehmers nicht erhoben.

626   Jedoch entfällt auch hier die Grunderwerbsteuerfreiheit insoweit, als ein Gesamthänder, im Falle der Erbfolge sein Rechtsnachfolger, innerhalb von 5 Jahren vor dem Übertragungsvorgang seinen Anteil an der Gesamthand durch Rechtsgeschäft unter Lebenden erworben hat (im einzelnen § 6 Abs. 4 GrEStG).

d) Die Auflösung einer zweigliedrigen oHG

627   aa) Wird eine aus zwei Gesellschaftern bestehende Personengesellschaft nach dem Tode eines der beiden Gesellschafter von dem überlebenden Gesellschafter, der Nichterbe ist und auch mit dem Verstorbenen nicht in gerader Linie verwandt war, fortgeführt, so geht das Eigentum an den Betriebsgrundstücken auch ohne Auflassung durch Anwachsung gem. dem entsprechend anwendbaren § 738 BGB (§ 105 Abs. 2 HGB) auf den übernehmenden Gesellschafter über.

Die Grunderwerbsteuer ergibt sich hier aus § 1 Abs. 2 Nr. 3 in Verbindung mit § 6 Abs. 2 GrEStG. Der verhältnismäßige Anteil des Erwerbers am Vermögen der Personengesellschaft (§ 6 Abs. 2 GrEStG) ist aus dem Verhältnis der Kapitalanteile der beiden Gesellschafter zu ermitteln[492].

628   bb) Geht infolge Todes der Anteil des Verstorbenen gemäß § 738 BGB auf den überlebenden Gesellschafter, der zugleich Erbe ist, kraft Anwachsung über, so ent-

---

[491] BFH v. 30. 11. 1983, BStBl. II 1984, 160.
[492] BFH v. 1. 7. 1964, HFR 1966, 12; v. 8. 12. 1965, BStBl. III 1966, 54; v. 11. 12. 1975, BStBl. II 1975, 417.

fällt in diesem Falle nach Ansicht des BFH[493] die Grunderwerbsteuer gemäß § 3 Nr. 2 GrEStG.

In einem solchen Falle seien die Worte in § 3 Nr. 2 GrEStG „Grundstückserwerb von Todes wegen" im Sinne von „durch Todesfall veranlaßt" auszulegen. Das gleiche hat der BFH[494] angenommen, wenn der Übernehmer lediglich Miterbe war.

cc) Wird eine oHG mit zwei Gesellschaftern dadurch aufgelöst, daß der Sohn den Anteil des Vaters übernimmt, ist auf den mit der Auflösung der Gesellschaft verbundenen Übergang von Grundstücken in Alleineigentum des Übernehmenden die Vergünstigungsvorschrift des § 3 Nr. 6 GrEStG anzuwenden, soweit es den Anteil des Vaters betrifft. Soweit jedoch der Anteil des das Grundstück erwerbenden Gesellschafters im Zeitpunkt des Erwerbs unverändert seinem Anteil in dem Zeitpunkt entspricht, in dem die Gesellschaft das Grundstück erworben hat, ist die Grunderwerbsteuervergünstigung des § 6 Abs. 2 GrEStG trotz § 6 Abs. 4 GrEStG nicht deshalb schon zu versagen, weil die Gesellschaft im Zeitpunkt des Erwerbsvorganges noch keine fünf Jahre bestanden hat.

629

Der BFH verkennt zwar nicht, daß eine oHG formalbegrifflich nicht mit ihren Gesellschaftern verwandt sein kann, es erschien ihm aber nicht als materieller Verstoß, sondern als ein materieller Vollzug auch des § 3 Nr. 6 GrEStG, wenn bei einer aus Vater und Sohn bestehenden oHG die Umwandlung des Gesamthandeigentums am Grundstück in Alleineigentum des Erwerbers anläßlich der Auflösung der Gesamthand insoweit als Grundstücksübertragung an Verwandte behandelt wird.

5. Abschnitt
Umsatzsteuer

I. Allgemeiner Überblick

Der Umsatzsteuer unterliegen Lieferungen und sonstige Leistungen, die ein Unternehmer im Erhebungsgebiet (§ 1 Abs. 1 Nr. 1 UStG) gegen Entgelt im Rahmen seines Unternehmens ausführt. Soweit also ein Vermögensübergang durch Erbfall vom Erblasser auf den Erben erfolgt, liegt ein umsatzsteuerpflichtiger Vorgang nicht vor. Auch wenn sich im Nachlaß ein Unternehmen befindet, wird der Erbe nicht so ohne weiteres zum Unternehmer. Die Unternehmereigenschaft des Erblassers geht nicht automatisch auf den Erben über. Die Voraussetzungen für die Unternehmereigenschaft müßten vielmehr beim Erben selbst vorliegen[495].

630

Die Erbauseinandersetzung unter den einzelnen Miterben erfolgte nach der bisherigen Rechtsprechung nicht im Rahmen eines Leistungsaustausches[496].

---

[493] BFH v. 18. 12. 1963, HFR 1964, 380; v. 8. 12. 1965, BStBl. III 1966, 54.
[494] BFH v. 25. 11. 1964, BStBl. III 1965, 173.
[495] Vgl. BFH v. 22. 1. 1962, HFR 1963, 189.
[496] Vgl. auch BFH v. 26. 10. 1967, BStBl. II 1968, 247.

631   Fraglich ist, ob die geänderte Rechtsprechung zur Erbauseinandersetzung im Ertragsteuerrecht auf das Umsatzsteuerrecht übertragen werden kann. Dies ist u. E. sehr fraglich. Befindet sich im Nachlaß ein Gewerbebetrieb (Unternehmen), ist die Erbengemeinschaft nicht automatisch Unternehmer im Sinne des UStG. Wird das Unternehmen von einem Erben von Beginn an geführt, ist die Erbengemeinschaft nicht für eine logische Sekunde Unternehmer. Veräußern die Erben das Unternehmen an einen Erwerber, ist die Übertragung nicht umsatzsteuerbar, § 1 Abs. 1 a UStG.

II. Die Haftung des Erben für die Umsatzsteuer des Erblassers

632   Infolge der Gesamtrechtsnachfolge geht gemäß § 45 AO die Steuerschuld des Rechtsvorgängers auf den Rechtsnachfolger über. Erben haften für die aus dem Nachlaß zu entrichtenden Steuern als Nachlaßverbindlichkeiten nach bürgerlichem Recht. Hatte also der Erblasser im Zeitpunkt seines Todes noch Umsatzsteuerverbindlichkeiten, so gehen diese auf den Erben über. Das trifft nicht nur für die Umsatzsteuerschulden, die bereits gegen den Erblasser festgesetzt sind, sondern für alle Verbindlichkeiten zu, die bis zu diesem Zeitpunkt entstanden sind (§ 38 AO).

Vereinnahmt der den Betrieb nicht fortführende Erbe eines Unternehmers Entgelte für Leistungen des Erblassers, so tritt er als dessen Rechtsnachfolger in seine Rechtsstellung als Steuerschuldner ein[497].

III. Die umsatzsteuerliche Behandlung von Veräußerungsgeschäften aus dem Nachlaß

1. Die Veräußerung aus im Privatvermögen befindlichen Gegenständen

633   Veräußert der Erbe Gegenstände aus dem Nachlaßvermögen, das sich beim Erblasser im Privatvermögen befunden hat, so liegt zwar eine Lieferung vor, die jedoch in der Regel nicht von einem Unternehmer im Rahmen seines Unternehmens erfolgte. Unternehmer ist, wer eine gewerbliche oder berufliche Tätigkeit selbständig ausübt. Das Unternehmen umfaßt die gesamte gewerbliche oder berufliche Tätigkeit des Unternehmers. Gewerblich oder beruflich ist jede nachhaltige Tätigkeit zur Erzielung von Einnahmen.

634   Eine nachhaltige Tätigkeit zur Erzielung von Einnahmen liegt schon dann vor, wenn tatsächlich mehrere gleichartige Handlungen vorgenommen werden. So können auch Verkäufe von Gegenständen aus dem Privatvermögen steuerbare Umsätze ergeben, ohne daß es auf den Beweggrund dieser Verkäufe oder auf einen vorweg gefaßten, auf Wiederholung gerichteten Willensentschluß ankommt[498]. Dies gilt grundsätzlich auch für die Veräußerung von Nachlaßgegenständen, soweit es sich um Privatvermögen handelt.

---

[497] BFH v. 19.11.1970, BStBl. II 1971, 12.
[498] BFH v. 3.6.1954, BStBl. III 1954 III, 238.

2. Der Erwerb eines Unternehmens im Wege der Erbfolge

a) Die Unternehmereigenschaft des Miterben

Die Erben sind als Rechtsnachfolger nicht automatisch Unternehmer, wenn sich im Nachlaß ein Unternehmen befindet. Es müssen auch bei ihnen die Voraussetzungen für die Mitunternehmerschaft selbst vorliegen. Die Erben müssen eine gewerbliche und berufliche Tätigkeit in ihrer Person ausüben, indem sie das Unternehmen selbst fortführen. Auf die endgültige Übernahme des Unternehmens kommt es hier nicht an[499]. Es reicht eine kurzfristige einstweilige Fortführung des Unternehmens aus[500]. 635

Veräußert jedoch der Erbe kurz nach dem Erbfall das auf ihn übergegangene Gewerbe an Dritte, so liegt eine gewerbliche Tätigkeit noch nicht vor. Einmalige Handlungen sind mangels Nachhaltigkeit in der Regel steuerfrei[501]. 636

b) Die Behandlung der laufenden Umsätze

Die laufenden Umsätze im Rahmen des Unternehmens des Erblassers sind umsatzsteuerpflichtig. Es ist hierbei gleichgültig, ob ein Erbe das Unternehmen fortführt oder nicht. Ist der Erbe als Unternehmer anzusehen, weil er selbst das Gewerbe fortführt, hat er diese laufenden Umsätze als Unternehmer zu versteuern. Führt der Erbe jedoch das Unternehmen nicht fort, sondern veräußert er es an einen Dritten kurz nach dem Erbfall, so wird er als Treuhänder des Übernehmers behandelt[502]. 637

c) Die Liquidation des Unternehmens des Erblassers durch den Erben

Beschließt der Erbe, das Unternehmen des Erblassers nicht fortzuführen, sondern zu liquidieren, so wird er zum Unternehmer im Sinne des Umsatzsteuerrechts. Alle Lieferungen und Leistungen, auch diejenigen, die er im Rahmen der Abwicklung tätigt, unterliegen der Umsatzsteuer, sofern sich aus § 4 UStG nicht etwas anderes ergibt. Das gilt auch, soweit der Erbe Betriebsvermögen in sein Privatvermögen überführt (§ 1 Abs. 1 Nr. 2a UStG 1980). Insbesondere hat der Erbe im Rahmen der Liquidation das nutzbare Anlagevermögen, Warenvorräte und Hilfsstoffe im Falle der Veräußerung der Umsatzsteuer zu unterwerfen. 638

d) Die Veräußerung des Unternehmens durch den Erben

Auch die Veräußerung des Unternehmens als Ganzes unterliegt ab 1.1.1994 nicht mehr der Umsatzsteuer, § 1 Abs. 1a UStG. Das setzt jedoch voraus, daß alle wesentlichen Grundlagen übertragen werden. Wird zum Beispiel das Betriebsgrundstück zurückbehalten, ist der Vorgang steuerbar. In diesem Falle ist Bemessungsgrundlage das Entgelt für die auf den Erwerber übertragenen Gegenstände 639

---

[499] Vgl. Sölch-Ringleb-List-Müller, Kommentar zum Umsatzsteuergesetz, § 2 UStG, Anm. 22.
[500] Schettler, UR 1956, 185.
[501] RFH v. 29.8.1944, RStBl. 1944, 701.
[502] Vgl. auch Sölch-Ringleb-List-Müller, a.a.O. (Fußnote 499), § 19 UStG, Anm. 9.

(Besitzposten). Die Befreiungsvorschriften bleiben unberührt. Die übernommenen Schulden können von der Bemessungsgrundlage für die Umsatzsteuer nicht abgezogen werden (§ 10 Abs. 3 UStG 1980). Es ist hier also von dem ungekürzten Aktivvermögen auszugehen. Von dem steuerbaren Entgelt ist jedoch das Entgelt für die steuerfreien Besitzposten, wie Wertpapiere, Beteiligungen, Anzahlungen, Debitoren und sonstige Zahlungen, abzusetzen.

3. Die Erbengemeinschaft als Unternehmer

640 Wird der Erblasser von mehreren beerbt und befindet sich im Nachlaß ein Unternehmen, so ist die Erbengemeinschaft nicht automatisch Unternehmer, auch wenn das Unternehmen fortgeführt wird. Auch hier kommt es auf die tatsächlichen Verhältnisse an. Die Erbengemeinschaft muß selbst das Unternehmen weiter betreiben.

a) Die Unternehmereigenschaft des Miterben

641 Führt nicht die Erbengemeinschaft, sondern nur einer der Erben das Unternehmen fort, so ist dieser als Unternehmer anzusehen, gleichgültig ob eine Erbauseinandersetzung stattgefunden hat oder nicht. Auch bei einem ungeteilten Nachlaß kommt es auf die tatsächlichen Verhältnisse an[503].

Ein Miterbe kann Unternehmer sein, wenn er das Unternehmen tatsächlich führt. Ob er das Unternehmen auch später aus dem Nachlaß erhält, ist hierbei unerheblich. Er kann es unter Umständen sogar als Treuhänder für einen anderen führen.

b) Die Erbengemeinschaft als Unternehmer

642 Wie bereits ausgeführt (Rz. 477), wird die Erbengemeinschaft wie eine oHG behandelt, wenn sie das Gewerbe des Erblassers fortführt. Sie wird ebenso wie die oHG und KG umsatzsteuerlich als Rechtspersönlichkeit anerkannt. Sofern sie ein Gewerbe betreibt, ist sie, was die Umsatzsteuer anbetrifft, Steuerpflichtiger und auch Steuerschuldner. Die hinter der Erbengemeinschaft stehenden Miterben werden gemäß § 191 Abs. 1 AO lediglich als Haftende herangezogen. Unternehmer und daher Steuerschuldner ist die Erbengemeinschaft, wenn sie das Gewerbe des Erblassers tatsächlich nach außen führt.

643 Wie bereits ausgeführt, reicht die Tatsache, daß sich im Nachlaß ein Unternehmen befindet, allein nicht aus, um die Erbengemeinschaft als Unternehmer zu behandeln. Wenn die Erbengemeinschaft z.B. das Unternehmen verpachtet, ist sie nicht mehr als Unternehmer anzusehen. Bis zu diesem Zeitpunkt ist sie aber als Unternehmer steuerpflichtig.

644 Anders liegt jedoch der Fall, wenn die Erbengemeinschaft nach kurzer Zeit das Unternehmen an einen Dritten veräußert. In diesem Falle wird die Erbengemeinschaft als Treuhänder des Erwerbers angesehen. Gleichfalls gilt die Erbengemein-

---
[503] BFH v. 22. 11. 1962, HFR 1963, 189.

schaft nicht als Unternehmer, wenn sie das Unternehmen für einen Miterben führt, der das Unternehmen innerhalb einer angemessenen Zeit aus dem Nachlaß erwirbt.

Innerhalb welchen Zeitraumes die Erbauseinandersetzung zu erfolgen hat, ist im Umsatzsteuerrecht nicht geklärt. Die alte Vorschrift des § 85 Abs. 2 UStG 1951 kann unseres Erachtens hier nicht mehr herangezogen werden. Diese Vorschrift begünstigte Veräußerungen innerhalb der Erben während eines Zeitraumes von zwei Jahren nach dem Erbfall. Man müßte sich hier an das Einkommensteuerrecht anlehnen, wonach eine Frist von einem Jahr nach Eintritt des Erbfalles als angemessen gilt. 645

IV. Die umsatzsteuerliche Behandlung eines im Nachlaß befindlichen Anteils an einer Personengesellschaft

Ist im Gesellschaftsvertrag nicht ausdrücklich das Fortbestehen nach dem Tode eines Gesellschafters vereinbart, wird die Gesellschaft mit dem Tode eines Gesellschafters aufgelöst (§ 131 HGB). Beim Tod eines Kommanditisten wird die Gesellschaft mit den Erben fortgesetzt, wenn nichts anderes vereinbart ist (§ 177 HGB). In der Regel ist aber im Gesellschaftsvertrag auch im Falle einer oHG vorgesehen, daß die Gesellschaft auch beim Tode eines Gesellschafters fortbestehen soll (vgl. im einzelnen Rz. 709). Das kann in der Weise geschehen, daß die Gesellschaft nur mit den überlebenden Gesellschaftern fortgeführt werden soll. In diesem Falle scheidet der Gesellschafter mit seinem Tode aus der Gesellschaft aus. Die Erben erhalten daher nur einen Auseinandersetzungsanspruch. Vielfach ist jedoch vereinbart, daß die Gesellschaft mit dem Erben des Verstorbenen fortgeführt werden soll. Unter Umständen steht auch den Erben ein Eintrittsrecht zu, nachdem der Erblasser zunächst ausgeschieden ist (vgl. hierzu Rz. 745). 646

1. Die Auflösung der Gesellschaft mit dem Tode eines Gesellschafters

Ist im Gesellschaftsvertrag vereinbart, daß die Gesellschaft mit dem Tode eines Gesellschafters aufgelöst wird, bleibt die Gesellschaft als Liquidationsgesellschaft zunächst bestehen. Alle Lieferungen und Leistungen auch im Rahmen der reinen Abwicklung sind umsatzsteuerpflichtig. Das gleiche gilt, wenn die Gesellschaft real unter den Gesellschaftern und Erben geteilt wird. Allerdings ist nach Ansicht des BFH[504] die Realteilung eines Betriebes kein umsatzsteuerlicher Vorgang, wenn jeder der an der Aufteilung Beteiligten einen Betrieb fortführt. 647

2. Der verstorbene Gesellschafter scheidet mit dem Tode aus

Ist der Erblasser mit seinem Tode aus der Gesellschaft ausgeschieden, so unterliegt die den Erben gewährte Abfindung nicht der Umsatzsteuer. Das gilt insbesondere für bare Abfindungen. Erfolgt die Abfindung gegen Sachwerte, so sind diese Leistungen umsatzsteuerpflichtig. Wird der Erbe mit einem Grundstück abgefun- 648

---
[504] Urteil v. 26. 10. 1967, BStBl. II 1968, 247.

Die Steuerfolgen im Erbfall

den, so tritt auch hier Umsatzsteuerfreiheit ein, weil der Umsatz der Grunderwerbsteuer unterliegt (§ 4 Nr. 9 a UStG).

649 Ist der Erblasser jedoch aus einer Personengesellschaft mit nur zwei Gesellschaftern ausgeschieden, so hängt die Umsatzsteuerpflicht der Abfindungen ebenfalls davon ab, ob die gewährten Leistungen der Umsatzsteuer unterliegen. Für die Umsatzsteuer des verbleibenden Gesellschafters kommt es darauf an, ob er das Unternehmen unverändert weiterführt. In diesem Falle wächst dem verbleibenden Gesellschafter gemäß § 142 HGB der Anteil des Ausgeschiedenen an[505]. Es findet in diesem Falle ein gesetzlicher Erwerb des Unternehmens statt. Der Übernehmer wird wie ein Gesamtrechtsnachfolger behandelt.

3. Die Fortführung der Gesellschaft mit den Erben

650 Wird die Gesellschaft mit den Erben fortgeführt, so unterliegt dieser Vorgang nicht der Umsatzsteuer, weil es an einem Leistungsaustausch überhaupt fehlt.

V. Die Erbauseinandersetzung

651 Die Erbauseinandersetzung ist grundsätzlich vom Erbanfall zu trennen. Ferner ist zu berücksichtigen, daß das Umsatzsteuerrecht nicht zwischen Betriebs- und Privatvermögen, sondern zwischen Unternehmensvermögen und Nichtunternehmensvermögen unterscheidet. Ein Miethaus, das sich im Privatvermögen befindet, kann z.B. zum Unternehmensvermögen gehören. Besteht der Nachlaß aus einem Gewerbebetrieb und diesem Miethaus, so liegt insgesamt eine unternehmerische Auseinandersetzung vor. Auf der anderen Seite liegt nur dann eine unternehmerische Auseinandersetzung vor, wenn die Erbengemeinschaft bis zur Auseinandersetzung Unternehmer im Sinne des UStG geworden ist.

652 Ist die Erbengemeinschaft nicht zwischenzeitlich selbst Unternehmer geworden, so ist die Erbauseinandersetzung, auch wenn es sich hierbei um ein Unternehmen handelt, ohne Bedeutung. Das gilt auch für den Fall, daß wirtschaftlich gesehen ein Leistungsaustausch insofern erfolgt ist, als Abfindungen zum Ausgleich eines Mehrwertes aus den Privatvermögen gezahlt werden.

1. Ausscheiden von Miterben aus der Erbengemeinschaft

653 Ist die Erbengemeinschaft Unternehmer und scheidet aus der mehrgliedrigen Erbengemeinschaft ein Erbe aus, indem sein Erbanteil durch einen Miterben erworben wird, oder scheidet er gegen Abfindung aus der Erbengemeinschaft aus, wird die Erbengemeinschaft als Unternehmer nicht berührt.

654 Überträgt man die Rechtsprechung zum Ausscheiden aus einer zweigliedrigen Personengesellschaft auf die Erbengemeinschaft, so liegt ein steuerbarer Umsatz vor, wenn durch Anwachsung die Erbengemeinschaft zu einem Einzelunternehmen wird.

---
[505] Vgl. BFH v. 17.11.1960, BStBl. III 1961, 86, v. 12.3.1964, BStBl. III 1964, 290.

Wird der Ausscheidende mit einem Wirtschaftsgut aus dem Unternehmen abgefunden, liegt eine umsatzsteuerpflichtige Lieferung vor.

2. Realteilung

Wird der Betrieb der Erbengemeinschaft real auf die Erben aufgeteilt (Realteilung), liegt ein Leistungsaustausch vor. Die Erbengemeinschaft liefert an die Gesellschafter (Einzelunternehmer) im Rahmen ihres Unternehmens. 655

Die Gesellschafter sind zum Vorsteuerabzug berechtigt, so daß keine Belastung entsteht.

3. Eigenverbrauch

Werden im Zusammenhang mit der Erbauseinandersetzung Wirtschaftsgüter aus dem Betriebsvermögen entnommen, liegt Eigenverbrauch vor. 656

4. Die Übertragung des Unternehmens auf eine mit den Erben gebildete oHG oder KG

Die Erbengemeinschaft kann auch in der Weise auseinandergesetzt werden, daß die Erben das Unternehmen auf eine von ihnen gegründete Personengesellschaft des HGB übertragen. In der Übertragung des Geschäftsbetriebes von der Erbengemeinschaft auf einen Miterben wird keine Geschäftsveräußerung im ganzen erblickt. 657

VI. Die Überführung des Unternehmens des Erblassers in eine andere Unternehmensform

1. Aufnahme eines Gesellschafters

Nimmt der Erbe, um den Betrieb des Erblassers fortführen zu können, einen Gesellschafter auf, so wird die bisherige Einzelfirma auf eine Personengesellschaft übertragen. Das Unternehmen der Einzelfirma wird in diesem Falle an eine Personengesellschaft veräußert gegen Gewährung von Gesellschafterrechten. Die Übertragung ist als Geschäftsveräußerung im ganzen nicht mehr umsatzsteuerbar. 658

Überträgt die Erbengemeinschaft ihren Geschäftsbetrieb auf eine oHG, an der auch dritte Personen beteiligt sind, so ist in der Regel ein umsatzsteuerpflichtiger Vorgang nicht gegeben. In dem Wechsel der Gesellschaftsform wird keine Geschäftsübertragung erblickt, außerdem ist die Personengesellschaft von ihren Gesellschaftern insoweit unabhängig, als ein Gesellschaftswechsel den Bestand des Unternehmens nicht berührt. 659

2. Die Umwandlung eines Einzelunternehmens in eine GmbH & Co. KG

Wird das Einzelunternehmen des Erblassers von dem Erben in eine GmbH & Co. KG umgewandelt, so unterliegt auch dieser Vorgang nicht der Umsatzsteuer (Geschäftsveräußerung im ganzen). 660

3. Die Umwandlung einer Erbengemeinschaft in eine GmbH & Co. KG

661 Eine Geschäftsveräußerung im ganzen ist unseres Erachtens nicht gegeben, wenn eine Erbengemeinschaft in eine GmbH & Co. KG umgewandelt wird. Auch die GmbH & Co. KG ist eine Personengesellschaft. Die Umwandlung der Erbengemeinschaft in eine GmbH & Co. KG bedeutet daher keine Unternehmensübertragung, da grundsätzlich die Identität des Unternehmens gewahrt bleibt. Zwar tritt hier ein neuer Gesellschafter hinzu, nämlich die GmbH, aber das ändert den Charakter einer Personengesellschaft nicht. Es kommt daher unseres Erachtens hier auch nicht auf Gesellschaftsidentität an. Auch die Umwandlung in zwei Phasen zunächst in eine Kommanditgesellschaft, dann in eine GmbH & Co. KG kann unseres Erachtens nicht als eine Geschäftsübertragung im Sinne des UStG angesehen werden.

4. Die Umwandlung in eine Kapitalgesellschaft

662 Wird das Unternehmen eines Erblassers in eine Kapitalgesellschaft umgewandelt, so veräußert der Erbe umsatzsteuerrechtlich das Einzelunternehmen bzw. die Erbengemeinschaft das Unternehmen an die Kapitalgesellschaft gegen Gewährung von Gesellschaftsrechten. Als Geschäftsveräußerung im ganzen ist sie nicht umsatzsteuerbar.

VII. Der Vorsteuerabzug

663 Gemäß § 15 UStG kann der Unternehmer, der im Inland oder einem zollfreien Gebiet Lieferungen oder sonstige Leistungen ausführt oder in diesen Gebieten seinen Besitz oder eine seiner Betriebstätten hat, die Vorsteuer abziehen unter den dort genannten Voraussetzungen. Auf diese soll hier jedoch nicht eingegangen werden. Die von den veräußernden Einzelunternehmen oder der Erbengemeinschaft in Rechnung gestellte Umsatzsteuer kann von dem Übernehmer – hier die Personengesellschaft oder Kapitalgesellschaft – voll als Vorsteuer in Ansatz gebracht werden. Voraussetzung ist jedoch, daß der Erwerber Unternehmer ist. Wird jedoch der Erwerber erst mit dem Erwerb des Unternehmens Unternehmer, so könnte es zweifelhaft sein, ob der Vorsteuerabzug durch den Wortlaut des § 15 Abs. 1 UStG gedeckt ist.

§ 15 UStG setzt nämlich voraus, daß der Unternehmer die Umsätze im Rahmen seines Unternehmens getätigt hat. Es haben aber die Unternehmer erst im Zeitpunkt der Übernahme des Unternehmens die Unternehmereigenschaft erworben. Die allgemein herrschende Meinung geht dahin, daß der Erwerber des Unternehmens, auch wenn er erst durch diesen Erwerb Unternehmer wird, hinsichtlich des Vorsteuerabzugs schon als Unternehmer zu behandeln ist. Wegen des Vorsteuerabzugs stellt die Umsatzsteuer bei Unternehmensumgründung keinen Kostenfaktor mehr dar.

6. Abschnitt
Abgabenordnung

I. Haftung des Erben

Gemäß § 45 AO schuldet der Erbe die Steuerschulden des Erblassers. **664**

Nach § 45 Abs. 2 AO haften die Erben für die aus dem Nachlaß zu entrichtenden **665** Steuern wie für die Nachlaßverbindlichkeiten nach bürgerlichem Recht. Somit bleibt dem Erben die Möglichkeit, seine Erbenhaftung zu beschränken (im einzelnen hierzu Buch I Rz. I 35, 36).

Der Erbe tritt grundsätzlich in die Rechtsstellung des Erblassers ein. Sofern der **666** Steuerbescheid gegen den Erblasser noch nicht bestandskräftig war, stehen ihm alle Einwendungen gegen den Steuerbescheid zu. Ist ein Steuerbescheid noch nicht ergangen, ist er dem Erben zuzustellen. Der Erbe muß aus dem Bescheid erkennen können, daß der Adressat dieses Bescheides der Erblasser ist. Der Tod eines Steuerpflichtigen hemmt den Ablauf der Festsetzungsfrist. Richtet sich die Steuer gegen einen Nachlaß, so endet die Feststellungsfrist nicht vor Ablauf von 6 Monaten nach dem Zeitpunkt, in dem die Erbschaft von dem Erben angenommen oder der Konkurs über den Nachlaß eröffnet oder von dem an die Steuer gegen einen Vertreter festgestellt werden kann (§ 171 Abs. 12 AO).

Für die Erbschaftsteuer (Schenkungsteuer) beginnt die Festsetzungsfrist nach **667** den Abs. 1 oder 2 des § 170 AO
1. bei einem Erwerb von Todes wegen nicht vor Ablauf des Kalenderjahres, in dem der Erwerber Kenntnis von dem Erwerb erlangt hat,
2. bei einer Schenkung nicht vor Ablauf des Kalenderjahres, in dem der Schenker gestorben ist oder die Finanzbehörde von der vollzogenen Schenkung Kenntnis erlangt hat,
3. bei der Zweckzuwendung unter Lebenden nicht vor Ablauf des Kalenderjahres, in dem die Verpflichtung erfüllt worden ist (§ 170 Abs. 5 AO).

II. Bekanntgabe von Bescheiden

Hat der Erblasser noch den Steuertatbestand verwirklicht, aber keinen Bescheid **668** mehr erhalten, so ist der Bescheid gegen den Erben als Schuldner (§ 45 AO) zu richten und dem Testamentsvollstrecker bekanntzugeben, wenn dieser die Nachlaßgegenstände verwaltet, die die Steuerschuld ausgelöst haben oder die zur Erfüllung der Steuerschuld herangezogen werden sollen[506]. Gleiches gilt bei dem Erbschaftsteuerbescheid (§ 32 Abs. 1 Satz 1, § 31 Abs. 5 ErbStG). Die Bescheide müssen konkret an den Erben namentlich bekanntgemacht worden sein[507]. Bei mehreren Erben muß grundsätzlich der Bescheid jedem Erben zugestellt werden. Die Erben

---
[506] Tipke-Kruse, § 122 AO, Anm. 18.
[507] BFH, BStBl. II 1973, 372.

Die Steuerfolgen im Erbfall

können einen Empfangsbevollmächtigten benennen. Mit der Zustellung an diesen ist er an alle Erben bekanntgegeben.

669 Ist ein Verwaltungsakt noch gegenüber dem Erblasser ergangen, braucht er gegenüber den Erben nicht noch einmal wiederholt zu werden.

670 Ein nach dem Tode des Ehemannes an Herrn und Frau ... (Name der Ehefrau) gerichteter Einkommensteuerbescheid für den letzten Zusammenveranlagungszeitraum der Eheleute ist jedenfalls dann hinreichend bestimmt und für die überlebende Ehefrau wirksam bekanntgegeben, wenn in der Einspruchsentscheidung nachträglich klargestellt wird, daß nur diese von dem Bescheid betroffen sein sollte[508].

671 Der Nachlaßpfleger ist im Besteuerungsverfahren der gesetzliche Vertreter der noch unbekannten oder ungewissen Erben. Steuerverwaltungsakte sind deshalb bis zur Aufteilung der Nachlaßpflegschaft an ihn zu richten, selbst wenn die Erben inzwischen bekannt waren[509].

III. Rechtsbehelfsbefugnis

672 Rechtsbehelfsbefugt sind grundsätzlich nur die Erben, nicht der Testamentsvollstrecker. Wird der Erbschaftsteuerbescheid lediglich nach § 32 Abs. 1 Satz 1 i.V.m. § 31 Abs. 5 ErbStG dem Testamentsvollstrecker bekanntgegeben, ohne daß er selbst in Anspruch genommen wird, ist er in seiner Eigenschaft als Testamentsvollstrecker nicht rechtsbehelfsbefugt[510].

IV. Haftung des Testamentsvollstreckers

673 Inwieweit der Testamentsvollstrecker für die Nichtzahlung laufender oder früherer Steuerschulden in Anspruch genommen werden kann, hängt weitgehend von dem Umfang seines Amtes ab.
Nach § 69 AO haften Vertreter und die übrigen in den §§ 34, 35 AO bezeichneten Personen insoweit persönlich neben dem Steuerpflichtigen, als durch schuldhafte Verletzung der ihnen durch das Steuerrecht auferlegten Pflichten Steueransprüche nicht oder nicht rechtzeitig festgesetzt werden oder nicht erfüllt werden (§ 69 AO). So haben bei Wegfall eines Steuerpflichtigen die Rechtsnachfolger, Testamentsvollstrecker usw. dafür zu sorgen, daß Mittel zur Bezahlung der vorher entstandenen Steuerschulden zurückgehalten und diese Steuerschulden bezahlt werden. Das gleiche gilt für Steuerschulden, die aus einem Nachlaß zu entrichten sind.

674 Muß für die Einkünfte des Nachlasses eine gesonderte Gewinnfeststellung erstellt werden und obliegt diese Aufgabe auch dem Testamentsvollstrecker, haftet er

---

[508] BFH v. 24.4.1986, BStBl. II 1986, 545.
[509] BFH v. 30.3.1982, BStBl. II 1982, 687.
[510] BFH v. 4.1.1981, BStBl. II 1982, 262.

für die richtige Abgabe der Erklärung und die richtige Steuerfestsetzung. Wird das im Nachlaß befindliche Unternehmen vom Testamentsvollstrecker geführt, ist er verpflichtet, auch die Umsatzsteuererklärungen abzugeben und die Umsatzsteuer zu zahlen. Verletzt der Testamentsvollstrecker diese Verpflichtungen, haftet er nach § 69 AO.

Das Finanzamt kann jedoch von einem Testamentsvollstrecker nicht verlangen, daß er anstelle des Erben Steuererklärungen abgibt, die die gesamten für die betreffende Steuer in Betracht kommenden Verhältnisse umfassen sollen. Als Bevollmächtigter tritt nur der auf, der Geldmittel und Vermögenswerte eines anderen verwaltet und darüber so verfügen kann, daß er dessen steuerliche Pflichten erfüllen kann[511].

V. Haftung nach § 75 AO

Wer aus dem Nachlaß ein lebendes Unternehmen erwirbt, haftet für die betriebsbedingten Steuern des laufenden und des vorangegangenen Kalenderjahres. 675

VI. Das Steuergeheimnis (§ 30 AO)

Das Steuergeheimnis besteht gegenüber dem Erben hinsichtlich der Verhältnisse nicht mehr, da der Erbe als Rechtsnachfolger an die Stelle des Erblassers tritt. Das Finanzamt hat daher dem Erben alle die Vermögensverhältnisse des Erblassers betreffenden Auskünfte zu geben. 676

Wollen Dritte, die ein Unternehmen aus der Erbmasse erwerben, vorher Auskünfte über die Höhe der Steuerschulden des Unternehmens im Hinblick auf die Haftung nach § 75 AO haben, so bedürfen sie vorher der Zustimmung der Erben. 677

VII. Das Bankgeheimnis

Das Bankgeheimnis ist im Steuerrecht gesetzlich nicht geschützt. Die Banken sind daher grundsätzlich den Finanzämtern zur Auskunftserteilung über die Vermögensverhältnisse ihrer Kunden verpflichtet (§ 93 AO). 678

Dennoch hat die Finanzverwaltung gegenüber den Banken auf gewisse Rechte verzichtet[512]. So dürfen bei Betriebsprüfungen bei Banken jene nicht zu Kontrollmitteilungen benutzt werden, Einzelauskunftsersuchen bleiben jedoch nach §§ 85, 88, 92 und 93 AO zulässig. Banken sind insbesondere nach § 5 Abs. 1 ErbStDV verpflichtet, diejenigen in ihrem Gewahrsam befindlichen Vermögensstücke beim Tode eines Kunden und die gegen sie gerichteten Forderungen, wie Kontoguthaben, Depots, Schrankfächer, Verwahrungsstücke, dem Finanzamt mitzuteilen. Das trifft auch für Gemeinschaftskonten zu, wenn ein Inhaber stirbt. Sie sind jedoch 679

---

[511] BFH v. 16. 4. 1980, DB 1980, 2119.
[512] Bankenerlaß v. 31. 8. 1979 – IV A 7 – S 0230 – 11/79, BStBl. I 1979, 590; siehe jetzt auch § 30a AO.

von der Verpflichtung befreit, wenn der Wert der anzeigepflichtigen Gegenstände DM 1.000,- nicht übersteigt. Die Tatsache eines Schrankfaches ist in jedem Falle mitzuteilen.

VIII. Auskünfte und Zusagen des Finanzamtes

680 Nach § 204 ff. AO kann das Finanzamt verbindliche Zusagen nur im Zusammenhang mit einer Außenprüfung erteilen. Die verbindliche Zusage muß schriftlich erteilt werden und als verbindlich gekennzeichnet sein (§ 205 AO).

681 Die verbindliche Zusage muß enthalten:
1. den ihr zugrunde gelegten Sachverhalt; dabei kann auf dem im Prüfungswesen dargestellten Sachverhalt Bezug genommen werden,
2. die Entscheidung über den Antrag und die dafür maßgebenden Gründe,
3. eine Angabe darüber, für welche Steuer und für welchen Zeitraum die verbindliche Zusage gilt.

Die Zusage ist jedoch nur für die Besteuerung bindend, wenn sich der später verwirklichte Sachverhalt mit dem der verbindlichen Zusage zugrunde gelegten Sachverhalt deckt (§ 206 AO).

Die verbindliche Zusage tritt außer Kraft, wenn die Rechtsvorschriften, auf denen die Entscheidung beruht, geändert werden. Darüber hinaus kann die Finanzbehörde die verbindliche Zusage mit Wirkung für die Zukunft aufheben oder ändern.

682 Hinsichtlich der Zusagen außerhalb der Betriebsprüfung gelten die von der Rechtsprechung und Literatur entwickelten Grundsätze weiter.

Grundsätzlich ist hierbei zu unterscheiden zwischen Auskünften und Zusagen.

Auskünfte betreffen bereits verwirklichte Sachverhalte. Hier besteht kein Gutglaubenschutz, weil der steuerpflichtige Tatbestand bereits verwirklicht ist und daher das Vertrauen seines besonderen Schutzes bedarf. Zusagen betreffen noch nicht verwirklichte Sachverhalte. Hat das Finanzamt dem Steuerpflichtigen eine Zusage hinsichtlich der künftigen Gestaltung eines Rechtsverhältnisses erteilt, ist diese jedoch nur bindend, wenn sie von dem zuständigen Beamten erteilt worden ist und das Finanzamt in seiner Verfügung erkennen ließ, daß es sich hier binden wollte. Eine rechtliche Verpflichtung des Finanzamtes zur Erteilung einer bindenden Zusage außerhalb einer Außenprüfung besteht jedoch für den Steuerpflichtigen nicht. Sie kann sich allenfalls aus der Fürsorgepflicht der Verwaltung ergeben. Auch hier ist das Finanzamt grundsätzlich nicht an eine frühere Behandlung eines Sachverhalts für die Zukunft gebunden. Aus dem Grundsatz der Abschnittsbesteuerung kann das Finanzamt das Veranlagungsjahr in vollem Umfange in tatsächlicher und rechtlicher Hinsicht überprüfen und auch zu einer anderen Rechtsansicht gelangen. Nach Ansicht des BFH hat der mit Verfassungsrang ausgestattete Grundsatz der Steuergerechtigkeit Vorrang vor dem Vertrauensschutz. Daher ist das Finanzamt grundsätzlich an die frühere Behandlung des Sachverhalts beim Erblasser gegenüber dem Erben nicht gebunden. Allerdings können Änderungen bei Dauerrechtsverhältnissen nur für die Zukunft eintreten. Bei bestandskräftigen Veranlagungen darf keine rückwirkende Änderung eintreten.

IX. Berichtigung der Steuerbescheide nach §§ 172 ff. AO

Wird durch eine spätere Betriebsprüfung die Steuer nach § 173 AO oder wenn der Bescheid unter Vorbehalt der Nachprüfung nach § 164 AO ergangen ist, erhöht, schuldet der Erbe auch diese Steuern. 683

Da Steuerschulden Nachlaßverbindlichkeiten sind, die den Wert des Reinnachlasses vermindern, kann die Steuerschuld erheblichen Einfluß auf die Erbauseinandersetzung haben, insbesondere, wenn Pflichtteilsberechtigte vorhanden sind. Ein Mehrergebnis der Betriebsprüfung mindert den Wert des reinen Nachlasses. Das kann dazu führen, daß der Pflichtteilsberechtigte zuviel erhalten hat und unter Umständen wieder einen Teil zurückzahlen muß.

Größer sind jedoch die Probleme, wenn sich im Nachlaß ein Gewerbebetrieb befindet und eine Betriebsprüfung erst nach der Erbauseinandersetzung stattgefunden hat. Sind die ausgeschiedenen Erben nicht Mitunternehmer geworden, berührt sie das Mehrergebnis der Außenprüfung nicht, auch wenn sich die Betriebsprüfung auf den Zeitraum nach Eintritt des Erbfalls bezieht, weil der Gewinn und damit auch der Mehrgewinn dem Betriebsübernehmer zufließt.

Soweit jedoch durch die Berichtigungsveranlagungen nach § 173 AO die Steuerschuld erhöht wird, verringert sich auch der Wert des Nachlasses, so daß die abgefundenen Erben u. U. zuviel erhalten haben. 684

Sind die abgefundenen Erben jedoch zwischenzeitlich Mitunternehmer geworden, so erhöht sich im Zweifel auch ihr Gewinn durch die Mehrergebnisse einer Betriebsprüfung, so daß sich für diese auch noch Nachsteuern ergeben können. Es ist daher zweckmäßig, beim Ausscheiden der Miterben entsprechende Vereinbarungen zu treffen, wenn mit Mehrergebnissen aus einer Betriebsprüfung zu rechnen ist. 685

2. KAPITEL
Die gesellschaftsrechtliche Erbfolge

1. Abschnitt
Erbschaftsteuer

I. Grundsätze

Die Erbschaftsteuer ist keine Nachlaßsteuer, sondern eine Erbanfallsteuer. Der **686** Gegenstand des Erwerbs ist daher nicht aus der Sicht des Erblassers, sondern des Erben zu beurteilen. Ob es sich bei dem Erwerb um Betriebsvermögen oder um Privatvermögen handelt, ist aus der Sicht des Erwerbers zu beurteilen. Der Gegenstand des Erwerbs bei der Gesellschafternachfolge wird daher weitgehend bestimmt von der Nachfolgeklausel im Gesellschaftsvertrag.

II. Fortsetzungsklausel

1. Grundsätze

Ist im Gesellschaftsvertrag die Fortsetzungsklausel vereinbart, ist der verstorbe- **687** ne Gesellschafter bereits mit seinem Tode aus der Gesellschaft ausgeschieden. Die verbleibenden Gesellschafter erwerben den Anteil des Verstorbenen. In den Nachlaß fällt die im Gesellschaftsvertrag vereinbarte Abfindung. Der Tod eines Gesellschafters im Fall einer Fortsetzungsklausel bewirkt also 2 Erwerbe.
1. den Erwerb des Gesellschaftsanteils durch den verbleibenden Gesellschafter,
2. den Erwerb der Abfindung durch die Erben.

2. Der Erwerb durch die verbleibenden Gesellschafter (§ 3 Abs. 1 Nr. 2 ErbStG)

Als Schenkung auf den Todesfall gilt auch der auf einem Gesellschaftsvertrag be- **688** ruhende Übergang des Anteils oder des Teils eines Anteils eines Gesellschafters bei dessen Tod auf die anderen Gesellschafter oder die Gesellschaft, soweit der Wert, der sich für diesen Anteil zur Zeit des Todes nach § 12 ErbStG ergibt, die Abfindungsansprüche Dritter übersteigt.

Gegenstand des Erwerbes ist der Gesellschaftsanteil. Handelt es sich hier um ge- **689** werbliches Betriebsvermögen, ist der Anteil nach § 12 Abs. 5 ErbStG i.V.m. §§ 95 bis 99, 103, 104, 109 Abs. 1 und Abs. 2, 137 BewG zu bewerten.

Ein Erwerb von Todes wegen liegt in diesem Falle nur insoweit vor, als der Steuerwert des Anteils höher liegt als der der vereinbarten Abfindung.

Die gesellschaftsrechtliche Erbfolge

Beispiel

Der verstorbene E war an der X-KG beteiligt. Buchwert seines Kapitalkontos DM 2.000.000,–. Steuerwert des Anteils DM 2.800.000,–. Die Mitgesellschafter sind A und B. Erben sind seine Söhne C und D.

Im Gesellschaftsvertrag ist Fortsetzungsklausel vereinbart. Die Abfindung sollte auf den Buchwert beschränkt bleiben.

Steuerwert des Anteils	2.800.000,–
Wert der Abfindung	2.000.000,–
steuerpflichtiger Erwerb nach § 3 Abs. 1 Nr. 2 ErbStG	800.000,–
A	400.000,–
B	400.000,–

A und B sind zwar nicht Erben, sie haben jedoch von Todes wegen erworben.

Ihnen steht daher der Freibetrag von DM 500.000,– zu gleichen Teilen (= je DM 250.000,–) und der Bewertungsabschlag zu.

Da es sich um Betriebsvermögen handelt, wird der Erwerb unabhängig vom Verwandtschaftsgrad nach Steuerklasse I versteuert.

	A	B
Erwerb	400.000	400.000
Freibetrag § 13a Abs. 1 ErbStG anteilig	250.000	250.000
	150.000	150.000
Bewertungsabschlag § 13a Abs. 2 ErbStG 40 v.H.	60.000	60.000
	90.000	90.000
Freibetrag § 16 Abs. 1 Nr. 3 ErbStG DM 100.000	./. 90.000	./. 90.000

Keine Erbschaftsteuer

3. Erwerb durch die Erben

690 A und B als Erben haben lediglich die Kapitalforderung (sonstiges Vermögen) geerbt, die mit dem gemeinen Wert u. U. in der Regel mit dem Nominalwert anzusetzen ist (kein Betriebsvermögen).

Soweit dieser die persönlichen Freibeträge des § 16 ErbStG übersteigt, unterliegt er der Erbschaftsteuer.

4. Sonderbetriebsvermögen

691 Hat der Erblasser der Personengesellschaft Wirtschaftsgüter zur Nutzung überlassen, gehörten diese zu seinem Sonderbetriebsvermögen und waren auch bewertungsrechtlich als Betriebsvermögen zu beurteilen (§§ 95 Abs. 1, 97 Abs. 1a BewG). Ist der Erblasser jedoch aufgrund einer Fortsetzungsklausel aus der Gesellschaft ausgeschieden, hat er gleichzeitig das Sonderbetriebsvermögen in das Privatvermögen überführt, folglich ist dieses Vermögen nicht mehr als Betriebsvermögen übergegangen.

Das hat zwar auf die Bewertung sofern keinen Einfluß, als aufgrund der vereinbarten Miete die Ertragswerte ermittelt werden können, und somit eine Bewertung nach § 146 BewG erfolgt.

Den Erben steht jedoch der Freibetrag und ein Bewertungsabschlag nicht zu. **692** Dies läßt sich nur dadurch verhindern, daß der Erblasser das Grundstück in eine gewerblich geprägte Personengesellschaft einbringt. Der Freibetrag kann zwar nur einmal gewährt werden. Die Aufteilung trifft der Erblasser. Hinsichtlich des nicht befreiten Erwerbes wird jedoch der Bewertungsabschlag von 40 v. H. gewährt.

III. Einfache Nachfolgeklausel

1. Grundsätze

Ist eine einfache Nachfolgeklausel im Gesellschaftsvertrag vereinbart, so werden **693** alle Erben unmittelbar entsprechend ihrer Erbquote Gesellschafter (vgl. Buch I Rz. 1033).

Der Vorgang unterliegt nach § 3 ErbStG der Erbschaftsteuer. Die Bewertung erfolgt nach § 12 Abs. 1 i.V.m. §§ 95, 97 Abs. 1a BewG.

Der Freibetrag gem. § 13a ErbStG wird nur einmal gewährt. Bei Erwerb durch **694** mehrere Erwerber ist für jeden Erwerber ein Teilbetrag von DM 500.000,– entspr. einer vom Erblasser schriftlich verfügten Aufteilung des Freibetrags maßgebend. Hat der Erblasser keine Verfügung getroffen, so wird der Freibetrag nach der Erbquote aufgeteilt.

Hat der Erblasser durch Vermächtnis verfügt, daß ein Dritter den Anteil übernehmen soll, so können die Erben den Freibetrag nicht in Anspruch nehmen, sondern steht dieser dem Dritten zu. **695**

Der Übergang des Freibetrags und daran anknüpfend der des Bewertungsabschlags kommt insbesondere zwischen Erben in Betracht, die Teilungsanordnungen (§ 2048 BGB) und Vorausvermächtnisse (§ 2150 BGB) erfüllen. Er kommt weiter in Betracht für Übergänge zwischen Erben und Vermächtnisnehmern, ferner für Übergänge von Erben auf Personen, denen der Erblasser das Vermögen durch ein noch nicht vollzogenes Schenkungsversprechen auf den Todesfall zugedacht hat. **696**

2. Sonderbetriebsvermögen

Hat der Erblasser der Gesellschaft Sonderbetriebsvermögen überlassen, so geht **697** dieses grundsätzlich in den ungeteilten Nachlaß und wird daher nach § 39 Abs. 2 AO den Erben entsprechend ihrer Erbquote zugerechnet. Da diese aufgrund einer einfachen Nachfolgeklausel und korrespondierenden Verfügung von Todes wegen unmittelbar Gesellschafter geworden sind, bleibt das bisherige Sonderbetriebsvermögen des Erblassers Betriebsvermögen, mit der Folge, daß es als solches zu bewerten ist, im Rahmen des Freibetrages außer Ansatz bleibt, darüber hinaus dem Bewertungsabschlag von 40 v. H. unterliegt und zusammen mit dem Anteil am Gesamthandsvermögen unabhängig vom Verwandtschaftsgrad der Erwerber nach Steuerklasse I besteuert wird.

Die gesellschaftsrechtliche Erbfolge

IV. Erwerb aufgrund einer qualifizierten Nachfolgeklausel

1. Gesellschaftsanteil

698 Ist im Gesellschaftsvertrag eine qualifizierte Nachfolgeklausel vereinbart, geht der Gesellschaftsanteil auf den qualifizierten Erben, Vermächtnisnehmer usw. unmittelbar über und fällt nicht in den Nachlaß (vgl. Buch I Rz. 1036 ff.). Der Erwerb durch den Qualifizierten wird, zumal wenn dies durch Vorausvermächtnis oder Vermächtnis erfolgt, diesem zugerechnet, anders bei Teilungsanordnungen. Der Erwerb mindert sich um übernommene Vermächtnisse und Auflagen.

Der Freibetrag und der Bewertungsabschlag für Betriebsvermögen geht ganz auf den Qualifizierten über.

2. Sonderbetriebsvermögen

699 Der Erwerb durch den qualifizierten Erben betrifft nur den Gesellschaftsanteil, nicht jedoch das Sonderbetriebsvermögen bei Nutzungsüberlassungen des Erblassers an die Gesellschaft. Das Sonderbetriebsvermögen fällt in den Nachlaß. Es gilt ertragsteuerlich, soweit es bruchteilsmäßig auf die Nichtqualifizierten entfällt, vom Erblasser als entnommen.

Folglich haben die Erben insoweit kein Betriebsvermögen übernommen. Der Freibetrag nach § 13a Abs. 1 ErbStG, soweit dieser durch den Erwerb des Gesellschaftsanteils nicht ausgeschöpft ist, geht verloren. Ferner wird auf dieses, soweit es als entnommen gilt, kein Bewertungsabschlag von 40 v.H. gewährt. Soweit der Erwerber nicht der Steuerklasse I ohnehin angehört, wird das bisherige Sonderbetriebsvermögen nicht nach Steuerklasse I versteuert.

700 Es ist daher insbesondere im Falle der qualifizierten Nachfolgeklausel sowohl aus erbschaftsteuerlichen als auch ertragsteuerlichen Gründen notwendig, durch Gestaltungen zu erreichen, daß im Zeitpunkt des Übergangs durch Tod kein Sonderbetriebsvermögen mehr vorhanden ist.

Hier bieten sich an
- die Einbringung in eine gewerblich geprägte Personengesellschaft
- die Einbringung des Gesellschaftsanteils und des Sonderbetriebsvermögens in eine (gewerblich geprägte) Personengesellschaft
- die Begründung einer mitunternehmerischen Betriebsaufspaltung.

2. Abschnitt
Die gesellschaftsrechtliche Auseinandersetzung bei einer Personengesellschaft im Ertragsteuerrecht[1]

I. Grundsätze

Hinsichtlich der Mitunternehmerschaft kann der Erblasser vielfach nicht testamentarisch verfügen. Es hängt vielmehr vom Gesellschaftsvertrag ab, ob die Beteiligung vererblich ist (vgl. Buch I Rz. 967ff.) Es ist aber auch hier zu beachten, daß zum Betriebsvermögen nicht nur das Gesamthandsvermögen gehört, sondern alle Wirtschaftsgüter, die der Erblasser der Gesellschaft pachtweise oder leihweise zur Verfügung gestellt hat. Es braucht sich hier nicht nur um materielle Wirtschaftsgüter, Grundvermögen, Anlagen, sondern kann sich hier auch um immaterielle Wirtschaftsgüter, wie die Firma, Patente, Lieferungsverträge usw. handeln.

701

Hinsichtlich dieser Wirtschaftsgüter darf der Erblasser testamentarisch frei verfügen. Diese Wirtschaftsgüter sind bürgerlich-rechtlich nicht mit der Beteiligung verbunden und können daher durch Verfügung des Erblassers vom Betriebsvermögen getrennt werden. Das gleiche trifft auch für die Darlehen und Privatkonten zu, wenn diese nicht durch Gesellschaftsvertrag an die Gesellschaft gebunden sind. Diese sind frei vererblich. Der Erbe ist lediglich hinsichtlich der Beteiligung selbst in seiner Verfügungsbefugnis durch den Gesellschaftsvertrag beschränkt.

II. Auflösung der Gesellschaft beim Tode eines Gesellschafters

Gemäß § 138 HGB wird eine offene Handelsgesellschaft im Zweifel mit dem Tode aufgelöst, wenn der Gesellschaftsvertrag nichts Abweichendes bestimmt. Darüber hinaus kann auch der Gesellschaftsvertrag die Bestimmung enthalten, daß die Gesellschaft mit dem Tode eines Gesellschafters aufgelöst wird. Das bedeutet jedoch nicht, daß das Gesellschaftsverhältnis mit dem Tode eines Gesellschafters gänzlich beendet ist. Es tritt lediglich die Gesellschaft in das Stadium einer Liquidationsgesellschaft (vgl. auch Buch I Rz. 969). Die Liquidation wird nicht von den

702

---

[1] Literaturhinweise: L. Schmidt, Komm. EStG, § 15, RdNrn. 660ff.; Bolk, DStZ 1986, 547; Schulze zur Wiesche, FR 1979, 185; derselbe, BB 1987, 2419; Ehlers/Kreutzinger, DStZ 1987, 79; Klemm, DB Beilage Nr. 5/80; Neufang, Inf. 1986, 442; Märkle/Franz, BB Beilage Heft 5/1991; Söffing, DStR 1991, 202, DB 1990, 773, 828; Schulze zur Wiesche RWP, S. 6.52, S. 1989; Ruban, DStR 1991, 65; Märkle, Wpg 1990, 674; L. Schmidt, § 16, RdNr. 129ff.; zur neueren Rechtsprechung Groh, DB 1990, 2135; Märkle/Franz, BB 1991, 2494; Knobbe-Keuk, Bilanzrecht, 9. Aufl.; Priester, DNotZ 1991, 507ff.; Reiß in Kirchhof/Söhn, § 16, RdNr. B 107; Märkle, Probleme der Erbauseinandersetzung bei im Nachlaß befindlichen Personengesellschaftsanteilen, DStR 1993, 1616; Spiegelberger, Nachfolge von Todes wegen bei Einzelunternehmen und Gesellschaftsanteilen, DStR 1992, 584; Dötsch, Die einkommensteuerliche Beurteilung aufgrund einfacher und qualifizierter Nachfolgeklausel vererbter Anteile von Personengesellschaften, FS L. Schmidt, 1993, S. 862.

übrigen überlebenden Gesellschaftern allein durchgeführt. An die Stelle des verstorbenen Gesellschafters treten seine Erben. Diese nehmen insoweit die Rechtsstellung des Erblassers ein. Die Liquidation selbst wird nicht auf Rechnung und Gefahr des Erblassers durchgeführt, sondern auf die der Erben. Somit fällt der Liquidationsgewinn oder der evtl. Liquidationsverlust bei den Erben an, nicht beim Erblasser.

1. Die Liquidationsgesellschaft als Mitunternehmerschaft

703 Während des Liquidationsstadiums ist in der Regel die Geschäftstätigkeit der Gesellschaft noch nicht eingestellt. Sie kann auch noch, soweit Bestände vorhanden sind, werbend tätig sein. Während dieser Zeit sind die Erben Mitunternehmer.

Das Unternehmen wird auf Rechnung und Gefahr aller Gesellschafter, einschließlich der Miterben, geführt, es sei denn, daß ein Erbe im Wege der Auseinandersetzung die Einkünfte und den Liquidationserlös erhalten soll. Es hängt also davon ab, wie die Miterben sich auseinandersetzen. Im Zweifel treten alle Miterben in das Gesellschaftsverhältnis ein.

a) Die Erben als Gesellschafter der Liquidationsgesellschaft

704 Die Erben haben als Gesamtrechtsnachfolger des Erblassers Einkünfte aus Gewerbebetrieb, §§ 24 Nr. 2, 15 Abs. 1 Nr. 2 EStG[2]. Es ist hierbei gleichgültig, wer von den Erben die Erbengemeinschaft in der Gesellschafterversammlung der Personengesellschaft i.L. vertritt. Nach § 146 Abs. 1 HGB nimmt der Erbe als Liquidator auch am wirtschaftlichen Verkehr teil. Das gleiche tritt für die Beteiligung am Gewinn und am Risiko zu, außerdem ist er am Liquidationserlös und daher am Vermögen beteiligt.

b) Veräußerung des Gewerbebetriebes

705 Wird das Unternehmen als Ganzes in der Liquidation veräußert, liegt eine Betriebsveräußerung i.S. des § 16 Abs. 1 EStG vor, wenn hierbei die wesentlichen Grundlagen des Betriebs übertragen werden[3]. Der Liquidationsgewinn steht den Gesellschaftern einschließlich der Erben zu. Zunächst erhalten diese ihre Guthaben aus Kapitalkonten zurück, der Rest wird entsprechend dem Gewinnverteilungsschlüssel aufgeteilt.

Soweit der anteilige Veräußerungsgewinn in den Nachlaß fällt, steht dieser den Erben entsprechend ihrer Quote zu. Ob ein Freibetrag gewährt wird, richtet sich nach den Verhältnissen des einzelnen Erben, nicht nach den Verhältnissen des Erblassers[4]. Darüber hinausgehende Gewinne sind tarifbegünstigt nach § 34 Abs. 1 EStG.

---

[2] BFH v. 12.1.1978, BStBl. II 1978, 333.
[3] Schulze zur Wiesche, Betriebsveräußerung, Gesellschafterwechsel, S. 150ff.
[4] BFH v. 29.4.1982, BStBl. II 1985, 204.

c) Beendigung der Gesellschaft durch Liquidation

Der Eintritt der Gesellschaft in das Liquidationsstadium nach dem Tod eines Gesellschafters bedeutet noch nicht Beginn der Betriebsaufgabe[5].

Eine Betriebsaufgabe ist gegeben, wenn eine gewerbliche Tätigkeit dadurch beendet wird, daß die Gesellschaft die gewerbliche Tätigkeit einstellt und innerhalb angemessener Zeit das Betriebsvermögen veräußert oder von den Gesellschaftern in deren Privatvermögen überführt wird[6]. Was als angemessener Zeitraum angesehen werden kann, hängt vom Einzelfall ab[7]. In der Regel wird man in jedem Fall von einem Zeitraum bis zu 6 Monaten ausgehen können, im Einzelfall auch bis zu einem Kalenderjahr oder auch darüber[8]. Die Aufgabe beginnt nicht mit dem Tod des Gesellschafters, sondern mit den ersten Aufgabehandlungen[9]. Die Aufgabe ist beendet, wenn die wesentlichen Grundlagen des Betriebes der Personengesellschaft entweder ins Privatvermögen überführt oder veräußert worden sind[10]. Liegen die Voraussetzungen einer Betriebsaufgabe vor, ist der Aufgabegewinn steuerbegünstigt, § 16 Abs. 3, Abs. 4 und § 34 Abs. 1 EStG. Vollzieht sich die Liquidation über einen längeren Zeitraum, liegt keine steuerbegünstigte Betriebsaufgabe vor, sondern sind auch die Veräußerungen von Betriebsvermögen als laufender Gewinn zu versteuern[11].

2. Beendigung der Liquidation durch Fortführung der Gesellschaft mit den übrigen Gesellschaftern

Beschließen die Gesellschafter im Liquidationsstadium, daß die Gesellschaft mit den übrigen Gesellschaftern fortgesetzt werden soll, so scheiden die Erben aus der Gesellschaft entweder mit dem Zeitpunkt des Vertrages oder zum vertraglich festgesetzten Zeitpunkt aus der Gesellschaft aus. Sie erhalten dann den Auseinandersetzungsanspruch. Soweit dieser den Buchwert der Beteiligung übersteigt, ist der Veräußerungsgewinn, der bei den Erben anfällt, gemäß § 16 in Verbindung mit § 34 EStG zu versteuern. Es handelt sich hierbei um Einkünfte der Erben, nicht des Erblassers[12].

Hier beruht das Ausscheiden aus der Gesellschaft auf einem eigenen Entschluß der Gesellschafter, somit ist nicht der Erblasser aus der Gesellschaft ausgeschieden, sondern sind es die Erben. Aus diesem Grunde ist der Veräußerungsgewinn bei ihnen angefallen, sofern die Abfindung den Buchwert der Beteiligung übersteigt. Es ist hierbei zu beachten, daß hier nicht der Buchwert der Beteiligung zum Zeitpunkt

---

[5] Schulze zur Wiesche, FR 1986, 24 (26).
[6] BFH v. 5. 7. 1984, DB 1984, 2072.
[7] Schulze zur Wiesche, Betriebsveräußerung, Gesellschafterwechsel, S. 138.
[8] BFH v. 25. 6. 1970, BStBl. II 1978, 719; v. 11. 3. 1982, DB 1982, 2224; v. 8. 9. 1976, BStBl. II 1977, 66.
[9] BFH v. 5. 7. 1984, DB 1984, 2072.
[10] BFH v. 13. 3. 1982, DB 1982, 2224.
[11] Littmann/Bitz/Meincke, § 16 EStG, Anm. 71.
[12] BFH v. 21. 12. 1965, BStBl. III 1966, 195.

Die gesellschaftsrechtliche Erbfolge

des Erbfalles maßgebend ist, sondern zum Zeitpunkt der Auseinandersetzung. Ferner, daß die Abfindung zur Ermittlung des Veräußerungsgewinnes um den bis dahin angefallenen laufenden Gewinn gekürzt werden muß[13].

3. Beendigung der Liquidation durch Fortführung der Gesellschaft mit den Erben

708 Beschließen die Gesellschafter, die Gesellschaft auch mit den Erben fortzuführen, so tritt insofern keine Änderung ein, als die Erben bereits Gesellschafter der Liquidationsgesellschaft geworden sind. In diesem Falle ist jeder Erbe **Gesellschafter** und daher Mitunternehmer. Die Einkünfte aus der Personengesellschaft haben die Erben als laufende Einkünfte aus Gewerbebetrieb zu versteuern. Sie haben die Buchwerte des Erblassers fortzuführen, was insbesondere dann von entscheidender Bedeutung ist, wenn der Erblasser eine Ergänzungsbilanz erstellt hat. Die Versteuerung der stillen Reserven ist lediglich aufgeschoben, nicht aufgehoben.

III. Die Fortsetzung der Gesellschaft ohne die Erben mit den überlebenden Gesellschaftern (Fortsetzungsklausel)

1. Grundsätze

709 Vielfach ist im Gesellschaftsvertrag die Bestimmung enthalten, daß die Gesellschaft beim Tode eines Gesellschafters nur zwischen den überlebenden Gesellschaftern fortgeführt werden soll. In diesem Falle scheidet der **Erblasser** mit seinem Tode aus der Gesellschaft aus[14]. Es scheiden somit der Erblasser, nicht jedoch seine Erben aus der Gesellschaft aus. Mit dem Tode des Erblassers ist das Gesellschaftsverhältnis erloschen. Der Auseinandersetzungsanspruch, der in der Regel mit dem Tode entsteht, fällt somit in den Nachlaß (vgl. Buch I Rz. 972). Er gilt schon beim Erblasser als entstanden. Der **Auseinandersetzungsanspruch** ist ein Nachlaßanspruch. Die Höhe hat daher für den Erben selbst keine steuerlichen Folgen. Der evtl. Veräußerungsverlust bzw. der Veräußerungsgewinn gemäß § 16 EStG fällt beim Erblasser an. Dieser hat somit den Veräußerungsgewinn, sofern er anfällt, noch zu versteuern. Der Tod ist somit der letzte einkommensteuerliche Vorgang des Erblassers. Die Steuerverbindlichkeit hieraus jedoch fällt als Nachlaßverbindlichkeit dem Erben zu.

Da es sich hierbei um eine Steuer des Erblassers handelt und nicht der Erben, auch wenn sie diese als Rechtsnachfolger zu entrichten haben, können sie nicht die Erbschaftsteuer vom Veräußerungsgewinn absetzen[15]. Die alte Vorschrift des § 16 Abs. 5 EStG setzte nämlich voraus, daß der Veräußerungsgewinn in der Person des Erben entstanden war. Erbschaftsteuer und Einkommensteuer aufgrund des Veräußerungsgewinns müssen beim gleichen Steuerpflichtigen anfallen. Diese Vorschrift ist im EStRG 1990 gestrichen worden. Gemäß § 35 EStG wird für den Fall,

---

[13] BFH v. 16.7.1964, HFR 1965, 39.
[14] BFH v. 26.7.1963, BStBl. III 1963, 481; v. 21.12.1965, BStBl. III 1966, 195.
[15] Vgl. u.a. BFH v. 15.5.1967, BStBl. II 1968, 523.

daß bei der Ermittlung des Einkommens Einkünfte ermittelt worden sind, die im Veranlagungszeitraum oder in den vorausgegangenen vier Veranlagungszeiträumen als Erwerb von Todes wegen der Erbschaftsteuer unterlegen haben, auf Antrag die um sonstige Steuerermäßigungen gekürzte tarifliche Einkommensteuer, die auf diese Einkünfte anteilig entfällt, um den im Satz 2 bestimmten v. H.-Satz ermäßigt.

Hiernach bemißt sich der v. H.-Satz nach dem Verhältnis, in dem die festgesetzte Erbschaftsteuer zu dem Betrag steht, der sich ergibt, wenn dem erbschaftsteuerpflichtigen Erwerb (§ 10 Abs. 1 ErbStG) die Freibeträge nach den §§ 16 und 17 und der steuerfreie Betrag nach § 5 ErbStG hinzugerechnet werden.

Es tritt also insoweit keine Steuerbefreiung, sondern lediglich eine Milderung der Belastung ein. § 35 EStG umfaßt nicht mehr allein den Veräußerungsgewinn nach § 16 EStG, sondern jeden Fall der Versteuerung, der schon einmal der Erbschaftsteuer unterlegen hat, z.B. Spekulationsgewinne, Veräußerung einer wesentlichen Beteiligung usw.

Hinsichtlich der Anrechnung gezahlter ausländischer Erbschaftsteuer vgl. BFH vom 29. 10. 1974[16].

Aus diesem Grunde ist es vielleicht zweckmäßig, im Gesellschaftsvertrag zu vereinbaren, daß die Gesellschaft mit den Erben fortgesetzt wird, diese aber mit Ablauf des Kalenderjahres, in das der Erbfall fällt, aus der Gesellschaft ausscheiden oder daß die übrigen Gesellschafter das Recht haben, innerhalb einer gewissen Zeit nach Eintritt des Erbfalles das Gesellschaftsverhältnis mit den eintretenden Erben zum Ablauf des Kalenderjahres zu kündigen und das Gesellschaftsverhältnis unter den Überlebenden allein fortgesetzt wird. In diesem Falle wären die Erben zunächst Mitunternehmer geworden, wenn sie Unternehmerrisiko getragen und Unternehmerinitiative entfaltet haben. Der Veräußerungsgewinn wäre daher bei ihnen angefallen. Das hätte neben der Abzugsfähigkeit der Erbschaftsteuer noch andere Vorteile. Bei mehreren Erben würde sich der Veräußerungsgewinn auf mehrere Steuerpflichtige verteilen, mit der Folge, daß die auf den Veräußerungsgewinn entfallende Steuer geringer wäre, weil u. U. infolge der Progression ein niedriger Tarif zur Anwendung käme.

2. Formen der Abfindung

a) Barabfindung

Im Falle der Barabfindung ist der Unterschiedsbetrag zwischen der vereinbarten Zahlung und dem Buchwert des Kapitalkontos der Veräußerungsgewinn im Sinne des § 16 Abs. 2 EStG. Er fällt unabhängig von der Zahlung an. Der Tatbestand der Veräußerung ist verwirklicht mit dem Ausscheiden durch den Tod, also zum Zeitpunkt des Todes[17].

---

[16] BStBl. II 1975, 110.
[17] BFH v. 29. 5. 1969, BStBl. II 1969, 614; vgl. auch L. Schmidt, § 16, RdNr. 129.

Die gesellschaftsrechtliche Erbfolge

b) Ratenzahlung

712 Sieht der Gesellschaftsvertrag Ratenzahlung vor, ist auch in diesem Falle der Veräußerungsgewinn mit dem Tode des Gesellschafters entstanden.

Ist hinsichtlich der gestundeten Abfindung keine Verzinsung vorgesehen, ist die Abfindung nach dem BewG abzuzinsen[18]. Der abgezinste Betrag ist als Kaufpreis zugrunde zu legen. Der Zinsanteil ist in der Weise zu ermitteln, daß der Barwert der Ratenverpflichtung jährlich neu ermittelt werden muß. Die Barwertveränderung stellt den Tilgungsanteil der einzelnen Raten dar. Der Zinsanteil ergibt sich dadurch, daß der Tilgungsanteil von den einzelnen Raten abzuziehen ist. Dieser Zinsanteil ist bei den Erben im Zeitpunkt der Ratenzahlung (Zufluß § 11 Abs. 1 EStG) als sonstige Kapitaleinkünfte zu erfassen (§ 20 Abs. 1 Nr. 7 EStG).

Ein Wahlrecht, auch Zuflußbesteuerung zu wählen, kommt für die Erben nicht in Betracht, da die Stundungsvereinbarung im Interesse der Gesellschaft erfolgt.

c) Rentenzahlung

713 Ist im Gesellschaftsvertrag vereinbart, daß die Gesellschaft das Recht hat, die Abfindung zu verrenten, hängt die steuerliche Behandlung von der Gestaltung durch die Erben ab. Die Erben können auch in Vertretung für den Erblasser zwischen einer Sofortversteuerung und einer Zuflußbesteuerung wählen[19].

714 Wählen die Erben die Sofortversteuerung, liegt beim Erblasser eine Anteilsveräußerung vor. Als Kaufpreis gilt der Rentenbarwert, der nach dem Bewertungsgesetz zu ermitteln ist. Die Rente gehört in diesem Falle zum Privatvermögen der Erben. Diese haben den in den Rentenzahlungen enthaltenen Ertragsanteil zu versteuern.

715 Wählen die Erben die Zuflußbesteuerung, fällt beim Erblasser kein Veräußerungsgewinn an. Soweit die einzelnen Rentenzahlungen das Kapitalkonto des Erblassers nicht überstiegen haben, sind sie umschichtend, die das Kapitalkonto übersteigenden Rentenzahlungen sind in voller Höhe als nachträgliche Einkünfte aus Gewerbebetrieb (§§ 24 Nr. 2, 15 Abs. 1 Nr. 2 EStG) zu erfassen.

d) Abfindung durch Einräumung einer stillen Beteiligung

716 Ist im Gesellschaftsvertrag vereinbart, daß ein Abkömmling eines Gesellschafters Gesellschafter werden kann, die Witwe eines Gesellschafters allenfalls die Stellung eines stillen Gesellschafters einnehmen kann, ist der Erblasser insoweit aus der Gesellschaft ausgeschieden und ein Veräußerungsgewinn bei ihm angefallen, sofern die Ehefrau die Stellung eines typischen stillen Gesellschafters erhält. Die Witwe hat in diesem Falle Einkünfte aus Kapitalvermögen[20]. Veräußerungsgewinn ist in diesem Falle der Unterschiedsbetrag zwischen dem Nominalbetrag der Abfin-

---

[18] BGH v. 10. 2. 1977, NJW 1977, 1339.
[19] BFH v. 26. 3. 1981, BStBl. II 1981, 614.
[20] Vgl. hierzu Baumbach-Duden, Anm. 3c zu § 131 HGB; BGH v. 29. 9. 1977, DB 1977, 2318.

dung, der in eine stille Beteiligung umgewandelt wird, und dem letzten Buchkapitalstand des Erblassers.

Inwieweit die Mitunternehmerschaft fortgesetzt werden kann, wenn die Rechtsnachfolger die Stellung eines atypischen stillen Gesellschafters erhalten sollen, ist umstritten. 717

Sieht der Gesellschaftsvertrag das Ausscheiden eines Gesellschafters als Gesamthänder mit dem Tode vor, so ist der Gesellschafter als Gesamthänder aus der Gesellschaft mit seinem Tode ausgeschieden, unbeschadet der Tatsache, daß die Gesellschaft in Form einer stillen Beteiligung fortgesetzt werden soll. Damit liegt grundsätzlich der Tatbestand der Anteilsveräußerung vor. Der Eintritt der Erben als stille Gesellschafter, wenn auch als atypische, begründet grundsätzlich ein neues Gesellschaftsverhältnis. Bei einer zweigliedrigen Personengesellschaft würde die Identität der Gesellschaft verloren gehen, wenn das Gesellschaftsvermögen durch Tod, durch Anwachsung übergehen und mit den Erben durch Umwandlung der Abfindungsansprüche in stille Einlagen eine neue Innengesellschaft begründet wird. In diesem Falle wären die Erben lediglich am Handelsgewerbe des verbleibenden Gesellschafters als Einzelhandelsgewerbetreibende beteiligt. So fragt sich jedoch, ob dennoch eine Buchwertfortführung der Erben im Rahmen der atypischen stillen Beteiligung möglich ist, wenn die spätere Versteuerung der stillen Reserven gesichert ist. Eine formwechselnde Umwandlung wie bei der OHG in eine KG ist nicht möglich. Eine Einbringung i.S. des § 24 UmwStG liegt auch nicht vor, weil die Einbringung des Abfindungsanspruchs kein Mitunternehmeranteil ist. U.E. sollte auch hier die Einbringung des Abfindungsanspruchs des Erblassers mit dem Buchwert möglich sein, wenn die einbringenden Erben Mitunternehmer sind. U. E. müßte steuerlich eine Buchwertfortführung auch dann möglich sein, wenn handelsrechtlich ein höherer Wert anzusetzen ist (Korrektur durch Ergänzungsbilanzen). 718

IV. Fortsetzung der Gesellschaft mit den Erben (Nachfolgeklausel)

1. Grundsätze

Ist im Gesellschaftsvertrag vereinbart, daß die Gesellschaft im Falle des Todes eines Gesellschafters mit dessen Erben fortgesetzt werden soll, so werden der Erbe bzw. die Erben Gesellschafter[21]. 719

Sie sind somit Mitunternehmer geworden, unabhängig davon, ob sich die Beteiligungsverhältnisse im Rahmen der Erbauseinandersetzung verändern werden. Als Rechtsnachfolger des Erblassers haben die Erben grundsätzlich die Buchwerte des Erblassers fortzuführen. Das steuerliche Kapitalkonto ist entsprechend der Erbquote auf die Erben aufzuteilen, gleiches trifft hinsichtlich des Gewinnanteils des Erblassers zu. Spätere Änderungen der Beteiligungsverhältnisse hinsichtlich des Anteils des Erblassers können entgeltlich, aber auch unentgeltlich erfolgen[22].

---

[21] Vgl. BFH v. 21. 12. 1965, BStBl. III 1966, 195.
[22] Hierzu L. Schmidt, § 16, RdNr. 130b; Groh, DB 1990, 2135, 2140.

Die Erben sind grundsätzlich Gesellschafter, gleichgültig, ob der Nachlaß schon auseinandergesetzt worden ist oder eine ungeteilte Erbengemeinschaft besteht (vgl. auch Buch I Rz. 977, 1033 ff.).

2. Nachträgliche Auseinandersetzung
a) Entgeltliche Veräußerungen von Anteilen

720 Werden später die Beteiligungsverhältnisse hinsichtlich des Gesellschaftsanteils im Rahmen der Erbauseinandersetzung geändert, liegt in Höhe der vereinbarten Abfindungen eine entgeltliche Übertragung des Anteils vor. Erben, deren Beteiligungen eine Minderung erfahren, haben den Anteil bzw. einen Bruchteil ihres Anteils veräußert und in Höhe des Unterschiedsbetrages zwischen vereinbarter Abfindung und anteiligem Buchkapital einen Veräußerungsgewinn. Die Erben, deren Anteile eine Aufstockung erfahren haben, haben in Höhe der gezahlten Abfindung Anschaffungskosten. Soweit die vereinbarte Abfindung nicht dem Buchkapital entspricht, ist der Mehrbetrag bzw. Minderbetrag in einer Ergänzungsbilanz festzuhalten.

721 Die Erben können jedoch innerhalb von 6 Monaten nach Erbfall eine Auseinandersetzungsvereinbarung treffen, die auf den Todeszeitpunkt zurückwirkt, mit der Folge, daß der übernehmende Erbe steuerlich den Anteil durch Erbfall unmittelbar erworben hat.

722 Ein entgeltlicher Erwerb in diesem Sinne liegt auch dann vor, wenn Miterben ihren Erbanteil einschließlich des Anteils am Gesellschaftsanteil an einen Miterben veräußern oder die Miterben aus der Erbengemeinschaft ausscheiden, und das Ausscheiden auch für den Gesellschaftsanteil gilt.

b) Unentgeltlicher Erwerb

723 Der Anteil eines Miterben an einer Personengesellschaft kann jedoch auch unentgeltlich im Rahmen der Teilung des übrigen Nachlasses übertragen werden. Nach Ansicht des BFH kann der Gesellschaftsanteil, obwohl dieser bereits durch Sondererbfolge auf die Erben übergegangen ist, in die Erbauseinandersetzung mit einbezogen werden[23].

724 Erfolgen bis zur Auseinandersetzung des Nachlasses Rückübertragungen hinsichtlich des Gesellschaftsanteils innerhalb der Erben mit Anrechnung auf die Erbquote, sind die Anteilsübertragungen unentgeltlich, wenn der Wertausgleich aus dem übrigen Nachlaß erfolgt. Das wäre der Fall, wenn der Abfindungsanspruch mit dem Anspruch auf den geteilten Nachlaß wertmäßig verrechnet wird oder der Anteilsübernehmer zum Ausgleich Schulden des Erblassers oder des Nachlasses übernimmt. Ein entgeltlicher Erwerb liegt hingegen vor, wenn eigene Verbindlichkeiten begründet werden.

---

[23] BFH v. 13. 12. 1990, BStBl. II 1992, 510; v. 29. 10. 1991, BStBl. II 1992, 512.

c) Realteilung eines Gesellschaftsanteils

Der Mitunternehmeranteil besteht aus dem Gesellschaftsanteil (Anteile am Gesamthandsvermögen) und dem Sonderbetriebsvermögen.

Ist eine qualifizierte Nachfolgeklausel im Gesellschaftsvertrag vereinbart, geht der Gesellschaftsanteil entsprechend der Erbquote auf die einzelnen Gesellschafter über. Hat der Erblasser ebenfalls der Gesellschaft Sonderbetriebsvermögen überlassen, fällt dieses zwar in den Nachlaß, steuerlich wird dieses jedoch den Erben entsprechend ihrer Erbquote zugerechnet mit der Folge, daß die Beteiligungsquoten am Gesellschaftsanteil und am Sonderbetriebsvermögen übereinstimmen. Ändern sich im Rahmen der Erbauseinandersetzung die Beteiligungsverhältnisse an der Personengesellschaft und am Sonderbetriebsvermögen, so führen die Veränderungen nicht zur Gewinnrealisierung, soweit eine Wertverrechnung innerhalb des Nachlasses ohne Einsatz von Nichtnachlaßvermögen möglich ist und alle Wirtschaftsgüter des bisherigen Betriebsvermögens Betriebsvermögen bleiben.

So kann eine steuerneutrale Realteilung des Anteils in der Weise erfolgen, daß Erbe A den Gesellschaftsanteil übernimmt, Erbe B das Sonderbetriebsvermögen. Voraussetzung für eine steuerneutrale Realteilung jedoch ist, daß Erbe B das Sonderbetriebsvermögen in ein anderes Betriebsvermögen, wenn auch als gewillkürtes Betriebsvermögen überführt.

Möglich ist auch eine Realteilung in der Weise, daß Erbe A ein Gesellschaftsanteil bis auf einen kleinen Restwert übernimmt, B somit Mitunternehmer bleibt, dieser aber das Sonderbetriebsvermögen übernimmt. Unentgeltliche Übertragungen von Sonderbetriebsvermögen ohne Aufdeckung von stillen Reserven innerhalb der Mitunternehmer hat die Rechtsprechung als zulässig erachtet.

d) Erwerb des Gesellschaftsanteils der Miterben mit Anrechnung auf die Quote und Spitzenausgleich

Reicht die Quote am Nachlaß zur Abfindung der Miterben hinsichtlich des übernommenen Gesellschaftsanteils nicht aus und zahlt der Erbe an diese hinsichtlich des nicht gedeckten Mehrbetrages einen Wertausgleich, so hat er insoweit die Anteile der weichenden Erben an der Personengesellschaft entgeltlich erworben, und die weichenden Erben haben insoweit ihren Anteil veräußert. In diesem Fall ist der Erwerb in einen entgeltlichen und einen unentgeltlichen Teil aufzuteilen.

3. Antrag der Erben auf Einräumung der Kommanditistenstellung

Beantragen die Erben gemäß § 139 HGB (vgl. Buch I Rz. 1031) die Stellung eines Kommanditisten, so ändert sich hinsichtlich ihrer Mitunternehmerschaft nichts. Es findet keine Veräußerung des Gewerbebetriebes statt, da die Identität des Unternehmens erhalten bleibt. Darlehenskonten und Privatkonten bleiben im Gegensatz zum Handelsrecht Betriebskapital.

Es müßte jedoch überlegt werden, ob nach der Umwandlung der oHG in eine KG die Gewinnverteilungsabreden dementsprechend angepaßt werden müßten. Nach § 139 HGB ist den Kommanditisten die bisherige Gewinnbeteiligung zu belassen. Die Interessenlage ist jedoch eine andere, wenn es sich bei dem Erblasser um einen tätigen Teilhaber gehandelt hat. Das persönliche Engagement und auch das Haftungsrisiko, was für die ursprüngliche Gewinnverteilung maßgebend war, ist jedoch im Zweifel bei einem Kommanditisten anders zu beurteilen. Im Hinblick auf die Rechtsprechung zur Familiengesellschaft ist hier Vorsicht geboten. Es ist daher u. E. ratsam, die Gewinnverteilung in diesem Falle noch einmal zu überdenken, um zu vermeiden, daß sie evtl. steuerlich nicht anerkannt wird. Die Gefahr besteht insbesondere dann, wenn mehrheitlich Familienangehörige an der Gesellschaft beteiligt sind.

4. Steuerliche Wirkung der Kündigung

730   Sind die übrigen Gesellschafter nicht damit einverstanden, daß die Erben die Stellung von Kommanditisten einnehmen, so haben diese das Recht, das Gesellschaftsverhältnis zu kündigen (Näheres vgl. Buch I Rz. 1031, 1021 ff.). Die Abfindung richtet sich nach der Vereinbarung im Gesellschaftsvertrag. In diesem Falle scheidet nicht der Erblasser, sondern scheiden die Erben aus der Gesellschaft aus. Die Beendigung des Gesellschaftsverhältnisses beruht auf ihrem eigenen Willensentschluß. Auch wenn sie hierdurch rückwirkend betrachtet keine Gesellschafter geworden sind und daher nur nach den Regeln der beschränkten Erbenhaftung für die Verbindlichkeiten haften und damit auch keine Mitunternehmer geworden sind, so haben doch sie die Mitunternehmerschaft des Erblassers beendet. Der Veräußerungsgewinn ist ihnen zuzurechnen.

V. Erbeneintritt bei qualifizierter Nachfolgeklausel

1. Grundsätze[24]

731   Eine qualifizierte Nachfolgeklausel liegt vor, wenn dem Erbeneintritt Grenzen gesetzt sind, entweder dadurch, daß bestimmte persönliche Merkmale vorliegen müssen wie „Abkömmlinge" oder in der Weise, daß der Erbeneintritt zahlenmäßig beschränkt ist, um eine weitere Stückelung der Anteile zu verhindern.

732   Nach dem Urteil des BGH vom 10. 2. 1977[25] geht im Falle der qualifizierten Nachfolgeklausel der Gesellschaftsanteil auf den Gesellschafternachfolger unabhängig von seiner Erbquote und unabhängig von der späteren Erbauseinandersetzung über. Inwieweit der eintretende Erbe den weichenden Erben einen Wertausgleich zu zahlen hat, richtet sich nach der Erbauseinandersetzung. Das

---

[24] Groh, Bedrohung der qualifizierten Gesellschafternachfolge durch das Steuerrecht, DStR 1994, 413; Gebel, Die qualifizierte Nachfolgeklausel, BB 1995, 173; Menges/Stähle, Erbfolgeregelungen bei qualifizierter Nachfolgeklausel, BB 1994, 2122; Bohlmann, Vermeidung der Zwangsentnahme von SonderBV und hoffreiem BV bei der Erbfolge, DB 1994, 189; Reischl, Schenkung von Todes wegen als Mittel zur Vemeidung der Zwangsentnahme von Sonderbetriebsvermögen bei qualifizierter Gesellschaftsanteilsnachfolge, ZEV 1996, 50.
[25] NJW 1977, 1339.

Gesellschaftsverhältnis wird hierdurch in keiner Weise berührt. Der Wertausgleich spielt sich im Verhältnis des eintretenden Erben zu den übrigen Erben ab.

Steuerrechtlich hat der eintretende Erbe den Anteil unmittelbar vom verstorbenen Gesellschafter, also dem Erblasser erworben und ist daher Mitunternehmer der Personengesellschaft geworden. 733

Die Auseinandersetzung mit den übrigen Miterben erfolgt nicht im Bereich der Personengesellschaft, sondern im Sonderbereich des Gesellschafters.

Ein unentgeltlicher Erwerb des Gesellschaftsanteils liegt vor, wenn der Erwerb des Gesellschaftsanteils mit dem Auseinandersetzungsanspruch aus der Erbteilung verrechnet wurde, also die Übernahme des Anteils mit Anrechnung auf die Quote erfolgt. Der eintretende Erbe hat die Werte des Erblassers einschließlich der Ergänzungsbilanzen fortzuführen. Soweit der eintretende Gesellschafter mehr erhalten hat als seiner Erbquote entspricht und er daher den weichenden Miterben in dieser Hinsicht einen Wertausgleich zu zahlen hat, liegt kein entgeltlicher Erwerb vor. 734

Die Behandlung der qualifizierten Nachfolgeklausel war lange Zeit in der Literatur umstritten. Der BFH[26] hat sich auf den Rechtsstandpunkt gestellt, daß nur der qualifizierte Erbe Mitunternehmer wird, die Ansprüche der weichenden Erben auf Wertausgleich und Auskunft für eine Mitunternehmerstellung nicht ausreichten, die Auseinandersetzung (Wertausgleichung) sich auf der privaten Ebene abspielte.

2. Erwerb durch den qualifizierten Erben als unentgeltlicher Erwerb

Ist im Gesellschaftsvertrag eine qualifizierte Nachfolgeklausel vereinbart, geht der Anteil des Verstorbenen mit seinem Tode auf den qualifizierten Erben über (vgl. Buch I Rz. 1037 und Erlaß Tz. 83). 735

Der Erwerb erfolgt unmittelbar und unentgeltlich vom Erblasser. Damit ist dem Qualifizierten der Anteil unmittelbar mit dem Tode des Rechtsvorgängers zuzurechnen. Er hat den Anteil unentgeltlich erworben und damit die Bilanzansätze in der Bilanz der Personengesellschaft und etwaiger Ergänzungsbilanzen zu übernehmen.

Hat der Qualifizierte an die übrigen Erben Wertausgleiche zu zahlen, weil der Wert des Anteils seine wertmäßige Beteiligung am Nachlaß übersteigt oder hat er Vermächtnisse des Erblassers zu erfüllen, so entstehen ihm insoweit keine Anschaffungskosten, weil der Erwerb als solcher unabhängig von den Wertausgleichszahlungen ist. Der Qualifizierte hat daher hinsichtlich geleisteter Wertausgleiche weder Anschaffungskosten noch werden hierdurch betriebliche Verbindlichkeiten weder im Gesamthandsbereich noch im Sonderbereich begründet. 736

Das gilt auch dann, wenn durch Novation eine neue Verbindlichkeit begründet wurde. Nimmt der Qualifizierte ein Darlehn auf, um die Ausgleichsansprüche zu erfüllen, hat er weder eine betriebliche Verbindlichkeit begründet noch stellen die Zinsen Sonderbetriebsausgaben dar. 737

---

[26] BFH v. 29. 10. 1991, BStBl. II 1992, 512.

738 Gleiches gilt, wenn der Ausgleichsanspruch der Erben gestundet und in ein Darlehen umgewandelt wird. Eine andere Rechtslage ergibt sich jedoch, wenn der Ausgleichsanspruch in eine stille Beteiligung umgewandelt wird, unter der Voraussetzung, daß die stille Beteiligung unter Bedingungen, wie sie zwischen fremden Dritten auch vereinbart worden wären, steht.

739 Ein entgeltlicher Erwerb wäre nur dann gegeben, wenn auf Grund einer qualifizierten Nachfolgeklausel mehrere Erben zu Nachfolgern im Gesellschaftsanteil bestimmt sind, im Wege der Auseinandersetzung ein Qualifizierter die Anteile der übrigen Qualifizierten erwirbt oder der Qualifizierte Verpflichtungen aus dem Gesellschaftsverhältnis, die noch vom Erblasser herrühren, erfüllt.

740 Die Erzielung von vom Erblasser angeordneten Auflagen, z.B. Versorgung der Witwe, führt nicht zu einem entgeltlichen Erwerb.

741 Der Erbe, der aufgrund einer qualifizierten Nachfolgeklausel mit dem Tode in die Gesellschaft eintritt, gilt vom Todeszeitpunkt an als Mitunternehmer. Ihm sind von diesem Zeitpunkt an die Erträge zuzurechnen. Es bedarf hierzu nicht der Aufstellung einer Zwischenbilanz. Erfolgt der Tod während eines Wirtschaftsjahres, entstehen insoweit keine Rumpfwirtschaftsjahre, der Gewinn ist im Schätzungswege aufzuteilen. Die weichenden Erben sind nunmehr Mitunternehmer geworden, sie haben daher im Hinblick auf die Abfindung keinen Veräußerungsgewinn erzielt. Die Abfindung spielt sich auf der privaten Vermögensebene ab und ist daher grundsätzlich ertragsteuerlich unerheblich.

VI. Teilnachfolgeklausel

742 Die Teilnachfolgeklausel unterscheidet sich von der qualifizierten Nachfolgeklausel dadurch, daß zwar ebenfalls aus einer Mehrheit von Erben nur bestimmte Erben zur Nachfolge berufen sind, diese aber nur den ihrer Erbquote entsprechenden Anteil vom Gesellschaftsanteil des Erblassers unentgeltlich erhalten, der übrige Anteil den verbleibenden Gesellschaftern wie bei der Fortsetzungsklausel anwächst.

Die Gesellschafternachfolge wird hier aufgespalten.

743 Soweit der Anteil auf den einen Erben oder den einzelnen Erben übergeht, liegt ein unentgeltlicher Erwerb vor (§ 7 Abs. 1 EStDV). Der übernehmende Erbe ist an die Buchwerte gebunden.

Der Ausgleichsanspruch gegen die verbleibenden Gesellschafter geht auf die Nichtgesellschafter-Erben über.

Ertragsteuerlich ist insoweit der Erblasser aus der Personengesellschaft ausgeschieden (vgl. Fortsetzungsklausel). Der Veräußerungsgewinn ist bei diesem angefallen und nicht bei den abzufindenden Erben[27].

---

[27] Bolk, DStZ 1986, 547; Klemm, Einkommensteuer und Erbauseinandersetzung, DB Beilage 1984, S. 511.

Im Unterschied zur Fortsetzungsklausel werden keine Ansprüche gegen die Gesamthand begründet, sondern im Sonderbereich der verbleibenden Gesellschafter. Soweit eine Abfindungsverpflichtung begründet wurde, ist sie im Sonderbereich dieser Gesellschafter zu passivieren und der Mehrheit gegenüber dem anteilig übernommenen Buchwert in einer Ergänzungsbilanz zu aktivieren. 744

VII. Erbeneintritt bei Eintrittsklausel

1. Handels- und bürgerlich-rechtliche Betrachtung

Ist im Gesellschaftsvertrag keine Nachfolge-, sondern eine Eintrittsklausel vereinbart worden, dergestalt, daß ein Erbe oder ein Dritter mit dem Tode eines Gesellschafters das Recht hat, in die Gesellschaft einzutreten, wird die Gesellschaft zunächst einmal mit den verbleibenden Gesellschaftern fortgesetzt mit der Folge, daß der Anteil des Verstorbenen auf diese übergeht. Die verbleibenden Erben haben jedoch die Verpflichtung, den Erben oder den Dritten, wenn er von seinem Eintrittsrecht Gebrauch macht, als Gesellschafter aufzunehmen. Der Eintretende hat eine eigene Einlageverpflichtung zu erbringen, wobei die Einlageverpflichtung darin bestehen kann, den ihm zustehenden Abfindungsanspruch einzubringen. Ist im Gesellschaftsvertrag einer als Erbe bezeichnet, der im Erbfall aber nicht Erbe wird, so kann es sich hier nur um die Gewährung eines Eintrittsrechtes handeln. Mangels Erbes tritt er nicht als Rechtsnachfolger automatisch mit dem Tode in die Gesellschaft ein. Er hat lediglich einen schuldrechtlichen Anspruch, als Gesellschafter in die Gesellschaft einzutreten[28]. 745

2. Steuerliche Behandlung des Eintrittsrechts

Ist der Eintretende ein Dritter und nicht Erbe, so hat er eine eigene Einlageverpflichtung und somit Anschaffungskosten. In diesem Falle liegt kein unentgeltlicher Erwerb vor. 746

Ist im Gesellschaftsvertrag eine Eintrittsklausel des Inhalts vereinbart worden, daß ein oder mehrere Erben mit dem Tod eines Gesellschafters das Recht haben, in die Gesellschaft einzutreten, so wird die Gesellschaft zunächst mit den verbleibenden Gesellschaftern fortgesetzt. Der Gesellschaftsanteil des verstorbenen Gesellschafters wächst mithin den übrigen Gesellschaftern an und die eintrittsberechtigten Erben erben lediglich das Eintrittsrecht. Hieraus folgt, daß für den Fall, daß der Erbe oder die Erben vom Eintrittsrecht keinen Gebrauch machen, die verbleibenden Gesellschafter den Anteil des Verstorbenen übernommen haben und der Erblasser mit seinem Tode aus der Gesellschaft ausgeschieden ist und damit dem Veräußerungstatbestand i.S. des § 16 Abs. 1 EStG verwirklicht hat. In den Nachlaß fällt in diesem Falle nur der Abfindungsanspruch. Macht jedoch der Eintrittsberechtigte von seinem Eintrittsrecht Gebrauch so bewirkt dieses, daß mit Rückwir- 747

---

[28] Vgl. hierzu Baumbach-Duden, Anm. 3c zu § 131 HGB; BGH v. 29.9.1977, DB 1977, 2318; K. Schmidt, Gesellschaftsrecht, S. 993; hierzu auch L. Schmidt, § 16, RdNr. 133; Klemm, DB Beilage Nr. 19/1984, S. 12; Groh, DB 1990, 2135.

Die gesellschaftsrechtliche Erbfolge

kung auf den Todestag dieser den Anteil übernommen hat und als Gesellschafter anzusehen ist. Das Finanzamt erkennt die Rückwirkung nur an, wenn das Eintrittsrecht innerhalb von 6 Monaten nach dem Erbfall ausgeübt worden ist (Schr. BdF v. 11. 1. 1993[29], Tz. 80). Dieser Eintritt ist, wenn alle Erben von dem Eintrittsrecht Gebrauch machen, steuerlich wie die einfache Nachfolgeklausel (Tz. 80 ff), wenn nur einer oder einige Erben von ihrem Eintrittsrecht Gebrauch mache, wie die qualifizierte Nachfolgeklausel zu behandeln (Tz. 83 ff.).

3. Qualifizierte Nachfolgeklausel

748   Der Gesellschaftsvertrag kann von vornherein einem oder einzelnen Gesellschaftern ein Eintrittsrecht einräumen. In diesem Falle liegt eine qualifizierte Eintrittsklausel vor. Für diesen Fall erlangt er ertragsteuerlich die gleiche Stellung, als wenn er vom Eintrittsrecht Gebrauch gemacht hat, wie ein durch qualifizierte Nachfolgeklausel von vornherein bestimmter Nachfolger[30].

VIII. Das Übernahmerecht eines Gesellschafters

749   Sieht der Gesellschaftsvertrag die Möglichkeit vor, daß im Falle des Todes eines Gesellschafters der andere Gesellschafter bzw. andere Gesellschafter den Betrieb unter Ausschluß des anderen Gesellschafters übernehmen können und machen diese von dem Übernahmerecht alsbald nach dem Erbfall Gebrauch, so gilt der Erblasser aus der Gesellschaft ausgeschieden und nicht die abzufindenden Erben[31].

IX. Sonderformen der Abfindung

1. Abfindung mit Sachwerten

750   Wird im Falle einer Fortsetzungsklausel der weichende Erbe mit Gegenständen aus dem Privatvermögen abgefunden, hat dies auf die Besteuerung keinen Einfluß, da Vermögensvermehrungen im Privatvermögen nicht der Besteuerung unterliegen. Anders liegt der Fall, wenn der weichende Erbe mit Sachwerten aus dem Betriebsvermögen abgefunden wird[32].

Beispiel:
A, B und C sind Gesellschafter der A-OHG. Im Gesellschaftsvertrag ist vereinbart worden, daß im Falle des Todes eines Gesellschafters die Gesellschaft mit den verbleibenden Gesellschaftern fortgesetzt wird. C ist verstorben. Der Buchwert seines Kapitalkontos betrug im Zeitpunkt des Todes DM 400.000,–. Nach dem Gesellschaftsvertrag hatte der ausscheidende Gesellschafter einen Anspruch in Höhe des Wertes seines Anteils. Der Wert des Anteils betrug im Zeitpunkt des Todes DM 850.000,–. Die Gesellschafter A und B haben mit dem Erben X vereinbart, daß dieser aus dem Gesellschaftsvermögen ein Grundstück im Wert von

---

[29] BStBl. I 1993, 62.
[30] Bolk, DStZ 1986, 547.
[31] BFH v. 26. 7. 1963, BStBl. III 1963, 480; v. 10. 7. 1964, HFR 1965, 10.
[32] BFH v. 24. 5. 1973, BStBl. II 1973, 655.

DM 850.000,-, das mit DM 250.000,- zu Buche steht, erhalten soll. Der Verstorbene war an den stillen Reserven zu 1/3 beteiligt.

Der Veräußerungsgewinn ist bereits beim Erblasser in Höhe von DM 450.000,- angefallen. Die Beteiligung des Verstorbenen ist den verbleibenden Gesellschaftern angewachsen. Soweit die Anschaffungskosten den Buchwert der übernommenen Beteiligung übersteigen, sind die anteiligen stillen Reserven aufzulösen. Lt. Sachverhalt war der Ausgeschiedene mit 1/3 an den stillen Reserven beteiligt. Somit waren mit dem Ausscheiden auch hinsichtlich der stillen Reserven des Grundstücks 1/3 = DM 200.000,- zu aktivieren. Im Zeitpunkt der Vereinbarung mit dem Erben stand somit das Grundstück mit einem Wert von DM 450.000,- zu Buche. Infolge der Entnahme des Grundstücks zur Abfindung der Erben ist somit bei den verbleibenden Gesellschaftern ein Entnahmegewinn in Höhe von DM 400.000,- angefallen, der als laufender Gewinn zu behandeln ist und daher nicht nach § 34 EStG begünstigt ist.

Das gleiche trifft zu, wenn aufgrund einer einfachen Nachfolgeklausel der in die Gesellschaft eintretende Erbe seine übrigen Miterben mit dem eventuellen Sonderbetriebsvermögen des Erblassers abfindet.

2. Abfindung in Form von Rentenvereinbarungen

Werden Miterben im Falle einer einfachen Nachfolgeklausel im Zusammenhang mit der Auseinandersetzung eines Gesellschaftsanteils durch eine Rente abgefunden, handelt es sich im Zweifel um einen entgeltlichen Vorgang. Derjenige, der im Zusammenhang mit dem Erwerb des Gesellschaftsanteils weichende Erben mit einer Rente abgefunden hat, hat in Höhe des Gegenwertes der Rente Anschaffungskosten der Beteiligung und hinsichtlich der Rentenzahlungen Betriebsausgaben.

751

Die weichenden Erben haben grundsätzlich ein Wahlrecht zwischen der Sofortversteuerung der Rente und der Zuflußbesteuerung. Im Falle der Sofortversteuerung haben sie den Veräußerungspreis, der sich aus der Gegenüberstellung von Rentenbarwert und anteiligem Kapitalkonto ergibt, zu versteuern. Das Stammrecht der Rente führt zum Privatvermögen. Der Ertragsanteil der Rente ist nach § 22 Nr. 1 EStG als sonstige Einkünfte zu erfassen.

752

Im Falle der Zuflußbesteuerung hat der weichende Erbe die Rentenzahlungen nach Verrechnung mit dem anteiligen Kapitalkonto als nachträgliche Einkünfte aus Gewerbebetrieb[33] zu versteuern.

753

Beispiel:
E war Gesellschafter der X-KG. Im Gesellschaftsvertrag ist die einfache Nachfolgeklausel vorgesehen. Aufgrund dieser Klausel sind A, B, C als Erben des E nach dessen Tode Gesellschafter geworden. A übernimmt jedoch im Rahmen der Erbauseinandersetzung den ganzen Anteil des E und findet A und B mit einer Rente, die wertmäßig den übertragenen Anteilen entspricht, ab. In diesem Falle handelt es sich jedoch um eine betriebliche Veräußerungsrente.

---

[33] § 24 Nr. 1 i.V.m. § 15 EStG.

754 Wird jedoch im Rahmen einer Nachlaßteilung (Realteilung) der Anteil unentgeltlich übertragen und übernimmt der Anteilsübernehmer die Versorgung, so hat die Rentenvereinbarung privaten Charakter. Der Anteilsübernehmer hat den Anteil unentgeltlich aus der Erbengemeinschaft bzw. von den übrigen Erben unentgeltlich erworben, er hat die Buchwerte des Rechtsvorgängers fortzuführen. Die Rentenverpflichtung gehört nicht zum Sonderbetriebsvermögen, sondern ist dem Privatvermögen zuzurechnen. Die Rentenzahlungen können nicht als Sonderbetriebsausgaben Berücksichtigung finden. Beim Empfänger ist die Rente als sonstige Einnahmen i.S. des § 22 Nr. 1 EStG zu behandeln. Gleiches gilt, wenn der Anteilsübernehmer ein testamentarisches Rentenvermächtnis zu erfüllen hat. Es handelt sich hier um eine Nachlaßverbindlichkeit und nicht um eine solche, die betrieblich veranlaßt ist. Daher ist die Vermächtnisrente dem privaten Bereich zuzuordnen, sie stellt kein Entgelt für den Erwerb des Anteils dar. Somit ist der Anteilsübernehmer auch in diesem Falle zur Buchwertfortführung verpflichtet. Die Rentenvermächtnisnehmer haben hinsichtlich des Ertragsanteils der Rente sonstige Einkünfte. Eine Vermächtnisrente unterliegt jedoch nur dem Sonderausgabenabzug, wenn der Empfänger ein Erbberechtigter (Witwe des Verstorbenen) ist und Anspruch auf existenzsicherndes Vermögen hatte.

3. Abfindung durch Einräumung einer stillen Beteiligung bzw. Unterbeteiligung

755 Ist im Gesellschaftsvertrag vereinbart, daß die Gesellschaft lediglich mit den verbleibenden Gesellschaftern fortgesetzt werden soll, besteht die Möglichkeit, den Erben bzw. die Erben durch Einräumung einer stillen Beteiligung abzufinden. Eine Abfindung dieser Art hat jedoch keinen Einfluß auf den Veräußerungsgewinn. Der verstorbene Gesellschafter gilt mit seinem Tode als ausgeschieden. Der Abfindungsanspruch ist bei ihm entstanden, somit hat er auch den Veräußerungsgewinn zu versteuern[34]. Diese Beteiligung ist nicht als Fortsetzung der alten Beteiligung des Verstorbenen anzusehen, sondern als eine neue, die zur Erfüllung der Abfindungsverpflichtung gewährt wird. Die stille Beteiligung gilt somit nicht als vom Erblasser unmittelbar erworben. Es liegt hier vielmehr ein entgeltlicher Erwerb vor, mit der Folge, daß die Erben, denen die stille Beteiligung eingeräumt worden ist, gleichgültig, ob typisch oder atypisch, in Höhe der Einlageverpflichtung Anschaffungskosten haben.

756 Zweifelhaft ist jedoch die steuerliche Behandlung, wenn die Erben die Rechtsstellung von atypischen stillen Gesellschaftern haben. Hat der Gesellschaftsvertrag die Möglichkeit einer stillen Beteiligung vorgesehen, wird man, ähnlich wie bei der Eintrittsklausel, einen unmittelbaren Erwerb durch den Erblasser annehmen können.

757 Die Unterbeteiligung ist aber nicht einer stillen Gesellschaft an der Personengesellschaft gleichzusetzen. Der Unterbeteiligte ist nicht an der Personengesellschaft

---

[34] Vgl. auch L. Schmidt, § 16, RdNr. 127.

unmittelbar beteiligt, sondern begründet mit dem Hauptbeteiligten selbständiges Gesellschaftsverhältnis. Der Abfindungsanspruch ist erfüllt und durch die Abfindung realisierte Veräußerungsgewinne sind u.E. nicht zu vermeiden[35].

Dies gilt jedoch nicht, wenn der Tatbestand des Ausscheidens durch den Erblasser verwirklicht ist. Dann beruht der Eintritt des atypischen stillen Gesellschafters auf einer eigenen Entscheidung der Miterben und der verbleibenden Gesellschafter. 758

Vielfach wird im Falle einer Eintritts- oder qualifizierten Nachfolgeklausel zwischen dem eintretenden Erben und den übrigen Miterben vereinbart, daß die weichenden Erben mit einer Unterbeteiligung am Gesellschaftsanteil abgefunden werden sollen. 759

Hat der Erblasser durch Vermächtnis die Einräumung einer Unterbeteiligung an seiner Beteiligung an einer Personengesellschaft verfügt, so sind zwar der/die Erben Gesellschafter der Personengesellschaft geworden. Die Unterbeteiligungen sind jedoch unentgeltlich von den Erben eingeräumt worden, so daß die Unterbeteiligten insoweit zur Buchwertfortführung verpflichtet sind. 760

Im Rahmen der Nachlaßteilung kann die Unterbeteiligung entgeltlich, aber auch unentgeltlich eingeräumt werden. Werden im Rahmen einer Erbauseinandersetzung Abfindungen für den Erwerb der Unterbeteiligung gezahlt, liegt insoweit ein entgeltlicher Erwerb vor, der bei den Abgefundenen zur Realisierung eines Veräußerungsgewinnes führt und beim Erwerber Anschaffungskosten verursacht. 761

Erfolgt ein Ausgleich im Rahmen des Nachlasses, hat der Unterbeteiligte seine Beteiligung unentgeltlich erworben.

Handelt es sich bei der eingeräumten Unterbeteiligung um eine Unterbeteiligung nach Art einer stillen Beteiligung, haben die Unterbeteiligten Kapitaleinkünfte, die sie entsprechend dem Zufluß zu versteuern haben[36]. 762

Ist jedoch den weichenden Erben eine atypische Unterbeteiligung eingeräumt worden, liegt eine Mitunternehmerschaft i.S. des § 15 Abs. 1 Nr. 2 EStG vor[37]. In diesem Falle ist der Gewinn der Beteiligung einschließlich der Unterbeteiligung einheitlich und gesondert festzustellen, und zwar zum Ende des Wirtschaftsjahres der Hauptgesellschaft[38]. Die mit der Unterbeteiligung abgefundenen Erben haben in diesem Falle gewerbliche Einkünfte und sind weiterhin als Mitunternehmer anzusehen. 763

---

[35] 5Vgl. auch BFH v. 29.10.1991, BStBl. II 1992, 517.
[36] 6Schulze zur Wiesche, FR 1979, 185 (191).
[37] 7Schulze zur Wiesche, a.a.O. (Fußnote 36).
[38] 8Schulze zur Wiesche, a.a.O. (Fußnote 36).

X. Behandlung des Sonderbetriebsvermögens

1. Grundsätze

764 Zum Betriebsvermögen einer Personengesellschaft gehören auch die Wirtschaftsgüter, die ein Gesellschafter als Eigentümer der Gesellschaft überlassen hat, als Sonderbetriebsvermögen. Während hinsichtlich des Gesellschaftsanteils Sondererbfolge gilt, fällt das Sonderbetriebsvermögen in den Nachlaß[39]. Die steuerliche Behandlung des Sonderbetriebsvermögens hängt davon ab, ob dieses durch den Erbfall Privatvermögen geworden ist und ob es im Rahmen der Auseinandersetzung unentgeltlich auf den Erwerber übergeht. Die steuerliche Behandlung hängt u. U. auch davon ab, ob im Gesellschaftsvertrag eine Fortsetzungsklausel, die einfache Nachfolgeklausel oder eine qualifizierte Nachfolgeklausel vereinbart worden ist.

2. Fortsetzungsklausel

765 Wird die Gesellschaft nur unter den verbleibenden Gesellschaftern, nicht jedoch mit den Erben fortgesetzt, ist der Erblasser aus der Gesellschaft ausgeschieden, somit ist auch das Sonderbetriebsvermögen Privatvermögen geworden.

Somit liegt für den Verstorbenen insgesamt ein Aufgabetatbestand vor, der zu einer Auflösung aller stillen Reserven einschließlich des Sonderbetriebsvermögens führt, es sei denn, dieses war selbst Gegenstand einer eigenen gewerblichen Betätigung, die jedoch der Personengesellschaft diente. Führen die Erben das Sonderbetriebsvermögen als selbständigen Betrieb fort, liegt keine Entnahme vor. U.U. ist in diesem Falle hinsichtlich der Abfindung kein steuerbegünstigter Veräußerungstatbestand gegeben, da nicht sämtliche stillen Reserven aller wesentlichen Betriebsgrundlagen aufgelöst wurden.

3. Einfache Nachfolgeklausel

766 Bei der einfachen Nachfolgeklausel geht der Gesellschaftsanteil – geteilt entsprechend der Quote – auf die einzelnen Erben über, während das Sonderbetriebsvermögen in den Nachlaß fällt. Da die Gesellschafter Miteigentümer des Nachlaßvermögens sind, bleiben die der Gesellschaft zur Nutzung überlassenen Nachlaßgegenstände Sonderbetriebsvermögen. Die spätere Versteuerung der stillen Reserven ist durch die Verpflichtung zur Buchwertfortführung sichergestellt. Im Rahmen der Erbauseinandersetzung (Teilung des Nachlasses) ist darauf zu achten, daß das der Personengesellschaft überlassene Nachlaßvermögen im Eigentum des Miterben verbleibt, der auch Gesellschafter der Personengesellschaft ist und wird.

4. Qualifizierte Nachfolgeklausel

767 Im Falle der qualifizierten Nachfolgeklausel werden alle Erben Miteigentümer des Sonderbetriebsvermögens, jedoch nur ein oder einzelne Erben Nachfolger im

---

[39] Zum Sonderbetriebsvermögen Söffing, DStR 1991, 201; Märkle/Franz, S. 14; Herzig, FR 1988, 85 f.

Gesellschaftsanteil des Erblassers. Daher wird von der Verwaltung[40] in der Literatur insbesondere von Söffing vertreten, daß das bisherige Sonderbetriebsvermögen mit dem Erbfall nur insoweit Sonderbetriebsvermögen verbleibt, als der Rechtsnachfolger im Gesellschaftsanteil quotenmäßig am Nachlaß beteiligt ist[41]. Dies kann u. E. auch nicht durch Vorausvermächtnisse verhindert werden, weil die Anordnung eines Vermächtnisses nicht verhindert, daß der Gegenstand des Vermächtnisses in den Nachlaß und damit in das Eigentum aller Erben fällt. Er läßt eine Entnahme nur dadurch verhindern, daß der Erblaser den Qualifizierten als Alleinerben einsetzt und die übrigen erbberechtigten Personen als Vermächtnisnehmer oder durch Schenkung des Sonderbetriebsvermögens von Todes wegen auf den qualifizierten Erben.

Im Falle einer Entnahme ist der Entnahmegewinn noch dem Erblasser zuzurechnen (Tz. 85 Erlaß).

5. Sonderbetriebsvermögen als wesentliche Betriebsgrundlage

Ist das Sonderbetriebsvermögen die wesentliche Betriebsgrundlage, so liegt keine Entnahme der Erben vor, wenn die Voraussetzungen einer gewerblichen Verpachtung gegeben sind[42], allerdings kann es hinsichtlich der Abfindung keinen steuerbegünstigten Aufgabegewinn geben.

Beispiel:
Zum Sonderbetriebsvermögen des Erblassers gehören Grundstücke, Patente und Maschinen. Das Betriebsvermögen der Personengesellschaft besteht lediglich aus dem Umlaufvermögen. Der überlassende Gesellschafter ist jederzeit in der Lage, mit dem überlassenen Betriebsvermögen einen eigenen Betrieb zu führen.

6. Gestaltungsmöglichkeiten zur Verhinderung der Aufdeckung stiller Reserven

Die Aufdeckung der stillen Reserven beim Sonderbetriebsvermögen können sowohl im Falle der Fortsetzungsklausel als auch der qualifizierten Nachfolgeklausel dadurch verhindert werden, daß das Sonderbetriebsvermögen auf eine gewerbliche Personengesellschaft durch Einbringung i. S. des § 24 UmwStG übertragen wird[43], entweder durch eine Einbringung in
– eine gewerblich geprägte Personengesellschaft, in eine GBRmbH oder GmbH & Co. KG
– eine gewerblich gefärbte Personengesellschaft (§ 15 Abs. 3 Nr. 1 EStG), indem der Gesellschafter sowohl seinen Gesellschaftsanteil an der gewerblichen Personenhandelsgesellschaft als auch das Sonderbetriebsvermögen auf Personengesellschaft überträgt, wobei die übernehmende Personengesellschaft durch ihre Be-

---

[40] Erbauseinandersetzungserlaß v. 13. 1. 1993, BStBl. I 1994, 62.
[41] Söffing, DStR 1991, 201; vgl. auch L. Schmidt, § 16, RdNr. 131.
[42] BFH v. 24. 5. 1973, BStBl. II 1973, 655.
[43] BFH v. 16. 6. 1994, BStBl. II 1996, 82; v. 22. 11. 1994, BStBl. II 1996, 93.

teiligung an der gewerblichen Personengesellschaft ihre gewerbliche Färbung erhöht[44]
– oder durch Begründung einer mitunternehmerischen Betriebsaufspaltung, was voraussetzt, daß der Gesellschafter in beiden Gesellschaften eine beherrschende Stellung hat.

Die Übertragung des Betriebsvermögens auf eine Schwestergesellschaft bewirkt, daß das bisherige Sonderbetriebsvermögen erbschaft- und schenkungsteuerlich den Charakter als Betriebsvermögen auch im Erbfall erhält und die ertragsteuerliche Auflösung der stillen Reserven durch die Verwirklichung des Entnahmetatbestandes.

XI. Einräumung eines Nießbrauchsvermächtnisses

770   Wird ein weichender Erbe hinsichtlich des Gesellschaftsanteils mit einem Nießbrauch abgefunden, so handelt es sich bei einer Erbauseinandersetzung in der Regel um einen reinen erbrechtlichen und nicht betrieblichen Vorgang mit der Folge, daß die Nießbrauchsschuld keine betriebliche Verbindlichkeit darstellt. Es ist jedoch hierbei zu beachten, daß der Nießbrauch an einer Beteiligung nur dann anerkannt wird, wenn der Nießbraucher als Mitunternehmer anzusehen ist[45].

3. Abschnitt
Umsatzsteuer

771   Die Erbauseinandersetzung hinsichtlich eines Gesellschaftsanteils stellt grundsätzlich keine Lieferung oder sonstige Leistung i.S. des Umsatzsteuerrechts dar.

Das gilt auch dann, wenn im Rahmen der Erbauseinandersetzung die Erben gegen Abfindung ausscheiden.

Unabhängig von der Erbauseinandersetzung wird der Gesellschafterwechsel nicht als Geschäftsveräußerung im ganzen angesehen[46]. Eine Geschäftsveräußerung im ganzen liegt nur vor, wenn sämtliche Gesellschafter wechseln[47].

772   Ein umsatzsteuerpflichtiger Vorgang ist nicht gegeben, wenn im Rahmen einer zweigliedrigen oHG bzw. KG infolge Ausscheidens des Erblassers der Betrieb auf den verbleibenden Gesellschafter übergeht, allerdings unter der Voraussetzung, daß der Betrieb im wesentlichen fortgeführt wird.

773   Eine umsatzsteuerpflichtige Leistung ist dann gegeben, wenn ein Gesellschafter unter Abfindung mit Sachwerten aus dem Betriebsvermögen ausscheidet.

---

[44] Schulze zur Wiesche, Umwandlung einer Personengesellschaft in eine Kapitalgesellschaft unter Zurückbehaltung von Sonderbetriebsvermögen, GmbHR 1996, 749.
[45] Vgl. BFH v. 13. 5. 1976, BStBl. II 1976, 592.
[46] Rau/Dürrwächter/Flick/Geist, § 10 UStG, Anm. 186.
[47] OFD Koblenz v. 25. 2. 1977, UR 1977, 180 (Abschnitt 6 UStR 1987).

Wird infolge des Ausscheidens des Erblassers bisheriges Sonderbetriebsvermögen Privatvermögen, so liegt Eigenverbrauch vor, es sei denn, die unternehmerische Tätigkeit wird insoweit fortgesetzt, als die Verpachtung an die Personengesellschaft weiterhin eine unternehmerische Tätigkeit darstellt. **774**

4. Abschnitt
Grunderwerbsteuer

Vgl. Rz. 601 ff.

Die Übertragung von Gesellschaftsanteilen durch Erbfall unterliegt grundsätzlich nicht der Grunderwerbsteuer. Soweit der Erbfall lediglich einen Gesellschafterwechsel zur Folge hat, liegt kein grunderwerbsteuerbarer Vorgang vor, es sei denn, es vereinigen sich durch den Erbfall alle Anteile in einer Hand (§ 1 Abs. 3 GrEStG). **775**

Wird ein Erbe mit einem Grundstück aus dem Betriebsvermögen abgefunden, so ist der Vorgang insoweit grunderwerbsteuerbefreit, als der Erblasser an der Personengesellschaft beteiligt war (§ 6 Abs. 1 bzw. 2 GrEStG i.V.m. § 3 Nr. 2 GrEStG). Der vollständige Gesellschafterwechsel unterliegt ab 1997 der GrESt (§ 1 Abs. 2a GrEStG n.F.). **776**

Gehört ein Grundstück zum Sonderbetriebsvermögen, so sind Grundstücksübertragungen auf Miterben zur Teilung des Nachlasses grunderwerbsteuerbefreit (§ 3 Nr. 3 GrEStG). **777**

3. KAPITEL
Vorweggenommene Erbfolge

1. Abschnitt
Erbschaftsteuer

I. Die Schenkung unter Lebenden (§ 7 ErbStG)

1. Begriff der Schenkung

Gemäß § 7 Abs. 1 Nr. 1 ErbStG gilt als Schenkung unter Lebenden jede freigebige Zuwendung unter Lebenden, soweit der Bedachte durch sie auf Kosten des Zuwendenden bereichert wird[1]. Diese Vorschrift unterscheidet nicht zwischen Schenkungen im Sinne des bürgerlichen Rechts und anderen freigebigen Zuwendungen. Unter diese Bestimmung fällt jede Schenkung des bürgerlichen Rechts (§§ 516 ff. BGB, vgl. Buch I Rz. 759 ff.). Hiernach ist eine Schenkung jede Zuwendung, durch die jemand aus seinem Vermögen einen anderen bereichert und beide Teile sich darüber einig sind, daß die Zuwendung unentgeltlich erfolgt[2]. Steuerlich wird jedoch als Schenkung jede freigebige Zuwendung unter Lebenden behandelt, soweit der Bedachte durch sie auf Kosten des Zuwendenden bereichert wird. Da es bei der Zuwendung nur darauf ankommt, daß der Zuwendende das Bewußtsein der Unentgeltlichkeit hatte, ist es unerheblich, ob auch der Beschenkte das der Bereicherung hatte.

778

Auch eine GmbH kann Empfänger einer Schenkung i.S. des ErbStG sein. Die als Folge einer Zuwendung an eine GmbH eingetretene Erhöhung des Werts der Geschäftsanteile stellt keine Zuwendung an die Gesellschafter dar[3].

779

Eine Übertragung des Betriebsvermögens einer KG auf eine aus Gesellschaftern und Angestellten der KG bestehenden GmbH zum Nennbetrag stellt keine Zuwendung an die Angestellten der KG dar[4].

---

[1] Literaturhinweise: Haas-Schumacher, Erbschaftsteuer/Schenkungsteuer; Hofmann, Erbschaft- und Schenkungsteuer; Jahrmarkt, Vorteilhafte Unternehmensnachfolge; Kapp/Ebeling, Handbuch der Erbengemeinschaft; Kapp, Komm. zum Erbschaftsteuer- und Schenkungsteuergesetz; Meincke/Michel, Erbschaft- und Schenkungsteuergesetz; Moench, Erbschaftsteuer und Schenkungsteuer; Petzoldt, Erbschaftsteuer-/Schenkungsteuergesetz; Schulz, Erbschaftsteuer/Schenkungsteuer, S. 157 ff.; Troll, Erbschaftsteuer- und Schenkungsteuergesetz; Schulze zur Wiesche, Erbschaftsteuer, 3. Aufl., S. 64 ff., Wohlschlegel, Gesellschafterwechsel bei Personengesellschaften und Schenkungsteuer, ZEV 1996, 254.

[2] Troll, § 7 ErbStG, Anm. 1, 2, 3.

[3] BFH v. 25.10.1995, BStBl. II 1996, 160.

[4] BFH v. 19.6.1996, BB 1996, 2450.

780 Gegenstand der Schenkungsteuer ist die Bereicherung des Erwerbers[5]. Die Erbschaftsteuer umfaßt nicht Rechtsgeschäfte, die in vollem Umfange entgeltlich sind[6].

781 Für die Frage, ob ein Rechtsgeschäft entgeltlich ist oder nicht, kommt es auf die Ausgewogenheit der beiderseitigen Leistungen an[7]. Ob jedoch eine Leistung ausgewogen ist, bestimmt sich nicht nach der Bewertung zu Marktpreisen, sondern nach der subjektiven Vorstellung der Parteien[8]. Sind die Leistungen nach den Vorstellungen der Parteien gleichwertig, liegt ein vollentgeltliches Geschäft vor, auch wenn der Veräußerer auf dem Markt hätte mehr erzielt haben können.

782 Ein gemischtes Rechtsgeschäft liegt dann vor, wenn zumindest der Veräußerer das Bewußtsein hatte, daß ein Teil der Leistung unentgeltlich sein soll[9]. Der Marktpreis, sofern sich ein solcher überhaupt feststellen läßt, kann jedoch eine Orientierung dafür sein, ob eine gemischte Schenkung vorliegt oder nicht. Besteht zwischen dem Marktpreis und dem vereinbarten Kaufpreis kein offensichtliches Mißverhältnis, wird im Zweifel ein vollentgeltliches Rechtsgeschäft vorliegen mit der Folge, daß bei der Übertragung des Betriebes oder Anteils keine Erbschaft- oder Schenkungsteuer anfällt[10].

783 Wenngleich die freigebige Zuwendung neben dem Willen zur Freigebigkeit zwar objektiv eine Bereicherung des Beschenkten voraussetzt, so setzt sie einen auf die Bereicherung gerichteten Willen des Zuwendenden dagegen nicht voraus[11].

Der Wille zur Freigebigkeit wird aufgrund der dem Zuwendenden und dem Zuwendungsempfänger bekannten Umstände nach den Maßstäben des allgemein Verkehrsüblichen bestimmt[12].

Bei einem auffallend groben Mißverhältnis zwischen den bei verständiger Beurteilung zugrunde zu legenden Werten von Leistung und Gegenleistung muß in Einklang mit der Lebenserfahrung zunächst davon ausgegangen werden, daß die Vertragsparteien dieses Mißverhältnis erkannt haben[13].

Stehen bei einer Vermögensübertragung Leistung und Gegenleistung in einem auffallenden Mißverhältnis und liegt es nach den Umständen des Einzelfalles nahe, anzunehmen, den Vertragschließenden sei dieses Mißverhältnis bekannt gewesen, so muß derjenige, der behauptet, daß zumindest dem Zuwendenden das Mißverhältnis nicht bekannt gewesen sei, dies durch konkreten Vertrag untermauern.

---

[5] Kapp, § 7 ErbStG, Rz. 7ff.; Meincke-Michel, § 7 ErbStG, RdNr. 12; Troll, § 7 ErbStG, Anm. 32; Meincke/Michel, § 7 ErbStG, RdNr. 39.
[6] Troll, § 7 ErbStG, Anm. 4.
[7] Meincke/Michel, § 7 ErbStG, RdNr. 38, 89.
[8] Meincke/Michel, § 7 ErbStG, RdNr. 10.
[9] Meincke/Michel, § 7 ErbStG, RdNr. 37ff.; BFH v. 1.7.1955, BStBl. III 1955, 231; v. 15.7.1964, HFR 1965, 269.
[10] Vgl. auch BGH v. 21.6.1972, DB 1972, 1768.
[11] BFH v. 10.9.1986, BStBl. II 1987, 80.
[12] BFH v. 12.7.1979, BStBl. II 1979, 631; v. 21.10.1981, BStBl. II 1982, 83.
[13] BGH v. 26.3.1981, NJW 1981, 1956; BFH v. 10.9.1986, BStBl. II 1987, 80.

So wird in der Regel die Übertragung eines Kommanditanteils unter Nieß- 784
brauchsvorbehalt als eine freigebige Zuwendung angesehen[14]. Auch die Übernahme des Restkaufpreises eines Grundstücks gilt als Schenkung[15]. Das wäre der Fall, wenn der Beschenkte ein Grundstück unter Übernahme der auf diesem Grundstück ruhenden Lasten und der entsprechenden persönlichen Schulden kauft, der Barpreis jedoch vom Schenker aufgebracht wird. Werden dem Eigentümer eines Grundstücks zur Errichtung eines Gebäudes auf diesem die Mittel geschenkt, liegt die Schenkung eines Geldbetrages, nicht die Schenkung eines Gebäudes vor[16].

Gewährt der Darlehensgeber ein zinsloses Darlehen, so stellt die Zinslosigkeit 785
des Darlehens eine freigebige Zuwendung dar, die in Höhe des Kapitalwertes der üblichen Verzinsung als Schenkung zu behandeln ist[17].

Verzichtet jedoch der Darlehensgeber später auf die Darlehensforderung, so ist bei der Zusammenrechnung der Erwerbe lediglich die Schenkung des Darlehensbetrages zu berücksichtigen, weil die Zinsschenkung in der Schenkung der Substanz aufgeht. Das Merkmal der Freigebigkeit fehlt jedoch, wenn es sich um Zuwendungen handelt, die zur Erfüllung einer gesetzlichen Unterhaltsverpflichtung erfolgen oder die bei der Einkommensteuerveranlagung wegen ihrer Zwangsläufigkeit eine außergewöhnliche Belastung darstellen. Zur zinslosen Stundung einer Kaufpreisschuld als freigebige Zuwendung siehe die Entscheidung des BFH vom 30.3.1994[18].

2. Die übrigen Tatbestände, die als Schenkung unter Lebenden gelten

Diese Tatbestände sind im wesentlichen denen des § 3 Abs. 2 Nr. 1–6 ErbStG 786
nachgebildet. Es kann daher auf die diesbezüglichen Ausführungen verwiesen werden (vgl. Rz. 28ff.). Neu bzw. geändert sind die Nrn. 4, 6, 9 und 10. Hinsichtlich der Nr. 4 wird auf die Ausführungen zur Gütergemeinschaft (vgl. Rz. 10) verwiesen. Nr. 6 betrifft den vorzeitigen Erbausgleich (§ 1934 BGB). Erhält ein nichteheliches Kind einen vorzeitigen Erbausgleich (vgl. Buch I Rz. 70), so gilt auch dieser als Schenkung unter Lebenden. Es gilt hiernach ebenfalls auch das, was bei Aufhebung oder Auflösung eines Vereins, dessen Zweck auf die Bindung von Vermögen gerichtet war, erworben wird, als Schenkung. Nr. 10 entspricht der Vorschrift des § 3 Abs. 2 Nr. 6 ErbStG.

3. Schenkungen unter Widerrufsvorbehalt

In der letzten Zeit ist in der Literatur[19] mehrfach die Frage behandelt worden, ob 787
Schenkungen unter einem allgemeinen Widerrufsvorbehalt möglich sind. Kapp[20]

---

[14] BFH v. 3.11.1976, BStBl. II 1977, 159.
[15] BFH v. 13.4.1977, BStBl. II 1977, 663.
[16] BFH v. 27.4.1977, BStBl. II 1977, 731.
[17] BFH v. 12.7.1979, BStBl. II 1979, 631.
[18] FH v. 30.3.1994, BStBl. II 1994, 580.
[19] Friedhofen, DB 1972, 458; Böger/Jech, DStR 1970, 753; Kapp, BB 1971, 57. Vgl. auch Petzoldt, NWB, Fach 10, S. 377; Petzoldt, § 7 ErbStG, Rz. 46ff.
[20] BB 1971, 57.

verneint die Frage, weil es an einer objektiven Bereicherung fehle. Ohne Zweifel muß der Beschenkte hier jederzeit damit rechnen, daß die Schenkung vom Schenker wieder zurückverlangt werden kann. Da die Bestimmungen der Schenkung dispositiver Natur sind, wird man den gesetzlichen Widerrufsvorbehalt vertraglich erweitern können. Im einzelnen hierzu Friedhofen[21].

Steuerlich ist die Behandlung des Widerrufsvorbehaltes nicht geklärt. Wie in der Einleitung ausgeführt, ist die wirtschaftliche Betrachtungsweise im Erbschaftsteuerrecht grundsätzlich außer Betracht zu lassen. Auch kann in der Vereinbarung eines Widerrufsvorbehaltes nicht ohne weiteres ein Gestaltungsmißbrauch gesehen werden, wenn vernünftige Gründe überwiegen.

788   Eine Steuerumgehung läge jedoch dann vor, wenn es der einzige Zweck bzw. das überwiegende Motiv ist, die Erbschaftsteuer zu sparen. Da die Schenkung zunächst einmal erfolgte und davon auszugehen ist, daß sie nicht widerrufen wird, und sich aus dem Widerruf nur obligatorische Folgen nach den Regeln der ungerechtfertigten Bereicherung ergeben, ist steuerlich grundsätzlich von einer vollgültigen Schenkung auszugehen. Auch kann für das Risiko des Widerrufs kein Bewertungsabschlag erfolgen, so daß die Bereicherung in vollem Umfange der Schenkungsteuer unterliegt. Mit der Versteuerung zu warten, bis der Widerrufsvorbehalt im Zweifel durch den Tod des Schenkers erlischt, halten wir nicht für zweckmäßig, zumal der Beschenkte, abgesehen von der Widerrufsmöglichkeit, die volle Verfügungsgewalt hat. Anders liegt natürlich der Fall, wenn dem Beschenkten für den Zeitraum der Widerrufsmöglichkeit Verfügungsbeschränkungen auferlegt worden sind. Hier wird man von einer Bereicherung nicht sprechen können. Der Umstand, daß eine Schenkung unter einem freien Widerrufsvorbehalt steht oder auch dem Zuwendenden eine Verfügungsmacht des Zuwendungsempfängers erteilt wird, steht nach Ansicht des BFH der Schenkungsteuerpflicht nicht entgegen[22].

Der Widerrufsvorbehalt stellt u.E. kein Mittel dar, die Erbschaftsteuer zu umgehen oder aufzuschieben.

4. Zuwendungen im Rahmen des Gewerbebetriebes

789   Nicht als freiwillige Zuwendungen werden die Geschenke angesehen, die ein Kaufmann einem Kunden anläßlich dessen Geburtstag macht, in der Hoffnung auf bessere Geschäftsbeziehungen. Diese Aufwendungen sind bei dem Zuwendenden Betriebsausgaben, beim Empfänger als Einkünfte zu versteuern[23]. Ebenfalls sind nicht als Schenkungen Zuschüsse an eine Kapitalgesellschaft oder Personengesellschaft zu behandeln, wenn auch die Gegenleistung nicht immer sichtbar ist.

790   Auch ein Verzicht oder Teilverzicht auf eine Forderung im Rahmen einer Sanierung im gerichtlichen oder außergerichtlichen Vergleichsverfahren ist keine frei-

---

[21] DB 1972, 458.
[22] BFH v. 13. 9. 1989, BStBl. II 1989, 1039, Einschränkung der Entscheidung v. 28. 11. 1984, BStBl. II 1985, 159.
[23] BFH v. 2. 11. 1963, BStBl. III 1964, 183.

willige Zuwendung bzw. Schenkung; denn es fehlt hier das Bewußtsein der Schenkung, vielfach auch das Bewußtsein der Freiwilligkeit[24].

In der Regel ist aber der Erlaß einer Schuld bzw. ein Forderungsverzicht nicht steuerbefreit, sondern er ist als Schenkung anzusehen.

5. Ausstattungen

Die Ausstattungen, die Abkömmlingen zur Einrichtung eines den Vermögensverhältnissen und der Lebensstellung der Beteiligten angemessenen Haushalts gewährt werden, gelten als Schenkung.

791

6. Schenkung unter Auflage

Eine Schenkung wird auch nicht dadurch ausgeschlossen, daß sie zur Belohnung oder unter einer Auflage gemacht oder in die Form eines lästigen Vertrages gekleidet wird (§ 7 Abs. 4 ErbStG). Auflagen jedoch können den Wert der Schenkung mindern. Sie sind ebenso zu behandeln wie die Schulden, die der Beschenkte unter Umständen zu übernehmen hat.

792

Die Steuerpflicht entsteht jedoch erst mit der Vollziehung der Auflage. Der Schenker ist derjenige, der die Auflage gesetzt bzw. die Bedingungen gestellt hat[25]. Die Steuerpflicht entsteht nur insoweit, als der durch die Auflage Begünstigte durch die Vollziehung der Auflage auch tatsächlich etwas erlangt hat[26].

7. Die gemischte Schenkung

Eine gemischte Schenkung liegt vor, wenn bei einem gegenseitigen Vertrag Leistung und Gegenleistung in einem offenbaren Mißverhältnis stehen und anzunehmen ist, daß sich der eine Vertragsteil nicht des Mehrwerts seiner Leistung bewußt ist und dem anderen Teil insoweit eine Zuwendung machen will.

793

Beispiel:

Ein alternder Unternehmer bietet einem langbewährten Mitarbeiter an, einen Kapitalanteil zum Nominalwert zu erwerben, obwohl der Wert infolge Firmenwert oder sonstiger stiller Reserven wesentlich höher ist. In diesem Falle taucht die Frage auf, ob hier eine Schenkung vorliegt oder ob die Leistung nicht im Rahmen eines früheren Arbeitsverhältnisses erfolgte. Unter Umständen ist sogar ein rein betrieblicher Anlaß gegeben, wenn z.B. der Neueintretende nur unter dieser Bedingung bereit war, in die neu zu gründende Gesellschaft einzutreten. In diesem Falle wird beim Veräußerer das Bewußtsein der Schenkung fehlen. Es kommt nicht darauf an, ob Leistung und Gegenleistung nach objektiven Wertmaßstäben gleichwertig sind. War es dem Altgesellschafter nicht möglich, zu anderen Bedingungen einen neuen Gesellschafter zum Eintritt zu bewegen, so liegt vom Veräußerer her gesehen eine gleichwertige Gegenleistung vor; denn er war bereit, dieses Opfer aus betrieblichen Gründen einzugehen, um seinen Zweck zu erreichen.

---

[24] Kapp, § 7 ErbStG, Anm. 451.
[25] Petzoldt, § 7 ErbStG, Rz. 69.
[26] BFH v. 3.11.1976, BStBl. II 1977, 397; Sigloch, DStZ A 1977, 197 ff.

794 Eine gemischte Schenkung kann auch darin gesehen werden, daß der Altgesellschafter dem Eintretenden zum Erwerb eines Anteils ein besonders günstiges Darlehen gewährt, zu nicht marktüblichen Bedingungen. Der besondere Vorteil ist als Schenkung zu behandeln.

Auch wenn ein neuer Teilhaber ohne Barleistung in eine neu zu gründende Gesellschaft mit der Verpflichtung eintritt, seinen Kapitalanteil aus seinen künftigen Gewinnen zu erbringen, so kann hierin eine gemischte Schenkung liegen, insbesondere dann, wenn Familienangehörige auf diese Weise als Partner aufgenommen werden.

795 Eine gemischte Schenkung liegt im Zweifel nicht vor, wenn ein Betrieb gegen eine Rentenzahlung an Angehörige im Wege der vorweggenommenen Erbschaft übertragen wird und der Rentenbarwert nicht dem gemeinen Wert des Betriebes entspricht. Es handelt sich hier im Zweifel um eine unentgeltliche Übertragung, da die Rente keine Gegenleistung für den Betrieb darstellt, sondern die Höhe der Rente auf die Versorgung des Empfängers abgestellt ist (vgl. Ausführungen zur Einkommensteuer [Rz. 427 f.]).

796 Hinsichtlich der Frage, ob eine Bereicherung vorliegt, kommt es nicht auf die steuerlichen Werte einer Leistung, sondern auf die tatsächlichen Verkehrswerte[27] an. Für die Berechnung der Steuer selbst sind allerdings die Steuerwerte maßgebend. Insbesondere ist bei Renten nicht der nach § 14 Abs. 2 BewG sich ergebende Steuerwert maßgebend, sondern es kommt grundsätzlich nur auf die durchschnittliche Lebenserwartung nach der Sterbetabelle der Bevölkerungsstatistik an[28].

Spätere Verhältnisse sind für die Bereicherung unerheblich. Im Einkommensteuerrecht wird eine entgeltliche Leistung verneint, wenn der Gegenwert nicht mehr als 50 % der Leistung beträgt[29].

797 Eine Schenkung unter einer Auflage oder unter einer Bedingung ist nicht als gemischte Schenkung zu behandeln. Hier stehen sich nicht Leistung und Gegenleistung gegenüber. Eine solche Schenkung ist eine unentgeltliche bereichernde Zuwendung mit der Nebenbestimmung, daß der Beschenkte eine Verpflichtung übernehmen soll[30]. Schenkung und Auflage bilden ein einheitliches Rechtsgeschäft.

Zwischen einer Schenkung unter Auflage und einer gemischten Schenkung besteht nach Ansicht von Kapp[31] kein Unterschied[32].

---

[27] Meincke/Michel, § 7 ErbStG, RdNr. 5.
[28] Meincke/Michel, § 7 ErbStG, RdNr. 3, § 3 ErbStG, RdNr. II 6, S. 116; BFH v. 15.6.1956, BStBl. III 1956, 252.
[29] RFH v. 6.3.1925, RStBl. 1925, 93; vgl. auch BFH v. 23.1.1964, BStBl. III 1964, 422.
[30] Vgl. Troll, § 7 ErbStG, Anm. 35, 47.
[31] § 7 ErbStG, Rz. 80(1).
[32] Gleicher Ansicht Petzoldt, § 7 ErbStG, Rz. 19 ff.; Kapp, BB 1977, 1753; anderer Ansicht Schulze zur Wiesche, NJW 1975, 208 ff.; Meilicke, StBJB 1976/77, S. 293.

Nach der Rechtsprechung des BFH[33] ist in Anlehnung an das bürgerliche Recht der Übertragungsvorgang in einen entgeltlichen und in einen unentgeltlichen aufzuteilen. Die Aufteilung erfolgt im Verhältnis vereinbarter Preis zum Verkehrswert, nicht jedoch zum Steuerwert[34].

Nicht leicht abzugrenzen ist jedoch die gemischte Schenkung von der Schenkung unter Auflage, insbesondere dann, wenn die Gegenleistung des Erwerbers in der Übernahme der Verbindlichkeiten oder in der Übernahme der Versorgung besteht. Im Zweifel ist hier eine Schenkung unter Auflage anzunehmen[35]. Die steuerlichen Auswirkungen sind unterschiedlich, während bei der gemischten Schenkung eine Aufteilung des Steuerwertes erfolgt, ist die Auflage als Verbindlichkeit vom Steuerwert abzusetzen, was zu erheblichen Belastungsunterschieden führen kann, wenn der Steuerwert erheblich vom Verkehrswert nach unten abweicht, so daß sich bei der Schenkung unter Auflage eine geringere Steuerbelastung ergibt als bei der gemischten Schenkung. Die Rechtsprechung ist bemüht, die steuerlichen Behandlungen anzugleichen, zumal im Grunderwerbsteuerrecht die Auflage als ein Entgelt angesehen wird[36].

Nach dem Gemeinsamen Ländererlaß gilt folgendes[37].

Nach § 7 Abs. 1 Nr. 1 ErbStG gilt eine freigebige Zuwendung als Schenkung, „soweit der Bedachte durch sie auf Kosten des Zuwendenden bereichert wird".

Der Bundesfinanzhof hat für die Ermittlung der Bereicherung aus einer gemischten Schenkung und für die Ermittlung ihres Steuerwerts die Vorschrift des § 7 Abs. 1 Nr. 1 ErbStG dahingehend ausgelegt, daß als Besteuerungstatbestand der freigebigen Zuwendung die bürgerlich-rechtliche Bereicherung des Bedachten anzusehen ist, d.h. daß bei einer derartigen Zuwendung der Wille zur freigebigen Bereicherung des Bedachten nicht den entgeltlichen Vertragsanteil mit umfaßt[38]. Der Bundesfinanzhof[39] hat die entsprechende Anwendung dieser Grundsätze auf Schenkungen unter einer Auflage für solche Fälle bestätigt, in denen dem Bedachten Leistungen auferlegt werden, die diesem Aufwendungen im Sinne von Geld- oder Sachleistungen verursachen (Leistungsauflagen).

Als Bereicherung gilt somit
— bei einer gemischten Schenkung der Unterschied zwischen dem Verkehrswert der Leistung des Schenkers und dem Verkehrswert der Gegenleistung des Beschenkten

---

33 BFH v. 12.12.1979, BStBl. II 1980, 260; v. 21.10.1981, BStBl. II 1982, 83; v. 14.7.1982, BStBl. II 1982, 714.
34 BFH v. 12.12.1979, BStBl. II 1980, 260.
35 Troll, § 7 ErbStG, Anm. 47; Meincke/Michel, § 7 ErbStG, RdNr. 44; Kapp, § 7 ErbStG, Anm. 29.
36 Vgl. auch BFH v. 20.4.1977, BStBl. II 1977, 676; v. 28.4.1976, BStBl. II 1976, 577.
37 Erlaß v. 9.11.1989, BStBl. I 1989, 445.
38 Vgl. BFH v. 12.12.1979, BStBl. II 1980, 260; v. 21.10.1981, BStBl. II 1982, 83; v. 14.7.1982, BStBl. II 1982, 714.
39 BFH v. 12.4.1989, BStBl. II 1989, 524.

und
- bei einer Schenkung unter einer Leistungsauflage der Unterschied zwischen dem Verkehrswert des zugewendeten Vermögens und dem Verkehrswert der vom Schenker angeordneten Auflage sowie ggf. der vom Beschenkten übernommenen Verbindlichkeiten.

Schenkung gegen Rückbehalt eines Dauerwohnrechts:

801 Nach § 25 ErbStG wird der Erwerb von Vermögen, dessen Nutzungen dem Schenker oder dem Ehegatten des Erblassers (Schenkers) zustehen oder das mit einer Rentenverpflichtung oder mit der Verpflichtung zu sonstigen wiederkehrenden Leistungen zugunsten dieser Personen belastet ist, ohne Berücksichtigung dieser Belastungen besteuert. Die Steuer, die auf den Kapitalwert dieser Belastungen entfällt, ist jedoch bis zu deren Erlöschen zinslos zu stunden.

Beispiel:
A überträgt seinem Sohn B ein Grundstück (Steuerwert DM 500.000,-, Verkehrswert = DM 1.000.000,-). Er behält sich und seiner Ehefrau ein lebenslängliches Dauerwohnrecht zurück, deren Kapitalwert DM 120.000,- beträgt.

Ergebnis:
Erwerb	DM 500.000,-
abzüglich Freibetrag	DM 400.000,-
Steuerpflichtiger Erwerb	DM 100.000,-
Steuer 7 v.H.	DM 7.000,-

Hiervon entfallen
$\dfrac{120.000}{500.000}$ auf Kapitalwert der Rente = DM 1.680,-
Dieser Betrag ist zu stunden.
Sofort zu erheben   DM 5.320,-

802 Bei Schenkungen, die sowohl Elemente der gemischten Schenkung und Schenkung unter Leistungsauflage als auch der Schenkung unter Nutzungs- oder Duldungsauflage enthalten, ist von dem unter Berücksichtigung der Gegenleistung/Leistungsauflage ermittelten Steuerwert der freigebigen Zuwendung der Kapitalwert der Nutzungs- oder Duldungsauflage (§§ 13 bis 16 BewG) als Last abzuziehen, soweit § 25 Abs. 1 ErbStG dem nicht entgegensteht.

Beispiel:
A überträgt B ein Grundstück (DM 500.000,-, Verkehrswert DM 1.000.000,-), das mit einer von B zu übernehmenden Hypothekenschuld von DM 200.000,- oder mit einer Leistungsauflage in gleicher Höhe belastet ist. Zusätzlich besteht eine Duldungsauflage (lebenslanges Wohnrecht zugunsten der Schwester C, 60 Jahre alt) mit einem Steuerwert von DM 120.000,-.

Ergebnis:
Der maßgebende Besteuerungswert errechnet sich wie folgt:
$\dfrac{\text{DM } 500.000,- \times (\text{DM } 1.000.000,- ./. \text{DM } 200.000,-)}{\text{DM } 1.000.000,-}$ ./. DM 120.000,-
= DM 400.000,- ./. DM 120.000,- = DM 280.000,-.

II. Die steuerliche Anerkennung von Schenkungen

Wie bereits ausgeführt, sind bürgerlich-rechtlich gültige Vereinbarungen auch steuerlich und damit auch schenkungsteuerlich anzuerkennen. Auf die wirtschaftliche Betrachtungsweise kommt es hier nicht an[40]. Insoweit kann auf die Ausführungen zu Rz. 5 ff. verwiesen werden. Es ist jedoch auch hier zu beachten, daß die Vorschriften der §§ 42 ff. AO auch hier Anwendung finden. 803

1. Kettenschenkungen

Kettenschenkungen sind „Schenkungen" an eine dritte Person mit der Maßgabe, diese Zuwendung an eine bestimmte Person weiterzuübertragen. 804

Beispiel:
A schenkt seinen beiden Kindern jeweils DM 400.000,- und seiner Ehefrau DM 600.000,- mit der Maßgabe, den beiden Kindern wiederum jeweils DM 300.000,- zu schenken.

Erhält jemand als Durchgangs- oder Mittelsperson eine Zuwendung, die er entsprechend einer bestehenden Verpflichtung in vollem Umfang an einen Dritten weitergibt, liegt schenkungsteuerlich nur eine Zuwendung aus dem Vermögen des Zuwendenden an den Dritten vor. Wegen der Verpflichtung zur Weitergabe besteht keine Bereicherung der Mittelsperson aus dem Vermögen des Zuwendenden. Eine Schenkung der Mittelsperson an den Dritten kommt nicht in Betracht[41].

2. Schenkungen mit einer aufschiebend bedingten Verpflichtung

Ist eine Schenkung mit der aufschiebend bedingten Verpflichtung verbunden, die Zuwendung auf einen Dritten zu übertragen, und wird diese Verpflichtung nach Eintritt der Bedingung vom zunächst Bedachten gegenüber dem Dritten erfüllt, so ist für die schenkungsteuerrechtliche Beurteilung des Erwerbs des Dritten dessen Verhältnis zum ursprünglichen Schenker maßgeblich. Dies gilt auch dann, wenn der Zwischenbedachte die Verpflichtung vor Eintritt der Bedingung erfüllt[42]. 805

Ist eine Schenkung nur zum Schein erfolgt, so liegt auch schenkungsteuerrechtlich ein Scheingeschäft vor, das schenkungsteuerlich nicht zu beachten ist. Es kommt darauf an, daß die Schenkung ernst gewollt ist und auch tatsächlich vollzogen wurde. Es reicht zum Beispiel nicht aus, daß Wertpapiere oder Sparguthaben auf ein Minderjährigenkonto umgebucht werden und der Vater als Schenker weiterhin das volle Verfügungsrecht auch über das 18. Lebensjahr hinaus erhält, mit dem Recht, auch über die Substanz zu verfügen. 806

Dagegen ist gegen eine Schenkung unter Nießbrauchsvorbehalt selbst nichts einzuwenden, da eine solche Schenkung den tatsächlichen Verhältnissen entspricht und auch von den Vertragspartnern gewollt war. Hinsichtlich der Behandlung des Nießbrauchs im Schenkungsteuerrecht wird auf die Ausführungen zu Rz. 85 verwiesen. Auch gegen die Absicht, durch Schenkungen unter Ausnutzung der Frei- 807

---

[40] BFH v. 22. 9. 1982, BStBl. II 1983, 179.
[41] BFH v. 13. 10. 1993, BB 1994, 276.
[42] BFH v. 17. 2. 1993, DB 1993, 1337.

beträge einen günstigen Steuersatz zu erreichen, ist steuerlich nichts einzuwenden, wenn die Schenkungen tatsächlich vollzogen wurden.

III. Schenkungen unter Lebenden

808 Für die vorbereitenden Verfügungen sind die einzelnen Freibeträge für die verschiedenen Steuerklassen von Bedeutung.

(Hinsichtlich der Steuerklassen wird auf Rz. 236ff., hinsichtlich der Freibeträge auf Rz. 239ff. verwiesen).

Es ist hierbei jedoch zu beachten, daß Erwerbe von der gleichen Person innerhalb von 10 Jahren zusammengerechnet werden (vgl. hierzu Rz. 235f.).

Die größte Steuerersparnis läßt sich dadurch erreichen, daß man nicht nur die Kinder, sondern auch die Enkel bei Schenkungen berücksichtigt.

Um den größtmöglichen Spareffekt zu erzielen, ist es bei größeren Vermögen nicht immer zweckmäßig, sich lediglich innerhalb der Freibeträge zu bewegen. Wegen der hohen Progression bei größeren Vermögen ist es hier ratsam, die Vermögensübertragung auf mehrere Schenkungsvorgänge zu verteilen. Allerdings müssen die Schenkungen außerhalb der 10-Jahres-Frist erfolgen, weil sonst die Schenkungen wieder zusammengerechnet werden.

809 Haben beide Eltern Vermögen, ist es zu empfehlen, daß beide Eltern ihren Kindern und Enkeln etwas schenken. Auf diese Weise können DM 800.000,- bzw. DM 200.000,- steuerfrei übertragen werden. Allerdings ist hierbei zu beachten, daß die Rechtsprechung einen Gestaltungsmißbrauch darin sieht, wenn der eine Elternteil dem anderen etwas schenkt, mit der Maßgabe, dieses auf die gemeinsamen Kinder weiterzuübertragen. Dies gilt jedoch nur für den Fall, daß beide Schenkungen als ein rechtlicher Vorgang angesehen werden müssen[43].

Jedoch wird nichts dagegen einzuwenden sein, wenn die Mutter im Laufe der Zeit Vermögen auf ihre Kinder überträgt, auch wenn sie dieses Vermögen früher einmal von dem anderen Ehegatten erhalten hat.

Sind z.B. beide Ehegatten Inhaber eines Handelsgewerbes, so erscheint es zweckmäßig, daß sie jeweils einen Teil ihrer Anteile im Wege der vorweggenommenen Erbfolge auf ihre Kinder übertragen. So können innerhalb von 10 Jahren insgesamt DM 800 000,- auf jedes Kind steuerfrei übertragen werden; wenn das Enkelkind miteinbezogen wird, können auch auf diese von beiden Großeltern zusammen auf dieses DM 200.000,- steuerfrei übertragen werden.

Im Falle des Handelsgewerbes ist zu beachten, daß im Falle einer Ehegattenmitunternehmerschaft auf jeden Mitunternehmeranteil ein Freibetrag von DM 500.000,- entfällt und darüber hinaus ein Bewertungsabschlag von 40 v.H. gewährt wird.

---

[43] Vgl. hierzu im einzelnen BFH v. 28.1.1972, BStBl. II 1972, 322.

Erbschaftsteuer

Beispiel

Die Eheleute sind beide Inhaber eines Gewerbes zu je einhalb. Der Steuerwert des Unternehmens beträgt DM 2,2 Mio. = auf jeden Ehegatten entfallen DM 1,1 Mio. Diese übertragen jeweils ihren Anteil auf ihren gemeinsamen Sohn.

	Vater	Mutter
	DM 1.100.000,–	DM 1.100.000,–
Freibetrag § 13a Abs. 1 ErbStG	DM 500.000,–	DM 500.000,–
	DM 600.000,–	DM 600.000,–
Bewertungsabschlag 40 v. H.	DM 240.000,–	DM 240.000,–
	DM 360.000,–	DM 360.000,–
pers. Freibetrag	DM 400.000,–	DM 400.000,–
Übertragung steuerfrei	DM 0,–	DM 0,–

Allerdings ist hierbei zu beachten, daß über die Gewinnverteilung kein weiteres Vermögen mehr versteckt übertragen werden kann (vgl. hinsichtlich der überhöhten Gewinnbeteiligung Rz. 866). Allerdings wird dem Wert der Beteiligung lediglich der steuerliche Wert zugrunde gelegt, bei dem die Ertragsaussichten nicht berücksichtigt werden (vgl. Rz. 146 ff., 158 ff.).

Auch über den Nießbrauchsvorbehalt lassen sich seit dem 1. 1. 1974 keine Vermögensteile mehr steuerfrei übertragen (vgl. Rz. 826 ff.).

Die Vermögensübertragungen unter Übernahme der Lasten haben nicht mehr die steuersparende Wirkung wie früher, weil die Steuerwerte der Vermögenswerte mehr den tatsächlichen Werten angepaßt worden sind.

Sogenannte Negativschenkungen werden nicht auf spätere Erwerbe angerechnet (§ 14 ErbStG. [vgl. Rz. II 235]).

IV. Übertragung von Gegenständen des Privatvermögens

1. Grundsätze

Gegenstand einer Schenkung kann auch ein Vermögen im Sinne des § 419 BGB sein. Nach §§ 10, 12 ErbStG sind die einzelnen Gegenstände des Vermögens zu bewerten, und zwar Grundvermögen mit dem Steuerwert (§ 121 BewG), Betriebe mit dem Steuerwert des Betriebsvermögens, das sonstige Vermögen grundsätzlich mit dem gemeinen Wert (§ 9 BewG). 810

Werden mit dem Vermögen Verbindlichkeiten übertragen, sind diese grundsätzlich hiervon abzuziehen (grundsätzlich mit dem Nominalwert). 811

Für die Bestimmung des Schenkungsgegenstandes ist nicht das Versprechen der Zuwendung (die Schenkungsabrede), sondern die Zuwendung selbst entscheidend. Der der Besteuerung unterliegende Schenkungsgegenstand richtet sich danach, wie sich die Vermögensmehrung im Zeitpunkt der Zuwendung beim Bedachten darstellt. 812

Wird durch eine von der Schenkerin veranlaßte Überweisung ein von der Bedachten zur Finanzierung eines landwirtschaftlichen Gebäudes aufgenommenes 813

Bankdarlehen getilgt, so ist die Schenkungsteuer nach dem Nennbetrag der getilgten Darlehensschuld, nicht nach dem anteiligen Steuerwert des Gebäudes zu bemessen[44].

2. Übertragung eines Grundstücks[45]

814   Eine Grundstücksschenkung kann sich auch hinter einer Geldhingabe zum Erwerb eines Grundstücks verbergen. So kann eine mittelbare Grundstücksschenkung vorliegen, wenn die Baukosten eines bereits dem Beschenkten gehörenden Grundstücks vom Schenker übernommen werden[46]. Hier ist zu unterscheiden zwischen einer Geldschenkung unter der Auflage, ein Grundstück zu erwerben, und einer mittelbaren Grundstücksschenkung. Zur Abgrenzung siehe Erlaß vom 2.11.1989[47]. Hier werden folgende Fälle unterschieden.

a) Schenkung des Geldbetrages unter Auflage

815   In der Hingabe von Geld zum Erwerb eines Grundstücks – sei es in Höhe der vollen oder eines Teils der Anschaffungskosten – ist eine Geldschenkung unter einer Auflage zu sehen, wenn der Schenker dem Beschenkten gegenüber lediglich zum Ausdruck bringt, daß dieser für den zugewendeten Geldbetrag im eigenen Namen und für eigene Rechnung ein Grundstück erwerben soll, ohne daß dabei schon feststeht, um welches Grundstück es sich genau handelt. Entsprechendes gilt, wenn der Schenker den Beschenkten lediglich verpflichtet, auf einem diesem gehörenden Grundstück nach eigenen Vorstellungen ein Gebäude zu errichten bzw. den Geldbetrag für die Errichtung eines solchen Gebäudes mit zu verwenden (= Baukostenzuschuß), ohne daß bereits bei Ausführung der Zuwendung ein konkretes Bauvorhaben besteht.

Die Schenkung gilt mit der Geldhingabe als ausgeführt. Da die Auflage dem Beschenkten selbst zugute kommt, ist sie nicht abzugsfähig (§ 10 Abs. 9 ErbStG). Es unterliegt deshalb der volle Geldbetrag der Besteuerung.

Beispiel:

A schenkt seinem Sohn einen Betrag von DM 200.000,– mit der Auflage, von diesem Geld ein Grundstück zu kaufen.

Gegenstand der Schenkung ist der Geldbetrag von DM 200.000,–.

b) Mittelbare Schenkung eines Grundstücks

816   Wird eine Schenkung in der Weise ausgeführt, daß der Schenker für die Anschaffung eines genau bestimmten Grundstücks den dafür erforderlichen vollen Kaufpreis zur Verfügung stellt, so ist das Grundstück als zugewendet anzusehen. Die Schenkung gilt erst in dem Zeitpunkt als ausgeführt, in dem das Grundstück auf

---

[44] BFH v. 9.11.1994, DB 1995, 306.
[45] Moench, Grundstücke bei Erbschaft und Schenkung, DStR 1991, 169, 206.
[46] BFH v. 3.8.1988, BStBl. II 1988, 1025.
[47] BStBl. I 1989, 433.

den Beschenkten übergeht. Es ist mit seinem steuerlich maßgebenden Wert anzusetzen.

Übernimmt der Schenker die Kosten für den Erwerb eines bestimmten Grundstücks mit einem Gebäude im Zustand der Bebauung (z.B. einem Rohbau), ohne auch die Kosten für die endgültige Fertigstellung des Gebäudes zu tragen, so ist die Zuwendung mit dem Steuerwert für ein Grundstück im Zustand der Bebauung anzusetzen (§ 91 Abs. 2 BewG; § 12 Abs. 4 ErbStG). 817

Beispiel:
B möchte ein bestimmtes Grundstück (Steuerwert DM 250.000,-) für DM 500.000,- erwerben. A schenkt ihm den Geldbetrag zum Erwerb.
Es liegt eine Grundstücksschenkung vor, die mit DM 250.000,- anzusetzen ist.

Die Grundsätze der unmittelbaren Grundstücksschenkung können auch auf grundstücksbezogene Verwendungen – wie etwa den Anbau an ein bereits bestehendes Gebäude des Bedachten –, deren Kosten von dem Zuwendenden schenkweise ganz oder teilweise getragen werden, Anwendung finden. Liegt eine mittelbare Grundstücksschenkung in Gestalt eines teilfinanzierten Gebäudeanbaus vor, so bestimmt sich der der Schenkungsteuerveranlagung zugrunde zu legende Wert nach dem bewertungsrechtlich zu ermittelnden Wertzuwachs[48]. 818

c) Übernahme eines Teiles des Grundstückskaufpreises

Will der Schenker dem Beschenkten nur einen Teil eines bestimmten Grundstücks zuwenden und wird die Schenkung in der Weise ausgeführt, daß der Schenker nur einen Teil des im übrigen vom Beschenkten aus eigenen Mitteln aufzubringenden Kaufpreises für dieses Grundstück übernimmt, so gilt der Teil des Grundstücks als zugewendet, der dem Verhältnis des zugewendeten Geldbetrags zum Gesamtkaufpreis entspricht. Stellt der Schenker dem Beschenkten für die Anschaffung eines mit Hypotheken oder Grundschulden belasteten Grundstücks den Restkaufpreis zur Verfügung, während die Hypotheken und Grundschulden vom Beschenkten übernommen werden, so gilt der dem Restkaufpreis entsprechende Teil des Grundstücks als zugewendet. Dabei ist es gleichgültig, ob Gläubiger der Hypothek usw. der Schenker oder ein Dritter ist. Trägt der Schenker nur einen Teil des Restkaufpreises, so gilt der diesem Teilbetrag entsprechende Teil des Grundstücks als zugewendet. 819

Trägt der Schenker nur einen unbedeutenden Teil des im übrigen vom Beschenkten aufgebrachten Kaufpreises, so ist nach allgemeiner Lebenserfahrung in der Regel davon auszugehen, daß der Schenker lediglich einen Geldzuschuß zu einem vom Beschenkten in vollem Umfang für eigene Rechnung erworbenen Grundstück geleistet hat. Was als unbedeutender Teil des Kaufpreises anzusehen ist, ist nach den Umständen des Einzelfalles zu entscheiden. Es bestehen jedoch keine Bedenken, bis etwa 10 v.H. des im übrigen vom Beschenkten aufgebrachten Kaufpreises als unbedeutend anzusehen. 820

---

[48] BFH v. 13.3.1996, BFH/NV 1996, 710.

Vorweggenommene Erbfolge

Beispiel:

B kauft ein Grundstück, Kaufpreis DM 1.000.000,– (Steuerwert DM 500.000,–). A übernimmt DM 400.000,– des Kaufpreises.

Der geschenkte Betrag entspricht 40 v.H. des Kaufpreises. Somit sind als Schenkung 40 v.H. des Steuerwerts = DM 300.000,– anzusetzen.

d) Übernahme der Baukosten bei gleichzeitiger Schenkung eines unbebauten Grundstücks

821 Übernimmt der Schenker die Kosten des Erwerbs eines bestimmten unbebauten Grundstücks und der im Anschluß daran auf diesem Grundstück erfolgenden Errichtung des Gebäudes, so liegt eine einheitliche Zuwendung eines bebauten Grundstücks vor. Maßgebend ist der Steuerwert des bebauten Grundstücks. Das gleiche gilt, wenn der Schenker die Kosten des Erwerbs eines Grundstücks im Zustand der Bebauung und die Restkosten für die Fertigstellung des Gebäudes übernimmt. Übernimmt der Schenker zwar die vollen Kosten des Erwerbs eines Grundstücks, aber nur einen Teil der Kosten der Errichtung bzw. Fertigstellung des Gebäudes, so ist vom Steuerwert des bebauten Grundstücks der Teil anzusetzen, der dem Verhältnis des insgesamt hingegebenen Geldbetrags zu den Gesamtkosten für Grundstückserwerb und Gebäudeerrichtung entspricht.

Beispiel:

A schenkt dem B ein unbebautes Grundstück und übernimmt anschließend die Baukosten. Der Steuerwert des bebauten Grundstücks DM 500.000,–. Wert des Grund und Bodens DM 100.000,–, Steuerwert DM 80.000,–. Die Herstellungskosten des Gebäudes betragen DM 800.000,–.

Steuerpflichtiger Erwerb ist ein bebautes Grundstück, das mit DM 500.000,– anzusetzen ist.

e) Übernahme der Baukosten bei Bebauung eines dem Beschenkten bereits gehörenden Grundstücks

822 Übernimmt der Schenker die Kosten der Errichtung eines Gebäudes auf einem dem Beschenkten bereits gehörenden oder von ihm noch zu erwerbenden Grundstück, so gilt der Teil des Steuerwerts des bebauten Grundstücks als zugewendet, der auf das Gebäude entfällt. Als Gebäudewertanteil gilt der Wert des bebauten Grundstücks nach § 146 BewG abzüglich des Wertes des unbebauten Grundstücks § 148 Abs. 2 BewG.

Die Vorschrift hinsichtlich der Bewertung eines Erbbaurechts ist entsprechend für Bauten auf fremdem Grund und Boden anzuwenden. Der Wert des mit dem Gebäude belasteten Grundstücks ist mit dem 18,6fachen des Jahresmietwertes zu ermitteln und dieser vom Ertragswert des unbebauten Grundstücks abzuziehen.

Entsprechend ist zu verfahren, wenn vom Schenker die Kosten der Errichtung eines Gebäudes auf dem Grundstück eines Dritten übernommen werden, das nach Fertigstellung des Gebäudes auf den Beschenkten übertragen werden soll und tatsächlich übertragen wird[49]. Unterbleibt die Grundstücksübertragung, so ist Gegenstand der Schenkung ein Gebäude auf fremdem Grund und Boden.

Beispiel:

Wie zuvor. B ist bereits Eigentümer des Grundstücks. A übernimmt jedoch die Kosten der Errichtung eines Gebäudes.

Gegenstand der Schenkung ist ein Gebäude. Der Wert der Schenkung ist mit dem Steuerwert des bebauten Grundstücks abzüglich des Grund- und Bodenanteils anzusetzen (DM 500.000,- ./. DM 80.000,- = DM 420.000,-), wenn ein Ertragswert des Grund und Bodens nicht ermittelt werden kann.

f) Übernahme von Renovierungskosten

Übernimmt der Schenker die Kosten für Um-, Aus- oder Anbauten, für Maßnahmen zur Reparatur, Modernisierung, Renovierung oder Sanierung an einem Grundstück bzw. einem Gebäude, ist eine mittelbare Grundstücksschenkung nur dann anzunehmen, wenn diese Zuwendung im wirtschaftlichen Zusammenhang mit der Zuwendung eines bestimmten Grundstücks oder Gebäudes erfolgt und somit ein einheitliches Rechtsgeschäft angenommen werden kann[50]. Maßgebend ist der Steuerwert des Grundstücks nach Durchführung der genannten Maßnahmen. 823

Beispiel:

B ist bereits Eigentümer eines bebauten, aber erheblich renovierungsbedürftigen Grundstücks. A übernimmt die Renovierungskosten in Höhe von DM 50.000,-.

Es liegt eine Geldschenkung im Werte von DM 50.000,- vor.

Wird ein Grundstück übertragen, ist der Wert der Schenkung mit dem Steuerwert anzusetzen.

Beispiel:

A überträgt auf seinen Sohn ein lastenfreies Grundstück, Verkehrswert DM 500.000,-, Steuerwert DM 250.000,-.

Der Wert der Bereicherung ist mit DM 250.000,- anzusetzen.

3. Übertragung eines Grundstücks unter Übernahme von Verbindlichkeiten

Übernimmt der Erwerber die persönliche Schuld, liegt eine Schenkung unter Auflage vor. Der Wert der Auflage mindert die Bereicherung. Die Übernahme der Hypothek stellt keine Gegenleistung im Rahmen eines Leistungsaustausches dar, sie wird als eine Begrenzung der Schenkung angesehen. 824

Die Übernahmeverpflichtung durch den Erwerber mindert seine Bereicherung. Hierbei ist zu beachten, daß Grundvermögen grundsätzlich mit dem Steuerwert anzusetzen ist, die Verbindlichkeit grundsätzlich mit dem Nennwert.

---

[49] Vgl. BFH v. 6. 3. 1985, BStBl. II 1985, 382.
[50] BFH v. 5. 2. 1986, BStBl. II 1986, 460.

Beispiel:
Wie zuvor. Das Grundstück ist mit einer Hypothek von DM 300.000,- belastet.

Steuerwert Grundstück	DM 250.000,-
abzüglich Belastung	DM 300.000,-
Negativschenkung	./. DM 50.000,-

Nach der neueren Auffassung liegt jedoch bei Übernahme von Hypotheken eine gemischte Schenkung vor (d.h. 60 v.H. entgeltlich, 40 v.H. unentgeltlich, Schenkung 40 v.H. v. DM 250.000,- = DM 100.000,-).

Ist Gegenstand der Schenkung lediglich das Grundstück, kann der Negativbetrag nicht mit anderen positiven Schenkungen innerhalb von 10 Jahren verrechnet werden, § 14 Abs. 1 Satz 2 ErbStG.

Ist Gegenstand der Schenkung ein ganzes Vermögen und befinden sich im Vermögen belastete Grundstücke, werden die positiven und negativen Werte zur Feststellung der Bereicherung zusammengerechnet.

4. Übertragung eines Grundstücks gegen Rente bzw. dauernde Last

825 Gegenstand der Schenkung ist die Bereicherung des Erwerbers. Eine Bereicherung ist nur insoweit gegeben, als der Wert der Schenkungen die Belastung übersteigt. Zur Ermittlung, ob eine Bereicherung gegeben ist, sind jedoch nicht die Steuerwerte, sondern die Verkehrswerte (gemeine Werte) miteinander zu vergleichen. Übersteigt der Wert des geschenkten Gegenstandes die übernommenen Belastungen, liegt eine Bereicherung i.S.d. § 7 Abs. 1 ErbStG vor.

Nach § 25 ErbStG wird der Erwerb von Vermögen, dessen Nutzungen dem Schenker oder dem Ehegatten des Erblassers (Schenkers) zustehen oder das mit einer Rentenverpflichtung oder mit der Verpflichtung zu sonstigen wiederkehrenden Leistungen zugunsten dieser Personen belastet ist, ohne Berücksichtigung dieser Belastungen besteuert. § 25 ErbStG gilt nicht für den Fall, daß Auflagen zugunsten anderer Personen festgesetzt werden[51].

Bei der Ermittlung der Bereicherung ist der Wert der Belastung mit dem Kapitalwert anzusetzen (§§ 13, 14 BewG)[52].

5. Übertragung eines Grundstücks unter Nießbrauchsvorbehalt bzw. Einräumung eines Dauerwohnrechts

826 Wird ein Grundstück unter Nießbrauchsvorbehalt übertragen, stellt die Einräumung des Nießbrauchs kein Entgelt dar.

Der Nießbrauch wird als eine Belastung des Grundstücks angesehen. Nur soweit der Wert des Grundstücks den Wert der Belastung übersteigt, liegt eine Bereicherung des Erwerbers vor.

---

[51] BFH v. 2.1.1981, BStBl. II 1982, 89.
[52] Erlaß BdF v. 10.2.1983, BStBl. I 1983, 238.

Erbschaftsteuer

Das Grundstück ist für die Festsetzung der Schenkungsteuer nach §§ 10, 12 BewG mit dem Steuerwert anzusetzen.

Hat sich der Schenker zu seinen Gunsten bzw. zugunsten seiner Ehefrau den Nießbrauch vorbehalten, darf nach dem Wortlaut des § 25 ErbStG der Nießbrauch mit seinem Kapitalwert nicht berücksichtigt werden. Nach den o. a. Urteilen ist der steuerpflichtige Erwerb i.S. des § 7 Abs. 1 ErbStG nur der nicht belastete Teil des Erwerbs. Das gilt jedoch nur für Leistungsauflagen, nicht für Duldungsauflagen, siehe auch Rz. 800 ff. Duldungsauflagen stellen keine Gegenleistung dar. Für sie gilt weiterhin § 25 ErbStG. Daher ist § 25 ErbStG auf Schenkungen unter Nießbrauchsvorbehalt weiterhin anzuwenden. Der Wert der Schenkung darf nicht um die Nießbrauchslast gemindert werden. 827

Beispiel:

A hat auf seinen Sohn ein Grundstück übertragen (Verkehrswert DM 500.000,–, Steuerwert DM 250.000,–, Kapitalwert des Nießbrauchs DM 200.000,–).

Würde man den Wert des Nießbrauchs als Verbindlichkeit ansetzen, würde sich kein steuerpflichtiger Erwerb ergeben.

Steuerwert Grundstück =	DM 250.000,–
abzüglich Kapitalwert Nießbrauch	DM 200.000,–
Wert der Schenkung	DM 50.000,–

Der Nießbrauch ist als Duldungsauflage bei der Schenkung nicht zu berücksichtigen.

Die Erbschaftsteuer kann jedoch auf Antrag, soweit sie auf den Kapitalwert des Nießbrauchs entfällt, gestundet werden.

6. Übertragung von Grundstücken als gemischte Schenkung

Eine gemischte Schenkung liegt vor, wenn Wert des Grundstücks (Verkehrswert) und Wert der Gegenleistung (Verkehrswert) in einem offensichtlichen Mißverhältnis stehen. 828

Wie bereits ausgeführt, ist in diesem Falle die Übertragung in einen entgeltlichen und einen unentgeltlichen Teil aufzuteilen, und zwar im Verhältnis vereinbarter Kaufpreis zum Verkehrswert des Grundstücks.

Beispiel:

A überträgt auf seinen Sohn (S) ein Grundstück, Verkehrswert DM 500.000,–, zum Kaufpreis von DM 200.000,–, Steuerwert DM 250.000,–.

In diesem Falle wird das Grundstück halb entgeltlich, zur anderen Hälfte unentgeltlich übertragen.

Schenkung = 40 v. H. v. Steuerwert DM 250.000,– = DM 100.000,–.

7. Schenkung von Kapitalanteilen

a) Schenkung von Anteilen bzw. Teilanteilen an einer GmbH

Sind Gegenstand der Schenkung Anteile an Kapitalgesellschaften, sind diese grundsätzlich mit dem gemeinen Wert zu bewerten (§ 11 BewG). Läßt sich der 829

Wert nicht aus zeitnahen Verkäufen ableiten, ist der Wert nach dem Stuttgarter Verfahren zu schätzen.

Ist die Schenkung der Anteile mit Auflagen verbunden oder erfolgt sie unter Nießbrauchsvorbehalt, gelten die gleichen Grundsätze, wie sie bei der Übertragung von Grundstücken abgehandelt werden. Gleiches gilt für die gemischte Schenkung.

b) Einräumung von Unterbeteiligungen an Kapitalanteilen

830   Wird dem Erwerber eine atypische Unterbeteiligung eingeräumt in der Weise, daß der Unterbeteiligte auch am Vermögen beteiligt ist, er also im Falle der Beendigung der Unterbeteiligung an den stillen Reserven beteiligt wird, ist die Unterbeteiligung nach den Grundsätzen, die für Kapitalanteile gelten, zu bewerten.

Hat der Unterbeteiligte am Kapitalanteil lediglich Anspruch auf den Gewinn, ohne Zugriff auf die Substanz, ist die Unterbeteiligung mit dem Kapitalwert der Gewinnaussichten zu bewerten, wobei als Jahresertrag im Zweifel vom Durchschnittsgewinn der letzten drei Jahre auszugehen ist.

V. Übertragung eines Einzelbetriebes

1. Abgrenzung entgeltliche/unentgeltliche Übertragung

831   Wird der Betrieb eines Einzelkaufmanns unter Lebenden übertragen, so fällt dieser unter den Voraussetzungen des § 7 Abs. 1 ErbStG unter die Schenkungsteuer. Bemessungsgrundlage für die Schenkungsteuer ist der Steuerwert des Betriebes, der auf den Zeitpunkt des unentgeltlichen Übergangs zu ermitteln ist.

Die Übertragung ist nicht schenkungsteuerpflichtig, wenn die Übertragung voll entgeltlich ist, was wegen des Freibetrages von DM 60.000,– (§ 16 Abs. 4 EStG) bei Übertragung wegen Alters überlegt werden sollte. Ist die Übertragung jedoch gegen Entgelt erfolgt und steht das Entgelt im offensichtlichen Mißverhältnis zum Wert des Betriebes, liegt eine gemischte Schenkung vor.

832   Die Grenze zwischen einem teilentgeltlichen Rechtsgeschäft und einem vollentgeltlichen Rechtsgeschäft ist fließend. Der sog. Freundeskauf wird in vollem Umfange als ein entgeltliches Rechtsgeschäft angesehen. Für die Frage, ob Gegenleistungen ausgewogen sind oder nicht, kommt es nicht auf den objektiven Wert der Leistungen an, sondern auf die subjektiven Vorstellungen der Vertragsparteien[53]. Betrachten diese ihre beiderseitigen Leistungen als ausgeglichen, liegt in vollem Umfang ein entgeltliches Rechtsgeschäft vor, auch wenn objektiv die Werte voneinander abweichen. Zumindest gehört auf seiten des Schenkers das Bewußtsein dazu, einen Teil seiner Leistungen geschenkt zu haben.

833   Ist ein Betrieb gegen eine Gegenleistung übertragen worden, spricht zunächst einmal die Vermutung dafür, daß keine Schenkung vorliegt, sondern in vollem Umfange ein Leistungsaustausch gegeben ist. Auf eine gemischte Schenkung kann da-

---

[53] Vgl. BFH v. 24.12.1978, BStBl. II 1979, 135; v. 22.9.1982, BStBl. II 1983, 99.

her nur geschlossen werden, wenn Leistung und Gegenleistung in einem offensichtlichen Mißverhältnis zueinander stehen. Im Ertragsteuerrecht hat die Rechtsprechung ein solches offensichtliches Mißverhältnis zwischen Leistung und Gegenleistung angenommen, wenn der Wert der Gegenleistung zum Barwert der Rente bzw. dauernden Last weniger als 50 v.H. beträgt[54].

Im Falle der gesetzlich fixierten unentgeltlich überlassenen Wohnung wollte der Gesetzgeber ein Entgelt bis zu 2/3 des Wertes der Gegenleistung als Grenze ansehen. Er hat sich aber in der Neufassung des § 21 Abs. 2 EStG mit einer Miete bis zu 50 v.H. des ortsüblichen Mietwertes als vollentgeltliche Leistung begnügt. Da neben dem objektiven Wert, dem ein Gegenstand beizumessen ist, die persönlichen Umstände, unter denen ein Verkauf zustande gekommen ist, berücksichtigt werden müssen, kann man unterstellen, daß bei einer Veräußerung zu einem Preis, der weniger als 50 v.H. des Wertes der veräußerten Sache (Betrieb) beträgt, ein Teil der Leistung unentgeltlich sein sollte, nicht jedoch, wenn der entgeltliche Teil überwiegt. 834

2. Übertragung eines Betriebes ohne Gegenleistung

Wird ein Einzelbetrieb übertragen, ohne daß der Erwerber seinerseits eine Gegenleistung erbringt, liegt eine Schenkung unter Lebenden i.S. des § 7 Abs. 1 Nr. 1 ErbStG vor. 835

Nach §§ 10, 12 Abs. 5 ErbStG ist das Betriebsvermögen für die Zwecke der Schenkungsteuer mit dem Steuerwert nach dem BewG anzusetzen[55].

Beispiel:
A überträgt auf seinen Sohn seinen Einzelbetrieb, Buchwert DM 100.000,–, Verkehrswert DM 300.000,–, Steuerwert DM 150.000,–.

Die Schenkung ist mit DM 150.000,– zu bewerten.

Wird nicht der gesamte Betrieb übertragen, weil der Schenker wesentliche Grundlagen wie das Betriebsgrundstück, das er an den Beschenkten verpachtet, zurückbehält, ist der Wert des Betriebsvermögens um den Wertansatz des Betriebsgrundstücks zu kürzen.

3. Übertragung eines Betriebes unter Übernahme der Verbindlichkeiten

Wird ein Betrieb unter Übernahme der Betriebsverbindlichkeiten übertragen, kann darin u.U. ein entgeltliches Rechtsgeschäft gesehen werden[56]. Das wird der Fall sein, wenn die Verbindlichkeiten dem Wert des Betriebes unter Auflösung aller stillen Reserven entsprechen. In der Regel geht man insbesondere dann, wenn ein Betrieb auf Angehörige übertragen wird, davon aus, daß dieses unentgeltlich ge- 836

---

[54] BFH v. 23.1.1964, BStBl. III 1964, 422; vgl. hierzu Schulze zur Wiesche, DStZ 1987, 339.
[55] Kapp, § 12 ErbStG, RdNr. 312ff.; Meincke/Michel, § 12 ErbStG, RdNr. 134; vgl. auch Schulz, Schenkung einer Beteiligung an einer Personengesellschaft, in Festschrift 10 Jahre Fachhochschule Nordkirchen, S. 227; Schulze zur Wiesche, DStZ 1987, 339.
[56] Kapp, § 7 ErbStG, Anm. 344, 3.

schehen soll. Die betrieblichen Verbindlichkeiten werden beim Wert des Betriebsvermögens mit berücksichtigt.

Wird der Beschenkte verpflichtet, Verbindlichkeiten im außerbetrieblichen Bereich zu übernehmen, kann darin ein Leistungsaustausch erblickt werden.

4. Übertragung eines Betriebes mit der Auflage, den Schenker bzw. dessen Ehefrau bis zum Lebensende zu versorgen

837 Wird ein Betrieb gegen Vereinbarung einer Versorgungsrente übertragen, so stellt die Übertragung des Betriebes nur dann eine Bereicherung des Erwerbers dar, wenn unter Berücksichtigung des Barwerts der Rente oder der dauernden Last eine Bereicherung des Betriebsübernehmers verbleibt[57]. Ist die Versorgungslast höher als der Verkehrswert des Betriebes oder entspricht diese dem Wert des Betriebes, liegt keine Bereicherung vor[58]. Nach Ansicht des BFH[59] liegt nur insoweit eine Bereicherung vor, als der Wert des übertragenen Betriebes den Wert der Rentenverpflichtung, Nießbrauchslast usw. übersteigt. Nur dann, wenn eine Bereicherung vorliegt, liegt eine Zuwendung im Sinne des § 7 Abs. 1 ErbStG vor.

838 Bei der Verpflichtung, den Schenker bzw. dessen Ehefrau bis zum Lebensende zu versorgen, liegt im Zweifel eine unentgeltliche Übertragung vor und kein Leistungsaustausch[60]. Die Übernahme der Versorgung ist nicht gekoppelt an den Wert des Unternehmens. Dennoch muß geprüft werden, ob unter Berücksichtigung der übernommenen Versorgungslast eine Bereicherung eingetreten ist. Hier sind die beiden Leistungen mit ihren Verkehrswerten und nicht mit dem für die Erbschaftsteuer maßgeblichen Wert zu vergleichen. Nur soweit eine Bereicherung des Betriebsübernehmers gegeben ist, unterliegt der Vorgang der Schenkungsteuer.

Beispiel:
A überträgt auf seinen Sohn (S) seinen Handwerksbetrieb (Buchwert DM 50.000,–, Verkehrswert DM 100.000,–). S verpflichtet sich, an A eine monatliche Rente von DM 1.500,– zu zahlen. Barwert der Rente DM 150.000,–.

Ist jedoch eine Bereicherung nicht gegeben, wird die Auflage trotz § 25 ErbStG nicht berücksichtigt, da nur der unbelastete Teil der Übertragung als Bereicherung angesehen wird.

Hier liegt keine Bereicherung des S vor. Die Betriebsübertragung unterliegt daher nicht der Schenkungsteuer. Die Versorgungsrente an den Vater ist nach § 13 Abs. 1 Nr. 12 ErbStG steuerbefreit, soweit der angemessene Unterhalt nicht überschritten wird.

---

[57] Troll, § 25 ErbStG, Anm. 2.
[58] Troll, § 25 ErbStG, Anm. 2.
[59] FH v. 21. 10. 1981, BStBl. II 1982, 83.
[60] Kapp, § 7 ErbStG, RdNr. 341; BFH v. 24. 4. 1970, BStBl. II 1970, 591.

5. Übertragung eines Betriebes unter der Auflage, Ansprüche Dritter abzufinden

Wird ein Betrieb übertragen mit der Auflage, Erbansprüche dritter Personen abzufinden, so liegt kein entgeltlicher Erwerb vor, mit der Folge, daß der Erwerb, soweit der Beschenkte bereichert ist, der Schenkungsteuer unterliegt[61]. 839

Übersteigt der Verkehrswert des übertragenen Betriebes die Abfindungsverpflichtungen, liegt ein steuerpflichtiger Erwerb vor.

Ist ein solcher gegeben, ist der Betrieb mit dem für den Zeitpunkt der Übertragung zu ermittelnden Steuerwert anzusetzen, von dem die Abfindungsverpflichtungen abgesetzt werden. Nach altem Recht war der Einheitswert (§§ 95 ff. BewG) anzusetzen. Da der Einheitswert des Betriebes erfahrungsgemäß erheblich unter dem Verkehrswert lag, konnte sich hier unter Umständen sogar ein negativer Wert ergeben, so daß ein steuerpflichtiger Erwerb i.S. des § 10 Abs. 1 ErbStG nicht gegeben war. 840

Beispiel:

A überträgt auf B seinen Betrieb, Buchwert DM 100.000,–, Steuerwert DM 150.000,–, Verkehrswert DM 300.000,–, mit der Verpflichtung, an seine beiden Geschwister jeweils DM 100.000,– zu zahlen.

Da der Verkehrswert die Ausgleichsverpflichtung übersteigt, liegt ein teilentgeltliches Rechtsgeschäft vor.

Nach § 98a BewG werden übernommene Betriebsschulden mit den steuerlichen Werten verrechnet. Sie werden nicht als Entgelt angesehen[61a]. Das trifft u.E. nicht auf Ausgleichszahlungen an weichende künftige Erben zu. Die Einheitstheorie gilt nur für Betriebs- und Anteilsübertragungen im Ertragsteuerrecht[61b]. U.E. ist bei Vereinbarung von Entgelten, die nicht dem Verkehrswert entsprechen, aufzuteilen zwischen einem entgeltlichen und einem unentgeltlichen Teil[61c].

Es ergibt sich somit folgendes[62]:

Steuerwert des Betriebes DM 150 000,- x $\dfrac{\text{DM } 200\,000,-}{\text{DM } 300.000,-}$ = DM 50.000,– Bereicherung.

Die Abfindungsverpflichtung an die Geschwister unterliegt der Schenkungsteuer.

Allerdings richtet sich der Erbschaftsteuertarif nach dem Verwandtschaftsgrad zum Schenker und nicht zum Abfindungsverpflichteten (§ 7 Abs. 1 Nr. 2 ErbStG).

---

61 Kapp, § 7 ErbStG, RdNr. 342; BFH v. 2.1.1962, BStBl. III 1963, 170.
61a Vgl. BFH v. 14.12.1995, BStBl. II 1996. 546.
61b Vgl. Rz. 954; BFH v. 10.7.1986, BStBl. II 1986, 811.
61c Koordinierte Ländererlasse v. 9.11.1989, BStBl. I 1989, 445; v. 6.12.1993, BStBl. 1993 I, 1002; Vgl. auch Schneider, DStR 1996, 334, Obermeier, Vorweggenommene Erbfolge und Erbauseinandersetzung, Anm. 1756f.
62 So Erlaß v. 10.2.1983, a.a.O. (Fußnote 52).

6. Betriebsübertragungen unter Nießbrauchsvorbehalt

841 Wird ein Betrieb unter Nießbrauchsvorbehalt übertragen, ist zunächst zu prüfen, inwieweit eine Bereicherung vorliegt. Hinsichtlich der steuerlichen Auswirkung gilt das gleiche wie für die Rente.

Es ist zu ermitteln, inwieweit der Beschenkte unter Berücksichtigung des Nießbrauchs und weiterer Auflagen bereichert ist. Für die Frage, ob die Leistungen ausgeglichen sind, sind die Leistungen mit ihrem Verkehrswert gegenüberzustellen. Das gilt auch für den Nießbrauch. Die Begrenzungen des § 16 BewG gelten für die Frage, ob eine Bereicherung vorliegt oder nicht, nicht.

Wird ein Betrieb gegen Nießbrauchsvorbehalt übertragen, liegt keine gemischte Schenkung, sondern eine Schenkung unter Auflage vor, da es hier an einem Leistungsaustausch fehlt. Der Beschenkte hat den Gegenstand belastet mit dem Nießbrauch erworben. Da eine Schenkung i.S. des § 7 Abs. 1 Nr. 1 ErbStG sich nur auf den unbelasteten Teil der Schenkung bezieht – sofern nach dem Erlaß vom 10.2.1983[63] eine Gleichstellung von Schenkung unter Auflage und gemischter Schenkung erfolgt –, ist für § 25 ErbStG für Schenkungen unter Lebenden kein Raum mehr.

Beispiel:
A überträgt auf seinen Sohn seinen Betrieb mit der Auflage, ihm bis zum Lebensende die Hälfte des Gewinns zu belassen. Verkehrswert des Betriebes DM 300.000,–, Steuerwert DM 150.000,–. Die Rentenverpflichtung hat einen Kapitalwert von DM 300.000,–. Die freigebige Zuwendung ist in diesem Falle mit

$$\frac{DM\ 150.000,- \times DM\ 200.000,-}{DM\ 300.000,-} = DM\ 100\ 000,-$$

zu bewerten.

Keine Zuwendung liegt jedoch vor, soweit der Schenker den Nießbrauch an seinem Betrieb zurückbehält.

Wie bereits ausgeführt (Rz. 800 ff., 827) wird die Bestellung eines Nießbrauchs als Duldungsauflage nicht als Leistung und damit als ein Entgelt angesehen. Soweit der Nießbrauch zugunsten des Schenkers bzw. dessen Ehefrau bestellt wird, darf er nach § 25 ErbStG nicht als Belastung berücksichtigt werden.

7. Teilentgeltliche Übertragungen

a) Begriff

842 Eine teilentgeltliche Übertragung eines Betriebes liegt dann vor, wenn der Betrieb zwar im Rahmen eines Leistungsaustausches übertragen wird, Leistung und Gegenleistung aber in einem Mißverhältnis zueinander stehen[64].

---

[63] A.a.O. (Fußnote 52).
[64] Schulze zur Wiesche, DStZ 1987, 339.

Erbschaftsteuer

Liegt eine gemischte Schenkung vor, so ist die Übertragung grundsätzlich in einen entgeltlichen und einen unentgeltlichen Teil aufzuteilen[65], und zwar im Verhältnis des vereinbarten Kaufpreises zum gemeinen Wert[66].

Beispiel:
V überträgt seinen Betrieb auf seinen Sohn. Barpreis DM 100.000,–. Rentenbarwert DM 180.000,–. Gemeiner Wert des Betriebes DM 600.000,–. Steuerwert des Betriebes DM 250.000,–.

Es liegt eine gemischte Schenkung vor. Der vereinbarte Kaufpreis beträgt 46,67 v.H. des gemeinen Werts des Betriebes. Somit wird der Betrieb zu 53,33 v.H. entgeltlich und 43,67 v.H. unentgeltlich übertragen.

Bemessungsgrundlage für die Erbschaftsteuer ist der Steuerwert = 43,67 v.H. von DM 250.000,– = DM 109.175,–.

Da der Sohn der Steuerklasse I angehört, sind nach § 16 Abs. 1 Nr. 2 ErbStG DM 400.000,– steuerfrei. Erwerb liegt im Rahmen des Freibetrages nach § 13a ErbStG in Höhe von DM 500.000,–, die allerdings hiermit verbraucht sind.

b) Veräußerung eines Betriebes unter Buchwert

Wird ein Betrieb unter dem Buchwert an Angehörige veräußert, so spricht die Vermutung dafür, daß der Betrieb teilweise unentgeltlich übertragen werden sollte. Für die Frage der Entgeltlichkeit ist der Buchwert nicht Maßstab. Der Buchwert ist für die Erbschaftsteuer unerheblich. Für die Frage der Bereicherung kommt es auf die Verkehrswerte an[67]. 843

Beispiel:
A veräußert seinen Betrieb für DM 100.000,– seinem Sohn, Buchwert DM 120.000,–, Steuerwert DM 150.000,–, Verkehrswert (gemeiner Wert) DM 200.000,–.

In diesem Falle ist davon auszugehen, daß der Betrieb zur Hälfte entgeltlich übertragen und zur anderen Hälfte geschenkt worden ist.

$$\text{Wert der Bereicherung} = \frac{\text{DM } 150.000,- \times \text{DM } 100.000,-}{\text{DM } 200.000,-} = \text{DM } 75.000,-$$

c) Veräußerung eines Betriebes zum Buchwert

Ertragsteuerlich wird die Veräußerung eines Betriebes zum Buchwert wie eine unentgeltliche Betriebsübertragung behandelt, da kein Veräußerungsgewinn entstanden und die spätere Versteuerung der stillen Reserven beim Rechtsnachfolger sichergestellt ist[68]. Wie bereits ausgeführt, ist der Buchwert kein Bewertungsmaßstab für das Schenkungsteuerrecht. Für die Frage, ob eine Bereicherung bei einem unausgeglichenen Leistungsverhältnis vorliegt, kommt es allein auf das Verhältnis 844

---

[65] BFH v. 12.12.1979, BStBl. II 1980, 260; v. 21.10.1981, BStBl. II 1982, 83; v. 14.7.1982, BStBl. II 1982, 714.
[66] BFH v. 12.12.1979, BStBl. II 1980, 260.
[67] BFH v. 12.12.1979, BStBl. II 1980, 260; vgl. auch BFH v. 2.1.1981, BStBl. II 1982, 83.
[68] BFH v. 10.7.1976, BStBl. II 1986, 811.

der Verkehrswerte an[69]. Bemessungsgrundlage für die Höhe der Steuer ist allerdings der Steuerwert (§ 12 ErbStG).

Beispiel:
A überträgt auf B seinen Betrieb zum Buchwert von DM 300.000,–. Verkehrswert DM 600.000,–, Steuerwert DM 400.000,–.

In diesem Falle beträgt die Bereicherung nicht die Differenz zum Steuerwert = DM 100.000,–, sondern 50 v.H. = DM 300.000,–. Der Steuerwert ist von DM 400.000,– an entsprechend aufzuteilen, so daß der Erwerb mit DM 200.000,– zu bewerten ist. Der Erwerb überschreitet den Freibetrag nach § 13a Abs. 1 ErbStG nicht.

d) Veräußerung über dem Buchwert

845   Die Veräußerung über dem Buchwert wird nach der neueren Rechtsprechung des BFH insgesamt als Veräußerungsgeschäft behandelt[70].

Erbschaftsteuerlich ist eine gemischte Schenkung jedoch aufzuteilen.

Beispiel:
A veräußert seinen Betrieb an S zum Preise von DM 500.000,–. Der Buchwert beträgt DM 400.000,–. Steuerwert DM 500.000,–, Verkehrswert DM 1.000.000,–.

Obwohl der Veräußerungspreis dem Steuerwert von DM 500.000,– entspricht, ist eine gemischte Schenkung anzunehmen, da zwischen dem vereinbarten Veräußerungspreis und dem Verkehrswert (gemeiner Wert) ein offensichtliches Mißverhältnis besteht.

DM 500 000,– : DM 1.000.000,– = 1 : 2

1/2 des Steuerwerts von DM 500.000,– = DM 250.000,–

Die Schenkung ist mit DM 250.000,– zu bewerten.

Die Übertragung des Anteils an einer Personengesellschaft durch Verfügung des Gesellschafters über einen Gesellschaftsanteil fällt grundsätzlich nicht unter die Regelung des § 7 Abs. 7 ErbStG. Sie kann nach § 7 Abs. 1 Nr. 1 ErbStG als freigebige Zuwendung unter Lebenden der Schenkungsteuer unterliegen[71].

VI. Übertragung eines Gesellschaftsanteils

1. Begriff

846   Die Schenkung von Anteilen fällt grundsätzlich unter § 7 Abs. 1 Nr. 1 ErbStG.

Die Abs. 5–7 des § 7 ErbStG stellen Sondertatbestände dar. Unter den Begriff der Anteilsschenkung fallen nicht nur die Schenkung von Anteilen oder Bruchteilen von Anteilen an einer bestehenden Gesamthand, sondern auch die Beteiligung an in Gründung befindlichen Unternehmen[72]. Unter den Begriff der Anteilsschenkung fallen auch die Beteiligung als atypischer stiller Gesellschafter und die Schen-

---

[69] Schulz, a.a.O. (Fußnote 55), S. 225.
[70] BFH v. 10.7.1986, BStBl. II 1986, 811.
[71] BFH v. 1.7.1992, BB 1992, 1780.
[72] Vgl. hierzu Troll, § 7 ErbStG, Anm. 17; Schulze zur Wiesche, DStZ 1987, 339.

kung von Unterbeteiligungen an einem Anteil (hinsichtlich der zivilrechtlichen Betrachtung vgl. Buch I Rz. 1501 ff.).

Werden den Kindern Geldbeträge geschenkt, um sich an der Personengesellschaft zu beteiligen, stellt sich die Frage, ob eine Geldschenkung oder die Schenkung eines Anteils vorliegt. Ist das Geld geschenkt worden mit der Zweckbindung, einen Anteil zu erwerben, ist ein Anteil erworben worden[73], was u. U. von Bedeutung ist, wenn der Steuerwert des Betriebsvermögens vom Nominalwert des Geldbetrags abweicht. 847

Gemäß § 7 Abs. 5–7 ErbStG werden gewisse gesellschaftsrechtliche Vorgänge der Schenkungsteuer unterworfen. Nach der Gesetzesbegründung[74] dienen die Absätze 5 und 6 dem Zweck, ungerechtfertigte Steuervorteile durch bestimmte gesellschaftsvertragliche Regelungen auszuschließen. Die neuen Bestimmungen sollen sich nicht gegen die legalen Möglichkeiten richten, durch eine frühzeitige Beteiligung der Kinder am Geschäftsvermögen die künftige Erbschaftsteuer, die sonst in vollem Umfange erst beim Tode des Erblassers eintreten würde, zu mindern. Gegen solche Schenkungen ist nach der Gesetzesbegründung nichts einzuwenden, solange die gesellschaftsvertraglichen Vereinbarungen eine korrekte Erfassung der wirklich geschenkten Beteiligung ermöglichen. Das trifft für die Fälle zu, in denen der Beschenkte entsprechend der ihm zugewendeten Kapitalbeteiligung vorbehaltlos an den offenen oder stillen Reserven beteiligt und ihm eine Gewinnbeteiligung eingeräumt wird, die seinem Kapitalanteil, seiner Mitarbeit in der Gesellschaft und seinen sonstigen Gesellschafterpflichten entspricht. 848

Das subjektive Merkmal des Bewußtseins der Unentgeltlichkeit gehört nicht zum gesetzlichen Tatbestand des § 7 Abs. 7 ErbStG. 849

Wächst der Anteil des Gesellschafters der Personengesellschaft bei dem Ausscheidenden gem. § 738 Abs. 1 Satz 1 BGB bei den übrigen – die Gesellschaft fortsetzenden – Gesellschaftern an, so unterliegt der damit verbundene Übergang des Anteils des Ausscheidenden am Gesellschaftsvermögen auf diese nach § 7 Abs. 2 ErbStG der Schenkungsteuer. Der Annahme einer objektiven Bereicherung der die Gesellschaft fortführenden Gesellschafter steht nicht entgegen, daß der durch Tod ausgeschiedene Gesellschafter oder dessen Rechtsvorgänger bei Gründung der Gesellschaft weder eine Einlage erbracht hat noch Aufwendungen für zu diesem Zeitpunkt vorhandene stille Reserven geleistet hat und der Anspruch des ausscheidenden Gesellschafters bei Fortbestehen der Gesellschaft durch Gesellschaftsvertrag auf den sog. Buchwert begrenzt worden ist[75].

Das gilt auch, wenn bei einer aus 2 Personen bestehenden Personengesellschaft die Übernahme des Gesellschaftsvermögens durch einen Gesellschafter vereinbart wird.

---

[73] BFH v. 28. 11. 1984, BStBl. II 1985, 159; v. 6. 3. 1985, BStBl. II 1985, 380.
[74] Vgl. h. M. Troll, § 7 ErbStG, Anm. 65.
[75] BFH v. 31. 1. 1996, BFH/NV 1996, 610.

Abweichungen vom Gesellschaftsvertrag hinsichtlich Höhe und Aufteilung des Abfindungsguthabens des ausscheidenden Gesellschafters stehen der Anwendung des § 7 Abs. 7 ErbStG nicht entgegen[76].

2. Anteilsschenkung ohne Buchwertklausel

850 In der Regel werden aber Anteile an einer Personengesellschaft in der Weise geschenkt, daß der Schenker mit dem Beschenkten einen Gesellschaftsvertrag abschließt, der Schenker auch die Leistungen des Beschenkten dadurch erfüllt, daß der Schenker seinen bisherigen Einzelbetrieb in die Personengesellschaft einbringt. In diesem Falle gelten die Anteile an der Personengesellschaft als geschenkt. Der Wert der Schenkung ist mit dem anteiligen Wert am Betriebsvermögen anzusehen[77].

Beispiel:
A ist Einzelgewerbetreibender. Er gründet mit seinen beiden Kindern K und L eine KG, an der er als Komplementär mit 50 v. H., seine beiden Kinder mit jeweils 25 v. H. beteiligt sind. Die Einlageverpflichtungen werden durch die Einbringung des Einzelbetriebes durch A erfüllt. Buchwert des Einzelbetriebes DM 300.000,–, Steuerwert DM 400.000,–, Verkehrswert DM 600.000,–.

Die Schenkungen sind mit jeweils 25 v. H. v. DM 400.000,– = je DM 100.000,– anzusetzen.

3. Schenkungen mit Buchwertklausel

851 Ist Gegenstand der Schenkung eine Beteiligung an einer Personengesellschaft, in deren Gesellschaftsvertrag bestimmt ist, daß der neue Gesellschafter bei Auflösung der Gesellschaft sowie im Falle eines vorherigen Ausscheidens nur den Buchwert seines Kapitalanteils erhält, so werden diese Bestimmungen bei der Ermittlung des Wertes der Bereicherung nicht berücksichtigt[78]. Soweit die Bereicherung den Buchwert des Kapitalanteils übersteigt, gilt sie als auflösend bedingt erworben. Dies bedeutet, daß sie nach § 12 Abs. 1 ErbStG in Verbindung mit § 5 BewG zunächst als Teil der geschenkten Beteiligung zur Schenkungsteuer herangezogen wird. Sofern beim späteren Eintritt der Bedingung die im Zeitpunkt der Ausführung der Schenkung vorhanden gewesenen offenen und/oder stillen Reserven noch vorhanden sein sollten und damit dem anderen Gesellschafter zufallen, können der Beschenkte oder seine Erben eine Berichtigung der Veranlagung nach § 5 Abs. 2 BewG beantragen. Die Schenkungsteuer ist in diesem Fall nach dem tatsächlichen Wert des Erwerbs neu festzusetzen.

Ein überzahlter Betrag wird dem Beschenkten bzw. seinen Erben erstattet.

Diese Bestimmung trägt der Tatsache Rechnung, daß es nur in seltenen Fällen zum Bedingungseintritt kommt. Die Parteien gehen bei der Vereinbarung der Buchwertklausel davon aus, daß diese unter normalen Umständen nicht zur An-

---

[76] BFH v. 1.7.1992, BB 1992, 1781.
[77] Schulze zur Wiesche, DStZ 1987, 339.
[78] Kapp, § 7 ErbStG, Rz. 180; Troll, § 7 ErbStG, Anm. 33.

wendung kommt. Der objektive Wert der Beteiligung entspricht daher nicht dem Buchwert. Es ist auch zu berücksichtigen, daß der Steuerpflichtige während des Bestehens der Gesellschaft an den stillen Reserven teilhat; auf ihnen beruht die Ertragskraft des Unternehmens. Ferner ist er an ihnen bei Auflösung während des laufenden Betriebes (Veräußerung eines Betriebsgrundstücks) beteiligt.

Diese Bestimmung gilt für jeden unentgeltlichen Erwerb mit Buchwertklausel, 852 unabhängig davon, was die Ursache des Ausscheidens ist (gleichgültig, ob die Kündigung durch den Schenker oder den Gesellschafter erfolgt oder ob die Buchwertklausel auch dann gelten soll, wenn die Gesellschaft liquidiert wird). Die Buchwertklausel ist nicht zu beachten, wenn die Schenkung mit der Maßgabe erfolgt, daß mindestens der anteilige Steuerwert des Betriebsvermögens und nicht der Nominalwert des Anteils ausgezahlt wird.

Werden jedoch Anteile übertragen mit dem Recht des Schenkers, das Gesell- 853 schaftsverhältnis einseitig jederzeit zu kündigen und den Geschäftsbetrieb zum Buchwert zu übernehmen, fragt sich, ob eine Anteilsschenkung vorliegt. Ertragsteuerlich liegt in dem Fall keine Mitunternehmerschaft vor[79]. Es muß jedoch auch hier berücksichtigt werden, daß eine Schenkung, soweit es den Buchwert betrifft, gewollt ist, weil auch im Falle der Herauskündigung der Beschenkten der Nominalwert der Schenkung verbleibt. Das Ertragsteuerrecht[80] behandelt den Beschenkten nicht als Mitunternehmer, allenfalls als Kapitalgeber, der wie ein stiller Gesellschafter zu behandeln ist.

4. Behandlung der Anteilsschenkung bei Ausschluß wesentlicher Gesellschaftsrechte

Es fragt sich, ob eine Anteilsübertragung im Sinne des Erbschaftsteuerrechts 854 auch in den Fällen vorliegt, in denen ertragsteuerlich eine Anteilsübertragung nicht mehr angenommen werden kann.

Das Erbschaftsteuerrecht schließt im wesentlichen an Rechtsgeschäfte bzw. Rechtshandlungen an. Es gilt hier nicht die wirtschaftliche Betrachtungsweise. Es kommt also nicht darauf an, ob der Erwerber Mitunternehmer geworden ist, ob bei wirtschaftlicher Betrachtung eine Vermögensübertragung erfolgt ist[81].

Das Ertragsteuerrecht erkennt ein Gesellschaftsverhältnis (Vermögensübertragung) mit der Folge der Übertragung der Einkunftsquelle nicht an, wenn das Gesellschaftsverhältnis bürgerlich-rechtlich unwirksam ist, nicht ernsthaft gewollt, nicht tatsächlich durchgeführt ist und unter Bedingungen steht, wie sie unter fremden Dritten nicht abgeschlossen worden wären[82]. In der Regel wird man davon ausgehen, daß die Vermögensübertragung selbst gewollt ist, die Folgerungen aus der Vermögensübertragung erst gezogen werden sollen, wenn der Schenker verstorben ist. Ertragsteuerlich werden solche Schenkungen als Schenkungen von To-

---

[79] BFH v. 15. 10. 1981, BStBl. II 1982, 342.
[80] BFH v. 29. 4. 1981, BStBl. II 1981, 663.
[81] BFH v. 22. 9. 1982, BStBl. II 1983, 179.
[82] BFH v. 5. 6. 1986, BStBl. II 1986, 798; v. 29. 1. 1976, BStBl. II 1976, 324.

des wegen behandelt[83]. Insbesondere verneint die Rechtsprechung zum Ertragsteuerrecht eine Anteilsübertragung, wenn das Kündigungsrecht des Beschenkten zu Lebzeiten des Schenkers ausgeschlossen ist und dem Beschenkten zu Lebzeiten des Schenkers keine Gesellschaftsrechte zustehen und auch das Entnahmerecht bis auf die Steuerzahlungen begrenzt ist[84].

855 Wirtschaftlich gesehen ist in diesen Fällen der dingliche Vollzug der Schenkung aufschiebend bedingt bis zum Zeitpunkt des Todes des Schenkers.

Im Gegensatz zum Recht der GmbH kennt das Recht der Personengesellschaft keine Mindestrechte, die dem Gesellschafter verbleiben müssen, um ihn als Gesellschafter anzusehen[85]. Eine erhebliche Minderung der Gesellschaftsrechte gegenüber dem Regelstatus des HGB führt nicht dazu, daß der Beschenkte nicht als Gesellschafter anzusehen ist.

Da es das Schenkungsteuerrecht davon abhängig macht, ob hier bürgerlich-rechtlich eine Änderung der Eigentumsverhältnisse erfolgt ist, kommt es nicht darauf an, ob der Beschenkte auch wirtschaftlich die Stellung eines Gesellschafters erlangt hat. Der Vorgang unterliegt daher grundsätzlich auch dann der Schenkungsteuer, wenn ertragsteuerlich eine Übertragung der Einkunftsquelle verneint wird.

5. Einräumung einer atypischen stillen Beteiligung

856 Räumt der Schenker an seinem Unternehmen Kindern schenkweise eine atypische stille Beteiligung ein, liegt keine Kapitalschenkung, sondern eine Schenkung eines Mitunternehmeranteils vor[86]. Die Bewertung der Zuwendung erfolgt daher nicht nach den Bewertungsregeln für eine stille Beteiligung (Kapitalforderung), sondern die atypische stille Beteiligung wird als Anteil am Betriebsvermögen (§§ 95ff. BewG) bewertet.

6. Einräumung einer Unterbeteiligung

857 Die unentgeltliche Einräumung einer Unterbeteiligung ist ein schenkungsteuerlicher Vorgang. Für die Wertberechnung ist zwischen einer typischen und einer atypischen Unterbeteiligung zu unterscheiden. Bei typischen Unterbeteiligungen handelt es sich um die Schenkung einer Kapitalforderung i.S. des § 12 BewG. Sie ist als solche grundsätzlich mit dem Nennwert anzusetzen[87]. Wann eine typische Unterbeteiligung mit einem höheren Wert als dem Nennwert anzusetzen ist, ist umstritten. Gleiches gilt für den Ansatz eines Übermaßes an Gewinnbeteiligung als selbständige Schenkung.

---

[83] BFH v. 3.5.1979, BStBl. II 1979, 515; v. 8.2.1979, BStBl. II 1979, 405; v. 5.7.1979, BStBl. II 1979, 670.
[84] Siehe Fußnote 83.
[85] Schilling in Großkommentar HGB, § 59 HGB, Anm. 32.
[86] Petzoldt, Erbschaft- und Schenkungsteuer, NWB, Fach 10, S. 551 mit weiteren Nachweisen.
[87] Sudhoff, Unternehmensnachfolge, S. 306; Böttcher/Zartmann/Faut, Stille Gesellschaft und Unterbeteiligung, 3. Auflage, S. 187, 190.

Nach dem Urteil des BFH vom 10. 3. 1970[88] soll sich bei Unterbeteiligungen entgegen der Behandlung sonstiger Kapitalforderungen das Abweichen der Rendite vom Normalen nicht nach der Höhe der Verzinsung der Einlage richten. Ein werterhöhender Umstand soll vielmehr nur insoweit gegeben sein, als die Unterbeteiligung im Vergleich zur Hauptbeteiligung größeren Nutzen bringt, als dies dem prozentualen Verhältnis der Unterbeteiligung an der Hauptbeteiligung entspricht, wobei persönliche Arbeitsleistung und unbeschränkte Haftung vorab zu berücksichtigen sind[89]. Hinsichtlich der Bewertung vgl. Abschn. 56 Abs. 7 i. V. m. Abschn. 7a Abs. 2 VStR.

Die Einräumung einer atypischen Unterbeteiligung wird schenkungsteuerlich wie eine unentgeltliche Übertragung eines Teils der Beteiligung behandelt[90]. Bemessungsgrundlage ist der entsprechende Anteil am Steuerwert des Betriebsvermögens. Hierbei sind die Gewinnaussichten nur insoweit zu berücksichtigen, als das Übermaß eine selbständige Schenkung i. S. des § 7 Abs. 6 ErbStG darstellt.

7. Übertragung von Anteilen gegen Nießbrauchsvorbehalt[91]

Erfolgt der Nießbrauchsvorbehalt zugunsten des Anteilsschenkers, liegt keine Schenkung des Nießbrauchs vor. 858

Der geschenkte Anteil ist belastet mit dem Nießbrauch. Nach § 25 Abs. 1 ErbStG sind jedoch Nutzungs- und Rentenlast bei der Ermittlung des Wertes der Bereicherung zu berücksichtigen. Voraussetzung ist jedoch, daß überhaupt eine Bereicherung vorliegt. Beim Nießbrauch ist die Beschränkung des Jahresnutzungswertes auf 1/18 des Steuerwertes zu beachten, so daß der Kapitalwert des Nießbrauchs am Steuerwert nicht überschritten wird, insbesondere dann, wenn der Nießbrauch auf eine Quote begrenzt ist.

Allerdings ist § 25 ErbStG nicht auf die geschenkte Beteiligung anwendbar, weil § 7 Abs. 1 ErbStG nur die Bereicherung, also den unbelasteten Teil der Schenkung erfaßt. Vgl. aber Rz. 800ff., 827.

8. Teilentgeltliche Übertragung eines Gesellschaftsanteils

Wird ein Anteil unentgeltlich übertragen, liegt kein Anwendungsfall des § 7 Abs. 7 ErbStG vor, sondern ein Fall des § 7 Abs. 1 Nr. 1 ErbStG[92]. Enthält eine Anteilsübertragung sowohl Elemente eines Kaufvertrages als auch einer Schenkung, so gilt als Schenkung der Teil, der die Gegenleistung übersteigt. Für die Frage, inwieweit ein Leistungsverhältnis ausgeglichen ist, sind die Verkehrswerte (gemeine Werte) miteinander zu vergleichen[93]. 859

---

[88] BStBl. II 1970, 562.
[89] Meincke/Michel, § 12 ErbStG, RdNr. 81; Troll, § 12 ErbStG, Rz. 146.
[90] Vgl. Sudhoff, Unternehmensnachfolge, S. 316; a. A. Böttcher, Die Aufnahme von Kindern in das Familienunternehmen, S. 64.
[91] BFH v. 12. 12. 1979, BStBl. II 1980, 260; v. 21. 10. 1981, BStBl. II 1982, 83.
[92] Troll, § 7 ErbStG, Anm. 5.
[93] Schulz, a. a. O. (Fußnote 55), S. 224.

860 Wird ein Anteil an einer Personengesellschaft eingeräumt, ohne daß der Erwerber das volle Entgelt hierfür zahlt, kann in der Übertragung eine gemischte Schenkung erblickt werden[94]. Wird der Anteil am bisherigen Einzelunternehmen auf einen fremden Dritten, insbesondere auf einen früheren Mitarbeiter, unter dem Verkehrswert übertragen, ist es fraglich, ob dies im Bewußtsein einer teilweisen Unentgeltlichkeit erfolgt ist. Vielfach erfolgte der Preisnachlaß in der Absicht, den Bestand des Unternehmens und insbesondere die Altersversorgung zu sichern. Auch bei Rechtsgeschäften mit den eigenen Kindern kann man bei einer Anteilsräumung unter Verkehrswert nicht darauf schließen, daß dies in Bereicherungsabsicht erfolgt. Vielfach haben Kinder ihre eigenen Vorstellungen und sind nicht bereit, sich zum vollen Entgelt im Unternehmen des Vaters einzukaufen. Das Merkmal der Unentgeltlichkeit fehlt jedoch, wenn der Preisnachlaß erforderlich war, um das Kind an das Unternehmen zu binden und von eigenen Berufsplänen abzuhalten. Aus diesem Grunde kann eine gemischte Schenkung eines Anteils am Betriebsvermögen nur angenommen werden, wenn der Kaufpreis für den Anteil im offensichtlichen Mißverhältnis zum Verkehrswert steht, d. h. wenn die Unentgeltlichkeit überwiegt.

Beispiel:

S tritt in das bisherige Einzelunternehmen seines Vaters (V) mit einer Einlage von DM 100.000,– ein und wird mit 50 v. H. am Gewinn und Auseinandersetzungsguthaben beteiligt. Das Kapitalkonto des Vaters beträgt ebenfalls DM 100.000,–. Die stillen Reserven betragen jedoch DM 300.000,–.

Der Wert der erworbenen Beteiligung beträgt	DM 400.000,–
+	DM 100.000,–
	DM 500.000,–
1/2 =	DM 250.000,–

Somit liegt in Höhe von 60 v. H. eine Schenkung vor.

Ursprünglicher Steuerwert	DM 150.000,–
zuzüglich Bareinlagen	DM 100.000,–
neuer Steuerwert	DM 250.000,–
Anteil S am Steuerwert	DM 125.000,–
hiervon 60 v. H. (Schenkung) =	DM 75.000,–

Die Schenkung ist mit DM 75.000,– zu bewerten.

Eine gemischte Schenkung kann jedoch auch dann gegeben sein, wenn ein Gesellschafter seinen Anteil zu einem Wert, der erheblich unter dem Verkehrswert liegt, überträgt oder der Vater aus einer Familienpersonengesellschaft gegen eine Abfindung, die unter dem Verkehrswert liegt, ausscheidet.

Keine gemischte Schenkung liegt jedoch in der Übernahme der Gesellschaftsschulden vor. Der durch Übertragung des Anteils (der Mitgliedschaftsrechte) an einer Personengesellschaft bewirkte Eintritt des Erwerbers in die gesellschaftlichen

---

[94] Petzoldt, a. a. O. (Fußnote 86), S. 536; Troll, § 7 ErbStG, Anm. 14; vgl. auch Schulz, a. a. O. (Fußnote 55), S. 224.

Erbschaftsteuer

Verpflichtungen des Veräußerers einschließlich der damit verbundenen gesellschaftsinternen (anteiligen) Belastung mit den Gesellschaftsschulden, ist schenkungsrechtlich kein Entgelt für die Übertragung der Gesellschaftsanteile. Eine gemischte Schenkung liegt insoweit nicht vor. Dies gilt auch für die Übertragung der Mitgliedschaftsrechte an einer lediglich grundstücksbesitzenden GbR[95].

Die Übertragung einer KG-Beteiligung gegen Einräumung des Gewinnbezugsrechts stellt eine Auflagenschenkung dar, die als gemischte Schenkung zu behandeln ist[96].

a) Anteilsübertragung unter dem Buchwert

Wird ein Anteil unter dem Buchwert übertragen, liegt eine gemischte Schenkung vor, soweit der Anteilsübernehmer bereichert ist[97]. Die Bereicherung ergibt sich jedoch nicht aus der Differenz zwischen dem vereinbarten Kaufpreis und dem Steuerwert. Der Anteilsübernehmer ist nicht bereichert, wenn der gemeine Wert des Anteils unter dem Buchwert liegt und dem vereinbarten Kaufpreis entspricht. Das wäre der Fall, wenn die Personengesellschaft eine zwingend gebotene Teilwertabschreibung auf das Betriebsvermögen (Wirtschaftsgüter) unterlassen hätte. Eine gemischte Schenkung liegt auch dann nicht vor, wenn der Anteilseigner sich in einer Notlage befand und der Erwerber zu keinem höheren Kaufpreis bereit war. 861

b) Übertragung des Anteils zum Buchwert

Wird ein Anteil zum Buchwert übertragen, so kann darin eine gemischte Schenkung liegen, wenn das Unternehmen erhebliche stille Reserven enthält, an denen der Anteilseigner teilhat. Ist jedoch im Gesellschaftsvertrag für den Fall des Ausscheidens aus der Personengesellschaft eine Buchwertklausel vereinbart, wird der Erwerber des Anteils nicht den vollen Wert des Anteils bezahlen wollen. Die Buchwertklausel beeinträchtigt den Wert eines Anteils negativ. Der Erwerber eines Anteils wird daher im Zweifel nur den Buchwert des Anteils bezahlen wollen, wenn die Buchwertklausel nicht nur die Fälle des freiwilligen Ausscheidens, sondern auch weitere Fälle wie die Liquidation betrifft. 862

Für die Frage, ob eine Bereicherung des Erwerbers vorliegt, sind der vereinbarte Kaufpreis und der gemeine Wert des Anteils, der nicht mit dem Steuerwert identisch ist, gegenüberzustellen. Für die Frage, ob ein Leistungsaustausch vorliegt oder nicht, ist nicht von den objektiven Werten auszugehen, sondern von den subjektiven Vorstellungen der Vertragspartner. Betrachten diese das Leistungsverhältnis als ausgeglichen, so liegt in vollem Umfang ein Leistungsaustausch vor, auch wenn objektiv gesehen beide Leistungen nicht gleichwertig sind. Ein offensichtliches Mißverhältnis zwischen Leistung und Gegenleistung läßt jedoch darauf schließen, 863

---

[95] BFH v. 14. 12. 1995, DB 1996, 762.
[96] BFH v. 7. 9. 1994, BFH/NV 1995, 342.
[97] Vgl. Schulze zur Wiesche, DStZ 1987, 339.

daß ein Teil der Leistung unentgeltlich erfolgen soll, wobei zu beachten ist, daß der Zuwendungswille nur beim Schenker vorgelegen haben muß.

c) Übertragung des Anteils über dem Buchwert

864 Wird ein Anteil zum Buchwert übertragen, liegt zwar nach der neuesten Ertragsteuerrechtsprechung keine Betriebsveräußerung vor, dennoch kann auch in diesem Falle eine gemischte Schenkung vorliegen, wenn der vereinbarte Kaufpreis, obwohl er den Buchwert des Anteils übersteigt, im offenbaren Mißverhältnis zum Wert des Anteils liegt[98].

Beispiel:

A überträgt auf B seinen Anteil, Buchwert DM 200.000,–, zu DM 250.000,–. Verkehrswert des Anteils DM 600.000,–, Steuerwert DM 240.000,–. Der Mehrwert beruht im wesentlichen auf dem Firmenwert.

Obwohl der Veräußerungspreis den Buchwert und auch den Steuerwert des Anteils übersteigt, liegt eine gemischte Schenkung vor, weil der vereinbarte Kaufpreis in einem offensichtlichen Mißverhältnis zum Verkehrswert steht.

41,66 v.H. entgeltlich, 58,34 v.H. unentgeltlich

58,34 v.H. von DM 240.000,– (Steuerwert) = DM 140.016,–.

d) Ausscheiden aus einer Personengesellschaft als Schenkung

865 Scheidet der Vater aus einer Personengesellschaft, die aus ihm und seinen Kindern besteht, aus, liegt keine Schenkung im Sinne des § 7 Abs. 1 ErbStG, sondern eine Zuwendung im Sinne des § 7 Abs. 6 ErbStG vor. Hier ist nicht die Differenz zwischen dem Verkehrswert des Anteils und der Abfindung, sondern der Unterschiedsbetrag zwischen Steuerwert des Anteils und Abfindung als Schenkung zu erfassen. (Hinsichtlich weiterer Einzelheiten Rz. 688.)

9. Die überhöhte Gewinnbeteiligung

866 Wird eine Beteiligung an einer Personengesellschaft mit einer Gewinnbeteiligung ausgestattet, die der Kapitaleinlage, der Arbeit oder sonstigen Leistungen des Gesellschafters für die Gesellschaft nicht entspricht oder die einem fremden Dritten üblicherweise nicht eingeräumt würde, so gilt das Übermaß an Gewinnbeteiligung als selbständige Schenkung, die mit dem Kapitalwert anzusetzen ist[99].

Diese Vorschrift soll lediglich ausschließen, daß die offenen und/oder stillen Reserven auf einem steuerlich nicht erfaßbaren Umweg auf den Beschenkten übertragen werden. Dies konnte früher dadurch erreicht werden, daß der Beschenkte zunächst nicht oder nur bedingt an den Reserven beteiligt wird, daß diese dann jedoch in dem der Zuwendung folgenden Jahr nach und nach aufgelöst werden, mit der

---

[98] BFH v. 10.9.1986, BStBl. II 1987, 80. Hinsichtlich weiterer Einzelheiten Schulze zur Wiesche, DStZ 1987, 339.
[99] Braunschweig, BB 1974, 1358; Rosenau, DB 1974, 256, 259; Schulze zur Wiesche, DStR 1974, 698; Petzoldt, NWB, Fach 10, S. 381.

Folge, daß sie dem Beschenkten über seine Gewinnbeteiligung anteilsmäßig zufließen. Ferner soll verhindert werden, daß dem Beschenkten über seine überhöhte Gewinnbeteiligung eine zusätzliche Neubildung von Vermögen zu Lasten des Gewinnanteils des Schenkers ermöglicht wird, ohne daß dieser in der überhöhten Gewinnbeteiligung liegende besondere Vermögensvorteil steuerlich angemessen erfaßt werden kann.

Diese Vorschrift des § 7 Abs. 6 ErbStG bedeutet eine Änderung gegenüber der bis dahin geltenden Auffassung. Hiernach war ein Überschuß an Gewinnbeteiligung bei der Wertung der Kapitalbeteiligung als deren Bestandteil mit zu erfassen[100].

Nach der jetzigen Regelung ist der überhöhte Gewinnanteil eine selbständige Schenkung. Diese überhöhte Gewinnbeteiligung ist mit dem Kapitalwert der Schenkungsteuer zu unterwerfen.

Nach einem gemeinsamen Ländererlaß ist für die Berechnung des Kapitalwertes, soweit keine anderen Anhaltspunkte für die Laufzeit gegeben sind, davon auszugehen, daß der überhöhte Gewinnanteil dem Bedachten für die Dauer von 5 Jahren in gleichbleibender Höhe zufließen wird[101].

Beispiel:
A überträgt auf seinen Sohn eine Beteiligung von nominal DM 100.000,-, die von seinem Kapitalkonto abgebucht wird. Der Steuerwert der Beteiligung beträgt DM 150.000,-, der gemeine Wert DM 200.000,-. Der Durchschnittsgewinn der letzten Jahre beträgt DM 300.000,- . S soll am Gewinn mit 20 v. H. beteiligt sein.

Wert der Schenkung
1. Steuerwert des Anteils	DM 150.000,-
2. Übermaß Gewinnbeteiligung	
15 v.H. von DM 200.000,-	= DM 30.000,-
20 v.H. von DM 300.000,-	= DM 60.000,-
angemessen	= DM 30.000,-
Übermaß = Jahresbetrag	= DM 30.000,-
5 Jahre = 4,505	
(Hilfstafel II VStR)	DM 135.150,-
Gesamtwert der Schenkung	DM 285.150,-

Was als überhöhte Gewinnbeteiligung anzusehen ist, ergibt sich nicht aus dem ErbStG[102]. Hierzu hat die Rechtsprechung vor einiger Zeit zum Ertragsteuerrecht Stellung genommen[103]. Die vom Großen Senat[104] erarbeiteten Grundsätze dürften auch für das Erbschaftsteuerrecht zu übernehmen sein[105]. Auch hier ergibt sich die

---

[100] Vgl. BFH v. 25. 6. 1969, BStBl. II, 653.
[101] FinMin. Baden-Württemberg v. 20. 12. 1974 – S 3715 – 1/74, Gemeinsamer Ländererlaß.
[102] Kapp, § 7 ErbStG, Rz. 190; Petzoldt, § 7 ErbStG, Rz. 163.
[103] Vgl. Familiengesellschaft.
[104] BFH GrS v. 29. 5. 1972, BStBl. II 1973, 5; v. 29. 3. 1973, BStBl. II 1973, 489; v. 4. 9. 1973, BStBl. II 1973, 866.
[105] Siehe Fußnote 101.

gleiche Problematik. Der gemeine Wert der Beteiligung unter Berücksichtigung der Ertragsaussichten dürfte in der Praxis schwer zu ermitteln sein. Am zweckmäßigsten ist es, vor Abschluß eines Schenkungsvertrages hinsichtlich der Wertfeststellung eine Abstimmung mit dem Finanzamt vorzunehmen, damit künftiger Ärger erspart bleibt.

868 § 7 Abs. 6 ErbStG wie auch § 7 Abs. 5 ErbStG stellen auf eine Beteiligung an einer Personengesellschaft ab. Das Sonderbetriebsvermögen ist keine Beteiligung an einer Personengesellschaft in diesem Sinne. Die in § 7 Abs. 6 ErbStG erfaßten Vermögensbeteiligungen umfassen den gesamten handelsrechtlichen Gewinn, Vorweggewinn und Verteilung des Restgewinns. Das ergibt sich daraus, daß die Gewinnbeteiligung dem Gesellschafterbeitrag entsprechen soll, gewisse Gesellschafterbeiträge werden vielfach vorab vergütet, Kapitalkontenverzinsung, Haftungsvergütung. Rechtsprechung und Literatur[106] sind der Ansicht, daß für die Ermittlung der erhöhten Gewinnbeteiligung die zum Ertragsteuerrecht ergangenen Grundsätze auch für das Erbschaftsteuerrecht übernommen werden sollen.

Es ist aber zu beachten, daß die Grundsätze des BFH (15 v.H. vom gemeinen Wert des Anteils) sich lediglich auf den Restgewinn beziehen und nicht auf den tätigen Gesellschafter[107]. Ist hinsichtlich des Arbeitsverhältnisses ein Sonderrechtsverhältnis begründet worden, so darf die höher gewährte Vergütung nicht in die Angemessenheitsprüfung mit einbezogen werden, da hier ein Leistungs- und kein Beitragsverhältnis zwischen Gesellschaft und Gesellschafter besteht.

869 Unangemessen hohe Sondervergütungen (überhöhtes Geschäftsführergehalt, überhöhte Darlehenszinsen, überhöhte Miet- und Pachtzinsen) fallen nicht unter § 7 Abs. 6 ErbStG, weil es sich hier nicht um eine Gewinnbeteiligung aufgrund von Gesellschafterbeiträgen, sondern um eine verdeckte Schenkung im Rahmen eines Leistungsaustausches handelt.

Die überhöhte Gewinnbeteiligung wird als selbständige Schenkung angesehen, das bedeutet nicht, daß der Anteil ebenfalls im Wege der Schenkung übertragen werden muß.

Eine überhöhte und daher unangemessene Gewinnverteilung kann auch im Rahmen einer entgeltlichen bzw. teilentgeltlichen Vorteilsübertragung in Betracht kommen.

Beispiel:

A räumt seinem Sohn (S) eine Beteiligung an seinem Unternehmen gegen Zahlung von DM 200.000,- ein. Wert des erhaltenen Anteils DM 300.000,-. S erhält hierfür eine Gewinnbeteiligung von 50 v.H. des HB-Gewinns der Gewinne der letzten Jahre (DM 160.000,-).

Es muß hier berücksichtigt werden, daß insgesamt keine gemischte Schenkung vorliegt, da der entgeltliche Teil überwiegt und somit das ganze Rechtsgeschäft als ein vollentgeltliches anzusehen ist. Die überhöhte Gewinnbeteiligung läßt jedoch

---

[106] Vgl. Rz. 1031 ff.
[107] BFH GrS v. 29.5.1972, BStBl. II 1973, 5.

darauf schließen, daß nach der subjektiven Vorstellung der Vertragspartner ein Teil des Rechtsgeschäfts unentgeltlich sein soll.

VII. Freibetrag im Falle der vorweggenommenen Erbfolge (Rz. 288 ff.)

Der Freibetrag von DM 500.000,- wird auch beim Erwerb im Wege der vorweggenommenen Erbfolge gewährt, wenn der Schenker dem Finanzamt unwiderruflich erklärt, daß der Freibetrag für die Schenkung in Anspruch genommen wird. 870

Bei Übertragung von Betriebsvermögen unter Lebenden wird der Freibetrag nur gewährt, wenn der Erwerb im Rahmen der vorweggenommenen Erbfolge erfolgte. Das setzt voraus, daß 871
1. der Erwerber ein künftiger Erbe ist,
2. die Erbfolge dem Todesfall vorweggenommen wird[108].

1. Künftiger Erbe

Künftiger Erbe ist auf jeden Fall derjenige, der zum Kreis der gesetzlichen Erben gehört. Da auch eine gewillkürte Erbfolge möglich ist, kann grds. auch die Erbfolge an einen gewillkürten Erben vorgenommen werden, z.B. an einen Neffen, wenn leibliche Abkömmlinge nicht vorhanden sind, oder an einen Enkel, wenn dieser als Unternehmensnachfolger besser geeignet ist. Hier genügt als Grundlage z.B. Testament, Erbvertrag, Erb- und Pflichtteilsverzicht[109]. 872

Keine vorweggenommene Erbfolge ist i.d.R. gegeben, wenn es sich um ein einzelnes Wirtschaftsgut handelt. Ein Betrieb und ein Anteil an einem solchen werden im Wege der vorweggenommenen Erbfolge übertragen, wenn diese die gewerbliche Existenzgrundlage der Übertragenden darstellen. 873

Bei Zuwendungen an die in den Steuerklassen I und II genannten Erwerber kann davon ausgegangen werden, daß eine vorweggenommene Erbfolge beabsichtigt ist. 874

2. Vorweggenommene Erbfolge

Der Begriff vorweggenommene Erbfolge ist ein unbestimmter Rechtsbegriff, der auszulegen ist. Man wird hier auf die neuere Rechtsprechung zum Ertragsteuerrecht zurückgreifen können. 875

Stellt der Betrieb für sich genommen keine wesentliche Grundlage des Vermögens der Übertragenden dar, wird eine vorweggenommene Erbfolge nur dann vorliegen, wenn im Zusammenhang mit dieser weiteres Vermögen übertragen wird 876

---

[108] Literatur: Andreas Söffing/Hill, Der neue Erbschaftsteuerfreibetrag für Betriebsvermögen, BB 1994, 1686; Hübner, Der erbschaft- und schenkungsteuerliche Freibetrag für die Übertragung von Betriebsvermögen, DStR 1995, 197, Felix, Praktizierung des erbschaftsteuerlichen Betriebsvermögensfreibetrages, § 13 Abs. 2a ErbStG, KöSDi 7/94, 8778; Stephan, Der Freibetrag für inländische Betriebsvermögen gem. § 13 Abs. 2a ErbStG und das Gewaltenteilungsprinzip, DB 1995, 293; Schulze zur Wiesche, Erbschaftsteuergesetzänderungen, Wpg 1994, 574.
[109] Schr. BdF v. 29.11.1994, BStBl. I 1994, 905, Tz. 3.1.

(hinsichtlich des Begriffs „existenzsichernde Grundlage" siehe Rentenerlaß Tz. 5; vgl. Rz. 895).

Die Voraussetzungen einer vorweggenommenen Erbfolge werden daher i.d.R. nicht gegeben sein, wenn der Schenker von einem in mehrere Teilbetriebe gegliederten Betrieb einen Teilbetrieb überträgt oder bei mehreren Betrieben und Beteiligungen die Regelung nur die Übertragung einzelner Betriebe und Beteiligungen vorsieht, der Übertragende seine unternehmerische Tätigkeit lediglich eingeschränkt beibehält. Die Aufteilung von Anteilen an Personengesellschaften und die Einräumung von Unterbeteiligungen dürften die Voraussetzungen einer vorweggenommenen Erbfolge nicht erfüllen, wenn der Schenker weiterhin Gesellschafter bleibt. Bei Übertragung einzelner Wirtschaftsgüter, auch wenn sie Betriebsvermögen bleiben, werden die Voraussetzungen einer vorweggenommenen Erbfolge nicht gegeben sein.

Beispiel:
A ist bisheriger Einzelunternehmer. Der Steuerwert seines Betriebs beträgt 3 Mio. DM. A schenkt seinen Söhnen das Umlaufvermögen, anteiliger Steuerwert DM 500.000,–. Den Rest des Betriebsvermögens behält er zurück und verpachtet es an seinen Sohn.

Mit der Übertragung des Umlaufvermögens ist keine vorweggenommene Erbregelung getroffen worden, da A im wesentlichen das existenzsichernde Vermögen zurückbehalten hat und nunmehr einen Verpachtungsbetrieb führt.

Da die vorweggenommene Erbfolge vielmehr teilentgeltlich erfolgt, weil Abstandsgelder und Gleichstellungsgelder zu zahlen sind, beeinträchtigt die Teilentgeltlichkeit der Übertragung im Wege der vorweggenommenen Erbfolge die Gewährung des Betriebsvermögensfreibetrags nicht, soweit hinsichtlich des Betriebsvermögens ein steuerpflichtiger Erwerb gegeben ist.

Inwieweit die Einräumung von Nutzungsrechten – wie Nießbrauch – Einfluß auf den Freibetrag hat, soll hier unerörtert bleiben.

3. Aufteilung des Freibetrags

877   Der Freibetrag wird nur gewährt, wenn der Schenker dem Finanzamt unwiderruflich erklärt, daß der Freibetrag für diese Schenkung in Anspruch genommen wird.

Dabei hat der Schenker, wenn zum selben Zeitpunkt mehrere Erwerber bedacht werden, den für die Bedachten maßgebenden Teilbetrag von DM 500.000,– zu bestimmen.

4. Sperrfrist von 10 Jahren

878   Für die begünstigte unentgeltliche Übertragung von Betriebsvermögen kommt nur jeweils eine Übertragung von Betriebsvermögen innerhalb von 10 Jahren in Betracht.

Auf die Zahl der Erwerber kommt es hier nicht an. Bei der Sperrfrist von 10 Jahren ist lediglich auf den bisherigen Betriebsinhaber abzustellen. Der Betriebsvermögensfreibetrag kann vom Übertragenden (Erblasser) jeweils im 10-Jah-

Erbschaftsteuer

res-Rhythmus zur Anwendung gebracht werden. Das gilt auch für einen Erbfall innerhalb der Frist von 10 Jahren.

Beispiel:
A hat seinem Sohn (S) im Wege der vorweggenommenen Erbfolge sein Betriebsvermögen übertragen. Für diesen Erwerb wurde der Betriebsvermögensfreibetrag in Anspruch genommen. Da S zwischenzeitlich gestorben war, wird A nach 8 Jahren von seinem Enkel (E) auf den Rest beerbt. Im Nachlaß befindet sich ein Betrieb. E kann keinen Betriebsvermögensfreibetrag für sich beanspruchen.

Der Freibetrag wird nur für **eine** Übertragung innerhalb dieses Zeitraums gewährt. Ist der Freibetrag durch die unentgeltliche Übertragung nicht ausgeschöpft worden, kann der Restbetrag für spätere unentgeltliche Betriebsübertragungen nicht beansprucht werden. Da die Inanspruchnahme unwiderruflich ist, ist eine spätere Rückgängigmachung einer Inanspruchnahme grds. nicht möglich. 879

5. Wegfall der Steuerbefreiung bei Veräußerung (§ 13 a ErbStG)

Die Steuerbefreiung fällt mit Wirkung für die Vergangenheit weg, soweit innerhalb von 5 Jahren nach dem Erwerb ein Gewerbebetrieb oder Teilbetrieb, ein Anteil an einer Gesellschaft i.S. des § 15 Abs. 1 Nr. 2 EStG, ein Anteil des persönlich haftenden Gesellschafters einer KGaA oder ein Anteil daran veräußert wird. Die Einbeziehung von Kapitalbeteiligung bei Mindestbeteiligung von 25 v.H. (Jahressteuergesetz 1996) wurde zunächst einmal zurückgestellt. Die Veräußerung von Sonderbetriebsvermögen kommt einer Betriebs- bzw. Anteilsveräußerung gleich, wenn dieses die wesentliche Betriebsgrundlage darstellt. Unter den Begriff der Anteilsveräußerung fällt jede Anteilsminderung gegen Entgelt. Als Anteilsveräußerung gilt auch die Veräußerung eines Bruchteils an einem Anteil, somit würde die entgeltliche Einräumung einer Unterbeteiligung hierunter fallen. Die unentgeltliche Übertragung innerhalb von 5 Jahren fällt nicht hierunter. Zweifelhaft ist die Teilentgeltlichkeit. U.E. fällt die teilentgeltliche Überlassung nicht unter die schädliche Betriebsveräußerung, wenn sie im Rahmen einer Regelung der vorweggenommen Erbfolge erfolgt. Einer Betriebsveräußerung gleichgestellt ist die Betriebsaufgabe. 880

Satz 4 stellt klar, daß die Veräußerung der wesentlichen Betriebsgrundlagen eines Gewerbebetriebs oder die Überführung dieser ins Privatvermögen oder zu anderen betriebsfremden Zwecken als Betriebsveräußerung anzusehen ist. Eine Betriebsveräußerung ist auch dann gegeben, wenn Anteile an einer Kapitalgesellschaft veräußert werden, die der Veräußerer durch eine Sacheinlage (§ 20 Abs. 1 UmwStG) aus dem begünstigten Betriebsvermögen erworben hat. Es handelt sich hier um sog. einbringungsgeborene Anteile, deren Veräußerung unter § 21 Abs. 1 UmwStG fällt. Es kann hieraus geschlossen werden, daß die Einbringung in eine Kapitalgesellschaft zu Buchwerten selbst nicht hierunter fällt, weil sonst die Erfassung einer späteren Veräußerung der GmbH-Anteile ins Leere gehen würde. Einer Veräußerung steht jedoch die Einbringung zum Teilwert gleich. Die gleiche Frage taucht bei der Einbringung eines Betriebs oder Teilbetriebs in eine Personengesell- 881

655

schaft auf, ob eine solche als schädliche Veräußerung angesehen wird. U.E. liegt eine Betriebsfortführung vor, wenn die Personengesellschaft das Betriebsvermögen mit dem Buchwert übernimmt, spätere Veräußerungsgewinne innerhalb der 5-Jahres-Frist werden weiterhin erfaßt. Als Veräußerungsvorgang gilt jedoch die Übernahme des Betriebsvermögens zum Teilwert. U.E. werden durch eine Übernahme des begünstigten Betriebsvermögens durch die Personengesellschaft zum Teilwert die Folgendes § 13 Abs. 2a Satz 3 ErbStG ausgelöst mit der Folge, daß der Freibetrag entfällt. Gleiches gilt für die Altgesellschafter einer Personengesellschaft bei Eintritt eines neuen Gesellschafters, wenn die Altanteile begünstigtes Betriebsvermögen darstellen.

882 Die Mißbrauchsregelungen in § 13a Abs. 5 Nr. 1 Satz 2 ErbStG sind personenbezogen. Es kommt daher nur bei demjenigen zur rückwirkenden Versagung des Freibetrags für das Betriebsvermögen, der einen solchen Freibetrag oder Freibetragsanteil erhalten und das auf ihn übergegangene Betriebsvermögen innerhalb der 5-Jahres-Frist steuerschädlich verwandt hat.

883 Als Veräußerung gelten auch Entnahmen i.S. des § 13a Abs. 5 Nr. 3 ErbStG, soweit sie Einlagen und Gewinne um DM 100.000,– übersteigen.

884 Der Freibetrag ist auch dann in vollem Umfang verbraucht, wenn er nur teilweise in Anspruch genommen werden konnte, weil der Steuerwert des zugewendeten Betriebs geringer als DM 500.000,– war[110].

VIII. Übergang eines Anteils von Todes wegen

885 Das subjektive Merkmal des Bewußtseins der Unentgeltlichkeit gehört nicht zum gesetzlichen Tatbestand des § 3 Abs. 1 Nr. 2 Satz 2 ErbStG. Wächst der Anteil des Gesellschafters einer Personengesellschaft als Folge der im Gesellschaftsvertrag vereinbarten Fortführung der Gesellschaft beim Tode des Gesellschafters den übrigen Gesellschaftern gem. § 738 Abs. 1 Satz 1 BGB an, so unterliegt der damit verbundene Übergang des Anteils des Verstorbenen am Gesellschaftsvermögen auf diese nach § 3 Abs. 1 Nr. 2 Satz 2 ErbStG der Erbschaftsteuer[111]. Wird beim Tode des Gesellschafters einer GmbH der Geschäftsanteil des Verstorbenen gem. § 34 GmbHG eingezogen, so kommt eine Besteuerung der GmbH gem. § 3 Abs. 1 Nr. 2 Satz 2 ErbStG in Anrechnung eines die Abfindung der Erben übersteigenden Wertes des Geschäftsanteils nicht in Betracht.

IX. Adoption

886 Adoptionen sind auch erbschaftsteuerlich anzuerkennen, wenn die bürgerlich-rechtlichen Voraussetzungen erfüllt sind, mit der Folge, daß die angenommenen Kinder die Stellung von ehelichen Kindern haben.

---

[110] Erl. v. 29.11.1994, BStBl. I 1994, 905, Tz. 4.
[111] BFH v. 1.7.1992, BB 1992, 1783; vgl. auch BFH v. 1.7.1992, BFH/NV 1993, 101.

Es ist nicht Aufgabe der Finanzbehörden, den Zweck der Adoption zu prüfen. Diese ist rechtlich anzuerkennen, auch wenn sie in erster Linie aus erbschaftsteuerlichen Gründen erfolgte.

Eine Adoption an Kindes Statt ist dann zweckmäßig, wenn der Erblasser keine eigenen direkten Nachkommen hat. Hat der Erblasser einen Neffen zum Erben eingesetzt, so fällt dieser in die Steuerklasse II. Tritt dieser aber durch Adoption in ein Kindschaftsverhältnis zum Erblasser, so rückt er automatisch in die Steuerklasse I auf.

Wenn auch bürgerlich-rechtlich das Verwandtschaftsverhältnis zu den leiblichen Eltern und damit auch zu den bisherigen Verwandten erloschen ist, bleibt das Erbschaftsteuerrecht davon unberührt. Das adoptierte Kind behält die Steuerklasse I, wenn es von den leiblichen Eltern erbt, die Steuerklasse II, wenn es von den leiblichen Großeltern erbt. Werden durch die Großeltern auch Verwandtschaftsverhältnisse zu dem adoptierten Teil begründet, so wirkt sich das auch auf die Verwandten der Adoptiveltern aus. Der Adoptierte erbt von den Adoptivgroßeltern. Auch hier fällt der Erwerb unter die Steuerklasse I (allerdings nur mit einem Freibetrag von DM 100.000,–, § 16 Abs. 1 Nr. 3 ErbStG). Befinden sich im Nachlaß nur Betriebsvermögen und wesentliche Beteiligungen von mehr als 25 v.H., kann auf eine Adoption verzichtet werden, weil hier nur nach Steuerklasse I versteuert wird.

2. Abschnitt
Einkommensteuer

I. Verfügungen zur Regelung der vorweggenommenen Erbfolge im Bereich des Privatvermögens

1. Grundsätze[112]

Vermögensübertragungen im Wege der vorweggenommenen Erbfolge wurden bisher, auch wenn sie an eine Gegenleistung des Empfängers geknüpft waren, nicht als entgeltliche Rechtsgeschäfte, sondern als Schenkungen unter Auflage angesehen. Nach der Rechtsprechung des Großen Senates[113] sind Leistungen des Empfängers als Entgelt anzusehen, wenn sie Leistungsaustauschcharakter haben. Auf die Ausgewogenheit des Entgeltes kommt es hierbei nicht an. Vermögensübertragungen im Wege der vorweggenommenen Erbfolge haben dann bei Gegenleistungen des Empfängers entgeltlichen (teilentgeltlichen) Charakter, wenn der Vermögensübernehmer eine Abstandszahlung leistet, erbberechtigten Dritten ein Gleich-

887

---

[112] Literatur zur neuen Rechtsprechung: Niepoth, DB 1991, 249; Flume, DB 1990, 2390; Obermeier, Übertragung von Privat- und Betriebsvermögen bei vorweggenommener Erbfolge, NWB Fach 3, S. 7591; Groh, DB 1990, 2181; Märkle/Franz, BB Beilage 5 zu Heft 5/1991, S. 15ff.; Mundt, DStR 1991, 689; Costede, StVj. 1989, 41.
[113] Beschluß v. 5.7.1990, BStBl. II 1990, 837.

888 Abstandszahlungen sind auch bei vereinbarter Zinslosigkeit abzuzinsen. Der Ertragsanteil ist vom Empfänger als Kapitaleinkünfte zu versteuern. Behält sich der Übergeber eines Grundstücks im Rahmen der vorweggenommenen Erbfolge u. a. ein Nutzungsrecht am übertragenen Grundstück vor, so ist für die Aufteilung des Rechtsgeschäftes in den entgeltlichen und unentgeltlichen Teil dem Entgelt der um den Kapitalwert des Nutzungsrechtes geminderte Wert des Grundstücks gegenüberzustellen[114].

stellungsgeld zahlt oder die Verbindlichkeiten des Vermögensübertragenden auch als persönliche Schuld übernimmt.

889 Verkaufen Eltern ihr Grundstück an die Kinder und schenken sie gleichzeitig einen Geldbetrag, kann darin ein Gestaltungsmißbrauch gesehen werden[115].

890 Keine teilentgeltliche bzw. teilunentgeltliche Vermögensübertragung liegt vor, wenn der Vermögensempfänger die Versorgung des Schenkers übernimmt. Die Schenkung eines Vermögensgegenstandes gegen eine Versorgungsrente, soweit dies zur Regelung der vorweggenommenen Erbfolge dient, stellt in jedem Falle eine Auflage und kein Entgelt dar[116]. Keine Versorgungsrenten sind Zeitrenten. Sie werden als entgeltlich behandelt. Sofern sie mit Einkünften im Zusammenhang stehen, werden sie beim Verpflichteten mit dem Ertragsanteil, der nach BewG zu ermitteln ist, angesetzt[117].

891 Behält sich der Schenker an dem Gegenstand ein Nutzungsrecht bzw. Teilnutzungsrecht (Nießbrauch, dingliches Wohnrecht) zurück, so hat der Schenker den Vermögensgegenstand belastet mit diesem Nutzungsrecht erworben. Die Einräumung des Nutzungsrechtes stellt kein Entgelt für die Vermögensübertragung dar. Der Kapitalwert des Nutzungsrechtes kann daher auch nicht in die Anschaffungskosten mit einbezogen werden[118].

2. Vermögensübergabe im Rahmen der vorweggenommenen Erbfolge[119]

a) Grundsätze

892 Unter einer vorweggenommenen Erbfolge ist nach der Rechtsprechung die Übertragung von existenzsicherndem Vermögen an die künftigen Erben unter Lebenden zu verstehen, bei der sich der Vermögensübergeber in Gestalt der Versorgungsleistungen typischerweise Erträge seines Vermögens vorbehält, die nunmehr allerdings vom Vermögensübernehmer erwirtschaftet werden müssen (Tz. 3 des Rentenerlasses).

---

[114] BFH v. 24. 4. 1991, DB 1991, 1860.
[115] BFH v. 10. 10. 1991, FR 1992, 167.
[116] BFH v. 10. 4. 1991, DB 1991, 1859; v. 24. 4. 1991, DB 1991, 1861.
[117] Schreiben BdF v. 23. 12. 1996, FR 1997, 65, Tz. 50 ff.
[118] Ebenda.
[119] BdF-Schreiben v. 23. 12. 1996 IV 133 – S 2257 – 54/94, BStBl. I 1997, 1508; BFH v. 16. 12. 1993, FR 1994, 257.

b) Beteiligte Personen
aa) Empfänger des Vermögens

Empfänger sind die künftigen Erben. Als künftige gesetzliche Erben kommen die Abkömmlinge[120] und grundsätzlich auch gesetzlich Erbberechtigte entferntere Verwandte des Übergebers in Betracht. Beim Fehlen gesetzlicher Erben kommt auch eine Vermögensübergabe an nahestehende Dritte in Betracht (Tz. 23). 893

bb) Empfänger der Versorgungsleistungen

Als Empfänger der Versorgungsleistungen kommen in erster Linie der Übergeber, dessen Ehegatte und die gesetzlich erbberechtigten Abkömmlinge[121] des Übergebers in Betracht. Familienfremde Dritte können Empfänger der Versorgungsleistungen sein. Jedoch kann Empfänger von Versorgungsleistungen auch ein Dritter sein, der wiederum dem Übergeber Vermögen gegen Übernahme der Versorgung übertragen hat[122] (Tz. 24). 894

c) Existenzsichernde Wirtschaftseinheiten

Gegenstand der Vermögensübergabe muß eine Wirtschaftseinheit sein, die zumindest teilweise dazu geeignet ist, die Existenz des Übernehmers und des Übergebers sicherzustellen (Tz. 5, 7). 895
a) Existenzsichernde Wirtschaftseinheiten sind (Tz. 8):
- Betriebe, Teilbetriebe, Mitunternehmeranteile, atypisch stille Beteiligungen,
- Anteile an Kapitalgesellschaften, unabhängig von der Höhe der Beteiligung,
- Geschäfts- oder Mietwohngrundstücke,
- Einfamilienhäuser, Eigentumswohnungen, auch wenn diese vom Übernehmer zu eigenen Wohnzwecken genutzt werden,
- verpachtete unbebaute Grundstücke,
- Vorbehaltsnießbrauch, der abgelöst wird, wenn er für den Nießbraucher eine existenzsichernde Wirtschaftseinheit darstellt (Tz. 9).

b) Nicht existenzsichernde Wirtschaftseinheiten sind dagegen (Tz. 10):
- ertragloses Vermögen, z.B. Hausrat, Kunstgegenstände, Brachland,
- Wertpapiere, typische stille Beteiligungen, Geldbeträge,
- Vermögen, an dem sich der Übergeber einen Totalnießbrauch vorbehält, es sei denn, es handelt sich um einen bloßen Sicherungsnießbrauch mit der Folge, daß die Ausübung des Nießbrauchs gemäß § 1059 BGB dem Übernehmer überlassen wird.

Hinsichtlich der steuerlichen Auswirkung ist es von Bedeutung, ob es sich bei dem übertragenen Vermögen um eine ausreichend ertragbringende Einheit (Typ I) oder um eine solche ohne ausreichende Erträge (Typ II) handelt.

---

[120] BFH v. 16.12.1993, FR 1994, 257.
[121] BFH v. 27.2.1992, BStBl. II 1992, 612.
[122] BFH v. 14.12.1994, FR 1995, 503.

d) Ausreichend ertragbringende Wirtschaftseinheit

896   Von einer ausreichend ertragbringenden Einheit ist auszugehen, wenn nach überschlägiger Berechnung die Versorgungsleistungen nicht höher sind, als der langfristig erzielbare Ertrag des übergehenden Vermögens.

Es müssen Erträge i.S. des § 2 Abs. 1 EStG gegeben sein. Zu den Erträgen gehört jedoch auch der Nutzungswert der vom Übernehmer eigengenutzten Wohnung. Der Nutzungswert der Wohnung, die vom Übergeber aufgrund vorbehaltenen Nutzungsrechts zu eigenen Wohnzwecken genutzt wird, rechnet jedoch nicht hierzu (Tz. 13, 14). Die Erträge sind auf der Grundlage der steuerlichen Einkünfte zu ermitteln. Die Versorgungsleistungen müssen durch entspr. Erträge aus dem übernommenen Vermögen abgedeckt sein.

Wird Vermögen z.T. entgeltlich und z.T. unentgeltlich übertragen, müssen die Erträge, die auf den unentgeltlichen Teil entfallen, zur Erbringung der Versorgungsleistungen ausreichen. Hier gelten die Grundsätze für die Aufteilung in einen entgeltlichen und einen unentgeltlichen Teil der Vermögensübertragungen[123] (Tz. 16).

e) Übertragung einer existenzsichernden Einheit ohne ausreichende Erträge

897   Gegenstand der Vermögensübergabe kann auch eine existenzsichernde und ihrem Wesen nach ertragbringende Wirtschaftseinheit sein, deren Erträge aber nicht ausreichen, um die wiederkehrenden Leistungen zu erbringen[124] (Tz. 17, 18).

Voraussetzungen für eine Vermögensübergabe in diesen Fällen ist, daß der Wert des Vermögens im Zeitpunkt der Vermögensübergabe bei überschlägiger und großzügiger Berechnung mindestens die Hälfte des Kapitals und der wiederkehrenden Leistungen[125] beträgt.

898   Bei der zeitlich gestreckten gleitenden Vermögensübergabe (Tz. 10, Nießbrauchsvorbehalt) ist auf den Wert des Vermögens im Zeitpunkt der Vermögensübertragung unter Nießbrauchsvorbehalt abzustellen (Tz. 18). Bei teilentgeltlichem Erwerb ist Voraussetzung, daß der auf den unentgeltlich erworbenen Teil entfallende Wert des übernommenen Vermögens mindestens die Hälfte des Kapitalwerts der wiederkehrenden Leistung beträgt (Tz. 19). Hinsichtlich der nachträglichen Umschichtung des Vermögens durch den Erwerber siehe Tz. 20, 21.

899   Erwirbt jemand Vermögen unter dem Vorbehalt des Nießbrauchs und sagt er aus diesem Anlaß dem Übergeber Versorgungsleistungen zu, sind die Aufwendungen hierfür mangels überlassener Erträge nicht als dauernde Last abziehbar[126].

900   Die Ablösung eines Vorbehaltsnießbrauchs kann eine unentgeltliche Vermögensübergabe sein, mit der Folge, daß in sachlichem Zusammenhang hiermit vereinbarte – auf Lebenszeit an den Berechtigten gezahlte – abänderbare Versorgungs-

---

[123] BMF-Schreiben v. 13.1.1993, BStBl. I 1993, 8c).
[124] BFH v. 23.1.1992, BStBl. II 1992, 526.
[125] BFH v. 15.7.1991, BStBl. II 1992, 78.
[126] BFH v. 14.7.1993, BB 1993, 2284.

leistungen oder sonstige Bezüge aus wiederkehrenden Leistungen (§ 22 Nr. 1 Satz 1 EStG) steuerbar sind[127]. Sie sind beim Verpflichteten in voller Höhe als Sonderausgaben abziehbar[128].

War ein Grundstück unter Vorbehalt des Nießbrauchs übertragen worden und gibt der Berechtigte sein Nutzungsrecht auf, damit der Eigentümer das nunmehr lastenfreie Grundstück veräußern kann, sind im Zusammenhang hiermit vereinbarte Zahlungen, die wiederkehrend auf die Lebenszeit des vormaligen Nießbrauchers zu erbringen sind, nicht als Sonderausgaben (Rente oder dauernde Last) abziehbar. Der Verzicht auf einen Vorbehaltsnießbrauch an einer existenzsichernden Wirtschaftseinheit steht nur dann einer Vermögensabgabe gleich, wenn das Objekt zu dem Zweck des weiteren „Bewirtschaftens" übergeben wird. Denn andernfalls würden der Grundgedanke des steuerlichen Rechtsinstituts der Vermögensabgabe und der Zweck ihrer steuerlichen Privilegierung verfehlt[129]. 901

Wird jedoch ein Wohnrecht durch eine Rente abgelöst, damit der Eigentümer selbst die Wohnung nutzen kann, stellt die Rente bei den Einkünften aus Vermietung und Verpachtung Werbungskosten dar[130].

3. Schenkung unter Übernahme von Verbindlichkeiten

Wird im Rahmen der vorweggenommenen Erbfolge ein Miethaus, das mit Grundpfandrechten belastet ist, übertragen und übernimmt der Erwerber auch die persönliche Schuld, stellt die Übernahme der Schuld ein Entgelt dar. Da die Schuld i.d.R. jedoch nicht den gesamten Wert des übertragenen Gegenstandes abdeckt, liegt ein teilentgeltliches Rechtsgeschäft vor. Nach der Rechtsprechung des BFH sind teilentgeltliche Rechtsgeschäfte zumindest im privaten Bereich in ein entgeltliches und in ein unentgeltliches aufzuteilen. 902

Beispiel:
A überträgt auf seinen Sohn S ein Mietwohngrundstück. Die Herstellungskosten des Gebäudes betrugen DM 400.000,–, der gemeine Wert des bebauten Grundstücks betrug im Zeitpunkt der Übergabe DM 1 Mio. Das Grundstück war im Zeitpunkt der Übergabe mit Grundpfandrechten in Höhe von DM 400.000,– belastet, die S durch notariellen Übernahmevertrag mitübernahm.

Es handelt sich hier im vorliegenden Fall um ein teilentgeltliches Rechtsgeschäft. Die Übernahme der Hypothek stellt den Kaufpreis dar. Das Rechtsgeschäft ist im Verhältnis des Veräußerungspreises zum Verkehrswert des Grundstücks in ein entgeltliches und ein unentgeltliches aufzuteilen. Somit sind 40 % der Grundstücksübertragung entgeltlich und 60 % unentgeltlich. S hat daher in Höhe von 60 % (unentgeltlicher Teil) AfA des Rechtsvorgängers zu übernehmen (§ 11d EStDV). In Höhe von 40 % liegt ein entgeltlicher Erwerb vor. Die Anschaffungskosten dieses

---

[127] BFH v. 25.11.1992, DB 1993, 816.
[128] BFH v. 3.6.1992, BStBl. II 1993, 98.
[129] BFH v. 14.2.1996, BFH/NV 1996, 172.
[130] BFH v. 30.8.1994, BFH/NV 1995, 291.

Teils abzügl. Grund- und Bodenanteil (20 %) sind Bemessungsgrundlage für die AfA des entgeltlich erworbenen Teils.

4. Übertragung von Vermögensgegenständen gegen eine Abstandszahlung

903 Leistet der Empfänger des Vermögensgegenstandes dem Schenker eine Abstandszahlung, so ist in Höhe dieser ein Entgelt gegeben. Auch in diesem Falle wird es sich i.d.R. um ein teilentgeltliches Rechtsgeschäft handeln, weil ja gerade die vorweggenommene Erbfolge den Zweck hat, Vermögen zu übertragen, nicht den Zweck, Vermögen umzuschichten. Daher wird im Zweifel die Leistung des Vermögensübertragenden größer sein als die des Vermögensempfängers.

Beispiel:
A überträgt auf seinen Sohn ein Miethaus im Werte von DM 800.000,–, S finanziert dafür seinem Vater den Erwerb einer Eigentumswohnung in Garmisch-Partenkirchen für DM 200.000,–. Die Übernahme der Finanzierung in Höhe von DM 200.000,- stellt ein Entgelt für den Erwerb des Hauses dar. Da es sich hier auch um ein teilentgeltliches Rechtsgeschäft handelt, ist der Vorgang in ein entgeltliches und ein unentgeltliches aufzuteilen. Somit sind 25 % der Gebäudeübertragung entgeltlich und 75 % unentgeltlich.

5. Übertragung von Vermögensgegenständen gegen Gleichstellungsgelder an weichende Erben

904 Wird im Wege der vorweggenommenen Erbfolge ein Vermögensgegenstand mit der Verpflichtung übertragen, den ebenfalls erbberechtigten Personen sog. Gleichstellungsgelder zu zahlen, so sind diese Gleichstellungsgelder als ein Entgelt an den Vermögensübertragenden zu behandeln. Diese den weichenden Erben gezahlten Gleichstellungsgelder werden dem Vermögensübertragenden zugerechnet und als Veräußerungserlös des Übertragenden behandelt. Wird z.B. eine wesentliche Beteiligung im Wege der vorweggenommenen Erbfolge übertragen, so kann hierbei u.U. ein Veräußerungsgewinn entstehen.

Beispiel:
A ist Eigentümer einer Beteiligung in Höhe von 30 % an der X-GmbH. Die Anteile hat er seinerzeit für DM 300.000,- erworben. Sie haben im Zeitpunkt der Übertragung einen gemeinen Wert in Höhe von DM 800.000,–. A überträgt auf seinen Sohn die Anteile mit der Auflage, seiner Schwester ein Gleichstellungsgeld von DM 400.000,- zu zahlen.

Im vorliegenden Falle liegt ein teilentgeltliches Rechtsgeschäft vor. Im Verhältnis zum Kaufpreis von DM 400.000,- zum gemeinen Wert von DM 800.000,- ist die Hälfte der Beteiligungsübertragung als ein unentgeltliches, die andere Hälfte als ein entgeltliches Rechtsgeschäft anzusehen. Soweit es den entgeltlichen Teil des Übertragungsgeschäftes betrifft, ist ein Veräußerungsgewinn zu ermitteln.

Anteiliger Kaufpreis der Beteiligung	DM 400.000,-
./. anteilige Anschaffungskosten	DM 150.000,-
anteiliger Veräußerungsgewinn	DM 250.000,-

A hat somit einen Veräußerungsgewinn in Höhe von DM 250.000,- erzielt. S hat hinsichtlich der halben Beteiligung Anschaffungskosten in Höhe von DM 400.000,–, hinsichtlich der unentgeltlich erworbenen Hälfte hat er die anteiligen Anschaffungskosten des Rechtsvorgängers in Höhe von DM 150.000,– zu übernehmen, was für eine eventuelle spätere Veräußerung für ihn von Bedeutung ist.

6. Vereinbarungen von Renten und dauernden Lasten im Zusammenhang mit Vermögensübergabeverträgen

a) Grundsätze

Ein Vermögensgegenstand (Miethaus, Beteiligung an Kapitalgesellschaft oder auch ein Betrieb) kann in der Weise auf einen künftigen Erben übertragen werden, daß dieser sich verpflichtet, dem Übertragenden eine monatliche lebenslängliche Rente zu zahlen und diesem weiterhin einen Bruchteil des Gewinns, mindestens aber einen bestimmten Sockelbetrag zu überlassen (dauernde Last[131]). Hinsichtlich der Anforderungen an die Versorgungsvereinbarungen gelten die Grundsätze, die die Rechtsprechung für die Anerkennung von Verträgen mit Angehörigen aufgestellt hat[132] (Tz. 25, 26).

905

b) Rente als Leistungsaustausch

Das Rentenversprechen kann eine Leistung sein, das im Rahmen eines Leistungsaustausches gegeben wird[133]. Wird ein Miethaus gegen ein Rentenversprechen übertragen und entspricht der Zeitwert der Rentenversprechung dem Wert des Miethauses, liegt eine private Veräußerungsrente vor[134].

906

Wird unter Angehörigen ein Miethaus unter Bedingungen wie zwischen fremden Dritten gegen Rente übertragen, hat ein Leistungsaustausch stattgefunden mit der Folge, daß für den Übertragenden ein Veräußerungsgeschäft, für den Erwerber ein Anschaffungsgeschäft vorliegt.

Beispiel:
A überträgt auf seinen Sohn (S) ein Miethaus (Verkehrswert DM 600.000,–, Hypotheken DM 200.000,–). S zahlt seinem Vater eine monatliche Rente von DM 3.000,–, Kapitalwert der Rente DM 400.000,–.

Die Leistungen sind wertmäßig ausgewogen. Daher ist eine private Veräußerungsrente gegeben.

Die Übernahme der Verbindlichkeit und die der Rentenverpflichtung stellen Anschaffungskosten des Grund und Bodens und des Gebäudes dar.

Soweit diese Aufwendungen auf das Gebäude fallen, sind sie Grundlage für die AfA des Übernehmers.

---

[131] BFH v. 18.3.1980, BStBl. II 1980, 50; v. 30.5.1980, BStBl. II 1980, 575; v. Bornhaupt, DStR 1981, 935; Biergans, DStR 1981, 455.
[132] BFH v. 15.7.1992, BStBl. II 1992, 1020.
[133] BFH v. 24.10.1978, BStBl. II 1978, 135; v. 26.1.1978, BStBl. II 1978, 301; v. 18.1.1979, BStBl. II 1979, 403; v. 6.3.1975, BStBl. II 1975, 600; v. 12.11.1985, BB 1986, 176; v. 22.9.1982, BStBl. II 1983, 99.
[134] Siehe Fußnote 133.

Der Ertragsanteil der Rente ist beim Vater als sonstige Einkünfte i. S. des § 22 Nr. 1 a EStG zu erfassen.

Beim Sohn stellen die Rentenzahlungen in Höhe des Ertragsanteils Werbungskosten dar, die wie Schuldzinsen zu behandeln sind.

c) Übertragung von Vermögensgegenständen gegen eine Versorgungsrente

907 Besteht die Leistung des Vermögensempfängers in einer regelmäßig wiederkehrenden Geldleistung (oder vertretbaren Sachen) in gleicher Höhe aufgrund eines einheitlichen Stammrechts, liegt eine Rente vor. Richtet sich die Höhe der Rente jedoch nicht nach der Höhe der Gegenleistung, sondern nach dem Versorgungsbedürfnis des Empfängers, liegt keine Veräußerungsrente, sondern eine Versorgungsrente vor. Nach neuerer Rechtsprechung wird jeweils eine Versorgungsrente nur noch angenommen, wenn bei Übertragung von existenzsichernden Vermögens im Wege der vorweggenommenen Erbfolge an einen künftigen Erben die Versorgung zugesagt wurde[135]. Die Zusage der Versorgung wird als eine Auflage angesehen. In allen anderen Fällen stellt eine Rente bzw. Versorgungszusage ein Entgelt dar[136]. Eine Versorgungsrente, im Gegensatz zu einer Dauernden Last liegt vor, wenn sie im Rahmen einer Übertragung von existenzsichernden Vermögens, aber ohne ausreichende Erträge erfolgt. Sie sind jedoch ausnahmsweise als dauernde Last zu betrachten, wenn die Vertragsparteien ausdrücklich auf § 323 ZPO oder auf eine gleichwertige Änderungsklausel nach den Bedürfnissen des Übergebers und/oder der Leistungsfähigkeit des Übernehmers Bezug nehmen oder es sich um Geldleistungen in schwankender Höhe handelt (Tz. 39).

908 Bei Übertragungen nach Typ I muß die Abänderbarkeit ausdrücklich ausgeschlossen sein (Tz. 37).

909 Die Übernahme der Versorgung wird auch nach der neueren Rechtsprechung des Großen Senates[137] nicht als ein Entgelt im Rahmen eines Leistungsaustausches angesehen.

Die Übertragung des Vermögensgegenstandes erfolgt unentgeltlich. Der Erwerber ist nach § 11 d EStDV, wenn es sich bei der Übertragung um einen Gegenstand, der der Abnutzung unterliegt, an die AfA des Rechtsvorgängers gebunden. Die Versorgungsleistungen stehen nicht mit den Einkünften, die der übertragene Gegenstand erbringt, im Zusammenhang. Die Versorgungsleistungen können daher nicht als Betriebsausgaben abgezogen werden.

910 Der Abzug als Sonderausgaben in Höhe des Ertragsanteils der Rente (§ 22 Nr. 1 a EStG) ist jedoch möglich. Die Leistungen fallen nicht unter das Abzugsverbot des § 12 Nr. 2 EStG, wenn der Wert der Gegenleistung mindestens 50 v. H. des Barwertes der Versorgungszusage beträgt.

---

[135] Stephan, DB 1994, 2307; BFH v. 9. 2. 1994, BB 1994, 2258; v. 25. 11. 1992, FR 1993, 268; v. 20. 5. 1992, BFH/NV 1992, 805; v. 15. 7. 1992, BFH/NV 1992, 816; v. 15. 7. 1992, BFH/NV 1992, 812; v. 11. 3. 1992, BStBl. II 1992, 499.
[136] BFH v. 31. 8. 1994 X R 58/92, BB 1995, 606 und X R 44/93, BB 1995, 489.
[137] Beschluß v. 5. 7. 1990, a.a.O. (Fußnote 113).

Der Empfänger der Leistungen hat diese nach § 22 Nr. 1 a EStG als sonstige Einkünfte mit dem Ertragswert zu versteuern.

Die Behandlung beim Verpflichteten als Sonderausgaben und beim Berechtigten als wiederkehrende Leistungen müssen miteinander korrespondieren[138]. 911

Beispiel:
A überträgt auf seinen Sohn (S) ein Mehrfamilienhaus, ursprüngliche Herstellungskosten DM 400.000,- (Verkehrswert DM 600.000,-), gegen eine Versorgungsrente von monatlich DM 3.000,-. Barwert der Rente DM 400.000,-.

A kann die AfA des Rechtsvorgängers fortsetzen, den Ertragsanteil der Rente kann er nicht als Werbungskosten absetzen. Wohl hingegen steht ihm der Sonderausgabenabzug zu.

Der Vater hat den Ertragswert der Rente nach § 22 EStG zu versteuern.

d) Übertragung eines Grundstücks gegen eine dauernde Last

Eine dauernde Last liegt im Gegensatz zur Rente dann vor, wenn eine der Rentenvoraussetzungen wie Geld oder vertretbare Sachen oder die gleichmäßige Höhe der Leistung nicht gegeben ist. 912

Die Übernahme der Krankenversicherung, der Stromrechnungen, der Gebäudereparaturen, der Vermögensteuer wären dauernde Lasten.

Die Rechtsprechung nimmt dann bereits eine dauernde Last an, wenn die Vereinbarung unter dem Vorbehalt des § 323 ZPO, also unter dem Vorbehalt gleichbleibender Verhältnisse steht. Liegt eine Vermögensübertragung des Typ I (d.h. Übertragung einer ausreichend ertragsbringenden Wirtschaftseinheit) gegen Versorgungsleistungen vor, sind diese beim Empfänger in vollem Umfang als steuerpflichtige wiederkehrende Bezüge und dem Verpflichteten in vollem Umfang als Sonderausgaben abziehbare dauernde Lasten nach § 22 Nr. 1 Satz 1, § 10 Abs. 1 Nr. 1a EStG zu behandeln. (Tz. 36). Sie sind jedoch nur dann als mit dem Ertragsanteil abziehbare Leibrente nach § 22 Nr. 1 Satz 3 Buchst. a, § 10 Abs. 1 Nr. 1a Satz 2 zu behandeln, wenn und soweit die Vertragsparteien nicht Abänderbarkeit ausdrücklich ausschließen. 913

Hat eine dauernde Last Abgeltungscharakter, ist sie als Gegenleistung für die Vermögensübertragung anzusehen. Soll jedoch die dauernde Last die Bedürfnisse des Lebens erfüllen, kommt ihr z.B. für die Übernahme von Krankenversicherungen, Unterhalt usw. Versorgungscharakter zu, was die Unentgeltlichkeit der Vermögensübertragung nicht in Frage stellt. 914

Ist eine dauernde Last im Rahmen eines Leistungsaustausches gewährt worden, liegen für den Verpflichteten Werbungskosten oder Sonderausgaben nur dann vor, soweit die Versorgungsleistungen den Wert der Leistung überstiegen haben. 915

Wird jedoch die Versorgungszusage als Auflage zu einer Schenkung gewährt, werden die Leistungen nicht mit dem Gegenwert verrechnet, sondern sind diese in voller Höhe als Sonderausgabe abzugsfähig. Die Begrenzung auf den Ertragsanteil gilt nur für Leibrente (§ 10 Abs. 1 Nr. 1a EStG). 916

---

[138] BFH v. 27.7.1995, DStR 1996, 175.

917 Allerdings hat der Empfänger die Einkünfte voll zu versteuern. Da der Empfänger in der Regel der einkommensschwächere Teil sein wird, wird die Steuerersparnis beim Verpflichteten erheblich höher sein als die Steuerbelastung beim Empfänger.

e) Die steuerliche Behandlung von Gleichstellungsrenten

918 Werden im Rahmen einer Vermögensübertragung im Rahmen einer vorweggenommenen Erbfolge weitere Erbberechtigte mit einer Gleichstellungsrente abgefunden, so hat diese Gleichstellungsrente Abgeltungscharakter und ist damit als eine private Veräußerungsrente zu behandeln. Der Vermögensübernehmer hat in Höhe des Barwertes der Gleichstellungsrente Anschaffungskosten. Der Rentenbarwert stellt die Bemessungsgrundlage, soweit es den Gebäudeteil betrifft, für die Gebäude-AfA dar, soweit das Gebäude entgeltlich erworben wurde. Hinsichtlich des unentgeltlichen Teils hat der Erwerber nach § 11 d EStDV die Bemessungsgrundlage und auch den AfA-Satz des Rechtsvorgängers zu übernehmen. Der Zinsanteil der Rente stellt für ihn Werbungskosten dar. Fraglich ist jedoch die Behandlung der Rente beim Vermögensübertragenden. Der BFH[139] hat hierzu ausgeführt, daß Gleichstellungsgelder grundsätzlich dem Übertragenden zuzurechnen sind. Dies trifft ohne Zweifel für das Stammrecht zu. Fraglich ist jedoch, wem der Ertragsanteil der Rente als Einkünfte zuzurechnen ist. U. E. hat der Dritte durch den Übergabevertrag ein unentziehbares Recht auf Rentenbezug erhalten. Das durch den Übergabevertrag begründete Rentenstammrecht zugunsten des Dritten ist diesem im Vermögensübergabevertrag zugewandt worden (Vertrag zugunsten Dritter). Daher ist u. E. der Dritte Einkommensbezieher geworden und hat damit den Ertragsanteil der Rente nach § 22 Nr. 1a EStG zu versteuern.

919 Wird ein Darlehen aufgenommen, um weichende Erben im Rahmen der Vermögensübertragung abzufinden, oder steht die Darlehensaufnahme im Zusammenhang mit dem Erwerb der Vermögensgegenstände, die der Einkunftserzielung dienen, sind die Schuldzinsen als Werbungskosten zu berücksichtigen.

7. Schenkung mit der Auflage von Leistungen an Dritte

920 Vielfach besteht das Vermögen im wesentlichen aus einem Gegenstand (Gewerbebetrieb, Miethaus, Beteiligung). Überträgt der Vater diesen Gegenstand auf einen Abkömmling, wird er vielfach andere Erbberechtigte abfinden müssen.

So werden Einkommensquellen auf einen Abkömmling übertragen mit der Auflage, an die übrigen Abkömmlinge Geldbeträge zu zahlen.

Beispiel:
A überträgt dem S ein Mietgrundstück, Wert DM 400.000,–, mit der Auflage, an seine Schwester eine Geldzahlung von DM 200.000,– zu leisten.

---

[139] Beschluß v. 5. 7. 1990, a. a. O. (Fußnote 113).

Einkommensteuer

Es fragt sich, ob in Höhe der Zahlung von DM 200.000,- ein entgeltlicher Erwerb vorliegt. Ein entgeltlicher Erwerb setzt eine Gegenleistung des Leistenden voraus, was hier nicht der Fall ist.

Der BFH[140] hat die Rechtsansicht vertreten, daß die Regelungen der Erbauseinandersetzung nicht auf die vorweggenommene Erbfolge übertragbar sind. Auflagen stellen keine Entgelte dar, sie stellen eine Belastung der Schenkung dar.

Hinsichtlich der Abfindung der übrigen Erbberechtigten ergeben sich folgende Möglichkeiten:

1. Die Eltern nehmen selbst einen Kredit auf, belasten das Grundstück und finden mit den Darlehenszinsen die übrigen Berechtigten ab.
2. Die Eltern übertragen auf ein Kind ein Grundstück mit der Maßgabe, daß dieses seine Geschwister mit vereinbarten Beträgen abfindet.
3. Die Eltern übertragen das Grundstück und lassen sich das Grundstück bezahlen, soweit es dem Anteil von weiteren erbberechtigten Personen entspricht.

Beispiel:
A hat 3 Kinder; er überträgt ein Grundstück im Wert von DM 300.000,- für DM 200.000,- an den Sohn S. Mit dem Kaufpreis findet er seine übrigen Kinder ab.

In den beiden ersten Fällen liegt eine Schenkung unter Auflage vor, mit der Folge, daß der Erwerber das Grundstück insgesamt unentgeltlich erworben hat. Der Erwerber ist an die Werte des Rechtsvorgängers gebunden. Im letzten Falle liegt ein Leistungsaustausch vor (gemischte Schenkung). Das Rechtsgeschäft ist aufzuteilen in ein entgeltliches und ein unentgeltliches (1/3 unentgeltlich, 2/3 entgeltlich).

Besteht die Abfindung in der Form von Renten und dauernden Lasten, gelten die gleichen Grundsätze wie für die Zahlung der Renten an den Schenker. Die Leistungen an dritte Personen sind als Sonderausgaben bei Renten mit dem Ertragsanteil, bei dauernden Lasten voll zu berücksichtigen. 921

Eine Berücksichtigung als Werbungskosten bzw. Betriebsausgaben kommt wegen des unentgeltlichen Charakters nicht in Betracht. 922

Werden Darlehen aufgenommen, um Abfindungen zu leisten, oder werden Darlehen übernommen, die der Schenker zur Abfindung aufgenommen hat, sind diese grundsätzlich als Werbungskosten bzw. Betriebsausgaben abzugsfähig[141]. 923

Vermögensübertragungen im Wege der vorweggenommenen Erbfolge sind im Zweifel in vollem Umfang als unentgeltlich zu behandeln, auch, wenn sie unter einer Auflage erfolgen. Das gilt selbst dann, wenn die Auflage daraus besteht, weitere Erbberechtigte abzufinden. Die Abfindungen an Dritte stellen kein Entgelt für den Erwerb dar, sondern nur die Erfüllung einer Auflage. 924

Zinsen für Darlehensaufnahme zur Abfindung weichender Erbberechtigter stellen Betriebsausgaben oder Werbungskosten dar, wenn sie aufgewandt werden, um die Einkünfte aus dieser Quelle zu sichern. 925

---
[140] BFH v. 26.11.1985, DB 1986, 569; v. 19.5.1983, BStBl. II 1983, 380.
[141] BFH v. 26.11.1985, DB 1986, 569; v. 19.5.1983, BStBl. II 1983, 380.

8. Schenkung unter Nießbrauchsvorbehalt und Rückbehaltung eines Wohnrechts

a) Nutzungsüberlassung als Auflage

926 Beispiel:

A überträgt auf B sein Einfamilienhaus und behält sich ein dingliches Wohnrecht vor.

A überträgt auf B ein Miethaus und behält sich bis zu seinem Lebensende den Nießbrauch vor.

Der geschenkte Gegenstand ist belastet. Auch wenn bürgerlich-rechtlich der Nießbrauch vom neuen Eigentümer bestellt werden muß, hat der Eigentümer hinsichtlich der Bestellung keine eigene Leistung erbracht, sondern hat, wirtschaftlich gesehen, das Grundstück belastet mit dem Nießbrauch erhalten[142].

Der BFH[143] hat dem Nießbrauch, auch wenn er im Rahmen eines Entgeltes eingeräumt worden ist, niemals den Entgeltscharakter zugesprochen, weil der Nießbrauch lediglich eine Nutzungsbeschränkung für den neuen Eigentümer enthält, dieser selbst insoweit keine eigene Leistung erbringt. Das Dulden ist keine Leistung in diesem Sinne.

b) Schenkung unter Nießbrauchsvorbehalt

aa) Behandlung des Nießbrauchers

927 Hat sich der bisherige Eigentümer den Nießbrauch an einem Grundstück vorbehalten, so stehen ihm die Einkünfte zu (Vorbehaltsnießbrauch).

Der Vorbehaltsnießbraucher ist AfA-Berechtigter, weil er Anschaffungs- oder Herstellungskosten gehabt hat.

928 Besonderheiten ergeben sich bei Selbstnutzung.

929 Ist der Gegenstand des Nießbrauchs ein Einfamilienhaus, so ist § 21a EStG nicht mehr anwendbar. Ein Mietwert wird nicht mehr angesetzt. Auf der anderen Seite können daher Werbungskosten nicht mehr berücksichtigt werden. Bei Objekten, bei denen § 21a EStG bisher nicht anzuwenden war, kann der Steuerpflichtige bis zum Jahre 1998 wählen zwischen Nutzungswertbesteuerung und Privatgutlösung. Entscheidet sich der Steuerpflichtige für den Nichtansatz des Nutzungswertes, kann er insoweit keine Werbungskosten einschließlich AfA mehr geltend machen (vgl. § 52 Abs. 21 EStG).

bb) Behandlung des Eigentümers

930 Der Eigentümer des Objektes hat während des Nießbrauchs weder Einnahmen, noch kann er Werbungskosten geltend machen.

Stellen die übernommenen Verpflichtungen für ihn eine dauernde Last dar, so kann er diese als Sonderausgaben geltend machen.

---

[142] BFH v. 28.7.1981, BFHE 134, 130; v. 28.7.1981, BFHE 134, 133; v. 27.7.1982, BStBl. II 1983, 6; v. 2.8.1983, BStBl. II 1983, 735.

[143] BFH v. 28.7.1981, BFHE 134, 130.

9. Beteiligungsschenkung unter Nießbrauchsvorbehalt

Behält sich der Schenker bei der Übertragung von Kapitalvermögen (Aktien, GmbH-Anteile, stille Beteiligung, festverzinsliche Kapitalforderungen) an den übertragenen Wirtschaftsgütern den Nießbrauch vor, sind die Einnahmen dem Nießbraucher zuzurechnen[144].

931

Beispiel:
A überträgt auf seinen Sohn (S) einen Anteil an der X-GmbH und behält sich den Nießbrauch vor. Der Gewinnanspruch beträgt DM 50.000,–. DM 30.000,– werden dem Nießbraucher überlassen.

A hat bei der Feststellung seiner Einkünfte den Anspruch auf Anrechnung der einbehaltenen Kapitalertragsteuer und Anrechnung der auf diese Einkünfte entfallenden Körperschaftsteuer.

	DM 50.000,–
25 v.H. Kapitalertragsteuer	DM 12.500,–
	DM 37.500,–
3/7 anzurechnende Körperschaftsteuer	DM 16.071,–
	DM 53.571,–

Der Anspruch auf Anrechnung der Körperschaftsteuer steht dem Nießbraucher zu (§ 20 Abs. 2 Nr. 2 Satz 3 EStG).

Der Anrechnungsbetrag ist von diesem zu versteuern.

Die einbehaltenen Steuern in Höhe von DM 33.594,– sind auf seine Einkommensteuer anrechenbar.

10. Eigenheimzulage bei Grundstücksübertragungen im Wege der vorweggenommenen Erbfolge[145]

Wird ein Grundstück unentgeltlich übertragen, steht dem Erwerber auch bei Selbstnutzung die Eigenheimzulage nach § 2 EigZulG nicht zu.

932

Soweit die Übertragung entgeltlich erfolgt, kann unter den Voraussetzungen des EigZulG die Eigenheimzulage beansprucht werden.

II. Übertragung eines Gewerbebetriebes auf einen Abkömmling

1. Entgeltliche Übertragung

a) Abgrenzung

Eine entgeltliche Übertragung eines Betriebes liegt vor, wenn der Betriebserwerber seinerseits eine Gegenleistung erbringt[146].

933

---

[144] Nießbrauchserlaß v. 23.11.1983, BStBl. I 1983, 508, Tz. 55.
[145] Schr. BdF v. 22.10.1993, BStBl. I 1993, 827; BFH v. 31.12.1994, BStBl. I 1995, 887; Stephan, Die Besteuerung des selbstgenutzten Wohneigentums, 5. Aufl. 1995.
[146] Schulze zur Wiesche, Betriebsveräußerung, Gesellschafterwechsel und Betriebsaufgabe im Steuerrecht, 6. Aufl., Rz. 8 ff.

Dies kann in der Form eines Barpreises, in der Übernahme von Verbindlichkeiten, in der Form einer Ratenzahlung und auch gegen eine Rentenzahlung geschehen.

934 Entspricht die Gegenleistung des Erwerbers dem Wert des Betriebes, liegt ein vollentgeltliches Rechtsgeschäft vor[147]. Hierbei kommt es auf die subjektiven Vorstellungen der Parteien an[148].

Eine gemischte Schenkung liegt vor, wenn sich die Parteien bewußt sind, daß ein Teil der Übertragung unentgeltlich erfolgen soll[149]. Bürgerlich-rechtlich ist eine gemischte Schenkung aufzuteilen[150]. Die Grenze zwischen einem Freundeskauf (der in vollem Umfang als entgeltlich angesehen wird) und einer gemischten Schenkung ist fließend, zumal sich ein objektiver Marktwert schwer feststellen läßt.

b) Übertragung gegen Barpreis

935 Die Betriebsveräußerung setzt voraus, daß alle wesentlichen Grundlagen des Betriebes in einem Rechtsgeschäft auf den Erwerber übergehen (§ 16 Abs. 1 EStG).

Behält sich der Erwerber wesentliche Grundlagen zurück, liegt keine Betriebsveräußerung, sondern eine Betriebsaufgabe vor[151] (§ 16 Abs. 3 EStG).

Beispiel:
A ist Eigentümer eines gemischtgenutzten Wohn- und Geschäftsgrundstücks. In diesem befinden sich die Geschäftsräume seines Einzelhandelsbetriebes. Die Gebäudeteile gehören zu seinem notwendigen Betriebsvermögen.

A veräußert nur den Betrieb, nicht die Geschäftsräume an B.

Es liegt insgesamt eine Betriebsaufgabe vor, die ins Privatvermögen überführten Gebäudeteile sind mit dem gemeinen Wert anzusetzen.

Hat der Veräußerer das 55. Lebensjahr vollendet oder ist er berufsunfähig, steht ihm der erhöhte Freibetrag von DM 60.000,– zu (§ 16 Abs. 4 EStG n.F.).

Beispiel:
A (60 Jahre alt) überträgt den Betrieb auf B. Veräußerungsgewinn bzw. Aufgabegewinn DM 150.000,–.

Der stpfl. Veräußerungsgewinn beträgt	DM 150.000,–
abzgl. Freibetrag	DM 60.000,–
begünstigt nach § 34 Abs. 1 EStG	DM 90.000,–
(max. DM 7.500,–)	

---

[147] BFH v. 24.10.1978, BStBl. II 1979, 135; v. 21.2.1977, BStBl. II 1978, 332; v. 31.1.1980, BStBl. II 1980, 491.
[148] BFH v. 22.9.1982, BStBl. II 1983, 99; v. 12.11.1985, BStBl. II 1986, 55.
[149] Hierzu Schulze zur Wiesche, FR 1984, 213; BFH v. 12.12.1979, BStBl. II 1980, 268; v. 21.10.1981, BStBl. II 1982, 83; v. 14.7.1982, BStBl. II 1982, 714; v. 17.7.1980, BStBl. II 1981, 11; v. 28.7.1983, DB 1984, 167. Hierzu auch Herrmann/Heuer/Raupach, § 6 EStG, Anm. 420; Kruse, JbStR 1982/83, S. 176; L. Schmidt, § 16 EStG, Anm. 7.
[150] BFH v. 17.7.1980, BStBl. II 1981, 11.
[151] Schulze zur Wiesche, a.a.O. (Fußnote 146), S. 5, Rz. 13; BFH v. 9.7.1981, BStBl. II 1982, 20.

Übersteigt der Gewinn den Freibetrag nicht wesentlich, ist es zweckmäßig, die Betriebsübergabe in ein entgeltliches Rechtsgeschäft zu kleiden[152], weil die Übertragung insoweit steuerfrei ist, als bei dem Erwerber über die höhere AfA eine Gewinnminderung eintritt. Ab 1.1.1987 kann auch ein hierbei aufgedeckter Firmenwert in 15 Jahren abgeschrieben werden.

c) Übertragung gegen Ratenzahlung

Grundsätzlich ist bei Ratenzahlung der Kaufpreis unabhängig vom Zufluß zu erfassen[153]. Der Tatbestand des § 16 Abs. 1 EStG ist zu dem Zeitpunkt verwirklicht, zu dem das wirtschaftliche Eigentum am Betrieb übergegangen ist[154]. 936

Ist jedoch der Kaufpreis auf mehr als 10 Jahre gestundet worden und hat die Vereinbarung Versorgungscharakter, hat der Veräußerer ein Wahlrecht zwischen Sofort- und Zuflußbesteuerung[155].

Im Falle der Zuflußbesteuerung liegen nachträgliche Einkünfte aus Gewerbebetrieb vor, soweit die Ratenzahlungen das Buchkapital überschritten haben[156]. Im Fall der Sofortversteuerung, was der Regelfall ist, ist der Veräußerungspreis abzuzinsen. Der in den Raten enthaltene Ertragsanteil ist als Kapitaleinkünfte nach § 20 Abs. 1 Nr. 2 EStG zu erfassen.

d) Übertragung gegen Renten

Es liegt eine betriebliche Veräußerungsrente vor, wenn die Höhe der Rente dem Wert des Betriebes entspricht[157]. 937

Wird ein Betrieb gegen eine Rente veräußert, hat der Veräußerer ein Wahlrecht zwischen Sofortbesteuerung und Zuflußbesteuerung[158].

aa) Sofortversteuerung

Im Falle der Sofortversteuerung gilt der Barwert der Rente, der aufgrund eines versicherungsmathematischen Gutachtens zu ermitteln ist, als Veräußerungspreis[159]. Der Veräußerungsgewinn ergibt sich nach Abzug des Buchwerts und der Veräußerungskosten. 938

Die Wahl der Sofortversteuerung ist nur zweckmäßig, wenn der Veräußerungsgewinn im wesentlichen durch den Freibetrag abgedeckt ist.

---

[152] Vgl. Schulze zur Wiesche, Vereinbarungen unter Familienangehörigen und ihre steuerlichen Folgen, S. 76, Rz. 214.
[153] Schulze zur Wiesche, a.a.O. (Fußnote 146), S. 37, Rz. 109ff.; BFH v. 12.6.1968, BStBl. II 1968, 653.
[154] Schulze zur Wiesche, Betriebsaufgabe über mehrere Veranlagungszeiträume, FR 1986, 25.
[155] Abschnitt 139 Abs. 13 Satz 2ff. EStR; aber Schr. BdF v. 23.12.1996, Tz. 50ff.
[156] Abschnitt 139 Abs. 13 Satz 7 EStR.
[157] BFH v. 24.10.1978, BStBl. II 1979, 135; v. 12.11.1985, BStBl. II 1986, 55; v. 22.9.1982, BStBl. II 1983, 99.
[158] Abschnitt 139 Abs. 13 EStR.
[159] Schulze zur Wiesche, a.a.O. (Fußnote 146), S. 48, Rz. 143ff.

bb) Zuflußbesteuerung

939 Wählt der Veräußerer die Zuflußbesteuerung, werden die Rentenzahlungen als nachträgliche Einkünfte i.S. des § 24 Nr. 2 EStG erfaßt, soweit diese den Buchwert des Kapitalkontos überstiegen haben[160]. Es handelt sich hier um laufenden Gewinn. Die Steuervergünstigung des § 34 Abs. 1 EStG wird in diesem Falle nicht gewährt[161].

Beispiel:
A überträgt seinen Betrieb auf B gegen Zahlung einer Rente. Der Wert des Betriebs beträgt DM 400.000,–. Der letzte Kapitalkontostand beträgt DM 250.000,–. Rentenbarwert DM 400.000,–. Die monatliche Rentenzahlung beträgt DM 3.000,–. Der Veräußerer ist 62 Jahre alt.

Sofortversteuerung:

Kaufpreis (Rentenbarwert)	DM 400.000,–
./. Kapitalkonto	DM 250.000,–
Veräußerungsgewinn	DM 150.000,–
steuerfrei nach § 16 Abs. 4 EStG	DM 60.000,–
steuerpflichtig (begünstigt nach § 34 Abs. 1 EStG)	DM 90.000,–

Die Rentenforderung gehört zum Privatvermögen. Der in den einzelnen Rentenzahlungen enthaltene Ertragsanteil (27 v.H.) ist als sonstige Einkünfte i.S. des § 22 Nr. 1 Buchstabe a EStG zu erfassen.

Zuflußbesteuerung:

Die Rentenzahlungen werden erst nach 6 Jahren mit dem Kapitalkonto verrechnet, im 7. Jahr sind DM 2.000,– als nachträgliche Einkünfte (§§ 24 Nr. 2, 15 Abs. 1 Nr. 1 EStG), ab 8. Jahr jeweils DM 36.000,– zu erfassen.

Hinsichtlich der Übertragung eines Betriebes gegen Barpreis und Rente wird auf die Rechtsprechung des BFH verwiesen[162].

2. Unentgeltliche Übertragung eines Betriebes

a) Behandlung beim Übertragenden

940 Ein Betrieb wird unentgeltlich übertragen, wenn der Erwerber keine oder nur eine unwesentliche Gegenleistung erbringt. Wird ein Betrieb gegen Übernahme der betrieblichen Schulden übertragen, liegt insoweit kein Entgelt vor[163]. Zur Frage, inwieweit die Übernahme von Privatschulden Anschaffungskosten sein können, hat der BFH noch keine Stellung genommen[164]. Die unentgeltliche Übertragung eines Betriebes fällt nicht unter § 16 Abs. 1 EStG und auch nicht unter § 16 Abs. 3 EStG.

---

[160] Schulze zur Wiesche, a.a.O. (Fußnote 146), S. 50, Rz. 151 ff.; Bader/Lammsfuß/Rinne, Die Besteuerung der Renten, Rz. 200.
[161] Siehe Fußnote 160.
[162] BFH v. 17.8.1967, BStBl. II 1968, 75; v. 28.9.1967, BStBl. II 1968, 76.
[163] So BFH v. 5.7.1990, a.a.O. (Fußnote 113).
[164] Vgl. BFH v. 8.11.1990 IV R 73/87.

Voraussetzung ist jedoch, daß der Betrieb bzw. der Teilbetrieb mit seinen wesentlichen Betriebsgrundlagen unentgeltlich übertragen wird. Überträgt der Vater seinem Sohn den Betrieb unter Zurückbehaltung des Betriebsgrundstückes, das er an den Sohn verpachtet, liegt keine unentgeltliche Betriebsübertragung vor. Vielmehr hat der Vater seinen Betrieb aufgegeben. Der Betrieb gilt dann insgesamt als in das Privatvermögen überführt, mit der Folge, daß das Betriebsvermögen mit dem gemeinen Wert anzusetzen ist. Der Differenzbetrag zwischen dem Buchwert und dem gemeinen Wert ist als Aufgabegewinn nach § 16 Abs. 3, Abs. 4 i.V.m. § 34 Abs. 1 EStG zu erfassen.

Beispiel:

A überträgt auf seinen Sohn eine Kfz-Reparaturwerkstätte mit Tankstelle (Buchwert DM 200.000,–, gemeiner Wert DM 400.000,–) unter Zurückbehaltung des Betriebsgrundstücks, das er an den Sohn für mtl. DM 2.000,– vermietet.

Der Aufgabegewinn beträgt DM 200.000,–.

Sofern der Vater das 55. Lebensjahr vollendet hat, ist der Aufgabegewinn bis zur Höhe von DM 60.000,– steuerfrei.

Der Sohn hat das Betriebsvermögen mit dem Teilwert anzusetzen.

Keine Betriebsaufgabe, sondern eine unentgeltliche Übertragung liegt vor, wenn der Vater bei der Übertragung Grundstücke, die zum gewillkürten Betriebsvermögen gehören oder aus sonstigen Gründen keine wesentliche Betriebsgrundlage darstellen, zurückbehält. In diesem Falle gelten die Grundstücke als entnommen, der Entnahmegewinn ist als laufender Gewinn zu versteuern. 941

Keine Betriebsaufgabe liegt vor, wenn der Vater selbst seinen Betrieb einstellt, diesen jedoch mit seinen wesentlichen Grundlagen an den Sohn verpachtet und dieser den Betrieb als Pächter fortführt. In diesem Falle hat der Vater ein Wahlrecht, ob er den Betrieb fortführen will oder die Betriebsaufgabe erklärt. Im ersten Falle hat der Vater weiterhin einen Betrieb und sind die Pachteinnahmen als gewerbliche Einkünfte zu behandeln (siehe Betriebsverpachtung). Erklärt er dem Finanzamt gegenüber die Betriebsaufgabe, hat er den Aufgabegewinn gem. § 16 Abs. 3 EStG zu versteuern, was ratsam ist, wenn der Vater das 55. Lebensjahr vollendet hat und der Aufgabegewinn DM 60.000,– den Grenzbetrag von DM 300.000,– nicht übersteigt.

b) Behandlung beim Erwerber

Liegt ein unentgeltlicher Erwerb vor, hat der Erwerber nach § 7 Abs. 1 EStDV die Werte des Rechtsvorgängers fortzuführen. Durch die Buchwertverknüpfung ist die spätere Versteuerung der stillen Reserven sichergestellt. Liegt jedoch eine unentgeltliche Betriebsübertragung nicht vor, weil der Veräußerer wesentliche Grundlagen des Betriebes zurückbehalten hat, sondern eine Betriebsaufgabe mit der Folge, daß das Betriebsvermögen Privatvermögen geworden ist, liegt eine Betriebseröffnung beim Erwerber vor. Der Erwerber hat das übernommene Betriebsvermögen mit dem Teilwert einzulegen, § 6 Abs. 1 Nr. 5 und 6 EStG. 942

3. Schenkung eines Betriebes unter Auflage

a) Grundsätze

943 Eine Schenkung unter Auflage liegt vor, wenn der Beschenkte mit einer Leistung beschwert wird[165]. Die Auflage kann darin bestehen, den Schenker und dessen Ehegatten bis zum Lebensende zu versorgen oder Dritte abzufinden[166].

b) Übertragung eines Betriebes gegen eine Versorgungsrente

944 **Beispiel:**

A überträgt seinen bisherigen Einzelbetrieb auf seinen Sohn S mit der Auflage, ihm bis zu seinem Lebensende eine monatliche Rente zu zahlen.

Da in diesem Falle nicht der Wert des Betriebes für die Bemessung der Rente maßgebend ist, sondern das Bedürfnis des Empfängers, liegt eine private Versorgungsrente vor[167]. Eine betriebliche Versorgungsrente setzt einen innerbetrieblichen Anlaß voraus[168]. Ein innerbetrieblicher Anlaß wäre gegeben, wenn die Übernahme der Versorgung ein Entgelt für eine früher geleistete Arbeit darstellen würde[169]. Das ist jedoch nicht bei Renten gegen eine Versorgungsrente an Angehörige der Fall[170]. Es fragt sich jedoch, ob der Begriff betriebliche Veranlassung nicht so zu verstehen ist, daß die Rente insofern im Zusammenhang mit dem Erwerb von Einkünften steht, als der Erwerber ohne die Zusicherung der künftigen Versorgung gewerbliche Einkünfte nicht erzielt haben würde[171].

Die Rechtsprechung des BFH[172] nimmt eine Versorgungsrente nur noch bei Übertragung von existenzsichernden Vermögen an einen künftigen Erben an. Die Übertragung einzelner Wirtschaftsgüter reicht nicht aus.

c) Übertragung eines Betriebes unter Übernahme von Verbindlichkeiten

945 Wird ein Betrieb unter Angehörigen übertragen unter Übernahme der auf dem Betrieb lastenden Verbindlichkeiten, so liegt im Zweifel eine Schenkung unter Auflage vor[173]. Die Übernahme der Verbindlichkeit stellt kein Entgelt dar.

---

[165] BFH v. 31.5.1972, BStBl. II 1972, 696; Abschnitt 44 Abs. 1 Satz 9 EStR 1984.
[166] Vgl. BFH v. 26.11.1985, BStBl. II 1986, 161; v. 19.5.1983, BStBl. II 1983, 380.
[167] BFH v. 9.10.1985, BStBl. II 1986, 51; v. 12.11.1985, BStBl. II 1986, 55.
[168] BFH v. 9.10.1985, a.a.O. (Fußnote 167).
[169] BFH v. 9.10.1985, a.a.O. (Fußnote 167).
[170] Siehe Fußnote 167.
[171] BFH v. 19.5.1983, a.a.O. (Fußnote 166); v. 26.11.1985, DB 1986, 569.
[172] BFH v. 15.7.1992, BB 1992, 2135; v. 3.6.1992, DB 1992, 2424; v. 25.3.1992, DB 1992, 2422; v. 27.2.1992, BB 1992, 1474; v. 11.3.1992, FR 1992, 333, v. 15.7.1991, BB 1991, 2281; v. 29.1.1992, DB 1992, 1120; v. 23.1.1992, BB 1992, 1120; v. 11.3.1992, BB 1992, 1115; v. 18.2.1993, FR 1993, 575; v. 15.7.1992, BFH/NV 1992, 812; v. 20.5.1992, BFH/NV 1992, 805; v. 13.6.1994, BFH/NV 1995, 105; Suhl, BB 1993, 473; Stephan, DB 1993, 194.
[173] BFH v. 5.7.1990, a.a.O. (Fußnote 113).

Nach dem Urteil des BFH vom 19.5.1983[174] liegt auch dann eine betriebliche Verbindlichkeit vor, wenn die Verbindlichkeit entweder vom Schenker oder Beschenkten im Zusammenhang mit der unentgeltlichen Übertragung begründet wurde, obwohl die Verbindlichkeiten und die damit verbundenen Kreditzinsen nicht im Zusammenhang mit einem entgeltlichen Erwerb des Betriebsvermögens stehen.

Das gilt sowohl für die Fälle, daß der Schenker den Kredit aufgenommen hat, um weitere Erbberechtigte abzufinden, als auch für die Fälle, daß der Schenker dem Berechtigten die Auflage gemacht hat, weitere Erbberechtigte abzufinden[175].

d) Zahlung auf Abstandszahlungen und Gleichstellungsgelder

Nach dem Beschluß des Großen Senates vom 5.7.1990[176] ist die Abstandszahlung und auch die Zahlung von Gleichstellungsgeldern als ein Entgelt anzusehen. Nimmt der Erwerber einen Kredit auf, um derartige Abstandszahlungen und Gleichstellungsgelder zu leisten, so steht diese Kreditaufnahme mit dem Erwerb des Betriebsvermögens im Zusammenhang mit der Folge, daß auch die Schuldzinsen Betriebsausgaben sind.

Beispiel:

A überträgt auf S seinen Betrieb mit der Auflage, an B und C jeweils DM 100.000,- zu zahlen. Wert des Betriebes DM 300.000,-; Buchwert des Betriebsvermögens DM 150.000,-.

Die Zahlung der Gleichstellungsgelder in Höhe von zusammen DM 200.000,- an B und C sind ein Entgelt für den Erwerb des Betriebes. Diese Gleichstellungsgelder sind dem Übertragenden als Veräußerungspreis zuzurechnen und beim Erwerber grundsätzlich als Anschaffungskosten zu behandeln. Es liegt ein teilentgeltlicher Erwerb vor.

A hat den Veräußerungsgewinn zu versteuern.

Kaufpreis	DM 200.000,-
./. Buchwert	DM 150.000,-
Veräußerungsgewinn	DM 50.000,-

Ihm steht jedoch nach Ansicht der Rechtsprechung ein Drittel des Freibetrages zu, weil im Falle eines vollentgeltlichen Rechtsgeschäftes ein Veräußerungsgewinn von DM 150.000,- erzielt worden wäre. Soweit die Abstandszahlungen den Buchwert nicht übersteigen, entsteht kein Veräußerungsgewinn, aber auch kein Veräußerungsverlust wegen fehlender betrieblicher Veranlassung.

Der Erwerber hat in diesem Falle die Buchwerte des Rechtsvorgängers fortzuführen (§ 7 Abs. 1 EStDV entspr.). Hierdurch wird die spätere Versteuerung der stillen Reserven sichergestellt.

946

---

[174] BFH v. 19.5.1983, a.a.O. (Fußnote 166); v. 26.11.1985, a.a.O. (Fußnote 166).
[175] BFH v. 26.11.1985, a.a.O. (Fußnote 171); v. 9.7.1985, BStBl. II 1985, 722; v. 23.4.1985, BStBl. II 1985, 720.
[176] A.a.O. (Fußnote 113).

4. Übertragung eines Betriebes unter Nießbrauchsvorbehalt[177]

947 Steuerlich wird zwischen dem Unternehmensnießbrauch und dem Ertragsnießbrauch[178] unterschieden.

Ein Unternehmensnießbrauch liegt dann vor, wenn der Nießbraucher das Unternehmen auf eigene Rechnung und Gefahr führt[179]. In diesem Falle ist der Nießbraucher als Gewerbetreibender anzusehen, weil er die Qualifikationsmerkmale (Unternehmerrisiko, Unternehmerinitiative, Beteiligung am allgemeinen wirtschaftlichen Verkehr) erfüllt[180]. Ein Ertragsnießbrauch liegt dann vor, wenn dem Nießbraucher lediglich der Gewinn zusteht[181]. In diesem Falle ist der Eigentümer als Einkunftsbezieher anzusehen[182].

a) Unternehmensnießbrauch

948 Es liegt ein Unternehmensnießbrauch vor, wenn der Nießbraucher auf eigene Rechnung und Gefahr das Unternehmen vom Eigentümer des Unternehmens aufgrund eines Anstellungs- oder Geschäftsbesorgungsvertrages gegen Entgelt führen läßt[183].

Gleiches gilt, wenn der Nießbraucher das Unternehmen an den Eigentümer verpachtet[184].

Im letzten Fall hat der Nießbraucher und Verpächter ein Wahlrecht zwischen Betriebsfortführung und Betriebsaufgabe[185]. Solange er die Betriebsaufgabe gegenüber dem Finanzamt nicht erklärt hat, liegt eine gewerbliche Betriebsverpachtung vor[186].

949 Ist der Eigentümer Geschäftsführer des Nießbrauchers, hat dieser Einkünfte aus nichtselbständiger Arbeit.

Betriebsausgaben (AfA) kann er nicht geltend machen, da er während des Nießbrauchs keine Einkünfte aus Gewerbebetrieb hat[187].

---

[177] BFH v. 28. 11. 1979, BStBl. II 1980, 266; v. 14. 11. 1979, BStBl. II 1980, 432; Biergans, Der Nießbrauch am Einzelunternehmen und Mitunternehmeranteil in der Einkommensteuer, DStR 1985, 227; Schulze zur Wiesche, Der Nießbrauch am Unternehmen/Mitunternehmeranteil, RWP S. 6.52, S. 1045 ff., Schulze zur Wiesche, Der Nießbrauch am Gesellschaftanteil einer Personengesellschaft, DStR 1995, 318.

[178] Siehe Fußnote 177.

[179] Schulze zur Wiesche, a.a.O. (Fußnote 177), S. 1048 ff.

[180] BFH v. 28. 11. 1979, a.a.O. (Fußnote 177).

[181] Schulze zur Wiesche, Vereinbarungen unter Familienangehörigen, S. 83 ff.

[182] Siehe Fußnote 181.

[183] Schulze zur Wiesche, a.a.O. (Fußnote 177), S. 1050 ff.

[184] Vgl. BFH v. 30. 7. 1985, BFHE 144, 376, zum Nießbrauch an Grundstücken.

[185] BFH v. 13. 11. 1963, BStBl. III 1964, 124; v. 19. 1. 1983, BStBl. II 1983, 412; v. 27. 2. 1985, BStBl. II 1985, 456.

[186] BFH v. 13. 11. 1963, BStBl. III 1964, 124.

[187] Vgl. BFH v. 25. 6. 1984, BStBl. II 1984, 751, Urteil zu Vermietung und Verpachtung, BFH v. 13. 5. 1980, BFHE 131, 216.

Führt der Eigentümer den Betrieb als Pächter des Nießbrauchers, hat er gewerbliche Einkünfte[188]. Als Eigentümer des Betriebsvermögens steht ihm grundsätzlich die AfA zu. Allerdings ist der Nießbraucher Vorbehaltsnießbraucher[189]. U.E. gelten die Grundsätze hinsichtlich der AfA-Berechtigung des Vorbehaltsnießbrauchers nur für das Privatvermögen, nicht für das Betriebsvermögen. 950

b) Ertragsnießbrauch

Im Falle des Ertragsnießbrauchs ist der Eigentümer des Betriebes auch der Gewerbetreibende[190]. Ihm sind daher die gewerblichen Einkünfte zuzurechnen, auch soweit er sie dem Nießbraucher aufgrund des Nießbrauchs überlassen muß. In der Regel wird der Ertragsnießbrauch nur als Quotennießbrauch in Betracht kommen. 951

aa) Behandlung beim Eigentümer

Der Eigentümer ist als Gewerbetreibender anzusehen, ihm ist grundsätzlich der gesamte Gewinn auch insoweit zuzurechnen, als er diesen dem Nießbraucher aufgrund des Nießbrauchs überlassen muß[191]. Der Nießbrauch stellt keinen Bestandteil des Entgelts dar, vielmehr ist der Betrieb belastet mit dem Nießbrauch übertragen worden[192]. Er ist vom Eigentümer vorbehalten worden. Somit ist der dem Nießbraucher überlassene Gewinnanteil beim Gewerbetreibenden nicht als Betriebsausgabe zu behandeln. 952

Es liegt eine private Einkommensverwendung vor, die unter den Voraussetzungen des § 10 Abs. 1 Nr. 1a EStG als Sonderausgabe abzugsfähig ist, sofern sie nicht unter das Abzugsverbot des § 12 Nr. 2 EStG fällt[193]. Die Gewinnüberlassung aufgrund des Nießbrauchs fällt unter den Begriff der dauernden Last. Eine Rente scheidet mangels Regelmäßigkeit und Gleichmäßigkeit der Bezüge aus[194]. Die Nießbrauchsvereinbarung ist ein besonderer Verpflichtungsgrund, die Leistungen sind auch wiederholbar und werden auf eine gewisse Dauer geleistet, wenn der Nießbrauch auf Lebenszeit des Berechtigten bestellt worden ist. § 12 Nr. 2 EStG kommt im Fall des Vorbehaltsnießbrauchs nicht zur Anwendung, weil der Nießbrauch seitens des Gewerbetreibenden nicht zugewandt wurde, einmal, weil er vom ursprünglichen Eigentümer vorbehalten wurde[195], zum anderen, weil er im Zusammenhang mit der Betriebsübertragung steht[196] und daher keinen reinen Unterhaltscharakter hat. Der Eigentümer und Gewerbetreibende ist daher berechtigt,

---

[188] BFH v. 12.4.1978, BStBl. II 1978, 424.
[189] Schulze zur Wiesche, a.a.O. (Fußnote 177), S. 1052.
[190] Schulze zur Wiesche, a.a.O. (Fußnote 177), S. 1056.
[191] Schulze zur Wiesche, a.a.O. (Fußnote 177), S. 1056.
[192] BFH v. 28.7.1981, BStBl. II 1982, 378.
[193] Schulze zur Wiesche, a.a.O. (Fußnote 177), S. 1056.
[194] BFH v. 30.5.1980, BStBl. II 1980, 575.
[195] BFH v. 18.3.1980, BStBl. II 1980, 501.
[196] BFH v. 18.3.1980, BStBl. II 1980, 501.

den Gewinn, soweit er auf den Nießbrauch entfällt, in voller Höhe als dauernde Last i. S. des § 10 Abs. 1 Nr. 1a EStG abzusetzen.

bb) Behandlung beim Nießbraucher

953　Der Nießbraucher, der nicht als Gewerbetreibender anzusehen ist, hat grundsätzlich sonstige wiederkehrende Bezüge im Sinne des § 12 Nr. 1 EStG[197], sofern nicht andere Einkunftsarten in Betracht kommen. Er erfüllt zwar nicht mehr die Voraussetzungen eines Gewerbetreibenden im Zeitpunkt der Zurechnung, sie sind jedoch Ausfluß seiner früheren gewerblichen Tätigkeit, mit der Folge, daß sie bei ihm als nachträgliche Einkünfte aus seinem Gewerbebetrieb (§§ 24 Nr. 2, 15 Abs. 1 Nr. 1 EStG) zu behandeln sind.

5. Teilunentgeltliche Übertragung eines Betriebes

954　Nach der Rechtsprechung des BFH gelten die Grundsätze hinsichtlich der gemischten Schenkung nicht für die Betriebsveräußerung. Nach § 16 Abs. 2 EStG ist der Veräußerungsgewinn der Unterschiedsbetrag zwischen dem Buchwert des Betriebsvermögens und dem Veräußerungspreis. Wird ein Betrieb über dem Buchwert veräußert, ist der Differenzbetrag zwischen dem Buchwert und dem vereinbarten Kaufpreis als Veräußerungsgewinn zu behandeln. Der BFH nimmt in diesem Falle auch keine Aufteilung vor, wenn wegen des hohen Verkehrswertes des Betriebes Leistung und Gegenleistung in einem offensichtlichen Mißverhältnis zueinander stehen. Allerdings will der BFH den Freibetrag nach § 16 Abs. 4 EStG im Verhältnis vereinbarter Kaufpreis und Verkehrswert aufteilen. U. E. ist ab 1.1.1996 der Freibetrag von DM 60.000,–, soweit er nicht den Grenzbetrag überschreitet, in voller Höhe zu gewähren (§ 16 Abs. 4 EStG n. F.).

Der Erwerber des Betriebes hätte das übernommene Betriebsvermögen mit seinen Anschaffungskosten zu bilanzieren, mit der Folge, daß die Versteuerung der durch die Übertragung nicht aufgedeckten stillen Reserven erhalten bleibt[198].

III. Übertragung von Anteilen an Personengesellschaften

1. Grundsätze

955　Unter den Begriff der Übertragung von Anteilen fallen die Übertragung eines Anteils an einer bestehenden Personengesellschaft, eines Bruchteils eines Anteils und die Unterbeteiligung an einem Anteil.

Wirtschaftlich gesehen liegt auch eine Anteilsübertragung vor, wenn der Vater aus einer mit seinen Kindern gebildeten Personengesellschaft ausscheidet und der Anteil des Vaters den Kindern anwächst. Nicht unter den Begriff der Anteilsübertragung fällt die Beteiligung von Kindern am bisherigen Einzelunternehmen des Vaters durch Einbringung dieses Unternehmens in eine zwischen dem Vater und

---

[197] Schulze zur Wiesche, a.a.O. (Fußnote 177), S. 1056.
[198] BFH v. 10.7.1986, BStBl. II 1986, 811; vgl. auch Felix, FR 1987, 601.

Einkommensteuer

seinen Kindern gegründete Personengesellschaft. (Hinsichtlich der Einbringung siehe Rz. 1075ff.).

Die Übertragung eines Mitunternehmeranteils bzw. eines Bruchteils an einem Mitunternehmeranteil wird der Übertragung eines Betriebes grundsätzlich gleichgestellt (§ 16 Abs. 1 Nr. 2 EStG). 956

Die unentgeltliche Übertragung eines Anteils führt nicht zu einer Auflösung der stillen Reserven. Der Erwerber des Anteils ist an die Buchwerte des Rechtsvorgängers gebunden, das gilt auch bei eventuell vorhandenen Ergänzungsbilanzen. Auch die Schenkung unter Auflage erfährt die gleiche Behandlung, ebenso die teilunentgeltliche Übertragung (vgl. Rz. 934). 957

2. Schenkung eines Bruchteils eines Anteils

Nach der Rechtsprechung fällt auch die Veräußerung eines Bruchteils eines Anteils unter § 16 Abs. 1 Nr. 2 EStG. Das gleiche muß gelten, wenn ein Bruchteil eines Anteils verschenkt wird. 958

3. Schenkung eines Anteils unter Zurückbehaltung von Sonderbetriebsvermögen

Zu den wesentlichen Grundlagen eines Mitunternehmeranteils gehört auch das eventuelle Sonderbetriebsvermögen eines Gesellschafters. Es ist nunmehr durch die Rechtsprechung geklärt, daß eine steuerbegünstigte Veräußerung nicht gegeben ist, wenn Sonderbetriebsvermögen nicht mit veräußert wird[199]. Die Rechtsprechung sieht darin einen betriebsaufgabeähnlichen Vorgang, wenn der Gesellschaftsanteil veräußert wird, nicht jedoch das Sonderbetriebsvermögen, das noch dem Betrieb verbleibt. 959

Bei der Veräußerung von Bruchteilen eines Anteils ist es u.E. nicht schädlich, wenn das Sonderbetriebsvermögen nicht gleichfalls im gleichen Verhältnis übertragen wird. 960

Wird der Anteil bzw. der Bruchteil an einem Anteil an einer Personengesellschaft unentgeltlich übertragen, nicht jedoch das Sonderbetriebsvermögen, so ist es fraglich, ob hinsichtlich des Anteils eine unentgeltliche Übertragung gegeben ist, weil gleichzeitig hinsichtlich des Sonderbetriebsvermögens eine Übertragung wesentlicher Grundlagen des Betriebes in das Privatvermögen und insoweit eine Aufdeckung stiller Reserven stattgefunden hat, mit der Folge, daß ohne Annahme eines betriebsaufgabeähnlichen Vorgangs der Entnahmegewinn des Sonderbetriebsvermögens als laufender Gewinn zu erfassen wäre. 961

---

[199] BFH v. 19.3.1991, DB 1991, 1551.

IV. Übertragung einer freiberuflichen Praxis

1. Vorbemerkungen

962 Die Rechtsprechung versteht unter vorweggenommener Erbfolge eine Übertragung von existenzsichernden Vermögens an einen künftigen Erben als vorgezogene Erbfolge[200].
Voraussetzung ist demnach, es muß sich
1. um eine Vereinbarung mit einem künftigen Erben handeln,
2. die Übertragung existenzsichernden Vermögens zum Gegenstand haben
3. in der Absicht mit der Übertragung die Auswirkungen der Erbfolge schon zu Lebzeiten zu vollziehen.

2. Übertragung der freiberuflichen Einzelpraxis

963 Nimmt der Vater sein Kind als Sozius in seine bisherige Einzelpraxis auf, dürfte die Aufnahme in der Regel keine Maßnahme der vorweggenommenen Erbfolge sein, da der Vater nur einen Teil seines existenzsichernden Vermögens übertragen hat[201].

964 Anders wäre die Aufnahme des Sohnes in die Praxis zu beurteilen, wenn er den Sohn mit Abschluß der Berufsausbildung als Juniorpartner aufnimmt, gleichzeitig aber vereinbart wird, daß dieser im Falle des Todes oder Invalidität spätestens aber mit Erreichen eines bestimmten Lebensalters (65 Jahre) des Aufnehmenden ganz übernimmt, denn bereits jetzt schon für den Fall des Ausscheidens eine Versorgungszusage an ihn bzw. dessen Witwe erfüllt und eventuell an weichende Erbberechtigte eine Abstandszahlung leistet. In diesem Falle wäre die Aufnahme des Juniorpartners bereits als Maßnahme der vorweggenommenen Erbfolge zu sehen, mit der Folge einer unentgeltlichen Übertragung der Praxis und der Versorgungszusage, die ihre Ursache im privaten Bereich hat. Ein Merkmal der vorweggenommene Erbfolge liegt jedoch vor, wenn der Vater auf ein Kind, das die Voraussetzungen für die selbständige Ausübung der freiberuflichen Tätigkeit erfüllt, die gesamte Tätigkeit überträgt.

3. Übertragung eines Anteils an einer freiberuflichen Sozietät
a) Übertragung des ganzen Anteils

965 Auf die freiberufliche Sozietät bezogen bedeutet dies, daß die Anteilsübertragung nur als eine Maßnahme der vorweggenommenen Erbfolge anzusehen ist, wenn die Übertragung an einen künftigen Erben erfolgt.
Bei einem Angehörigen der freien Berufe, der seinen Beruf in einer Sozietät ausübt, ist der Anteil an der Sozietät eine Existenzsicherungsgrundlage. Die Voraussetzungen einer vorweggenommenen Erbfolge liegen vor, wenn Gegenstand des Rechtsgeschäfts mit den künftigen Erben des gesamten Anteils ist.

---
[200] Schulze zur Wiesche, Die freiberufliche Praxis, BB 1995, 593.
[201] Vgl. Schulze zur Wiesche, a.a.O. (Fußnote 200).

Einkommensteuer

b) Übertragung auf einen Mitgesellschafter

Es ist daher keine Anteilsübertragung im Rahmen einer vorweggenommene Erbfolge gegeben, wenn ein Sozius aus Altersgründen seinen Anteil auf einen Mitsozius gegen Zusage der Versorgung überträgt. **966**

In diesem Falle wird man in der Versorgungszusage ein Entgelt für die Übertragung des Anteils sehen müssen, wobei die objektive wertmäßige Ausgeglichenheit der Leistungen unerheblich ist.

c) Übertragung einer Quote des Anteils auf einen künftigen Erben

Die Aufnahme eines Familienangehörigen in eine freiberufliche Sozietät gegen Minderung seines Anteils an der Sozietät wird auch nicht als Maßnahme der vorweggenommenen Erbfolge anzusehen sein, wenn der Vater nur einen Bruchteil seines Anteils überträgt aber im übrigen seine Stellung als Mitgesellschafter beibehält. Hier ist Gegenstand der Vereinbarung nicht die Übertragung existenzsichernden Vermögens, sondern Beweggrund ist, dem Sohn ein Eintreten in das Berufsleben zu ermöglichen und auch den Vater zu entlasten. Anders ist die Rechtslage, wenn der Anteil des Vaters in genau festgelegten Zeitabständen auf den Sohn übertragen wird. Allerdings muß der Zeitraum so überschaubar sein, daß von einem einheitlichen Vorgang ausgegangen werden kann[202]. **967**

Beispiel

A übt den Beruf des Steuerberaters gemeinsam mit B und C aus. Da A die 60 überschritten hat und sein Sohn S die Zulassung zum Steuerberater erworben hat, wird dieser mit Zustimmung der übrigen Sozien in die Sozietät aufgekommen, zu Lasten der Beteiligung seines Vaters.

Es liegt eine unentgeltliche Übertragung eines Teiles des Betriebsvermögens vor. S hat insoweit die Buchwerte zu übernehmen.

Übernimmt der Sohn jedoch mit dem Eintritt eine Vermögensverpflichtung gegenüber dem Vater bzw. dessen Ehegatten, so liegt hier ein Leistungsaustausch vor. Die Versorgungszusage stellt ein Entgelt dar, das beim Vater den Veräußerungspreis darstellt, beim Sohn Anschaffungskosten im Zweifel eines anteiligen Praxiswertes, der im Ergänzungsbereich festzuhalten ist. Eine Sofortversteuerung der Rente erübrigt sich, da die Veräußerung eines Bruchteils einer Beteiligung an einer freiberuflichen Praxis nicht zu einem begünstigten Veräußerungsgewinn führt, weil das die Beendigung der beruflichen Tätigkeit, bezogen auf die Sozietät erfordert. Die Versorgungsleistungen sind bei ihm im Falle des Zuflusses (Eintritt des Versorgungsfalles) als nachträgliche freiberufliche Einkünfte nach §§ 24 Nr. 2, 18 Abs. 1 Nr. 1 EStG zu erfassen. Beim Sohn stellen sie Sonderbetriebsausgaben dar. **968**

---

[202] BFH v. 14. 7. 1993, DB 1993, 2462.

4. Übertragung des ganzen Anteils auf den künftigen Erben

969 Eine Übertragung im Rahmen der vorweggenommene Erbfolge ist gegeben, wenn der freiberufliche Gesellschafter aus der Sozietät ganz ausschiedet und den Anteil auf seinen Sohn als künftigen Erben überträgt.

Die Übertragung kann insgesamt unentgeltlich sein aber auch teilentgeltlich.

Werden im Zusammenhang Pflichten hinsichtlich der Versorgung eingegangen, so stellen derartige Versorgungszusagen kein Entgelt für die Übertragung existenzsichernden Vermögens dar. Das gilt auch dann, wenn neben der Versorgungszusage Abfindungen und Ausgleichszahlungen gezahlt werden.

Beispiel

Wie zuvor, A überträgt auf seinen Sohn (S) die ganze Beteiligung gegen Zahlung einer Versorgungsrente und einer Ausgleichszahlung in Höhe von DM 100.000,– an seine Schwester. Der Wert des Anteils des A beträgt DM 200.000,– (vgl. Tz. 38 Schr. BdF, vorweggenommene Erbfolge).

Kapitalkonto DM 100.000,–.

Die Übertragung ist, soweit es die Versorgungszusage betrifft, unentgeltlich. Sie ist jedoch entgeltlich, soweit es die Ausgleichszahlung in Höhe von DM 100.000,– betrifft.

A hat keinen Veräußerungsgewinn zu versteuern, weil der Veräußerungspreis (Ausgleichszahlung DM 100.000,–) sein Kapitalkonto nicht übersteigt.

S hat das Betriebsvermögen mit seinen Anschaffungskosten von DM 100.000,– zu übernehmen, was jedoch in diesem Falle keine Buchwertübernahme nach § 7 Abs. 1 EStDV darstellt, obwohl die Anschaffungskosten mit dem Buchwert identisch sind. Er ist entgeltlicher Erwerber und damit nicht Rechtsnachfolger.

V. Sonstige Maßnahmen der vorweggenommenen Erbfolge

970 Der vorzeitige Erbausgleich eines nichtehelichen Kindes stellt keine außergewöhnliche Belastung dar[203].

3. Abschnitt
Grunderwerbsteuer[204]

I. Unentgeltliche Grundstücksübertragungen

971 Vorgänge, die der Schenkungsteuer unterliegen, sind grundsätzlich von der Grunderwerbsteuer befreit.

Es handelt sich hier um Vorgänge, die unter § 7 ErbStG fallen.

---

[203] BFH v. 12.11.1993, DB 1994, 208.
[204] Literatur: Boruttau-Egly-Sigloch, Grunderwerbsteuergesetz; Chemitz, Vorteilhafte Gestaltungsmöglichkeiten beim Grunderwerb nach dem neuen Grunderwerbsteuergesetz; Hofmann, Grunderwerbsteuerrecht; Padberg, Grunderwerbsteuerrecht, Loseblatt.

II. Grundstücksübertragungen an Angehörige und Ehegatten

1. Grundstückserwerb durch den Ehegatten des Veräußerers (§ 3 Nr. 4 GrEStG)

Grundstücksübertragungen an den Ehegatten sind von der Grunderwerbsteuer befreit, das gilt für alle Formen der Erwerbe, für die entgeltliche Veräußerung, die Schenkung unter Auflage, auch für Einbringungsvorgänge in ein Betriebsvermögen, wenn Gegenstand der Einbringung eine Personengesellschaft ist. 972

2. Erwerb durch Personen, die mit dem Veräußerer in gerader Linie verwandt sind

Der Erwerb durch Abkömmlinge ist grunderwerbsteuerbefreit, § 3 Nr. 6 GrEStG. Der Begriff des Abkömmlings ist erweitert worden und dem neuen Familienrecht angepaßt worden. Er beschränkt sich nicht auf leibliche Kinder, daher eheliche, nichteheliche und für ehelich erklärte Kinder, sondern erfaßt alle Personen, die mit dem Veräußerer in gerader Linie verwandt sind. Hierzu zählen auch die Adoptivkinder. Den Abkömmlingen gleichgestellt sind auch Stiefkinder, also solche Kinder, die der andere Ehegatte mit in die Ehe gebracht hat, zu dem nur ein Schwägerschaftsverhältnis besteht. Das Einkommensteuerrecht hat inzwischen das Stiefkindschaftsverhältnis als Kindschaftsverhältnis abgeschafft. Eine Haushaltszugehörigkeit ist beim Stiefkindschaftsverhältnis nicht erforderlich. Das Stiefkindschaftsverhältnis endet mit der Auflösung der Ehe mit dem leiblichen Elternteil. 973

Ist der leibliche Elternteil verstorben, besteht zum überlebenden Ehegatten kein Stiefkindschaftsverhältnis mehr, mit der Folge, daß entgeltliche Übertragungen, die nicht unter das Erbschaft- und Schenkungsteuergesetz fallen, der Grunderwerbsteuer unterliegen. 974

Keine Abkömmlinge im Sinne dieser Vorschrift sind die Pflegekinder. 975
Grundstücksübertragungen, die nicht unter das Erbschaft- und Schenkungsteuergesetz fallen, sind daher bei Grundstücksübertragungen auf Pflegekinder grunderwerbsteuerpflichtig. Den Abkömmlingen und Stiefkindern gleichgestellt sind auch deren Ehegatten (§ 3 Nr. 6 GrEStG), auf den Güterstand der Eheleute kommt es nicht an.

3. Grundstücksveräußerungen an Eltern

In gerader Linie sind auch die Eltern des Veräußerers verwandt. Überträgt der Sohn auf seine Eltern ein Mietshaus gegen Übertragung des Gewerbebetriebes der Eltern, ist der Grundstückserwerb durch die Eltern grunderwerbsteuerbefreit. 976

4. Grundstücksübertragungen auf Geschwister

Grundstücksübertragungen an Geschwister sind nicht grunderwerbsteuerbefreit. 977

Beispiel:
Erwirbt A von seinem Vater den Gewerbebetrieb mit der Auflage, auf seine Geschwister ein Grundstück zu übertragen, so unterliegt der Vorgang der Grunderwerbsteuer.

III. Entgeltliche Grundstücksübertragungen

1. Schenkung unter Auflage im allgemeinen

978   Ist die Schenkung unter einer Auflage erfolgt, ist sie nur insoweit von der Grunderwerbsteuer befreit, als der Steuerwert des Grundvermögens den Wert der Auflage übersteigt. Auflagen in diesem Sinne sind auch Hypotheken, wenn die persönliche Schuld mitübernommen wird. In Höhe der kapitalisierten Rente, wenn eine solche vereinbart worden ist, oder in der Höhe der Valutierung der Hypothek ist der Erwerb entgeltlich. Auf die Behandlung dieses Rechtsgeschäfts bei den übrigen Steuerarten kommt es hierbei nicht an. Während die Übernahme einer Last auch im Wege der vorweggenommenen Erbfolge als ein einheitliches unentgeltliches Geschäft angesehen wird, sieht das Grunderwerbsteuerrecht hierin eine gemischte Schenkung.

2. Schenkung unter Übernahme von Hypotheken und sonstigen Lasten

979   Schenkt ein Ehegatte dem anderen ein Grundstück, das mit einer Hypothek belastet ist, so liegt kein unentgeltlicher Vorgang vor, wenn der Erwerber auch die persönliche Schuld übernimmt[205]. Haftete jedoch der übernehmende Ehegatte bereits vor der Übertragung des Grundstücks für die Hypothekenschuld als Gesamtschuldner persönlich, so liegt in vollem Umfang eine unentgeltliche Übertragung vor.

980   Die Grunderwerbsteuer kann in der Regel auch nicht dadurch vermieden werden, daß der erwerbende Ehegatte vorher die Hypothekenschuld abgelöst hat. Wird ein Grundstück an Abkömmlinge mit der Auflage geschenkt, Hypotheken mitzuübernehmen, tritt keine Grunderwerbsteuerpflicht ein, da Rechtsgeschäfte mit Personen, die mit dem Veräußerer in gerader Linie verwandt sind, von der Grunderwerbsteuer befreit sind (§ 3 Nr. 6 GrEStG). Unterliegt das Rechtsgeschäft der Grunderwerbsteuer, wird die Grunderwerbsteuer von dem Wert der Hypothek erhoben.

3. Grundstücksübertragungen gegen Rente

981   Soweit Grundstücke auf Abkömmlinge gegen eine Rentenverpflichtung übertragen werden, ist die Übertragung nach § 3 Nr. 6 GrEStG grunderwerbsteuerbefreit. Handelt es sich bei dem Gegenwert für eine Grundstücksübertragung um eine Veräußerungsrente, so stellt diese das Entgelt für die Grundstücksübertragung dar, was Bemessungsgrundlage für die Grunderwerbsteuer ist. Die Gegenleistung wird in diesem Falle mit dem kapitalisierten Wert der Rente angesetzt[206].

982   Wird ein Grundstück jedoch gegen eine Versorgungsrente übertragen, so handelt es sich hierbei um einen gemischten Vorgang. Auch in diesem Falle stellt der kapitalisierte Wert der Versorgungsrente ein Entgelt dar, das der Grunderwerbsteuer unterliegt. Der darüber hinausgehende Grundstückserwerb ist steuerfrei.

---

[205] Boruttau-Egly-Sigloch, § 3 GrEStG, Anm. 49.
[206] Vgl. auch BFH v. 21. 12. 1977, BStBl. II 1978, S. 318, zu Erbbauzinsen ergangen.

4. Übertragung von Grundstücken unter Nießbrauchsvorbehalt

Wird ein Grundstück unter Einräumung des Nießbrauchs übertragen, so ist bei der Bewertung des Nießbrauchs der gemeine Wert und nicht der Steuerwert des Grundstücks zugrunde zu legen[207]. Der Übertragungsvorgang ist, soweit der Grundstückswert den Wert des Nießbrauchs übersteigt, steuerfrei. In Höhe des Wertes des Nießbrauchs tritt Grunderwerbsteuerpflicht[208] ein. Nach dem Urteil des BFH vom 20.4.1977[209] wird die einer Grundstücksschenkung beigefügte Auflage i.S. des § 10 Abs. 1 GrEStG insoweit zur Gegenleistung, als sie die Bereicherung des Beschenkten mindert[210]. Ist ein Grundstück hiernach unter Nießbrauchsvorbehalt übertragen worden, unterliegt die Schenkung des Grundstücks insoweit der Grunderwerbsteuer (§ 1 Abs. 1 Nr. 1 GrEStG), als es der Gegenleistung entspricht (§ 10 Abs. 1 GrEStG), nämlich dem der Schenkerin vorbehaltenen Nießbrauch (§ 11 Abs. 1 Satz 1 GrEStG). Die gemischte Schenkung, zu der auch die Schenkung unter Nießbrauchsvorbehalt gehört, ist von der Grunderwerbsteuer nur insoweit befreit, als das Geschäft unentgeltlich ist[211].

983

Die Befreiung gilt auch für den Ehegatten, wenn dieser Gesellschafter ist (§ 3 Nr. 4 GrEStG).

Die Befreiung tritt insoweit ein, als Personen, die unter § 3 Nr. 6 GrEStG fallen, an der Personengesellschaft beteiligt sind, neben leiblichen, Adoptivkindern, Stiefkindern und deren Ehegatten.

984

5. Sonstige gemischte Schenkungen

Eine gemischte Schenkung liegt vor, wenn bei gegenseitigen Verträgen Leistung und Gegenleistung in einem offenbaren Mißverhältnis stehen und sich die Beteiligten des Mehrwerts der Leistung bewußt sind[212].

985

Bei der gemischten Schenkung unterliegt der Vorgang sowohl der Erbschaftsteuer als auch der Grunderwerbsteuer. Hierunter fallen alle Rechtsgeschäfte, die auch bürgerlich-rechtlich als gemischte Rechtsgeschäfte anzusehen sind, z.B. die Veräußerungen zu einem Vorzugspreis. Gemischte Schenkungsverträge sind auch die Altenteilverträge in der Landwirtschaft[213].

986

6. Bemessungsgrundlage

Die Bemessungsgrundlage sowohl bei der Schenkung unter Auflage als auch bei der gemischten Schenkung ist der Wert der Gegenleistung[214]. Das gilt grundsätzlich auch dann, wenn die Gegenleistung in einer wiederkehrenden Leistung in

987

---

[207] BFH, Beschluß v. 5.3.1975, BStBl. II 1975, 419.
[208] Vgl. BFH v. 13.7.1960, BStBl. III 1960, 413.
[209] Urteil v. 20.4.1977, BStBl. II 1977, 676.
[210] Hierzu auch BFH v. 17.9.1975, BStBl. II 1976, 126.
[211] BFH v. 20.4.1977, BStBl. II 1977, 676.
[212] Boruttau-Egly-Sigloch, § 3 GrEStG, Anm.#41.
[213] Vgl. BFH v. 24.6.1964, HFR 1965, 67.
[214] Boruttau-Egly-Sigloch, § 3 GrEStG, Anm. 42, 45, 48; BFH v. 10.6.1964, HFR 1965, 468.

Form von Nießbrauchrenten oder dauernden Lasten besteht. In diesem Falle sind diese Leistungen zu kapitalisieren und der Zeitwert als Entgelt für die Besteuerung zugrunde zu legen.

IV. Beteiligung von Angehörigen an einer Personengesellschaft

1. Eintritt in eine bereits bestehende Personengesellschaft

988 Treten Abkömmlinge des Erblassers in eine bereits bestehende Personengesellschaft ein, fällt hinsichtlich des im Betriebsvermögen befindlichen Grundvermögens keine Grunderwerbsteuer an. Wie bereits ausgeführt, wird die Personengesellschaft als selbständiges Steuersubjekt behandelt, mit der Folge, daß die Personengesellschaft Rechtsträger im Sinne des GrEStG ist. Somit ist sie vom Gesellschafterwechsel unabhängig. Der Gesellschafterwechsel und Gesellschaftereintritt lösen somit keine Grunderwerbsteuer aus.

2. Eintritt eines Gesellschafters in ein bisheriges Einzelunternehmen

989 Bringt ein bisheriger Einzelkaufmann Betriebsgrundstücke in eine oHG ein, so wird durch diesen Vorgang grundsätzlich Grunderwerbsteuer ausgelöst. Lediglich hinsichtlich des Anteils des Einbringenden an der Personengesellschaft tritt Grunderwerbsteuerfreiheit ein. Überträgt jedoch der Einzelkaufmann sein Betriebsvermögen auf eine mit seinen Abkömmlingen in gerader Linie gegründeten Personengesellschaft, so ist die Übertragung des Grundvermögens gemäß § 3 Nr. 6 GrEStG von der Grunderwerbsteuer befreit.

990 Bleibt jedoch der einbringende Gesellschafter Eigentümer des Grundstückes und überläßt er es der Gesellschaft lediglich zur Nutzung, so liegt ein grunderwerbsteuerpflichtiger Vorgang nicht vor.

V. Grunderwerbsteuer bei Einbringung eines Grundstücks in eine GmbH & Co. KG

991 Eine Befreiung für eine Einbringung eines Grundstücks in eine GmbH & Co. KG gilt nur insoweit, als der Einbringende, sein Ehegatte, seine Kinder an dieser beteiligt sind (§ 3 Nr. 4 und 6 GrEStG), nicht jedoch für die Beteiligung der Komplementär-GmbH, soweit diese am Vermögen der KG beteiligt ist, auch soweit an dieser der Einbringende, dessen Ehegatte und Kinder beteiligt sind.

VI. Beteiligung von Angehörigen an einer GmbH

992 Die Einbringung in eine GmbH ist generell grunderwerbsteuerpflichtig, wenn Gegenstand der Sacheinlage ein Grundstück ist. Das gilt auch dann, wenn der Einbringende und seine Abkömmlinge ausschließlich an der GmbH beteiligt sind. Die personenbezogenen Befreiungstatbestände werden bei Kapitalgesellschaften nicht berücksichtigt.

Umsatzsteuer

Die Einbringung eines Grundstücks gegen Gesellschaftsrechte in eine Kapitalgesellschaft ist nicht mehr grunderwerbsteuerbegünstigt. Bemessungsgrundlage ist hier der Gegenwert des Anteils, der im Zweifel dem gemeinsamen Wert des Grundstücks entsprechen dürfte. Die Einbringung unterliegt einem Steuersatz von 3,5 v.H. 993

4. Abschnitt
Umsatzsteuer

I. Grundsätze

Die Umsatzsteuer im Rahmen der Erbauseinandersetzung ist in Rz. 630ff. behandelt worden. Sie hat auch im Rahmen der Verfügung zur Regelung der vorweggenommenen Erbfolge wegen des Vorsteuerabzuges keine Bedeutung mehr. 994

Die dort angesprochene Problematik ist auch für die vorweggenommene Erbfolge von Bedeutung, es kann deshalb auf die dortigen Ausführungen verwiesen werden.

Entnimmt der Unternehmer Gegenstände des Betriebsvermögens, um sie auf seine Kinder zu übertragen, so unterliegt diese Entnahme als Eigenverbrauch, soweit es sich um Sachentnahmen handelt, der Umsatzsteuer (§ 1 Abs. 1 Nr. 2 UStG). 995

Anders steht es mit der Entnahme von Grundstücken. Diese ist nach § 4 Nr. 9a steuerbefreit, da sie unter das GrEStG fällt.

Unerheblich ist hierbei, daß eine Schenkung an Abkömmlinge grunderwerbsteuerbefreit ist. 996

Nimmt der Vater seine Kinder als Kommanditisten in sein Unternehmen auf, so wird dieser Vorgang umsatzsteuerlich als ein Verkauf eines Einzelunternehmens an eine Kommanditgesellschaft angesehen. So kann hinsichtlich weiterer Einzelheiten auf Rz. 639 verwiesen werden. 997

Hinsichtlich der Einbringung in eine GmbH & Co. KG wird auf Rz. 1123ff. und der in eine Kapitalgesellschaft auf Rz. 1231ff. verwiesen. 998

Zu bemerken ist, daß die Geschäftsführertätigkeit der GmbH keine unternehmerische Tätigkeit darstellt.

II. Unentgeltliche Übertragung eines Betriebes

Eine unentgeltliche Übertragung im Sinne des Umsatzsteuerrechts liegt vor, wenn der Vater den Betrieb unter Zurückbehaltung der Verbindlichkeiten überträgt. Dies dürfte nicht den Regelfall darstellen. Der BFH[215] nimmt nunmehr bei der unentgeltlichen Übertragung einen Eigenverbrauchstatbestand an. Die Verwaltung (Abschnitt 8 Abs. 5 UStR) hat vor Ergehen dieses Urteils in diesen Fällen nichtsteuerbare Leistungen angenommen. 999

---

[215] BFH v. 25. 6. 1987, BStBl. II 1987, 655. Vgl. auch Rau/Dürrwächter/Flick/Geist, UStG.

Vorweggenommene Erbfolge

III. Schenkung unter Übernahme von Verbindlichkeiten

1000 Wird ein Betrieb auf die Kinder unentgeltlich übertragen, liegt umsatzsteuerlich Eigenverbrauch vor. Die Erwerber sind nicht zum Vorsteuerabzug berechtigt.

Anders jedoch bei unentgeltlichen Betriebsübertragungen mit Schuldübernahme.

Nach dem Beispiel 4 zu Abschn. 158 Abs. 1 UStR 1987 überträgt ein Einzelunternehmer seinen Betrieb auf seinen zum Vorsteuerabzug berechtigten Sohn (Geschäftsveräußerung im ganzen). Der Teilwert des Betriebs beträgt DM 30.000,–. Der Sohn übernimmt Betriebsschulden in Höhe von DM 5.000,–, die nach den Umständen des Einzelfalles als Gegenleistung für die Betriebsübertragung anzusehen sind. Nach den UStR: Der Unternehmer vereinnahmt für die Geschäftsveräußerung einen Betrag von DM 5.000,– (Übernahme der Betriebsschulden durch den Erwerber). Der Betrag ist niedriger als die Bemessungsgrundlage nach § 10 Abs. 4 Nr. 1 UStG. Nach § 10 Abs. 5 Nr. 1 UStG ist deshalb der Teilwert von DM 30.000,– als Bemessungsgrundlage für die Geschäftsveräußerung anzusehen.

Im Falle der teilunentgeltlichen Übertragung ist der Erwerber zum vollen Vorsteuerabzug berechtigt (Billigkeitsmaßnahmen).

IV. Schenkung unter Auflage

1001 Wird ein Betrieb übertragen unter der Auflage, dem Erblasser oder einem Dritten eine Rente zur Abfindung zu zahlen, so stellt diese Verpflichtung ein Entgelt dar. Entspricht dieses nicht dem Teilwert des Betriebsvermögens, ist auch hier die Mindestbemessungsgrenze anzusetzen. Der Erwerber ist zum Vorsteuerabzug in Höhe der Mindestbemessungsgrundlage berechtigt.

V. Gemischte Schenkung

1002 Gleiche Grundsätze gelten für die gemischte Schenkung.

4. KAPITEL
Gründung und Umwandlung von Familiengesellschaften

1. Abschnitt
Familienpersonengesellschaft[1]

I. Ertragsteuer der Personengesellschaften

1. Grundsätze

Als Familiengesellschaft[2] wird die Personengesellschaft bezeichnet, an der mehrheitlich Familienmitglieder, Ehegatten und Abkömmlinge oder sonstige nahe Angehörige i.S. des § 15 AO beteiligt sind. Insbesondere liegt eine Familiengesellschaft vor, wenn der Schenker beherrschender Gesellschafter bzw. Einzelunternehmer ist und daher die Vertragsbedingungen allein festsetzen kann. Beteiligt sich ein minderjähriges Kind mit ihm von seinem Vater geschenkten Mitteln an einer GmbH als stiller Gesellschafter, so ist die Anerkennung des Kindes als Mitunternehmer wegen fehlender tatsächlicher Durchführung der getroffenen Vereinbarungen dann zu versagen, wenn der Vater die GmbH beherrscht. Grundsätzlich werden steuerlich auch Rechtsverhältnisse zwischen Familienangehörigen anerkannt. Voraussetzung ist jedoch, daß sie ernsthaft gewollt sind, auch tatsächlich durchgeführt und unter Bedingungen abgeschlossen worden sind, wie sie auch unter frem-

1003

---

[1] Literaturhinweise: Binz/Heinrichs, Familiengesellschaften in Recht und Praxis; Krieger, Zweckmäßige Wahl der Unternehmensform; Peter/Crezelius, Neuzeitliche Gesellschaftsverträge und Unternehmensformen; Peter/Petzoldt/Winkler, Unternehmensnachfolge, Testamente, Gesellschaftsverträge in der Praxis; Steinberg, Familienpersonengesellschaften im Steuerrecht; Sudhoff, Das Familienunternehmen; Sudhoff, Handbuch der Unternehmensnachfolge; Wöhe, Die Familienunternehmung als Instrument der Steuerminimierung; Schulze zur Wiesche, Vereinbarungen unter Familienangehörigen, 7. Aufl.

[2] Schulze zur Wiesche, a.a.O. (Fußnote 1); Söffing, Möglichkeiten und Grenzen der Verlagerung von Einkommen auf die nächste Generation, StbJb 1978/79, S. 301; Dornbusch, Die steuerrechtliche Problematik der Rechtsbeziehungen zwischen Familienangehörigen, FR 1979, 3898; Ehmke, Mitunternehmerschaft von Familienangehörigen, Inf. 1980, 184; Friele/Spiegels, Die ertragsteuerliche Behandlung von Familiengesellschaften, Inf. 1981, 32; Krüger, Zur steuerlichen Anerkennung von Fam. Pers. G., DStZ 1980, 193; L. Schmidt, Möglichkeiten und Grenzen der Einkommensverlagerung zwischen Eltern und Kindern, StbJb 1975/76, S. 149;; Schulze zur Wiesche, DB 1990, 552; Eppler, Formen des Fremdvergleichs, DStR 1987, 607; Seer, Der minderjährige Kommanditist als Mitunternehmer bei schenkweiser Übertragung auf seine Eltern, DStR 1988, 600; Hennerkes/May, Der Gesellschaftsvertrag des Familienunternehmens, NJW 1988, 2761; Fiedler, Angemessene Gewinnverteilung bei Personengesellschaften, DStZ 1990, 461; Janssen, Zur Gerechtigkeit in der Familienbesteuerung in Theorie und Praxis, DStZ 1991, 13.

den Dritten abgeschlossen sein würden. Soweit es sich um entgeltliche Verträge handelt, wobei ein Leistungsaustausch zwischen dem bisherigen Einzelunternehmer und den neu eintretenden Gesellschaftern stattfindet, ist die steuerliche Anerkennung grundsätzlich unproblematisch. Anders ist der Fall, wenn die Anteilsübertragung in ein scheinbar entgeltliches Rechtsgeschäft gekleidet wird. In dem dem Urteil des BFH vom 5. 7. 1979[3] zugrundeliegenden Sachverhalt hatte der Vater, der nahezu alleiniger Gesellschafter einer GmbH und deren Geschäftsführer seine Ehefrau und Kinder sein sollten, umgewandelt. Die Einlagen der Kommanditisten wurden in der Weise erbracht, daß die GmbH den Kommanditisten in Höhe der Einlage ein verzinsliches Darlehen zur Verfügung stellte. Eine Laufzeit des Darlehens wurde nicht vereinbart. Die Kommanditisten erhielten auf ihre Einlagen eine Vorwegverzinsung, die der Verzinsung des Darlehens entsprach. Der BFH hat die Rechtsansicht vertreten, daß hier wirtschaftlich gesehen die Schenkung einer Beteiligung vorliege. Insgesamt lassen sich bei der Anerkennung von Familiengesellschaften drei Fallgruppen unterscheiden:

a) Die Schenkung und damit auch das Rechtsverhältnis wird überhaupt nicht anerkannt,

b) die Schenkung und das Rechtsverhältnis werden zwar anerkannt, aber nicht die Mitunternehmerschaft,

c) die Mitunternehmerschaft wird anerkannt, aber nicht die Gewinnverteilung.

2. Nichtanerkennung der vertraglichen Beziehungen überhaupt

a) Allgemeines

1004 Die Rechtsbeziehungen zwischen Familienangehörigen in Form eines Gesellschaftsvertrages bei geschenkten Beteiligungen werden grundsätzlich nur anerkannt, wenn sie ernsthaft gewollt, daher nicht zum Schein abgeschlossen werden, die bürgerlich-rechtlichen Formvorschriften erfüllen, tatsächlich durchgeführt werden und unter Bedingungen stehen, wie sie auch zwischen fremden Dritten bei einer entgeltlichen Beteiligung eingeräumt worden wären[4]. Darüber hinaus werden Verträge zwischen Angehörigen nur anerkannt, wenn sie eindeutig sind[5]. Sie dürfen nicht manipulierbar sein[6].

---

[3] BFH v. 5. 7. 1979, BB 1979, 1483.
[4] Vgl. hierzu BFH v. 7. 10. 1951, BStBl. III 1951, 232; v. 24. 7. 1969, BStBl. II 1969, 619; v. 1. 2. 1972, BStBl. II 1973, 307; v. 8. 8. 1979, DB 1979, 2160.
[5] BFH v. 29. 1. 1976, BStBl. II 1976, 324.
[6] BFH v. 31. 1. 1961, BStBl. III 1961, 158; v. 18. 3. 1964, BStBl. III 1964, 429; v. 1. 2. 1973, BStBl. II 1973, 309; R. Schmidt, Die steuerliche Behandlung einer Familien-KG, DStR 1995, 1977; Schulze zur Wiesche, Gewinnverteilungsvereinbarungen bei PersG, StBp 1994; Schwendy/Gassner, Steuergestaltung und ihre Grenzen bei Familiengesellschaften, FS L. Schmidt, 1993, S. 771; Familiengesellschaften und Gestaltungsmißbrauch, FS L. Schmidt, 1993, S. 751; Felix, Die steuerliche Anerkennung von Rechtsverhältnissen mit Angehörigen, FR 1996, 729.

Grundlage muß ein Gesellschaftsverhältnis oder ein vergleichbares Gemeinschaftsverhältnis sein[7], wobei es jedoch nicht auf die Bezeichnung des Rechtsverhältnisses ankommt, sondern allein auf den inneren Gehalt der Vereinbarung. So kann u. U. auch ein Arbeitsverhältnis, ein Werkvertrag, Pachtvertrag usw.[8] ein Gesellschaftsverhältnis begründen.

1005

Werden Kommanditanteile schenkweise mit der Maßgabe übertragen, daß der Schenker ihre Rückübertragung jederzeit ohne Angabe von Gründen einseitig veranlassen kann, dann ist der Beschenkte steuerrechtlich nicht als Mitunternehmer anzusehen[9].

1006

b) Bürgerlich-rechtliche Wirksamkeit des Vertrages

Familiengesellschaften zwischen Angehörigen werden steuerlich nur anerkannt, wenn bürgerlich-rechtlich ein rechtswirksamer Vertrag vorliegt. Das gilt insbesondere, wenn Minderjährige Beteiligte werden.

1007

So werden Verträge mit Minderjährigen nur anerkannt, wenn eine vormundschaftliche Genehmigung vorliegt[10]. Die zivilrechtliche Rückwirkung der vormundschaftsgerichtlichen Genehmigung eines Vertrages über den Erwerb eines Anteils einer Personengesellschaft durch einen Minderjährigen kann auch steuerlich nicht berücksichtigt werden, wenn die vormundschaftsgerichtliche Regelung nicht unverzüglich nach Abschluß des Gesellschaftsvertrags beantragt und in angemessener Frist erteilt wird[11]. Soweit es sich um eine Beteiligungsschenkung handelt, bedarf der Vertragsabschluß grundsätzlich der notariellen Form (§ 518 BGB). Ist der Vater gleichzeitig Gesellschafter der Personengesellschaft, bedarf es bei minderjährigen Gesellschaftern gem. § 1909 BGB der Bestellung eines Ergänzungspflegers. Hierbei ist für jeden Minderjährigen ein besonderer Ergänzungspfleger zu bestellen[12]. Die Ergänzungspflegschaft gilt lediglich für den Vertragsabschluß, nicht jedoch für die Dauer der Minderjährigkeit. Es braucht keine Dauerpflegschaft während der ganzen Dauer der Minderjährigkeit zu bestehen[13]. Es ist jedoch darauf zu achten, daß dies nur für die normalen Gesellschafterbeschlüsse gilt. Für Gesellschafterbeschlüsse, die eine Änderung des Gesellschaftsvertrags zum Gegenstand haben, sei es, daß sich die Beteiligungsverhältnisse wie Gewinnbeteiligung ändern oder ein neuer Gesellschafter eintritt, muß jedesmal wieder ein Ergänzungspfleger

1008

---

[7] BFH v. 25. 6. 1984, BStBl. II 1984, 751.
[8] BFH v. 11. 12. 1980, BStBl. II 1981, 310; v. 27. 3. 1980, BStBl. II 1981, 210; v. 11. 12. 1980, BStBl. II 1981, 310; v. 19. 2. 1981, BStBl. II 1981, 602; v. 28. 10. 1981, BStBl. II 1982, 186; v. 28. 1. 1982, BStBl. II 1982, 389; v. 18. 3. 1982, BStBl. II 1982, 546; v. 24. 7. 1984, BStBl. II 1985, 85; v. 22. 1. 1985, DB 1985, 1269; v. 5. 6. 1986, BStBl. II 1986, 802; v. 6. 5. 1986, BStBl. II 1986, 891; v. 11. 9. 1986, BStBl. II 1987, 111.
[9] BFH v. 16. 5. 1989, BB 1989, 2236.
[10] BFH v. 19. 9. 1974, BStBl. II 1975, 141.
[11] BFH v. 8. 11. 1972, BStBl. II 1973, 287; v. 1. 2. 1973, BStBl. II 1973, 307.
[12] BFH v. 1. 2. 1973, BStBl. II 1973, 309.
[13] BFH v. 29. 1. 1976, BStBl. II 1976, 328.

für die Vertragsänderung bestellt werden. Nach Ansicht des BFH kann die formelle Unwirksamkeit des Gesellschaftsvertrags insbesondere bei Minderjährigen nicht durch den faktischen Vollzug geheilt werden[14].

1009 Wird ein Vertrag kurz vor Erreichen der Volljährigkeit des Beschenkten abgeschlossen, so ist er trotz mangelnder Form wirksam, wenn ihn der Beschenkte nach Erlangung der Volljährigkeit genehmigt[15].

1010 Auch die Gründung einer typischen stillen Gesellschaft zwischen dem Vater und seinen minderjährigen Kindern bedarf der Mitwirkung eines Ergänzungspflegers. Der Vater ist insoweit von der Vertretung seiner Kinder ausgeschlossen. Die vormundschaftliche Genehmigung ist jedoch nicht erforderlich, wenn die Beteiligung der Kinder am Verlust ausgeschlossen ist[16]. Nach dem Urteil des BFH vom 8.8.1979[17] reicht ein privat-schriftlicher Vertrag nicht aus, um eine Unterbeteiligungsgesellschaft entstehen zu lassen. Ein dinglicher Vollzug mit der Möglichkeit der Heilung ist wegen der lediglich obligatorischen Beziehungen bei einer Unterbeteiligung nicht gegeben. Der Schenker ist den Beschenkten bezüglich der Vermögens- und Gewinnbeteiligung sowie bezüglich der sonstigen Rechte lediglich schuldrechtlich verpflichtet. Darin erschöpfe sich die ihnen gegenüber abgegebene Zusage der Unterbeteiligung. Diese schuldrechtliche Verpflichtung bedarf nach Ansicht des BFH, da sie unentgeltlich eingegangen ist, gem. § 518 Abs. 1 Satz 1 BGB der notariellen Beurkundung. Fehlt es an der notwendigen Form und auch an der tatsächlichen Durchführung, so sieht der BFH in diesen Vereinbarungen lediglich ein kaschiertes Versprechen von Todes wegen[18].

c) Ernsthaftigkeit der Vereinbarung

1011 Vereinbarungen mit Familienangehörigen werden steuerlich nur anerkannt, wenn sie ernsthaft gewollt sind und nicht nur für das Papier vereinbart sind. Stimmt die förmliche Vereinbarung nicht mit dem überein, was die Gesellschafter tatsächlich wollen, ist die Vereinbarung als Scheingeschäft i.S. des § 117 BGB bereits unwirksam. Verbirgt sich hinter dem formell vereinbarten Rechtsgeschäft ein anderes Rechtsgeschäft, so hat dieses im Zweifel wegen mangelnder Form auch keine Gültigkeit, insbesondere wenn die Verträge mit Minderjährigen abgeschlossen worden sind, weil es hier an der vorgeschriebenen Form mangelt. Rückfallklauseln stehen einer Anerkennung nicht entgegen[19].

---

14 BFH v. 8.11.1972, BStBl. II 1973, 287; v. 1.2.1973, BStBl. II 1973, 307.
15 BFH v. 5.3.1981, BB 1981, 955.
16 So BFH v. 28.11.1973, BStBl. II 1974 II, 289.
17 BFH v. 8.8.1979, BB 1979, 2160; vgl. auch Tiedtke, FR 1980, 421.
18 BFH v. 8.2.1979, BB 1979, 717.
19 BFH v. 27.1.1994, FR 1994, 508.

d) Tatsächliche Durchführung des Gesellschaftsverhältnisses

Ein Gesellschaftsverhältnis kann steuerlich grundsätzlich nur anerkannt werden, wenn es auch tatsächlich durchgeführt wird[20]. An einer tatsächlichen Durchführung mangelt es, wenn die buchhalterischen Voraussetzungen wie Einräumung der Kapitalkonten an die Gesellschafter nicht erfolgt sind und die Gesellschafter in Wirklichkeit nicht die Rechte haben, die ihnen vertragsmäßig eingeräumt worden sind, ihre Verfügungsrechte über den Anteil und den Gewinn so beschnitten sind, daß die Beschenkten keine Eigentumsrechte ausüben können. 1012

Eine Vereinbarung über eine stille Gesellschaft wird nicht tatsächlich durchgeführt, wenn der Gewinnanteil des stillen Gesellschafters nicht vereinbarungsgemäß ausgezahlt wird und auch keine Vereinbarung über das darlehensweise Schenken des Gewinnanteils vorliegt[21]. Hier reicht z.B. eine Vereinbarung, wonach es dem Gesellschafter unbenommen bleiben sollte, seinen Gewinn gegen eine 8 %ige Verzinsung dem Unternehmen darlehensweise zur Verfügung zu stellen, nicht aus[22].

aa) Gesellschafterkonten

Für die minderjährigen Kinder sind selbständige Kapitalkonten und Privatkonten zu führen. Auch die Tatsache, daß der Vater als gesetzlicher Vertreter weitgehend über Konten und Guthaben verfügen kann, macht eine selbständige Kontenführung nicht entbehrlich, sondern sogar erforderlich, um hier eine Klarheit zu schaffen. Es muß durch die selbständige Kontenführung dokumentiert werden, daß ein Eigentumswechsel stattgefunden hat. Der auf die Kapitalanteile der minderjährigen Kinder entfallende Gewinn ist deren Verrechnungskonten gutzubringen. 1013

bb) Verwaltung des Anteils als Fremdvermögen

Eine Durchführung des Gesellschaftsverhältnisses mit der Konsequenz, daß Minderjährige Eigentümer des Anteils geworden sind, ist nach Ansicht des BFH[23] auch dann nicht gegeben, wenn der Vater als gesetzlicher Vertreter weiterhin die volle Verfügungsmacht über den Anteil hat. Die Verwaltung der Beteiligung durch die Eltern hat sich im Rahmen der Vermögensfürsorge zu halten, insbesondere sind die Einschränkungen für die Verwendung des § 1649 BGB zu beachten. Daher dürfen die Eltern nicht unbegrenzt über die Erträgnisse aus dem Anteil verfügen. Eine tatsächliche Durchführung des Gesellschaftsverhältnisses ist auch dann zu verneinen, wenn der Beschenkte nicht nur über seinen Gewinnanteil, sondern über seine Beteiligung nicht wie ein Eigentümer verfügen darf, weil er hier wesentlichen Beschränkungen unterworfen ist. Der Beschenkte ist wirtschaftlich nicht als Eigentümer anzusehen, wenn er auch über das 18. Lebensjahr, also über den Zeitpunkt der 1014

---

20 BFH v. 17.10.1951, BStBl. III 1951, 232; v. 24.7.1969, BStBl. II 1969, 619; v. 1.2.1972, BStBl. II 1973, 307; v. 8.8.1979, DB 1979, 2160.
21 BFH v. 13.6.1989, FR 1989, 500.
22 BFH v. 13.6.1989, FR 1989, 500.
23 BFH v. 3.11.1976, BStBl. II 1977, 206.

Volljährigkeit hinaus, erheblichen Beschränkungen hinsichtlich seiner Verfügung über den Anteil unterliegt. Man wird daher steuerlich das Gesellschaftsverhältnis nur anerkennen können, wenn der Minderjährige von dem Zeitpunkt seiner Volljährigkeit an im wesentlichen die Rechte aus dem Anteil selbst geltend machen kann[24]. Insbesondere wäre das der Fall, wenn der Schenker unabhängig von der gesellschaftsrechtlichen Stellung bis zu seinem Tode die Verfügungsgewalt hat und die geschenkten Mittel weiterhin derart an das Unternehmen gebunden sind, daß durch die Entnahmebeschränkungen und den Ausschluß des Kündigungsrechts das Eigentum des Beschenkten zugunsten des Schenkers völlig ausgehöhlt ist[25]. In diesem Falle liegt nur ein kaschiertes Schenkungsversprechen von Todes wegen vor[26]. Beschränkungen können jedoch auch über das 18. Lebensjahr hinaus vereinbart werden, wenn sie übersehbar sind und das Ende der Beschränkungen zeitlich voraussehbar ist. So hat der BFH die Anteilsschenkung an eine 17jährige steuerlich anerkannt, weil die im Schenkungsvertrag vereinbarten Verfügungsbeschränkungen im wesentlichen mit der Vollendung des 26. Lebensjahres beseitigt waren[27].

cc) Kündigungsrecht der Gesellschafter

1015 Zu den wichtigsten Rechten eines Gesellschafters gehört das Kündigungsrecht. Ist das Kündigungsrecht im Gesellschaftsvertrag bzw. im Schenkungsvertrag auf Dauer ausgeschlossen, ist dem Beschenkten eines der wichtigsten Rechte, die aus seinem Eigentum an dem Gesellschaftsanteil fließen, entzogen worden. Der Ausschluß des Kündigungsrechts führt daher dazu, daß der Gesellschafter ein wesentliches Eigentumsrecht, das aus dem Anteil fließt, nicht ausüben kann. Der BFH hat daher mit steuerlicher Wirkung ein Gesellschaftsverhältnis nicht anerkannt, wenn dieses Kündigungsrecht einseitig zu Lasten des Beschenkten aufgehoben worden ist[28]. Es bestehen u. E. jedoch keine Bedenken, dem Schenker selbst für die ersten Jahre ein außerordentliches Kündigungsrecht einzuräumen, insbesondere für den Fall, daß er nach § 530 BGB berechtigt wäre, eine Schenkung zu widerrufen.

1016 Die Einschränkung des Kündigungsrechtes der Kommanditisten kann nicht als eine wesentliche Einschränkung ihrer Gesellschaftsrechte gegenüber dem Regelstatut des HGB gewertet werden, wenn diese lediglich dazu dient, eine Kündigung zu einem Zeitpunkt zu verhindern, in dem die Beschenkten noch nicht die Reife erlangt haben, um die Tragweite einer solchen Kündigung richtig einzuschätzen[29].

---

[24] Vgl. BFH v. 29. 1. 1976, BStBl. II 1976, 324; v. 29. 1. 1976, BStBl. II 1976, 328; v. 29. 1. 1976, BStBl. II 1976, 233; v. 29. 1. 1976, BStBl. II 1976, 374.
[25] Vgl. BFH v. 8. 2. 1979, BB 1979, 717.
[26] Vgl. BFH v. 8. 2. 1979, BB 1979, 717.
[27] Vgl. BFH v. 6. 4. 1979, BB 1979, 1823.
[28] Vgl. BFH v. 3. 5. 1979, BStBl. II 1979, 515; v. 8. 2. 1979, BB 1979, 717; v. 5. 7. 1979, BB 1979, 1483; v. 6. 7. 1995, FR 1996, 30.
[29] BFH v. 10. 11. 1987, DB 1988, 940.

dd) Entnahmen

Zu den wichtigsten Vermögensrechten aus dem Gesellschaftsverhältnis gehört 1017
das Gewinnbezugsrecht. Das Gewinnbezugsrecht kann dadurch ausgehöhlt werden, daß die Entnahmen eingeschränkt werden. Ein völliges Entnahmerecht aller erwirtschafteten Gewinne liegt nicht im Interesse der Gesellschaft. Deswegen ist es zweckmäßig, in den Gesellschaftsverträgen zu vereinbaren, daß gewisse Gewinnanteile nicht entnommen werden dürfen. Der Gewinnanspruch darf aber nicht in der Weise ausgehöhlt werden, daß der Beschenkte zu Lebzeiten des Schenkers, abgesehen von Entnahmen zur Begleichung von Steuerschulden, soweit diese auf den Gewinnanteil entfallen, ausgeschlossen wird. Inwieweit jedoch eine Entnahmebeschränkung als steuerlich zulässig erachtet wird, hängt von dem Einzelfall ab. So hat der BFH[30] eine Entnahme, die auf die Zinsanteile der Privatkonten beschränkt war, neben der Entnahme der Tätigkeitsvergütung und der Entnahme für die Begleichung von Steuerschulden als ausreichend angesehen.

e) Vertragsabschluß zu Bedingungen wie unter Dritten

Ein Gesellschaftsverhältnis wird steuerlich nur anerkannt, wenn es unter Bedingungen abgeschlossen worden ist, wie es auch zwischen fremden Dritten zustande gekommen wäre[31]. So wird vom BFH als unüblich angesehen, wenn der Schenker sich im Verhältnis zu dem Kapitalanteil ein verdoppeltes Stimmrecht zurückbehält und im Gesellschaftsvertrag vereinbart worden ist, daß im Falle der Änderung des Gesellschaftsvertrages es lediglich der einfachen Mehrheit der Stimmen bedürfe. Desgleichen hält der BFH es für unüblich, wenn im Gesellschaftsvertrag eine Entnahmebeschränkung dergestalt vereinbart wird, daß lediglich der auf den Gewinnanteil entfallende Steuerbetrag entnommen werden dürfe. Ebenfalls wird als unüblich zwischen fremden Dritten eine einseitige Ausgestaltung des Kündigungsrechts dergestalt angesehen, daß der Schenker berechtigt ist, das Gesellschaftsverhältnis einseitig zu kündigen und im Rahmen der Auflösung des Gesellschaftsverhältnisses das gesamte Betriebsvermögen zu übernehmen. Unterschiedliche Ausgestaltung von Entnahmerechten braucht aber nicht zu einer Nichtanerkennung des Gesellschaftsverhältnisses führen, wenn sie sachlich gerechtfertigt ist. So wäre es sachlich gerechtfertigt, dem Komplementär höhere Entnahmen zuzugestehen als dem Kommanditisten[32]. 1018

f) Konsequenzen aus der Nichtanerkennung des Gesellschaftsverhältnisses

Wird das Gesellschaftsverhältnis steuerlich nicht anerkannt, ist steuerlich das 1019
Kapitalkonto dem Schenker zuzurechnen. Das gleiche gilt hinsichtlich des Gewinnanteils. Soweit jedoch der Schenker dem Beschenkten Gewinnanteile hat zu-

---

[30] Urteil v. 6.4.1979, DB 1979, 1823.
[31] Vgl. BFH v. 5.7.1979, BB 1979, 1483; v. 6.4.1979, DB 1979, 1823; v. 8.2.1979, BB 1979, 717; v. 3.5.1979, BStBl. II 1979, 515.
[32] Hinsichtlich des Vertragsinhaltes bei einer stillen Beteiligung vgl. BFH v. 19.12.1979, BStBl. II 1980, 242.

kommen lassen, liegt eine Einkommensverwendung vor, die steuerlich unbeachtlich ist. Sofern es sich um eine Personengesellschaft handelt, die ausschließlich mit dem Schenker und den beschenkten Familienangehörigen gebildet worden ist, ist das Unternehmen weiterhin als ein Einzelunternehmen des Schenkers zu behandeln, mit der Folge, daß eine gesonderte Gewinnfeststellung zu unterbleiben hat.

Der BFH[33] hat im Falle der Einbringung eines Einzelunternehmens in eine GmbH & Co. KG das Gesellschaftsverhältnis mit Kindern nicht anerkannt, wenn der Personengesellschaft das wesentliche Betriebsvermögen lediglich zur Nutzung überlassen worden war, der Einbringende als Verpachtender die gewerbliche Tätigkeit fortsetzt, das Pachtverhältnis jederzeit gekündigt werden kann und der Einbringende als Geschäftsführer eine dominierende Stellung hat und keinem Wettbewerbsverbot unterliegt.

3. Die steuerliche Anerkennung der Mitunternehmerschaft

1020   Ist die Vermögensverfügung selbst ernsthaft gewollt, ist jedoch der Schenker weiterhin als Einzelunternehmer anzusehen, weil sich die tatsächlichen Verhältnisse nicht geändert haben, kann nach der Rechtsprechung die Mitunternehmerschaft der beschenkten Minderjährigen zweifelhaft sein. So hat der BFH die Mitunternehmerschaft verneint, wenn trotz der Übertragung des Gesellschaftsanteils hinsichtlich der tatsächlichen Stellung des bisherigen Alleinunternehmers sich nichts geändert hat, daher der Vater weiter über das Unternehmen wie ein Einzelkaufmann regiert, obwohl er seinen Kindern die Stellung eines Kommanditisten eingeräumt hat[34]. Insbesondere ist nach Ansicht des BFH eine Mitunternehmerschaft dann nicht anzuerkennen, wenn die den Minderjährigen im Gesellschaftsvertrag zugebilligte Rechtsstellung (Rechte und Pflichten innerhalb der Kommanditgesellschaft) so weitreichend hinter der Rechtsstellung zurückbleibt, die einem Kommanditisten nach den Normen des HGB über die KG zukommt, daß sich das geschaffene Rechtsverhältnis einkommensteuerlich nicht mehr als Mitunternehmerschaft i.S. des § 15 Abs. 1 Nr. 2 EStG werten läßt.

Bei der Beurteilung der Frage, ob ein Kommanditist Mitunternehmer ist, kommt dem Umstand, daß der betreffende Kommanditist nicht gegen seinen Willen durch Kündigung zum Buchwert aus der KG hinausgedrängt werden kann, entscheidende Bedeutung zu[35].

a) Voraussetzungen der Mitunternehmerschaft

1021   Trotz des Wortlauts des § 15 Abs. 1 Nr. 2 EStG ist der Kommanditist nach Ansicht der Rechtsprechung nicht schlechthin als Mitunternehmer anzusehen. Hiernach ist das Merkmal der Mitunternehmerschaft eine selbständige Voraussetzung für die Einstufung der Einkünfte des Kommanditisten als gewerbliche. Mitunter-

---

[33] BStBl. II 1986, 798.
[34] Vgl. BFH v. 4. 8. 1972, BStBl. II 1973, 10; v. 21. 2. 1974, BStBl. II 1974, 404; v. 30. 7. 1975, BStBl. II 1975, 818.
[35] BFH v. 10. 11. 1987, DB 1988, 940.

nehmerschaft eines Kommanditisten ist jedoch zu unterstellen, wenn dem Kommanditisten gesellschaftsvertraglich auch alle Rechte eingeräumt worden sind, die nach dem HGB einem Kommanditisten zustehen.

Die besonderen Merkmale der Mitunternehmerschaft sind das Unternehmerrisiko, d.h. die Beteiligung am Gewinn, am Risiko und am Vermögen, und die Unternehmerinitiative. Beide Merkmale müssen vorliegen[36]. **1022**

Unternehmerinitiative ist dadurch beim Kommanditisten sichergestellt, daß gewisse Geschäfte, die den laufenden Rahmen übersteigen, seiner Zustimmung bedürfen. Die Gewinnbeteiligung ist dadurch dokumentiert, daß der Kommanditist keine feste Verzinsung für sein Kapital erhält, sondern am Gewinn des Unternehmens beteiligt ist. Die Beteiligung am Risiko wird dadurch nach außen hin dokumentiert, daß seine Hafteinlage im Handelsregister eingetragen wird. Eine Vermögensbeteiligung kommt dadurch zum Ausdruck, daß der Kommanditist am Gesamthandsvermögen beteiligt ist und insoweit an der Wertsteigerung des Vermögens teilnimmt. Auf der anderen Seite ist es nicht notwendig, daß der Vertrag, auf dem die Mitunternehmerschaft beruht, ausdrücklich als Gesellschaftsverhältnis bezeichnet wird. Auch ein Arbeitsverhältnis kann die Grundlage sein; das gilt insbesondere dann, wenn der Arbeitsvertrag ihm weitgehenden Einfluß auf die Unternehmensführung gibt und er am Gewinn beteiligt ist[37]. **1023**

b) Mitwirkung

Wie bereits ausgeführt, kommt die Unternehmerinitiative beim Kommanditisten dadurch zur Geltung, daß bestimmte Handlungen der Geschäftsführung, soweit sie den laufenden Rahmen des Geschäftsbetriebs übersteigen, der Zustimmung auch des Kommanditisten bedürfen. Die Unternehmerinitiative wäre dem Kommanditisten genommen, wenn dieser zu Lebzeiten des Schenkers das Widerspruchsrecht des Kommanditisten (§ 164 HGB) nicht ausüben könnte[38]. Es reicht u.E. daher nicht aus, daß der Kommanditist lediglich auf seine Kontrollrechte, die denen eines stillen Gesellschafters entsprechen, beschränkt bleibt. Nach Ansicht des BFH[39] gehört das Widerspruchsrecht nicht zu den wesentlichen Mitwirkungsrechten. **1024**

Ein Kommanditist ist daher mangels Unternehmerinitiative kein Mitunternehmer, wenn sowohl sein Stimmrecht als auch ein Widerspruchsrecht durch Gesellschaftsvertrag praktisch ausgeschlossen sind[40].

---

[36] BFH GrS v. 25.6.1984, BStBl. II 1984, 751.
[37] Vgl. BFH v. 11.12.1980, DB 1981, 971, Schulze zur Wiesche, Mitunternehmerschaft und Mitunternehmerstellung, DB 1997, 244.
[38] Vgl. BFH v. 29.1.1976, BStBl. II 1976, 332; vgl. insbesondere auch BFH v. 5.7.1978, BB 1978, 1552.
[39] BFH v. 10.11.1987, DB 1988, 940.
[40] BFH v. 11.10.1988, BStBl. II 1989, 762.

Nach dem Urteil des BFH vom 24. 7. 1986[41] reicht es für eine mitunternehmerische Unterbeteiligung jedoch aus, wenn der Unterbeteiligte im Innenverhältnis annähernd diejenigen Rechte eingeräumt erhält, die einem Kommanditisten nach dem Regelstatut des HGB zukommen[42].

c) *Stimmrecht*

1025   Zu den unverzichtbaren Rechten eines Gesellschafters gehört das Stimmrecht in der Gesellschafterversammlung. Der Gesellschafter muß grundsätzlich in der Lage sein, das Stimmrecht selbst auszuüben. Bei minderjährigen Abkömmlingen sind zwar die Eltern automatisch gesetzliche Vertreter, es muß aber für die steuerliche Anerkennung sichergestellt sein, daß die Beschenkten grundsätzlich mit Erreichung der Volljährigkeit diese Stimmrechte selbst ausüben können. Keine Mitunternehmerschaft liegt jedoch nach Ansicht des BFH vor, wenn der Schenker weiterhin die einfache Mehrheit hat und im Gesellschaftsvertrag vereinbart worden ist, daß alle Beschlüsse einschließlich der Aufnahme eines neuen Gesellschafters und des Liquidationsbeschlusses der einfachen Mehrheit der Stimmen bedürfen[43]. Nach Ansicht des BFH reicht allein die Tatsache, daß der Komplementär derzeit nicht die im Einzelfall erforderliche Stimmrechtsmehrheit bezüglich der Änderung des Gesellschaftsvertrages und der Auflösung der Gesellschaft hat, aus, um die Mitunternehmerinitiative des Kommanditisten, und zwar auch bei Ausschluß des Widerspruchsrechts, zu bejahen[44].

d) *Leistung der Einlage aus künftigen Gewinnanteilen*

1026   Nimmt der Vater ein nicht mitarbeitendes Kind in eine Personengesellschaft zur Fortführung seines bisherigen Einzelunternehmens auf, so ist das Kind in aller Regel im Jahr der Aufnahme kein Mitunternehmer, wenn es sich nur verpflichtet, einen Teil seines künftigen Gewinnanteils zur Bildung eines Kapitalanteils stehen zu lassen[45]. In dem dem BFH vorliegenden Fall war der Minderjährige tatsächlich nicht am Vermögen der Gesellschaft beteiligt, weil auch die Teilhabe an den stillen Reserven für die ersten drei Jahre ausgeschlossen war. Das Urteil ist allerdings zur atypischen stillen Beteiligung ergangen. U.E. liegen die tatsächlichen Verhältnisse anders, wenn der Vater ein nicht mitarbeitendes Kind als Kommanditist aufnimmt, die Kommanditeinlage jedoch aus dem künftigen Gewinnanteil erbracht werden soll. Entspricht die Einlage gleichzeitig der im Handelsregister eingetragenen Hafteinlage, so haftet das Kind bereits mit seinem ganzen Vermögen bis zur Höhe der nicht erbrachten Einlage unmittelbar, so daß sich für dieses ein erhöhtes Risiko ergibt, das ihn von einem bloßen Kapitalgeber unterscheidet.

---

[41] BStBl. II 1987, 54.
[42] Zum Unternehmerrisiko BFH v. 10. 11. 1977, BStBl. II 1978, 15; v. 5. 7. 1978, BStBl. II 1978, 644; v. 8. 2. 1979, BStBl. II 1979, 405; v. 29. 4. 1981, BStBl. II 1981, 665.
[43] BFH v. 1. 2. 1973, BStBl. II 1973, 309; siehe auch BFH v. 5. 7. 1979, BB 1979, 1483; BFH v. 10. 11. 1987, DB 1988, 940.
[44] BFH v. 10. 11. 1987, BStBl. II 1989, 782; a. A. Schr. BMF v. 5. 10. 1989, BStBl. I 1989, 378.
[45] BFH v. 1. 2. 1973, BStBl. II 1973, 221.

e) Buchwertklausel

Eine Beteiligung an den stillen Reserven ist nach Ansicht des BFH auch dann nicht gegeben, wenn im Gesellschaftsvertrag vereinbart worden ist, daß der ausscheidende Gesellschafter nur den Buchwert seiner Beteiligung erhält[46]. Nach Ansicht des BFH[47] ist eine Beteiligung am Vermögen nur zu verneinen, wenn theoretisch die Beteiligung an den stillen Reserven gänzlich ausgeschlossen ist. 1027

Ist im Gesellschaftsvertrag vereinbart worden, daß ein Gesellschafter im Falle seines Ausscheidens lediglich den Buchwert seines Kapitalanteils erhält, ist eine Beteiligung an den stillen Reserven theoretisch noch gegeben, als er im Falle der Liquidation am Liquidationsgewinn beteiligt ist. 1028

Sofern jedoch im Gesellschaftsvertrag die Liquidation ausgeschlossen ist, indem vereinbart worden ist, daß im Falle der Kündigung oder der Auflösung des Gesellschaftsverhältnisses aus einem anderen Grund das gesamte Betriebsvermögen auf den Schenker übergeht, ist die Beteiligung an den stillen Reserven praktisch nicht gegeben. Die Vereinbarung der Buchwertklausel allein schließt daher eine Mitunternehmerschaft nicht aus. Darüber hinaus ist das Gesellschaftsverhältnis als solches nicht anzuerkennen, wenn im Falle der Buchwertklausel zusätzlich noch vereinbart worden ist, daß das Abfindungsguthaben z.B. 10 Jahre nach Beendigung des Gesellschaftsverhältnisses erst auszuzahlen ist. Eine solche Vereinbarung wäre mit einem fremden Dritten niemals vereinbart worden. 1029

f) Steuerliche Konsequenzen aus der Nichtanerkennung der Mitunternehmerschaft

Ist die Vermögensverfügung als solche anzuerkennen, nicht jedoch die Mitunternehmerschaft, weil die Voraussetzungen für eine Mitunternehmerschaft nicht vorliegen, hat der Beschenkte keine Einkünfte aus Gewerbebetrieb. Einkünfte aus Gewerbebetrieb sind grundsätzlich an das Vorliegen der Voraussetzungen des § 15 EStG gebunden. Der Beschenkte hätte in diesem Falle lediglich Einkünfte aus Kapitalvermögen, entweder aus Darlehen oder einer stillen Beteiligung. Es ist jedoch hier zu beachten, daß die Einkünfte aus der stillen Beteiligung erst bei Zufluß beim Empfänger ertragsteuerlich zu erfassen sind. Außerdem hätte in diesem Falle die Gesellschaft Kapitalertragsteuer nach § 43 EStG einzubehalten. 1030

---

[46] BFH v. 8.11.1972, BStBl. II 1972, 287.
[47] BFH v. 5.7.1978, BB 1978, 1552.

4. Angemessenheit der Gewinnbeteiligung und die Mitunternehmerschaft[48]

1031 Auch in Fällen, in denen das Gesellschaftsverhältnis grundsätzlich anerkannt wurde, hat die Rechtsprechung des BFH[49] die Gewinnverteilung für unangemessen gehalten und daher nicht anerkannt. Die handelsrechtliche Gewinnverteilung ist grundsätzlich auch Grundlage für die Gewinnzurechnung. Allerdings wird sie bei Familiengesellschaften nur anerkannt, soweit sie betrieblich veranlaßt ist. Betrieblich veranlaßt ist eine Gewinnbeteiligung, wenn sie ausgewogen ist und die Höhe der Gewinnbeteiligung des einzelnen Gesellschafters sich nach dessen Beiträgen ausrichtet. Der Gesellschafterbeitrag muß Grundlage für die Gewinnverteilung sein[50]. Die Frage der Unangemessenheit der Gewinnverteilung taucht weniger bei der offenen Handelsgesellschaft auf als bei der Kommanditgesellschaft, bei der die einzelnen Gesellschafter, abgesehen von den Komplementären, nur kapitalmäßig beteiligt sind. Wegen des Risikos wird die offene Handelsgesellschaft nicht häufig als Form der Familiengesellschaft gewählt, wenn nicht die neu aufgenommenen Gesellschafter aktiv tätig sein sollen. Zunächst einmal ist erforderlich, daß die Vereinbarungen klar und eindeutig sind. Sie dürfen nicht der Manipulation der Parteien unterliegen. Eine Vereinbarung, daß der Schlüssel für die Verteilung des Gewinns von der Gesellschafterversammlung bei der Feststellung des Bilanzergebnisses von Fall zu Fall auszuhandeln ist, ist steuerlich nicht anzuerkennen. Es besagt allerdings nicht, daß die einmal getroffene Gewinnvereinbarung nicht unabänderlich ist. Das gilt insbesondere dann, wenn sich die Kapitalverhältnisse und auch das persönliche Engagement geändert haben. Nach der ständigen Rechtsprechung des BFH[51] sind der Kapital-, Risiko- und Arbeitseinsatz die entscheidenden Kriterien

---

[48] Literaturhinweise: Schulze zur Wiesche, a.a.O. (Fußnote 1), RdNr. 394 ff.; Breidenbach, FR 1973, 64; derselbe, Angemessenheit der Gewinnverteilung bei Familienpersonengesellschaften, DB Beilage Nr. 20/80; Dornbusch, Die beteiligungs- und leistungsgerechte Gewinnverteilung bei Personengesellschaften, FR 1976, 273; derselbe, Die Gewinnverteilung in der Personengesellschaft und die Berechtigung ihrer Überprüfung, FR 1978, 8; Greif, Grundlagen der Angemessenheit der Gewinnverteilung bei Familien-Personengesellschaften, StuW 1974, 97; Groh, Übertragung von Einkunftsquellen durch Beteiligung an einer FamilienPersG, insbesondere die Angemessenheit der Gewinnverteilung, in Tipke, Übertragung von Einkunftsquellen im Steuerrecht, S. 91 ff.; Märkle, Gewinnverteilung bei Familien-Personengesellschaften, DStR 1973, 131; Nissen, Die Gewinnverteilung bei Familienpersonengesellschaften, DStZ (A) 1973, 401; L. Schmidt, Gewinnverteilung in Familienpersonengesellschaften, FR 1974, 485 und 529; derselbe, Möglichkeiten und Grenzen der Einkommensverlagerung zwischen Eltern und Kindern, StBJB 1975/76, S. 149; derselbe, Angemessene Gewinnverteilung der Personengesellschaft, StKongrRep 1976/77, S. 67, 84; Trinpop, Angemessene Gewinnverteilung bei Familienpersonengesellschaften, FR 1979, 82; siehe auch Fußnote 2.

[49] BFH v. 17.10.1951, BStBl. III 1951, 223; v. 25.2.1958, BStBl. III 1958, 229; v. 31.1.1961, BStBl. III 1961, 158; v. 25.7.1963, BStBl. III 1964, 3; v. 21.6.1960, StRK, § 15 EStG, Rz. 187; v. 15.11.1967, BStBl. II 1968, 152, Bordewin, Familienpersonengesellschaften, DB 1996, 1359.

[50] BFH v. 22.5.1990, BB 1990, 2015; v. 23.8.1990, DB 1991, 630.

[51] Vgl. Fußnote 49, insb. BFH v. 15.11.1967.

für die Gewinnverteilung. Diese müssen in einem angemessenen Verhältnis bei der Gewinnverteilung berücksichtigt werden.

a) Kapitaleinsatz

Der Kapitaleinsatz richtet sich nach den eingelegten Mitteln. Es handelt sich hierbei nicht allein um die handelsrechtliche Einlage, sondern um alle der Gesellschaft zur Verfügung gestellten Mittel, z.B. stehengelassene Gewinne auf dem Privatkonto, darlehens- und pacht- und mietweise überlassene Wirtschaftsgüter. Bei der Bedienung des Kapitals bei der Gewinnverteilung sind die sonstigen Sachleistungen zu berücksichtigen. Diese Leistungen können einzeln honoriert werden. Es ist nicht notwendig, daß die Darlehenskonten besonders verzinst werden, auch braucht für die Überlassung von Wirtschaftsgütern keine besondere Vergütung vereinbart zu werden. Bei dem Umfang der Gewinnbeteiligung kommt es auf die Gesamtleistungen des einzelnen Gesellschafters an, nicht auf das nominal eingezahlte Kapital.

1032

b) Risiko

Das Risiko ist lediglich bei der oHG von erheblicher Bedeutung. Der Kommanditist haftet in der Regel nur mit seiner Einlage, besser gesagt mit seinem Haftkapital. Das Risiko ist in der Regel nicht größer als beim Gesellschafter einer GmbH oder einem Aktionär, der lediglich im Falle des Konkurses seinen Kapitalanteil einbüßt. Das volle Risiko trägt der Komplementär, der mit seinem ganzen Vermögen haftet. Dieses Risiko ist bei ihm bei der Gewinnverteilung gebührend zu berücksichtigen.

1033

c) Arbeitseinsatz

Eine Tätigkeitsvergütung für den geschäftsführenden Gesellschafter braucht nicht besonders vereinbart zu werden. Es reicht aus, wenn die Tätigkeit bei den gesamten Bezügen berücksichtigt wird. Das kann in der Form geschehen, daß der geschäftsführende Gesellschafter von vornherein eine höhere Gewinnbeteiligung erhält, die nicht seiner kapitalmäßigen Beteiligung entspricht, oder aber einen besonderen Gewinn im voraus behält, der in einem Vom-Hundert-Satz ausgedrückt ist. Die Grundsätze des BFH[52] hinsichtlich der Angemessenheit eines Gehaltes bei den sogenannten Ehegatten-Arbeitsverträgen können hier nicht angewandt werden. Es muß vielmehr berücksichtigt werden, daß ein Miteigentümer sich mehr für das Unternehmen einsetzt als ein angestellter Dritter[53]. Es darf hierbei aber nicht verkannt werden, daß sich gerade über ein unangemessenes Gehalt die Umverteilung eines Vermögens am besten erreichen läßt, da das Gehalt in der Regel nicht vom Ertrag der Gesellschaft abhängig ist, also auch im Falle des Verlustes bei der Gesellschaft gezahlt werden muß.

1034

---

52 Vgl. Schulze zur Wiesche, DB 1970, 1894; Trinpop, FR 1980, 431; Breidenbach, DB Beilage 20/80 zu Heft 43 v. 24.10.1980.
53 BFH v. 21.6.1960, StRK, § 15 EStG, Rz. 203.

Das gilt insbesondere dann, wenn nur Teile des Gehaltes entnommen werden dürfen.

d) Angemessenheit der Gewinnbeteiligung bei geschenkten Beteiligungen

1035 Der BFH[54] stützt sich in seinen neueren Entscheidungen auf die im Steuerrecht gebotene wirtschaftliche Betrachtungsweise. Diese ist nach dem oben genannten Urteil insbesondere dann angebracht, wenn der natürliche Interessengegensatz fehlt, was bei der Familiengesellschaft vielfach der Fall ist. Hiernach sind die Verträge unter Angehörigen so zu behandeln, als wenn sie unter Fremden geschlossen würden. Auf die einzelnen Stellungnahmen in der Literatur[55] soll hier nicht eingegangen werden, da durch den Beschluß des Großen Senats[56] eine Klärung erfolgt ist. Bis zur Entscheidung des Großen Senats haben die Rechtsprechung und auch ein Teil der Literatur[57] eine Gewinnbeteiligung von höchstens 15 v. H., allerdings berechnet vom tatsächlichen Wert der Beteiligung, für angemessen erklärt. Dieser hat es allerdings offengelassen, wie der tatsächliche Wert der Beteiligung zu ermitteln ist. Nach dem Urteil des BFH vom 29. 3. 1974[58] sind bei der Prüfung der angemessenen Gewinnverteilung alle Umstände, die sich aus dem Gesellschaftsvertrag ergeben, zu berücksichtigen.

1036 Die Angemessenheitsprüfung bezieht sich auf den Gewinnverteilungsschlüssel, nicht auf die einzelnen Zahlungen[59]. Es ist hierbei von einem fiktiven Ausschüttungsgewinn auszugehen, der aufgrund der zum Zeitpunkt der Gewinnverteilungsvereinbarung bekannten Umstände und der sich aus ihnen für die Zukunft (in der Regel die nächsten 5 Jahre) ergebenden tatsächlichen Entwicklung zu erwarten ist[60].

1037 Wenn z.B. der Kommanditist nach dem Gesellschaftsvertrag an den stillen Reserven des Unternehmens und dem Geschäftswert nicht beteiligt ist, so muß das bei der Wertermittlung berücksichtigt werden, so daß hier vom Buchwert auszugehen ist[61]. Bei der Feststellung des tatsächlichen Wertes der Beteiligung seien die stillen Reserven und ein etwaiger Geschäftswert zu berücksichtigen. Hiernach sind die einzelnen Wirtschaftsgüter des Unternehmens mit dem Teilwert anzusetzen. Fer-

---

[54] Urt. v. 15. 11. 1967, BStBl. II 1968, 152; v. 9. 6. 1994, BFH/NV 1995, 103.
[55] Böttcher-Beinert, DB 1965, 373 ff.; Burschberg, DB 1968, 1038; Düchtig, BB 1964, 589; Grieger, DStZ 1965, 337 ff.; Plückebaum, Inf. 1968, 412; Böttcher, StBJB 1964/65, S. 81 ff.; Märkle, DStR 1973, 131; Stahlecker, BB 1971, 738.
[56] BFH v. 29. 5. 1972, BStBl. II 1973, 5. Hierzu auch Teichmann-Widmann, ZGR 1975, 156 ff.; Beisse, FR 1973, 3; Birkholz, BB 1974, 271; Breidenbach, DB 1973, 545; Märkle, DStR 1973, 131; Nissen, DStZ 1973, 401; Offerhaus, StBp. 1973, 45; Ebeling, DStZ (A) 1974, 3, 55, 358; Keuk, StuW 1973/74, 87 ff.; Ebeling, Haas, Winter, DStZ 1973, 362.
[57] Wollny, DStR 1970, 295 ff.; BFH v. 15. 10. 1970, BStBl. II 1971, 262; v. 26. 5. 1971, BStBl. II 1971, 557.
[58] DB 1973, 948.
[59] BFH v. 9. 6. 1994, BFH/NV 1995, 103.
[60] BFH v. 9. 6. 1994, BFH/NV 1995, 103.
[61] BFH v. 27. 9. 1973, BStBl. III 1974, 51.

ner müsse noch der Geschäftswert mitberücksichtigt werden. Der so ermittelte Gesamtwert des Unternehmens ist sodann auf die Gesellschafter aufzuteilen.

Nach dem Urteil vom 1.2.1973[62] ist bei der Ermittlung des Wertes der Einlage nicht vom Nominalwert der Beteiligung auszugehen, sondern von der tatsächlich gezahlten Einlage. U.E. gilt dieses Urteil nur für die atypische stille Gesellschaft und ist nicht auf die Kommanditgesellschaft anwendbar, bei der wenigstens in Höhe der Hafteinlagen ein Risiko entsteht, das zu vergüten ist. 1038

Es ist jedoch vom Nominalwert der Beteiligung auszugehen, wenn der Komplementär das Recht hat, das Gesellschaftsverhältnis zu kündigen, das Unternehmen allein fortzuführen und die Kinder mit dem Buchwert der Kapitalanteile abzufinden[63]. Die vom Großen Senat vertretene Rechtsauffassung gilt nur für die geschenkte Beteiligung, nicht für die entgeltlich erworbene[64]. Im Falle der stillen Beteiligung und der Unterbeteiligung nach Art einer stillen Gesellschaft ist vom Nominalwert der Einlage auszugehen[65]. Ist der stille Gesellschafter von einer Beteiligung am Verlust ausgeschlossen, so ist im Zweifel lediglich eine Gewinnbeteiligung von 12 v.H. angemessen[66]. Dies gilt nach dem Urteil des BFH vom 24.7.1986[67] auch für die atypische Unterbeteiligung. 1039

5. Sonstige Entgelte[68]

Erhält ein mitarbeitender Gesellschafter für diese Tätigkeit ein Entgelt, sind diese Vergütungen als durch das Gesellschaftsverhältnis veranlaßt dem Gewinnanteil gesondert als Sonderbetriebseinnahmen i.S. des § 15 Abs. 1 Nr. 2 2. Halbsatz EStG hinzuzurechnen und als gewerbliche Einkünfte zu behandeln[69]. Sie werden jedoch bei der Personengesellschaft nur insoweit als Betriebsausgabe anerkannt, als sie angemessen sind[70]. 1040

Das gilt auch dann, wenn z.B. ein Arbeitsverhältnis als Drittverhältnis ausgestaltet worden ist. Das dem Kommanditisten gezahlte Gehalt stellt grundsätzlich eine Sondervergütung i.S. des § 15 Abs. 2 Nr. 2 EStG dar[71].

Dies gilt nicht für Vergütungsansprüche, die vor dem Zeitpunkt, bevor der Berechtigte Mitunternehmer geworden ist, entstanden sind. 1041

---

62 BStBl. II 1973, 307.
63 BFH v. 13.3.1980, DB 1980, 1722.
64 BFH v. 26.6.1974, BStBl. II 1974, 616.
65 BFH v. 29.3.1973, BStBl. II 1973, 650; v. 27.9.1973, BStBl. II 1974, 551.
66 BFH v. 29.3.1973, BStBl. II 1973, 650.
67 BStBl. II 1987, 54.
68 Vgl. Paus, FR 1978, 29; Felix-Streck, DStR 1976, 243; Döllerer, DStZ 1974, 211; Knobbe-Keuk, StuW 1975, 252.
69 BFH v. 24.1.1980, BStBl. II 1980, 271.
70 BFH v. 10.12.1992, BStBl. II 1994, 381; v. 16.12.1992, FR 1993, 298.
71 Vgl. BFH, a.a.O.; auch BFH v. 23.5.1979, BStBl. II 1979, 757; v. 5.4.1979, BStBl. II 1979, 554; v. 30.11.1978, BStBl. II 1979, 237; v. 25.10.1979, BStBl. II 1980, 67; v. 24.1.1980, BStBl. II 1980, 265.

Vorvertragliche Beziehungen bleiben grundsätzlich als Drittverhältnis bestehen. Hat ein Gewerbetreibender gegen eine Personengesellschaft Forderungen aus Warenlieferungen und tritt er als Gesellschafter in eine Personengesellschaft ein, so verwandeln sich die Forderungen nicht ohne weiteres in steuerliches Eigenkapital. Etwas anderes gilt dann, wenn die geschuldeten Beträge mit Rücksicht auf das Gesellschaftsverhältnis der Gesellschaft als Darlehen zur Verfügung gestellt oder vereinbarungsgemäß als Gesellschaftereinlage behandelt wurden[72].

6. Schlußbetrachtung

1042   Hält sich die Familiengesellschaft in diesem aufgezeigten Rahmen, so besteht keinerlei Gefahr, daß sie steuerlich nicht anerkannt wird. Das setzt allerdings voraus, daß der Gesellschaftsvertrag einmal tatsächlich durchgeführt wird und auch klare Verhältnisse hinsichtlich der Gewinnverteilung bestehen. Es muß äußerlich erkennbar sein, daß der Vertrag in dieser Form auch unter Fremden geschlossen wäre.

II. Ertragsteuerliche Begünstigungen und Steuerbefreiungen aufgrund des Umwandlungssteuergesetzes[73]

1043   Wie bereits in den vorangegangenen Kapiteln ausgeführt, ist im Wege der vorweggenommenen Erbschaft ein Wechsel der Unternehmensform in vielen Fällen zweckmäßig. Die einzelnen Gründe hierfür sollen an dieser Stelle nicht noch einmal behandelt werden. Bisher scheiterte eine Umwandlung des Unternehmens in eine andere Gesellschaftsform an der hohen Steuerbelastung, die die Änderung der Unternehmensform auslöste. Die folgenden Ausführungen sollen sich jedoch auf drei Fälle beschränken, die für die erbrechtliche Regelung von Bedeutung sind, nämlich

a) die Umwandlung von einer Kapital- in eine Personengesellschaft,
b) die Aufnahme von Gesellschaftern in eine Personengesellschaft,
c) die Einbringung in eine GmbH & Co. KG.
(Zum handelsrechtlichen Umwandlungsrecht s. Buch I Rz. 1544ff.)

1. Umwandlung einer Kapitalgesellschaft in eine Personengesellschaft[74]

1044   Die Umwandlung einer GmbH in eine Personengesellschaft vollzieht sich nach dem UmwBerG als Verschmelzung (§ 22ff. UmwBerG) oder als Formwechsel

---

[72] BFH v. 18.7.1979, BStBl. II 1979, 673.
[73] Schulze zur Wiesche, GmbHRdsch. 1976, 210; derselbe, GmbHRdsch. 1979, 180; Jünger, DB 1976, 2370; Costede, GmbHRdsch. 1980, 43.
[74] Schulze zur Wiesche, Das neue Umwandlungsteuergesetz, Bilanz und Buchhaltung; M. Fischer, Verschmelzung von GmbH in der Handels- und Steuerbilanz, DB 1995, 485; Schaumburg, Die Verschmelzung von Kapitalgesellschaften und Personengesellschaften nach neuem Umwandlungssteuerrecht, FR 1995, 211; Wochinger/Dötsch, Folgeänderungen bzw. Auswirkungen bei der Einkommen-, Körperschaft- und Gewerbesteuer, DB Beilage Nr. 14/94 zu Heft Nr. 51/52, S. 1ff.; Dehmer, Das Umwandlungsteuergesetz 1994, Teil I und II; DStR 1994, 1713, 1753.

(§ 214ff. UmwBerG). Bei den gemeinsam ist, daß Gegenstand das ganze Vermögen der GmbH ist. Die Spaltung bezieht sich nur auf Teilvermögen. Das Steuerrecht behandelt die Umwandlung einer GmbH in eine Personengesellschaft, gleichgültig, ob im Wege der Verschmelzung oder formwechselnde Umwandlung, gleich (§§ 3ff., 14 UmwStG). Den Formwechsel von einer Kapitalgesellschaft in eine Personengesellschaft sieht das UmwStG nicht als identitätswahrend an.

a) Behandlung der übertragenden GmbH

Die Vollübertragung des Vermögens einer Körperschaft auf eine Personengesellschaft führte nach bisherigem Recht stets zu einer Aufdeckung aller stillen Reserven mit Ausnahme eines originären Firmenwertes. Nunmehr hat die übertragende Körperschaft ein Wahlrecht, ob sie in ihrer Schlußbilanz das Gesellschaftsvermögen mit dem Buchwert oder einem höheren Wert, höchstens aber dem Teilwert ansetzt. Das Wahlrecht steht der übertragenden Körperschaft zu. Dies gilt auch dann, wenn nach handelsrechtlichen Grundsätze das eingebrachte Betriebsvermögen mit einem höheren Wert angesetzt werden muß. Voraussetzung für den Buchwertansatz ist, daß die spätere Versteuerung der stillen Reserven sichergestellt ist. Nicht sichergestellt ist die Besteuerung der stillen Reserven, soweit die Wirtschaftsgüter Privatvermögen waren, z.B. bei einer vermögensverwaltenden GmbH. 1045

Die Steuerfreiheit für einen eventuellen Übertragungsgewinn ist entfallen. Er ist tarifbelastet, jedoch durch die Übertragung auf den übernehmenden Rechtsträger auf Einkommensteuer der Gesellschafter anrechenbar. Die Tarifvergünstigung des § 34 Abs. 1 EStG kommt jedoch nicht zur Anwendung. 1046

b) Behandlung bei der übernehmenden Personengesellschaft

Das UmwStG sieht die Übernahme des Vermögens durch den übernehmenden Rechtsträger nicht als Anschaffung an, auch nicht bei hohem Wertausgleich. Die Personengesellschaft hat die auf sie übergegangenen Wirtschaftsgüter mit dem in der steuerlichen Schlußbilanz der übertragenden GmbH Wert zu übernehmen (Wertermittlung). 1047

Grundlage für die AfA der übernehmenden Personengesellschaft sind die Anschaffungs- oder Herstellungskosten des Rechtsvorgängers, aufgestockt um die eventuellen anteiligen stillen Reserven. Das gilt auch für Teilwertübernahme. Die übernehmende Personengesellschaft tritt bezüglich der AfA, erhöhte AfA, Sonderabschreibungen in die Rechtsstellung der übertragenden Körperschaft ein. Ist die Zugehörigkeit zum Betriebsvermögen von Bedeutung, z.B.: § 6b EStG, wird die Besitzzeit des Rechtsvorgängers mit angerechnet. Ein vom übertragenden Rechtsträger verbleibender Verlustabzug geht nicht auf den übertragenden Rechtsträger über (§ 4 Abs. 2 Satz 1 UmwStG). 1048

Ein **Übernahmegewinn** bzw. Übernahmeverlust ergibt sich aus der Gegenüberstellung des Übernahmewertes des übernommenen Betriebsvermögens und dem Buchwert der Anteile, die auszubuchen sind. 1049

Auch bei Buchwertübernahme kann sich hier ein Übernahmegewinn ergeben, insbesondere, wenn die Gewinne bei der untergehenden GmbH thesauriert waren.

1050 Erhöht sich der Gewinn der übernehmenden Personengesellschaft dadurch, daß der Vermögensübergang zum Erlöschen von Forderungen und Verbindlichkeiten zwischen der übertragenden Körperschaft und der Personengesellschaft oder zur Auflösung von Rückstellungen führt, so darf die Personengesellschaft insoweit eine den steuerlichen Gewinn mindernde Rücklage bilden. Die Rücklage ist in den auf ihre Bildung folgenden 3 Wirtschaftsjahren mit mindestens je einem Drittel gewinnerhöhend aufzulösen.

c) Besonderheiten bei Nichtzugehörigkeit der Anteile zum Gesellschaftsvermögen der übernehmenden Personengesellschaft

1051 Anteile gehören zum Betriebsvermögen der übernehmenden Personengesellschaft, wenn sie sich im Gesamthandsvermögen oder im Sonderbetriebsvermögen eines Gesellschafters befunden haben. Das ist aber nicht der Fall, wenn sich die beiden oder mehrere Verschmelzungsträger ohne Beteiligungsverflechtung selbständig gegenüberstanden.

1052 Nach altem Recht wurde die Einlage zum Umwandlungsstichtag in den Fällen fingiert, teils mit den ursprünglichen Anschaffungskosten, teils mit dem Teilwert. Das neue Umwandlungsrecht geht diese Wege nicht mehr uneingeschränkt. Das trifft weiterhin auf die spätere Anschaffung der Anteile nach dem Umwandlungsstichtag und in den Fällen der Zugehörigkeit der Anteile zu einem anderen Betriebsvermögen oder bei wesentlicher Beteiligung i.S.d. § 17 EStG zu, nicht jedoch, wenn sich die Anteile bei nichtwesentlichen Beteiligungen im Privatvermögen befunden haben.

1053 Haben die Anteile an der übertragenden Kapitalgesellschaft zum Privatvermögen eines im Sinne von § 17 EStG wesentlich beteiligten Gesellschafters gehört, so gelten diese für die Ermittlung des Übernahmegewinns als am steuerlichen Übertragungsstichtag stets mit den Anschaffungskosten in das Betriebsvermögen der Personengesellschaft eingelegt. Es entsteht somit kein Gewinn nach § 17 EStG. Hat der Einlegende die Anteile unentgeltlich erworben so sind die Anschaffungskosten des Rechtsvorgängers zugrunde zu legen, im Wege eines teilentgeltlichen Erwerbs sind die Anschaffungskosten in der Weise zu ermitteln, daß hinsichtlich des entgeltlichen Teils die eigenen Anschaffungskosten zugrunde gelegt werden, hinsichtlich des unentgeltlichen Teils die des Rechtsvorgängers. Hat der Gesellschafter Zuschüsse, Nachschüsse geleistet, so sind diese den Anschaffungskosten hinzuzurechnen. Im Gegensatz zum alten Recht gelten sie auch dann mit den Anschaffungskosten als eingelegt, wenn der Teilwert im Zeitpunkt des Übertragungsstichtags geringer ist.

1054 Gehören die Anteile zu einem Betriebsvermögen des Gesellschafters, gelten sie grundsätzlich mit dem Buchwert als eingelegt. Um zu verdeutlichen, daß die Besteuerung der offenen und stillen Reserven vorherige Einlage in das Betriebsvermögen mit dem Teilwert umgangen werden kann, bestimmt Abs. 3, daß die Anteile jedoch mit den Anschaffungksosten als eingelegt gelten, wenn die Anteile innerhalb von 5 Jahren in ein Betriebsvermögen eingelegt worden sind.

Gleiches gilt auch dann, wenn die Anteile innerhalb von 5 Jahren vor dem Übertragungsstichtag in das Betriebsvermögen der übernehmenden Personengesellschaft eingelegt worden sind. Einbringungsgeborene Anteile i. S: von § 21 UmwStG gelten in das Betriebsvermögen der Personengesellschaft mit den Anschaffungskosten als eingelegt. 1055

Beispiel:
An der X-GmbH ist die A-OHG zu 100 v.H. beteiligt. Die X-GmbH soll durch Übertragung ihres Vermögens auf die A-OHG mit dieser verschmolzen werden. Die Steuerbilanz (Schlußbilanz) weist folgende Werte aus:

versch. Aktiva	2000 TDM	Nennkapital	1000 TDM
		offene Rücklagen	1000 TDM
		Davon entfallen auf	
		EK50 500 TDM	
		EK45 200 TDM	
		EK02 180 TDM	
		EK04 100 TDM	
	2000 TDM		2000 TDM
stille Reserven	1000 TDM		
Summe der Teilwerte	3000 TDM		
Anschaffungskosten der Anteile	1000 TDM		
altes Recht		**neues Recht**	
Buchwert Anteile	1000 TDM	Buchwertanteil	1000 TDM
Teilwert des übergegangenen Vermögens	3000 TDM	Buchwert des übergegangenen BV	2000 TDM
Übernahmegewinn	2000 TDM	Übernahmegewinn	1000 TDM
+ anzurechnende KSt	680 TDM	anzurechnende KSt	680 TDM
Anteilseigner	2680 TDM	zu versteuern	1680 TDM
Steuersatz 50 v.H.	1340 TDM	Steuersatz 50 v.H.	840 TDM
./. Anrechnung	680 TDM	KSt-Anrechnung	680 TDM
Aufschub stille Reserven	660 TDM		160 TDM
		Steueraufschub	500 TDM
	660 TDM		660 TDM

d) Vermögensübertragung auf eine Personengesellschaft ohne Betriebsvermögen (§ 8 UmwStG)

Eine Vermögensübertragung auf eine Personengesellschaft ohne Betriebsvermögen, wenn eine vermögensverwaltende Kapitalgesellschaft ihr Vermögen auf eine Personengesellschaft (GbR) überträgt. 1056

In diesem Falle sind die infolge Übergangs entstehenden Einkünfte bei den Gesellschaftern zu ermitteln. Die übertragende Körperschaft hat in diesem Falle die Wirtschaftsgüter mit dem gemeinen Wert anzusetzen, weil wegen Überganges in das Privatvermögen die spätere Versteuerung der stillen Reserven nicht sichergestellt ist[75].

---

[75] Begründung BT-Drucksache 832/94, S. 46.

Bei den Gesellschaftern können sich ergeben
- betriebliche Einkünfte, wenn sich die Anteile in einem Betriebsvermögen befinden
- Einkünfte im Sinne des § 17 EStG
- Einkünfte im Sinne des § 7 UmwStG

Abgeltung der ESt/KSt durch Steuerabzug, wenn die Voraussetzungen des § 7 Abs. 2 UmwStG gegeben sind.

1057 Auch für den Fall, daß die Voraussetzungen des § 17 EStG gegeben sind, ist der Übernahmegewinn nicht nach §§ 17 Abs. 3, 34 Abs. 1 EStG begünstigt. Die Erhöhung eines Veräußerungsgewinnes zur Verringerung eines Veräußerungsverlustes i.S. des § 17 Abs. 4 EStG um die anzurechnende KSt entspricht den allgemeinen Grundsätzen des Anrechnungsverfahrens.

e) Übernahmeverlust

1058 Übersteigt der Buchwert der Anteile den Wert des übernommenen Betriebsvermögens, ergibt sich ein Übernahmeverlust (§ 4 Abs. 4 UmwStG).

Der Verlust ist mit der Gewinnerhöhung aus der Hinzurechnung der anrechenbaren KSt zu verrechnen.

Der auf diese Weise nicht ausgeglichene Verlust wird in der Weise berücksichtigt, daß der Wertansatz der übergegangenen Wirtschaftsgüter in der Bilanz der Personengesellschaft – in der Regel über die Ergänzungsbilanzen der Gesellschafter der Personengesellschaft – bis zu den Teilwerten der Wirtschaftsgüter aufzustocken und mit dem Übernahmeverlust zu verrechnen ist. Ein darüber hinausgehender Betrag ist als Anschaffungskosten der übernommenen immateriellen Wirtschaftsgüter – einschließlich eines Geschäfts- und Firmenwertes – zu aktivieren.

1059 § 5 Abs. 2 EStG ist nicht anzuwenden. Ein danach noch verbleibender Übernahmeverlust mindert den laufenden Gewinn des übernehmenden Rechtsträgers (§ 4 Abs. 6 UmwStG n.F.).

1060 Ebenfalls bleibt hier bei der Ermittlung des Übernahmeverlustes der Wert der übergegangenen Wirtschaftsgüter außer Ansatz, soweit die Anteile an der übertragenden Körperschaft am steuerlichen Übertragungsstichtag nicht zum Betriebsvermögen des übernehmenden Rechtsträgers gehört haben.

f) Ermittlung des Gewinns bei Anteilen nicht wesentlich Beteiligter

1061 Haben die Anteile an der übertragenden Körperschaft zu einem Privatvermögen eines Gesellschafters der übernehmenden Personengesellschaft gehört, der nicht wesentlich i.S. des § 17 EStG beteiligt war, so sind ihm der Teil des für die Ausschüttungen verwendbaren Eigenkapitals der übertragenden Körperschaft mit Ausnahme des Teilbetrags im Sinne des § 30 Abs. 2 Nr. 4 KStG (vEK 04), der im Verhältnis des Nennbetrags der Anteile der Summe der Nennbeträge aller Anteile an der übertragenden Körperschaft entspricht, und die nach § 10 Abs. 1 UmwStG anzurechnenden KSt als Einkünfte aus Kapitalvermögen zuzurechnen.

Beispiel:

An der X-GmbH, die auf die A-OHG verschmolzen werden soll, sind A und B mit jeweils 40 v.H. und C mit 20 v.H. beteiligt. Die Anteile befanden sich im Privatvermögen.

Diverse Aktiva	2000 TDM	Stammkapital	1000 TDM
		EK50	500 TDM
		EK45	200 TDM
		EK02	300 TDM
	2000 TDM		2000 TDM
stille Reserven	1000 TDM		

Die X-GmbH soll auf die A-OHG zum Buchwert verschmolzen werden.

Bei C ist der Übernahmegewinn, der sich aus seinem Anteil am vEK mit Ausnahme EK04 ergibt, als Kapitaleinkünfte zu versteuern zuzüglich der anteiligen Körperschaftsteuer

20 v.H.		EK50	100 TDM
		EK45	40 TDM
		EK02	60 TDM
			200 TDM
zuzüglich			
20 v.H. anrechenbare Steuer		EK50	100 TDM
		EK45	33 TDM
			333 TDM

2. Einbringung eines Einzelunternehmens in eine Personengesellschaft

Wird ein Betrieb oder Teilbetrieb oder eine Mitunternehmerschaft in eine Personengesellschaft eingebracht und wird der Einbringende Mitunternehmer der Gesellschaft, so liegt kein Veräußerungsvorgang vor, wenn die Personengesellschaft das eingebrachte Betriebsvermögen in der Bilanz, einschließlich der Ergänzungsbilanzen, mit dem Buchwert ansetzt (§ 24 Abs. 1 UmwStG)[76]. **1062**

§ 24 UmwStG ist auch auf geschenkte Beteiligungen anwendbar. In diesem Falle werden die Einlageverpflichtungen ebenfalls mit der Einbringung des Betriebs abgedeckt. Voraussetzung ist jedoch, daß der Schenker neben dem Beschenkten Mitunternehmer wird. Es liegt keine Einbringung i.S. des § 24 UmwStG vor, wenn Gesellschafter der Personengesellschaft lediglich die beschenkten Kinder sind. Der Einbringung steht auch nicht entgegen, daß der Vater als Einbringender das Betriebsgrundstück, das er der Personengesellschaft lediglich zur Nutzung überläßt, zurückbehält. Voraussetzung ist lediglich, daß es Betriebsvermögen bleibt. Dazu reicht Sonderbetriebsvermögen aus[77]. **1063**

Nimmt ein Einzelunternehmer im Wege der vorweggenommenen Erbfolge Familienangehörige in sein Unternehmen als Mitunternehmer auf, so wird im Zweifel **1064**

---

[76] Vgl. Widmann/Mayer, Umwandlungsrecht, § 24 UmwStG, Rz. 7792ff.; Schulze zur Wiesche in Hartmann/Böttcher/Nissen/Bordewin, § 24 UmwStG; RdNrn. 1230ff.
[77] BFH v. 23.6.1981, BStBl. II 1982, 622; v. 17.5.1990, BB 1991, 460.

der Buchwert des Einzelunternehmens fortgeführt werden. In diesem Fall liegt kein Veräußerungsvorgang vor. Daher führt die Aufnahme von Familienangehörigen in ein bereits bestehendes Unternehmen nicht zur Aufdeckung von stillen Reserven, sofern die Buchwerte fortgeführt werden und die spätere Besteuerung der stillen Reserven sichergestellt ist.

1065 Er ist aber berechtigt, das Betriebsvermögen mit dem Teilwert einzulegen. Die Einbringung zum Teilwert wird sich u. U. als zweckmäßig erweisen, wenn der Einbringende den erhöhten Freibetrag von DM 60.000,– wegen Alters oder Invalidität in Anspruch nehmen kann und im übrigen die zum halben Satz begünstigte Veräußerung durch die Minderung des laufenden Gewinns infolge Erhöhung des AfA-Volumens wieder kompensiert wird.

1066 Anders liegt der Fall, wenn ein fremder Gesellschafter in das bisherige Einzelunternehmen des Erblassers eintreten soll. Insbesondere dann, wenn keiner der Erben in der Lage ist, den Betrieb fortzuführen, wird der Erblasser vor die Wahl gestellt werden, entweder den Betrieb zu veräußern bzw. zu liquidieren oder eine sachkundige fremde Person in die Gesellschaft aufzunehmen. Sind in dem Unternehmen erhebliche stille Reserven vorhanden, wird der Aufnehmende den Eintretenden nicht mit dem Nominalwert seiner Einlage beteiligen wollen. Dieser wird im Zweifel auch etwas für die stillen Reserven bezahlen müssen. Für die steuerliche Behandlung der Personengesellschaft stehen hier drei Möglichkeiten offen:
– die Buchwerte des Einzelunternehmens fortzuführen,
– die Wirtschaftsgüter zum Teilwert anzusetzen,
– einen dazwischen liegenden Wert zu wählen.

1067 Beteiligt der bisherige Einzelunternehmer neben Familienangehörigen auch Fremde, so liegt hinsichtlich des dem Fremden gewährten Anteils keine Anteilsveräußerung i. S. d. § 16 Abs. 1 Nr. 2 EStG vor, weil die Mitunternehmerschaft noch nicht besteht. Andererseits ist eine Einbringung nur steuerbegünstigt, wenn die Personengesellschaft das Betriebsvermögen mit dem Teilwert übernimmt. Es ist daher zweckmäßig, sowohl hinsichtlich des eigenen Anteils des Schenkers als auch hinsichtlich der geschenkten Anteile die stillen Reserven aufzulösen, um in den Vorteil der Steuervergünstigung zu gelangen, §§ 16 Abs. 4, 34 Abs. 1 EStG, andernfalls hat der Einbringende hinsichtlich der veräußerten Anteile am Betriebsvermögen laufenden Gewinn[78]. Gegen die Anwendung des § 24 UmwStG bestehen keine Bedenken, soweit der Dritte in das Gesellschaftsvermögen leistet[79]

1068 Führt die Personengesellschaft die Buchwerte des früheren Einzelunternehmens fort, so tritt keine Gewinnverwirklichung ein, wenn buchmäßige Gewinne und Verluste auf der Kapitalseite durch positive und negative Ergänzungsbilanzen neutralisiert werden und somit die spätere Versteuerung der stillen Reserven sichergestellt ist.

---

[78] BFH v. 25. 11. 1980, BStBl. II 1981, 419; v. 26. 2. 1981, BStBl. II 1981, 568; v. 23. 6. 1981, BStBl. II 1982, 622.
[79] FH v. 8. 12. 1994, DB 1995, 959.

Entschließt sich die Personengesellschaft, den Teilwert für die übernommenen 1069
Wirtschaftsgüter insgesamt, einschließlich der unentgeltlich übertragenen Anteile,
anzusetzen, so werden Steuerfreiheit nach § 16 Abs. 4 EStG bzw. Tarifvergünstigungen nach § 34 Abs. 1–2 EStG nur gewährt, wenn sämtliche stillen Reserven einschließlich der in einem Geschäftswert enthaltenen aufgedeckt werden[80].

Ist jedoch ein Ansatz für den Geschäftswert in der Eröffnungsbilanz der oHG 1070
nicht enthalten und ergibt sich auch sonst kein Anhaltspunkt dafür, daß ein Geschäftswert auf die oHG übertragen wurde (z.B. aus der Gewinnverteilung), so
muß im allgemeinen davon ausgegangen werden, daß ein Geschäftswert nicht vorhanden war oder von den Beteiligten bei Bemessung des Beitrags des eintretenden
Gesellschafters nicht berücksichtigt wurde. Die Annahme, daß der Geschäftswert
vom Unternehmenseinbringer zurückbehalten wurde, ist rechtlich nicht möglich[81].
Allerdings ist bei Teilwerteinbringung zu berücksichtigen, daß der Übertragungsgewinn insoweit als laufender Gewinn behandelt wird, als der Einbringende an der
Personengesellschaft beteiligt ist, er wirtschaftlich gesehen das Betriebsvermögen
an sich veräußert (§ 24 Abs. 3 Satz 3 UmwStG).

Wählt die Personengesellschaft einen Wert, der zwischen dem Buchwert und 1071
dem Teilwert liegt, entfällt eine Steuervergünstigung. Das gilt sowohl für die Vorschrift des § 16 Abs. 4 als auch für § 34 Abs. 1 EStG.

Aus diesem Grunde hat der Steuerpflichtige nur die Wahl zwischen der Fortführung der Buchwerte und der Auflösung aller stillen Reserven. 1072

Die unterschiedliche steuerliche Belastung soll daher an einem Sachverhalt veranschaulicht werden.

Beispiele:

Bilanz des Einzelkaufmannes A

Aktiva		Passiva	
Grund und Boden	DM 20.000,–	Kapital	DM 200.000,–
Gebäude	DM 120.000,–	Darlehen	DM 50.000,–
Maschinen	DM 50.000,–	Verbindlichkeiten	DM 270.000,–
Kfz	DM 10.000,–		
Waren	DM 157.000,–		
Forderungen	DM 149.000,–		
Kasse, Bank	DM 14.000,–		
	DM 520.000,–		DM 520.000,–

Stille Reserven
Grund und Boden	DM 20.000,–
Gebäude	DM 50.000,–
Maschinen	DM 10.000,–
Firmen und Geschäftswert	DM 20.000,–
	DM 100.000,–

---

[80] BFH v. 11.8.1971, BStBl. II 1972, 270; v. 4.4.1968, BStBl. II 1968, 580; v. 25.11.1980, BStBl. II 1981, 419.
[81] BFH v. 11.8.1971, BStBl. II 1972, 270.

Gründung und Umwandlung von Familiengesellschaften

A, der einen Sohn (S) hat, der Medizin studiert, möchte den Betrieb erhalten.

Er tritt die Hälfte seiner Beteiligung an Sohn S auf Grund einer Schenkung ab. Gleichzeitig nimmt er den F, einen Fachmann, als Gesellschafter auf, der neben A die Stellung eines persönlich haftenden Gesellschafters übernimmt. F zahlt für seine Beteiligung DM 100.000,–. S wird Kommanditist.

Der Eintritt des F kann bilanztechnisch unterschiedlich behandelt werden. Hier bestehen drei Möglichkeiten:

aa) Die Wirtschaftsgüter werden nicht mit dem Buchwert fortgeführt, sondern es werden die Teilwerte angesetzt. Die Bilanz sähe dann wie folgt aus:

Aktiva		Passiva	
Geschäftswert	DM 30.000,–	A	DM 150.000,–
Grund und Boden	DM 40.000,–	F	DM 100.000,–
Gebäude	DM 170.000,–	Kommanditist	DM 150.000,–
Maschinen	DM 60.000,–	Darlehen	DM 50.000,–
Waren	DM 157.000,–	Verbindlichkeiten	DM 270.000,–
Forderungen	DM 149.000,–		
Bank, Kasse	DM 114.000,–		
Bilanzsumme	DM 720.000,–	Bilanzsumme	DM 720.000,–

bb) Die Buchwerte werden von der Kommanditgesellschaft fortgeführt:

Aktiva		Passiva	
Grund und Boden	DM 20.000,–	Kapital A	DM 112.500,–
Gebäude	DM 120.000,–	Kapital F	DM 75.000,–
Maschinen	DM 50.000,–	Komm. S	DM 112.500,–
Kfz	DM 10.000,–	Darlehen	DM 50.000,–
Waren	DM 157.000,–	Verbindlichkeiten	DM 270.000,–
Forderungen	DM 149.000,–		
Kasse, Bank	DM 114.000,–		
Bilanzsumme	DM 620.000,–	Bilanzsumme	DM 620.000,–

Bei F können die vollen DM 100.000,– Einzahlung nicht in Ansatz gebracht werden, denn F ist unter Berücksichtigung der stillen Reserven (DM 300.000,– + DM 100.000,–) am Gesamtunternehmen nur zu 1/4 beteiligt. Bei einem offen ausgewiesenen Kapital wären das DM 75.000,–, dafür ist er auch an den stillen Reserven zu einem Viertel beteiligt.

Ohne sogenannte Ergänzungsbilanzen hätten A und S einen Veräußerungsgewinn von insgesamt DM 25 000,– erzielt. Dieser Buchgewinn kann aber durch negative Ergänzungsbilanzen neutralisiert werden.

F

Aktiva	Passiva
Mehrvermögen	Mehrkapital
DM 25.000,–	DM 25.000,–

A

Aktiva	Passiva
Minderkapital	Minververmögen
DM 12.500,–	DM 12.500,–

S

Aktiva	Passiva
Minderkapital	Mindervermögen
DM 12.500,–	DM 12.500,–

Familienpersonengesellschaft

In diesem Falle ist die Versteuerung der stillen Reserven sichergestellt.

cc) Die Beteiligten können auch einen Wert ansetzen, der zwischen dem Buchwert und dem höheren Teilwert liegt. In diesem Falle kann jedoch nicht die Vergünstigung der §§ 16 Abs. 4, 34 EStG in Anspruch genommen werden.

III. Gewerbesteuer bei Umwandlung

Geht das Vermögen der übertragenden Körperschaft auf eine Personengesellschaft oder auf eine natürliche Person über, gelten die einkommensteuerlichen Ermittlungsvorschriften der §§ 3, 5 und 6 EStG grundsätzlich auch für die Ermittlung des Gewerbeertrags (§ 18 Abs. 1 GewStG). Der Übertragungsgewinn ist bei der GmbH zu erfassen. 1073

Der Übernahmegewinn ist hier jedoch nicht zu erfassen, soweit er auf Anteile entfällt, die nach § 6 Abs. 3 EStG als im Betriebsvermögen eingelegt gelten. Der auf andere Anteile entfallende Teil des Übernahmegewinns ist nur mit 1/3 anzusetzen, soweit er den Unterschiedsbetrag zwischen den tatsächlichen Anschaffungskosten der Anteile und deren Buchwert übersteigt. Hinsichtlich weiterer Einzelheiten vgl. §§ 18, 19 UmwStG[82]. 1074

IV. Erbschaftsteuer

1. Einbringung des Einzelunternehmens in eine Personengesellschaft

Bringt der Vater sein bisheriges Einzelunternehmen in eine mit seinen Kindern und seiner Ehefrau gebildete Personengesellschaft ein, so liegt wirtschaftlich gesehen eine Anteilsschenkung vor, auch dann, wenn der Vater den Kindern zweckgebunden einen Geldbetrag geschenkt haben sollte, der nur für den Erwerb der Beteiligung verwendet werden soll[83]. 1075

Die Schenkung ist nach § 12 Abs. 5 ErbStG zu beurteilen mit dem anteiligen Steuerwert des Betriebsvermögens, der grundsätzlich zum Tag der Vollziehung der Schenkung festzustellen ist (vgl. hierzu auch Rz. 108ff.).

Beispiel:

A bringt sein bisheriges Einzelunternehmen in die A-KG ein (Buchkapital DM 500.000,–, Verkehrswert DM 1.000.000,–, Steuerwert DM 750.000,–). Weitere Gesellschafter der oHG sind die beiden Söhne A und B mit je 25 v.H. Die Gewinnbeteiligung ist angemessen. Die Beteiligungen werden in der Weise geschenkt, daß sie vom Kapitalkonto des Vaters abgebucht werden.

Für die schenkungsteuerliche Behandlung ist es gleichgültig, zu welchem Wert die Personengesellschaft ertragsteuerlich das Betriebsvermögen übernimmt (§ 24 Abs. 2 UmwStG), maßgebend ist der Steuerwert des Betriebsvermögens.

---

[82] Insbesondere Widmann/Mayer, Umwandlungsrecht, Band 3, §§ 18 und 19 UmwStG.
[83] BFH v. 29.5.1972, BStBl. II 1979, 5; v. 29.3.1973, BStBl. II 1973, 650; v. 26.6.1974, BStBl. II 1974, 616; v. 8.11.1972, BStBl. II 1973, 282.

A = DM 187.500,–
B = DM 187.500,–

Den Söhnen steht jeweils ein Freibetrag (§ 16 ErbStG) von DM 400.000,– (Steuerklasse I) zu. U.U. ist es günstiger, die Ehefrau am Betrieb zu beteiligen, weil dieser ein Freibetrag von DM 600.000,– zusteht; bei der Weitervererbung an die Kinder liegt ein selbständiger Erwerb vor.

2. Schenkung einer überhöhten Gewinnbeteiligung

1076 Wird ein Anteil mit einer erhöhten Gewinnbeteiligung geschenkt, stellt die erhöhte Gewinnbeteiligung eine selbständige Schenkung neben der Anteilsschenkung dar (§ 7 Abs. 6 ErbStG)[84].

Was als Übermaß an Gewinnbeteiligung anzusehen ist, richtet sich nach den von der Rechtsprechung zum Ertragsteuerrecht entwickelten Grundsätzen. Für die Schenkungsteuerberechnung ist der Zeitwert des Übermaßes der Gewinnbeteiligung zugrunde zu legen. Das durchschnittliche Übermaß ist daher zu kapitalisieren. Nach Ansicht der Verwaltung[85] ist hier das Fünffache des durchschnittlichen Jahreswertes als Übermaß zugrunde zu legen.

Beispiel:
A überträgt auf seinen Sohn (S) eine Beteiligung von nominal DM 150.000,–. Der Steuerwert der Beteiligung beträgt DM 200.000,–, der gemeine Wert DM 300.000,–. Der Durchschnittsgewinn der letzten Jahre beträgt DM 450.000,–. A soll am Gewinn mit 20 v.H. beteiligt sein.

1. Steuerwert des Anteils	DM 200.000,–
2. Übermaß Gewinnbeteiligung	
15 v.H. von DM 300.000,– =	DM 45.000,–
20 v.H. von DM 450.000,– =	DM 90.000,–
angemessen	DM 45.000,–
Übermaß Jahresertrag	DM 45.000,–
3 Jahre = 4,505	
Hilfstafel II VStR	DM 202.725,–
Gesamtwert der Schenkung	DM 402.725,–
Freibetrag	DM 400.000,–
	DM 2.725,–
Erbschaftsteuer = 7 v.H. von DM 2.725,– =	DM 190,–

3. Schenkung mit Buchwertklausel

1077 Wird im Schenkungsvertrag vereinbart, daß der Beschenkte im Falle seines Ausscheidens, ganz gleich aus welchem Grunde, lediglich den Buchwert seiner Beteiligung erhält, so ist diese Klausel für die Wertermittlung zum Zwecke der Festsetzung der Schenkungsteuer zunächst unbeachtlich. Der Wert der Beteiligung wird

---

[84] Troll, § 7 ErbStG, Anm. 66, 67.
[85] inMin. Baden-Württemberg, gem. Ländererlaß v. 20.1.1974 S-3715-1/74 V.

so ermittelt, als wäre die Klausel nicht vorhanden[86]. Durch Vereinbarung derartiger Klauseln kann der Wert der Schenkung nicht beeinflußt werden, § 7 Abs. 5 ErbStG. Der Gesetzgeber geht davon aus, daß von solchen Klauseln in der Regel nicht Gebrauch gemacht wird.

4. Gemischte Schenkungen

Wird ein Anteil an einer Personengesellschaft eingeräumt gegen Zahlung eines zu geringen Entgelts (z.B. Zahlung des anteiligen Buchwerts), so liegt hinsichtlich der Differenz des vereinbarten Kaufpreises zum Verkehrswert des Anteils eine Schenkung vor (gemischte Schenkung). 1078

Der anteilige Einheitswert des Betriebsvermögens ist in diesem Verhältnis aufzuteilen.

Beispiel:
A ist Einzelgewerbetreibender, er nimmt seinen Neffen (N), der bisher schon im Betrieb arbeitete, als Gesellschafter auf. Buchkapital DM 300.000,–, Verkehrswert DM 600.000,–. N leistet eine Einlage von DM 100.000,– und ist mit 25 v.H. am Betriebsvermögen und am Gewinn beteiligt. Steuerwert vor Einbringung DM 400.000,–. N hätte entweder DM 200.000,– in das Betriebsvermögen leisten müssen oder A DM 75.000,– als Ausgleich für die stillen Reserven zahlen müssen. Der Wert seiner Beteiligung beträgt DM 175.000,– = 57,14 v.H. entgeltlich (42,86 v.H. unentgeltlich).

V. Grunderwerbsteuer

Die Personengesellschaft wird im GrEStG als selbständige Steuerpflichtige angesehen. Werden im Zusammenhang mit einer Einbringung Grundstücke in das Gesamthandsvermögen einer Personengesellschaft eingelegt, liegt grundsätzlich ein grunderwerbsteuerpflichtiger Vorgang vor[87]. 1079

Soweit der Einbringende an der Personengesellschaft beteiligt ist, ist die Grundstücksübertragung steuerfrei (§ 5 Abs. 2 GrEStG). Diese Steuerfreiheit gilt auch, soweit Abkömmlinge (Personen i.S. des § 3 Nr. 6 GrEStG) an der Personengesellschaft beteiligt sind, und für den Ehegatten des Einbringenden (§ 3 Nr. 4 GrEStG). Nicht jedoch gilt die Befreiung für Geschwister und Geschwisterkinder, sofern die Aufnahme als Gesellschafter entgeltlich erfolgt. Unentgeltliche Anteilsschenkungen, die unter das Erbschaft- und Schenkungsteuergesetz fallen, sind von der Grunderwerbsteuer befreit (§ 6 Nr. 2 Satz 1 GrEStG). Im Falle der Umwandlung i.S. des UmwStG und der Einbringung wird die Steuer nach den Werten i.S.d. § 138 Abs. 2 oder 3 BewG bemessen (§ 8 Abs. 2 GrEStG nF). 1080

Im Falle von gemischter Schenkung wird bei diesem Personenkreis der entgeltliche Teil von der Grunderwerbsteuer erfaßt. Das gleiche gilt, wenn der Erwerb 1081

---

[86] Troll, § 7 ErbStG, Anm. 65.
[87] Boruttau-Egly-Sigloch, § 1 GrEStG, RdNr. 565.

durch den Neffen, den Bruder oder die Schwester mit Auflagen verbunden ist. In Höhe der Auflage entsteht Grunderwerbsteuer.

VI. Umsatzsteuer

1082 Ist Gegenstand ein ganzer Betrieb mit seinen wesentlichen Grundlagen ist die Übertragung nicht umsatzsteuerbar, § 1 Abs. 1 UStG. Werden jedoch Wirtschaftsgüter, die wesentliche Betriebsgrundlagen darstellen, zurückbehalten, unterliegen die einzelnen Lieferungen und Leistungen der USt.

2. Abschnitt
GmbH & Co. KG

I. Ertragsteuerliche Behandlung der GmbH & Co. KG

1. Allgemeines

1083 Die Gesellschaftsform der GmbH & Co. KG ist einkommensteuerlich anerkannt[88]. Sie liegt vor, wenn an einer Kommanditgesellschaft als persönlich haftender Gesellschafter eine Kapitalgesellschaft beteiligt ist (vgl. Buch I Rz. 1107ff.). Die GmbH & Co. KG ist keine Kapitalgesellschaft. Sie ist ertragsteuerlich eine Personengesellschaft. Nach der bisherigen Rechtsprechung übte auch eine vermögensverwaltende Personengesellschaft eine gewerbliche Tätigkeit aus, wenn an dieser eine Kapitalgesellschaft als persönlich haftende Gesellschafterin beteiligt war. Der Große Senat[89] gab jedoch diese Geprägerechtsprechung auf. Das Steuerbereinigungsgesetz vom 19. 12. 1985[90] setzte jedoch die alte Geprägerechtsprechung wieder in Kraft. Hiernach übt eine Personengesellschaft eine gewerbliche Tätigkeit aus, wenn der persönlich haftende geschäftsführende Gesellschafter eine Kapitalgesellschaft oder eine Personengesellschaft ist, an der eine Kapitalgesellschaft als Komplementär und Geschäftsführer beteiligt ist (§ 15 Abs. 3 Nr. 1 u. 2 EStG). Obwohl es sich hier um zwei Gesellschaften handelt, die GmbH und die Kommanditgesellschaft, wird die GmbH & Co. KG in vieler Hinsicht als eine Einheitsgesellschaft behandelt. Trotzdem hat aber das Einkommensteuerrecht nicht darauf verzichtet, die GmbH der Körperschaftsteuer zu unterwerfen. Im Gegenteil achtet die Finanzverwaltung sogar darauf, daß der GmbH der angemessene Gewinnanteil zukommt. Vielfach übernimmt die GmbH nicht sofort schon die Geschäftsführerfunktion, sondern es handelt sich um eine sogenannte Vorrats-GmbH. Diese Vorrats-GmbH kann als Komplementär oder als Kommanditist in die Gesellschaft eintreten. Unseres Erachtens liegt hier nicht der Fall einer echten GmbH & Co. KG vor.

---

[88] Hierzu Schulze zur Wiesche, GmbH & Co. KG, 2. Aufl.; Hesselmann/Tillmann, Handbuch der GmbH & Co. KG, 17. Aufl.; Binz, Die GmbH & Co., 8. Aufl. 1992; Klamroth, Die GmbH & Co. KG, 7. Aufl..
[89] BFH v. 25. 6. 1984, BStBl. II 1984, 751.
[90] BGBl. I 1985, 2436 – Geprägegesetz.

2. Arten der GmbH & Co. KG

Die GmbH & Co. KG kommt in typischer und atypischer Form vor. **1084**

Von einer typischen GmbH & Co. KG spricht man, wenn die Gesellschafter der **1085** Kommanditgesellschaft gleichzeitig Gesellschafter der GmbH sind. Hier ist ein Interessenkonflikt weitgehend ausgeschlossen. Vielfach wird in diesem Falle einer der Gesellschafter gleichzeitig Geschäftsführer sein. Hierbei ist auf die Problematik des Gesellschafter-Geschäftsführers hinzuweisen.

Eine atypische GmbH & Co. KG liegt vor, wenn die Gesellschafter der Kom- **1086** manditgesellschaft und der GmbH nicht identisch sind bzw. nicht weitgehend identisch sind und somit die Willensbildung bei beiden Gesellschaften nicht im wesentlichen gleich ist[91].

3. Die Mitunternehmerschaft bei der GmbH & Co. KG

a) Mitunternehmerschaft der GmbH

Die GmbH ist kraft ihrer Rechtsform Gewerbetreibende und daher Unterneh- **1087** merin (§ 6 HGB). Inwieweit die GmbH als Komplementär-GmbH Mitunternehmerin der GmbH & Co. KG ist, muß nach den Kriterien des § 15 Abs. 1 Nr. 2 EStG beurteilt werden. Nach dem Urteil des BFH vom 17. 3. 1966[92] übt die GmbH & Co. KG eine gewerbliche Tätigkeit aus, wenn die geschäftsführende GmbH die alleinige, persönlich haftende Gesellschafterin ist und sie dem Gesamtgebilde wirtschaftlich das Gepräge gibt. Da die Komplementär-GmbH die Geschäfte der Kommanditgesellschaft führt und auch am Risiko und Gewinn des Unternehmens beteiligt ist, kommt es nicht darauf an, daß die GmbH auch am Vermögen der Kommanditgesellschaft beteiligt ist. Die Mitunternehmerschaft der GmbH als Gesellschafterin der Kommanditgesellschaft ist daher nicht in Frage gestellt, wenn die GmbH nicht am Gesamthandsvermögen beteiligt ist. Es reicht auch nach dem Handelsrecht aus, daß der Komplementär lediglich seine Arbeitskraft zur Verfügung stellt[93]. Sie ist jedoch in Frage gestellt, wenn die GmbH vom Vermögen, Gewinn und der Geschäftsführung ausgeschlossen ist und lediglich die Haftung übernimmt. Nach der neueren Rechtsprechung[94] reicht die Haftungsübernahme jedoch für die Mitunternehmerschaft aus.

b) Mitunternehmerschaft der Kommanditisten

Kommanditisten der GmbH & Co. KG sind grundsätzlich Mitunternehmer, **1088** wenn ihnen die Rechte zukommen, die üblicherweise einem Kommanditisten zustehen[95].

---

[91] Zur doppelstöckigen GmbH & Co. KG siehe BFH GrS v. 25. 2. 1991, DB 1991, 889; § 15 Abs. 1 Nr. 2 Satz 2 EStG (StÄndG 1992, BT-Drucks. 654/91).
[92] BStBl. II 1966, 171.
[93] Sudhoff, BB 1975, 995.
[94] Vgl. BFH v. 24. 8. 1986 BStBl. II 1987, 60.
[95] Vgl. hierzu BFH v. 21. 2. 1974, BStBl. II 1974, 404; v. 3. 7. 1975, BStBl. II 1975, 818; v. 29. 1. 1976, BStBl. II 1976, 324.

c) Erweiterung des Kreises der Mitunternehmer

1089 Der BFH[96] hat eine Mitunternehmerschaft auch bei Nichtbeteiligten angenommen, wenn der Vater und Ehemann der GmbH-Gesellschafter bzw. -Gesellschafterin und der Kommanditisten nicht selbst Gesellschafter i.S. des HGB ist, jedoch deren Geschäftsführer gegen Gehalt und Gewinnbeteiligung ist und darüber hinaus der Kommanditgesellschaft Wirtschaftsgüter verpachtet hat und hierfür eine Sondervergütung erhält. Eine Mitunternehmerschaft liegt auch im Falle einer stillen Gesellschaft zur GmbH & Co. KG vor, wenn der stille Gesellschafter der Hauptkapitalgeber ist und am Gewinn zu mehr als der Hälfte beteiligt ist und der Stille, unabhängig von seiner Stellung, als Geschäftsführer die Rechte aus § 716 BGB hat und alle nicht laufenden Geschäfte seiner Zustimmung bedürfen[97]. Ebenfalls kann eine stille Beteiligung der GmbH & Co. KG durch Beteiligung an den stillen Reserven des Betriebsvermögens der KG begründet werden[98]. Das gleiche gilt für eine Unterbeteiligung an einzelnen Kommanditanteilen mit Beteiligung an den stillen Reserven des Anteils.

1090 In der Regel ist der GmbH-Geschäftsführer nicht als Mitunternehmer anzusehen[99].

Ist jedoch der Vater der Schenker der Anteile und hat er der Personengesellschaft die wesentlichen Betriebsgrundlagen verpachtet, ist das Pachtverhältnis jederzeit kündbar und hat er als Geschäftsführer der GmbH alle Befugnisse, ist er als Gesellschafter und Mitunternehmer anzusehen.

4. Beitragspflichten der Gesellschafter

a) Beitragspflicht der GmbH

1091 Die Beitragspflicht der GmbH besteht in der Regel in der Übernahme des Haftungsrisikos, der Übernahme der Geschäftsführung, u.U. in der Überlassung von Wirtschaftsgütern an die Personengesellschaft. Eine Überlassung von Wirtschaftsgütern der GmbH an die Personengesellschaft kommt vor, wenn die GmbH & Co. KG ursprünglich aus einer GmbH hervorgegangen ist.

b) Beitragspflicht der Kommanditisten

1092 Die Beitragspflicht der Kommanditisten besteht in der Regel in der Leistung der Einlage, u.U. auch in einer persönlichen Tätigkeit, in der Überlassung von Darlehen und sonstigen Wirtschaftsgütern. § 15 Abs. 1 Nr. 2 EStG geht grundsätzlich davon aus, daß es sich hierbei um Beiträge der Gesellschafter handelt, auch wenn diese Leistungen aufgrund eines besonderen Vertragsverhältnisses wie zwischen Dritten beruhen[100].

---

[96] BFH v. 29.1.1976, BStBl. II 1976, 332; v. 21.9.1995, BStBl. II 1996, 66.
[97] BFH v. 5.7.1978, BStBl. II 1978, 644.
[98] Vgl. BFH v. 11.12.1990, FR 1991, 236.
[99] BFH v. 11.9.1986, BStBl. II 1982, 111; v. 28.1.1986, BStBl. II 1986, 599; v. 5.6.1986, BStBl. II 1986, 798; FG Saarland v. 13.7.1990, EFG 1991, 22.
[100] Vgl. Wörner, BB 1975, 645ff.

5. Betriebsvermögen der GmbH & Co. KG
a) Gesamthandsvermögen

Das Betriebsvermögen der Kommanditgesellschaft besteht grundsätzlich aus dem Gesamthandsvermögen, das aus Einlagen und nichtentnommenen Gewinnen herrührt. Es steht allen Gesellschaftern zur gesamten Hand zu.   **1093**

b) Betriebsvermögen der GmbH

Stellt die GmbH nicht lediglich ihre Arbeitskraft zur Verfügung, ist sie in der Regel auch am Gesamthandsvermögen beteiligt. Darüber hinaus kann die GmbH auch eigenes Betriebsvermögen besitzen. Stellt die GmbH, insbesondere wenn die GmbH & Co. KG aus einer GmbH hervorgegangen ist, eigenes Betriebsvermögen der KG zur Nutzung zur Verfügung, so handelt es sich hierbei grundsätzlich um Sonderbetriebsvermögen des Gesellschafters. Die Verwaltung hat ursprünglich den Standpunkt vertreten, daß dieses bilanzsteuerlich nicht als Betriebsvermögen behandelt zu werden braucht, da dieses ohnehin als Betriebsvermögen der GmbH als gewerbliches Betriebsvermögen erfaßt sei.   **1094**

Nunmehr hat aber der BFH[101] den Rechtsstandpunkt vertreten, daß auch solche Wirtschaftsgüter zum Sonderbetriebsvermögen der Gesellschafter gehören, die zum Betriebsvermögen eines anderen Betriebes des Gesellschafters gehören. Hiernach wären also alle Wirtschaftsgüter, die die Komplementär-GmbH der Kommanditgesellschaft zur Nutzung überläßt, als Sonderbetriebsvermögen der Personengesellschaft zu behandeln.   **1095**

c) Sonderbetriebsvermögen der Kommanditisten

Zum Sonderbetriebsvermögen der Gesellschafter gehören alle Wirtschaftsgüter, die im Eigentum eines Gesellschafters stehen, dem Betrieb jedoch zur Nutzung überlassen worden sind. Nach der Rechtsprechung[102] gehört auch zum Sonderbetriebsvermögen der Anteil des Gesellschafters bzw. der Gesellschafter an der Komplementär-GmbH, es sei denn, die GmbH unterhält einen eigenen umfangreichen Geschäftsbetrieb. Somit gehören alle Ausschüttungen der Komplementär-GmbH zu den Sonderbetriebseinnahmen des Gesellschafters[103].   **1096**

6. Gewinnverteilung bei der GmbH & Co. KG
a) Grundsätze

Soweit im Gesellschaftsvertrag nichts geregelt ist, gilt auch hier § 168 HGB. Hiernach ist der Gewinn, soweit er 4 v.H. nicht übersteigt, entsprechend den Kapitalanteilen zu verteilen. Hinsichtlich des übersteigenden Gewinns gilt ein den Umständen nach angemessenes Verhältnis der Anteile als bedungen. Maßstab für   **1097**

---

[101] BFH v. 18.7.1979, BStBl. II 1979, 750.
[102] BFH v. 15.11.1967, BStBl. II 1968, 152; v. 15.10.1975, BStBl. II 1976, 188.
[103] BFH v. 5.12.1979, BStBl. II 1980, 119; im einzelnen OFD Hannover, Verfügung v. 25.11.1994, BB 1995, 197.

die Gewinnverteilung ist der Beitrag des Gesellschafters zum Erreichen des Gesellschaftszweckes. Hierbei sind insbesondere die Kapitaleinlage, die Nutzungseinlagen (sofern keine Sondervereinbarung) und die sonstige Tätigkeit der Gesellschafter für die Gesellschaft zu berücksichtigen. Nach dem Urteil des BFH[104] sind Maßstab für die Gewinnverteilung

- Kapitaleinsatz,
- Risiko,
- Arbeitseinsatz.

b) Gewinnbeteiligung der GmbH

aa) Beteiligung der GmbH am Gesellschaftsvermögen

1098 Ist die Komplementär-GmbH am Gesellschaftsvermögen beteiligt, ist sie angemessen am Gewinn zu beteiligen. Nicht erforderlich jedoch ist es, die Komplementär-GmbH im gleichen Maß wie die Kommanditisten am Gewinn zu beteiligen. Es ist hierbei zu berücksichtigen, daß die Haftung von natürlichen Personen schwerwiegender ist als die einer juristischen Person.

Hat die GmbH neben Kapitaleinlage, Haftungsrisiko und Geschäftsführer auch andere Leistungen erbracht, sind auch diese angemessen zu vergüten.

1099 Die Gewinnbeteiligung ist unter Bedingungen einzuräumen, wie sie mit einer Komplementär-GmbH mit fremden Gesellschaftern, die nicht gleichzeitig Kommanditisten sind, auch vereinbart worden wären. Die Gewinnbeteiligung der GmbH muß so bemessen sein, daß sich für die GmbH für ihre Tätigkeit eine angemessene Kapitalverzinsung ergibt[105]. Nach einer Verfügung der OFD Hannover[106] ist auf eine Verzinsung des Kapitals nach Berücksichtigung der Körperschaftsteuer von 10 bis 15 v.H. abzustellen[107].

1100 Angemessen und damit steuerlich anzuerkennen ist bei einer auf die Geschäftsführung der KG beschränkten GmbH ein Gewinnanteil, der ihr auf Dauer Ersatz ihrer Auslagen sowie eine den Kapitaleinsatz und das Haftungsrisiko gebührend berücksichtigende Beteiligung am Gewinn einräumt. Daraus ergibt sich, daß zumindest die Tätigkeitsvergütungen und der Gewinnanteil zusammengerechnet dem Personalaufwand gegenübergestellt werden müssen und alsdann der verbleibende Gewinnanteil auf seine Angemessenheit zu beurteilen ist[108].

bb) Vergütung der GmbH bei nicht vermögensmäßiger Beteiligung

1101 Ist die Komplementär-GmbH nicht mit einem Kapitalanteil am Vermögen der Kommanditgesellschaft beteiligt, ist eine Gewinnbeteiligung nicht erforderlich. Es wird als ausreichend erachtet, daß ihre Leistungen angemessen vergütet werden.

---

[104] BFH v. 15.11.1967, BStBl. II 1968, 152.
[105] Vgl. BFH v. 15.11.1967, BStBl. II 1968, 152.
[106] Vfg. v. 27.5.1969, S-2241/12 StH 231, GmbHRdsch. 1970, 23.
[107] Vgl. hierzu auch Lange, GmbH & Co. KG, NWB, Fach 18, S. 2937 (2953); Kormann, DB 1972, 697; Meyer-Arndt, StBJB 1971/72, S. 145ff.
[108] BFH v. 24.7.1990, BB 1990, 2025.

Der BFH[109] hat es als ausreichend angesehen, wenn der Komplementär neben dem Auslagenersatz eine angemessene Vergütung für die Übernahme des Haftungsrisikos in Höhe der üblichen Avalprovision erhält. Hierbei ist vom Haftungsrisiko auszugehen.

Dieses wird in der Regel von dem Umfang des Vermögens der GmbH bestimmt. Es ist ausreichend, daß die GmbH neben der Risikovergütung einen Auslagenersatz für Aufwendungen aus der Geschäftsführertätigkeit, z.B. wie das Geschäftsführergehalt, erhält.

cc) Verzicht auf Teilnahme an einer Kapitalerhöhung

Wird das Kapital der Gesellschaft durch Aufstockung der Kommanditeinlage erhöht, kann eine verdeckte Gewinnausschüttung vorliegen, wenn die Einlage der Komplementär-GmbH nicht entsprechend erhöht wird[110].   1102

dd) Änderung der Gewinnverteilung zuungunsten der GmbH

Es liegt im Falle einer Änderung der Gewinnverteilung zuungunsten der GmbH keine verdeckte Gewinnausschüttung der GmbH an ihre Gesellschafter vor, wenn diese Gewinnverteilung einem fremden Kommanditisten, der nicht gleichzeitig Gesellschafter der GmbH ist, Anlaß gegeben hätte, einem fremden Komplementär zu kündigen[111]. Sie ist auch dann nicht als verdeckte Gewinnausschüttung anzusehen, wenn ein ordentlicher und gewissenhafter Geschäftsführer, der nicht gleichzeitig Kommanditist ist, der Änderung zugestimmt hätte, weil sich der der GmbH verbleibende Gewinnanteil immer noch als hochwertig darstellt[112]. Darum muß auch der Gesellschaftsvertrag in der Regel eine Vertragsänderung zulassen[113].   1103

Verzichtet in einer GmbH & Co. KG der Kommanditist und Gesellschafter der GmbH zugunsten der GmbH auf die ihm als Kommanditisten zustehende Gewinnbeteiligung, liegt darin eine verdeckte Einlage in die GmbH[114].   1104

ee) Die Behandlung der Differenz zur angemessenen Gewinnbeteiligung als verdeckte Gewinnausschüttung an die Gesellschafter

Die Rechtsprechung zur verdeckten Gewinnausschüttung ist grundsätzlich auch auf die GmbH & Co. KG anzuwenden. So bedarf es bei Rechtsgeschäften mit beherrschenden Gesellschaftern und auch deren Angehörigen eindeutiger und klarer und von vornherein festgelegter Vereinbarungen. Soweit die Vereinbarung nicht mit der Komplementär-GmbH geschlossen wurde, sondern mit der GmbH & Co. KG, liegt im Verhältnis zur Gewinnbeteiligung der Komplementär-GmbH eine   1105

---

[109] BFH v. 3.2.1977, BStBl. II 1977, 346.
[110] Vgl. BFH v. 25.11.1976, BStBl. II 1977, 477.
[111] Vgl. BFH v. 3.2.1977, BStBl. II 1977, 504.
[112] Vgl. BFH v. 25.11.1976, BStBl. II 1977, 477.
[113] Vgl. Hesselmann, S. 142; Lange, a.a.O. (Fußnote 107), S. 2953; Herrmann-Heuer-Raupach, § 15 EStG, Anm. 29d.
[114] BFH v. 23.8.1990, DB 1991, 630.

verdeckte Gewinnausschüttung vor (das gilt insbesondere hinsichtlich der Geschäftsführervergütungen, Darlehensverträge, Mietverträge, Wettbewerbsverbote usw.)[115].

1106 Liegt keine angemessene Gewinnbeteiligung vor, so wird darin ein Forderungsverzicht zugunsten eines Gesellschafters bzw. zugunsten der Gesellschafter angesehen, der ertragsteuerlich als eine verdeckte Gewinnausschüttung an diesen behandelt wird. Ebenso kann der Verzicht auf Teilnahme an einer Kapitalerhöhung und einer Herabsetzung der Gewinnbeteiligung eine verdeckte Gewinnausschüttung darstellen. Desgleichen liegt eine verdeckte Gewinnausschüttung an den Gesellschafter vor, wenn die GmbH der KG Wirtschaftsgüter zu einer unangemessenen niedrigen Vergütung überlassen hat. In der Vereinbarung eines überhöhten Geschäftsführergehaltes ist eine verdeckte Gewinnausschüttung an diesen zu sehen, wenn er gleichzeitig Gesellschafter der GmbH ist.

1107 Soweit ein Leistungsaustausch zwischen der GmbH & Co. KG und ihren Gesellschaftern unangemessen ist, ist die Differenz zum Marktpreis, soweit die Komplementär-GmbH am Gewinn beteiligt ist, als verdeckte Gewinnausschüttung zu behandeln. Darüber hinaus liegt eine verdeckte Entnahme bei den Gesellschaftern vor[116].

c) Besonderheiten bei Beteiligung von Familienangehörigen als Kommanditisten

1108 Eine GmbH & Co. KG wird bereits schon dann als Familiengesellschaft behandelt, wenn der Vater als Schenker nicht Kommanditist der Gesellschaft ist, sondern lediglich an der GmbH mehrheitlich beteiligt ist und die GmbH den Kommanditisten in verdeckter Form über Darlehen die Beteiligungen an der Personengesellschaft übertragen hat[117]. Hinsichtlich der steuerlichen Anerkennung gilt das gleiche, wie zu den Familiengesellschaften (Rz. 1003 ff.) ausgeführt. Wird die GmbH & Co. KG mit der GmbH ausschließlich mit Angehörigen als Kommanditisten gebildet, ist der Gewinn der Kommanditgesellschaft voll der GmbH zuzurechnen, wenn die Gesellschaftsverhältnisse nicht anerkannt werden bzw. auch die Mitunternehmerschaft nicht anerkannt wird. Der Gewinn unterliegt in diesem Falle voll der Körperschaftsteuer.

1109 Wird das Gesellschaftsverhältnis anerkannt, jedoch nicht Mitunternehmerschaft, sind die an die Gesellschafter gezahlten Vergütungen als Betriebsausgaben der GmbH zu behandeln. Hinsichtlich der Angemessenheit der Gewinnbeteiligung der Kommanditisten gelten die gleichen Grundsätze wie bei den übrigen Familiengesellschaften. Handelt es sich also um eine Familien-GmbH & Co. KG, muß dar-

---

[115] Hierzu BFH v. 22.2.1989, BStBl. II 1989, 475; v. 22.2.1989, BStBl. II 1989, 631; v. 14.3.1989, BStBl. II 1989, 633; v. 12.4.1989, BStBl. II 1989, 636; v. 26.4.1989, BStBl. II 1989, 673; v. 24.5.1989, BStBl. II 1989, 800; v. 28.6.1989, BStBl. II 1989, 854; v. 13.12.1989, BStBl. II 1990, 454; v. 24.1.1990, BStBl. II 1990, 645; v. 28.2.1990, BStBl. II 1990, 649; v. 14.3.1990, BStBl. II 1990, 795.

[116] BFH v. 6.8.1985, BStBl. II 1986, 17.

[117] Vgl. BFH v. 5.7.1979, BStBl. II 1979, 670.

auf geachtet werden, daß sowohl der Gewinn der GmbH als auch der Gewinn der Gesellschafter angemessen ist. Hinsichtlich der Anerkennung des Gesellschaftsverhältnisses vgl. insbesondere das BFH-Urteil vom 5.6.1986[118].

7. Gewinn der GmbH & Co. KG, gesonderte Gewinnfeststellung bei der GmbH & Co. KG

a) Gewinn der Personengesellschaft

Ausgangslage für die Gewinnfeststellung ist der Handelsbilanzgewinn der Kommanditgesellschaft, einschließlich des Gewinnanteils der Komplementär-GmbH. 1110

b) Sondervergütungen

Nach § 15 Abs. 1 Nr. 2 EStG handelt es sich auch bei den Sondervergütungen für Tätigkeiten im Dienste der Gesellschaft, Vergütungen für überlassene Darlehen und Nutzungsüberlassung für überlassene Wirtschaftsgüter um gewerbliche Einkünfte. Sie sind nach § 180 AO gesondert für die Gesellschafter festzustellen und dem Gewinn der Personengesellschaft hinzuzurechnen. 1111

aa) Auslagenersatz der GmbH durch die KG

Eine Vergütung im obigen Sinne stellt auch der von der KG gewährte Auslagenersatz dar. Das gilt sowohl hinsichtlich des gezahlten Geschäftsführergehaltes als auch hinsichtlich der sonstigen Kostenübernahmen. 1112

bb) Geschäftsführergehalt

Soweit der GmbH-Geschäftsführer gleichzeitig Kommanditist ist, unabhängig davon, ob er gleichzeitig Gesellschafter der GmbH ist, handelt es sich um ein Gewinnvoraus und nicht um Einkünfte aus nichtselbständiger Arbeit. Das Geschäftsführergehalt ist somit dem Gewinn der Mitunternehmerschaft hinzuzurechnen[119]. Es ist hierbei gleichgültig, ob das Gehalt von der GmbH gezahlt wird oder von der Kommanditgesellschaft. Das gilt auch dann, wenn die GmbH neben der Geschäftsführung für die KG eine eigene gewerbliche Tätigkeit ausübt[120]. 1113

Ebenfalls sind die Soziallasten einschließlich des Arbeitgeberanteils als Gewinnvoraus und nicht als Betriebsausgaben zu behandeln, auch wenn eine gesetzliche Verpflichtung hierzu besteht[121]. 1114

Pensionszusagen können gegenüber Geschäftsführern, die gleichzeitig Gesellschafter der Personengesellschaft sind, nicht mit steuerlicher Wirkung erteilt werden[122]. 1115

---

[118] BStBl. II 1986, 798.
[119] Vgl. BFH v. 2.8.1960, BStBl. III 1960, 408; v. 15.11.1967, BStBl. II 1968, 369; v. 21.3.1968, BStBl. II 1968, 579; v. 21.4.1971, BStBl. II 1971, 816; v. 11.3.1970, BStBl. II 1970, 588.
[120] BFH v. 15.10.1975, BStBl. II 1976, 188.
[121] Vgl. BFH v. 27.11.1969, BStBl. II 1970, 183.
[122] BFH v. 16.2.1967, BStBl. III 1967, 222; v. 21.12.1972, BStBl. II 1973, 298.

1116 Ist jedoch die GmbH & Co. KG aus einer GmbH hervorgegangen, brauchen die aufgrund der Zusage bis zum Zeitpunkt der Umwandlung erfolgten Rückstellungen nicht aufgelöst zu werden. Weitere Rückstellungen können jedoch nicht gebildet werden[123]. Ist der Geschäftsführer nicht gleichzeitig Kommanditist, aber Gesellschafter der GmbH, gelten die allgemeinen Grundsätze für Gesellschafter-Geschäftsführer.

c) Gewinnausschüttungen der Komplementär-GmbH

1117 Soweit die Gesellschafter der GmbH gleichzeitig Kommanditisten der KG sind, werden die Gewinnausschüttungen einschließlich Steuergutschrift zum gewerblichen Gewinn hinzugerechnet[124].

1118 Kein Sonderbetriebsvermögen hinsichtlich der Anteile des Gesellschafter-Geschäftsführers liegt jedoch vor, wenn der Gesellschafter-Geschäftsführer nicht gleichzeitig Kommanditist der GmbH & Co. KG ist, sondern lediglich Gesellschafter einer anderen Personengesellschaft, die Kommanditistin der GmbH & Co. KG ist[125].

1119 Das gilt auch für verdeckte Gewinnausschüttungen. Die verdeckte Gewinnausschüttung als Einkommen der Komplementär-GmbH wird bei der Gewinnermittlung der KG für die Komplementär-GmbH festgestellt.

d) Erträge des sonstigen Sonderbetriebsvermögens

1120 Haben die Gesellschafter Erträge aus Sonderbetriebsvermögen, sind sie auch insoweit dem Gewinn hinzuzurechnen, als es sich bei den Erträgen nicht um Vergütungen der Gesellschaft handelt.

e) Sonderbetriebsausgaben

1121 Da der Gewinn für die Mitunternehmerschaft abschließend festgestellt wird, sind auch alle Sonderbetriebsausgaben der Gesellschafter in die Feststellung miteinzubeziehen. Das gilt für die GmbH auch hinsichtlich des an den Geschäftsführer gezahlten Gehaltes, einschließlich der sonstigen Aufwendungen für die Gesellschaft. Lediglich Aufwendungen, die mit der Mitunternehmerschaft nicht im Zusammenhang stehen, stellen eigene Betriebsausgaben dar. Insbesondere sind bei den Kommanditisten Zinsen für Kredite im Zusammenhang mit der Beteiligung, Hypothekenzinsen für die der Gesellschaft zur Nutzung überlassenen Grundstücke, AfA usw. zu berücksichtigen. Hat ein Gesellschafter der Gesellschaft Patente zur Verfügung gestellt, sind Anmeldegebühren beim Patentamt usw. Sonderbetriebsausgaben.

---

[123] Vgl. BFH v. 8. 1. 1975, GmbHRdsch. 1975, 117; v. 22. 6. 1977, BStBl. II, 798.
[124] Vgl. BFH v. 15. 10. 1975, BStBl. II 1976, 188.
[125] BFH v. 12. 11. 1985, BStBl. II 1986, 55.

Nicht zu den Sonderbetriebsausgaben gehören Aufwendungen der Komplementär-GmbH, die auf ihrer Stellung als eigenständige juristische Person beruhen, z.B. die Kosten für die Erstelluung einer eigenen GmbH-Bilanz[126].

8. Die Gewinnverteilung bei der GmbH & Co. KG

Vor der Verteilung des Handelsbilanzgewinns werden den Gesellschaftern vorab die Sondervergütungen und Sondererträge aus den Ergänzungsbilanzen zugerechnet, z.b. das Geschäftsführergehalt, Honorare für Beraterverträge, Zinsen für Darlehen, Miet- und Pachtzinsen für überlassene Wirtschaftsgüter, Lizenzgebühren und sonstige Erträge aus dem Sonderbetriebsvermögen. Das gilt insbesondere auch für Ausschüttungen der Komplementär-GmbH einschließlich verdeckter Gewinnausschüttung. Die Teilung des Restgewinns erfolgt nach dem handelsrechtlichen Gewinnverteilungsschlüssel. Die Feststellung der verdeckten Gewinnausschüttung erfolgt ebenfalls in der einheitlichen und gesonderten Gewinnfeststellung, gleichfalls die Korrekturen bei überhöhter Gewinnbeteiligung bei Familienangehörigen. Hinsichtlich der Familienangehörigen wird nur der angemessene Gewinnanteil diesen zugerechnet, der unangemessene Anteil erhöht den Gewinn des Schenkers.

1122

II. Die Einbringung eines Betriebes in eine GmbH & Co. KG

1. Einführung

Ist die Nachfolge in der Geschäftsführung nicht geklärt, bietet sich neben der Betriebsaufspaltung auch die GmbH & Co. KG[127] als künftige Gesellschaftsform an. Die GmbH als Komplementärin sichert den Kommanditisten, als Gesellschaftern der GmbH, eine größere Weisungsbefugnis gegenüber dem Geschäftsführer zu, als eine solche einem Kommanditisten gegenüber einem Komplementär zustehen würde[128]. Der Kommanditist hat keinen Einfluß auf die laufende Geschäftsführung[129], während der Gesellschafter einer GmbH auch in Angelegenheiten der laufenden Geschäftsführung Weisungen erteilen kann[130]. Im Gegensatz zur Personen-

1123

---

[126] BFH v. 18.5.1995, BStBl. II 1996, 295.
[127] Literaturhinweise: Langenfeld, Das Testament des Gesellschafter-Geschäftsführers einer GmbH und GmbH & Co. KG; Brönner/Bareis/Rux, Die Besteuerung der Gesellschaften, des Gesellschafterwechsels und der Umwandlung; Stehle/Stehle, Die rechtlichen und steuerlichen Wesensmerkmale der verschiedenen Gesellschaftsformen; Eder/Heuser/Tillmann, Handbuch der GmbH; Hölters, Der Beirat der GmbH und GmbH & Co. KG; Fichtelmann, Die GmbH & Co. KG im Steuerrecht; Hennerkes/Binz, Die GmbH & Co. KG; Hesselmann, Handbuch der GmbH & Co. KG; Schulze zur Wiesche, GmbH & Co. KG, 2. Aufl.; Schulze zur Wiesche, Die GmbH & Co. KG im neuen Umwandlungssteuerrecht, DB 1996, 1539.
[128] Schulze zur Wiesche, a.a.O. (Fußnote 127), S. 64.
[129] Schulze zur Wiesche, a.a.O. (Fußnote 127), S. 72.
[130] Schulze zur Wiesche, a.a.O. (Fußnote 127), S. 75.

gesellschaft können die Geschäftsführer einer GmbH jederzeit als solche abberufen werden[131], unabhängig vom Anstellungsvertrag.

1124 Die GmbH & Co. KG kann aus einem früheren Einzelunternehmen hervorgehen, indem der Vater das Einzelunternehmen in eine Personengesellschaft, deren persönlich haftende Gesellschafterin eine GmbH ist, einbringt.

1125 Er kann aber eine bereits bestehende Personengesellschaft, deren Geschäftsführer und Komplementär er ist, in der Weise in eine GmbH & Co. KG umwandeln, als eine GmbH an seiner Stelle als Komplementär in die KG eintritt, oder neben ihm. In diesem Falle ist die beschränkte Haftung der Kommanditisten sichergestellt, wenn der Komplementär versterben und eine Nachfolgeregelung sich verzögern sollte.

1126 Der Erblasser kann auch insoweit Vorsorge treffen, als er eine Vorrats-GmbH gründet, die zunächst überhaupt nicht Gesellschafterin der KG wird oder lediglich Kommanditist ist, die aber in dem Augenblick als persönlich haftender Gesellschafter in die Personengesellschaft eintritt, in dem der Vater als Komplementär stirbt.

2. Einbringung eines Einzelunternehmens in eine GmbH & Co. KG

1127 Die Einbringung des bisherigen Einzelunternehmens in die GmbH & Co. KG ist ein Vorgang, der unter § 24 UmwStG fällt[132]. Die übernehmende Personengesellschaft hat ein Wahlrecht[133], ob sie das Betriebsvermögen mit dem Buchwert oder einem höheren Wert, höchstens aber mit dem Teilwert übernimmt. Der Wert, mit dem die Personengesellschaft das Betriebsvermögen übernimmt, gilt für den Einbringenden als Veräußerungspreis[134]. Übernimmt die Personengesellschaft das Betriebsvermögen zum Buchwert, entsteht kein Veräußerungsgewinn. Übernimmt die Personengesellschaft das Betriebsvermögen zu einem höheren Wert, ist dieser nur begünstigt, wenn sämtliche stillen Reserven einschließlich eines eventuell vorhandenen Firmenwertes aufgelöst werden[135].

3. Eintritt einer GmbH in eine bereits bestehende Personengesellschaft

1128 Tritt eine GmbH in eine bereits vorhandene Personengesellschaft als persönlich haftende Gesellschafterin ein, so liegt handelsrechtlich ein Geschäftsvorfall vor, der die Identität der Gesellschaft nicht berührt. Nach herrschender Rechtsauffassung[136] liegt bei den Altgesellschaftern ein Einbringungsvorgang im Sinne des § 24 UmwStG vor. Die Gesellschafter können ihre anteiligen Betriebsvermögen mit dem Buchwert oder mit einem höheren Wert, höchstens aber dem Teilwert einbringen. Dieses Wahlrecht kann jedoch nur einheitlich ausgeübt werden[137]. Also ist

---

[131] Scholz/Schneider, § 38 GmbHG, Anm. 3 ff.
[132] Schulze zur Wiesche, a.a.O. (Fußnote 127), S. 253 ff.
[133] § 24 Abs. 3 Satz 2 UmwStG.
[134] § 20 Abs. 4 UmwStG.
[135] § 24 Abs. 3 Satz 2 UmwStG; BFH v. 29.7.1981, BStBl. II 1982, 62.
[136] BFH v. 23.5.1985, BStBl. II 1985, 695.
[137] Das ergibt sich aus dem Wortlaut des § 24 Abs. 2 UmwStG.

auch hier eine Auflösung der stillen Reserven möglich, was u. U. von Vorteil ist, wenn laufende Verluste zu einem negativen Kapitalkonto geführt haben oder der Freibetrag von 60.000,- zum Ansatz kommt.

Der Regelfall wird jedoch die Einbringung zum Buchwert sein, wobei eventuell aufgedeckte stille Reserven durch negative Ergänzungsbilanzen wieder rückgängig gemacht werden können. Das gilt insbesondere dann, wenn neben der Anteilsschenkung noch eine entgeltliche Aufnahme eines Gesellschafters erfolgt, um den Bestand des Unternehmens zu sichern.

1129

III. Gewerbesteuer der GmbH & Co. KG

1. Die GmbH & Co. KG als Gewerbebetrieb

Die Kommanditgesellschaft ist gemäß § 15 Abs. 3 Nr. 2 EStG ein Gewerbebetrieb, wenn die Gesellschafter als Mitunternehmer anzusehen sind. Wird eine KG nur auf dem Gebiet der Vermögensverwaltung tätig, stellt sie keinen Gewerbebetrieb dar. Anders ist die Rechtslage bei der GmbH & Co. KG. Nach § 15 Abs. 3 Nr. 2 EStG[138] hat eine GmbH & Co. KG jedenfalls dann, wenn eine GmbH alleiniger persönlich haftender Gesellschafter ist und keine Kommanditisten Geschäftsführer sind, gewerbliche Einkünfte. Daher stellt die Tätigkeit der GmbH & Co. KG stets einen Gewerbebetrieb dar[139].

1130

2. Unternehmenseinheit, Organschaft

Zwischen der GmbH und der Kommanditgesellschaft liegt keine Unternehmenseinheit vor. Auch eine Organschaft wird grundsätzlich von der Rechtsprechung abgelehnt[140].

1131

3. Gewerbekapital, Gewerbeertrag

Für die Gewerbekapitalsteuer gilt § 12 GewStG. Danach ist bei der Ermittlung des Gewerbekapitals grundsätzlich vom Einheitswert des Betriebsvermögens auszugehen. Da im Einheitswert des Betriebsvermögens auch die Anteile der Kommanditisten am Kapital der Komplementär-GmbH enthalten sind, sind diese insoweit in die Bemessungsgrundlage miteinzubeziehen. Allerdings ist hier das gewerbesteuerliche Schachtelprivileg zu beachten. Für die Ermittlung des Gewerbeertrags ist grundsätzlich vom steuerlichen Gewinn der GmbH & Co. KG auszugehen. Dem Handelsbilanzgewinn sind die den Gesellschaftern gewährten Sondervergütungen hinzuzurechnen. Das gilt grundsätzlich auch für die Vergütungen, die die Komplementär-GmbH für ihre Geschäftsführertätigkeit erhält.

1132

Neben der Gewinnbeteiligung sind demnach auch die Vergütungen für die Geschäftsführung, die Sondervergütungen für eventuelle Überlassung von Wirt-

1133

---

[138] Vgl. auch BFH v. 17. 3. 1966, BStBl. III 1966, 171.
[139] Vgl. hierzu auch OFD Münster, NWB Fach 18, S. 2239.
[140] BFH v. 7. 3. 1973, BStBl. II 1973, 562.

schaftsgütern miteinzubeziehen. Weiter sind die Zurechnungs- und Abrechnungsvorschriften der §§ 8 und 9 GewStG zu beachten. Für die Behandlung der Geschäftsführergehälter gelten im Gewerbesteuerrecht die gleichen Grundsätze wie im Einkommensteuerrecht. Die der GmbH für die Geschäftsführung gewährte Vergütung wird dem Gewinn der GmbH & Co. KG und damit dem Gewerbeertrag wieder hinzugerechnet.

1134 Die Gewinnausschüttung an die Gesellschafter durch die Komplementär-GmbH ist grundsätzlich Betriebseinnahme der KG und erhöht den gewerblichen Gewinn. Eine doppelte Besteuerung der Gewinnausschüttungen an die Gesellschafter der Komplementär-GmbH, die zugleich Kommanditisten sind, ist jedoch durch das Schachtelprivileg des § 9 Nr. 2a und § 12 Abs. 3 Nr. 2a GewStG ausgeschlossen.

4. Gewerbesteuerpflicht der Komplementär-GmbH

1135 Neben der Kommanditgesellschaft unterliegt auch die Komplementär-GmbH der Gewerbesteuer.

1136 Hat die GmbH keine anderen Einkünfte als die aus der Geschäftsführertätigkeit und Gesellschafterin der KG, entfällt ihre Steuerpflicht, weil die Gewinnanteile nach § 9 Nr. 2a GewStG von ihrem Gewerbeertrag zu kürzen sind. Sofern die GmbH keine weiteren Einkünfte hat, ist ihr Gewerbeertrag gleich Null. Verlustanteile der GmbH aus ihrer Beteiligung an der KG sind auf der anderen Seite nach § 8 Nr. 8 GewStG ihr hinzuzurechnen, da sie bereits bei der KG ertragsmindernd berücksichtigt worden sind.

5. Vorteile der GmbH & Co. KG bei der Gewerbesteuer

1137 Die GmbH & Co. KG hat gegenüber der GmbH insofern Vorteile, als der Gewerbeertrag der Kommanditgesellschaft um den Freibetrag von DM 48.000,- zu kürzen ist. Ebenso ist das Gewerbekapital der Kommanditgesellschaft um DM 120.000,- zu kürzen. Letzteres gilt jedoch für beide Gesellschaftsformen.

IV. Erbschaft- und Schenkungsteuer

1138 Soweit die Anteile im Zusammenhang mit der Einbringung Familienangehörigen unentgeltlich übertragen werden, liegt eine Anteilsschenkung vor wird neben den Kommanditanteilen auch der GmbH-Anteil geschenkt, ist der Kommanditanteil mit dem anteiligen Einheitswert (§ 95 ff. BewG) zu bewerten, der GmbH-Anteil nach § 12 BewG (Abschnitt 77 ff. VStR, Stuttgarter Verfahren). Die Höhe der Steuer richtet sich nach dem Verwandtschaftsgrad zum Schenker.

V. Grunderwerbsteuer

1139 Ist im Betriebsvermögen des Einzelunternehmens Grundvermögen vorhanden, so unterliegt die Einbringung, wenn es sich um ein Einzelunternehmen handelt, der

Grunderwerbsteuer. Soweit der Einbringende die Ehefrau und die Kinder an der Personengesellschaft beteiligt, ist die Übertragung der Grundstücke im Zusammenhang mit der Einbringung steuerfrei (§ 3 Nr. 4 und 6 GrEStG), nicht jedoch in Höhe der Beteiligung der GmbH. Gleiches gilt für andere Personen, soweit die Einbringung entgeltlich ist.

Die Grunderwerbsteuer kann dadurch vermieden werden, daß der Einbringende die Betriebsgrundstücke nicht als Gesamthandsvermögen überträgt, sondern als Sonderbetriebsvermögen zurückbehält. 1140

Tritt jedoch eine GmbH in eine bereits bestehende GmbH & Co. KG als Komplementär ein, so unterliegt der Vorgang nicht der Grunderwerbsteuer. 1141

3. Abschnitt
Betriebsaufspaltung

I. Die Betriebsaufspaltung im Einkommensteuerrecht

1. Grundsätzliches[141]

Von einer Betriebsaufspaltung spricht man, wenn wirtschaftlich einheitliche Unternehmen in zwei der Rechtsform nach verschiedene Betriebe gegliedert sind. Die Annahme einer Betriebsaufspaltung hat zur Folge, daß die Verpachtung des Betriebsvermögens durch einen Einzelunternehmer oder durch eine Mehrheit von Personen an eine Betriebs-GmbH als eigene gewerbliche Tätigkeit der Gesellschafter angesehen wird (zur handelsrechtlichen Beurteilung vgl. Buch I Rz. 1461 ff.). 1142

Die Betriebsaufspaltung ist neben der Stillen Beteiligung an der GmbH und der GmbH & Co. KG nach der Körperschaftsteuerreform 1977 wieder in Mode gekommen. Vielfach soll sie dazu dienen, ausgeschüttete Gewinne, die von den Gesellschaftern wieder reinvestiert werden, der Gesellschaft wieder zur Verfügung zu stellen, denn das körperschaftsteuerliche Anrechnungsverfahren kommt nur dann zum Zuge, wenn auch alle Gewinne wieder ausgeschüttet wurden (vgl. hierzu im einzelnen Rz. 1192 ff.)[142]. 1143

2. Begriff der Betriebsaufspaltung

Wie bereits ausgeführt, liegt nach Ansicht der Rechtsprechung und der Literatur eine Betriebsaufspaltung vor, wenn wirtschaftlich einheitliche Unternehmen in 1144

---

[141] Literaturhinweise: Brandmüller, Betriebsaufspaltung; derselbe, Die Betriebsaufspaltung nach Handels- und Steuerrecht, 6. Aufl. 1994; Dehmer, Die Betriebsaufspaltung; Fichtelmann, Betriebsaufspaltung im Steuerrecht; Hegel, Betriebsaufspaltung, eine attraktive Gestaltungsform; Hinke, Handbuch der Betriebsaufspaltung; Knoppe, Betriebsaufspaltung, Betriebsverpachtung; Kaligin, Die Betriebsaufspaltung; Schulze zur Wiesche, GmbHR 1994, 98.

[142] Hinsichtlich der Vor- und Nachteile der Betriebsaufspaltung vgl. Brandmüller, Die Betriebsaufspaltung nach Handels- und Steuerrecht; Schihl, FR 1977, 166; Costede, StuW 1977, 208; GmbHR 1980, 13, 43; Mangold, BB 1979, 1813.

zwei der Rechtsform nach verschiedene Betriebe gegliedert sind. Voraussetzung ist eine sachliche[143] und personelle Verflechtung[144] beider Unternehmen. In der Regel besteht die Gliederung des Unternehmens in einem Besitzunternehmen und in einer Betriebskapitalgesellschaft[145]. Ist eine Kapitalgesellschaft zeitlich nach der Besitzgesellschaft errichtet worden, spricht man von einer echten Betriebsaufspaltung. Hat jedoch die Kapitalgesellschaft schon vorher das Gewerbe betrieben und hat sich erst später eine Betriebsaufspaltung durch Überlassung von Wirtschaftsgütern durch Gesellschafter an die Gesellschaft ergeben, so liegt eine unechte Betriebsaufspaltung vor[146]. Die unechte Betriebsaufspaltung erfährt jedoch gegenüber der echten Betriebsaufspaltung, was die laufende Besteuerung angeht, keine unterschiedliche Behandlung. Nach der jüngsten Rechtsprechung[147] ist auch eine mitunternehmerische Betriebsaufspaltung möglich. Die Eigenständigkeit der Personengesellschaft hat Vorrang vor dem Sonderbetriebsvermögen.

3. Voraussetzungen einer Betriebsaufspaltung

1145 Voraussetzung für die Annahme einer Betriebsaufspaltung ist, daß die Verpächter der überlassenen Wirtschaftsgüter gleichzeitig Gesellschafter der GmbH sind und die überlassenen Wirtschaftsgüter eine wesentliche Grundlage des Betriebsvermögens der GmbH darstellen.

a) Personelle Verflechtung

1146 Die steuerliche Annahme einer Betriebsaufspaltung setzt nicht voraus, daß zwischen der Besitzgesellschaft und der Betriebskapitalgesellschaft eine Beteiligungsidentität besteht[148]. Für die Annahme einer Betriebsaufspaltung ist allein entscheidend, daß in beiden Gesellschaften die gleiche Willensbildung möglich ist[149].

1147 Bei dem Besitzunternehmen kann es sich hierbei um eine Besitzgesellschaft in Form einer OHG, KG oder Gesellschaft bürgerlichen Rechts handeln oder aber auch um einen einzelnen Gesellschafter. Voraussetzung ist jedoch nur, daß die Gesellschafter der Besitzgesellschaft die Stimmenmehrheit auch bei der GmbH haben, mit der Folge, daß die Willensbildung bei beiden Gesellschaften gleich ist.

1148 Eine Betriebsaufspaltung liegt aber auch schon dann vor, wenn ein mehrheitlich beteiligter Gesellschafter der GmbH Wirtschaftsgüter pachtweise zur Verfügung stellt, die eine wesentliche Betriebsgrundlage der GmbH darstellen.

---

[143] BFH v. 20. 9. 1973, BStBl. II 1973, 869; v. 21. 5. 1974, BStBl. II 1974, 613.
[144] BFH v. 26. 4. 1972, BStBl. II 1972, 794; v. 8. 11. 1971, BStBl. II 1972, 63; v. 19. 4. 1972, BStBl. II 1972, 634; v. 2. 8. 1972, BStBl. II 1972, 796; v. 3. 11. 1972, BStBl. II 1973, 447; v. 11. 12. 1974, BStBl. II 1975, 266; v. 28. 11. 1979, BStBl. II 1980, 162; v. 14. 8. 1974, BStBl. II 1975, 112; v. 9. 11. 1983, FR 1984, 121.
[145] Schulze zur Wiesche, in: Hartmann/Böttcher/Nissen/Bordewin, § 15 RdNr. 590.
[146] BFH v. 20. 9. 1973, BStBl. II 1973, 869.
[147] BFH v. 1. 3. 1996, DB 1996, 2059.
[148] Vgl. BFH v. 11. 12. 1974, BStBl. II 1975, 266.
[149] BFH v. 3. 11. 1972, BStBl. II 1973, 447; v. 14. 8. 1974, BStBl. II 1975, 112; v. 10. 12. 1991, GmbHR 1992, 772; v. 26. 11. 1992, GmbHR 1994, 62.

Die Tätigkeit der GbR ist als eine gewerbliche anzusehen, auch wenn sie isoliert   1149
betrachtet nur Vermögensverwaltung betreibt. Für die Frage der Beherrschung
durch einen Gesellschafter dürfen die Anteile von Eheleuten, weil sie Eheleute sind,
und von erwachsenen Kindern nicht mehr zusammengerechnet werden[150]. Es sei
denn, es kommen besondere Umstände, z. B. Stimmrechtsübertragungen, hinzu[151].

Überträgt der Vater das Betriebsvermögen seines bisherigen Einzelbetriebs auf   1150
eine Personengesellschaft (GbR), die er mit seiner Ehefrau und seinen Kindern gegründet hat, und verpachtet die GbR das Betriebsvermögen an eine GmbH, deren
alleiniger Gesellschafter der Vater ist, so liegt keine Betriebsaufspaltung vor.

Eine personelle Verflechtung kann auch durch eine faktische Beherrschung ge-   1151
geben sein. Eine Betriebsaufspaltung aufgrund faktischer Beherrschung ist nur gegeben, wenn der gesellschaftsrechtlich Beteiligte nach den Umständen des Einzelfalles darauf angewiesen ist, sich dem Willen des anderen so unterzuordnen, daß er
keinen eigenen geschäftlichen Willen entfalten kann[152].

b) Wesentliche Grundlagen

Die überlassenen Wirtschaftsgüter müssen eine der wesentlichen Betriebsgrund-   1152
lagen darstellen. Es ist nicht erforderlich, daß die Besitzgesellschaft der Betriebsgesellschaft alle wesentlichen Grundlagen zur Verfügung stellt[153].

Ein Wirtschaftsgut ist eine wesentliche Betriebsgrundlage, wenn es für die Be-   1153
triebsführung ein besonderes wirtschaftliches Gewicht hat[154]. Es muß sich um ein
Wirtschaftsgut handeln, bei dem es aus der Sicht des Betriebsunternehmers wirtschaftlich einen deutlichen Unterschied macht, ob es sich im Eigentum des Unternehmers (Betriebs- oder Besitzunternehmen) befindet und für die Betriebszwecke
besonders hergerichtet oder von einem Fremden angemietet worden ist[155].

Es ist davon auszugehen, daß ein Betriebsgrundstück, das der Produktion, als
Verkaufsräume, Hotel usw. der Betriebsgesellschaft dient, stets eine wesentliche
Grundlage darstellt. [156]. Ausnahmen ergeben sich bei Lagerräumen und Büroräumen[157]. Auch immaterielle Wirtschaftsgüter insbesondere Patente können eine we-

---

[150] BvR v. 12.3.1985, BStBl. II 1985, 42; BFH v. 30.7.1985, BStBl. II 1986, 389; v. 11.7.1985, BStBl. II 1986, 362; v. 28.5.1991, BStBl. II 1991, 801.
[151] BFH v. 11.12.1985, BB 1986, 995.
[152] BFH v. 12.10.1988, BStBl. II 1989, 152; v. 26.10.1988, BStBl. II 1989, 155; v. 1.12.1989, BStBl. II 1990, 500.
[153] Vgl. BFH v. 21.5.1974, BStBl. II 1974, 613.
[154] BFH v. 25.10.1988, DB 1989, 26.
[155] BFH v. 24.8.1989, DB 1989, 2517; v. 26.1.1989, BB 1989, 1105; v. 23.1.1991, FR 1991, 274; v. 21.8.1996, DB 1997, 24; v. 27.8.1992, BStBl. II 1993, 134; v. 18.3.1993, BFH/NV 1994, 15.
[156] BFH v. 24.8.1989, BStBl. II 1989, 1014; v. 12.9.1991, BStBl. II 1992, 347; v. 12.3.1991, BStBl. II 1992, 342; v. 26.3.1992, GmbHR 1992, 768; v. 5.9.1991, BStBl. II 1992, 349; v. 19.7.1994, BFH/NV 1995, 597.
[157] BFH v. 29.10.1991, BStBl. II 1992, 334; v. 26.5.1993, BStBl. II 1993, 718; Ladenlokal, v. 12.2.1992, BStBl. III 1992, 723; v. 26.6.1992, Bl l/NV 1993, 167.

sentliche Grundlage darstellen, wenn die Umsatzerlöse in erhöhtem Maße auf deren Verwertung beruhen[158].

1154 Unter dieser Voraussetzung ist auch eine Betriebsaufspaltung zwischen einer Kapitalgesellschaft und einem Gesellschafter möglich. So ist eine Betriebsaufspaltung immer gegeben, wenn der beherrschende Gesellschafter einer Kapitalgesellschaft dieser ein Wirtschaftsgut überläßt, das eine wesentliche Grundlage des Betriebes der GmbH darstellt. Bei der Überlassung von Grundstücken und Patenten wird man immer davon ausgehen können, daß es sich hierbei um eine wesentliche Grundlage handelt. Somit ist davon auszugehen, daß ein beherrschender Gesellschafter, der der Gesellschaft ein in seinem Privatvermögen befindliches Wirtschaftsgut zur Nutzung überläßt, durch die Nutzungsüberlassung selbst zum Gewerbetreibenden wird, da das Steuerrecht in einem solchen Fall eine Betriebsaufspaltung sieht.

4. Einkommensteuerrechtliche Behandlung der Übertragung von Betriebsvermögen auf die Betriebs-GmbH

1155 Da die Betriebsaufspaltung in der Regel ein bereits bestehendes Unternehmen betrifft und somit Betriebsvermögen auf die Betriebs-GmbH übertragen wird, so erhebt sich die Frage, ob und inwieweit hierdurch ein Veräußerungsgewinn durch Auflösung von stillen Reserven entsteht. Neben dem Umlaufvermögen wird im Zweifel auch der Firmen- und Geschäftswert auf die Betriebs-GmbH übergehen. Die Besitzgesellschaft, die ihren Geschäftsbetrieb eingestellt hat, wenn sie auch im Zweifel nicht die Aufgabe des Gewerbebetriebes erklärt hat, besitzt selbst im wesentlichen keinen Geschäfts- und Firmenwert mehr.

1156 Nach Ansicht des Finanzgerichts Düsseldorf[159] tritt eine Gewinnrealisierung dann nicht ein, wenn im Zuge der Betriebsaufspaltung Vermögenswerte, die vom Einzelunternehmer auf die Kapitalgesellschaft als Betriebskapital teils gegen Gewährung von Gesellschaftsrechten, teils gegen die Begründung von Darlehensforderungen übertragen werden, unter der Voraussetzung, daß die Buchwerte des übernommenen Vermögens fortgeführt werden. Diese vom Finanzgericht Düsseldorf vertretene Auffassung dürfte auch mit der höchstrichterlichen Rechtsprechung übereinstimmen, wonach die beiden rechtlich selbständigen Gesellschaften wirtschaftlich als eine Einheit behandelt werden und der GmbH-Anteil der Gesellschafter als Betriebsvermögen der KG bzw. der Besitzgesellschaft behandelt wird[160].

5. Steuerliche Behandlung der Betriebs-GmbH

1157 Wenn es sich bei der Betriebsaufspaltung wirtschaftlich gesehen um ein einheitliches Unternehmen handelt, so ist auch steuerlich die bürgerlich-rechtliche Gestal-

---
[158] BFH v. 6.11.1991, GmbHR 1992, 317.
[159] EFG 1966, 163.
[160] BFH v. 9.7.1970, BStBl. III 1970, 722.

tung nicht ohne jede Bedeutung. Die GmbH wird als eine selbständige juristische Person mit ihren eigenen Einkünften der Körperschaftsteuer unterworfen, ebenso wie die Komplementär-GmbH bei der GmbH & Co. KG.

Die Miet- und Pachtzahlungen an die Besitzgesellschaft gelten bei ihr als Betriebsausgaben. Allerdings ist hierbei darauf zu achten, daß diese Zahlungen nicht überhöht sind. Soweit sie jedoch nicht den Marktpreisen entsprechen, sind sie als *verdeckte Gewinnausschüttung* an die Gesellschafter zu behandeln[161]. 1158

Ist aus gesellschaftsrechtlichen Gründen ein niedrigerer Pachtzins vereinbart worden, als die Personengesellschaft hätte fordern und erhalten können, ist diese Vereinbarung steuerlich grundsätzlich anzuerkennen. Sollte jedoch der Pachtzins bei der Personengesellschaft zu Verlusten führen, so liegt in der Regel in Höhe der Verluste eine Einlage mit der Folge vor, daß die Verluste bei der Personengesellschaft steuerlich nicht anerkannt und die Gewinne der Kapitalgesellschaft entsprechend ermäßigt werden. 1159

Die Betriebsgesellschaft wird in der Regel nicht Eigentümer des von ihr genutzten Anlagevermögens sein. Dieses ist im Zweifel weiterhin im Eigentum der Personengesellschaft, sofern diese nicht ebenfalls Fremdbesitzer ist. 1160

Auch bei der Betriebsaufspaltung ist davon auszugehen, daß der Verpächter sowohl rechtlicher als auch wirtschaftlicher Eigentümer der an die Betriebsgesellschaft verpachteten Gegenstände ist[162]. Die Absetzung für Abnutzung steht daher dem Verpächter, also bei der Betriebsaufspaltung der Besitzgesellschaft, zu[163]. 1161

Hat bei der Verpachtung eines Unternehmens der Pächter die Verpflichtung übernommen, Fabrikeinrichtung und Maschinen instandzuhalten und unbrauchbar gewordene Gegenstände auf seine Kosten durch neue zu ersetzen, so darf der Pächter solche Pachtgegenstände nicht aktivieren und keine AfA vornehmen. Die Absetzung für Abnutzung sowohl an den im Zeitpunkt des Pachtbeginns vorhandenen als auch an den ersatzbeschafften Wirtschaftsgütern steht dem Verpächter, also hier der Besitzgesellschaft, zu[164]. 1162

Für die Verpflichtung zum kostenlosen Ersatz muß der Pächter eine Rückstellung bilden, deren Höhe durch die Abnutzung der gepachteten Wirtschaftsgüter während der Pachtzeit und durch die Wiederbeschaffungskosten bedingt wird[165]. 1163

Bei neuen Gegenständen, die der Pächter zu Beginn des Pachtverhältnisses übernommen hat, ist die Rückstellung in Höhe des künftigen Kaufpreises eines neuen Ersatzgutes unter Berücksichtigung der eingetretenen Preissteigerung zu bilden[166]. 1164

---

[161] BFH v. 8. 11. 1960, BStBl. III 1960, 513; vgl. auch Urteil v. 10. 3. 1971, BStBl. II 1971, 566; v. 31. 3. 1971, BStBl. II 1971, 536; v. 23. 9. 1970, BStBl. II 1971, 64.
[162] BFH v. 21. 12. 1965, BStBl. III 1966, 147; v. 2. 11. 1965, BStBl. III 1966, 61.
[163] BFH v. 21. 12. 1965, a.a.O. (Fußnote 162); vgl. auch Schulze zur Wiesche, DStR 1991, 137.
[164] BFH v. 23. 6. 1966, BStBl. III 1966, 589.
[165] BFH v. 2. 11. 1965, a.a.O. (Fußnote 162).
[166] BFH v. 2. 11. 1965, a.a.O. (Fußnote 162).

1165 Der Verpächter hat den gegen den Pächter gerichteten Anspruch auf Substanzerhaltung laufend mit dem jeweiligen Teilwert am Bilanzstichtag zu aktivieren[167]. Bei der Betriebsaufspaltung müssen die Substanzerhaltungsrückstellung des Pächters und der aktivierende Substanzerhaltungsanspruch des Verpächters gleich hoch sein[168]. Es gibt jedoch keinen allgemeinen Grundsatz, daß bei einer Betriebsaufspaltung durchgängig korrespondierend bilanziert werden muß[169].

1166 Der Pachtvertrag kann jedoch auch so gestaltet werden, daß die Betriebsgesellschaft der Besitzgesellschaft den Betrag der fiktiven Abnutzung zusammen mit den Pachtzinsen ersetzt, sei es, daß er gesondert vereinbart wird oder im Zinsbetrag gleich mit enthalten ist[170].

1167 Der Verpächter kann vertraglich zur Werterhaltung mit der Maßgabe verpflichtet werden, daß die Ersatzbeschaffungen unmittelbar in das Eigentum des Verpächters übergehen[171].

1168 Eine Organschaft zwischen Besitz- und Betriebsgesellschaft besteht ertragsteuerlich grundsätzlich nicht, obwohl nach der Neufassung des § 14 UStG auch eine Organschaft mit einer Muttergesellschaft, die keine Kapitalgesellschaft ist, möglich ist. Ein Organschaftsverhältnis setzt jedoch voraus, daß die Muttergesellschaft eine eigene gewerbliche Tätigkeit, in die das Tochterunternehmen eingegliedert ist, ausübt. Das ist aber bei der Betriebsaufspaltung im Zweifel nicht gegeben, da die Muttergesellschaft, wenn man sie so bezeichnen kann, allein Vermögensverwaltungsfunktionen wahrnimmt[172].

6. Anteile der Gesellschafter an der Betriebs-GmbH als notwendiges Betriebsvermögen der Besitzgesellschaft

1169 Der BFH[173] hat in ständiger Rechtsprechung entschieden, daß Anteile eines Gesellschafters an einer Kapitalgesellschaft, die dem Betriebszweck dienen oder ihn zumindest fördern, als notwendiges Betriebsvermögen eines Einzelbetriebes oder einer Personengesellschaft, an der der Anteilsinhaber beteiligt ist, zu behandeln sind.

Das ist bei der Betriebsgesellschaft in der Regel der Fall. Der Anteil an der Besitzgesellschaft und der Anteil an der Betriebs-GmbH bilden den einheitlichen Gewerbebetrieb des Gesellschafters[174]. Beide Anteile sind somit als einheitliches Unternehmen des Gesellschafters zu behandeln. Aus diesem Grunde sind die GmbH-

---

[167] BFH v. 2.11.1965, a.a.O. (Fußnote 162).
[168] BFH v. 23.6.1966, a.a.O. (Fußnote 164).
[169] BFH v. 8.3.1989, BStBl. II 1989, 714.
[170] Kobs, Veräußerung und Übertragung von Gewerbebetrieben, S. 217.
[171] Kobs, a.a.O. (Fußnote 170), S. 218.
[172] BFH v. 25.6.1957, BStBl. III 1957, 303; v. 7.3.1961, BStBl. III 1961, 211; v. 26.4.1966, BStBl. III 1966, 398.
[173] BFH v. 9.10.1956, BStBl. III 1956, 382; v. 13.1.1961, BStBl. III 1961, 333.
[174] BFH v. 24.3.1969, BStBl. III 1969, 289; v. 8.11.1960, BStBl. III, 513.

Betriebsaufspaltung

Anteile eines Gesellschafters der Besitzgesellschaft notwendiges Betriebsvermögen der Besitzgesellschaft.

Daher sind alle Ausschüttungen an die Gesellschafter auf Grund des Gesellschaftsverhältnisses, abgesehen von den Miet- und Pachtzahlungen an die Besitzgesellschaft, Gewinne des Gesellschafters aus Gewerbebetrieb und daher in die einheitliche Gewinnfeststellung der Besitzgesellschaft als Sondererträge der einzelnen Gesellschafter miteinzubeziehen. 1170

Es handelt sich hierbei nicht um Einkünfte aus Kapitalvermögen, sondern um gewerbliche Einkünfte.

Fraglich jedoch ist, wie die Geschäftsführergehälter zu behandeln sind, wenn die Gesellschafter beider Gesellschaften gleichzeitig Geschäftsführer der Betriebs-GmbH sind. Der BFH hat die Frage bisher dahingestellt sein lassen[175]. Sie werden als Betriebsausgaben anerkannt, soweit sie angemessen sind. Gleiches gilt für die Pensionszusagen. 1171

Wird im Zusammenhang mit einer Betriebsaufspaltung der Betriebs-GmbH von einem Gesellschafter ein Patent gegen eine Lizenz überlassen, so gehören die Lizenzeinnahmen des Gesellschafters grundsätzlich zu seinen gewerblichen Einkünften und unterliegen daher der Gewerbesteuer. Dennoch kann der Gesellschafter nach Ansicht des BFH nach § 2 Erfinderverordnung die Tarifvergünstigung für sich in Anspruch nehmen, weil es sich hierbei nicht um die Verwendung im eigenen Betrieb handelt[176]. 1172

Im Gegensatz zur Komplementär-GmbH, die in der Regel lediglich eine gesellschaftsrechtliche Funktion hat, nämlich die des persönlich haftenden Gesellschafters der Personengesellschaft wahrzunehmen, hat die Betriebs-GmbH einen eigenen Geschäftsbetrieb, den sie im eigenen Namen und nicht im Namen des Eigentümers des Anlagevermögens führt. U.E. sind daher die Geschäftsführergehälter weiterhin als Einkünfte aus nichtselbständiger Arbeit bei den Gesellschafter-Geschäftsführern zu behandeln und nicht in die einheitliche Gewinnfeststellung der Besitzgesellschaft einzubeziehen (siehe auch Buch I Rz. 1471). 1173

Auch im Falle der Veräußerung der Anteile liegt die Veräußerung einer gewerblichen Beteiligung vor. Dies hat steuerlich nur insoweit Konsequenzen, als der Veräußerungsgewinn nicht schon nach § 17 EStG (Veräußerung einer wesentlichen Beteiligung) steuerpflichtig wäre. 1174

II. Begründung einer Betriebsaufspaltung

Eine Betriebsaufspaltung wird in der Regel dadurch begründet, daß das Umlaufvermögen auf das Besitzunternehmen veräußert oder als Sachwertdarlehen übertragen wird und das Anlagevermögen verpachtet wird. Soweit durch die Übertragung des Umlaufvermögens stille Reserven realisiert werden, liegen laufende Gewinne vor. Eine steuerbegünstigte Betriebsaufgabe i.S. des § 16 Abs. 3 EStG 1175

---

[175] BFH v. 9.7.1970, BStBl. II 1970, 722.
[176] BFH v. 1.6.1978, BB 1978, 1110; v. 24.3.1977, BStBl. II 1977, 821.

liegt nicht vor, weil der Betrieb in Form der Verpachtung fortgeführt wird und das Umlaufvermögen für sich genommen keinen Teilbetrieb darstellt. Die Begründung der Betriebsaufspaltung fällt nicht unter § 20 UmwStG, dennoch können nach herrschender Ansicht die Wirtschaftsgüter zu Buchwerten ohne Gewinnrealisierung auf die Betriebskapitalgesellschaft übertragen werden[177].

III. Beendigung der Betriebsaufspaltung

1176 Nach der Rechtsprechung des BFH[178] ist eine Betriebsaufspaltung beendet, wenn die personelle Verflechtung nicht mehr gegeben ist, was zwangsläufig zu einer Betriebsaufgabe und damit zur Versteuerung der stillen Reserven führt. Der Erblasser hat daher bei seinen Verfügungen zu Lebzeiten und testamentarischen Verfügungen darauf zu achten, daß die personelle Verflechtung erhalten bleibt, d. h. die Erbfolge in der Besitzgesellschaft darf nicht von der in der Betriebsgesellschaft abweichen.

1177 Dem kann u.U. dadurch entgegengewirkt werden, daß gleichzeitig die Voraussetzungen einer gewerblichen Betriebsverpachtung gegeben sind. Hierbei ist zu beachten, daß eine gewerbliche Betriebsverpachtung nur dann vorliegt, wenn aus der Sicht des Pächters alle wesentlichen Betriebsgrundlagen beim Verpächter verbleiben, während für eine Betriebsaufspaltung die Überlassung einer wesentlichen Betriebsgrundlage an die Betriebsgesellschaft (hier aus der Sicht der Betriebsgesellschaft) ausreicht.

1178 Eine Betriebsaufspaltung kann auch dadurch gesichert werden, daß in die Besitzgesellschaft als persönlich haftender Gesellschafter eine GmbH eintritt, § 15 Abs. 3 Nr. 2 EStG, die der Personengesellschaft ihr Gepräge gibt, und es daher auf die Tätigkeit der Personengesellschaft nicht mehr ankommt.

1179 Eine bestehende Betriebsaufspaltung kann daher gesichert werden
a) durch Verfügungen, die die personelle Verflechtung sicherstellen (Beherrschung durch eine Person oder Personengruppen),
b) durch Schaffung der Voraussetzungen einer gewerblichen Betriebsverpachtung,
c) durch Beteiligung einer Kapitalgesellschaft als persönlich haftende Gesellschafterin (Erhalten des Gepräges als Gewerbebetrieb).

IV. Die Gewerbesteuer bei der Betriebsaufspaltung

1180 Sowohl die Besitzgesellschaft als auch die Betriebsgesellschaft sind selbständig gewerbesteuerpflichtig. Es ist auch hier zu berücksichtigen, daß die Freibeträge für den Gewerbeertrag von DM 48.000,- und DM 120.000,- für das Gewerbekapital nur für natürliche Personen, nicht jedoch für die Kapitalgesellschaften gelten.

---

[177] Vgl. L. Schmidt, Komm. EStG, § 15 RdNr. 150; Lückey, DB 1979, 997; Kölner HdB zur Betriebsaufspaltung, RdNr. 283.
[178] BFH v. 13.12.1983, BStBl. II 1984, 474; v. 15.12.1988, DB 1989, 759.

Die Besitzgesellschaft übt keine vermögensverwaltende Tätigkeit aus, sondern **1181** eine eigene gewerbliche Tätigkeit, wenn die Voraussetzungen für eine Betriebsaufspaltung vorliegen (vgl. Rz. 1144). Die Voraussetzungen sind für die Gewerbesteuer die gleichen wie bei der Einkommensteuer. Das hat zur Folge, daß alle Einnahmen der Besitzgesellschaft gewerbliche Einkünfte darstellen und daher als Gewerbeertrag der Gewerbesteuer unterliegen.

Hinsichtlich der Beträge aus den GmbH-Anteilen gilt das gewerbesteuerliche **1182** Schachtelprivileg (§ 9 Nr. 2a GewStG).

Nicht der Kürzung hingegen unterliegen Darlehen, die von der Besitzgesell- **1183** schaft an die Betriebs-GmbH gewährt worden sind. Sie werden sowohl bei der Besitzgesellschaft als auch bei der Betriebsgesellschaft erfaßt, jedoch nur mit 50 v.H. Gewinnansprüche stiller Beteiligungen werden nach § 8 Nr. 3 GewStG dem Gewerbeertrag der GmbH nicht zugerechnet, wenn die stille Beteiligung zu einem Betriebsvermögen gehört, was bei der Betriebsaufspaltung der Fall ist.

Zwischen Besitz- und Betriebs-GmbH ist eine gewerbesteuerliche Organschaft **1184** nicht möglich[179].

V. Schlußbetrachtung

Die Wahl der Gesellschaftsform der Betriebsaufspaltung hat den Vorteil, daß die **1185** Gesellschafter der Besitzgesellschaft für die Schulden der Betriebs-GmbH nicht haften. Einkommensteuerlich stellt sich als Vorteil dar, daß die Pachtzahlungen an die Besitzgesellschaft Betriebsausgaben darstellen. Die Besitzgesellschaft hat die Möglichkeit, die Pachtzahlungen der Betriebsgesellschaft darlehensweise oder in Form einer stillen Beteiligung wieder zur Verfügung zu stellen. Sie hat gegenüber der GmbH & Co. KG den wesentlichen Vorteil, daß die Geschäftsführergehälter als Betriebsausgaben und beim Gesellschafter als Einkünfte aus nichtselbständiger Arbeit zu behandeln sind und nicht als Gewinnvoraus. Desgleichen sind bei der Betriebsaufspaltung zugunsten des Gesellschafter-Geschäftsführers Pensionszusagen möglich. Gegenüber der GmbH ergeben sich insbesondere Vorteile bei der Vermögensteuer und bei der Gewerbesteuer.

4. Abschnitt
GmbH

I. Vorbemerkungen

Das Steuerrecht erkennt grundsätzlich die GmbH als selbständiges Gebilde ge- **1186** genüber ihren Gesellschaftern an. Die GmbH unterscheidet sich von der Personengesellschaft dadurch, daß sie auch bei Mängeln als existent gilt, wenn sie im Handelsregister eingetragen ist. Die Eintragung hat hier konstitutive Wirkung. Bei

---
[179] Vgl. BFH v. 17. 1. 1973, BStBl. II 1973, 269; v. 7. 3. 1973, BStBl. II 1973, 562.

schweren Mängeln kann die GmbH nur für die Zukunft, nicht für die Vergangenheit beseitigt werden. Daher ist grundsätzlich steuerlich auch bei Gründungsmängeln von der steuerlichen Existenz der GmbH auszugehen.

1187   Liegen hinsichtlich des Anteilserwerbs schwere Mängel vor, die bei Personengesellschaften nicht zu einer Anerkennung führen würden (ernsthaft gewollt, tatsächlich durchgeführt und nicht unter Bedingungen [Scheingründung]), wird ertragsteuerlich der Erwerb des Anteils nicht anerkannt.

Beispiel:
A gründet mit seinen 2 minderjährigen Kindern eine GmbH, in die er seinen bisherigen Einzelbetrieb einbringt. Der Vertrag wird nicht tatsächlich durchgeführt.

Hier wird die GmbH-Gründung selbst ertragsteuerlich anerkannt, nicht jedoch der Anteilserwerb durch die Kinder, mit der Folge, daß der Vater als Alleingesellschafter der GmbH anzusehen ist.

II. Körperschaftsteuer der GmbH

1. Gegenstand der Körperschaftsteuer

1188   Die Körperschaftsteuer ist die Ertragsteuer der juristischen Personen. Die körperschaftsteuerpflichtigen juristischen Personen und Personenvereinigungen sind in § 1 KStG aufgeführt. Hierunter fallen insbesondere die Kapitalgesellschaften wie die Aktiengesellschaften, die Gesellschaft mit beschränkter Haftung und die Kommanditgesellschaft auf Aktien, aber auch Stiftungen und Zweckvermögen.

1189   Voraussetzung jedoch ist, daß diese Gesellschaften ihren Sitz im Inland haben. Hat eine der Gesellschaften oder eine ihnen entsprechende ausländische Gesellschaft ihren Sitz und auch die Geschäftsleitung im Ausland, ist sie beschränkt körperschaftsteuerpflichtig (§ 2 KStG).

1190   Die genannten Körperschaften unterliegen mit ihrem gesamten Einkommen bzw. im Falle der beschränkten Körperschaftsteuerpflicht mit ihrem inländischen Einkommen der Körperschaftsteuer.

1191   Die Einkommensermittlung entspricht im wesentlichen der im Einkommensteuerrecht (§ 8 KStG), jedoch mit einigen Ausnahmen. Bestimmte Betriebsausgaben sind nicht abzugsfähig, wie Vermögensteuer, Körperschaftsteuer, Aufsichtsratsvergütungen (letzteres die Hälfte) (§ 10 KStG). Hinsichtlich besonderer abziehbarer Aufwendungen enthält § 9 KStG eine Regelung. Es betrifft insbesondere Kosten der Ausgabe von Gesellschaftsanteilen.

2. Körperschaftsteuerrechtliches Anrechnungsverfahren

1192   Das neue Körperschaftsteuerrecht kennt im Grunde genommen zwei Tarife, die Tarifbelastung von 45 v.H. und die Ausschüttungsbelastung von 30 v.H. Soweit die der Körperschaftsteuer unterlegen habenden Gewinne an die Gesellschafter ausgeschüttet werden, wird die auf die Gewinnanteile entfallende Ausschüttungsbelastung von 3/7 des Ausschüttungsbetrages auf die Einkommensteuer bzw. Körperschaftsteuer der Gesellschafter angerechnet, mit der Folge, daß die Körperschaftsteuerbelastung an die Gesellschafter voll weitergegeben wird.

Ausgeschüttete Gewinne sind somit nicht doppelt ertragsteuerlich belastet, nämlich mit der Körperschaftsteuer bei der ausschüttenden Gesellschaft und der Einkommensteuer bei den Dividendenempfängern.

Wegen der Fortschreibung des zur Ausschüttung verwendbaren Eigenkapitals ist es für die Anrechnung der Körperschaftsteuer nicht erforderlich, daß die ausgeschüttete Dividende in dem der Ausschüttung vorangegangenen Wirtschaftsjahr erwirtschaftet worden ist. Das Anrechnungsverfahren findet somit auch auf Dividenden, die aus aufgelösten Rücklagen oder Gewinnvorträgen herrühren, Anwendung. 1193

Der Körperschaftsteuersatz beträgt in der Regel 45 v. H. vom Einkommen, wobei jedoch zu berücksichtigen ist, daß die Körperschaftsteuer das Einkommen nicht mindern darf. 1194

Einkommen	DM 100,–
Körperschaftsteuer	DM 45,–
Gewinn nach Abzug der Körperschaftsteuer	DM 45,–

Soweit die Gewinne ausgeschüttet werden, ermäßigt sich die Körperschaftsteuer von 45 v. H. auf 30 v. H.

Einkommen	DM 100,–
Körperschaftsteuer	DM 45,–
Körperschaftsteuerminderung	+ DM 15,–
Ausschüttungsbelastung	DM 30,–
Ausschüttungsbetrag	DM 70,–

Infolge der Ausschüttungen ermäßigt sich die Körperschaftsteuer um 15 v. H., bezogen auf den Gewinn vor Abzug der Körperschaftsteuer (§ 27 Abs. 1 KStG) = 15/45, bezogen auf das tarifbelastete verwendbare Eigenkapital, bezogen auf den Ausschüttungsbetrag = 15/70. 1195

Eine Erhöhung der Körperschaftsteuer tritt ein, wenn das Einkommen mit einem geringeren Steuersatz als 30 v. H. belastet ist oder das Einkommen steuerfrei war. 1196

Beruht die Ausschüttung auf den gesellschaftsrechtlichen Vorschriften über die Gewinnverteilung, tritt die Minderung oder Erhöhung für den Veranlagungszeitraum ein, in dem das Wirtschaftsjahr endet, für das die Ausschüttung erfolgt (vgl. § 27 Abs. 3 KStG, Abschn. 77 KStR). 1197

Für die Ausschüttungsbelastung ist es dem Grunde nach gleichgültig, ob die Ausschüttungen aufgrund eines gesellschaftsrechtlichen Gewinnverteilungsbeschlusses oder aufgrund einer verdeckten Gewinnausschüttung erfolgen. 1198

Die Ausschüttungsbelastung beträgt in jedem Falle 3/7 des Ausschüttungsbetrags. Bei verdeckten Gewinnausschüttungen ist jedoch zu beachten, daß die verdeckten Gewinnausschüttungen in der Regel auf den Gewinn des Wirtschaftsjah- 1199 res, das nach der Ausschüttung endet, entfallen, mit der Folge, daß diese Gewinnanteile noch nicht als für die Ausschüttung verwendet gelten. Eine Minderung der Körperschaftsteuer infolge Ausschüttungsbelastung tritt in diesen Fällen jedoch nur dann ein, wenn bereits in der der Ausschüttung vorangegangenen Bilanz zur Ausschüttung verwendbares Eigenkapital vorhanden war.

1200 Infolge der Anrechnung der Körperschaftsteuer für ausgeschüttete Gewinne ist nunmehr eine Doppelbelastung vermieden worden, so daß insofern eine Gleichstellung mit den Personengesellschaften erfolgt ist. Das setzt aber voraus, daß alle Gewinne auch ausgeschüttet werden. Gewinne, die der Gesellschaft als Rücklagen, Gewinnvorträge usw. verbleiben, bleiben jedoch mit 45 v. H. belastet. Es ist deshalb das Bestreben der Gesellschafter, die Gewinne soweit wie möglich auszuschütten, was vielfach nicht im Interesse der Gesellschaft ist, weil sie die Gewinne teilweise selbst zu Investitionen und zur Entschuldung benötigt.

3. Schütt-aus/Hol-zurück-Verfahren[180]

1201 Es hat sich daher ein auch von der Finanzverwaltung anerkanntes Verfahren entwickelt, die Gewinne zunächst einmal voll auszuschütten und sie dann in irgendeiner Form der Gesellschaft wieder zur Verfügung zu stellen, damit die Gewinne lediglich mit 30 v.H. vor Abzug der Körperschaftsteuer mit Körperschaftsteuer belastet sind. Hier sind verschiedenartige Modelle möglich. Allerdings liegen zivilrechtlich Sacheinlagen vor.

1202 a) Die Gesellschaft schüttet aus, sie erhöht aber gleichzeitig ihr Kapital und verrechnet die Gewinnansprüche der Gesellschafter mit den Einlageforderungen aus der Kapitalerhöhung

1203 Das Kapital der Gesellschaft ist noch nicht voll eingezahlt. Die Gewinnansprüche werden mit den Einzahlungsverpflichtungen verrechnet. Diese Methode hat jedoch den Nachteil, daß das Garantiekapital der Gesellschaft ständig erhöht wird, ohne daß die Rücklagen gebildet werden. Der innere Wert der Anteile wird daher ständig verwässert und nimmt ab. Es ist daher zweckmäßig, daß die neuen Anteile mit einem Agio ausgegeben werden, der dem inneren Wert der Gesellschaftsanteile entspricht.

b) Die Gewinnanteile werden zum Teil der Gesellschaft als Darlehen wieder zurückgewährt

1204 Die Darlehensgewährung hat jedoch den Nachteil, daß das Fremdkapital gegenüber dem Stammkapital ständig zunimmt und die Gewinne aufgezehrt werden können bei schlechterer Wirtschaftslage, wenn diese Darlehen durch fest vereinbarte Zinsen bedient werden müssen.

---

[180] Tillmann, mbHRdsch. 1977, 280ff. Zivilrechtlich muß sich das Schütt-aus/Hol-zurück-Verfahren nach den Regeln über die Sachgründung vollziehen.

c) Die Rückgewähr der Gewinnansprüche durch Einräumung einer stillen Beteiligung

Die Einräumung einer stillen Beteiligung ist die flexibelste Form der Rückgewähr der Gewinne. Die stille Beteiligung hat gegenüber dem Darlehen den Vorteil, daß die Bedienung der stillen Beteiligung von der wirtschaftlichen Lage der GmbH abhängt und im Falle einer Verlustbeteiligung die auf die stille Beteiligung entfallenden Verlustanteile bei der Einkommensermittlung der Gesellschaft ausgleichsfähig sind.

d) Die Rückgewähr der Gewinne durch Begründung einer Betriebsaufspaltung

Betriebsmittel der GmbH können in der Weise gestärkt werden, daß die Gesellschafter die notwendigen Investitionen mittels der ausgeschütteten Gewinne selbst durchführen und diese dann der Gesellschaft pachtweise zur Verfügung stellen. Ein Nachteil dieser Gesellschaftsform ist, daß die Pachtzahlungen bei nachlassender Ertragslage ebenfalls, wie beim Darlehen, die Gewinne zu Lasten der GmbH auszehren können.

Diese vorgenannten Konstruktionen, die den alleinigen Zweck haben, der Gesellschaft die ausgeschütteten Gewinne wieder zurückzugewähren, stellen nach Ansicht der Verwaltung keinen Gestaltungsmißbrauch dar.

4. Anerkennung von Verträgen der Gesellschaft mit ihren Gesellschaftern

Grundsätzlich sind Verträge mit Gesellschaftern ebenso anzuerkennen wie die mit Dritten. Allerdings ist hier wegen des fehlenden Interessenkonflikts besondere Vorsicht geboten.

So werden von der Finanzverwaltung rückwirkende Gehaltsvereinbarungen nicht anerkannt. Das gleiche gilt auch für Tantiemen. Das Steuerrecht unterscheidet hinsichtlich der Auswirkungen zwischen Gesellschaftern, wesentlich beteiligten und beherrschenden Gesellschaftern. Besonders strenge Voraussetzungen für die Anerkennung von Verträgen liegen beim beherrschenden Gesellschafter (mehr als 50 v.H. Beteiligung) vor. Bei beherrschenden Gesellschaftern müssen die Vertragsbedingungen vorher vereinbart sein.

Darüber hinaus werden alle Leistungen an die Gesellschaft, soweit sie nicht durch eine Gegenleistung des Gesellschafters ausgeglichen sind, als verdeckte Gewinnausschüttung behandelt.

5. Behandlung von Entnahmen aus dem Betriebsvermögen

Entnahmen aus dem Betriebsvermögen einer Kapitalgesellschaft sind im rein rechtlichen Sinne nicht möglich, weil es sich bei der Kapitalgesellschaft und ihrem Gesellschafter um zwei verschiedene Rechtspersönlichkeiten handelt. Es kommen aber die Verfügungen des Gesellschafters, insbesondere dann, wenn der Gesellschafter mit nahezu 100 v.H. beteiligt ist, einer Entnahme sehr nahe. Bürgerlichrechtlich muß die Entnahme in ein Rechtsgeschäft gekleidet werden.

Ertragsteuerlich liegt, soweit der vom Gesellschafter gewährte Gegenwert nicht dem der von der Gesellschaft erhaltenen Leistung entspricht, eine Ausschüttung vor. Diese Ausschüttung ist, da sie nicht aufgrund eines ordentlichen Gewinnverteilungsbeschlusses erfolgte, steuerlich *als verdeckte Gewinnausschüttung* zu behandeln.

1210 Im Zusammenhang mit einer Erbauseinandersetzung ist es nicht selten, daß weichende Erben aus dem Betriebsvermögen der Kapitalgesellschaft abgefunden werden. Es ist hierbei darauf zu achten, daß diese in das Privatvermögen überführten Wirtschaftsgüter bei ihrer Entwendung aus dem Betriebsvermögen, in welcher Form ist steuerlich gleichgültig, nicht mit dem Buchwert, sondern mit den Verkehrswerten ausgebucht werden. Es tritt hierdurch eine Erhöhung des körperschaftsteuerlichen Gewinns ein, der bei der nächsten Gewinnverteilung an die Gesellschafter ausgeschüttet werden kann. Werden bei dem Verlassen dieser Wirtschaftsgüter aus dem Betriebsvermögen der Kapitalgesellschaft die hierfür entfallenden stillen Reserven nicht aufgelöst, so liegt eine verdeckte Gewinnausschüttung vor. Hierauf ist bei einer Erbauseinandersetzung oder bei Verfügungen des Gesellschafters zu seinen Lebzeiten zum Zwecke der Regelung der vorbereitenden Erbfolge besonders zu achten.

6. Gewinnverteilungsbeschlüsse

1211 Werden einem Gesellschafter oder einer einem Gesellschafter nahestehenden Person Vorteile zugewandt, so liegt eine verdeckte Gewinnausschüttung vor.

Verdeckte Gewinnausschüttungen liegen jedoch insoweit nicht vor, als Gewinne offen ausgeschüttet werden, die Verteilung an die einzelnen Gesellschafter nicht dem Gewinnverteilungsschlüssel oder dem Beteiligungsverhältnis entspricht.

1212 Eine Korrektur nach § 12 Nr. 2 EStG setzt voraus, daß ein Gesellschafter dem Vorteilsempfänger Einkommen zugewandt hat. Die Ausschüttung erfolgt durch die Gesellschaft und nicht durch den Gesellschafter, auch wenn die übrigen Gesellschafter oder der beherrschende Gesellschafter diesem Gewinnausschüttungsbeschluß zugestimmt hat. Eine mittelbare Ausschüttung an einen anderen Gesellschafter wäre nur unter den Voraussetzungen möglich, daß mit der Leistung an den unmittelbaren Empfänger durch die Gesellschaft gleichzeitig dem anderen Gesellschafter, der nicht der unmittelbare Empfänger ist, ein Vorteil gewährt wird. § 12 Nr. 2 EStG kann jedoch nur im Verhältnis zum Gesellschafter nicht angewandt werden, weil die Leistung der Gesellschaft an einen Gesellschafter nicht einem anderen Gesellschafter[181] zugerechnet werden kann.

Eventuell kommt hier Gestaltungsmißbrauch zum Zuge (§ 42 AO).

---

[181] BFH v. 25. 9. 1987, FR 1987, 151.

III. Stille Beteiligung an einer GmbH

Die stille Beteiligung an einer GmbH ist sowohl zivilrechtlich als auch steuerlich anerkannt[182]. Das gilt auch dann, wenn sich die Gesellschafter der GmbH gleichzeitig noch als stille Gesellschafter beteiligen. Gewerbetreibender ist in diesem Falle, unabhängig davon, ob eine typische oder atypische stille Beteiligung gegeben ist, die GmbH. Im letzteren Falle ist jedoch darauf zu achten, daß die Gewinnbeteiligung der stillen Gesellschafter angemessen ist und nicht zu Lasten des Gewinns der Gesellschaft und damit der GmbH-Gesellschafter überhöht ist. Soweit die Gewinnbeteiligung des stillen Gesellschafters nicht angemessen ist, wird der nicht angemessene Anteil des Gewinnanspruchs als verdeckte Gewinnausschüttung an den Gesellschafter behandelt. Die stille Beteiligung an einer GmbH wird jedoch ertragsteuerlich nur anerkannt, wenn aus der Vereinbarung eindeutig hervorgeht, daß neben dem Gesellschaftsverhältnis aufgrund des GmbH-Gesellschaftsvertrags noch ein weiteres Gesellschaftsverhältnis begründet werden soll[183]. 1213

Die stille Beteiligung ist in Form einer typischen, aber auch in Form einer atypischen stillen Beteiligung möglich[184]. 1214

1. Typische stille Beteiligung

Eine typische stille Beteiligung an einer GmbH ist gegeben, wenn der stille Beteiligte sich lediglich kapitalmäßig beteiligt, also lediglich Kapital zur Verfügung stellt. Eine stille Beteiligung unterscheidet sich dadurch vom Darlehen, daß der stille Gesellschafter keine feste Verzinsung, sondern eine Gewinnbeteiligung für die Zurverfügungstellung des Kapitals erhält. 1215

Der Gewinnanspruch des stillen Beteiligten ist in der Bilanz als eine Verbindlichkeit der Gesellschaft zu bilanzieren und stellt mit dem Zeitpunkt der Entstehung des Anspruchs eine Betriebsausgabe seitens der Gesellschaft dar, die den körperschaftsteuerlichen Gewinn mindert. 1216

Der stille Beteiligte hat in Höhe des Gewinnanspruchs im Zeitpunkt des Zuflusses Einkünfte aus Kapitalvermögen i.S. des § 20 Abs. 1 Nr. 4 KStG. Die auszahlende Kapitalgesellschaft hat gemäß § 43 EStG 25 v.H. Kapitalertragsteuer einzubehalten. Die einbehaltene Kapitalertragsteuer wird auf die Einkommensteuer des Gesellschafters angerechnet. Verlustübernahmen stellen bei dem Gesellschafter Werbungskosten dar. Der Untergang der stillen Beteiligung im Rahmen eines Konkurses stellt jedoch einen Vermögensverlust dar. 1217

---

[182] Schulze zur Wiesche, Die GmbH & Still, 3. Aufl. 1997; Fichtelmann, GmbH & Still im Steuerrecht, 4. Aufl. 1995; Blaurock, BB 1992, 1971. Vgl. auch Buch I Rz. 1181 ff.
[183] Vgl. BFH v. 9.12.1976, BStBl. II 1977, 155.
[184] Beger, DStR 1972, 16; Costede, StuW 1977, 208; GmbHR 1980, 13; Ebeling, Jahrbuch der Fachanwälte für Steuerrecht 1976/77, S. 54; Felix, StKongr. Rep. 1971, S. 207; Fasold, GmbHRdsch. 1970, 155; Paulik, Handbuch der Stillen Gesellschaft; Post, Die stille Beteiligung an einer GmbH; Schulze zur Wiesche, Die GmbH & Still; derselbe, DB 1976, 408; FR 1977, 492; GmbHRdsch. 1979, 33, 62; GmbHRdsch. 1980, 168; DB 1980, 1189.

1218 Hinsichtlich der Gewinnbeteiligung ist grundsätzlich von der Gestaltungsfreiheit auszugehen. Die Gewinn- und Verlustbeteiligung hat jedoch den wirtschaftlichen und finanziellen Verhältnissen des Unternehmens zu entsprechen.

Für die Angemessenheitsprüfung stellen bedeutsame Kriterien dar
- die von den Gesellschaftern erbrachte Kapitalleistung,
- die eingegangenen Risiken,
- der Arbeitseinsatz der Gesellschafter,
- die Ertragsaussichten des betriebenen Unternehmens;
darüber hinaus
- einige der für die Gewinnverteilung der GmbH & Co. KG aufgestellten Merkmale,
- die vorhandenen Geschäftsbeziehungen,
- die Dringlichkeit des Kapitalbedarfs,
- die wirtschaftliche Bedeutung der Finanzierung durch die Einlage.

Es ist hierbei grundsätzlich von den Verhältnissen bei Vertragsabschluß auszugehen. Hinsichtlich der zu erwartenden Erträge ist ein längerer Zeitraum zugrunde zu legen.

1219 Die Grundsätze des BFH hinsichtlich der Familiengesellschaften sind nicht anzuwenden[185].

2. Atypische stille Beteiligung

a) Voraussetzungen

1220 Die stille Beteiligung kann auf zweifache Art in atypischer Weise ausgebaut werden. Eine Ausweitungsmöglichkeit betrifft die Gesellschafterrechte, die andere die vermögensmäßige Beteiligung. Der alleinige Geschäftsführer und beherrschender Gesellschafter einer GmbH ist stets gleichzeitig atypischer stiller Gesellschafter, wenn er der GmbH einen unerheblichen Anteil in der Form einer stillen Beteiligung oder in der Form eines partiarischen Darlehens zur Verfügung gestellt hat[186].

1221 Die Stellung des stillen Gesellschafters kann im Innenverhältnis entsprechend der eines Kommanditisten mit Widerspruch zu einzelnen Geschäften der Gesellschaft ausgebaut werden, so daß dem stillen Gesellschafter Unternehmerinitiative zukommt. Sie kann aber auch in der Weise ausgebaut werden, daß der stille Beteiligte wirtschaftlich so gestellt wird, als sei er am Vermögen der Gesellschaft beteiligt, indem er im Falle der Beendigung des stillen Gesellschaftsverhältnisses auch an den anteiligen stillen Reserven beteiligt wird (vgl. hierzu auch Rz. 453 ff.).

1222 Ist eine der beiden Ausweitungen des stillen Gesellschaftsverhältnisses gegeben, so hat das steuerrechtlich zur Folge, daß der stille Beteiligte als Mitunternehmer der GmbH angesehen wird.

---

[185] 85 BFH v. 6.2.1980, BB 1980, 1087.
[186] 86 BFH v. 27.5.1993, BStBl. I 1994, 700; v. 15.12.1992, BStBl. II 1994, 702.

b) Einheitliche Gewinnermittlung

Liegt zwischen der GmbH und dem stillen Gesellschafter eine Mitunternehmerschaft vor, ist der Gewinn grundsätzlich für beide einheitlich und gesondert festzustellen (§ 180 AO). Das heißt, der gewerbliche Gewinn ist sowohl für die GmbH als auch für den stillen Beteiligten einheitlich festzustellen. Das körperschaftsteuerliche Einkommen ergibt sich aus dieser einheitlichen Gewinnfeststellung. 1223

Grundlage für die einheitliche Gewinnermittlung ist die Handelsbilanz der GmbH. Dem Gewinn der GmbH ist jedoch der Gewinnanspruch des stillen Beteiligten hinzuzurechnen. Die sonstigen Vergütungen, die der stille Beteiligte von der GmbH oder einem Dritten im Rahmen dieser Mitunternehmerschaft erhält, sind Sonderbetriebseinnahmen. Hat der stille Beteiligte neben der stillen Beteiligung der GmbH pachtweise ein Grundstück zur Verfügung gestellt, so gehört auch die Pachtzahlung zu seinem Gewinn aus der Mitunternehmerschaft (Sonderbetriebsvermögen). 1224

c) Betriebsvermögen

Das Betriebsvermögen der Mitunternehmerschaft besteht aus dem Betriebsvermögen der GmbH und dem Sonderbetriebsvermögen der Gesellschafter. Es ist zu beachten, daß auch der GmbH-Anteil des atypischen stillen Gesellschafters zu seinem Sonderbetriebsvermögen gehört, mit der Folge, daß auch die ausgeschütteten Gewinne aus dem GmbH-Anteil dem Gewinn der Mitunternehmerschaft als Vorabgewinn der Gesellschafter hinzuzurechnen sind. 1225

d) Geschäftsführergehalt und Pensionszusage

Bisher nicht geklärt ist die Frage, ob auch die Geschäftsführergehälter, wenn der atypische stille Beteiligte gleichzeitig Geschäftsführer der GmbH ist, als Gewinnvoraus zu behandeln sind. Insbesondere Felix will die GmbH & Still der GmbH & Co. KG gleich behandeln. U. E. gleicht die Situation bei der stillen Beteiligung an der GmbH mehr der einer Betriebsaufspaltung als der einer GmbH & Co. KG, da im Falle der GmbH & Still wirtschaftlich gesehen die GmbH, also die Kapitalgesellschaft, Träger des Betriebes ist, bei der GmbH & Co. KG die Kommanditgesellschaft. Das sollte hierbei beachtet werden. Allerdings geht der BFH bei der Beurteilung der Frage, ob Sondervergütungen im Sinne des § 15 Abs. 1 Nr. 2 EStG vorliegen, sehr stark vom Wortlaut dieser Vorschrift aus. Hiernach sind alle Vergütungen, die eine Tätigkeitsvergütung darstellen, wenn es sich wirtschaftlich um Beiträge aus dem Gesellschaftsverhältnis handelt, gewerbliche Einkünfte[187]. 1226

e) Gewinnverteilung

Der steuerliche Gewinn für die Mitunternehmerschaft ist entsprechend den Vereinbarungen auf die Gesellschafter aufzuteilen. Der Gewinnanteil des atypischen 1227

---

[187] Vgl. auch BFH v. 24.1.1980, BStBl. II 1980, 265; v. 23.5.1979, BStBl. II 1979, 757; v. 5.4.1979, BStBl. II 1979, 554; v. 25.10.1979, BStBl. II 1980, 67; vgl. auch BFH v. 23.1.1980, BStBl. II 1980, 304, bei wesentlich beteiligten Gesellschaftern.

stillen Beteiligten, soweit es sich hierbei um eine natürliche Person handelt, stellt bei diesem Einkünfte aus Gewerbebetrieb dar, die bei diesem der Einkommensteuer unterliegen. Der Gewinnanteil der GmbH stellt ebenfalls gewerbliche Einkünfte dar, die aber der Körperschaftsteuer unterliegen. Dieser ermittelte Gewinn ist die Grundlage für die Körperschaftsteuer.

IV. Unterbeteiligung

1228   GmbH-Anteile können im Wege der vorweggenommenen Erbfolge auch in der Weise übertragen werden, daß der Anteil nicht aufgeteilt wird, sondern an diesem Unterbeteiligungen eingeräumt werden. In diesem Falle bleibt der Hauptbeteiligte gegenüber der Gesellschaft Gesellschafter. Es liegt hier ein reines Innenverhältnis vor. Hier wird auch zwischen einer typischen und einer atypischen Unterbeteiligung unterschieden.

1229   Eine *typische Unterbeteiligung* ist dann gegeben, wenn der Unterbeteiligte neben seinem Gewinnanteil lediglich einen Anspruch auf Rückgewähr seiner Einlage erhält. Im Falle der Schenkung hat er keine Einlage geleistet.

In diesem Falle liegt wirtschaftlich gesehen eine Übertragung von Gewinnansprüchen (Einkommensverwendung) vor. Der Unterbeteiligte erfüllt nicht die Voraussetzungen für die Einkunftsart Einkünfte aus Kapitalvermögen. Er gilt der Gesellschaft gegenüber auch nicht als der Kapitalüberlassende. Hier ist auch das Abzugsverbot des § 12 Nr. 2 EStG zu beachten.

1230   Eine *atypische Unterbeteiligung* liegt vor, wenn der Unterbeteiligte auch an der Substanz beteiligt ist. Der Unterbeteiligte übt keine gewerbliche Tätigkeit aus. Das Halten einer Beteiligung wird nicht als gewerbliche Tätigkeit angesehen. Hier liegt ein treuhandähnliches Verhältnis vor, mit der Folge, daß der atypische Unterbeteiligte hinsichtlich seines Anteils Einkünfte aus Kapitalvermögen hat.

V. Einbringung eines Betriebes eines Einzelkaufmanns, einer Personengesellschaft usw. in eine Kapitalgesellschaft

1. Voraussetzungen

1231   Unter den Voraussetzungen des § 20 Abs. 1 UmwStG kann die Einbringung eines Betriebes oder Teilbetriebes oder eines Mitunternehmeranteils in eine unbeschränkt körperschaftsteuerpflichtige Kapitalgesellschaft zu Buchwerten erfolgen, wenn der Einbringende dafür neue Anteile an der Gesellschaft (Sacheinlage) erhält. In § 20 UmwStG kommt es nicht auf die Art des Einbringungsvorgangs an. Es kann sich hierbei um eine Einbringung im Wege der Gesamtrechtsnachfolge, im Wege der Verschmelzung oder Spaltung eine Übertragung durch Anwachsung, indem die einzelnen Gesellschafter ihre Gesellschaftsanteile auf die GmbH übertragen und somit das Gesellschaftsvermögen der GmbH anwächst, oder auch um eine Übertragung im Wege der Einzelrechtsnachfolge handeln.

1232   Es muß sich hierbei um einen Betrieb oder Teilbetrieb oder Mitunternehmeranteil handeln, nicht jedoch um ein einzelnes Wirtschaftsgut. Eine Betriebsübertra-

GmbH

gung liegt vor, wenn die wesentlichen Grundlagen dieses Betriebes auf die übernehmende Kapitalgesellschaft übertragen werden[188].

Unschädlich jedoch ist die Zurückbehaltung unwesentlicher Teile[189]. Ein Teilbetrieb liegt vor, wenn ein mit einer gewissen Selbständigkeit ausgestatteter organisatorisch geschlossener Teil des Gesamtbetriebes, der für sich allein lebensfähig ist, gegeben ist[190].

1233

Ein Teilbetrieb ist jedoch nicht vorhanden, wenn ein Unternehmen nur organisatorisch nach örtlichen und fachlichen Gesichtspunkten aufgegliedert ist[191]. Nach dem Urteil des BFH vom 26. 6. 1977[192] liegt keine Umwandlung bzw. Einbringung eines Unternehmens in eine Kapitalgesellschaft im Sinne des § 20 Abs. 1 UmwStG vor, wenn die Gesellschafter einer OHG bzw. KG das Vermögen der OHG bzw. KG in eine GmbH einbringen, deren Anteile sie bereits halten, und daher keine neuen Anteile ausgegeben werden. Es muß sich um eine Veräußerung im Sinne des § 16 Abs. 1 EStG handeln, wobei das Entgelt die Gewährung neuer Gesellschaftsrechte darstellt.

1234

Im Falle der Umwandlung einer Personengesellschaft werden die einzelnen Mitunterehmeranteile eingebracht. Zum Mitunternehmeranteil gehört auch das Sonderbetriebsvermögen. Eine Einbringung i.S. des § 20 Abs. 1 UmwStG ist daher nur gegeben, wenn auch das Sonderbetriebsvermögen mit eingebracht wird[193].

1235

Für die Einbringung des Betriebes müssen neue Gesellschaftsrechte gewährt werden. Es reicht daher nicht aus, daß die GmbH eigene Anteile hierfür hergibt. Die neuen Anteile müssen im Wege einer Neugründung oder bei einer bereits bestehenden Kapitalgesellschaft durch Kapitalerhöhung entstanden sein. Zu den wesentlichen Grundlagen eines Betriebes bzw. Mitunternehmeranteils gehört das Sonderbetriebsvermögen der Gesellschafter. Nach Ansicht der Verwaltung liegt daher eine Einbringung im Sinne des § 20 Abs. 1 UmwStG vor, wenn auch das Sonderbetriebsvermögen bürgerlich-rechtlich auf die GmbH mitübergeht[194].

1236

Nicht erforderlich ist jedoch, daß für die Einbringung des Betriebes lediglich neue Gesellschaftsrechte gewährt werden. Neben den neuen Gesellschaftsrechten können auch andere Wirtschaftsgüter gewährt werden. So kann ein Spitzenausgleich in Form einer Barzahlung, in Form eines Darlehens oder in einer stillen Be-

1237

---

[188] Zu den wesentlichen Grundlagen vgl. BFH v. 24. 6. 1969, BStBl. II 1970, 17; v. 21. 5. 1974, BStBl. II 1974, 613; v. 16. 1. 1962, BStBl. III 1962, 104.
[189] Vgl. hierzu Widmann-Meyer, Umwandlungsrecht Komm., § 20 UmwStG 1977, Tz. 3790.
[190] Vgl. BFH v. 4. 7. 1973, BStBl. II 1973, 838; v. 5. 6. 1976, BStBl. II 1977, 42; v. 2. 8. 1978, BB 1979, 47.
[191] BFH v. 26. 6. 1977, BStBl. II 1978, 144.
[192] BStBl. II 1978, 144.
[193] BFH v. 16. 2. 1996, GmbHR 1996, 549; Schulze zur Wiesche, Umwandlung einer Personengesellschaft in eine Kapitalgesellschaft unter Zurückbehaltung von Sonderbetriebsvermögen, GmbHR 1996, 749.
[194] Schreiben BdF v. 16. 7. 1978 IV B 2 S 1909/8/78, BStBl. I 1978, 235ff., Tz. 45/46. Vgl. allerdings BFH v. 28. 4. 1988, DB 1988, 2077.

2. Umwandlungsbilanz und Umwandlungszeitpunkt

1238 Steuerlicher Übertragungszeitpunkt ist der Stichtag für den die Schlußbilanz jedes der übertragenden Unternehmen i.S. des § 17 Abs. 2 UmwBerG aufgestellt ist. Dieser Stichtag darf höchstens 8 Monate vor der Anmeldung der Verschmelzung zur Eintragung in das Handelsregister liegen, § 20 Abs. 8 Satz 1 UmwStG. Das gilt sowohl für die Verschmelzung, aber auch in anderen Fällen, der Sacheinlage. Hier beginnt die 8-Monatsfrist bereits 8 Monate vor dem Tag des Abschlusses des Einbringungsvertrages.

3. Bilanzierung bei der übernehmenden GmbH

1239 Die übernehmende GmbH hat grundsätzlich die Wahl, ob sie das übernommene Betriebsvermögen zum Buchwert, zum Teilwert oder einem Zwischenwert übernimmt. Im Zweifel wird die übernehmende GmbH die Buchwerte des Einbringenden übernehmen.

1240 Eine Aufstockung ist jedoch insoweit geboten, als die Verbindlichkeiten das eingebrachte aktive Betriebsvermögen übersteigen. In diesem Falle sind die Buchwerte insoweit aufzustocken, als Aktiv- und Passivseite der Einbringungsbilanz ausgeglichen sind.

1241 Wählt die übernehmende GmbH einen Zwischenwert, darf die Gesellschaft nicht willkürlich die stillen Reserven einzelner Wirtschaftsgüter aufstocken. Die Aufstockung hat vielmehr gleichmäßig verteilt auf alle Wirtschaftsgüter zu erfolgen[195].

1242 Ein Firmenwert braucht jedoch nicht ausgewiesen zu werden, soweit der angesetzte Zwischenwert die Teilwerte der materiellen Wirtschaftsgüter übersteigt. Die übernehmende Kapitalgesellschaft kann jedoch auch die Teilwerte ansetzen. Hat die übernehmende Kapitalgesellschaft neben den neuen Gesellschaftsanteilen auch andere Wirtschaftsgüter gewährt, ist das übernommene Betriebsvermögen mindestens mit dem gemeinen Wert der anderen Wirtschaftsgüter anzusetzen.

1243 Die übernehmende Kapitalgesellschaft ist grundsätzlich in der Neufestsetzung ihres Kapitals frei. Das übernommene Aktivvermögen muß jedoch mindestens dem Nominalwert der neuausgegebenen Anteile entsprechen. Einen Mehrbetrag kann die übernehmende Kapitalgesellschaft in offene Rücklagen einstellen.

1244 Die Darlehenskonten der Gesellschafter der Personengesellschaft, die steuerlich dem Eigenkapital hinzugerechnet werden, stellen Verbindlichkeiten der übernehmenden GmbH dar und sind als solche auszuweisen.

---

[195] Vgl. BFH v. 22.6.1965, BStBl. III 1965, 482.

GmbH

4. Behandlung der Umwandlung bei den Einbringenden

Nach § 20 Abs. 4 UmwStG gilt der Wertansatz des übernommenen Betriebsvermögens bei der GmbH als Veräußerungspreis des Einbringenden. Soweit der Veräußerungspreis den Buchwert des eingebrachten Betriebsvermögens übersteigt, entsteht ein Veräußerungsgewinn. 1245

Ist das eingebrachte Betriebsvermögen mit dem Buchwert übernommen worden, entsteht im allgemeinen kein Veräußerungsgewinn. Nach § 21 Abs. 2 UmwStG kann jedoch der Erwerber des Anteils beantragen, daß die stillen Reserven auch ohne Veräußerung des Anteils versteuert werden. Hierbei tritt an die Stelle des Veräußerungspreises der Anteile ihr gemeiner Wert. 1246

Übernimmt die Gesellschaft das Betriebsvermögen des Einbringenden zum Teilwert, entsteht hinsichtlich der Differenz zum Teilwert und dem letzten Buchansatz ein Veräußerungsgewinn. Dieser ist jedoch nach § 20 Abs. 5 UmwStG i.V.m. § 16 Abs. 4 und § 34 Abs. 1 EStG tarifbegünstigt. 1247

Das gleiche gilt beim Wertansatz zum Zwischenwert. Hier ist jedoch zu berücksichtigen, daß zwar Tarifbegünstigung gewährt wird, nicht jedoch eine eventuelle Steuerfreiheit nach § 16 Abs. 4 EStG. 1248

Für den Einbringenden gilt der Wert, mit dem die Kapitalgesellschaft das eingebrachte Betriebsvermögen übernommen hat, als Anschaffungskosten der Beteiligung. § 21 UmwStG stellt sicher, daß künftige Veräußerungsgewinne erfaßt werden. 1249

VI. Gewerbesteuer

Die Einkünfte einer Kapitalgesellschaft unterliegen als gewerbliche Einkünfte kraft Rechtsform der Gewerbesteuer. Es ist hierbei gleichgültig, ob die GmbH oder eine andere Kapitalgesellschaft ein Gewerbe betreibt oder nicht. Veräußert die GmbH ihren Betrieb oder einen Teilbetrieb, so unterliegt auch dieser im Gegensatz zu den Personengesellschaften der Gewerbesteuer. Weiter ist zu beachten, daß bei Kapitalgesellschaften ein Freibetrag bei der Gewerbeertragsteuer in Höhe von DM 48.000,– nicht gewährt wird, wohl hingegen bei der Kapitalsteuer in Höhe von DM 120.000,– Kapital. 1250

Besonderer Vorteil der Kapitalgesellschaften ist, daß die Geschäftsführergehälter den Gewerbeertrag mindern.

Wird ein Betrieb einer natürlichen Person oder einer Personengesellschaft auf eine Kapitalgesellschaft übertragen, so ist dieser Vorgang grundsätzlich nicht gewerbesteuerpflichtig, weil Veräußerungsgewinne bei natürlichen Personen und Personengesellschaften von der Gewerbesteuer nicht erfaßt werden. 1251

5. Abschnitt
Stiftung

I. Grundsätze

Die Stiftung ist als selbständige juristische Person selbständig im Sinne der Steuergesetze.

1252 Ertragsteuerlich unterliegt sie der Körperschaftsteuer. Im Gegensatz zur Kapitalgesellschaft ist sie nicht Gewerbetreibende kraft Rechtsform. Sie unterliegt daher nur der Gewerbesteuer, wenn und soweit sie ein Gewerbe betreibt. Soweit sie unternehmerisch i.S. des UStG tätig ist, unterliegt sie der Umsatzsteuer (hinsichtlich der zivilrechtlichen Beurteilung vgl. Buch I Rz. 1379 ff.).

II. Körperschaftsteuer der Stiftung

1. Körperschaftsteuerpflicht der Stiftung

1253 Liegt eine juristisch selbständige Stiftung vor, so ist sie gemäß § 1 Abs. 1 Nr. 4 KStG körperschaftsteuerpflichtig. Auch unselbständige Stiftungen, insbesondere Zweckvermögen, unterliegen gemäß § 1 Abs. 1 Nr. 5 KStG der Körperschaftsteuer.

1254 Von der Körperschaftsteuer werden alle Einkünfte der Stiftung erfaßt. Hierunter fallen Dividendenerträge bei Wertpapiervermögen, aber auch gewerbliche Einkünfte, wenn die Stiftung selbst ein Gewerbe betreibt oder Beteiligungen an Personengesellschaften hält, z.B. als Kommanditist und persönlich haftender Gesellschafter einer Stiftung & Co. KG.

1255 Zuführungen in Form weiterer Stiftungen sind jedoch keine Erträge.
Die Stiftung ist verpflichtet, Bücher zu führen.
Eventuelle Veräußerungsgewinne sind nicht gemäß § 34 EStG begünstigt.

2. Betriebsausgaben
a) Leistungen aufgrund des Stiftungszweckes

1256 Leistungen aufgrund des Stiftungszweckes stellen keine abzugsfähigen Betriebsausgaben dar[196]. Insoweit handelt es sich um eine Gewinnverwendung, durch die die Steuerpflicht nicht berührt wird[197].

Stiftungszweck i.S. des § 10 Nr. 1 KStG einer durch Testament errichteten Stiftung kann neben den im Testament als Stiftungszweck bezeichneten Aufgaben auch eine laufende Rente zugunsten einer natürlcihen Person sein. Das gilt jedenfalls dann, wenn beide Ziele im Testament festgelegt sind. Beide Aufgaben müssen

---

[196] Herrmann-Heuer-Raupach, § 12 KStG, Anm. 8.
[197] BFH v. 22.9.1959, BStBl. III 1960, 37; RFH v. 2.7.1940, RStBl. 1940, 798 (Aufwendungen für Familienstiftungen).

Stiftung

aus den Überschüssen der Stiftung zu erfüllen sein und die Rentenzahlung neben den übrigen neuen beschriebenen Aufgaben erhebliche Bedeutung zukommen[198].

Räumt jedoch eine Familienstiftung, deren Zweck es ist, den Nachkommen des Stifters Bezüge zuzuwenden, z. B. diesen ein Nießbrauchsrecht ein, so ist auch steuerlich davon auszugehen, daß der Nießbraucher originäre Einkünfte aus dem Stammrecht bezieht und nicht etwa die einzelnen Nutzungen vom Besteller übertragen erhält[199]. Ist an Wertpapieren, die zum Vermögen der Stiftung gehören, der Nießbrauch bestellt, so fallen die Erträge hieraus gar nicht erst der Stiftung zu. Sie können daher auch nicht Betriebsausgaben sein[200]. 1257

Leistungen aufgrund von Vermächtnissen fallen daher unter die Vorschrift des § 10 Nr. 1 KStG. 1258

Zuwendungen, die aufgrund eines Vermächtnisses oder einer Auflage geleistet werden, berühren den Stiftungszweck unmittelbar nicht.

Hat also der Erblasser oder Schenker auf eine bereits bestehende Stiftung Vermögen übertragen mit dem Vermächtnis oder der Auflage, bestimmten Personen eine Rente zu zahlen, so ist diese Rente als Betriebsausgabe voll abzugsfähig. 1259

b) Sonstige Betriebsausgaben

Die notwendigen Verwaltungsausgaben, soweit diese nicht der Erfüllung des Stiftungszweckes selbst dienen, sind abzugsfähige Betriebsausgaben, so auch das Gehalt des Vorstandes der Stiftung. Handelt es sich bei dem Vorstand um eine Person, die zum begünstigten Personenkreis gehört, so ist das Gehalt unter dem Gesichtspunkt der verdeckten Gewinnausschüttung zu überprüfen. Überhöhte Gehaltszahlungen, die an einen fremden Geschäftsführer nicht gezahlt worden wären, sind daher auch hier bei der Stiftung als verdeckte Gewinnausschüttung zu behandeln. Grundsätzlich handelt es sich bei dem Gehalt eines geschäftsführenden Vorstandes einer rechtsfähigen Familienstiftung um Arbeitslohn[201]. Allerdings haben Destinatäre einer Stiftung kein mitgliedschaftliches oder mitgliedschaftsähnliches Verhältnis zur Stiftung[202]. 1260

3. Gewinn der Stiftung
a) Die Organschaft

Betreibt die Stiftung selbst kein Gewerbe und hält sie nicht im Rahmen eines Gewerbes Beteiligungen, so ist eine Organschaft mit den kapitalmäßig beherrschenden Beteiligungsgesellschaften nicht möglich. 1261

Besteht der Zweck der Muttergesellschaft im wesentlichen in der Vermögensverwaltung, so ist eine Organschaft nicht anzuerkennen. 1262

---

[198] BFH v. 5. 2. 1992, BStBl. II 1992, 748.
[199] Herrmann-Heuer-Raupach, § 12 KStG, Anm. 6; BFH, BStBl. III 1960, 36.
[200] BFH v. 22. 9. 1959, BStBl. III 1960, 37.
[201] Vgl. BFH v. 31. 1. 1975, BStBl. II 1975, 358.
[202] Abschnitt 31 KStR 1995.

Da sich die Stiftung selbst in der Regel auf die Vermögensverwaltung, daher auf die Erhaltung von Beteiligungen und sonstigem Vermögen, beschränkt, ist eine Organschaft in der Regel bei der Stiftung nicht möglich, es sei denn, es handelt sich um eine Unternehmensträgerstiftung.

b) Der Steuertarif

1263 Der Körperschaftsteuertarif beträgt bei Stiftungen i. S. des § 1 Abs. 1 Nr. 4 und 5 KStG (und damit auch bei der Stiftung im Sinne des § 1 Abs. 2 Nr. 1 und 3, § 23 Abs. 2 Nr. 2 KStG) 45 v. H. Fallen die Einkünfte in einem wirtschaftlichen Geschäftsbetrieb einer von der KSt befreiten Stiftung an, 42 v. H. .

1264 Sofern es sich jedoch um eine von der Körperschaftsteuer befreite Stiftung handelt, werden die Einkünfte aus einem wirtschaftlichen Geschäftsbetrieb mit 45 v. H. besteuert.

1265 Der gespaltene Körperschaftsteuertarif kommt jedoch bei der Stiftung nicht zur Anwendung.

1266 Zahlungen aufgrund des Stiftungszweckes an die Destinatäre stellen keine Ausschüttung dar.

c) Die verdeckte Gewinnausschüttung

1267 Verdeckte Gewinnausschüttungen sind auch bei der Stiftung begrifflich nicht möglich (so Abschnitt 31 Abs. 2 KStR 1990).

1268 Wenn es Gewinnausschüttungen im Sinne der Kapitalgesellschaften bei der Stiftung auch nicht gibt, so können, wirtschaftlich gesehen, Ausschüttungen insbesondere bei Familienstiftungen an den begünstigten Personenkreis erfolgen. Das trifft zu, wenn Sonderleistungen unabhängig von den Zuwendungen aufgrund des Stiftungszweckes an den begünstigten Personenkreis erfolgen. Empfänger dieser Zuwendung sind die durch den Stiftungszweck Begünstigten, z.B. Leistung von überhöhten Vorstandsgehältern an Personen, die zu den Begünstigten gehören. Soweit diese Bezüge unangemessen hoch sind, können sie den Gewinn der Stiftung nicht schmälern. Insbesondere fallen hierunter Sachbezüge an die Begünstigten, soweit diese nicht mit den richtigen Werten angesetzt worden sind.

1269 Nach der Rechtsprechung des BFH kann aus § 8 Abs. 3 Satz 2 KStG nicht entnommen werden, daß eine Einkommenszurechnung nur dann in Betracht kommt, wenn der Abzug der Beträge, die der Zurechnung entsprechen, zur Herstellung der Ausschüttungsbelastung für nur unbeschränkt steuerpflichtige Kapitalgesellschaften und bei unbeschränkt steuerpflichtigen Körperschaften Anwendung findet, deren Leistungen bei den Empfängern zu Einnahmen i. S. des § 20 Abs. 1 Nr. 1 oder 2 EStG gehören. Daher hat der BFH auch verdeckte Gewinnausschüttungen bei Nichtkapitalgesellschaften, insbes. Vorteilsgewährungen von Sparkassen an ihre Gewährsträger, angenommen[203]. Das gilt für Leistungen an Destinatäre nicht.

---

[203] Vgl. BFH v. 9. 8. 1989, BStBl. II 1990, 237; vgl. auch Schulze zur Wiesche, DStZ 1991, 161.

4. Die gemeinnützige Stiftung

Dient eine Stiftung nach der Satzung und nach ihrer tatsächlichen Geschäftsführung ausschließlich und unmittelbar kirchlichen, gemeinnützigen oder mildtätigen Zwecken, so ist sie von der Körperschaftsteuer befreit, sofern sie keinen wirtschaftlichen Geschäftsbetrieb, der über den Rahmen einer Vermögensverwaltung hinausgeht (§ 4 Abs. 1 Nr. 6 KStG), unterhält. 1270

5. Schlußbetrachtung

Trotz der Nichtabziehbarkeit der Zuwendungen an die Destinatäre besteht keine Doppelbelastung, weil die Zuwendungen bei diesen nicht versteuert werden nach § 22 Nr. 1a EStG. § 22 Nr. 1 EStG setzt voraus, daß sie beim unbeschränkten steuerpflichtigen Geber abzugsfähig sind, was hier nicht der Fall ist. 1271

III. Einkommen der Gesellschafter

Die Destinatäre sind nicht Gesellschafter und haben daher keine Kapitaleinkünfte. Bei den Zuwendungen liegen sonstige Einkünfte vor, soweit sie beim unbeschränkt steuerpflichtigen Geber abzugsfähig sind. Das wird jedoch in der Regel nicht der Fall sein[204]. 1272

IV. Erbschaftsteuer

Siehe hierzu Rz. 65 ff., 237, 258. 1273

6. Abschnitt
Stiftung & Co. KG

I. Erbschaftsteuer

1. Errichtung der Komplementärstiftung

Die Errichtung der Komplementärstiftung unterliegt der Erbschaftsteuer (§ 3 Abs. 2 Nr. 1 ErbStG bei Stiftungen von Todes wegen, § 7 Abs. 1 Nr. 8 ErbStG bei solchen unter Lebenden)[205]. Der Steueranspruch entsteht mit dem Zeitpunkt der Gründung der Stiftung. Die Erbschaftsteuer richtet sich nach dem Verwandtschaftsverhältnis der nach der Stiftungsurkunde entferntest Berechtigten zum Erblasser bzw. zum Schenker (bei Familienstiftung in der Regel Steuerklasse I). Vgl. im übrigen Rz. 65, 237. Soweit es sich bei der Übertragung auf eine Stiftung um Be- 1274

---

[204] BFH v. 25. 8. 1987, DB 1988, 789.
[205] Berndt, Stiftung und Unternehmen; Seifert, Handbuch des Stiftungsrechts; Die Familienstiftung; Weimar/Delp, Inf. 1987, 74; Hennerkes/Binz/Sorg, DB 1986, 2217; Karsten Schmidt, DB 1987, 261; Weimar/Geitzhaus/Delp, BB 1986, 1998; Scheidle, BB 1986, 2065; Schulze zur Wiesche, Wpg 1988, 128.

triebsvermögen handelt, wird im Falle der testamentarischen Einsetzung und bei Übertragung unter Lebenden im Rahmen einer vorweggenommenen Erbfolge der Freibetrag nach § 13a Abs. 1 ErbStG und der Bewertungsabschlag nach § 13a Abs. 2 ErbStG gewährt.

2. Schenkung der Anteile an der Personengesellschaft

1275 Die Schenkung der Anteile an der Personengesellschaft unterliegt der Erbschaft- bzw. Schenkungsteuer (siehe Rz. 846, hinsichtlich Bewertung Rz. 146 ff.).

3. Nachstiftungen

1276 Nachstiftungen unterliegen grundsätzlich der Steuerklasse III.

4. Erbersatzsteuer (§ 1 Abs. 1 Nr. 4 ErbStG)

1277 Die Erbersatzsteuer ist für die Stiftung & Co. KG nur von geringer Bedeutung, weil die Komplementärstiftung in der Regel mit einem geringen Vermögen ausgestattet ist. Komplementärstiftungen mit einem Vermögen bis zu DM 800.000,– fallen nicht unter die Erbersatzsteuer (vgl. Rz. 78, 237).

II. Einkommensteuer

1. Die Stiftung & Co. KG als Mitunternehmerschaft

1278 Ist eine Stiftung als Komplementär an einer Personengesellschaft beteiligt, ist die Personengesellschaft nicht kraft Gepräges gewerblich tätig; § 15 Abs. 3 Nr. 2 EStG trifft nicht auf sie zu, da die Komplementärstiftung keine Kapitalgesellschaft ist. Die Personengesellschaft muß daher grundsätzlich einen Gewerbebetrieb haben. Eine Stiftung & Co. KG, die lediglich Vermögensverwaltung betreibt, hat Einkünfte aus Kapitalvermögen (§ 20 Abs. 1 EStG) oder solche aus Vermietung und Verpachtung (§ 21 EStG).

2. Gewinnermittlung der Stiftung & Co. KG

1279 Die Stiftung & Co. KG ermittelt ihren Gewinn einheitlich für alle Gesellschafter einschließlich der Komplementärstiftung.

Da die Stiftung keine Gesellschafter hat, bestehen an der Komplementärstiftung keine Anteile, folglich gehört damit das Vermögen der Stiftung nicht unmittelbar zum steuerlichen Betriebsvermögen der KG.

1280 Ausschüttungen der Stiftung an Destinatäre, die gleichzeitig Kommanditisten sind, sind nicht als Sonderbetriebseinnahmen der Gesellschaft zu behandeln.

1281 Ist ein Kommanditist gleichzeitig Vorstand der Stiftung, wird man wohl seine Vorstandsbezüge als Sonderbetriebseinnahmen behandeln müssen.

1282 Nutzungsüberlassungen des Gesellschafters an die Personengesellschaft und wohl auch die Stiftung, die diese wiederum der Personengesellschaft überläßt, sind als Sonderbetriebseinnahmen zu behandeln.

1283 Die Vergütungen, die die Stiftung des Gesellschafters der KG erhält, sind als Sonderbetriebseinnahmen dem Gewinn der KG wieder hinzuzurechnen.

3. Einkommen der Gesellschafter

a) Gewinnanteil der Komplementärstiftung

Der Gewinnanteil der Komplementär-GmbH, der um die Sondervergütung für Geschäftsführung usw. zu erhöhen ist, unterliegt der Körperschaftsteuer (siehe Rz. 1263). 1284

b) Gewinnanteile der Kommanditisten

Die Gewinnanteile der Kommanditisten sind Einkünfte aus Gewerbebetrieb i.S. des § 15 Abs. 1 Nr. 2 EStG. 1285

Nicht steuerbar sind jedoch die Ausschüttungen der Stiftung an ihre Destinatäre (§ 22 Nr. 1 EStG). 1286

III. Einkommensteuer des Stifters bei Gründung

1. Unentgeltliche Betriebsübertragung

Überträgt der Stifter seinen Betrieb unentgeltlich, so fällt kein Veräußerungsgewinn an. Der Erwerber hat die Buchwerte fortzuführen. 1287

2. Übertragung eines Einzelbetriebes auf eine Stiftung & Co. KG

Überträgt der bisherige Einzelunternehmer sein Unternehmen auf eine Personengesellschaft, an der eine Stiftung als Komplementär beteiligt ist, so liegt eine Einbringung i.S. des § 24 UmwStG vor. Die Personengesellschaft hat die Wahl, das Betriebsvermögen zum Buchwert, Teilwert oder einem Zwischenwert zu übernehmen. Die Versteuerung der stillen Reserven kann also durch Buchwertfortführung vermieden werden, allerdings muß die spätere Versteuerung der stillen Reserven gewährt sein. Das wäre sie nicht, wenn es sich bei der Komplementärin um eine gemeinnützige, steuerbefreite Stiftung handeln würde, das wird aber bei der Stiftung, deren Zweck es ist, Komplementärin einer Personengesellschaft zu sein, nicht der Fall sein. 1288

3. Eintritt einer Stiftung in eine bereits vorhandene Personengesellschaft

Tritt eine Stiftung in eine bereits vorhandene Personengesellschaft ein, liegt nach überwiegender Ansicht bei dem Altgesellschafter ein Fall der Einbringung vor mit dem Wahlrecht zwischen Buchwert, Teilwert oder einem Zwischenwert, so daß auch hier die Aufdeckung von stillen Reserven verhindert werden kann. 1289

4. Übertragung einer GmbH auf eine Stiftung & Co. KG

Wie bereits ausgeführt, bestehen gegen die Umwandlung einer GmbH auf eine Stiftung & Co. KG keine Bedenken, weil es sich bei der Stiftung um keine Kapitalgesellschaft handelt. 1290

Die Kapitalgesellschaft hat hierbei alle stillen Reserven mit Ausnahme eines bisher nicht aktivierten Geschäftswertes aufzudecken, der Übertragungsgewinn ist bei ihr steuerfrei. Die übernehmende Personengesellschaft hat das übernommene

Betriebsvermögen mit den Werten der Kapitalgesellschaft anzusetzen. Der Übernahmegewinn ist jedoch zu erfassen, allerdings kommt die Gesellschaft in die vollen Vorteile der Körperschaftsteueranrechnung.

IV. Gewerbesteuer

1291   Grundsätzlich unterliegen die Stiftung, wenn sie ein Gewerbe betreibt – was der Fall ist, wenn sie an einer gewerblichen Personengesellschaft die Komplementärfunktion übernimmt -, und die gewerbliche Personengesellschaft der Gewerbesteuer mit ihren Einkünften i.S. des § 15 Abs. 1 Nr. 2 EStG.

1292   Der Gewerbebetrieb einer Stiftung wird durch § 2 Abs. 1 GewStG erfaßt, darüber hinaus ein wirtschaftlicher Geschäftsbetrieb nach § 2 Abs. 3 GewStG. Auch die Beteiligung an einer gewerblichen Personengesellschaft bildet einen Gewerbebetrieb. Ist die Stiftung nur an der KG beteiligt und bezieht sie ausschließlich von der KG Einkünfte, dann bleibt sie gewerbesteuerfrei (Schachtelprivileg, § 9 Nr. 2, 12 Abs. 3 Satz 2 GewStG).

1293   Die Stiftung & Co. KG selbst ist wiederum gewerbesteuerpflichtig, wenn sie gewerblich tätig ist. Die vermögensverwaltende Stiftung & Co. KG unterliegt daher im Gegensatz zur GmbH & Co. KG nicht der Gewerbesteuer.

V. Grunderwerbsteuer

1294   Bringt der bisherige Einzelunternehmer sein Betriebsvermögen in eine Personengesellschaft ein und ist im Betriebsvermögen Grundvermögen vorhanden, fällt grundsätzlich Grunderwerbsteuer an, § 1 GrEStG. Soweit aber der Einbringende, dessen Ehefrau und Abkömmlinge an der Personengesellschaft beteiligt sind, ist die Einbringung grunderwerbsteuerbefreit, § 3 Nr. 4 u. 6, § 5 GrEStG. In Höhe des Anteils der Stiftung fällt Grunderwerbsteuer an. Da die Personengesellschaft selbst Steuersubjekt ist, unterliegt ein Gesellschafterwechsel nicht der Grunderwerbsteuer.

Jedoch unterliegt die Vereinigung von Anteilen in einer Hand der Grunderwerbsteuer, § 1 Abs. 3 GrEStG. Da Anteilsrechte an einer Stiftung nicht bestehen, kann bei einer Stiftung der Tatbestand der Anteilsvereinigung nicht verwirklicht werden.

VI. Die steuerlichen Vorteile der Stiftung & Co. KG gegenüber der GmbH & Co. KG

1295   Der besondere Vorteil der Stiftung & Co. KG besteht darin, daß das Geprägegesetz (§ 15 Abs. 3 Nr. 2 EStG) nicht für die Stiftung & Co. KG gilt. Eine Stiftung & Co. KG, die lediglich Vermögen verwaltet, betreibt kein Gewerbe.

Die Stiftung & Co. KG eignet sich daher besonders für nichtgewerbliche Personengemeinschaften.

Erbschaftsteuerliche Nachteile durch die Erbersatzsteuer entstehen nicht, wenn die Komplementär-Stiftung nicht erhebliches eigenes Vermögen besitzt.

Literaturverzeichnis

Alternativkommentar zum Bürgerlichen Gesetzbuch, Band 6 (1990) bearb. v. Buchholz, Däubler, Derleder, Dubischar, Finger, F. Pardey, K.-D. Pardey, Schaper, Teubner und Wendt

Bader/Lammsfuß/Rinne, Die Besteuerung der Renten, 2. Auflage (1989)

Bartl/Henkes/Scharb, GmbH-Recht, 3. Auflage (1990)

Battes, Gemeinschaftliches Testament und Ehegattenerbvertrag als Gestaltungsmittel für die Vermögensordnung der Familie. Versuch einer Grundlegung im Vergleich mit funktionsverwandten Erscheinungen des anglo-amerikanischen und französischen Rechts (1974)

Baumann, Das Schuldanerkenntnis (1992)

Baumbach/Hopt, Kommentar zum Handelsgesetzbuch, 29. Auflage (1995)

Baumbach/Hueck, Kommentar zum Aktiengesetz, 14. Auflage (1987)

Baumbach/Hueck (Hueck/Schulze-Osterloh/Zöllner), Kommentar zum GmbH-Gesetz, 15. Auflage (1988)

Beckmann, Die AG & Co. KG (1992)

Beck'sches Formularbuch zum Bürgerlichen, Handels- und Wirtschaftsrecht, 5. Auflage (1991)

Beck'sches Handbuch der GmbH (1995), hrsg. v. Müller, Hense

Beck'sches Notarhandbuch (1992), hrsg. v. Brambring, Jerschke, Abschn. C, Erbrecht, bearb. v. Bengel/Reimann

Bengel/Reimann, Handbuch der Testamentsvollstreckung (1994)

Bentler, Das Gesellschaftsrecht der Betriebsaufspaltung (1986)

Berndt, Stiftung und Unternehmen, 5. Auflage (1995)

BGB-RGRK, Kommentar hrsg. von Mitgliedern des Bundesgerichtshofes, Band 5, 12. Auflage (1974f.), bearb. v. Johannsen und Kregel

Biergans/von Stotzingen, Raten, Renten, andere wiederkehrende Zahlungen, 4. Auflage (1993)

Binz, Die GmbH & Co., 8. Auflage (1992)

Blümich, EStG – KStG – GewStG (Loseblatt)

Boekelmann, Nutzungen und Gewinn beim Unternehmensnießbrauch (1971)

Böttcher/Zartmann/Faut, Stille Gesellschaft und Unterbeteiligung, 3. Auflage

Bohrer, Das Berufsrecht der Notare (1991)

Boruttau/Egly/Sigloch, Grunderwerbsteuergesetz, 13. Auflage (1992)

Brambring, Der Ehevertrag, 2. Auflage (1994)

Brandmüller, Die Betriebsaufspaltung nach Handels- und Steuerrecht, 6. Auflage (1994)

Breuninger, Die BGB-Gesellschaft als Rechtssubjekt im Wirtschaftsverkehr (1991)

Brönner/Bareis/Rux, Die Besteuerung der Gesellschaften, des Gesellschafterwechsels und der Umwandlungen, 17. Auflage (1996)

Brönner/Rux, Steuervorteile durch zweckmäßige Erb- und Unternehmensnachfolge, 5. Auflage (1988)

Brox, Erbrecht, 15. Auflage (1995)

Literaturverzeichnis

Brüggemann/Fischer/Schilling u. a., HGB Großkommentar, 4. Auflage (1983)
Bünz/Heinsius, Praxishandbuch Familiengesellschaften (Loseblatt)
Capelle/Canaris, Handelsrecht, 21. Auflage (1989)
Claussen/Krüger, Optimale Unternehmensnachfolge (1992)
Crezelius, Handbuch der Personengesellschaften (Loseblatt)
Damrau, Der Erbverzicht als Mittel zweckmäßiger Vorsorge für den Todesfall (1966)
Dehmer, Die Betriebsaufspaltung, 2. Auflage (1987)
Dittmann/Reimann/Bengel, Testament und Erbvertrag, 2. Auflage (1986)
Donath, Die Betriebsaufspaltung (1991)
Draschka, Vorweggenommene Erbfolge und Pflichtteilsergänzung (1992)
Ebenroth, Erbrecht (1992)
Eccher, Antizipierte Erbfolge (1980)
Eder/Berg/Tillmann/Gaul, Handbuch der GmbH (Loseblatt)
Ehlers, Besteuerung wiederkehrender Bezüge (1990)
Ehlers, Unternehmensnachfolge und Erbauseinandersetzung in handelsrechtlicher und ertragsteuerlicher Sicht, 2. Auflage (1995)
Erman, Handkommentar zum Bürgerlichen Gesetzbuch, Band 2, 9. Auflage (1993), Erbrecht bearb. v. Schlüter u. M. Schmidt
Fichtelmann, Betriebsaufspaltung im Steuerrecht, 8. Auflage (1994)
Fichtelmann, Die GmbH & Co. KG im Steuerrecht, 7. Auflage (1994)
Fichtelmann, GmbH & Still im Steuerrecht, 4. Auflage (1995)
Firsching/Graf, Nachlaßrecht, 7. Auflage (1994)
Fischer, Wiederkehrende Bezüge und Leistungen (1994)
Fleischer/Thierfeld, Stille Gesellschaft im Steuerrecht, 6. Auflage (1995)
Fleischmann, Lebzeitige Verfügungsfreiheit bei erbrechtlicher Bindung und Pflichtteilsberechtigung nach den Vorschriften des BGB (1989)
Flick, Richtige und rechtzeitige Erbfolgeplanung, 4. Auflage (1992)
Flume, Allgemeiner Teil des Bürgerlichen Rechts, Erster Band, Erster Teil, Personengesellschaft (1977)
Formularkommentar, Formulare für Freiwillige Gerichtsbarkeit und Vertragsgestaltung mit Erläuterungen, Band 6: Bürgerliches Recht III. Erbrecht, 22. Auflage v. Prausnitz (1986)
Fritz/Bünger, Praxishandbuch Erbrecht (Loseblatt)
Fromm, Unternehmensnachfolge, 2. Auflage (1991)
Gaul, Der Betriebsübergang, 2. Auflage (1992)
Gernhuber/Coester-Waltjen, Lehrbuch des Familienrechts, 4. Auflage (1994)
Geßler/Hefermehl/Eckardt/Kropff, Kommentar zum AktG, Band 5 (1984–1986), Band 6 (1994)
Godin/Wilhelmi, Kommentar zum AktG, 4. Auflage (1971)
Großkommentar zum AktG (Bearbeiter), 3. Auflage (1970–1975)
Großkommentar Handelsgesetzbuch, 4. Auflage (1983 ff.)
Grziwotz, Partnerschaftsvertrag für die nichteheliche Lebensgemeinschaft (1992)
Gursky, Erbrecht (1988)

Literaturverzeichnis

Gustavus, Handelsregisteranmeldungen, 3. Auflage (1996)
Hachenburg, Großkommentar zum GmbHG, Band 1, 8. Auflage (1992ff.)
Haegele/Winkler, Der Testamentsvollstrecker nach bürgerlichem, Handels- und Steuerrecht – Handbuch für die Praxis, 12. Auflage (1993)
Happ, Aktienrecht (1995)
Harder, Grundzüge des Erbrechts, 3. Auflage (1992)
Hartmann/Böttcher/Nissen, Kommentar zum Einkommensteuergesetz (Loseblatt)
Hennerkes, Unternehmenshandbuch Familiengesellschaften (1995)
Hennerkes/Binz, Die GmbH & Co., 8. Auflage (1992)
Hense, Die stille Gesellschaft im handelsrechtlichen Jahresabschluß (1990)
Herrmann/Heuer/Raupach, Kommentar zum Einkommensteuer- und Körperschaftsteuergesetz mit Nebengesetzen (Loseblatt)
Hesselmann/Tillmann, Handbuch der GmbH & Co., 17. Auflage (1991)
Heymann, Handelsgesetzbuch (1990)
Hölters, Der Beirat der GmbH und GmbH & Co. KG, 2. Auflage (1993)
Hofmann, Erbschaft- und Schenkungsteuer, 4. Auflage (1993)
Hofmann, Kommentar zum Grunderwerbsteuergesetz, 6. Auflage (1995)
Holzhauer, Familien- und Erbrecht, 2. Auflage (1988)
Hopt, Vertrags- und Formularbuch zum Handels-, Gesellschafts-, Bank- und Transportrecht (1995)
Huber, Vermögensanteil, Kapitalanteil und Gesellschaftsanteil an Personengesellschaften des Handelsrechts (1970)
Hueck, Das Recht der offenen Handelsgesellschaft, 4. Auflage (1971)
Hueck, Gesellschaftsrecht, 19. Auflage (1991)
Hüffer, Kommentar zum Aktiengesetz, 2. Auflage (1995)
Jansen/Hoffmann, Der Nießbrauch im Zivil- und Steuerrecht, 4. Auflage (1985)
Jansen/Wrede, Renten, Raten, Dauernde Lasten, 11. Auflage (1995)
Jauernig/Stürner/Schlechtriem/Teichmann/Vollkommer, Bürgerliches Gesetzbuch mit Erläuterungen, 7. Auflage (1994), Erbrecht bearb. v. Stürner
Kaligin, Die Betriebsaufspaltung, 3. Auflage (1995)
Kanzleiter/Wegmann, Vereinbarungen unter Ehegatten, 4. Auflage (1995)
Kapp/Ebeling, Handbuch der Erbengemeinschaft (Loseblatt)
Kapp/Ebeling, Kommentar zum Erbschaftsteuer- und Schenkungsteuergesetz (Loseblatt)
Keidel/Schmalz/Stöber, Registerrecht, 5. Auflage (1991)
Kersten/Bühling, Formularbuch und Praxis der freiwilligen Gerichtsbarkeit, 20. Auflage (1994)
Kipp/Coing, Erbrecht, 14. Auflage (1990)
Kirchhof/Söhn, Einkommensteuergesetz (Loseblatt)
Kirst/Bieler, Unternehmensnachfolge (1996)
Klamroth, Die GmbH & Co. KG, 7. Auflage (1993)
Klauss/Birle, GmbH & Co., 9. Auflage (1993)
Knobbe-Keuk, Bilanz- und Unternehmenssteuerrecht, 9. Auflage (1993)

Literaturverzeichnis

Knoppe, Betriebsverpachtung und Betriebsaufspaltung, 8. Auflage (1995)

Kobs, Veräußerung und Übertragung von Gewerbebetrieben, 7. Auflage

Kölner Kommentar zum AktG, 2. Auflage (1986 ff.)

Kössinger, Das Testament Alleinstehender (1994)

Krebs, Geschäftsführungshaftung bei der GmbH & Co. KG und das Prinzip für sorgfaltswidrige Leitung (1991)

Kübler, Gesellschaftsrecht, 4. Auflage (1994)

Kunz/Hennemann, Grunderwerbsteuer (Loseblatt)

Lademann/Söffing, Kommentar zum Einkommensteuergesetz (Loseblatt)

Lange/Kuchinke, Lehrbuch des Erbrechts, 4. Auflage (1995)

Langenfeld, Das Ehegattentestament (1994)

Langenfeld, Das Testament des Gesellschafter-Geschäftsführers einer GmbH und GmbH & Co. KG

Langenfeld, GmbH Vertragspraktikum, 2. Auflage (1995)

Langenfeld, Grundstückszuwendungen im Zivil- und Steuerrecht, 3. Auflage (1992)

Langenfeld, Handbuch der Eheverträge und Scheidungsvereinbarungen, 3. Auflage (1996)

Langenfeld, Vertragsgestaltung, Methode – Verfahren – Vertragstypen (1991)

Langenfeld/Gail, Handbuch der Familienunternehmen, Gesellschafts-, Steuer-, Güter- und Erbrecht der Einzelunternehmen und Familiengesellschaften mit Mustersammlung (Loseblatt)

Leipold, Erbrecht, 10. Auflage (1993)

Littmann/Bitz/Hellwig, Das Einkommensteuerrecht (Loseblatt)

Lorz, Testamentsvollstreckung und Unternehmensrecht (1995)

Luckey, Unternehmensnachfolge (1992)

von Lübtow, Erbrecht (1971)

Lutter, Umwandlungsgesetz (1996)

Lutter/Hommelhoff, GmbHG, 14. Auflage (1995)

Mayer/Wissmann, Handbuch des Gesellschafts- und Wirtschaftsrechts (1991)

Mecke/Lerch, Beurkundungsgesetz, Kommentar, 2. Auflage (1991)

Meincke/Michel, Kommentar zum Erbschaftsteuer- und Schenkungsteuergesetz, 10. Auflage (1994)

Michalski/Römermann, Partnerschaftsgesetz (1995)

Möhring/Beisswingert/Klinghöffer, Vermögensverwaltung in Vormundschafts- und Nachlaßsachen, 7. Auflage (1992)

Moench, Erbschaftsteuer und Schenkungsteuer (Loseblatt)

Müller/Ohland, Gestaltung der Erb- und Unternehmensnachfolge in der Praxis – Betriebswirtschaftliche, zivilrechtliche und steuerliche Überlegungen, 2. Auflage (1995) (Erg.-Lfg. 1996)

Münchener Handbuch des Gesellschaftsrechts (1988 ff.), hrsg. v. Riegger, Weipert

Münchener Kommentar zum BGB, 2. Auflage (1984 ff.), 3. Auflage (1992)

Münchener Vertragshandbuch, Band 1, 3. Auflage (1992), Band 2, 3. Auflage (1993), Band 3, 3. Auflage (1992), Band 4, 3. Auflage (1992)

Neye/Limmer/Frenz/Harnacke, Handbuch der Unternehmensumwandlung (1996)

Literaturverzeichnis

Nieder, Handbuch der Testamentsgestaltung (1992)
Nolting, Inhalt, Ermittlung und Grenzen der Bindung beim Erbvertrag (1985)
Obermeier, Vorweggenommene Erbfolge und Erbauseinandersetzung (1993)
Olzen, Die vorweggenommene Erbfolge (1984)
Otte, Erbrecht programmiert (1974)
Padberg, Kommentar zum Grunderwerbsteuerrecht (Loseblatt)
Palandt, Bürgerliches Gesetzbuch, 55. Auflage (1996), Erbrecht bearb. v. Edenhofer
Paulick/Blaurock, Handbuch der stillen Gesellschaft, 5. Auflage (1996)
Peter/Crezelius, Gesellschaftsverträge und Unternehmensformen, 6. Auflage (1995)
Petzoldt, Erbschaftsteuer- und Schenkungsteuergesetz
Pietsch/Tehler, Betriebsaufgabe und Unternehmensnachfolge, 3. Auflage (1996)
Priester, Vertragsgestaltung bei der GmbH & Co., 2. Auflage (1991)
Priester, Die Gestaltung von GmbH-Verträgen, 5. Auflage (1996)
Raiser, Recht der Kapitalgesellschaften, 2. Auflage (1992)
Rau/Dürrwächter/Flick/Geist, Kommentar zum Umsatzsteuergesetz (Loseblatt)
Reichert, Der GmbH-Vertrag (1992)
Reiff, Die Dogmatik der Schenkung unter Nießbrauchsvorbehalt und ihre Auswirkungen auf die Ergänzung des Pflichtteils und die Schenkungssteuer (1989)
Reimann/Spiegelberger, Aktuelle Rechtsfragen der Unternehmensnachfolge – Vorbereitende Maßnahmen und Folgen aus zivil- und steuerrechtlicher Sicht (1986)
Reithmann/Albrecht/Basty, Handbuch der notariellen Vertragsgestaltung, 7. Auflage (1995)
RGRK, BGB, 12. Auflage (1974)
Richter/Boveleth, Handbuch der Rentenbesteuerung (Loseblatt)
Riedel, Unternehmensnachfolge regeln, 2. Auflage (1996)
Riedel/Sussbauer, Kommentar zur Bundesgebührenordnung für Rechtsanwälte, 6. Auflage (1988)
Römer, Notariatsverfassung und Grundgesetz (1963)
Rössler/Troll, Kommentar zum Bewertungsgesetz und Vermögensteuergesetz, 17. Auflage (1995)
Roth, Kommentar zum GmbHG, 2. Auflage (1987)
Rowedder/Bearbeiter, Kommentar zum GmbHG, 2. Auflage (1990)
Sagasser/Bula, Umwandlungen, Verschmelzung – Spaltung – Formwechsel – Vermögensübertragung (1995)
Scheer, Der Erbschein – Erteilung, Einziehung und Änderung (1988)
Schlegelberger/Gessler, Kommentar zum Handelsgesetzbuch, 5. Auflage (1973f.)
Schlitt, Klassische Testamentsklauseln – Zur Zulässigkeit belastender Anordnungen des Erblassers aus der Sicht des Pflichtteilsberechtigten (1991)
Schlüter, Erbrecht, 12. Auflage (1986)
Schmidt, Karsten, Gesellschaftsrecht, 2. Auflage (1991)
Schmidt, Karsten, Handelsrecht, 4. Auflage (1994)
Schmidt, Ludwig, Einkommensteuergesetz, Kommentar, 15. Auflage (1996)
Schoor, Unternehmensnachfolge in der Praxis, 2. Auflage (1995)

Scholz, Kommentar zum GmbHG, Band 1, 8. Auflage (1993), Band 2, 8. Auflage (1995)

Schreiber, Konzernrechnungslegungspflichten bei Betriebsaufspaltung und GmbH & Co. KG (1989)

Schulz, Erbschaftsteuer/Schenkungsteuer, 5. Auflage (1995)

Schulze zur Wiesche, Betriebsveräußerung, Gesellschafterwechsel und Betriebsaufgabe im Steuerrecht, 6. Auflage

Schulze zur Wiesche, Die GmbH & Still, 3. Auflage (1997)

Schulze zur Wiesche, Erbschaftsteuer, 3. Auflage (1991)

Schulze zur Wiesche, GmbH & Co. KG, 2. Auflage (1991)

Schulze zur Wiesche, Vereinbarungen unter Familienangehörigen und ihre steuerlichen Folgen, 7. Auflage (1992)

Schumann/Geißinger, Kommentar zur Bundesrechtsanwaltsgebührenordnung, 2. Auflage (1979)

Seibert/Köster, Die kleine AG, 2. Auflage (1995)

Siegmund/van Venrooy, Gesellschaftsrecht (1983)

Sölch/Ringleb/List, Kommentar zum Umsatzsteuergesetz (Loseblatt)

Soergel, BGB, 12. Auflage (1987)

Soergel, Bürgerliches Gesetzbuch, Band 7, 12. Auflage (1992)

Sommer, Die Gesellschaftsverträge der GmbH & Co. (1992)

Spiegelberger, Vermögensnachfolge (1994)

Staub, Großkommentar zum HGB, 4. Auflage (1982f.)

Staudinger, Kommentar zum Bürgerlichen Gesetzbuch, 12. Auflage (1978ff.), 13. Auflage (1993ff.)

Stehle/Stehle, Die rechtlichen und steuerlichen Wesensmerkmale der verschiedenen Gesellschaftsformen, 16. Auflage (1995)

Stephan, Die Besteuerung des selbstgenutzten Wohneigentums, 5. Auflage (1995)

Strickrodt, Stiftungsrecht, geltende Vorschriften und rechtspolitische Vorschläge (Loseblatt)

Sudhoff, Der Gesellschaftsvertrag der GmbH, 8. Auflage (1992)

Sudhoff, Der Gesellschaftsvertrag der Personengesellschaften, 6. Auflage (1985)

Sudhoff, Handbuch der Unternehmensnachfolge, 3. Auflage (1984)

Thiery, Die Gesellschaft bürgerlichen Rechts als Unternehmer (1989)

Tillmann, Der Geschäftsführervertrag der GmbH und GmbH & Co., 4. Auflage (1986)

Tipke/Kruse, Abgabenordnung/Finanzgerichtsordnung, Kommentar (Loseblatt)

Troll, Kommentar zum Erbschaftsteuer- und Schenkungsteuergesetz (Loseblatt)

Veltins, Der Gesellschaftsvertrag der Kommanditgesellschaft (1992)

Vogt/Jansen, Unternehmensnachfolge (1996)

Wegmann, Ehegattentestament und Erbvertrag (1993)

Weirich, Erben und Vererben – Handbuch des Erbrechts, 3. Auflage (1991)

Westermann/Scherpf/Sigloch/Paulick/Crezelius/Hackbeil, Handbuch der Personengesellschaften, 3. Auflage (1967/91)

Widmann/Meyer, Umwandlungsrecht, Kommentar (Loseblatt)

Wiedemann, Die Übertragung und Vererbung von Mitgliedschaftsrechten bei Handelsgesellschaften (1965)

Literaturverzeichnis

Wiedemann, Gesellschaftsrecht, Band I (1980)

Wollny, Unternehmens- und Praxisübertragungen, 3. Auflage (1994)

Zawar, Das Vermächtnis in der Kautelarjurisprudenz dargestellt am aufschiebend bedingten oder befristeten Vermächtnis (1983)

Zenthöfer/Schulze zur Wiesche, Lehrbuch Einkommensteuer, 4. Auflage

Zimmermann, Eheverträge, Scheidungs- und Unterhaltsvereinbarungen, 2. Auflage (1995)

Sachregister

(Die Zahlen verweisen auf die Randziffern, Vorziffer I auf die Randziffern
des Ersten Buchs, Vorziffer II auf die Randziffern des zweiten Buchs)

Abänderbarkeit von Renten,
  Ausschluß II 908
Abänderungsklage, Versorgung II 420
Abbauland, Bewertung II 142
Abberufung, Geschäftsführer I 1284, 1294
Abfindung I 1038, II 283, 527, 563, 687, 923, 969
– Anspruch II 44, 755
  – Verrentung II 525
– anteiliges Buchkapital II 720
– Ausscheiden aus Erbengemeinschaft II 543
– ausscheidende Gesellschafter I 1047 ff.
– Ausschluß I 1051
– Bestimmung I 1056
– Betriebsvermögen II 776
– Buchwert I 1053, 1055, 1058, II 44
– Erben I 972 ff., 976, 980
– Erbengemeinschaft II 542
– Erblasser II 330
– Erbverzicht II 53, 116
– Fälligkeit I 1059
– Formen II 711 ff.
– Gesellschafter I 981, 1106
– gezahlte II 515
– Klauseln I 158
– Miterben II 505
– Mittel II 562
– Renten II 751 ff.
– Sachwerte II 542, 622, 750
– Sonderformen II 750 ff.
– stiller Gesellschafter I 1178 ff.
– Summe II 540
– Vereinbarung I 859 ff.
  – Vermächtnis II 119
– Verpflichtung II 755, 840
– Verrentung I 1542
– Vollwert I 1056
– Wirtschaftsgut II 654
– Zahlung II 567
– zugunsten Dritter I 809 ff.
Abgeltungscharakter, dauernde Last II 914
Abkömmlinge II 731, 872, 893, 973

– Adoptierte I 72 ff.
– erbberechtigte II 442
– Grundstücksübertragung II 975
– nichteheliche I 63 ff.
– von Kindern II 237
Ablösung
– Jahressteuer, Antrag II 89
– Kapitalwert II 89
– Nießbrauch, Zahlungen II 390
– Vorbehaltsnießbrauch II 392, 900
Abnutzbares Anlagevermögen, AfA II 359
Abschichtungsanspruch I 1219
Abschlußprüfer I 924, 1367
– Bestellung I 1365
Abschreibungen I 1013
– überhöhte I 157
Absetzungen, Geschäfts- oder Firmenwert II 172
Abspaltung I 1516, 1570, 1572, 1591
– Gesellschaftsvermögen II 520
– zur Aufnahme I 1572
– zur Neugründung I 1572
Abspaltungsverbot I 1530
Abstandsgelder, vorweggenommene Erbfolge II 876
Abstandszahlung II 888, 903, 946
– Übertragung von Vermögensgegenständen II 903
Abtretung
– Geschäftsanteile I 1263, 1266
– Gewinnansprüche II 378
Abwicklung
– Einkünfte II 309
– Umsatzsteuer II 647
Abwicklungsvollstreckung I 557
Abzugsbetrag
– Ausgleichsforderung II 17
– Ermittlung II 17
Abzugsverbot, Lebensführungskosten II 417, 425
Abzugszeitraum, Grundförderung § 10e EStG II 343
Adoptierte
– Abkömmlinge I 72 ff.
– Erbrecht I 718 ff.

765

Adoption I 50, 709 ff., II 886
- Antrag I 714, 731
- Aufhebung I 735
- Familienname I 717
- familienrechtliche Wirkungen I 715 ff.
- neue Bundesländer I 74
- steuerliche Fragen I 729
- Voraussetzungen I 730 ff.
- vormundschaftsgerichtlicher Beschluß I 730
Adoptiveltern II 216
Adoptivkinder II 973
Adressat, Bescheid II 666
AfA II 1162
- abnutzbares Anlagevermögen II 359
- Bemessungsgrundlage II 407
- Berechtigung
    - Nießbrauch II 367 f., 399 ff.
    - Vorbehaltsnießbrauch II 405, 927
- entgeltlich erworbener Teil II 902
- Erbe II 356
- Fortsetzung II 356
- Gebäude II 526 f., 533 f.
- Übernahme II 526
- übernehmende Personengesellschaft II 1048
- Übernehmer II 906
AG I 906, 945, 1340 ff.
AG & Co. I 1108
Aktien I 161, 1340, 1345, 1353 ff., 1528 f., 1533
- Nennwert I 1353
- Vererblichkeit I 1371 ff.
Aktiengesellschaft I 906, 945, 1340 ff.
- Auflösung I 1365
- Entstehung I 1347 ff.
- Errichtung I 1347 ff.
- Gesellschaftsorgane I 1358 ff.
- Haftung I 1340, 1369 f.
- kleine I 1343
- Nachgründung I 1352
Allgemeine Bewertungsvorschriften II 129
Allgemeines Kriegsfolgengesetz II 217
Alterswertminderung, Gebäude II 138
Amortisation I 1272
Amtliche Verwahrung I 256, 278, 283
- Rücknahme I 369 ff.
Amtshaftungsrechtsprechung I 1263
Amtspflichten, Notar I 249
Anbietungspflicht I 1331
Änderungsklausel II 907
Andienungspflicht I 1274

Anerkennung, Verträge mit Gesellschaftern II 1207
Anfallschulden II 195
Anfechtbarkeit, letztwillige Verfügungen I 339 ff.
Anfechtung I 339
- arglistige Täuschung I 1269
- Ausschlagung I 23
- Berechtigte I 343 f.
- Form I 351 ff.
- Frist I 354 f.
- Fristversäumung I 19
- Irrtum I 1269
- Nichtigkeit I 1269
- Tatbestände I 345 ff.
- Testament II 33
- Wirkung I 350
Angehörige II 82
- Beteiligung an GmbH II 992 f.
- Familiengesellschaften II 1007
- Grundstücksübertragung II 972 ff.
- Verträge II 1004
Angemessenheit II 1100
- Gehalt II 1034
- geschenkte Beteiligungen II 1035 ff.
- Gewinnbeteiligung II 468, 1035 ff.
    - Mitunternehmerschaft II 1031 ff.
- Prüfung II 1036
- Unterhaltszuwendungen II 218
Anhang I 1297
Anlagevermögen I 157
Anmeldung, des Erwerbs II 254 ff., 260
Annahme
- an Kindes Statt I 709
- Vermächtnis I 15, 146, 535
Annehmender, Erbrecht bei Adoption I 721 f.
Anonymität I 1227
Anrechnung I 166
- Anordnung I 824
- ausländische Steuern II 107, 709
- Körperschaftsteuer II 381, 383, 1192 ff.
- Schenkung I 775 f.
Anschaffungs- bzw. Herstellungskosten, Erblasser II 324
Anschaffungsgeschäft, Rente II 906
Anschaffungskosten II 510, 746
- Gleichstellungsrente II 918
- Miteigentumsanteile II 513
- Privatschulden II 940
Anschaffungszeitpunkt, Erblasser II 331
Anspruchsberechtigung I 137 ff.
Anstandsschenkungen I 176, 446, 782

766

Sachregister

Anstellungsvertrag, Geschäftsführer
  I 1283
Anteile
- Betriebsvermögen II 1051
- einbringungsgeborene II 881
- gemeiner Wert II 861
- Gesamthandsvermögen II 697
- Kapitalgesellschaft II 227, 895
- KGaA, persönlich haftender Gesellschafter II 227
- Nominalwert II 852
- Personengesellschaft II 126, 158 ff., 160, 850
- Privatvermögen II 1053
- Steuerwert II 689
- übertragende Kapitalgesellschaft II 1053
- Verstorbener II 745
Anteiliges Buchkapital, Abfindung II 720
Anteilseigner, Nießbraucher II 376
Anteilserwerb, Kinder II 1187
Anteilsschenkung II 846, 1014
- Sonderbetriebsvermögen II 959 ff.
Anteilsübertragung II 854
- künftiger Erbe II 969
- Nießbrauchsvorbehalt II 858
- Personengesellschaft II 845
- über dem Buchwert II 864
- unentgeltliche II 957
- unter dem Buchwert II 861
- zum Buchwert II 862 f.
Anteilsveräußerung II 555
- Form I 1268
- Teile I 1269
Anteilsvereinigung I 1265
Anteilsverwaltung, Fremdvermögen II 1014
Antrag
- des Nacherben, Besteuerungsverhältnis II 61
- Ablösung der Jahressteuer II 89
Anwachsung II 515, 527
- Personengesellschaftsanteil II 849
Anwartschaftsrecht
- Nacherben II 58
  - Übertragung II 54
- Veräußerung II 117
- Verwertung II 59
Anzeigepflicht, Vorerbe I 470
Arbeitnehmervertreter I 1359, 1361
Arbeitslohn, Familienstiftung II 1260
Arztpraxis, Erbauseinandersetzung II 576

Atypisch stille Gesellschaft I 154, 1150 ff., 1158, 1174, II 453 ff., 717
- Beteiligung II 846, 856, 895, 1213, 1220 ff.
- Gesellschafter I 1154
- Mitunternehmer II 449, 453
- Mitunternehmerschaft I 1152
Atypische Innengesellschaft I 905
Atypische Unterbeteiligung I 1198 f., 1410 f., II 830, 1230
- Einräumung II 857
Aufbewahrung, Unterlagen I 1008
Aufdeckung stiller Reserven II 542, 558
Aufgabe, Betrieb II 290, 706
Aufgabegewinn II 546, 548, 556, 558, 706
- Ermittlung II 556
Aufhebung
- Ehe I 121
- Erbvertrag I 379 ff.
- letztwillige Verfügungen I 358 ff.
- Vertrag I 381 ff.
Auflagen I 201, 228, 540 ff., 630, 1458, II 15, 69, 219, 349 ff., 841
- Änderung des Gesellschaftsvertrags I 1414
- Bindungswirkung I 549
- Inhalt I 541 f.
- Schenkung I 799 ff., II 792, 797, 815, 841, 920 ff., 943 ff., 978, 887, 1001
- Unternehmensfortführung I 1412 ff.
- Unternehmensumgründung I 1415 ff.
- Verbindlichkeiten II 338
- Versorgungszusage II 916
- Vollziehung II 51, 792
- Vollziehungsberechtigter I 547 f.
- von Todes wegen I 1387
- Wechselbezüglichkeit I 221
Auflösung
- Ehe I 173
- durch Scheidung II 13
- Gesellschaft I 978, 1027, 1028 f., II 647, 702 ff.
- durch Tod II 624 ff.
- stille Reserven I 157
- Zeitablauf I 1337
- zweigliedrige OHG II 627 ff.
Aufnahme, Gesellschafter in eine Personengesellschaft II 658 f., 1043
Aufschiebende Bedingung
- Erwerb II 110 f.
- Schenkung II 805 ff.
- Übertragungsvertrag I 1273 ff.
Aufsichtsbefugnis I 1438

767

Aufsichtsrat I 929f.,1129, 1284ff., 1296, 1303, 1314, 1358f., 1365
- Bericht I 1368
- Haftung I 1370
Aufspaltung I 1516, 1570, 1571, II 520
- durch Aufnahme I 1571
- durch Neugründung I 1571
Aufteilung
- entgeltliche/unentgeltliche Übertragung II 842
- Erbnachlaß II 29
- Erbquote II 719
- Freibetrag II 692
- Quote II 473, 485
- unentgeltliches/entgeltliches Rechtsgeschäft II 902
- Veräußerungsvorgang II 561
- verbleibender Wert des Betriebsvermögens II 162
- Verhältnis II 798
Auftrag I 1387
Auseinandersetzung II 480, 547, 733
- Anspruch II 707
- Beschluß I 1458
- bestehende Personengesellschaft II 620ff.
- Betriebsvermögen II 539
- Bewertung I 1179
- Bilanz I 1179ff.
- Erbengemeinschaft I 33f., 1277, 1457, 1596
- freiberufliche Praxis II 571ff.
- gemischter Nachlaß II 560
- gesellschaftsrechtliche II 701ff.
- Nachlaß, Rückübertragungen II 724
- nachträgliche II 720ff.
- Sechs-Monats-Frist II 475
- Vereinbarung II 30
- Vertrag I 34
- Zeitpunkt II 476, 478, 564
Ausgleich
- Anordnung I 823
- Ansprüche I 822, II 737
 - erbrechtliche I 1038
- Forderung II 15, 17
 - Abzugsbetrag II 17
- Posten, Buchgewinne II 554
- Übernahme von Nachlaßverbindlichkeiten II 564
- Vereinbarung I 818
- Zahlung I 801
 - weichende Erben II 969
Ausgleichung I 84ff., 92f., 153, 166

- Schenkung I 777f.
- Vorausempfänge I 84
Ausgleichungspflicht I 84ff.
Ausgleichungspflichtige Zuwendungen I 176
Ausgliederung I 1570, 1573
Auskünfte
- Finanzamt II 680ff.
- schwebende Geschäfte I 1178
Auskunftsanspruch I 26, 175ff.
- pflichtteilsberechtigter Miterbe I 177f.
- pflichtteilsberechtigter Nichterbe I 175f.
Auskunftserteilung
- Banken II 678
- Klage I 189
Auskunftsrecht, Gesellschafter I 1324
Auslagen, keine Deckung aus Erbmasse II 345
Auslagenersatz II 1101
- GmbH durch die KG II 1112
Ausländer II 7
Ausländische Steuern, Anrechnung II 107, 709
Ausländische Stiftung II 78
Ausländische Urkunden I 1263
Ausländischer Erblasser I 45
Ausländischer Grundbesitz II 135
Ausländisches Betriebsvermögen II 135
Auslandsberührung I 37ff.
Auslandsbeurkundung, Notar I 1263
Auslegung I 341
- Erbverträge I 308
- ergänzende I 305
- letztwillige Verfügungen I 302ff.
- wohlwollende I 306f.
Auslegungsregeln I 303ff., 309ff., 397ff., 408, 412, 425ff.
- Erbfolge I 84
Auslegungsschwierigkeiten I 278, 283
Ausscheiden II 505, 1028
- Erblasser II 621ff., 774
- Gesellschafter I 978f., II 44, 542, 718
- Miterben II 542
- Vereinbarung I 620
Ausschlagung
- Anfechtung I 23
- Erbschaft I 18ff., 132, II 53
- Pflichtteil I 297
- Vermächtnis I 15, 145, 204, 536, II 53
- Zuwendung I 301
Ausschlagungsfrist I 20f., 143, 539
- Irrtum I 19

Sachregister

- Vermächtnis I 145
- Versäumung I 19, 21
Ausschlagungsgegner I 538
Ausschließungskündigung I 1056
Ausschließungsrecht, GmbH I 1336
Ausschluß
- Erbrecht I 121
- Kündigungsrecht II 1014, 1015
Ausschüttungen I 1020, 1301
- Anrechnung I 1301
- Gesellschafter II 1170
Ausschüttungsbelastung II 1199
Ausschüttungs-Rückhol-Verfahren I 1326
Außenaufsicht I 1430f.
Außengesellschaft I 899ff., 1504
- bürgerlichen Rechts I 946ff.
Außengesellschafter I 1163
- Kontrollrecht I 1163
- Vertretungsmacht I 1164
Außensteuergesetz, Einfluß auf Erbfälle II 106
Außenverhältnis I 1287
Außergewöhnliche Belastungen II 344ff.
Außergewöhnliche Geschäfte I 1083, 1086
Außerordentliche Testamentsformen I 258ff.
Aussetzung der Versteuerung II 263
- DDR-Recht II 273
Ausstattungen I 87ff., 755ff., 778, 1491ff., 1498, II 791
Ausstehende Einlagen II 160
Aussteuer I 755
Austrittsklausel, GmbH I 1338f.
Auszahlungsansprüche, Lebensversicherung II 15

Bankauskünfte II 678
Banken, Pflichten II 679
Bankgeheimnis I 176, II 678f.
Bankkonto, debitorisches I 1252
Bankmitteilungen, Finanzamt II 679
Bankvollmachten I 677
Barabfindung II 711
- Erbengemeinschaft II 542
Bareinlagepflicht I 1257
Barwert
- Raten II 712
- Renten II 833, 837
Baukosten
- Übernahme, Bewertung II 821, 822
- Zuschuß II 815

Bausparvertrag I 806
Bebaute Grundstücke II 136, 138, 822
Bedarfsbewertung II 125, 131, 163
Bedingte Schenkung II 44
Bedingter Verzicht I 862
Bedingung I 423
- Eintritt II 805
- Erfüllung II 51
- fremde Dritte II 1004, 1018
- marktübliche II 794
Bedürftigkeit
- Rückforderung I 770f.
- Schenker I 770
Beeinträchtigende Verfügungen I 748ff.
Beeinträchtigungsabsicht I 749
Beendigung der gewerblichen Tätigkeit, Erben II 283
Beerdigungskosten, Vermächtnisse/ Pflichtteilsansprüche II 208
Befreite Vorerbschaft I 444, 456
Befreiung
- Ehegatten II 983
- Vorerben I 456f.
Befristung I 423
Begünstigung, Notar I 247
Beherrschende Kapitalgesellschaft II 156
Beherrschender Gesellschafter, Schenker II 1003
Beherrschungsvertrag I 1483
Behindertentestament I 670
Behinderter Erblasser I 246
Beirat I 1129, 1284ff., 1296, 1303, 1314
Beitragspflicht
- Gesellschafter II 1091
- GmbH II 1091
- Kommanditisten II 1092
Bekanntgabe, Steuerbescheide II 668ff.
Belastungen I 508f.
Belegenheitsstaat, Besteuerung II 101
Belehrungspflicht
- Notar I 229, 250
- Urkundtätigkeit I 251
Bemessungsmaßstab, Bereicherung II 126
Benachteiligungsabsicht I 168
Beratungs- und Belehrungspflichten, Notar I 70
Berechnung, Erbschaftsteuer II 28
Bereicherung
- Bemessungsmaßstab II 126
- des Erwerbers II 11, 44, 796
Bereicherungswille des Erblassers II 23
Berichtigung, Steuerbescheide II 683ff.

769

Sachregister

Berichtigungsveranlagungen II 684
Berichtspflichten I 1550
Berliner Testament I 217, II 238
Berufsverbote I 1290
Bescheid, Adressat II 666
Beschlüsse
- fernmündliche I 1292
- fernschriftliche I 1292
- Gesellschafter I 1002 ff.
Beschränkte Erbschaftsteuerpflicht II 106
Beschränkte Steuerpflicht II 95, 239
Beschränkungen I 139 ff., 144, 165
- Verfügungsmacht I 443, II 1014
- vom Erblasser angeordnete II 203
Beschwerungen I 139 ff., 144, 165
Beseitigung, Testament I 278
Besitzgesellschaft
- Betriebsaufspaltung II 1161
- Miet- und Pachtzahlungen II 1158
Besitzpersonengesellschaft I 1463
Besitzunternehmen I 1461, 1465, 1472, 1477 f., II 1144
Besitzzeit, Erblasser II 303
Bestätigung
- anfechtbarer Erbvertrag I 357
- nichtiges Testament I 338
Bestattung des Erblassers, Kosten II 205
Bestellung
- Ausschluß I 1290
- Geschäftsführer I 1284, 1294
- Nießbrauch II 4
Besteuerung
- Erbanfall II 29
- Rechte, Zuteilung II 101 ff.
- Verhältnis Nacherbe/Erblasser II 60
- Vorerben II 58
Betagte Schenkung II 44
Betagter Erblasser I 278
Beteiligte
- geschäftsgewandte I 251
- unerfahrene I 251
Beteiligung
- Buchwert II 434, 707
- geschenkte II 1039
- Gesellschaft bürgerlichen Rechts I 154
- inländische Kapitalgesellschaft II 95
- Kündigung I 1398
- Nominalwert II 1039
- Personengesellschaft II 359
- Quote, Gesellschaftsanteil II 725
- stille Reserven II 1027
- Übertragbarkeit I 917

- Umfang II 167
- Wert II 851
Beteiligungsidentität I 1562
Betreuung I 195 f.
Betreuungspflicht, Notar I 251
Betreuungsverfügung I 680
Betriebsunternehmen I 1472
Betrieb
- Einheitswert II 840
- Übertragungsgegenstand II 1082
- Verkehrswert II 837
Betriebliche Mitbestimmung I 928 ff.
Betriebliche Schulden II 940
Betriebliche Veräußerungsrente II 329, 432 ff., 937
Betriebsaufgabe II 293, 307, 317, 497, 499, 546, 548, 550, 555, 706, 935, 941, 948, 1176
- Erben II 496, 499 ff.
- Realteilung II 556
Betriebsaufspaltung I 1230, 1461 ff., II 1142 ff.
- Beendigung II 1176 ff.
- Begriff II 1144
- Begründung II 1175, 1206
- Besitzgesellschaft II 1161
- echte I 1463, II 1144
- Gewerbesteuer II 1180 ff.
- Haftungsbeschränkung I 1464 ff.
- Steuerfragen I 1471
- unechte I 1463
Betriebsausgaben II 350, 450, 487, 909, 922, 949, 1256 ff.
- Kreditzinsen II 577
- sonstige II 1260
- Vergütungen II 1109
Betriebseinnahmen II 293
Betriebsfortführung II 550, 948
- und Betriebsaufgabe, Wahlrecht II 948
Betriebsgesellschaft I 1477
Betriebs-GmbH I 1465
- Anteil II 1169
- notwendiges Betriebsvermögen II 1169 ff.
- steuerliche Behandlung II 1157 ff.
Betriebsgrundstück II 139, 286, 558, 1153
- Bewertung II 134
- Wertansatz II 835
- Zurückbehaltung II 940
Betriebs-Kapitalgesellschaft I 1461, 1463, II 1144
Betriebsschenkung, Auflage II 943 ff.

Betriebsteil, Land- und Forstwirtschaftliches Vermögen II 141
Betriebsübernahme II 485
Betriebsübertragung II 369, 838, 952
- Auflage II 839f.
- Nießbrauchsvorbehalt II 841
- ohne Gegenleistung II 835
- Rentenzahlung II 795
- teilentgeltliche II 954
- Übernahme von Verbindlichkeiten II 945 f.
- unentgeltliche II 940ff.
- Versorgungsauflage II 837f.
- Versorgungsrente II 944
Betriebsunternehmen I 1461, 1463
Betriebsveräußerung II 864, 935, 954
- Erben II 499ff.
- Miterben II 543
- über Buchwert II 845
- unter Buchwert II 843 f.
Betriebsvermögen II 101, 102, 146, 247, 264, 283, 285, 293, 357, 484, 542, 544, 701, 725, 1225
- Abfindung II 776
- Anteile II 1051
- Auseinandersetzung II 539
- ausländisches II 135
- Bewertung II 134
- Einheitswert II 158
- Entlastung II 220ff.
- Entnahmen II 1208ff.
- Ermittlung II 160
- Freibetrag, Gewährung II 876
- gewerbliches II 689
- GmbH II 1094 f.
- GmbH & Co. KG II 1093 ff.
- inländisches II 95, 222
- KG II 779
- Nießbrauch II 363 ff.
- Privatvermögen II 942
- Realteilung II 564
- Sachabfindung II 541, 562
- Sachvermächtnis I 483
- Tarifbegrenzung II 246f.
- Übertragung II 871
  - auf Betriebs-GmbH II 1155 f.
- Urheberrecht II 315
- Veräußerung II 495
- Vermächtnis II 357 f.
- Verpachtung II 1142
- Wert II 158, 162, 840, 1245
  - verbleibender II 162
- wesentliche Grundlage II 1145

- Wirtschaftsgüter II 568
Betriebsverpachtung, gewerbliche II 1177
Betriebswohnung II 141, 143
Beurkundung I 240, 241, 246
- Hauptverfahren I 253
- Vorverfahren I 253
Beurkundungsperson I 239 f.
Bevollmächtigter I 1422
Beweiserleichterungen I 282
Bewertung
- Abschlag II 145, 222, 247, 692, 696, 698
- Bestimmungen I 154ff.
- Betriebsgrundstücke II 134
- Betriebsvermögen II 134
- Grundbesitz II 125, 136
- Grundsatz II 147
- Kapitalanteile II 163 ff.
- nicht notierte Kapitalanteile II 163
- Unternehmen I 1049
- Unternehmensbeteiligungen I 1049
Bewußtseinsstörung I 193
Bezirksnotare I 256
Bezugsrechte, Aktien I 1373
BGB-Gesellschaft I 32, 900, 1492 ff.
Bilanz I 1297
Bilanzgewinn I 1365, 1532
Bilanzierung, übernehmende GmbH II 1239 ff.
Bilanzklarheit I 1010
Bilanzkontinuität I 1013
Bilanzstichtag I 924
Bilanzwahrheit I 1010
Billigkeitsregelung II 240
Bindungswirkung
- Erbvertrag I 628
- wechselbezügliches Ehegattentestament I 628
Blinde I 197, 245
Börsengang I 1345
Börsenhandel, Wertpapiere II 168
Bruchteil
- an den einzelnen Wirtschaftsgütern II 126
- des gesetzlichen Erbrechts, Verzicht I 829
- eines Anteils II 955
- Schenkung II 958
Bruttonießbrauch II 388
Buchführung I 1007 ff., 1366
Buchgewinne, Ausgleichsposten II 554
Buchwert I 154f., 160, II 1239

Sachregister

- Abfindung II 44
- Abfindungsklausel I 160
- Ansatz II 1045
- Anteil, Vereinbarung I 1054
- Beteiligung II 434, 707
- Einlage II 1054
- Fortführung II 558, 564, 754, 766, 1068
- Kapital II 329
- Kapitalanteil II 1028
- Klausel I 1058, II 851
  - Schenkungen II 851 ff., 1077
- Übernahme II 552, 1049
  - Teilbetriebe II 554

Bundesrepublik Deutschland, Wohnsitzstaat II 102
Bürgerlich-rechtliche Formvorschriften II 1004
Bürgermeister-Testament I 258 f., 269

Darlehen II 175
- Aufnahme II 577, 919, 923
- Erben II 487
- Forderung, Verzicht II 785
- kapitalersetzende I 1139, 1309 f.
- Konten I 1096, 1403
  - Gesellschafter II 1244
- Rückzahlungsanspruch I 1309
- Vereinbarung, Kinder II 5
- zinsloses II 785

Dauernde Last I 814, II 338, 420 ff., 905 ff., 907
- Abgeltungscharakter II 914
- Grundstücksübertragung II 912 ff.
- Leistungsaustausch II 915
- Nießbraucher II 415

Dauerwohnrecht, Rückbehalt II 801 f.
DDR I 48 ff., 71, 74, 211, 704
- Aussetzung der Versteuerung II 273
- Familiengesetzbuch I 116
- Grundbesitz II 268
- Güterstand I 116
- zivilrechtliche Besonderheiten II 274

Debitorisches Bankkonto I 1252
Deliktshaftung I 1321
Destinatäre I 1392, 1395
Deutsche Einheit, Sondervorschriften II 266 ff.
Deutsche Sprache, der - nicht Mächtige I 261
Deutsche Staatsangehörige II 91
Dienstverhältnis, Geschäftsführer I 1283
Dienstvertrag I 1134
- Geschäftsführer I 1294

Differenzhaftung I 1250
Dingliche Surrogation I 438
Direktionsmacht I 1312
- Mißbrauch I 1312
Dispositionsfreiheit I 1225
Dividenden, Zufluß II 322
DM-Eröffnungsbilanz, Sonderposten II 152
Doppelbesteuerung I 1301, II 102
- Abkommen II 91
- Vermeidung II 96, 105
Doppelstaatsangehörigkeit I 40, 43
Doppelt einseitiges Testament I 214
Doppelte Buchführung I 1009
Doppelwohnsitz, Besteuerung II 99
Drei-Zeugen-Testament I 260 f., 269
Drittbestimmung I 200, 485, 638 f.
- Unternehmensnachfolger I 1407 f.
Dritte, Bezeichnung des Zuwendungsempfängers I 200
Duldungsauflage II 802, 827
Durchführung
- Gesellschaftsverhältnis II 1014
- tatsächliche II 1014
Durchgangsperson II 804

Ehe
- Aufhebung I 121
- Auflösung I 173
Ehebedingte Zuwendungen I 707, 796, II 12
Ehegatten I 273, II 9, 236, 238, 239, 241, 825, 943, 991
- Befreiung II 983
- Erbfolge I 27, 58
- Erblasser II 801
- Erbrecht I 95 ff.
- geschiedene II 236
- Grundstücksübertragung II 972 ff.
- Nießbrauch II 827
- Schenkungen II 9, 11 f.
- Tod II 20
- überlebende II 15
- unbenannte Zuwendungen II 11
- Veranlagung II 279
- Verfügungen I 287
- Verluste II 337
- Zugewinn II 17
- Zuwendungen I 796 ff.
Ehegattentestament
- Bindungswirkung I 298 ff.
- gemeinschaftliches I 213 ff., 264 ff., 287, 292, 327

Sachregister

- wechselbezügliches I 205, 628, 747
Ehescheidung I 96, 121
Ehevertrag I 110f., 691, 694, 701, 703, 705, 708, II 16
Ehevertragliche Vereinbarungen II 17
Eigenkapitalersetzende Kommanditistendarlehen I 1115
Eigenkapitalersetzender Charakter I 1468
Eigentums- und Vermögensgemeinschaft, Güterstand I 116
Eigentumswohnung II 12, 895
Eigenverbrauch II 656
Ein- und Zweifamilienhaus II 138, 895
Einbringende Personengesellschaft II 1080
Einbringender Mitunternehmer II 1062
Einbringung II 1080
- Betrieb II 1231
- Betrieb in Personengesellschaft II 488ff.
- Betrieb/Teilbetrieb II 881
- einer Kapitalgesellschaft II 881
- Einzelunternehmen in GmbH & Co. KG II 1019, 1127
- Einzelunternehmen in Personengesellschaft II 1075, 1062ff.
- Gesamtrechtsnachfolge II 1231
- Grundstück in GmbH & Co. KG II 991
- in GmbH & Co. KG II 1043, 1123ff.
- in Kapitalgesellschaft II 1231ff.
- Mitunternehmeranteil II 1231
- Teilbetrieb II 1231
- Teilwert II 1065
- Unternehmen II 955
Einbringungsgeborene Anteile II 881
Einfache Nachfolgeklausel I 1033ff., 1044, 1509, II 693ff., 750, 751, 764, 766
Einfache Schriftform I 229
Einheitliche Gewinnermittlung II 1223f.
Einheitsgesellschaft I 1129
Einigungsvertrag I 48
Einkommen, Gesellschafter II 1284ff.
Einkommensteuer II 160, 275ff., 887ff., 1003ff.
- Erbe II 282ff.
- Erblasser II 275ff.
- Pflicht, Erwerber II 286
- Recht II 5
- Stiftung & Co. KG II 1278ff.
- wiederkehrende Leistungen II 49

Einkommensverwendung II 952
Einkünfte
- Abwicklung II 309
- Erbe II 287ff., 704
- freiberufliche Tätigkeit II 287, 307ff.
- Gewerbebetrieb II 289, 455, 715
  - nachträgliche II 369
- Kapitalvermögen II 322, 1030
  - stiller Gesellschafter II 450
- künstlerische Tätigkeit II 309
- Land- und Forstwirtschaft II 288
- nachträgliche II 287, 289, 715
- nichtselbständige Tätigkeit II 321
- Rechtsnachfolger II 479
- selbständige Tätigkeit II 572
- Vermietung und Verpachtung II 323
Einkunftsart, Erblasser II 287
Einlage
- ausstehende II 160
- Beteiligung I 1156
- Buchwert II 1054
- Forderung II 1202
- Leistung aus künftigen Gewinnanteilen II 1026
- Rückzahlung I 1328
- stiller Gesellschafter I 1169
- Verpflichtung II 745
Einlagenkonto I 1075
Einlagenkonto II I 1071
Ein-Mann-AG I 1348
Ein-Mann-Gesellschaft I 1454ff., 1598
Ein-Mann-GmbH I 1118
Ein-Mann-GmbH & Co. KG I 1459f.
Ein-Mann-Gründung I 1234, 1343
Ein-Mann-Kapitalgesellschaft I 1455ff.
Ein-Mann-KGaA I 1374
Einnahmen, laufende II 572
Einräumung, Nießbrauch II 361
Einschränkung, Kündigungsrecht II 1016
Einseitiges Testament I 358ff.
Einsichtsrecht
- Geschäftsbücher I 1324
- Ausschluß I 1089
Einstimmigkeitsprinzip, Gesellschafterbeschlüsse I 1005
Eintritt
- bestehende Mietverträge II 388
- bestehende Personengesellschaft II 988
- Einzelunternehmen II 989f.
- Erbfall II 25
- fehlende Bestimmung I 429
- GmbH in GmbH & Co. KG II 1141

773

Sachregister

- GmbH in Personengesellschaft II 1128f.
- Klausel I 1030, 1041ff., II 759
  - Erbeneintritt II 745ff.
- Nacherbfall II 61
- Stiftung in Personengesellschaft II 1289

Eintrittsrecht I 1041, II 745, 748
- Erbrecht I 81, 83

Einzelausgleichsmaßnahmen I 1312
Einzelbetrieb, Übertragung II 831 ff.
Einzelbewertung I 1013
Einzelne Wirtschaftsgüter, Wertermittlung II 159
Einzelpraxis, freiberufliche II 963 f.
Einzelrechtsnachfolger I 9
- Rechtsposition II 341, 352

Einzelunternehmen I 888 ff., 1118, 1132, 1272 ff.
- Bewertungsbestimmungen I 154 ff.
- Eintritt II 989 f.

Einzelveranlagung II 279
Eltern II 889, 920
- Grundstücksübertragung II 976
- Stiefeltern II 236

Embryo I 14
Empfänger
- Rente II 428
- Vermögen II 893
- Versorgungsleistungen II 894

Empfängerhorizont I 304
Enkel, Stiefenkel II 236
Entgelt, Versorgung II 944
Entgeltliche Grundstücksübertragungen II 601
Entgeltliche Rechtsgeschäfte II 887
Entgeltliche Übertragung, Miteigentumsanteile II 500
Entgeltliche Veräußerungen II 720 ff.
Entgeltliche Zuwendungen I 808 ff.
Entgeltlicher Erwerb II 722
Entgeltlicher Nießbrauch II 382
Entgeltlichkeit I 1491
Entlassung, Testamentsvollstrecker I 598 ff.
Entlastung, Geschäftsführer I 1294
Entnahme I 1018ff., 1136, 1167ff., II 883
- Begleichung von Steuerschulden II 1017
- Berechtigung I 1521
- Beschränkungen I 1403, 1508, II 230, 1014, 1017, 1018
- Betriebsvermögen II 1208 ff.

- einzelne Wirtschaftsgüter II 297
- Gewinn II 283, 352, 357, 558, 941, 961
- Gewinnanteile I 1020
- Kommanditist I 1073
- Rechte I 1095 ff., 1299
- Tatbestand II 283
- Tätigkeitsvergütung II 1017
- Teilwert II 351
- verbleibender Gesellschafter II 542

Entstehung der Steuerschuld II 108 ff.
- Erwerbe von Todes wegen II 109 ff.
- Zeitpunkt II 120, 267

Erbanfall I 17, 34, II 8, 22 ff., 286
- Besteuerung II 4, 29
- Einheitlichkeit II 283
- Grunderwerbsteuer II 603 ff.

Erbanfallprinzip I 16 f.
Erbanspruch, nichteheliche Kinder I 64
Erbanteile I 32
- Erwerb durch Erben II 513 f.
- Erwerb durch Miterben II 540 f.
- unbestimmte I 402
- Veräußerung durch Miterben II 540
- Veräußerung II 561 f.

Erbanteilsübertragung I 621
Erbauseinandersetzung I 33 f., 480, 1039, 1277, 1457, 1569, 1580, 1596, II 29, 283, 428, 429, 449, 458, 503 ff., 523, 576, 608 ff., 630, 651 ff., 719, 766, 1210
- Arztpraxis II 576
- Ausschluß I 201, 619 ff., 622 f.
- Beschränkung I 201, 619 ff., 624 ff.
- entgeltliche II 503 f., 510
- Gesellschaftsanteil II 771
- Grundförderung II 529 ff.
- Miteigentumsanteil II 538
- Privatvermögen II 510 ff.
- Schuldzinsen II 523 f., 582
- Spitzenausgleich II 570
- steuerliche Behandlung I 637
- unentgeltliche II 503, 510

Erbausgleich I 1038
- vorzeitiger I 70, 818 ff., II 786

Erbausschlagung I 204
Erbbaurecht II 197, 822
Erbbauzinsansprüche II 150
Erbbauzinsen, Zahlung II 197
Erbbauzinsverpflichtung II 156
Erbberechtigte II 918, 920
Erbeinsetzung I 201, 396 ff., II 29, 68
- bestehende Stiftung II 70
- gegenseitige I 215 ff.
- wechselbezügliche I 215, 221

774

Sachregister

Erben I 13f.
- Abfindung I 972ff., 976, 980
- Auflage II 69
- Bekanntgabe von Steuerbescheiden II 668
- Betriebsaufgabe II 496, 499ff.
- Betriebsveräußerung II 499ff.
- Bezeichnung I 396
- Darlehensaufnahme II 487
- des Gesellschafters II 286
- Einkommensteuer II 282ff.
- Einkünfte II 287ff., 704
- Erwerb II 690f.
- fachliche Voraussetzungen II 318
- Fortführung der Gesellschaft II 650
- Gesamtrechtsnachfolger II 704
- Gesellschafter II 708
- gesetzliche II 893
- gewerbliche Tätigkeit II 546
- künftige II 872f., 893, 967f., 969
- Liquidationsgesellschaft II 704
- mehrere I 31, 891ff.
- pflichtteilsberechtigte II 441
- Rechtsbehelfsbefugnis II 672
- rentenverpflichtete II 442
- Schuldner II 668
- Übernahme der Grundförderung II 530
- Unternehmer II 291
- Verbindlichkeiten II 210
- Verlustausgleich II 334
- Vermächtnisse und Auflagen II 350f.
- Vermögenserwerb II 283ff.
- Wegfall I 405ff.
- weichende II 727, 763

Erbeneintritt
- Eintrittsklausel II 745ff.
- qualifizierte Nachfolgeklausel II 731ff.

Erbengemeinschaft I 31ff., 1125, 1372, II 283, 359, 469ff., 478, 722
- Abfindung II 542
- Auseinandersetzung I 1277, 1457, 1596, II 503ff.
- Ausscheiden gegen Abfindung II 543
- Ausscheiden von Miterben II 515, 532, 563, 653f.
- Barabfindung II 542
- Einkünfte II 473ff.
- Geschäftsanteile I 1277
- laufende Einkünfte II 479ff.
- Mitunternehmerschaft II 477ff.
- Pachteinnahmen II 492
- ungeteilte II 719
- Unternehmer II 640ff.
- Verbindlichkeiten II 569

Erbenhaftung I 35f., II 664ff.
- Beschränkung II 665
- Umsatzsteuer II 632

Erbenordnung I 61f., 83
- gesetzliche I 75ff.
- Rangfolge I 78

Erbersatzanspruch I 66ff., 71
- nichteheliche Kinder II 21, 34, 285
- Verjährung I 69
- Verzicht I 830, 851

Erbersatzsteuer II 1277
- Erhebung II 84
- Stiftung II 77ff.

Erbfall II 59
- Eintritt II 25
- Miterben II 29
- Verbindlichkeiten II 199ff., 581,
- Zusammentreffen mit Nacherbschaft II 62ff.

Erbfolge
- Ehegatten I 27, 58
- gesellschaftsrechtliche II 686ff.
- gewillkürte I 190ff.
- Unternehmenserwerb II 635ff.
- Verwandte I 27, 58ff.
- vorweggenommene I 4, 736ff., II 778ff., 875, 903, 907, 918, 924, 964, 1064

Erblasser II 91, 709
- Abfindungen II 330
- Anordnung einer Stiftung II 50
- Anschaffungszeitpunkt II 331
- Auflage II 69
- ausländischer I 45
- Ausscheiden mit dem Tod II 286, 621ff., 774
- behinderter I 246
- Bereicherungswille II 23
- Besitzzeit II 303
- betagter I 278
- Ehegatte II 801
- Einkommensteuer II 275ff.
- Einkunftsart II 287
- Gewerbebetrieb II 499
- Grundförderung II 341
- Kapitalkonto II 715
- Nutzungsüberlassungen II 699
- Objektverbrauch II 341
- persönliche Steuerschulden II 196
- persönliche Verpflichtungen II 196

775

- Rechtsstellung II 666
- Schulden II 580
- Steuer II 709
- Steuerbescheid II 666
- Steuerschulden II 664
- Veranlagung II 278 ff.
- Verbindlichkeiten II 196, 583
- Verhältnis zum Nacherben II 60
- Verlustausgleich II 335

Erbnachlaß, Aufteilung II 29
Erbnachweis
- Erleichterungen I 279
- Eröffnungsprotokoll I 280

Erbquote II 541
- Aufteilung II 719
- Zurechnung II 697

Erbrecht
- Ausschluß I 121
- Ehegatten I 95 ff.
- internationales I 43

Erbrechtliche Beschränkungen, Testierfreiheit I 205 f.
Erbrechtliche Bindungen I 205
Erbrechtliche Schiedsklauseln I 656 ff.
Erbrechtliche Wirkungen
- Adoptierter I 718 ff.
- Annehmender bei Adoption I 721 f.

Erbringung von Versorgungsleistungen II 896
Erbschaft- und Schenkungsteuer II 96, 1138
Erbschaft I 10 ff.
- Ausschlagung I 18 ff., 132, II 53

Erbschaftsanspruch I 25 f.
Erbschaftsbesitzer I 25
Erbschaftsteuer II 1 ff., 15, 29, 49, 67, 69, 84, 191, 197, 247, 254, 596, 686 ff., 693, 778 ff., 827, 1075 ff., 1273, 1274 ff.
- Abfindung des Nacherbenanspruchs II 54
- Abkommen, Schweiz II 96 ff.
- Befreiung
  - Zweckzuwendung II 76
- Belastung
  - Steuerermäßigung II 595 ff.
- Berechnung II 28
- Bescheid II 672
- Fälligkeit II 264
- Festsetzung II 36
- Freibeträge I 1547
- gesetzliche Tatbestände II 5
- Pflicht, beschränkte II 106
- Erwerb II 86

- Tarif, Verwandtschaftsgrad II 840
- Verzicht gegen Entgelt II 53
- Zuständigkeit der Finanzämter II 260

Erbschaftsvertrag I 807
Erbschein I 280
- Kosten I 280, 284

Erbscheinsantrag, Kosten I 284
Erbstatut I 43 f., 47
Erbteilserwerb II 515
Erbteilskauf II 508
Erbteilsübertragungsvertrag II 609
Erbvertrag I 222 ff., 270 ff., 288 ff., 292, 328, II 41
- Abänderungsvorbehalt I 296
- amtliche Hinterlegung I 275
- amtliche Verwahrung I 275
- Aufhebung I 379 ff.
- Auslegung I 308
- Bestätigung I 357
- Bindungswirkung I 288, 293 ff., 628
- Doppelnatur I 222
- einseitiger I 224
- gleichzeitige Anwesenheit I 271
- höchstpersönliche Anwesenheit, Erblasser I 272
- keine Herausgabe I 289
- notarielle Form I 270
- persönliche Anwesenheit I 272
- Rücktritt I 379 ff.
- Rücktrittsrecht I 289
- Testamentsaufhebung I 362 f.
- Vertragsnatur I 293
- Vertretung I 272
- zwei- und mehrseitiger I 224

Erbverzicht I 820 f., 825 ff.
- Abfindung II 53, 116
- Form I 841 ff.
- Gestaltungsempfehlungen I 867 f.
- persönlicher Abschluß I 843 ff.
- rechtliche Wirkungen I 848 ff.
- Vertretung des Verzichtenden I 846 f.

Erfüllung
- Bedingung II 51
- Vermächtnis II 350, 355

Ergänzungsberechtigte I 170
Ergänzungsbilanzen II 159, 1062
Ergänzungspfleger II 1008, 1010
Ergänzungspflegschaft II 1008
Ergebnisabführungsvertrag I 1482
- Form I 1484

Ergebnisausschüttung I 1294
Ergebnisbeteiligung I 156, 1150, 1155, 1168, 1179

Sachregister

Ergebnisverteilung I 1092ff., 1303
Ergebnisverwendung I 1299ff.
Ergebnisverwendungsbeschluß I 1298, 1299, 1368
Ergebnisverwendungsvorschlag I 1368
Erhaltungskosten I 440f.
Erklärungsirrtum I 346
Erlöschen
– Gesellschaftsverhältnis II 709
– Nießbrauch II 407
Ermittlungsgrundsätze, Einkommensteuer II 276ff.
Ernsthaftigkeit, Vereinbarung II 1011
Eröffnungsprotokoll I 280
Errungenschaftsgemeinschaft I 112
Ersatzansprüche
– Geschäftsführer I 1294
– Verjährung I 1323
Ersatzbeschaffungen II 1167
Ersatzerbe I 426, 644
Ersatzerbenbestimmung I 409ff.
Ersatzvermächtnis I 490
Ersatzvermächtnisnehmer I 644
Erstattungsanspruch II 334
Erträgnisse, Verfügung II 1014
Ertragsanteil II 439, 916
– Rente II 328, 906, 910
– Versteuerung II 423
Ertragsaussichten II 130, 169
– Jahresdurchschnitt II 172
Ertragslage II 169
Ertragsnießbrauch I 1508, 1510, 1520, 1513, 1514ff., 1519, 1525, 1530, II 363, 947
– Unternehmen II 369ff.
Ertragsteuern
– gesellschaftsrechtliche Auseinandersetzung II 701ff.
– stille Reserven I 157
Ertragswert I 158, 163f.
– des Betriebsteils, Ermittlung II 142
Ertragswertverfahren II 125, 138
Erwerb
– Anmeldung II 254ff.
– des Pflichtteils II 112
– durch Anwachsung II 505
– durch Erben II 690f.
– durch Erbfall II 25, 109
– durch Erbfall, Gewerbebetrieb II 290
– durch qualifizierte Erben II 698
– durch Stiftung II 113
– Ehegatte des Miterben II 619
– entgeltlicher II 505, 722

– Gesellschaftsanteil II 687
– infolge Auflage II 114
– juristische Person II 52
– lebendes Unternehmen II 675
– Nacherbfall II 118
– Rentenstammrecht II 416
– staatliche Genehmigung II 52
– steuerpflichtiger II 689
– überlebender Ehegatte II 617f.
– unentgeltlicher II 529, 564, 723f., 735, 942
– unter aufschiebender Bedingung II 110f.
– Vermächtnis II 41
– Vermögensvorteil II 46
– Vertragserbe II 56
– von Todes wegen II 1, 21ff., 43, 46ff., 223
– Zusammenrechnung II 808
Erwerber II 91
– Einkommensteuerpflicht II 286
– land- und forstwirtschaftliches Vermögen II 232
– Nießbrauch II 406ff.
– persönliche Verhältnisse II 235
EWIV I 1211
Existenzsichernde Grundlagen II 876
Existenzsichernde Wirtschaftseinheiten II 895
Existenzsicherndes Vermögen II 428, 754, 892, 907, 944, 963, 967

Fachliche Voraussetzungen, Erbe, freiberufliche Einkünfte II 318
Fahrnisgemeinschaft I 112
Faktische Beherrschung II 1151
Faktischer Gesellschafter I 934
Fälligkeit
– Abfindung I 1059
– Erbschaftsteuer II 264
– Pflichtteilsanspruch I 183f.
Fälschungsrisiken I 278, 283
Familienangehörige
– Kommanditisten II 1108f.
– Stiftung II 79
Familiengesellschaften II 6, 1003ff., 1042
– Angehörige II 1007
Familiengesetzbuch, DDR I 116
Familienname, Adoption I 717
Familienpersonengesellschaft II 1003ff.
Familienrecht I 50
Familienrechtliche Maßnahmen I 659ff., 687ff.

Familienrechtliche Wirkungen,
  Adoption   I 715 ff.
Familienstiftung   I 1381, 1392, 1395, II 82,
  237, 1257
- Arbeitslohn   II 1260
- Steuerfreiheit   II 75
Familienwohnheim   II 12
Fehlerhafte Gesellschaft   I 934, 1269
Feststellungsfrist   II 666
Fiktive Ausgleichsforderung, Berechnung   II 17
Fiktiver Zugewinnausgleich   II 17
Finanzamt, Auskünfte und Zusagen
  II 680 ff.
Firma   I 956, 984, 993 f., 1130 f., 1241 ff.
- abgeleitete   I 1076, 1130
- Fortführung   I 890
  - Haftung   I 1074
- gemischte   I 1241
- Kommanditgesellschaft   I 1076 f.
- Unterscheidbarkeit   I 1131
Firmen- oder Geschäftswert   I 1014
Firmenrechtliche Haftung   I 890
Firmenrechtliche Vollhaftung   I 888
Firmenwert   II 1242
Firmenwertähnliche Wirtschaftsgüter
  II 130, 163
Forderung
- Einbringung   I 1326
- Gesellschafter   II 161
- Übertragung   II 121
- Verzicht   II 790
Form
- notarielle   II 1008
  - letztwillige Verfügungen   I 229 ff.,
    277 ff.
Formmangel
- Anordnung einer Stiftung   II 66
- Heilung   I 1264
- letztwillige Verfügung   II 26
Formnichtigkeit   I 337 f.
Formularbuch   I 7
Formvorschriften
- bürgerlich-rechtliche   II 1004
- Gesellschaftsverträge   I 932 ff.
Formwechsel   I 1545, 1551, 1556, 1595 ff.
- Möglichkeiten   I 1597
- Registeranmeldung   I 1606 ff.
- verhältniswahrender   I 1043 f.
Formwechselnde Umwandlung   II 1044
Formzwang   I 229
Formzwecke   I 229
Forstgut   I 164

Fortführung
- Restbetrieb   II 295
- selbständige Betriebe   II 552
Fortgesetzte Gütergemeinschaft   II 20
Fortpflanzungstechniken, medizinische   I 14
Fortsetzung der Gesellschaft
- mit den Erben   II 719 ff.
- ohne die Erben   II 709 ff.
Fortsetzungsklausel   I 978 f., 1029, 1043 f.,
  II 687, 709 ff., 743, 750, 764
- mit Abfindung der Erben   I 976
- ohne Abfindung der Erben   I 972 ff.
Freiberufliche Einkünfte   II 287, 307 ff.
Freiberufliche Praxis
- Auseinandersetzung   II 571 ff.
- Übertragung   II 962 ff.
- Veräußerung   II 320
- Verpachtung   II 316, 493
- Versorgungszusage   II 964
- Umqualifizierung   II 317
Freiberufliche Verbindungen   I 952
Freibetrag   II 11, 62, 88, 696, 698, 709, 871
- § 13 a ErbStG   II 694
- Anteil   II 882
- Aufteilung   II 692, 877
- Betriebsvermögen   II 221
- Hausrat   II 211
- mehrere Anspruchsberechtigte
  II 224 ff.
- persönlicher   II 239, 690
- sonstiges bewegliches Vermögen
  II 211
- Verwirkung   II 228 ff.
- vorweggenommene Erbfolge   II 870 f.
Freigebige Zuwendung   II 783
Freigebigkeit, Wille   II 783
Freiwillige Zuwendung   II 789
Fremdorganschaft   I 911, 916, 1112, 1116,
  1132, 1224, 1279, 1470
Fremdvermietung   II 388, 404
Fremdvermögen, Anteilsverwaltung
  II 1014
Freundeskauf   II 832
Frist, Inventar   I 35
Fristversäumung
- Anfechtung   I 19
- Ausschlagungsfrist   I 19, 21
Früchte, Nießbrauch   I 1520
Frühere Erwerbe
- Berücksichtigung   II 235
- Zusammenrechnung   II 269

Gattungsvermächtnis I 499
Gebäude-AfA II 526 f.
- Erwerber II 533 f.
Gebäudeerrichtung, Kosten II 822
Gegenleistung
- entgeltliche Rechtsgeschäfte II 11, 833
- Mißverhältnis II 954
Gegenstand
- Erwerb II 689
- Realteilung II 545
- Schenkung II 824
- Unternehmen I 1229, 1245 ff.
- Vermächtnis II 39
Gehalt
- angemessenes II 1034
- überhöhtes II 1260
Geisteskranke I 194
Geistesschwache I 194
Geldbeträge II 895
Geldeinlagen I 1252
Geldleistung, regelmäßig wiederkehrende II 907
Geldschenkung II 815
- Zweckbindung II 847
Geldschulden II 140
Geldvermächtnis II 36, 353
Geldzuschuß II 820
Gemeiner Wert I 151, 162
- Anteil II 861
Gemeinnützige Stiftung II 1270
Gemeinnützige Zwecke, Stiftung II 75
Gemeinnützigkeit, Steuervergünstigung II 80
Gemeinschaftliche Tierhaltung II 142
Gemeinschaftliches Ehegattentestament I 213 ff., 264 ff., 287, 292, 327
- Bindungswirkung I 298 ff.
Gemeinschaftliches eigenhändiges Testament I 266 f.
Gemeinschaftliches Nottestament I 269
Gemeinschaftliches öffentliches Testament I 268
Gemeinschaftliches Testament, Widerruf I 374 ff.
Gemeinschaftsverhältnis II 1005
Gemischte Firma I 1241
Gemischte freigebige Zuwendung II 30
Gemischte Schenkungen I 168, 446, 779 f., 799 II 793 ff., 797, 800, 828, 841, 842, 860, 1002, 1078, 1081
- sonstige II 985 f.
- steuerliche Auswirkungen II 799

Gemischter Nachlaß, Auseinandersetzung II 560
Gemischtes Rechtsgeschäft II 782
Genehmigung, vormundschaftliche II 1008, 1010
Genehmigungspflichtige Erwerbe II 115
Generalvollmacht I 679, 1291
Genußberechtigte I 1392
Geprägerechtsprechung II 1083
Gesamtgut I 700, II 20
Gesamthänder II 8
Gesamthandsgemeinschaft I 32 f., II 8, 469
Gesamthandsvermögen II 701
- Anteil II 697
Gesamtrechtsnachfolger I 8 f., 1563, II 8, 58, 195, 282, 354, 356, 536
- Erben II 704
Geschäfte, außergewöhnliche I 1083, 1086
Geschäfts- oder Firmenwert II 130
- Absetzungen II 172
Geschäfts- oder Mietwohngrundstücke II 89
Geschäftsanteile I 1249 ff., II 779
- Abtretung I 1263, 1266
- Form I 1263
- Belastung I 1270
- Einziehung I 1272 ff.
- Erbengemeinschaft I 1277
- Erwerbsrecht I 1274 ff.
- junge I 1533
- Teilung I 1268, 1277
- Übertragbarkeit I 1261 ff., 1267
- Vererblichkeit I 1261 ff., 1272 ff.
Geschäftsbesorgungsvertrag I 1387
Geschäftsbezeichnung I 956
Geschäftsbriefe I 1140
Geschäftsergebnis I 1298
Geschäftsfähigkeit I 191, 249, 273, 279
- Beschränkung I 273
Geschäftsführer I 1315 ff.
- Abberufung I 1284, 1294
- Bestellung I 1284, 1294
- Haftung I 1315 ff.
Geschäftsführerdienstverträge
- Abschluß I 1284
- Änderung I 1294
Geschäftsführergehalt II 1113 ff., 1171, 1226
Geschäftsführung I 957 f., 996 ff., 1078 ff., 1133 ff., 1163 ff., 1193, 1217, 1278 ff., 1391, II 1087

- Übernahme II 1091
- Überwachung I 1360
Geschäftsführungsbefugnisse I 1150 f., 1221
Geschäftsführungsmacht I 1288
Geschäftsführungsrechte I 1174
Geschäftsführungsvergütungen I 1019
Geschäftsordnung I 1286
Geschäftsveräußerung II 658
- im ganzen II 771
Geschäftsvermögen I 1174
Geschäftswert II 163, 1037
- Ansatz II 1070
Geschiedene Ehegatten II 236
Geschwister II 236
- Grundstücksübertragung II 977
Gesellschaft
- Auflösung I 978, 1027, 1028 f.
  - durch Tod I 1172 ff., II 624 ff.
- bürgerlichen Rechts I 32, 900, 1492 ff.
- Dauer I 1021 ff.
- fehlerhafte I 934, 1269
- Fortführung mit Erben II 650
- Fortsetzung, Ablehnung I 1029
- Kündigung I 964 ff., 1021 ff.
- zweigliedrige II 649
Gesellschafter
- Abfindung I 981, 1106
- Aufnahme II 658 f.
- Ausscheiden I 978 f., 1027, II 44, 542, 718
- Ausschluß I 1295
- Ausschüttungen II 1170
- Beitragspflicht II 1091
- Darlehenskonten II 1244
- Einkommen II 1284 ff.
- Eintritt II 988
- Erbe II 708
- Forderung II 161
- Haftung I 959 ff., 1304 ff.
- Kapitalkonto II 162
- Konkurs I 1028 f.
- Konten II 1013
- Körperschaftsteuer II 1192
- Kündigung I 965 ff., 978, 1028 f., 1106
- mehrheitlich beteiligter II 1148
- mitarbeitender II 1040
- OHG I 989 ff.
- Rechte I 1324
- Tod I 967 ff., 971, 978, 1028 f., 1172 ff., II 687, 719, 745
- Treuepflicht I 1132, 1194

- Übernahme von Grundvermögen II 625
- Übernahmerecht II 749
- Versammlung I 1292 ff.
  - Stimmrecht II 1025
- Wechsel I 963, II 988
Gesellschaftsanteil II 689, 698, 766, 770
- Anwachsung II 849
- Beteiligungsquote II 725
- Erbauseinandersetzung II 771
- Erwerb durch verbleibende Gesellschafter II 687
- Nießbrauch II 188, 374 ff.
- Realteilung II 725 f.
- Schenkung II 1275
- teilentgeltliche Übertragung II 859 ff.
- Übertragung II 775, 955 ff., 957
- Veräußerung I 1398
- Vererblichkeit I 968
Gesellschaftsauflösung, Tod des Gesellschafters II 647, 702 ff.
Gesellschaftsaufwand I 1094
Gesellschaftsbeendigung, Liquidation II 706
Gesellschaftsbeteiligung
- Nießbrauch I 1506 ff.
- Vollwert I 158
Gesellschaftsdauer I 1021 ff., 1106, 1170 f.
Gesellschaftsformen I 898 ff.
Gesellschaftskapital, Erhaltung I 1328
Gesellschaftskonkurs I 1337
Gesellschaftsorgane, GmbH I 1278 ff.
Gesellschaftsrechte, neue II 1236
Gesellschaftsrechtliche Auseinandersetzung, Ertragsteuern II 701 ff.
Gesellschaftsrechtliche Erbfolge II 686 ff.
Gesellschaftsschulden II 860
Gesellschaftsverbindlichkeiten, Haftung I 1223
Gesellschaftsverhältnis II 710, 730, 732, 1005
- Anerkennung II 1109
- Durchführung II 1014
- Erlöschen II 709
- Konsequenzen der Nichtanerkennung II 1019
- tatsächliche Durchführung II 1012 ff.
Gesellschaftsvermögen, Beteiligung der GmbH II 1098 ff.
Gesellschaftsvertrag I 934, 1477 ff., II 698, 701, 719, 735
- Änderungen I 1325 f.
- Grundlage II 1005

- Übergang II 44, 688
- Unwirksamkeit II 1008
- Zulassung von Übertragungen I 1507
Gesetzliche Erben II 893
Gesetzliche Tatbestände, Erbschaftsteuer II 5
Gesetzliche Verbote I 208
Gesetzlicher Güterstand I 113f.
Gesetzlicher Vertreter, Zustimmung I 273
Gesetzliches Erbrecht, Verzicht I 827f., 848ff.
Gesetzliches Rücktrittsrecht I 393f.
Gesetzliches Vermächtnis I 117
Gesonderte Gewinnfeststellung II 674
- GmbH & Co. KG II 1110ff.
Gestaltungsfreiheit, Vermächtnis I 202
Gestaltungstypen I 201
Gewerbebetrieb
- Erblasser II 499
- Veräußerung II 705
- Verpachtung II 293, 492ff.
Gewerbeertrag II 1132ff.
- Ermittlung II 1073
Gewerbekapital II 1132ff.
Gewerbesteuer II 600, 1250f., 1291ff.
- Betriebsaufspaltung II 1180ff.
- GmbH & Co. KG II 1130ff.
- Pflicht, Komplementär-GmbH II 1135f.
- Umwandlung II 1073f.
Gewerbeverbote I 1290
Gewerbliche Betriebsverpachtung II 1177
Gewerbliche Einkünfte, Nießbrauch II 363
Gewerbliche Tätigkeit, Erben II 546
Gewerbliches Betriebsvermögen II 689
Gewillkürte Erbfolge I 190ff.
Gewinn I 1298, 1300
- Abführung I 1488
- Abführungsvertrag I 1483, II 156
- ausgeschütteter I 1403
- künftiger II 794
- laufender II 706, 941
- nicht ausgeschütteter I 1533
- Nießbraucher I 1519
- Realisierung II 725
- Rücklagen I 1519
- Stiftung II 1261ff.
- Verhältnis zur Erbquote II 479
- Verwirklichung II 1068
Gewinnanspruch

- Rückgewähr II 1205
- stiller Beteiligter II 1216
- Unterbeteiligter II 462
- Verrechnung II 1202
Gewinnanteil I 1310, 1403
- darlehensweise Schenkung II 1012
- Kommanditist I 1093
- nicht entnahmefähiger I 1522f.
- Nießbrauch I 1520, II 188
- selbständige Schenkung II 866
- Verfügung II 1014
Gewinnausschüttungen I 1302, II 1134
- Komplementär-GmbH II 1117ff.
- verdeckte I 1256
Gewinnaussichten, Kapitalwert II 830
Gewinnbeteiligung II 421, 1008, 1099, 1133, 1213, 1215
- Angemessenheit II 468, 1031ff., 1035ff.
- GmbH II 1098ff.
- keine angemessene II 1106
- überhöhte II 809, 866ff., 1076
- Übermaß II 866
Gewinnbezugsrecht II 1017
- Einräumung II 860
Gewinneinkünfte II 485
Gewinnermittlung II 277
- Art, Wechsel II 291
- einheitliche II 1223f.
- KG II 1119
- nicht wesentlich Beteiligte II 1061
- Stiftung & Co. KG II 1279ff.
Gewinnfeststellungsbescheid II 467
Gewinnstammrecht, Nießbrauch I 1517, II 378
Gewinnthesaurierung I 1403, 1521, 1523
Gewinnthesaurierungsinteresse I 1302
Gewinnüberlassung, Nießbrauch II 952
Gewinnüberlassungsverpflichtung II 370
Gewinnverteilung I 1018ff., 1092ff., 1136ff., 1167ff., 1300, II 809, 1031, 1097, 1227
- Änderung II 1103
  - zuungunsten einer GmbH II 1103f.
- Beschlüsse II 1211f.
- GmbH & Co. KG II 1097ff.
- handelsrechtliche II 1031
- überhöhte II 869
- unangemessene II 1031
- Vereinbarung II 599
Gewinnvortrag I 1300
Gewöhnlicher Aufenthalt, Wohnstätte II 97

Gleichberechtigungsgesetz I 108 ff.
Gleichstellungsgelder I 801, II 876, 887, 904, 946
Gleichstellungsrente
- Anschaffungskosten II 918
- steuerliche Behandlung II 918 f.
GmbH I 906, 942 ff., 1222 ff., II 779, 1186 ff.
- Auflösung I 1332, 1337 ff.
- Auflösungsgründe I 1338
- Ausscheiden I 1327 ff.
- Ausschluß I 1327 ff.
- Austrittsklausel I 1338 f.
- Beitragspflicht II 1091
- Beteiligung, Angehörige II 992 f.
- Betriebsvermögen II 1094 f.
- Entstehung I 1231 ff.
- Errichtung I 1231 ff.
- Gesellschaftsorgane I 1278 ff.
- Gründer I 1234 ff.
- Gründung II 1187
- keine vermögensmäßige Beteiligung II 1101
- Körperschaftsteuer II 1188 ff.
- Kündigung I 1327 ff., 1338 f.
- Mitunternehmerschaft II 1087
- stille Beteiligung II 1213 ff.
- Vertragsform I 1231
- Vertragsinhalt I 1240
GmbH-Anteile I 1529
- Abtretung I 1327
- Einziehung I 1327
- Rückzahlung I 1329
- Schenkung II 163
- Übertragbarkeit I 1329 f.
- Übertragung I 1331
- zeitnaher Verkauf II 168
- Zwangsabtretung I 1327, 1335
- Zwangseinziehung I 1327, 1335
GmbH & Co. KG I 154, 913, 1107 ff., II 1083 ff.
- Betriebsvermögen II 1093 ff.
- Errichtung I 1120
- gesonderte Gewinnfeststellung II 1110 ff.
- Gewerbesteuer II 1130 ff.
- Grunderwerbsteuer II 991
- typische/atypische II 1084
GmbH & Still I 1181 ff.
Going-concern-Prinzip I 1013
good will I 1048
Gradualsystem I 60, 79 ff., 83
Großeltern II 216

Großer Pflichtteil I 133, 135, 166
Grundbesitz II 131, 212
- ausländischer II 135
- Bewertung II 131 f., 136
- DDR II 268
- land- und forstwirtschaftlicher II 145
- Teile von II 213
Gründerhaftung I 1250
Grunderwerbsteuer II 601 ff., 775 ff., 971 ff., 1079 ff., 1139 ff., 1294
- Erbanfall II 603 ff.
- Freiheit II 989
  - Vermächtnisnehmer II 606
- GmbH & Co. KG II 991
Grundförderung II 341, 356
- Erbauseinandersetzung II 529 ff.
- Erblasser II 341
- Übernahme II 512
  - durch Erben II 530
Grundkapital I 1340, 1352
Grundsatz der Maßgeblichkeit des bürgerlichen Rechts II 5 ff.
Grundstücke II 88
- bebaute II 136, 138, 822
- Einbringung, GmbH & Co. KG II 991
- im Zustand der Bebauung II 817
- mittelbare Schenkung II 816 ff.
- Nießbrauchsvorbehalt II 826, 901
- Schenkung II 120
- Sonderbetriebsvermögen II 160
- Steuerwert II 38, 54
- unbebaute II 136, 137, 160
- unmittelbare Schenkung II 818
- Verkehrswert II 828
- Zubehör I 118
Grundstückserwerb II 25, 605
- von Todes wegen II 603
Grundstücksgesellschaften I 948 ff.
Grundstückskaufpreis, Übernahme II 819 f.
Grundstücksübertragung II 36
- Angehörige und Ehegatten II 972 ff.
- dauernde Last II 912 ff.
- Eltern II 976
- entgeltliche II 601
- Geschwister II 977
- Nachlaßteilung II 610
- Nießbrauchsvorbehalt II 826 f., 983 f.
- Pflegekinder/Abkömmlinge II 975
- Rente II 981 f.
- unentgeltliche II 971
- Verbindlichkeiten II 824
Grundstückswert II 132

Gründungsbericht   I 1350
Gründungskapital   I 1218
Gründungsprüfer   I 1352
Gründungsprüfung   I 1350
Gründungsvorschriften   I 1605
Grundvermögen
- Bewertung   II 125
- Inland   II 95
- Nießbrauch   II 385 ff.
- Schenkung   II 810
- Steuerwert   II 978
- Übernahme durch Gesellschafter II 625
Gütergemeinschaft   I 32, 108, 112, 700 ff., 706, II 786
- fortgesetzte   II 20
Güterrecht   I 50
Güterrechtliche Auseinandersetzung
- Scheidung   II 13
- Tod   II 14 ff.
Güterrechtliche Beschränkungen, Testierfreiheit   I 204
Güterrechtliche Lösung   I 132, 134
Güterrechtliche Vereinbarungen   II 9 ff.
Güterstand   I 105 ff., 690 ff., 695 ff.
- Beendigung   II 14
- DDR-Recht   I 116
- gesetzlicher   I 113 f.
- vertraglicher   I 692
- Verwaltung und Nutznießung des Ehemanns   I 106
Güterstandsvereinbarungen   I 690 ff.
- ehevertragliche   I 693
Gütertrennung   I 107 ff., 115, 698 f., 706 f., 1447 ff., II 9, 16
- Anfechtung   I 1447
Gutsübernahmeverträge   I 805
GuV-Rechnung   I 1297

Haager Testamentsformübereinkommen   I 44
Haftsumme
- Herabsetzung   I 1103
- Kommanditist   I 1068 ff.
Haftung
- Aktiengesellschaft   I 1340, 1369 f.
- Aufsichtsrat   I 1370
- Beschränkung   I 960, 1112, 1114, 1117
- Erben   I 35 f., II 664 ff.
- Firmenfortführung   I 1074
- firmenrechtliche   I 890
- gegenüber Dritten   I 1320 ff.
- Geschäftsführer   I 1315 ff.

- Gesellschafter   I 959 ff., 1304 ff.
- Gesellschaftsverbindlichkeiten   I 1223
- Gründer   I 1239, 1250
- Handelsregisteranmeldungen   I 1322
- Nacherbe   I 1401
- Nachlaßverbindlichkeiten   I 469
- OHG   I 985
- Partnerschaft   I 1218
- Personengesellschaften   I 914
- qualifiziert faktischer Konzern I 1311 ff., 1466
- Risiko   II 1091
  - Vergütung   II 1101
- Schuld   II 250
- Spaltung   I 1575 ff.
- Testamentsvollstrecker   I 570, II 673 ff.
- unbeschränkte   I 1073
- unrichtige Versicherung   I 1257
- Vermögensnachfolger   I 888 ff.
- verschärfte   I 1318
- Vertreter   II 673
- Vorstand   I 1370
Haftungsbeschränkung
- Betriebsaufspaltung   I 1464 ff.
- Kapitalgesellschaften   I 915
- Nachlaß   I 35
Haftungsdividende   I 1094
Haftungsgesellschaft   I 1230
Haftungsprämie   I 1136 f.
Haftungsrisiken   I 1259
Handelndenhaftung   I 1320
Handelsbilanz   I 1017, 1179, II 160
Handelsgewerbe   I 1229
Handelsrechtliche Gewinnverteilung II 1031
Handelsregister
- Anmeldung   I 1105
  - Haftung   I 1322
- Eintragung   I 1233, 1244, 1351
Handwerksbetriebe   I 947
Hauptgesellschaft, Unterbeteiligung II 467
Hauptgesellschafter   I 1206
Hauptversammlung   I 1358, 1359, 1365
Haushaltsführung   I 817
Hausrat, Freibetrag   II 211
Heimbewohner, Verfügungen   I 210
Heimvertrag   I 210
Herausgabe, Vorerbe an Nacherben   II 59
Herausgabeanspruch   I 467 f.
Herrschaftsrechte, Stiftungsvermögen I 1391
Höchstpersönliche Rechte   I 12

Höchstpersönliche Rechtsgeschäfte
  I 199, 229
Hochzeitsgeschenke I 118
Hof, Zubehör I 9
Hoferben II 29
Höferecht, Sondererbfolge I 9
Hoferwerb, Höfeordnung II 586 ff.
Holding-Gesellschaft I 1314
Hypotheken
– Schenkung II 979 f.
– Schulden II 196
– Übernahme II 824, 902

Idealkollation I 92
Identität des Erwerbers II 25
Illiquide Vermögenswerte I 142
Imparitätsprinzip I 1013
Informationsrechte
– Gesellschafter I 1324
– Kommanditist I 1087 ff., 1141
– stiller Gesellschafter I 1156
Inhaberaktien I 1349, 1354 ff., 1529
Inhaltsirrtum I 346
Inländer II 91
Inländische Stiftung II 78
Inländisches Betriebsvermögen II 222
Inländisches land- und forstwirtschaftliches Vermögen II 227
Innengesellschaft I 901 ff., 1145, 1188, 1501 ff.
– atypische I 905
– GbR I 901 ff.
Innenverhältnis I 1278
– Katalog zustimmungsbedürftiger Handlungen I 1286
Interesse einer Familie II 79
Interessengemeinschaftsverträge II 599
Internationales Erbrecht I 43
Inventar, Frist I 35
invitatio ad offerendum I 818
Irrtum, Ausschlagungsfrist I 19

Jahresabschluß I 923 f., 1007 ff., 1015 ff., 1084 f., 1167, 1297 f., 1366 ff.
– Feststellung I 1294, 1303
– Prüfung I 1089
Jahresergebnis I 1254, 1300
Jahresmiete II 138
Jahresmietwert II 822
Jahresrohmietwert II 125
Jahresüberschuß I 1298, 1300
Junge Geschäftsanteile I 1533

Juristische Person II 8
– Erwerb II 52
– Testamentsvollstrecker I 579

Kapital
– Abfindung II 320
– Betrag, freiberufliche Praxis II 320
– Buchwert II 329
– Neufestsetzung II 1243
– Verzinsung II 1099
Kapitalanteile II 165
– Bewertung II 163 ff.
  – nicht notierter II 163
– Buchwert II 1028
– Schenkung II 829
Kapitalaufbringung I 1352
Kapitalausstattung I 1302
Kapitalerhaltungsbestimmungen I 1182
Kapitalerhöhung I 1325 f., 1590
– Verzicht auf Teilnahme II 1102
Kapitalersetzende Darlehen I 1139, 1309 f.
Kapitalforderungen II 176, 690
– Schenkung II 857
– sonstige II 175 ff.
– stille Beteiligung II 856
– und Schulden, unverzinsliche II 193
Kapitalgesellschaft I 906 ff., 915 ff., 1222 ff.
– Anteile II 895
  – Entlastung II 220 ff.
– beschränkte Mitgliedschaftsrechte I 927
– Beteiligungen I 161 f., 954
  – Nießbrauch I 1527 ff.
  – Testamentsvollstreckung I 1445
– Einbringung II 881
– Ein-Mann-Gesellschaft I 1455 ff.
– Errichtungsaufwand I 919
– Formvorschriften I 942 ff.
– Fremdorganschaft I 916
– große I 921 ff.
– Haftungsbeschränkung I 915
– kleine I 921 ff., 1010
– mittelgroße I 921 ff.
– neugegründete II 520
– Prüfungs- und Publizitätspflichten I 925 f.
– Publizitätspflichten I 920 ff.
– stille Einlage II 452
– übernehmende II 1243
– übertragende II 520
– Vermächtnis II 37

Sachregister

- Vermögen II 163
- Versorgungsrenten I 1541 ff.
- Zuschüsse II 789
Kapitalherabsetzung I 1325, 1339
Kapitalkontenerhöhung I 1523
Kapitalkonto
- anteiliges II 556
- Erblasser II 715
- Gesellschafter II 162
- steuerliches II 719
Kapitalkonto I I 1071
Kapitalkonto II I 1071, 1075, 1096
Kapitallebensversicherung I 805
Kapitalreserverkonto I 1096
Kapitalstimmrecht I 917
Kapitalthesaurierungspflichten I 1403
Kapitalvermögen, Nießbrauch II 379 ff.
Kapitalwert II 4, 801, 827
- Ablösung II 89
- Ermittlung II 191
- Gewinnaussichten II 830
- Nießbrauch II 407
- Nutzungs- oder Duldungsauflage II 802
- Nutzungsrecht II 87, 891
- Schenkungsteuer II 866
Kaufgrundstück II 36
Kaufpreis, Rentenbarwert II 714
Kaufpreisforderung II 36
Kettenschenkungen II 804
KG I 154, 900, 1063 ff., 1497
- Beteiligung, Übertragung II 860
- Gewinnermittlung II 1119
- Übertragung von Betriebsvermögen II 779
KGaA I 906, 945, 1374 ff.
KGaA-Gesellschafter, Tod I 1378
Kinder II 237, 239, 241, 847, 865, 889, 920, 955, 991, 1003
- Anerkennung als Mitunternehmer II 1003
- Anteilserwerb II 1187
- Darlehensvereinbarung II 5
- für ehelich erklärte II 973
- leibliche II 973
- minderjährige II 1003, 1013
- Stiefkinder II 236
- uneheliche II 786
- von Geschwistern II 236
Kirchliche Zwecke, Stiftung II 75
Kleine Aktiengesellschaft I 1343
Kleiner Pflichtteil I 133
Kollisionsrecht I 42

Kommanditaktionär, Tod I 1378
Kommanditanteil
- Nießbrauchsvorbehalt II 784
- Schenkung II 1006
- Testamentsvollstreckung I 1438 ff.
Kommanditeinlage I 1068 ff.
Kommanditgesellschaft I 154, 900, 1063 ff., 1497
- auf Aktien I 906, 945, 1374 ff.
- Firma I 1076 f.
Kommanditist II 301, 1037
- Beitragspflicht II 1092
- Darlehen, eigenkapitalersetzende I 1115
- Familienangehörige II 1108 f.
- Haftung I 1068 ff.
- Informations- und Kontrollrechte I 1087 ff., 1141
- Mitunternehmerschaft II 1088
- Sonderbetriebsvermögen II 1096
- Stellung, Einräumung I 1031, II 728 f.
- Widerspruchsrecht II 1024
Komparative Methodik I 7
Komplementär II 1087
Komplementär-GmbH I 1125 ff., II 1087, 1157
- Gewinnausschüttungen II 1117 ff.
Komplementär-Stiftung, Errichtung II 1274
Konkurs I 1028 f., 1177, 1309, 1322
Konsularisches Testament I 240
Kontovollmachten I 677
Kontrollrechte II 1024
- Gesellschafter I 1324
- Kommanditist I 1087 ff.
- stiller Gesellschafter I 1163 ff.
Konzern I 1311, 1366
- faktischer I 1311
Körperliche oder geistige Gebrechen II 216
Körperschaftsteuer
- Anrechnung I 1302, II 381, 383, 1200
- Belastung II 1192
- Gesellschafter II 1192
- GmbH II 1188 ff.
- Minderung II 1199
- Satz II 1194
- Stiftung II 1253 ff.
Korrespondenz, Sonderausgaben/wiederkehrende Leistungen II 911
Kosten
- Gebäudeerrichtung II 822
- Tragung I 440 ff.

785

Sachregister

- Übernahme II 817
Kreditaufnahme II 577ff., 946
Kreditzinsen, Betriebsausgaben II 577
Kündigung II 730
- Beteiligungen I 1398
- Gesellschaft I 964ff., 1021ff.
- Gesellschafter I 964ff., 978, 1028f., 1106
- GmbH I 1327ff., 1338f.
- stille Gesellschaft I 1171
- Testamentsvollstrecker I 597
- Unterbeteiligung I 1194
Kündigungsfrist, Gesellschaft I 1023, 1031
Kündigungsrecht II 1015
- Ausgestaltung II 1018
- Ausschluß II 1014, 1015
- Einschränkung II 1016
- GmbH I 1332
- zu Lasten des Beschenkten II 1015
Künftige Erben II 872f., 893, 967f., 969
Künftige Gewinnanteile, Leistung der Einlage II 1026
Künftige Gewinne II 794
Künstlerische Tätigkeit, Einkünfte II 309
Kunstsammlungen II 212

Lagebericht I 923, 1297, 1367f.
Land- und Forstwirtschaft I 953
Land- und forstwirtschaftlicher Grundbesitz II 145
Land- und forstwirtschaftliches Vermögen II 132, 140ff.
- Entlastung II 220ff.
- Erwerber II 232
- inländisches II 95, 227
- Umfang II 141
Landeszentralbank, Genehmigung I 1543
Landgut I 163f.
Landwirtschaftlich genutztes Gelände I 164
Landwirtschaftliche Betriebe I 9, 163
Landwirtschaftliche Nebenerwerbsstelle I 164
Landwirtschaftliche Nutzung
- allgemeine II 143
- besondere II 143
Lastenausgleichsansprüche II 217
Lastentragung I 440ff.
Laufende Einkünfte, Erbengemeinschaft II 479ff.
Laufende Umsätze II 637
Laufender Gewinn II 706, 941

Lebens- und Rentenversicherungsverträge II 47
Lebensversicherung
- Ansprüche auf Auszahlung II 15
- Besteuerung II 48
Lebensversicherungsverträge I 805
Lebenszeit, Nießbrauchsrecht II 189
Legatar I 15
Leibliche Kinder II 973
Leibrente I 527, 813
- freiberufliche Praxis II 320
- Verträge I 805
Leistung und Gegenleistung, Mißverhältnis II 783, 833
Leistungen, wiederkehrende II 900
Leistungsauflage II 802, 827
Leistungsaustausch
- dauernde Last II 915
- Rente II 906
Leseunkundige I 197, 238, 243
Lesevermögen I 265
Letztwillige Verfügungen II 43
- Anfechtbarkeit I 339ff.
- Aufhebung I 358ff.
- Auslegung I 302ff.
- Formen I 229ff., 277ff.
- Formmangel II 26
- Rücktritt I 358ff.
- Unwirksamkeit I 323ff.
- Widerruf I 358ff.
- Wirkungen I 290ff.
Liebhaberwert I 151
Linien, Erbrecht I 80
Liquidation I 967, 973, 1029
- Gesellschaftsbeendigung II 706
- Unternehmen II 638
Liquidationsgesellschaft I 967, II 702
- Erben II 704
Liquidationsgewinn II 702
Liquidationsverlust II 702
Liquidatoren I 1290
Liquiditätsprobleme I 142

Mangelnde Ernstlichkeit I 332ff.
Marktpreise II 781
Marktübliche Bedingungen II 794
Medizinische Fortpflanzungstechniken I 14
Mehrere Erben, Verlustvortrag II 334
Mehrfacher Erwerb
- desselben Vermögens II 251ff., 270
- Steuerermäßigung II 253

Mehrheitlich beteiligter Gesellschafter II 1148
Mehrheitsbeschlußfassung, außergewöhnliche Geschäfte I 1086
Mentalreservation I 332 ff.
Miet- und Pachtzahlungen, Besitzgesellschaft II 1158
Mietgrundstück, Übernehmer II 527
Minderjährige I 192, 238, 243, 265, 893, 992, 1162, 1236
- Adoption I 713 ff., 715
- Schenkungen II 5
Minderkaufmännisches Unternehmen I 947
Mindesterbanteil I 115
Mindestwert, Ermittlung II 144
Mischeinlage I 1260
Mischnachlaß II 569
- Realteilung II 567
Mißbrauch
- beherrschendes Unternehmen I 1312 ff.
- Formen und Gestaltungsmöglichkeiten II 5
Mißverhältnis, Leistung und Gegenleistung II 783, 833, 954
Mitbestimmung I 1111, 1143, 1346, 1361 ff., 1481, II 457
- Aufsichtsrat I 1362
- betriebliche I 928 ff.
Miteigentumsanteile
- Anschaffungskosten II 513
- entgeltliche Übertragung II 500
- Erbauseinandersetzung II 538
Miterben II 286
- Abfindung II 505
- Ausscheiden aus Erbengemeinschaft II 515, 532, 542, 563, 653 f.
- Betriebsveräußerung II 543
- Ehegatte II 619
- Erbanteile II 513 f.
- Erbfall II 29
- Erwerb der Erbanteile II 540 f.
- Nachlaßgegenstand II 30
- Testamentsvollstrecker I 580
- Unternehmereigenschaft II 635 f., 641
- Veräußerung der Erbanteile II 540
- Wahlrecht II 547 ff.
Mitgesellschafter II 967
- Übertragung II 966
Mitgliedschaft, rechtsfähiger Verein I 12
Mitgliedschaftsrechte I 1174, 1193, 1516
- beschränkte I 927

- Wahrnehmung I 1090
Mittelbare Schenkung, Grundstück II 816 ff.
Mitunternehmer II 286, 351, 710, 1089 f.
- atypisch stille Gesellschaft II 449, 453
- einbringender II 1062
- Kind II 1003
- Nießbraucher II 375 ff.
- Personengesellschaft II 733
Mitunternehmeranteil II 227, 540
- Grundlagen II 959
- Schenkung II 856
- Übertragung II 955
Mitunternehmerische Unterbeteiligung II 464 ff.
Mitunternehmerschaft II 599, 763, 853, 1087 ff.
- Angemessenheit II 1031 ff.
- atypisch stille Gesellschaft I 1152
- Erbengemeinschaft II 477 ff.
- GmbH II 1087
- Kommanditisten II 1088
- Merkmale II 1022
- steuerliche Anerkennung II 1020 ff.
- Unterbeteiligung I 1205
- Voraussetzungen II 1021 ff.
Mitwirkung II 1024
Mitwirkungsrechte II 1024
Motivirrtum I 340, 347
Mündliche Erklärung I 243
Mutter-Tochter-Konzernverhältnis I 1573
Mutterunternehmen I 1483

Nacherben I 426, 644, II 54, 210
- Einsetzung I 413 ff.
- Haftung I 1401
- mehrere I 418
- Verhältnis zum Erblasser II 60
- Verwertung des Anwartschaftsrechts II 59
Nacherbenanwartschaft I 457, 461 ff.
- Recht I 432 ff., II 58
- Übertragbarkeit I 463
- Vererblichkeit I 464
Nacherbenbestimmung, fehlende I 427
Nacherbenrecht II 54
Nacherbenvermerk I 462, 1397
Nacherbfall II 57
- Eintritt II 61
- Erwerb II 118
Nacherbfolge II 63
- Eintritt I 465 ff.

787

Nacherbschaft I 413, 653, II 59 ff.
- Beseitigung I 460
- Unternehmen I 1397 ff.
- Zusammentreffen mit Erbfall II 62 ff.
Nachfolgeklausel I 977, 1172, 1200, 1509 f., II 686, 719 ff.
- einfache I 1033 ff., 1044, 1509, II 693 ff., 750, 751, 764, 766
- erbrechtliche I 1030
- gesellschaftsvertragliche I 1030 ff.
- qualifizierte I 1036 ff., 1044, 1510 II 698 ff., 725, 731 ff., 748, 759, 764, 767
- unwirksame I 1041
Nachgründungsbericht I 1352
Nachgründungsprüfung I 1352
Nachgründungsvertrag I 1352
Nachhaftung I 1027, 1548
Nachlaß I 10 ff., 1426, II 71
- Anspruch II 709
- Realteilung II 517, 544 ff., 558
- Steuererstattungsanspruch II 334
- Überschuldung I 19
- Verwaltung II 210, 479
- Zugehörigkeit I 10 f.
- Zurechnung II 28
Nachlaßgegenstände II 350, 474, 766
- Miterben II 30
- Wertermittlung I 151
Nachlaßgericht II 27
Nachlaßgerichtliche Eröffnung I 21
Nachlaßinventar I 35
Nachlaßkonkurs I 35
Nachlaßschulden, Wertausgleich II 566
Nachlaßspaltung I 46
Nachlaßsteuer II 4
Nachlaßteilung II 761
- Grundstücksveräußerung II 610
Nachlaßverbindlichkeiten II 126, 195 ff., 202, 357, 416, 446, 665, 683
- Abzugsfähigkeit II 195
- Erfüllung II 487
- Haftung I 469
- Schuldzinsen II 569
Nachlaßvergleichsverfahren I 35
Nachlaßverwaltung I 35, 458 f.
- Testament II 257
Nachlaßverzeichnis I 452, 456, 567
- Aufnahme I 175
Nachlaßzugehörigkeit, Personengesellschaftsbeteiligungen I 1426
Nachsteuer II 107
Nachträgliche Auseinandersetzung II 720 ff.

Nachträgliche Einkünfte II 287, 289
- Rentenzahlungen II 939
Nachträgliche Unwirksamkeit I 323 ff.
Nachvermächtnis I 491 f.
Nachvermächtnisnehmer I 644, II 54
Namensaktien I 1349, 1354 ff., 1528
- vinkulierte I 1371
Namentliche Bekanntmachung, Steuerbescheide II 668
nasciturus I 14
Naturalleistungen I 817
Natürliche Personen als Erben II 8, 91
Nebenbetriebe II 142
Nebenrechte, Aktien I 1373
Negativbetrag, Schenkungen II 824
Nennkapital, Herabsetzung II 231
Nettokaltmiete II 138
Nettonießbrauch II 388
Neue Bundesländer I 48 ff., 71 f.
- Adoptionen I 74
- Testierfreiheit I 211
Nicht erzeugte Person I 430
Nichtanerkennung, Gesellschaftsverhältnis II 1019
Nichtehegatten I 225
Nichteheliche Abkömmlinge I 63 ff.
Nichteheliche Kinder
- Erbanspruch I 64
- Erbersatzanspruch II 285
- Pflichtteilsanspruch I 64
Nichteheliche Lebenspartner I 213
Nichteheliche, vorzeitiger Erbausgleich I 818 ff.
Nichtehelichen-Gesetz I 185
Nichtiges Testament, Bestätigung I 338
Nichtigkeit I 208, 330 ff.
- Anfechtung I 1269
- Gesetzesverstoß I 335
- Verzicht I 863 f.
Nichtqualifizierte Erben, Praxisverpachtung II 316
Nichtvollkaufmännisches Unternehmen I 896 f.
Niederschrift I 246, 249, 252 ff., 254
Nießbrauch I 12, 801, II 85, 89, 184 ff., 336, 807, 841
- Betriebsvermögen II 363 ff.
- Ehefrau II 827
- Einräumung II 361
- Einzelunternehmen II 363 ff.
- entgeltlicher II 382, 386
- Erlöschen II 407
- fremdvermietetes Objekt II 389

Sachregister

- gesamte Erbschaft   II 362
- Gesellschaftsanteil   I 1506 ff., II 188, 374 ff.
- gewerbliche Einkünfte   II 363
- Gewinnanteil   II 188
- Gewinnstammrecht   I 1517, II 378
- Gewinnüberlassung   II 952
- Grundvermögen   II 385 ff.
- Kapitalgesellschaftsbeteiligung   I 1527 ff.
- Kapitalvermögen   II 379 ff.
- Kapitalwert   II 407
- Rückbehalt   II 369
- Steuern   I 1521
- unentgeltliche Bestellung   II 384, 386
- verpachteter Betrieb   II 365
- Vorbehalt   II 899
- Zuwendung   II 86 ff.

Nießbraucher   II 927 ff., 948, 953
- AfA-Berechtigung   II 399 ff.
- Anteilseigner   II 376
- dauernde Last   II 415
- Mitunternehmer   II 375 ff.
- Selbstnutzung   II 395 ff.
- Sonderausgaben   II 415

Nießbrauchsbestellung   I 1271, 1456, 1511, II 4, 90, 378
- notarielle Beurkundungsform   I 1271

Nießbrauchslast   II 90
- Rentenverpflichtung   II 837

Nießbrauchsobjekt   II 399
Nießbrauchsrecht   I 1406
- Lebenszeit   II 189

Nießbrauchsvereinbarung   II 952
Nießbrauchsvermächtnis   I 511 ff., 1409, II 85 ff., 360 ff., 770
Nießbrauchsverpflichteter, Verbindlichkeiten   II 366
Nießbrauchsvorbehalt   I 172, 803, II 809, 841
- Anteilsübertragung   II 858
- Betriebsübertragung   II 841
- Grundstück   II 826, 901
- Grundstücksübertragung   II 826 f., 983 f.
- Schenkung   I 803, II 85, 807, 827, 926 ff.

Nominalwert, Anteil   II 852, 1039
Notar   I 239 f., 241, 254, 287
- amtliche Verwahrung   I 256
- Amtspflichten   I 249
- Auslandsbeurkundung   I 1263, 1551
- Begünstigung   I 247
- Belehrungsfunktion   I 229, 250

- Beratungs- und Belehrungspflichten   I 70
- Betreuungspflicht   I 251
- öffentliches Amt   I 70, 239, 279, 1263
- Prüfungs- und Belehrungspflichten   I 250, 1263
- Rechtspflegefunktionen   I 1263
- Verschließung   I 255
- Verwahrung   I 275
- zweiter   I 246, 248, 254

Notare, Partnerschaft   I 1213
Notarielle Beglaubigung, Registeranmeldung   I 1554
Notarielle Beurkundung   I 1325, 1349, 1485, 1499, 1503, 1529, 1550, 1588
- Umwandlungsvertrag   I 1551

Notarielle Beurkundungsform   I 1270
- Nießbrauchsbestellung   I 1271

Notarielle Form   I 1501, II 1008
Notarielle Testamente, Vorteile   I 279 ff.
Nottestament   I 258 f., 361
- gemeinschaftliches   I 269
- Gültigkeitsdauer   I 263

Notwendiges Betriebsvermögen, Betriebs-GmbH   II 1169 ff.
Nutzungen
- Auflagen   II 802
- Kapitalwert   II 87, 185
- Leistungen   II 181

Nutzungsrecht   II 891
- Kapitalwert   II 891
- Rückbehalt   II 369

Nutzungsüberlassung, Erblasser   II 699
Nutzungsvorbehalt   I 172
Nutzungswert   II 185

Objektverbrauch   II 341
- Erblasser   II 341

Offene Handelsgesellschaft   I 154, 900, 982 ff., 1492 ff., II 702
Offene Reserven   I 1533
Offene Rücklagen   I 1519
Öffentliches Testament   I 230, 239 ff., 264
- Errichtung   I 241 f.
- Formen   I 241 ff.

OHG   I 154, 900, 982 ff., 1492 ff., II 702
- Anwendungsbereich   I 987 f.
- Auflösung einer zweigliedrigen -   II 627 ff.
- Übertragung des Geschäftsbetriebs   II 659

Option, Verzicht auf Entlastungen   II 232 ff.

Ordentliches Testament I 230 ff.
Ordnungen, Erbrecht I 61 f., 75 ff., 83
Ordnungsmäßige Buchführung I 1009
Organgesellschaft I 1230, 1488, 1489
Organschaft I 1482 ff.
- Ausgleichsposten II 151
- steuerliche Anerkennung I 1486
- Vertrag I 1485

Pachteinnahmen II 293
- Erbengemeinschaft II 492
Pachtvertrag, Betriebsaufspaltung I 1472, 1480
Paketbeteiligungen I 161
Paketzuschlag, Beteiligungen II 167
Parantelsystem I 61, 75
Partnerschaft I 1212 ff.
- Auflösung durch Tod I 1219 ff.
- Errichtung I 1215
- Haftung I 1218
- Kapital I 1218
- Name I 1216
Patiententestament I 671
Patientenverfügung I 671
Pensionszusagen II 1115, 1226
Periodenbesteuerung II 78 f.
Person, nicht erzeugte I 430
Personelle Verflechtung II 1151
Personenfirma I 993, 1241
Personengesellschaft I 899 ff., 907 ff., 946 ff., II 620, 955, 1079
- Anteile II 158 ff., 160, 850
- Anteilsschenkung II 1275
- Anteilsübertragung II 845, 955 ff.
- Aufnahme von Gesellschaftern II 1043
- Auseinandersetzung II 620 ff.
- Ausscheiden II 865
- Beteiligung II 359
- Betriebseinbringung II 488 ff., 881
- Dispositionsfreiheit I 908
- einbringende II 1080
- Eintritt II 988
- Errichtung I 907
- Formfreiheit I 932 ff.
- Formvorschriften I 932 ff.
- Formzwang I 936 ff., 940 f.
- GmbH-Eintritt II 1128 f.
- Haftung I 914
- Mitunternehmer II 733
- ohne Betriebsvermögen II 1056 f.
- personale Bindung I 909 f.
- Selbstorganschaft I 911 ff.
- Vermögen II 160

- Versorgungsrenten I 1536 ff.
- Zuschüsse II 789
- zweigliedrige II 849
Personengesellschaftsbeteiligung
- Bewertungsbestimmungen I 154 ff.
- Testamentsvollstreckung I 1426 ff.
- Umsatzsteuer II 646 ff.
Personenidentität I 1562
Persönliche Freibeträge II 239, 690
Persönliche Schuld, Übernahme II 824
Persönliche Steuerpflicht II 91 ff.
Persönliche Steuerschulden, Erblasser II 196
Persönliche Verhältnisse, Erwerber II 235
Persönliche Verpflichtungen, Erblasser II 196
Pfändungsfreies Vermögen I 771
Pflegedienste I 817
Pflegekinder, Grundstücksübertragung II 975
Pfleger, Benennung I 659 f.
Pflegerbestellung, Schenkung I 767
Pflegetätigkeit I 91
Pflichteinlage I 1070 ff.
Pflichtschenkungen I 446, 782
Pflichtteil I 122 ff., 144, II 201
- Ausschlagung I 297
- Berechnung I 158
- Beschränkung I 662 ff.
  - in guter Absicht I 667 ff.
- Entziehung I 662 ff.
- Ergänzung I 167 ff., 176
- großer I 133, 135, 166
- kleiner I 133
- Quote I 129 ff.
- Recht I 30, 122
- Reduzierung I 708
- Vervollständigung I 135, 165 ff.
Pflichtteilsanspruch I 136, 206, 1449, II 15, 42
- Fälligkeit I 183 f.
- nichteheliche Kinder I 64
- Stundung I 185 f.
- Verjährung I 187 ff.
- Verzicht II 53
Pflichtteilsberechtigter I 125 ff., 155, II 605
- Miterbe, Auskunftsanspruch I 177 f.
- Nichterbe, Auskunftsanspruch I 175 f.
- Übergehen I 348
- Vermächtnis I 144 ff.

Sachregister

Pflichtteilsergänzungsanspruch I 167, 174, 177f., 740, 783, 839, 1386
- Verjährung I 187ff.
Pflichtteilslast I 179ff.
Pflichtteilsverzicht I 297, 837ff., 858, 1449
- bruchteilsmäßige Beschränkung I 839
- gegenständlich beschränkter I 840
- Gestaltungsempfehlungen I 869ff.
- teilweiser I 839
Poolverträge II 599
Postmortale Vollmachten I 674ff., 1435
Private Veräußerungsrente II 429ff.
Private Versorgungsrente II 320, 427f.
Privatkonten, Zinsanteile II 1017
Privatschulden II 581
- Anschaffungskosten II 940
Privatvermögen II 353, 429, 510, 714, 750
- Erbauseinandersetzung II 510ff.
- Gegenstände II 810ff.
- Überführung II 881
- Vermächtnis II 355
- vorweggenommene Erbfolge II 887ff.
- zeitlicher Zusammenhang II 567
Progressionsvorbehalt II 244
Prokura I 1080f., 1151, 1217
Prozeßführungslegitimation, Testamentsvollstrecker I 565
Prüfungs- und Belehrungsfunktion, Notar I 1263
Prüfungs- und Publizitätspflichten I 925f., 1550
- Jahresabschluß I 1367
- Notar I 250
Publizität I 1366
Publizitätspflichten I 920ff., 1140, 1368, 1550

Qualifiziert faktischer Konzern, Haftung I 1311ff., 1466
Qualifizierte Erben II 736
Qualifizierte Nachfolgeklausel I 1036ff., 1044, 1510, II 698ff., 725, 731ff., 748, 759, 764, 767
Quote
- Aufteilung II 473, 485
- des Anteils, Übertragung II 967f.
- Ermittlung der maßgebenden - II 31
- Nießbrauch II 372f.

Rangfolge, Erbordnungen I 78
Ratenverpflichtung, Barwert II 712
Ratenzahlung I 1059, II 712

- freiberufliche Praxis II 320
- Tilgungsanteil II 712
- Übertragung II 936
- Verfallklausel I 1060
Reallast I 815, 817
Realteilung I 637, II 283, 506, 509, 521, 551, 555, 558, 655
- Besonderheiten II 550
- Betriebsaufgabe II 556
- Betriebsvermögen II 564
- Gegenstand II 545
- Gesellschaftsanteil II 725f.
- Mischnachlaß II 567
- Nachlaß II 517, 544ff., 558
- ohne Spitzenausgleich II 564ff.
- Spitzenausgleich II 522, 546, 555f.
- steuerneutrale II 725
- Strukturwandel II 554
Rechnungslegung I 1178, 1366ff.
- Testamentsvollstrecker I 570
Rechte
- bedingte I 153
- höchstpersönliche I 12
- ungewisse I 153
- unsichere I 153
- unvererbliche I 12
- unverzichtbare II 1025
Rechtliche Unmöglichkeit I 208
Rechtsbehelfsbefugnis II 672
Rechtsfähiger Verein, Mitgliedschaft I 12
Rechtsfähigkeit I 1, II 65
Rechtsform, Änderung I 1437
Rechtsgeschäft
- entgeltliches II 887, 902
- gemischtes II 782
- höchstpersönliches I 199, 229
- teilentgeltliches II 832, 902, 903
- unentgeltliches II 902
- vollentgeltliches II 782
- während der Ehe II 9
Rechtsnachfolger II 288, 326, 673
- Einkünfte II 479
Rechtspflegefunktionen, Notar I 1263
Rechtsposition, Einzelrechtsnachfolger II 352
Rechtsstellung, Erblasser II 666
Rechtsvorgänger II 526
Rechtswahl I 45f.
Registeranmeldung
- Formwechsel I 1606ff.
- notarielle Beglaubigung I 1554
- Spaltung I 1592f.
Reinertrag II 143

791

Reinnachlaß II 15
Reinvermögen I 1137
Renovierungskosten, Übernahme II 823
Rente II 179ff., 328f., 420ff., 423, 905ff.
- Abfindung II 751ff.
- Anschaffungsgeschäft II 906
- Barwert II 430, 434, 752, 833, 837, 918
  - Kaufpreis II 714
- Berechtigter II 328
- Besteuerung II 262, 272
- Bezüge, Witwe eines persönlich haftenden Gesellschafters II 49
- Empfänger II 428
- Ertragsanteil II 328, 906, 910
- Grundstücksübertragung II 981f.
- lebenslängliche II 905
- Leistungsaustausch II 906
- Stammrecht, Erwerb II 416
- testamentarisch angeordnete II 426, 446
- Übertragung II 937ff.
- Vereinbarung II 754
- Vermächtnis I 525ff., 1409, II 40, 338, 416ff., 754
  - Berechtigter II 439
- Verpflichtung II 423, 428, 825
  - Nießbrauchslast II 837
- Versprechen II 906
- Zahlung II 289, 525, 713ff., 906
  - Betriebsübertragung II 795
  - nachträgliche Einkünfte II 939
  - Sonderausgaben II 417
- Zinsanteil II 918
Repräsentationssystem I 79ff., 82
Restbetrieb, Fortführung II 295
Restgewinn, Teilung II 1122
Restitutionsanspruch I 11
Restkaufpreis II 819
- Übernahme II 784
Rohbetriebsvermögen II 155
Rückbehalt, Nutzungsrecht II 369
Rückforderung
- Bedürftigkeit I 770f.
- Schenkung I 769ff.
- Verzicht I 865
Rücklagekonto I 1096, 1403
Rücklagen I 1298, 1300, 1519, II 155
Rücknahme, amtliche Verwahrung I 369ff.
Rückstellungen II 1116
- überhöhte I 157
Rücktritt
- Erbvertrag I 379ff.

- letztwillige Verfügungen I 358ff.
- Testament I 395
Rücktrittsrecht, gesetzliches I 393f.
Rücktrittsvorbehalt I 388ff.
Rückübertragung II 1006
- Auseinandersetzung des Nachlasses II 724
Rückübertragungsanspruch I 1205
Rückwirkende Vereinbarung II 18
- Sechs-Monatsfrist II 485
Rückwirkung, zivilrechtliche II 1008
Ruhegehälter II 15, 48
Rumpfwirtschaftsjahre II 277

Sachabfindung II 508, 562
- Betriebsvermögen II 541, 562
- privater Bereich II 562
Sacheinlagen I 1250, 1253ff., 1326
- gemischte I 1255
- verdeckte I 1256ff., 1263
- verschleierte I 1256
Sachfirma I 918, 1224, 1228, 1241
Sachgründung I 1253, 1326
Sachgründungsbericht I 1254, 1589, 1605
Sachkapitalerhöhung I 1352
Sachregister
Sachvermächtnis II 354ff., 358
- Betriebsvermögen I 483
Sachverständige I 453
Sachwerte, Abfindung II 542, 622, 750
Sachwertverfahren II 125
Safevollmachten I 677
Sanktionen I 648
Satzung, Mindestinhalt I 1349
Satzungsänderungen I 1365
Satzungsmangel I 1337
Satzungsstrenge I 1344
Schadensersatzpflicht I 356, 1370
Schätzwert I 163
Schecks I 806
Scheidung I 96, 121, II 13, 16
Scheidungsantrag I 96, 121
Scheidungsverfahren I 96
Scheingeschäft I 332ff., II 1004
Schenker
- Bedürftigkeit I 770
- beherrschender Gesellschafter II 1003
- Tod II 788
- Übernahme der Versorgung II 890
- Verfügungsgewalt II 1014
- Versorgung II 838
Schenkung I 24, 176, 446, 759ff., 1386, 1495, 1497, II 249

Sachregister

- Abrede II 812
- Anrechnung I 775 f.
- auf den Todesfall I 788 ff., II 43 f., 688
- Auflage II 797, 815, 841, 887, 916, 920 ff., 943 ff., 978, 1001
- aufschiebend bedingte Verpflichtung II 805 ff.
- Ausgleichung I 777 f.
- Ausscheiden aus Personengesellschaft II 865
- bedingte II 44
- Begriff II 778 ff.
- belohnende I 168
- betagte II 44
- Betrieb II 943 ff.
- Bruchteil eines Anteils II 958
- Buchwertklausel II 851 ff., 1077
- Ehepartner II 9, 11 f.
- Form I 1499 ff.
- Gegenstand II 824
- gemischte I 168, 446, 779 f., 799, II 793 ff., 797, 800, 828, 841, 842, 860, 985 f., 1002, 1078, 1081
- Gesellschaftsanteil II 959 ff., 1275
- Gewinnanteil II 1012
- GmbH-Anteil II 163
- Grundstück II 120
- Grundvermögen II 810
- Kapitalanteil II 829
- Kapitalforderung II 857
- Kommanditanteil II 1006
- Leistungen an Dritte II 920 ff.
- Minderjährige II 5
- mittelbare II 816 ff.
- Mitunternehmeranteil II 856
- Negativbetrag II 824
- Nießbrauchsvorbehalt I 172, 803, II 85, 807, 827, 926 ff.
- Nutzungsvorbehalt I 172
- Pflegerbestellung I 767
- Rückbehalt des Dauerwohnrechts II 801 f.
- Rückbehalt des Wohnrechts II 926 ff.
- Rückforderung I 769 ff.
- steuerliche Anerkennung II 803
- überhöhte Gewinnbeteiligung II 1076
- Übernahme von Hypotheken II 979 f.
- Übernahme von Verbindlichkeiten II 902, 1000
- übrige Tatbestände II 786 ff.
- Unentgeltlichkeit I 762 f.
- unmittelbare II 818
- unter Auflage I 799 ff., 1387
- unter Lebenden II 120 ff., 226
- Unterbeteiligungen II 846
- Unternehmensbeteiligung I 1491 ff.
- unvollzogene I 793 ff.
- Vertretungsbeschränkungen I 764 ff.
- Widerruf I 769 ff., 772
- Widerrufsvorbehalt II 787 f.
- Zeitpunkt der Ausführung II 127
- zum Schein II 806

Schenkungsteuer II 5, 191, 851
- Befreiung II 12
- Freibeträge I 1547
- Gegenstand II 780
- Kapitalwert II 866

Schenkungsversprechen I 784 ff., 788, 791
- Form I 785 f.
- von Todes wegen I 804

Schiedsklauseln, erbrechtliche I 656 ff.
Schlußbilanz II 1045
Schonvermögen I 771
Schreibunkundige I 197, 246
Schrift
- Übergabe einer offenen I 243, 254
- Übergabe einer verschlossenen I 243, 254

Schriftform, einfache I 229
Schuldanerkenntnis I 785
Schulden
- Abzug II 104
- betriebliche II 940
- Erblasser II 580
- Übernahme I 482, 812, II 902
- und Lasten II 207
- wirtschaftlicher Zusammenhang II 104

Schuldner, Erben II 688
Schuldrechtliche Beschränkungen, Testierfreiheit I 207
Schuldzinsen II 523, 579, 582
- Abzug II 154
- Erbauseinandersetzung II 523 f., 582
- Nachlaßverbindlichkeiten II 569
- Werbungskosten II 919

Schütt-aus/Hol-zurück-Verfahren II 1201 ff.
Schwebende Geschäfte I 1050
Schweiz, Erbschaftsteuerabkommen II 96 ff.
- Wohnsitzstaat II 102

Schwiegereltern II 236
Schwiegerkinder II 236
Seetestament I 262, 269
Selbständige Betriebe, Fortführung II 552
Selbstkontrahierung I 1133

793

Sachregister

Selbstkontrahierungsverbot I 1135, 1289
- Schenkung I 764 ff.
- Testamentsvollstrecker I 566
Selbstnutzung II 928
- Nießbraucher II 395 ff.
- Vorbehaltsnießbraucher II 409 ff.
Selbstorganschaft I 911 ff., 1113
Sicherheitsabschlag, Bewertung II 171
Sicherheitsleistung I 455, 1061
Singularsukzession I 9, 1101
Sittenwidrigkeit I 208 f., 336, 753, 1053
Sitz, GmbH I 1244
Sofortversteuerung, Renten II 434, 713, 937, 938
Sonderabschreibungen II 172
Sonderausgaben II 334 ff., 337, 424, 442, 525
- Abzug II 536, 910, 916
- Nießbraucher II 415
- Rentenzahlungen II 417
Sonderbetriebsausgaben II 754, 1121
- Zinsen II 737
Sonderbetriebsvermögen I 1040, II 160, 162, 301, 377, 485, 691 f., 697, 699 f., 725, 764 ff., 767, 777, 960
- Grundstücke II 160
- Kommanditisten II 1096
- wesentliche Betriebsgrundlage II 768
- Zurückbehaltung II 959 ff.
Sondererbfolge I 1034 f., 1037 ff., 1101, 1426, II 723, 764
- Höferecht I 9
Sondergut I 700
Sonderkonten I 1403
Sondervergütungen II 468, 1111 ff., 1122
- unangemessen hohe II 869
Sondervermögen II 71
Sondervorschriften aus Anlaß der Deutschen Einheit II 266 ff.
Sonstige Einkünfte, Erben II 328 ff.
Sonstiges bewegliches Vermögen, Freibetrag II 211
Sonstiges Vermögen II 103
Soziallasten II 1114
Spaltung I 1476, 1545, 1565 ff.
- durch Neugründung I 1551
- GmbH II 520, 1044
- Registeranmeldung I 1592 f.
- zur Neugründung I 1581, 1584
- Zustimmungsbeschlüsse I 1587 ff.
Spaltungsbericht I 1585
Spaltungsfähige Rechtsträger I 1575 ff.
Spaltungsformen I 1570 ff.

- Kombination I 1574
Spaltungsplan I 1551, 1553, 1581 ff., 1584
Spaltungsprüfung I 1586
Spaltungsvertrag I 1581 ff.
Sparbuch I 806
Spätere Verhältnisse II 796
Spekulationsfrist II 362, 510
Spekulationsgeschäfte II 331 ff., 538
Sperrfrist, 10-jährige II 878 f.
Spitzenausgleich II 508, 521, 525, 556, 727
- Aufteilung II 516
- Erbauseinandersetzung II 570
- Realteilung II 522, 546, 555 f.
Sprechbehinderte I 244 f., 261
Staatliche Genehmigung, Erwerbe II 52
Staatsangehörigkeit
- doppelte I 40, 43
- Wechsel I 47
Staatsangehörigkeitsprinzip I 43
Stammeinlagen I 1249 ff., 1255
Stammkapital I 1226, 1248
Stammrecht II 907
Steuer
- Erblasser II 709
- Verfassungswidrigkeit I 6
Steuerbefreiung II 126, 211 ff.
- Erwerb der Eltern II 216
- Wegfall bei Veräußerung II 880 ff.
Steuerberater-GmbH I 1212
Steuerbescheide
- Bekanntgabe II 668 ff.
- Berichtigung II 683 ff.
- Erblasser II 666
Steuerbilanz I 1017
- Gesamtbilanz II 162
Steuerbilanzausgleichsposten II 153
Steuerbilanzwerte, Übernahme der Höhe nach II 157
Steuerentnahmerechte I 1097
Steuererhebung II 248 ff.
Steuererklärung II 260, 261
- Testamentsvollstrecker II 674
Steuerermäßigung II 253, 597, 709
- Belastung mit Erbschaftsteuer II 595 ff.
- mehrfacher Erwerb II 253
Steuererstattungsanspruch, Nachlaß II 334
Steuerfestsetzung II 248 ff., 261
Steuerfreiheit, Familienstiftungen II 75
Steuergeheimnis II 676 f.
Steuerklasse I II 237, 239, 247, 251 f., 697
- übrige Erwerbe II 239

Sachregister

Steuerklassen II 3, 31, 62, 236, 243, 808
Steuerliches Kapitalkonto II 719
Steueroasenland, Wohnsitzverlegung II 106
Steuerpflicht II 792
- beschränkte II 95, 239
- persönliche II 91 ff.
- unbeschränkte II 91 ff.
Steuerpflichtiger Erwerb II 126, 689
Steuerschuld II 683
- Entstehung II 108 ff.
- Erblasser II 664
Steuerschuldner II 8, 249, 596
Steuerstundung II 271
Steuertarif II 1263 ff.
Steuervergünstigung, Gemeinnützigkeit II 80
Steuerwert II 796, 798, 823
- Anteil II 689
- Ermittlung II 800
- Grundstück II 38, 54, 978
- Nachlaß II 15
Stiefeltern II 236
Stiftung I 1379 ff., II 65 ff., 237, 1252 ff.
- Anordnung II 51, 65, 67
 - durch Erblasser II 50
- Aufhebung II 74
- Auflösung II 74
- ausländische II 78
- Entstehung I 1384 f.
- Erbersatzsteuer II 77 ff.
- Erbschaftsteuerpflicht I 1395
- Errichtung II 68, 72
- Familienangehörige II 79
- Gemeinnützigkeit II 75, 79, 1270
- Genehmigung II 69
- Geschäft I 1386 f., 1392
 - unter Lebenden II 73, 237
 - von Todes wegen I 1388
- Gewinn II 1261 ff.
- Grundsätze II 1252
- inländische II 78
- Körperschaftsteuer II 1253 ff.
- öffentliches Recht I 1379
- Organe I 1391
- Privatrecht I 1379 f.
- Rat I 1391
- Recht I 1383
- rechtsfähige I 1380
- Schenkungsteuerpflicht I 1395
- Steuerklasse II 74
- steuerliche Anerkennung II 65

- unselbständige I 1379, 1382, 1387, II 65
- unter Lebenden I 1386, II 73 ff.
- Verfassung I 1381, 1389, 1390 ff.
- Vermögen I 1382, 1188
- verunglückte II 66
- von Todes wegen I 1386
- Vorschriften I 1383 ff.
- Vorstand I 1391
- Zweck I 1380, 1382, II 75, 1256
 - Leistungen II 1256 ff.
Stiftung & Co. KG I 1108, 1142 f., 1396, II 1274 ff.
- Vorteile II 1295
Stille Beteiligung II 177, 738, 756, 1205
- Einräumung II 584 f.
- GmbH II 1213 ff.
- Kapitalforderung II 856
Stille Einlage I 1182, II 121
- Kapitalgesellschaft II 452
Stille Gesellschaft I 902, 1144 ff., 1444, 1497, II 449, 1089
- atypische I 1150 ff., 1158, 1174, II 1220 ff.
- Auflösungsgründe I 1170 f.
- Auseinandersetzung I 1178 ff.
- Form I 1160
- Kündigung I 1171
- Nichthandelsgewerbe I 1149
- typische I 156, 1150 ff., II 450 ff., 1213, 1215 ff.
- Unterbeteiligung II 461 ff.
- Vereinbarung II 1012
- Vermächtnis II 449 ff.
Stille Reserven I 154 f., 157, 1168, 1403, 1519, 1523, 1533, II 851, 1045
- anteilige I 156
- Aufdeckung I 1040, II 542, 558
- Auflösung I 157
- Beteiligung II 1027
- Ertragsteuern I 157
- Unternehmen II 1037
- Verhinderung der Aufdeckung II 769
Stiller Gesellschafter II 716, 1003
- Einkünfte aus Kapitalvermögen II 450
- Gewinnanspruch II 1216
Stimmrecht II 1024
- Gesellschafterversammlung II 1025
- Mehrheit II 1025
Stimmverbote I 1141
Störung der Geistestätigkeit I 193
Strafklauseln I 648
Strohmann-Gründung I 1348

795

Strukturwandel, Realteilung   II 554
Stückvermächtnis   I 498
Stumme   I 197, 245 f., 261
Stundung, Pflichtteilsanspruch   I 185 f.
Stundungsantrag   I 186
Stuttgarter Verfahren   I 1052
Substanzerhaltung
- Rückstellung   II 1165
- Verpflichtung   II 366
Substanzwert   II 130, 170
Surrogation   I 437 ff., 1402

Tarif   II 243 ff., 347 f.
- Begrenzung, Betriebsvermögen   II 246 f.
- Begünstigung, Einkommensteuer   II 347
Tätigkeitsvergütung, Entnahme   II 1017
Tatsächliche Versorgungsleistungen   I 817
Taube   I 245 f.
Teilauseinandersetzung   II 559
Teilausschüttungen   II 74
Teilbetrieb   II 227, 551 ff., 1234
- Buchwertübernahme   II 554
- Übertragung   II 226
Teilentgeltliche Betriebsübertragung   II 954
Teilentgeltliche Rechtsgeschäfte   II 832, 902, 903
Teilentgeltliche Übertragung   II 842 ff.
- Gesellschaftsanteil   II 859 ff.
Teilnachfolgeklausel   II 742 ff.
Teilung, Geschäftsanteile   I 1268
Teilungsanordnung   I 201, 227, 631 ff., 1456, II 30, 469, 477
- Abgrenzung   I 488 f.
- Wirkung   I 636 f.
Teilverzicht, Forderung   II 790
Teilwert   II 1052, 1069, 1239
- Abschreibung   I 157, II 861
- Einbringung   II 1065
- Entnahme   II 351
- Übernahme   II 552
Testament   I 212, 291, II 7, 29
- Anfechtung   II 33
- Aufhebung, Erbvertrag   I 362 f.
- Auslegung   I 304
- Berliner   I 217
- Blaupause   I 232
- Datum   I 236 f.
- Diktat   I 232
- doppelt einseitiges   I 214
- Druckbuchstaben   I 233

- Durchschrift   I 232
- eigenhändiges   I 230, 231 ff., 264
- einseitiges   I 358 ff.
- Ernstlichkeit   I 234
- Eröffnungsprotokoll, Zugang   I 143
- Formen   I 282 ff.
- außerordentliche   I 258 ff.
- gegenseitige Erbeinsetzung   I 215 ff.
- gemeinschaftliches   I 213 ff., 264 ff.
- Kurzschrift   I 233
- mangelnde Ernstlichkeit   I 332 ff.
- maschinenschriftliches   I 232
- mehrseitiger Text   I 235
- Nachlaßverwaltung   II 257
- notarielles   I 279 ff.
- öffentliches   I 230, 239 ff., 264
- ordentliches   I 230 ff.
- Ort der Niederschrift   I 236 f.
- persönliche Errichtung   I 198 ff.
- Rücktritt   I 395
- Selbstbezeichnung   I 235
- unfreiwilliger Untergang   I 368
- Unterdrückung   I 278
- Unterschrift   I 231 ff.
- Unwirksamkeit   II 33
- Urheberschaft   I 234
- Veränderung   I 367
- Vernichtung   I 278, 362 ff.
- Verweisung auf Urkunden   I 232
- widersprechendes   I 360
- Zeitpunkt der Errichtung   I 236
Testamentarische Anordnung   II 65, 199
- Vorausvermächtnis   II 3
Testamentsvollstrecker   I 555 ff., II 673
- Aufgaben   I 555 ff.
- Auswahl   I 574 ff.
- berufliche Sondertätigkeit   I 612
- Eingehen von Verbindlichkeiten   I 563 f.
- Entlassung   I 598 ff.
- Ernennung   I 581 ff.
- Freigabe   I 573
- Haftung   I 570, II 673 ff.
- juristische Person   I 579
- Kosten   II 593
- Kündigung   I 597
- mehrere   I 578, 590 ff.
- Miterbe   I 580
- Prozeßführungslegitimation   I 565
- Qualifikation   I 576 f.
- Rechnungslegung   I 570
- rechtliche Stellung   I 555 ff., 561 ff.
- Rechtsbehelfsbefugnis   II 672

Sachregister

- Selbstkontrahierungsverbot I 566
- Steuererklärungen II 674
- Tod I 596
- Treuhandeigentum II 592
- Verfügungsrecht I 562
- Vergütung I 601 ff.
- Verwaltung I 568

Testamentsvollstreckeramt I 555
- Ablehnung I 589
- Annahme I 586 ff.
- Beendigung I 596 ff.

Testamentsvollstreckerzeugnis I 588
Testamentsvollstreckung I 201, 552 ff., 1105, 1176, 1406, II 204, 589 ff.
- Anordnung I 227
- Anwendungsbereich I 552 ff.
- gewerbliche Unternehmen I 1419 ff.
- Kapitalgesellschaftsbeteiligung I 1445
- Kommanditbeteiligung I 1438 ff.
- Personengesellschaftsbeteiligung I 1426 ff.
- unbeschränkt haftender Gesellschafter I 1428 ff.
- Unternehmen I 618, 1419 ff.

Testierfähigkeit I 191 ff., 254, 278, 282
- Geschäftsfähigkeit I 191
- Minderjährige I 192

Testierfreiheit I 27, 28 f., 190 ff., 293
- Beschränkungen I 203 ff.
- gesetzliche Schranken I 208 f.
- Heimbewohner I 210
- neue Bundesländer I 211
- persönliche Schranken I 190
- sachliche Schranken I 190
- Typenzwang I 201 f.

Testierunfähigkeit I 193 ff., 198
Thesaurierte Gewinne I 1070, 1403, 1521, 1523
Thesaurierungsquote I 1097
Tilgungsanteil, Ratenzahlung II 712
Tod
- Anteilsinhaber I 1125
- Ehegatte II 20
- Erblasser II 199
- Gesellschafter I 967 ff., 971, 978, 1028 f., 1172 ff., II 286, 687, 719, 745
- GmbH-Gesellschafter I 1327
- KGaA-Gesellschafter I 1378
- Kommanditaktionär I 1378
- Kommanditist I 1100
- Komplementär I 1378
- Partner I 1219 ff.
- Schenker II 120, 788

- Testamentsvollstrecker I 596
- Übergang des Gesellschaftsvermögens II 718
- Unterbeteiligter I 1196

Todesfall, Vertrag zugunsten Dritter I 804 ff.
Transmortale Vollmachten I 674 ff.
Treuhandeigentum, Testamentsvollstrecker II 592
Treuhänder I 991, 1421, II 111
Treuhänderische Unternehmensfortführung I 1421
Treuhandlösung I 1183, 1420, 1432 ff.
Treuhandverhältnisse I 1227
Treuhandvermögen I 1382
Treuhandvertrag I 1387
Trust, Vermögensübertragung II 71 f., 111
Trustee, Übergang II 111
Typische stille Gesellschaft I 156, 1150 ff., II 450 ff., 1213, 1215 ff.
- Gründung II 1010

Typische Unterbeteiligung I 1198 f., 1410 f., II 1229

Übereilungsschutz I 229
Überführung
- Privatvermögen II 881
- wesentliche Grundlagen II 228

Übergang, Gesellschaftsanteile II 688
Übergehen, Pflichtteilsberechtigter I 348
Überhöhte Gehaltszahlungen II 1260
Überhöhte Gewinnbeteiligung II 866 ff., 869
- Schenkung II 1076

Überlebende Ehegatten II 14 f., 328
- Erwerb II 617 f.
- Wiederverheiratung II 57

Übermaß, Gewinnbeteiligung II 866
Übernahme von Nachlaßverbindlichkeiten, Ausgleich II 564
Übernahmegewinn II 1049, 1074
Übernahmerecht, Gesellschafter II 749
Übernahmeverlust II 1049, 1058 ff.
Übernahmevertrag I 1581, 1583
Übernehmende Personengesellschaft
- AfA II 1048
- steuerliche Behandlung II 1047 ff.

Übernehmer, AfA II 906
Überschuldung, Nachlaß I 19
Überschußeinkünfte II 485
Übersetzung I 254

797

Übertragbarkeit, Geschäftsanteile
 I 1261 ff.
Übertragende GmbH, steuerliche Behand-
 lung II 1045 f.
Übertragende Körperschaft, Vermögen
 II 1073
Übertragung
– Anwartschaft II 54
– Aufteilung II 842
– Betrieb II 835, 837 f., 839 f., 940 ff., 954
– Betriebsvermögen II 871, 1155 f.
– Forderung II 121
– freiberufliche Praxis II 962 ff.
– Gesellschaftsanteil II 846, 775, 955 ff.
– Gewinn II 1073
– GmbH auf eine Stiftung & Co. KG
 II 1290
– Grundstück II 36, 972 ff.
– KG-Beteiligung II 860
– Mitgesellschafter II 966
– Mitunternehmeranteil II 955
– Quote des Anteils II 967 f.
– Ratenzahlung II 936
– Renten II 937 ff.
– teilentgeltliche II 842 ff.
Übertragungsvertrag, aufschiebend be-
 dingter I 1273 ff.
Umbewegliches Vermögen II 101
Umdeutung I 322, 327
Umgründung I 1423 ff.
– Auflagen I 1415 ff.
Umlaufvermögen I 157
Umqualifizierung, freiberufliche Tätigkeit
 II 317
Umsatzsteuer II 630 ff., 771 ff., 994 ff.,
 1082
– Abwicklung II 647
Umschlag, Verschließung I 255
Umwandlung I 986, 1544 ff., II 1043 ff.
– Einzelunternehmen in GmbH & Co.
 KG II 660
– Erbengemeinschaft in GmbH & Co.
 KG II 661
– formwechselnde II 1044
– Gewerbesteuer II 1073 f.
– GmbH in Personengesellschaft II 1044
– grenzüberschreitende I 1549
– in Kapitalgsellschaft II 662
– internationale I 1549
– Kapital- in Personengesellschaft
 II 1043
– Personengesellschaft II 1235

Umwandlungsbericht I 1552, 1598 f.,
 1602
Umwandlungsbeschluß I 1553, 1551,
 1600 ff.
Umwandlungsbilanz I 1599
– Umwandlungszeitpunkt II 1238
Umwandlungsprüfung I 1552
Umwandlungsstichtag II 1052
Umwandlungsvertrag I 1553
– Beurkundung I 1551
Umwidmungsbericht I 1258
Umwidmungsbeschluß I 1258
Unangemessenheit, Gewinnverteilung
 II 1031
Unbebaute Grundstücke II 136, 137, 160
Unbedenklichkeitsbescheinigung I 171
Unbenannte Zuwendungen I 796
– Eheleute II 11
Unbeschränkt haftender Gesellschafter,
 Testamentsvollstreckung I 1428 ff.
Unbeschränkte Steuerpflicht II 91 ff.
Unbestimmte Erbanteile I 402
Uneheliche Kinder I 64, II 786
– Erbersatzansprüche II 34
Unentgeltliche Anteilsübertragung II 957
Unentgeltliche Anwachsung II 44
Unentgeltliche Grundstücksübertragung
 II 971
Unentgeltliche Übertragung II 896
Unentgeltliche Verfügungen I 446
Unentgeltlicher Erwerb II 564, 723 f.,
 735, 942
Unentgeltlichkeit I 762 f., 860, II 290, 516,
 527
Ungeteilte Erbengemeinschaft II 719
Universalsukzession I 8 f.
Unmittelbare Schenkung, Grundstück
 II 818
Unterbeteiligter II 830
– Gewinnanspruch II 462
– Tod I 1196
Unterbeteiligung I 154, 156, 902, 1186 ff.,
 1497, II 458 ff., 757, 955, 1039, 1228
– Anwendungsbereich II 1200 ff.
– atypische I 1198 f., 1410 f., II 1230
– Auseinandersetzung I 1197
– Einräumung II 830, 857
– Gesellschafter I 1206 ff.
– Hauptgesellschaft II 467
– Kündigung I 1194
– Mitunternehmerschaft I 1205, II 464 ff.
– Schenkung II 846
– steuerliche Beurteilung I 1199

Sachregister

- stille Gesellschaft II 461 ff.
- typische I 1198 f., 1410 f., II 1229
- Vermächtnis I 1409 f., II 760

Unterbeteiligungsgesellschaft II 1010
Unterhaltsansprüche I 121
Unterhaltsberechtigte Person II 396
Unterhaltsrente II 425 f.
Unterlassener Vermögenserwerb I 781
Unternehmen
- Einbringung II 955
- Testamentsvollstreckung I 618, 1419 ff.
- Vor- und Nacherbschaft I 1397 ff.

Unternehmensbeherrschungsvertrag I 1312
Unternehmensbeteiligung I 142
- Schenkung I 1491 ff.
- Testamentsvollstreckung I 618, 1419 ff.
- Vor- und Nacherbschaft I 1397 ff.

Unternehmenserwerb II 675
- Erbfolge II 635 ff.

Unternehmensfortführung I 889
- Auflagen I 1412 ff.
- treuhänderische I 1421

Unternehmensführung, Einfluß II 1023
Unternehmensliquidation, Erben II 638
Unternehmensnachfolge I 873 ff.
- Ziele I 876 ff.

Unternehmensnachfolger, Drittbestimmung I 1407 f.
Unternehmensnießbrauch II 363, 364 f., 947
Unternehmensumgründung, Auflagen I 1415 ff.
Unternehmensveräußerung, Erben II 639
Unternehmensverträge I 1483, 1485 f.
Unternehmer
- Erbe II 291
- Erbengemeinschaft II 640 ff.

Unternehmereigenschaft, Miterbe II 635 f., 641
Unternehmerinitiative II 376, 479, 1023
Unternehmerrisiko II 376
Unterschrift, Unfähigkeit zur I 246
Unvererbliche Rechte I 12
Unvollzogene Schenkung I 793 ff.
- einzelne Verfügungen I 320 f.
- Gesellschaftsvertrag II 1008
- letztwillige Verfügungen I 323 ff.
- nachträgliche I 323 ff.
- Testament II 33
- wechselbezügliche Verfügungen I 329

Urheberrecht, Betriebsvermögen II 315
Urkunden, Verweisung I 232
Urkundsentwurf I 253
Urkundstätigkeit, Belehrungspflicht I 251

Veränderungshandlungen I 366
Veranlagung, Erblasser II 278 ff.
Veräußerung II 228, 290
- Anwartschaftsrecht II 117
- Aufteilung II 561
- Betriebsvermögen II 495
- entgeltliche II 720 ff.
- Erbanteile II 561 f.
- Geschäft II 429
  - Umsatzsteuer II 633 ff.
- Gewerbebetrieb II 705
- Preis II 434, 515
- Rente II 329, 419, 428, 429 ff.
  - betriebliche II 329, 432 ff., 937
- Unternehmen II 639
- Wegfall der Steuerbefreiung II 880 ff.
- wesentliche Beteiligung II 303 ff.
- wesentliche Betriebsgrundlagen II 881

Veräußerungsgewinn I 157, 637, II 362, 433, 499, 542, 555, 570, 705, 707, 710, 730, 750, 755, 954, 1155, 1246
Verbindliche Zusagen II 680
Verbindlichkeiten II 171, 285
- Begründung II 577 ff.
- Betriebsübertragung II 945 f.
- Eingehen durch Testamentsvollstrecker I 563 f.
- Erbe II 210
- Erbengemeinschaft II 569
- Erbfall II 581
- Erblasser II 196, 583
- Grundstücksübernahme II 824
- Nießbrauchsverpflichteter II 366
- Schenkung II 1000
- Übernahme II 902
- Vermächtnisse II 205
- Wertermittlung I 151

Verbleibender Gesellschafter, Entnahme II 542
Verdeckte Einlage II 231
Verdeckte Entnahme II 230
Verdeckte Gewinnausschüttung I 1256, II 231, 1103, 1105 ff., 1119, 1158, 1199, 1209, 1211, 1267 ff.
Verdeckte Sacheinlage I 1256 ff., 1263
- Heilung I 1258

Vereinbarung
- Ernsthaftigkeit II 1011
- Gütergemeinschaft II 10
Vererblichkeit
- Aktien I 1371 ff.
- Geschäftsanteile I 1261 ff., 1272 ff.
- Partnerschaftsanteil I 1220
Verfallklausel, Ratenzahlung I 1060
Verfassungswidrigkeit, Steuer I 6
Verfügungen
- beeinträchtigende I 748 ff.
- Erträgnisse II 1014
- Gewinnanteil II 1014
- nicht vertragsmäßige I 227
- unentgeltliche I 446, 1402
- von Todes wegen II 126
- wechselbezügliche I 298
- Widerruf I 299 f.
Verfügungsbeschränkungen I 447 ff., II 204
- Vorerbe I 1402 ff.
Verfügungsgewalt, Schenker II 1014
Verfügungsmacht, Beschränkungen I 443
Verfügungsrecht, Testamentsvollstrecker I 562
Vergleichsverfahren I 1309
Vergütung
- Betriebsausgaben II 1109
- Fälligkeit I 609 f.
- GmbH II 1101, 1109
- Haftungsrisiko II 1101
- steuerliche Fragen I 616 f.
- Streitentscheidung I 615
- Tabellen I 606
- Testamentsvollstrecker I 601 ff.
- Vereinbarung I 614
- Verjährung I 613
Verhandlungssprache I 254
Verjährung I 1308
- Erbersatzanspruch I 69, 1323
- Pflichtteilsanspruch I 187 ff.
- Pflichtteilsergänzungsanspruch I 187 ff.
- Vergütungsanspruch I 613
Verjährungsfrist I 187
- Hemmung I 189
- Unterbrechung I 189
Verkehrswert I 151, 164, II 15, 798
- Betrieb II 837
- Grundstück II 828
- Vergleich II 825
- Verhältnis der II 561
Verköstigung I 817

Verlobte I 213, 273
Verlust
- Anteile, GmbH II 1136
- Ausgleich I 157, II 334 ff.
- Ausgleichspflicht I 1312
- bei beschränkter Haftung II 301
- der Kommanditgesellschaft II 301
- Ehegatten II 337
- Rücktrag II 334
- Verteilung I 1018 ff., 1092 ff., 1136 ff., 1167 ff.
- Vortrag I 157, 1300, II 334 ff.
- mehrere Erben II 334
Vermächtnis I 15, 201, 478 ff., 1102 f., 1407 ff., II 15, 32, 35 ff., 200, 219, 285, 349 ff., 416, 449, 458, 477, 695, 736, 767
- Abfindungsvereinbarung II 119
- Anfall I 530 ff.
- Annahme I 15, 146, 535
- Anspruch II 487
- Anwartschaft I 531
- aufschiebend bedingtes I 144, II 55
- Ausschlagung I 15, 145, 204, 536, II 53
- Ausschlagungsfrist I 539
- Ausschlagungsgegner I 538
- befristetes II 55
- Beschwerter I 493 ff.
- bestehende Stiftung II 70
- betagtes II 55
- Betriebsvermögen II 357 f.
- Erfüllung II 350, 355
- Erwerb II 41
- Forderung II 36
- Form I 537
- Gegenstand I 497 ff., II 39
- gesetzliches I 117
- Gestaltungsfreiheit I 202
- Kapitalgesellschaft II 37
- Nießbrauch II 381, 385, 412
- Personengesellschaftsanteil II 359
- Pflichtteilsberechtigter I 144 ff.
- Privatvermögen II 355
- Rente II 438, 75
- stille Gesellschaft II 449 ff.
- Übergang auf den Erben II 360
- Umfang I 507 ff.
- Unterbeteiligung I 1409 f., II 760
- Verbindlichkeiten II 205
- Vollziehung II 359
- Wechselbezüglichkeit I 221
Vermächtnisnehmer I 15, 484 ff., II 24, 54, 200, 223, 285, 341, 352, 359, 369, 446
- Auflage II 69

Sachregister

- Grunderwerbsteuerfreiheit   II 606
Vermögen
- Beteiligung   II 1023
- Empfänger   II 893
- ertragloses   II 895
- existenzsicherndes   II 754, 892, 907, 944, 963, 967
- Kapitalgesellschaft   II 163
- Personengesellschaft   II 160
- pfändungsfreies   I 771
- Übergabe   II 895, 897
- Übergabeverträge
  - dauernde Lasten   II 905 ff.
  - Renten   II 905 ff.
- Übernahmeverträge   I 805
- Übernehmer   II 918
- übertragende Körperschaft   II 1073
- Umschichtung   II 431
- Verhältnisse von Bankkunden, Auskünfte   II 678
- Verstorbener   II 23
Vermögens- und Gewinnbeteiligung   II 1010
Vermögensaufstellung   I 1599
Vermögensbildung, vorbereitende   I 681 ff.
Vermögenserwerb
- Erben   II 283 ff.
- unterlassener   I 781
Vermögensgegenstände, Abstandszahlung   II 903
Vermögensmäßige Beteiligung   II 457
Vermögensnachfolge
- Vorbereitung   I 672 ff., 1568, 1596
Vermögensnachfolger, Haftung   I 888 ff.
Vermögensrechtliche Ansprüche   II 13
Vermögenssteuerwert   I 1052
Vermögensübertragung   I 1545 f., 1551, II 783
- Personengesellschaft   II 1056 f.
- teilentgeltliche   II 890
- Trust   II 71 f.
- Versorgungsleistungen   II 420
- vorweggenommene Erbfolge   II 887
- Zusammenrechnung   II 235
Vermögensverwaltung, Ausschluß   I 661
Vermögensvorteil, Erwerb   II 46
Vermögenswerte, illiquide   I 142
Vernichtung, Testament   I 278, 362 ff.
Verpachtung
- Betriebsvermögen   II 1142
- freiberufliche Praxis   II 316, 493
- Gewerbebetrieb   II 293, 492 ff.

- Weiterführung des Betriebes   II 494
Verrentung, Abfindungsansprüche   II 525
Verschaffungsvermächtnis   I 501 ff., II 38
Verschließung   I 255 ff.
Verschmelzung   I 1545, 1551, 1555 ff., II 1044
- durch Aufnahme   I 1555
- durch Neugründung   I 1555 f.
- Zustimmungserfordernis   I 1560 f.
Verschmelzungsarten   I 1555 f.
Verschmelzungsfähige Rechtsträger   I 1557 ff.
Verschwägerte   I 62
Versicherungsverträge   II 49
Versilberung einzelner Wirtschaftsgüter   II 294
Versorgung
- Entgelt   II 944
- Schenker   II 838, 890
- Übernahme   II 838, 909
Versorgungsfreibetrag   II 88, 241 f.
Versorgungsleistungen   I 801, II 444, 909
- Empfänger   II 894
- tatsächliche   I 817
- Vermögensübertragungen   II 420
Versorgungsnotwendigkeiten   I 885
Versorgungsrente   II 328, 890, 907, 944
- Betriebsübertragung   II 944
- Kapitalgesellschaft   I 1541 ff.
- Personengesellschaft   I 1536 ff.
- private   II 320, 427 f.
- Regelung   I 1535, 1537, 1541, II 837
Versorgungsvertrag   I 1134
Versorgungszahlungen   I 813 ff.
Versorgungszusage   II 427, 969
- Abänderbarkeit   II 440
- Auflage   II 916
- Ausscheiden   II 964
- freiberufliche Praxis   II 964
Versprechen von Todes wegen, kaschiertes   II 1010
Verstorbener, Anteil   II 745
Verstoß gegen die guten Sitten   I 28
Vertrag zugunsten Dritter, Todesfall   I 804 ff.
- Anerkennung   II 1207
- Angehörige   II 1004
- bürgerlich-rechtliche Wirksamkeit   II 1007
- Erbe, Erwerb   II 56
Vertragsfreiheit, GbR   I 955
Vertragskonzern   I 1311
Vertrauensperson   I 246

801

Sachregister

Vertreter, Haftung II 673
Vertretung I 957f., 999ff., 1078ff., 1133ff., 1163ff., 1193, 1217, 1278
- Erbverzicht I 846f.
Vertretungsbefugnis I 1221
Vertretungsbeschränkungen, Schenkung I 764ff.
Vertretungsmacht I 1151, 1288
Verwahrung I 255ff.
- Notar I 275
Verwaltung
- Nachlaß I 458f., II 210, 479
- ordnungsgemäße I 1399, 1404
Verwaltungsgebühr I 606
Verwaltungsrat I 1296, 1303
Verwaltungstestamentsvollstreckung I 1407, 1419
Verwaltungsvollstreckung I 558
Verwandte
- absteigende Linie I 59
- aufsteigende Linie I 59
- gerader Linie, Grundstückserwerb II 973ff.
Verwandtenerbfolge I 27, 58ff.
Verwandtschaft I 59ff.
Verwandtschaftsgrad, Erbschaftsteuertarif II 840
Verwendungen I 440
Verwirkungsklauseln I 640ff.
Verzicht
- bedingter I 862
- Darlehensforderung II 785
- Erbersatzanspruch I 830, 851
- Forderung II 790
- gesetzliches Erbrecht I 827f., 848ff.
- Nichtigkeit I 863f.
- Pflichtteilsanspruch II 53
- Rückforderung I 865
- Zugewinnausgleich II 19
- zugunsten eines anderen I 831, 852f.
Verzichtender, Vertretung I 846f.
Verzinsung, Kapital II 1099
Volladoption I 710
Vollentgentliches Rechtsgeschäft II 782
Vollerbeneinsetzung I 396ff.
Vollhaftung, firmenrechtliche I 888
Volljährige I 265
Volljährigenadoption I 713ff., 716
Volljährigkeit, Erreichen der II 1009, 1014
Vollkaufmännisches Unternehmen I 888ff.
Vollmachten I 1080

- postmortale I 674ff., 1435
- transmortale I 674ff.
Vollmachtlösung I 1420, 1435
Vollnießbrauch I 1512f., 1516, 1518, 1519, 1520ff., 1530
Vollwertabfindung I 158, 160
Vollziehung
- Auflage II 51
- Vermächtnis II 359
Vollziehungsberechtigter I 547f.
Vonselbsterwerb I 16f.
Vor- und Nacherbschaft II 57ff.
Voraus I 117ff.
Vorausempfänge I 84ff.
- Ausgleichung I 84
Vorausvermächtnis I 486ff., 632, II 351, 357, 477
- Abgrenzung I 488f.
- testamentarische Anordnung II 32
Vorbehaltsgut I 700
Vorbehaltsnießbrauch II 370, 381, 385, 402ff., 895, 899
- Ablösung II 392, 900
- AfA-Berechtigter II 405, 927
- Selbstnutzung II 409ff.
Vorbereitende Maßnahmen, Vermögensnachfolge I 672ff., 1568, 1596
Vorbereitende Vermögensbildung I 681ff.
Vorerbeinsetzung I 413ff.
Vorerben I 1397, II 210
- Befreiung I 456f.
- Besteuerung II 58
- kinderlose I 431
- mehrere I 418
- Verfügungsbeschränkungen I 1402ff.
Vorerbenbestimmung, fehlende I 428
Vorerbschaft I 413, 651f., 653, II 57ff.
- befreite I 444, 456
- Unternehmen I 1397ff.
Vorgesellschaft I 1122, 1237ff.
Vorgründungsgesellschaft I 1237ff.
Vorkaufsrecht I 32, 1331
Vorläufige Festsetzung II 261
Vormund, Benennung I 659f.
Vormundschaftliche Genehmigung I 1162, II 1008, 1010
- Schenkung I 768
Vormundschaftsgerichtlicher Beschluß, Adoption I 730
Vorrats-GmbH II 1083
Vorratsgründung I 1247
Vorsorgevollmacht I 678f.

Sachregister

Vorstand I 1358, 1360
- Entlastung I 1365
- Haftung I 1370
Vorsteuerabzug II 663
Vorvertrag, Form I 1232
Vorweggenommene Erbfolge I 4, 736 ff.,
  II 226, 428, 449, 778 ff., 875, 903, 907,
  918, 924, 964, 1064
- Bindungswirkung I 747
- Ertragsteuern I 1505
- Freibetrag II 870 f.
- Motive I 739 ff., 742
- Privatvermögen II 887 ff.
- Risiken I 743 f.
- Schenkungsteuer I 1505
- steuerliche Folgen I 745 f.
- Vermögensübertragungen II 887
- wesentliche Beteiligung II 904
Vorzeitiger Erbausgleich I 70, 818 ff.,
  II 346, 786
- Nichteheliche I 818 ff.

Wahlrecht
- Betriebsfortführung/Betriebsaufgabe
  II 948
- kleiner/großer Pflichtteil I 133
- Miterben II 547 ff.
- Sofortversteuerung/Zuflußbesteuerung
  II 752
- übertragende Körperschaft II 1045
Wahlvermächtnis I 500
Wechsel
- Gewinnermittlungsart II 291
- Staatsangehörigkeit I 47
Wechselbezügliche Verfügungen, unwirksame I 329
Wechselbezügliches Ehegattentestament,
  Bindungswirkung I 628
Wechselbezüglichkeit I 205, 215, 217,
  218 f., 220 f., 298, 747
Wegfall, Erben I 405 ff.
Wegzugsfälle, zusätzliches Besteuerungsrecht II 100
Weichende Erben II 727, 763
Weisungsgeberlösung I 1436
Weiterführung des Betriebes, Verpachtung
  II 494
Weiterverweisung, Kollisionsrecht I 42
Werbungskosten II 350, 391, 396, 906,
  922
- Schuldzinsen II 919
- Zinsanteil Rente II 918
Wertänderungen I 93

Wertansatz
- Betriebsgrundstück II 835
- dem Grunde nach II 148
- übernommenes Betriebsvermögen
  II 1245
Wertausgleich II 727, 732
- Nachlaßschulden II 566
- übriger Nachlaß II 724
Wertausgleichszahlungen II 736
Wertberichtigungen I 157
Wertermittlung II 124 ff., 127
- einzelne Wirtschaftsgüter II 159
- Grund/Boden und Gebäude II 138
- Nachlaßgegenstände I 151
- Verbindlichkeiten I 151
- Zeitpunkt II 127 f.
Werthaltigkeitsprüfung, testierte I 1258
Wertminderung, Alter des Gebäudes
  II 138
Wertpapierdepots I 806
Wertpapiere II 166, 895
- Börsenhandel II 168
Wertsicherung I 1543
Wertsicherungsklausel I 528, 815
Wertsicherungsvereinbarungen I 813
Wesentliche Beteiligung II 510, 537
- Veräußerung II 303 ff.
- vorweggenommene Erbfolge II 904
Wesentliche Betriebsgrundlage II 1148,
  1152 ff.
- Betriebsvermögen II 1145
- Sonderbetriebsvermögen II 768
- Veräußerung II 881
Wettbewerbsverbot I 995, 1099, 1132,
  1166
Widerruf I 360 ff.
- des Widerrufs I 372 f.
- gemeinschaftliches Testament I 374 ff.
- letztwillige Verfügungen I 358 ff.
- Nottestament I 361
- Schenkung I 769 ff., 772
- Verfügungen I 299 f.
Widerrufstestament I 359
Widerrufsvorbehalt II 787
- Schenkungen II 787 f.
- Vereinbarung II 787
Widerspruchsrecht, Kommanditisten
  II 1024
Wiederkehrende Bezüge II 420
Wiederkehrende Leistungen II 179 ff.,
  443, 900
- Einkommensteuer II 49
Wiederkehrende Nutzungen II 179 ff.

803

Wiederkehrende Nutzungen und Leistungen, Bewertung   II 194
Wiederverheiratungsklauseln   I 641, 649 ff., II 57
Willensbildung, gleiche   II 1146
Wirtschaftliche Betrachtungsweise   II 5, 787
Wirtschaftlicher Zusammenhang, Schulden   II 104
Wirtschaftliches Eigentum   II 5
Wirtschaftseinheit
- ertragbringende   II 896 f.
- existenzsichernde   II 895
Wirtschaftsgüter
- Abfindung   II 654
- Betriebsvermögen   II 568
- übernommene   II 1069
Wirtschaftsplan   I 454
Wirtschaftsteil   II 141
Wissenschaftliche Sammlungen   II 212
Wohnrecht, Rückbehalt   II 926 ff.
Wohnrechtsvermächtnis   I 522 ff.
Wohnsitzbegriff   II 98
Wohnsitzstaat   II 97, 102
- Bundesrepublik Deutschland   II 102
- Schweiz   II 102
Wohnsitzverlegung, Steueroasenland   II 106
Wohnstätte, gewöhnlicher Aufenthalt   II 97
Wohnteil des Betriebsinhabers   II 141, 143
Wohnungseigentumsförderung   II 340
Wohnzwecke, eigene   II 339 ff.

Zehnjahresfrist   I 171, 173
Zeitnaher Verkauf, GmbH-Anteile   II 168
Zeitpunkt
- Auseinandersetzung   II 478, 564
- Entstehung der Steuer   II 130, 267
- Volljährigkeit   II 1014
- Wertermittlung   II 127 f.
- Zuwendung   II 812
Zeitrenten   II 890
Zeuge   I 246, 248, 254, 259
- zweiter Notar   I 246, 248
ZGB   I 49
Zinsanteil   II 329
- Privatkonten   II 1017
- Rente   II 918
Zinsen, Sonderbetriebsausgaben   II 737

Zinszahlungen, Zufluß   II 322
Zubehör   I 9, 118, 507
Zuflußbesteuerung   II 436, 713, 937, 939
Zugewinn   I 134 f.
- Ehegatten   II 17
Zugewinnausgleich   I 113, 133, 1447
- Anspruch   I 134, 204
- Forderung   II 17
- Verzicht   II 19
Zugewinngemeinschaft   I 108, 113, 116, 131 ff., 136, 166, 695 ff., 706, 798, II 9, 14
- Beendigung des Güterstandes   II 14
- Modifizierung   I 1451 ff.
Zurückverweisung, Kollisionsrecht   I 42
Zusagen des Finanzamts, verbindliche   II 680 ff.
Zusammenrechnung, frühere Erwerbe   II 269, 808
Zusammenveranlagung   II 337
Zusätzliches Besteuerungsrecht
- doppelter Wohnsitz   II 99
- Wegzugsfälle   II 100
Zusatzpflichtteil   I 166
Zuschläge, Bewertung Ein- und Zweifamilienhäuser   II 138
Zuschüsse   I 87 ff.
- Kapitalgesellschaft   II 789
- Personengesellschaft   II 789
Zuständigkeit der Finanzämter, Erbschaftsteuer   II 260
Zuwendungen
- aufgrund einer Auflage   II 51
- ausgleichungspflichtige   I 176
- ehebedingte   I 707, 796
- entgeltliche   I 808 ff.
- freigebige   II 783, 789
- unbenannte   I 796
- unter Lebenden   II 778
- Zeitpunkt   II 812
Zuwendungsnießbrauch   II 385, 387
Zuwendungsverzicht   I 832 ff., 854 ff.
Zuzahlungen   II 506
Zwangsabtretung   I 1272 ff.
Zwangseinziehung, Aktien   I 1371
Zwangsverfügungen   I 451
Zweckbindung, Geldschenkung   II 847
Zweckvermächtnis   I 506
Zweckzuwendung   II 65 ff., 76, 667
Zweigliedrige Gesellschaft, Ausscheiden   II 649